1682 J.B. METZLER

Anna Goppel / Corinna Mieth / Christian Neuhäuser (Hg.)

Handbuch Gerechtigkeit

J. B. Metzler Verlag

Die Herausgeber
Anna Goppel ist Assistenzprofessorin für Praktische Philosophie mit Schwerpunkt Politische Philosophie an der Universität Bern.
Corinna Mieth ist Professorin für Philosophie an der Ruhr-Universität Bochum.
Christian Neuhäuser ist Professor für Praktische Philosophie an der TU Dortmund.

Bibliografische Information der Deutschen Nationalbibliothek
Die Deutsche Nationalbibliothek verzeichnet diese Publikation in der Deutschen Nationalbibliografie; detaillierte bibliografische Daten sind im Internet über http://dnb.d-nb.de abrufbar.

ISBN 978-3-476-02463-3
ISBN 978-3-476-05345-9 (eBook)

Gedruckt auf chlorfrei gebleichtem, säurefreiem und alterungsbeständigem Papier

Einbandgestaltung: Finken & Bumiller, Stuttgart
(Foto: photocase.de / bit.it)
Satz: Claudia Wild, Konstanz, in Kooperation mit primustype Hurler GmbH, Notzingen

J. B. Metzler ist Teil von Springer Nature
Die eingetragene Gesellschaft ist
Springer-Verlag GmbH Deutschland
www.metzlerverlag.de
info@metzlerverlag.de

Inhalt

IV Gerechtigkeit im Kontext

V Anwendungsfragen

VI Anhang

I Der Begriff der Gerechtigkeit

1 Einleitung

In seiner Theorie der Gerechtigkeit baut John Rawls darauf, dass Menschen normalerweise über einen Gerechtigkeitssinn verfügen. Es spricht einiges dafür, dass dies auf die allermeisten Menschen zutrifft und Gerechtigkeit in unserem Leben und unserer Wahrnehmung eine wichtige Rolle spielt. Das zeigen nicht nur die Ergebnisse der empirischen Sozialforschung, die auch über Kulturen hinweg die große Bedeutung des Gerechtigkeitsdenkens bestätigen. Das zeigt auch die schiere Anzahl der Themenfelder, mit Blick auf die sich Menschen immer wieder darüber auseinandersetzen, was gerecht ist und was nicht.

Schon in der Alltagssprache kommt der empörte Vorwurf ›das ist ungerecht‹ oder ›das ist unfair‹ sehr oft vor. Wenn Bayern gegen Dortmund spielt und der Schiedsrichter für ein Foul eines Dortmunder Spielers eine Rote Karte zückt, aber in einer vergleichbaren Situation den Bayern-Spieler nur verwarnt, so werden viele diese Ungleichbehandlung als Ungerechtigkeit anprangern. Ebenso könnten die deutschen Nationalspielerinnen es als ungerecht empfinden, dass sie weniger verdienen als ihre männlichen Counterparts. Wenn ein Kind auf einem Kindergeburtstag kein Stück des Geburtstagskuchens bekommt oder aber ein deutlich kleineres als die anderen Kinder, wird es sich ungerecht behandelt fühlen. Ein Strafrichter, der für Bagatelldelikte Gefängnisstrafen verhängt, ist dem Vorwurf der Ungerechtigkeit ausgesetzt. Der derzeitige Ressourcenverbrauch wird als ungerecht gegenüber zukünftigen Generationen bezeichnet. Und schließlich prägen ungerechte Benachteiligungen bestimmter Gruppen unseren Alltag: z. B. dass der erworbene Schulabschluss von Kindern in vielen Ländern statistisch signifikant vom Bildungsniveau ihrer Eltern abhängt.

Alltagssprachlich meist generell als ›ungerecht‹ bezeichnet, illustrieren die angeführten Beispiele unterschiedliche Aspekte von Gerechtigkeit bzw. Ungerechtigkeit und werfen unterschiedliche Fragen und Probleme auf. Die Begriffe ›Gerechtigkeit‹ und ›Ungerechtigkeit‹ können wir – wie dies auch in der Antike im Mittelpunkt stand – zum einen auf Personen und ihre Handlungen beziehen. Zum anderen können speziell Institutionen in den Blick genommen werden. Wir bezeichnen in den obigen Beispielen etwa die Entscheidung des Schiedsrichters als ungerecht. Ebenso kann man eine Gesellschaft als ungerecht bezeichnen, die manchen Kindern gleiche Chancen vorenthält. Wenngleich unterschiedliche Güter betroffen sind, geht es im Beispiel des Kindergeburtstags wie im Beispiel der Schulbildung um die gerechte Verteilung von Chancen, d. h. um Verteilungsgerechtigkeit. Im Beispiel des Richters hingegen ist die Strafgerechtigkeit betroffen, d. h. die Bestrafung ist Gegenstand der Gerechtigkeitsüberlegungen. Im Falle der unterschiedlichen Bezahlung der Nationalspielerinnen besteht die Ungerechtigkeit in der Ungleichbehandlung. Dabei können in Bezug auf alle drei Beispiele auf den ersten Blick bestimmte Regeln oder Verfahren gerecht oder ungerecht sein oder auch das Ergebnis als ungerecht bezeichnet werden. Was den Maßstab der Verteilung angeht, ist hinsichtlich der Verteilung von Gütern wohl unsere erste Alltagsintuition, dass Gleichverteilung gerecht ist: Beim Kindergeburtstag sollte jedes Kind ein ähnlich großes Stück vom Kuchen erhalten. Doch es kann Gründe geben, von einer Gleichverteilung von Gütern abzusehen; etwa, wenn ein Kind beim Backen geholfen hat, könnte ihm im Sinne der Leistungsgerechtigkeit mehr zustehen, oder wenn ein Kind zwei Stücke braucht, weil es den ganzen Tag noch nichts gegessen hat, könnte es aufgrund der Idee der Bedarfsgerechtigkeit gerechterweise mehr erhalten als die anderen Kinder. Da verschiedene Verteilungsregeln (z. B. Leistungsgerechtigkeit und Bedarfsgerechtigkeit) miteinander konkurrieren können, müssen wir auch die Frage nach der Rechtfertigung dieser Ansprüche stellen: Welche Verteilungsregeln können mit welcher Begründung Akzeptanz durch diejenigen, die ihnen unterworfen sind, beanspruchen? Wird eine bestehende Güterverteilung verletzt, z. B. durch einen Diebstahl, so tritt die korrektive Gerechtigkeit auf den Plan: Die ursprüngliche Güterordnung muss wiederhergestellt werden. Sowohl hinsichtlich des Gegenstands als auch hinsichtlich des Maßstabs der Gerechtigkeitsbeurteilung illustrieren die Beispiele also wesentliche Unterschiede und beleuchten unterschiedliche Typen und Aspekte von Gerechtigkeit.

Naheliegenderweise stehen darüber hinaus substanziell andere Fragen auf dem Spiel, will man für die genannten Beispiele eine gerechte Lösung finden. Im

Bereich der Strafe stellt sich beispielsweise die Frage, wann eine Strafzumessung gerecht ist. Dies betrifft zunächst die Verhältnismäßigkeit der Strafe. Jemanden für einen Ladendiebstahl lebenslänglich einzusperren, ist ungerecht. Ferner gilt der Gleichbehandlungsgrundsatz, wonach die Strafe für die Tat und unabhängig von der Person festzulegen ist. Es wäre beispielsweise unangemessen, Frauen anders als Männer oder Akademikerinnen anders als Handwerkerinnen zu bestrafen. Gleichzeitig gilt jedoch, dass die Strafe vom Ausmaß des persönlichen Verschuldens abhängen sollte. Dafür ist es wiederum notwendig, sich die zu bestrafende Person, ihre Fähigkeiten und Eigenschaften ganz genau anzuschauen. Weiterhin muss bestimmt werden, welche Strafformen sich überhaupt rechtfertigen lassen. Üblich sind in Ländern wie Deutschland hauptsächlich Freiheits- und Geldstrafen. Körperliche Strafen und vor allem die Todesstrafe sind verboten. Doch viele andere Länder strafen noch körperlich, beispielsweise mit Stockschlägen, und zahlreiche Länder vollstrecken die Todesstrafe. Ist das ungerecht? Bezieht sich die Gerechtigkeitsfrage nur darauf, ob das Strafmaß im Verhältnis zur Tat steht, oder auch darauf, ob bestimmte Strafformen zu grausam sind? Hier können wir Fragen der ausgleichenden Gerechtigkeit von Fragen der Rechtfertigung trennen.

Im Themenfeld der Bildungsgerechtigkeit geht es vor allem darum, wie sich im Bildungssystem mehr Chancengleichheit herstellen lässt. Doch was bedeutet Chancengleichheit überhaupt? Müssen nur soziale oder auch natürliche Unterschiede zwischen den Menschen ausgeglichen werden? Und auf welche Weise dürfen Unterschiede ausgeglichen werden, um für eine größere Gleichverteilung der Chancen zu sorgen? Ist es sogar rechtfertigbar, Unterschiede durch leistungsverbessernde Medikamente auszugleichen? Wie stark darf der Staat in die Erziehung der Eltern eingreifen, um für mehr Chancengleichheit bei den Kindern zu sorgen? Müssen Schulen auch erziehen oder nur bilden? So gibt es beispielsweise einen Streit zu der Frage, ob die Bildungsmöglichkeiten für Kinder ungefähr gleich gut sein müssen oder ob es reicht, wenn alle Kinder hinreichend gute Bildungsmöglichkeiten besitzen. Davon hängt auch ab, was die konkreten Maßnahmen und Institutionen sind, die für mehr Bildungsgerechtigkeit benötigt werden. Sorgt etwa eine Gesamtschule für mehr Bildungsgleichheit und ist sie daher aus Gerechtigkeitsperspektive zu fordern?

Wenn man eine Weile über die genannten Beispiele nachdenkt und andere Menschen nach ihrer Meinung fragt, dann zeigt sich bereits, dass Gerechtigkeit zwar für die meisten Menschen eine wichtige Rolle spielt, es aber weder in alltäglichen Auseinandersetzungen noch in der philosophischen Debatte vollständige Einigkeit darüber gibt, was als gerecht zu gelten hat. Für diese Uneinigkeit lassen sich mindestens zwei Gründe anführen. Vor allem alltagssprachliche Vorstellungen von Gerechtigkeit basieren häufig auf ganz unterschiedlichen historischen und religiösen Wurzeln. Und im gegenwärtigen philosophischen Diskurs existieren – wie bereits an den verschiedenen Beispielen möglicher Grundlagen der Güterverteilung deutlich geworden ist – darüber hinaus sehr verschiedene Ausarbeitungen der Gerechtigkeitsidee, die die Vielfalt vor allem gegenwärtiger westlicher Gerechtigkeitsvorstellungen in unseren Gesellschaften widerspiegeln. Wie unterschiedlich die Wurzeln sind, zeigt sich beispielsweise, wenn man antike und buddhistische Gerechtigkeitsvorstellungen betrachtet. Wie groß die Unterschiede zwischen gegenwärtigen westlichen Vorstellungen sind, zeigt ein Vergleich libertärer und sozialistischer Gerechtigkeitsvorstellungen.

In der Antike beispielsweise wurde eine viel engere Verbindung zwischen dem gerechten und dem guten Staat einerseits und dem gerechten und dem guten Menschen andererseits hergestellt, als dies in heutigen Gerechtigkeitsvorstellungen in Europa und Nordamerika der Fall ist. Außerdem spielte die Idee der kosmischen Gerechtigkeit in Form eines Gleichgewichts, das es zu wahren gilt, eine wichtige Rolle. Deswegen war etwa die vergeltende Strafe eine Angelegenheit der Gerechtigkeit, denn sie stellte die kosmische Ordnung wieder her. Außerdem wurde Gerechtigkeit vor allem personal und nicht institutionell verstanden. Es ging darum, dass erst die Menschen und dann die politischen Institutionen gerecht sind, weil sich in der antiken Vorstellung das Zweite aus dem Ersten ergibt.

Auch im Buddhismus herrscht die Idee einer kosmischen Ordnung. Diese stellt sich, so die Vorstellung, allerdings selbst immer wieder neu her, indem alle Wesen gemäß ihrem Karma, also der Balance ihrer guten und schlechten Taten, so lange wiedergeboren werden, bis sie Erleuchtung erreichen. Selbst die körperliche Verfassung und der soziale Status bestimmen sich über ihr Karma, so dass auf sehr differenzierte Weise Lohn und Strafe über die Zeit hinweg gerecht verteilt werden. Gerechtes Handeln bedeutet demnach ganz allgemein, das moralisch Richtige zu tun, und stellt stets eine gute Investition in die Zukunft dar. Moderne Buddhisten betonen darüber hinaus die wichtige Rolle der Demokratie und der Ehrfurcht vor der Natur als Erfordernisse der Gerechtigkeit, denn beide leisten einen wesentlichen Beitrag dazu, mehr Menschen die Möglichkeit zu geben, das Leiden der Wiedergeburt zu überwinden.

In der gegenwärtigen philosophischen Debatte ist für die libertäre Gerechtigkeitstheorie die Idee entscheidend, dass die Menschen im Naturzustand sich selbst besitzen und dadurch auch ein natürliches Recht am Privatbesitz äußerer Gegenstände erwerben können. Gerechtigkeit herrscht dann, wenn dieser natürliche Besitz respektiert wird. Das muss auch die freie Übertragung dieses Besitzes ermöglichen. Ungerechter Erwerb oder ungerechte Übertragung sind hingegen auf gerechte Weise auszugleichen. Darüber hinaus gibt es keine Gerechtigkeitsansprüche. Man kann die Gerechtigkeit einer Gesellschaft also nicht daran bemessen, wie gleich oder ungleich die Güter zu einem bestimmten Zeitpunkt verteilt sind.

Ganz anders stellt sich die Lage aus einer sozialistischen Gerechtigkeitsposition heraus dar. Die auf Marx zurückgehende Formel ›Jeder nach seinen Fähigkeiten, jedem nach seinen Bedürfnissen‹ verlangt zwar keine absolute Gleichverteilung von Gütern, aber immerhin eine Verteilung, die den verschiedenen Bedürfnissen der Menschen zu jedem Zeitpunkt gleichermaßen gerecht wird. Verdienst bestimmt sich in dieser sozialistischen Vorstellung nicht aus der Arbeitsleistung, sondern aus den individuellen Bedürfnissen. Eine schwangere Frau beispielsweise hat bei einem höheren Bedarf auch mehr Nahrungsmittel als eine andere Frau verdient, ganz unabhängig davon, ob sie arbeitet oder nicht. Ihr stehen beispielsweise so viele Nahrungsmittel zu, wie sie braucht, um ein gesundes Kind zur Welt zu bringen. Was der Schwangeren zusteht, bemisst sich an ihren Bedürfnissen und nicht, wie in der libertären Theorie, an ihrem Einkommen oder ihrem Besitz. Durch die Bemessung der Bedürfnisse lässt sich der sozialistischen Position gemäß an der Güterverteilung zu einem bestimmten Zeitpunkt feststellen, wie gerecht oder ungerecht die Gesellschaft ist. Gerecht ist die Gesellschaft, wenn die Güterverteilung sich an den Grundbedürfnissen der Menschen ausrichtet, also etwa niemand Armut leidet.

Es gibt selbstverständlich noch viel mehr als diese zwei dargestellten philosophischen Gerechtigkeitskonzeptionen und ebenfalls noch viele verschiedene historische und religiöse Ausgangspunkte für die Genese verschiedener Gerechtigkeitsvorstellungen. Deswegen ist es nicht leicht, abstrakt viel dazu zu sagen, was Gerechtigkeit überhaupt ist, ohne auf die eine oder andere dieser Positionen unmittelbar Bezug zu nehmen. Auch das Verhältnis von Gerechtigkeit zu anderen wichtigen normativen Konzepten lässt sich aufgrund dieser Problematik der Pluralität nur schwer bestimmen. Dennoch sind allgemeine Antworten auf Fragen wie die folgenden möglich: Was hat Gerechtigkeit mit dem guten Leben zu tun? Wie verhalten sich Gerechtigkeit und Demokratie zueinander?

In Bezug auf die Theorie des guten Lebens werden gegenwärtig drei Theoriegruppen unterschieden: Hedonistische Theorien, Wunschtheorien und objektivistische Theorien. Hedonistischen Theorien zufolge ist ein Leben gut, wenn es besonders viel Lust und wenig Leid mit sich bringt. Wunschtheorien gemäß ist ein Leben gut, wenn sich die subjektiven Wünsche eines Menschen erfüllen. Bei objektivistischen Theorien hängt das gute Leben an der Verwirklichung objektiv wichtiger Werte. Aus Gerechtigkeitsperspektive lässt sich bei allen drei Theorien danach fragen, ob die Chancen auf ein gutes Leben gleich verteilt sind. Aus Sicht der Theorie des guten Lebens ist der Wert der Gerechtigkeit selbst jedoch unterschiedlich zu beurteilen. Für hedonistische Theorien ist Gerechtigkeit nur dann ein wichtiger Bestandteil des guten Lebens, wenn sie zur Steigerung von Lust und Vermeidung von Leid führt. Für Wunschtheorien ist Gerechtigkeit nur relevant, wenn sich ein Mensch auch Gerechtigkeit bzw. ein gerechtes Leben wünscht. Allein die objektivistischen Theorien sehen in der Gerechtigkeit üblicherweise einen zwingenden Bestandteil des guten Lebens. Wer sich nicht um Gerechtigkeit bemüht, verfehlt demnach, um was es im Leben geht.

Wie verhält es sich mit Demokratie und Gerechtigkeit? Sie stehen in einem gewissen Spannungsverhältnis zueinander. Einerseits ergeben sich gerechte Gesetze unmittelbar aus vernünftigen Überlegungen darüber, was gerecht und was ungerecht ist. Andererseits sollen in einer Demokratie die Gesetze in demokratischen Verfahren bestimmt werden. Dabei ist nicht selbstverständlich, dass sich die politische Mehrheit in der Gesetzgebung auch an Gerechtigkeit und nicht an ihren Gruppeninteressen orientiert. Gleichzeitig ist es jedoch so, dass die Einrichtung eines demokratischen Staatswesens selbst als Erfordernis der Gerechtigkeit erscheint. Denn erstens sind demokratische Staaten besser als andere in der Lage, für Gerechtigkeit zu sorgen, indem sie besser als andere Systeme Kriege und Hunger vermeiden sowie für Wohlstand und seine breite Verteilung sorgen. Zweitens lässt sich argumentieren, dass die möglichst gleiche und weitreichende Beteiligung aller Bürger_innen an der kollektiven Selbstbestimmung selbst einen Gerechtigkeitsanspruch darstellt, was wiederum ein demokratisches Staatswesen erforderlich macht.

Das Ziel des *Handbuchs Gerechtigkeit* besteht darin, die verschiedenen Aspekte des Gerechtigkeitsbegriffs, wie sie hier kurz und beispielshaft skizziert wurden, umfassend darzustellen und den aktuellen Stand der Forschung zu den jeweiligen Gerechtigkeitsfragen zu präsentieren. Dazu ist das Handbuch in fünf Teile untergliedert.

Im ersten Kapitel werden die zentralen historischen Phasen der Entwicklung der Gerechtigkeitsidee in Europa und darüber hinaus verschiedene kulturell-religiöse Wurzeln dargestellt. Abgerundet wird das Kapitel durch eine Darstellung interkultureller Perspektiven sowie der gängigen philosophischen Kritik am Gerechtigkeitskonzept.

Im zweiten Kapitel werden zentrale Gerechtigkeitstypen und Aspekte des Gerechtigkeitsbegriffs versammelt. Typisiert wird Gerechtigkeit in der philosophischen Debatte auf ganz unterschiedliche Weise, einmal räumlich von einzelstaatlich bis global, aber auch temporal als vergangenheits- oder zukunftsbezogen sowie sektoral von sozial bis retributiv. Diese verschiedenen Typisierungen und der Fokus ihrer Fragestellung werden jeweils vorgestellt. Dargestellt werden auch die wichtigsten Aspekte insbesondere der dominanten liberalen Gerechtigkeitstheorie, wie die Konzepte der Chancengleichheit, der Fairness, der Gleichheit und das berühmte Differenzprinzip von John Rawls. Abschließend werden in diesem Kapitel darüber hinaus die Grundthemen der empirischen Gerechtigkeitsforschung vorgestellt.

Das dritte Kapitel versammelt die zentralen systematischen Gerechtigkeitskonzeptionen. Dies reicht von liberalen über sozialistische, feministische und utilitaristische bis hin zu kommunitaristischen Gerechtigkeitsvorstellungen. Es geht in der Darstellung dieser Gerechtigkeitsvorstellungen darum, die Besonderheiten und zentralen Argumente für die jeweiligen Konzeptionen vorzustellen und zu zeigen, wie sie sich von anderen Vorstellungen unterscheiden. Dabei wird deutlich, dass es eine große Pluralität von normativen Gerechtigkeitsvorstellungen gibt. Dennoch herrscht keine Beliebigkeit, denn die dargestellten Konzeptionen erheben jeweils auf nachvollziehbare Weise den Anspruch, wohlbegründet und allgemeingültig zu sein, was für andere – etwa egoistische – Gerechtigkeitsvorstellungen nicht gilt.

Im vierten Kapitel wird Gerechtigkeit zu anderen zentralen Konzepten der politischen Philosophie und der Moralphilosophie in Beziehung gesetzt. Es wird beispielsweise geklärt, was Gerechtigkeit mit Demokratie, mit Verantwortung, den Menschenrechten, dem guten Leben oder mit Moral zu tun hat. Dabei wird deutlich, dass sich diese Begriffe eigentlich nie isoliert voneinander betrachten lassen, sondern wechselseitig aufeinander verweisen. Abhängig davon, welches Verständnis von Moral jemand besitzt, kann der Gerechtigkeitsbegriff beispielsweise eher personal oder eher institutionell verstanden werden.

Im fünften und längsten Kapitel werden schließlich verschiedene gesellschaftlich, moralisch und politisch einschlägige Themenbereiche und Anwendungsfragen diskutiert. Dieses Kapitel umfasst Artikel zum Thema Alter, zu Enhancement, zu Migration, zu Tieren, zur Weltwirtschaft und vielem mehr. Hier zeigt sich besonders die Vielfalt der in der Philosophie, aber auch im Alltag diskutierten Gerechtigkeitsfragen. Außerdem wird deutlich, dass das philosophische Nachdenken über Gerechtigkeit notwendig auf zwei Ebenen stattfindet. Einerseits geht es um konkrete Fragen wie das Steuerrecht, andererseits um abstrakte Fragen der Architektonik der Gerechtigkeitstheorie. Dabei wäre es falsch anzunehmen, dass nur die abstrakte auf die konkrete Ebene einwirkt. Vielmehr hat die Beschäftigung mit konkreten Gerechtigkeitsfragen auch Auswirkungen auf die grundlegenderen Aspekte der Gerechtigkeitstheorie und macht zum Teil erhebliche Veränderungen notwendig, weil die Theorie das konkrete Problem nicht angemessen erfassen kann.

Ein Handbuch herauszugeben, das den Gerechtigkeitsbegriff in diesem Umfang beleuchtet, war nur durch die Unterstützung und Beteiligung vieler Menschen möglich, denen wir an dieser Stelle ganz herzlich danken möchten. Zunächst danken wir den Autorinnen und Autoren für ihre Beiträge sowie die durchwegs konstruktive und angenehme Zusammenarbeit. Nora Kassan, Roya Saadati und Vanessa Sooth danken wir für ihre gründliche Durchsicht der Beiträge. Norbert Axel Richter sind wir für seine unersetzliche redaktionelle Überarbeitung zu Dank verpflichtet. Und nicht zuletzt möchten wir Ute Hechtfischer und Franziska Remeika vom Metzler Verlag unseren besonderen Dank aussprechen für die durchwegs unterstützende und konstruktive Zusammenarbeit und die Möglichkeit, dieses Projekt mit dem Metzler Verlag durchzuführen.

Anna Goppel / Corinna Mieth / Christian Neuhäuser

2 Geschichte des Gerechtigkeitsbegriffs: Antike und Mittelalter

Die Thematisierung von Gerechtigkeit weicht innerhalb der antiken und mittelalterlichen Begriffs- und Theoriegeschichte in einigen grundlegenden Hinsichten von unserer zeitgenössischen Behandlung des Themas ab. Drei markante Differenzen seien hervorgehoben.

1. Der griechische Ausdruck *dikaiosynê* und sein lateinisches Äquivalent *iustitia* bezeichnen das normativ wünschenswerte Sozialverhalten eines Individuums sowie den moralisch angemessenen Zustand eines politischen Gebildes in einem umfassenderen Sinn, als dies unser moderner Gerechtigkeitsbegriff tut. In unserer modernen Terminologie ziehen wir es vor, hier von einem ›*guten* Menschen‹ oder einem ›*guten* Staat‹ zu sprechen, während ›*gerechter* Mensch‹ und ›*gerechter* Staat‹ für unsere Ohren spezifischer klingen, weil wir Gerechtigkeit stärker mit Verteilungsfragen in Zusammenhang bringen.
2. Zu den ältesten und in Antike und Mittelalter vielfach erörterten Gerechtigkeiten gehört die kosmische Gerechtigkeit: Ist die Weltordnung angemessen? Wie sind die natürlichen Begabungen und Ressourcen unter den Menschen verteilt? Honoriert die Weltordnung ein moralisch gutes Verhalten und stellt sie schlechte Handlungen unter Strafe? In der Moderne kommt leicht der Verdacht auf, eine solche Perspektive sei insgesamt obsolet; immerhin spielt sie dann noch eine gewisse Rolle, wenn wir etwa eine Körperbehinderung, die ein berufliches Handicap darstellt, als eine ausgleichenswerte kosmische Ungerechtigkeit betrachten.
3. In der vormodernen Theoriegeschichte wird personale Gerechtigkeit (s. Kap. II.24, III.29) tendenziell gegenüber institutioneller Gerechtigkeit favorisiert. Dass primär Menschen gerecht sein müssen, nicht Institutionen, scheint uns fernliegend; insbesondere wirkt die ältere Frage nach einem gerechten Herrscher oder einem gerechten Staatsbürger anachronistisch. Immerhin scheint personale Gerechtigkeit in modernen politischen Theoriekontexten in Form eines ›Sinns für Gerechtigkeit‹ wiederaufzutauchen.

Frühe griechische Theorieansätze

Aus dem Blickwinkel der älteren Hochkulturen (Ägypten, Babylon, Alt-Israel) betrachtet ist es ein merkwürdiger Umstand, dass die Vorstellung kosmischer Gerechtigkeit in den maßgeblichen Texten des frühen Griechenland, den homerischen Epen, nahezu fehlt. Im Alten Ägypten war die Vorstellung einer übergreifenden kosmischen Gerechtigkeitsordnung von zentraler Bedeutung. Gerechtigkeit (*ma'at*) steht hier für einen strikten Tun-Ergehens-Konnex, der die kosmisch-religiöse Ebene ebenso umfasst wie die moralische und die politisch-rechtliche Dimension (dazu Assmann 1990). Vor diesem Hintergrund ist es erstaunlich, dass sogar krasse Fälle moralischer Schuld nicht als Verstöße gegen die göttliche Gerechtigkeitsordnung bewertet werden. Betrachtet man beispielsweise die Schilderung der Rückkehr des Odysseus nach Ithaka in Buch XXIV der *Odyssee* (413–466), so fällt ins Auge, dass sein Mord an sämtlichen jungen Adligen, die um Penelopes Hand anhalten, nicht als Gerechtigkeitsproblem aufgefasst wird. Dass Odysseus nicht als moralisch verurteilenswert gilt, lässt sich nur vor dem Hintergrund erklären, dass man sich nicht an Standards göttlicher Gerechtigkeit, sondern stattdessen an einer Adels- und Kriegerethik orientiert (dazu Flaig 1998). Den zentralen Wert dieser kompetitiven oder agonalen Gesellschaft bildet die Ehre (*timê*); und die Einhaltung der ethischen Standards wird durch das Empfinden von Scham (*aidôs*), nicht durch ein Schuldprinzip gewährleistet (vgl. besonders Williams 1993).

Es wäre dennoch überpointiert zu behaupten, die Vorstellung kosmischer Gerechtigkeit sei im frühen Griechenland gänzlich unbekannt gewesen. Hesiod unternahm (mit bescheidenem Erfolg) den Versuch, in seinem epischen Werk entsprechende metaphysische Ordnungsprinzipien zu etablieren (vgl. *Erga kai hêmerai* 247–284). Ferner mag man Spuren einer kosmischen Gerechtigkeitsvorstellung im zentralen Fragment des Anaximander sehen (*Diels/Kranz* 12B1). In dieselbe Richtung weist folgende Feststellung innerhalb eines Heraklit-Fragments: »Denn alle menschlichen Gesetze werden vom Einen, Göttlichen, ernährt; dessen Kraft ist unbegrenzt, und es reicht für alles aus und setzt sich durch« (DK 22B114; auch DK 22B44, B94 [Vorstellung von den Erinyen] sowie B102). Es steht ferner außer Zweifel, dass die Pythagoreer und Empedokles ein kosmisches Vergeltungsprinzip für menschliche Handlungen angenommen haben, bei dem ein jenseitiges Totengericht und die

Reinkarnation zentrale Vorstellungen bilden. Bei Solon findet sich der Versuch, eine Synthese aus kosmischer und politisch-juridischer Gerechtigkeit herzustellen (vgl. frg. 2).

Die explizite philosophische Gerechtigkeitsdebatte beginnt im fünften vorchristlichen Jahrhundert mit den Sophisten. Deren Diskussion wird durch die Kontrastierung bestimmt, wonach Gerechtigkeit entweder eine natürliche Quelle (*physis*) besitzt oder aber auf menschliche Setzung (*thesis*) bzw. auf Üblichkeiten und Traditionen (*nomos*) zurückgeht. Den Anstoß zu dieser Debatte gab das Problem des Kulturrelativismus. Auf der Grundlage der *Physis-nomos*-Antithese wurden allerdings ganz unterschiedliche Konzeptionen entwickelt, darunter die amoralistische Position des Kallikles (in Platons *Gorgias*) und die ideologiekritische Position des Thrasymachos (in der *Politeia*).

Bei Kallikles von Acharnai handelt es sich um einen amoralischen Provokateur, der sich selbst affirmativ auf den Gerechtigkeitsbegriff stützt, diesem jedoch eine radikal revisionäre Deutung verleiht. Kallikles beruft sich auf die Antithese von *physis* und *nomos* (*Gorgias* 482e), um die Behauptung zu stützen, von Natur aus angemessen seien Privilegien für die Stärksten und Besten, die gegenwärtig geltende Gesetzesordnung sei dagegen ein Konstrukt der Schwachen und der breiten Menge. Kallikles nimmt also für sich ausdrücklich in Anspruch, die wahre »Gerechtigkeit der Natur« zu kennen (*to tês physeôs dikaion*: *Gorgias* 484b1).

Demgegenüber erweist sich Thrasymachos von Chalkedon als gesellschaftlicher Ideologiekritiker, der wie später Rousseau das geteilte Gerechtigkeitsverständnis als Täuschungsmanöver der Mächtigen entlarven möchte. Im Kontrast zur kallikleischen Position will er darauf hinaus, dass eine Gerechtigkeitsordnung immer nur den Mächtigen eines Staates nützt. Sie sind es nämlich, die die Regeln der staatlichen Ordnung zu ihrem Vorteil festlegen. Nach Thrasymachos bedeutet der Umstand, dass die Herrschenden ihre Bürger zur Einhaltung der Rechtsordnung, zur Gerechtigkeit, nötigen, nichts anderes als eine Maßnahme zur eigenen Interessenwahrung. Dagegen würde es dem Vorteil der Bürger entsprechen, würde man ihnen zur Ungerechtigkeit raten. Gerechtigkeit impliziere nämlich stets die Respektierung »fremden Gutes« (*allotrion agathon*: *Politeia* I 343c3); wer sie praktiziert, handelt sich folglich einen Nachteil ein.

Klassische griechische Philosophie

Platon scheint erstmals betont zu haben, dass man Gerechtigkeit primär als personale Einstellung, als seelische Haltung verstehen muss (Kraut 1992). Während die Sophisten von Gerechtigkeitsproblemen nur im Kontext der Natur- und Rechtsordnung sprachen, behandelt Platon unter dem Stichwort Gerechtigkeit in erster Linie das individualethische Problem, welche Lebensform als wählenswert angesehen werden kann. Für Platon zahlt sich eine gerechte Lebensführung aus, unter welch widrigen Bedingungen der Gerechte auch immer leben muss. Im *Gorgias* sucht er die Vorstellung zu verteidigen, dass Gerechtigkeit für die Seele dieselbe Funktion besitzt wie Gesundheit für den Körper: Jedes Unrechttun schädigt die Seele des betreffenden Akteurs und ist daher unklug; sogar Unrechtleiden soll folgerichtig dem Unrechttun vorzuziehen sein (469b f., 473a ff.; ähnlich bereits *Kriton* 49a ff.). Der *Politeia* zufolge unterscheidet sich jedes menschliche Individuum durch seine spezifische Anlage von jedem anderen (370a–b). In einem gut organisierten Staat sollen den Individuen folglich unterschiedliche Aufgaben zugewiesen werden, woraus sich die Etablierung verschiedener sozialer Stände ergebe. Platon gelangt auf diese Weise zunächst zu seiner politischen Gerechtigkeitstheorie: Jeder soll die soziale Rolle oder Funktion erfüllen, für die er sich eignet, und jeder soll die Güter erhalten, die ihm zustehen. Damit ist die bekannte Idiopragieformel erreicht, der zufolge Gerechtigkeit bedeutet, dass jeder das Seine tut (*ta hautou prattein*: *Politeia* 433a8, vgl. 586e) oder dass jeder ›hat und tut‹, was ihm zukommt (433e f.). Gemeint ist der harmonische Zustand, in dem jedes Individuum seine ihm angeborene Funktion mit Blick auf die Polis erfüllt. Die Gerechtigkeitsdefinition der Idiopragieformel geht nach Platons eigener Auskunft auf den Dichter Simonides zurück: Man müsse, sagt dieser, jedem das ihm Geschuldete geben (*ta opheilomena hekastô apodidonai*: 332a). Beginnend mit Platon hat diese Gerechtigkeitsdefinition eine bemerkenswerte theoriegeschichtliche Wirkung entfaltet. Vielleicht die bekannteste Variante ist die Formulierung, die Ulpian an den Beginn der *Digesten* (I 1,10 pr.) wie auch der *Institutionen* (I 1 pr.) gestellt hat: *Iustitia est constans et perpetua voluntas ius suum cuique tribuendi*; in der einfacheren Form: *Iustitia est suum cuique tribuere*. Platon überträgt die Definition vom Beispiel des Staates aus auf die Seele, deren ›Teile‹ er in einer ausführlichen Analogie mit den Schichten der Polis parallelisiert. Personale Gerechtigkeit wird damit als Harmonie oder Gesundheit der Seele gedeutet (444c f., vgl. 591b f. und 609b9–c1).

Aristoteles unterscheidet zwischen den beiden Verwendungsweisen von Gerechtigkeit. Er arbeitet heraus, dass *dikaiosynê* in der Alltagssprache nicht nur den Sammel- oder Inbegriff für alle Formen richtigen Handelns und Verhaltens darstellt, sondern darüber hinaus den personalen Habitus bezeichnet, der jemanden zu einer angemessenen Güterverteilung befähigt (Buch V der *Nikomachischen Ethik*). Er bezeichnet erstere als umfassende Gerechtigkeit (Gerechtigkeit ist so gesehen mit der gesamten Tugend gleichzusetzen) und letztere als partikulare Gerechtigkeit (Keyt 1985). Bei den scholastischen Kommentatoren des 13. Jahrhunderts wird die *iustitia generalis* oder *universalis* mit der *iustitia specialis* oder *particularis* kontrastiert. Letztere wird bei Aristoteles nochmals differenziert in eine Verteilungsgerechtigkeit (*nemêtikon*) und eine ausgleichende Gerechtigkeit (*diorthôtikon*) (vgl. die scholastischen Begriffe *iustitia distributiva* und *iustitia correctiva*; s. auch Kap. II.12, 13). Die distributive Gerechtigkeit kommt in normalen Situationen der Güterverteilung zum Zuge, d. h. bei der Zuweisung irgendwelcher Vorteile, Ehren, Ämter usw. an mehrere Personen, und zwar solange zwischen diesen keinerlei Unrecht begangen worden ist. Ihr Prinzip ist die geometrische Proportionalität. Gemeint ist, dass die zu verteilenden Güter nach Maßgabe der Verdienste der Adressaten zugewiesen werden. Demnach verhält sich die Gütermenge, die einer Person *A* zusteht, zur Gütermenge, auf welche eine Person *B* einen Anspruch hat, wie die Würdigkeit von *A* zur Würdigkeit von *B* (vgl. *Nikomachische Ethik* V, 1131a24–28). Die korrektive Gerechtigkeit tritt dagegen in zwei unterschiedlichen Fällen in Erscheinung: a) bei freiwilligen geschäftlichen Transaktionen (etwa bei Kauf und Verkauf, Gewährung von Darlehen usw.) und b) bei Verbrechen (also unfreiwilligen Transaktionen), sei es, dass diese heimlich, sei es, dass sie offen begangen werden. Ihr Prinzip ist die Gleichheit von Gabe und Gegengabe bzw. die Kompensation einer Schädigung gemäß arithmetischer Gleichheit. Wer ein Gut von einem anderen erhält, schuldet diesem eine exakte Entsprechung, und wer einen anderen schädigt, muss zur Wiedergutmachung ebenfalls ein exaktes Äquivalent dieser Schädigung aufbringen (ebd.).

In der älteren Forschung wurde die Frage kontrovers diskutiert, ob Aristoteles seine Gerechtigkeitskonzeption in der *Politik* mit der Vorstellung von Rechten (nämlich individuellen Anspruchsrechten) verbindet. Beispielsweise hat Leo Strauss behauptet, der subjektive Rechtsgedanke sei mit Blick auf Aristoteles anachronistisch. Er schloss sich damit der These Hegels an, wonach Aristoteles das Politische in den Mittelpunkt gerückt und folglich kein »abstraktes Recht« gekannt habe, welches »den Einzelnen isoliert« (Hegel 1979, 227). Wie neuere Forschungen zeigen, gibt es bei Aristoteles aber tatsächlich sowohl natürliche wie gesetzliche Rechte (vgl. Miller 1995 und Cooper 1996). Eine andere Kontroverse dreht sich um die Frage, inwieweit man aus Aristoteles' distributiver Gerechtigkeitstheorie eine sozialstaatliche Konzeption herauslesen kann. In den letzten Jahren war es besonders Martha Nussbaum, die Aristoteles nicht nur ein gehaltvolles essentialistisches Menschenbild zu entnehmen suchte, sondern auch die Vorstellung von einer ›aristotelischen Sozialdemokratie‹ verteidigte (1990, 206; dazu kritisch Knoll 2009).

Hellenistische Philosophie

Eine erwähnenswerte Zwischenposition zwischen Gerechtigkeitspositivismus und Naturrechtstheorie findet sich bei Epikur. Für ihn besitzt Gerechtigkeit kein natürliches Fundament; der Ausdruck meine einfach so viel wie das Bestehen einer vorteilhaften Gesetzesordnung. Dabei interpretiert Epikur Gerechtigkeit als Resultat derjenigen Rechtsordnung, die sich auf eine wechselseitige Übereinkunft (*synthêkê*) zurückführen lässt; und zwar soll diese in der allgemeinen Selbstverpflichtung bestehen, einander nicht zu schädigen (*Kyriai doxai* 31 und 35). Epikur gehört eindeutig zu den Vertragstheoretikern (vgl. auch das Referat des Hermarchos bei Porphyrios: Long/Sedley 22M). Dennoch lässt sich daraus nicht schließen, Epikur sei Gerechtigkeitspositivist. Gesetze sind für ihn keineswegs *eo ipso* gerecht; sie sind es ausschließlich nach Maßgabe ihrer Funktionserfüllung. Epikur kann durchaus von ungerechten Gesetzen sprechen; für ungerecht erklärt er solche, die keinen oder nur einen eingeschränkten Nutzen stiften. Er vertritt eine Position, die man als kontextsensitiven Universalismus bezeichnen kann. Einerseits nimmt er an, bestimmte Gesetze müssten gerechterweise immer und überall gelten. Sein Beispiel dafür ist das allgemeine Tötungsverbot mit Blick auf Menschen. Andererseits kann für ihn der Fall eintreten, dass ein Gesetz *A*, das sich zu einem bestimmten Zeitpunkt an einem bestimmten Ort als nützlich und damit als gerecht erweist, zu einem anderen Zeitpunkt oder an einem anderen Ort seinen Nutzen einbüßt. Es muss dann angemessenerweise durch ein Gesetz *B* ersetzt werden, das unter den veränderten Bedingungen den erwünschten Nutzen stiftet. Das bedeutet, dass *A* und *B* Gesetze sein können, die ein und denselben Gegenstandsbereich unterschiedlich, ja widersprüchlich regeln und dennoch beide zu verschiedenen Zeiten oder an verschiedenen Orten als gerecht anzusehen sind (Alberti 1995).

Die Betonung personaler Gerechtigkeit kennzeichnet dagegen die Position der Stoa. Die älteren Stoiker behandelten Gerechtigkeit in erster Linie als personale Tugend. In seiner Schrift *Politeia*, die mit Platons gleichnamigem Werk konkurrieren sollte, entwickelt Zenon von Kition eine naturrechtliche Gerechtigkeitstheorie. Diese wendet sich nachdrücklich gegen jeden Kulturrelativismus. Nach Zenon soll jeder Mensch als Mitbürger in einem globalen Staat betrachtet werden; dessen gemeinsame naturrechtliche Gesetzesordnung skizzierte Zenon in seiner Schrift (vgl. Long/Sedley 67 A; dazu Schofield 1991 und 1995). In einer für uns besser greifbaren Version findet sich die stoische Gerechtigkeitstheorie bei Cicero in *De re publica* und in *De legibus*. Cicero ergänzt stoische Elemente um genuin römisches Traditionsgut und gelangt zu einer eigentümlichen Synthese. Seine grundlegende Innovation besteht darin, dass er Gerechtigkeit erstmals von der sozialen Einheit der *res publica* her denkt (vgl. Atkins 1990). Bezeichnenderweise ist es für Cicero nicht nur eine Gerechtigkeitsforderung, niemanden zu schädigen; vielmehr versetzt Gerechtigkeit ihren Träger auch in die Lage, dem gemeinsamen Nutzen zu dienen (*De officiis* I 31; vgl. *De re publica* I 26, 41). Auch mit der Betonung der *fides* als eines weiteren *fundamentum iustitiae* (*De officiis* I 23) beschreibt Cicero eine personale Eigenschaft, die geeignet ist, den Zusammenhalt der *societas* zu vergrößern. Er folgt zwar Platon und den Stoikern in der individualethisch akzentuierten Lehre von den vier Kardinaltugenden; aber dabei spielt die soziale Komponente im Hintergrund die eigentlich sinntragende Rolle. Zusammenfassend versteht Cicero unter Gerechtigkeit eine feste Charakterhaltung, die unter Wahrung des Gemeinnutzens jedem seine Würde zuteilt (*iustitia est habitus animi communi utilitate conservata suam cuique tribuens dignitatem*: *De inventione* II 160).

Spätantike

Die Begriffs- und Theoriegeschichte von Gerechtigkeit beruht in Spätantike und Mittelalter teilweise auf Fundamenten, die sich im Vergleich zu denen der antiken Debatte gewandelt haben. Zwei Veränderungen seien akzentuiert.

Die erste ergibt sich aus dem starken Einfluss des biblischen Sprachgebrauchs. Spezifisch biblisch ist der Begriff der ›Rechtfertigung‹ (*dikaiôsis*) des Sünders durch das vergebende Handeln Gottes. Die Nähe der Ausdrücke *dikaiosynê* und *dikaiôsis* bzw. *iustitia* und *iustificatio* sorgt in der christlichen Begriffsgeschichte für einen deutlichen thematischen Wandel. Zu einer wichtigen Frage wird nun, wodurch der Mensch als ›gerecht vor Gott‹ gelten kann. Bei zahlreichen Autoren der Spätantike und des Mittelalters findet sich – besonders mit Blick auf Röm 1,17, 3,21 oder 10,3 f. – ein Gerechtigkeitsverständnis mit einem solchen fideistischen Hintergrund. Ein weiterer relevanter Punkt ergibt sich aus der Bergpredigt, wo ein Mehr an Gerechtigkeit im Vergleich zur einfachen Regelobservanz der Pharisäer und Schriftgelehrten gefordert wird (Mt 5,6–10; 20; 45; 6,1; 33). Der Jesus des Matthäusevangeliums bezeichnet die vollkommene Haltung ausdrücklich als Gerechtigkeit (Mt 10,41; 27,19). Für die Theoriegeschichte von Gerechtigkeit scheint damit das Thema des Supererogatorischen vorgebildet zu sein, das sich in der heidnischen Ethik der Antike nicht findet.

Ein zweiter Ausgangspunkt, der zu einer veränderten Basis der Gerechtigkeitsdebatte in Spätantike und Mittelalter geführt hat, liegt bei dem paganen Philosophen Plotin. Der Begründer des Neuplatonismus greift zwar auf eine Antithese aus Platons *Phaidon* (82a) zurück, wenn er seine pointierte Unterscheidung zwischen bürgerlichen Tugenden (*politikai aretai*) und höheren Tugenden (*meizous*) vornimmt (vgl. *Enneaden* I.2[19]1,16 f.). Plotin unterlegt diesem Begriffspaar aber den neuartigen Sinn, dass bürgerliche Tugenden diejenige Charakterhaltung bezeichnen, welche unter den Bedingungen einer zeitlich-irdischen Existenz angemessen ist, während ihre ›Urbilder‹, die höheren Tugenden, die vortreffliche seelische Verfassung in einer intelligiblen und unkörperlichen Welt darstellen. Porphyrios, Iamblich und die späteren Neuplatoniker, besonders Marinos, haben diese gestufte Tugendkonzeption Plotins mit ihrer Hervorhebung intelligibler Tugenden fortgeführt und weiter differenziert (dazu Dihle 1978, 277–280).

Augustinus versteht unter Gerechtigkeit ebenfalls in erster Linie eine personale Tugend. Auch er folgt dabei der platonischen Standarddefinition in der Formulierung Ciceros (*iustitia, cuius munus est sua cuique tribuere*: *De civitate dei* XIX 4). Augustinus schließt sich ferner an Plotin in dessen zentralem

Punkt an, nämlich bei der Differenzierung zwischen ihrer vorläufigen, unzulänglichen, inchoativen Form, die unter irdischen Bedingungen am Platz ist, und einer ewigen oder himmlischen Ausprägung von Gerechtigkeit. Die irdische Gerechtigkeit verschafft dem betreffenden Individuum nur eine relative charakterliche Vollkommenheit; sie wird erst in der jenseitigen Existenzform des Tugendhaften perfektioniert (z. B. *Contra duas epistulas Pelagianorum* III 7,19). Politische Gerechtigkeit bildet für Augustinus kein Definitionsmerkmal des Staates, sondern lediglich eine wünschenswerte Zielbestimmung. Doch diese normative Vorgabe ist allenfalls in geringem Umfang einlösbar; Staaten bleibt ein hohes Maß an Gerechtigkeit prinzipiell verwehrt. Augustinus' Auffassung zeigt sich an jenem absoluten Ablativ in der Frage ›Was sind Königreiche bei fehlender Gerechtigkeit anderes als große Räuberbanden?‹ (*remota iustitia quid sint regna nisi magna latrocinia*). Er bedeutet gerade nicht ›*wenn* ihnen Gerechtigkeit fehlt‹, sondern ›*weil* ihnen Gerechtigkeit fehlt‹. Allen irdischen Staaten der postlapsarischen Zeit mangelt es im Unterschied zur *civitas dei* grundsätzlich an Gerechtigkeit. Augustinus scheint in diesem Punkt seine Auffassung spürbar modifiziert zu haben (vgl. Christes 1980; Fortin 1997). Noch im Frühwerk – und indirekt in *De civitate dei* XIX 21 – vertritt er die Ansicht, jede staatliche Rechtsordnung müsse auf Gerechtigkeit beruhen; er behauptet, es liege überhaupt kein Gesetz vor, wenn eine Bestimmung nicht auch gerecht sei (vgl. *nam lex mihi esse non videtur, quae iusta non fuerit*: *De libero arbitrio* I 11). Übrigens findet sich bereits bei Platon (*Nomoi* 715b2–6) die Feststellung, dass eine nicht am Gemeinwohl der Polis orientierte Verfassung oder ein nichtgemeinwohlbezogenes Gesetz ihre jeweilige Bezeichnung gar nicht verdient.

Frühes Mittelalter

Die mittelalterliche Debatte um den Gerechtigkeitsbegriff lässt sich im lateinischen Westen in zwei große Phasen einteilen: in eine Epoche vor der Rezeption von Buch V der *Nikomachischen Ethik* (bis ca. 1250) und in die Epoche der Aristoteles-Kommentierung. Aus der vor-aristotelischen Phase ist zunächst Beda Venerabilis erwähnenswert, der in *De tabernaculo* III 14 eine stark augustinisch inspirierte Konzeption entwickelt. Ungleich selbständiger fällt die Gerechtigkeitskonzeption des Anselm von Canterbury aus. Sie findet sich in seiner Schrift *Über die Wahrheit* (*De veritate*); in dieser Abhandlung verfolgt Anselm das Ziel, die biblische Gleichsetzung der Wahrheit mit Gott (nach Joh 14,6) mit rationalen Mitteln zu untermauern. Hierfür bedient er sich eines Argumentationstopos des Boethius: Wenn sich alle einzelnen Erscheinungsformen der Wahrheit mit dem Wesen Gottes identifizieren lassen, dann kann man auch die Wahrheit insgesamt mit Gott gleichsetzen (dazu ausführlich Enders 1999). Anselm versucht nun zu zeigen, dass alle Teilphänomene der Wahrheit tatsächlich in einem einzigen Basisphänomen fundiert sind, das sich auf Gott zurückführen lässt. Dabei führt seine Untersuchung auch zu der Frage, ob es nicht konsequent wäre, Wahrheit bzw. Rechtheit mit Gerechtigkeit gleichzusetzen; die Ausdrücke *rectitudo* und *iustitia* scheinen einfach dasselbe zu bezeichnen. Die Pointe seines Gerechtigkeitsverständnisses besteht allerdings erst darin, dass Anselm als diejenige Größe, die einen Akt vollends gerecht macht, den moralisch guten Willen begreift. Weder der äußere Akt noch das Wissen um seine Richtigkeit kann nach Anselm dasjenige sein, was uns eine Handlung als gerecht erscheinen lässt. Denn man vermag sich durchaus jemanden vorzustellen, der weiß, dass eine bestimmte Verhaltensweise moralisch angemessen ist, der sie überdies faktisch ausführt, sie aber gleichwohl nicht intendiert. Für Anselm besteht daher ein weiteres Definitionselement der Gerechtigkeit im wissentlichen, auf intrinsischer Motivation beruhenden Wollen des Gesollten. Es kommt aber noch ein fünfter Punkt hinzu. Dieser beruht auf Anselms Unterscheidung zwischen dem direkten Objekt eines Aktes (dem *quid*), und dem weiteren Ziel des Aktes (dem *propter quid*), um dessentwillen das *quid* gewählt wird. Es kann zwei Fälle geben: Entweder wird etwas um eines davon verschiedenen Zieles willen getan; dann ist das Objekt das Mittel oder Instrument zur Erlangung des Ziels (extrinsischer Zweckcharakter). Oder aber das Objekt ist selbst das Ziel; das Objekt wird um seinetwillen gewählt (intrinsischer Zweckcharakter). Im zweiten Fall koinzidieren *quid* und *propter quid*. Anselm verlangt nun, die *rectitudo* des Willens müsse das *quid* und das *propter quid* des Aktes sein. Als gerecht im Vollsinn kann z. B. keine Handlung gelten, bei der das moralisch Richtige zwar wissentlich gewollt wird, aber um eines davon verschiedenen Zieles willen – wie wenn jemand etwas moralisch Richtiges wissentlich ausführt, dies aber in Erwartung eines hieraus resultierenden Vorteils tut. Gerecht ist die Handlung, bei der das Richtige wissentlich und um seiner Richtigkeit willen getan wird. Daher lautet Anselms abschließende Definition der *iustitia*: »Gerechtigkeit ist die um ihrer selbst willen bewahrte Rechtheit des Willens« (*iustitia igitur est rectitudo voluntatis propter se servata*: Opera omnia I, 194, 26 f.). Es zeigt sich, dass Anselm Gerechtigkeit als personale Eigenschaft versteht, und zwar als umfassende richtige Willensorientierung im Sinn der aristotelischen *iustitia universalis*. Zudem bietet es sich natürlich an, diese Konzeption mit Kants Moralitätsbegriff zu vergleichen (Enders 1999).

Hohes und spätes Mittelalter

Die Kommentierung der *Nikomachischen Ethik* aus der Feder des Albertus Magnus stellt ein bemerkenswertes historisches Dokument dar (1250; Editio Colon. XIV). Albert stützte sich auf die erst wenige Jahre zuvor (um 1246/47) abgeschlossene lateinische Übersetzung der *Nikomachischen Ethik* von Robert Grosseteste, konnte sich aber immerhin am Ethik-Kommentar des Ibn Rushd orientieren (lat. Averroes, *In Moralia Nicomachia Expositio*). Dennoch bleiben die Ausführungen Alberts eine respektable Leistung; sie zeichnen den aristotelischen Gedankengang grundsätzlich adäquat nach. Albert sieht richtig, dass Aristoteles' zentrales Verdienst in der Differenzierung verschiedener Begriffsaspekte von Gerechtigkeit besteht. Zunächst behandelt er die umfassende Gerechtigkeit (*iustitia generalis*) des Aristoteles. Er setzt sie mit der gesetzesorientierten Gerechtigkeit (*iustitia legalis*) gleich – eine Identifikation, die freilich in der hochmittelalterlichen Gerechtigkeitsdebatte umstritten blieb. Ein weiterer wichtiger Punkt besteht darin, dass Albert *iustitia* nicht als *habitus* im Selbstverhältnis einer Person, sondern als *habitudo*, als Verhältnis zu anderen Personen, auffasst; folglich stellt sie in gewisser Weise keine Tugend dar (dazu Canavero 1992). Dies macht die Frage umso dringlicher, ob Aristoteles' Intention nicht darin bestand, die umfassende Gerechtigkeit als Umschreibung für die Gesamtheit aller Tugenden zu präsentieren. Albert beantwortet diese Frage in der Nachfolge des Averroes, indem er die *iustitia generalis* als Bezogensein eines Individuums auf alle anderen gemäß den Tugenden auffasst; die umfassende Gerechtigkeit wird auf die politische Gemeinschaft bezogen (vgl. Lambertini 1999). Auch was die ›spezielle Gerechtigkeit‹ (*iustitia specialis*) anlangt, erweist sich Alberts Rekonstruktion als textnah. Er unterscheidet zutreffend zwischen ihren zwei Teilen: der Verteilungsgerechtigkeit (*iustitia distributiva*) und der ausgleichenden Gerechtigkeit (*iustitia commutativa*). Zudem spricht er von einer zuweisenden Gerechtigkeit (*iustitia directiva*), unter der er die aristotelische reziproke Gerechtigkeit (*antipeponthos*) zu verstehen scheint. Es fällt ins Auge, dass Albert die aristotelische Bestimmung von Gerechtigkeit verteidigt, ja sogar als die »beste Definition« bezeichnet (vgl. *dicendum, quod diffinitio, quam ponit hic Aristoteles, optima est*: Ed. Colon. XIV/1, 347,89 f.).

Thomas von Aquin konnte sich also bei seiner Kommentierung von Buch V der *Nikomachischen Ethik* (besonders in der Schrift *Sententia libri Ethicorum*, in seinem Sentenzenkommentar sowie in der *Summa theologiae*) bereits auf die hochdifferenzierte, vor der Aristoteles-Rezeption liegende Auseinandersetzung sowie auf seinen Lehrer Albert stützen. Seine Ausführungen haben grundsätzlich dieselbe Tendenz wie die Albertschen: Auch Thomas entscheidet sich gegen die ältere Tradition und für einen Gerechtigkeitsbegriff in enger Anlehnung an Aristoteles. In der *Secunda Secundae* (II-II 57–79) der *Summa theologiae* setzt er mit einer Kennzeichnung der Gerechtigkeit als Gleichheit oder – wegen des aktiven Aspekts – als ›Ausgleich‹ (*aequalitas*) ein (57,1). Sodann schließt sich Thomas der ulpianischen Definition an: *Iustitia est constans et perpetua voluntas ius suum cuique tribuendi* (58,1). Um zu verdeutlichen, dass er trotz seines Rückgriffs auf den Willensbegriff keine andere Auffassung als die aristotelische vertritt, erweitert er die Definitionsformel um den Hinweis, dass mit dem ›Willen‹ ein fester Habitus des Charakters gemeint sei: *Iustitia est habitus secundum quem aliquis constanti et perpetua voluntate ius suum unicuique tribuit*. Dagegen bezeichnet er den platonischen Gerechtigkeitsbegriff mit Aristoteles als ›metaphorisch‹ (58,2) – was allerdings gänzlich unpolemisch zu verstehen ist: Gemeint ist nur, dass eine Konzeption, die Gerechtigkeit als eine harmonische und funktional optimierte Seelenordnung interpretiert, eher die Ebene der Voraussetzungen betrifft als das Phänomen selbst beschreibt.

Als Gerechtigkeit im eigentlichen Wortsinn gilt denn auch für Thomas die *iustitia particularis* oder *iustitia specialis* des Aristoteles: die Gerechtigkeit als Teil der Tugend. Thomas unterscheidet innerhalb dieser partikularen Gerechtigkeit zwischen einer verteilenden und einer ausgleichenden Gerechtigkeit (*iustitia distributiva – iustitia commutativa*: 58,7; 61,1). Diese Unterscheidung begründet er anders als Aristoteles, nämlich mit der Relation Ganzes-Teil einerseits und der Relation Teil-Teil andererseits. Das bedeutet: Die *iustitia distributiva* wird von einem politisch Verantwortlichen, der das Ganze eines Staates repräsentiert, mit Blick auf die einzelnen Bürger praktiziert; die Bürger partizipieren an ihr nur insofern, als sie die Gerechtigkeit des Verteilenden nachzuvollziehen vermögen. Dagegen tritt die *iustitia commutativa* immer nur bei Vertragsbeziehungen (*contractus*) zwischen Einzelbürgern auf den Plan. Dabei hat Thomas ebenso wie Aristoteles keineswegs nur Tauschakte, d. h. auf Wechselseitigkeit zielende freiwillige Gütertransaktionen im Sinn. Vielmehr denkt er zudem an einseitige Schädigungen, die jemand an den Gütern des anderen verübt und für die der Übeltäter eine Wiedergutmachung (*compensatio, restitutio*) leisten muss. Es liegt somit auf der Hand, dass *iustitia commutativa* nicht so viel wie Tauschgerechtigkeit bedeuten kann. Unter sie fallen ebenso die unfreiwilligen, gewaltsamen Veränderungen beim Güterbesitz. Besonders deutlich zeigt sich dies daran, dass Thomas Mord als einen Fall von verletzter *iustitia commutativa* interpretiert (63,1 f.). Thomas folgt Aristoteles ferner in der inhaltlichen Beschreibung der beiden Gerechtigkeitsvarianten: Die *iustitia distributiva* folgt dem Würdeprinzip, die *iustitia commutativa* dem Ausgleichsprinzip (61,2).

Erwähnenswert ist zudem, wie Thomas zwischen zwei Typen von Teilen der Gerechtigkeit differenziert: Während er die Teile *iustitia distributiva* und *iustitia commutativa* als die ›inhaltlichen Teile‹ (*partes subiectivae*) bezeichnet, weist er den erstmals von Cicero thematisierten konstitutiven Bestandteilen der Gerechtigkeit die Bezeichnung ›ermöglichende Teile‹ (*partes potentiales*) zu. Zu letzteren gehört besonders die aristotelische Billigkeit (*epieikeia, aequitas*). Auch Thomas versteht diese als ein personales Korrekturprinzip, das der staatlichen Rechtsordnung ausgleichend und ergänzend zur Seite treten soll.

Bei Aegidius Romanus findet sich eine modifizierte Aufnahme thomasischer Gedanken in seinem Fürstenspiegel *De regimine principum* (I 2, 10–15). Wie Thomas sieht sich Aegidius vor das Problem gestellt, in welchem Sinn man Aristoteles' Feststellung auslegen muss, dass die *iustitia legalis* oder *generalis* alle Tugenden zusammenfasst. Auch Aegidius lehnt die Vorstellung ab, es handle sich bei ihr einfach um das Genus Tugend. Seine Lösung sieht vor, dass die umfassende Gerechtigkeit den Menschen nicht mit Blick auf sich selbst perfektioniert, sondern sein Verhalten zu den Gesetzen sowie zum Fürsten vervollkommnet (Lambertini 1999, 141–49).

Im Zentrum der politischen Theorie Dante Alighieris steht die Figur eines idealisierten Monarchen. Gemeint ist der Lenker einer – als die beste Staatsform beschriebenen – Weltmonarchie. Innerhalb der Tradition der mittelalterlichen Zwei-Reiche- oder Zwei-Schwerter-Lehren steht Dantes Theorie damit klar für eine Verteidigung der Stellung des Kaisers gegen die weltliche Autorität der Kirche und des Papstes. Dantes Anliegen zielt aber wesentlich weiter, nämlich auf die Etablierung einer echten Universalmonarchie nach dem Vorbild des alten römischen Kaisertums. Dennoch handelt es sich nicht um eine pagane oder um eine säkulare Theorie einer Autonomie des Politischen. Dante vertritt vielmehr eine politische Theologie aus dem Geist des Christentums, die zugleich den irdischen wie ewigen Elementen der *conditio humana* gerecht zu werden sucht. Auf dieser voraussetzungsreichen Basis gelangt er zu einer in der Theoriegeschichte recht ungewöhnlichen Gerechtigkeitskonzeption (zum Folgenden vgl. Imbach/Flüeler 1989, 274–295). Dante stützt sich in der *Monarchia* auf den Gerechtigkeitsbegriff, um mit seiner Hilfe die Universalmonarchie als erforderlich für die beste Ordnung der Welt zu erweisen. Diesem Nachweis versucht er die strenge Form eines Syllogismus zu geben. Als Obersatz oder Maior fungiert dabei die Feststellung, die Welt sei am besten geordnet, wenn in ihr Gerechtigkeit die größtmögliche Macht besitze. Um von diesem – intuitiv plausiblen – Obersatz aus zu der angestrebten Konklusion zu gelangen, dass die beste aller politischen Ordnungen in der Weltmonarchie liegt, muss er auf folgenden Untersatz zurückgreifen können: »Die Gerechtigkeit besitzt am meisten Macht in der Welt, wenn sie sich in jenem Subjekt befindet, das den besten Willen und die meiste Macht besitzt« (*Monarchia* I xi, 8). Lässt sich diese Minor überzeugend darstellen, so ist auch der Schluss insgesamt gelungen.

Um nun nachzuweisen, dass es der Monarch ist, der die beiden in der Minor genannten Bedingungen erfüllt, will Dante u. a. zeigen, dass dieser am wenigsten von Begierden getrieben, sondern habituell von Liebe bestimmt sei. Erläuternd behauptet Dante, der Monarch sei insofern durch eine besondere Liebe zur Menschheit gekennzeichnet, als er dieser besonders ›nahe‹ sei. Nach der Interpretation von Lüddecke (1999, 50–60) meint diese Nähe die besondere Affinität des Monarchen zum Menschheitsziel einer vollkommenen Entfaltung irdischen Glücks. Zweifellos handelt es sich bei Dantes Konzeption um ein äußerst anspruchsvolles personales Gerechtigkeitsverständnis, das einem gleichfalls extrem weitreichenden politischen Gerechtigkeitsideal zugrunde gelegt wird.

Schließlich ist noch erwähnenswert, dass die platonische und neuplatonische Tradition im Mittelalter nahezu kontinuierlich fortgesetzt wird. Ein besonders markantes Beispiel bietet Meister Eckhart; sein Rückgriff auf die Tradition besteht darin, dass sich auch Eckhart für Gerechtigkeit als Eigenschaft interessiert, mit welcher der Mensch unmittelbar auf die göttlich-höhere Welt bezogen ist. Gerechtigkeit gilt bei ihm als eine der spirituellen Vollkommenheiten (*perfectiones spirituales*); zugleich wird sie als ein Gottesprädikat aufgefasst: Gott ist selbst die Gerechtigkeit schlechthin (vgl. Johanneskommentar, *Lateinische Werke* III 13,1–19,2). Gemäß Eckharts Lehre von der ›Gottesgeburt in der Seele‹ kann sich nun ein Mensch diese Gerechtigkeit vollständig und in einem univoken Sinn zu eigen machen; er kann zum perfekten Spiegelbild Gottes werden. Dabei bringt die ›ungeborene‹ Gerechtigkeit den ›geborenen‹ Gerechten so hervor, dass hinsichtlich ihres Gerechtseins kein Unterschied zwischen ihnen besteht (vgl. *Buoch der goetlîchen troestunge*, V 6 f.; *Predigt* 6 und 39; dazu Mojsisch 1983).

Literatur

Alberti, Antonina: The Epicurean theory of law and justice. In: Andre Laks (Hg.): *Justice and Generosity*. New York 1995, 161–190.

Anselm von Canterbury: *Über die Wahrheit*. Lat.-dt., übers., eingel. und komm. von Markus Enders. Hamburg 2001.

Assmann, Jan: *Ma'at. Gerechtigkeit und Unsterblichkeit im Alten Ägypten*. München 1990.

Atkins, E. M.: »Domina et Regina Virtutum«: Justice and Societas in *De officiis*. In: *Phronesis* 35 (1990), 258–289.

Bien, Günther: Gerechtigkeit bei Aristoteles. In: Otfried Höffe (Hg.): *Aristoteles. Nikomachische Ethik*. Berlin 1995, 135–164.

Canavero, A. T., La virtù della giustizia: da »habitude« ad »habitus«. A proposito della giustizia »metaphorice dicta« in Alberto Magno e Tommaso d'Aquino. In: *Revista Neoscolastica*, 84, 1992, S. 608–631.

Christes, Johannes: Christliche und heidnisch-römische Gerechtigkeit in Augustins Werk De civitate die. In: *Rheinisches Museum* 123 (1980), 163–177.

Cooper, John M.: Justice and rights in Aristotle's *Politics*. In: *Review of Metaphysics* 49/4 (1996), 859–872.

Dihle, Albrecht: Art. Gerechtigkeit. In: *Reallexikon für Antike und Christentum*, Bd. 10. Stuttgart 1978, 233–360.

Enders, Markus: *Wahrheit und Notwendigkeit. Die Theorie der Wahrheit bei Anselm von Canterbury im Gesamtzusammenhang seines Denkens und unter besonderer Berücksichtigung seiner antiken Quellen (Aristoteles, Cicero, Augustinus, Boethius)*. Leiden 1999.

Flaig, Egon: Ehre gegen Gerechtigkeit. Adelsethos und Gemeinschaftsdenken in Hellas, in: Jan Assmann/Bernd Janowski/Michael Welker (Hg.): *Gerechtigkeit. Richten und Retten in der abendländischen Tradition und ihren altorientalischen Ursprüngen*. München 1998, 97–140.

Fortin, Ernest L.: Justice as the foundation of the political community: Augustine and his Pagan Models. In: Christoph Horn (Hg.): Augustinus. *De civitate dei*. Berlin 1997, 41–62.

Hegel, Georg Wilhelm Friedrich: *Vorlesungen über die Geschichte der Philosophie II*. In: Ders.: Werke in 20 Bänden, Bd. 19. Frankfurt a. M. 1979.

Horn, Christoph/Scarano, Nico (Hg.): *Philosophie der Gerechtigkeit. Texte von der Antike bis zur Gegenwart*. Frankfurt a. M. 2002.

Imbach, Ruedi/Flüeler, Christoph (Hg.): Dante, *Monarchia*. Stuttgart1989.

Keyt, Donald: Distributive justice in Aristotle's ethics and politics. In: *Topoi* 4 (1985), 23–46.

Knoll, Manuel: Aristokratische oder demokratische Gerechtigkeit? *Die politische Philosophie des Aristoteles und Martha Nussbaums egalitaristische Rezeption*. München 2009.

Kraut, Richard: The defense of justice in Plato's *Republic*. In: Ders. (Hg.): *The Cambridge Companion to Plato*. Cambridge 1992, 311–337.

Lambertini, Roberto: Von der *iustitia generalis* zur *iustitia legalis*: Die Politisierung des Gerechtigkeitsbegriffs im 13. Jahrhundert am Beispiel des Aegidius Romanus. In: *Miscellanea Mediaevalia* 25 (1999), 131–145.

Long, Anthony/Sedley, David (Hgg.): *Die hellenistischen Philosophen. Texte und Kommentare*. Stuttgart 2000.

Lüddecke, Dirk: *Das politische Denken Dantes. Überlegungen zur Argumentation der Monarchia Dante Alighieris*. Neuried 1999.

Miller, Fred D. Jr.: *Nature, Justice, and Rights in Aristotle's* Politics. Oxford 1995.

Mojsisch, Burkhard: *Meister Eckhart. Analogie, Univozität und Einheit*. Hamburg 1983.

Nussbaum, Martha C.: Aristotelian social democracy. In: R. Bruce Douglass/Gerald M. Mara/Henry S. Richardson (Hg.): *Liberalism and the Good*. New York 1990, 203–252.

Schofield, Malcolm: *The Stoic Idea of the City*. Cambridge 1991.

–: Two stoic approaches to justice. In: Andre Laks (Hg.): *Justice and Generosity*. New York 1995, 191–212.

Williams, Bernard: *Shame and Necessity*. Berkeley 1993.

Christoph Horn

3 Geschichte des Gerechtigkeitsbegriffs: Neuzeit

Das neuzeitliche Verständnis von Gerechtigkeit knüpft an den gelehrten Gerechtigkeitsdiskurs des Mittelalters an, der seinerseits unter dem Einfluss des Gerechtigkeitsdenkens der Antike stand und deren Vokabular rezipierte. In der frühen Neuzeit erlebt dieses Vokabular jedoch eine erhebliche Bedeutungsverschiebung, die in das bis heute maßgebliche Grundverständnis von Gerechtigkeit mündet. Dieses Verständnis, das den *modernen Begriff von Gerechtigkeit* konstituiert, hebt sich vom Verständnis früherer Zeiten durch folgende Merkmale ab: 1) durch die Ausdehnung des Gegenstandsbereichs der Gerechtigkeit auf die *institutionelle Rahmenordnung* sozialen Handelns, so auf die Verfassung staatlicher Herrschaft und die rechtliche Eigentumsordnung (während das antike und mittelalterliche Gerechtigkeitsdenken hauptsächlich auf interpersonales Handeln abstellte); 2) durch die Einbettung der Gerechtigkeit in eine *Moral der gleichen Achtung*, der zufolge alle Menschen von Natur aus grundsätzlich gleichen Wert besitzen und darum auch als Gleiche behandelt werden müssen (wogegen das Gerechtigkeitsverständnis der Antike und des Mittelalters geburtsbedingte Unterschiede zuließ); 3) durch eine Verstärkung des der Idee der Gerechtigkeit inhärenten Prinzips, Gleiches gleich zu behandeln, durch das *gehaltvollere Gleichheitspostulat*, dass die Ungleichbehandlung von Personen in gerechtigkeitsrelevanten Kontexten einer allgemein einsichtigen Rechtfertigung bedarf (ein Postulat, das im Denken der Antike und des Mittelalters kaum begegnet, zumindest keine breite Zustimmung fand).

Der moderne Gerechtigkeitsbegriff bildet die Grundlage für die Entwicklung einer Sequenz von spezifischeren Ideen und Forderungen, die in der Neuzeit von maßgeblichen Denkern formuliert und von machtvollen sozialen Bewegungen verbreitet wurden und zur heute vorherrschenden Vorstellung sozialer Gerechtigkeit (s. Kap. II.18) führten. Obwohl diese Entwicklung einer dem modernen Gerechtigkeitsverständnis inhärenten Logik folgt, kann sie angemessen nur verstanden werden, wenn man die in ihrem Verlauf sich entfaltenden Ideen mit den sozialen Tatsachen in Beziehung setzt, die ihr Auftreten bedingen und ihnen Wirksamkeit verschaffen. Diese sozialen Tatsachen sind erstens die gesellschaftlichen Konflikte und Probleme, auf deren Regelung jene Ideen zielen; zweitens die Organisationsfähigkeit und Durchsetzungsmacht der sozialen Gruppen, deren Interessen sie dienen; drittens die Möglichkeiten ihrer Realisierung durch soziale Institutionen, die ihnen zu realer Geltung verhelfen.

Die Idee der Gerechtigkeit in der frühen Neuzeit

Wie schon die Philosophie des Mittelalters geht auch das Denken der frühen Neuzeit von der auf Aristoteles zurückgehenden Unterscheidung zwischen *iustitia distributiva* und *iustitia commutativa* aus. Hat die distributive Gerechtigkeit (s. Kap. II.12) zunächst wenig Beachtung gefunden, so war die ausgleichende Gerechtigkeit (s. Kap. II.12), vor allem die Gerechtigkeit vertraglicher Tauschbeziehungen, Gegenstand vielfältiger Überlegungen: der *Lehren vom gerechten Preis*. Daraus stechen zwei Ansätze hervor: zum einen der alte, an Aristoteles anknüpfende Ansatz, wonach ein Tausch gerecht ist, wenn die getauschten Güter gleichen Wert haben (so Albertus Magnus und Thomas von Aquin); zum anderen die neuere Auffassung, vertragliche Tauschverhältnisse seien gerecht, wenn der Preis der getauschten Güter oder Leistungen dem Marktpreis entspricht, der im Wechselspiel von Angebot und Nachfrage auf einem wohlgeordneten Markt zustande kommt. Während sich der erste Ansatz zunehmend in praktisch nutzlose Spekulationen über den Maßstab des Wertes von Gütern verstieg (Kaulla 1904), hat sich der zweite als fruchtbar erwiesen, weil er einige handfeste Kriterien dafür lieferte, wann vertragliche Geschäfte im allseitigen Interesse der beteiligten Parteien liegen und darum als gerecht gelten können, nämlich dann, wenn sie von allen Parteien freiwillig in Kenntnis der relevanten Informationen unter ausgewogenen Wettbewerbsbedingungen abgeschlossen werden. Dieser Ansatz wurde im 16. Jahrhundert von den Protagonisten der spanischen Spätscholastik, Francisco de Vitoria und Luis de Molina, im Detail ausgearbeitet. Sie argumentierten, der gerechte Preis richte sich nicht nach dem Gewinn und Verlust der Kaufleute, sondern nach dem Verhältnis von Angebot und Nachfrage an dem Ort, wo die Waren verkauft werden. Ferner betonten sie die Rolle des Wettbewerbs für die Bildung gerechter Marktpreise und überhaupt für das Funktionieren des Marktes. Deshalb hielten sie regulierende Maßnahmen der öffentlichen Autoritäten für zulässig, ja geboten, um der Bildung privater Monopole und anderer Formen von Marktmacht entgegenzuwirken (Höffner 1953; Trusen 1997; Langholm 1998).

Die Vorstellung, dass soziale Verhältnisse jedenfalls

dann als gerecht gelten können, wenn sie aus allseitig vorteilhaften Vertragsbeziehungen resultieren, scheint bis weit in die Neuzeit hinein so bestechend gewesen zu sein, dass sie nicht nur auf die Ergebnisse bilateraler Vertragsgeschäfte zwischen Privaten angewendet wurde, sondern darüber hinaus auf die Beziehungen zwischen Fürsten und Ständen, zwischen den Fürsten untereinander und schließlich sogar auf die soziale Ordnung politischer Gemeinwesen im Ganzen. So wurde schon im Mittelalter der Versuch unternommen, die Bedingungen der Legitimität politischer Herrschaft durch die Annahme eines *Herrschaftsvertrags* zu begründen, durch den sich der Herrscher und die ihm Unterworfenen auf ihre wechselseitigen Rechte und Pflichten einigen (Voight 1965). Da die Konstruktion eines solchen Vertrags die Existenz des Herrschers als gegeben voraussetzte, statt sie zu begründen, und da sie außerdem die Machtungleichheit zwischen den Parteien dieses Vertrags nicht in Frage stellte, hat sie in dem Maße an Plausibilität verloren, in dem die Idee der natürlichen Gleichheit der Menschen Verbreitung fand wie auch die Einsicht, dass vertragliche Übereinkünfte nur unter der Bedingung der gleichen Freiheit der beteiligten Parteien zu gerechten Ergebnissen führen. Damit lag es nahe, das Projekt, die Grundsätze einer legitimen politischen Ordnung durch die Annahme einer vertraglichen Übereinkunft ihrer Mitglieder zu begründen, einer radikalen Revision zu unterziehen, die in den Theorien des *Sozialkontrakts* oder *Gesellschaftsvertrags* Niederschlag fand.

Ausgangspunkt dieser Theorien, die das rationale Naturrechtsdenken vom 17. bis ins 19. Jahrhundert dominierten, war das Konstrukt eines *Naturzustands*. Darunter stellte man sich einen anfänglichen Zustand der Koexistenz ursprünglich freier und gleicher Menschen ohne rechtliche Ordnung vor, dessen Unsicherheiten und Gefahren die Bewohner eines Landes nötigten, sich in ihrem wechselseitigen Interesse durch eine allseitige Übereinkunft zu einem politischen Gemeinwesen zu vereinigen und sich eine Ordnung zu geben, die das Leben, die Sicherheit und das Wohlergehen aller Mitglieder wirksam sichert. Welchen Zwecken eine solche Ordnung im Einzelnen dienen und wie sie im Detail beschaffen sein sollte, darüber stimmten die verschiedenen Theorien des Sozialkontrakts allerdings nicht überein. Dessen ungeachtet brachten diese Theorien – wenn auch meist nicht explizit, so doch in der Sache – das Problem der *distributiven* Gerechtigkeit sozialer Ordnungen ins Spiel, indem sie zumindest eine anfängliche Gleichheit der Ausgangspositionen aller Beteiligten und vielfach auch gewisse vorvertragliche natürliche Rechte und Pflichten (wie das Recht auf Eigentum) annahmen, wie etwa die Theorien von Samuel Pufendorf (Denzer 1972) und von John Locke (Euchner 2011). Die windungsreiche Geschichte der Lehre vom Gesellschaftsvertrag spiegelt die sich verändernden sozialen Konflikte wider, die zur Herausbildung einiger grundlegender Gerechtigkeitsforderungen der Moderne Anlass gaben (Kersting 1994).

Der moderne Staat bildete sich seit Beginn der Neuzeit aus der Welt des Mittelalters mit ihren ständischen Unterschieden und vielfältig fragmentierten Herrschaftsverhältnissen im Wege verheerender Hegemonialkriege zuerst in der Gestalt des *landesfürstlichen Absolutismus* heraus (Schulze 1994). Die Fürsten, die in diesen Kriegen obsiegten und ein Territorium dauerhaft unter ihre Kontrolle zu bringen vermochten, setzten ihren Anspruch auf absolute, uneingeschränkte Herrschaftsgewalt über dieses Territorium durch. Und eingedenk der desaströsen Kriege, die ihm vorangegangen waren, wurde der Absolutismus vielerorts eine Zeitlang nicht nur von breiten Bevölkerungsteilen begrüßt, sondern auch von bedeutenden politischen Denkern legitimiert, da sie von ihm viele Verbesserungen erhofften: Pazifizierung des Landes, Abbau ständischer Ungleichheiten, Vereinheitlichung des Rechtswesens, Schaffung einer zentralen Verwaltungsorganisation und Förderung des Wirtschaftslebens. So argumentierte Thomas Hobbes (1651/1984), die Menschen im Naturzustand würden sich einmütig einer uneingeschränkten Herrschaft der staatlichen Obrigkeit unterwerfen, weil nur diese in der Lage sei, den Machtkampf eines jeden gegen jeden zu beenden und so den Frieden und das Gedeihen der Gesellschaft zum Vorteil aller zu sichern. Darum gebe es auch keine die staatliche Gewalt bindenden Gebote der Gerechtigkeit, weil diese erst aus den Regelungen der staatlichen Ordnung resultierten. Dessen ungeachtet war Hobbes ein vehementer Verfechter der Idee der *rechtlichen Gleichheit*, nach der alle Bürger den gleichen allgemeinen Gesetzen unterworfen sein sollten, eine Idee, die vor allem in Kreisen des nichtadligen Besitzbürgertums wachsende Verbreitung fand.

Der Kampf um bürgerliche Gleichheit und Freiheit

Die absolutistische Herrschaft hat jedoch die in sie gesetzten Hoffnungen im Laufe der Zeit immer mehr enttäuscht. Denn einerseits blieben erhebliche rechtliche Unterschiede zwischen den Ständen bestehen und andererseits nahmen zahlreiche Missstände überhand, wie Korruption, Vetternwirtschaft, Verschwendung, Willkürjustiz und Intoleranz. All dies brachte den Absolutismus zunehmend in Misskredit, vor allem beim wachsenden städtischen Bürgertum, das in dem Maße, wie es wirtschaftlich reüssierte, mit zunehmender Vehemenz nicht nur rechtliche Gleichheit, sondern auch *bürgerliche Freiheit* einforderte. Im Einzelnen wurden vor allem die folgenden Forderungen erhoben: Gleichheit aller Bürger im Recht durch allgemeine, für alle gleichermaßen geltende Gesetze, Schutz der physischen Freiheit jeder Person, Religions- und Gewissensfreiheit, Meinungs- und Redefreiheit, Eigentums- und Vertragsfreiheit, Unabhängigkeit der Gerichte und ein gewisses Maß an politischer Mitsprache (Grimm 1987, 53–83). Das gedankliche Fundament für diese Forderungen lieferten zwei einander ergänzende Lehren: zum einen die *rationale Naturrechtslehre* in Gestalt der Sozialkontraktstheorien nach Hobbes sowie zum anderen die *liberale Wirtschaftslehre* in Gestalt der von Adam Smith inaugurierten klassischen politischen Ökonomie.

Die einflussreichste jener *Sozialkontraktstheorien* war die von John Locke (1690/1977). Sie modelliert die staatliche Ordnung als das Ergebnis eines Vertrags gleicher und freier Bürger, die sich deshalb, weil ihnen schon im Naturzustand bestimmte natürliche Rechte – nämlich die auf Leben, Gesundheit, Freiheit und Eigentum – zukommen, staatlicher Herrschaft nur in dem für die Sicherung jener Rechte notwendigen Umfang unterwerfen. Das erfordere eine *konstitutionelle Staatsform*, deren Gesetzgebung in den Händen der Besitzenden liegt und deren Gerichtsbarkeit dem Herrscher entzogen ist. In diesem Zusammenhang entwickelte Locke auch eine neue Konzeption des ursprünglichen Eigentumserwerbs, der zufolge privates Eigentum an den – anfänglich allen Menschen zur freien Verfügung stehenden – Naturgütern ursprünglich nicht durch deren Okkupation, wie bis dahin angenommen wurde, sondern durch *Arbeit* entstehe (Brocker 1992). Denn, so argumentierte er, indem eine Person herrenlose Naturgüter bearbeite, erwerbe sie daran privates Eigentum, sofern sie sich davon nicht mehr aneigne, als sie selber nutzen könne, und für Andere genügend Naturgüter gleicher Qualität zum Aneignen übrig lasse. Diese Einschränkungen, die Locke jedoch durch diverse Ausnahmen weitgehend lockerte, zielten offenbar darauf ab, die von ihm konzipierte Eigentumsordnung mit der Idee *distributiver* Gerechtigkeit zu versöhnen, die auf die Verteilung gemeinschaftlicher Güter abstellt und sich darum im Fall der privaten Aneignung der ursprünglich im Gemeinbesitz der Menschen befindlichen Naturgüter aufdrängt. Eben dies hat Kant (1797/1968, Rechtslehre § 41) deutlich unterstrichen, indem er betonte, die distributive Gerechtigkeit erfordere im Übergang zu einer rechtlichen Ordnung die allseitige Anerkennung der im Naturzustand erworbenen Besitztümer der Einzelnen als deren Eigentum (Fleischacker 2004). Zur Attraktivität der besitzindividualistischen Auffassung bürgerlicher Gleichheit und Freiheit trug aber auch die im 18. Jahrhundert aufkommende *liberale Wirtschaftslehre* der klassischen Ökonomik mit der Auffassung bei, die größtmögliche gleiche Freiheit der Bürger – insbesondere die Freiheit des Eigentums, des Vertragsverkehrs und des Gewerbes – führe von selber zu einem Zustand allgemeiner Wohlfahrt, weil das eigennützige Handeln der Menschen durch den Marktprozess letztlich zum Vorteil aller ausschlage (Smith 1776/1974; Sturn 2008). Demgemäß meinte David Hume (1751/1984, 112–125), die Gerechtigkeit einer Gesellschaft fordere nicht mehr als den wirksamen rechtlichen Schutz der individuellen Freiheit und des privaten Eigentums der Bürger und die Durchsetzung freiwillig geschlossener Verträge.

Im Namen der von diesen Lehren artikulierten Ideen von Gleichheit und Freiheit formierten sich in weiten Teilen der westlichen Welt *bürgerliche Bewegungen*, die, in einigen Ländern durch gewaltsame Revolutionen, über kurz oder lang ihre wesentlichen Forderungen durchsetzen konnten. So wurden nach und nach Verfassungen erkämpft, die rechtliche Gleichheit und die elementarsten Freiheitsrechte garantierten, die staatliche Herrschaft durch Gewaltenteilung und Gesetzesbindung beschränkten und dem besitzenden Bürgertum ein bescheidenes Maß an politischer Mitsprache gewährten. Damit wandelte sich die absolute Monarchie in den *bürgerlichen Verfassungsstaat*, sei es in Form einer konstitutionellen Monarchie oder einer Republik (Dann 1980, 132–218; Grimm 1991, 31–61). Die Errungenschaften dieser staatlichen Ordnung kamen jedoch hauptsächlich dem wohlhabenden Besitzbürgertum zugute, während sie den unteren sozialen Schichten – den kleinen Bauern und Gewerbetreibenden sowie der rapide wachsenden Klasse besitzloser Arbeiter – wenig brachten oder sogar zum Nachteil ausschlugen. Denn diese Schichten blieben nicht nur weiterhin von jeder politischen Mitsprache ausgeschlossen, sondern ihnen wurden überdies die für die Verfolgung ihrer Interessen maßgeblichen Freiheiten, wie Meinungs-, Versammlungs- und Koalitionsfreiheit, weitgehend verwehrt.

In Reaktion auf diese von breiten Bevölkerungsteilen als ungerecht empfundene Benachteiligung formierte sich im Laufe des 19. Jahrhunderts eine wachsende *demokratische Bewegung*, die uneingeschränkte Grundfreiheiten und *politische Mitsprache* für alle Bürger forderte, womit zunächst meist nur die männlichen Bürger gemeint waren, bis die langsam erstarkende *Frauenrechtsbewegung* ihrem Verlangen nach Gleichberechtigung nach und nach Gehör verschaffen konnte. Nachdem es in vielen Ländern gelungen war, zunächst eine Ausweitung des Wahlrechts auf breitere Teile der Bevölkerung zu erreichen, ging es schließlich um das *allgemeine und gleiche Wahlrecht*, das um die Jahrhundertwende vielerorts für die Männer eingeführt und später auf die Frauen ausgedehnt wurde (Canfora 2006). Auch die demokratische Bewegung konnte sich auf diverse Lehren des rationalen Naturrechts und der Philosophie der Aufklärung berufen, wie jene von Jean-Jacques Rousseau (1762/1977) oder Thomas Paine (1776/1982), denen zufolge alle Bürger Anspruch auf gleiche Teilhabe an der Gesetzgebung haben, weil sie nur so ihre natürliche Freiheit mit der Unterwerfung unter allgemein verbindliche Zwangsgesetze in Einklang bringen und sich gegen den Missbrauch und die Korruption der staatlichen Gewalt absichern können.

Die Forderung sozialer Gerechtigkeit

Mit dem Kampf um demokratische Beteiligung eng verschränkt war ein weiterer sozialer Konflikt, der mit der rasanten Entwicklung des Kapitalismus im Gefolge der industriellen Revolution immer mehr an Schärfe gewann: die wachsende Spaltung der Gesellschaft, als deren Resultat sich zwei Klassen formierten, nämlich einerseits eine relativ kleine Zahl von Besitzenden, die dank der steigenden Produktivität der in ihrem Eigentum befindlichen Produktionsmittel große Gewinne erzielen und ihren Reichtum weiter mehren konnten, und andererseits eine ständig wachsende Masse besitzloser Lohnarbeiter, die mit ihrer Arbeit, falls sie eine fanden, trotz überlanger Arbeitszeiten und schlimmer Arbeitsbedingungen kaum ihren Lebensunterhalt bestreiten konnten und im Fall von Arbeitslosigkeit und Krankheit vollends in Elend versanken. Diese Entwicklung provozierte nicht nur auf Seiten der Arbeiterschaft wachsenden Widerstand, sondern wurde auch von Teilen der besser gestellten Klassen zunehmend als unerträglich und ungerecht empfunden. In den fortgeschrittenen Industriegesellschaften wurde ab der Mitte des 19. Jahrhunderts die *Soziale Frage* zum beherrschenden Thema der öffentlichen Debatte, und allmählich bürgerte sich die Rede von *sozialer Gerechtigkeit* ein, um der Forderung nach einer grundlegenden Reform der bestehenden kapitalistischen Gesellschafts- und Wirtschaftsordnung Nachdruck zu verleihen (Dann 1980, 219–235).

In dem Maße, in dem mit der Ausbreitung des Kapitalismus die Arbeiterklasse anwuchs, verstärkten sich auch deren Bemühungen, sich zu organisieren, um gemeinsam für eine Verbesserung ihrer Lebens- und Arbeitsbedingungen zu kämpfen. Trotz des Koalitions- und Streikverbots und drückender polizeilicher Repression schlossen sich immer mehr Arbeiter zu Arbeitervereinen, Gewerkschaften und schließlich auch zu politischen Parteien zusammen. Nach und nach bildete sich eine neue soziale Bewegung, die *Arbeiterbewegung*, die vor allem folgende Forderungen erhob: uneingeschränkte Gewährleistung der bürgerlichen Rechte und Freiheiten, insbesondere der Koalitionsbildung und der politischen Betätigung, allgemeines und gleiches Wahlrecht, Verbot der Kinderarbeit, Beschränkung der Arbeitszeit, Streikrecht und kollektive Arbeitsverträge, Existenzsicherung kranker und alter Menschen sowie als Fernziele überhaupt die Beseitigung der Klassenunterschiede und eine gerechte Verteilung des gesellschaftlichen Reichtums (Abendroth 1975). Auch die Forderungen der Arbeiterbewegung fanden theoretische Unterstützung durch vielfältige Konzepte, die von radikalen Entwürfen eines revolutionären Umbaus der kapitalistischen Gesellschaft in eine sozialistische bis zu gemäßigten Projekten einer Reform des kapitalistischen Systems durch dessen politische Regulierung reichten (Hofmann 1974).

Zu den bedeutendsten und einflussreichsten Theoretikern des *radikalen* Flügels gehören Karl Marx und Friedrich Engels, die jedoch glaubten, ihre Kritik der kapitalistischen Gesellschaft und ihre Hoffnung auf eine sozialistische Revolution allein auf die Einsicht in den notwendigen Geschichtsverlauf stützen zu können, ohne ein Konzept von Gerechtigkeit zu benötigen (Marx 1891/1968). Doch in dieser Hinsicht haben sie wohl geirrt, da die zentralen Begriffe ihrer Analyse des Kapitalismus – wie ›Mehrwert‹, ›Ausbeutung‹, ›Klassengesellschaft‹ – die Vorstellung einer gerechten Gesellschaftsordnung reflektieren, die allen Mitgliedern gleiche soziale Entfaltungsmöglichkeiten bietet und einen angemessenen Anteil an den Früchten der wirtschaftlichen Zusammenarbeit zukommen lässt (Peffer 1990).

Aus der Vielfalt der *gemäßigten* Ansätze stechen drei Lager hervor: erstens das *sozialdemokratische* Lager, dessen Vordenker, darunter Ferdinand Lassalle (Na'aman 1991), für eine Transformation des Kapitalismus in eine sozialistische Gesellschaft im Wege tiefgreifender Sozialreformen plädierten; zweitens das *sozialliberale* Lager, dessen Vertreter, wie Gustav Schmoller (Goldschmidt 2008), für eine Domestizierung des kapitalistischen Systems durch staatliche Marktregulierung und öffentliche Einrichtungen sozialer Sicherung eintraten (Müssiggang 1968); und drittens das *christlich-soziale* Lager, dessen Protagonisten, darunter Heinrich Pesch (Große Kracht 2007) und Oswald Nell-Breuning (Hengsbach et al. 1990), zwischen Kapitalismus und Sozialismus einen dritten Weg konzipierten, auf dem die offenkundigen Unzulänglichkeiten des Marktsystems gemäß dem Subsidiaritätsprinzip durch geeignete staatliche Maßnahmen korrigiert werden sollten (Löffler 2001).

Alle diese Doktrinen der sozialen Bewegung haben trotz ihrer Differenzen etwas gemeinsam, wodurch sie sich von den früheren Theorien unterscheiden: Das ist die ihnen zugrunde liegende *kommunitäre Gesellschaftsauffassung*, die den Gemeinschaftscharakter der modernen Gesellschaft betont. Anders als der klassische Liberalismus, der eine Gesellschaft als eine Ansammlung selbständiger, mit Eigentumsrechten ausgestatteter Individuen betrachtete, verstehen die Theorien der Arbeiterbewegung die Gesellschaft als eine *Gemeinschaft*, in der alle Mitglieder gemeinsam das allgemeine Wohl und den gesellschaftlichen Reichtum hervorbringen und deshalb nicht nur Anspruch auf gleiche bürgerliche Rechte und Freiheiten, sondern auch auf gerechte Teilhabe am gesellschaftlichen Leben und an der wirtschaftlichen Wertschöpfung haben (Marshall 1992). Diese Gesellschaftsauffassung wurde von den radikalen Theorien mit der von ihnen propagierten Idee des Kommunismus auf die Spitze getrieben, spielt aber auch in den reformistischen Ansätzen eine tragende Rolle. So betont Schmoller (1881), die fortschreitende Arbeitsteilung verbinde die Einzelnen zu einer unlöslichen Gemeinschaft, deren Produktion den Charakter eines gemeinsamen Unternehmens annehme, womit sich die Forderung nach einer gerechten Verteilung des Sozialprodukts erhebe. Und dies ist auch die Zielrichtung des Begriffs der *sozialen Gerechtigkeit*, der sich gegen Ende des 19. Jahrhunderts einzubürgern begann (Willoughby 1900). Auch wenn dieser Begriff unterschiedlich interpretiert wurde und wird, inkludiert er jedenfalls zwei Forderungen: die Forderung *sozialer Chancengleichheit* (s. Kap. II.26), die zuerst hauptsächlich auf die Verringerung der Klassenunterschiede durch die Verbesserung der sozialen Lage der Unterschichten zielte und danach in Richtung auf eine weiter gehende Angleichung der individuellen Startpositionen und Erfolgsaussichten ausgedehnt wurde; und die Forderung *ökonomischer Verteilungsgerechtigkeit*, die sich anfänglich insbesondere gegen die ausbeuterischen Arbeitsverhältnisse im industriellen Sektor richtete und dann in einem weiteren Sinn die Kritik der fortbestehenden wirtschaftlichen Ungleichheiten fundierte, deren Ausmaß in keinem Verhältnis zu den geleisteten Beiträgen zur gesellschaftlichen Wertschöpfung zu stehen schien.

Beflügelt von der Idee der sozialen Gerechtigkeit, gelang es der mit der industriellen Entwicklung anwachsenden Arbeiterbewegung, Gewerkschaften und Massenparteien zu bilden, die in den entwickelten Gesellschaften einen bis weit in die zweite Hälfte des 20. Jahrhunderts dauernden Prozess der sozialen Reform bewirken konnten, der mehr oder minder ungeplant zu der heute existierenden gemischten Gesellschaftsordnung einer *Marktwirtschaft mit einem Sozialstaat* führte.

Ausblick

Die in groben Strichen skizzierte Geschichte der Gerechtigkeit in der Neuzeit sollte deutlich machen, wie sich der moderne Begriff von Gerechtigkeit im Zusammenwirken mit den gesellschaftlichen Entwicklungen nach und nach in spezifischere Forderungen der Gerechtigkeit differenziert hat, die heute zumindest im Prinzip weithin Zustimmung finden und zusammen die heute in entwickelten demokratischen Gesellschaften *vorherrschende Vorstellung sozialer Gerechtigkeit* bilden: die Forderungen rechtlicher Gleichheit, bürgerlicher Freiheit, demokratischer Teilhabe, sozialer Chancengleichheit und wirtschaftlicher Verteilungsgerechtigkeit. Da alle diese Forderungen mehr oder minder unbestimmt und im Detail umstritten sind, wurden in den vergangenen Jahrzehnten zahlreiche Theorien der Gerechtigkeit entwickelt mit dem Ziel, die Forderungen in ihrer Gesamtheit systematisch zu begründen und einer näheren Interpretation zuzuführen. Die bekannteste und originellste dieser Theorien stammt von John Rawls, dessen Werk *A Theory of Justice* (1971) weit über die akademische

Philosophie hinaus Resonanz gefunden und einen enormen, bis heute anwachsenden Strom von Traktaten über Gerechtigkeit ausgelöst hat. Da sich Rawls' Theorie – wie auch die meisten anderen, ihr nachfolgenden Traktate – im Wesentlichen auf eine rationale Rekonstruktion und Fundierung der vorherrschenden Vorstellung von Gerechtigkeit beschränkt und damit die Entwicklung des letzten Jahrhunderts gleichsam nachholend reflektiert, ist sie allerdings kaum geeignet, gegenwärtigen und künftigen sozialen Bewegungen eine *neue* Perspektive für den Kampf um Gerechtigkeit zu eröffnen; dies schon deswegen nicht, weil sie – wie alle erwähnten Gerechtigkeitsideen der Neuzeit – ausschließlich auf die *interne soziale Ordnung einzelner Gesellschaften* abstellt und die internationale Ordnung außer Betracht lässt.

So unverzichtbar die genannten Forderungen der Gerechtigkeit für den politischen Kampf um eine gerechte innere Ordnung der nationalen Gesellschaften sind, um deren Errungenschaften zu bewahren und verbleibende Ungerechtigkeiten zu verringern, so wenig taugen sie für die Bewältigung der Konflikte und Probleme, die sich aus dem seit einiger Zeit rapide fortschreitenden Prozess der Globalisierung ergeben. Diese Entwicklung wirft eine Vielzahl drängender Gerechtigkeitsfragen neuen Zuschnitts auf, nämlich Fragen der *globalen* und *internationalen* Gerechtigkeit, die gegenwärtig in den Wissenschaften, aber auch in der Öffentlichkeit in wachsendem Umfang zur Debatte stehen.

Literatur

Abendroth, Wolfgang: *Sozialgeschichte der europäischen Arbeiterbewegung*. Frankfurt a. M. ^{2}1975.

Brocker, Manfred: *Arbeit und Eigentum. Der Paradigmenwechsel in der neuzeitlichen Eigentumstheorie*. Darmstadt 1992.

Canfora, Luciano: *Eine kurze Geschichte der Demokratie. Von Athen bis zur Europäischen Union*. Köln 2006 (ital. 2004).

Dann, Otto: *Gleichheit und Gleichberechtigung*. Berlin 1980.

Denzer, Horst: *Moralphilosophie und Naturrecht bei Samuel Pufendorf*. München 1972.

Euchner, Walter: *John Locke zur Einführung*. Hamburg ^{3}2011.

Fleischacker, Samuel: *A Short History of Distributive Justice*. Cambridge MA 2004.

Goldschmidt, Nils: Gustav Schmoller (1838–1917). In: Heinz D. Kurz (Hg.): *Klassiker des ökonomischen Denkens*, Bd. 1. München 2008, 287–305.

Grimm, Dieter: *Recht und Staat der bürgerlichen Gesellschaft*. Frankfurt a. M. 1987.

–: *Die Zukunft der Verfassung*. Frankfurt a. M. 1991.

Große Kracht, Hermann-Josef: Zwischen Soziologie und Metaphysik. Zur Solidarismus-Konzeption von Heinrich Pesch SJ. In: Hermann-Josef Große Kracht/Tobias Karcher/Christian Spieß (Hg.): *Das System des Solidarismus. Zur Auseinandersetzung mit dem Werk von Heinrich Pesch SJ*. Berlin 2007, 59–89.

Hengsbach, Friedhelm SJ/Möhring-Hesse, Matthias/Schroeder, Wolfgang: *Ein unbekannter Bekannter. Eine Auseinandersetzung mit dem Werk von Oswald Nell-Breuning*. Köln 1990.

Hobbes, Thomas: *Leviathan*. Hg. von Iring Fetscher. Frankfurt a. M. 1984 (engl. 1651).

Höffner, Joseph: Der Wettbewerb in der Scholastik. In: *Ordo* 5 (1953), 181–202.

Hofmann, Werner: *Ideengeschichte der sozialen Bewegung des 19. und 20. Jahrhunderts*. Berlin/New York ^{5}1974.

Hume, David: *Eine Untersuchung über die Prinzipien der Moral*. Hg. von Gerhard Streminger. Stuttgart 1984 (engl. 1751).

Kant, Immanuel: *Metaphysik der Sitten* [1797]. In: Ders.: *Werke in zwölf Bänden*. Hg. von Wilhelm Weischedel, Bd. VIII. Frankfurt a. M. 1968.

Kaulla, Rudolf: Die Lehre vom gerechten Preis in der Scholastik. In: *Zeitschrift für die gesamte Staatswissenschaft* 60/4 (1904), 579–602.

Kersting, Wolfgang: *Die politische Philosophie des Gesellschaftsvertrags*. Darmstadt 1994.

Langholm, Odd: *The Legacy of Scholasticism in Economic Thought*. Cambridge 1998.

Locke, John: *Zwei Abhandlungen über die Regierung*. Hg. von Walter Euchner. Frankfurt a. M. 1977 (engl. 1690).

Löffler, Winfried: Soziale Gerechtigkeit. Wurzeln und Gegenwart eines Konzepts in der Christlichen Soziallehre. In: Peter Koller (Hg.): *Gerechtigkeit im politischen Diskurs der Gegenwart*. Wien 2001, 65–88.

Marshall, Thomas H.: *Bürgerrechte und soziale Klassen*. Frankfurt a. M. 1992 (engl. 1981).

Marx, Karl: Kritik des Gothaer Programms [1891; verf. 1875]. In: Karl Marx/Friedrich Engels: *Ausgewählte Schriften in zwei Bänden*. Berlin (Ost) ^{16}1968, 11–28.

Müssiggang, Albert: *Die soziale Frage in der historischen Schule der deutschen Nationalökonomie*. Tübingen 1968.

Na'aman, Shlomo: Ferdinand Lassalle (1825–1864). In: Walter Euchner (Hg.): *Klassiker des Sozialismus*, Bd 1. München 1991, 171–182.

Paine, Thomas: *Common Sense*. Hg. von Lothar Meinzer. Stuttgart 1982 (engl. 1776).

Peffer, Rodney G.: *Marxism, Morality, and Social Justice*. Princeton NJ 1990.

Rawls, John: *A Theory of Justice*. Cambridge MA 1971.

Rousseau, Jean-Jacques: *Vom Gesellschaftsvertrag oder Grundsätze des Staatsrechts*. Hg. von Hans Brockard. Stuttgart 1977 (frz. 1762).

Schmoller, Gustav: Die Gerechtigkeit in der Volkswirtschaft. In: *Jahrbuch für Gesetzgebung, Verwaltung und Volkswirtschaft* 5 (1881), 19–54.

Schulze, Hagen: *Staat und Nation in der europäischen Geschichte*. München 1994.

Smith, Adam: *Der Wohlstand der Nationen*. Hg. von Horst Claus Recktenwald. München 1974 (engl. 1776).

Sturn, Richard: Adam Smith (1723–1790). In: Heinz D. Kurz

(Hg.): *Klassiker des ökonomischen Denkens*, Bd. 1. München 2008, 68–88.
Trusen, Winfried: Äquivalenzprinzip und gerechter Preis im Spätmittelalter. In: Ders.: *Gelehrtes Recht im Mittelalter und in der frühen Neuzeit*. Goldbach 1997, 531–547.
Voight, Alfred (Hg.): *Der Herrschaftsvertrag*. Neuwied 1965.
Willoughby, Westel W.: *Social Justice. A Critical Essay*. New York 1900.

Peter Koller

4 Grundpositionen der Gerechtigkeitstheorie in Neuzeit und Gegenwart

Thomas Hobbes: Der Gesellschaftsvertrag als Ursprung der Gerechtigkeit

Die politische Philosophie ist für Hobbes im Unterschied zu Platon und Aristoteles nicht mehr die Lehre vom gelungenen Leben, sondern die Ursachenwissenschaft von Krieg und Frieden. Der neue Gedanke ist, den Menschen nicht wie bei Aristoteles als ein soziales Wesen, das seine Bestimmung in der Gemeinschaft findet zu denken, sondern als Individuum, das sich nur auf sich selbst und seine eigene Vernunft berufen kann und zunächst nur auf seinen eigenen Vorteil blickt. Die staatliche Zwangsordnung, die die individuelle Freiheit einschränkt, kann dabei nur unter Rekurs darauf legitimiert werden, dass jeder Einzelne sie der Anarchie vorziehen würde. Hobbes macht diese Annahme durch das Gedankenexperiment des Naturzustandes deutlich. Dazu muss man sich den Staat, der die Neigung des Menschen, sich alles anzueignen, zunächst in Schach hält, wegdenken.

Nach Hobbes ist die menschliche Natur durch »erstens Konkurrenz, zweitens Unsicherheit, drittens Ruhmsucht« (Hobbes 1651/1996, 104) gekennzeichnet. Das, was der Einzelne für gut im Sinne von erstrebenswert hält, was ihn antreibt, führt nicht natürlich zu einem gelungenen Zusammenleben. Im Gegenteil: Zwei Menschen, die dasselbe Ding begehren, werden zu Feinden, wenn es nur einer haben kann. Daraus folgt die Vernichtung des Anderen oder dessen Unterwerfung. So ist der Naturzustand ein permanenter Kriegszustand, in dem sich jeder gegenüber jedem anderen befindet, ein Krieg aller gegen alle, in dem jeder um sein Leben fürchten muss. Da Hobbes davon ausgeht, dass sich die Menschen hinsichtlich ihrer körperlichen und geistigen Fähigkeiten nicht so sehr unterscheiden, dass nicht jeder – notfalls durch Zusammenarbeit mit anderen – in der Lage wäre, jeden anderen zu töten, ist der Hobbessche Naturzustand auch ein Zustand der Gleichheit. Es besteht zwischen allen Menschen eine permanente Bedrohungssituation. Dieser Zustand scheint nun, weil jeder, der an seiner Selbsterhaltung interessiert ist, auch Präventivkriege gegen andere führen muss, die das gegenseitige Misstrauen verstärken, ziemlich ausweglos. Das menschliche Leben in diesem Zustand ist »einsam, armselig, widerwärtig, vertiert und kurz« (ebd., 105). Da sich alle permanent bekriegen, kann es zu keiner Kultur und zu keiner materiellen Sicherheit kommen. Es gibt keinen Rechtsschutz und kein Eigentum. Jeder hat ein grenzenloses natürliches »Recht auf alles« (ebd., 108).

Wie kann nun eine Einigung, die im langfristigen Eigeninteresse der Beteiligten liegen muss, erzielt werden? Die Überwindung des Naturzustands ist teils von den Leidenschaften, teils von der Vernunft motiviert. Die Furcht vor dem Tode einerseits und das Verlangen nach Dingen, die das Leben angenehmer machen andererseits, bringen die Vernunft des Menschen zu der Einsicht, dass ein friedlicher Zustand langfristig besser wäre als der Naturzustand. Aber erst die Errichtung des Staates, d. h. das Einsetzen einer Zwangsgewalt, führt zur Überwindung des Naturzustandes. Der Staat kann durch die Androhung einer Strafe die Erfüllung von Verträgen garantieren. Ferner sorgt er für die Sicherung des Besitzes, um derentwillen man auf sein ›Recht auf alles‹ verzichtet.

Der Staatsvertrag ist bei Hobbes ein Unterwerfungsvertrag: Jeder schließt mit jedem einen Vertrag darüber ab, auf sein ›Recht auf alles‹, das ihm im Naturzustand zukommt, zu verzichten und jeder überträgt sein ›Recht auf alles‹ auf den Souverän. Das ist die Lehre vom Souverän als autorisiertem Stellvertreter (Hobbes 1651/1996, 134–139). Dieser ist nicht Vertragspartner, sondern der Gesetzgeber. Er ist der einzige, der sein ›Recht auf alles‹ behält und letztinstanzlich alle Streitfragen klären soll, die zwischen den Untertanen auftreten können. Gewaltenteilung ist in Hobbes' Staatstheorie nicht vorgesehen, sondern das Volk wird zu einer Person durch die Einheit der Person, die es vertritt (ebd., 144 f.). Stabilität wird durch die Letztinstanzlichkeit der souveränen Entscheidungen erreicht. Und diese Stabilität, die der Staatsvertrag garantiert, ist auch der Hauptgrund, ihn dem Naturzustand vorzuziehen.

Der Vertrag ist für Hobbes der »Ursprung der Gerechtigkeit« (ebd., 120). Da aber ohne Zwangsgewalt kein Vertrag gültig ist, gibt es Gerechtigkeit für ihn nur im Staat. Ungerechtigkeit wird als »die Nichterfüllung eines Vertrages« (ebd.) definiert und setzt damit ebenso wie die Gerechtigkeit den Staat voraus. Hobbes' Gerechtigkeitsauffassung ist entsprechend rechtspositivistisch und unterscheidet sich damit grundlegend von Auffassungen, die natürliche Rechte als vertragsnormierend und vertragstranszendent begriffen haben (zur Diskussion der umstrittenen Frage, ob Hobbes ein Rechtspositivist oder doch ein Naturrechtler ist, vgl. Kap. 26 des *Leviathan* sowie Höffe 1996). Gerechtigkeit meint bei Hobbes darüber hinaus nur formal das Einhalten von Verträgen, deren Inhalt überprüft sie nicht.

John Locke, Jean-Jaques Rousseau und Immanuel Kant: Eigentum und Gerechtigkeit

Bei den auf Hobbes folgenden klassischen vertragstheoretischen und naturrechtlichen Ansätzen spielt Privateigentum (fast immer als Bodenbesitz verstanden) eine zentrale Rolle bei der Frage der Legitimität einer rechtlichen und staatlichen Ordnung im Allgemeinen und der Legitimität spezifischer rechtlicher Normen insbesondere. So besteht ein vertragstheoretisches Hauptargument in der Rechtfertigung der Errichtung des Staates bzw. des bürgerlichen Zustandes aufgrund der Notwendigkeit, die Rechte der (Land-) Eigentümer gegen die Eingriffe anderer zu schützen, denen sie im Naturzustand ausgesetzt sind. Der Staat diene somit der Erfüllung der traditionellen Maxime *suum unicuique tribue*, d. h. »gebe jedem das Seine«. Zu den Autoren, die die Errichtung des Staates mit diesem Argument gerechtfertigt haben, zählt auch John Locke, der sowohl eine naturrechtliche Position (bezüglich des Rechts auf Eigentum) als auch einen vertragstheoretischen Ansatz (bezüglich der Entstehung des Staats) vertritt. Das Recht auf Eigentum besteht demnach noch vor seiner Positivierung durch den Staat, bedarf jedoch seinerseits einer Rechtfertigung (Locke 1689/1977). In dieser Hinsicht geht Locke einen Schritt weiter als seine Vorgänger und hinterfragt die Legitimität von Eigentum überhaupt. Dabei entwickelt er in seiner *Zweiten Abhandlung über die Regierung* eine originelle Theorie der Entstehung des Bodenbesitzes, die gleichzeitig das entsprechende Recht begründen soll (ebd.).

Zunächst ist festzustellen, dass Locke Eigentum weiter auffasst als andere Autoren. So gehören zum Privatbesitz eines Individuums nicht nur Bodenparzellen und materielle Sachen, sondern auch (und ursprünglicher) sein Leben und sein Leib. Um sich am Leben zu erhalten, bearbeitet [der Mensch] durch Einsatz seiner körperlichen Kraft die Ressourcen, die ihm die Natur anbietet – allen voran den Boden. Dadurch gewinnt er das Recht auf die ausschließliche Verfügung über die Früchte seiner Tätigkeit, einschließlich über das Stück Land, das er bewirtschaftet hat. Allerdings erstreckt sich dieses Recht nur auf jene natürlichen Produkte, die für das Überleben des Individuums und seiner Familie notwendig sind. Sollte die Ernte größer als sein Bedarf sein, hat er kein Recht auf diesen Überschuss, und sollte ihn denjenigen zur Verfügung stellen, die nicht genug haben. Diese Klausel wird allerdings von Locke selbst sofort abgeschwächt, wenn nicht komplett umgangen, wenn er erklärt, dass es doch erlaubt sei, den Überschuss zu behalten, wenn es sich um lagerfähige Produkte handelt (z. B. um Nüsse und nicht um Salat). Da außerdem die Menschen die Möglichkeit haben, die im Überschuss produzierten Güter mit den von anderen produzierten Gütern zu tauschen, haben sie das Recht, Güter zu produzieren, die nicht zum unmittelbaren Verzehr dienen. Somit entsteht ein rudimentärer Markt, der die Einführung eines allgemeinen Tauschmittels erfordert. Die produzierten Güter werden nicht länger für andere Güter, sondern für das Tauschmittel getauscht. Dieses besteht aus einem Gut, das nicht verderblich ist – normalerweise aus Metall – und kann uneingeschränkt akkumuliert werden.

Schrittweise wird damit das Recht auf Geldakkumulation gerechtfertigt, das an sich aus dem Recht auf jene Früchte der eigenen körperlichen Arbeit, die zum eigenen Überleben dienen, nicht unmittelbar folgt. Außerdem wird das Recht auf die Erträge gerechtfertigt, die das Geld durch Investition und Ausleihe in der Form von Zinsen und Renditen aufbringt. Was zunächst wie eine Rechtfertigungsstrategie aussieht, die zur Kritik der herrschenden Eigentumsverhältnisse hätte führen können, resultiert somit in das Gegenteil einer solchen Kritik, also in die Legitimierung dieser Verhältnisse und der Mechanismen, die zu ihnen geführt haben. Der Produktion von Gütern und dem Markt wohnt somit eine Gerechtigkeit inne, nach der jeder durch die eigene Arbeit bzw. durch die Mobilisierung der Erträge dieser Arbeit (etwa durch Investition des damit verdienten Geldes) das bekommt, was ihm zusteht. Dem Staat obliegt nun, zu sichern, dass nichts das Funktionieren dieser Mechanismen zur Schaffung und Verteilung von Reichtum stört.

Der prominenteste Autor, der sich historisch zum Teil gegen eine solche Rechtfertigung des wirtschaftlichen Status quo ausspricht ist Jean-Jacques Rousseau. In seiner *Rede über den Ursprung und die Grundlage der Ungleichheit unter den Menschen* rekonstruiert der Genfer Philosoph die Entstehung des Privateigentums mit den sehr kritischen Worten:

> »Der erste, der ein Stück Land eingezäunt hatte und es sich einfallen ließ zu sagen: *dies ist mein* und der Leute fand, die einfältig genug waren, ihm zu glauben, war der wahre Gründer der bürgerlichen Gesellschaft. Wie viele Verbrechen, Kriege, Morde, wie viel Not und Elend und wie viele Schrecken hätte derjenige dem Menschengeschlecht erspart, der die Pfähle herausgerissen oder den Graben zugeschüttet und seinen Mitmenschen zugerufen hätte: ›Hütet euch, auf diesen Betrüger zu hören; ihr seid verloren, wenn ihr vergesst, dass die Früchte allen gehören und die Erde niemandem‹« (Rousseau 1755/2008, 173).

Nach Rousseau resultiert Privateigentum von Land also von vornherein aus einem Betrug und stellt eine Verletzung des ursprünglichen Rechts aller auf die Früchte der Erde dar. Es ist somit höchst ungerecht. Nichtsdestotrotz rekurriert Rousseau in seinem *Gesellschaftsvertrag* (1762/2010) auf das übliche vertragstheoretische Argument, nach dem sich die Individuen in eine bürgerliche Gesellschaft vereinigen und einer Rechtsordnung unterwerfen, um ihr Leben *und Eigentum* gegen die fremde Gewalt zu sichern. Möge der Ursprung des Privateigentums ungerecht sein, so handelt es sich doch um eine aus der modernen Gesellschaft nicht wegzudenkende Institution. Ihr Schutz könne somit zu einem Kriterium werden, nicht bloß um die Effizienz einer Rechts- und Staatsordnung zu messen, sondern auch um ihre Legitimität zu überprüfen.

Das andere zentrale Kriterium, das nach Rousseau für die Legitimität einer Rechts- und Staatsordnung entscheidend ist, ist die direkte Teilnahme der Staatsbürger am gesetzgebenden Prozess. Damit eine rechtliche Ordnung wahrlich legitim wird, sollen die Individuen, die ihren Gesetzen gehorchen, gleichzeitig die Urheber derselben Gesetze sein: Jeder Staatsbürger vereinigt in sich die beiden Rollen des Untertanen und des Souveräns. Gerechtigkeit entsteht entsprechend in einer Rechts- und Staatsordnung nur dann, wenn die *citoyens* (Bürger) für deren Normen verantwortlich sind, denn nur somit entscheiden sie autonom über ihr Leben. Rousseau verwirft jegliche Art politischer Repräsentation als eine Form von Sklaverei, und somit eines ungerechten, illegitimen Regimes.

Ähnlich wie Locke und Rousseau scheint Immanuel Kant zu argumentieren, wenn er in der *Rechtslehre* (1797) die klassische Formel *suum cuique tribue* als »Tritt in einen Zustand, worin jedermann das Seine gegen jeden anderen gesichert sein kann« übersetzt bzw. neu interpretiert (AA VI, 237). Auch Kant verteidigt somit die Idee, der bürgerliche Zustand solle zur Sicherung des Privateigentums dienen (obwohl er schließlich die Entstehung des Staates durch ein Postulat begründet, das gebietet, die eigene äußere Freiheit zu schützen – und nicht durch Hinweis auf das Eigeninteresse der besitzenden Individuen). Dies erklärt auch, warum er, wenn er die drei traditionellen Arten der *iustitia* (*tutatrix*, *commutativa* und *distributiva* – respektiv: schützende, ›wechselseitig erwerbende‹ und verteilende Gerechtigkeit) einführt, die letzten zwei auf die Frage von Eigentum bezieht (die erste bezieht sich auf den Schutz der Rechtspersönlichkeit des einzelnen Subjekts). Dabei fällt auf, dass nach Kant die *iustitia distributiva* eigentlich keine Verteilung gebietet, sondern im Gegenteil jedem das sichern soll, was er ohnehin schon besitzt. Gerecht ist somit die Rechtsordnung, die *keine* direkte Verteilung vornimmt, auch nicht um den arbiträren Charakter der ursprünglichen Aneignung des Bodens durch die Menschen zu korrigieren. Vielmehr soll sie den provisorischen Status der im Naturzustand herrschenden (Privat-)Rechtsverhältnisse verändern, damit diese einen peremptorischen (sprich: endgültigen) Charakter annehmen. Gerechtigkeit ist also rein rechtlich-formal als die definitive, durch die Staatsmacht sanktionierte Sicherung des juridischen Charakters von zwischenmenschlichen Verhältnissen zu verstehen, die an sich zwar legitime rechtliche Beziehungen bilden, jedoch nur provisorische Natur besitzen.

David Hume: Die Umstände der Gerechtigkeit

David Hume hat keine politische Philosophie betrieben und auch keine Gerechtigkeitstheorie im engeren Sinne entwickelt. Vielmehr hat er in seinen Überlegungen zur Moralphilosophie auch vereinzelt zu Fragen der Gerechtigkeit Stellung genommen (Hume 1738/1989). Seine Moralphilosophie beschäftigt sich vor allem mit metaethischen Fragen, besonders der Bedeutung von Emotionen für moralische Urteile. Auch für den Hinweis auf die Gefahr eines falschen Schließens vom Sein auf das Sollen, ist Hume berühmt (Mackie 1980). Auf der normativen Ebene verbinden seine moralphilosophischen Überlegungen tugendethische und proto-utilitaristische Züge. Das zeigt sich etwa daran, wie er das Koordinationsproblem mehrerer Bauern löst, für die es ratsam ist, sich wechselseitig bei der Ernte zu helfen. Warum sollten diejenigen Bauern, deren Ernte schon eingeholt ist, den anderen noch helfen? Ein Teil der Antwort besteht darin, dass sie auch im Folgejahr die Hilfe der anderen Bauern beanspruchen wollen. Ein anderer Teil der Antwort beruht jedoch darauf, dass die Bauern ein Verhältnis des Vertrauens und der Solidarität zueinander aufgebaut haben (Hume 1738/1989, Buch III, Teil II, Sektion V).

In der Gerechtigkeitstheorie sind Humes Überlegungen zu den Umständen der Gerechtigkeit von bleibender Bedeutung. Er möchte bestimmen, wann sich Fragen der Gerechtigkeit überhaupt stellen. Dazu macht er drei Annahmen. Erstens muss es eine gemäßigte Knappheit geben, zweitens muss ein Interessengegensatz bestehen und drittens muss ein relatives Machtgleichgewicht herrschen. Die erste Annahme ist wichtig, weil sich unter der Bedingung eines absoluten Überflusses jeder nehmen kann, was er begehrt und es entsprechend kein Gerechtigkeitsproblem gibt. Unter den Bedingungen absoluter Knappheit hingegen kämpft jeder um sein Überleben. Auch dann ist für Gerechtigkeitsfragen kein Platz. Die Bedingung des Interessengegensatzes ist eine eigene Bedingung, weil auch dann vollkommene Interessenharmonie bestehen kann, wenn die Güter gemäßigt knapp sind. Wenn es beispielsweise auf einer Feier nicht genug Bier und Wein für alle gibt, dann stellt das kein Gerechtigkeitsproblem dar, wenn einige Gäste nur Wein und andere Gäste nur Bier trinken.

Die dritte Bedingung des relativen Machtgleichgewichts war für Hume wichtig, weil er davon ausging, dass sich bei einer absoluten Übermacht die Mächtigen einfach nehmen, was sie begehren. Sie haben ja absolut nichts zu verlieren. Allerdings geht man gegenwärtig davon aus, dass es auch Gerechtigkeitspflichten gegenüber Tieren und zukünftigen Generationen geben kann, obwohl diese beiden Gruppen den derzeit lebenden Menschen gegenüber ganz ohnmächtig sind. Bei Hume scheinen Gerechtigkeitspflichten aufgrund seiner emotivistischen Ausrichtung noch auf einem gewissen Kalkül zu beruhen. Gegenwärtig geht man hingegen davon aus, dass sie auf genuin moralisch motivierten Unparteilichkeitsüberlegungen beruhen (Ladwig 2011).

John Stuart Mill: Utilitarismus und das Nicht-Schädigungs-Prinzip

Bei Utilitaristen wie Jeremy Bentham und John Stuart Mill ist die Gerechtigkeitstheorie vollständig in ihre Moraltheorie eingebettet. Denn das Moralprinzip des Utilitarismus ist zugleich auch dessen zentrales Gerechtigkeitsprinzip. In der Formulierung von Bentham lautet es, dass man das größtmögliche Glück der größtmöglichen Zahl befördern soll (Bentham 1789/1970). Der zweite Teil dieses Prinzips besagt im Grunde nur, dass alle Menschen zu berücksichtigen sind. Der erste Teil stellt offensichtlich auf eine aggregierte Nutzenmaximierung ab (Fehige 1995). Davon gehen noch heute beispielsweise die Wirtschaftswissenschaften aus, wenn sie eine höhere Wirtschaftsleistung und ein höheres Bruttoinlandsprodukt als gut darstellen, unabhängig davon, wie die ökonomischen

Güter verteilt sind. Allerdings weichen sie damit auch schon in einem wichtigen Punkt von Bentham ab. Denn für Bentham ist Glück subjektiv und es besitzt einen Grenznutzen. Wenn eine Person schon sehr viele Güter hat, dann produziert ein zusätzliches Gut dieser Art bei dieser Person üblicherweise weniger Glück als dasselbe Gut es bei einer anderen Person tut, die nur wenig von diesen Gütern besitzt.

Mill weicht in einem wesentlichen Punkt von Bentham ab, indem er bei Nutzen nicht nur quantitative, sondern auch qualitative Unterschiede zulässt (Mill 1861/1976). Es gibt höhere und niedrigere Lüste und die Qualität der höheren Lüste lässt sich auch nicht durch größere Mengen Güter, die zu niedrigerer Lust führen, aufwiegen. Das wird in seinem Slogan: ›Lieber ein unglücklicher Sokrates, als ein glückliches Schwein‹ (ebd., 18) deutlich. Aufgrund dieses so genannten Qualitativen Hedonismus lässt sich Gerechtigkeit bei Mill auch nicht über einfache Kosten-Nutzen-Kalkulationen bestimmen. Da es nicht nur eine Qualität von Lust gibt, gibt es auch nicht nur eine Qualität von Gütern. Es bedarf daher abstrakter Gerechtigkeitsprinzipien, die in der Lage sind, die unterschiedliche Qualität von Gütern in der gerechten Verteilung zu berücksichtigen. Ein Freiheitsprinzip kann beispielsweise bestimmte Güter der persönlichen Lebensführung Mill zufolge besser schützen als ein Gleichheitsprinzip und genießt daher politisch Vorrang.

Dieser Qualitative Hedonismus ist es daher auch, der es Mill erlaubt, eine liberale Gerechtigkeitstheorie zu entwickeln (Mill 1861/1976; Riley 2003). Mill glaubt, dass das wichtigste Gut für die Menschen ihre persönliche Sicherheit und Grundsicherung ist. Das zweitwichtigste Gut ist ihre Freiheit. Sozioökonomische Gleichheit ist erst das drittwichtigste Gut und daher dürfen individuelle Sicherheit und Freiheit dieser Gleichheit nicht geopfert werden. Das bringt Mill dazu, vor allem ein negatives Gerechtigkeitsprinzip anzunehmen. Es lautet in seiner Kurzfassung: ›*Do no harm*‹, also ›Schade niemandem‹ (vgl. dazu Gray 1996).

Karl Marx und Friedrich Engels: Ausbeutung und Entfremdung

Der Marxismus beruht seinem Selbstverständnis nach nicht auf einer Gerechtigkeitstheorie, ganz im Gegensatz zu anderen Formen des Sozialismus im 19. Jahrhundert. Marx und Engels hatten gegen Gerechtigkeitsüberlegungen kritisch eingewendet, dass diese immer Teil des ideologischen Überbaus einer Gesellschaft seien und der Aufrechterhaltung der jeweiligen Produktionsverhältnisse dienen, um die Produktionsbedingungen optimal ausnutzen zu können (Marx 1867/2014; 1858/2015; Engels 1845/1990). Gerechtigkeitstheorien dienen dieser Kritik zufolge vor allem der herrschenden Klasse. Insofern besteht die Aufgabe des Marxismus nicht in der Aufstellung einer eigenen Gerechtigkeitstheorie, sondern in der Kritik der herrschenden Gerechtigkeitsvorstellungen. Hier nimmt auch die Kritische Theorie in ihrer Kritik bestehender Gerechtigkeitsideen ihren Ausgang und wendet den marxistischen Gedanken auf gegenwärtige Gesellschaftsstrukturen an (Geuss 1983).

Tatsächlich finden sich bei Marx und Engels nur wenige Äußerungen dazu, wie eine gerechte kommunistische Gesellschaft beschaffen wäre (Lohmann 1991). Allerdings ist ihre Kritik am Kapitalismus des 19. Jahrhunderts offensichtlich stark normativ aufgeladen. Das lässt sich durchaus als eine Art negative Gerechtigkeitstheorie verstehen, durch die sich besonders gravierende Ungerechtigkeiten erfassen lassen (Wood 2004). Im Marxismus sind diese Ungerechtigkeiten mit den Begriffen der ›Ausbeutung‹ und ›Entfremdung‹ belegt. Während Marx und Engels noch davon ausgegangen waren, Ausbeutung rein deskriptiv als Vorenthaltung des Mehrwerts der eigenen Arbeitsleistung beschreiben zu können, ist inzwischen auch unter marxistisch orientierten Autoren die Meinung verbreitet, dass es sich um eine normative Idee handelt (Wolff 1999; Wood 2004). Demnach wird den Arbeitern der faire Anteil ihrer Arbeitsleistung vorenthalten.

Der Begriff der Entfremdung hat, entgegen ihrem Selbstverständnis, bereits bei Marx und Engels einen klar normativen Charakter (Honneth 2013). Arbeiter werden demnach von dem Produkt ihrer Arbeit, von ihrer eigenen Tätigkeit, ihren Mitmenschen und schließlich sogar ihrer eigenen Menschlichkeit entfremdet. Hier zeigt sich, dass dem Marxismus eine spezifische Anthropologie und vielleicht sogar eine relativ starke Vorstellung vom gelingenden Leben zugrunde liegt, die sich unter kapitalistischen Arbeitsbedingungen nicht realisieren lässt (Jaeggi 2005). Kapitalismuskritik hat insofern eine gerechtigkeitstheoretische Ebene. Denn ungerecht am Kapitalismus ist, dass er den meisten Menschen die Möglichkeit nimmt, ein Leben zu führen, dass nicht von Entfremdungen geprägt ist.

John Rawls: Gerechtigkeit und die Grundstruktur der Gesellschaft

John Rawls' 1971 erschienene *Theorie der Gerechtigkeit* will zunächst eine Alternative zum Utilitarismus etablieren, die unseren grundlegenden Gerechtigkeitsintuitionen besser entspricht. Denn wir sprechen laut Rawls »[j]edem Mitglied der Gesellschaft [...] eine auf der Gerechtigkeit – oder wie manche sagen, dem Naturrecht – beruhende Unverletzlichkeit zu, die auch im Namen des Wohles aller anderen nicht aufgehoben werden kann« (Rawls 1971/1975, 46).

Während das Nutzenprinzip des Utilitarismus als alleiniger Maßstab für die Beurteilung aller Fragen, sowohl öffentlicher, institutioneller als auch individueller moralischer Entscheidungen gilt, beschränkt Rawls die politische Philosophie im Unterschied zur Moralphilosophie auf Fragen, die die »Grundstruktur der Gesellschaft« betreffen (ebd., 19). Hier geht es um die institutionelle Verteilung von Rechten und Pflichten und Aussichten auf Einkommen und Vermögen. Rawls geht davon aus, dass es Gerechtigkeitsprinzipien gibt, die als Maßstab zur Bewertung bestehender Institutionen gelten können. Diese müssen »abgeändert oder abgeschafft werden, wenn sie ungerecht sind« (ebd.). Diese Gerechtigkeitsprinzipien, anhand derer bestehende Institutionen bewertet werden können, lassen sich innerhalb eines Gedankenexperiments, das Rawls den Urzustand nennt, legitimieren. Rawls stellt sich vor, dass wir Gerechtigkeitsprinzipien gegenüber einander dadurch rechtfertigen können, dass wir uns auf einen Fairnessgrundsatz berufen: unter fairen Bedingungen hättest du diesen Prinzipien ebenfalls zugestimmt. Der Urzustand soll faire Ausgangsbedingungen für die Wahl von Gerechtigkeitsprinzipien garantieren. Die wichtigste Bedingung ist der ›Schleier des Nichtwissens‹. Dieser garantiert, dass keiner seine individuelle Stellung in der Gesellschaft, seine Abstammung, Klasse, Hautfarbe oder sein Geschlecht zu seinem Vorteil ausnutzen kann, da alle diese Tatsachen der Kenntnis der Parteien entzogen werden. So ist jeder gezwungen, sich in einen unparteilichen Standpunkt hinein zu versetzen (vgl. ebd., 27–34). Gerade dadurch wird wiederum der gleiche moralische Wert aller Beteiligten zum Ausdruck gebracht (vgl. ebd., 283–290).

Welche Gerechtigkeitsprinzipien würden nun unter unparteilichen Bedingungen gewählt? Rawls geht davon aus, dass alle an der Wahl beteiligten Personen nach Grundgütern streben. Darunter fasst er

> »Dinge, von denen man annimmt, dass sie ein vernünftiger Mensch haben möchte, was auch immer er sonst noch haben möchte [...]. Wer mehr davon hat, kann sich allgemein mehr Erfolg bei der Ausführung seiner Absichten versprechen, welcher Art sie auch immer sein mögen. Die wichtigsten Arten gesellschaftlicher Grundgüter sind Rechte, Freiheiten und Chancen, sowie Einkommen und Vermögen« (ebd., 112 f.).

Diese Grundgüter sollen durch die Gerechtigkeitsprinzipien gesichert werden.

Rawls' erstes Gerechtigkeitsprinzip lautet: »Jedermann soll gleiches Recht auf das umfangreichste System gleicher Grundfreiheiten haben, das mit dem gleichen System für alle anderen verträglich ist« (ebd., 81). Grundrechte auf Leben und Eigentum, die Freiheitsrechte auch auf Meinungs- und Gewissensfreiheit sowie das Wahlrecht sollen allen Bürgerinnen und Bürgern unabhängig von Abstammung, Klasse, Geschlecht und sozialer Stellung gleichermaßen zukommen. Diese gleichen Rechte haben vor allen umverteilenden Maßnahmen Priorität. Denn: »Es ist mit der Gerechtigkeit unvereinbar, dass der Freiheitsverlust einiger durch ein größeres Wohl aller gutgemacht werden könnte« (ebd., 46). Gleichwohl ist Rawls davon überzeugt, dass gleiche Grundrechte noch nicht hinreichen, um eine gerechte Grundstruktur in einer Gesellschaft zu garantieren. Ferner muss Chancengleichheit in dem anspruchsvollen Sinn garantiert sein, dass diejenigen, die dieselben Begabungen haben, auch dieselben Chancen haben, sie nutzen zu können. Ferner sollen Ämter und Positionen allen offenstehen. Durch diesen ersten Teil des zweiten Gerechtigkeitsprinzips soll garantiert werden, dass die soziale Herkunft nicht darüber entscheidet, welche Ausbildungschancen Individuen de facto haben und durch den Grundsatz, dass Ämter und Positionen allen offenstehen müssen, sollen Machtakkumulationen bei bestimmten Gruppen verhindert werden.

Erst wenn dieser anspruchsvolle Gleichheitsgrundsatz garantiert ist, kommen Unterschiede von Einkommen und Vermögen in den Blick. Hier geht Rawls wieder von der Voraussetzung aus, dass alle Menschen in moralischer Hinsicht gleich sind. Die Idee des zweiten Teils des zweiten Gerechtigkeitsprinzips (*Differenzprinzip* oder *Unterschiedsprinzip*) lautet, dass Unterschiede im Einkommen und Vermögen nur dadurch gerechtfertigt werden können, dass sie den Schlechtestgestellten in einer Gesellschaft die bestmöglichen Aussichten bringen. Rawls hat die

Idee, dass die natürlichen Anlagen oder Begabungen ihrem Träger nicht als Verdienst zugerechnet werden können. Wer unbegabt ist, trägt daran keine Schuld, ebenso wenig hat sich der Talentierte seine Talente verdient. Beides wurde einem in die Wiege gelegt. Da man also seine natürlichen Fähigkeiten nicht verdient hat, hat man, so Rawls, auch keinen exklusiven Anspruch auf die aus ihnen resultierenden Vorteile. Das Ziel der Rawlsschen Gerechtigkeitstheorie ist es, »den Einfluss gesellschaftlicher und natürlicher Zufälligkeiten auf die Verteilung zu mildern« (ebd, 93). Die gerechte Verteilung, die Rawls hier im Blick hat, soll, plakativ gesagt, die weniger Fähigen für die unverdienten Nachteile, die ihnen dadurch entstehen, dass sie schlechtere Ausgangsbedingungen haben, entschädigen.

Martha Nussbaum und Amartya Sen: Der Fähigkeitenansatz

Anfangs nicht unbedingt als grundlegende Kritik der Gerechtigkeitstheorie, sondern als Ergänzung und Verschiebung in einer Detailfrage haben Martha Nussbaum und Amartya Sen den so genannten Fähigkeitenansatz entwickelt (Sen 1985; Nussbaum/Sen 1993). Sie kritisieren an der Gerechtigkeitstheorie von Rawls, dass er sich in Fragen der Verteilungsgerechtigkeit auf Grundgüter konzentriert. Zwar geht er damit über die Wohlfahrtsökonomie hinaus, die ausschließlich ökonomische Güter einbezieht. Zu den Grundgütern von Rawls gehört viel mehr als nur Einkommen und Vermögen, z. B. auch die Grundfreiheiten, Macht und Autorität, die sozialen Grundlagen der Selbstachtung und die Möglichkeit, seine eigene Vorstellung vom guten Leben zu verfolgen. Dennoch halten Nussbaum und Sen den Grundgüteransatz von Rawls für defizitär. Was gerecht zu verteilen ist, muss ihrer Meinung nach in einer anderen ›Währung‹ als Güter gemessen werden, nämlich in Form von Fähigkeiten.

Der zentrale Grund dafür lautet, dass verschiedene Menschen mit bestimmten Gütern unterschiedlich viel anfangen können. Sen nennt das Beispiel einer schwangeren Frau, die im Durchschnitt mehr Nährstoffe braucht als eine Frau, die nicht schwanger ist. Es wäre daher ungerecht, beiden Frauen gleichviel von dem Grundgut Nahrungsmittel zu geben. Vielmehr müsste man beiden Frauen jeweils so viel Nahrungsmittel geben, dass sie die gleiche Funktionsweise erreichen, nämlich hinreichend wohlgenährt zu sein (Sen 1999/2002). Mit Funktionsweisen sind hier alle Zustände und Tätigkeiten gemeint, die ein Mensch erreichen kann. Wenn zwei Menschen die gleiche Funktionsweise erreichen sollen, dann kann das eine sehr unterschiedliche Güterausstattung erfordern, die noch viel stärker voneinander abweicht als bei zwei Menschen mit unterschiedlichem Nährstoffbedarf. Wenn beispielsweise ein blinder Mensch die Funktionsweise der Mobilität erreichen soll, dann reicht es nicht, wie bei den meisten anderen Menschen, ihm ein Auto hinzustellen. Vielmehr bedarf es ganz anderer Güter, die ihn dazu befähigen mobil zu sein.

Doch warum fokussieren sich Nussbaum und Sen in ihrem Ansatz auf Fähigkeiten und nicht auf erreichte Funktionsweisen wie die tatsächliche Wohlgenährtheit oder Mobilität? Sie wollen damit dem Paternalismusverdacht entgehen, dass sie bestimmen, welche Funktionsweisen die Menschen zu erreichen haben, um ein gelingendes Leben führen zu können (Nussbaum 2012). Vielmehr müsste ihnen daher ein bestimmtes Set von Fähigkeiten zur Verfügung gestellt werden, dass es ihnen erlaubt, selbst zu entscheiden, welche Funktionsweisen sie erreichen und welche Vorstellung vom gelingenden Leben sie realisieren wollen. In dieser Grundüberlegung sind sich Nussbaum und Sen einig, in Detailfragen dazu, wie sich Fähigkeiten und Funktionsweisen zueinander verhalten, sind sie jedoch unterschiedlicher Ansicht. Außerdem schlägt Nussbaum eine feste Liste von Fähigkeiten vor, die für alle Menschen wichtig sein sollen. Sen lehnt solch eine Liste ab und argumentiert, dass kontextsensitiv entschieden werden müsste, welche Fähigkeiten zentral sind (Sen 2004).

In den letzten Jahren haben Nussbaum und Sen von ihrem Fähigkeitenansatz ausgehend auf unterschiedliche Weise eine zunehmend grundlegende Kritik an der Gerechtigkeitstheorie von Rawls geübt (Nussbaum 2006; Sen 2010). Nussbaum argumentiert, dass Rawls nicht in der Lage ist, Tiere, behinderte Menschen und Menschen in anderen Ländern zu berücksichtigen. Deswegen müsse man dem Fähigkeitenansatz doch eine andere begründungstheoretische Grundlage geben, die sie im Begriff der Würde sucht. Sen hingegen hält die Gerechtigkeitstheorie von Rawls für viel zu idealistisch, weil sie nur einen idealen Gesellschaftszustand beschreibt. Stattdessen müsse man überlegen, wie man von dem gegenwärtigen sehr ungerechten Zustand schrittweise zu einem etwas gerechteren Zustand komme.

Feminismus und Gerechtigkeit

Eine die verschiedenen Strömungen des philosophischen Theoretisierens von Gerechtigkeit umspannende Denkrichtung ist der Feminismus. Der gesellschaftliche Kampf um die Gleichberechtigung der Geschlechter hat sich in der Moderne stets auch als ein Anliegen der Gerechtigkeit dargestellt. Dieser soziale Kampf lässt sich grob in drei Phasen einteilen. In einer ersten Phase ging es solchen frühen Feministinnen wie Mary Wollstonecraft und Olympe de Gouge darum, die grundsätzliche Gleichheit von Frauen im Vergleich zu Männern zu zeigen. Frauen sind genauso mit Vernunft begabt wie Männer, so mussten sie gegen vorherrschende Vorurteile argumentieren. Ihr Ziel war es dabei vor allem, Frauen zu mehr persönlicher Freiheit zu verhelfen. In einer zweiten Phase haben Feministinnen wie Simone de Beauvoir (1949/2005) für eine nicht nur formale, sondern wirkliche Freiheit von Frauen gestritten, beispielsweise in der politischen Beteiligung. Gegenwärtig gibt es eine Diskussion dazu, ob wir Zeitgenossen einer dritten Phase des Feminismus sind, in der es darum geht, die wirkliche Gleichheit von Frauen durchzusetzen (Jagger/Young 2000). Das betrifft beispielsweise politische Ämter, berufliche Karrieren und die gleiche Teilung reproduktiver Arbeit zwischen Mann und Frau. Hier gibt es unterschiedliche Meinungen, weil einige Feministinnen dafür argumentieren, dass diese Gleichheit sich im Laufe der Zeit auf der Grundlage der bereits erstrittenen Freiheit von alleine einstellen wird. Andere Feministinnen hingegen argumentieren, dass es dafür aufgrund existierender Machtverhältnisse zugunsten von Männern einer Politik der positiven Diskriminierung bedarf, die existierende Machtstrukturen ausgleicht und aufbricht (Rössler 1993; Kerner 2009). Hier zeigt sich, dass es innerhalb der feministischen Bewegung unterschiedliche Gerechtigkeitsvorstellungen von eher liberal bis hin zu eher marxistisch oder poststrukturalistisch gibt.

Es sind vor diesem Hintergrund vor allem vier Gerechtigkeitsfragen, die sich aus feministischer Perspektive stellen. Erstens wäre zu klären, ob die soziale und politische Freiheit von Frauen tatsächlich eine verwirklichte gleiche Freiheit darstellt oder nur als eine bloß formal auf dem Papier zugestandene Freiheit angesehen werden muss. Das betrifft beispielsweise den Zugang zu Führungspositionen im Berufsleben. Zweitens ist die weiterhin geltende relativ strenge Unterscheidung von Privatheit und Öffentlichkeit zu hinterfragen, weil viele Ungerechtigkeiten Frauen gegenüber im scheinbar privaten Raum der Familie geschehen. Allerdings soll dabei die Unterscheidung auch nicht zugunsten einer allgegenwärtigen Öffentlichkeit und damit eines allmächtigen Staates aufgehoben werden (Rössler 2001). Drittens stellt sich die Frage, wann Entscheidungen von Frauen wirklich als autonom gelten können. Das betrifft beispielsweise die Entscheidung für Prostitution oder die Teilnahme an pornographischen Filmen unter schwierigen ökonomischen Bedingungen (Dworkin/MacKinnon 1997). Viertens stellt sich die Frage, ob zwischen dem biologischen Geschlecht (*sex*) und dem sozialen Geschlecht (*gender*) unterschieden werden sollte (Gilligan 1982/1988; Butler 1990/2003). Davon hängt ab, auf welche Weise die Rolle von Frauen im Berufsleben zu stärken ist: eher, indem spezifisch weibliche Eigenschaften gezielt gefördert, oder indem die Behauptung dieser spezifisch weiblichen Eigenschaften als ideologisch kritisiert werden.

Luck Egalitarianism

Eine andere gegenwärtig prominente Gerechtigkeitstheorie, die ihren Ausgang in den Überlegungen von Rawls nimmt, ist der so genannte Luck Egalitarianism (Tan 2012). Dabei spielt die Doppelbedeutung von ›Luck‹ als ›Glück‹ und ›Zufall‹ eine wichtige Rolle, weswegen die Übersetzung als Glücksegalitarismus nicht geeignet ist. Luck Egalitaristen beziehen sich auf die Überlegung von Rawls, dass Vorteile in Talenten und aus sozialen Kontexten ungerecht sind, weil sie nicht auf eigene Leistung zurückgehen. Rawls zieht daraus den Schluss, dass die Idee des Verdienstes für Fragen der Verteilungsgerechtigkeit keine besondere Rolle spielen sollte. Luck Egalitaristen hingegen argumentieren, dass Talente und soziale Vorteile ausgeglichen werden müssten. Wenn das geschehen ist, seien spätere sozioökonomische Unterschiede auch gerecht, weil sie auf eigene Entscheidungen und Leistungen zurückgehen (Knight/Stemplowska 2011).

Luck Egalitaristen unterscheiden dazu zwischen »brute luck« (bloßem Zufall) und »option luck« (auf Wahlentscheidungen zurückgehender Zufall; vgl. Dworkin 1981a; 1981b). Wenn sich also jemand entschieden hat, Professorin für Meeresbiologie werden zu wollen, wohl wissend wie schwierig dieser Karriereweg ist, dann muss sie akzeptieren, wenn das aufgrund von zufälligen Gegebenheiten nicht klappt. Das gilt jedoch nur, wenn sie dieselben Startchancen besessen hat wie andere Kandidatinnen. Für ihre Position machen Luck Egalitaristen geltend, dass sie unsere Intuitionen über die Verantwortung von Akteuren besser einfangen kann als die Theorie von Rawls. Bei Rawls gilt, dass die Schlechtestgestellten besserzustellen sind, ganz egal aus welchen Gründen sie sich in ihrer Lage befinden. Luck Egalitaristen argumentieren hingegen, dass es einen Unterscheid macht, ob jemand für seine Lage selbst verantwortlich ist oder nicht.

Ein zentrales Problem des Luck Egalitarianism besteht allerdings darin, dass nicht klar ist, wie gut sich *brute luck* und *option luck* wirklich unterscheiden lassen. Viele psychologische Eigenschaften von Menschen, wie Risikoaversität oder Abstraktionsvermögen sind für Wahlentscheidungen von großer Bedeutung, hängen aber selbst ebenfalls von genetischen und sozialen Faktoren ab. Außerdem besitzen Luck Egalitaristen derzeit noch keine gute Theorie darüber, wie sich unterschiedliche Talente auf eine Weise ausgleichen lassen, die mit liberalen Grundüberzeugungen vereinbar ist (Hurley 2003).

Lokale und globale Gerechtigkeit

Rawls hat seine Gerechtigkeitstheorie noch im Rahmen einer einzelnen Gesellschaft entworfen und diese Gesellschaft dabei losgelöst von einem globalen Kontext gedacht. Anhänger der Rawlsschen Gerechtigkeitstheorie haben seinen Ansatz jedoch auf die globale Ebene bezogen und eine kosmopolitische Position entwickelt (Beitz 1979; 2009; Pogge 1989; 2002/2011). Ihre Grundidee besteht darin, den Urzustand und Schleier des Nichtwissens nicht auf eine einzelne Gesellschaft zu beschränken, sondern auf die gesamte Welt auszudehnen. Die Gerechtigkeitsprinzipien und damit die gleichen Grundfreiheiten, die faire Chancengleichheit und selbst das Differenzprinzip müssten dann global zur Anwendung kommen. Erst wenn die Schlechtestgestellten weltweit, also die absolut armen Menschen, so gut wie möglich gestellt sind, sind auch die Gerechtigkeitsansprüche erfüllt.

Rawls selbst hat sich in einer späteren Arbeit zur globalen Gerechtigkeit gegen diese direkte Übertragung des Urzustandes und des Schleiers des Nichtwissens auf die globale Ebene ausgesprochen (Rawls 1999/2002). Stattdessen schlägt er ein zweistufiges Verfahren vor. Die erste Stufe bleibt wie in seiner klassischen Gerechtigkeitstheorie. Die Repräsentanten der Bevölkerung eines Landes bestimmen im Urzustand die Gerechtigkeitsprinzipien und Beschaffenheit ihres Staates. Diejenigen Staaten, die hinreichend wohlgeordnet sind, kommen dann auf einer zweiten Stufe unter einen zweiten Schleier des Nichtwissens zusammen, um ein gemeinsames Völkerrecht und entsprechende supranationale Institutionen zu bestimmen. Zu deren Aufgaben gehört der Schutz vor Krieg, aber auch die Bekämpfung absoluter Armut und anderer gravierender Ungerechtigkeiten.

Die auf der zweiten Stufe vertretenen wohlgeordneten Staaten sind solche Staaten, die die Menschenrechte anerkennen. Sie müssen nicht unbedingt demokratisch verfasst sein, aber über Verfahren der öffentlichen Meinungsbildung verfügen, bei der sich alle ihre Bürgerinnen und Bürger Gehör verschaffen können. Daneben gibt es noch ›Schurkenstaaten‹ und belastete Gesellschaften, die nicht Teil des Völkerbundes sein können. Es stellt jedoch ein wichtiges Ziel dar, dazu beizutragen, beide in wohlgeordnete Gesellschaften umzuwandeln.

Ein zentraler Grund für das zweistufige Verfahren besteht Rawls zufolge darin, dass man mit Bezug auf die Wohlgeordnetheit von Gesellschaften und Staaten einen vernünftigen Pluralismus annehmen muss (ebd.; Nagel 2010). Das war die zentrale Einsicht seines politisch gewendeten Liberalismus, der nicht letztbegründet werden kann. Nur ein zweistufiges Verfahren, so argumentiert Rawls, kann diesem Pluralismus gerecht werden. Stärker kosmopolitisch orientierte Autoren müssen demgegenüber argumentieren, dass der vernünftige Pluralismus enger ausfällt, als Rawls es annimmt (Caney 2005). Dann sind nur liberale Gesellschaften und nur durch ganz bestimmte Gerechtigkeitsprinzipien geleitete Staaten hinreichend gerecht. Das ist die zentrale Voraussetzung für eine starke kosmopolitische Position.

Literatur

Beauvoir, Simone de: *Das andere Geschlecht*. Reinbek bei Hamburg 2005 (frz. 1949).

Beitz, Charles: *Political Theory and International Relations*. Princeton 1979.

Beitz, Charles: *The Idea of Human Rights*. Oxford 2009.

Bentham, Jeremy: *The Principles of Morals and Legislation*. Darien 1970 (engl. 1789).

Brandt, Reinhard/Herb, Karlfriedrich (Hg.): *Jean-Jacques Rousseau: Vom Gesellschaftsvertrag*. Berlin ^{2}2012.

Butler, Judith: *Das Unbehagen der Geschlechter*. Frankfurt a. M. 2003 (engl. 1990).

Caney, Simon: *Justice Beyond Borders. A Global Political Perspective*. New York 2005.

Dworkin, Andrea/MacKinnon, Catharine: *In Harm's Way. The Pornography Civil Rights Hearings*. Cambridge MA 1997.

Dworkin, Ronald M.: What is equality? Part 1: Equality of welfare. In: *Philosophy & Public Affairs* 10/3 (1981a), 185–246.
Dworkin, Ronald M.: What is equality? Part 2: Equality of resources. In: *Philosophy & Public Affairs* 10/4 (1981b), 283–345.
Engels, Friedrich: Die Lage der arbeitenden Klasse in England [1845]. In: *Marx-Engels-Werke 2*. Berlin [12]1990.
Fehige, Christoph: Das große Unglück der kleineren Zahl. In: Christoph Fehige/Georg Meggle (Hg.): *Zum moralischen Denken*. Frankfurt a. M. 1995, 139–175.
Geuss, Raymond: *Die Idee einer kritischen Theorie*. Übers. von Anna Kusser. Königstein im Taunus 1983 (engl. 1981).
Gilligan, Carol: *Die andere Stimme. Lebenskonflikte und Moral der Frau*. München 1988 (engl. 1982).
Gray, John: *Mill on Liberty: A Defence*. London [2]1996.
Hobbes, Thomas: *Leviathan*. Übers. von Jutta Schlösser. Hamburg 1996 (engl. 1651).
Höffe, Otfried: ›Sed authoritas non veritas, facit legem‹. Zum Kapitel 26 des Leviathan. In: Wolfgang Kersting (Hg.): *Thomas Hobbes, Leviathan*. Berlin 1996, 235–258.
Höffe, Otfried (Hg.): *Immanuel Kant: Metaphysische Anfangsgründe der Rechtslehre*. Berlin 1999.
Höffe, Otfried: *John Rawls. Eine Theorie der Gerechtigkeit*. Berlin 2005.
Honneth, Axel: Die Moral im ›Kapital‹. Versuch einer Korrektur der Marxschen Ökonomiekritik. In: Rahel Jaeggi/Daniel Loick (Hg.): *Nach Marx. Philosophie, Kritik, Praxis*. Frankfurt a. M. 2013, 350–363.
Hume, David (1989): *Ein Traktat über die menschliche Natur*. Übers. von Theodor Lipps. Hamburg 1989 (engl. 1738).
Hurley, Susan L.: *Justice, Luck, and Knowledge*. Cambridge 2003.
Jaeggi, Rahel: *Entfremdung. Zur Aktualität eines sozialphilosophischen Problems*. Frankfurt a. M. 2005.
Jagger, Alison/Iris Young (Hg.): *A Companion to Feminist Philosophy*. Oxford 2000.
Kant, Immanuel: Metaphysik der Sitten [1797]. In: *Immanuel Kant. Gesammelte Schriften*. Akademie Ausgabe, Bd. 6. Berlin 1968 [AA VI].
Kerner, Ina: *Differenzen und Macht*. Frankfurt a. M. 2009.
Kersting, Wolfgang (Hg.): *Thomas Hobbes. Leviathan*. Berlin 1996.
Knight, Carl/Stemplowska, Zofia (Hg.): *Responsibility and Distributive Justice*. Oxford 2011.
Ladwig, Bernd: *Gerechtigkeitstheorien*. Hamburg 2011.
Locke, John: *Zwei Abhandlungen über die Regierung*. Übers. von Hans Jörn Hoffmann. Frankfurt a. M. 1977 (engl. 1689).
Lohmann, Georg: *Indifferenz und Gesellschaft: Eine kritische Auseinandersetzung mit Marx*. Frankfurt a. M. 1991.
Ludwig, Bernd/Rehm, Michaela (Hg.): *John Locke: Zwei Abhandlungen über die Regierung*. Berlin 2013.
Mackie, John L.: *Hume's Moral Philosophy*. London 1980.
Marx, Karl: Zur Kritik der politischen Ökonomie [1858]. In: *Marx-Engels-Werke 13*. Berlin [12]2015.
Marx, Karl: Das Kapital I [1867]. In: *Marx-Engels-Werke 23*. Berlin [24]2014.
Mill, John Stuart: *Der Utilitarismus*. Übers. von Dieter Birnbacher. Stuttgart 1976 (engl. 1861).
Nagel, Thomas: Das Problem globaler Gerechtigkeit. In: Christoph Broszies/Henning Hahn (Hg.): *Globale Gerechtigkeit. Schlüsseltexte zur Debatte zwischen Partikularismus und Kosmopolitismus*. Berlin 2010, 104–146.
Nussbaum, Martha: *Frontiers of Justice: Disability, Nationality, Species Membership*. Cambridge 2006.
Nussbaum, Martha: *Creating Capabilities. The Human Development Approach*. Cambridge 2012.
Nussbaum, Martha/Sen, Amartya: *The Quality of Life*. Oxford 1993.
Pogge, Thomas: *Realizing Rawls*. Ithaca 1989.
Pogge, Thomas: *Weltarmut und Menschenrechte. Kosmopolitische Verantwortung und Reformen*. Übers. von Anna Wehofsits. Berlin 2011 (engl. 2002).
Rawls, John: *Eine Theorie der Gerechtigkeit*. Übers. von Hermann Vetter. Frankfurt a. M. 1975 (engl. 1971).
Rawls, John: *Das Recht der Völker*. Berlin 2002 (1999).
Riley, Jonathan: Interpreting Mill's qualitative hedonism. In: *Philosophical Quarterly* 53/212 (2003), 410–418.
Rössler, Beate (Hg.): *Quotierung und Gerechtigkeit*. Frankfurt a. M. 1993.
Rössler, Beate: *Der Wert des Privaten*. Frankfurt a. M. 2001.
Rousseau, Jean-Jacques: *Diskurs über die Ungleichheit. Discours sur l'inégalité*. Übers. von Heinrich Meier. Paderborn [6]2008 (frz. 1755).
Rousseau, Jean-Jacques: *Du contrat social. Vom Gesellschaftsvertrag*. Übers. von Hans Brockhard. Stuttgart 2010 (frz. 1762).
Sen, Amartya: Well-being, agency, freedom: the Dewey Lectures 1984. In: *Journal of Philosophy* 82/4 (1985), 169–221.
Sen, Amartya: *Ökonomie für den Menschen: Wege zu Gerechtigkeit und Solidarität in der Marktwirtschaft*. Übers. von Christina Goldmann. München 2002 (engl. 1999).
Sen, Amartya: Capabilities, lists and public reason: Continuing the conversation. In: *Feminist Economics* 10/3 (2004), 77–80.
Sen, Amartya: *Die Idee der Gerechtigkeit*. Übers. von Christa Krüger, München 2010 (engl. 2009).
Tan, Kok-Chor: *Justice, Institutions, and Luck: The Site, Ground, and Scope of Equality*. Oxford 2012.
Wolff, Jonathan (1999). Marx and exploitation. In: *Journal of Ethics* 3/2 (1999), 105–120.
Wood, Alan: *Karl Marx*. New York [2]2004.

Corinna Mieth / Christian Neuhäuser / Alessandro Pinzani

5 Religiöse Wurzeln und Perspektiven: Buddhismus und Konfuzianismus

Der westliche Gerechtigkeitsdiskurs hatte vor dem 19. Jahrhundert keinen signifikanten Einfluss auf die ethischen und politischen Debatten in Süd- und Ostasien. Wenn wir nach den Konzeptionen von Gerechtigkeit und Ungerechtigkeit fragen, die sich in diesen Debatten erkennen lassen, dann ordnen wir deren Thesen und Argumente somit neu und orientieren uns bei ihrer Darstellung nicht an Kategorien, die in den Debatten selbst verwendet worden sind. Dies verspricht neue und interessante Einsichten, ist jedoch auch mit besonderen Schwierigkeiten verbunden: Erstens muss man davon ausgehen, dass sich die westlichen Begriffe nicht ohne weiteres in den Sprachen der betrachteten Regionen wiedergeben lassen. Zweitens müssen die Kontexte der asiatischen Debatten im Auge behalten werden, die mitunter andere Erkenntnisinteressen verfolgten und unter anderen politischen, wirtschaftlichen, religiösen und kulturellen Bedingungen stattgefunden haben als die westlichen Gerechtigkeitsdiskurse. Drittens ist die Frage nach den Gerechtigkeitsvorstellungen in Asien nur eine Teilfrage im interkulturellen Dialog. Die andere Frage muss lauten, inwiefern sich die dortigen Begriffe in den europäischen Diskursen wiederfinden lassen. Fragen dieser Art werden in der westlichen Literatur aber nur sehr selten gestellt, und auch dieser Beitrag wird sich auf den Blick aus dem Westen nach Asien beschränken und den asiatischen Blick auf den Westen außen vor lassen. Zudem wird sich dieser Beitrag aus Platzgründen auf den Buddhismus und den Konfuzianismus konzentrieren, also auf nur zwei der zahlreichen Denktraditionen, die sich in Asien entwickelt haben. Diese beiden Traditionen haben sich zeitlich wie räumlich besonders weit ausgebreitet und üben auch heute noch großen Einfluss auf die asiatischen und zunehmend auch auf die westlichen Gesellschaften aus.

Buddhismus

Die buddhistischen Moral- und Gerechtigkeitsvorstellungen können nicht unabhängig von den religiösen Inhalten des Buddhismus betrachtet werden. Insbesondere das buddhistische Verständnis von Karma und Wiedergeburt hat großen Einfluss auf die im Buddhismus vertretenen Gerechtigkeitskonzeptionen. So sind ethische Überlegungen vor allem als Teil des Weges relevant, der es Lebewesen ermöglicht, den Kreislauf der Wiedergeburten zu verlassen. Auch wenn Wiedergeburten in relativ angenehmen Daseinsformen möglich sind, bewerten Buddhisten alle Lebensformen als leidvoll und streben nach der Erleuchtung, die den endgültigen Austritt aus dem Wiedergeburtskreislauf darstellt. Diese Erleuchtung setzt neben dem Wissen um die doktrinär-religiösen Inhalte des Buddhismus ethisches Wissen sowie eine vollendete moralische Praxis voraus. Zudem bestimmt die moralische Qualität des Handelns die Position eines Lebewesens *innerhalb* des Kreislaufes. In den buddhistischen Karma-Theorien zeitigt das Verhalten der Lebewesen nämlich Folgen im gegenwärtigen Leben, bestimmt aber auch, ob man im nächsten oder in späteren Leben als Gottheit, Mensch, Tier oder Höllenbewohner wiedergeboren wird. Es wird somit ein Mechanismus vorausgesetzt, der den Lebewesen ›Lohn‹ und ›Strafe‹ unparteilich zuteilt und sich dabei an einem ethischen Standard orientiert. Auch wenn dieser Mechanismus als Naturprozess, der ohne göttliche Eingriffe abläuft, verstanden wird, wird das karmische Gesetz durch Yama, den König der Unterwelt, symbolisiert, der über die Lebewesen richtet und ihnen eine Wiedergeburt zuweist, die ihren in früheren Leben begangenen Taten entspricht. In dieser Hinsicht ist das buddhistische Weltbild somit grundlegend von Gerechtigkeitsvorstellungen geprägt und setzt die Moralität der kosmischen Ordnung voraus (Bronkhorst 2011, 118).

Zu diesem Glauben an eine gerechte Grundordnung der Welt kommt bei den meisten buddhistischen Autoren noch ein Menschenbild hinzu, das die Egalität aller Lebewesen betont. Abgesehen von einigen Anhängern der Yogacāra-Schule, die die Kategorie der Nicht-Erleuchtungsfähigen (*icchantikas*) kennt, betonen die meisten Buddhisten die Erleuchtungsfähigkeit aller Lebewesen. Vor allem die in Ostasien einflussreiche Tathāgatagarbha-Lehre besagt, dass alle Lebewesen ›einen Buddha in sich tragen‹ und die Erleuchtung erlangen können – wenn auch vielleicht erst nach zahlreichen weiteren Wiedergeburten. Da buddhistische Autoren somit die Existenz naturgegebener Rangunterschiede zwischen den Lebewesen ablehnen, weisen sie auch das vedische Kastensystem und andere Formen systematischer Diskriminierung wie Rassismus, Machismus und Speziezismus zurück.

Auch der buddhistische Egalitarismus muss jedoch in seinem religiösen Kontext betrachtet werden. So bezieht sich die buddhistische Auffassung der Gleichheit nur auf das spirituelle Ziel der Erleuchtung und umfasst nicht die Forderung nach Gleichheit der Güter, Chancen und Rechte in diesem Leben. In Kombination mit dem Glauben an karmisch bedingte Wiedergeburten führt das buddhistische Menschenbild sogar zu einer fatalistischen Bewertung sozialer und politischer Ungleichheit. Zu den karmischen Wirkungen gehört nämlich nicht nur die Art der Wiedergeburt, sondern auch die körperliche Verfassung und der soziale Status. Wer krank, arm oder in niedrigem Stand geboren wird, büßt damit für das Unrecht und karmisch unheilsame Tun, das er in früheren Existenzen begangen hat. So gibt es in den Augen buddhistischer Ethiker keine Lotterie der Natur, da alle negativ bewerteten Aspekte des jetzigen Lebens als Wirkungen früherer Handlungen betrachtet werden. Zum anderen bestimmt das karmische Weltbild die Güterlehre des Buddhismus. Güter wie Gesundheit, Wohlstand, aber auch soziale Partizipation und Freiheit treten gegenüber den längerfristigen karmischen Folgen in den Hintergrund. Daher gibt es in den Augen der meisten vormodernen Buddhisten keine moralische Pflicht, Ungleichheiten in Bezug auf diese weltlichen Güter zu beseitigen.

Diese Merkmale des Karmaglaubens spiegeln sich auch in der buddhistischen Auffassung moralischer Prinzipien wider. Die karmischen Folgen von Handlungen werden vor allem in populären Darstellungen bestimmten Handlungstypen zugeordnet, so dass es etwa heißt, jemand, der in diesem Leben stehle, werde im nächsten Leben als Ochse wiedergeboren (vgl. z. B. Nakamura 1973). Ein zentrales Element vieler buddhistischer Moraltheorien sind daher Listen von Vorschriften. Eine der meistverwendeten Listen enthält die fünf Vorschriften, nicht zu töten, nicht zu stehlen, sich nicht unkeusch zu verhalten, nicht zu lügen und sich nicht zu berauschen. Einige Interpreten haben diese Vorschriften als absolute Verbote aufgefasst (Keown 1995, 20). Üblicherweise versteht man sie aber als Formulierungen eines Ideals, das nicht von allen Buddhisten im selben Umfang erreicht werden muss. Die erste Vorschrift beispielsweise verbietet allen Menschen das Töten eines anderen Menschen, für Mönche untersagt sie aber überdies sowohl das Töten als auch das Verletzen eines jeden Lebewesens und macht somit den Vegetarismus zur Norm in buddhistischen Klöstern. Eine vollständige Befolgung dieser ersten Vorschrift führt schließlich dazu, dass man »um das Wohl aller Lebewesen zittert« (Harvey 2000, 69), wie es in einigen Sutren heißt, und läuft demnach auf die Ausbildung einer mitleidsvollen und gewaltlosen Charakterdisposition hinaus. In vielen Schulen des zwischen dem ersten und dritten Jahrhundert unserer Zeitrechnung entstandenen Mahāyāna-Buddhismus werden Verletzungen der Vorschriften als legitim betrachtet, die aus Mitleid vollzogen werden. Moralische Prinzipien besitzen bei vielen buddhistischen Autoren somit einen perfektionistischen Charakter und fokussieren auf die Einstellung des Handelnden (Keown 1992, 18–22). Sie stellen in erster Linie Richtlinien für die individuelle spirituelle Kultivierung dar und gehen nicht von den Ansprüchen und Rechten der betroffenen Lebewesen aus (Sizemore/Swearer 1990, 5). Die Gerechtigkeit spielt in buddhistischen Ethiken daher nicht die moderne Rolle, einen Bereich der Moral zu markieren, der von jedem Menschen eingefordert werden kann.

In der Anwendung führt die mitleidsorientierte buddhistische Ethik oft zu ähnlichen Ergebnissen wie Ethiken, die die Rechte der Betroffenen betonen. Buddhistische Mönche und Laien haben im Laufe der Geschichte zahlreiche gute Werke vollbracht und beispielsweise Waisenhäuser, Schulen und Bewässerungssysteme gebaut. Die Vorstellung der Unabänderlichkeit und Gerechtigkeit der karmischen Ordnung hat jedoch dafür gesorgt, dass sich Buddhisten zumindest in vormodernen Zeiten kaum für eine systematische Veränderung der Gesellschaft engagiert haben. Hinzu kommt vermutlich noch ein pragmatischer Grund: Die meisten buddhistischen Institutionen verfügten nicht über eigene Einkünfte und waren somit von den Zuwendungen politischer Machthaber oder reicher Gönner abhängig. In einigen Staaten wie Japan, Korea und Tibet wurde der Buddhismus zudem überhaupt erst von den politischen Herrschern eingeführt und streng kontrolliert. Auch diese Verflechtungen mit den gesellschaftlichen Eliten haben wohl dazu geführt, dass buddhistische Autoren keine nennenswerte Gesellschaftstheorie und Herrschaftskritik hervorgebracht haben.

Auch wenn man im Buddhismus somit keine umfassende Theorie gerechter Institutionen findet, lassen sich doch Ansätze zur moralischen Bewertung gesellschaftlicher Institutionen und Herrschaftsformen erkennen. So taucht in einigen buddhistischen Texten die Utopie des *cakravartin*, eines weltbeherrschenden Königs auf, der die Welt durch seine Güte und Weitsicht regiert und dadurch jegliches menschliche Fehlverhalten eliminiert (Zimmermann 2006, 216–217). Neben dieser Utopie sind auch Verhaltensregeln und Empfehlungen für reale Herrscher formuliert worden, die z. B. in Nagarjunas Texten *Suhrllekha* (Jamspal

1978) und *Ratnāvalī* (Tucci 1936) sowie im *Rājadharma-nyāya-śāstra* (Jan 1984) zu finden sind. Unter anderem fordern diese Texte zu einem humanen Strafrecht auf, das auf die Todesstrafe und andere irreversible Strafarten verzichtet (Zimmermann 2006, 227–235). Schließlich findet man in den Sutren Belege dafür, dass der Buddha die Herrschafts- und Umgangsformen der altindischen Stammesrepubliken schätzte und diese auch auf den *saṃgha*, d. h. auf die buddhistische Mönchsgemeinde übertragen wollte (Harvey 2000, 113).

Nach dem Kontakt mit westlichen Werten ist in Süd- und Südostasien im 20. Jahrhundert der so genannte ›Engaged Buddhism‹ entstanden, der das traditionelle Streben nach der spirituellen Befreiung mit einem Engagement für die weltliche Befreiung verbindet. Moderne Buddhisten wie der thailändische Mönch Buddhadasa Bhikkhu (1906–1993) und der vietnamesische Mönch Thich Nhat Hanh (geb. 1926) setzen sich für mehr soziale Gerechtigkeit, demokratische Entscheidungsformen und einen respektvollen Umgang mit der Natur ein. Dabei verweisen sie auf klassische buddhistische Ideale wie Gewaltlosigkeit und Mitleid, sie beziehen diese Ideale jedoch explizit auf gesellschaftliche Institutionen und verbinden so das Streben nach der Erleuchtung mit dem Eintreten für eine bessere Welt (Queen 1996, 11). Auch die Diskussion um das Verhältnis von Buddhismus und Menschenrechten wird gegenwärtig intensiv geführt (Harvey 2000, 118–122; Bauer/Bell 1999). Damien Keown beispielsweise argumentiert, dass es in der buddhistischen Tradition zwar kein explizites Äquivalent zum westlichen Rechtsbegriff gibt, dass sie ein solches aber implizit enthält. Das buddhistische Ziel, die Leiden des Wiedergeburtskreislaufes zu überwinden, setze nämlich bestimmte Güter wie Leben, Gesundheit, Freiheit und Bildung voraus. Da alle Menschen die Fähigkeit zur Erleuchtung haben und nach buddhistischer Auffassung nach diesem Ziel streben sollen, muss man ihnen in Keowns Augen auch die dafür notwendigen Güter zur Verfügung stellen (Keown 1995).

Konfuzianismus

Konfuzianische Autoren zielen darauf ab, den Weg zu einer harmonischen Gesellschaft aufzuzeigen. Nach konfuzianischer Vorstellung wird diese Harmonie vor allem durch hierarchisch geordnete Beziehungen befördert. Untertanen sollen ihren Herrschern folgen, und ebenso sind Kinder ihren Eltern, Frauen ihren Männern und jüngere den älteren Verwandten gegenüber zum Gehorsam verpflichtet. Im Gegenzug haben Herrscher, Eltern, Männer und ältere Verwandte Fürsorgepflichten für ihre Untergebenen. Beziehungen sind daher in den Augen der Konfuzianer nur dann harmonisch, wenn beide Parteien ihre wechselseitigen und komplementären Rollenpflichten erfüllen (Li 2006). Die konkreten Ausformungen dieser Pflichten werden als ›Riten‹ (禮 chin. *li*) bezeichnet, und für Handlungen, Institutionen und Personen, die diesen Riten entsprechen, verwendet man den Ausdruck ›yi‹ (義). Es ist vor allem dieser vieldeutige Ausdruck, der von Übersetzern mit dem Wort ›gerecht‹ wiedergegeben wird (u. a. Roetz 1992, 181).

Ursprünglich verweist der Ausdruck ›yi‹ auf einen rituellen Kontext. So besteht das für ›yi‹ verwendete Schriftzeichen 義 aus einer Axt, die als Clan-Symbol fungiert, sowie aus Federn, die diese Axt schmücken und auf einen rituellen Zusammenhang hindeuten. In den Knochen- und Bronzeinschriften aus dem Zeitraum von 1400 bis ungefähr 1000 v. Chr. bezeichnet das Schriftzeichen somit die Rituale, die innerhalb eines Clans oder vom Führer eines Clans praktiziert worden sind (Jia/Kwok 2007, 34–36). Auch im *Buch der Riten*, einem der fünf konfuzianischen Klassiker, wird das Schriftzeichen zur Bezeichnung von Ritualen verwendet (vgl. Zhang 2002, 293). In diesem Text umfasst ›yi‹ jedoch bereits mehr als konkrete Rituale und bezeichnet zudem die Disposition oder Eigenschaft, »die Noblen nobel zu behandeln und die Ehrenwerten zu ehren« (Zhang 2002, 298). Hier wird der Ausdruck also allgemeiner zur Bezeichnung der Eigenschaft verwendet, dem Status eines Menschen angemessen zu sein (vgl. Jia/Kwok 2007, 39–41). Ausgehend von dieser Bedeutung kann ›yi‹ sowohl individuelle Charaktereigenschaften als auch gesellschaftliche Institutionen bezeichnen.

Wird ›yi‹ zur Bezeichnung individueller Charaktereigenschaften verwendet, so wird sie oft als die allgemeine Disposition einer Person verstanden, sich ausgewogen und den Riten gemäß zu verhalten. Überdies wird diese Disposition mit der Standhaftigkeit gegenüber ungerechten materiellen Verlockungen assoziiert. In diesem Verständnis weist ›yi‹ somit einige Ähnlichkeiten mit dem westlichen Konzept der Gerechtigkeit als Tugend auf. Im Laufe der Entwicklung und Ausbreitung des Konfuzianismus hat dieses Konzept allerdings diverse Ausformungen erfahren, die signifikante Unterschiede zu westlichen Gerechtigkeitskonzepten deutlich werden lassen. Brian van

Norden zufolge bezeichnet ›yi‹ bei Menzius (370–290 v. Chr.) beispielsweise die Disposition, den eigenen Wertvorstellungen gemäß zu handeln und diese auch gegen Widerstände durchzusetzen. Diese Eigenschaft orientiert sich an einem inneren ethischen Standard, der uns in Form des Schamgefühls angeboren ist. Dieser Standard lässt sich jedoch nicht als klar definiertes Regelsystem verstehen, sondern wird vom Individuum, das die Eigenschaft *yi* hinreichend kultiviert hat, situationsspezifisch erkannt. *Yi* wird hier also stark partikularistisch interpretiert und ist durch ihren Bezug zur Scham eine eher selbstbezügliche Disposition (van Norden 2004; s. auch Ames 2011). Diese Tendenz ist bei Dong Zhongshu (179–104 v. Chr.) noch deutlicher erkennbar, der *yi* als die Fähigkeit versteht, sich selbst zu kritisieren (Zhang 2002, 300). Seit der Song-Zeit (960–1279) verbinden Neo-Konfuzianer wie Cheng Yi (1033–1107), Zhu Xi (1130–1200) und Chen Beixi (1159–1223) den selbstbezüglichen Aspekt des Ausdrucks ›yi‹ mit der ebenfalls ausgedrückten Bedeutung, einem objektiven Standard zu entsprechen. Sie verstehen *yi* dementsprechend als die moralische Fähigkeit, durch Introspektion die dem Prinzip der Natur entsprechenden Verhaltensweisen zu erkennen und sie gegen innere und äußere Widerstände durchzusetzen (Zhang 2002, 303–310). An dieser Interpretation des *yi*-Konzeptes wird innerhalb des Konfuzianismus jedoch auch grundlegende Kritik geäußert. Der neoklassische japanische Autor Ogyū Sorai (1666–1728) beispielsweise betont, die klassischen Autoren vor Menzius hätten sich noch an einem rituellen *yi*-Konzept orientiert und den Ausdruck ›yi‹ nur für die Fähigkeit von Herrschern verwendet, traditionelle rituelle und institutionelle Formen an die sich verändernden historischen Umstände anzupassen (Tucker 2006, 210–221). Für diesen Autor bezeichnet ›yi‹ also eine amoralische Eigenschaft, die nur die Herrscherelite betrifft. In diesem Verständnis ist eine Übersetzung von ›yi‹ durch den Ausdruck ›gerecht‹ somit unangemessen.

Ogyū Sorais Kritik am Verständnis von *yi* als einem individualmoralischen Konzept geht auch mit einer stärkeren Gewichtung der gesellschaftlichen Institutionen einher. Die Frage nach gerechten gesellschaftlichen Institutionen gehört zu den Kernanliegen der meisten Konfuzianer. Sie gehen fast alle davon aus, dass eine gerechte und harmonische Gesellschaft in der chinesischen Antike existiert habe und die Hauptaufgabe konfuzianischer Autoren darin bestehe, die Herrschaftsmethoden der antiken Könige an die gegenwärtig Herrschenden weiterzugeben und aufzuzeigen, wie sie in der Gegenwart anzuwenden sind. Die Frage, welche Aspekte des antiken Herrschaftssystems Vorbildfunktion besitzen und daher in die Gegenwart zu übernehmen sind, ist unter konfuzianischen Autoren umstritten. Die meisten Konfuzianer befürworten jedoch ein Herrschaftssystem, das sowohl vererbte als auch nach Eignung zugesprochene gesellschaftliche Positionen umfasst. Der monarchische Herrscher erbt sein Amt normalerweise von seinen Blutsverwandten, zumindest ein Teil der Elite von Ministern und Beamten wird dagegen leistungsbezogen bestimmt. Im China der Han-Zeit (206 v. Chr. – 220 n. Chr.) etwa wurde eine staatliche Hochschule geschaffen, die prinzipiell allen offenstand und den unteren Schichten eine Möglichkeit bot, in die staatliche Bürokratie aufzusteigen, wenn auch nicht in die höchsten Staatsämter (van Ess 2003, 49). Diese meritokratischen Elemente des Herrschaftssystems waren im China der Song-Zeit (960–1279) voll entwickelt, wurden aber in Japan beispielsweise nie adaptiert.

Die geschilderten hierarchischen Rollen und Herrschaftsformen gelten nach konfuzianischer Auffassung als gerecht, obgleich sie Güter, Ämter und Rollen nicht nur leistungs- und bedürfnisgemäß zuteilen, sondern auch Kriterien wie ererbtem Status, Alter und Geschlecht Relevanz beimessen. Konfuzianer wie Xunzi (298–220 v. Chr.) und Ogyū Sorai betonen, dass diese Verteilung allen Mitgliedern einer Gesellschaft nutzt, da klare Rollen- und Statuszuordnungen Neid, Konkurrenz und somit gesellschaftliche Konflikte vermeiden helfen (Roetz 1992, 183). Andere konfuzianische Autoren wie Menzius, Dong Zhongshu und Zhu Xi betonen wiederum, dass hierarchische Beziehungen ›natürlich‹ seien. Da ein naturgemäßes Verhalten in den Augen dieser Konfuzianer dafür sorgt, dass auch die außermenschlichen Naturvorgänge reibungslos verlaufen und beispielsweise Unwetter, Dürren und Erdbeben ausbleiben, enthält auch diese Argumentation einen Verweis auf den allgemeinen Nutzen der betreffenden gesellschaftlichen Arrangements.

Neben dem Ausdruck ›yi‹ wird auch der Ausdruck ›gong‹ (公, jap. kō) herangezogen, um das konfuzianische Verständnis gerechter gesellschaftlicher Institutionen zu charakterisieren (Chan 1994; Roetz 1992). ›Gong‹ wird häufig mit dem Ausdruck ›unparteilich‹ übersetzt und bezeichnet die Disposition oder Eigenschaft von Personen und Institutionen, das allgemeine im Gegensatz zum bloß privaten Wohl zu befördern. Die durch ›yi‹ und ›gong‹ bezeichneten Ideale schützen die Gesellschaft somit vor dem eigennützigen oder klientelorientierten Handeln des Herrschers und seiner Beamten. Sie bieten dem Individuum jedoch keinen Schutz vor gemeinnützigen Übergriffen durch die Gesellschaft. Die Vorstellung, dass die konfuzianischen Ideale und insbesondere das Ideal *gong* nicht nur durch das selbstlose Verhalten des Herrschers verwirklicht werden, sondern auch durch politische Institutionen, die Deliberation und eine Mitbestimmung größerer Bevölkerungsschichten ermöglichen, finden sich in China seit der späten Ming-Zeit (1369–1644). Diese neuen Ideen werden u. a. von dem chinesischen Philosophen Huang Zongxi (1610–1695) prägnant zusammengefasst (Struve 1988) und ab dem 19. Jahrhundert auch in Japan positiv rezipiert (Watanabe 2012, 328–331).

In gegenwärtigen Debatten in China wie im Westen spielt das Verhältnis des konfuzianischen Gerechtigkeitsverständnisses zu westlichen Werten und Institutionen eine zentrale Rolle. Besonders das Verhältnis zwischen konfuzianischen Werten und Menschenrechten (de Bary 1998; Bauer/Bell 1999; Shun/Wong 2004) sowie die Kompatibilität von Konfuzianismus und Demokratie nehmen darin großen Raum ein. In einer umfassenden Studie zeigt der koreanische Sozialwissenschaftler Doh Chull Shin, dass die Bevölkerungen konfuzianisch geprägter Staaten zwar demokratische Institutionen befürworten, eine liberale Gesellschaftsordnung jedoch mehrheitlich ablehnen (Shin 2012). Im intellektuellen Diskurs lassen sich darüber hinaus noch weitere Positionen ausmachen: Der zeitgenössische Konfuzianer Ruiping Fan beispielsweise fordert ein rein meritokratisches Herrschaftssystem für konfuzianisch geprägte Staaten, in dem eine durch Bildungsinstitutionen ausgewählte Elite die gesellschaftlich relevanten Entscheidungen trifft (Fan 2003). Fan zufolge spiegelt nur ein meritokratisches System die Unterschiede in Intelligenz und Tugend zwischen den Menschen wider und gewährt gesellschaftliche Stabilität. David Bell propagiert stattdessen ein Zwei-Kammer-System, in dem die eine Kammer gewählt, die andere jedoch nach Bildungsleistung bestimmt wird (Bell 2000), so dass sowohl liberale als auch meritokratische Gesichtspunkte im politischen System Berücksichtigung finden. Xunwu Chen argumentiert allgemein, dass der Konfuzianismus durchaus eine Grundlage für die Einrichtung demokratischer Institutionen biete. Der Konfuzianismus habe sein eigenes Gerechtigkeitsverständnis, und da gute Demokratien auf einer Vorstellung von Gerechtigkeit basieren, muss eine konfuzianische Demokratie in seinen Augen allerdings anders strukturiert sein als viele westliche Demokratien (Chen 2008).

Literatur

Ames, Roger: *Confucian Role Ethics: A Vocabulary*. Hongkong 2011.

Bary, Wm. Theodore de: *Confucianism and Human Rights*. New York 1998.

Bauer, Joanne R./Bell, Daniel A. (Hg.): *The East Asian Challenge for Human Rights*. Cambridge 1999.

Bell, Daniel: *East Meets West: Human Rights and Democracy in East Asia*. Princeton 2000.

Bronkhorst, Johannes: *Karma*. Honolulu 2011.

Chan, Joseph: Making sense of Confucian justice. In: *Philosophy East and West* 44 (1994), 559–575.

Chen, Xunwu: *Justice, Humanity, and Social Toleration*. Lanham 2008.

Ess, Hans van: *Der Konfuzianismus*. München 2003.

Fan, Ruiping: *Social justice: Rawlsian or Confucian?* In: Mou Bo (Hg.): *Comparative Approaches to Chinese Philosophy*. Burlington 2003, 144–168.

Harvey, Peter: *An Introduction to Buddhist Ethics*. Cambridge 2000.

Jamspal, L./Chophel, N. S./Della Santina, Peter (Übers.): *Nagarjuna's Letter to King Gautamiputra*. Delhi 1978.

Jan, Yün-hua: Rajadharma ideal in Yogacara Buddhism. In: Pranabananda Jash (Hg.): *Religion and Society in Ancient India*. Calcutta 1984, 221–234.

Jia, Jinhua/Kwok Pang-Fei: From clan manners to ethical obligation and righteousness: A new interpretation of the term yi 義. In: *Journal of the Royal Asiatic Society of Great Britain and Ireland* 17/1 (2007), 33–42.

Keown, Damien: *The Nature of Buddhist Ethics*. New York 1992.

–: Are there ›Human Rights‹ in Buddhism? In: *Journal of Buddhist Ethics* 2 (1995), 3–27.

Li, Chenyang: The Confucian ideal of harmony. In: *Philosophy East and West* 56 (2006), 583–603.

Nakamura, Kyoko (Übers.): *Miraculous Stories from the Japanese Buddhist Tradition – The Nihon Ryōiki of the Monk Kyōkai*. Cambridge MA 1973.

Norden, Bryan van: The virtue of righteousness in Mencius. In: Kwong-loi Shun/David B. Wong (Hg.): *Confucian Ethics: A Comparative Study of Self, Autonomy, and Community*. New York 2004, 148–182.

Queen, Christopher/King, Sallie (Hg.): *Engaged Buddhism: Buddhist Liberation Movements in Asia*. Albany 1996.

Roetz, Heiner: *Die chinesische Ethik der Achsenzeit*. Frankfurt a. M. 1992.

Shin, Doh Chull: *Confucianism and Democratization in East Asia*. Cambridge 2012.

Shun, Kwong-loi/Wong, David B. (Hg.): *Confucian Ethics: A Comparative Study of Self, Autonomy, and Community*. New York 2004.

Sizemore, R. F./Swearer, D. K. (Hg.): *Ethics, Wealth, and Salvation: A Study in Buddhist Social Ethics*. Columbia 1990.

Struve, Lynn: Huang Zongxi in context: A reappraisal of his major writings. In: *The Journal of Asian Studies* 47/3 (1988), 474–502.

Tucci, Giuseppe: The Ratnavali of Nagarjuna. In: *Journal of the Royal Asiatic Society of Great Britain and Ireland* 68/2 (1936), 423–435.
Tucker, John (Übers.): *Ogyū Sorai's Philosophical Masterworks*. Honolulu 2006.
Watanabe, Hiroshi: *A History of Japanese Political Thought, 1600–1901*. Tokyo 2012.
Zhang, Dainian: *Key Concepts in Chinese Philosophy*. New Haven 2002.
Zimmermann, Michael: Only a fool becomes a king: Buddhist stances on punishment. In: Ders. (Hg.): *Buddhism and Violence*. Lumbini 2006, 213–242.

Paulus Kaufmann

6 Religiöse Wurzeln und Perspektiven: Judentum und Christentum

Judentum und Christentum sind zweieinhalb bzw. fast zwei Jahrtausende alt. Sie haben eine wechselvolle Geschichte. Beide standen immer in einem intensiven Austausch mit ihren Umwelten. Dabei übernahmen sie viele Elemente aus anderen Religionen und Kulturen, in denen sie sich entwickelten und die sie umgekehrt auch prägten. Angesichts dieser Komplexität ist es nicht überraschend, dass es kaum möglich ist, von *einem* oder *dem* jüdisch-christlichen Gerechtigkeitsbegriff zu sprechen. Sowohl *diachron* als auch *synchron* haben wir es innerhalb beider Religionen mit einer kaum überschaubaren Vielfalt zu tun. Schon unter den verschiedenen Büchern der Bibel, die eigentlich eine in einem Zeitraum von etwa tausend Jahren entstandene Bibliothek ist, gibt es einen enormen Reichtum an Bedeutungsvarianten von Gerechtigkeit. Dass hier zugleich über Judentum *und* Christentum gesprochen wird, ist deshalb sinnvoll, weil das Christentum sich aus einer Nachfolgebewegung jüdischer Anhänger des Juden Jesus entwickelt hat und den größeren Teil seiner Heiligen Schrift, die von Christen *Altes Testament* genannte jüdische Bibel, mit dem Judentum gemeinsam hat.

Wie alle Religionen bieten auch Judentum und Christentum zunächst holistische Weltbilder, innerhalb derer nicht immer zwischen unterschiedlichen Geltungsansprüchen unterschieden wird. Deshalb lassen sich religiöse Vorstellungen von Gerechtigkeit auch kaum von Gerechtigkeitsüberlegungen ablösen, die auf Vernunftargumenten gründen. Die vielen Religionen und Kulturen gemeinsamen basalen und historisch sehr alten *vernünftigen* Gerechtigkeitsvorstellungen des Reziprozitätsprinzips, der Goldenen Regel, der Unparteilichkeit der Richter oder der Notwendigkeit von mindestens zwei Zeugen vor Gericht finden sich selbstverständlich auch in Judentum und Christentum. Die vom griechischen Dichter Aischylos im 5. Jahrhundert v. Chr. erstmals erwähnten Haupttugenden, deren größte und wichtigste neben Maß, Tapferkeit und Klugheit die Gerechtigkeit ist, finden sich auch im (deuterokanonischen) alttestamentlichen Buch der Weisheit (Weish 8,7) und an mehreren Stellen im Neuen Testament (1 Tim 6,11; 2 Tim 2,22; Phil 4,8). Gerechtigkeit steht in Judentum und Christentum umfassend für die Gesamtheit moralischer Normen und ethischer Werte. Wer diesen

Normen entsprechend handelt, ist ›gerecht‹. Darüber hinaus hat Gerechtigkeit dort aber auch einen zutiefst religiösen Sinn, ist sie doch ein Schlüsselbegriff jüdisch-christlichen – und übrigens auch islamischen – Gottes- und Offenbarungsverständnisses (zum Folgenden vgl. Ansorge 2009; Weinfeld 1995; Witte 2012; Scoralick 2000; Kruip 2008). Der Mensch verdankt sein Gerechtsein letzten Endes einem gerechten Gott.

Historische Hintergründe und wichtige Elemente des Gerechtigkeitsbegriffs im Alten Testament

Im Kern geht der Jahwe-Glaube der Juden auf Erfahrungen einer kleinen Gruppe von semitischen ›Gastarbeitern‹ in Ägypten zurück, die sich aus der übermächtigen Pharaonenherrschaft befreien konnten, wobei ein ›Wunder‹ an einem ›Schilfmeer‹ zwischen Ägypten und der Halbinsel Sinai eine Rolle gespielt haben soll. Welche historischen Ereignisse wirklich dahinter standen, lässt sich heute nicht mehr rekonstruieren. Sie wären etwa ins 13. Jahrhundert v. Chr. zu datieren. Wichtig ist, dass diese Erfahrungen, die im Laufe der Geschichte des alten Israel theologisch immer wieder neu aufgearbeitet wurden, sein Gottesbild entscheidend geprägt haben. So heißt es am Beginn eines der beiden Abschnitte über die Zehn Gebote: »Ich bin Jahwe, dein Gott, der dich aus Ägypten herausgeführt hat, aus dem Sklavenhaus« (Ex 20,2). Der Bezug auf diese Befreiungserfahrung spielt bei der Begründung sozialer Normen eine wichtige Rolle (vor allem im Buch *Deuteronomium* – vgl. Hieke 2007): Weil Gott sein Volk aus Ägypten befreit hat, steht es unter einem besonderen moralischen Anspruch, Sklaven, Fremde, sozial Schwache und Ausgegrenzte menschenwürdig zu behandeln. Deshalb ist es nur folgerichtig, dass menschliche Herrschaft nur dann als legitim angesehen wird, wenn sie für Gerechtigkeit sorgt, d. h. niemanden benachteiligt, zwischen Armen und Reichen für einen Ausgleich sorgt, im Gericht in fairer Weise Recht spricht usw., wobei sich ein waches Bewusstsein dafür ausgebildet hat, dass Menschen durch Macht oft zum Gegenteil verführt werden. Die biblischen Texte sind dementsprechend skeptisch gegenüber jeder Form von Herrschaft, sowohl gegenüber der Unterdrückung durch fremde Völker als auch durch eigene Könige, die durch die Propheten härtester Kritik ausgesetzt waren (vgl. etwa die Fabel vom Dornstrauch als dem König der Bäume in Ri 9,7–15 oder die detaillierten Vorschriften zur Begrenzung von Macht und Reichtum des Königs in Dtn 17,14–20).

Zwei weitere einschneidende Ereignisse in der Geschichte des alten Israel waren der Untergang des Nordreiches Samaria um 722 v. Chr. durch die Oberherrschaft der Assyrer sowie 587 v. Chr. die Eroberung Jerusalems durch die Babylonier mit dem Untergang des Südreichs Juda. In beiden Fällen wurden die Eliten deportiert, die Tempel zerstört, und viele Angehörige des Volkes Israel suchten Zuflucht in angrenzenden Ländern, versuchten aber, ihre religiöse Identität zu bewahren – der Beginn der später so genannten jüdischen Diaspora. Nachdem die Perser Babylon erobert hatten, kehrten einige der Deportierten ab 538 v. Chr. wieder nach Jerusalem zurück, was als ein von ihrem Gott, dem *Befreier*, ermöglichter neuer Exodus gedeutet wurde (vgl. Jes 43,14–21). Eigentlich erst jetzt entwickelt sich die Religion, die später ›Judentum‹ genannt wird. Das bescheidene Gemeinwesen in Jerusalem und Umgebung stand immer unter Fremdherrschaft, zuerst der Perser, dann der griechisch (hellenistisch) geprägten Ptolemäer aus Ägypten und der Seleukiden aus Syrien, schließlich der Römer. Nach der Zerstörung des zweiten Tempels in Jerusalem 70 n. Chr. und der Niederschlagung des Bar-Kochba-Aufstandes 135 n. Chr. konnte das Judentum bis zur Gründung des Staates Israel 1948 jedoch nur noch in der Zerstreuung überleben und musste häufig Anfeindungen bis hin zum unvergleichlich brutalen Völkermord unter den Nationalsozialisten in Deutschland (1933–1945) erleiden.

Solche Erfahrungen von Ungerechtigkeit haben die Gerechtigkeitsvorstellungen des Judentums sicherlich maßgeblich geprägt. Die meisten der Texte der jüdischen Bibel und viele theologische Reflexionen danach sind aus der Perspektive der Armen, der Opfer der Geschichte geschrieben. Insofern hatte Nietzsche durchaus recht, wenn er die jüdisch-christliche Moral als eine ›Moral der Sklaven‹ bezeichnete, unrecht hat er jedoch in der Rückführung ihres Ursprungs auf das ›Ressentiment‹, denn der Ausschluss der Gewalt und des Rechts des Stärkeren »ist nicht die Sache einer historisch späten und anthropologisch perversen Umwertung aller natürlichen Werte, sondern der Kernpunkt aller Kultur« (Assmann 1990, 275).

Historische Hintergründe und wichtige Elemente des Gerechtigkeitsbegriffs im Neuen Testament

Für die Entstehung des Christentums war die Erfahrung der Anhänger von Jesus von Nazareth auschlaggebend, dass nach dem Tod ihres Meisters am Kreuz dessen offenbar faszinierendes und mit harter Kritik an den Eliten seiner Zeit einhergehendes Eintreten für Menschlichkeit als Kern seiner Reich-Gottes-Botschaft nicht sinnlos geworden sein könne, sondern Gott vielmehr sein Engagement bekräftigte und es auch von denen erwartete, die an ihn und sein kommendes Reich glaubten. Auch hier weiß man nicht, welche Auslöser historisch zum Glauben an die Auferweckung Jesu geführt haben, die eindeutig als Bestätigung seiner Botschaft verstanden und als Beginn dieses Reiches Gottes interpretiert wurde, in dessen unmittelbarer Naherwartung auch die ersten Christen lebten (vgl. noch heute die zweite Bitte des *Vater Unser*: »Dein Reich komme!«). Der Evangelist Lukas legt der Mutter Jesu im *Magnifikat* Worte in den Mund, die diese Ankunft des Reiches Gottes in seinen Konsequenzen illustrieren: »Er stürzt die Mächtigen vom Thron und erhöht die Niedrigen. Die Hungernden beschenkt er mit seinen Gaben und lässt die Reichen leer ausgehen« (Lk 1,52 f.). Wie oft im Neuen Testament gibt es hier zahlreiche Bezüge zum Alten Testament (Ez 17,24; Ps 147,6; Ps 34,11; Ps 107,8–9; Ps 146,7). Jesu Tod am Kreuz und seine Auferweckung wurden – ebenfalls in enger Anbindung an die Heiligen Schriften der Juden – als Befreiung von der Sünde und vom Tod für alle Menschen interpretiert. Der zum Glauben an Jesus gelangte Jude Paulus war es dann, der durch die Durchsetzung der Befreiung von den jüdischen Speisevorschriften und von der Beschneidung für diejenigen Christen, die vor ihrer Bekehrung keine Juden gewesen waren, eine Ausbreitung des Christentums im gesamten Mittelmeerraum ermöglichte. Auch das Christentum war also zunächst sehr wohl eine Religion der »Mühseligen und Beladenen« (Mt 11,28). Im vierten Jahrhundert wurde es dann erst zu einer tolerierten Religion, dann sogar zur römischen Staatsreligion (konstantinische Wende).

In der Folgezeit, vor allem im Mittelalter bis hin zur Zeit des Absolutismus, kam es zu engen und hochproblematischen Verflechtungen von religiöser und staatlicher Gewalt, auch zur religiösen Legitimation staatlicher Unterdrückung, ab dem 16. Jahrhundert auch von Kolonialismus und Imperialismus. Dabei bestand immer wieder die Gefahr, dass das Christentum seinen eigentlichen Kern, seine Botschaft der Befreiung, zu vergessen drohte. Dass weder das Judentum noch vor allem das Christentum dieser Botschaft immer treu blieben, ist eine große Tragik und fordert zu einer (selbst-)kritischen Auseinandersetzung mit dieser schmerzvollen Schuldgeschichte heraus. Trotzdem gab es auch immer wieder Gegenbewegungen gegen dieses Vergessen, von den im Mittelalter gegründeten Bettelorden über die protestantische Reformation und die von der Utopie einer besseren Welt geprägten Missionsbemühungen des 16. Jahrhunderts, die Entstehung sozialreformerischer Bewegungen im 19. Jahrhundert und die sozialistisch geprägten Teile des Zionismus bis hin zu den befreiungstheologischen Neuansätzen in den Ländern der so genannten Dritten Welt im 20. Jahrhundert.

Gerechtigkeit und Barmherzigkeit Gottes

Wie auch in Ägypten, in Mesopotamien und in Griechenland war in Palästina die Gerechtigkeit zunächst eine eigene Gottheit, die häufig mit der Sonne identifiziert wurde (Assmann 1990). Ein Nachhall davon findet sich auch in Mal 3,20. Je mehr sich der Monotheismus des Jahwe-Glaubens bei den Israeliten durchsetzte, umso mehr wurde die Gerechtigkeit als *zentrale Eigenschaft des einzigen Gottes* betrachtet. Gott ist »der Gerechte« (2 Chr 12,6; Ps 11,7 und öfter in den Psalmen; Jes 45,21; Dan 9,14; Zef 3,5), der »oberste Richter« (Jer 11,20; Ez 34,17 etc.), und es wird ihm die Aussage in den Mund gelegt: »Als Senkblei nehme ich das Recht und die Gerechtigkeit als Wasserwaage« (Jes 28,17). Dabei war von Beginn an klar, dass diese göttliche Gerechtigkeit von den Menschen Nachahmung und Nachfolge, *imitatio Dei*, verlangt (vgl. Dtn 13,5) – also eine gerechte Gestaltung der Beziehungen unter den Israeliten, vor allem zugunsten der Armen, zwischen dem Volk und seinen Herrschern, zwischen den Israeliten und den Fremden, ja sogar zwischen den Menschen und der außermenschlichen Natur: »So spricht der Herr: Wahrt das Recht und sorgt für Gerechtigkeit [...]« (Jes 56,1) (Solomon 1994). Eine der beeindruckendsten, aber sicher auch nicht unproblematischen Gerechtigkeitsideen des Judentums war das *Erlassjahr*: Alle sieben Jahre sollte es einen allgemeinen Schuldenerlass geben (Dtn 15), sehr viel regelmäßiger als die altbabylonischen Schuldenerlasse, die meist nur aus Anlass einer Thronbesteigung verkündet wurden (Hieke 2007, 210). Noch weiter ging das so genannte *Jo-*

beljahr (Lev 25,8–31) – wobei man nicht weiß, ob es jemals wirklich praktiziert worden ist. Nach sieben mal sieben Jahren, also im 50. Jahr, sollten alle Sklaven freigelassen, alle Schulden erlassen und die ursprünglichen Besitzverhältnisse wiederhergestellt werden, sozusagen um einen fairen Anfangszustand nach Jahren des Anwachsens von Ungleichheiten wiederherzustellen. Gerechtigkeit beinhaltete jedoch nicht allein die Einhaltung moralischer Normen, die im religiösen Kontext selbstverständlich als Gesetze Gottes aufgefasst wurden, sondern darin umfassender zugleich die Treue der Menschen zu ihrem Gott, als deren Grundlage immer auch die Treue Gottes zu seinem Volk gesehen wurde. So konnte Gott den Glauben des Abraham ihm als Gerechtigkeit anrechnen (Gen 15,6). Gerechtigkeit ist hier ein relationaler und dynamischer Begriff, er beinhaltete auch die Barmherzigkeit Gottes, der sich seines Volkes immer wieder erbarmt, obwohl es dies nicht verdient hat (z. B. Dan 9,7–19; Mi 7,18–20). Zwischen einer moralischen, also das Handeln des Menschen qualifizierenden, und einer *soteriologischen*, also Gottes Heilshandeln ansprechenden Dimension von Gerechtigkeit wird nicht unterschieden, wenngleich die Spannung von Gerechtigkeit und Barmherzigkeit, wie sie etwa in der Gnadenformel von Ex 34,6–7 thematisiert wird, erhalten bleibt. Gegen die *Gnosis* mit ihrer Zweigötterlehre haben die Kirchenlehrer im 3. Jahrhundert und die mittelalterlichen Theologen wie Petrus Lombardus oder Thomas von Aquin an der Zusammengehörigkeit von Barmherzigkeit und Gerechtigkeit als Eigenschaften des einen Gottes festgehalten. Bis heute setzen sich Judentum und Christentum mit dieser Polarität auseinander, teilweise auch unter den Begriffspaaren Gerechtigkeit und Solidarität oder Gerechtigkeit und (soziale) Liebe (vgl. etwa Jacob/Homolka 2006).

Vom innerweltlichen Tun-Ergehens-Zusammenhang zur Auferstehungshoffnung

Immer wieder handelt die jüdische Bibel vom so genannten ›Tun-Ergehens-Zusammenhang‹, der auch für die ägyptische Gerechtigkeitsvorstellung einer ›konnektiven Gerechtigkeit‹ zentral war (Assmann 1990, 283–288). Dahinter steht die Erwartung, dass das gute Handeln gerechter Menschen dazu führt, dass es ihnen auch gut geht, während die Taten der bösen Menschen noch zu ihren Lebzeiten auf sie zurückfallen (vgl. z. B. Spr 26,27). Dass leider häufig genau das Gegenteil passiert, hat die Verfasser der biblischen Schriften sehr beschäftigt, besonders eindrücklich aus der Perspektive eines betroffenen Gerechten in Psalm 73 oder besonders differenziert im Buch Ijob und bei Kohelet. Der Ijob der Rahmenerzählung lässt sich trotz seines unschuldigen Leidens in seiner Gottesbeziehung nicht erschüttern; für Kohelet bleibt das Problem undurchschaubar, weshalb für ihn letztlich alles menschliche Streben ›Windhauch‹ ist. Sicher liegt in der Erfahrung so vieler, zu Lebzeiten unausgeglichener Ungerechtigkeiten eine der Wurzeln für die (allerdings vergleichsweise späte) Entstehung des Glaubens an eine Auferstehung bzw. ein Weiterleben nach dem Tod und ein letztes Gericht Gottes. Ähnlich wie in Psalm 73,4 formulieren die Beter auch in Psalm 49,16 oder im vierten Gottesknechtslied (Jes 53,8–11) die Erwartung eines Ausgleichs nach dem Tod. Die im gerechten Widerstand gefolterten und getöteten Makkabäer stärkten sich durch den Glauben an Auferstehung und göttliches Gericht (2 Makk 7). Klaus Bieberstein (2011) hat anhand der schwierigen Stelle in Dan 12,1–3 und im Rückbezug auf das pseudepigraphische äthiopische Henochbuch, die wohl älteste apokalyptische Schrift (ca. 3. Jahrhundert v. Chr.), gezeigt, dass im Ursprung der Auferstehungserwartung tatsächlich die Idee der Gerechtigkeit liegt. Denn dort sollten zunächst nur diejenigen aus dem Tod auferstehen, die entweder als gute Menschen ihren Lohn oder als schlechte Menschen ihre Strafe zu Lebzeiten noch nicht erhalten haben, während bei denjenigen, bei denen der Tun-Ergehens-Zusammenhang auch schon zu Lebzeiten in gerechter Weise gegeben war, von einer Auferstehung nicht die Rede ist und auch nicht sein muss.

Rechtfertigung Gottes angesichts der Ungerechtigkeit in der Welt?

Trotz einer solchen Auferstehungshoffnung ist die Existenz des Bösen und des Übels in der Welt auch in Judentum und Christentum als Problem für den Glauben an einen gerechten und allmächtigen Gott empfunden worden. Wenn Gott wirklich gerecht und allmächtig ist, muss er etwas gegen das Böse und die Übel in der Welt tun, sonst ist er entweder nicht allmächtig oder nicht gerecht. In allen Religionen, deren Gottesvorstellungen die Eigenschaften Gerechtigkeit und Allmacht implizieren, führen erfahrene Ungerechtigkeiten und Leid zu dieser, von Gottfried Wilhelm Leibniz (1646–1716) als *Theodizeeproblem* bezeichneten Frage der Rechtfertigung Gottes angesichts des Bösen und des Leids (zum Folgenden Loichinger/Kreiner 2010). Schon bei Ijob, der Gott (im Dialogteil der Schrift) mit harten Worten anklagt (Ijob 9,24), findet sich eine differenzierte Auseinandersetzung mit diesem Problem. Aber während man bis ins 17. Jahrhundert hinein von der Existenz Gottes überzeugt war und eine Lösung des Problems vor allem darin sah, dass Gottes Weisheit und damit die Sinnhaftigkeit des Bösen und des Leids den Menschen letztlich verborgen, sehr wohl aber möglich sei, wurde mit Entstehung des Atheismus das *Theodizeeproblem* zu einer massiven Anfrage an den Gottesglauben selbst. Nicht zuletzt wurden die gängigen Lösungsversuche, das Leid als Strafe für begangene Sünden, als stellvertretende Sühne oder als Prüfung der Gläubigen zu verstehen – was angesichts des dafür anzunehmenden Gottesbildes nicht unproblematisch ist –, zuletzt sicherlich durch die *Shoa* (den *Holocaust*) und das damit verbundene, ungeheuerliche Ausmaß an Schuld und Leid erschüttert. Jüdische wie christliche Theologen stellen seitdem die Frage, ob und in welcher Weise ›nach Auschwitz‹ noch Theologie getrieben und an Gott geglaubt werden kann.

Christliche Akzentuierungen des Gerechtigkeitsbegriffs

Aufbauend auf das Beispiel Jesu und seine Erwartung des nahen Reiches Gottes wird das Gerechtigkeitsdenken des Judentums durch das Christentum zwar in manchen Punkten anders akzentuiert, in wesentlichen Elementen jedoch fortgeführt. Die schon im vorchristlichen Judentum vorhandene messianische Erwartung (vgl. z. B. Jes 11,1–16; 56,1–8), für die die Manifestation göttlicher Gerechtigkeit das zentrale Element darstellt (Jes 11,5; 56,1), wird auf die Reich-Gottes-Botschaft als Herstellung endgültiger Gerechtigkeit und auf Jesus selbst als den erwarteten Messias bezogen. Dementsprechend wird Jesus als Modell des Gerechten (1 Joh 2,1) verstanden und in der Leidensgeschichte als unschuldiger Gerechter dargestellt (Mt 27,19; Lk 23,47). Dabei wird immer wieder betont, dass sich Jesus mit seinen Gerechtigkeitsforderungen nicht gegen das jüdische Gesetz stellt, sondern es gerade dadurch erfüllt, weil es in seinem Kern aus dem Doppelgebot der Gottes- und Nächstenliebe besteht (Mt 22,40; vgl. Dtn 6,5; Lev 19,18). In Mt 7,12 wird sogar die Goldene Regel mit dem jüdischen Gesetz identifiziert: »Alles, was ihr von den anderen erwartet, das tut auch für sie! Darin besteht das Gesetz und die Propheten«. In der Gerichtsrede Jesu in Mt 25,31–46 wird von Jesus denjenigen das Heil zugesprochen, die den ärmsten ihrer Mitmenschen geholfen und Liebestaten erwiesen haben. Wie schon in der jüdischen Bibel (Lev 19,2) wird von den Christen Heiligkeit oder Vollkommenheit nach dem Vorbild Gottes selbst verlangt (Mt 5,48). Auch wenn das jesuanische Gebot der Feindesliebe oft für eine besondere christliche Zuspitzung gehalten wird, finden sich auch schon in der jüdischen Bibel konkrete Einzelvorschriften, die in die gleiche Richtung gehen (Ex 23,4 f.; Spr 24,17, Spr 25,21). Die häufige Kritik Jesu an einer religiösen Praxis, die nicht mit einem Handeln zugunsten der Armen und Bedrängten einhergeht, kann ebenfalls an das Alte Testament anknüpfen (Jes 58,6–8; Amos 2,6–8). Die eigentliche Pointe des häufig zitierten Samaritergleichnisses (Lk 10,25–37) ist auch weniger der Aufruf zur Hilfeleistung als die Aussage, dass die Forderung nach gerechtem Handeln höher zu gewichten ist als Frömmigkeitsvorschriften, die für den Priester und Levit galten, die achtlos vorbeigingen. Sogar die Kritik Jesu an einer rigorosen Praxis der Einhaltung des Sabbatgebotes (Mk 2,27) entspricht sehr wohl dem Geist des jüdischen Gesetzes (vgl. 1 Makk 2,41). Auch heute vertreten die meisten Rabbiner den Vorrang der Rettung menschlichen Lebens vor der Einhaltung des Sabbatgebotes (Solomon 1994, 144).

Rechtfertigung des Menschen aus Glauben

Trotz solcher prägnanten moralischen Forderungen bleibt in den biblischen Texten aber klar, dass sich der Mensch vor Gott nicht durch seine Werke rechtfertigen kann, sondern immer auf die Gnade Gottes angewiesen bleibt. ›Gerecht‹ wird der Mensch ›aus Glauben‹ (vor allem Röm 1,17; 5,19; 3,21–26; 10,3 f.; 2 Kor 5,21; Gal 3,13). Paulus kann dabei auf alttestamentliche Wurzeln zurückgreifen (Gen 15,6; Hab 2,4; Dtn 9,4–6; Ps 143,2), ähnliche Überlegungen finden sich auch in der rabbinischen Theologie (Finkel 1984, 413).

In der Martin Luther besonders bedrängenden Frage, wie der Mensch denn vor Gott gerecht sein könne, entdeckt die Reformation im 16. Jahrhundert den gnädigen Gott und die Rechtfertigung des Menschen durch die Gnade Gottes wieder. Damit ergeben sich drei zu unterscheidende Arten von Gerechtigkeit: erstens die weltliche, zivile Gerechtigkeit (*iustitia civilis*), der die Christen als Weltbürger selbstverständlich zu folgen haben, zweitens die allein von Gott kommende Rechtfertigung aus Glauben (*iustitia passiva*), die dann aber drittens durchaus gute Werke als Frucht des Glaubens (*iustitia actualis*) nach sich zieht, nicht aber mit der *Werkgerechtigkeit* identisch ist, die die Auffassung nahelegen könnte, der Mensch könne sich sein Heil gegenüber Gott verdienen.

Eine zu starke Betonung dieser Rechtfertigungslehre impliziert freilich einige theologische Probleme, beispielsweise die Fragen, wie es um diejenigen steht, die schuldlos nicht zum Glauben gefunden haben, welche Rolle die guten Taten dann noch vor dem Gericht Gottes spielen und nicht zuletzt, zu welchem Gottesbild es führt, wenn man davon ausgeht, dass Gott der *Satisfaktion* für die Sünden der Menschen durch den Sühnetod seines Sohnes bedurfte. Die Vorstellung einer Rettung allein aus Gnade steht auch in einer gewissen Spannung zur Betonung der guten Werke in Jak 2,17, ja sogar zu manchen Aussagen von Paulus selbst, der ebenfalls zu guten Werken gegenüber den Armen aufruft (vgl. auch 2 Kor 9,6–10), wobei bei ihm wie bei Luther der *Indikativ* der von Gott zugesprochenen Gnade immer dem *Imperativ* der Aufforderung zu gerechtem Handeln vorausgeht. Im Zuge ökumenischer Verständigungsprozesse haben sich die Kirchen der Reformation und die katholische Kirche gerade in der Frage der Rechtfertigung aus Glauben aufeinander zubewegt, was prägnant in der – allerdings in der evangelischen Kirche nicht unumstrittenen – Gemeinsamen Erklärung des lutherischen Weltbundes und der katholischen Kirche zur Rechtfertigungslehre (1999) zum Ausdruck kommt.

Die Bedeutung der Vernunft für das jüdische und christliche Verständnis von Moral als autonome Moral

Analysiert man die auf das Verhältnis der Menschen untereinander zielenden biblischen Texte zur Gerechtigkeit genauer, so lässt sich zeigen, dass hier oft allgemein-menschlich vernünftig argumentiert wird, freilich nicht in Form von philosophischen Traktaten, sondern narrativ in Geschichten, Parabeln, Fallbeispielen und Ermahnungen. Entscheidend ist dabei, dass die moralischen Normen nicht als etwas betrachtet werden, das eine dem Menschen fremde Autorität ihm auferlegt, sondern als Normen, die dem Menschen zugänglich und verständlich sind: »Dieses Gebot, auf das ich dich heute verpflichte, geht nicht über deine Kraft und ist nicht fern von dir. Es ist nicht im Himmel, so dass du sagen müsstest: Wer steigt für uns in den Himmel hinauf, holt es herunter und verkündet es uns [...]? [...] Nein, das Wort ist ganz nah bei dir, es ist in deinem Mund und in deinem Herzen, du kannst es halten« (Dtn 30,11 f. und 14).

So konnte schon Philo von Alexandrien (15/10 v. Chr. bis 40 n. Chr.) wie Paulus (Röm 2,14–15) die jüdische Tora als *natürliches Gesetz* verstehen (Solomon 1994, 135–137). Die ersten großen christlichen Theologen (*Kirchenväter*) und das gesamte Mittelalter haben denn auch versucht, die christliche Lehre mithilfe griechischer und römischer Philosophie auszulegen und zu plausibilisieren, selbstverständlich in ständigem Austausch mit jüdischen Theologen und Philosophen. In der Scholastik wurde, vermittelt durch jüdische (Maimonides, 1135/38–1204) und arabische Philosophen (Averroës, 1126–1198), verstärkt auf Aristoteles zurückgegriffen, ohne dessen Schriften einer der größten mittelalterlichen Theologen, Thomas von Aquin (1225–1274), gar nicht zu verstehen ist. Dieser ständige, sehr intensiv geführte Dialog zwischen jüdisch-christlicher Ethik und Philosophie wird bis in die heutige Zeit hinein fortgeführt. Für jüdische Ansätze kann etwa auf Lenn E. Goodman (1991) oder Hermann Cohen (2008) verwiesen werden. In der katholischen Theologie gab es eine besonders intensive Debatte um die so genannte ›autonome Moral‹ (Auer 1971); ihr zufolge ist der religiöse Glaube zwar wichtig für die Motivation, überhaupt moralisch zu handeln, für das moralische Urteil seien aber Vernunftargumente entscheidend. Ansätze in dieser Denkrichtung sind freilich innerkirchlich nicht unumstritten, sie setzen die Moraltheologie unter Modernisierungsdruck. Auch seitens protestantischer Entwürfe zur Gerechtigkeit wird ein intensiver Dialog mit der Philosophie geführt, beispielsweise mit Rawls (Bedford-Strohm 1993) und anderen philosophischen Positionen (Müller 2003). Die lateinamerikanische Befreiungstheologie hat wichtige Impulse gegeben, besonders die Sozialethik als eine Ethik gesellschaftlicher Strukturen zu begreifen, für die der Austausch mit den Sozial- und Wirtschaftswissenschaften wichtig ist. Inzwischen gibt es einen relativ breiten Konsens, dass Ethik und Sozialethik als gegenüber der Theologie autonome wissenschaftliche Disziplinen zu verstehen seien, die jedoch trotzdem als Reflexion der Gerechtigkeitspraxis von Christen und Kirche einen unaufgebbaren Bezug zu Theologie und Kirche aufweisen.

Literatur

Ansorge, Dirk: *Gerechtigkeit und Barmherzigkeit Gottes. Die Dramatik von Vergebung und Versöhnung in bibeltheologischer, theologiegeschichtlicher und philosophiegeschichtlicher Perspektive.* Freiburg i. Br. 2009.
Assmann, Jan: *Ma'at. Gerechtigkeit und Unsterblichkeit im alten Ägypten.* München 1990.
Auer, Alfons: *Autonome Moral und christlicher Glaube.* Düsseldorf 1971.
Bedford-Strohm, Heinrich: *Vorrang für die Armen. Auf dem Weg zu einer theologischen Theorie der Gerechtigkeit.* Gütersloh 1993.
Bieberstein, Klaus: Vom Verlangen nach Gerechtigkeit zur Erwartung einer Auferweckung von Toten. In: Erasmus Gaß/Hermann-Josef Stipp (Hg.): *Ich werde meinen Bund mit euch niemals brechen! (Ri 2,1).* Freiburg i. Br. 2011, 295–313.
Cohen, Hermann: *Religion der Vernunft aus den Quellen des Judentums. Eine jüdische Religionsphilosophie.* Wiesbaden 2008.
Finkel, Asher: Gerechtigkeit II. Judentum. In: Gerhard Krause/Siegfried M. Schwertner/Gerhard Müller (Hg.): *Theologische Realenzyklopädie*, Bd. 12. Berlin 1984, 411–414.
Goodman, Lenn Evan: *On Justice. An Essay in Jewish Philosophy.* New Haven/Yale 1991.
Hieke, Thomas: ›Gerechtigkeit, Gerechtigkeit – ihr sollst du nachjagen‹ (Dtn 16,20). Die Sozialutopie des Buches Deuteronomium. In: *Religionsunterricht an höheren Schulen* 50/4 (2007), 208–217.
Jacob, Walter/Homolka, Walter: *Hesed and Tzedakah. From Bible to Modernity.* Berlin 2006.
Krause, Gerhard et al.: Gerechtigkeit. In: *Theologische Realenzyklopädie*, Bd. 12. Berlin 1984, 404–440.
Kruip, Gerhard: Traditional conceptions of justice in Christianity. In: Rajeev Bhargava/Michael Dusche/Helmut Reifeld (Hg.): *Justice. Political, Social, Juridical.* New Delhi 2008, 94–115.
Loichinger, Alexander/Kreiner, Armin: *Theodizee in den Weltreligionen. Ein Studienbuch.* Paderborn 2010.
Müller, Wolfgang Erich: *Argumentationsmodelle der Ethik. Positionen philosophischer, katholischer und evangelischer Ethik.* Stuttgart 2003.
Scoralick, Ruth (Hg.): *Das Drama der Barmherzigkeit Gottes. Studien zur biblischen Gottesrede und ihrer Wirkungsgeschichte in Judentum und Christentum.* Stuttgart 2000.
Solomon, Norman: Judaism. In: Jean Holm/John Westerdale Bowker (Hg.): *Making Moral Decisions.* London/New York 1994, 123–152.
Weinfeld, Moshe: *Social Justice in Ancient Israel and in the Ancient Near East.* Jerusalem 1995.
Witte, Markus (Hg.): *Gerechtigkeit.* Tübingen 2012.

Gerhard Kruip

7 Religiöse Wurzeln und Perspektiven: Islam

Der Islam hat eine über 1400-jährige, wechselvolle Geschichte auf mehreren Kontinenten, die eine theologisch diverse Entwicklung und sehr unterschiedliche islamisch geprägte Gesellschaften hervorgebracht hat. Bereits im Koran und in der Überlieferung taucht der Begriff der Gerechtigkeit auf. Die islamische Philosophie diskutiert den Terminus, sodann spielt er im Rechts- und Gerichtswesen eine Rolle. Gerechtigkeit wird von Juristen und Theologen auch in Bezug auf die Festlegung der an einen gerechten Herrscher zu stellenden Anforderungen sowie in Bezug auf Frauenrechte, soziale Verantwortung und ab dem 20. Jahrhundert vermehrt im Bereich des Islamismus diskutiert. Eine prominente Position nimmt der Begriff der Gerechtigkeit in der Erörterung von Theologen und Juristen jedoch insgesamt nicht ein, und er erfährt auch keine systematische inhaltliche Analyse in der islamischen Rechtsliteratur. Im Bereich der klassischen Theologie findet bis zur Gegenwart keine Verknüpfung des Menschenrechtsgedankens mit der Thematik der Gerechtigkeit statt.

Der gerechte Gott: Koran und Überlieferung

Schon in Koran und Überlieferung finden sich mehrere Verse, die Gerechtigkeit bzw. gerechtes Verhalten thematisieren. Dort finden sich etwa allgemeine Aufforderungen, gerecht zu sein (»seid gerecht!«, Sure 5: 8), weil Gott Gerechtigkeit befiehlt (7: 29). Die Gerechten können sich des Wohlgefallens Gottes sicher sein, denn: »Gott liebt die Gerechten« bzw. diejenigen, »die gerecht handeln« (Sure 60: 8), ohne dass eine inhaltliche Umschreibung des Begriffs der Gerechtigkeit gegeben würde; eine einhellige Auffassung über die inhaltliche Füllung des Begriffs der Gerechtigkeit existiert in der islamischen Theologie nicht.

Die Offenbarung des Islam wird im Koran sehr grundsätzlich mit der Gerechtigkeit verknüpft, denn das Ziel der Herabsendung des Korans war die Schaffung von Gerechtigkeit: Die »Gesandten« wurden mit der Offenbarung Gottes zu den Menschen geschickt, damit »die Menschen für Gerechtigkeit sorgen« (Sure 57: 25). Gerechtigkeit ist damit, wie der Koran und später auch die Überlieferung deutlich machen, religiös definiert. Denn Gott handelt gerecht, er »sorgt für Gerechtigkeit« (Sure 3: 18); ja, seine Gerechtigkeit ist der

Maßstab allen menschlichen Handelns. Abseits der Gerechtigkeit Gottes gibt es keine Gerechtigkeit, so dass der Mensch nur dann gerecht sein kann, wenn er dieser Gerechtigkeit Gottes nacheifert und die Gebote Gottes hält (Alabied 2001, 23). Der wohl bedeutendste Vertreter der frühislamischen Jurisprudenz, Muhammad ibn Idris ash-Shafi'i (767/768–820) definierte Gerechtigkeit daher als Gehorsam gegen Gott (Khadduri 1984, 57).

Zwar bezeichnet der Koran Gott nicht unmittelbar als ›den Gerechten‹, jedoch wird ihm dieser Beiname im Rahmen der so genannten 99 schönsten Namen Gottes sehr häufig zugewiesen (Rahbar 1960, 9). Auch an seinem Lebensende wird dem Menschen Gerechtigkeit zuteilwerden, denn Gott ist ein gerechter Richter und Vergelter (10: 4), er wird Glauben und Tun jedes Menschen auf »gerechten Waagen« abwägen (21: 47) und in absoluter Gerechtigkeit jedem das im Jenseits zukommen lassen, was er verdient (42: 22).

Der Koran benutzt für Gerechtigkeit im Arabischen häufig die Begriffe *ᶜadl* oder *qiṣt* und bezeichnet damit ein gerechtes, angemessenes, nicht betrügerisches Handeln. Insbesondere *ᶜadl* besitzt eine umfassendere Bedeutung und weist auf ein moralisch einwandfreies Tun, auf Integrität, Aufrichtigkeit und Redlichkeit hin (Krämer 2007, 24 f.). Die gegenteiligen Begriffe lauten *fāsiq* (gottlos, sündhaft, ruchlos) oder *ẓulm* (Unrecht, Sündhaftigkeit, Schlechtigkeit).

Mit der Betonung der Notwendigkeit gerechten Handelns spiegelt der Koran die vom Handel geprägte Gesellschaft der Arabischen Halbinsel wider, wenn er die Gläubigen ermahnt, das Vermögen der Waisen nicht anzutasten (6: 152), volles Maß und Gewicht zu geben, gerecht zu sein beim Zeugnis und ganz allgemein der Gerechtigkeit vor dem persönlichen Vorteil den Vorzug zu geben (4: 135), Schuldverträge gerecht abzufassen (2: 282), zwischen den Menschen gerecht zu richten (4: 58) und, schließlich, mehrere Ehefrauen gerecht zu behandeln (4: 3). Insbesondere wenn Verwandte involviert sind, mahnt er die Gläubigen, keine ungerechten – falschen – Aussagen zu treffen (6: 152).

Willensfreiheit und Gerechtigkeit: Theologie und Philosophie

In der Theologie entzündete sich bereits in der Frühzeit des Islam eine intensive Diskussion an der Frage, ob der Mensch in seinem Handeln Willens- und Entscheidungsfreiheit besitze oder ob alle seine Handlungen von Gott vorherbestimmt seien, weil Gott allmächtig sei. Denn wenn alle Handlungen des Menschen prädestiniert sind durch die Allmacht Gottes, der durch nichts begrenzt und von nichts beeinflusst werden kann, stellt sich die Frage, wie Gott gerecht sein könne, der doch den Menschen im Jüngsten Gericht für sein Tun zur Verantwortung ziehen und den Sünder verurteilen werde. Die in dieser Frage differierenden Anhänger der Qadariten und Jabariten stimmten zwar darin überein, dass Gott die Quelle aller Gerechtigkeit und diese vollkommen, ewig und unübertrefflich sei, sie unterschieden sich aber grundsätzlich hinsichtlich der Frage, ob die Gerechtigkeit Gottes ein Ausdruck seines Willens und seiner Macht sei, wie die Jabariten behaupteten, oder aber ein Ausdruck seines Wesens und seiner Vollkommenheit, wie die Qadariten verfochten, zu denen auch die theologisch-philosophische Schule der Muʿtaziliten zu rechnen ist (vgl. Khadduri 1984, 39 f.).

Für die in der ersten Hälfte des 8. Jahrhunderts gegründete theologische Schule der Muʿtaziliten besaß die Lehre von der Gerechtigkeit Gottes besonders große Bedeutung, auch wenn der Mensch, wie sie lehrten, nicht zu jedem Zeitpunkt die Gerechtigkeit Gottes begreifen könne (Ende 2008, 26). Sie nannten sich selbst ›Leute der Gerechtigkeit und der Einheit‹ (Gottes) (arab. *ahl al-ᶜadl wa-t-tauḥīd*), denn Gott ist, so lautet einer ihrer fünf grundlegenden Lehrsätze, absolut gerecht, ja, habe die Verpflichtung, gerecht zu handeln, da Ungerechtigkeit grundsätzlich seinem Wesen widerspräche. Daher könnten die Handlungen des Menschen nicht vorherbestimmt sein – so die Muʿtazila –, sondern der Mensch könne selbst zwischen gerechten und ungerechten Handlungen wählen und sei damit auch allein verantwortlich für sein Tun. Andernfalls wäre aus Sicht des muʿtazilitischen Voluntarismus das Gericht über die Menschen nicht gerecht. Langfristig konnte sich die voluntaristische Position der Muʿtazila politisch allerdings nicht durchsetzen. Die Gegenspieler der Muʿtaziliten, die Ashʿariten, verfochten die Auffassung von der Allmacht Gottes in allen seinen Handlungen. Gerechtigkeit zu bewirken, ist ihrer Auffassung nach nicht dem (freien) Willen des Menschen überlassen, sondern immer ein Ausdruck des Willens Gottes, während der Mensch gleichzeitig aufgefordert ist, Gottes Gebote zu erfüllen (Khadduri 1984, 56).

Gerechte Herrschaft

Grundsätzlich bedeutet die positive koranische Wertung und die spätere theologische Diskussion des Begriffs der Gerechtigkeit nicht, dass Gerechtigkeit mit

Gleichheit, Gleichberechtigung oder Gleichrangigkeit gleichgesetzt würde, obwohl Gott alle Menschen gleich an Würde geschaffen hat und sie zur Brüderlichkeit aufruft. Vielmehr erkennt das klassische Schariarecht verschiedenen Personen(gruppen) unterschiedliche Rechte zu, die bis heute vor allem in den arabischen Staaten des Nahen Ostens die dortige Rechtswirklichkeit widerspiegeln: Muslimische Staatsbürger besitzen umfangreichere Rechte als Nichtmuslime (denen häufig der Aufstieg in höhere Ämter in Militär, Gerichtswesen, Universität oder Sicherheitsdiensten verwehrt ist). Dessen ungeachtet gelten Juden und Christen als ›Buch-‹ oder ›Schriftbesitzer‹, als prinzipiell anerkannte Minderheiten und besitzen mehr Rechte, etwa zur Abhaltung von Gottesdiensten und zum Erhalt ihres Gemeinschaftsbesitzes, als nicht-anerkannte religiöse Gruppierungen wie etwa die Baha'i, die in einigen Ländern wie etwa dem Iran keine legale Existenz haben. Männer besitzen nach Schariarecht und gemäß Familienrecht arabischer Länder mehr Rechte als Frauen (z. B. im Erb-, Ehe- und Scheidungsrecht), und Freie besaßen mehr Rechte als Sklaven, die eigentlich außerhalb des Gemeinwesens standen. Volle Rechte besitzt nach Auffassung des klassischen Schariarechts daher nur der freie, männliche Muslim.

Ungeachtet dieser rechtlich definierten Ungleichheit diskutierten Theologen schon früh die Frage nach den Voraussetzungen einer gerechten Herrschaft über die muslimische Gemeinschaft. Sie entzündete sich nach dem Tod Muhammads im Jahr 632 n. Chr. vor allen Dingen deshalb, weil er Prophet und Verkünder, Gesetzgeber und Heerführer in einer Person gewesen war, zu Lebzeiten aber keine Nachfolgeregelung getroffen hatte. Damit war auch die Frage nach den notwendigen Voraussetzungen einer gerechten Fortführung seiner Herrschaft ungeklärt. Für die Mehrheit der muslimischen Gemeinde, die später die Bezeichnung ›Sunniten‹ erhalten, war die Fortführung einer gerechten, legitimen Herrschaft durch die Wahl eines Angehörigen aus dem Stamm Muhammads, den Quraysh, und dessen Bestätigung durch Wahl und Treueeid durch seine Anhänger gewährleistet, während die Minderheit der ›Partei Alis‹, die später den Beinamen ›Schiiten‹ erhielten, die direkte leibliche Abstammung von Muhammad als Voraussetzung für die Fortführung einer gerechten Herrschaft über die islamische Gemeinschaft betrachteten.

Große Übereinstimmung kristallisierte sich schon früh unter Theologen wie Juristen hinsichtlich der Auffassung heraus, dass derjenige Herrscher als gerecht gilt, der die Gebote Gottes zur Anwendung bringt und auf diese Weise irdische Gerechtigkeit herstellt. Dies gilt als eine seiner vornehmsten Aufgaben. Wie diese Herrschafts*form* im Einzelnen auszusehen hat, darüber finden sich im Koran keine konkreten Angaben, und auch das Kalifat ist eine historische Entwicklung, die sich erst aus der Praxis nach dem Tod Muhammads ergab. Unter der Ägide des gerechten Herrschers soll auch ein Richter Gerechtigkeit üben, indem er gemäß dem Gesetz Gottes Recht spricht. Damit ihm das möglich ist, ist der ihm übergeordnete Herrscher aufgefordert, das Schariarecht zu achten und zu schützen.

Zur Wahrung von Gerechtigkeit und Sicherheit gehörte, je nach Erfordernis, auch der *Jihad*, sei es ein defensiver Kampf für den Schutz der Grenzen vor dem Feind oder ein offensiver Kampf mit dem Ziel der Expansion. Als weitere Aufgaben eines gerechten Herrschers gelten die Aufrechterhaltung der inneren Ordnung sowie die Steuereintreibung und Verwaltung der Staatskasse. Zur Erfüllung dieser Aufgaben galt die Anwendung des göttlichen Gesetzes gewissermaßen als Garant für die Etablierung von Gerechtigkeit; kam der Herrscher dieser Aufgabe nicht nach, galt seine Herrschaft als tyrannisch. Ob und wann Untertanen berechtigt seien, einem ungerechten Herrscher die Loyalität aufzukündigen, wurde von Theologen und Juristen ausführlich erörtert. Nicht selten findet sich in ihren Abhandlungen die Auffassung, dass ein tyrannischer Herrscher der Anarchie vorzuziehen sei; so fordert etwa auch einer der bedeutendsten Rechtsgelehrten, Abū Ḥāmid Muḥammad b. Muḥammad al-Ġazālī (1058–1111) nachdrücklich, dass sich Untertanen auch ungerechten Herrschern zu unterwerfen hätten (Ende 2008, 27).

Übt der Herrscher Gerechtigkeit, gebührt ihm im Gegenzug Gehorsam, der erst dort endet, wo er von seinen Untertanen Verstöße gegen das Schariarecht fordert. Diese von ihm aufgerichtete Gerechtigkeit – und nicht etwa die Freiheit, die in der frühislamischen Rechtsliteratur als individuelles Freiheitsrecht überhaupt keine Rolle spielt – gilt als Gegenstück zur Tyrannei (Lewis 2002, 188 f.). Gerechtigkeit entsteht also durch Wahrung der Ordnung, nicht durch Gleichberechtigung und Einebnung der Unterschiede. Sie gedeiht durch die Rückbindung des Herrschers an göttliche Normen; die Aufrechterhaltung der öffentlichen Ordnung hat dabei höchsten Stellenwert. Verhilft der Herrscher den schariarechtlichen Normen zur Umsetzung, entsteht eine gerechte Gesellschaft. Übt der Herrscher jedoch Tyrannei, indem er die göttlichen Rechtsnormen missachtet, bedeutet seine Herrschaft Ungerechtigkeit, die als schwere Sünde aufgefasst wird, als Ursache für Niedergang und Zerstörung, aber auch als Angriff auf Gott selbst (Tamimi 2001, 98).

Vollkommene Gerechtigkeit wird am Ende der Zeiten erreicht, wenn der in der sunnitischen wie schiitischen Überlieferung verheißene Mahdi (der ›Rechtgeleitete‹) erscheinen und auf Erden ein Reich der Gerechtigkeit aufrichten wird. Seinem Auftreten werden schreckliche Vorzeichen vorausgehen, wie z. B. Sonnen- und Mondfinsternisse, Erdbeben, Heuschreckenplagen und Wasserfluten. Seine Herrschaft wird alle Ungerechtigkeit, allen Widerstand und alle nicht-islamischen Kräfte vernichten, um so ein endzeitliches Friedensreich entstehen zu lassen.

Geschlechtergerechtigkeit

Eine besondere Diskussion in Bezug auf die Thematik der Gerechtigkeit ergibt sich in Bezug auf die zunächst koranisch exemplarisch aufgeführten, später schariarechtlich systematisch definierten Frauenrechte. Die Frage der Gerechtigkeit stellt sich einmal für die Güterverteilung zwischen weiblichen und männlichen Nachkommen aufgrund der koranischen Regelung der Zuweisung eines halben Erbteils für weibliche Nachkommen (Sure 4: 11), aber auch in Hinblick auf die Polygamie. Hinsichtlich der Polygamie scheint der koranische Befund zunächst durchaus mehrdeutig: Zwar scheint Sure 4: 3 zunächst grundsätzlich die Erlaubnis zu erteilen, »zwei, drei oder vier« Frauen zu heiraten, schränkt jedoch im Nachsatz ein: »Wenn ihr aber fürchtet, (so viele) nicht gerecht zu (be)handeln, dann (nur) eine« (Paret 2014). Noch entschiedener wird jedoch einige Verse weiter, in Sure 4: 129, geurteilt: »Und ihr werdet die Frauen (die ihr zu gleicher Zeit als Ehefrauen habt) nicht (wirklich) gerecht behandeln können, ihr mögt noch so sehr darauf aus sein.« Verlangt der Koran also eigentlich die Einehe, weil eine gerechte Behandlung mehrerer Ehefrauen per se ausgeschlossen ist?

Dieser Auffassung waren zumindest bedeutende Vertreter der Reformtheologie des 19. Jahrhunderts wie vor allem der ägyptische Religions- und Rechtsgelehrte, Mufti und Journalist Muhammad ʿAbduh (1849–1905). Aber auch heute wird von einzelnen Theologen im Namen der Gerechtigkeit die Abschaffung der Polygamie gefordert (vgl. Engineer o. J.). Die Mehrzahl der Theologen hat sich jedoch, nicht zuletzt aufgrund der nachzuahmenden Vorbildhaftigkeit Muhammads, der Auffassung von der prinzipiellen Erlaubnis zur Mehrehe angeschlossen. Allerdings formuliert das Schariarecht als unerlässliche Bedingung für den Abschluss einer Mehrehe die gerechte Behandlung der Ehefrauen, was ihre materielle Ausstattung, Versorgung und Zuwendung durch den Ehemann betrifft.

Hinsichtlich der Regelung des halben Erbteils für weibliche Familienangehörige lautet die vorherrschende Abwehr des Vorwurfs einer ungerechten Behandlung, dass die – ebenfalls schariarechtlich vorgeschriebene – Pflicht des Ehemanns, die Versorgung der Familie vollständig zu übernehmen, und das Verbot, die Ehefrau zum Miterwerb des Lebensunterhalts zu verpflichten, letztlich durch das ungleiche Erbrecht lediglich ausgeglichen werde, also keine Ungerechtigkeit darstelle. Mit dieser Argumentation der ›Geschlechtergerechtigkeit‹ argumentiert etwa der Islamwissenschaftler Tariq Ramadan (2009, 282). Andere gegenwärtige Theologen wie Wasiyoddin R. Mujawar führen aus, dass der Islam die Diskriminierung zwischen Männern und Frauen nicht erlaube, außer in den Fällen, in denen ihre Ungleichbehandlung auf ihr Wesen als Frau zurückgehe und letztlich der Frau selbst und der ganzen Gemeinschaft zum Guten diene. Das sei etwa bei der ausschließlichen Verpflichtung des Ehemanns, den Lebensunterhalt zu verdienen, dem hälftigen Erbe, dem Vorstehen der Familie, dem Zeugnisrecht und der Scheidung gemäß dem weithin im klassischen Schariarecht anerkannten Grundsatz gegeben, dass erst dann Gerechtigkeit hergestellt sei, wenn Gleiches gleich, aber Ungleiches (also Männer und Frauen) ungleich behandelt werde (Mujawar 2009, 31). Auch der Spiritus Rector der Muslimbruderschaft Sayyid Qutb (1906–1966) argumentiert mit der physischen Verfassung der Frau, aufgrund derer ihr bestimmte Rechte vorenthalten blieben, was keinerlei Ungerechtigkeit darstelle (Qutb 2000, 73). Aufgrund der unterschiedlichen, von Mann und Frau nach schariarechtlichen Grundsätzen für das Eherecht zu erfüllenden Verpflichtungen kann eine rechtliche Ungleichstellung – so die Argumentation – nicht Beweis für Ungerechtigkeit oder Benachteiligung der Frau sein. Diese zu erfüllenden Verpflichtungen sind in erster Linie die in der klassischen Rechtsliteratur eingeforderten generellen Gehorsamspflichten der Ehefrau gegenüber ihrem Ehemann (insbesondere ihr sexueller Gehorsam), die in dessen Verpflichtung zum Verdienst des Lebensunterhalts ihre ›gerechte‹ Entsprechung finden und erst dort enden, wo er von ihr einen Verstoß gegen das Schariarecht einfordert.

Soziale Gerechtigkeit

Auch die Frage der sozialen Gerechtigkeit ist eine Thematik, die bereits in der Frühzeit des Islam verwurzelt ist. Der Koran hebt hervor, dass es Arme und Reiche gibt und die Erschwernisse dieses Lebens Teil der Prüfung für die Menschheit sind (z. B. Sure 7: 168), fordert also weder die Einebnung der Unterschiede noch verurteilt er Reichtum und Besitz an sich. Er verbietet jedoch Betrug, Wucher, unrechte Geschäfte (Sure 83), Waisen zu berauben (6: 152), Gut zu veruntreuen (3: 161) und ordnet die Almosenabgabe aller Gläubigen zugunsten der Bedürftigen an. Die Almosen gehören mit zu den fünf Säulen des Islam und damit zu den grundlegendsten Glaubenspflichten überhaupt. Weitere Traditionen wie die Weitergabe eines Teils des Fleisches des Schlachttieres beim Opferfest an Bedürftige ebenso wie beim Fest des Fastenbrechens am Ende des Ramadan weisen auf die Bedeutung der Thematik innerhalb der islamischen Glaubenspraxis hin.

Im 20. Jahrhundert wurde die Thematik der sozialen Gerechtigkeit von Intellektuellen, insbesondere aus dem politischen Islam, mehrfach aufgegriffen. Eines der prominenten Beispiele dafür stellt das Werk *Social Justice in Islam* (*al-ʿadāla al-iǧtimāʿīya fī l-Islām*) von Sayyid Qutb dar. Qutb preist in dieser Schrift aus dem Jahr 1949 den Islam als Weg zur sozialen Gerechtigkeit, der dem materialistischen Denken des Marxismus und dem weltabgewandt-spirituellen Christentum weit überlegen sei und eine Gesellschaft hervorbringe, in der die Bedürfnisse des Einzelnen und der Gesellschaft perfekt miteinander in Einklang stünden. Sie sei gekennzeichnet durch Barmherzigkeit, Liebe und Anteilnahme anstelle von Kaltherzigkeit und Materialismus. Aufgrund der Allumfassendheit des Islam, der alle Sphären des Lebens mit einschließe, und aufgrund der Verantwortung des Einzelnen und der Gesellschaft bringe der Islam umfassende soziale Gerechtigkeit hervor, ja er garantiere sie geradezu (Qutb 2000, 45, 58). Diese Gerechtigkeit basiere auf der absoluten Gewissensfreiheit, der völligen Gleichheit aller Menschen und der gegenseitigen Verantwortlichkeit innerhalb einer Gesellschaft, wie sie etwa in der Pflicht zur Almosengabe zum Ausdruck komme (Qutb 2000, 52).

Gerechtigkeit und Islamismus

Heute genießt der Begriff der Gerechtigkeit unter muslimischen Theologen erneut große Aufmerksamkeit, und zwar sowohl unter progressiv-modernistischen Vertretern, wie etwa dem ägyptischen Koran- und Literaturwissenschaftler Nasr Hamid Abu Zaid (1943–2010) oder dem afghanischstämmigen Dozenten für Rechtswissenschaft Hashim Kamali (geb. 1944), wie auch unter Vertretern eines politischen Islam. Innerhalb beider theologischer Diskurse wird die Bedeutung der Gerechtigkeit stark betont: So vertritt Abu Zaid entschieden, dass sich zwar im Koran die »göttliche Gerechtigkeit« entfalte, ja dass die »göttliche Gerechtigkeit [...] das ganze Universum« durchdringe (Abu Zaid 2001, 14). Aus seiner Sicht ist zwar zweifellos der Korantext, nicht aber unbedingt die Auslegung des Korans gemäß dem klassischen Schariarecht gerecht. Denn das Schariarecht, das letztlich Interpretation darstellt, erlaubt die Polygamie, weil die Auslegung der Mehrehe als Bestandteil der Offenbarung des Islam betrachtet wird, während doch dem Koran das Prinzip der Gleichheit inhärent sei, so Abu Zaid. Damit finde eine ›Entkontextualisierung‹ statt, eine Sinnentleerung der Texte, die sie ihrer ursprünglichen Aussage beraube (ebd., 6 f.). Damit lässt Abu Zaid den Offenbarungstext unangetastet, stellt aber die klassisch-orthodoxe Auslegungstradition zur Disposition.

Auch Mohammad Hashim Kamali verteidigt die unbedingte Notwendigkeit der Aufrichtung von Gerechtigkeit in der Gesellschaft als eines der grundlegendsten Prinzipien im Islam, das von der Bedeutung her der Einheit Gottes und dem Prophetentum Muhammads sehr nahe kommt, also den Grundlagen des Islam schlechthin (Kamali 2013, 107). Die Thematik der Gerechtigkeit erfährt in Koran und Überlieferung große Wertschätzung und muss aus seiner Sicht daher heute u. a. in der Politik zum Tragen kommen. Allerdings widerspricht für ihn z. B. die Polygamie nicht dem Prinzip der Gerechtigkeit (ebd., 114), so wie es für ihn überhaupt keinen grundsätzlichen Gegensatz zwischen Gerechtigkeit und der Umsetzung des traditionell interpretierten Schariarechts zu geben scheint. Kamali begründet Gerechtigkeit ausschließlich mithilfe des Schariarechts, das für ihn alle notwendigen Regelungen bereithält, um eine gerechte Gesellschaft zu schaffen.

Im Kontext des politischen Islam wird weithin die Grundannahme von der Notwendigkeit einer Reform der islamischen Gesellschaft geteilt, als deren

Voraussetzung die Aufrichtung und vollkommene Umsetzung des Schariarechts betrachtet wird. Hier erhalten Forderungen nach Etablierung einer gerechten Gesellschaft durch die Schaffung einer Gemeinschaft, die der urislamischen Gesellschaft möglichst nahe kommt, heute erneut Prominenz. So erläutert etwa der Führer des tunesischen Zweiges der Muslimbruderschaft, der *Ennahda*-Bewegung, Rashid al-Ghannushi (geb. 1941), dass das Prinzip der Gerechtigkeit auf der Annahme der Gleichheit aller Menschen basiere, und dies aufgrund des »gemeinsamen Ursprungs der Menschheit«, ihres gemeinsamen Herrn und Glaubens (al-Ghannushi 1993, 65 f.), woraus sich al-Ghannushi zufolge für alle Menschen gleiche Rechte und Pflichten ergeben. Diese Gemeinschaft ist zur Abwehr jeglicher Ungerechtigkeit verpflichtet sowie zur Ausübung von Gerechtigkeit, wie al-Ghannushis Biograph Tamimi ergänzt: »Islam's main mission is the administration of justice and the elimination of all forms of oppression« (Tamimi 2001, 98).

Dabei gehen die Meinungen unter islamistischen Wortführern und Gruppierungen dahingehend auseinander, auf welchem Weg das Ideal einer gerechten Gesellschaft erreicht werden kann, d. h. ob die Schaffung dieser gerechten Gesellschaft gewissermaßen von unten nach oben geschehen müsse, also dadurch, dass sich der Einzelne möglichst genau an die Kleidungs- und Lebensregeln aus der Zeit Muhammads hält, oder von oben nach unten, nämlich dadurch, dass zuerst eine islamische Herrschaft in Form eines Kalifats errichtet wird, in der das Schariarecht angewendet wird, und dann die gerechte Gesellschaft entsteht, indem alle Menschen darauf verpflichtet werden.

Gemeinsam ist der islamistischen Argumentation, dass als Konsequenz aus der Aufrichtung des Schariarechts die quasi automatische Entstehung einer gerechten Gesellschaft behauptet wird; die schariarechtliche Definition verminderter Frauen- und Minderheitenrechte wird dabei als Mittel zur Herstellung von Gerechtigkeit proklamiert, und die Anwendung der Körperstrafen (Amputation, Auspeitschung, Steinigung) wird als wirksames Erziehungs- und Abschreckungswerkzeug und insofern als positives Hilfsmittel definiert. Der Islam erscheint in diesem Diskurs als Synonym der Gerechtigkeit: Sobald der Islam vollständig umgesetzt wird, entsteht auch umfassende Gerechtigkeit (Kamali 2013, XI).

Im Bereich des Jihadismus wird die Argumentation dahingehend fortgeführt, dass die Hinrichtung einzelner ›Stellvertreter‹ westlicher Nationen vor laufender Kamera, wie sie derzeit im so genannten ›Islamischen Staat‹ (IS) in Syrien-Irak propagandistisch genutzt wird, als Bestrafung der ungerechten westlichen Nationen gedeutet wird, denen sie angehören: »a lawful death sentence, a just punishment« (Prucha 2013, 158). Außer der Verhängung einer gerechten Strafe geht es dabei, sofern es sich um amerikanische Hinrichtungsopfer handelt, auch um Vergeltung – insbesondere für die Behandlung muslimischer Gefangener in Guantanamo Bay – und zugleich um einen Baustein auf dem Weg zu einer vermeintlichen Etablierung der gerechten Herrschaft Gottes auf Erden (ebd., 167 f.).

Es wäre wünschenswert, wenn sich die Forschung in Zukunft vermehrt der vergleichenden Analyse von Begrifflichkeiten im Kontext islamisch geprägter Kulturen und Rechtssysteme widmen würde, da hier noch erhebliche Forschungslücken bestehen.

Literatur

Abu Zaid/Nasr Hamid: Der Begriff ›Gerechtigkeit‹ nach dem Koran. In: *Polylog. Forum für interkulturelle Philosophie* 3 (2001), http://them.polylog.org/3/fan-de.htm (10.3.2015).

Alabied, Ryad: *Die Gerechtigkeit im Islam unter besonderer Berücksichtigung des Koran*. Aachen 2001.

Ende, Werner: Gerechtigkeit als politisches Ordnungsprinzip im Islam. In: Birgit Krawietz (Hg.): *Islam und Rechtsstaat: Zwischen Scharia und Säkularisierung*. St. Augustin 2008, 19–35.

Engineer, Ashgar Ali: Islam, women and gender justice (o. J.). In: http://andromeda.rutgers.edu/~rtavakol/engineer/genderj.htm (10.3.2015).

al-Ġannūšī, Rāšid: *ḥuqūq al-muwāṭana. ḥuqūq ġair al-muslim fī 'l-muǧtamaᶜ al-islāmī*. Herndon 1979 (arab. 1993).

Kamali, Mohammad Hashim: *Freedom, Equality and Justice in Islam*. Chicago 2013.

Khadduri, Majid: *The Islamic Conception of Justice*. Baltimore 1984.

Krämer, Gudrun: Justice in modern Islamic thought. In: Abbas Amanat/Frank Griffel (Hg.): *Shari'a. Islamic Law in the Contemporary Context*. Stanford 2007, 20–37.

Lewis, Bernard: *Die politische Sprache des Islam*. Hamburg 2002.

Mujawar, Wasiyoddin R.: *Justice and Human Rigths in Islamic Law*. Delhi 2009.

Paret, Rudi: *Der Koran*. Stuttgart [12]2014.

Prucha, Nico: Kangaroo Trials. Justice in the name of God. In: Rüdiger Lohlker (Hg.): *Jihadism: Online Discourses and Representations*. Göttingen 2013, 141–206.

Qutb, Sayyid: *Social Justice in Islam*. Übers. von John B. Hardie. New York 2000.

Rahbar, Daud: *God of Justice. A Study in the Ethical Doctrine of the Qur'an*. Leiden 1960.

Ramadan, Tariq: *Radikale Reform. Die Botschaft des Islam für die moderne Gesellschaft*. München 2009.
Tamimi, Azzam S.: *Rachid Ghannouchi. A Democrat within Islamism*. New York 2001.

Christine Schirrmacher

8 Inter- und transkulturelle Perspektiven

Der interkulturelle Diskurs ist zunächst als Reaktion auf eurozentrische Diskurse über andere Kulturräume und deren vermeintlich homogene Denksysteme entstanden. Dieser Diskurs reagiert sowohl auf historische Unrechts- bzw. Ausgrenzungserfahrungen wie den Kolonialismus als auch auf vorherrschende akademische Diskurse, die außereuropäische Kulturen und deren Philosophien exotisieren und marginalisieren.

Darüber hinaus entstand der interkulturelle Diskurs im Rahmen einer Suche nach alternativen Modellen gegenüber einer als monolithisch wahrgenommenen okzidentalen Denkweise. Er strebt daher nach der Anerkennung von kultureller Vielfalt und einer Pluralität von Wissensformen. Eine Konsequenz dieser erhöhten Sensibilität für Differenzen ist die Forderung, dass Philosophinnen und Philosophen die sie leitenden Erfahrungen und Fragen verstärkt zeitlich und räumlich kontextualisieren sollten. Eine weitere Konsequenz besteht in dem Streben nach einer zunehmenden Zusammenarbeit von Philosophinnen und Philosophen mit unterschiedlichen lebensweltlichen Hintergründen und kulturellen Prägungen. Interkulturelle Philosophie bietet die Möglichkeit, insbesondere in postkolonialen Debatten eine eigene Sprache der Kritik zu entwickeln und vorherrschende Begrifflichkeiten kritisch zu beleuchten. Vor diesem Hintergrund übernimmt die Philosophie in inter- und transkultureller Perspektive auch die Aufgabe einer hybriden Identitätssuche innerhalb einer Vielfalt an Traditionslinien und lebensweltlichen Erfahrungen.

Interkulturelle Philosophie hat es insofern immer schon gegeben, als man von einem wechselseitigen Einfluss zwischen einzelnen philosophischen Traditionen ausgehen muss. Als *terminus technicus* hat sich der Begriff jedoch erst in den 1980er Jahren herausgebildet und sich seitdem innerhalb der akademischen Institutionen etabliert. Ihm trat – aufgrund der Kritik eines angeblich hermetischen Kulturverständnisses innerhalb der interkulturellen Philosophie – der seit den 1990er Jahren populärer gewordene Begriff der Transkulturalität zur Seite, der die Durchdringung, Verschränkung und Hybridisierung philosophischer Diskurse betont.

Der erste Teil des Artikels widmet sich einigen zentralen Modellen des inter- und transkulturellen Philosophierens unter Berücksichtigung ihrer Methodik. Der zweite Teil stellt exemplarisch einige gerechtigkeitstheoretische Ansätze transkultureller Prägung vor und zeigt deren Konsequenzen für eine globale Debatte um Gerechtigkeit auf.

Modelle inter- und transkulturellen Philosophierens

Die interkulturelle Philosophie verfolgt nach Raúl Fornet-Betancourt die programmatische Perspektive, durch einen symmetrischen Dialog zwischen den unterschiedlichen philosophischen Traditionen eine radikale Transformation der Philosophie zu vollziehen (Fornet-Betancourt 2007, 42). Für eine interkulturelle Transformation der Philosophie ist es daher unabdingbar, die Vielfalt der philosophischen Traditionen mit ihren jeweiligen kulturellen Matrizen und den daraus folgenden Formen der Argumentation und Begründung zunächst anzuerkennen und einen Beitrag zum »epistemologischen Gleichgewicht«, d. h. zum »Ausgleich zwischen den Wissenskulturen der Menschheit« zu leisten (ebd., 29).

Entsprechend dieser programmatischen Orientierung strebt die interkulturelle Philosophie nach einer »Kontextualisierung« und einer »Dezentrierung« der vorherrschenden Philosophie. Beide Prozesse werden durch eine Dekonstruktion der dominanten westeuropäischen und nordamerikanischen Philosophie sowie durch ein Streben nach der »Dekolonisation« des eigenen Denkens ausgelöst (ebd., 33). Die Anerkennung der Pluralität der philosophischen Traditionen setzt demzufolge die ›Kontextualität‹ als Bedingung ihrer Möglichkeit voraus. Erst mit dieser grundsätzlichen Einsicht und der Förderung des Dialogs zwischen den Philosophien entsteht eine ernsthafte Möglichkeit, wichtige Begriffe der Philosophie aus der ›Polyperspektivität‹ des Vergleichs der Kulturen heraus neu zu bestimmen. Universalität entsteht daher nicht aus der Dominanz eines vorherrschenden Diskurses über die anderen, sondern durch geduldige Prozesse der Kommunikation und der kritischen Auseinandersetzung (ebd., 39).

Franz Wimmer bezeichnet das interkulturell geführte philosophische Gespräch daher auch als ›Polylog‹, d. h. als mehrstimmig geführten Dialog (Wimmer 2004). Dieser Polylog wendet sich gegen jegliche Zentrismen innerhalb der Philosophie, sei es nun der Eurozentrismus oder ein anderer Ethnozentrismus. In diesem Sinne sollte es die Philosophie auch vermeiden, andere Kulturen zu exotisieren und in ihnen lediglich die Differenz zu betonen. Ein solches projektives *Othering*, das den Anderen in das »Ghetto seiner Andersheit« (Welsch 1994, 91) verdrängt, läuft stets Gefahr, lediglich ein Spiegelbild der verdrängten eigenen Ideen und Wünsche abzubilden.

Mit dem Interkulturalitätsbegriff werden Interaktionen zwischen den Kulturen herausgestellt, die fruchtbare Reibungen und konstruktive Übereinstimmungen ebenso hervorbringen wie sie deutliche Unterschiede erkennen lassen. Erst innerhalb des interkulturellen Diskurses wird dem kulturellen Pluralismus Rechnung getragen. Aus diesem Grund liegt das Hauptanliegen der Interkulturalität darin, gegen die gesellschaftliche Homogenisierung und die damit einhergehende Nivellierung der Lebensweisen vorzugehen, um die kulturelle Vielfalt fruchtbar zu machen. Mit Interkulturalität ist daher eine Philosophie verbunden, die es erlaubt, sowohl die strukturellen Unterschiede der Kulturen als auch deren Gleichheit hinsichtlich ihrer intrinsischen Werte zu respektieren und jede Kultur als Träger einer Universalität zu verstehen, die das Angebot eines *bonum commune* an die ganze Menschheit macht (Triki 2011, 183).

Der Begriff der Interkulturalität setzt Kritikern zufolge eine empirisch nicht haltbare Homogenität einzelner Kulturräume voraus. Wolfgang Welsch legt stattdessen nahe, dass wir davon ausgehen müssen, dass andere Kulturen bereits Binnengehalte der eigenen Kultur sind (Welsch 1994, 95 f.). Die meisten Biographien von Menschen sind heute nicht mehr monokulturell, sondern von unterschiedlichen kulturellen Einflüssen geprägt. Diese Tatsache ist häufig auch ein Produkt ökonomischer und politischer Machtverhältnisse, die Menschen dazu zwingen, zu flüchten oder zu migrieren (ebd., 96–99). Andererseits ist die Vermischung einzelner Kulturen ein Phänomen, das es stets gegeben hat und das häufig zu Erneuerungen, Erkenntnisgewinnen und kreativen Ergebnissen geführt hat. Nicht der vermeintliche Konflikt der Kulturen, sondern die Hybridisierung, Überlappung und wechselseitige Durchdringung verschiedener Kulturen steht hier im Zentrum der philosophischen Analyse. Es ließe sich daher statt von interkultureller auch von transkultureller Philosophie sprechen. Der Horizont einer transkulturellen Philosophie besteht in einer friedlicheren Weltgesellschaft, weil durch sie vermeintlich starre Grenzlinien, beispielsweise in Form der Ineinssetzung von Kultur und Nationalstaat, aufgelöst werden und neue Verbindungen durch verständigungsorientierte kommunikative Prozesse geschaffen werden (ebd., 110).

Der transkulturelle philosophische Diskurs bietet

einzelnen Individuen die Möglichkeit, kritisch miteinander zu kommunizieren. Er besteht aus einer horizontalen Bewegung, die dazu führen sollte, gemeinsame Werte und Normen zwischen den Kulturen zu suchen, und einer vertikalen Bewegung, die darauf zielt, neue Begriffe auszubilden, die über die empirische Vielfalt der Kulturen hinausgehen. Die transkulturelle Philosophie wendet sich gegen einen statischen Begriff der Differenz. Vielmehr zielt sie darauf ab, den kritischen Aspekt aller Kulturen wieder aufzunehmen, um das, was universell sein kann, auf transversale und transzendente Weise zu bestimmen und hierdurch ein kritisches und stets erneuerbares Korpus von Werten zu konstruieren, das der ganzen Menschheit gemein ist (Triki 2011, 194). Der transkulturelle Diskurs zielt auf eine Form der gewaltlosen Kommunikation, die es vermag, über politische und ökonomische Konfliktlinien hinweg einen reflexiven Diskurs über divergierende oder auch sich überschneidende philosophische Perspektiven zu führen. Dabei können Vorurteile überwunden, Toleranz eingeübt und ein friedliches und gerechtes menschliches Miteinander praktiziert werden. Deshalb hat die transkulturelle Philosophie das Potential, sich positiv auf politische Prozesse auszuwirken. So kann auch die Menschenrechtserklärung als ein Resultat eines solchen transkulturellen Polylogs gedeutet werden (ebd., 218 f.; Paul 2008).

Sobald wir versuchen, inter- und transkulturell zu philosophieren, treten einige Probleme auf, die zum einen methodologische Fragen aufwerfen und zum anderen bereits genuine gerechtigkeitstheoretische Aspekte hervorbringen.

Sprachliche Gerechtigkeit

Bereits das Sprechen über philosophische Fragen erfolgt stets in einem spezifischen Idiom, innerhalb dessen ein philosophischer Gedanke artikuliert wird. Die Dominanz einiger Sprachen gegenüber anderen birgt damit die Gefahr von Asymmetrien in gerechtigkeitstheoretischen Diskursen (s Kap. V.74). Philippe van Parijs spricht daher auch von ›linguistischer Gerechtigkeit‹ als moralisch und politisch relevanter Perspektive (Parijs 2002). Die Dominanz einzelner Sprachen als Wissenschaftssprachen favorisiert jedoch nicht nur eine bestimmte Gruppe an Akteuren innerhalb der transkulturellen Kommunikation, sie impliziert auch stets soziale Praktiken und Denkweisen, welche in einer Sprache enthalten sind.

Besonders mit letzterem Aspekt befasst sich Kwasi Wiredu. Er hebt hervor, dass die Verwendung ehemaliger Kolonialsprachen von Menschen aus dem globalen Süden bereits als ein Akt der Gewalt empfunden und beschrieben werden kann, und schlägt die Übersetzung von normativen Konzepten als Modus der philosophischen Dekolonisierung vor. Wiredu fordert eine Überprüfung der Angemessenheit einer sich als universell deklarierenden philosophischen Idee durch Übersetzung in afrikanische Sprachen (Wiredu 1996, 137). Nur durch das Philosophieren in Lokalsprachen könnten afrikanische Bürger für philosophische Probleme sensibilisiert und die Fremdbestimmung durch Denkkategorien aus den ehemaligen Metropolen überwunden werden. Wiredu folgt den sprachphilosophischen Thesen der sprachkritischen Wende bei Wittgenstein und zentralen Annahmen der philosophischen Logik. Sprache ist demnach nicht philosophisch neutral, sondern leitet durch ihre Struktur, ihre Syntax und Semantik sowie ihre begrifflichen Mittel die Denkerin und den Denker in ihren Reflexionsprozessen. Es gebe jedoch auch Fälle, in denen für ein Konzept kein passendes Wort in der Sprache vorhanden sei, in welche übersetzt werden soll. In einem solchen Fall ließe sich das Konzept alternativ durch logische Argumentation innerhalb einer lokalen Sprache rekonstruieren. Gelinge eine solche Argumentation, die Wiredu als einen Prozess der ›Transliteration‹ bezeichnet, so sei eventuell das jeweilige Wort für das Konzept zwar noch nicht entstanden, widerspreche jedoch nicht dem lokalen linguistisch-epistemischen Horizont der jeweiligen Sprachgemeinschaft. Eine solche widerspruchsfreie und kohärente Argumentation transzendiere den Horizont einer jeweiligen Sprachgemeinschaft, da sie den Gesetzmäßigkeiten jeder natürlichen Sprache selber zugrunde liege. Schließlich würden grundlegende Elemente der Logik durch die Sprache als begriffliches Medium stets bereits vorausgesetzt. Gerade wenn es um Konzepte gehe, deren Universalität von zentraler Bedeutung sei, sei es unumgänglich, ihre Validität innerhalb unterschiedlicher sprachlicher Kontexte zu überprüfen (ebd., 207).

Eine »Erneuerung des Wörterbuchs der Begriffe« (Triki 2011, 95) ist auch nach der Ansicht von Fathi Triki eine dringende Aufgabe des inter- und transkulturellen Philosophierens in einer Welt, in der Verletzungen der Menschenrechte, Völkermorde, Neokolonialismus und diverse Formen von Ausgrenzung fortdauern und in der die Kommunikation zwischen den Kulturen, Nationen und Religionen bereits in ihren

Anfängen in gravierenden Missverständnissen verharrt. Vor dem Hintergrund kultureller und epistemischer Pluralität müssten Begriffe wie Unrecht und Gerechtigkeit konzeptuell überdacht werden.

Ungerechtigkeit als Ausgangspunkt gerechtigkeitstheoretischer Überlegungen

Innerhalb der transkulturellen globalen Gerechtigkeitsdebatte gibt es zunehmend Diskurse, die sich mit den vorherrschenden Gerechtigkeitstheorien liberaler Prägung kritisch auseinandersetzen. Dabei wird versucht, auf die unterschiedlichen Kontexte der Gerechtigkeit aufmerksam zu machen. Die Forderung nach Kontextualisierung philosophischen Denkens mündet nicht selten in ein Plädoyer für eine methodologische Wende in der Art und Weise, wie wir über Gerechtigkeit nachdenken.

Vor dem Hintergrund einer konkreten historisch-kulturellen Erfahrung, innerhalb derer Ungerechtigkeit (s. Kap. I.9) deutlich zu beobachten ist, entwickelt Luis Villoro seine Kritik an einer normativen liberalen Theorie der Gerechtigkeit. Er betrachtet John Rawls' Gerechtigkeitstheorie als »hegemonial« und kritisiert dessen Streben nach »Konsens« (García González 2013, 112). Seiner Meinung nach verabsolutiert diese Theorie die Freiheit und die Gleichheit des Menschen und erhebt sie zu universellen Normen. Dadurch laufe sie Gefahr, konkrete Exklusionsformen und Ungerechtigkeit nicht ausreichend zu berücksichtigen, da sie sich auf die Bestimmung universaler Prinzipien der Gerechtigkeit und nicht auf die partikulare Erfahrung von Ungerechtigkeit konzentriere.

Erfahrungen der Ungerechtigkeit, der sozialen Ungleichheit und der Exklusion sind für die Überlegungen von Villoro von großer Bedeutung. Er geht daher von der Abwesenheit der Gerechtigkeit sowie der Faktizität der realen Ungerechtigkeit aus und beschreibt seinen Zugang als »negativen Weg zur Gerechtigkeit« (ebd.). Er zielt auf eine »authentische ethische« (ebd.) Reflexion, die sich der Erfahrung der Ungerechtigkeit als Erfahrung des Leidens widmet. Somit ist für Villoro die Ungerechtigkeit das radikale Übel. Sie hat mit der systematischen Negation dessen zu tun, was als Allgemeinwohl vorgestellt wird (ebd., 114). In Hinblick auf die Frage, wie der Ungerechtigkeit zu entkommen sei, lassen sich drei wesentliche Momente skizzieren. Erstens die *Erfahrung der Exklusion* einer Person oder Gruppe, die nicht als Gesprächspartner im gesellschaftlichen, politischen und kulturellen Prozess wahrgenommen wird. Zweitens die Gleichsetzung mit dem, der ausschließt: Es gibt ein *Bewusstsein der Gleichheit* mit den Anderen, die die Vorherrschaft ausüben. Dies bildet das zweite Moment, der Ungerechtigkeit zu entkommen. Drittens die *Anerkennung der Anderen*: Dieses letzte Moment trägt zur Überwindung der Ungerechtigkeit und der Exklusion bei, insofern der Ausgeschlossene ein universalisierbares Recht auf Nicht-Exklusion einfordern kann. Dieser negative Weg muss allerdings durch einen positiven ergänzt werden, der die Universalisierung von Rechten – vor allem des Rechts auf Nicht-Exklusion – und zugleich die Aufrechterhaltung der kulturellen Unterschiede möglich macht (ebd., 115–117).

Das Streben nach Gerechtigkeit findet somit seine Wurzel in dem Bewusstsein von der Erfahrung der Ungerechtigkeit. Es wird als ein intersubjektives und interkulturelles Streben von moralischen Subjekten nach einer gerechten politischen Gesellschaftsordnung verstanden. Die Anerkennung der Pluralität der Kulturen bereite den Weg für die Gründung eines pluralen Staates, der sich als Einheit verschiedener kultureller Gemeinschaften gestalten ließe und eine neue Ordnung transkultureller und inklusiver Gerechtigkeit ermögliche. Villoro orientiert sich dabei an einem »ethischen Universalismus«, der die Grundlage für das Streben nach gerechteren Zuständen sei (ebd., 124).

Amartya Sen (2012) plädiert ebenfalls für einen kulturübergreifenden Dialog über Fragen der Gerechtigkeit, der auf konkrete Phänomene des Unrechts fokussiert. Damit sich Menschen überhaupt innerhalb einer Debatte über die Korrektheit einer philosophischen Aussage verständigen könnten, müsse erst einmal davon ausgegangen werden, dass eine philosophische Aussage einen gewissen Anspruch auf Objektivität erhebe. Der Blick aus fremden kulturellen Kontexten sei für den kulturimmanenten Blick eine wichtige Ergänzung, weil er nicht in denselben lokalen Sitten, Gewohnheiten und Vorurteilen befangen sei. Die Vorstellung des unparteiischen Zuschauers, die er Adam Smith entlehnt, symbolisiert eine Haltung der Distanz, die sich nicht von Konventionen und Interessen verzerren lasse. Sich einem Blick von außen zu verschließen, führe dazu, mögliche Gegenargumente bereits im Vorhinein auszuschließen, und schließlich zu einer Provinzialisierung des Denkens. Das Ziel eines philosophischen interkulturellen Dialogs über Gerechtigkeit besteht Sen zufolge nicht in der Konstruktion einer idealen Realität, auf die sich alle Weltenbürger einigen könnten, sondern in der öffentlichen Diskussion und Bewertung gerechterer und weniger gerechter gesellschaftlicher Zustände. Er bezieht sich als Alternative zum vorherrschenden Gerechtigkeitsdiskurs auf die Unterscheidung zwischen *niti* und *nyaya* in der frühen indischen Jurisprudenz – zwei Begriffe aus dem klassischen Sanskrit, die unterschiedliche Ebenen der Gerechtigkeit bezeichneten (ebd., 15, 48–50). Der Begriff *nyaya* stehe für eine umfassende Vorstellung einer gerechten Ordnung; *niti* kennzeichne dagegen Eigenschaften der Organisation einer Gemeinschaft und Verhaltensweisen von Individuen. Man könne nicht allein auf *nyaya* fokussieren, auf die Vision einer perfekt geordneten Gesellschaft, ohne den Blick für *niti* offenzuhalten – und damit auch für das konkrete Unrecht, das sich alltäglich in unserer Welt ereigne. Es bedürfe demnach einer Perspektive der Gerechtigkeit, welche nicht allein auf ein Ideal fokussiere, sondern sich mit konkreten Zuständen unterschiedlicher Gesellschaften befasse und dadurch auch auf die Vermeidung von extremem Unrecht abziele.

Ein weiteres Beispiel bietet Trikis (2011) Philosophie des Zusammenlebens, die auf dem Begriff der Würde (*al-Karāma*) fußt und sich mit Rechtfertigungsstrategien von Dominanz und Gewalt im lokalen und globalen Kontext kritisch auseinandersetzt. Seine Rekonstruktion der Rechtfertigung (*justification*) lässt sich als eine Kritik ideologischer Gründe auffassen, die versuchen, eine bestimmte politische und soziale (Un-)Ordnung gerecht/richtig/recht (*rendre juste*) zu machen. Im Fokus seiner Kritik an den verschiedenen politischen Rechtfertigungsstrategien steht die Dekonstruktion ihrer vermeintlichen Macht- und Interessenfreiheit. Ansätze einer an diese Dekonstruktion anschließenden positiven Bestimmung der Philosophie des Zusammenlebens, die die Würde des Menschen zum Leitbegriff erhoben hat, gewinnt Triki aus der konkreten Analyse von Ungerechtigkeits- und Unrechtserfahrung (ebd., 153).

Die arabischen Worte *al-ᶜAdl* oder *al-ᶜAdāla* entsprechen dem europäischen Begriff der Gerechtigkeit, wobei es in der klassischen arabischen Sprache kein negatives Präfix für die Bezeichnung der Ungerechtigkeit gibt. Die Ungerechtigkeit im Arabischen verfügt somit über ihren eigenen semantischen Bereich und wird häufig mit den Begriffen *al-Ẓulm* oder *al-Ǧawr* zum Ausdruck gebracht. Phänomene der Ungerechtigkeit bedeuten demnach nicht allein die Abwesenheit von Gerechtigkeit. Ungerechtigkeit hat ihre eigene Struktur und ihre eigenen Erscheinungsformen und muss als solche analysiert werden.

Materielle Gleichstellung und gesellschaftliche Kohäsion als Imperative der Gerechtigkeit

Theorieproduktion über Gerechtigkeit innerhalb des globalen Südens führt häufig zu einer Fokusverschiebung gegenüber theoretischen Anstrengungen innerhalb des globalen Nordens, und zwar in Bezug auf die gravierendsten Übel, auf welche eine Gerechtigkeitstheorie reagieren soll.

Henry Odera Oruka argumentiert in kritischer Auseinandersetzung mit John Rawls' Gerechtigkeitstheorie für ein menschliches Minimum als Grundprinzip internationaler Gerechtigkeit. Er begründet diese Forderung damit, dass ein gewisser Lebensstandard eine Voraussetzung dafür sei, ein moralisches Subjekt zu werden und die eigenen Freiheiten innerhalb einer Gesellschaft überhaupt wahrnehmen zu können (Odera Oruka 2000, 12; Graness 2011). Er stellt damit infrage, dass internationale Hilfe gegenüber ärmeren Staaten nur eine freiwillige Tätigkeit, also eine supererogatorische Leistung sei, und argumentiert, dass globale Umverteilung unter bestimmten Umständen vielmehr eine universale Pflicht globaler Gerechtigkeit darstelle. Die Perspektiven zwischen so genannten Gebern und Nehmern der ›Entwicklungshilfe‹ gingen in dieser Frage stark auseinander. Die Geberstaaten gingen von dem Prinzip des nationalen Überschusses aus, dem gemäß Staaten dasjenige, was sie erwirtschaften, einbehalten könnten und selber bestimmen dürften, was sie anderen überlassen. Dagegen betrachteten die postkolonialen Empfängerstaaten solcherlei Zahlungen gar nicht als supererogatorische ›Hilfeleistung‹, sondern als eine Notwendigkeit, die sich allein daraus ergebe, dass das Handelssystem zwischen sich entwickelnden Staaten und Industriestaaten auf einem System des ungleichen Tauschs und demnach strukturell auf historischer Ungerechtigkeit basiere. Daraus folgt aus der Perspektive von Staaten des globalen Südens das Primat der historischen Wiedergutmachung. Der Transfer von materiellem Überschuss aus den reichen in die ärmeren Länder könne als Reparationszahlung für das durch den Kolonialismus verursachte Leiden gewertet werden (Odera Oruka 2000, 6). Odera Oruka schränkt hierbei ein, dass sich diese historische Kausalität nicht immer nachweisen lasse. Deswegen führt er zusätzlich das Prinzip der Selbsterhaltung ein, welches *prima facie* Rechte, beispielsweise auf nationales Eigentum an Luxusgütern, durch ein Recht auf Selbsterhaltung einschränkt. Jedem menschlichen Individuum müsse ein menschliches Minimum zugesichert werden. Dieses Recht gelte universell, unabhängig vom Geburtsort, der Religion oder der ethnischen Zugehörigkeit.

Ein weiteres Beispiel für die Debatte um Gerechtigkeit aus der afrikanischen Philosophie bietet die Diskussion um den Ubuntu-Begriff. Die Ubuntu-Philosophie hat in den vergangenen zwei Jahrzehnten, insbesondere im Rahmen der Übergangsgerechtigkeit in Südafrika zu Beginn der 1990er Jahre, eine starke Renaissance erlebt (Ramose 2000; Metz 2015; Murove 2014). Die Ubuntu-Semantik lässt sich auf unterschiedliche sprachliche Quellen zurückführen: auf das Hona-Wort *Hunhuism* aus dem heutigen Sambia oder das Sprichwort der Nguni ›*umuntu ngumuntu ngabantu*‹, das mit ›Ein Mensch ist ein Mensch durch andere Menschen‹ übersetzt wird. Dieses Sprichwort verweist auf eine relationale Ontologie als Grundlage der Ubuntu-Philosophie, der zufolge sich Menschen in ihren Beziehungen zu anderen als Personen konstituieren. Manche Autorinnen und Autoren sehen darin eine genuin afrozentrische Ethik – als Alternative zu westlichen Gerechtigkeitskonzeptionen –, die auf die entmenschlichenden Erfahrungen während des Sklavenhandels und des Kolonialismus reagiert und eng mit dem afrikanischen Humanismus verwoben sei. Ubuntu wird für gewöhnlich mit bestimmten menschlichen Qualitäten in Verbindung gebracht, die stets einen Bezug des Einzelnen zur Gemeinschaft aufweisen: Mitleid, Respekt, Fürsorge, Großzügigkeit und Menschlichkeit. Die Ubuntu-Philosophie kann demnach als eine Tugendethik beschrieben werden, die an gemeinschaftsorientierte Werte geknüpft ist und dadurch den Zusammenhalt einer Gemeinschaft sicherstellen soll. Diese Tugenden betonen stärker die Pflichten des Einzelnen innerhalb einer Gemeinschaft als dessen Rechte gegen sie. Insofern kann Ubuntu auch als eine kommunitaristische Ethik eingestuft werden.

Der Rückgriff auf lokale Werte und Normen kann einerseits dazu dienen, Wissensarchive nutzbar zu machen, die in den hegemonialen akademischen Debatten nicht vorkommen, und die Theorieproduktion wieder stärker an soziale Praktiken rückbinden. Andererseits liegt eine mögliche Beschränkung solcher Strategien darin, dazu dienlich zu sein, über globale Phänomene nachzudenken, die den jeweiligen sprachlichen und kulturellen Kontext überschreiten. Die meisten Unrechtsphänomene sind heute weder rein lokal noch global zu erklären, sondern bedingen sich transnational durch das Wechselspiel von Prozessen, die tradierte Grenzlinien und Identitätsmuster überschreiten. Es ist daher eine Aufgabe transkulturellen Philosophierens, sich auch dieser Komplexität anzunehmen und die Relevanz von lokalen Konzepten für ›glokale‹, das heißt weder rein lokal noch global erklärbare, sondern transnational interdependente Phänomene zu überprüfen.

Ausblick

Die inter- und transkulturelle Philosophie zielt darauf ab, Erfahrungen des Unrechts (Kolonialismus, Ausbeutung, Ausgrenzung, Neokolonialismus) als Ausgangspunkt für jegliche Reflexion über Gerechtigkeit zu nehmen, im Interesse einer gleichberechtigten Kommunikation die wechselseitige Übersetzung unterschiedlicher philosophischer Diskurse voranzutreiben und die Debatte um globale Gerechtigkeit unter Berücksichtigung unterschiedlicher Traditionen, Akteure und Institutionen zu erweitern. Allerdings läuft der interkulturelle Diskurs Gefahr, sich zu fragmentieren, wenn er lokale Kontexte zugunsten des Globalen überbetont.

Die Art und Weise, wie ein gerechtigkeitstheoretischer Diskurs geführt wird, erweist sich daher angesichts postkolonialer und transkultureller Ansätze, welche auch die den Diskurs bestimmenden Machtverhältnisse thematisieren, als eine genuin gerechtigkeitstheoretische Thematik auf einer Metaebene: Auf der einen Seite stellt sich die Frage, wer über und für wen innerhalb gerechtigkeitstheoretischer Diskurse spricht. Wer sind die Autoren, wer die Adressaten und wer die Objekte der jeweiligen Gerechtigkeitstheorie? Auf der anderen Seite stellt sich die Frage nach dem Idiom, in welchem der gerechtigkeitstheoretische Diskurs geführt wird. Welche Sprache nutzen wir und wessen akademischen Konventionen fügen wir uns?

Die wissenschaftliche Praxis zeigt, dass die ökonomischen Zentren in der Welt häufig zugleich die Zentren der akademischen Wissensproduktion sind, die mit In- und Exklusionsmechanismen operieren. Durch die Dominanz spezifischer Standards, Netzwerke und Publikationsorgane innerhalb dieser Zentren werden zahlreiche kompetente Philosophen und Philosophinnen aus dem nicht-okzidentalen Raum aus hegemonialen Diskursen über globalgesellschaftliche Themen ausgeschlossen. Zudem mangelt es im gegenwärtigen Wissenschaftsapparat innerhalb der akademischen Philosophie in Europa noch an Diversität seitens der Forschenden und Lehrenden, obgleich die Diversität der Studierenden bereits ein Faktum geworden ist. Institutionell erfordert transkulturelles Philosophieren demnach, durch die aktive Suche und die kritische Auseinandersetzung mit unsichtbar gemachten und marginalisierten Stimmen diesem Macht-Wissen-Nexus entgegenzuwirken.

Literatur

Fornet-Betancourt, Raúl: *Interkulturalität in der Auseinandersetzung*. Frankfurt a. M./London 2007.
García González, Dora E.: Konzeptionen von der Universalität der Gerechtigkeit in der mexikanischen politischen Philosophie. In: Raúl Fornet-Betancourt/Hans Schelkshorn/Franz Gmainer-Pranzl (Hg.): *Auf dem Weg zu einer gerechten Universalität. Philosophische Grundlagen und politische Perspektiven*. Aachen 2013, 111–126.
Graness, Anke: *Das menschliche Minimum. Globale Gerechtigkeit aus afrikanischer Sicht: Henry Odera Oruka*. Frankfurt a. M. 2011.
Metz, Thaddeus: Auf dem Weg zu einer Afrikanischen Moraltheorie. In: Franziska Dübgen/Stefan Skupien (Hg.): *Afrikanische politische Philosophie. Postkoloniale Positionen*. Berlin 2015, 295–329.
Murove, Munyaradzi Felix: Ubuntu. In: *Diogenes* 59/3–4 (2014), 36–47.
Odera Oruka, Henry: Philosophie der Entwicklungshilfe. Eine Frage des Rechts auf ein menschliches Minimum. In: *Polylog. Zeitschrift für interkulturelles Philosophieren* 6 (2000), 6–16.
Parijs, Philippe van: Linguistic justice. In: *Politics, Philosophy & Economics* 1/1 (2002), 59–74.
Paul, Gregor: *Einführung in die interkulturelle Philosophie*. Darmstadt 2008.
Ramose, Mogobe: *African Philosophy through Ubuntu*. Harare 2000.
Sen, Amartya: *Die Idee der Gerechtigkeit*. München 2012.
Triki, Fathi: *Demokratische Ethik und Politik im Islam. Arabische Studien zur transkulturellen Philosophie des Zusammenlebens*. Weilerswist 2011.
Welsch, Wolfgang: Transkulturalität – Die veränderte Verfassung heutiger Kulturen. In: Freimut Duve (Hg.): *Sichtweisen. Die Vielheit in der Einheit*. Weimar 1994, 83–122.
Wimmer, Franz Martin: *Interkulturelle Philosophie*. Wien 2004.
Wiredu, Kwasi: *Cultural Universals and Particulars*. Indianapolis 1996.

Sarhan Dhouib / Franziska Dübgen

9 Ungerechtigkeit

Ungerechtigkeit bleibt in den meisten Gerechtigkeitstheorien ein Epiphänomen und wird allenfalls als abgeleiteter Begriff, vielfach einfach als das Gegenteil von Gerechtigkeit behandelt. Judith Shklars kritische Diagnose, dass »keines der üblichen Modelle von Gerechtigkeit eine angemessene Beschreibung von Ungerechtigkeit liefert« (Shklar 1997, 18), trifft auch ein Vierteljahrhundert nach Erscheinen der englischsprachigen Fassung (1990) ihres Buches *Ungerechtigkeit* – einem der wenigen Werke der neueren politischen Philosophie, die sich *expressis verbis* dem Phänomen und dem Begriff der Ungerechtigkeit zuwenden – noch weitgehend zu. Während die Gerechtigkeit der zentrale Gegenstand einer der Hauptströmungen der zeitgenössischen politischen Philosophie ist, fällt der Ungerechtigkeit weiterhin der Part zu, schlicht ›das Andere‹ der Gerechtigkeit zu sein und als solches eher unbestimmt zu bleiben. Das ist in gewisser Weise erstaunlich: Die seit dem Erscheinen von Rawls' *Eine Theorie der Gerechtigkeit* (1979) anhaltende Hochkonjunktur der Gerechtigkeitstheorie in der politischen Philosophie, die sich mittlerweile als Debatte über *global justice* (s. Kap. II.17) auch als zentrales Thema der internationalen politischen Theorie etabliert hat, ist nämlich beileibe kein Zufall, sondern hier spielt Ungerechtigkeit, wenigstens indirekt, eine zentrale Rolle. Dass Gerechtigkeit ein so zentraler Gegenstand der politischen Philosophie ist, so dass teilweise der Eindruck entstehen könnte, politische Philosophie sei wesentlich Gerechtigkeitstheorie, dürfte nämlich vor allem auf das häufige Vorkommen globaler wie lokaler Ungerechtigkeitsphänomene zurückzuführen sein. Umso überraschender ist es auf den ersten Blick, dass eine weitergehende Reflexion von Ungerechtigkeit großenteils ausbleibt, die dieser eine eigenständige Betrachtung widmet und sie nicht einfach nur als Gegenbegriff betrachtet, der selbst eine *terra incognita* war und ist.

Natürlich blieb Ungerechtigkeit in der Geschichte der politischen Philosophie keineswegs unerwähnt oder gänzlich unreflektiert. Shklar zeichnet in ihrer Studie über Ungerechtigkeit nach, dass es in jenen Werken oder jenen Passagen von Werken, die gegenüber der Formulierung oder gar Umsetzung eines angemessenen Konzepts von Gerechtigkeit skeptisch bleiben, durchaus weitergehende Reflexionen über Ungerechtigkeit gibt. Solche finden sich dann keineswegs nur bei Randgestalten, sondern auch in den großen Texten der politischen Ideengeschichte. In Shklars

Perspektive kommen hier bestimmte Facetten von Platons *Politeia* (1991) ebenso in Betracht (vgl. Shklar 1997, 32–36) wie die gegenüber der Möglichkeit einer innerweltlichen Gerechtigkeit skeptisch eingestellte Theologie, die Augustinus in *De civitate Dei* (1997) entwirft (vgl. Shklar 1997, 36–38). Weiterhin verweist Shklar zu Recht auf die große Relevanz von Ungerechtigkeitsdiagnosen im Aufklärungsdiskurs, wie sie uns etwa in den Schriften Voltaires und stärker noch Rousseaus begegnen (vgl. ebd., 105–113).

Neben diesen von Shklar herangezogenen Beispielen ist in theoriegeschichtlicher Perspektive wohl vor allem auch an die Stellung des Ungerechtigkeitsdenkens in zumindest in diagnostischer Hinsicht negativistischen Gesellschaftstheorien in der Nachfolge Hegels zu denken. Bereits Hegel selbst entwirft seine Analytik moderner Gesellschaften ausgehend von der Diagnose der Verwerfungen und Ungerechtigkeiten, die sie hervorbringen (vgl. Hegel 1821/1986, Teil III). Radikalisiert wird diese Ungerechtigkeits- und Verwerfungsvorstellung, die Hegel selbst noch der Vermittlung zuzuführen suchte, in Adornos negativer Dialektik: Deren Konzentration auf das umfassende Falsche lässt sich nicht nur als ein Abgesang auf die Geschichte der philosophischen Versuche verstehen, Gerechtigkeitskonzepte zu ersinnen, die ein richtiges und gerechtes Leben ermöglichen sollen, sondern von ihrer Warte aus wird Moralphilosophie insgesamt mit der negativistischen und *un*gerechtigkeitstheoretischen Aufgabe der »konkreten Denunziation des Unmenschlichen« (Adorno 1996, 261) betraut. Adorno verpflichtet die Moralphilosophie übrigens auf diese negative Aufgabe, weil er mit Blick auf die positive Klärung von Normen skeptisch bleibt (vgl. ebd.). Damit trifft Shklars Einsicht, dass die Konzentration auf Ungerechtigkeit, so sie denn stattfindet, auf eine Skepsis gegenüber positiven Gewissheiten zurückgeht (vgl. Shklar 1997, 30 f.), die Gerechtigkeitstheorien nicht nur zu erreichen suchen, sondern deren Möglichkeit sie auch voraussetzen müssen, um eine positiv auszeichnende Konzeption der Gerechtigkeit formulieren zu können, auch für ihn zu. Negativistische Phänomene nimmt schließlich, unter Bezugnahme auf Hegel, in der Sozialphilosophie der Gegenwart Axel Honneth zum Ausgangspunkt des Gerechtigkeitsdenkens, wenn er seine Anerkennungstheorie von Missachtungsphänomenen und Unrechtserfahrungen her schreibt (vgl. Honneth 1994, Kap. 6). Das alles ändert aber nichts daran, dass diese Ungerechtigkeitstheorien bzw. Versuche, sich der Gerechtigkeit von der Ungerechtigkeit aus zu nähern, auch in der politischen Philosophie der Gegenwart eine allenfalls minoritäre und marginale Position einnehmen.

Systematisch lassen sich hier im Wesentlichen drei Positionen unterscheiden, die durch die Schriften von drei Autorinnen und Autoren exemplarisch exponiert werden können. Zunächst ist dabei an die Position zu denken, die Judith Shklar einnimmt. Nach ihrem Eindruck wird Ungerechtigkeit zu wenig ausgeleuchtet, und die Aufgabe der Ungerechtigkeitstheorie wird von Shklar deshalb als eine komplementäre verstanden: Vermittels des Nachdenkens über Ungerechtigkeit sollen Gerechtigkeitstheorien nicht in Zweifel gezogen, sondern vielmehr ergänzt werden (vgl. Shklar 1997, 26).

Eine zweite und radikalere Position wird sodann durch die Überlegungen Iris Marion Youngs besetzt: Im Unterschied zu Shklar lässt sich Young nämlich durchaus so verstehen, dass die Reflexion über Ungerechtigkeit nicht einfach eine notwendige Ergänzung des gängigen Gerechtigkeitsdenkens darstellt. Stattdessen erhebt Young den weiter reichenden Vorwurf, dass die Diskurse über Gerechtigkeit insgesamt fehlgeleitet sind, weil sie Gerechtigkeit nicht oder in einem deutlich zu geringen Maße von der Ungerechtigkeit aus in den Blick nehmen, die den Blickwinkel nicht einfach nur erweitert, sondern neu ausrichtet (vgl. Young 1990, Kap. 1; 1996).

Neben der komplementären und der alternativen Deutung stoßen wir drittens schließlich in Derridas Beschäftigung mit der Gerechtigkeit auf eine dekonstruktive Variante, die weitreichende Verschiebungen des Gerechtigkeitsdenkens zur Folge hat. Derrida nämlich arbeitet – ausgehend von seiner Beobachtung einer Unmöglichkeit der Gerechtigkeit – Spannungsverhältnisse sowohl im Begriff der Gerechtigkeit selbst als auch in der Beziehung von Recht und Gerechtigkeit heraus, angesichts derer hinter alle Versuche, eine positive Konzeption der Gerechtigkeit zu formulieren, ein grundsätzliches skeptisches Fragezeichen zu setzen ist.

Die ausgeblendete Ungerechtigkeit

Für Judith Shklars Beschäftigung mit der Ungerechtigkeit sind drei Grundüberlegungen wesentlich. Zunächst ist hier natürlich an ihre bereits erwähnte Diagnose zu denken, dass Ungerechtigkeit ein in der politischen Philosophie weitgehend unterbelichteter Begriff ist. Das ist, und hierin liegt Shklars zweite wichtige Überlegung, aus ihrer Sicht kein Zufall, sondern spiegelt vielmehr eine letztlich nicht haltbare epistemische und kategoriale Ausgangsthese von moralphilosophischen Versuchen, Gerechtigkeitskonzepte zu begründen, wider. Diese gehen nämlich von der Shklar zufolge ausgesprochen fragwürdigen Überlegung aus, dass sich klare kategoriale Trennungen mit Gewissheit vornehmen und begründen lassen. Im Falle der Ungerechtigkeit geht es dabei um die Möglichkeit einer distinkten Unterscheidung von *Unglück*, das, da es letztlich auf Zufall basiert und keinen verantwortlichen Verursacher hat, keinen Gegenstand der Gerechtigkeit bilden kann, und *Ungerechtigkeit*, die Gegenstand eines gerechten Ausgleichs sein müsste. Nach Shklars Überzeugung lassen sich aber Unglück und Ungerechtigkeit ebenso wenig klar voneinander unterscheiden (vgl. Shklar 1997, 18) wie die für die liberale Moralphilosophie und politische Philosophie so grundlegenden Begriffe des Privaten und des Öffentlichen (vgl. ebd., 15). Mit dieser Überlegung berührt Shklar einen neuralgischen Punkt der bis heute vorherrschenden liberalen Ansätze in der Gerechtigkeitstheorie und der Moralphilosophie, deren Plausibilität in der Tat vielfach auf die Möglichkeit solch klarer Unterscheidungen wie der zwischen Privatheit und Öffentlichkeit angewiesen bleibt (vgl. Rössler 2001). Shklars Kritik setzt dabei auf ein Argument, das bereits Hegel gegen moralphilosophisch fundierte politische Philosophien ins Feld geführt hat (vgl. Hegel 1821/1986, 37) und auf das auch in den Gegenwartsdiskursen im Zuge der Kritik einer moralphilosophisch verstandenen politischen Philosophie zurückgegriffen wird (vgl. Geuss 2002): Nach Shklars Überzeugung unterliegen solche Unterscheidungen nämlich schlicht einem historischen Wandel (vgl. Shklar 1997, 17) – und sie gehen zudem auf politische Entscheidungen und nicht auf philosophisch begründbare Distinktionskriterien zurück (vgl. ebd., 14). Im Falle der Unterscheidung von Unglück und Ungerechtigkeit etwa macht es einen enormen Unterschied, welche Faktoren als beurteilungsrelevant erachtet werden: So kann es als persönliches Unglück betrachtet werden, die Arbeitsstelle zu verlieren, nimmt man aber darüber hinaus größere ökonomische Prozesse (z. B. Umstellungen auf Gewinnmaximierungsstrategien) oder politische Kontexte (z. B. fehlenden Kündigungsschutz) oder geschlechtsspezifische Dimensionen usw. in den Blick, kann sich das vermeintliche Unglück schnell als Ungerechtigkeit herausstellen.

Zwar geht Shklar in ihrer Kritik der begründungstheoretischen Ansätze in der Gerechtigkeitstheorie nicht so weit, wie dies etwa Raymond Geuss (2011) oder Bernard Williams (2005) tun, die gegen diese Art der moralphilosophischen Annäherung an Politik ein realistisch informiertes politisches Denken postulieren. Shklar hebt demgegenüber deutlich hervor, dass ihre Untersuchungen die Suche der Gerechtigkeitstheorien nach philosophischen Begründungen der Gerechtigkeit nicht in Zweifel zu ziehen suchen (vgl. Shklar 1997, 26). Aber dennoch versteht sie ihre eigene Erkundung der Ungerechtigkeit, die »anders [...], direkter, ausführlicher und mit größerer Tiefe« (ebd.) als in den gängigen philosophischen Gerechtigkeitstheorien betrachtet werden soll, aus der Perspektive der politischen Theorie. In dieser disziplinären Zuordnung liegt ihre dritte Grundüberlegung, die auf systematische Motive zurückzuführen ist. Dabei spielt Shklars Beobachtung, dass Unterscheidungen wie die zwischen Unglück und Ungerechtigkeit auf politische Entscheidungen zurückzuführen sind, eine wesentliche Rolle. Die politische Theorie scheint ihr nun deshalb prädestiniert zur Reflexion dieses politischen Kontextes der Ungerechtigkeit, weil sie empirisch gesättigter verfährt als die in diesen Fragen zu abstrakte Moralphilosophie, aber gleichzeitig deutlich analytischer ausgerichtet ist als die narrativ angelegte Geschichtswissenschaft (ebd.).

Ein weiteres Motiv reflektiert zugleich eine zentrale Annahme von Shklars Ungerechtigkeitsbegriff: Wir müssen uns, wenn wir Ungerechtigkeit als ein politisches Phänomen verstehen, viel stärker mit der Rolle der politischen Akteure beschäftigen, als dies in üblichen Gerechtigkeitstheorien der Fall ist – und zwar auch und gerade mit den einfachen Akteuren, den Bürgerinnen und Bürgern eines Gemeinwesens, die einen erheblichen Anteil an der Ungerechtigkeitspraxis haben, auf die wir allerorts stoßen. Hier kommt ein für Shklars Ungerechtigkeitsdenken wichtiger Begriff ins Spiel: der der passiven Ungerechtigkeit (vgl. ebd., 54–66). Mithilfe dieses Begriffs kann Shklar nämlich all jene gerechtigkeitstheoretisch kaum erfassbaren Situationen in den Blick nehmen, in denen Personen zu einer ungerechten Praxis oder ungerechten Einzelfällen beitragen, die nach dem gängigen Modell der Verantwortungszurechnung nicht für diese Fälle oder Praxen verantwortlich gemacht werden können. Hier ist beispielsweise an die im Alltagsleben zahlreichen Fälle zu denken, in denen wir uns selbst zwar nicht direkt eines Vergehens schuldig machen, aber untätige Zeuginnen oder Zeugen von Ungerechtigkeiten wie Schikanen oder Formen verbaler oder gar physischer Gewalt sind und zu diesen Ungerechtigkeiten beitragen, indem wir ihnen nicht aktiv entgegentreten. Passiv ungerecht verhalten sich demnach all jene, die, wie Shklar meint, ihre Rolle als Bürgerinnen und Bürger zu eng auslegen, da sie den Blick aus Bequemlichkeit, Desinteresse oder ähnlichen Motiven abwenden, obwohl sie die Opfer unterstützen könnten. Der Versuch, Ungerechtigkeit von der Vorstellung einer direkten personalen Verantwortung abzulösen, ist übrigens ein zentrales und gemeinsames Motiv der unterschiedlichen Bemühungen, die Gerechtigkeitstheorie um eine Theorie der Ungerechtigkeit zu erweitern oder sie gar von der Warte einer Theorie der Ungerechtigkeit aus zu denken; das ist, wie weiter unten noch deutlicher wird, in einer noch emphatischeren Variante einer der grundlegenden Züge von Iris Marion Youngs Ungerechtigkeitsdenken.

Mit der Vorstellung der passiven Ungerechtigkeit erweitert Shklar ganz deutlich den Skopus der gerechtigkeitstheoretischen Reflexion der Ungerechtigkeit, indem sie eine politische Theorie des schlechten Bürgerseins entwirft, das als ein auf den ersten Blick vielfach unscheinbarer, aber bei genauerer Betrachtung wesentlicher Beitrag zur Ungerechtigkeit zu begreifen ist. Passiv ungerecht sind wir nämlich bereits dann, wie Shklar unter ideengeschichtlichem Rekurs auf Cicero ausführt, wenn wir der Ungerechtigkeit nicht entgegentreten, obwohl wir es könnten (vgl. ebd., 55). Das schlechte Bürgersein korrespondiert hier sehr eng mit einer politischen Bequemlichkeitspraxis, die sich aus der Ungerechtigkeit geradezu speist: Wie Shklar überzeugend darlegt, sind viele Ungerechtigkeitsphänomene für einen häufig großen Teil eines politischen Gemeinwesens schlicht in dem Sinne angenehm, dass sie Ruhe und Frieden bieten (vgl. ebd., 61). Ungerechtigkeit ereignet sich nämlich vielfach in etablierten Strukturen, die zu hinterfragen ungewisse Folgen haben kann, oder sie findet in Situationen statt, gegen die einzuschreiten unbequem sein kann, weil der übliche Ablauf gestört oder weil unangenehmes Aufsehen erregt wird. Was eine solche politische Theorie der Ungerechtigkeit demnach lehrt, ist, dass Ungerechtigkeit häufig nicht in erster Linie davon abhängt, dass klare Gerechtigkeitsmaßstäbe fehlen (ebd.), sondern von den Beziehungen der Bürgerinnen und Bürger untereinander, ihrem Verhältnis zu politischen und sozialen Institutionen und, in institutionentheoretischer Perspektive, von deren Beschaffenheit.

Zudem lenkt Shklars Ungerechtigkeitstheorie unseren Blick darauf, dass eine positive, auf Gerechtigkeit bedachte Perspektive unvollständig bleibt: Selbst bei einer wohletablierten institutionellen Praxis der ausgleichenden Gerechtigkeit muss in vielen Fällen konstatiert werden, dass das, was Shklar als den »Makel der Ungerechtigkeit« (ebd., 21), den die Opfer empfinden, bezeichnet, von der ausgleichenden Gerechtigkeit nicht getilgt wird. Ungerechte Erfahrungen hinterlassen Narben und Schäden, die sich nicht einfach kompensieren lassen. Teilweise kann es den Ausgleichsmechanismen gar nicht gelingen, wesentliche Dimensionen der Verletzung in den Blick zu nehmen, da diese – etwa massive Erniedrigungserfahrungen – auch dann weiterleben, wenn z. B. ein Vergehen als begangener Regelverstoß rechtlich geahndet wird. Natürlich kann auch keine noch so tiefgehende Theorie der Ungerechtigkeit diesen Mangel beheben, sie kann uns aber darauf aufmerksam machen, wie wichtig es ist, die Stimmen und die Selbstverständnisse der Opfer zur Kenntnis zu nehmen (vgl. ebd., 49 f.) – wobei wir damit rechnen müssen, dass sich diese oftmals gar nicht als Opfer begreifen wollen, u. a. möglicherweise deshalb, weil das Opfersein als solches eine erniedrigende Erfahrung ist (vgl. ebd., 53). Das zeigt aber im Grunde nur umso mehr, inwiefern eine begründungs- und regelfixierte Gerechtigkeitstheorie hier an ihre Grenzen stößt und durch eine politische Theorie der Ungerechtigkeit erweitert werden muss, die nicht nur Regelverstöße, sondern auch ungerechte Praktiken im Ganzen und den Beitrag, den passiv Ungerechte an ihr haben, zu denken in der Lage ist.

Von diesem Punkt aus lassen sich Shklars Überlegungen bündeln: Was ihr vorschwebt, ist eine politische Theorie der Ungerechtigkeit, die den historischen Wandel von Maßstäben sowie deren politischen Charakter mitdenkt und die zudem die Stimmen der Opfer hört, um dem Zusammenspiel von politischen und subjektiven Dimensionen Rechnung zu tragen. Shklars Überlegungen kulminieren dabei in der These, dass sich eine feste oder gar universelle Begründung von Maßstäben der Gerechtigkeit bzw. Ungerechtigkeit gerade nicht liefern lässt und dass wir deshalb als Bürgerinnen und Bürger stets dazu aufgefordert sind, möglichen Ungerechtigkeiten unserer Gemeinwesen und ihrer Institutionen im Dialog mit jenen, denen sie widerfahren, nachzuspüren. Ohne mit jenen, denen Ungerechtigkeit widerfährt, zu sprechen, und zwar immer wieder zu sprechen, und ohne stets aufs Neue zu erkunden, worin diese Ungerechtigkeit besteht, lassen sich Maßstäbe der Gerechtigkeit eben gerade nicht *ex cathedra* verordnen. Diese politische Theorie der Ungerechtigkeit ist damit zugleich die Aufforderung zu einer gestalterischen Politik, die sich nicht durch Notwendigkeitssemantiken stillstellen lässt (vgl. ebd., 89–103).

Ungerechtigkeit als Ausdruck von Unterdrückung

Anhand von Iris Marion Youngs Ansatz, fünf Formen der Unterdrückung als Formen (*faces*) der Ungerechtigkeit auszuweisen (vgl. Young 1990, Kap. 1; 1996), lässt sich exemplarisch zeigen, inwiefern Theoretikerinnen und Theoretikern die Diagnostizierung von Phänomenen der *Un*gerechtigkeit als plausibler erscheint denn eine positive Benennung von Kriterien der Gerechtigkeit. Youngs Ungerechtigkeitsansatz nimmt explizit keinen Bezug auf eine mögliche Begründung von Gerechtigkeitsprinzipien, sondern wendet sich insbesondere gegen das liberale (Verteilungs-)Paradigma, das Individuen als abstrakte Anspruchsberechtigte behandelt, ohne deren kontextuelle und interaktionale Bezüge und Beziehungen, geschweige denn die damit verbundenen Macht- und Hierarchieverhältnisse angemessen zu berücksichtigen. Young betont demgegenüber, dass Individuen in gesellschaftliche Interaktionszusammenhänge eingebunden sind, die sich nicht allein unter dem Gesichtspunkt der (Verteilungs-)Gerechtigkeit erfassen lassen. Deshalb wählt sie die umgekehrte Blickrichtung, aus der heraus sie die phänomenologisch erfassbaren Dimensionen von Ungerechtigkeit darlegt, die sie vornehmlich als Unterdrückung (*oppression*) versteht (vgl. Young 1990, Kap. 1; 1996, 114–132).

Youngs These lautet hierbei, dass Unterdrückungsverhältnisse sich gerade nicht als binäre Beziehungsstrukturen von Unterdrückern versus Unterdrückten klassifizieren lassen, sondern dass die meisten Formen der Ungerechtigkeit darin bestehen, dass Individuen als Angehörige bestimmter Gruppen von für das kapitalistische Gesellschaftssystem charakteristischen strukturellen Benachteiligungen betroffen sind (vgl. Young 1996, 104–105; vgl. auch Nagl-Docekal 1996, 11–15): So produziere ›Ausbeutung‹ als zentrales Merkmal moderner Arbeitsprozesse ein spezifisches soziales Machtgefälle, durch das sich die gesellschaftliche Ordnung insofern als ungerecht erweist, als Menschen einer bestimmten Güterverteilungsordnung unterstellt werden, die weder ihre Grundbedürfnisse noch ihre spezifischen Leistungen innerhalb des Übertragungsprozesses von Arbeitserträgen von einer Gruppe zu einer anderen angemessen berücksichtigt. ›Marginalisierung‹ finde statt, wenn Formen der Abhängigkeit gefördert werden, die Menschen in ihrer Autonomie aufgrund einer (gesetzlichen oder faktischen) Beraubung bestimmter Rechte und Freiheiten, obwohl diese allen qua Menschsein zustünden, eingeschränkt werden. Objektiv drücke sich Marginalisierung z. B. in fehlender faktischer Partizipationsmöglichkeit von Individuen in Zusammenhängen, in denen sie Betroffene sind, aus. Subjektiv erführen die Betroffenen Marginalisierung in Form des Gefühls der Nutzlosigkeit oder des Überflüssigseins. ›Machtlosigkeit‹ bedeute für Betroffene, dass ihnen aufgrund mangelnder Respektbezeigung durch andere die nötige Autorität und Macht im Hinblick auf z. T. basale Entscheidungskompetenzen, nicht nur in Bezug auf ihre eigenen Belange, sondern auch im Hinblick auf die Kommunikation und Interaktion mit anderen, fehlt. ›Kulturimperialismus‹ wirke sich auf Individuen wie Kollektive vor allem so aus, dass sie Unverständnis gegenüber den ihnen in identitärer Hinsicht bedeutsamen sozialen und kulturellen Lebensbedingungen und -inhalten erfahren. Dieses Unverständnis kann sich in der Beschränkung oder Verwehrung bestimmter Rechte auf ein kulturell selbstbestimmtes Leben ausdrücken. ›Gewalt‹ sei als ein systemisches – und das heißt nicht kontingentes – Phänomen anzusehen, das sich als Unterdrückung Einzelner und Gruppen insofern erkennen lasse, als sie sich gegen Betroffene aufgrund spezifischer Merkmale (z. B. Hautfarbe, Rasse, Geschlecht, sozialer Status) richte (vgl. Young 1996, 114–132).

Youngs Ansatz, Unterdrückung als strukturelles Problem zu begreifen, bietet zunächst einmal den Vorteil, vereinfachende Täter- und Opferzuweisungen von Ungerechtigkeit zu vermeiden. Anders als vielen liberalen Gerechtigkeitstheorien geht es Young jedoch darum, herauszustreichen, dass eine »überzeugende Konzeption von Gerechtigkeit« nicht (nur) in der Klärung der Frage der Verteilung, sondern vor allem in der Klärung der für die »Entwicklung und Ausübung individueller Fähigkeiten sowie der kollektiven Kommunikation und Kooperation notwendigen institutionellen Bedingungen« (ebd., 99) besteht. Im Anschluss an Young lässt sich etwa Armut als Form von Unterdrückung und damit als Ungerechtigkeit auffassen. Armut sei nicht nur begleitet von »systematischen Verletzungen von Grundfreiheiten, sondern Armut ist tiefergehend Teil eines sozialen Mechanismus, der die Integrität von Menschen verletzt, indem sie in einen Zustand unzulässiger Unterwerfung unter den Willen anderer versetzt werden« (Fleurbaey 2007, 154; eigene Übers.). In dieser Lesart werden insbesondere die Wirkungen von Armut auf das soziale Gefüge ganzer politischer Gemeinschaften, aber auch auf die Beziehungen zwischen einzelnen Menschen in Bezug auf die aus ihr resultierenden Abhängigkeiten betont.

Die Dekonstruktion der Gerechtigkeit

Einen weiteren wichtigen Beitrag zur Theorie der Ungerechtigkeit finden wir schließlich bei Derrida. Derridas Gerechtigkeitsdenken bewegt sich dabei auf mäandernden Pfaden um eine Beobachtung, die vielfältige Konsequenzen für die Gerechtigkeitstheorie und die Beziehung von Gerechtigkeit und Ungerechtigkeit hat. Nach seinem Eindruck ist Gerechtigkeit »eine Erfahrung des Unmöglichen« (Derrida 1991, 33). Dieser Satz könnte leicht wie eine Verabschiedung allen Nachdenkens über Gerechtigkeit erscheinen, tatsächlich aber versteht ihn Derrida als nachdrückliche Aufforderung, die Reflexionen über Gerechtigkeit gerade nicht abreißen zu lassen. Eine Absage ist dieser Satz aber tatsächlich an alle Gerechtigkeitskonzeptionen, die versuchen, ein festes, gewisses und regelbewehrtes Modell der Gerechtigkeit zu begründen. Gerechtigkeit, so versucht Derrida nahezulegen, muss als etwas begriffen werden, das sich niemals aneignen, niemals erreichen lässt, sondern das stets im Kommen bleibt (ebd., 56), sich also fortwährend entzieht. Man könnte das auch so formulieren, dass Gerechtigkeit permanent von der Ungerechtigkeit heimgesucht wird – und das nicht in dem Sinne, dass Ungerechtigkeit der Gerechtigkeit äußerlich widerstreitet, sondern in dem ungleich grundsätzlicheren Sinne, dass Gerechtigkeit selbst in sich und in ihrer Umsetzung gebrochen ist.

Diese Überlegung lässt sich an Derridas Behandlung des Spannungsverhältnisses von Recht und Gerechtigkeit verdeutlichen, in dem sich gewissermaßen die interne Spannung der Gerechtigkeit spiegelt. Üblicherweise wird Recht als Medium der Gerechtigkeit verstanden, und zugleich wird Gerechtigkeit als die legitime Quelle des Rechts aufgefasst, die dessen Gewalt, im Unterschied zur rohen Gewalt, zur legitimen Gewalt außerrechtlicher Zustände macht. Derrida zeigt nun, dass es sich bei diesen beiden Annahmen, die für das Zusammenspiel von Recht und Gerechtigkeit wesentlich sind, um ausgesprochen fragwürdige Annahmen handelt. Zunächst lässt sich Recht keineswegs so einfach auf eine durch Gerechtigkeit legitimierte Gewalt zurückführen, sondern kommt durch bloße Gewalt in die Welt: »Der Gewaltstreich macht und gründet Recht, gibt Recht, er bringt das Gesetz zur Welt« (Derrida 2000, 14 f.). Diese provokative These, die Derrida vor allem in Auseinandersetzung mit Walter Benjamins berühmtem Aufsatz »Zur Kritik der Gewalt« (Benjamin 1980) diskutiert (Derrida 1991, Teil II), hat eine lange ideengeschichtliche Tradition, auch wenn sie eher abseits des Mainstreams der okzidentalen Rechts- und Staatslegitimierungsdiskurse zu verorten ist: So findet sich eine vergleichbare Überlegung bereits bei Augustinus, der festhält, dass die Legitimität von politisch-rechtlichen Ordnungen eine Frage der Macht und nicht der Gerechtigkeit sei (Augustinus 1997, 173 f.), und sie taucht wieder auf in Spinozas bekannter Formel, dass das Recht der Natur nicht auf eine Vorstellung von Gerechtigkeit, sondern auf die Macht der Natur verweise (vgl. Spinoza 1677/2006, 11).

Wenn die Rechtsgewalt aber eine Gewalt ist, die nicht auf eine legitime und gerechte Quelle verweist, dann gerät die rechtliche Umsetzung der Gerechtigkeit in Gefahr, ungerecht zu verfahren. Eben dies ist Derrida zufolge der Fall, wie sich am Spannungsverhältnis von Recht und Gerechtigkeit zeigt: Denn während das Recht im Medium der allgemeinen Regel verfährt, verlangt die Gerechtigkeit, dass der Besonderheit auch jenseits der Regel Gerechtigkeit widerfährt (Derrida 1991, 33–35). Jemandem gerecht zu werden, meint, ihr oder ihm in ihrer oder seiner Besonderheit gerecht zu werden. Weit gefehlt wäre allerdings der Schluss, dass eine angemessene Praxis der Gerechtigkeit dann eben jenseits des Rechts zu suchen sei: Die Spannung zwischen dem Allgemeinen des Rechts und dem Besonderen der Gerechtigkeit ist nämlich keine äußerliche Spannung zwischen Recht und Gerechtigkeit, sondern sie kehrt im Inneren der Gerechtigkeit wieder. Die Gerechtigkeit kann die allgemeine Regel nicht einfach suspendieren, denn eine Praxis ohne Regel würde ebenfalls nicht als gerecht gelten können (ebd., 46–48).

Diese Dekonstruktion der Gerechtigkeit mündet nun zwar in die These der unmöglichen Gerechtigkeit, allerdings besagt diese gerade nicht, dass Gerechtigkeit zu verabschieden ist. Ganz im Gegenteil fordert uns Derridas Satz, dass die Dekonstruktion die Gerechtigkeit sei (ebd., 30), dazu auf, uns nicht bequem in eingespielten Regelwerken, Institutionen und Praktiken einzurichten, sondern zu bedenken, dass Gerechtigkeit eine unendliche Aufgabe bleibt. Hier berühren sich seine Überlegungen übrigens mit denen Shklars und Youngs, die ja beide auch immer wieder darauf hingewiesen haben, dass sich Gerechtigkeit nicht durch feste Unterscheidungen und Konzeptionen erreichen lässt. Wie Young und Shklar nimmt auch Derrida den konkreten Einspruch gegen Ungerechtigkeiten in den Blick, indem er darauf hinweist, dass die Dekonstruktion der Gerechtigkeit gerade nicht »eine Unempfindlichkeit gegenüber der Ungerechtigkeit« (ebd., 41) bedeutet, sondern im Gegenteil ein Aufdecken von Ungerechtigkeiten gerade dort ermöglicht, »wo das gute und ruhige Gewissen bei dieser oder jener überkommenen Bestimmung der Gerechtigkeit stehenbleibt« (ebd.).

Perspektiven

In der praktischen und politischen Philosophie ist die Auseinandersetzung mit Ungerechtigkeit nach wie vor eher eine Nischenbeschäftigung. Über den gerechtigkeitsphilosophischen Diskurs im engeren Sinne hinaus hat die (kritische) Diskussion über Bedingungen und Strukturmerkmale von Ungerechtigkeit derzeit insbesondere in den Gebieten der Gender/Queer Theory und der Postcolonial Studies ihren Ort gefunden. Hier werden insbesondere Vermachtungs- und Exklusionsmechanismen, die Ungleichheiten in Geschlechterverhältnissen wie auch in der von der Asymmetrie eines Nord-Süd-Gefälles gekennzeichneten globalen Ordnung haben virulent werden lassen, reflektiert. Judith Butler etwa problematisiert mit der Frage, ob das ›Andere‹ der Philosophie sprechen kann (2009), dass Diskurse über Bedeutungen bereits auf der begrifflichen Ebene vergeschlechtlichte Machtstrukturen aufweisen, die marginalisierende und exkludierende Auswirkungen auf weite gesellschaftliche Bereiche haben. Gayatri Chakravorty Spivak (2008) thematisiert die Schwierigkeiten eines postkolonialen *Righting Wrongs* angesichts des Eurozentrismus innerhalb des internationalen Gerechtigkeitsdiskurses. Und Ratna Kapur beispielsweise zeigt die ebenso paternalistischen wie strukturvergessenen Implikationen eines »discriminatory universalism« (Kapur 2006, 673) auf, der insbesondere im Namen der Menschenrechte Modi der Ungerechtigkeit perpetuiert und zementiert.

Literatur

Adorno, Theodor W: Probleme der Moralphilosophie [1963]. In: Ders.: *Nachgelassene Schriften*, Bd. IV.10. Frankfurt a. M. 1996.

Augustinus, Aurelius: *Vom Gottesstaat (De civitate dei)*. 2 Bde. München [4]1997.

Benjamin, Walter: Zur Kritik der Gewalt. In: Ders.: *Gesammelte Schriften*, Bd. II.1. Frankfurt a. M. 1980, 179–203.

Butler, Judith: Kann das ›Andere‹ der Philosophie sprechen? In: Dies. (Hg.): *Die Macht der Geschlechternormen*. Frankfurt a. M. 2009, 367–393.

Derrida, Jacques: *Gesetzeskraft. Der »mystische Grund der Autorität«*. Frankfurt a. M. 1991.

–: OTOBIOGRAPHIEN – Die Lehre Nietzsches und die Politik des Eigennamens. In: Ders./Friedrich Kittler (Hg.): *Nietzsche – Politik des Eigennamens*. Berlin 2000, 7–63.

Fleurbaey, Marc: Poverty as a form of oppression. In: Thomas W. Pogge (Hg.): *Freedom from Poverty as a Human Right. Who Owes What to the Very Poor?* Oxford 2007, 133–154.

Geuss, Raymond: *Privatheit. Eine Genealogie*. Frankfurt a. M. 2002.

–: *Kritik der politischen Philosophie*. Hamburg 2011.

Hegel, Georg Wilhelm Friedrich: *Grundlinien der Philosophie des Rechts* [1821]. In: Ders.: Werke, Bd. 7. Hg. von Eva Moldenhauer und Karl Markus Michel. Frankfurt a. M. 1986.

Honneth, Axel: *Kampf um Anerkennung. Zur moralischen Grammatik sozialer Konflikte*. Frankfurt a. M. 1994.

Kaplow, Ian/Lienkamp, Christoph (Hg.): *Sinn für Ungerechtigkeit*. Baden-Baden 2005.

Kapur, Ratna: Human rights in the 21st century. Take a walk on the dark side. In: *Sidney Law Review* 28/4 (2006), 665–687.

Nagl-Docekal, Herta: Gleichbehandlung und Anerkennung von Differenz: Kontroversielle Themen feministischer politischer Philosophie. In: Dies./Herlinde Pauer-Studer (Hg.): *Politische Theorie. Differenz und Lebensqualität*. Frankfurt a. M. 1996, 9–53.

Platon: *Politeia*. In: Ders.: Sämtliche Werke, Bd. V (griechisch und deutsch). Frankfurt a. M. 1991.

Rawls, John: *Eine Theorie der Gerechtigkeit*. Frankfurt a. M. 1979 (engl. 1971).

Rössler, Beate: *Vom Wert des Privaten*. Frankfurt a. M. 2001.

Shklar, Judith N.: *Über Ungerechtigkeit. Erkundungen zu einem moralischen Gefühl*. Frankfurt a. M. 1997 (engl. 1990).

Spinoza, Baruch de: Politischer Traktat [1677]. In: Ders.: *Werke*, Bd. 3. Hamburg 2006.

Spivak, Gayatri Chakravorty: *Righting Wrongs – Unrecht richten*. Berlin/Zürich 2008.

Williams, Bernard: Realism and Moralism in Political Theory. In: Ders. (Hg.): *In the Beginning Was the Deed. Realism and Moralism in Political Argument*. Princeton NJ/Oxford 2005, 1–17.

Young, Iris Marion: *Justice and the Politics of Difference*. Princeton NJ 1990.

–: Fünf Formen der Unterdrückung. In: Herta Nagl-Docekal/Herlinde Pauer-Studer (Hg.): *Politische Theorie. Differenz und Lebensqualität*. Frankfurt a. M. 1996, 99–139.

Oliver Flügel-Martinsen / Franziska Martinsen

10 Kritik am Gerechtigkeitsbegriff

Angesichts der traditionellen und auch zeitgenössischen Hochschätzung der Gerechtigkeit als individueller und sozialer Tugend sind radikale Formen der Kritik an Gerechtigkeit philosophisch eher marginal. Einige Typen einer solchen radikalen, die Gerechtigkeit insgesamt in Frage stellenden Kritik lassen sich gleichwohl ausfindig machen. So konzentriert sich eine Kritik auf die rationalitätstheoretische Annahme, Gerechtigkeit lohne sich nicht; ein anderer Typ der Kritik wirft den gängigen Theoriemodellen vor, Gerechtigkeitsfragen zu sehr an normativen Prinzipien zu orientieren und damit unabhängig von den konkreten sozioökonomischen Umständen zu thematisieren, auf die diese Prinzipien angewendet werden sollen. Weniger radikale Modelle der Kritik akzeptieren Gerechtigkeit als zentrale, individuelle und soziale Tugend, zweifeln aber am Sinn der Orientierung an Fragen der Distribution oder verweisen auf Konflikte zwischen dem Wert der Gerechtigkeit und anderen Werten wie Liebe, Freiheit, Anstand oder Fürsorge, die, so die Annahme, durch eine einseitige Ausrichtung an Gerechtigkeit in ihrem Eigenwert aus dem Blick geraten. In dieser Perspektive gibt es erstrebenswerte Formen des sozialen Zusammenlebens jenseits der Gerechtigkeit, so dass der Wert der Gerechtigkeit relativiert wird. Die radikalen und die weniger radikalen Formen einer Kritik der Gerechtigkeit sind an verschiedenen Punkten der Philosophiegeschichte in unterschiedlicher Ausprägung artikuliert worden, die sich allerdings eher in einer systematischen denn einer historisch-chronologischen Logik entschlüsseln lassen.

Platon, Nietzsche und Aristoteles

Trotz der insgesamt großen Akzeptanz des Gerechtigkeitsgedankens in der abendländischen Philosophie findet sich gleich in ihrer Frühphase eine scharfe Gerechtigkeitskritik, ja man kann sagen, dass sich Platons *Der Staat* als Antwort auf diese Kritik verstehen lässt, die als Kritik damit durchaus ernst genommen wird. Es ist Thrasymachos, der definiert, Gerechtigkeit sei »das dem Stärkeren und Herrschenden Zuträgliche, dagegen des Gehorchenden und Dienenden eigener Schaden« (Platon 1988a, 343c). Mehr noch, Ungerechtigkeit »im Großen verübt [sei etwas viel] Kraftvolleres, Vornehmeres und Herrenmäßigeres als die Gerechtigkeit« (ebd., 344c). Mit anderen Worten, gerecht ist der Schwache oder Feige, der sich an das Recht hält, davon aber wenig hat, wenn es gleichzeitig andere gibt, die ohne Hemmung das Recht brechen. Entscheidend ist für Thrasymachos hier die Kategorie des Glücks. Während die gehorsam Gerechten die Starken durch ihr Dienen glücklich machen, sind sie selbst »alles andere eher als glücklich« (ebd., 343c–d). In Frage steht also, ob Gerechtigkeit dem Glücksinteresse des Menschen widerstreitet oder ob sie kompatibel damit ist, und die Antwort des Thrasymachos ist eindeutig: Da Glück in der Befriedigung eigener Interessen liegt, wird nur der wirklich glücklich sein, der im Zweifelsfall auch gegen die Interessen anderer oder gegen die Forderungen der Gerechtigkeit agiert. So wird der Gerechte im Geschäftsverkehr am Ende weniger Gewinn haben als der Ungerechte und auch mehr Steuern zahlen als dieser; der Ungerechte wiederum wird sich auch aus Ämtern, die er innehat, mehr Vorteile »wider das Recht« (ebd., 343d–e) verschaffen als der Gerechte. Der Gerechte dient dem Ungerechten dabei wohl nicht einmal in einem direkten Sinne, sondern eher indem er tut, was das Recht vorschreibt, und damit den Ungerechten in die Lage versetzt, einseitig von der Gerechtigkeit anderer zu profitieren. Ungerechtigkeit lohnt sich dabei vor allem im großen Maßstab: Der glückseligste ist der Tyrann, der den anderen die Regeln zu seinem eigenen Vorteil vorschreibt.

Klar ist damit auch, dass Thrasymachos einen konventionellen Gerechtigkeitsbegriff zugrunde legt und keine eigene Definition von Gerechtigkeit oder Ungerechtigkeit vorschlägt. Der glücklich Ungerechte zehrt parasitär von der Gerechtigkeit anderer, auf die er angewiesen ist, um selbst ungerecht zu sein. Im Mittelpunkt dieser Gerechtigkeitskritik steht folglich weniger die Frage nach der besten Definition von Gerechtigkeit oder Ungerechtigkeit als die Frage nach den eudämonistischen Folgen der Einhaltung oder des Bruchs der wie immer begründeten oder etablierten Gerechtigkeitsprinzipien (Kersting 2006, 30).

Glaukon wird im zweiten Buch des *Staats* ähnliche Überlegungen anstellen. Ursprünglich zieht es jeder Mensch vor, ungerecht zu sein, sofern keine Strafe droht; die, die zu ›schwach‹ zum Unrechttun sind und folglich unter den Ungerechtigkeiten anderer leiden, vereinbaren Gesetze und Verträge, die sie dann als »Gesetzliches und Gerechtes« (Platon 1988a, 359a) bezeichnen. Gerechtigkeit ist, so gesehen, kein Gut an sich, sondern nur der Ausweg aus einer Situation eigener Schwäche. Sie ist eine Fessel, die den Starken angelegt wird, um sie daran zu hindern, auf Kosten der Schwachen ungerecht zu sein, ein Verhalten, das jeder, der es kann, allerdings vorziehen würde. Platon muss nun in seiner Antwort auf diese Gerechtigkeitskritik zeigen, dass Gerechtigkeit mit Glückseligkeit kompatibel ist, weil sie nicht an den ›begehrlichen Teil‹ der Seele, sondern an den vernünftigen Teil appelliert, dessen Aufgabe es ist, innerhalb der Seele so zu herrschen wie die Philosophenkönige außerhalb.

Friedrich Nietzsche hat in neuerer Zeit in seiner *Genealogie der Moral* (1887/1988) diesen Gedanken einer von den ›Schwachen‹ ersonnenen Moral aufgegriffen, mit Blick auf die Gerechtigkeitsthematik allerdings ausdrücklich vor einer Herleitung der Gerechtigkeit aus dem Ressentiment der ›Schwachen‹ gewarnt. Weil zur Gerechtigkeit das Vergleichen gehöre, das Vergleichen aber nach einem ›freien‹ Auge und einer unpersönlichen ›Abschätzung‹ verlange, eigne sich das »Wüthen« (ebd., 311) des Ressentiments nicht, um Gerechtigkeit zu etablieren. Vielmehr sind es die »Aktiven, Starken, Spontanen [und] Aggressiven« (ebd.), die durch das Aufrichten des Gesetzes überhaupt die Kategorien Recht und Unrecht und damit ein gewisses Maß schaffen, um das Ressentiment der ›Schwachen‹ zu bändigen. Allerdings nähert sich Nietzsche einzelnen Gedanken aus der im *Staat* verhandelten Gerechtigkeitskritik doch wieder an, wenn er nahelegt, dass Rechtsordnungen von den ›Starken‹ im »Kampf von Macht-Complexen« (ebd., 313) eingesetzt werden. Der Genealogie der Gerechtigkeit aus dem Ressentiment wird eine Genealogie der Gerechtigkeit aus der Stärke gegenübergestellt, der zufolge Gerechtigkeit den ›Starken‹ und ›Aktiven‹ dazu dient, die unberechenbaren Züge der »reaktiven Affekte« (ebd., 310), also vor allem den Wunsch nach Rache, zu bändigen.

Im Anschluss an Platon verbindet auch Aristoteles im fünften Buch der *Nikomachischen Ethik* den Gerechtigkeits- und den Glücksgedanken, aber auf der Ebene des allgemeinen Gerechtigkeitsbegriffs ist die Glücksorientierung explizit auf den Mitbürger bezogen, so dass die stärker egozentrische Position des Thrasymachos und Glaukons von Anfang an bestritten ist. Wenn Gerechtigkeit in einer ersten – allgemeinen – Bedeutung heißt, die Gesetze zu achten, die Gesetze aber die Aufgabe haben, »das Glück sowie dessen Komponenten für das Gemeinwesen hervorzubringen oder zu erhalten« (NE 1129b), dann kann der Ungerechte offensichtlich an diesem Glück nicht partizipieren. Auch im Kontext der speziellen Gerechtigkeit, die um die Frage der Güterverteilung kreist, kann der Ungerechte kaum als glücklich bezeichnet werden, zumal andere ihn tadeln werden – die leise Bewunderung des Ungerechten bei Thrasymachos und Glaukon fällt ganz weg. Aristoteles bezeichnet diese Art der Ungerechtigkeit schlicht als »Gewinnsucht« (NE 1130a), die darauf hinausläuft, mehr haben zu wollen als einem zusteht.

Eine Kritik der Gerechtigkeit sucht man bei Aristoteles folglich vergeblich, allerdings eröffnet Aristoteles mit seinen Überlegungen zur Güte (Billigkeit) eine Tradition, die gleichwohl ein Gespür für die Grenzen dessen offenbart, was Aristoteles selbst als »Gesetzes-Gerechtigkeit« bezeichnet (NE 1137b). In dem Maße nämlich, in dem Gesetze eine allgemeine, Einzelfälle umfassende Ausrichtung haben, kann es gar nicht ausbleiben, dass sie nicht alle Aspekte an einem Fall erfassen und damit einer ›Fehlerquelle‹ unterliegen. Platon lässt den Fremden in seinem Dialog *Politikos* ganz ähnlich formulieren, dass die »Ungleichheiten der Menschen [und die] Unbeständigkeit der menschlichen Dinge« die »genaue Anpassung« des Gesetzes an Einzelfälle unmöglich machen (Platon 1988b, 294b). Für Aristoteles ist Güte nun der Gesetzes-Gerechtigkeit in dem Sinne überlegen, dass sie über das hinausgeht, was die Gesetze verlangen, und ein Gespür für unverwechselbare Aspekte eines Einzelfalls entwickelt. Damit liegt allerdings deswegen keine Kritik der Gerechtigkeit vor, weil die Güte zwar als ›Berichtigung‹ der Gesetze betrachtet wird, gleichwohl aber weiterhin der Gattung des Gerechten zugehörig bleiben soll. Die Güte, so scheint es, verkörpert gleichsam eine höhere Form der Gerechtigkeit. Unklar ist nur, ob Aristoteles davon ausgeht, dass dieser Defekt die Gesetzes-Gerechtigkeit generell trifft, weil sie per se ›lückenhaft‹ ist, oder bestimmte Gesetze, die sich nur so formulieren lassen, dass sie sich auf die meisten, aber eben nicht auf alle Fälle anwenden lassen (Wolf 2007, 113). Der Gütige ist in jedem Fall derjenige, der nicht auf dem Wortlaut des Gesetzes beharrt und es »so lange verfolgt, bis es zum Unrecht wird« (NE 1137b), sondern der im Einzelfall auf das, was ihm qua Gesetz zusteht, verzichtet. Der Gesetzes-Gerechtigkeit wird damit eine Perspektive hinzugefügt, die den Gefahren, ja dem Unrecht eines ungebrochenen Gesetzesgehorsams Rechnung trägt; gleichzeitig wird eine höhere Gerechtigkeit formuliert, deren Aufgabe es ist, über das Gesetz hinaus alle relevanten Aspekte eines Einzelfalls zu berücksichtigen.

Wertkonflikte und die Grenzen der Gerechtigkeit

Die Kritik des Thrasymachos zielt auf Gerechtigkeit nur in dem Maße, in dem diese mit dem Glücksstreben des Menschen kollidiert. Damit ist ein Konflikt eröffnet, der auf der Annahme möglicher Kollisionen zwischen dem Wert der Gerechtigkeit und anderen, der Gerechtigkeit offenbar nicht allzu fernen Werten beruht. Dabei zeigt sich, dass die Feststellung bestimmter Wertkollisionen oft den Versuch nach sich zieht, den vermeintlich mit Gerechtigkeit kollidierenden Wert in die Gerechtigkeit zu integrieren, so dass der Konflikt entschärft wird. Die Perspektive der aristotelischen Güte dagegen sensibilisiert für mögliche Formen des Unrechts im vermeintlich gerechten Recht selbst.

Neben dem Glück ist etwa die Liebe der Gerechtigkeit entgegengesetzt worden, Paul Ricœur spricht von einer »Disproportion zwischen beiden Begriffen« (Ricœur 1990, 7), die darin besteht, dass die Gerechtigkeit einer »Logik der Entsprechung«, die Liebe aber einer »Logik der Überfülle« folgt (ebd., 57–58). Die Liebe geht nach diesem Verständnis insofern über die Gerechtigkeit hinaus, als sie sich nicht in einer strengen Logik der Gegenseitigkeit erschöpft, wie sie etwa mit Hilfe der Goldenen Regel formuliert wird: »Was du nicht willst, dass man dir tu', das füg' auch keinem andern zu.« Die Liebe folgt eher dem Gebot der Gabe, das für Ricœur seinen strengsten Ausdruck im christlichen Gebot der Feindesliebe findet, das mit jeder Logik der Gegenseitigkeit bricht. Der Gegensatz, der damit zwischen Liebe und Gerechtigkeit etabliert ist, wird von Ricœur allerdings nicht absolut gesetzt; am Ende geht es ähnlich wie bei Aristoteles darum, der Gerechtigkeit das »Korrektiv des Liebesgebots« an die Seite zu stellen und gleichzeitig zu erkennen, dass die Liebe aufgrund ihrer radikalen Gabestruktur das »notwendige Medium der Gerechtigkeit« braucht, weil sie, die sonst jedes ethische Gebot überfordert, nur so auf ein praktikables ethisches Maß gebracht werden kann (ebd., 59, 63).

In diesem Sinne kann die Liebe im Innern der Gerechtigkeit Forderungen nach Gleichheit und Fairness insoweit affizieren, als sie die Perspektive des reziproken Eigennutzes bricht, die sonst den Diskurs der Gerechtigkeit beherrscht, und auf die Perspektive der Uneigennützigkeit hin erweitert. Ricœurs Ansatz gleicht damit jenen Modellen, die auf die Begrenztheit der Gerechtigkeit verweisen, nur dass er glaubt, durch eine Reinterpretation der Gerechtigkeit zeigen zu können, dass die Inkompatibilität zur Liebe eine scheinbare ist. Richtig verstandene Gerechtigkeit enthält Elemente der Liebe.

Wie damit die Perspektive der Gerechtigkeit intern erweitert wird, zeigt sich auch an anderen Ansätzen, die einerseits auf die Grenzen der Gerechtigkeit verweisen, die aus ihrer Orientierung an Gleichheit, Gleichbehandlung und Neutralität der Prinzipienanwendung stammen, gleichzeitig aber bemüht sind, die Idee der Gerechtigkeit so zu erweitern, dass sie um die Komponente der Rücksichtnahme auf individuelle Aspekte der Person oder ihrer Situation erweitert wird. So glaubt Martha Nussbaum etwa, in juristischen Kontexten die regelgeleiteten formalen Entscheidungsprozesse um eine literarisch geschulte Vorstellungskraft ergänzen zu müssen, die eine größere Sensibilität für Einzelfälle und Einzelschicksale mit sich bringt, will damit das Ideal der Neutralität aber nicht preisgeben, sondern reformulieren und zu einem »komplexen Ideal juridischer Neutralität« verdichten (Nussbaum 1995, 82).

Eine Kritik an einem zu engen Verständnis von Recht und Gesetz liegt auch Jacques Derridas Versuch zugrunde, jenseits von Recht und Gesetz Platz für eine Gerechtigkeit zu schaffen, die sich ihrer epistemischen und moralischen Grenzen bewusst ist; die also mit einem Bewusstsein dafür einhergeht, dass Gerechtigkeit in ihrer rechtsstaatlichen Implementation stets eine allgemeine Form aufweist, die jedem Einzelfall Unrecht tut. Wahre Gerechtigkeit, eine Gerechtigkeit, »die kein Recht ist«, bemüht sich demgegenüber gerade aufgrund ihrer Universalität um die Besonderheit des Anderen (Derrida 1991, 52 und 41), von der sie allerdings auch weiß, dass sie unerreichbar bleiben muss. So wird Gerechtigkeit zu einer »unendlichen« Gerechtigkeit (ebd., 51), zu einer Bewegung ohne Abschluss, die gleichwohl darauf setzen muss, nicht unerreichbar zu bleiben, ja deren einziger Ort am Ende doch die Anwendung oder der Vollzug des Rechts ist; ein Vollzug, der mit der je gegebenen Ordnung des Rechts bricht und es damit bestenfalls im Sinne der Forderung nach größerer Gerechtigkeit erweitert. Gerechtigkeit dynamisiert das Recht, das gerecht nur approximativ sein kann, sie sensibilisiert es für seine eigenen Beschränkungen und Ungerechtigkeiten. Auch hier handelt es sich um eine Kritik der Gerechtigkeit im Namen der Gerechtigkeit oder einer höheren Gerechtigkeit (Forst 2011, 193).

Als normative Konkurrenzprinzipien zur Gerechtigkeit werden in der Regel solche Werte betrachtet, die durch Gerechtigkeit gefährdet sind (Glück) oder mit ihr unvereinbar zu sein scheinen (Liebe), selbst wenn sie – wie im Fall der Liebe – einer gewissen Logik der Verteilung folgen; die ›Überfülle‹ der Liebe impliziert schließlich, mehr zu geben, als von der Gerechtigkeit gefordert werden kann, und ist damit immerhin auch ein Geben. Anders verhält es sich mit dem Gegensatz von Gerechtigkeit und Freiheit, der etwa im Kontext liberalen Denkens an manchen Punkten als scharf und unversöhnlich gedeutet wird. Friedrich A. Hayek etwa räumt zwar ein, dass freie Gesellschaften der gerechten Anwendung eines Rechts bedürfen, das die Freiheiten aller sichern hilft, er polemisiert allerdings heftig gegen die Idee einer »sozialen« Gerechtigkeit (Hayek 2003, 213), die von Gesellschaften verlangt, Umverteilungen im Lichte der Gerechtigkeit vorzunehmen. Ungleichheiten, die durch das ungehinderte Wirken der Marktmechanismen zustande kommen, gibt es zwar, aber sie können nie ungerecht sein, weil sie von niemandem intendiert sind und auch nicht vorhergesehen werden können. Da sich Forderungen nach Gerechtigkeit nur auf solche Handlungen beziehen können, die gewollt und beabsichtigt sind, hat die Forderung nach Gerechtigkeit dort nichts zu suchen, wo der Bereich des Absichtlichen verlassen wird oder wo sich Ordnung nur durch »spontane Prozesse« einstellt (ebd., 215). Staatliche Eingriffe in Prozesse, die nicht lenkbar sind, haben als Folge die »Zerstörung des unerläßlichen Nährbodens, auf dem allein die traditionellen moralischen Werte gedeihen können, nämlich der persönlichen Freiheit« (ebd., 218). Liberale Positionen siedeln sich demgemäß nicht in einem Recht jenseits der Gerechtigkeit an, aber sie warnen vor überzogenen, freiheitsgefährdenden Aspekten einer umverteilenden Gerechtigkeit, vor einem »Gerechtigkeitsfuror«, der auch »kontingente Distributionen der Natur« durch gesellschaftliche Maßnahmen korrigieren will (Kersting 2002, 61). Hier geht es also um eine deutliche Einschränkung einer ›sozialen‹ Gerechtigkeit, die im Namen der Gerechtigkeit regeln will, was sich nicht regeln lässt oder nicht geregelt werden sollte, weil dadurch andere wichtige Werte wie die Freiheit gefährdet wären.

Es bleibt aber dabei, dass alle bislang vorgestellten Ansätze den Boden der Gerechtigkeit nicht wirklich verlassen. Gerechtigkeit bleibt eine Tugend oder ein zentraler Wert, umstritten ist nur, wie sie genau zu verstehen ist und welche Gefahren in einem verkürzten oder ›maßlosen‹ Gerechtigkeitsverständnis liegen. Versuche, den Boden der Gerechtigkeit in normativer Hinsicht tatsächlich zu verlassen, sind rar; eine gewisse Vorstufe mag man aber in all jenen Ansätzen sehen, die zwar nicht bestreiten, dass Gerechtigkeit eine für das soziale Zusammenleben zentrale Tugend ist, die aber Umstände markieren, unter denen Gerechtigkeit nicht nötig wäre, oder sogar Tugenden benennen, die der Gerechtigkeit überlegen sind. David Hume etwa bezeichnet die Gerechtigkeit als »vorsichtige« und »argwöhnische Tugend« (*cautious, jealous virtue*; Hume 1751/1984, 101), die nur unter der Bedingung der Güterknappheit und des begrenzten Wohlwollens der Menschen wirklich nötig ist. Wo Güter in Überfülle vorhanden sind oder wo die Menschen voller Wohlwollen gegenüber allen anderen sind, da ist Gerechtigkeit fehl am Platz. Familien ähneln nach Hume einem solchen Zustand starken reziproken Wohlwollens, auch die Ehe stiftet ein »Band der Freundschaft«, das jede Eigentumstrennung aufhebt. Andererseits gibt es Situationen existenzbedrohender Not, die eine Orientierung an Gerechtigkeitsprinzipien unmöglich machen, da in ihnen »Habgier« und »Bosheit« unausweichlich sind. Die Möglichkeit der Gerechtigkeit liegt gleichsam in der Mitte zwischen Wohlwollen und Überfluss, Not und Habgier, sie wird möglich im Kontext von Güterknappheit und begrenztem Wohlwollen (ebd., Kap. 3). Auch wenn für Hume diese Mitte die »übliche Situation der Menschen« beschreibt (ebd., 107), impliziert seine Beschreibung der Umstände der Gerechtigkeit institutionelle Bereiche menschlichen Handelns, die ohne Gerechtigkeit auskommen und die durch eine Ausrichtung auf Gerechtigkeit in ihrem normativen Kern berührt wären. Deutlich wird damit, dass die Orientierung an Gerechtigkeit verbunden wird mit durchaus zweifelhaften menschlichen Charakterzügen, die in der Formel von der »vorsichtigen« und »argwöhnischen« Tugend erfasst sind.

Vor allem die feministisch inspirierte Fürsorgeethik hat aus ähnlichen Überlegungen heraus eine am Rechtsbegriff orientierte Gerechtigkeit kritisiert, da diese zu wenig Platz lasse für solche Fürsorgeleistungen, die einzelnen Individuen in ihrer unverwechselbaren, immer auch leiblich gebundenen Hilfsbedürftigkeit gelten (Baier 1994). Fürsorge und Gerechtigkeit wurden entsprechend in vielen Modellen konflikthaft gegeneinandergestellt; andere Ansätze wiederum bemühen sich um eine Integration von Gerechtigkeit in die Fürsorge oder von Fürsorge in die Gerechtigkeit, und wieder andere Ansätze versuchen, eine beide Tugenden umfassende Moral zu entwerfen, die mögliche Differenzen zwischen Forderungen der Gerechtigkeit und Forderungen der Fürsorge bewahrt (Held 2006, 546–549).

Radikalere Kritikformen

Wie schwierig eine radikale Kritik der Gerechtigkeit ist, zeigt sich daran, dass die meisten Ansätze dieser Art eher gestisch bleiben. Wenn Avishai Margalit etwa betont, das »dringlichste« Problem unserer Gesellschaften sei nicht die »gerechte«, sondern die »anständige Gesellschaft« (Margalit 1997, 11), in der Institutionen Menschen nicht demütigen, macht die Anlage des Modells deutlich, dass es um eine vollkommen neue Perspektive auf Gesellschaft geht, in deren Rahmen Fragen der Gerechtigkeit nicht vorrangig sind. Wie sich allerdings Gerechtigkeit und Anständigkeit (*decency*) genauer zueinander verhalten, bleibt undeutlich. An manchen Punkten wird suggeriert, dass eine ungerechte Gesellschaft nicht unbedingt unanständig sein muss (ebd., 63), was die Ausgangsthese zu bestätigen scheint, dass Fragen der Anständigkeit Vorrang haben und Fragen der Gerechtigkeit gleichsam erst dann relevant werden, wenn Fragen der Anständigkeit institutionell erfolgreich bearbeitet worden sind. Eine Kritik der Gerechtigkeit liegt diesem Modell also insofern zugrunde, als die Annahme, Gerechtigkeit sei die »erste Tugend sozialer Institutionen« (Rawls 1975, 19), mit dem Hinweis bestritten wird, eine Konzentration auf Gerechtigkeitsfragen unterschlage andere Formen der normativ angemessenen oder unangemessenen Behandlung durch Institutionen, die nicht aufgehen in einer Perspektive der Gerechtigkeit und für die stellvertretend der Begriff der Anständigkeit gewählt wird.

Während Margalit damit die Spannung zwischen Gerechtigkeit und anderen Tugenden (Anstand) nicht aufzulösen versucht, bemühen sich andere Ansätze darum, die Kritik an bestimmten Gerechtigkeitsmodellen so zu formulieren, dass als Zielpunkt eine umfassendere Konzeption der Gerechtigkeit steht, die die scheinbar konkurrierenden Werte integriert. Wenn Iris Marion Young und Axel Honneth etwa das Distributionsparadigma der Gerechtigkeit kritisieren, tun sie das nicht, weil sie Gerechtigkeit insgesamt für einen problematischen Wert halten. Sie wollen aber darauf hinweisen, dass viele Güter keinen materiellen Charakter haben und folglich nicht im gleichen Maße verteilt werden können wie materielle Güter (Young 1990, 24) oder aber anerkennungsrelevante Beziehungsmuster ausblenden, die ebenfalls nicht zur Verteilung stehen (Honneth 2010).

Eine wirklich radikale Kritik der Gerechtigkeit kann vielleicht nur dort artikuliert werden, wo, wie im marxistischen Kontext, Gerechtigkeit an sich als Teil der Rechtsverhältnisse begriffen wird, die wiederum in den »materiellen Lebensverhältnissen wurzeln« (Marx 1985, 8). Eine Gerechtigkeitstheorie, die von diesen materiellen Lebensverhältnissen abstrahiert und den Gerechtigkeitsgedanken isoliert, übersieht, wie sehr das, was jeweils als gerecht oder ungerecht angesehen wird, abhängig ist vom Zusammenspiel der ökonomischen Verhältnisse mit den politischen, kulturellen und sozialen Verhältnissen. Karl Marx ist, wie häufig betont wurde, weder selbst als Gerechtigkeitstheoretiker noch als Kritiker der Gerechtigkeit aufgetreten (Wood 1972). Gleichwohl lässt sich mit Marx festhalten, dass eine abstrakte Formulierung von Prinzipien der Gerechtigkeit der Tendenz nach den gegebenen Stand der Produktionsverhältnisse widerspiegelt oder sogar rechtfertigt und darüber hinaus, soll sie kritisch sein, ohne eine echte Reform oder Transformation dieser Verhältnisse leer und sinnlos bleiben muss. So ist Sklaverei nach Marx unter kapitalistischen Produktionsbedingungen ungerecht, nicht aber gewisse Formen der Ausbeutung, die diese Bedingungen wesentlich definieren (Marx 1988, 352). Ein solcher Ansatz kritisiert nicht Gerechtigkeit an sich, sondern nur Formen der Theoretisierung von Gerechtigkeit, die ihre Einbettung in ökonomische Zusammenhänge außer Acht lassen.

Ausblick

Wie kaum ein anderer Begriff der Praktischen und Politischen Philosophie besitzt der Gerechtigkeitsbegriff die Eigenschaft, Formen der Kritik an Gerechtigkeit in sich aufzusaugen oder, mit Hegel gesprochen, in sich aufzuheben und dadurch eine neue, weitere oder umfassendere Gerechtigkeitskonzeption zu generieren. Selten ist die Kritik an Gerechtigkeit so radikal, dass tatsächlich Gerechtigkeit als solche zur Disposition gestellt wird. Die Mehrzahl der kritischen Ansätze ist in dem Sinne konstruktiv, dass sie eine Verbesserung überkommener Modelle anstrebt. Allerdings haben sich verschiedene Ansätze herauskristallisiert, die durchaus alternative Werte betonen, die zumindest in einem konflikthaften Bezug zur Gerechtigkeit stehen. Dieser Konflikt sollte nicht vorschnell eingeebnet werden, indem darauf verwiesen wird, dass eine umfassende Gerechtigkeit will, was die Liebe, die Fürsorge, der Anstand oder das Wohlwollen will. Eher schon scheint es sinnvoll, die anspruchsvollen Voraussetzungen und den kontinuierlichen Korrekturbedarf der Gerechtigkeit stärker hervorzuheben, ohne dass dies gleich im Namen einer ›höheren‹ Gerechtigkeit geschieht. Wenn Hume Recht hat und Gerechtigkeit eine vorsichtige und sogar argwöhnische Tugend ist, müsste dies auch für jede Form einer höheren Gerechtigkeit gelten, es sei denn, die Gerechtigkeit wird so stark aus ihrer Assoziation mit Fragen der Verteilung von Gütern herausgelöst, dass ihre Differenz zu Werten und Prinzipien, die nicht primär verteilungsorientiert sind, verschwindet. Eine solche Einebnung aber würde auch der Gerechtigkeitstheorie nicht guttun.

Literatur

Aristoteles: *Nikomachische Ethik*. Stuttgart 1969 [NE].

Baier, Annette: Wir brauchen mehr als bloß Gerechtigkeit. In: *Deutsche Zeitschrift für Philosophie* 42/2 (1994), 225–236.

Derrida, Jacques: *Gesetzeskraft. Der »mystische Grund der Autorität«*. Frankfurt a. M. 1991 (frz. 1990).

Forst, Rainer: Die Ungerechtigkeit der Gerechtigkeit. Normative Dialektik nach Ibsen, Cavell und Adorno. In: Ders.: *Kritik der Rechtfertigungsverhältnisse. Perspektiven einer kritischen Theorie der Politik*. Berlin 2011, 181–195.

Hayek, Friedrich A. von: *Recht, Gesetz und Freiheit*. Tübingen 2003.

Held, Virginia: The ethics of care. In: David Copp (Hg.): *The Oxford Handbook of Ethical Theory*. Oxford 2006, 537–566.

Honneth, Axel: Das Gewebe der Gerechtigkeit. Über die Grenzen des zeitgenössischen Prozeduralismus. In: Ders.: *Das Ich im Wir. Studien zur Anerkennungstheorie*. Berlin 2010, 51–77.

Hume, David: *Eine Untersuchung über die Prinzipien der Moral*. Hg. von Gerhard Streminger. Stuttgart 1984 (engl. 1751).

Kersting, Wolfgang: *Kritik der Gleichheit. Über die Grenzen der Gerechtigkeit und der Moral*. Weilerswist 2002.

–: *Platons Staat*. Darmstadt 2006.

Margalit, Avishai: *Politik der Würde. Über Achtung und Verachtung*. Berlin 1997 (engl. 1996).

Marx, Karl: *Zur Kritik der Politischen Ökonomie*. In: Karl Marx/Friedrich Engels: *Werke* [MEW], Bd. 13. Berlin 1985.

–: *Das Kapital. Kritik der politischen Ökonomie*. In: Karl Marx/Friedrich Engels: *Werke* [MEW], Bd. 3. Berlin 1988.

Nietzsche, Friedrich: *Zur Genealogie der Moral* [1887]. In: Ders.: *Kritische Studienausgabe*., Bd. 5. Hg. von Giorgio Colli und Mazzino Montinari. München 1988, 245–412.

Nussbaum, Martha: *Poetic Justice. The Literary Imagination and Public Life*. Boston 1995.

Platon: Der Staat. In: Ders.: *Sämtliche Dialoge*, Bd. 5. Hg. von Otto Apelt. Hamburg 1988a.

–: Politikos. In: Ders.: *Sämtliche Dialoge*, Bd. 6. Hg. von Otto Apelt. Hamburg 1988b.

Rawls, John: *Eine Theorie der Gerechtigkeit*. Frankfurt a. M. 1975 (engl. 1971).

Ricœur, Paul: *Liebe und Gerechtigkeit*. Tübingen 1990.

Wolf, Ursula: *Aristoteles' Nikomachische Ethik*. Darmstadt ^{2}2007.

Wood, Allen: The marxian critique of justice. In: *Philosophy and Public Affairs* 1/3 (1972), 244–282.

Young, Iris Marion: *Justice and the Politics of Difference*. Princeton 1990.

Martin Hartmann

II Gerechtigkeitstypen und Aspekte des Gerechtigkeitsbegriffs

11 Empirische Gerechtigkeitsforschung

Methoden der empirischen Gerechtigkeitsforschung

Im Gegensatz zu normativen Gerechtigkeitstheorien beschäftigt sich die *empirische Gerechtigkeitsforschung* mit der Beschreibung und Erklärung der *tatsächlich* vorhandenen Vorstellungen von sozialer Gerechtigkeit. Zentraler Ausgangspunkt ihrer Überlegung ist die Einsicht, dass sich Gerechtigkeitsvorstellungen nicht vornehmlich durch die Auseinandersetzung mit rationalen Argumenten bilden, sondern dass für die Entwicklung eines bestimmten Gerechtigkeitsstandpunktes vielmehr unterschiedliche Einflüsse der Persönlichkeit, der sozialen Herkunft, des ökonomischen und politischen Interesses sowie die Zugehörigkeit zu einem bestimmten Kulturkreis entscheidend sind. Im Gegensatz zum normativen Ansatz wird Gerechtigkeit also nicht als Maßstab für moralisch richtiges Handeln bzw. als Grundsatz für die Gestaltung sozialer Institutionen verstanden, sondern es wird empirisch untersucht, welche Faktoren dazu führen, dass Menschen einen bestimmten Gerechtigkeitsstandpunkt einnehmen, von welchen sozialen Bedingungen diese Wahl beeinflusst wird, welche Funktion Gerechtigkeitsvorstellungen für das alltägliche Handeln haben und welche Verhaltensweisen aus wahrgenommenen (Un-)Gerechtigkeiten resultieren (Liebig/Lengfeld 2002, 8; Müller/Wegener 1995, 25).

Um einen möglichst umfassenden Einblick in die Methodik und zentralen Befunde der empirischen Gerechtigkeitsforschung zu geben, werden im Folgenden nicht nur die zentralen Befunde der empirischen Gerechtigkeitsforschung aufgelistet (vgl. hierfür exemplarisch die Zusammenfassung von Konow 2003), sondern darüber hinaus die grundlegenden Methoden der Einstellungs- sowie der Entscheidungs- und Verhaltensanalyse systematisch zusammengefasst. Aufgrund der Vielzahl vorliegender Studien und konkurrierender Erhebungsansätze wird nicht der gesamte Forschungsstand referiert. Stattdessen werden die Befunde derjenigen Forschungsansätze zusammengetragen, die unserer Meinung nach den Grundkanon der empirischen Gerechtigkeitsforschung darstellen und für philosophische Konzepte besondere Bedeutung entfalten können.

Dieses Vorgehen soll auch der Tatsache gerecht werden, dass empirische Sozialforschung nicht einfach mit Fragebogenumfragen und Demoskopie gleichgesetzt werden kann, sondern dass eine Vielzahl von Techniken und Methoden zur Erhebung und Auswertung empirischer Daten existieren: persönliche, schriftliche und telefonische Interviews, qualitative Befragungen, systematische Beobachtungsverfahren, Fallstudien, Inhaltsanalyse von Texten, Verfahren der Stichprobenziehung, Einstellungsmessung und Skalierung, Randomized-Response-Technik und nichtreaktive Verfahren, experimentelle und quasiexperimentelle Längs- und Querschnittstudien, Laborexperimente, ökonometrische Verfahren etc. (Diekmann 2009, 18–20, 236).

Ohne Zweifel ist nicht jede Erhebungsmethode gleichermaßen geeignet, eine spezifische Forschungsfrage zu beantworten und relevante empirische Daten zu liefern. Vielmehr empfiehlt sich – je nach Fragestellung und Untersuchungsziel – eine Auswahl unterschiedlicher bzw. eine Kombination verschiedener empirischer Methoden und Techniken: die so genannte ›Triangulation‹ (Flick 2004; Kelle 2007). Durch die Kombination verschiedener Methoden gelingt es nach Norman K. Denzin (1978), die Begrenztheit von Einzelmethoden methodologisch zu überwinden und die Qualität bzw. Güte von empirischen Befunden zu steigern, v. a. hinsichtlich Validität, Objektivität und Reliabilität der Ergebnisse (Webb et al. 1966, 35). Die Triangulation von empirischen Befunden erfüllt im Wesentlichen drei Funktionen: Erstens ist empirische ›Verifizierung‹ grundsätzlich problematisch, so dass die wechselseitige Methodenüberprüfung Validierungsprobleme und Erhebungsfehler identifizieren und korrigieren kann. Zweitens kann die Methodenkombination der wechselseitigen Ergänzung von Forschungsergebnissen dienen, d. h. mit Hilfe von Verfahren aus einem bestimmten Forschungsgebiet können soziale Phänomene in den Blick genommen werden, die durch Methoden anderer Fachdisziplinen nicht oder nur ungenügend erfasst bzw. beschrieben werden können. Drittens ermöglicht eine trianguläre Analyse eine überdurchschnittlich hohe interdisziplinäre Anschlussfähigkeit. Durch die Rückbindung von theoretischen Überlegungen an empirische Befunde aus verschiedenen Fachbereichen steigt die Chance, dass relevante Überlegungen auch in anderen Fachdisziplinen Anerkennung finden.

Vor dem Hintergrund dieser Gedanken werden im Folgenden die empirischen Arbeiten zu Gerechtigkeitsvorstellungen danach kategorisiert, ob die Primärdaten durch die Methode der Befragung oder die Methode der Beobachtung erhoben wurden. Die Befunde aus den Forschungsgebieten, die einen *direkten Rückschluss* auf Gerechtigkeitsvorstellungen ermöglichen, da subjektive Gerechtigkeitsvorstellungen unmittelbar abgefragt werden, werden im Abschnitt ›Einstellungsanalyse subjektiver Gerechtigkeitsvorstellungen‹ besprochen. Bei diesen Forschungsbereichen handelt es sich um die soziologische Gerechtigkeitsforschung, die wohlfahrtsstaatliche Akzeptanzforschung sowie die Markt- und Demoskopieforschung. Die empirischen Befunde, welche *indirekte Rückschlüsse* auf zugrunde liegende Gerechtigkeitsvorstellungen durch *Beobachtung* ermöglichen, werden hingegen im Abschnitt »Entscheidungs- und Verhaltensanalyse vorherrschender Gerechtigkeitsvorstellungen« behandelt. Die relevanten Forschungsgebiete hier sind die sozialpsychologische Gerechtigkeitsforschung, die experimentelle Ökonomik sowie die Verhaltensökonomik.

Einstellungsanalyse subjektiver Gerechtigkeitsvorstellungen

Empirisch-soziologische Gerechtigkeitsforschung

Die empirisch-soziologische Gerechtigkeitsforschung hat sich – insbesondere durch die Arbeiten von Bernd Wegener und Stefan Liebig – in den vergangenen Jahren als eigenständiges Forschungsgebiet etabliert. Eine zweite Strömung der empirisch-soziologischen Gerechtigkeitsforschung, die jedoch an dieser Stelle vernachlässigt werden muss, wäre der von Jon Elster (1992) entwickelte und insbesondere von Volker H. Schmidt (1992; 2000) auf Deutschland übertragene institutionenanalytische Ansatz. Dieser geht davon aus, dass Gerechtigkeit immer kontextuell eingebunden ist und entsprechend eine ›lokale‹ oder ›bedingte‹ Gerechtigkeit existiert. Entsprechend wird empirisch untersucht, wie und in welcher Gestalt Gerechtigkeitserwägungen Eingang in die Entscheidungen von Organisationen gefunden haben und welche Rolle Gerechtigkeitsvorstellungen in institutionalisierten Verteilungsprozessen spielen (vgl. Liebig 2004, 4).

Im Kern zielt die empirisch-soziologische Gerechtigkeitsforschung darauf ab, mittels standardisierter Survey-Befragungen die subjektiven Gerechtigkeitseinstellungen von Personen zu ermitteln und in Bezug zu deren sozialer Position zu setzen. Als maßgeblicher Impulsgeber für diesen Forschungszweig ist das zu Beginn der 1990er Jahre gegründete International Social Justice Project (vgl. grundsätzlich Kluegel et al. 1995; Mason et al. 2000) zu nennen, das mittels Einstellungsanalysen komparative Gerechtigkeitsanalysen in 13 Ländern durchführte. Im Rahmen des International Social Justice Project wurden in den Jahren 1991, 1996, 2000 und 2006 in verschiedenen Ländern Umfragen zu Gerechtigkeitseinstellungen durchgeführt, aus denen sich ein Großteil der empirischen Befunde der soziologischen Gerechtigkeitsforschung bis heute speist (Jasso 1999; vgl. auch http://www.isjp.de; für Befunde zu Deutschland vgl. Wegener 1992; 1995; Wegener/Liebig 1993; 1995; Liebig/Lengfeld/Mau 2004). Ausgangspunkt des Forschungsprojektes war die Frage, welche sozialen Faktoren für die Ausbildung spezifischer Gerechtigkeitssichtweisen verantwortlich sind und wie sich die Einstellungsstrukturen in ost- und westeuropäischen Ländern im Zeitablauf seit dem Zusammenbruch der Sowjetunion entwickelt haben.

Methodisch arbeitet die soziologische Gerechtigkeitsforschung mit dem klassischen Instrument der so genannten Survey- bzw. Meinungsbefragung (Jasso/Wegener 1997). Grundidee dieses Vorgehens ist, dass mit Hilfe von standardisierten Fragebögen statistische Repräsentativität und internationale Vergleichbarkeit erreicht werden kann. Hierzu werden den Teilnehmer/innen einheitlich formulierte Fragen zu verschiedenen Gerechtigkeitsmotiven gestellt und die Befragten wählen zwischen vorgegebenen Antworten aus. Dabei wird besonders häufig auf so genannte Ratingskalen zurückgegriffen (Beispiel: ›Wie (un-)gerecht ist Ihr Bruttoeinkommen?‹ Antwortspektrum von (-5) ›ungerechterweise zu niedrig‹ über (0) ›gerecht‹ bis (+5) ›ungerechterweise zu hoch‹). Durch die Verknüpfung mit sozialstrukturellen Merkmalen wie Geschlecht, Alter, sozialer Herkunft oder Nationalität gelingt es der empirisch-soziologischen Gerechtigkeitsforschung, bestimmten Bevölkerungsgruppen bzw. -schichten spezifische Gerechtigkeitseinstellungen zuzuschreiben. Beispiel: Menschen aus höherer sozialer Stellung befürworten eher Leistungsgerechtigkeit, Bürger osteuropäischer Länder eher egalitäre Verteilungen (vgl. Kluegel et al. 1995; Mason et al. 2000; Scharpf/Schmidt 2000).

Im Kern sind für die philosophische Gerechtigkeitsforschung drei Befunde der empirisch-soziologischen Gerechtigkeitsforschung von Relevanz (Liebig 2004, 5 f.):

1. Gerechtigkeitsurteile beziehen sich sowohl auf distributive wie auch auf prozessuale Gerechtigkeitsnormen, d. h. Subjekte bewerten die Ergebnisse einer Güterverteilung wie auch die zugrunde liegenden Regeln, nach denen die Güterverteilung zustande gekommen ist.
2. Entgegen der philosophischen Annahme universell gültiger Gerechtigkeitsnormen zeigt die empirisch-soziologische Gerechtigkeitsforschung, dass in der Praxis die ergebnisbezogenen Gerechtigkeitsvorstellungen von Menschen in Abhängigkeit von der sozialen Position variieren und sich dementsprechend sozialstrukturelle Gemeinsamkeiten bei Gerechtigkeitsurteilen rekonstruieren lassen.
3. Schließlich lassen sich verschiedene ›Gerechtigkeitsideologien‹ rekonstruieren. Gesellschaften unterscheiden sich demnach grundlegend darin, welche Verteilungsprinzipien als ›gerecht‹ empfunden werden. Länder wie die USA, die einen Individualismus vertreten, legitimieren hohe soziale Ungleichheiten und befürworten eine Verteilung über den Marktmechanismus. Egalitaristische Gesellschaften wie Dänemark oder Schweden hingegen befürworten eine Gleichverteilung über staatliche Interventionen. In Ländern mit askriptivistischen Gerechtigkeitsideologien herrscht die Auffassung vor, dass Güter in Abhängigkeit von bestimmten Gruppenzugehörigkeiten ungleich verteilt werden sollten. Fatalistische Gesellschaften schließlich verzichten auf Gerechtigkeitsforderungen und sehen gesellschaftliche Verteilungen durch transzendentale Phänomene begründet.

Zusammenfassend hat die empirisch-soziologische Gerechtigkeitsforschung in einer Vielzahl von nationalen und internationalen Studien gezeigt, dass individuelle Gerechtigkeitsurteile zu weiten Teilen durch die soziale Position der Urteilenden sowie den gesellschaftlichen bzw. kulturellen Kontext, in dem die betroffenen Subjekte leben, geprägt werden (vgl. für einen generellen Überblick über die internationale Forschungsliteratur Miller 1992; 1999).

Wohlfahrtsstaatliche Akzeptanzforschung und Demoskopieforschung

Die wohlfahrtsstaatliche Akzeptanzforschung ist ursprünglich in der Politikwissenschaft beheimatet und untersucht, wie groß die jeweilige Zustimmung der Bürger/innen zu verschiedenen Wohlfahrtsstaaten ist (Esping-Andersen 1990; Mau 2003). Ausgangspunkt dieses Forschungsansatzes bildet das so genannte Einstellungsmodell von Edeltraut Roller (1992); er wird in Deutschland heute prominent von dem Soziologen Carsten G. Ullrich (2008) vertreten. Der Ansatz geht allgemein davon aus, dass bestimmte Einstellungen zur wohlfahrtsstaatlichen Ausgestaltung die Akzeptanz beeinflussen und dabei den subjektiven Gerechtigkeitsvorstellungen der Bürger/innen eine zentrale Rolle zukommt. So ist davon auszugehen, dass wohlfahrtsstaatliche Institutionen, deren Gerechtigkeitsprinzipien mit den Überzeugungen der Bürger/innen übereinstimmen, eine hohe Akzeptanz erfahren.

Methodisch ist in Abgrenzung zur soziologischen Einstellungsforschung darauf hinzuweisen, dass die in der Akzeptanzforschung zum Wohlfahrtsstaat erhobenen Gerechtigkeitsurteile und Präferenzen sich in der Regel nicht unmittelbar auf Gerechtigkeitsurteile oder die wohlfahrtsstaatlichen Institutionen selbst beziehen, sondern dass typischerweise Einstellungen zu einzelnen Maßnahmen (z. B. höhere Selbstbeteiligungen bei Arzneimitteln) oder Präferenzen zu spezifischen Aspekten wie der Leistungs- oder Ausgabenhöhe und der staatlichen Zuständigkeit für Bereiche der sozialen Sicherung erhoben werden (Ullrich 2008, 31).

Grundsätzlich hat die internationale Akzeptanzforschung vier zentrale empirische Gerechtigkeitsbefunde herausgefiltert (Ullrich 2008, 59–61; vgl. auch Rothstein 1998):

1. Insgesamt besteht in Wohlfahrtsstaaten hohe Zustimmung zu sozialpolitischen Zielen und sozialen Sicherungssystemen.
2. Dabei unterscheiden sich die Akzeptanzraten aber international: In Europa finden Wohlfahrtsmaßnahmen mehr Unterstützung als in den USA, aber die Variation innerhalb eines Nationalstaates ist zu groß, als dass von ›stabilen Mustern‹ gesprochen werden könnte (Ullrich 2008, 60).
3. Die Befragten differenzieren zwischen verschiedenen Leistungssystemen. Alterssicherung findet am meisten Zuspruch, eine Arbeitslosenversicherung sowie Mindestsicherungs- und Fürsorgeleistungen zur Armutsbekämpfung (wie die Sozialhilfe) sind weit unpopulärer.

4. Innerhalb einer Bevölkerung ist eine leicht stärkere Unterstützung durch Leistungsempfänger zu verzeichnen, wobei aber auch Menschen ohne aktuellen oder absehbaren Leistungsbezug grundsätzlich positiv eingestellt sind. Der Einfluss von soziodemographischen Faktoren (wie Schicht und Klasse, Einkommen, Alter und Geschlecht) und von Parteipräferenzen bleibt uneindeutig (Ullrich 2008, 66).

Die Demoskopieforschung (oder auch politische Meinungs- oder Umfrageforschung) hat das Ziel, die Meinungen von bestimmten Gruppen zu erheben, also die Einstellungen und Stimmungen der Bürger zu untersuchen. Wie auch bei der soziologisch-empirischen Gerechtigkeitsforschung werden mittels Befragungen auf der Basis eines repräsentativen Querschnitts der Bevölkerung Primärdaten erhoben, wobei zwischen einmaligen Erhebungen und Langzeituntersuchungen zu unterscheiden ist. Relevant ist die Demoskopieforschung für die empirische Gerechtigkeitsforschung, weil in Deutschland die Demoskopieforschung insbesondere durch die großen Meinungsforschungsinstitute betrieben wird und entsprechend umfangreiches empirisches Material vorliegt. Der entscheidende Vorteil der Demoskopieforschung liegt darin, dass in bestimmten Bereichen Längsschnittstudien zu Gerechtigkeitsfragen vorliegen, z. B. hinsichtlich der Einstellungen zu Freiheit, Gleichheit, Gerechtigkeit, Gemeinwohl oder Eigeninteresse, Leistungsgesellschaft, Einkommensverteilung, sozialer Marktwirtschaft etc. Zudem werden die Einstellungen zu konkreten politischen Maßnahmen erhoben, so dass Rückschlüsse auf die langfristige Entwicklung der zugrunde liegenden Gerechtigkeitsurteile der Bevölkerung möglich werden.

Da es sich aber bei der Demoskopieforschung in der Regel um Auftragsarbeiten handelt und sie sich deswegen durch eine noch größere Heterogenität auszeichnet, ist es schwierig, die Unmengen an Einzelbefunden allgemein zusammenzufassen. Dennoch lässt sich mithilfe der Demoskopieforschung festhalten, dass sich das Verhältnis zur Gerechtigkeit in der zweiten Hälfte des 20. Jahrhunderts in Deutschland fundamental gewandelt hat.

1. Untersuchungen zu Gerechtigkeit und Wahlverhalten zeigen, dass Gerechtigkeitseinstellungen die Parteiidentifikation prägen, die Wahlentscheidung für eine bestimmte Partei maßgeblich beeinflussen und einen Einfluss auf die Wahlbeteiligung ausüben (Mühleck 2009).
2. Über die zweite Hälfte des 20. Jahrhunderts sinkt beispielsweise die Zustimmung zur Freiheit im Vergleich zur Gleichheit deutlich und liegt inzwischen als Folge der Wiedervereinigung fast gleichauf. Insgesamt lässt sich somit aus den vielfältigen Befunden der Demoskopieforschung unseres Erachtens eine deutliche Zunahme von Gerechtigkeits- und Gleichheitspräferenzen im Zeitablauf herauslesen (vgl. exemplarisch die Allensbacher Jahrbücher der Demoskopie, Band 1–11).

Entscheidungs- und Verhaltensanalyse vorherrschender Gerechtigkeitsvorstellungen

Der folgende Abschnitt widmet sich der experimentellen Forschung zu Gerechtigkeitseinstellungen. Der Schwerpunkt liegt dabei auf der Zusammenfassung der wesentlichen Ergebnisse der Sozialpsychologie und der experimentellen Ökonomik zu Fairnesspräferenzen, wobei auf einzelne, das Feld prägende Arbeiten besonders eingegangen wird.

Sozialpsychologie

Die Sozialpsychologie erforscht menschliche Interaktionen mithilfe psychologischer Methoden. Sozialpsychologen interessieren sich dafür, wie sich persönliche Einstellungen, Annahmen, Gefühle und bewusste Gedanken auf das Entscheidungsverhalten auswirken – sei es im Rahmen einer Gruppe oder als Individuum im Beisein anderer (z. B. Deutsch 1985). Als empirische Wissenschaft bedient sich die Sozialpsychologie oft Laborversuchen, um die zu untersuchenden Faktoren isolieren und ggf. reproduzieren zu können. Aufgrund ihres Gegenstandes, weniger wegen gemeinsamer empirischer Methoden, weist sie Schnittmengen mit der Soziologie auf.

Laut John T. Jost und Aaron C. Kay (2010, 1123) beschäftigen sich Sozialpsychologen bereits seit den 1960er Jahren mit Gerechtigkeits- und Fairnessfragen. Allerdings geschah dies oftmals noch nicht unter explizitem Bezug auf ›justice‹ oder ›fairness‹, auch wenn viele Arbeiten aus heutiger Sicht eindeutig diesem Themenbereich zugeordnet werden können (Jost/Kay 2010; Deutsch 1985). Dabei interpretierten Sozialpsychologen zu Anfang Handlungen ihrer Probanden in der Regel durch das so genannte *Equity*-Prinzip. *Equity* bedeutet dabei in Anlehnung an Aristoteles' Prinzip ›proportionaler Gleichheit‹ (Deutsch 1985), dass Individuen einen Anteil an einem Gesamtprodukt erhalten, der proportional zu ihren Aufwendungen ist. *Equity*-Ansätze basieren somit im Wesentlichen auf sozialen Vergleichen (Liebig 2004, 1).

In ihrer einfachsten Form verlangt *equity* formal die Gültigkeit folgender Beziehung (Konow 2003, 1211):

$$\frac{O_A}{I_A} = \frac{O_B}{I_B}$$

Dabei steht O_A für den Output, den Person *A* erhält (z. B. Lohn), und I_A für ihren Input (z. B. Menge und/oder Qualität des Arbeitsaufwands). Analog sind in der Gleichung die Terme für Person *B* zu verstehen.

Der wesentliche Wert von *equity* liegt darin, dass es einen Maßstab bietet, anhand dessen Maßnahmen zur Reallokation von Ressourcen vorgenommen werden können. Sozialpsychologisch bzw. soziologisch betrachtet fungiert ein solches Gerechtigkeitsprinzip in Kombination mit einem Sanktionsapparat als Konfliktlösungsmechanismus: *Inequitables* Verhalten, so Stefan Liebig (2004, 1), wird dann formal oder informell bestraft, *equitables* dagegen belohnt. Damit besteht ein Ausgleichssystem, das die schädlichen Auswüchse der unbeschränkten Verfolgung reinen Eigeninteresses (Maximierungsaktivitäten) in gesellschaftlich verträglichen oder sogar produktiven Grenzen hält. Aus Sicht der sozialpsychologischen *Equity*-Forschung versuchen Menschen also stets, Verstöße gegen das *Equity*-Prinzip auszugleichen. Wesentliches Ergebnis ist, dass die Auflösung der Dissonanz nicht notwendigerweise eine Änderung der realen Inputs und Outputs erfordert. Das Gleichgewicht lässt sich nämlich auch durch *kognitive* Anpassung wiederherstellen: Eine übervorteilte, weil unterproportional bezahlte Person kann ihre Meinung – auch objektiv kontrafaktisch – dahingehend ändern, dass die eigene Aufwendung heruntergespielt und die des anderen in der Wahrnehmung aufgewertet, oder der Wert der Auszahlung relativiert wird.

Morton Deutsch wendet sich massiv gegen diese bis in die 1990er Jahre dominante Interpretation von Gerechtigkeit. Seines Erachtens greift proportionale Gerechtigkeit allein viel zu kurz und ist vielmehr *eines* von mehreren möglichen Motiven, das lediglich aufgrund bestimmter Umstände manchmal eine herausragende Rolle spielt. Laut Deutsch ist proportionale Gerechtigkeit insbesondere in marktlichen Austauschbeziehungen von Bedeutung, und solche sind außer in westlichen Kulturen moderner Prägung historisch nie derart dominant gewesen, dass Gerechtigkeit sinnvollerweise auf *equity* reduziert werden könnte. Anstelle dieser eindimensionalen Betrachtung schlägt Deutsch einen Prinzipiendreiklang aus *equity*, *equality* und *need*, also proportionaler Gleichheit, absoluter Gleichheit und Bedürftigkeit vor. Für ihn ist aber zentral, dass Gleichheit und Bedürftigkeit nicht, wie es oft geschieht (vgl. Konow 2003), einander gleichgestellt werden. Unterschiedliche Bedürfnisniveaus implizieren nach Deutsch logischerweise ungleiche Behandlung, wie z. B. die unterschiedliche Behandlung von Kindern oder Kranken gegenüber gesunden Erwachsenen zeigt. Auch das Gleichheitsprinzip findet Deutsch zufolge weit verbreitete Anwendung. Gerade in weitgehend bindungslosen persönlichen Beziehungen wie Freundschaften würden viele die gleiche Verteilung von Vorteilen und Lasten bevorzugen (Deutsch 1985).

Morton Deutsch lehnt die alleinige Fokussierung auf *equity* aber auch aus einem zunächst unerwarteten Grund ab, nämlich dem, dass sich proportionale Aufwandsentschädigung entgegen landläufiger Auffassung nicht leistungssteigernd auswirke – obwohl für mehr Einsatz der Anreiz einer höheren Auszahlung vorliegt –, sondern sogar leistungs*senkend* wirken könne. Deutsch beruft sich dabei auf eine Vielzahl eigener Experimente mit studentischen Probanden. Allem voran hält Deutsch es für bedeutend, wie sich das Entlohnungssystem auf die Arbeits*motivation* auswirkt (Deutsch 1985). Eine zu starke Orientierung an extrinsischer Belohnung, wie sie durch *Equity*-Systeme impliziert wird, könne eine bestehende intrinsische Motivation zerstören. Im schlimmsten Fall entstünde bei den Probanden sogar der Eindruck, dass eine (monetäre) Entlohnung in Abhängigkeit vom Arbeitseinsatz eine Kompensation für Arbeitsleid darstellt, die zu erledigende Aufgabe also per se unangenehm sein muss – denn andernfalls müsste ja kein Leistungsanreiz gesetzt werden. Werden alle Beteiligten jedoch gleich bezahlt, wird dieser Gedanke viel weniger gefördert, und die Bereitschaft, gute Arbeit zu leisten, ist stark von inneren Motiven der Probanden getrieben. Diese grundsätzlich produktive Arbeitsatmosphäre wird zudem dadurch unterstützt, dass in gleichbezahlten Gruppen laut Deutsch eine sehr kooperative Atmosphäre gegenseitigen Vertrauens unter gleichwertigen Kollegen entsteht, während vordergründig leistungsbezogene Bezahlung eine kompetitive Umwelt schaffe, in der die anderen als potentiell gefährliche Konkurrenten angesehen werden, denen nicht allzu viel Vertrauen entgegengebracht werden sollte. Konkurrenz, so könnte man folgern, belebt hier nicht das Geschäft, sondern lähmt es. Die zentrale Meta-Folgerung, die der Autor als »Deutsch's crude law of social relations« (Deutsch 1985, 69) bezeichnet, ist dabei folgende: Nicht nur führen unterschiedliche Produktions- und Entlohnungssysteme zu den dargestellten Verhaltensunterschieden; diese spezifischen Verhaltensmuster sorgen auch stets dafür, dass die sie erzeugende Situation aufrechterhalten und sogar verstärkt wird.

Allerdings könnte diese starke intrinsische Motivation der Versuchsteilnehmer auch auf den soziokulturellen Hintergrund zurückzuführen sein. Studierende, so auch Deutsch, seien kaum von ihrer Arbeit und deren Ergebnissen ›entfremdet‹, so dass von vornherein eine positive Einstellung zu vielen Tätigkeiten bestehe. Bei Tätigkeiten, für die kaum intrinsischer Antrieb vorhanden ist – etwa Produktionsarbeit am Band – könne es daher durchaus sein, dass eine extrinsische Komponente (z. B. durch monetäre Entlohnung im Einklang mit dem *Equity*-Prinzip) die Produktivität gegenüber Gleichbezahlung wesentlich erhöhe.

Wie im Kapitel zuvor dargestellt, bezieht sich soziologische Gerechtigkeitsforschung im Wesentlichen auf kontextbasierte Urteile. Diese werden anhand sozialer Vergleiche in unterschiedlichen Situationen gefällt, wobei sich diese Situationen zu sehr voneinander unterscheiden, als dass man allgemeine Gesetze erkennen könnte. Dies gilt nach Stefan Liebig auch für einen Teil der damit verwandten sozialpsychologischen Forschung (Liebig 2004, 1). Darüber hinaus identifiziert er einen zweiten Strang moderner Gerechtigkeitsforschung, nämlich ›prinzipiengeleitete‹ Theorien, wie sie bei Morton Deutsch (1985) zu finden sind. So existieren verschiedene unabhängige Gerechtigkeitsprinzipien (*equity*, *equality* und *need*), die zueinander im Widerspruch stehen können. Relevant ist dann für Individuen, dass in Abhängigkeit von der jeweiligen Situation das adäquate Verteilungsprinzip angewandt wird. Bedeutende Parameter sind hierbei, um welche soziale Beziehung und um welches Gut es sich handelt.

Wie auch die soziologische Gerechtigkeitsforschung zeigen sozialpsychologische Untersuchungen, dass prozedurale Gerechtigkeitsvorstellungen massiv die Gerechtigkeitsempfindungen beeinflussen (vgl. Jost/Kay 2010): Die bisher beschriebenen Verteilungsprinzipien bzw. psychologischen Beurteilungsvorgänge basierten im Wesentlichen auf der Betrachtung von ›Ergebnissen‹. Eine nicht zu vernachlässigende Rolle bei der Beurteilung der Legitimität eines Resultats spielt aber nach John T. Jost und Aaron C. Kay das ›Zustandekommen‹ der betrachteten Allokation (Jost/Kay 2010). Besonders von Bedeutung ist dabei, ob und wie Individuen eine Möglichkeit haben, auf das Ergebnis in einer von ihnen erwarteten Weise einzuwirken. Dies ist gerade dann relevant, wenn *ex ante* Unklarheit bezüglich eines gerechten Ergebnisses herrscht (vgl. Rawls 1971, 83–90). Als fair empfundene Prozesse, bei denen z. B. alle betroffenen Parteien die Möglichkeit hatten, Informationen einzubringen und bei einer Entscheidung mit abzustimmen, erhöhen *ceteris paribus* die empfundene Legitimität des Ergebnisses entscheidend (Jost/Kay 2010). Dies kann so weit gehen, dass eigentlich als ungerecht betrachtete Ergebnisse durch die Beteiligung an dem Verfahren, welches das Ergebnis hervorbrachte, wesentlich an Akzeptanz gewinnen.

Eine damit verwandte, aber nicht identische Dimension, die in der Sozialpsychologie zunehmend untersucht wird, ist ›Interaktionsgerechtigkeit‹ bzw. ›informelle Gerechtigkeit‹ (Jost/Kay 2010). Diese hebt hervor, dass die Legitimität von Ergebnissen auch davon abhängt, ob sich die Betroffenen bzw. an der Entscheidung Beteiligten als Personen *ernst* genommen und berücksichtigt fühlen. Der Bezug zu prozeduraler Gerechtigkeit ist offensichtlich: Ein optimales Prozedere integriert alle relevanten *Stakeholder*, so dass diese sich als gerecht behandelter Teil der politischen Gemeinschaft fühlen können. Gerade der Begriff ›informelle‹ Gerechtigkeit betont aber, dass das Ernstgenommenwerden über rein formale Beteiligung hinausgeht und damit eine grundsätzliche Wertschätzung zum Ausdruck gebracht werden muss, insbesondere durch einen ehrlichen gesellschaftlichen Umgang miteinander. Ein formal korrekter Prozess, in dem für alle Beteiligten gleiche Möglichkeiten zur gegenseitigen Falschinformation bestehen, könnte daher im Einklang mit prozeduraler Gerechtigkeit stehen, verletzte aber wesentliche Prinzipien informeller Gerechtigkeit, weil Lügen mit Wertschätzung und Offenheit unvereinbar sind. Daher kann mit Jost und Kay gefolgert werden, dass es zwar einen relevanten Überlappungsbereich von prozeduraler und interaktioneller/informeller Gerechtigkeit gibt, beide Konzepte aber nicht deckungsgleich sind (Jost/Kay 2010, 1143): Prozedurale Gerechtigkeit verlangt ein Mindestmaß an formal definierten Handlungen unabhängig von Personen, interaktionale Gerechtigkeit stellt das Individuum als solches in den Vordergrund und betont die Notwendigkeit eines menschlichen Umgangs miteinander.

Ökonomische Gerechtigkeitsforschung

In seinem Artikel von 2003 liefert James Konow den wohl aktuell umfassendsten Überblick über besonders für die Ökonomik relevante Arbeiten zum Thema

›Gerechtigkeit‹ aus deskriptiver Sicht. Aus Gründen der Systematisierung orientiert sich auch Konow an einer Anzahl zunächst distinkter Verteilungsprinzipien (Konow 2003). Ähnlich wie Morton Deutsch (1985) identifiziert er *equity/desert* als leistungsorientiertes Prinzip, unterscheidet sich aber in seiner Behandlung der beiden nach Deutsch separaten Prinzipien ›Gleichheit‹ und ›Bedürftigkeit‹. Entgegen der Argumentation von Deutsch sieht Konow beide Normen als grundsätzlich verwandt an, da sich *need* im Wesentlichen auf ›gleiche‹ Grundbedürfnisse beziehe, also doch enger mit *equality* verwandt sei. Über Deutsch hinaus führt Konow auch noch das Prinzip *maximization of utility/welfare* an, das sich etwa mit ›Überschussmaximierung‹ oder ›Maximierung des Gesamtergebnisses‹ übersetzen ließe. Eine vierte für ihn relevante Kategorie ist zudem ›Kontext‹; eine Kategorie, die in der soziologischen und partiell in der sozialpsychologischen Forschung dominiert. Damit könnte nach Liebig gefolgert werden, dass Konows Metaanalyse ökonomisch-experimenteller Studien sich zum einen an abstrakten Verteilungsprinzipien orientiert, zum anderen aber auch die kontextbetonte soziologisch-psychologische Ausrichtung mit berücksichtigt (Konow 2003). Konow geht in seinem Artikel aber explizit über eine reine Auflistung und Anordnung bestehender Ansätze und Studien hinaus (ebd.). Seine Einordnung in einen metatheoretischen Rahmen dient ihm dazu, Grundzüge einer allgemeineren Gerechtigkeitstheorie aufzuspüren und die vermeintlich separaten Stränge zu vereinen.

Die Arbeit Deutschs kritisiert er dabei aus dreierlei Gründen: Erstens sei Deutschs Auffassung, Individuen würden sehr viel stärker nach Gleichverteilung streben als gemeinhin angenommen, angesichts einer Vielzahl neuerer Untersuchungen nicht haltbar (ebd.). Deutschs eigene Arbeiten seien viel zu eng ausgerichtet. Gerade auf der Makroebene, also gesamtgesellschaftlich betrachtet, fänden Gleichverteilungsansätze kaum Unterstützung seitens der Bevölkerung. Auch auf der Mikroebene, also in experimentellen Studien, sei die Zustimmung zu Gleichverteilung im Allgemeinen weitaus geringer, als Deutsch (1985) impliziere. *Equity*-Argumente fänden in den meisten Untersuchungen recht starken Zuspruch, wenn auch meist mit gewissen Einschränkungen hinsichtlich allzu niedriger Einkommen.

Ein zweiter Kritikpunkt von Konow ist, dass Deutsch die relevante Dimension der Überschussmaximierung ignoriere. Auch hier liege eine Reihe von Ergebnissen vor, die belegten, dass Menschen durchaus auf Teile ihres eigenen Einkommens verzichteten, wenn dies zugunsten eines höheren Gesamtergebnisses geschehe. Die utilitaristische Norm der Maximierung des Wohlfahrtsaggregats finde also neben *Equity*- und Gleichheitsargumenten Eingang in individuelle oder kollektive Gerechtigkeitsüberlegungen.

Drittens schlussfolgert Konow, dass viele, die wie Deutsch stark in Richtung distinkter Prinzipien argumentierten, letztlich übersähen, dass die Wahl unterschiedlicher Normen oftmals eher ein Problem des jeweils unterschiedlichen Kontextes sei. So sei es – im Widerspruch zu Deutschs Hauptthese – durchaus plausibel, dass Menschen sich grundsätzlich am *Equity*-Prinzip orientierten, aber die Zuordnung von ›Leistung/Inputs‹ und ›*entitlements*/Outputs‹ verantwortungssensitiv erfolge. Konow (2003) verweist hier auf die reiche Tradition der verantwortungsbezogenen Gerechtigkeitstheorien (z. B. Dworkin 1981). Je nachdem, wie sehr ein Individuum in einer Situation selbst für die relevanten Inputs *verantwortlich* ist, ändere sich die Wahrnehmung bezüglich legitimer Output-Ansprüche. Gleichheit ließe sich z. B. dort begründen, wo niemand für unterschiedliche Fähigkeiten verantwortlich sei bzw. diese rein zufällig verteilt seien. Neben Unterschieden in der Interpretation dessen, wofür Individuen letztlich selbst verantwortlich seien, identifiziert Konow noch eine weitere Quelle für Kontroversen um Verteilungsfragen: die Verzerrung der Wahrnehmung bzw. interessengebundene Argumente aufgrund persönlicher Ansprüche. Ohne persönliche Betroffenheit und bei klarer Verantwortungszuschreibung müsse es daher zu einer Konvergenz von Normen kommen. Ein relevantes Forschungsobjekt sei also die Untersuchung solch unverzerrter Gerechtigkeitsvorstellungen, wie sie z. B. Adam Smiths ›unparteiischem Beobachter‹ oder dem Rawlsschen ›Schleier des Nichtwissens‹ zugrunde lägen.

John Rawls' *Theorie der Gerechtigkeit* (1971) liefert auch die Vorlage für eines der bekanntesten ökonomischen Experimente im Bereich der Gerechtigkeitsforschung. Er argumentierte, dass sich Individuen in einer Situation ohne Wissen über die eigene gesellschaftliche Position hinsichtlich der materiellen Ausstattung für die Maximierung der Mindesteinkommen entscheiden würden (Differenzprinzip), sofern dies nicht mit maximalen Freiheitsrechten kollidiere. Der Ökonom John Harsanyi widersprach diesem Ansatz und argumentierte, dass rationale Individuen sich eher risikoneutral am Durchschnittseinkommen orientieren würden, statt einseitig nur den schlimmsten Fall in Betracht zu ziehen (Harsanyi 1975). In einem

Experiment mit 85 Teilnehmergruppen konfrontierten Norman Frohlich und Joe A. Oppenheimer (1990; 1992) jeweils fünf Probanden mit der Aufgabe, aus vier verschiedenen Verteilungsprinzipien im Konsens eines zu bestimmen. Die Prinzipien erlaubten dabei auch die Wahl zwischen Maximierung des Durchschnitts und dem Rawlsschen Differenzprinzip. Nach der Wahl wurde den Teilnehmern abhängig vom Schema ein Einkommen zugelost. Knapp 80 % aller Gruppen – sowohl in den USA als auch in Kanada und Polen – entschieden sich dabei für die Maximierung des Durchschnitts unter der Bedingung, dass ein von der Gruppe gewähltes Mindesteinkommen nicht unterschritten wurde (vgl. Frohlich/Oppenheimer 1992). Selbst in einem alternativen Setting, in dem das Einkommen erst erwirtschaftet werden musste, war dies die mit Abstand populärste Norm (Frohlich/Oppenheimer 1990). Die beiden Autoren schlussfolgerten, dass sowohl die Theorie Rawls' als auch der Gegenentwurf John Harsanyis durch die empirische Konfrontation mit realen Gerechtigkeitspräferenzen widerlegt seien.

Einen anderen Weg der Erforschung sozialer Präferenzen bieten spieltheoretisch fundierte ökonomische Experimente wie das Ultimatum-Spiel (z. B. Güth et al. 1982). Im Ergebnis zeigten Individuen selbst dann starke soziale Präferenzen, wenn sie ohne größere formale Sanktionsmechanismen ihren eigenen Nutzen maximieren konnten. Konkret stellten die Forscher Studierende vor folgende Aufgabe: In einer Zweiergruppe wurde einer Person zufällig die Rolle des *proposer* zugeteilt, der andere spielte den *decider*. Der *proposer* kann einen Geldbetrag, z. B. 10 Euro, nach eigener Entscheidung zwischen beiden aufteilen und seinen Vorschlag dem *decider* anonym mitteilen. Der *decider*, der den *proposer* nicht kennt, aber über den Aufteilungsvorschlag informiert wird, hat nur zwei Möglichkeiten: Entscheidet er sich, die Aufteilung zu akzeptieren, wird die Summe wie vom *proposer* angegeben aufgeteilt. Der *decider* kann aber den Vorschlag auch ablehnen, woraufhin keiner der beiden Geld erhält. Streng rational betrachtet sollte ein *decider* jede Aufteilung akzeptieren, die ihm mehr als 0 Euro überlässt. Ein Verzicht auf eine positive Auszahlung wäre gleichbedeutend mit einer individuell irrationalen Investition in die Bestrafung eines vollkommen Fremden.

Überraschend war für die Forscher, wie stark die Ablehnungsrate in den Versuchen war. Alvin Roth et al. (1991) stellten fest, dass am häufigsten eine Gleichverteilung der verfügbaren Summe vorgeschlagen wurde; allzu ungleiche Aufteilungen (z. B. 80:20) senken die Wahrscheinlichkeit der Akzeptanz durch den *decider* wesentlich (vgl. Güth et al. 1982). Dabei zeigen sich kulturell gewisse Unterschiede, innerhalb der westlichen Welt entsprechen die Ergebnisse aber recht robust dem Dargestellten (Henrich et al. 2005). Eine mögliche Interpretation dafür ist, dass in westlichen Gesellschaften, die stark auf Tauschbeziehungen beruhen, die Bestrafung unkooperativen und unfairen Verhaltens dauerhaft allen einen Vorteil verschafft, wodurch wir wieder an sozialpsychologisch-evolutionäre Argumente anknüpfen.

Fazit

Insgesamt hat die empirische Gerechtigkeitsforschung die Betrachtung von Gerechtigkeitsmotiven bzw. gerechtigkeitsbezogenen Entscheidungen realer Individuen und Gruppen wesentlich beeinflusst. Moderne Gerechtigkeitsforschung beschäftigt sich daher, wie Konow argumentiert, intensiv damit, wie ökonomische und sozialstrukturelle Variablen Gerechtigkeitseinstellungen beeinflussen bzw. welche Auswirkungen bestimmte Gerechtigkeitsvorstellungen auf ökonomische, politische und soziale Entscheidungsfindung haben (Konow 2003). Ob dabei eine allumfassende Theorie distributiver Gerechtigkeit geschaffen werden kann, die – durch Integration von Verantwortungssensibilität in den *Equity*-Ansatz – sowohl den Prinzipienpluralismus als auch die sozialstrukturelle Einbettung und die prinzipienfreie Kontext-Dominanz gleichsam überwindet, sei an dieser Stelle dahingestellt. Wahrscheinlich würde eine solche, fast schon tautologische Theorie das Problem dann einfach auf die definitorische Ebene verschieben, es also auf die Frage reduzieren, was je nach Situation genau unter ›Verantwortung‹ zu verstehen sei. Festzuhalten bleibt aber, dass sowohl Soziologie als auch Politikwissenschaft, Sozialpsychologie und Ökonomik ganz wesentlich zur Erforschung bestehender Gerechtigkeitsvorstellungen beigetragen haben, wobei die gewählten Methoden und Befunde sich grundlegend unterscheiden und entsprechend für einen dezidierten Einsatz von Methodentriangulation sprechen: auf der einen Seite die direkte Befragung der Betroffenen, auf der anderen Seite das Experiment, das mittels kontrafaktischer Zustände verzerrende Faktoren eliminieren und reproduzierbare Grundmechanismen aufdecken möchte. Daraus lassen sich zwar noch nicht direkt normative Schlussfolgerungen ziehen, sofern man nicht von reinem Sein auf ein Sollen schließen möchte, aber relevante Erkenntnisse lassen sich daraus auch für die normative Theoretikerin gewinnen.

Literatur

Denzin, Norman K: *The Research Act: A Theoretical Introduction to Sociological Methods.* New York 1978.

Deutsch, Morton: *Distributive Justice: A Social-Psychological Perspective.* New Haven 1985.

Diekmann, Andreas: *Empirische Sozialforschung. Grundlagen, Methoden, Anwendungen.* Orig.-Ausg., vollst. überarb. und erw. Neuausgabe. Reinbek bei Hamburg [20]2009.

Dworkin, Ronald: What is equality? In: *Philosophy and Public Affairs* 10/3 (1981), 185–246; 10/4, 283–345.

Elster, Jon: *Local Justice. How Institutions Allocate Scarce Goods and Necessary Burdens.* New York 1992.

Esping-Andersen, Gøsta: *The Three Worlds of Welfare Capitalism.* Princeton 1990.

Flick, Uwe: *Triangulation. Eine Einführung.* Wiesbaden 2004.

Frohlich, Norman/Oppenheimer, Joe A.: Choosing justice in experimental democracies with production. In: *American Political Science Review* 84/2 (1990), 461–477.

–/–: *Choosing Justice. An Experimental Approach to Ethical Theory.* Berkeley 1992.

Güth, Werner/Schmittberger, Rolf/Schwarze, Bernd: An experimental analysis of ultimatum bargaining. In: *Journal of Economic Behavior and Organization* 3 (1982), 367–388.

Harsanyi, John C.: Can the Maximin Principle Serve as a Basis for Morality? A Critique of John Rawls's Theory. In: *American Political Science Review* 69 (1975), 594–606.

Henrich, Joseph et al.: ›Economic man‹ in cross-cultural perspective: Behavioral experiments in 15 small-scale societies. In: *Behavioral and Brain Sciences* 28/6 (2005), 1–61.

Institut für Demoskopie: Allensbacher Jahrbücher der Demoskopie. Allensbach.

International Social Justice Project (ISJP): http://www.isjp.de (6.10.2014).

Jasso, Guillermina: How much injustice is there in the world? Two new justice indexes. In: *American Sociological Review* 64/1 (1999), 133–168.

–/Wegener, Bernd: Methods for empirical justice analysis. Part I: Framework, models, and quantities. In: *Social Justice Research* 10/4 (1997), 393–430.

Jost, John T./Kay, Aaron C.: Social justice. In: Susan Fiske et al. (Hg.): *Handbook of Social Psychology*, Vol. 2. Noboken [5]2010, 1122–1165.

Kelle, Udo: *Die Integration qualitativer und quantitativer Methoden in der empirischen Sozialforschung. Theoretische Grundlagen und methodologische Konzepte.* Wiesbaden 2007.

Kluegel, James R./Mason, David S./Wegener, Bernd: The International Social Justice Project. In: Dies. (Hg.): *Social Justice and Political Change. Public Opinion in Capitalist and Post-Communist States.* Berlin/New York 1995, 1–14.

Konow, James: Which is the fairest one of all? A positive analysis of justice theories. In: *Journal of Economic Literature* 41 (2003), 1188–1239.

Liebig, Stefan: *Empirische Gerechtigkeitsforschung: Überblick über aktuelle Modelle der psychologischen und soziologischen Gerechtigkeitsforschung* (ISGF-Arbeitsberichte 41). Berlin 2004.

–: Soziale Gerechtigkeit – Modelle und Befunde der soziologischen Gerechtigkeitsforschung. In: Monica Budowski/ Michael Nollert (Hg.): *Soziale Gerechtigkeiten.* Zürich 2008, 33–63.

–/Lengfeld, Holger: Gerechtigkeitsforschung als interdisziplinäres Projekt. In: Dies. (Hg.): *Interdisziplinäre Gerechtigkeitsforschung. Zur Verknüpfung empirischer und normativer Perspektiven.* Frankfurt a. M. 2002, 7–20.

–/Lengfeld, Holger/Mau, Steffen (Hg.): *Verteilungsprobleme und Gerechtigkeit in modernen Gesellschaften.* Frankfurt a. M. 2004.

Mason, David S./Kluegel, James R./Khakhulina, Lëiiudmila Aleksandrovna (Hg.): *Marketing Democracy. Changing Opinion about Inequality and Politics in East Central Europe.* Lanham 2000.

Mau, Steffen: *The Moral Economy of Welfare States. Britain and Germany Compared.* London 2003.

Miller, David: Distributive justice: What the people think. In: *Ethics* 102/3 (1992), 555–593.

–: *Principles of Social Justice.* Cambridge 1999.

Mühleck, Kai: *Gerechtigkeit und Wahlverhalten. Gerechtigkeitswahrnehmung und Gerechtigkeitseinstellungen als Motive politischen Handelns.* Baden-Baden 2009.

Müller, Hans-Peter/Wegener, Bernd: Die Soziologie vor der Gerechtigkeit. Konturen einer soziologischen Gerechtigkeitsforschung, In: Hans-Peter Müller/Bernd Wegener (Hg.): *Soziale Ungleichheit und soziale Gerechtigkeit.* Opladen 1995, 7–52.

Rawls, John: *A Theory of Justice.* Oxford 1971.

Roller, Edeltraud: *Einstellungen der Bürger zum Wohlfahrtsstaat der Bundesrepublik Deutschland.* Opladen 1992.

Roth, Alvin E./Prasnikar, Vesna/Okuno-Fujiwara, Masahiro/Zamir, Shmuel: Bargaining and
market behavior in Jerusalem, Ljubljana, Pittsburgh, and Tokyo: An experimental study. In: *American Economic Review* 81/5 (1991), 1068–1095.

Rothstein, Bo: *Just Institutions Matter. The Moral and Political Logic of the Universal Welfare State.* Cambridge 1998.

Scharpf, Fritz W/Schmidt, Vivien A.: *Welfare and Work in the Open Economy.* Oxford 2000.

Schmidt, Volker H.: Lokale Gerechtigkeit. Perspektiven soziologischer Gerechtigkeitsanalyse. In: *Zeitschrift für Soziologie* 21/1 (1992), 3–15.

–: *Bedingte Gerechtigkeit. Soziologische Analysen und philosophische Theorien.* Frankfurt a. M./New York 2000.

Ullrich, Carsten G.: *Die Akzeptanz des Wohlfahrtsstaates. Präferenzen, Konflikte, Deutungsmuster.* Wiesbaden 2008.

Webb, Eugene J./Campbell, Donald T./Schwartz, Richard D./ Sechrest, Lee (Hg.): *Unobtrusive Measures: Nonreactive Research in the Social Sciences.* Chicago 1966.

Wegener, Bernd: Gerechtigkeitsforschung und Legitimationsnormen. In: *Zeitschrift für Soziologie* 21/4 (1992), 269–283.

–: Gerechtigkeitstheorie und empirische Gerechtigkeitsfor-

schung. In: Müller, Hans-Peter/Wegener, Bernd (Hg.): *Soziale Ungleichheit und soziale Gerechtigkeit*. Opladen 1995, 195–218.
–/Liebig, Stefan: Eine Grid-Group-Analyse sozialer Gerechtigkeit: Die neuen und alten Bundesländer im Vergleich. In: *Kölner Zeitschrift für Soziologie und Sozialpsychologie* 45/4 (1993), 668–690.
–/Liebig, Stefan: Dominant ideologies and the variation of distributive justice norms: A comparison of East and West Germany, and the United States. In: James R. Kluegel/David S. Mason/Bernd Wegener (Hg.): *Social Justice and Political Change. Public Opinion in Capitalist and Post-Communist States*. Berlin 1995, 239–259.

Alexander Lenger / Stephan Wolf

12 Distributive Gerechtigkeit

In diesem Kapitel wird die Entwicklung der Idee der distributiven Gerechtigkeit von ihren aristotelischen Anfängen bis in die Gegenwart nachgezeichnet. Dabei wird gegenüber dem aristotelischen Paradigma die strukturelle Neuartigkeit des modernen Verständnisses der distributiven Gerechtigkeit als einer Form der sozialen Gerechtigkeit herausgestellt.

Die aristotelische Einteilung

Aristoteles unterscheidet im fünften Buch der *Nikomachischen Ethik* (NE) zwischen der Gerechtigkeit in einem allgemeinen und in einem speziellen Sinn, wobei letztere noch einmal in die ›austeilende‹ und die ›ausgleichende‹ Gerechtigkeit unterteilt wird. Die Gerechtigkeit im allgemeinen Sinn besteht in der Fähigkeit und Bereitschaft zum Handeln in Übereinstimmung mit den Gesetzen der Polis und wird gelegentlich auch ›Gesetzesgerechtigkeit‹ genannt. ›Gesetz‹ (*nomos*) ist bei Aristoteles in einem weiten, über das Juridische hinausgehenden Sinn zu verstehen und schließt alle sozialen Regeln ein, von denen Aristoteles annimmt, dass sie in einer wohlgeordneten Polis zum tugendhaften und damit ethisch richtigen Handeln anleiten (vgl. NE 1129b–1130a; Kraut 2002, Kap. 4.5).

Die Gerechtigkeit im speziellen Sinn bezieht sich auf Güterverteilungen, und ihr allgemeines Kriterium ist die Gleichheit. Als ungerecht gilt nach Aristoteles, wer ›mehr haben will‹ und eine ›Einstellung der Ungleichheit‹ hat. Gerecht handelt dagegen, wer anderen nicht um des eigenen Vorteils willen oder wegen der Lust daran, mehr zu haben als diese (*pleonexia*), Güter vorenthält oder entwendet, die ihm unter dem Gesichtspunkt der Gleichheit nicht zustehen (NE 1129a–1130b).

Die Gerechtigkeit im speziellen Sinn unterteilt sich in die ›austeilende‹ und die ›ausgleichende‹ Gerechtigkeit. Erstere befasst sich mit der Güterverteilung ›an‹ Bürger, letztere mit dem freiwilligen und unfreiwilligen Austausch von Gütern ›unter‹ Bürgern. In den Anwendungsbereich der austeilenden Gerechtigkeit fällt bei Aristoteles die Vergabe von politischen Ämtern und Ehren, aber auch die Verteilung von Kriegsbeute, Ländereien und Tributzahlungen durch die dafür autorisierten Amtsinhaber der Polis. Die Grundsätze der ausgleichenden Gerechtigkeit regulieren, von den Ämtern und Ehrungen abgesehen, denselben Bereich allgemein nützlicher und teilbarer Güter.

Bei Aristoteles heißt die ›austeilende‹ Gerechtigkeit ›dianemetische Gerechtigkeit‹. Daraus wurde in den Übersetzungen und Kommentaren des Mittelalters ›*iustitia distributiva*‹ und später die distributive Gerechtigkeit. Die ›ausgleichende‹ Gerechtigkeit heißt bei Aristoteles ›diorthotische Gerechtigkeit‹, woraus später die ›korrektive Gerechtigkeit‹ (*iustitia correctiva*) und die ›kommutative Gerechtigkeit‹ (*iustitia commutativa*) wurden. Letztere hat man dann gelegentlich zur ›Tauschgerechtigkeit‹ verkürzt (s. Kap. II.13), was nicht dem entspricht, worum es der Sache nach geht. Die diorthotische Gerechtigkeit reguliert zwischenmenschliche Transaktionen, und nicht alle Transaktionen haben die Form freiwilliger Tauschgeschäfte. Der griechische Ausdruck für ›Transaktionen‹ ist ›*synallagmata*‹, woraus im Mittellateinischen ›*commutationes*‹ wurde. Alle drei Ausdrücke bezeichnen Austauschbeziehungen zwischen Personen, an denen diese entweder freiwillig oder unfreiwillig beteiligt sind und die für ihren Besitzstand und ihr Wohlergehen in der einen oder anderen Form von Bedeutung sind. Zu den freiwilligen Transaktionen gehören Tauschgeschäfte, in Bezug auf die sich die Frage nach dem gerechten Verhältnis von Leistung und Gegenleistung stellt. Bei den unfreiwilligen Transaktionen geht es um Schädigungen oder allgemein Nachteile, die einer Person durch die Ausnutzung ihrer Unwissenheit oder durch Zwangseinwirkung durch andere entstehen. Hier stellt sich die Frage einer gerechten Entschädigung. In beiden Bereichen besteht Gerechtigkeit nach Aristoteles darin, dass Gleichheit im Sinne eines Ausgleichs hergestellt wird: bei freiwilligen Transaktionen durch die Beteiligten selbst, bei unfreiwilligen Transaktionen ggf. durch einen Richter. Diorthotische Gerechtigkeit ist deshalb zugleich eine (ihrer Funktion nach) ›ausgleichende‹ und eine (ihrem Anwendungsbereich nach) Transaktionen regulierende ›synallagmatische‹ oder ›kommutative‹ Gerechtigkeit (vgl. Bien 1995). Im Folgenden wird für sie wie üblich der Ausdruck ›kommutative Gerechtigkeit‹ verwendet und für die dianemetische Gerechtigkeit der Ausdruck ›distributive Gerechtigkeit‹.

Proportionale und absolute Gleichheit

Distributive Gerechtigkeit bedeutet bei Aristoteles proportionale Gleichheit. Eine Verteilung von Gütern auf zwei Parteien A und B wäre demnach gerecht, wenn die auf sie entfallenden Güterbündel G_A und G_B in demselben Verhältnis wie A und B zueinander stehen (NE 1131a). Das Verhältnis von A und B ist dabei ein Verhältnis ihrer relativen ›Würdigkeit‹, denn verteilt wird *kat' axian*, nach Wert oder Würdigkeit: Die gerechten Anteile aller Beteiligten sollen dem entsprechen, was diese aufgrund der Vorzüge ihres Charakters im Sinne der aristotelischen Tugendlehre ›verdienen‹. Proportionale Gleichheit lässt Ungleichheit nicht nur zu; bei ungleicher Würdigkeit fordert sie diese ausdrücklich: Größere Anteile für die Würdigeren, kleinere für die weniger Würdigen. Darüber hinaus setzt distributive Gerechtigkeit bei Aristoteles Ungleichheit bereits voraus, denn es muss eine höhergestellte Instanz geben, die über die Autorität verfügt, Güter zu verteilen. Und sie reproduziert bestehende Ungleichheiten zwischen denen, die aufgrund ihrer größeren Würdigkeit mehr erhalten, und denen, die weniger erhalten, und damit auch zwischen denen, die als Inhaber politischer Ämter – die ja ebenfalls nach Würdigkeit verteilt werden – die Autorität haben, Güter zu verteilen, und denen, die sie als ›einfache‹ Bürger lediglich empfangen.

Unter dem Gesichtspunkt der kommutativen Gerechtigkeit werden die Mitglieder der Polis demgegenüber als gleichberechtigte Bürger betrachtet. Das Prinzip der kommutativen Gerechtigkeit ist die arithmetische oder absolute Gleichheit. Der Wert der bei einem Tauschgeschäft zu erbringenden Gegenleistung muss genau dem Wert der erbrachten Leistung und der Wert der für einen verursachten Schaden zu leistenden Kompensation muss genau dem verursachten Schaden entsprechen. Es wird dabei von allen Unterschieden in der Würdigkeit der Beteiligten abgesehen und lediglich der Wert der erbrachten Leistungen und Gegenleistungen bzw. der (negative) Wert eines erlittenen Schadens und des zu leistenden Schadensersatzes in Betracht gezogen.

Aristoteles bestreitet nicht, dass Güter und Leistungen ausgetauscht werden, weil sich die Beteiligten davon einen subjektiven Vorteil und damit auch eine Besserstellung versprechen. Es kann aber niemand durch gerechte Transaktionen einen ›objektiven‹ Wertzuwachs realisieren. Dies ist für das Zusammenspiel von kommutativer und distributiver Gerechtigkeit mit Blick auf die Stabilität einer wohlgeordneten Polis von Bedeutung. Distributive Gerechtigkeit bewirkt – die allgemeine Akzeptanz des Prinzips der proportionalen Gleichheit und Einigkeit über das verteilungsrelevante Merkmal vorausgesetzt – eine vertikale Integration der Polismitglieder: Die ungleiche Verteilung von Ehrungen, Ämtern und anderen Gütern in der Polis wird im hypothetischen Idealfall auch von den durch sie weniger Begünstigten als gerecht angesehen und aus diesem Grunde hingenommen. Unter Voraussetzung eines allgemeinen Konsenses über ihre Grundsätze bewirkt die kommutative Gerechtigkeit demgegenüber eine horizontale Integration: Alle Beteiligten sind sich im Idealfall einig, dass sich gerechte Transaktionen zwischen ihnen durch einen Ausgleich von Wertäquivalenten auszeichnen; und in Konfliktfällen gibt es damit eine Basis für einvernehmliche Lösungen.

Konkurrierende Verteilungsprinzipien

Gregory Vlastos hat die aristotelische Idee der proportionalen Gleichheit als einen ideologischen Taschenspielertrick verstanden. Sie sei ein Tribut des Meritokraten Aristoteles an populäre egalitäre Gerechtigkeitsvorstellungen und diene lediglich dazu, die faktische Ungleichheit unter den Bürgern der Polis als eine besondere Form der Gleichheit und damit auch den Schlechtergestellten als akzeptabel erscheinen zu lassen (Vlastos 1962, 32 f.). Diese Sichtweise verrät realpolitischen Sinn, verkennt jedoch die systematische Bedeutung der Auffassung der Gerechtigkeit als proportionaler Gleichheit. Wenn wir annehmen, dass gerechte Güterverteilungen jedem *in personam* eben das zukommen lassen, was er gerechterweise für sich beanspruchen kann, stellt sich ja nicht nur für Aristoteles, sondern für jeden die Frage, aufgrund welcher persönlichen Merkmale Ansprüche auf bestimmte Güter oder Güteranteile erhoben werden können; und eben darüber bestehen Meinungsverschiedenheiten. Auseinandersetzungen zwischen konkurrierenden Gerechtigkeitskonzeptionen sind deshalb immer auch Auseinandersetzungen darüber, anhand welcher Merkmale entschieden werden soll, ob zwei Personen in für Verteilungsfragen relevanter Weise als gleich oder ungleich zu betrachten sind (so auch Aristoteles, vgl. NE 1131a).

Das moderne Verständnis distributiver Gerechtigkeit beruht, nicht anders als das aristotelische, an zentralen Punkten auf der Idee der proportionalen Gleichheit. Es haben aber Verschiebungen in der Auswahl der als relevant betrachteten Merkmale stattgefunden. Im Rückblick auf die von Aristoteles diskutierten Merkmale Tugend, Reichtum und freie Geburt können wir feststellen, dass Tugend in modernen Gesellschaften nicht länger als Kriterium distributiver Gerechtigkeit taugt, weil kein hinreichend weites Einverständnis über den ethischen Wert von Personen besteht. Reichtum betrachten wir nicht einmal *prima facie* als einen Grund, denen, die ohnehin schon mehr als andere besitzen, zusätzliche Vorteile zukommen zu lassen. Dies hätte Aristoteles wohl nicht anders gesehen. Er hielt es aber zumindest für nachvollziehbar, dass diejenigen, die – wie in der klassischen Polis der Fall – aus ihren privaten Vermögen die für das Gemeinwesen nötigen Ausgaben tragen, bei der Vergabe von Ämtern und anderen Dingen bevorzugt werden. Das Merkmal der freien Geburt schließlich ist in verallgemeinerter Form als ›normativer Status‹ nach wie vor relevant. So wird allgemein angenommen, dass freie und gleiche Personen *prima facie* einen Anspruch auf gleiche politische Partizipationsrechte haben. Ein verteilungsrelevantes Merkmal, das in der Gegenwart eine wichtige Rolle spielt, das bei Aristoteles jedoch nicht einmal erwähnt wird, ist menschliche Bedürftigkeit aufgrund von Notlagen wie z. B. Arbeitslosigkeit oder Nahrungsmittelknappheit. Spätestens seit dem Ende des 18. Jahrhunderts stehen ›Jedem nach seinem Verdienst‹ und ›Jedem nach seinen Bedürfnissen‹ als paradigmatische Gerechtigkeitsformeln gleichberechtigt nebeneinander. In der ideengeschichtlichen Forschung wird die Anerkennung von Bedürftigkeit als Grund für Gerechtigkeitsforderungen von einigen Autoren als ein spezifisches Charakteristikum des modernen Verständnisses distributiver Gerechtigkeit genannt (vgl. etwa Miller 1976, 83–87; Fleischacker 2004, 5–14). Es ist deshalb bemerkenswert, dass Bedürftigkeit in John Stuart Mills einflussreicher Erörterung der Gerechtigkeit im 5. Kapitel von *Utilitarianism* (1861) nicht auftaucht. Zu betonen ist aber, dass Bedürftigkeit das aristotelische Prinzip der proportionalen Gleichheit nicht infrage stellt, sondern es im Gegenteil bestätigt. Ebenso wie für Leistung und Verdienst gilt, dass unter dem Gesichtspunkt der Bedürftigkeit gerechte Güterzuteilungen proportional der persönlichen Bedürftigkeit sein müssen.

Anders als die Würdigkeit bei Aristoteles ist Bedürftigkeit in modernen Gerechtigkeitskonzeptionen allerdings nur eines von vielen zum Teil komplementären, zum Teil konkurrierenden Verteilungsprinzipien. Die strikte Gleichverteilung von Gütern, das Rawlssche Differenzprinzip (Rawls 1975, Kap. 5) und Parfits *priority principle* (Parfit 1984), die gleichermaßen bei ungleichen Güterverteilungen die weniger Begünstigten bevorzugen, aber auch das utilitaristische Nutzenprinzip in allen seinen Varianten (vgl. etwa Sidgwick 1907; Hare 1981; Harsanyi 1982, und allgemein zum Utilitarismus als einer Konzeption distributiver Gerechtigkeit Hinsch 2015) bieten Kriterien für die gerechte oder moralisch richtige Verteilung von Gütern, die unabhängig von Proportionalitätserwägungen sind und von denen ausgehend alternative, nicht-aristotelische Konzeptionen formuliert worden sind (vgl. auch Dworkin 2000; Sen 2009).

Gleichheit in Bezug auf was?

Eine Theorie distributiver Gerechtigkeit muss angeben, woran sich bemisst, ob zwei Personen bei einer gegebenen Güterverteilung mit Blick auf den Wert ihrer jeweiligen Güteranteile gleichgestellt sind oder nicht. Nach einem Aufsatztitel von Amartya Sen wurde diese Frage seit den 1980er Jahren unter dem Stichwort »Equality of What?« diskutiert (vgl. Sen 1980; Dworkin 2000, Teil I). Sens Titel kann im Sinne einer egalitären Gerechtigkeitsauffassung als Frage danach verstanden werden, in welchem Bereich oder in Bezug auf welche Güter Personen gleichgestellt werden sollen. Sie kann aber auch als Frage nach einer Basis für interpersonelle Vergleiche verstanden werden, die auch nicht-egalitäre Gerechtigkeitskonzeptionen beantworten müssen. Auch für sie gilt das formale Gerechtigkeitsprinzip, dass gleiche Fälle gleich zu behandeln sind, und auch sie müssen deshalb angeben können, wann eine Gleichbehandlung vorliegt.

In der aktuellen Diskussion werden drei prominente Antworten auf die *Equality-of-What*-Frage diskutiert: *Equality of Resources*, *Equality of Welfare* und der Capability-Ansatz von Amartya Sen und Martha Nussbaum.

Equality of Resources

Zwei Personen gelten dann als gleichgestellt, wenn sie über das gleiche Güterbündel oder die gleiche Ressourcenausstattung verfügen. Dies könnte z. B. dann der Fall sein, wenn sie das gleiche Einkommen beziehen oder gleichermaßen mit gewissen grundlegenden Gütern versorgt sind. Diese Auffassung wurde in der aktuellen Diskussion u. a. von John Rawls und Ronald Dworkin vertreten (vgl. Rawls 2001, § 17; Dworkin 2000, Teil I). Bei Rawls etwa bildet die Liste der Grundgüter (*primary goods*) die Basis für die nötigen interpersonellen Vergleiche: Zwei Personen wären demzufolge gleichgestellt, wenn sie über die gleiche Grundgüterausstattung verfügen. Aber auch die aristotelische Gerechtigkeitskonzeption gehört in diese Gruppe, da sie sich auch auf die Verteilung von Ressourcen bezieht. Das Prinzip der proportionalen Gleichheit fordert Gleiches für Gleiche, Ungleiches für Ungleiche, und Aristoteles führt Verteilungskonflikte in der Polis darauf zurück, dass »Gleiche ungleiche Anteile oder Ungleiche gleiche Anteile haben oder zugeteilt bekommen« (NE 1131a). Dies zeigt, dass sein Maß für die Gleich- oder Ungleichbehandlung von Personen die zugeteilten Ämter und Güter selbst sind und weder das Wohlergehen dieser Personen noch (*pace* Sen und Nussbaum) ihre auf dieses Wohlergehen bezogenen Handlungsmöglichkeiten oder *capabilities*.

Ein generelles Problem von Gerechtigkeitskonzeptionen, die Personen als gleichgestellt betrachten, wenn sie über die gleiche Güter- und Ressourcenausstattung verfügen können, besteht darin, dass verschiedene Menschen abhängig von ihrer persönlichen Lebenssituation unverschuldet nicht gleichermaßen in der Lage sein mögen, die ihnen verfügbaren Güter und Ressourcen zur Förderung ihres eigenen Wohls zu nutzen. So mag es ungerecht erscheinen, zwei Menschen als gleichgestellt zu betrachten, weil beide ein Fahrrad besitzen, wenn eine der beiden etwa aufgrund einer Behinderung gar nicht in der Lage ist, Fahrrad zu fahren (vgl. Sen 1983).

Equality of Welfare

Zwei Personen gelten den *Equality-of-Welfare*-Ansätzen zufolge dann als gleichgestellt, wenn ihre Güter- und Ressourcenausstattung bei ihnen zum selben Grad persönlichen Wohlergehens führt, wobei der Begriff des Wohlergehens auf verschiedene Weisen konkretisiert werden kann. Utilitaristische Konzeptionen gehören in diese Gruppe (etwa Hare 1981 und Harsanyi 1982), aber auch an der Befriedigung von Grundbedürfnissen orientierte Ansätze (etwa Stewart 1989), insoweit sie sich bei den relevanten Vergleichen nicht an den jeweiligen Handlungsmöglichkeiten von Menschen orientieren, sondern daran, inwieweit diese eine vorgegebene Konzeption des individuellen Wohls faktisch verwirklichen. *Equality-of-Welfare*-Ansätze stehen in modernen pluralistischen Gesellschaften vor der schwierigen Aufgabe, eine zugleich hinreichend umfassende und konsensfähige Konzeption des menschlichen Wohls zu formulieren, die als Maßstab für interpersonelle Vergleiche dienen könnte. Utilitaristische Ansätze haben mit den zahlreichen technischen und grundsätzlichen Schwierigkeiten zu kämpfen, die mit der Messung von Graden des hedonischen Glücks bzw. der Präferenzerfüllung verbunden sind (vgl. Hinsch 2002, Kap. 7). Ein grundsätzliches Problem für Ansätze des utilitaristischen Typs besteht darüber hinaus darin, dass in ihnen das von einer Person realisierte Wohlergehen von deren persönlichen Bedürfnissen, Wünschen und Präferenzen abhängig ist, das heißt aber von Faktoren, die selbst bereits das Resultat womöglich ungerechter Güterverteilungen sind. Wer in Wohlstand aufgewachsen ist, wird häufig kostspieligere und schwieriger zu erfüllende Wünsche und Präferenzen haben als jemand mit einer durch Armut gekennzeichneten Lebensgeschichte. Bei gleicher Güterzuweisung könnte er dann unter dem Gesichtspunkt der *Equality of Welfare* aufgrund seiner weiter gesteckten Lebensziele schlechter gestellt erscheinen als die in Armut aufgewachsene Personen mit ihren bescheideneren Vorstellungen vom eigenen Wohl, und dies stünde im Konflikt mit weit verbreiteten Gerechtigkeitsvorstellungen. In der neueren Diskussion ist dieser Punkt von Sen unter dem Stichwort der »adaptiven Präferenzen« hervorgehoben worden (Sen 1992, 55; 2009, 282–284; vgl. Arrow 1973; Dworkin 2000, 50–52, 56–58).

Equality of Capability

Amartya Sen und Martha Nussbaum zufolge werden die Schwächen der an Güter- und Ressourcengleichheit oder am gleichen Wohlergehen orientierten Ansätze durch den Capability-Ansatz überwunden (vgl. Sen 1992; 2009; Nussbaum 2011). Diesem Ansatz zufolge gelten zwei Personen dann als gleichgestellt, wenn ihre Güter- und Ressourcenausstattung ihnen unter Berücksichtigung ihrer persönlichen Eigenschaften und Fähigkeiten dieselben Handlungsmöglichkeiten oder Verwirklichungschancen (*capabilities*) bietet, Dinge zu realisieren, die ihr eigenes Wohlergehen ausmachen, wie Gesundheit, soziale Integration und Bildung. Sen und Nussbaum bezeichnen die konstitutiven Bestandteile des menschlichen Wohls als *functionings*, so dass zwei Menschen genau dann gleichgestellt sind, wenn ihre *capability-sets*, das heißt die Menge aller *Functioning*-Kombinationen, die sie verwirklichen können, die gleichen Elemente enthalten. Der Capability-Ansatz ist geeignet, Probleme der anderen beiden Ansätze zu vermeiden. Menschen mit und ohne Behinderungen werden bei gleicher Güterausstattung nicht als gleichgestellt betrachtet, weil ihre *capability-sets* aufgrund ihrer unterschiedlichen persönlichen Konstitution nicht dieselben sind. Menschen dagegen, die bei einer gegebenen Güterausstattung dieselben Handlungsmöglichkeiten (die gleichen *capability-sets*) haben, werden als gleichgestellt betrachtet, und zwar auch dann, wenn sie mit den verfügbaren Gütern jeweils bei der Verwirklichung ihrer ambitionierteren oder weniger ambitionierten Lebenspläne nicht gleichermaßen weit kommen. Ob der Capability-Ansatz alles in allem eine den anderen Ansätzen überlegene und über sie hinausgehende Alternative darstellt, muss hier offen bleiben (vgl. kritisch dazu Dworkin 2000, Kap. 7 und die Erwiderung in Sen 2009, 264–268 und Pogge 2010). Ebenso wie die am faktischen Wohlergehen orientierten Ansätze steht er vor dem Problem, eine in pluralistischen Gesellschaften umfassende und konsensfähige Konzeption des menschlichen Wohls zu formulieren, denn ohne eine solche Konzeption könnte nicht ermittelt werden, ›welche‹ Handlungsmöglichkeiten für interpersonelle Vergleiche und Gerechtigkeitsurteile relevant sind. Auch dürften die Schwierigkeiten der Ermittlung und des Vergleichs individueller *capability-sets* kaum geringer sein als die, welche mit interpersonellen Vergleichen von Graden des hedonischen Glücks oder der Präferenzerfüllung verbunden sind (vgl. die Beiträge in Brighouse/Robeyns 2010 und Rawls 2001, § 51).

Was wird verteilt?

Die Rede von ›Güterverteilung‹ muss in der Gerechtigkeitstheorie in einem weiten Sinne verstanden werden. Es geht nicht lediglich um die Verteilung von üblicherweise erstrebenswerten Dingen (Gütern), sondern auch um die Verteilung von lästigen Dienstverpflichtungen und anderen Nachteilen (Übeln), die sich beim Zusammenleben mit anderen ergeben. Denn es ist, wie schon Aristoteles feststellt, ein Gut, weniger mit einem Übel belastet zu werden als andere (NE 1131b). Auch müssen wir uns vor allzu konkreten Vorstellungen darüber hüten, was gerecht verteilt werden soll: Die Kuchenstücke, welche die Mutter ihren Kindern zuschneidet und auf den Teller legt, sind eher die Ausnahme. Selten werden materielle Güter im wörtlichen Sinne zugeschnitten, ausgeteilt oder übergeben, wenn es um distributive Gerechtigkeit geht. In der Regel geht es um abstrakte Rechte (Eigentums-, Nutzungs-, Zugangs-, Partizipationsrechte), die ›verteilt‹ werden, indem wir sie Personen zu- oder absprechen. Die Aufteilung und Übergabe konkreter Dinge spielt demgegenüber eine untergeordnete Rolle. So ist die ›Schlüsselübergabe‹ ein symbolischer Teil der Übertragung von Eigentumsrechten (an einer Wohnung oder einem Fahrzeug). Sie bietet ein praktisches Hilfsmittel zur Markierung des Zeitpunktes der Eigentumsübertragung. Für die Frage nach der Gerechtigkeit oder Ungerechtigkeit einer solchen Übertragung ist sie dagegen irrelevant.

›Güterverteilung‹ kann in einem aktiven und einem passiven Sinn verstanden werden: Aktivisch verstanden geht es um den Vorgang des Verteilens oder um Verteilungsprozesse, passivisch um das Verteilungsergebnis. Auch ist ›Verteilung‹ nicht so zu verstehen, dass notwendigerweise ein Akteur vorausgesetzt wird, der einseitig etwas an andere verteilt. Vielmehr sollen alle Transaktionen und sozialen Prozesse eingeschlossen sein, die bestimmend dafür sind, über welche Güter die Mitglieder einer Gemeinschaft verfügen können, also auch solche Transaktionen, die in den Anwendungsbereich der kommutativen Gerechtigkeit fallen.

Bei Aristoteles ist der Bereich der nach Grundsätzen der distributiven Gerechtigkeit zu verteilenden Güter auf solche Dinge beschränkt, die sich nicht bereits im privaten Besitz der Polismitglieder befinden. Es geht neben den politischen Ämtern und Ehrungen um Güter wie Kriegsbeute oder Tributzahlungen, die zu ihrer Nutzung unter den Bürgern der Polis aufgeteilt werden. Es ist Aristoteles nicht in den Sinn gekommen, die Verteilung tendenziell aller für das menschliche Wohl relevanten Güter – also auch Privatbesitz – unter Grundsätze der distributiven Gerechtigkeit zu stellen. Einen Konflikt zwischen den Besitzstand wahrenden Ansprüchen der kommutativen Gerechtigkeit und womöglich gegenläufigen Forderungen der distributiven Gerechtigkeit – wenn etwa die weniger Würdigen *de facto* über die größeren Besitzstände verfügen – kann es bei Aristoteles aus diesem Grund nicht geben. Das moderne philosophische Verständnis distributiver Gerechtigkeit ist demgegenüber in Bezug auf ihren Anwendungsbereich tendenziell totalisierend und eben deshalb kontrovers: Alle für die Lebenschancen von Menschen wichtigen Güter – einschließlich der privaten Einkommen und Vermögen – sollen etwa im Utilitarismus oder in der Rawlsschen Konzeption der Gerechtigkeit als Fairness so verteilt werden, wie es den Grundsätzen der distributiven Gerechtigkeit entspricht. Ein konfliktfreies Nebeneinander von kommutativer und distributiver Gerechtigkeit aufgrund klar getrennter Regelungsbereiche kann es unter dieser Voraussetzung nicht geben, denn stets müssen wir mit Verteilungen z. B. von Eigentumsrechten rechnen, die distributiv ungerecht sind, so dass es zu einem Zielkonflikt zwischen dem Schutz dieser Rechte auf der einen und der Verwirklichung distributiver Gerechtigkeit auf der anderen Seite kommt.

Personelle und soziale distributive Gerechtigkeit

Für das gegenwärtige durch John Rawls' Theorie geprägte Verständnis distributiver Gerechtigkeit ist die Annahme grundlegend, dass sich deren Forderungen primär und direkt auf Institutionen und soziale Strukturen beziehen und nur sekundär und indirekt auf Personen. Distributive Gerechtigkeit ist bei Rawls nicht länger in erster Linie personale Gerechtigkeit (s. Kap. II.24) wie bei Aristoteles, sondern sie ist vorrangig soziale Gerechtigkeit (s. Kap. II.18).

Im aristotelischen Paradigma ist Gerechtigkeit eine komplexe Disposition natürlicher Personen, die Einsichten, Intentionen, Wünsche und Gefühle einschließt, welche in ihrer Gesamtheit Menschen dazu befähigen und motivieren, andere Personen gerecht zu behandeln. Kollektive, Institutionen, Sozialstrukturen und statistische Verteilungen etwa von Einkommen oder Lebenschancen können unter dieser Voraussetzung nur indirekt als gerecht oder ungerecht betrachtet werden, nämlich mit Bezug auf Personen, die sie durch ihr Handeln hervorgebracht haben. Bei Rawls legen die Grundsätze der sozialen Gerechtigkeit demgegenüber »die richtige Verteilung der Früchte und der Lasten der gesellschaftlichen Zusammenarbeit fest«. Ihm zufolge »ist der erste Gegenstand der Gerechtigkeit die Grundstruktur der Gesellschaft, genauer: die Art, wie die wichtigsten gesellschaftlichen Institutionen Grundrechte und -pflichten und die Früchte der gesellschaftlichen Zusammenarbeit verteilen« (Rawls 1975, 20–23). Hier geht es weder um Personen und ihre Tugenden noch um persönliche Fähigkeiten und Dispositionen. Gegenstand der (distributiven oder sozialen) Gerechtigkeit ist vielmehr die institutionelle Grundstruktur der Gesellschaft und die mit ihr verbundene Verteilung grundlegender Rechte und Pflichten sowie der aus der sozialen Kooperation resultierenden Gewinne.

Die Grundstruktur und die durch sie bedingten Formen politischer, ökonomischer und sozialer Ungleichheit bilden den normativen und empirischen Hintergrund für alle individuellen Handlungen und

Transaktionen. Die distributive Gerechtigkeit dieses Hintergrundes muss, so Rawls, bereits vorausgesetzt werden, bevor wir über die Gerechtigkeit individueller Handlungen und Transaktionen urteilen können (ebd., Abschn. 2). Darüber hinaus gilt, dass weder die institutionelle Grundstruktur selbst noch die durch sie mitbewirkte Güterverteilung auf das gerechte oder ungerechte Handeln Einzelner zurückgeführt werden können. Sie sind zum Teil das Ergebnis organisierten kollektiven Handelns und zum Teil das nicht-intendierte kumulative Resultat unzähliger individueller Handlungen und Transaktionen.

Wenn wir Institutionen analog zu natürlichen Personen als (korporative) Akteure verstehen, können wir uns – mit Rawls *und* mit Aristoteles – fragen, ob sie gerecht eingerichtet worden sind und ob sie gerecht handeln. Darüber hinaus können und müssen wir uns – mit Rawls, aber eben nicht mit Aristoteles – fragen, ob Institutionen mit Blick auf die aus ihrem Bestehen resultierende gesamtgesellschaftliche Güterverteilung gerecht oder ungerecht sind. Denn für diese Verteilung gilt, dass sie zwar durch die Institutionen einer Gesellschaft maßgeblich beeinflusst, aber keinesfalls durch diese Institutionen in geplanter und kontrollierter Weise hervorgebracht wird. Ein aus diesem Umstand resultierender notorischer Streitfall ist die Gerechtigkeit von Einkommensverteilungen durch Märkte. Egalitären Theoretikern wie Rawls zufolge sind Umverteilungsmaßnahmen hier angezeigt. Andere Autoren wie Friedrich von Hayek und Robert Nozick bestreiten dies. Nozick geht so weit, die Besteuerung von rechtmäßig erwirtschafteten Markteinkommen als eine Form der Zwangsarbeit zu betrachten (vgl. Nozick 1974, 169).

Kritik der sozialen Gerechtigkeit

In *The Road to Serfdom* konstatiert Friedrich von Hayek, dass die westlichen Demokratien im Namen der sozialen Gerechtigkeit in das Wirtschaftsgeschehen eingreifen, um die aus Marktprozessen resultierenden Einkommensverteilungen zu korrigieren. Im Ergebnis werde dadurch die Idee der individuellen Freiheit preisgegeben und eine Entwicklung zu einer kollektivistischen, sozialistischen Planwirtschaft in Gang gesetzt. ›Soziale Gerechtigkeit‹ sei lediglich eine rhetorische Phrase, die politisch von denjenigen genutzt werde, die den marktwirtschaftlichen Wettbewerb ablehnten, sobald er ihre Besitzstände gefährde (vgl. Hayek 1944).

Nach Hayek müssen wir ›spontane Ordnungen‹ wie marktwirtschaftlich organisierte Gesellschaften von ›Organisationen‹ wie Unternehmen oder Krankenhäusern unterscheiden (vgl. zum Folgenden Hayek 1976, Kap. 7 und 8). Organisationen dienen der Verfolgung spezifischer Ziele, z. B. der Erzielung von Profit oder der Bereitstellung von Gesundheitsleistungen. Wenn sie wohlorganisiert sind, sind alle ihre Teile und alle Handlungen ihrer Mitglieder so aufeinander abgestimmt, dass das Organisationsziel so gut wie möglich erreicht wird. Eine spontane Ordnung beruht demgegenüber auf Handlungsregeln, die kein gemeinsames Ziel vorgeben oder voraussetzen, sondern lediglich der Verfolgung individueller Ziele wechselseitig anzuerkennende Grenzen setzen. Dies geschieht im Wesentlichen durch Verbote.

Marktwirtschaften sind, anders als Planwirtschaften, spontane Ordnungen und keine Organisationen. Die für sie charakteristischen Regeln sind individuelle Eigentumsrechte und Regeln für den Transfer von Eigentum. Eigentumsrechte verbinden eine bestimmte Freiheit – sein Eigentum innerhalb gewisser Grenzen nach Gutdünken zu gebrauchen – mit einem Verbot – das Eigentum anderer ohne deren Zustimmung zu benutzen. Anders als die Regeln einer Organisation dienen Eigentumsrechte nicht dazu, individuelles Handeln so zu koordinieren, dass ein allen gemeinsames Ziel erreicht wird. In spontanen Ordnungen kann Gerechtigkeit nach Hayek deshalb nur die Befolgung von Regeln für individuelle Handlungen und Transaktionen (im Sinne einer kommutativen Gerechtigkeit) bedeuten. Grundsätze distributiver oder sozialer Gerechtigkeit können, so Hayek, in ihnen prinzipiell keine sinnvolle Anwendung finden.

Hayeks Begründung für seine These beruht im Wesentlichen auf zwei (aristotelischen) Voraussetzungen. Die erste Voraussetzung ist, dass etwas nur in Bezug auf menschliche Handlungen als gerecht oder ungerecht bezeichnet werden kann. Von Gerechtigkeit zu sprechen, impliziert bereits, dass es jemanden gibt, der eine Handlung ausführen oder nicht ausführen soll. Die zweite Voraussetzung besteht in der Annahme, dass soziale Gerechtigkeit – ebenfalls ganz aristotelisch gedacht – darin besteht, jedem Einzelnen genau das Einkommen zukommen zu lassen, das ihm gerechterweise zusteht. Beide Voraussetzungen können, so Hayek, in der spontanen Ordnung einer Marktwirtschaft nicht erfüllt sein. Ein Markt ist keine Organisation, und es gibt keinen Akteur, der die aus unzähligen Marktgeschäften hervorgegangene Güterverteilung durch sein planerisches Tun und durch entsprechende Anweisungen an alle Beteiligten hervorgebracht hätte. Die aus dem Marktgeschehen resultierende Einkommensverteilung ist das kumulative Ergebnis eines anonymen Prozesses, der von keiner Instanz vollständig kontrolliert werden kann. Es gibt deshalb niemanden, dem diese Verteilung aufgrund seines falschen Handelns als ungerecht zugerechnet werden könnte. In der spontanen Ordnung einer Marktwirtschaft kann Gerechtigkeit nach Hayek deswegen nur darin bestehen, dass die beteiligten Personen sich an die für die Ordnung konstitutiven wechselseitigen Verhaltensbeschränkungen halten. Und ebendiese Regeln legen kein bestimmtes Verteilungsergebnis für individuell gerechte Transaktionen fest (vgl. ebd., Kap. 7).

Hayeks Argumentation beruht nicht auf der (falschen) Annahme, dass es Regierungen unmöglich wäre, durch Märkte zustande gekommene Einkommensverteilungen zielgerichtet zu beeinflussen oder zu korrigieren. Er spricht sich etwa für die Gewährleistung eines sozialen Minimums und damit für eine korrektive Umverteilungsmaßnahme aus (vgl. ebd., Kap. 11). Was er allerdings bestreitet, ist die Möglichkeit, in einer spontanen Ordnung durch Regeln individuellen Handelns sicherzustellen, dass jedes Gesellschaftsmitglied ein bestimmtes Einkommen erhält, das von einer Konzeption distributiver Gerechtigkeit festgelegt wird. Hieran knüpft Robert Nozicks kritische Analyse der distributiven Gerechtigkeit an.

Nozick unterscheidet zwischen strukturellen und historischen Gerechtigkeitstheorien (vgl. Nozick 1974, 153–155). Strukturelle Theorien beurteilen die Gerechtigkeit einer Güterverteilung ausschließlich aufgrund ihres Verteilungsergebnisses (Profils), das heißt danach, welche Güteranteile auf die beteiligten Personen jeweils entfallen. Abhängig von dem Kriterium, das zur Beurteilung eines Verteilungsprofils herangezogen wird, fragen sie z. B., ob alle Beteiligten gleich viel bekommen haben oder ob alle das bekommen haben, was ihrem Verdienst oder ihren Bedürfnissen entspricht. Historische Theorien dagegen beurteilen Güterverteilungen nicht aufgrund ihres Ergebnisses, sondern aufgrund des Hergangs ihres Zustandekommens. Ihnen liegt ein prozedurales Gerechtigkeitsverständnis zugrunde: Gerecht ist, was durch eine gerechte Vorgehensweise erreicht wurde, wobei vorausgesetzt wird, dass die Ausgangslage, von der aus eine bestimmte Güterverteilung erreicht wurde, selbst gerecht war. Gerecht wäre dann, was immer aus einer gerechten Ausgangslage in einer gerechten Weise hervorgeht.

Für Nozicks Kritik an der Rawlsschen Idee der distributiven Gerechtigkeit ist die Annahme entscheidend, dass konsistente Gerechtigkeitstheorien entweder historische oder strukturelle Theorien sind, jedoch niemals beides zugleich. Nozick konstatiert – ebenso wie zuvor schon Hayek –, dass in der Praxis jedes von einer Theorie strukturell vorgeschriebene Verteilungsergebnis auf längere Sicht durch eine Folge individueller Transaktionen aufgehoben würde, und zwar auch dann, wenn diese Transaktionen historisch-prozeduralen Gerechtigkeitskriterien genügen: Man beginnt etwa, so die intuitive Idee, mit einem mutmaßlich gerechten Verteilungsmuster distributiver Gleichheit und endet, aufgrund der Dynamik freiwilliger Tauschgeschäfte und Kooperationsbeziehungen und der aus ihnen resultierenden unterschiedlichen Gewinne, doch bei einer (strukturell gesehen ungerechten) ungleichen Güterverteilung (ebd., 160–164). Da nun jede Gerechtigkeitstheorie historische Informationen über das Zustandekommen von Güterverteilungen als relevant betrachtet und damit historisch sein muss – es ist ja ein Unterschied, ob man Geld besitzt, weil man in der Vergangenheit dafür gearbeitet oder weil man es gestohlen hat –, scheint Nozicks und Hayeks Zurückweisung struktureller Theorien distributiver Gerechtigkeit zwingend. Dies gilt zumindest, falls es zutrifft, dass Grundsätze für gerechte Güterverteilungen nicht zugleich historische und strukturelle Grundsätze einschließen können (vgl. Hinsch 2016, 101–115).

Distributive Hintergrundgerechtigkeit

Wenn distributive Gerechtigkeit darin bestünde, jedem das Einkommen (oder das Güterbündel) zukommen zu lassen, das ihm gerechterweise zusteht, müsste eine Theorie distributiver Gerechtigkeit in der Tat eine historische Theorie sein. Denn natürlich können wir jemandem nur das Einkommen gerechterweise zugestehen, das von ihm in rechtmäßiger Weise erwirtschaftet wurde und das damit eine gerechte Erwerbshistorie hat. Wenn wir uns allerdings das Rawlssche Differenzprinzip (s. Kap. II.25) als ein Prinzip der distributiven Gerechtigkeit anschauen, stellen wir fest, dass es gar keine Aussagen darüber zulässt, wer in einer Gesellschaft welches Einkommen beziehen sollte. Das Differenzprinzip besagt, dass soziale und ökonomische Ungleichheiten nur insoweit zulässig sind, als sie sich zum größten Vorteil der am wenigsten begünstigten Mitglieder einer Gesellschaft auswirken.

Dies bedeutet aber nicht, dass irgendeine konkrete Person ein bestimmtes Einkommen erhalten müsste. Es legt lediglich fest, dass die Einkommen der niedrigsten Einkommensklasse so hoch wie möglich sein sollen, und zwar ganz unabhängig davon, wer *in personam* zu dieser Klasse gehört.

Das Differenzprinzip bezieht sich als ein Prinzip der distributiven Gerechtigkeit nicht auf Einzelpersonen, die in seinem Namen bestimmte Dinge für sich reklamieren könnten. Es bezieht sich auf Einkommensklassen, das heißt auf abstrakte statistische Größen, die nicht durch konkrete Personen und deren persönliche Eigenschaften definiert werden, sondern ausschließlich durch eine bestimmte Einkommenshöhe. Das Differenzprinzip ist ein strukturelles Prinzip der distributiven Gerechtigkeit, insofern es ein bestimmtes Verteilungs*schema* – mit maximalen Einkommen in der niedrigsten Einkommensklasse – vorgibt. Es legt uns aber auf kein Verteilungs*profil* im Sinne Nozicks fest, das eine bestimmte Güterverteilung auf Einzelpersonen vorschreiben würde. Vielmehr zielt es auf statistische Einkommensklassen und deren Verhältnis untereinander, völlig unabhängig davon, welche Personen jeweils zu ihnen gehören.

Als ein strukturelles Prinzip, das statistische Einkommensklassen und keine Beziehungen zwischen Individuen reguliert, ist das Differenzprinzip eine Norm der sozialen Hintergrundgerechtigkeit und nicht der personellen bzw. interpersonellen Gerechtigkeit. Es ist eine Frage, ob eine Person sich zu Recht oder gerechterweise in einer bestimmten sozialen Position befindet, z. B. in der eines Arztes in einem städtischen Krankenhaus. Und es ist eine andere Frage, ob das Einkommen, das sie in dieser Position bezieht, im Verhältnis zu allen anderen individuellen Einkommen in der gesellschaftlichen Gesamtverteilung gerecht ist oder nicht. Auf beide Fragen müssen wir eine prinzipiengeleitete Antwort geben können, wenn wir über die Gerechtigkeit von gesellschaftlichen Güterverteilungen urteilen wollen. Und natürlich ist die Antwort auf die Frage, ob Ärzte in städtischen Krankenhäusern gerecht entlohnt werden, völlig unabhängig davon, ob eine konkrete Person zu Recht das Einkommen eines Arztes in einem städtischen Krankenhaus bezieht. Zur Beantwortung dieser letzten Frage benötigen wir Regeln individuellen Handelns, die sich im Sinne einer kommutativen Gerechtigkeit auf interpersonelle Transaktionen beziehen, wie sie in Hayeks und Nozicks Konzeptionen eine zentrale Rolle spielen: wechselseitige Verhaltensbeschränkungen, Eigentumsrechte, Kooperationsregeln, Qualifikationsstandards und dergleichen mehr. Diese Regeln können aber keine Grundsätze der Hintergrundgerechtigkeit wie etwa das Rawlssche Differenzprinzip ersetzen, denn eine Person bezieht nicht schon dann ein gerechtes Einkommen, wenn sie zu ihrem Platz in der gesellschaftlichen Einkommensverteilung auf rechtmäßige Weise gelangt ist, sondern erst wenn auch diese Einkommensverteilung selbst strukturellen und ergebnisorientierten Grundsätzen distributiver Gerechtigkeit genügt. Eine Theorie der Gerechtigkeit gesellschaftlicher Einkommens- und Güterverteilungen muss deshalb, anders als Nozick und Hayek annehmen, sowohl ein historisches als auch ein strukturelles Gerechtigkeitsverständnis einschließen und damit Grundsätzen der kommutativen *und* der institutionellen distributiven (Hintergrund-)Gerechtigkeit genügen.

Literatur

Aristoteles: *Nikomachische Ethik*. Hg. und übers. von Ursula Wolf. Reinbek bei Hamburg 2006 [NE].

Arrow, Kenneth J.: Some ordinalist-utilitarian notes on Rawls' theory of justice. In: *The Journal of Philosophy* 70 (1973), 245–263.

Bien, Günther: Gerechtigkeit bei Aristoteles. In: Otfried Höffe (Hg.): *Die Nikomachische Ethik*. Berlin 1995, 135–164.

Brighouse, Harry/Robeyns, Ingrid (Hg.): *Measuring Justice. Primary Goods and Capabilities*. Cambridge 2010.

Dworkin, Ronald: *Sovereign Virtue, the Theory and Practice of Equality*. Cambridge MA 2000.

Fleischacker, Samuel: *A Short History of Distributive Justice*. Cambridge MA 2004.

Hare, Richard M.: *Moral Thinking: Its Levels, Method, and Point*. Oxford 1981.

Harsanyi, John C.: Morality and the theory of rational behaviour. In: Amartya Sen/Bernard Williams (Hg.): *Utilitarianism and Beyond*. Cambridge 1982, 39–62.

Hayek, Friedrich A. von: *The Road to Serfdom*. Chicago 1944.

–: *The Mirage of Social Justice*. London 1976.

Hinsch, Wilfried: *Gerechtfertigte Ungleichheiten. Grundsätze sozialer Gerechtigkeit*. Berlin 2002.

–: *Die gerechte Gesellschaft*. Stuttgart 2016.

Kraut, Richard: *Aristotle. Political Philosophy*. Oxford 2002.

Mill, John Stuart: *Utilitarianism*. London 1861 (dt. Stuttgart 1976).

Miller, David: *Social Justice*. Oxford 1976.

Nozick, Robert: *Anarchy, State, and Utopia*. New York 1974.

Nussbaum, Martha: *Creating Capabilities. The Human Development Approach*. Cambridge MA 2011.

Parfit, Derek: *Reasons and Persons*. Oxford 1984.

Pogge, Thomas: A critique of the capability approach. In: Harry Brighouse/Ingrid Robeyns (Hg.): *Measuring Justice. Primary Goods and Capabilities*. Cambridge 2010, 17–60.

Rawls, John: *Eine Theorie der Gerechtigkeit*. Frankfurt a. M. 1975 (engl. 1971).
–: *Gerechtigkeit als Fairness*. Frankfurt a. M. 2006 (engl. 2001).
Sen, Amartya K.: Equality of What? In: *The Tanner Lectures on Human Values* I. Cambridge 1980, 195–220.
–: Poor relatively speaking. In: *Oxford Economic Papers* 35/2 (1983), 153–169.
–: *Inequality Reexamined*. Oxford 1992.
–: *The Idea of Justice*. Cambridge MA 2009.
Sidgwick, Henry: *The Methods of Ethics*. London [7]1907.
Stewart, Frances: Basic needs strategies, human rights, and the right to development. In: *Human Rights Quarterly* 11/3 (1989), 347–375.
Vlastos, Gregory: Justice as equality. In: Richard Brandt (Hg.): *Social Justice*. Englewood Cliffs NJ 1962, 31–72.

Wilfried Hinsch

13 Tauschgerechtigkeit

Gegenstand der Tauschgerechtigkeit sind *Tauschverhältnisse*, zu denen neben dem nicht-kommerziellen Austausch von Gaben oder Leistungen insbesondere *vertragliche Transaktionen* wie Kauf-, Miet-, Darlehens- und Arbeitsverträge gehören. Ein solches Verhältnis liegt vor, wenn mehrere (meist zwei) Personen, von denen jede berechtigt ist, über bestimmte Güter oder Leistungen zu disponieren, aus freien Stücken auf einen wechselseitigen Transfer solcher Güter oder Leistungen übereinkommen. Da Tauschverhältnisse auf die Zirkulation privater Besitz- und Verfügungsrechte an knappen Gütern zielen, um die Menschen konkurrieren, unterliegen sie Erfordernissen der Gerechtigkeit. Und da sie der freien Einwilligung der beteiligten Parteien bedürfen, die diese bei rechter Erwägung nur dann erteilen werden, wenn sie sich davon einen Vorteil erwarten, liegt es nahe anzunehmen, dass die Gerechtigkeit ein wohlausgewogenes, aus unparteiischer Sicht allgemein annehmbares Verhältnis der getauschten Güter oder Leistungen zum allseitigen Vorteil der Parteien verlangt. Damit stellt sich die Frage nach den Erfordernissen der Gerechtigkeit, die Tauschverhältnisse erfüllen müssen, um diesem Postulat zu entsprechen.

Die Beschäftigung mit dieser Frage hat eine lange Tradition, die bis auf Aristoteles zurückgeht. Sein Vorschlag war, Tauschverhältnisse dann als gerecht zu betrachten, wenn die getauschten Güter oder Leistungen gleichwertig oder äquivalent sind. Dieser Vorschlag war bis in die frühe Neuzeit die Leitidee diverser Lehren des gerechten Preises, die versuchten, die Angemessenheit der Preise der auf Märkten gehandelten Waren wie auch der Löhne für Arbeitstätigkeiten auf den diesen Gütern und Tätigkeiten inhärenten Wert zurückzuführen. Da sich diese Lehren zunehmend in unfruchtbare Spekulationen verliefen, ging man nach und nach dazu über, den Blick auf die Rahmenbedingungen vertraglicher Transaktionen zu richten, welche die Vermutung der Äquivalenz der getauschten Waren oder Leistungen begründen könnten. Damit verschob sich der Fokus der Theorien des gerechten Preises von den Eigenschaften der getauschten Güter und Leistungen auf die prozeduralen Bedingungen des Zustandekommens von Transaktionen. Daraus hat sich schließlich die moderne, heute vorherrschende Vorstellung der Tauschgerechtigkeit entwickelt, der zufolge vertragliche Transaktionen dann als gerecht gelten, wenn sie von entscheidungsfähigen Personen in Kenntnis der relevanten Tatsachen aus freien Stücken in ihrem wohlüberlegten Interesse eingegangen werden.

Tauschgerechtigkeit bei Aristoteles

Aristoteles hat zwei partikulare Grundformen der Gerechtigkeit unterschieden, die sich auf verschiedene Handlungsbereiche beziehen und unterschiedliche Erfordernisse der Gerechtigkeit inkludieren: erstens die Gerechtigkeit der Verteilung von öffentlichen Anerkennungen, Geld oder sonstigen Gütern, die den Mitgliedern eines Gemeinwesens zugeteilt werden können, und zweitens die Gerechtigkeit des Ausgleichs der Vorteile oder Nachteile von Interaktionen zwischen einzelnen Personen, wobei er zu diesen Interaktionen sowohl freiwillige Vertragsverhältnisse (wie Kauf, Darlehen, Bürgschaft) als auch unfreiwillig erlittene Rechtsverletzungen (wie Diebstahl, Ehebruch, Misshandlung, Raub, Freiheitsberaubung) zählte. In diesem Beitrag interessiert nur die zweite Grundform, die, in Anlehnung an den von Thomas von Aquin eingeführten Terminus *iustitia commutativa*, als *kommutative* oder *ausgleichende* Gerechtigkeit bezeichnet wird (s. Kap. II.12), weil sie mit Bezug auf beide Sorten von Interaktionen einen Ausgleich zwischen den beteiligten Personen im Sinne einer gewissen Gleichheit ihrer Vor- und Nachteile verlangt.

Die zweifache Bezugnahme der kommutativen Gerechtigkeit auf vertragliche Transaktionen und auf Rechtsverletzungen leuchtet allerdings kaum noch ein, auch wenn sie im Kontext des archaischen Rechtsdenkens, dem Aristoteles noch bis zu einem gewissen Grade verhaftet war, als naheliegend erscheinen mochte, weil das grundlegende Prinzip dieses Denkens, das Prinzip der Vergeltung, sowohl die Erwiderung empfangener Leistungen durch angemessene Gegenleistungen als auch die Berichtigung eines erlittenen Unrechts durch eine entsprechende Entschädigung oder Strafe verlangte (vgl. NE V 8 1132b 21–1133a 6). Diese Verknüpfung ist aber im Kontext größerer Gesellschaften, in denen sich der marktliche Geschäftsverkehr und die staatliche Rechtsprechung zu eigenständigen Handlungsbereichen ausdifferenziert haben, nicht mehr tragfähig. Infolgedessen ist es schon seit dem späten Mittelalter zunehmend üblich geworden, die Kategorie der *iustitia commutativa* in erster Linie auf vertragliche Transaktionen zu beziehen und die Gerechtigkeit der Kompensation oder Pönalisierung von Rechtsverletzungen separat unter dem Titel *iustitia correctiva* zu behandeln (s. Kap. II.19). Dementsprechend wird es auch im Folgenden nur um die Gerechtigkeit vertraglicher Tauschverhältnisse gehen, für die im Deutschen der Name *Tauschgerechtigkeit* zur Verfügung steht, während sie in anderen Sprachen vielfach weiterhin als *kommutative* Gerechtigkeit angesprochen wird (im Englischen auch als *justice in exchange* oder *transactional justice*).

Aristoteles' Ausführungen über Tauschgerechtigkeit sind gedankenreich, aber auch ziemlich unklar (Bien 1995). Hier sollen nur die zentralen Thesen hervorgehoben werden:

1. Da die Bürger infolge der *Arbeitsteilung* verschiedene Leistungen erbringen und zur Befriedigung ihrer Bedürfnisse die Leistungen Anderer benötigen, gehen sie zum Austausch ihrer jeweiligen Leistungen vertragliche Transaktionen ein, wodurch zugleich der Zusammenhalt der Gesellschaft gesichert werde (NE V 8 1132b 32–1133a 14).
2. Solche Transaktionen seien gerecht, wenn *Gleiches mit Gleichem* nach ›arithmetischer Proportionalität‹ vergolten werde, d. h. allein in Hinsicht auf die ausgetauschten Leistungen und unabhängig von den Eigenschaften der beteiligten Parteien, die von Rechts wegen als Gleiche behandelt werden (NE V 7 1131b 32–1132a 10).
3. Als Messeinheit, mit der die getauschten Güter bezüglich ihres Werts verglichen werden können, diene zunächst das *Geld*, das eben zu diesem Zweck durch Übereinkunft geschaffen worden sei. Da aber der Bereitschaft, für ein Gut Geld zu zahlen, stets ein Bedarf an diesem Gut zugrunde liege, sei der letzte Maßstab des Werts der Tauschobjekte der *Bedarf* der Menschen (NE V 8 1133a 19–31).
4. Die *Gleichheit der Tauschgüter* liege vor, wenn diese zueinander im gleichen Verhältnis stünden wie die Vertragsparteien, was wohl bedeuten soll: wenn diese an den eingetauschten Gütern gleichen Bedarf haben und daher gleichen Vorteil daraus ziehen (NE V 8 1133a 31–1133b 20).

Diese Thesen können trotz der vielen Fragen, die sie aufwerfen, wohl nur so gedeutet werden, dass die Gerechtigkeit von Tauschverhältnissen die *Gleichwertigkeit* oder *Äquivalenz* der Tauschgüter verlangt, welche sich ihrerseits letztlich am Nutzen dieser Güter für die Beteiligten bemisst. In diesem Sinn wurde Aristoteles' Auffassung jedenfalls von den Denkern des Mittelalters verstanden, die an sie anknüpfend *Lehren des gerechten Preises* entwickelten. Zu diesem Zweck mussten sie sich mit einer Reihe von Fragen beschäftigen, die Aristoteles offengelassen oder aus christlicher Sicht nicht überzeugend beantwortetet hatte. Eine offene Frage war das von Aristoteles nicht geklärte Verhältnis zwischen dem *Gebrauchswert* von Gütern, der sich aus dem an ihnen bestehenden Bedarf ergibt, und ihrem *Tauschwert*, der in ihrem Preis Ausdruck findet und offensichtlich nicht bloß vom Bedarf, sondern auch vom Grad der Knappheit der Güter und dem für ihre Herstellung erforderlichen Aufwand abhängt. Ein weiteres Problem ergab sich aus der von Aristoteles weitgehend vernachlässigten Rolle der menschlichen *Arbeit*, die durch das Christentum eine erhebliche Aufwertung gegenüber dem Denken der antiken Sklavenhaltergesellschaften erfahren hatte. Auch Aristoteles' Geringschätzung gewinnorientierter *Handelsgeschäfte*, vor allem solcher des Fernhandels, konnte angesichts ihrer wachsenden Bedeutung für die wirtschaftliche Entwicklung der Städte im Hochmittelalter nicht mehr überzeugen.

Die Lehren des gerechten Preises und ihre Probleme

In Reaktion auf diese Probleme hat schon Albertus Magnus (1193–1280), der Aristoteles' Konzeption von Gerechtigkeit weitgehend übernahm und bekräftigte, dessen Herleitung des Werts von Gütern aus dem nach ihnen bestehenden Bedarf durch eine objektive Bestimmungsgröße des Tauschwerts ergänzt. So schlug er vor, die Gleichheit der Tauschgüter in dem Sinne zu verstehen, »dass gleiche Mengen von Arbeit und Kosten (*labores et expensae*) gegeneinander ausgetauscht werden müssen. Denn wenn der Verfertiger von Betten nicht an Quantität und Qualität so viel empfängt, als seinem Aufwand für dieselben entspricht, wird er in Zukunft kein Bett mehr machen; so wird das Gewerbe des Bettmachens zerstört werden. Ähnlich steht es mit den übrigen Gewerben« (Albertus Magnus 1651, *Ethicorum*, V II, 7, zit. nach Kaulla 1904, 588 f.).

Noch einen Schritt weiter ging Alberts Schüler Thomas von Aquin (1225–1274), der für die Einschätzung des Werts gehandelter Güter neben dem für ihre Produktion erforderlichen landesüblichen Aufwand an Arbeit und Kosten auch die mit ihrem Transport verbundenen Risiken gelten ließ und überdies den gewinnorientierten Handel nicht mehr verdammte, sondern wegen seines öffentlichen Nutzens als moralisch erlaubt betrachtete: Gegen die im kaufmännischen Geschäft erzielten Gewinne sei nämlich dann nichts einzuwenden, »wann jemand den maßvollen Gewinn, den er als Kaufmann sucht, auf die Erhaltung seines Hauses hinordnet, oder auch, um den Bedürftigen zu helfen; oder auch, wann einer sich auf den Handel verlegt des öffentlichen Nutzens wegen, damit nämlich nicht die notwendigen Dinge für das Leben im Vaterlande fehlen, und er den Gewinn nicht sozusagen als Zweck, sondern als Lohn der Mühe erstrebt« (STh II-II, 77 Art. 4, zit. nach Thomas 1985, 353). Obwohl Thomas im Prinzip die aristotelische Auffassung der Tauschgerechtigkeit als Äquivalenz verteidigte, reflektieren seine Überlegungen bis zu einem gewissen Grade schon eine davon abweichende Auffassung. Das gilt insbesondere für seine Erörterungen in *Quaestio* 77 über Betrügereien beim Kauf und Verkauf, also über Umstände, die vertragliche Geschäfte ungerecht machen, wie überteuerte Preise, Sachmängel der verkauften Dinge und das Verschweigen solcher Mängel durch den Verkäufer. Darin stellt Thomas nicht auf einen – wie auch immer zu messenden – wahren Wert der Güter ab, sondern vielmehr auf das Verhalten der Vertragsparteien und die Bedingungen, unter denen sie sich auf ein Geschäft einigen.

Dessen ungeachtet wurden nach Thomas bis zum ausgehenden Mittelalter weiterhin vielfältige Bemühungen unternommen, ein brauchbares Maß für den Wert von Gütern und Leistungen zu finden, indem man die subjektiven Komponenten ihres Gebrauchswerts zu präzisieren und mit diversen objektiven Faktoren der für ihre Produktion und Bereitstellung erforderlichen Kosten zu kombinieren suchte. So wurde z. B. vorgeschlagen, dass bei der Bemessung des Preises von Gütern auch die erwarteten künftigen Wertsteigerungen zu berücksichtigen seien oder dass der gerechte Preis von Gütern und Leistungen deren Verkäufern oder Anbietern ein standesgemäßes Einkommen sichern müsse (vgl. Kaulla 1904, 597 f.). Besondere Probleme bereitete dabei der Versuch, den Wert von Arbeitsleistungen für die Bemessung gerechter Löhne zu ermitteln (Johnson 1938; Epstein 1991). Alle diese Bemühungen haben jedoch wenig gefruchtet, weil sie die für den Wert von Gütern oder Leistungen maßgeblichen Kriterien zunehmend vermehrten und damit den Maßstab selber immer unklarer werden ließen. Dennoch waren sie insofern durchaus produktiv, als sie in Lehren des gerechten Preises mündeten, die von der Vermutung ausgingen, der gerechte Preis zeige sich in der Regel im Marktpreis, dessen Gerechtigkeit sie jedoch dann in Frage stellten, wenn der Marktprozess, durch den er sich bildete, als unausgewogen erschien (vgl. Trusen 1997; Langholm 1998, 77–99).

Die Marktkonzeption der Tauschgerechtigkeit

Diese Annäherung an das Problem des gerechten Preises hat sich der einschlägigen historischen Forschung zufolge im späten Mittelalter und in der frühen Neuzeit weithin durchgesetzt (vgl. Höffner 1953; De Roover 1958; Trusen 1997; Langholm 1998; Wood 2002). So waren sich laut Winfried Trusen die deutschen Gelehrten des Spätmittelalters, Theologen wie Juristen, weitgehend darüber einig, »daß sich der Wert einer Ware in der Regel nach der allgemeinen Schätzung und der Stärke der Nachfrage in gerechter Weise bestimme. Allerdings muß dabei Betrug, Zwang und Irrtum ausgeschlossen sein. Der Marktpreis, so meint man, sei immer dann gerecht, wenn er nicht durch unlautere Manipulation und Spekulationen sowie durch eine unverantwortliche Haltung bestehender Monopole gestört werde, wenn er also das Ergebnis ehrlichen Wettstreites verantwortungsbewußter Kaufleute sei« (Trusen 1997, 535).

Eine ziemlich ausgefeilte Lehre der gerechten Preisbildung auf einem wohlgeordneten Markt wurde von der spanischen Spätscholastik der *Schule von Salamanca* des 16. Jahrhunderts entwickelt. Deren Vertreter, so insbesondere Francisco de Vitoria (1483–1546) und Luis de Molina (1535–1600), erklärten, der gerechte Preis bestimme sich nicht nach dem Gewinn und Verlust der Kaufleute, sondern nach dem Verhältnis von Angebot und Nachfrage an dem Ort, wo die Waren verkauft werden. Infolgedessen könne der Preis eines Gutes zwar von Ort zu Ort variieren, pendle sich am selben Ort aber auf einen einheitlichen Preis ein. Die genannten Gelehrten betonten auch die Bedeutung des Wettbewerbs für die Bildung gerechter Marktpreise und überhaupt für das richtige Funktionieren des Marktes. Deshalb hielten sie regulierende Maßnahmen der öffentlichen Autoritäten für zulässig, ja für geboten, wenn bestimmte Umstände den Marktprozess behinderten. Als solche Umstände galten insbesondere private Monopole, wozu alle Formen von Marktmacht gerechnet wurden, die es einzelnen Beteiligten, wie etwa Zünften und Kaufleuten, ermöglichten, die Preise entweder über oder unter das Wettbewerbsniveau zu drücken (vgl. Höffner 1941, 101–146; Höffner 1953, 190–202; De Roover 1958, 424–430).

Damit schälte sich nach und nach eine neue, *prozedurale* Konzeption der Tauschgerechtigkeit heraus, welche die Gerechtigkeit vertraglicher Transaktionen an deren Rahmenbedingungen statt an den von ihnen unabhängigen Wert der Güter oder Leistungen knüpft. Demgemäß gilt eine Transaktion als gerecht, wenn sie unter Bedingungen zustande kommt, die sicherstellen, dass sie im wohlverstandenen Interesse aller beteiligten Parteien liegt, also jeder Partei hinreichenden Vorteil bringt. Und da ein wohlgeordneter Markt diese Bedingungen prima facie zu garantieren scheint, kann vermutet werden, dass die Preise, die sich auf einem solchen Markt durch das Zusammenspiel von Angebot und Nachfrage von selber bilden, gerecht sind. Diese Konzeption der Tauschgerechtigkeit steht und fällt allerdings mit der Möglichkeit, die Bedingungen eines wohlgeordneten Marktes auf eine Weise zu spezifizieren, welche die Annahme rechtfertigt, dass die auf ihm getätigten Transaktionen tatsächlich im besten Interesse der beteiligten Parteien liegen, aber auch das Gemeinwohl fördern (vgl. Langholm 1998; Wood 2002, 132–158; Sturn 2007).

Eine Theorie der Tauschgerechtigkeit, die eben dies leistet, stand jedoch lange Zeit nicht zur Verfügung. Die Tradition der Lehre vom gerechten Preis erreichte ihren Gipfelpunkt in der Spätscholastik des 16. Jahrhunderts und ist danach weitgehend zum Stillstand gekommen; die sich von der Theologie zunehmend emanzipierende akademische Philosophie hat sich für die Tauschgerechtigkeit nicht mehr interessiert; und die sich zugleich entwickelnde Ökonomik hat zwar dem Markt wachsende Aufmerksamkeit geschenkt, aber nicht unter dem Gesichtspunkt der Tauschgerechtigkeit, sondern dem der Nützlichkeit für die Beteiligten und die Gesellschaft insgesamt. Allerdings kristallisierte sich in der Jurisprudenz eine vage Vorstellung davon heraus, welcher Regelungen Märkte bedürfen, damit sie funktionieren und einigermaßen gerechte, zumindest nicht allzu ungerechte Ergebnisse zeitigen. Die Grundzüge dieser *juristischen Vorstellung des Marktes* kann mit etwas Mut zur Typisierung wie folgt resümiert werden.

Der Bereich *marktfähiger Güter* umfasst all jene Dinge, die Objekt veräußerlicher Eigentums- oder Verfügungsrechte sein können. Dieser Bereich wird beschränkt durch Normen, die bestimmte Dinge entweder überhaupt für unveräußerlich erklären oder der kommerziellen Verwertung entziehen. Den Kreis *möglicher Marktteilnehmer* bilden all jene Personen, die geschäftsfähig, d. h. zur Durchführung gültiger Rechtsgeschäfte befugt sind. Diese Personen müssen wenigstens über ein Mindestmaß jener geistigen Fähigkeiten verfügen, die dafür erforderlich sind, eigene Interessen selber wahrzunehmen. Die Regeln über die zulässigen *Formen vertraglicher Transaktionen* sollen gewährleisten, dass solche Transaktionen von den Beteiligten freiwillig in Kenntnis der wesentlichen Eigenschaften der in Betracht stehenden Güter und Leistungen zustande kommen. Zu diesem Zweck muss das Recht den Gebrauch von Gewalt und Zwang ebenso wie Irreführung und Betrug verbieten und natürlich auch die Einhaltung gültig geschlossener Verträge sicherstellen. Und die *Regelung des Marktwettbewerbs* soll einen fairen Wettbewerb garantieren, der die Bildung von Marktmacht verhindert, damit es keiner Partei möglich ist, andere zur Einwilligung in nachteilige Vertragskonditionen zu nötigen.

Eine elaborierte *ökonomische Markttheorie*, die diese rechtliche Vorstellung fundieren konnte, ist erst mit der Entwicklung der klassischen politischen Ökonomie entstanden. Der *locus classicus* dieser Theorie ist Adam Smiths berühmte *These der unsichtbaren Hand*: Eine freie Marktwirtschaft, die das Privateigentum garantiert, die Einhaltung von Verträgen erzwingt und einen freizügigen Wettbewerb sichert, bringe auch dann, wenn jede Person nur ihren eigenen Vorteil verfolgt, von selber Ergebnisse hervor, die allen Beteiligten größtmöglichen Nutzen bringen und den allgemeinen Wohlstand steigern. Denn der Markt bewirke nicht nur, dass sich das Angebot eines jeden Guts von selber auf die Nachfrage einpendle, sondern er induziere auch eine stetige Steigerung der Arbeitsteilung und der Arbeitsproduktivität, die schließlich der ganzen Gesellschaft zum Nutzen gereiche (Smith 1776/1974, 9–22, 48–56). Diese These hat eine produktive Tradition ökonomischer Theoriebildung inspiriert, die bis zur gegenwärtig vorherrschenden Neoklassik führt (dazu Haslinger/Schneider 1983; Kurz 2013, Kap. 4–9).

Die neoklassische Theorie geht zur Erklärung und Bewertung realer Märkte vom idealisierten *Modell eines perfekten Wettbewerbsmarktes* aus, das einen formalen Beweis dafür liefert, dass unter bestimmten Idealbedingungen ein Gleichgewicht von Angebot und Nachfrage entsteht, bei dem der Preis der Güter auf das geringstmögliche Niveau der notwendigen Produktionskosten sinkt und eine Pareto-optimale Allokation knapper Ressourcen zustande kommt. Zu diesen Bedingungen gehören vor allem die folgenden: die Ausstattung aller Teilnehmer mit marktfähigen Ressourcen, die ihnen einen freien Marktzugang ermöglichen; die vollkommene Rationalität und Informiertheit aller Beteiligten; die Nichtexistenz von Transaktionskosten und externen Effekten; die Elastizität von Angebot und Nachfrage; sowie ein freier Wettbewerb, in dem kein Teilnehmer die Macht hat, die Ergebnisse marktlicher Transaktionen zu diktieren (vgl. Buchanan 1985, 14–18; Gauthier 1986, 85–90; Stiglitz 1999, Kap. 8 und 13).

Markttransaktionen, die unter diesen Bedingungen zustande kommen, sind jedenfalls effizient, weil sie von jeder Vertragspartei gegenüber dem jeweils zuvor bestehenden Zustand vorgezogen werden und keine nachteiligen Auswirkungen auf Dritte haben. Sie erscheinen aber auch als *gerecht*, also aus unparteiischer Sicht akzeptabel, wenn gilt, dass jede Vertragspartei einen begründeten, auch gegenüber Dritten vertretbaren Anspruch hat, über die von ihr jeweils transferierten Güter oder Leistungen zu verfügen. Das setzt allerdings voraus, dass die den Transaktionen vorangehende Verteilung der Eigentums- und Verfügungsrechte der Beteiligten selber schon gerecht ist, also den dafür maßgeblichen Erfordernissen der Gerechtigkeit entspricht. Gerechte Tauschverhältnisse erfordern demnach zweierlei: erstens einen *fairen Markt*, der im idealen Fall dem Modell eines perfekten Marktes nahekommt, von dem reale Märkte freilich stets mehr oder minder abweichen; und zweitens eine *gerechte Ausgangsverteilung* der getauschten Güter, die jedoch nicht allein den Erfordernissen der Tauschgerechtigkeit, sondern letztlich jenen der distributiven Gerechtigkeit unterliegt, da auch den früheren Transaktionen, aus denen sie hervorgegangen sein mag, selber schon eine gerechte Ausgangsverteilung zugrunde gelegen haben muss. Dies führt zu der Konzeption der Tauschgerechtigkeit als *Marktgerechtigkeit*, die zum Abschluss in aller Kürze skizziert sei (dazu näher Koller 2010).

Konklusion

Die vorgeschlagene Konzeption der Tauschgerechtigkeit, deren Erfordernisse den Bedingungen eines perfekten Marktes nachgebildet sind, kann in erster Annäherung etwa so formuliert werden: Marktliche Tauschverhältnisse sind gerecht, wenn sie von vollkommen rationalen Personen, die ihr bestes Interesse zu verfolgen vermögen, in vollkommener Kenntnis aller hierfür relevanten Informationen aus freien Stücken unbeeinflusst von sozialen Machtungleichheiten geschlossen werden, unter der Voraussetzung einer gerechten Ausgangsverteilung der individuellen Eigentums- und Verfügungsrechte an den getauschten Gütern und Leistungen. So formuliert, stellt die Konzeption allerdings extrem hohe Anforderungen, die von realen Vertragsgeschäften ebenso wenig erfüllt werden können wie die Idealbedingungen des perfekten Marktes von realen Märkten. Diese Version kann daher nur als eine *Idealvorstellung*, als eine regulative Idee, verstanden werden, von der entsprechende Abstriche gemacht werden müssen, um zu einer praktikablen Deutung der Tauschgerechtigkeit zu gelangen, die einerseits die Anforderungen an zulässige Transaktionen auf ein erfüllbares Niveau reduziert, andererseits aber die freie Selbstbestimmungsfähigkeit jeder Person garantiert und deren Übervorteilung und Ausbeutung unterbindet. Eine solche Deutung muss aber doch stärkere Anforderungen an den Marktverkehr stellen als das positive Recht, das die Gültigkeit von Verträgen nur an Minimalbedingungen knüpfen kann, um dem Geschäftsleben nicht allzu große Hindernisse entgegenzusetzen.

Eine *praktikable Deutung der Tauschgerechtigkeit*, die diesen Erwägungen Rechnung trägt, könnte so lauten: Vertragliche Transaktionen können als gerecht gelten, wenn sie

- im Wege freier Übereinkünfte hinreichend selbstbestimmungsfähiger und informierter Personen zustande kommen,
- keine gravierenden negativen Auswirkungen auf Dritte haben,
- nicht von erheblichen sozialen Machtungleichheiten bestimmt werden und schließlich
- auf der Basis einer einigermaßen akzeptablen, zumindest nicht offenkundig ungerechten Ausgangsverteilung der individuellen Eigentums- und Verfügungsrechte stattfinden.

Demgemäß sind Transaktionen in dem Maße ungerecht, in dem sie diese Anforderungen nicht erfüllen.

Infolgedessen hat eine Marktordnung für Rahmenbedingungen des Vertragsverkehrs Sorge zu tragen, die einerseits sicherstellen, dass die getätigten Transaktionen im Großen und Ganzen den genannten Anforderungen entsprechen, andererseits aber auch geeignete Mittel bieten, die Ergebnisse ungerechter Transaktionen zu korrigieren, sei es durch deren Außerkraftsetzung, Nachbesserung oder Berichtigung im Wege der Kompensation erlittener Nachteile. Da jedoch selbst wohlfunktionierende und einigermaßen gerechte Märkte wegen ihrer Eigendynamik oder infolge der kumulativen Effekte kleiner Ungerechtigkeiten zu erheblichen Ungleichheiten führen können, welche die nachfolgenden Transaktionen zunehmend verzerren, kann es auch notwendig sein, diese Ungleichheiten durch eine Neujustierung der individuellen Verfügungsrechte oder durch umverteilende Maßnahmen zu korrigieren, um den Marktprozess wieder in halbwegs gerechte Bahnen zu lenken. Und das gilt umso mehr für die meisten realen Märkte, die an mehr oder minder gravierenden Mängeln leiden. Aus diesem Grund ist es entgegen der Ansicht der Verfechter eines radikalen Marktliberalismus wie Robert Nozick (1974) oder Friedrich A. von Hayek (1976) auch verfehlt, von der Annahme einer Marktordnung, in der sich aus einer für gerecht oder akzeptabel gehaltenen ursprünglichen Anfangsverteilung individueller Rechte im Wege einer Sequenz gerechter Transaktionen eine bestimmte Güterverteilung ergeben hat, auf deren Gerechtigkeit oder Unanfechtbarkeit zu schließen. Die Gewährleistung einer akzeptablen Ausgangsverteilung, welche die Tauschgerechtigkeit verlangt, ist daher eine ständige Aufgabe einer gerechten sozialen Ordnung. Die Frage, wie diese Ausgangsverteilung beschaffen sein muss, ist jedoch nicht allein eine Frage der Tauschgerechtigkeit, sondern insbesondere auch eine der sozialen Verteilungsgerechtigkeit (Koller 2008; s. auch Kap. II.18).

Literatur

Aristoteles: *Die Nikomachische Ethik*. Hg. von Olof Gigon. München 1972 [NE].

Bien, Günther: Gerechtigkeit bei Aristoteles. In: Otfried Höffe (Hg.): *Die Nikomachische Ethik*. Berlin 1995, 135–164.

Buchanan, Allen: *Ethics, Efficiency, and the Market*. Totowa 1985.

De Roover, Raymond: The concept of the just price: Theory and economic policy. In: *The Journal of Economic History* 18/4 (1958), 418–434.

Epstein, Steven A.: The theory and practice of the just wage. In: *Journal of Medieval History* 17 (1991), 53–69.

Gauthier, David: *Morals by Agreement*. Oxford 1986.

Haslinger, Franz/Schneider, Johannes: Die Relevanz der Gleichgewichtstheorie. In: *Ökonomie und Gesellschaft*, Jb. 1: *Die Neoklassik und ihre Herausforderungen*. Frankfurt a. M. 1983, 1–55.

Hayek, Friedrich August von: *Law, Legislation and Liberty*, Vol. 2: *The Mirage of Social Justice*. London 1976.

Höffner, Joseph: *Wirtschaftsethik und Monopole im fünfzehnten und sechzehnten Jahrhundert*. Jena 1941.

–: Der Wettbewerb in der Scholastik. In: *Ordo* 5 (1953), 181–202.

Johnson, E. A. J.: Just price in an unjust world. In: *Ethics* 48 (1938), 165–181.

Kaulla, Rudolf: Die Lehre vom gerechten Preis in der Scholastik. In: *Zeitschrift für die gesamte Staatswissenschaft* 60 (1904), 579–602.

Koller, Peter: Markt, Tauschgerechtigkeit und Macht. In: *Normative und institutionelle Grundfragen der Ökonomik*, Jb. 7: *Macht in der Ökonomie*. Marburg 2008, 215–240.

–: Market efficiency and contractual justice. In: Tadeusz Czarnecki et al. (Hg.): *The Analytical Way. Proceedings of the 6th European Congress of Analytic Philosophy*. London 2010, 167–186.

Kurz, Heinz D.: *Geschichte des ökonomischen Denkens*. München 2013.

Langholm, Odd: *The Legacy of Scholasticism in Economic Thought. Antecedents of Choice and Power*. Cambridge 1998.
Nozick, Robert: *Anarchy, State, and Utopia*. New York 1974.
Smith, Adam: *Der Wohlstand der Nationen. Eine Untersuchung seiner Natur und seiner Ursachen*. Hg. von Horst Claus Recktenwald. München 1974 (engl. 1776).
Stiglitz, Joseph E.: *Volkswirtschaftslehre*. München 1999 (engl. 1997).
Sturn, Richard: Gerechter Preis und Marktpreis. Zur Interdependenz von Religion, Ökonomie und Sozialtheorie. In: *Normative und institutionelle Grundfragen der Ökonomie*, Jb. 6: *Ökonomie und Religion*. Marburg 2007, 89–111.
Thomas von Aquin: *Summe der Theologie*, Bd. 3: *Der Mensch und das Heil*. Hg. von Joseph Bernhart. Stuttgart ²1954, Nachdr. 1985.
Trusen, Winfried: Äquivalenzprinzip und gerechter Preis im Spätmittelalter [1967]. In: Ders.: *Gelehrtes Recht im Mittelalter und in der frühen Neuzeit*. Goldbach 1997, 531–547.
Wood, Diana: *Medieval Economic Thought*. Cambridge 2002.

Peter Koller

14 Feministische Gerechtigkeit

Ausgangspunkt feministischer Theorien der Gerechtigkeit ist die Frage nach dem Verhältnis der Geschlechter und die Kritik an geschlechtshierarchischen Strukturen, gesellschaftlicher Diskriminierung und Marginalisierungen von Frauen. Grundlegend ist folglich ein Interesse daran, zu analysieren und zu konzeptualisieren, welche Relevanz der Unterschied zwischen Geschlechtern in gerechten Gesellschaften noch haben kann und sollte (s. Kap. V.62). Trotz dieses einheitlichen Kennzeichens sind feministische Theorien der Gerechtigkeit so vielfältig wie feministische Theorien generell: Es gibt nicht eine feministische Gerechtigkeitstheorie, sondern unterschiedliche Positionen, Traditionen und politische Ideale (vgl. Dietz 1998; vgl. auch Jaggar/Young 1998, 487–581). Diese verschiedenen Perspektiven sollen anhand dreier Problemfelder beschrieben werden, nämlich dem von Gleichheit vs. Differenz, dem der Differenz zwischen dem Privaten und Öffentlichen und dem von Demokratie und Öffentlichkeit. Abschließend werden gegenwärtig zentrale und richtungsweisende Debatten skizziert.

Gleichheit und Differenz

Zentraler Aspekt in der Diskussion feministischer Gerechtigkeitstheorien ist die Frage, ob Nicht-Diskriminierung von Frauen einfachhin die ›Gleichheit‹ der Geschlechter bedeutet, respektive was denn eine solche ›Gleichheit‹ impliziert: Welche Gleichheit ist möglich, welche Differenz ist nötig? Besonders in den ersten Jahren feministischer Theoriebildung in der zweiten Hälfte des 20. Jahrhunderts wurde die Debatte um Gleichheit vs. Differenz erbittert geführt (vgl. genauer meinen Beitrag Rössler 1996, auf den ich mich im Folgenden stütze).

In einer ersten Runde des Streits lassen sich die beiden Positionen noch vergleichsweise schematisch beschreiben: Kultivierung, Zelebrierung weiblicher Eigenschaften und ›weiblicher Differenz‹ auf der einen Seite und Orientierung an Gleichheit (mit den Männern) auf der anderen Seite, wie etwa im Blick auf die gleiche Verteilung von Erwerbsarbeit, einhergehend allerdings mit einer grundsätzlichen Kritik an der geschlechtsspezifischen Arbeitsteilung (z. B. Moller Okin 1989). Demgegenüber beharrten die Positionen der Differenz auf der Unterschiedlichkeit der Geschlechter und damit auch auf der Unterschiedlichkeit ihrer gesellschaftlichen Rollen und klagten deren gesellschaftliche Gleichbewertung – also eine besondere Aufwertung der Familie und der im traditionellen Privatbereich verrichteten Arbeiten – ein (z. B. Elshtain 1981). Deshalb wurde der Position der Differenz generell ein Essentialismus vorgeworfen, der die so genannten weiblichen Eigenschaften oder das so genannte weibliche Denken verabsolutiere und ontologisch verfestige, während umgekehrt der Position der Gleichheit die Orientierung an einem nur scheinbar humanistischen, eigentlich jedoch ›männlichen‹ Gleichheitsideal zum Vorwurf gemacht wurde (Bock/James 1992; Butler/Scott 1992; Hackett/Haslanger 2006).

In einer zweiten Runde der Auseinandersetzungen steht die Kritik an der thetischen Gegenüberstellung im Vordergrund: Die Schematisierung von ›weiblicher Differenz‹ und ›männlich orientierter Gleichheit‹ führe in eine theoretische Sackgasse. Deshalb verschob sich die Debattenlage in den Jahren danach signifikant. Die erste Form einer solchen differenzierten Kritik am Begriff der Gleichheit ohne den Rekurs auf essentialisierende Differenzpositionen findet sich prominent bei Catherine MacKinnon (1989): Mit der Orientierung an der ›Gleichheit‹ der Geschlechter seien die tatsächlichen Macht- und Dominanzstrukturen, die in einer patriarchalen Gesellschaft herrschen, nicht zu analysieren; der Begriff der Gleichheit setze notwendigerweise die Situation und Bedürfnisse ›des Mannes‹ als die Norm, die Gleichheit definiere, gegenüber der die Situation und Bedürfnisse von Frauen immer als ›anders‹ und damit als unterlegen, als deviant begriffen würden. Stattdessen müsse es darum gehen, die Idee liberaler Gleichheit und Neutralität des liberalen Staates von Grund auf zu kritisieren, ebenso wie den Begriff von Gerechtigkeit, der jenen zugrunde liege: allerdings gerade ohne damit einer Essentialisierung und Ontologisierung weiblicher Eigenschaften das Wort zu reden. Deshalb muss die Analyse von Macht- und Dominanzstrukturen im Zentrum feministischer Theoriebildung stehen (ebd.).

Auch die zweite Form der differenzierteren Kritik am Gleichheitsbegriff hält nicht mehr fest am ›Feiern der Differenz‹, hat jedoch einen anderen Ausgangspunkt. Sie behauptet, dass das alte Schema von Gleichheit und Differenz nicht ausschließlich in Begriffen von Macht und Dominanz analysiert werden könne, da so eine grundsätzliche Kritik an einem ›männlichen‹ Begriff von Gleichheit nur durch die Viktimisierung von Frauen zu leisten sei (dies der Vorwurf gegen MacKinnon). Sie behauptet weiterhin, jenes Schema könne gerade durch die rechtliche und soziale Anerkennung von Differenzen in der Lebenssituation von Frauen überschritten werden, da das männliche Paradigma dessen, was als gleich zu gelten habe, permanent unterlaufen werde, wenn Frauen darauf insistieren, dass sie gegebenenfalls anderer Rechte bedürfen, um gleiche Freiheiten zu erringen (das betrifft den Schwangerschaftsabbruch ebenso wie Quotenregelungen im Erwerbsarbeitsbereich, das Scheidungsrecht oder die Forderung nach Kindertagesstätten). Damit wird die Idee liberaler Gleichheit nicht *tout court* infrage gestellt, sondern benutzt, um ›gleiche‹ als vergleichbare Rechte und Freiheiten auch für Frauen zu sichern. Dreh- und Angelpunkt ist dann die Frage, in welcher Weise Diskriminierungen von Frauen rechtlich und sozial beseitigt, differente Lebenssituationen ›anerkannt‹ werden können, ohne diese Diskriminierungen und differenten Verhältnisse festzuschreiben (Nagl-Docekal/Pauer-Studer 1996; Olson 2008).

In den letzten Jahren kann man nun eine weitere Runde der Debatte um Gleichheit vs. Differenz ausmachen, die zugleich eine thematische Verschiebung bedeutet: Hier steht zum einen im Vordergrund, wie mit den nicht bestreitbaren Differenzen zwischen Frauen untereinander angemessen umzugehen sei, wer also eigentlich mit ›den Frauen‹ gemeint sei. Unterschiedliche Lebenskontexte von Frauen, damit verbundene unterschiedliche Interessen, unterschiedliche ethnische Herkunft, sexuelle Orientierung, all diese Differenzen zwischen Frauen rückten zunehmend in den Vordergrund und führten zu einer Modifizierung und noch stärkeren Pluralisierung feministischer Theorien, auch feministischer Theorien der Gerechtigkeit (Young 1990; Hackett/Haslanger 2006; Robeyns/Brighouse 2010).

Zum anderen liegt ein Grund für eine Verschiebung der Kontroverse in der zunehmenden Kritik an der Dichotomie zwischen *sex* und *gender*, zwischen biologischem und kulturellem oder sozialem Geschlecht. War diese Unterscheidung zunächst als ein emanzipativer Schritt begriffen worden, weil sie gerade die Unabhängigkeit kulturell geformter so genannter weiblicher Eigenschaften vom biologisch-anatomischen Geschlecht beweisen sollte, so wurde zunehmend deutlich, dass das Festhalten an der biologischen Zweigeschlechtlichkeit immer noch mit kulturell codierten Hierarchisierungen, wie denen der normalisierenden Heterosexualität, einherging (Hackett/Haslanger 2006; Butler 1991; Hartsock 1998; Mikkola 2012). Bei der Frage, was Gerechtigkeit zwischen den Geschlechtern bedeutet, was die sozial-kulturelle, ökonomische Konstruktion von *gender* beinhaltet, wie soziale und andere Differenzen zwischen Frauen anerkannt werden können, ohne zugleich sanktioniert zu werden, müssen folglich diese heterogenen Formen struktureller Diskriminierung mit berücksichtigt werden. Diese Fragen sind auch in den gegenwärtigen Debatten noch umstritten. Einer der zentralen Streitpunkte ist dabei die Bedeutung und Rolle der geschlechtsspezifischen Arbeitsteilung.

Privat und öffentlich

Auch deshalb ist die Analyse und Kritik der Unterscheidung zwischen ›privat‹ und ›öffentlich‹ zentral für eine feministische Theorie der Gerechtigkeit: Die geschlechtsspezifische Arbeitsteilung gehört zu den fundamentalen Hindernissen sozialer Gerechtigkeit. Mittlerweile klassisch geworden ist Carole Patemans Überzeugung: »[T]he dichotomy between the private and the public is central to almost two centuries of feminist writing and political struggle; it is, ultimately, what the feminist movement is about« (Pateman 1989, 118).

Im liberalen Verständnis von Privatheit kann man nämlich eine fundamentale Ambivalenz der politischen Semantik feststellen: Ist auf der einen Seite der Begriff des Privaten rechtlich-konventionell begründet – im Sinne von Bürger- und ökonomischen Freiheiten –, markiert er auf der anderen Seite einen quasi natürlichen Bereich, dem ebenso natürlicherweise die Frauen als Gruppe zugeordnet sind (vgl. Moller Okin 1989; Rössler 2001). Es ist dieser quasi natürliche Begriff von Privatheit, der von Beginn der feministischen Kritik an im Mittelpunkt steht, da er mit einem grundlegenden, hierarchisierenden Strukturmerkmal moderner Gesellschaften konstitutiv verknüpft ist, nämlich der geschlechtsspezifischen Arbeitsteilung.

Zum einen sind mit der Zuordnung der Frauen zum Bereich des Privaten diese aus dem öffentlichen, gesellschaftlichen und politischen Leben und – jedenfalls symbolisch – aus dem Bereich der Erwerbsarbeit ausgeschlossen und damit zugleich die Reproduktionsarbeit, die Betreuung von Familie und Kindern als gesellschaftlich nicht relevante, da nicht bezahlte Arbeit ausgewiesen. Zum zweiten ist es falsch, zu meinen (wie die liberale Theorie), der ›private‹ Bereich der Familie sei der idyllische Bereich, frei von Repressionen und gesellschaftlichen Macht- und Dominanzstrukturen. Falsch ist dies, weil der häusliche Bereich strukturell durch häusliche Gewalt gekennzeichnet ist; weil andererseits auch öffentliche Regelungen permanent in die Familie hineingreifen und diese organisieren (Moller Okin 1989). Und drittens sorgt genau dieser angeblich idyllische Bereich für die Unsichtbarkeit und Unterrepräsentation von Frauen in allen Formen von Öffentlichkeit (Fraser 1992). Diese gegenseitige Abhängigkeit des Privaten und Öffentlichen und die Weise, wie sie aufeinander verweisen, wurde in der liberalen Tradition weitgehend ausgeblendet und ist konstitutiv für soziale Geschlechterungerechtigkeit in modernen Gesellschaften.

Nun geht jedoch mit dieser fundamentalen ideologiekritischen Argumentation gegen den liberal konstruierten Bereich des Privaten häufig zugleich der rechtlich-konventionelle Aspekt von Privatheit verloren, der sich in der Idee privater Freiheiten zum Ausdruck bringt und auf der Notwendigkeit und dem Sinn einer privaten Sphäre für jede Person einer Gesellschaft gleichermaßen insistiert. Deshalb haben auch feministische Theorien versucht, den Begriff des Privaten als verbunden mit spezifischen Freiheiten zu retten, so etwa Autorinnen wie Jean Cohen und Anita Allen (vgl. Allen 1988; Cohen 2004). Sie begreifen als ein zentrales Desiderat feministischer Politik- und Gerechtigkeitstheorie die Entwicklung eines Konzepts von Privatheit, das einerseits der Lebenssituation und den Bedürfnissen von Frauen gerecht wird, ohne in die alte Falle der ideologischen Zuordnung von Frauen zum Bereich des angeblich ›natürlich‹ Privaten zu laufen, und andererseits als ›Neubeschreibung der Privatsphäre‹ eine normative Konzeption gleicher privater Freiheitsräume für Frauen und Männer sichert.

Feministische Konzeptionen von Privatheit setzen grundsätzlich anders an als über den Rekurs auf eine wie auch immer spezifizierte ›natürliche‹ Sphäre, wenn sie nämlich ausgehen vom Begriff der (relationalen) Autonomie, so dass Frauen wie Männer in gleicher – vergleichbarer – Weise angewiesen sind auf den Schutz privater Räume und Lebensdimensionen, um den Sinn individueller – auch sozialer – Freiheit, das selbstgewählte Leben mit anderen, zu gewährleisten. Mit einem solchen Ansatz wird die mit dieser Unterscheidung einhergehende und von ihr sanktionierte geschlechtsspezifische Arbeitsteilung gerade unterlaufen, da von vornherein ein egalitärer, nichtdiskriminierender Ansatz in der Bestimmung des Privaten vorgenommen wird und mit ihm gerade nicht eine angeblich biologisch begründete gesellschaftliche Rollenverteilung für Frauen und Männer verbunden ist. Generelle Idee dieser feministischen Theorie von Privatheit ist offensichtlich, dass gesellschaftliche Diskriminierungen und soziale Ungerechtigkeit über den

Weg der Kritik an der traditionellen Unterscheidung zweier Sphären beseitigt werden müssen.

Dies gilt insbesondere für das Recht auf die ›Privatheit des Körpers‹: Denn es ist besonders diese Form von Privatheit, auf die Frauen historisch keinen oder jedenfalls keinen gleichwertigen Anspruch hatten wie Männer (dazu besonders Allen 1988). In den USA hat in diesem Kontext auch das Recht auf Schwangerschaftsabbruch eine besondere Bedeutung, da der Oberste Gerichtshof 1973 in einem folgenreichen Urteil dieses Recht mit dem Recht auf Privatheit begründet hat (vgl. Cohen 2004). Nun ist allerdings auch diese Form der Begründung des Rechts auf Schwangerschaftsabbruch auf feministische Kritik gestoßen, und zwar von zwei Seiten: Prominent unter den Kritikerinnen eines solchen Konzepts liberaler Privatheit aus ›radikaler‹ Perspektive ist Catherine MacKinnon (1989). Für sie zeigt sich im Rekurs auf Privatheitsrechte nur weiterhin die Idee, Frauen in einen ideologisch besetzten Bereich des Privaten und damit des Nicht- und Vorpolitischen abzudrängen und ihnen wiederum Rechte immer nur als differente und deviante ›zuzugestehen‹. Zum anderen kam Kritik aus den Reihen der *Maternal-thinking*-Theoretikerinnen, einerseits wegen der für ein Recht auf Privatheit notwendigen Orientierung am Begriff der liberalen Autonomie, beispielsweise von Mary Ann Glendon (1987), andererseits von Jean B. Elshtain mit der Verteidigung der klassischen Privatheit, da in ihr die ›weiblichen‹ Tugenden (wie Mütterlichkeit, Fürsorge (*care*), Verantwortlichkeit in Beziehungen), die unverzichtbar für das Wohlergehen der Gesellschaft als ganzer seien, ausgebildet werden (Elshtain 1981; kritisch Dietz 1998). Ziel einer an weiblichen Beziehungsbedürfnissen orientierten Theorie müsse folglich die gesellschaftliche Aufwertung dieser Tugenden und damit die Gleichwertigkeit männlicher und weiblicher Lebenssituationen und Eigenschaften sein.

Doch aus der Perspektive feministischer Gerechtigkeitstheorien kann man gerade jene »Neubeschreibungen des Privaten« (Cohen) als aussichtsreiche Versuche begreifen, die unterschiedlichen gesellschaftlichen Diskriminierungen von Frauen, die sich in der strukturell ungerechten Rollenzuordnung der geschlechtsspezifischen Arbeitsteilung manifestieren, normativ zu begreifen und normativ tragfähige Gegenentwürfe zu entwickeln, die rechtlich sensibel sind für die differenten Lebenssituationen von Frauen, ohne auf dem Weg einer solchen sozialen und rechtlichen Anerkennung die Differenzen als hierarchische festzuschreiben.

Gerechtigkeit, Demokratie und Staatsbürgerschaft

Die meisten feministischen Autorinnen sehen einen direkten kausalen Zusammenhang zwischen der traditionellen liberalen Unterscheidung zwischen privatem und öffentlichem Bereich einerseits und der Marginalisierung von Frauen in der Öffentlichkeit andererseits (vgl. Phillips 1995; Moller Okin 1989; 1999). Es kann nicht einfach Zufall sein, so etwa Seyla Benhabib, dass Frauen in der liberaldemokratischen politischen Öffentlichkeit so gut wie keine Rolle spielen. Dies müsse mit der theoretischen Konzeption selbst zu tun haben und mit den verzerrenden Kategorien, die liberalen Theorien notwendigerweise innewohnen (Benhabib 1995).

Aus der Perspektive feministischer Gerechtigkeitstheorien gesehen, muss folglich Ausgangspunkt feministischer Kritik und Diskussion des Begriffs der Öffentlichkeit und der Demokratie- und Staatsbürgerschaftstheorie zunächst einmal die Tatsache der Unterrepräsentation von Frauen sein – in so gut wie allen Bereichen sozialer, ökonomischer, zivilgesellschaftlicher und politischer Öffentlichkeit. Auf die Frage danach, warum die Anwesenheit und die (politische) Repräsentation von Frauen in der Öffentlichkeit so wichtig ist, geben feministische Theoretikerinnen verschiedene Antworten (Mouffe 1992; Moller Okin 1989; 1999; Phillips 1995; Young 2000).

Relevant ist zunächst die politische Repräsentation von Frauen deshalb, weil der Einfluss der politischen auf alle anderen Sphären der Gesellschaft so immens ist und deshalb Diskriminierung oder Unterrepräsentation in dieser Sphäre durchgreift auf alle anderen gesellschaftlichen Sphären und Bereiche (vgl. zum Folgenden Fraser 1992). Damit hängt zusammen, dass die Interessen von Frauen besonders unterdrückt werden, wenn sie in der Öffentlichkeit nicht oder nicht ausreichend vielfältig artikuliert werden, da gerade in den Jahren seit der ›zweiten Frauenbewegung‹ deutlich geworden ist, wie zentral und bestimmend öffentliche Diskurse mit und zwischen Frauen für die Reflexion auf die je eigene Situation und die Artikulation von Bedürfnissen und Identitäten sind, für alle Frauen, die von solchen Diskursen betroffen sind (vgl. ebd.; Young 2000).

Hier lassen sich unterschiedliche feministische Begründungsstrategien unterscheiden: auf der einen Seite Iris M. Youngs Idee der Gruppenrepräsentation, auf der anderen Seite Anne Phillips' Idee der gleichen demokratischen Partizipation (Young 1990; Phillips

1995 und besonders Teil III und IV in Phillips 1998). Beide Strategien stützen sich im Prinzip auf ein Modell deliberativer Demokratie und streben eine größere Beteiligung von Frauen in den politischen Organen und Institutionen an, tun dies aber im Rekurs auf unterschiedliche Ideen.

Während die erste auf ein Prinzip der Interessen- oder Standpunktvertretung rekurriert, das sich auf die Tatsache spezieller Interessen oder Sichtweisen, auf weibliche Erfahrungen, Bedürfnisse und Wahrnehmungen gründet (Young 2000), rekurriert die zweite auf das Prinzip demokratischer Gleichheit und Gerechtigkeit und damit auf die Idee, dass gleiche politische Partizipationsrechte, die für alle Personen einer Gesellschaft in gleicher Weise zu gelten haben, nur dann realisiert seien, wenn tatsächlich alle gesellschaftlich relevanten Gruppen in ungefähr gleicher Weise vertreten sind (Phillips 1995). Beide Modelle zielen auf (feministisch motivierte) substanzielle Änderungen von Politiken, und beide Modelle verbinden diese Theorie mit einer fundamentalen Kritik an der traditionellen liberalen Unterscheidung zwischen einem privaten und einem öffentlichen Bereich. In der feministischen Debatte um den Begriff der Staatsbürgerschaft spiegeln sich dieselben Begründungsstrategien (Dietz 1998), hier werden jedoch auch weitere Probleme multikultureller moderner Gesellschaften diskutiert (vgl. vor allem Friedman 2005).

Gerechtigkeitsfragen ergeben sich, das wurde schon deutlich, auch in der zivilgesellschaftlichen Öffentlichkeit; auch hier ist die Beteiligung und Abwesenheit von Frauen wiederum in erster Linie als Folgeproblem der geschlechtsspezifischen Arbeitsteilung zu konzeptualisieren. In der Öffentlichkeit werden in den unterschiedlichen öffentlichen Diskursen – wie freien Assoziationen, Medien etc. – Themen gesetzt und Themen ausgehandelt, die Konsequenzen nicht nur für die parlamentarische Willensbildung haben, sondern konstitutiv sind für das Verständnis dessen, was allererst als ›politisch‹ im Sinne von ›von allgemeinem Belang‹ begriffen werden kann und soll. Öffentlich werden Bedürfnisse artikuliert und interpretiert, unterschiedliche Positionen konstituiert und diskutiert, Gerechtigkeitsfragen als solche bestimmt oder verworfen und damit auch generell Gründe und Folgen geschlechtsspezifischer Arbeitsteilung thematisch (vgl. Fraser 1992). Dabei muss als gerechtigkeitstheoretische Pointe begriffen werden, dass eine gleichberechtigte Teilhabe von Frauen an öffentlichen Diskursen in jedem Sinn nicht nur Ziel (demokratischer Gleichheit) ist, sondern zugleich unabdingbares Mittel, um notwendige Transformationen sozialer Gerechtigkeit im Sinne der (institutionalisierten) Möglichkeit der Artikulation und Interpretation, der Einflussnahme auf Meinungs- und Willensbildung von unterschiedlichen Frauen-Standpunkten aus herbeizuführen.

Weitergehende Fragen und Debatten

Abschließend soll eine Reihe von Problemstellungen skizziert werden, die derzeit als relevant und richtungweisend begriffen werden müssen. Sie schließen an die skizzierten Problemgebiete auf verschiedene Weise an und können zugleich Hinweise darauf geben, warum die Ungerechtigkeit im Geschlechterverhältnis so persistent ist.

A) In der traditionellen Trennung zwischen dem privaten und öffentlichen Bereich bildet die Familie die zentrale Schnittstelle. Sie steht immer noch, auch als Bezugspunkt für die strukturelle Ungerechtigkeit der geschlechtsspezifischen Arbeitsteilung, im Zentrum der Debatten um feministische Gerechtigkeit. Wenn man davon ausgeht, dass die familiäre Struktur keine vollständig von anderen gesellschaftlichen Strukturen abgetrennte Einheit bildet, sondern sich jene in diesen ebenso wie diese in jener fortsetzen und widerspiegeln, dann kommt der Problematik, wie denn diese familiären Strukturen begriffen werden sollen, zentrale Bedeutung zu. Dabei sind es vor allem drei Fragen, die sich hier für eine feministische Gerechtigkeitstheorie stellen: Wie soll die Verteilung und Bewertung der so genannten ›Reproduktionsarbeiten‹ und Betreuungsarbeiten vorgenommen werden? Ist die Anwendung des Gerechtigkeitsbegriffs auf familiäre Strukturen nicht unangebracht, da es hier nicht um Gerechtigkeit, sondern doch um Liebe geht? Und schließlich: Welcher Stellenwert soll in einer normativen Konzeption von Familie (und Gesellschaft) der Differenz der Geschlechter überhaupt noch zukommen? Auf alle drei Fragen geben feministische Theorien unterschiedliche Antworten (Fraser 1997; Anderson/Kleingeld 2008; Moller Okin 1989; Gheaus 2012). Eine wichtige Rolle spielt auch hier die Auseinandersetzung mit der Rawlsschen Theorie der Gerechtigkeit (Rawls 1979; 1993) und dem Platz der Familie in der Grundstruktur (Moller Okin 1989; kritisch dazu Chambers 2008). Weiterhin kann man hier darauf verweisen, dass die Debatte um ideale versus nichtideale Theorien der Gerechtigkeit auch in der feministischen Diskussion eine wichtige Rolle spielt (Young 2000).

B) Eine weitere Problematik bildet die Frage nach den Konsequenzen von Multikulturalismus und der Globalisierung von Gerechtigkeit für eine feministische Gerechtigkeitstheorie; beide Probleme schließen an die Themen von Demokratie und Staatsbürgerschaft an. Zum einen geht es hier um Debatten, die Susan Moller Okin angestoßen hat: In welcher Weise sind multikulturelle Gesellschaften und Politiken nachteilig für Frauen, in welcher Weise können sie Geschlechtergerechtigkeit ermöglichen? Zu diesen Debatten gehören auch die Frage der grundsätzlichen feministischen Kritik am Liberalismus (Moller Okin 1999; Benhabib 1995; Nussbaum 1999; Phillips 2009), die Frage von Quoten und deren moralischer und politischer Relevanz (Rössler 1993) und die Auseinandersetzung um ideale vs. nichtideale Ansätze in den Gerechtigkeitstheorien (Young 2000).

Zum zweiten muss hier auf die feministischen Debatten über internationale Gerechtigkeit verwiesen werden: Hier werden Fragen diskutiert wie die nach dem Status von Migrantinnen, den Folgen der Globalisierung für die Arbeitssituation von Frauen, dem Problem von Sexarbeiterinnen und des *trafficking in women* (O'Neill 1993; Nussbaum 1999; Olson 2008, 273 ff.; Jaggar 2014).

C) Schließlich will ich auf eine Reihe von methodologischen Problemstellungen verweisen. Bei jeder dieser Problemstellungen geht es um (teilweise erst in den letzten Jahren entwickelte) Formen des Aufdeckens, Analysierens, Erkennens und Interpretierens von Ungerechtigkeiten im Geschlechterverhältnis. So entwickelt Miranda Fricker mit dem Begriff der epistemischen Ungerechtigkeit ein neues Instrumentarium, um Ausschlussmechanismen und Diskriminierungen von Frauen aus einer epistemologischen Perspektive zu analysieren und zu kritisieren (Fricker 2007). Die neueren Diskussionen, anknüpfend an empirische Forschungen, über *implicit bias* und die Rolle von Schemata und Stereotypisierungen geben neue Hinweise auf die alltägliche Re-Produktion von Geschlechterungerechtigkeit (Saul 2013). Und schließlich sind hier die Entwicklungen in der feministischen Ideologiekritik wichtig, die weniger an der Kritik von individuellen psychologischen Mikromechanismen als an der von tiefgreifenden Machtstrukturen interessiert ist und an der Frage, wie Unterdrückung von Frauen begriffen und kritisiert werden muss (Veltman/Piper 2014).

Literatur

Allen, Anita: *Uneasy Access: Privacy for Women in a Free Society*. Totowa 1988.

Anderson, Joel/Kleingeld, Pauline: Die gerechtigkeitsorientierte Familie: Jenseits der Spannung zwischen Liebe und Gerechtigkeit. In: Axel Honneth/Beate Rössler (Hg.): *Von Person zu Person: Zur Moralität persönlicher Beziehungen*. Frankfurt a. M. 2008, 283–312.

Benhabib, Seyla: *Selbst im Kontext. Kommunikative Ethik im Spannungsfeld von Kommunitarismus, Feminismus und Postmoderne*. Frankfurt a. M. 1995.

Bock, Gisela/James, Susan (Hg.): *Beyond Equality and Difference. Citizenship, Feminist Politics, Female Subjectivity*. London 1992.

Butler, Judith: *Das Unbehagen der Geschlechter*. Frankfurt a. M. 1991.

–/Scott, Joan W. (Hg.): *Feminists Theorize the Political*. New York 1992.

Chambers, Clare: The Family as basic institution: a feminist analysis of the basic structure as subject. In: Ruth Abbey (Hg.): *Feminist Interpretations of John Rawls*. Pennsylvania 2008, 75–95.

Cohen, Jean L.: *Regulating Intimacy. A New Legal Paradigm*. Princeton 2004.

Dietz, Mary G.: Context is all: Feminism and theories of citizenship. In: Anne Phillips (Hg.): *Feminism and Politics*. Oxford 1998, 378–401.

Elshtain, Jean B.: *Public Man, Private Woman*. Princeton 1981.

Fraser, Nancy: Rethinking the public sphere. In: Craig Calhoun (Hg.): *Habermas and the Public Sphere*. Cambridge MA 1992.

–: *Justice Interruptus*. New York 1997.

Fricker, Miranda: *Epistemic Injustice. Power and the Ethics of Knowing*. Oxford 2007.

Friedman, Marilyn (Hg.): *Women and Citizenship*. Oxford 2005.

Gheaus, Anca: Gender justice. In: *Journal of Ethics and Social Philosophy* 60/1 (2012), 1–25.

Glendon, Mary Ann: *Abortion and Divorce in Western Law*. Cambridge 1987.

Hackett, Elizabeth/Haslanger, Sally: *Theorizing Feminisms. A Reader*. Oxford 2006.

Hartsock, Nancy: *The Feminist Standpoint Revisited and Other Essays*. Boulder 1998.

Jaggar, Alison M. (Hg.): *Gender and Global Justice*. Cambridge 2014.

–/Young, Iris Marion (Hg.): *A Companion to Feminist Philosophy*. Malden MA 1998.

MacKinnon, Catharine: *Towards a Feminist Theory of the State*. Cambridge MA 1989.

Mikkola, Mari: Feminist perspectives on sex and gender. In: Edward N. Zalta (Hg.): *Stanford Encyclopaedia of Philosophy* (Fall 2012 Edition), https://plato.stanford.edu/archives/fall2012/entries/feminism-gender/ (30.4.2015).

Moller Okin, Susan: *Justice, Gender, and the Family*. New York 1989.

–: *Is Multiculturalism Bad for Women*? Princeton 1999.

Mouffe, Chantal: Feminism, citizenship and radical demo-

cratic politics. In: Judith Butler/Joan W. Scott (Hg.): *Feminists Theorize the Political*. New York 1992.
Nagl-Docekal, Herta/Pauer-Studer, Herlinde: *Politische Theorie: Differenz und Lebensqualität*. Frankfurt a. M. 1996.
Nussbaum, Martha: *Sex and Social Justice*. Oxford 1999.
O'Neill, Onora: Justice, gender, and international boundaries. In: Martha Nussbaum/Amartya Sen (Hg.): *The Quality of Life*. Oxford 1993.
Olson, Kevin (Hg.): *Adding Insult to Injury. Nancy Fraser Debates her Critics*. London 2008.
Pateman, Carole: Feminist critiques of the public/private dichotomy. In: Dies.: *The Disorder of Women. Democracy, Feminism and Political Theory*. Cambridge 1989.
Phillips, Anne: *Geschlecht und Demokratie*. Hamburg 1995.
– (Hg.): *Feminism and Politics*. Oxford 1998.
–: *Multiculturalism without Culture*. Princeton 2009.
Rawls, John: *Eine Theorie der Gerechtigkeit*. Frankfurt a. M. 1979.
–: *Political Liberalism*. Cambridge MA 1993.
Robeyns, Ingrid/Brighouse, Harry: *Measuring Justice: Primary Goods and Capabilities*. Cambridge 2010.
Rössler, Beate: *Quotierung und Gerechtigkeit. Eine moralphilosophische Kontroverse*. Frankfurt a. M. 1993.
–: Feministische Theorien der Politik. In: Klaus v. Beyme/Claus Offe (Hg.): *Politische Theorien in der Ära der Transformation*. Opladen 1996, 267–294.
–: *Der Wert des Privaten*. Frankfurt a. M. 2001.
Saul, Jennifer: Implicit bias, stereotype threat and women in philosophy. In: Fiona Jenkins/Katrina Hutchison (Hg.): *Women in Philosophy: What Needs to Change?* Oxford 2013.
Veltman, Andrea/Piper, Mark (Hg.): *Autonomy, Oppression, and Gender*. Oxford 2014.
Young, Iris Marion: *Justice and the Politics of Difference*. Princeton 1990.
–: *Inclusion and Democracy*. Oxford 2000.

Beate Rössler

15 Internationale Gerechtigkeit

Mit Blick auf die über- bzw. zwischenstaatliche Gerechtigkeitsdebatte kann zwischen den Begriffen der globalen, internationalen und transnationalen Gerechtigkeit differenziert werden (s. Kap. II.16, 17). Ein wesentliches Unterscheidungskriterium ist dabei die Position souveräner Staaten im Theoriegefüge. Theorien internationaler Gerechtigkeit sehen eine durch souveräne Staaten geordnete Welt als gegebenen Sachverhalt an und klassifizieren Staaten als die dominante Organisationseinheit.

Der folgende Beitrag nähert sich dem Konzept der internationalen Gerechtigkeit aus einer primär politikwissenschaftlichen Perspektive, d. h. er konzentriert sich vorwiegend auf die Zustände und Entwicklungsmöglichkeiten in der realen, nicht-idealen Welt. Es werden drei Schritte unternommen, um den Gegenstand der internationalen Gerechtigkeit zu erschließen: *Erstens* wird auf Basis einer ideengeschichtlichen Einordnung erläutert, warum der Begriff der internationalen Gerechtigkeit bis Ende des Kalten Krieges keine prägende Rolle in den einschlägigen politikwissenschaftlichen Debatten spielte. *Zweitens* wird der Einzug gerechtigkeitsbezogener, insbesondere den kosmopolitischen philosophischen Ansätzen nahestehender Ideen in die politikwissenschaftlichen und politischen Diskurse nach Ende des Kalten Krieges besprochen. Hierbei wird anhand von zwei Beispielen – der Debatte zu *gerechten Kriegen* und der *internationalen Entwicklungszusammenarbeit* als einem Beitrag zur Entwicklungsgerechtigkeit – aufgezeigt, dass die Aufnahme kosmopolitischer Überlegungen zwar normativ sinnvoll, aber in einer nicht-idealen und nach wie vor staatenbasierten Welt nur schwer implementierbar ist. *Drittens* schließlich werden aus dieser Erkenntnis einige Schlussfolgerungen abgeleitet und diskutiert.

Internationale Gerechtigkeit bis zum Ende des Kalten Krieges

Lässt man die wenigen historischen Vordenker wie Immanuel Kant, der (wenn auch ohne explizite Verwendung des Gerechtigkeitsbegriffs) mit seinem Werk *Zum ewigen Frieden* (1795) versuchte, eine Vertragstheorie auf die internationale Ebene zu übertragen, außen vor, wird ersichtlich, dass es sich bei der Thematik der internationalen Gerechtigkeit in Philosophie und Politikwissenschaft um ein relativ junges Forschungsfeld handelt. Wählt man Charles Beitz' *Political Theory and International Relations* von 1979 als Ausgangspunkt, kann zudem festgestellt werden, dass die systematische Beschäftigung mit dem Feld der internationalen Gerechtigkeit auch innerhalb der vielschichtigen Gerechtigkeitsdebatte zu den Teilaspekten zählt, denen bisher vergleichsweise geringe wissenschaftliche und politische Aufmerksamkeit eingeräumt worden ist. Beitz' Werk ist sowohl in philosophischer als auch in politikwissenschaftlicher Hinsicht als zentral zu bewerten: In philosophischer Hinsicht argumentiert er für die Berücksichtigung einer über das Individuum hinausgehenden Gerechtigkeitsdimension in Form einer modifizierten Übertragung der Rawlsschen Gerechtigkeitsprinzipien auf die globale Ebene. Somit kann Beitz als wichtiger Vordenker des philosophischen Kosmopolitismus gesehen werden. In politikwissenschaftlicher Hinsicht kritisiert Beitz die generelle Blindheit der Forschung gegenüber Gerechtigkeitsüberlegungen, insbesondere in den Theorien des (Neo-)Realismus (vgl. hierzu etwa Morgenthau 1948/1993; Waltz 1959/2001). Folgt man diesen (neo-)realistischen Theorien der Politikwissenschaft, sind die Internationalen Beziehungen (IB) durch rational handelnde Staaten charakterisiert, die in einem anarchischen Umfeld nach Macht (Realismus) bzw. nach Sicherheit (Neorealismus) streben. Der Vordenker des Neorealismus, Kenneth Waltz, fasst das grundlegende Kalkül von Staaten in einer solchen Welt dahingehend zusammen, dass diese permanent verteidigungsfähig sein müssten, um nicht aufgrund ihrer Schwäche erpresst oder erobert zu werden (vgl. Waltz 1959/2001, 160). In einer solchen Welt ohne eine übergeordnete ordnungsstiftende Instanz existiert kein Spielraum für Gerechtigkeitsfragen, in ihr dominiert die bereits von Hobbes zum Ausdruck gebrachte Irrelevanz von Gerechtigkeit: »Begriffe von Recht und Unrecht, Gerechtigkeit und Ungerechtigkeit haben hier keinen Platz. Wo keine öffentliche Macht ist, gibt es kein Gesetz, wo kein Gesetz ist, gibt es keine Ungerechtigkeit« (Hobbes 1651/1996, 106). Nach realistischer Lesart wäre entsprechend jedweder Bezug auf moralisches oder gerechtes Handeln staatlicher Akteure überflüssig. Sollte dennoch gerechtes oder moralisches Handeln von Staaten erkennbar sein, so diene dies, wie von Morgenthau postuliert, als bloße Verschleierung ihres eigentlichen Strebens nach Macht (vgl. Morgenthau 1948/1993, 219).

Auch wenn sich Beitz in seiner Kritik vorwiegend auf den (Neo-)Realismus bezieht, kann derselbe Kritikpunkt auch für die anderen politikwissenschaftlichen Großtheorien der IB formuliert werden, spielt der Aspekt der Gerechtigkeit doch bei keiner eine entscheidende Rolle. Stattdessen wird auch bei idealistischen (bzw. liberalen) und institutionalistischen (bzw. neoliberalen) Theorien der IB der Fokus auf die Schaffung von Frieden und Sicherheit gerichtet und der Begriff der Gerechtigkeit in aller Regel nicht verwendet. Staaten spielen dabei eine entscheidende Rolle, sei es als Garanten eines stabilisierenden Kräftegleichgewichts (Neorealismus), als Akteure der Gewährleistung und Ausbreitung von Demokratie und Rechtsstaatlichkeit (Idealismus) oder als Initiatoren wirtschaftlicher und sozialer Interdependenzen in Form intergouvernementaler oder supranationaler Regelungsinstanzen bzw. Regime (Institutionalismus). Solange diese Ziele nicht erreicht sind, erweisen sich Fragen internationaler Gerechtigkeit in der Theoriedebatte als von peripherer Relevanz. Daran ändern auch die mittlerweile verbreiteten konzeptionellen Abhandlungen zu den Möglichkeiten des ›Regierens jenseits des Nationalstaates‹ (vgl. Zürn 1998), die vorliegenden Analysen zur ›postnationalen Konstellation‹ (vgl. Habermas 2001) oder etwa die Überlegungen zur Verrechtlichung bzw. Habitualisierung globaler Strukturen und Normen (vgl. Ougaard/Higgott 2002) nichts.

Abseits der einschlägigen Theoriedebatte der IB wurde der Gedanke einer internationalen distributiven Gerechtigkeit allerdings auch schon während des Kalten Krieges aufgegriffen; hier insbesondere im Kontext der internationalen Entwicklungszusammenarbeit. Interessant dabei ist jedoch der Befund, dass Gerechtigkeit nicht als Selbstzweck, sondern als notwendiges Mittel zur Schaffung und Absicherung von Frieden betrachtet wurde – der bereits innerhalb der Großtheorien der IB etablierte Fokus auf Frieden blieb also, wenngleich nun anders veranschlagt, letztlich konstant. So entwickelte z. B. der norwegische Politikwissenschaftler Johan Galtung im Rahmen des Aufkommens so genannter Dependenztheorien das Konzept des ›positiven Friedens‹, das zu dieser Zeit zwar eine bereits sichtbare, aber im politikwissenschaftlichen wie politischen Kontext keinesfalls dominante Rolle spielte. Durch die Bekämpfung ›struktureller Gewalt‹ könne, so Galtung, ein dauerhafter Friedenszustand erreicht werden, entsprechend müssten »die Bedingungen der strukturellen Gewalt zuweilen als soziale Ungleichheit bezeichnet« werden (Galtung 1975, 13). Bei Aufrechterhaltung der zentralen Rolle des Nationalstaates geht Galtung davon aus, dass eine distributive internationale Gerechtigkeit das Erreichen eines Friedenszustandes erleichtern und dieser Sachverhalt dann wiederum positiv auf Gerechtigkeitsaspekte rückwirken würde. Er bemerkt: »Die positiven Aspekte von ›Frieden‹ würden uns veranlassen, uns [...] um die Anwesenheit einer gewaltlosen Form der egalitären, nicht-ausbeuterischen und nicht-unterdrückerischen Kooperationen zwischen [...] Nationen« zu bemühen (ebd., 48). Sollten diese Bemühungen scheitern, fände laut Galtung jedoch nicht weniger als »der ›dritte Weltkrieg‹ zwischen Reich und Arm« statt (ebd., 53). Diese Gedankengänge einer Friedenssicherung durch distributive Gerechtigkeit sollten im Zuge der Weiterentwicklung politikwissenschaftlicher Theorien nach Ende des Kalten Krieges aufgegriffen und das lange vernachlässigte Konzept der Gerechtigkeit zumindest in Ansätzen auf die internationale Agenda gehoben werden.

Internationale Gerechtigkeit nach Ende des Kalten Krieges

Mit dem Niedergang der Sowjetunion und dem damit einhergehenden Ende der Blockkonfrontation veränderte sich die internationale Arena, was in zweierlei Hinsicht auch Auswirkungen auf die Debatte über internationale Gerechtigkeit hatte: Zum einen eröffnete die so genannte Friedensdividende, die sich aus dem Wegfall des Spannungsverhältnisses zwischen Ost und West ergab, neue ideelle, konzeptionelle und materielle Spielräume für politikwissenschaftliche und politische Themen jenseits von Krieg und Frieden – und damit auch für normative Fragen, die in den Theorien der IB und in außenpolitischen Entscheidungsprozessen bis zu diesem Zeitpunkt nur eine untergeordnete Rolle gespielt hatten. Zum anderen erhielt die Hoffnung auf ein Zeitalter des dauerhaften Friedens dahingehend einen Dämpfer, dass zwar die Anzahl zwischenstaatlicher Kriege nach Ende der Blockkonfrontation tatsächlich abgenommen hat, sich jedoch parallel die Anzahl innerstaatlicher Konflikte steigerte (vgl. UCDP). Beide Sachverhalte haben eine stärkere Berücksichtigung von Fragen zur internationalen Gerechtigkeit begünstigt; während ersterer dafür notwendige Kapazitäten freisetzte, unterstrich letzterer durch zunehmende und durch mediale Präsenz immer sichtbarer werdende Menschenrechtsverletzungen, Armutsprobleme usw. eine akute Handlungsnotwendigkeit. In Kombination aus beiden Argumenten entwickelten sich hinsichtlich der Thematik internationaler Gerechtigkeit zwei übergeordnete Debatten in der Politik, die sich zunächst mit Definitionen von Gerechtigkeit sowie den Möglichkeiten und Grenzen der Implementierung auf internationaler Ebene befassen. Bereits an dieser Stelle ist es wichtig darauf hinzuweisen, dass beide Punkte bis zum heutigen Tage nicht abschließend geklärt wurden und somit nach wie vor Bestandteil des wissenschaftlichen wie politischen Diskurses sind. Die Rede ist *erstens* von den so genannten *gerechten Kriegen*, d. h. dem Fragekomplex ob, unter welchen Bedingungen und in welcher Form unter der Prämisse von Gerechtigkeit von außen in innerstaatliche Konflikte militärisch eingegriffen werden darf. Darüber hinaus sind *zweitens* Fragen von Bedeutung, ob bzw. wie die erheblichen Entwicklungsunterschiede zwischen verschiedenen Staaten und Weltregionen überwunden werden können. Beiden Debatten ist hierbei auch heutzutage eine gewisse Ironie gemein: Während im Zeitalter des Kalten Krieges Fragen nach internationaler Gerechtigkeit zugunsten von Fragen nach Sicherheit und Frieden vernachlässigt wurden, wird seit Ende des Kalten Krieges die Schaffung von internationaler Gerechtigkeit, ganz im Sinne der frühen Überlegungen Johan Galtungs, als ein utilitaristisches Mittel zur Erreichung von Frieden betrachtet (vgl. UNDP 1994, 22). Bemerkenswert ist dabei, dass der Begriff ›internationale Gerechtigkeit‹ als solcher nach wie vor kaum Verwendung findet, wohl aber etwa ›social injustice‹ als Sicherheitsbedrohung definiert wird (ebd., 40). Im Folgenden werden die beiden die Thematik der internationalen Gerechtigkeit bis heute prägenden politikwissenschaftlichen und politischen Debatten – *gerechte Kriege* und die damit verbundene Fragestellung nach humanitären Interventionen sowie Aspekte der internationalen Entwicklungszusammenarbeit – problemorientiert skizziert.

Internationale Gerechtigkeit durch humanitäre Interventionen: Probleme des *gerechten Krieges*

Auch wenn man die Debatte über *gerechte Kriege* (vgl. dazu etwa Walzer 1977/2006; s. Kap. V.64) historisch weit zurückverfolgen kann, sollen hier vor allem aktuelle Bezugspunkte unter besonderer Beachtung der Richtlinien der Vereinten Nationen (VN) berücksichtigt werden. Hierbei steht wiederum die Frage im Zentrum, inwiefern Kriegsverbrechen und Verletzungen der *Human Security* (vgl. dazu etwa Schuck 2011) in einem innerstaatlichen Konflikt ein Eingreifen von außen rechtfertigen, wie also aus einer Gerechtigkeitsperspektive das Verhältnis zwischen individueller und staatlicher Souveränität gewichtet werden soll. Gerade für die Bewertung des *jus ad bellum* (des Rechts zur Kriegsführung) wäre ein kosmopolitischer Ansatz in Gestalt eines globalen, gleichwohl nicht staatsbezogenen Zugangs wünschenswert. Um nicht in das vom Neorealismus beschriebene staatsfokussierte Sicherheitsdilemma zurückzufallen, wären überstaatliche Institutionen und vor allem Regime notwendig, die universell anerkannte Regeln verabschieden und umsetzen. Definiert man jedoch die 1945 unterzeichnete Charta der Vereinten Nationen und damit das gegenwärtig einschlägigste Regelwerk des kodifizierten Völkerrechts als Ausgangspunkt, lässt sich feststellen, dass sich in ihr das Konzept einer von Staaten dominierten Welt widerspiegelt: Die Mitglieder der VN sind Staaten (Art. 3/4), in den Gremien treffen Staaten die Beschlüsse (Art. 18/27) und diese werden wiederum von den Mitgliedstaaten umgesetzt (z. B. Art. 42 bei Interventionen). Auch wenn in Artikel 1 der Charta von den »Grundsätzen der Gerechtigkeit« als Mittel der friedlichen Konfliktbeilegung gesprochen wird, werden diese nicht näher definiert. Explizit verboten sind dagegen Eingriffe in die inneren Angelegenheiten eines anderen Staates (Art. 2/1 und 2/7), wodurch sämtliche aus den kosmopolitischen Strömungen hergeleiteten Grundsätze im Rahmen der Charta der Vereinten Nationen nur durch das Wohlwollen der Mitgliedstaaten – die Betonung liegt auch hier einmal mehr auf Staaten – implementiert werden können. Die einzige rechtliche Ausnahme des Nichteinmischungsgebots besteht im Fall einer »Bedrohung oder ein[es] Bruch[s] des Friedens« (Art. 39). Ein solcher Fall ist jedoch in der Charta nicht klar nach Gerechtigkeits- oder Rechtsgrundsätzen definiert, sondern wird vielmehr bei Bedarf durch einen Mehrheitsentscheid der Mitglieder des Sicherheitsrates festgelegt (Art. 39). Aus dieser Konstruktion erwachsen ein konzeptionelles und ein machtpolitisches Problem internationaler Gerechtigkeit.

Aus konzeptioneller Sicht stellt sich die Gerechtigkeitsfrage, nach welchen Kriterien überhaupt in Konflikte eingegriffen werden darf und wer berechtigt ist, diese festzulegen. Nachdem die Interventionspraxis der 1990er Jahre auf einer reinen Ad-hoc-Basis erfolgt war und sowohl gescheiterte (Somalia) als auch trotz offensichtlicher Notwendigkeit nicht erfolgte (Ruanda) und sogar formal völkerrechtswidrige Interventionen (Kosovo) beinhaltet hatte, rief der damalige VN-Generalsekretär Kofi Annan in seiner Ansprache an die Generalversammlung 1999 zur Schaffung von Richtlinien über humanitäre Interventionen auf (vgl. Annan 1999, SG/SM/7136). Dieser Initiative folgend, setzte der Staat Kanada (und nicht etwa ein supranationales Gremium) im Jahr 2000 die so genannte *International Commission on Intervention and State Sovereignty* (ICISS) ein, die Vorschläge zur Implementierung verbindlicher Kriterien für humanitäre Interventionen entwickeln sollte. Der 2001 veröffentlichte Abschlussbericht der ICISS unter dem Titel *The Responsibility to Protect* sollte fortan die Grundlage für die Debatte innerhalb der VN darstellen. Die sechs von der Kommission vorgeschlagenen Kriterien – *right authority, just cause, right intention, last resort, proportional means* und *reasonable prospects* (vgl. ICISS 2001, 32) – sind hierbei keineswegs als neu zu bewerten, sondern konnten aus der langen Tradition der Formulierung von Kriterien für das *jus ad bellum* sowie das *jus in bello* (das Recht während der Kriegsführung) übernommen werden.

Für die Betrachtung der Implementierung in der realen Welt ist jedoch der Abschlussbericht des Weltgipfels der VN von 2005, in dem das Konzept der *Responsibility to Protect* (R2P) in das offizielle Regelwerk der VN aufgenommen wurde, wesentlich entscheidender als der Bericht der Expertenkommission. Zwei Beobachtungen sind für die Bewertung der Implementierung wichtig: Zum einen hat der Abschlussbericht den Status einer Resolution der VN-Generalversammlung, d. h. er ist *de jure* nicht bindend. Somit kann zwar durchaus argumentiert werden, dass das Konzept von einem Großteil der Staaten der Erde als normativer Zugewinn betrachtet wird und damit *de facto* an Akzeptanz gewonnen hat, doch bleibt es letztlich nicht mehr als eine unverbindliche Erklärung. Zum anderen blieben nur zwei der sechs Kriterien in angepasster Form erhalten, nämlich *right authority* in Form der Notwendigkeit des Mandats des VN-Sicherheitsrats sowie *just cause* in Form von vier definierten Sachverhalten, die ein Eingreifen von außen erforderlich machen; im Einzelnen: *genocide, war crimes, ethnic cleansing* und *crimes against humanity* (UN A/RES/60/1, para. 138). Andere Kriterien, die nicht näher definiert werden, sollen dagegen »on a case-by-case basis« (ebd., para. 139) in die Bewertung einfließen. Für die Praxis bedeutet das, dass die Gefahr von willkürlichen Entscheidungen selbst in einem vergleichsweise stark regulierten Kontext bestehen bleibt, dass also, ganz im Sinne des realistischen Verständnisses Morgenthaus, etwa machtmotivierte Handlungen unter dem Deckmantel von Moral und Gerechtigkeit im

Einklang mit dem Regelwerk der VN eine prozedurale Legitimation erfahren können.

Das machtpolitische Gerechtigkeitsproblem ist damit eng verbunden und lässt sich durch folgende Dilemmasituation illustrieren: Wenn einerseits die fünf Vetomächte (VR China, Frankreich, Russland, UK, USA) VN-Sicherheitsratsbeschlüsse zur Bedrohung des Weltfriedens im Sinne des Artikels 39 aus eigenen machtpolitischen Interessen blockieren können, zeichnen sich im Umkehrschluss Konflikte, bei denen ein Konsens der Vetomächte besteht, häufig dadurch aus, dass keine Vetomacht herausgehobene machtpolitische Interessen in diesem Konflikt verfolgt. In solchen Fällen sind die betreffenden Vetomächte in der Regel aber auch nicht bereit, in den Konflikt zu intervenieren, so dass eine erfolgversprechende Intervention aufgrund mangelnder Ressourcen erschwert wird. Herfried Münkler fasst dieses Dilemma für die reale Welt treffend zusammen: Es »stehen sich zu Beginn des 21. Jahrhunderts eine schnell wachsende Zahl von Krisengebieten und eine eng begrenzte Menge interventions*fähiger*, aufgrund ihrer spezifischen Interessenlage sowie ihrer politischen Verfassung jedoch nur selten interventions*bereiter* Mächte gegenüber« (Münkler 2007, 232; kursiv im Original). Insofern lässt sich also die Frage nach *gerechten Kriegen* und humanitären Interventionen in der nicht-idealen Welt wie folgt zusammenfassen: Einerseits besteht eine Debatte, wann eine militärische Intervention legitim sein kann (mit der *Responsibility to Protect* als prägendem Konzept), doch würde die Festlegung detaillierter Kriterien, die nicht willkürlichen politischen Mehrheitsstrukturen unterliegen, in letzter Konsequenz einen Weltstaat erfordern, der in der Lage wäre, verbindliche Regeln weltweit zu definieren und auch durchzusetzen. Eine derartige Institutionenstruktur ist derzeit und wohl auch in absehbarer Zukunft nicht gegeben, vielmehr verbleibt die internationale Konstellation nach wie vor klar staatszentriert. Eine Konsequenz dessen ist, dass potenziell interventionsfähige Staaten entweder aus Machtinteressen – d. h. unabhängig von Fragen internationaler Gerechtigkeit – oder, wenn das nicht der Fall ist, nur halbherzig bzw. gar nicht intervenieren. Daraus folgt wiederum, dass externe Eingriffe zur Verhinderung von Menschenrechtsverletzungen häufig entweder scheitern oder trotz festgestellter Notwendigkeit erst gar nicht durchgeführt werden. Völkerrechtswidrige Interventionen aus den von realistischen Theorien betonten Machtinteressen können dagegen mangels supranationaler Sanktionierungsmöglichkeiten nach wie vor erfolgen, wie z. B. der Angriff der US-geführten *Coalition of the Willing* auf den Irak 2003 verdeutlicht hat. Trotz erster Ansätze zur Verrechtlichung der internationalen Beziehungen und der Entwicklung kosmopolitischer Konzepte zur Konfliktbearbeitung erinnert der Ist-Zustand der nicht-idealen Welt nach wie vor an die Warnung von Thomas Hobbes, dass ohne Sanktionsmöglichkeiten Abkommen zum Schutz der Menschen von begrenztem Wert sind: »Und Verträge ohne das Schwert sind nur Worte und haben überhaupt keine Kraft, einen Menschen zu sichern« (Hobbes 1651/1996, 141).

Internationale Gerechtigkeit durch Umverteilung: Probleme der internationalen Entwicklungszusammenarbeit am Beispiel der *Millennium Development Goals*

Das zweite hier betrachtete Fallbeispiel umfasst die Thematik der internationalen Entwicklungszusammenarbeit mit besonderer Berücksichtigung der *Millennium Development Goals* (MDG) der VN, stellte dieses Konzept doch im weiteren Sinn einen Versuch der Implementierung distributiver Gerechtigkeit dar. Nach dem offensichtlichen Scheitern sowohl von staatszentrierten Modernisierungs- als auch von Dependenz- bzw. Abkoppelungsansätzen begann sich in den 1990er Jahren ein neuer, insbesondere auf VN-Ebene diskutierter Ansatz zu etablieren: die Idee des *Human Development*, die zu wesentlichen Teilen eine Operationalisierung der philosophischen Konzepte Amartya Sens darstellt (vgl. u. a. Sen 1999). *Human Development* wird hierbei zunächst allgemein durch das *United Nations Development Programme* (UNDP) als eine Erweiterung der Möglichkeiten der Menschen, ihr Leben selbstbestimmt zu leben, definiert (vgl. UNDP 1990, 10) und weist somit mehrere inhaltliche Parallelen zum bereits angesprochenen Konzept der *Human Security* auf. Insofern hebt dieser Entwicklungsansatz insbesondere die Bekämpfung extremer Armut (s. Kap. V.57), die Schaffung von Bildungschancen (s. Kap. V.59) sowie einer gesundheitlichen Grundversorgung (s. Kap. V.62) als Schwerpunkte hervor, um rein ökonomische Kriterien der Entwicklungsförderung (wie etwa die Steigerung des Bruttoinlandprodukts, BIP) zu überwinden. In der Praxis der Entwicklungspolitik der VN wurde dieser Ansatz weiter operationalisiert und führte schließlich im Jahr 2000 zur Annahme der MDG durch die Generalversammlung (A/RES/55/2, para. 19). Das Konzept bestand darin, konkrete, messbare Richtwerte zu definieren, die bis zum Jahr 2015 erreicht werden sollten. Diese Kriterien wiederum rückten explizit die individuelle – und nicht, wie bisher üblich, die staatliche – Entwicklung in den Mittelpunkt: So wurde z. B. beabsichtigt, die Zahl der Menschen, die von weniger als 1 US-Dollar pro Tag leben, zu halbieren (ebd.), und nicht etwa, das BIP eines Staates um einen bestimmten Prozentsatz zu steigern, wie es klassische modernisierungstheoretische Ansätze veranschlagten. Insofern stellen die Ziele auf konzeptioneller Ebene durchaus eine Initiative dar, einen kosmopolitischen Ansatz in der realen Welt zu implementieren.

Beim Versuch der Implementierung der MDG in einer durch Staaten dominierten Welt sind jedoch mehrere Probleme aufgetreten, von denen für die hier zu besprechende Thematik drei von besonderer Bedeutung sind: *Erstens* handelt es sich bei der Festlegung der MDG, ähnlich wie bei der Einführung der *Responsibility to Protect*, um eine Resolution der Generalversammlung der VN, d. h. sie ist *de jure* nicht bindend. *Zweitens* legt die *Millennium Declaration* nur die zu erreichenden Ziele fest, nicht aber, wie diese Ziele erreicht werden sollen, d. h. es werden keine Verantwortlichkeiten definiert, wer für die Implementierung der Ziele zuständig ist. Es bleibt unklar, ob dies in der Verantwortung internationaler Organisationen wie des UNDP, der so genannten Industrieländer oder gar der Entwicklungsländer selbst liegt. *Drittens* schließlich ergibt sich ein Implementierungsproblem aus den nicht vorhandenen Möglichkeiten einer supranationalen Sanktionierung für den Fall, dass Zusagen nicht eingehalten werden. So ist etwa auffällig, dass die von den Industriestaaten beschlossene Vereinbarung, mindestens 0,7 Prozent ihres BIP in Maßnahmen der Entwicklungszusammenarbeit zu investieren, von vielen Staaten nicht eingehalten wird. Konsequenzen entstehen für diese Industrieländer daraus freilich nicht. Dieser auch mit der oben beschriebenen Problematik humanitärer Interventionen korrespondierende Befund unterstreicht einmal mehr, wie wenig Staaten Sanktionen einer übergeordneten Organisationseinheit fürchten müssen, wenn sie Beschlüsse nicht umsetzen oder gar Abkommen verletzen. Vor diesem Hintergrund fällt auch die Bewertung der Ergebnisse des MDG-Programms schwer. Zwar konnten, wenn auch regional sehr unterschiedlich, in mehreren Bereichen Fortschritte vermeldet werden (vgl. UN 2015, 9). Allerdings stellt sich die Frage, inwiefern dieses Ergebnis eher durch nationale Politikentscheidungen als durch internationale Anstrengungen entstanden ist. Ein Beispiel hierfür ist das formal erreichte Ziel, die absolute Armut (d. h. die Anzahl der Personen, die von weniger als 1, später 1,25 US-Dollar pro Tag leben) zu halbieren: Zwar ging die Zahl dieser Personen tatsächlich um über eine Milliarde weltweit zurück, doch handelt es sich bei ca. zwei Drittel davon um chinesische Bürgerinnen und Bürger, die vom nationalen Wirtschaftswachstum Chinas profitierten (vgl. ebd., 14). Ob jedoch auf Basis der Ergebnisse nationaler Politiken noch die Verwendung des Begriffs einer explizit *internationalen* Gerechtigkeit angemessen ist, darf mit guten Gründen bezweifelt werden. Insofern kann zwar ein sichtbarer Fortschritt im Bereich des *Human Development* nach MDG-Kriterien attestiert werden, doch zeigen sich nach wie vor große Unterschiede zwischen einzelnen Staaten und Weltregionen. Hierbei bleibt mit Blick auf die Thematik der internationalen Gerechtigkeit vor allem die Frage bestehen, wie derartige Programme in Zukunft organisiert werden sollen. Wahrscheinlich wird sich auch hier wieder eine Gemengelage aus einer formal nicht-verbindlichen Zielvorgabe durch die VN, einer Implementierung durch Nationalstaaten und fehlenden Sanktionsmöglichkeiten für nicht eingehaltene Zusagen ergeben. Aus diesem Grund bleiben auch mit Blick auf die Thematik der internationalen Entwicklungszusammenarbeit die Fragen bestehen, ob *erstens* kosmopolitische Konzepte der Gerechtigkeit überhaupt in einer durch Staaten dominierten Welt anwendbar sind und wie ausgeprägt *zweitens* der politische Wille von Staaten ist, Konzepte der internationalen Gerechtigkeit nachhaltig zu implementieren.

Fazit

Auch wenn die Ergebnisse der beiden Fallbeispiele im Hinblick auf die Implementierung von internationaler Gerechtigkeit in der nicht-idealen Welt als ernüchternd zu bezeichnen sind, lässt sich dennoch ein positiver Aspekt der Debatte hervorheben: Die eher philosophisch als politikwissenschaftlich geprägte Debatte über internationale Gerechtigkeit ist zumindest in ihren Anfängen in der politischen Welt angekommen, auch wenn der Gerechtigkeitsbegriff selbst nach wie vor kaum in der internationalen Politik verwendet wird. Aus politikwissenschaftlicher Sicht lässt sich gegenwärtig (und wohl auch in den kommenden Jahren) feststellen, dass der Versuch, länderübergreifende Gerechtigkeitskonzepte in einer von Staaten dominierten Welt zu implementieren, nur unter größten Schwierigkeiten möglich ist – nämlich dann, wenn die Staaten der Welt bereit sind, signifikante Teile ihrer nationalen Souveränität an eine supranationale Ebene zu transferieren und dieser dann auch Sanktionsrechte und vor allem -fähigkeiten einzuräumen. Die Schwierigkeiten einer solchen Entwicklung lassen sich in der in einigen Bereichen bereits supranational organisierten Europäischen Union (EU) erkennen. Dies lässt erahnen, wie wenig realistisch gegenwärtig ein Transfer solcher Steuerungsmechanismen auf eine globale Ebene ist.

Eine Auseinandersetzung mit Konzepten internationaler Gerechtigkeit muss dennoch als Grundlage und Voraussetzung dafür verstanden werden, dass sukzessive Implementierungen in der politischen Praxis überhaupt erfolgen können. Insofern kann vor diesem Hintergrund auch festgehalten werden, dass die Beschäftigung mit dem noch relativ jungen Thema internationaler Gerechtigkeit notwendiger denn je ist und der normativ unbefriedigende empirische Befund nicht Hindernis, sondern vielmehr Motivation sein sollte, sich noch eingehender mit diesen Fragen zu beschäftigen (vgl. McGrew 2002, 216). Die zentrale Überlegung, die sich in diesem Zusammenhang ergibt, besteht darin, welcher Zweig der Gerechtigkeitstheorien in Zukunft fokussiert werden soll: Ist es sinnvoll, wie Otfried Höffe fordert, das kosmopolitische Konzept der Gerechtigkeit zu einer konkreten Utopie auszuarbeiten? Höffe strebt hier »eine Utopie des Noch-Nicht« an, »ein politisches Ideal, zu dessen Verwirklichung wir schon unterwegs sind« (Höffe 2013, 262). Oder aber soll die von Staaten dominierte Welt auch in der Theoriebildung als gegebener Parameter angesehen werden, was mit bestehenden kosmopolitischen Ansätzen jedoch nur schwer zu vereinen wäre? In jedem Fall scheint es erforderlich, dass bei der Thematik der internationalen Gerechtigkeit stets auch Fragen nach ihrer Implementierbarkeit berücksichtigt werden.

Literatur

Annan, Kofi: *Address of the Secretary-General to the General Assembly* (= SG/SM/7136) 1999.
Beitz, Charles: *Political Theory and International Relations*. Princeton 1979.
Charta der Vereinten Nationen. Hg. von der Deutschen Gesellschaft für die Vereinten Nationen e. V. Berlin.
Galtung, Johan: *Strukturelle Gewalt. Beiträge zur Friedens- und Konfliktforschung*. Reinbek bei Hamburg 1975.
Habermas, Jürgen: *The Postnational Constellation. Political Essays*. Cambridge MA 2001.
Hobbes, Thomas: *Leviathan*. Hg. von Hermann Klenner. Hamburg 1996 (engl. 1651).
Höffe, Otfried: Für und Wider eine Weltrepublik. In: Christoph Broszies/Henning Hahn (Hg.): *Globale Gerechtigkeit. Schlüsseltexte zur Debatte zwischen Partikularismus und Kosmopolitismus*. Berlin [2]2013, 242–262.
ICISS (International Commission on Intervention and State Sovereignty): *The Responsibility to Protect. Report of the International Commission on Intervention and State Sovereignty*. Ottawa 2001.
McGrew, Anthony: From Global Governance to Good Governance: Theories and Prospects of Democratizing the Global Polity. In: Morton Ougaard/Richard Higgott (Hg.): *Towards a Global Polity*. New York 2002, 207–227.
Morgenthau, Hans J.: *Politics among Nations. The Struggle for Power and Peace*, Brief Edition [1948]. Hg. von Kenneth W. Thompson. Boston 1993.
Münkler, Herfried: *Die neuen Kriege*. Reinbek bei Hamburg [3]2007.
Ougaard, Morton/Higgot, Richard (Hg.): *Towards a Global Polity*. New York 2002.
Schuck, Christoph (Hg.): *Security in a Changing Global Environment. Challenging the Human Security Approach*. Baden-Baden 2011.
Sen, Amartya: *Development as Freedom*. Oxford 1999.
UCDP (Uppsala Conflict Data Program): *Armed Conflict by Type* 1946–2013.
United Nations Millennium Declaration 2000 (= UN General Assembly Resolution A/RES/55/2).
UN (United Nations): *Millennium Development Goals Report 2015*. New York 2015.
UNDP (United Nations Development Programme): *Human Development Report 1990*. New York 1990.
–: *Human Development Report 1994*. New York 1994.
Waltz, Kenneth N.: *Man, the State and War. A Theoretical Analysis* [1959]. New York 2001.
Walzer, Michael: *Just and Unjust Wars. A Moral Argument with Historical Illustrations* [1977]. New York [4]2006.
Zürn, Michael: *Regieren jenseits des Nationalstaates*. Frankfurt a. M. 1998.

Steve Schlegel / Christoph Schuck

16 Transnationale Gerechtigkeit

Globale Probleme wie die anhaltende weltweite Armut, Migration und die schädlichen Folgen des Klimawandels haben dazu beigetragen, dass einige philosophische Konzeptionen wie Gleichheit, Freiheit, aber auch Gerechtigkeit nicht mehr allein als nationalstaatliches, sondern als weltweites Problem thematisiert werden. Ein »methodologischer Nationalismus« (Beck/Grande 2010, 187) ist auf einigen Gebieten der politischen Philosophie einem ›methodologischen Kosmopolitismus‹ bzw. ›methodologischen Transnationalismus‹ gewichen, bei dem beispielsweise Fragen der Gerechtigkeit nicht mehr von vornherein aus einer Perspektive staatlich organisierter politischer Gemeinschaften (von Staatsbürgern), sondern aus Sicht von Individuen (bzw. Weltbürgern) unabhängig von ihrer staatlichen Zugehörigkeit analysiert und bewertet werden. Gerechtigkeit wird daher seit einiger Zeit mit Adjektiven wie ›international‹, ›kosmopolitisch‹ und ›transnational‹ bzw. ›global‹ beschrieben. Trotz einiger Gemeinsamkeiten gibt es aber durchaus Unterschiede zwischen diesen vier Konzeptionen der Gerechtigkeit. Die größte Verschiedenheit besteht zwischen ›internationalen‹ und den anderen drei genannten Ansätzen. Während Konzeptionen transnationaler und globaler Gerechtigkeit (s. Kap. II.17) davon ausgehen, dass staatliche Bedingungen für eine normative Bewertung gesellschaftlicher Verhältnisse keine Rolle spielen bzw. spielen sollten, gehen internationale Positionen von einer staatlich geordneten realen Welt aus, die durch Globalisierungsprozesse geprägt ist. Während ›internationale‹ Gerechtigkeitstheorien von einem normativen Vorrang jener Beziehungen sprechen, die in einem institutionellen (meist staatlichen) Rahmen stattfinden, berufen sich ›transnationale‹ und ›globale‹ Gerechtigkeitstheorien auf eine Kontinuität zwischen inner- und überstaatlichen normativen Gerechtigkeitsbedingungen. Aus der einen Sicht sollen Grundsätze internationaler Gerechtigkeit die Beziehungen zwischen Staaten auf faire Weise regeln, aus der anderen soll das Verhältnis zwischen allen Menschen weltweit gerecht geregelt werden (Forst 2002, 215). ›Kosmopolitismus‹ hingegen ist der ›Dachbegriff‹ aller Ansätze, die eine normative Sicht auch jenseits nationalstaatlicher Grenzen in Betracht ziehen. Das Bedeutungsspektrum ist dabei sehr breit. Als Identitätsbeschreibung bezeichnet ›kosmopolitisch‹, dass jemand weltgewandt ist und viel gesehen hat. In der griechischen Philosophie steht ›kosmopolitisch‹ dafür, Bürger einer universellen Gemeinschaft (*kosmopolites*) zu sein. Als Verantwortungskonzeption interessiert sich der Kosmopolitismus für Verpflichtungen, die nicht nur gegenüber Verwandten, Freunden und Nachbarn gelten, sondern auch gegenüber jenen, die uns fremd sind. Und in der Theorie internationaler Beziehungen schließlich wird ›Kosmopolitismus‹ häufig mit der Konzeption eines Weltstaates oder auch globaler Bürgerschaft gleichgesetzt (Brock/Brighouse 2005, 1–10). Die ›transnationale Gerechtigkeit‹ ist ebenso wie die ›globale Gerechtigkeit‹ eine Spielart des Kosmopolitismus, die sich anhand einiger Unterscheidungen charakterisieren lässt.

Nicht-relationale Ansätze transnationaler Gerechtigkeit schlagen völlig unabhängig von existierenden Beziehungen zwischen Menschen Prinzipien einer globalen Ethik vor. Relationale Gerechtigkeitsansätze hingegen verteidigen grundlegende Gerechtigkeitsprinzipien auf Basis einer zwischen den Beteiligten bestehenden Beziehung. Sie können dann zum normativen Standard einer gerechten internationalen Ordnung werden, der alle Menschen in der einen oder anderen Weise unterworfen sind. Auf einer anderen Ebene liegt die Unterscheidung zwischen Ansätzen transnationaler distributiver Gerechtigkeit, die danach fragen, wie Vorteile und Lasten weltweit gerecht verteilt werden können, und Positionen, die die ›klassischen‹ Verteilungsansätze kritisieren und ihnen anthropologisch begründete Fähigkeiten des Menschen als Basis für eine Güterverteilung gegenüberstellen. Eine fünfte Position schließlich versteht transnationale Gerechtigkeit als politische Gerechtigkeit, die, durch Moral gespeist, im politischen Prozess und in Auseinandersetzung mit bestehenden Machtkonstellationen erst begründet und juridifiziert werden kann. Für die Zukunft scheint diese Position aussichtsreich, da in ihr transnationale Gerechtigkeit durch den politischen Prozess vermittelt ist und so auch weitere Problembereiche wie Fragen der Klimagerechtigkeit, der Verteilung natürlicher Ressourcen und des Nord-Süd-Konfliktes mit aufgenommen werden können.

Nicht-relationale Gerechtigkeit

Die Unterscheidung zwischen nicht-relationaler und relationaler Gerechtigkeit geht auf Andrea Sangiovanni zurück (2007). Demnach schlagen relationale Ansätze vor, Gerechtigkeit sei für Beziehungen relevant, bei denen Menschen einen bestimmten personalen oder institutionellen Kontext teilen. Verpflichtungen ergeben sich dann beispielsweise, weil man die gleiche

Staatsbürgerschaft besitzt, oder aber, weil man einem globalen Regelsystem unterworfen ist. Relationale Ansätze können dabei etatistisch sein (z. B. Nagel 2005; Miller 2007) und davon ausgehen, dass eine geteilte Staatsangehörigkeit spezielle Pflichten mit sich bringt, oder aber sie können eine transnationale Perspektive einnehmen und internationale juridische und politische Regelsysteme als Bezugspunkt wählen (z. B. Pogge 2002). In beiden Fällen wird unterstellt, dass Gerechtigkeit innerhalb des jeweiligen geteilten Kontextes, nicht aber außerhalb davon Bedeutung hat. Im Gegensatz dazu schlagen nicht-relationale Positionen vor, dass Menschen Ansprüche einfach als Menschen besitzen. Sie gehen davon aus, dass unserem Menschsein oder unserer Würde bereits gleiche Ansprüche innewohnen, gerecht behandelt zu werden – was wiederum, je nach Theorie, Unterschiedliches bedeuten kann.

Ein wichtiger Vertreter einer nicht-relationalen Position ist der australische Philosoph Peter Singer. Er hat bereits zu Beginn der 1970er Jahre die Diskussion geprägt (Singer 1972). Singer sieht es als moralisches, nicht als politisches oder juridisches Versagen an, dass vielen Menschen weltweit trotz des Wohlstands in den Industrieländern nicht hinreichend geholfen wird. Das utilitaristische Moralprinzip, das seiner Theorie zugrunde liegt, besagt, dass, wenn es in unserer Macht steht, etwas Schlechtes zu verhindern, ohne dabei etwas von gleicher moralischer Bedeutung opfern zu müssen, wir dies tun sollten. Auf die Situation der Menschen in Entwicklungsländern übertragen bedeutet dies, dass die Bürger der relativ reichen Industrieländer moralisch falsch handeln, wenn sie nichts unternehmen, obwohl Tausende von Menschen sterben – genauso, als würden wir an einem Teich, in dem ein Kind ertrinkt, achtlos vorbeigehen. Singer hat in späteren Schriften akribisch dargelegt, wie wenig es kosten würde, Kinderleben zu retten; wir müssten nur auf ein paar Luxusartikel wie teure Markenkleidung oder ein Abendessen in einem noblen Restaurant verzichten, um unseren moralischen Pflichten nachzukommen (Singer 2009).

Diese Position wurde von verschiedenen Seiten kritisiert. Singers Theorie fordere weit umfangreichere Opfer von jedem Einzelnen, und eine Moraltheorie, die so umfangreiche Opfer fordere, schränke unsere autonome Lebensplanung unzulässig ein, denn sie würde einzig für den Zweck der Hilfe instrumentalisiert (Mieth 2012). Empirisch stellt sich die Frage, wie wirkungsvoll Spenden tatsächlich sind, wenn sich das politische Umfeld (etwa durch Korruption) gegen eine effektive Verwendung der Spenden richtet (Kuper 2005, 160), und ob sie nicht zu stark von der selektiven Thematisierung in der Öffentlichkeit abhängen.

Relationale Gerechtigkeit

Eine weitreichende Kritik an dieser Variante nicht-relationaler Gerechtigkeitstheorien kommt von Thomas Pogge, der in Anlehnung an John Rawls einen entscheidenden Perspektivenwechsel vornimmt – von der utilitaristischen, ›interaktiven Hilfe‹ zur vertragstheoretischen, ›institutionellen Reform‹. Die utilitaristische Ethik, so die Kritik, unterlässt es, die Ursachen weltweiter Armut zu untersuchen. Aber erst durch eine Ursachenanalyse gerät in den Blick, dass das internationale Finanz-, Wirtschafts- und Rechtssystem durch internationale Investitionen, Handelsregeln und Kreditvergabepraktiken maßgeblichen Einfluss auf innerstaatliche Verhältnisse und somit auf die Armuts- und Reichtumsentwicklung ausübt (Pogge 2002). Pogge steht zwar in der Rawlsschen Tradition, aber während Rawls davon ausgeht, dass das große Übel für arme Länder vielfach die lokale Kultur und die korrupten Eliten und Regierungen sind (Rawls 1999, 89), analysiert Pogge, ähnlich wie die ›Dependenztheorien‹ in den 1970er Jahren, die Auswirkungen internationaler Abkommen auf das Leben von Menschen. Und während Rawls in seiner »Charta des Rechts der Völker« (ebd., 78) eine Pflicht aufnimmt, anderen Völkern zu helfen, spricht Pogge von Verpflichtungen, die sich für diejenigen ergeben, die von dem bestehenden Regelsystem profitieren, etwa durch billige Rohstoffe. Für Rawls liegt ein entscheidender Schritt zur Beförderung globaler Gerechtigkeit darin, dass es Ziel jeglicher materiellen und technologischen Hilfe sein sollte, gerechte und demokratische Institutionen zu installieren; dazu könnten Bildungsprogramme ebenso beitragen wie Maßnahmen zur Geburtenkontrolle (Rawls 1999). Pogge hingegen setzt auf die schrittweise Reform des internationalen Regelsystems. Alle Bürger, die in irgendeiner Weise von dem bestehenden Regelsystem profitieren, haben die negative Pflicht, diese ungerechten Institutionen nicht weiter aufrechtzuerhalten und Kompensationen zu leisten.

Zu den jüngsten Reformvorschlägen gehört Pogges Vorschlag, das bestehende Patentrecht zu ändern. Bislang bietet dies keine Anreize für die Erforschung und den Vertrieb von Medikamenten, die sich auf jene Krankheiten richten, von denen vor allem die Armen betroffen sind (z. B. Malaria). Ein *Health Impact Fund* (HIF), der hauptsächlich von Regierungen finanziert wird, soll diese Lücken schließen und die weltweite Versorgung mit neuen Medikamenten verbessern. Auf diese Weise soll auch das Menschenrecht auf sicheren Zugang zu Gesundheitsgütern gewährleistet werden (Pogge 2009).

Kritik an dieser Position ließ nicht lange auf sich warten. So sei eine kausale Verknüpfung zwischen globalen Regelungen und innerstaatlichen Auswirkungen auf die Armutsentwicklung weder empirisch nachweisbar noch philosophisch überzeugend. Denn dies würde bedeuten, dass gravierende Armut in Ländern wie Kongo oder Simbabwe beendet werden könnte, selbst wenn die innerstaatlichen Verhältnisse unverändert blieben, und genau diese Annahme wird bestritten (Cohen 2010). Unklar sei auch, wer eigentlich zu welchen Maßnahmen verpflichtet ist, da es keine genaue Bestimmung dessen gibt, was es heißt, unrechtmäßigerweise zu profitieren (Anwander/Bleisch 2007), und da man, durch die Fixierung auf das anonyme Regelsystem, nicht diejenigen zur Verantwortung ziehen kann, die durch ihr Handeln die üblen Zustände erst herbeigeführt haben (Miller 2007).

Distributive Gerechtigkeit

Ein weiterer Grund für die lange Abstinenz der politischen Theorie, sich mit globaler bzw. transnationaler Gerechtigkeit zu befassen, mag auch darin liegen, dass unter ›Gerechtigkeit‹ vor allem Verteilungsgerechtigkeit (s. Kap. II.12) verstanden wurde. Diese setzt üblicherweise eine enge soziale Kooperation und die Verteilung gemeinsam erwirtschafteter Güter voraus (Brooks 2008) und scheint daher auf politische Gemeinschaften zugeschnitten zu sein. Inzwischen hat sich die Vorstellung durchgesetzt, dass Verteilungsgerechtigkeit auch jenseits von Nationalstaaten ihre Berechtigung hat. Man kann sie, allgemein gesprochen, als Art und Weise verstehen, wie Vorteile und Lasten unseres Lebens zwischen uns geteilt werden sollten (Armstrong 2012, 16). Es lassen sich auch hier verschiedene Ansätze unterscheiden.

Tauschgerechtigkeit

Mit der Arbeit von Otfried Höffe erhält die Verteilungsgerechtigkeit in der Begründung einer globalen politischen Ordnung einen prominenten Platz. Aber anders als bei der institutionellen Gerechtigkeitstheorie von Pogge ist Gerechtigkeit nicht ein normativer Maßstab für das internationale Regelsystem, sondern bildet den normativen Kern eines wechselseitigen Güteraustauschs bzw. Güterverzichts. Nach Höffe (1999) ist ein transzendentaler Tausch ein hypothetisch global ablaufender Tausch, bei dem alle Weltbürger ihre negativen Freiheiten durch einen primären Vertrag wechselseitiger, allseits vorteilhafter Selbsteinschränkung gegen die Geltung sozialer Regeln tauschen. Transzendental ist dieser Tausch, weil durch ihn die Bedingungen von Handlungsfähigkeit überhaupt gesichert werden, die auf universellen anthropologischen Interessen basieren. Auf Basis dieses Vertrags entwirft Höffe rechtsnormierende Gerechtigkeitsprinzipien, die sich auf Freiheitsrechte, Gewaltenteilung sowie auf ein universales Demokratie- und Sozialstaatsgebot beziehen und dann in einer Kantischen Version der komplementären Weltrepublik mit föderalem Charakter ausbuchstabiert werden. Diese rechtsnormierenden Gerechtigkeitsprinzipien sind deckungsgleich mit Menschenrechten. Sie gehen bereits aus diesem originären Vertrag, dem primären Rechtsvertrag hervor, der einem eigentlichen, globalen Staatsvertrag vorausgeht (ebd., 62–66). Der vorstaatliche Rechtsvertrag besitzt einen Kern der Gerechtigkeit, wie Höffe es ausdrückt (ebd., 63), der in distributiv-kollektiven Vorteilen liegt, etwa dem Schutz von Rechtsgütern wie Leib, Leben und Eigentum.

Verteilende Gerechtigkeit

Vertreter der zeitgenössischen ›verteilenden Gerechtigkeit‹ stellen die bisherige Annahme in Frage, dass eine ungleiche Verteilung von Gütern (Bruttosozialprodukt, natürlichen Ressourcen, Bildungschancen, Gesundheitsversorgung und Umweltlasten) als selbstverständlich angesehen wird oder aber, wie bei utilitaristischen Positionen, durch Hilfeleistungen (ein wenig) ausgeglichen werden kann (Gosepath 2004). Einer der Ersten, der ein Modell globaler Umverteilung vorgeschlagen hat, ist der Politikwissenschaftler Charles Beitz (1979). In Anlehnung an John Rawls entwickelt er ein ›globales Differenzprinzip‹, das Maßstab für eine transnationale Grundstruktur ist und Auskunft darüber gibt, wann Ungleichheiten zugelassen sind. Noch einen Schritt weiter als Beitz geht der Vorschlag von Darrell Moellendorf, der von einem Ideal des globalen Egalitarismus ausgeht (Moellendorf 2002, 42). Für Moellendorf drückt sich ein substanzieller Egalitarismus in ›fairer Chancengleichheit‹

mit globaler Reichweite aus. Das hieße beispielsweise, dass ein Kind, das auf dem Land in Mozambique aufwächst, statistisch gesehen die gleiche Chance auf ein gutes Leben besitzen soll wie das Kind des geschäftsführenden Direktors einer Schweizer Bank (ebd., 49).

Korrektive Gerechtigkeit

Theorien globaler, korrektiver Gerechtigkeit beziehen sich auf die Wiedergutmachung historischen Unrechts (Meyer 2005). Die bestehenden enormen ökonomischen Ungleichheiten können nicht einfach auf geographische und klimatische Besonderheiten zurückgeführt werden. Entscheidender Faktor für die ungleichzeitigen Entwicklungen ist der Kolonialismus, der zum einen zur Verfestigung imperialer politischer und sozialer Strukturen geführt (Randeria/Eckert 2009), aber auch zur ökonomischen Schädigung der Entwicklungsländer beigetragen hat. Studien zu *transitional justice*, bei denen es stets um die Wiedergutmachung erfahrenen Unrechts geht, beziehen sich nicht immer auf transnationale Gerechtigkeit, sondern haben die verschiedenen Formen der nationalen Verarbeitung von historischem Unrecht in Wahrheits- und Versöhnungskommissionen zum Gegenstand (Rotberg/Thompson 2000). Zu einer strafrechtlichen Auseinandersetzung mit dieser Form historischen Unrechts ist es jedoch bislang nicht gekommen.

Eine grundlegende Kritik an Konzeptionen transnationaler Verteilungsgerechtigkeit – gleich welcher Variante – stammt u. a. von Wolfgang Kersting. Ein solcher Weltegalitarismus kennt, so Kersting, nur noch bedürftige Erdenmenschen und verwandelt die ganze Weltbevölkerung in die Klientel einer ›anonymen globalen Verteilungsagentur‹ (Kersting 2002). Auch wurde eingewandt, dass eine Fokussierung auf Ungleichverteilung andere Formen der Erniedrigung, der Ausgrenzung und Unterdrückung gar nicht in den Blick geraten lässt (Honneth 2010; Young 1996). Zudem werden die strukturellen Ursachen von globalen Ausbeutungs-, Abhängigkeits- und Ausgrenzungsverhältnissen nicht thematisiert, wenn sich das Augenmerk allein auf die ungerechte bzw. gerechte Verteilung von Gütern, Vorteilen oder Lasten konzentriert. Ungerechte Verhältnisse werden nicht abgeschafft, wenn es nur darum geht, »welche Güter aus welchen Gründen in welchem Maße an wen zu verteilen sind«; es sollte daher vor allem darum gehen, »wie diese Güter zuallererst in die Welt kommen sowie wer über die Verteilung bestimmt und wie sie vorgenommen wird« (Forst 2011, 31). Dieser Punkt wird weiter unten nochmals aufgenommen.

Anthropologische Gerechtigkeit: der Fähigkeitenansatz

Schließlich kritisieren Martha Nussbaum (2006) und Amartya Sen (2010) an den vorherrschenden Verteilungsansätzen, dass bei der Ressourcenverteilung zwar auf die Gleichverteilung von Gütern geachtet wird, nicht aber darauf, dass die Verteilung die individuellen Voraussetzungen mit in Betracht zieht. Welchen Einfluss diese Güter auf das subjektive Wohlergehen haben, das heißt auf die Erfüllung von individuellen Wünschen und Verlangen, wird nicht weiter berücksichtigt (Neuhäuser 2013, 91–114). Nussbaums und Sens Position wurde auch als *midfare* bezeichnet (Cohen 1993, 18), die in die Gerechtigkeitsüberlegungen die Auswirkungen von Gütern auf das Wohlergehen von Menschen mit einbezieht. Die Lebensqualität soll auf Basis von Fähigkeiten beurteilt werden, über die eine Person verfügt. Unter ›Fähigkeit‹ verstehen Nussbaum und Sen das tatsächliche oder potenzielle Vermögen, die als wertvoll eingeschätzten menschlichen Funktionsfähigkeiten zu erlangen.

Vor allem Nussbaum hat den Fähigkeitenansatz auch für die globale Ebene ausgearbeitet (Nussbaum 2006). Sie wendet sich gegen globale Vertragstheorien wie die von John Rawls, aber auch diejenigen von Beitz und Pogge, da sie alle von einer Naturzustandssituation ausgehen, in der unterstellt wird, alle Beteiligten seien gleichwertige Vertragspartner, die sich mit rationalen Gründen auf geteilte Gerechtigkeitsprinzipien einigen können. Diese idealisierte Entscheidungssituation blende jedoch die tatsächlich bestehenden Ungleichheiten zwischen Nationen und zwischen Menschen völlig aus. Mehr noch, Nussbaum wirft den Kontraktualisten vor, dass ihre gesamten Begründungsverfahren einzig dazu dienen, eine bestimmte Moralvorstellung zu begründen, die man viel überzeugender auch anders haben kann: durch einen gehaltvollen Würdebegriff, der eben nicht prozeduralistisch, sondern substantialistisch ist und ganz konkrete Aussagen über universale menschliche Fähigkeiten macht.

Dazu gehört, körperlich gesund und politisch aktiv zu sein, Vernunft und Gefühle auszubilden und Beziehungen zu anderen Menschen herzustellen. Diese Bedürfnisse können sich in Ansprüchen auf die politische Realisierung eben dieser Bedürfnisse ausdrücken. Die entscheidende Frage ist natürlich, was all dies für die globale Ebene bedeutet. Transnational ist dieser Ansatz allein schon deshalb, weil er auf das Subjekt zielt und immer Einzelpersonen (und nicht Völker oder Nationen) im Zentrum der Gerechtigkeitsüberlegungen stehen: Die Fähigkeiten und Tätigkeitsfelder sind unabdingbar für ein menschliches Leben in Würde. Der Fähigkeitenansatz ist dabei vorpolitisch und erlaubt es, Anforderungen an den Staat zu stellen, so dass die entsprechenden Bedingungen zur Entwicklung der Fähigkeiten durchgesetzt werden (Nussbaum 2006, 285). Internationale Organisationen sind erst dann in der Pflicht, wenn die Nationalstaaten in der Umsetzung versagen; die Institutionen auf globaler Ebene bleiben in Nussbaums Ansatz rar und dezentral organisiert (ebd., 314).

Nussbaums Versuch, transnationale Gerechtigkeit aus anthropologischer Sicht zu begründen, ist auf breite Kritik gestoßen. Aus machtrealistischer Perspektive ist die Vorstellung, dass Staatenvertreter aus menschenrechtlicher Verbundenheit die umfangreiche Fähigkeitenliste in ihre Verfassungen integrieren und umsetzen, zumindest fraglich. Schwer wiegt auch, dass ihr moralischer Kosmopolitismus ganz losgekoppelt von politischen Verfahren ausbuchstabiert wird und zwischen der moralisch-anthropologischen Begründung der Fähigkeitenliste und der politischen Wirklichkeit keine Verbindung zu bestehen scheint (Hahn 2009, 125–126).

Politische Gerechtigkeit: diskurstheoretischer Kosmopolitismus

Für diskurstheoretische Ansätze (s. Kap. III.37) sind Gerechtigkeit und politische Verfahren aufeinander bezogen, daher kann man auch von ›politischer Gerechtigkeit‹ sprechen. In der Tradition der Kritischen Theorie stehend, stellen sie die Analyse und empirische Diagnose von Ungerechtigkeiten der Begründung von Gerechtigkeitsprinzipien voran (Benhabib 2008; Habermas 2005; Forst 2007; Fraser 2005). Zur diagnostischen Seite gehört beispielsweise die Frage nach den gesellschaftlichen Verhältnissen, unter denen zu verteilende Güter produziert, Ressourcen gefördert oder Fähigkeiten entwickelt werden sollen (Brunkhorst 2002; Forst 2002; Honneth 2010; Young 2007). Ansätze einer politischen Gerechtigkeit erörtern aus sozialtheoretischer Sicht die ökonomischen, sozialen und politischen Bedingungen der Produktionsverhältnisse, des Zustandekommens von Regelsystemen und Rechtsnormen und die Handlungs- und Kommunikationsblockaden, die eine gleichberechtigte gesellschaftliche Partizipation verhindern. Oder in anderen Worten: Sie spüren gesellschaftliche Ungerechtigkeiten auf – Ausbeutung, Erniedrigung, Entwürdigung, Respektlosigkeit.

Die Analyse von Ungerechtigkeiten aber reicht nicht aus, sie bedarf der Ergänzung durch normative Überlegungen darüber, aus welchen Gründen etwas als ungerecht oder gerecht klassifiziert wird. Die Beantwortung dieser Frage ist auf Verfahren angewiesen, in denen die Rechtfertigungen bestehender Güterversorgungen, Regelsysteme und anderer sozialer Praktiken analysiert und unter Einbeziehung der Betroffenen hinterfragt werden können (Forst 2007). Auf diese Weise wird auch ausgeschlossen, dass die Bestimmung der Gerechtigkeit ein paternalistisches Unterfangen bleibt, bei dem die betroffenen Personen nicht autonome Subjekte, sondern bloße Objekte einer Gerechtigkeitstheorie wären.

Allen Ansätzen eines diskurstheoretischen Kosmopolitismus ist gemein, dass eine Gesellschaft, auch die Weltgesellschaft, dann ungerecht ist, wenn sie nicht jedem Mitglied die Chance einräumt, Interessen gegenüber Entscheidungsträgern zu rechtfertigen und an Regelsetzungen zu partizipieren, von denen man betroffen ist.

Für zukünftige Diskussionen ist die Frage zentral, unter welchen Bedingungen die Regeln für transnationale Beziehungen zustande kommen, die den Anforderungen prozeduraler Gerechtigkeit entsprechen. Für Seyla Benhabib liegt der Schlüssel hierfür in einer ›demokratischen Iteration‹ globalen Rechts, das einerseits in einem Prozess anhaltender Interpretation an lokale Besonderheiten angepasst wird und in dem andererseits lokale Regeln, die das Potenzial zur Universalisierung besitzen, Einlass ins globale Recht finden (Benhabib 2008). Jürgen Habermas' Weltgesellschaft besteht aus einem postnationalen Mehrebenensystem, das sich, ebenfalls durch Prozesse der Deliberation, im Prozess der Verrechtlichung befindet, ohne jedoch, wie beim Vorschlag von Höffe, eine Staatlichkeit auszubilden. Transnationale Gerechtigkeitsprobleme werden bei Habermas, je nach Wirkungsgrad, auf den unterschiedlichen Funktionsebenen bearbeitet (national, trans- und supranational), wobei Menschenrechte als Teil des UN-Systems einen universellen Gerechtigkeitsmaßstab für die Bearbeitung globaler Probleme darstellen (Habermas 2005). Habermas spricht von einem internen Zusammenhang zwischen Menschenrechten und Volkssouveränität und meint damit die kontrafaktische Annahme, dass Menschenrechte und Demokratie jeweils sowohl Voraussetzung füreinander als auch Resultat sind. Er nennt dies die »Gleichursprünglichkeit von Menschenrechten und Demokratie« (Habermas 1992, 133). Die Begründung der Menschenrechte, die die Grundlage für transnationale Gerechtigkeit bilden, ist somit auf ein politisches Verfahren angewiesen, das selbst wiederum gerecht sein sollte: Das bedeutet, dass zumindest hypothetisch alle Menschen am Begründungdiskurs teilnehmen sollten.

Literatur

Anwander, Norbert/Bleisch, Barbara: Beitragen und Profitieren. Ungerechte Weltordnung und individuelle Verstrickung. In: Barbara Bleisch/Peter Schaber (Hg.): *Weltarmut und Ethik*. Paderborn 2007, 171–194.

Armstrong, Chris: *Global Distributive Justice*. Cambridge 2012.

Beck, Ulrich/Grande, Edgar: Jenseits des methodologischen Nationalismus. In: *Soziale Welt* 61/3–4 (2010), 187–216.

Beitz, Charles: *Political Theory and International Relations*. Princeton 1979.

Benhabib, Seyla: *Kosmopolitismus und Demokratie. Eine Debatte*. Frankfurt a. M. 2008.

Brock, Gillian/Brighouse, Harry: Introduction. In: Gillian Brock/Harry Brighouse (Hg.): *The Political Philosophy of Cosmopolitanism*. Cambridge 2005, 1–10.

Brooks, Thom: Introduction. In: Ders.: *The Global Justice Reader*. Oxford 2008, XII–XXII.

Brunkhorst, Hauke: *Solidarität*. Frankfurt a. M. 2002.

Cohen, Gerald A.: Equality of What? In: Martha Nussbaum/Amartya Sen (Hg.): *The Quality of Life*. Oxford 1993, 9–30.

Cohen, Joshua: Philosophy, social science, global poverty. In: Alison Jaggar (Hg.): *Thomas Pogge and His Critics*. Cambridge 2010, 18–45.

Forst, Rainer: Zu einer kritischen Theorie transnationaler Gerechtigkeit. In: Reinold Schmücker/Ulrich Steinvorth (Hg.): *Gerechtigkeit und Politik* (Deutsche Zeitschrift für Philosophie, Sonderband 3). Berlin 2002, 215–232.

–: *Das Recht auf Rechtfertigung*. Frankfurt a. M. 2007.

–: *Kritik der Rechtfertigungsverhältnisse. Perspektiven einer kritischen Theorie der Politik*. Berlin 2011.

Fraser, Nancy: Reframing justice in a globalizing world. In: *New Left Review* 36 (2005), 69–88.

Gosepath, Stefan: *Gleiche Gerechtigkeit. Grundlagen eines liberalen Egalitarismus*. Frankfurt a. M. 2004.

Habermas, Jürgen: *Faktizität und Geltung*. Frankfurt a. M. 1992.

–: Eine politische Verfassung für die pluralistische Weltgesellschaft? In: Ders.: *Zwischen Naturalismus und Religion*. Frankfurt a. M. 2005, 324–366.

Hahn, Henning: *Globale Gerechtigkeit. Eine Einführung*. Frankfurt a. M. 2009.

Höffe, Otfried: *Demokratie im Zeitalter der Globalisierung*. München 1999.

Honneth, Axel: Das Gewebe der Gerechtigkeit. Über die Grenzen des zeitgenössischen Prozeduralismus. In: Ders.: *Das Ich im Wir*. Frankfurt a. M. 2010, 51–77.

Kersting, Wolfgang: *Kritik der Gleichheit. Über die Grenzen der Gerechtigkeit und der Moral*. Weilerswist 2002.

Kuper, Andrew: Global poverty relief: more than charity. In: Ders. (Hg.): *Global Responsibilities. Who Must Deliver on Human Rights?* London 2005, 155–172.

Meyer, Lukas H.: *Historische Gerechtigkeit*. Berlin 2005.

Mieth, Corinna: *Positive Pflichten. Über das Verhältnis von Hilfe und Gerechtigkeit in Bezug auf das Weltarmutsproblem*. Berlin 2012.

Miller, David: *National Responsibility and Global Justice*. Oxford 2007.

Moellendorf, Darrell: *Cosmopolitan Justice*. Cambridge 2002.

Nagel, Thomas: The problem of global justice. In: *Philosophy and Public Affairs* 33/2 (2005), 113–147.

Neuhäuser, Christian: *Amartya Sen zur Einführung*. Hamburg 2013.

Nussbaum, Martha: *Frontiers of Justice*. Cambridge MA 2006.

Pogge, Thomas: *World Poverty and Human Rights*. Oxford 2002.

–: Warum die Menschenrechte die Einrichtung des Health Impact Fund verlangen. In: *Zeitschrift für Menschenrechte* 3/2 (2009), 121–157.

Randeria, Shalini/Eckert, Andreas: *Vom Imperialismus zum Empire. Nicht-westliche Perspektiven auf Globalisierung*. Frankfurt a. M. 2009.

Rawls, John: *The Law of Peoples*. Cambridge MA 1999.

Rotberg, Robert I./Thompson, Dennis (Hg.): *Truth v. Justice. The Morality of Truth Commissions*. Princeton 2000.

Sangiovanni, Andrea: Global justice, reciprocity and the state. In: *Philosophy and Public Affairs* 35/1 (2007), 3–39.

Sen, Amartya: *The Idea of Justice*. Cambridge MA 2010.

Singer, Peter: Famine, affluence, and morality. In: *Philosophy & Public Affairs* 1/3 (1972), 229–243 (dt.: Hunger, Wohlstand und Moral. In: Barbara Bleisch/Peter Schaber (Hg.): *Weltarmut und Ethik*. Paderborn 2007, 37–52).

–: *The Life You Can Save*. New York 2009.

Young, Iris Marion: Fünf Formen der Unterdrückung. In: Herta Nagl-Docekal/Herlinde Pauer-Studer (Hg.): *Politische Theorie. Differenz und Lebensqualität*. Frankfurt a. M. 1996, 99–139.

–: *Global Challenges. War, Self-Determination and Responsibility for Justice*. Cambridge 2007.

Regina Kreide

17 Globale Gerechtigkeit

Es wird mittlerweile wie selbstverständlich und geradezu inflationär von globaler Gerechtigkeit gesprochen. Dabei wird oft übersehen, dass die Konzeption globaler Gerechtigkeit eine radikale Idee transportiert, die sich erst seit einer Generation durchzusetzen begonnen hat, deren Sinn aber nach wie vor als umstritten gelten muss. Bis heute findet sich beispielsweise in der *Stanford Encyclopedia of Philosophy* kein eigenständiger Eintrag zu ›Global Justice‹. Teile der betreffenden Probleme werden im Beitrag ›International Justice‹ abgehandelt. Es gibt aber gute Gründe, den Gegenstandsbereich von globaler und internationaler Gerechtigkeit klarer zu unterscheiden. Die globale Gerechtigkeitsperspektive markiert einen Paradigmenwechsel. Internationale Gerechtigkeit evoziert, dass souveräne Staaten ihre Außenpolitik fair gestalten, rechtmäßige Vereinbarungen miteinander treffen und internationale Gremien zur Regulierung und Befriedung internationaler Beziehungen einrichten sollen. Demgegenüber geht die globale Gerechtigkeitstheorie davon aus, dass wir es mit einer Sphäre globaler Herrschaft zu tun haben, durch die staatliche Autonomie erst ermöglicht, eingegrenzt und zunehmend unterminiert wird.

Globale Herrschaftsregime bilden den ersten Gegenstand globaler Gerechtigkeit. Dies lässt sich am besten am globalen Wirtschafts- und Finanzregime festmachen, das sich der Regelungskompetenz von Staaten weitgehend entzieht, dabei aber die Möglichkeit individueller und politischer Autonomie weltweit reglementiert. Die gegenwärtige Theoriebildung zu globaler Gerechtigkeit reagiert damit auf eine genuine Herausforderung des 21. Jahrhunderts, nämlich die politische Kontrolle globaler Herrschaft. Insgesamt bieten sich dazu drei Ordnungsmodelle an. Erstens das kosmopolitische Modell eines föderalen Weltstaates, zweitens Mehrebenenmodelle mit dem Zweck, staatliche Autonomie wiederherzustellen, und drittens Modelle, die nach Alternativen für das staatliche Ordnungsmodell suchen, indem sie etwa auf die Emergenz eines multilateralen Netzwerks hoffen, an dem Staaten, Unternehmen und globale Institutionen genauso beteiligt sind wie zivilgesellschaftliche Akteure.

Am besten lässt sich die Debatte zu globaler Gerechtigkeit aber verstehen, wenn sie in einzelne Phasen ihrer Entwicklung eingeteilt wird. Die erste Phase setzt damit ein, dass Kosmopolitisten vorhandene, ursprünglich also am Nationalstaat modellierte Methoden auf Probleme globaler Ungerechtigkeit anwenden. Dazu wird eine Analogie zwischen staatlicher und globaler Herrschaft vorausgesetzt, in deren Folge Kosmopolitisten dieselben egalitären Gerechtigkeitsforderungen aufstellen wie im innerstaatlichen Fall. In der zweiten Phase formiert sich zunehmend Kritik an diesem Analogieschluss. Partikularisten bezweifeln, dass die globale Arena sinnvoll als Kontext sozialer Gerechtigkeit begriffen werden kann; zudem halten pragmatische Ansätze den Kosmopolitismus für politikvergessen und utopisch. In der dritten und anhaltenden Phase differenziert sich der Kosmopolitismus in Reaktion auf diese Kritik weiter aus. Das bedeutet vor allem, dass er sich stärker mit den politischen Realisierungsbedingungen globaler Gerechtigkeit auseinanderzusetzen beginnt. Das Resultat dieser Neuformierung der kosmopolitischen Philosophie ist derzeit nicht absehbar. Trotzdem lassen sich bereits Tendenzen erkennen. Auf der einen Seite bilden sich einzelne Bereichsethiken heraus, etwa in Form globaler Wirtschafts-, Migrations- oder Umweltethik; andererseits geht der Trend dahin, ein realistisches Ideal globaler Gerechtigkeit zu entwickeln, also eines, das an einer sorgfältigen Analyse des politisch Möglichen ansetzt.

Phase 1: Übertragung innerstaatlicher Gerechtigkeitsmodelle auf globale Herrschaft

Die Globalisierung stellt uns vor strukturell neuartige Herausforderungen, die sich mit dem traditionellen Methodenreservoir der politischen Philosophen nicht bewältigen lassen. Am Anfang der philosophischen Auseinandersetzung steht Immanuel Kants Philosophie des Weltbürgertums. In *Zum Ewigen Frieden* (1795) entwirft Kant einen internationalen Friedensvertrag, in dem sich aufgeklärte Monarchen innerstaatlich auf eine gerechte Verfassung und zwischenstaatlich auf eine völkerrechtliche Friedensordnung verpflichten. Kants eigentliche Innovation liegt aber in der Einrichtung einer kosmopolitischen Rechtsordnung, die jedem Weltbürger ein Grundrecht auf gastliche Behandlung (›Hospitalität‹) einräumt. Damit führt er ein globales Individualrecht ein, dessen unmittelbarer Zweck es ist, den globalen Handelsverkehr und diplomatische Beziehungen zu schützen, das mittelbar aber auch die weitere Kultivierung einer kosmopolitischen Gesinnung vorbereiten soll.

Wenn in der heutigen Diskussion auf Kant zurückgegriffen wird, bleibt allerdings selten etwas von dieser kosmopolitischen Absicht übrig. Ein gutes Beispiel hierfür ist John Rawls' Theorie internationaler Gerechtigkeit (2002). Darin beruft er sich zwar auf Kant, fällt aber hinter Kants Gedanken eines Weltbürgerrechts zurück. Rawls' Ausgangsproblem ist nicht die Kontrolle globaler Herrschaft mit den damit verbundenen Erscheinungen globaler Ausbeutung, Beherrschung und Deprivation, sondern die Außenpolitik liberaler Staaten. Seine Vision ist eine Welt unabhängiger demokratischer (oder zumindest respektabler) Staaten, in der die kosmopolitische Ebene, die wir bereits bei Kant angelegt finden, fehlt.

Im Grunde beginnt die zeitgenössische Philosophie globaler Gerechtigkeit mit der Kritik an Rawls. Bekanntlich definiert Rawls Gerechtigkeit als »die erste Tugend sozialer Institutionen« (Rawls 1979, 19) und läutet damit den *institutional turn* innerhalb der Gerechtigkeitstheorie ein. Im Gegensatz zu moralischen Prinzipien, die persönliche Einstellungen und Interaktionen bestimmen, regeln Prinzipien der Gerechtigkeit institutionalisierte Beziehungen; vor allem formulieren sie Standards für die Grundstruktur einer Gesellschaft. Nach Rawls würde sich jeder Angehörige einer Gesellschaft in einer unparteiischen Entscheidungssituation (*original position*) für seine größtmögliche Freiheit und eine faire Umverteilung der Früchte gesellschaftlicher Zusammenarbeit aussprechen. Dieser liberal-egalitäre Ansatz wurde von Charles Beitz (1979) und Thomas Pogge (1989) in Richtung eines egalitären Kosmopolitismus ausgebaut. Beide weisen darauf hin, dass die globale Arena in vergleichbarer Weise Formen sozialer Kooperation organisiert und hinreichende Ansätze einer institutionellen Grundstruktur aufweist. Analog zu innerstaatlichen Institutionen müssten globale Institutionen daher ebenfalls liberal-egalitären Legitimitätsanforderungen genügen. Schließlich würden sich alle Personen, deren Chancen durch das globale Wirtschaftsregime nachhaltig beeinflusst werden, vernünftigerweise für ein globales distributives Gerechtigkeitsprinzip entscheiden.

Wie Rawls' kontraktualistischer Liberalismus wurde auch der gerechtigkeitstheoretische Republikanismus in kosmopolitischer Absicht weiterentwickelt. Für den Republikanismus sind Herrschaftsverhältnisse nur dann gerechtfertigt, wenn sie den Allgemeinwillen repräsentieren, wenn sie also von jedem Betroffenen autorisiert wurden. Legitime Herrschaft setzt demokratische Verfahren voraus. Angesichts der zunehmenden Macht globaler Institutionen war es naheliegend, das republikanische Modell auf die Ebene globaler Herrschaft zu übertragen. Zu den wichtigsten Vertretern dieser Position zählt David Held, der in den vergangenen Jahrzehnten ein umfassendes Reformprogramm zur Demokratisierung globaler Herrschaft ausgearbeitet hat (1995; 2010). Held entwirft hier kein freistehendes Ideal einer globalen Demokratie, sondern ein föderal und subsidiär organisiertes Mehrebenenmodell, das in die bestehende Struktur globaler Herrschaft repräsentative Instrumente einbaut (etwa in Form eines demokratischen Sicherheitsrats und eines globalen Parlamentarismus).

Eine ähnliche Vision globaler Demokratie ist von Otfried Höffe (1999) entwickelt worden, der die Einrichtung einer komplementären Weltrepublik für rechtsmoralisch geboten und angesichts gemeinsamer Risiken für unausweichlich hält. Höffes Kosmopolitismus erscheint dabei als Konsequenz seines wiederum kontraktualistischen Ansatzes, den er als ›transzendentalen Tausch‹ bezeichnet. Damit ist gemeint, dass unter den Bedingungen der Globalisierung jeder Mensch ein Interesse daran hat, die sozialen Grundlagen seiner Handlungsfähigkeit in Form fundamentaler Menschen- und Mitbestimmungsrechte zu sichern und entsprechenden Reformen der globalen Institutionen zuzustimmen. Höffe findet im rationalen Interesse an der eigenen Handlungsfähigkeit den Kern einer allgemeinmenschlichen Minimalmoral, aus der er nicht nur Standards der Kritik, sondern Konstruktionskriterien für das Design einer gerechten Weltordnung gewinnt.

Diese Übertragung von moralischen Prinzipien auf die politische Vision einer gerechteren Weltordnung ist typisch für den moralischen Kosmopolitismus. Gemeint ist eine Position, die aus der kosmopolitischen Moraldoktrin positive Gerechtigkeitspflichten zum Aufbau einer globalen Gerechtigkeitsordnung ableitet. Diese kosmopolitische Moraldoktrin beinhaltet wiederum drei Aspekte: einen legitimatorischen Individualismus (von höchster moralischer Wichtigkeit ist der einzelne Mensch), einen egalitären Universalismus (den Status höchster moralischer Wichtigkeit teilen alle lebenden Menschen gleichermaßen) und einen globalen Geltungsanspruch (moralische Pflichten enden nicht an Staatsgrenzen). Offensichtlich handelt es sich dabei um Grundgedanken einer jeden universalistischen Moral; moralische Kosmopolitisten behaupten aber, dass die kosmopolitische Moral positive Pflichten begründet (etwa Peter Singer 2007) und auf ein bestimmtes (egalitär-freiheitliches) Ideal kosmopolitischer Gerechtigkeit hinausläuft (z. B. Simon Caney 2004).

Noch einmal zusammengefasst ist die erste Phase der Theoriebildung zu globaler Gerechtigkeit dadurch gekennzeichnet, dass die im Kontext innerstaatlicher Gerechtigkeit eingeführten Ansätze auf die neuartige Wahrnehmung globaler Ungerechtigkeit übertragen werden. Im Ergebnis begründen kosmopolitische Autoren substanzielle Prinzipien globaler distributiver Gerechtigkeit und Demokratie, Prinzipien, die in die Forderung nach einem republikanischen und sozialstaatlichen Design der globalen Grundstruktur münden. Kurz gesagt, die Philosophie des Kosmopolitismus erhebt am Anfang der Debatte die Forderung nach einer freiheitlich-egalitären Weltrepublik.

Phase 2: Partikularistische Kritik und pragmatische Korrekturen

In der zweiten Phase formiert sich zunehmend Kritik an der vorausgesetzten Strukturanalogie zwischen innerstaatlichen und globalen Gerechtigkeitsfragen. Zu den offensichtlichen Disanalogien zählen das Fehlen einer gemeinsamen Identität, das Fehlen effizienter globaler Koordinations- und Sanktionierungsinstrumente sowie die bedeutenden Machtasymmetrien zwischen den Staaten bzw. zwischen globalen Unternehmen und Staaten. Partikularisten argumentieren gegen die Idee einer globalen Domäne sozialer Gerechtigkeit und Demokratie, indem sie immer neue Variationen dieser Unterschiede ins Feld führen.

Generell behauptet der gerechtigkeitstheoretische Partikularismus, dass immer nur ein bestimmter Personenkreis in einer für Gerechtigkeitsansprüche konstitutiven Beziehungsform zusammenlebt. In gewisser Weise wird darin die Debatte zwischen Liberalismus und Kommunitarismus fortgeführt. Kommunitaristen betonen, dass sich die Frage nach Gerechtigkeit nicht in abstrakter Weise stellt, sondern dass sich je bestimmte Gerechtigkeitsvorstellungen mitsamt den entsprechenden Verpflichtungen immer nur in konkreten Gemeinschaften herausbilden. Anders gesagt erzeugen distributive Gerechtigkeitsprinzipien keine allgemeinen, sondern besondere Verpflichtungen; das sind Verpflichtungen, die wir nicht gegenüber jeder Person aufgrund ihres bloßen Menschseins haben, sondern allein gegenüber solchen Personen, mit denen wir in bestimmten Beziehungen verbunden sind. Die hierzu relevanten Beziehungen sind durch eine gemeinsame Identität und einen gemeinsamen Sinn für die Bedeutung einzelner Verteilungsgüter konstituiert.

Die kommunitaristische Argumentationsweise hat in David Millers gerechtigkeitstheoretischem Nationalismus deutliche Spuren hinterlassen. Für Miller ist es legitim, Angehörigen der eigenen Nation privilegierte Ansprüche auf soziale Gerechtigkeit einzuräumen: »Die Pflichten, die wir unseren Mitbürgern [*fellow nationals*] schulden, sind sowohl verschieden von den Pflichten, die wir Menschen als solchen schulden, als auch weitgehender als diese« (Miller 1995, 111). Denn »indem ich eine nationale Identität annehme, anerkenne ich auch, dass ich Mitgliedern meiner Nation spezielle Verpflichtungen schulde, die ich anderen Menschen nicht schulde« (ebd., 49).

Was die Nation als Beziehungssystem so einzigartig für die Entstehung besonderer Gerechtigkeitspflichten macht, ist ihre Kombination aus identitätsstiftenden und politischen Aspekten. Auf der einen Seite gründen besondere Gerechtigkeitspflichten auf einer gemeinsamen Nationalkultur, in der eine bestimmte Gerechtigkeitskonzeption ihre inhaltliche Bestimmung und verbindliche Anerkennung erhält. Zweitens bedarf es eines nationalen Zusammengehörigkeitsgefühls, damit Pflichten sozialer Gerechtigkeit motivational verankert werden; und drittens sorgt die territoriale und politische Einheit der Nation dafür, dass Ansprüche sozialer Gerechtigkeit administrativ organisiert und politisch durchgesetzt werden können. Im Zusammenspiel dieser drei Gründe bildet die Nation für Miller die größtmögliche Domäne sozialer Gerechtigkeit. Vergleichbare Voraussetzungen für globale soziale Gerechtigkeitsansprüche seien hingegen nicht zu erkennen; in der globalen Arena gelten zwar soziale Menschenrechte, die allgemeinmenschliche Mindeststandards schützen (Miller 2007, 74), aber keine Prinzipien der Verteilungsgerechtigkeit.

Thomas Nagel (2010) unterscheidet sich von Miller, indem er den partikularistischen Einwand weniger auf nationale Identifikation als auf den konstitutiven Zusammenhang von Souveränität und Gerechtigkeit abstellt. Damit ist auf der einen Seite gemeint, dass Gerechtigkeitsansprüche nur unter bestimmten machtpolitischen Voraussetzungen sinnvoll sind, nämlich dann, wenn sie sich an einen identifizierbaren Souverän adressieren lassen. Gerechtigkeitsstandards haben die Funktion, staatliche Gewaltmonopole zu legitimieren und gegebenenfalls zu kritisieren. Aufgrund dieser Funktion gelten Prinzipien sozialer Gerechtigkeit (s. Kap. II.18) ausschließlich im Kontext souveräner Herrschaft, worin sie sowohl ihren Entstehungshintergrund als auch ihr Anwendungsgebiet haben. Anders gesagt formulieren Forderungen der Gerechtigkeit konkrete Rechtsansprüche;

das sind Ansprüche, die erst dadurch entstehen, »dass wir mit bestimmten anderen in einer politischen Gesellschaft eingebunden sind, die unter strenger zentraler Kontrolle steht. Nur gegenüber einem solchen System und nur gegenüber seinen Angehörigen können wir Rechte auf Demokratie, gleiche Staatsbürgerschaft, Nichtdiskriminierung, Chancengleichheit sowie auf die Verbesserung unfairer Verteilung sozialer und wirtschaftlicher Güter über die Institutionen dieses Systems geltend machen« (Nagel 2010, 121).

Für Nagel ist die Frage der Gerechtigkeit aber nicht allein auf die Legitimation politischer Zwangsverhältnisse bezogen. Zusätzlich ist auch der Anspruch des Souveräns, im Namen aller Bürger zu sprechen und zu handeln, von gerechten Partizipationsverhältnissen abhängig. Zusammengefasst resultieren die besonderen Forderungen der Gerechtigkeit bei Nagel aus zwei Arten von Zumutungen, die mit unserer Staatsangehörigkeit zusammenhängen. Auf der einen Seite werden wir unfreiwillig in eine staatliche Herrschaftsordnung hineingeboren, gegenüber der wir vollkommen machtlos sind. Diese Zumutung soll durch sozialen Wohlstand kompensiert oder zumindest akzeptabler gemacht werden. Dass auf der anderen Seite ein Souverän in unserem Namen sprechen kann, ist eine weitere Zumutung, jedenfalls so lange, wie wir dabei nicht ein Wörtchen mitreden können. Der Anspruch auf Repräsentation ist nur akzeptabel, wenn die Repräsentierten weitgehende Mitbestimmungsrechte geltend machen können. Forderungen sozialer und politischer Gerechtigkeit sind, so Nagels etatistische Pointe, eben auf die Institution souveräner Rechtsstaaten beschränkt. Denn selbst unter den Bedingungen globaler Herrschaft und in Anerkennung globaler Zwangsverhältnisse fehlt es in der internationalen Arena an den für besondere Gerechtigkeitsansprüche konstitutiven Bedingungen, nämlich an globaler Rechtssicherheit, dem Repräsentationsanspruch eines globalen Souveräns und, wie sich mit Miller hinzufügen ließe, einer entsprechenden kosmopolitischen Identität.

Zum zweiten wird die partikularistische Kritik an der Idee globaler Gerechtigkeit durch eine pragmatisch ansetzende Kritik am Kosmopolitismus ergänzt. Kritisiert wird vor allem die Machtvergessenheit des moralischen Kosmopolitismus, und zwar in mindestens drei Varianten. Die erste Variante knüpft an den klassischen Machtrealismus an (maßgebend Hans J. Morgenthau 1948), für den Politik generell – und Außenpolitik im Besonderen – reine Interessenpolitik ist. Vom machtrealistischen Standpunkt aus betrachtet bildet die globale Arena ein anarchisches System, das, wie schon Hobbes erklärt hat, eher einem Kriegszustand als einem Gerechtigkeitskontext ähnelt. In dieser Lesart ist soziale Gerechtigkeit das Ergebnis sozialer Kämpfe, in denen sich unterprivilegierte Klassen Teilhaberechte erstreiten. Dieser Kampf steht in der globalen Arena allenfalls noch bevor. Bis auf Weiteres fehlt es den global Armen und Ausgegrenzten aber an der Macht, globale Umverteilungs- und Mitbestimmungsansprüche durchzusetzen.

Die zweite und dritte Variante der pragmatischen Kritik am Kosmopolitismus entsteht im Kontext der Debatte um das Verhältnis von idealer zu nicht-idealer Theorie. In dieser Debatte geht es allgemein um die Frage, welche Rolle – wenn überhaupt – die politische Philosophie in der Praxis spielen will. Im Zuge dieser Debatte werden auch die Diskursposition des Theoretikers selbst sowie die Produktionsbedingungen seiner Theorie hinterfragt. Diese Fragen wurden in besonderer Schärfe von Raymond Geuss (2008; 2010) aufgeworfen. Geuss kritisiert insbesondere die analytische politische Philosophie dafür, dass sie einen zweischrittigen Ansatz verfolgt, der in einem idealtheoretischen Teil normative Grundlagen erarbeitet, um diese dann in einem nicht-idealen Theorieteil auf die Praxis anzuwenden. Geuss sieht darin ein Problem, weil sich das theoretisch Gebotene, wenn es nicht vom politisch Möglichen her gedacht wird, zu weit von der Praxis entfernt.

Der subversivere Punkt seiner Kritik lautet aber, dass die politische Philosophie letztlich auch nur eine Form der Praxis darstellt, die unter bestimmten politischen Voraussetzungen operiert und ein bestimmtes Selbstverständnis reproduziert. Geuss' Kontrahent ist, wie so oft, John Rawls, dessen Methode Geuss als eine Scheinobjektivierung der liberalen Weltanschauung begreift. Der Punkt ist, dass Rawls' Konstruktivismus seine eigene Perspektive – die eines amerikanischen Autors – immunisiere und dadurch ins Ideologische abzudriften drohe (vgl. Geuss 2010). Und auch wenn sich Rawls' Theorie internationaler Gerechtigkeit durchaus gegen diese Kritik verteidigen ließe, bleibt von der Geuss-Debatte haften, dass die politische Philosophie, zumal als Theorie globaler Gerechtigkeit, ihren eigenen Standort stärker mitzureflektieren hat und sich als nicht neutralen Teilnehmer an einem globalen Diskurs über Gerechtigkeit verstehen sollte, der über kein privilegiertes Wissen verfügt.

Auch in ihrem dritten Aspekt schließt die pragmatische Argumentation zunächst an Geuss an. Wenn es in der Gerechtigkeitstheorie nicht allein um Wahrheit, sondern um die Möglichkeit von Gesellschaftskritik und politischer Reform geht, dann ist dem, was sich im Namen der Gerechtigkeit sinnvoll einfordern lässt, durch das, was politisch möglich erscheint, eine mehr oder weniger klare Grenze gesetzt. Im Kosmopolitismus der ersten Phase fallen aber Anspruch und Wirklichkeit in eklatanter Weise auseinander. Geuss moniert vor allem, dass die politische Philosophie von einem naiven Begriff politischer Handlungsfähigkeit ausgeht. Seiner Auffassung zufolge sollten wir politisches Handeln nicht als ein Handwerk (*craft*) betrachten, in dem es um die technische Herstellung eines gedanklich entworfenen Gegenstandes geht, sondern vielmehr als eine Kompetenz (*skill*), die es uns erlaubt, angemessen und flexibel auf die Erfordernisse des Tages zu reagieren: »Eine Kompetenz ist die Fähigkeit, auf flexible Art zu handeln, so dass wir auf Eigenarten der gegebenen Situation reagieren können, um Handlungen oder Interaktionen zu verbessern bzw. zu ermöglichen oder die Umwelt in einer Weise zu verändern, die wir als positiv bewerten« (Geuss 2008, 15). Die Handlungsposition des Politikers ähnelt nicht der eines Verfassungsgebers oder Staatengründers, sondern eher der eines Torhüters, der situativ entscheiden muss, ob er fangen, fausten oder auf der Linie bleiben soll. Dazu braucht er zwar spezifische Fähigkeiten und ein Verständnis vom Ziel des Spiels, aber keinen fertigen Matchplan, keinen »vollständigen Theorieansatz, der ihm in jeder dieser Situationen die Richtung anzeigt« (Geuss 2008, 16).

Übertragen auf globale Gerechtigkeit erscheint das Ideal einer Weltrepublik nutzlos, weil es sich nicht in konkrete politische Verantwortlichkeiten zurückübersetzen lässt. Amartya Sen (2010) hat diesen pragmatischen Vorbehalt weiter verdeutlicht. Gerechtigkeitsansätze, die das Ideal einer vollkommen gerechten Grundstruktur in die Zukunft projizieren, bezeichnet Sen als ›transzendentalen Institutionalismus‹. Für ihn bleibt die politische Philosophie von Platon bis Rawls zu stark darauf fixiert, das Ideal einer gerechten Ordnung unabhängig von seinen politischen Realisierungsbedingungen zu entwerfen. Die politische Philosophie, ausgeübt als ein freistehendes Strategiespiel, hat ihre Fähigkeit zum Gespräch mit der Politik verloren. Um diese Fähigkeit zurückzugewinnen, schlägt Sen eine komparative Methode vor. Die Aufgabe der Philosophie endet bei der Begründung allgemeiner Prinzipien, anhand deren sich gegebene politische Optionen als mehr oder weniger gerecht vergleichen lassen. Wie wir zum Höhenvergleich zwischen zwei Bergen keine Beschreibung des höchsten Berges, sondern lediglich das Metermaß benötigen, bedürfe es auch keiner genaueren Informationen über eine vollkommen gerechte Weltordnung, um die vergleichsweise gerechtere Entscheidung zu fällen. Sens Ansatz ist prinzipiengeleitet, aber nicht idealistisch. Er plädiert für die Anerkennung grundlegender Fähigkeiten (*capabilities*) zur Bewertung konkreter Entscheidungsoptionen, betrachtet diese aber nicht als Konstruktionsprinzipien für eine ideale Gerechtigkeitsordnung. Das Ideal einer vollkommen gerechten Gesellschaft, so die dritte Spielart pragmatischer Kritik, ist politisch impraktikabel und als solches verzichtbar.

Phase 3: Kosmopolitische Neuansätze

Rückblickend lässt sich sagen, dass die jüngste Theoriebildung zu globaler Gerechtigkeit die genannten Einwände in sich aufgenommen hat. Die Analogie zwischen innerstaatlicher und globaler Gerechtigkeit wird kaum noch behauptet und die ambitionierten Forderungen nach globaler Umverteilung und Demokratie sind der Suche nach einem realistischen Ideal gewichen. Gleichzeitig hat die partikularistische und pragmatische Kritik aber auch den Weg gewiesen, auf dem sich der Kosmopolitismus neu aufzustellen beginnt. Das bedeutet nicht, dass die jüngste Theorieentwicklung einheitlich verläuft. Aber es zeichnet sich doch ein Konsens darüber ab, dass es eines methodischen Neuansatzes bedarf, um die politische Anschlussfähigkeit der Theorie – möglichst im Verbund mit Sozial-, Rechts- oder Wirtschaftswissenschaften – wiederherzustellen. Auch wenn es für eine Bilanz dieser Phase noch zu früh ist, lassen sich bereits vier Tendenzen beschreiben, die den Anforderungen an eine pragmatische und motivational verankerte Theorie globaler Gerechtigkeit entsprechen. Die erste besteht darin, die kosmopolitische Idee auf einen Menschenrechtsansatz globaler Gerechtigkeit zurückzubauen (s. auch Kap. IV.45); die zweite lässt sich als Hinwendung zu spezifischen Bereichsethiken beschreiben; eine dritte Tendenz ist die, Verantwortung für globale Gerechtigkeit in Staaten zu verankern; und eine vierte Tendenz besteht darin, immanente Standards der Kritik in der Analyse globaler Institutionen zu rekonstruieren.

Menschenrechtsansätze

Partikularistische Autoren bezweifeln zwar, dass es einen globalen Kontext sozialer (distributiver) Gerechtigkeit gibt, gleichzeitig erkennen sie aber die Geltung universal verbindlicher Menschenrechte an (etwa Miller 2007). Entsprechend ist es naheliegend, Menschenrechte als universell anerkannte Währung globaler Gerechtigkeit zu betrachten. In dieser Sichtweise geht es in der globalen Arena nicht mehr um Gleichheit und politische Autonomie, sondern um den Schutz fundamentaler Bedingungen der Menschenwürde, minimaler Grundbedürfnisse, allgemeinmenschlicher Interessen etc. Einen Menschenrechtsansatz globaler Gerechtigkeit vertreten etwa Christine Chwaszcza (2007), Martha Nussbaum (2010) oder Matthias Risse (2012). Bezeichnend ist in diesem Zusammenhang, dass die beiden bekanntesten Protagonisten des egalitären Kosmopolitismus, Charles Beitz und Thomas Pogge, mittlerweile ihrerseits einen Menschenrechtsansatz vertreten. Während Beitz' praktische Konzeption der Menschenrechte (2009) auf die politische Wirklichkeit sozialer Menschenrechtsansprüche verweist, gründet Pogges institutioneller Ansatz (2011) darauf, dass globale Institutionen und Regelungen zu schwerwiegenden Menschenrechtsverletzungen beitragen. Allgemein haben Menschenrechtsansätze den heuristischen Vorzug, dass auch soziale und politische Menschenrechtsansprüche bereits völkerrechtlich anerkannt und zum Teil politisch realisiert sind. Menschenrechtsstandards eignen sich sowohl als komparative Standards der Weltinnenpolitik wie auch als Verfassungselemente eines globalen Konstitutionalismus (vgl. Habermas 1998).

Bereichsethiken

Die Praktikabilität eines umfassenden globalen Gerechtigkeitsideals steht zunehmend zur Disposition. Um konkrete Akteure, Regeln und Praktiken zu beurteilen, ist es hinreichend, wenn wir über bestimmte Standards verfügen, Standards, die oft erst in der Auseinandersetzung mit bestimmten Problembereichen gewonnen werden. Entsprechend lässt sich eine Ausdifferenzierung in einzelne Bereichsethiken beobachten. Dazu zählen die Theorie des gerechten Krieges sowie Fragen einer globalen Entwicklungs-, Wirtschafts-, Gesundheits-, Migrations- oder Klimaethik. Einerseits erscheint es praktisch sinnvoll, sich auf die Beurteilung konkreter Problembereiche zu konzentrieren und dabei eine umfassendere globale Gerechtigkeitsperspektive auszublenden. Auf der anderen Seite bleibt diese Absonderung aber unbefriedigend, weil Kernfragen wie die nach dem nachhaltigen Einsatz von Entwicklungsressourcen, nach dem Ziel einer gerechten Weltwirtschaftsordnung oder nach langfristig gerechten Nachkriegsverhältnissen weiterhin ein holistisches Gerechtigkeitsideal voraussetzen.

Staatsbasierter Kosmopolitismus

Ein Vorschlag dazu, wie der Kosmopolitismus die partikularistische und pragmatistische Kritik in sich aufnehmen könnte, präsentiert Lea Ypis Konzeption eines staatsbasierten Kosmopolitismus (Ypi 2008). Für Ypi sind Nationalstaaten nicht nur die wirkmächtigsten Institutionen in der globalen Arena, sondern sie sind auch diejenigen, in denen das Primat der Politik noch gilt und die sich daher kosmopolitisch umprogrammieren lassen. Möglich macht dies einerseits das Prinzip der Volkssouveränität, durch das eine kosmopolitische Agenda Eingang in die Außen- und Entwicklungspolitik einzelner Staaten finden kann; andererseits kontrollieren Staaten die öffentlichen Bildungseinrichtungen, in denen staats-, aber eben auch weltbürgerliche Tugenden angelegt werden können. Realistischerweise lässt sich das Design globaler Herrschaft nur unter der Voraussetzung gerechter gestalten, dass Staaten ihre kosmopolitische Verantwortung nach außen wie nach innen, etwa gegenüber Migranten, anerkennen. Einen Weg dahin beschreibt auch Seyla Benhabib (2008), die unter dem Begriff der ›deliberativen Iteration‹ eine Verfestigung kosmopolitischer Menschenrechtsnormen im nationalen politischen Selbstverständnis beschreibt.

Politischer Kosmopolitismus

Neben der Frage, wie Staaten zu Akteuren globaler Gerechtigkeit umprogrammiert werden können, besteht die größte Herausforderung darin, zu klären, wie globale Herrschaftsregime, die sich staatlicher Kontrolle entziehen, wieder in politische Verantwortungsverhältnisse eingebettet werden können. Wer trägt die Verantwortung für die politische Kontrolle globaler Herrschaft? Der politische Kosmopolitismus, der sich mit dieser Frage beschäftigt, lässt sich in zwei miteinander zusammenhängende Ausrichtungen unterteilen. Auf der einen Seite steht der interaktionale Ansatz, der bei der individuellen Verantwortung von Weltbürgern ansetzt (vgl. Cabrera 2010). Jeder Einzelne trägt eine politische Mitverantwortung dafür, zur Reform globaler Ungerechtigkeitsstrukturen in seinem Einflussbereich beizutragen. Komplementär dazu setzt das institutionelle Modell bei der politischen Verantwortung globaler Institutionen wie der Weltbank, der WTO oder der G20 an. Das globale Herrschaftsregime hat selbst ein Interesse an nachhaltiger Geltung und somit an Legitimität. An diesem Legitimitätsanspruch kann eine immanente Kritik globaler Herrschaft ansetzen. Diesbezüglich wäre es ein wichtiges Desiderat, die von Axel Honneth entwickelte Methode eines normativen Rekonstruktivismus (vgl. Honneth 2013) auf globale Herrschaft auszuweiten und in den Satzungen und öffentlichen Rechtfertigungen globaler Institutionen Ansatzpunkte für ihre immanente Kritik zu rekonstruieren. Eine Inventur der Legitimitätsansprüche globaler Herrschaft würde die Grundzüge einer realistischen Utopie der Menschenrechte (vgl. Habermas 2010) im Sinne eines machbaren Ideals globaler Gerechtigkeit freilegen, das bereits partikular verankert und politische Praxis ist und doch einen kritischen Überschuss gegenüber dieser Praxis erzeugt.

Literatur

Beitz, Charles: *Political Theory and International Relations.* Princeton NY 1979.

–: *The Idea of Human Rights.* Oxford 2009.

Benhabib, Seylah: *Kosmopolitismus und Demokratie. Eine Debatte.* Frankfurt a. M. 2008.

Broszies, Christoph/Hahn, Henning: Die Kosmopolitismus-Partikularismus-Debatte im Kontext. In: Dies. (Hg.): *Globale Gerechtigkeit. Schlüsseltexte zur Debatte zwischen Partikularismus und Kosmopolitismus.* Berlin 2010, 9–52.

Cabrera, Luis: *The Practice of Global Citizenship.* New York 2010.

Caney, Simon: *Justice Beyond Borders. A Global Political Perspective.* New York 2004.

Chwaszcza, Christine: *Moral Responsibility and Global Justice. A Human Rights Approach.* Baden-Baden 2007.

Geuss, Raymond: *Philosophy and Real Politics.* Princeton NY 2008.

–: Realismus, Wunschdenken, Utopie. In: *Deutsche Zeitschrift für Philosophie* 58/3 (2010), 419–429.

Habermas, Jürgen: Die postnationale Konstellation und die Zukunft der Demokratie. In: Ders.: *Die postnationale Konstellation. Politische Essays.* Frankfurt a. M. 1998, 91–169.

–: Das Konzept der Menschenwürde und die realistische Utopie der Menschenrechte. In: *Deutsche Zeitschrift für Philosophie* 58/3 (2010), 343–357.Held, David: *Democracy and the Global Order: From the Modern State to Cosmopolitan Governance.* Cambridge 1995.

–: *Cosmopolitanism: Ideals and Realities.* Cambridge 2010.

Höffe, Otfried: *Demokratie im Zeitalter der Globalisierung.* München 1999.

Honneth, Axel: *Das Recht der Freiheit. Grundriss einer demokratischen Sittlichkeit.* Berlin 2013.

Kant, Immanuel: Zum Ewigen Frieden. Ein philosophischer Entwurf [1795]. In: Königlich-Preußische Akademie der Wissenschaften (Hg.): *Kant's Gesammelte Schriften.* Berlin 1902 ff., Bd. VIII, 341–386.

Miller, David: *On Nationality.* New York 1995.

–: *National Responsibility and Global Justice.* Oxford 2007.

Morgenthau, Hans J.: *Politics Among Nations. The Struggle for Power and Peace.* New York 1948.

Nagel, Thomas: Das Problem globaler Gerechtigkeit. In: Christoph Broszies/Henning Hahn (Hg.): *Globale Gerechtigkeit. Schlüsseltexte zur Debatte zwischen Partikularismus und Kosmopolitismus.* Berlin 2010, 104–146.

Nussbaum, Martha: *Die Grenzen der Gerechtigkeit. Behinderung, Nationalität und Spezieszugehörigkeit.* Berlin 2010.

Pogge, Thomas: *Realizing Rawls.* Ithaca 1989.

–: *Weltarmut und Menschenrechte. Kosmopolitische Verantwortung und Reformen.* Berlin 2011.

Rawls, John: *Eine Theorie der Gerechtigkeit.* Frankfurt a. M. 1979 (engl. 1971).

–: *Das Recht der Völker.* Berlin 2002 (engl. 1999).

Risse, Mathias: *On Global Justice.* Princeton NY 2012.

Sen, Amartya: *Die Idee der Gerechtigkeit.* München 2010.

Singer, Peter: Hunger, Wohlstand und Moral. In: Barbara Bleisch/Peter Schaber (Hg.): *Weltarmut und Ethik.* Paderborn 2007, 37–51.

Ypi, Lea: Statist cosmopolitanism. In: *The Journal of Political Philosophy* 16/1 (2008), 48–71.

Henning Hahn

18 Soziale Gerechtigkeit

Was soziale Gerechtigkeit ist und welcher Stellenwert dem Begriff innerhalb der Gerechtigkeitstheorie zukommen sollte, ist sehr umstritten. Selbst der Gegenstand der sozialen Gerechtigkeit variiert mit dem Kontext, in dem von ihr die Rede ist. Wird sie im politischen Alltagsdiskurs oft mit einer gerechten Verteilung der Einkommen, Vermögen und Steuerlasten der Gesellschaftsmitglieder gleichgesetzt, besteht in der Fachliteratur die Tendenz, sie in einem weiten Sinn als die Gesamtheit der für ganze Gesellschaften geltenden Gerechtigkeitserfordernisse zu verstehen. Alle Redeweisen von sozialer Gerechtigkeit haben aber insofern etwas gemeinsam, als sie sich auf *soziale Ordnungen*, d. h. auf soziale Regeln, Institutionen und Verhältnisse beziehen und für diese die Geltung von Erfordernissen der *distributiven* Gerechtigkeit (s. Kap. II.12) unterstellen. Hier sei angenommen, dass soziale Gerechtigkeit die ganze Grundordnung staatlich organisierter Gesellschaften zum Gegenstand hat und alle darauf Anwendung findenden Gerechtigkeitserfordernisse umfasst.

Obwohl die Vorstellung, dass gesellschaftliche Ordnungen gewissen Erfordernissen der Gerechtigkeit unterliegen, seit alters besteht, ist die Rede von sozialer Gerechtigkeit, mit der an eine gesellschaftliche Ordnung auch bestimmte Anforderungen der distributiven Gerechtigkeit gestellt werden, relativ jung. Sie taucht erst im 19. Jahrhundert in der Debatte um die Soziale Frage vereinzelt auf und findet nach 1900 allmählich zunehmende Verbreitung (Löffler 2001). Dies ist vor allem auf zwei Hand in Hand gehende soziale Entwicklungen zurückzuführen: die Expansion der kapitalistischen Marktwirtschaft, die zwar die gesellschaftliche Wertschöpfung erheblich steigert, aber auch enorme soziale Ungleichheiten und Notlagen hervorbringt, und die Expansion des modernen Staates, mit der nicht nur die Gefahren des Missbrauchs politischer Macht, sondern auch die Möglichkeiten einer planmäßigen Gestaltung der gesellschaftlichen Verhältnisse wachsen.

Auch wenn soziale Gerechtigkeit zu einer Allerweltsformel des politischen Diskurses geworden ist, gibt es über ihre Bedeutung und Sinnhaftigkeit nach wie vor keine Einigkeit. Das wird mitunter als Grund dafür vorgebracht, soziale Gerechtigkeit sei nichts weiter als eine Leerformel, die sich nach Belieben in verschiedene Richtungen auslegen lasse (Hayek 1976, 65–67; Vanberg 2004, 173). Diese Ansicht ist jedoch sicher überzogen. Denn es wäre kaum erklärlich, warum über soziale Gerechtigkeit überhaupt gestritten wird, wenn nicht wenigstens darüber Einigkeit bestünde, wovon dabei die Rede ist. Es ist also anzunehmen, dass die diversen Deutungen zumindest ein gewisses Grundverständnis der Bedeutung und damit einen allgemeinen Begriff von sozialer Gerechtigkeit teilen. Überdies sprechen viele Evidenzen dafür, dass zumindest innerhalb einzelner Gesellschaften die meisten, wenn auch nicht unbedingt alle verschiedenen Deutungen gewöhnlich auch bezüglich diverser substanzieller Fragen mehr oder minder konvergieren und eine Schnittmenge weithin geteilter Überzeugungen bilden. Insoweit solche Konvergenzen zwischen den in einer Gesellschaft auftretenden Deutungen bestehen, kann deren Schnittmenge als die in dieser Gesellschaft vorherrschende Vorstellung von sozialer Gerechtigkeit angesprochen werden.

Im Folgenden soll zunächst ein allgemeiner Begriff der sozialen Gerechtigkeit formuliert werden, der sich zu deren verschiedenen Deutungen neutral verhält und einen Ausgangspunkt für die Herausarbeitung derjenigen Konstruktionselemente bietet, die für eine elaborierte Vorstellung sozialer Gerechtigkeit unverzichtbar sind und auf eine ihr jeweils entsprechende Weise spezifiziert werden müssen. Davon ausgehend wird es dann insbesondere darum gehen, die spezifischen Elemente der in den westlichen Gesellschaften gegenwärtig vorherrschenden Vorstellung sozialer Gerechtigkeit aufzuzeigen. Diese schließt jedenfalls die folgenden Postulate ein: rechtliche Gleichheit, bürgerliche Freiheit, demokratische Teilhabe, soziale Chancengleichheit und wirtschaftliche Ausgewogenheit.

Ein allgemeiner Begriff der sozialen Gerechtigkeit

Für eine erste Annäherung an einen allgemeinen Begriff sozialer Gerechtigkeit ist es ratsam, diese zunächst nur formal zu bestimmen. Zu diesem Zweck soll soziale Gerechtigkeit verstanden werden als die Gesamtheit der Gerechtigkeitserfordernisse, die für die institutionelle Grundordnung einer Gesellschaft gelten. Die sich daraus ergebende Frage, worin diese Gerechtigkeitserfordernisse bestehen, lässt sich in zwei Teile zerlegen: erstens, welche Erfordernisse der Gerechtigkeit es gibt, und zweitens, ob und inwieweit sie auf eine gesellschaftliche Ordnung Anwendung finden.

Die Erfordernisse der Gerechtigkeit sind moralische Standards, die dazu dienen, soziale Beziehungen und Ordnungen im Hinblick auf ihre allgemeine

Zustimmungsfähigkeit für alle betroffenen Personen aus unparteiischer Sicht zu bewerten und entsprechende Richtlinien für ihre Gestaltung bereitzustellen. Von den ganz allgemeinen Geboten der Moral heben sie sich dadurch ab, dass sie nicht schlechthin jede Person gegenüber jeder anderen binden, sondern auf bestimmte Bereiche des sozialen Handelns abstellen und nur die jeweils beteiligten Akteure verpflichten bzw. berechtigen. Angesichts der Vielfalt solcher Bereiche hat schon Aristoteles verschiedene Arten der Gerechtigkeit unterschieden. Gute Gründe sprechen dafür, vier basale Arten anzunehmen, die sich auf verschiedene elementare Formen sozialen Handelns beziehen:

1. *distributive Gerechtigkeit* betreffend die Verteilung gemeinschaftlicher Güter und Lasten zwischen Personen, denen diese Güter oder Lasten gemeinsam zukommen;
2. *Tauschgerechtigkeit* für freiwillige Tauschbeziehungen und vertragliche Transaktionen zwischen einzelnen Personen;
3. *politische Gerechtigkeit* in Hinsicht auf die Ausübung autoritativer Herrschaft von Menschen über andere mittels zwangsbewehrter Normen; und
4. *korrektive Gerechtigkeit* bezüglich der Berichtigung begangenen Unrechts durch Wiedergutmachung oder Strafe (vgl. Koller 2003, 239–241; zu den Arten der Gerechtigkeit vgl. auch die entsprechenden Kapitel in vorliegendem Band).

Jede dieser Arten inkludiert eigene Anforderungen an das jeweils in Betracht stehende Handeln der beteiligten Personen. Da im Kontext der sozialen Gerechtigkeit die distributive Gerechtigkeit eine besondere Rolle spielt, soll hier nur diese näher betrachtet werden. Gegenstand der Verteilungsgerechtigkeit sind Konstellationen, bei denen mehrere Personen ein Anrecht auf bestimmte Güter oder eine Obliegenheit zur Übernahme gewisser Lasten gemeinsam haben, kurz: Gemeinschaftsverhältnisse, die eine gerechte Verteilung jener Güter und Lasten erfordern. Gemeinschaftsverhältnisse treten im sozialen Leben in vielfältigen Konfigurationen auf, bei denen sowohl die zu verteilenden Güter und Lasten als auch die relevanten Verteilungsmaßstäbe variieren. Angesichts dessen mag es auf den ersten Blick aussichtslos scheinen, Erfordernisse der distributiven Gerechtigkeit zu finden, die für alle diese Konfigurationen gleichermaßen gelten (vgl. Walzer 1983, 3–6). Bei näherer Betrachtung zeigt sich jedoch, dass eine Moral gleicher Achtung, die im Fall zwischenmenschlicher Interessenkonflikte jede unbegründete Ungleichbehandlung der betroffenen Personen verbietet, ein ganz allgemeines, freilich nur sehr unspezifisches Grundprinzip distributiver Gerechtigkeit impliziert: Es besagt, dass die Güter und Lasten sozialer Gemeinschaftsverhältnisse auf die beteiligten Personen *gleich* zu verteilen sind, sofern ihre Ungleichverteilung nicht durch triftige, d. h. bei rechter Erwägung allgemein akzeptable Gründe gerechtfertigt erscheint; solche Gründe müssen plausibel machen, dass die in Betracht stehende Ungleichverteilung letztlich im vernünftigen Interesse aller liegt, was voraussetzt, dass es wesentliche Unterschiede zwischen den Beteiligten zu berücksichtigen gilt, so vor allem ihre ungleichen Beiträge und Leistungen, die ungleichen Ergebnisse ihres selbstverantwortlichen Handelns oder ihre ungleiche Befähigung, ihre Grundbedürfnisse aus eigenen Kräften zu decken (vgl. Frankena 1962, 9–13; Gosepath 2004, 128–211).

Die genannten Arten der Gerechtigkeit sind trotz ihrer analytischen Differenz tatsächlich eng miteinander verwoben, weil sich die verschiedenen Formen sozialen Handelns, auf die sie sich beziehen, in der sozialen Realität ständig kreuzen, verschränken und verbinden. Das gilt schon für kleine soziale Gruppen wie Familien, und noch viel mehr für große und komplexe soziale Systeme wie Gesellschaften. Infolgedessen ist eine gesellschaftliche Ordnung jeder der diversen Arten der Gerechtigkeit unterworfen, insoweit sie deren Anwendungsbedingungen erfüllt: der distributiven Gerechtigkeit, insoweit sie die Verteilung sozialer Güter und Lasten regelt, die allen Mitgliedern gemeinsam zukommen; der Tauschgerechtigkeit, insoweit sie die Allokation privater Güter und Leistungen im Wege vertraglicher Transaktionen reguliert; der politischen Gerechtigkeit, insoweit sie zur Sicherung eines friedlichen und gedeihlichen sozialen Lebens Herrschaft braucht; und der korrektiven Gerechtigkeit, insoweit sie die Berichtigung begangenen Unrechts durch Wiedergutmachung oder Strafe regelt. Dass dies jedenfalls für die Tausch-, die politische und die korrektive Gerechtigkeit gilt, ist unbestritten. Kontrovers ist dagegen, ob und inwieweit eine gesellschaftliche Ordnung auch Forderungen der distributiven Gerechtigkeit unterliegt.

Eine Quelle dieser Kontroverse liegt darin, dass die distributive Gerechtigkeit, insoweit sie auf eine gesellschaftliche Ordnung Anwendung findet, vor den anderen Arten Priorität hat, weil sie die Rahmenbedingungen der anderen Arten bestimmt. So setzt die Gerechtigkeit von Tauschverhältnissen eine gerechte Allokation der getauschten Güter voraus, die zwar selber durch eine Abfolge vorangehender gerechter Tauschakte zustande gekommen sein mag, aber letztlich doch aus einer Ausgangsverteilung privater Rechte und Besitztümer hervorgegangen sein muss, die der distributiven Gerechtigkeit unterliegt. Ähnliches gilt für Herrschafts- und Unrechtsverhältnisse. Da sich die distributive Gerechtigkeit damit als der Kern der sozialen Gerechtigkeit erweist, überrascht es nicht, dass diese mit jener oft gleichgesetzt wird und dass sich die Debatte um soziale Gerechtigkeit vorwiegend um Fragen der Verteilungsgerechtigkeit dreht. Auch hier soll es nur mehr um diese Fragen gehen, obwohl eine umfassende Vorstellung sozialer Gerechtigkeit den Erfordernissen aller Arten der Gerechtigkeit Beachtung schenken sollte.

Davon ausgehend kann der *allgemeine Begriff* der sozialen Gerechtigkeit etwas näher bestimmt werden, indem man darunter die Gesamtheit der für eine gesellschaftliche Ordnung geltenden Gerechtigkeitserfordernisse versteht, unter denen die der distributiven Gerechtigkeit Priorität besitzen, insoweit sie auf eine solche Ordnung Anwendung finden. Diese Begriffsbestimmung, die wiederum bloß formalen Charakter hat und mit jeder substanziellen Vorstellung sozialer Gerechtigkeit vereinbar ist, ja nicht einmal die Negation der Geltung distributiver Forderungen ausschließt, soll nun als Ausgangspunkt für die Analyse der wesentlichen Konstruktionselemente der verschiedenen Vorstellungen dienen, die mehr oder minder strittig sind.

Grundlegende Elemente der sozialen Gerechtigkeit

Das erste Element jeder Vorstellung sozialer Gerechtigkeit betrifft die Gesellschaftsauffassung, d. h. die Auffassung, was eine Gesellschaft ist, worin ihre Funktionen bestehen und welche Güter und Lasten ihren Mitgliedern gemeinsam zukommen (Koller 1994). Darüber gibt es tiefgreifende Differenzen, deren Spannweite von radikal individualistisch-libertären bis zu ausgeprägt kollektivistisch-kommunitären Auffassungen reicht. Die individualistisch-libertäre Auffassung sieht in einer Gesellschaft nichts weiter als eine Ansammlung selbständiger, bereits mit gewissen natürlichen Rechten ausgestatteter Privatpersonen, die sich nur zum Zweck einer für sie vorteilhaften Kooperation zu einer sozialen Ordnung verbinden und darum einander auch nicht viel mehr schulden als die Unterlassung von Gewalt und die Einhaltung geschlossener Verträge. Nach dieser Auffassung, die im Lager des Wirtschaftsliberalismus beheimatet ist, kann die distributive Gerechtigkeit, wenn überhaupt, nur auf die Anfangsverteilung der grundlegenden Freiheits- und Eigentumsrechte der Individuen Anwendung finden, macht aber sonst keinen Sinn, da es, abgesehen von jenen Rechten, nichts gibt, was den Gesellschaftsmitgliedern gemeinsam zusteht und darum der Verteilung bedarf (vgl. Nozick 1974; Hayek 1976). Infolgedessen lässt sie beliebige Ungleichheiten der sozialen und ökonomischen Aussichten der Mitglieder zu, die sich aus deren Aktivitäten im Rahmen jener Rechte ergeben. Demgegenüber versteht die kollektivistisch-kommunitäre Auffassung die Gesellschaft als eine umfassende Gemeinschaft, deren Ordnung die Lebensbedingungen ihrer Mitglieder von Geburt an maßgeblich bestimmt und deren Wohlstand aus dem Zusammenwirken aller Mitglieder resultiert, was diese gleichermaßen dazu berechtigt und verpflichtet, an den Vorteilen und Bürden des gesellschaftlichen Lebens teilzuhaben (Schmoller 1881; Taylor 1998). Diese Auffassung, die in den Doktrinen des Kommunismus und des radikalen Sozialismus ihre stärkste Ausprägung findet (s. Kap. III.33), impliziert, dass alle teilbaren und für das Wohlergehen der Gesellschaftsmitglieder wesentlichen Güter und Lasten, insbesondere auch die wirtschaftlichen, der distributiven Gerechtigkeit unterliegen und deshalb nur in dem Umfang ungleich verteilt werden dürfen, wie es für eine solche Ungleichverteilung triftige Gründe gibt. Damit setzt sie – je nachdem, welche Dinge sie als verteilungsbedürftige Güter und Lasten betrachtet und in welchem Umfang sie Ungleichheiten für begründbar hält – sozialen Ungleichheiten mehr oder minder enge Grenzen, die entsprechende Einschränkungen des freien Handelns der Beteiligten erfordern.

Die heute in den entwickelten westlichen Gesellschaften vorherrschende Vorstellung sozialer Gerechtigkeit setzt eine Gesellschaftsauffassung voraus, die zwischen den skizzierten Positionen liegt und Elemente beider verbindet. Dieser Auffassung zufolge ist eine Gesellschaft weder ein Marktplatz, auf dem lauter unabhängige Individuen zufällig zusammentreffen, noch eine Kommune, deren Mitglieder alles teilen, sondern ein politisches Gemeinwesen, das zwar jedem Mitglied entsprechende Grundfreiheiten für eine selbstbestimmte Lebensführung garantiert, aber auch eine Reihe von Gemeinschaftsbelangen inkludiert, deren Güter und Lasten allen Mitgliedern zukommen. Diese Belange fallen sofort ins Auge, wenn man drei

Bereiche des gesellschaftlichen Lebens in den Blick nimmt, bezüglich welcher eine Gesellschaft die Züge einer Gemeinschaft aufweist, und zwar die einer Besitz-, einer Kooperations- und einer Solidaritätsgemeinschaft (Koller 1994, 132–138).

Eine Gesellschaft ist eine Besitzgemeinschaft in dem Sinne, dass ihre natürlichen Ressourcen und kulturellen Errungenschaften im Gemeinbesitz aller ihrer Mitglieder stehen, einschließlich der künftigen. Jedes Mitglied hat daher grundsätzlich ein gleiches Anrecht auf Teilhabe an den Natur- und Kulturgütern der Gesellschaft, wie etwa an deren Umweltressourcen, tradierten Wissensbeständen und technischen Errungenschaften. Dieses Anrecht schließt privates Eigentum an solchen Gütern nicht aus, verlangt aber, dass die gesellschaftliche Ordnung ihren Gebrauch so regelt, dass sie allen Mitgliedern zugutekommen (Steiner 1981; Steinvorth 1999, 199–207). Eine Gesellschaft ist ferner eine Kooperationsgemeinschaft insofern, als sie zur Gewährleistung eines friedlichen und zweckmäßigen sozialen Lebens die Bereitschaft ihrer Mitglieder verlangt, sich vielfältigen Normen zu unterwerfen, die ihr Verhalten einschränken oder sie zur Erbringung bestimmter Leistungen verpflichten. Dazu gehören jedenfalls die allgemein verbindlichen Verhaltensregeln, die Gewalt und die Schädigung Anderer verbieten, die Rechte und Freiheiten der Mitglieder, die es diesen ermöglichen, ihren Lebensunterhalt zu bestreiten und zur gesellschaftlichen Wertschöpfung beizutragen, aber auch die Regelungen der politischen Führung und Willensbildung, die eine effektive politische Gewalt etablieren (Rawls 1971, 520–529; Kersting 2000, 22–26). Und nicht zuletzt ist eine jede Gesellschaft in einem gewissen Sinn auch eine Solidaritätsgemeinschaft, die ihren Mitgliedern, falls sie in Notlagen geraten und nicht für sich selber sorgen können, angemessene Unterstützung garantiert und sie dazu verpflichtet, entsprechend ihrem Vermögen zu einem entsprechenden System der sozialen Sicherung beizutragen. Infolgedessen hat jedes Mitglied im Bedarfsfall Anspruch auf eine den gesellschaftlichen Lebensverhältnissen entsprechende Existenzsicherung, die es ihm ermöglichen muss, seine Grundbedürfnisse zu befriedigen (Koller 2007).

Daraus folgt, dass jede Gesellschaft, auch eine moderne, eine Vielfalt an Gemeinschaftsbelangen inkludiert, deren Güter und Lasten gerechter Verteilung bedürfen. Diese Güter und Lasten nehmen im Rahmen der gesellschaftlichen Ordnung, durch die sie ja erst zur Verteilung gelangen, die Gestalt von Rechten und Pflichten der Mitglieder an, die so aufeinander abgestimmt werden müssen, dass die Rechte jeder Person mit korrelativen Pflichten anderer Personen Hand in Hand gehen. Dies ermöglicht es, im Weiteren einfachheitshalber nur mehr auf die Verteilung der Güter bzw. der sie verkörpernden individuellen Rechte abzustellen, wobei aber stets zu beachten ist, dass damit auch eine entsprechende Verteilung individueller Pflichten verbunden ist, welche die Lasten der Gesellschaftsmitglieder verkörpern.

Das führt zum zweiten Element, das die Art der Güter betrifft, die der distributiven Gerechtigkeit unterliegen. Da für eine nähere Erörterung dieser in der Philosophie viel diskutierten Thematik hier nicht der Platz ist, sei nur die Position des Autors resümiert, die weitgehend der Rawlsschen Konzeption sozialer Primärgüter folgt, aber auch Elemente des Capability-Ansatzes von Amartya Sen und der Theorie der Ressourcengleichheit von Ronald Dworkin einbezieht (vgl. Rawls 1971, 90–95; Sen 1992; Dworkin 2000, 65–119; siehe dazu auch Roemer 1996, 163–203; Miller 1999, 7–12; Kersting 2000, 26–30): Gegenstand der distributiven Gerechtigkeit sind die fundamentalen gesellschaftlichen Güter, um die wegen ihres begrenzten Umfangs Konkurrenz herrscht. Darunter sind Güter zu verstehen, die erstens im fundamentalen Interesse der Gesellschaftsmitglieder liegen, weil sie grundlegende Voraussetzungen, Allzweckmittel oder Befähigungsbedingungen für die Daseinsbewältigung und Selbstentfaltung der Individuen unabhängig von deren jeweiligen Lebensplänen und Vorlieben verkörpern, und die zweitens gesellschaftlichen Charakter haben, weil sie Objekt der gesellschaftlichen Besitz-, Kooperations- und Solidaritätsgemeinschaft sind und durch die gesellschaftliche Ordnung verteilt werden. Diese Güter unterscheiden sich einerseits durch ihre Fundamentalität von privaten Gütern einzelner Personen, die diese durch ihre selbständigen Aktivitäten im Rahmen der ihnen zukommenden Rechte erworben haben, und andererseits durch ihre Gesellschaftlichkeit von den natürlichen Gaben einzelner Personen, über die diese aufgrund ihrer angeborenen physischen und psychischen Beschaffenheit verfügen.

Welche Dinge im Einzelnen als fundamentale gesellschaftliche Güter gelten sollen, hängt teils von relativ konstanten Bedingungen der menschlichen Natur, teils von historisch und kulturell kontingenten Umständen ab, so insbesondere vom Entwicklungsstand der Gesellschaft. Obwohl darüber, worin diese Güter in den entwickelten Gesellschaften der Gegenwart bestehen, keine Einigkeit im Detail besteht, ist im Prinzip doch so viel offensichtlich, dass sie jedenfalls die folgenden Mittel der Daseinsbewältigung und Selbstentfaltung der Gesellschaftsmitglieder enthalten:

1. die allgemeinen Rechte, die den einzelnen Mitgliedern unabhängig von deren besonderen Lebensumständen und Aktivitäten allein aufgrund ihrer Gesellschaftszugehörigkeit zukommen;
2. die individuellen Freiheiten, wozu neben den bekannten Grundfreiheiten auch ein grundsätzliches Recht auf allgemeine Handlungsfreiheit gehört;
3. die politischen Teilhabemöglichkeiten, nämlich die Rechte der Mitglieder auf Teilnahme an der politischen Meinungs- und Willensbildung über kollektive Entscheidungen;
4. die sozialen Stellungen, d. h. die öffentlichen Funktionen und beruflichen Positionen, die mit mehr oder weniger Verantwortung, Einkommen, Vermögen, Macht, Einfluss und Ansehen einhergehen; und
5. die ökonomischen Ressourcen, wozu vor allem die wesentlichen Bedingungen des wirtschaftlichen Wohlergehens der Mitglieder gehören, wie ihre sozialisations- und ausbildungsabhängigen Fähigkeiten, ihre Grundausstattung mit materiellen Mitteln, ihre Zugangsmöglichkeiten zur Arbeitswelt und zum Einkommenserwerb, ihre Anrechte auf Leistungen des sozialen Sicherungssystems und ihre Gelegenheiten zur Nutzung öffentlicher Güter.

Unter der Annahme, dass alle diese Güter der distributiven Gerechtigkeit unterliegen, impliziert deren Grundprinzip den folgenden basalen Grundsatz der sozialen Gerechtigkeit: Die gesellschaftliche Ordnung hat nach Möglichkeit für eine Gleichverteilung der genannten Güter Sorge zu tragen, sofern deren Ungleichverteilung nicht durch triftige Gründe als gerechtfertigt erscheint.

Die Rechtfertigungsgründe für Ungleichheiten bilden das dritte Element jeder Vorstellung von sozialer Gerechtigkeit. Welche Gründe dafür in Frage kommen und welche Ungleichheiten sie rechtfertigen können, ist zwar wiederum im Detail umstritten, doch gibt es weitgehende Einigkeit über einige Arten von Gründen, die im Prinzip geeignet sind, gewisse Ungleichheiten zu rechtfertigen. Diese Gründe treten gewöhnlich im Gewand dreier Argumente auf, des Leistungs-, des Freiheits- und des Bedürfnisarguments (vgl. Frankena 1962, 12 f.; Honoré 1970, 72–81; Walzer 1983, 21–26). Das Leistungsargument besagt, dass gewisse Ungleichheiten zulässig, ja geboten sind, um den ungleichen Leistungen oder Beiträgen der Gesellschaftsmitglieder zur sozialen Kooperation zu entsprechen, sofern deren Erträge bei unparteiischer Erwägung allen zum Vorteil gereichen (Miller 1999, 131–155). Mit dem Freiheitsargument werden auch solche Ungleichheiten legitimiert, die sich unvermeidlich aus dem selbständigen Handeln der Einzelnen im Rahmen der ihnen durch die soziale Ordnung eingeräumten Rechte und Freiheiten ergeben, sofern diese Ordnung bei unparteiischer Erwägung im Interesse aller liegt (Dworkin 2000, 120–134). Und das Bedürfnisargument wird angeführt, um ungleiche soziale Leistungen für Personen, die Unterstützung brauchen, mit Berufung auf deren ungleiche Bedürfnislagen zu rechtfertigen (Miller 1999, 203–229). Alle diese Argumente sind mit dem gleichen Wert aller Menschen vereinbar und zumindest *prima facie* plausibel. Ihr gemeinsamer Grundgedanke ist, dass soziale Ungleichheiten dann gerechtfertigt sind, wenn (und insoweit, als) sie bei rechter Erwägung letztlich allen Gesellschaftsmitgliedern, insbesondere auch den schlechter gestellten, zum Nutzen gereichen (s. dazu Rawls 1971, 75–83; Hinsch 2002, 170–173).

Davon ausgehend kann nun geprüft werden, ob und inwieweit eine Ungleichverteilung der genannten fundamentalen Güter gerechtfertigt werden kann. Diese Prüfung führt zu einem gemischten Befund. Was die allgemeinen Rechte, die individuellen Freiheiten und die politischen Teilhaberechte betrifft, gibt es offensichtlich keine annehmbaren Gründe für ihre Ungleichverteilung. Anders liegt der Fall bei den sozialen Stellungen und den ökonomischen Ressourcen. Denn hinsichtlich dieser Güter scheint es recht plausibel, dass die früher genannten Argumente gewisse Ungleichheiten der sozialen Stellung und der wirtschaftlichen Aussichten der Gesellschaftsmitglieder rechtfertigen können.

Die vorherrschende Vorstellung sozialer Gerechtigkeit

Aus alledem ergeben sich fünf Grundpostulate der sozialen Verteilungsgerechtigkeit, die den Kern der modernen Vorstellung sozialer Gerechtigkeit bilden und heute in demokratischen Gesellschaften trotz erheblicher Meinungsdifferenzen im Detail weitgehende Akzeptanz finden, nämlich die folgenden:

1. rechtliche Gleichheit, wonach alle Mitglieder gleiche allgemeine Rechte und Pflichten haben müssen, die auf generellen und unpersönlichen Gesetzen beruhen;

2. bürgerliche Freiheit, verstanden als die gleiche Freiheit jeder Person, ihr Leben nach eigenem Gutdünken zu gestalten, insoweit diese Freiheit im Rahmen einer wohlgeordneten Gesellschaft für alle möglich ist;
3. demokratische Teilhabe, also das Recht aller mündigen Bürger auf gleichberechtigte Mitwirkung an der öffentlichen Meinungs- und Willensbildung;
4. soziale Chancengleichheit, der zufolge begehrte soziale Positionen allen Mitgliedern entsprechend ihren Fähigkeiten und Leistungen gleichermaßen offenstehen müssen;
5. ökonomische Ausgewogenheit, nach der wirtschaftliche Ungleichheiten zwar einerseits zulässig sind, insoweit sie für ein effizientes Wirtschaftsleben erforderlich sind, andererseits aber auf ein Ausmaß begrenzt werden müssen, das sicherstellt, dass alle Gesellschaftsmitglieder davon profitieren.

Während die drei ersten Postulate – rechtliche Gleichheit, bürgerliche Freiheit und demokratische Teilhabe – heute grundsätzlich unbestritten und in den Verfassungen moderner Rechtsstaaten rechtlich verankert sind (s. Kap. IV.50), haben die zwei letzten Postulate – soziale Chancengleichheit und ökonomische Ausgewogenheit – im Wesentlichen nur den Status von Prinzipien des politischen Diskurses, die breite Anerkennung finden, im Detail aber umstritten sind. Deshalb sollen nur sie abschließend kurz erläutert werden.

Soziale Chancengleichheit verlangt, dass alle Gesellschaftsmitglieder gleiche Aussichten haben, in verschiedene soziale Positionen (berufliche Stellungen, öffentliche Funktionen) mit mehr oder weniger Einkommen, Einfluss, Macht und Ansehen zu gelangen, vorausgesetzt, dass die zwischen den Positionen bestehenden Unterschiede gerechtfertigt sind (s. Kap. II.22). Dieses Postulat enthält zwei Teilforderungen, formelle und materielle Chancengleichheit, von denen die erste heute weithin unbestritten ist, während über die zweite große Meinungsverschiedenheiten herrschen. Formelle Chancengleichheit verlangt zweierlei: erstens, dass niemand von Rechts wegen von begehrten sozialen Positionen ausgeschlossen ist (rechtliche Offenheit), und zweitens, dass solche Positionen im Wege fairer Verfahren besetzt werden (faire Auswahl). Materielle Chancengleichheit meint dagegen eine gewisse Gleichheit der Startpositionen der nachkommenden Gesellschaftsmitglieder im Sinne einer Begrenzung der Ungleichheiten ihrer Startbedingungen dadurch, dass alle eine gleiche Grundausstattung an humanen Fähigkeiten und materiellen Ressourcen erhalten, die ihnen eine selbstbestimmte Lebensgestaltung und eine gleichberechtigte Teilnahme am sozialen Leben ermöglichen (Rawls 1971, 83–90; Barry 2005, 37–105).

Das Postulat der ökonomischen Ausgewogenheit beruht auf der Annahme, dass eine Gesellschaft eine Gemeinschaft der wirtschaftlichen Zusammenarbeit darstellt, deren Vorteile und Bürden einer gerechten Verteilung bedürfen. Das schließt ökonomische Ungleichheiten, die eine zweckmäßige Gestaltung der Wirtschaftsordnung mit sich bringen mag, nicht aus, macht sie aber begründungsbedürftig. Der zulässige Umfang dieser Ungleichheiten ist zwar wiederum in hohem Maße umstritten, aber vielleicht wird der folgende allgemeine Grundsatz breite Zustimmung finden können: Ökonomische Ungleichheiten, also solche der ökonomischen Ressourcen, sind zulässig, wenn sie mit einer Wirtschaftsordnung verbunden sind, die bei rechter Erwägung im Interesse aller Mitglieder, insbesondere auch der schlechter gestellten, liegt, sei es deswegen, weil die betreffenden Ungleichheiten zur Gratifikation allgemein erwünschter Leistungen erforderlich sind, unvermeidlich aus einem dem Vorteil aller dienenden wirtschaftlichen Wettbewerb resultieren oder aber dazu dienen, hilfsbedürftigen Menschen eine angemessene soziale Sicherung zu garantieren.

Literatur

Barry, Brian: *Why Social Justice Matters.* Cambridge 2005.
Dworkin, Ronald: *Sovereign Virtue. The Theory and Practice of Equality.* Cambridge MA 2000.
Frankena, William K.: The concept of social justice. In: Richard B. Brandt (Hg.): *Social Justice.* New Jersey 1962, 1–29.
Gosepath, Stefan: *Gleiche Gerechtigkeit. Grundlagen eines liberalen Egalitarismus.* Frankfurt a. M. 2004.
Hayek, Friedrich A. von: *Law, Legislation and Liberty,* Vol. 2: *The Mirage of Social Justice.* London 1976.
Hinsch, Wilfried: *Gerechtfertigte Ungleichheiten. Grundsätze sozialer Gerechtigkeit.* Berlin 2002.
Honoré, Anthony M.: Social justice. In: Robert S. Summers (Hg.): *Essays in Legal Philosophy.* Oxford 1970, 61–94.
Kersting, Wolfgang: *Theorien der sozialen Gerechtigkeit.* Stuttgart 2000.
Koller, Peter: Gesellschaftsauffassung und soziale Gerechtigkeit. In: Günter Frankenberg (Hg.): *Auf der Suche nach der gerechten Gesellschaft.* Frankfurt a. M. 1994, 129–150.
–: Soziale Gerechtigkeit – Begriff und Begründung. In: *Erwägen Wissen Ethik* 14/2 (2003), 237–250.
–: Solidarität und soziale Gerechtigkeit. In: Hermann-Josef Große Kracht/Tobias Karcher/Christian Spieß (Hg.): *Das System des Solidarismus.* Berlin 2007, 179–205.
Löffler, Winfried: Soziale Gerechtigkeit. Wurzeln und Ge-

genwart eines Konzepts in der Christlichen Soziallehre. In: Peter Koller (Hg.): *Gerechtigkeit im politischen Diskurs der Gegenwart.* Wien 2001, 65–88.
Miller, David: *Principles of Social Justice.* Cambridge MA 1999.
Nozick, Robert: *Anarchy, State, and Utopia.* New York 1974.
Rawls, John: *A Theory of Justice.* Cambridge MA 1971.
Roemer, John E.: *Theories of Distributive Justice.* Cambridge MA 1996.
Schmoller, Gustav: Die Gerechtigkeit in der Volkswirtschaft. In: *Jahrbuch für Gesetzgebung, Verwaltung und Volkswirtschaft* 5 (1881), 19–54.
Sen, Amartya: *Inequality Reexamined.* New York 1992.
Steiner, Hillel: Liberty and equality. In: *Political Studies* 29 (1981), 555–569.
Steinvorth, Ulrich: *Gleiche Freiheit. Politische Philosophie und Verteilungsgerechtigkeit.* Berlin 1999.
Taylor, Charles: Wesen und Reichweite distributiver Gerechtigkeit. In: Ders.: *Negative Freiheit?* Frankfurt a. M. 1988, 145–187.
Vanberg, Viktor J.: Sozialstaatsreform und die soziale Gerechtigkeit. In: *Politische Vierteljahresschrift* 45/2 (2004), 173–180.
Walzer, Michael: *Spheres of Justice. A Defence of Pluralism and Equality.* Oxford 1983.

Peter Koller

19 Strafgerechtigkeit

Der Ausdruck ›Strafgerechtigkeit‹ wird in mindestens drei verschiedenen Hinsichten verwendet. Zum einen geht es um die Frage, ob Strafe überhaupt eine gerechtfertigte Reaktion auf normwidriges (und schuldhaftes) Verhalten darstellt. Es geht mit anderen Worten um die Begründung von Strafe als gerechte Reaktion auf die Straftat. Man kann diese Frage als die nach der Straf*begründungs*gerechtigkeit bezeichnen. Zum anderen lässt sich dann, wenn die vorstehende Frage positiv beantwortet wurde, danach fragen, welche Art von Strafe und in welcher Höhe eine Strafe als gerecht im Hinblick auf die betreffende Straftat gelten kann. Es geht hier mit anderen Worten um die Straf*bemessungs*gerechtigkeit. Schließlich ist die Frage aufzuwerfen, auf welche Weise festgestellt wird, ob jemand eine Straftat begangen hat, die dann auch zu einer Bestrafung führt. Die hier maßgeblichen Verfahrensregeln sollen die Garantie dafür abgeben, dass nach Möglichkeit kein Unschuldiger bestraft wird, sondern nur derjenige, dem die Straftat gerechterweise vorgeworfen werden kann. Dies ist die Frage nach der Straf*verfahrens*gerechtigkeit (s. auch Kap. II.21).

Über die so skizzierten Fragen nach dem ›Warum‹ von Strafe, nach dem ›Wie‹ der Strafe sowie nach dem ›Wodurch‹ der Feststellung einer Straftat hinaus lassen sich weitere für die Gerechtigkeit von Strafe relevante Fragen stellen, etwa die, ob nun der Täter eher wegen seines Charakters oder primär wegen der von ihm begangenen Tat bestraft werden soll, oder ob Strafe nur rechtswidriges (bzw. normwidriges) Verhalten voraussetzt oder auch schuldhaftes Verhalten – und ob es Letzteres überhaupt geben kann, wenn man insbesondere die Entscheidungsfreiheit einer Person in Abrede stellt. Da diese und ähnliche Fragen sich jedoch in den Kontext der oben formulierten drei Grundfragen nach der Strafgerechtigkeit integrieren lassen, sollen sie auch jeweils in deren Zusammenhang behandelt werden.

Strafbegründungsgerechtigkeit

Die Verhängung und umso mehr die Exekution von Strafe gegen eine Person verlangt nach einer überzeugenden Begründung, weil sie anderenfalls kaum als gerechte Reaktion auf die Straftat akzeptiert würde. Dies gilt umso mehr, als es durchaus Stimmen gibt, die die Strafe und den mit ihr verbundenen öffentlichen Tadel durch die Autorität des Staates als ein unbegründetes und daher ungerechtes Vorgehen kritisieren und dementsprechend für eine Abschaffung des Strafrechts plädieren (so genannter *Abolitionismus*; vgl. etwa Plack 1974). Dabei kann sich diese Kritik *prima facie* sowohl auf die mangelnde (rechts-)philosophische Fundierung der Strafe stützen als auch auf ihre prinzipielle Unzweckmäßigkeit, wie dies etwa in manchen Feststellungen von Pädagogen zur Strafe zum Ausdruck kommt. So heißt es etwa in einem pädagogischen Wörterbuch: »Die Strafe ist erzieherisch bedenklich und ein ungeeignetes Erziehungsmittel, weil sie das unerwünschte Verhalten nur unterdrückt, aber nicht auf Dauer auslöscht, weil durch sie kein erwünschtes Verhalten gelernt wird und weil viele unerwünschte Nebenwirkungen zu befürchten sind« (Keller/Novak 1993, 334).

Jedoch ist gegen diese These im vorliegenden Zusammenhang einzuwenden, dass sie nicht zugleich gegen das Aussprechen von Lob oder die Belohnung eines Verhaltens votiert (was pädagogisch gesehen auch kaum sinnvoll wäre), der Verzicht auf Lob bzw. Belohnung im Einzelfall aber durchaus als Strafe gelten muss und auch so empfunden wird. Wer demnach zumindest in seiner pädagogischen Arbeit auch lobt, straft auch, da er nicht jedes Verhalten loben kann. Damit kommt er auch an einer Begründung für den Entzug von Lob, der Strafe gleichsteht, letztlich nicht vorbei.

Als Ansatzpunkte für eine Begründung von Strafe kommen zumindest seit Platon zwei Perspektiven in Betracht (vgl. Platon, *Protagoras*, 324a–b; übernommen von Seneca, *De ira* I, 19): Man kann bestrafen, *weil* eine strafbare Handlung vorgenommen wurde (*quia peccatum est* – ›weil gesündigt wurde‹), oder man kann strafen, um zu verhindern, *dass* weiterhin strafbare Handlungen vorgenommen werden (*ne peccetur* – ›damit nicht gesündigt werde‹). Platon und Seneca lehnen dabei die erste Möglichkeit der Strafbegründung ab und befürworten demgegenüber die zweite (ebd.). Die Straftheorien, die sich auf die erste Perspektive beziehen, werden herkömmlich als ›absolute Straftheorien‹ bezeichnet, diejenigen Straftheorien dagegen, die die zweite Perspektive zugrunde legen, heißen ›relative Straftheorien‹ (vgl. etwa Jakobs 2004, 5–7). Bei Verwendung klassischer Gerechtigkeitsbegriffe kann man sagen, dass die absoluten Theorien primär den Gedanken der ›ausgleichenden Gerechtigkeit‹ im Auge haben (Zippelius 2011, § 29 V), während die relativen Theorien sich wohl eher auf die ›austeilende Gerechtigkeit‹ (s. Kap. II.12) beziehen müssten, sofern der Begriff der Gerechtigkeit für sie im Kontext der Strafbegründung überhaupt eine Rolle spielt (vgl. auch Lampe 1999, 16 f.).

›Absolut‹ sind die ersteren Theorien deshalb, weil sie die Straftat durch die Strafe gewissermaßen ›ausgleichen‹ wollen und keinen darüber hinausgehenden Zweck verfolgen. Im Vordergrund stehen hier deshalb Vergeltung, gerechter Ausgleich, Sühne, Wiederherstellung des Rechts, zum Teil auch Wiedergutmachung (die indes genau genommen Schadensersatz und nicht Strafe ist; vgl. Hoerster 2012, 12). Als typische Vertreter einer absoluten Straftheorie gelten Immanuel Kant und G. W. F. Hegel. Wenn Kant etwa schreibt: »Richterliche Strafe (*poena forensis*) [...] kann niemals bloß als Mittel ein anderes Gute zu befördern für den Verbrecher selbst, oder für die bürgerliche Gesellschaft, sondern muß jederzeit nur darum wider ihn verhängt werden, weil er verbrochen hat; denn der Mensch kann nie bloß als Mittel zu den Absichten eines Anderen gehandhabt und unter die Gegenstände des Sachenrechts gemengt werden« (AA VI, 331), dann ist die Wendung ›weil er verbrochen hat‹ nichts anderes als eine Übersetzung von *quia peccatum est*; und Kant stellt sich damit bewusst in diese Tradition der Strafbegründung (vgl. auch AA VI, 363 Fußnote) und damit gegen die Auffassung von Platon und Seneca. Bei Hegel geht es ähnlich wie bei Kant um die Tilgung des mit der Straftat verbundenen Rechtsbruchs, wenn er eine »Aufhebung des Verbrechens« durch »Verletzung der Verletzung« (bzw. »Negation der Negation«) fordert, wobei die Straftat die erste Negation (des Rechts) ist und die verhängte Strafe diese Negation ihrerseits negieren und dadurch das Recht wieder in seine ursprüngliche Position versetzen soll (vgl. Hegel 1821/1999, § 101).

Einwände gegen eine so oder ähnlich begründete absolute Theorie werden etwa daraus hergeleitet, dass die Strafe auf diese Weise in die Nähe bloßer Rache gerückt werde (vgl. z. B. Schopenhauer 1819/1977, 433: »Alle Vergeltung des Unrechts durch Zufügung eines Schmerzes, ohne Zweck für die Zukunft, ist Rache«), wenn sie auch nicht mehr private Rache ist, sondern nunmehr staatlich vollzogene. Zudem wird eingewandt, dass Strafe immer Übelszufügung sei, die deshalb einer Rechtfertigung bedürfe durch etwas Positives, das durch sie bewirkt werde. Der Blick müsse sich mit anderen Worten auf die Zukunft richten und nicht auf eine bloße Bewältigung der Vergangenheit (vgl. z. B. Hoerster 2012, 21–28, 47–50, der selbst einen interessenbasierten Ansatz der Strafbegründung vertritt; ebd., 81–112: »Strafe im Interesse des Bürgers«).

›Relative Straftheorien‹, die deshalb ›relativ‹ sind, weil sie mit der Strafe einen pragmatischen (zukünftigen) Zweck verfolgen wollen, erstreben im Wesentlichen die Prävention von möglichen neuen Straftaten und nehmen die begangene Straftat letztlich nur zum Anlass, entsprechende Vorbeugungsmaßnahmen zu ergreifen. Dabei sind zwei Hauptziele zu unterscheiden: einerseits Generalprävention, bei der es entweder (negativ) darum geht, Personen in der Gesellschaft von der Begehung von Straftaten abzuschrecken (näher Schmidhäuser 2004), oder (positiv) darum, das allgemeine Vertrauen in die Normgeltung durch die Bestrafung der Tat zu stabilisieren (näher Jakobs 1991, 6–8); andererseits kommt als Ziel der Strafe die Spezialprävention in Betracht, der es darum geht, den Straftäter selbst von der Begehung weiterer Straftaten abzuhalten, sei es durch Abschreckung, sei es durch Resozialisierung etc. (vgl. etwa von Liszt 1905, 165 f.).

Einwände gegen eine ›relative‹ Konzeption der Strafbegründung bestehen etwa darin, dass diese – würde sie konsequent umgesetzt – zu sehr hohen Strafen führen könnte, indem die begangene Straftat nur Anlass, aber nicht das Maß der Strafe sei und damit alles von dem anzustrebenden Präventionszweck abhänge. Lasse sich z. B. Ladendiebstahl nicht anders verhindern als durch Androhung und Verhängung langjähriger Freiheitsstrafen, müssten diese eben verhängt werden. Mitunter wird auch geargwöhnt, durch eine generalpräventive Theorie ließe sich sogar begründen, die Angehörigen eines Täters zu bestrafen, etwa wenn man diesen nicht ergreifen könne, da auch dies einen Abschreckungseffekt erziele. Teilweise wird aber auch bezweifelt, dass sich mit der Androhung von Strafe überhaupt ein präventiver Effekt erzeugen lasse, weil bei der Begehung von (schweren) Straftaten meist ganz andere Motivlagen (etwa bei Mord: Eifersucht, Hass, Sexualtrieb etc.) die zentrale Rolle spielen und Täter solcher Delikte dabei regelmäßig zuletzt an eine eventuelle Strafandrohung denken bzw. sich bei der Begehung ihrer Tat davon kaum beeinflussen lassen (näher zu dieser These und ihrer Kritik Lampe 1999, 148–150; Roxin 2006, 78–83, insbesondere Rn. 25).

Einen grundsätzlichen philosophischen Einwand gegen eine (rein) präventionsbezogene Begründung der Strafe hat zudem bereits Kant formuliert (s. o.). Kant stützt sich dabei auf die von ihm entwickelte Konzeption der Menschenwürde, die dadurch zu achten sei, dass man keinen Menschen bloß als Mittel und nicht zugleich als Zweck gebrauche (AA IV, 429) – ein Grundsatz, den man missachtete, würde man mit der Bestrafung nur (bzw. primär) einen Präventionszweck verfolgen. Inwieweit Kant in seine Straftheorie aber nicht ohnehin neben Vergeltungsaspekten auch Präventionsaspekte aufgenommen hat, ist durchaus umstritten (vgl. Zaczyk 2005; Merle 2007 zur diesbezüglichen Debatte).

So wenig wie unter Philosophen ist die Debatte zwischen ›absoluter‹ und ›relativer‹ Straftheorie auch in der deutschen Strafrechtswissenschaft ausgetragen (vgl. dazu Pawlik 2004; Hassemer 2009; Hörnle 2011). Die meisten Autoren neigen (pragmatisch) einer ›Vereinigungstheorie‹ zu, die sowohl mithilfe ›absoluter‹ als auch ›relativer‹ Aspekte die Verhängung von Strafe zu begründen sucht. Dabei liegt auf der Hand, dass die Einwände, die gegen eine ›absolute‹ oder eine ›relative‹ Strafbegründung sprechen mögen, auch eine ›Vereinigungstheorie‹ treffen dürften (vgl. schon Bauer 1825, §§ 233, 237).

In anderen Ländern werden partiell von der hier dargestellten Diskussion abweichende rechtsphilosophische und strafrechtliche Ansätze zur Strafbegründung vertreten (z. B. Hart 1963; Finnis 1980; Feinberg 1984; zu Japan vgl. die Beiträge in Rosenau/Kim 2010), ohne dass indes gesagt werden könnte, hierdurch sei die Dichotomie von ›absoluten‹ und ›relativen‹ Straftheorien substanziell überwunden worden.

Letztlich am plausibelsten dürfte ein Begründungsansatz sein, der in Anlehnung an Paul J. A. Feuerbach zwischen der Begründung von Strafandrohung und Strafzufügung trennt (näher zur Straftheorie Feuerbachs Naucke 1962; Hruschka 1987; Greco 2009). Die Berechtigung zur Strafandrohung ließe sich dabei (zumindest indirekt) aus dem allgemeinen Notwehrrecht ableiten: Wenn es zulässig erscheint, gegen jemanden (unter Umständen sogar gewaltsam) vorzugehen, der einen Anderen (rechtswidrig) angreift (Notwehr), sollte es als Minus auch erlaubt sein, ihm für den Fall seines Angriffs eine Sanktion anzudrohen. Dieses Recht ist allerdings dem einzelnen Bürger wegen des Gewaltmonopols des Staates entzogen, der es treuhänderisch für den Bürger verwaltet. Dabei ergibt sich zugleich, dass keine höhere Strafe angedroht werden darf als zur Demotivation eines (potenziellen) Täters erforderlich, wodurch sich zumindest eine gewisse Proportionalität zwischen Strafhöhe und Tatschwere ergibt. Zugleich wird damit dem im Strafrecht anerkannten Grundsatz Rechnung getragen, dass das Strafrecht nur *ultima ratio* der Sozialkontrolle sein sollte, weil dann, wenn es andere wirksame, weniger einschneidende Maßnahmen zur Verhaltenssteuerung gibt, die Androhung von Strafe als schwerste Form staatlichen Tadels nicht gerechtfertigt erscheint. Ist auf diese Weise die *Androhung* von Strafe jedenfalls zur Abwehr gravierender Rechtsgutbeeinträchtigungen begründbar, folgt die Berechtigung zur Straf*zufügung* daraus, dass die Strafandrohung leer und wirkungslos wäre, würde sie im Fall der Begehung der Straftat nicht auch wahr gemacht. Feuerbach formuliert dies so: »Der Rechtsgrund der Androhung der Strafe, ist die Nothwendigkeit die Rechte Aller zu sichern. Der Rechtsgrund der Zufügung ist die vorhergegangene Drohung des Gesetzes« (Feuerbach 1801, § 21).

Aber auch mit dieser Konzeption sind nicht alle Probleme der Strafbegründung gelöst. So bleibt bei einem starren Mechanismus zwischen Androhung und Ausübung der Strafe (vgl. schon Kant AA VI, 331: »Das Strafgesetz ist ein kategorischer Imperativ«) offen, weshalb es unter bestimmten Umständen sinnvollerweise davon Ausnahmen geben muss, etwa weil Entschuldigungsgründe eingreifen oder Gründe für eine Amnestie vorliegen etc. (vgl. Campagna 2007; 2013).

Besondere Beachtung verdient die Konzeption von Feuerbach auch deshalb, weil sie die Bedeutung einer gesetzlich fixierten Strafandrohung hervorhebt, zusammengefasst in der wohl zuerst von Feuerbach so verwendeten Formel *nullum crimen, nulla poena sine lege* (Feuerbach 1801, § 24; vgl. auch Art. 103 Abs. 2 GG; § 1 StGB). In Deutschland wird diese Formel in zumindest vier Aspekte ausbuchstabiert, wenn es um die Setzung und Auslegung von Strafgesetzen geht (näher dazu etwa Krey 1983; Roxin 2013):

1. Gebot der Gesetzesbestimmtheit (*nullum crimen sine lege certa*);
2. Gebot der schriftlichen gesetzlichen Fixierung (*nullum crimen sine lege scripta*);
3. Verbot der rückwirkenden belastenden Strafrechtsänderung (*nulla poena sine lege praevia*);
4. Verbot der Analogiebildung zulasten des Beschuldigten (*nulla poena sine lege stricta*).

Ergänzt wird diese Reihe noch durch das inzwischen nach allgemeiner Ansicht rechtsstaatlich vorgeschriebene *Schuldprinzip* (*nulla poena sine culpa*), wonach Strafe nur dann zugefügt werden darf, wenn dem Täter sein Normverstoß auch individuell vorgeworfen werden kann. Dabei setzt das Strafrecht voraus, dass es überhaupt so etwas wie Schuld geben kann, die ihrerseits die Möglichkeit zu einer *freien* Entscheidung erfordert. Diese Voraussetzungen werden unter dem Einfluss der modernen Gehirnforschung zunehmend in Zweifel gezogen (Roth 2006; Pauen/Roth 2008), erscheinen aber in einer normativen Sprache von strafrechtlichen Pflichten und Pflichtverletzungen unverzichtbar (Wittwer 2011; Joerden 2013), wenn man nicht zu einem Strafrecht einer bloßen Abwehr der von Menschen ausgehenden Gefahren kommen will.

Strafbemessungsgerechtigkeit

Die zweite Frage nach der Strafgerechtigkeit betrifft die nach Art und Höhe der Strafe. Ihre Beantwortung ist in gewisser Hinsicht schon von der Entscheidung über die für geeignet gehaltene Strafbegründungstheorie vorgezeichnet (vgl. Lampe 1999). So werden ›relative Straftheorien‹ Art und Höhe der Bestrafung grundsätzlich von der Chance auf eine Erreichung des hiermit verfolgten Ziels abhängig machen, während die ›absoluten Theorien‹ primär den ›Ausgleich‹ der Straftatbegehung im Blick haben werden. Letztere Ansätze tendieren daher mehr zu einer Proportionalität zwischen der Schwere der Tat einerseits und der Strafart und -höhe andererseits; Kants Formulierung des (ursprünglich biblischen) Prinzips der Talion lautet in diesem Sinne: »[S]chlägst du ihn, so schlägst du dich selbst; tödtest du ihn, so tödtest du dich selbst. Nur das Wiedervergeltungsrecht (*ius talionis*) aber, wohl zu verstehen, vor den Schranken des Gerichts (nicht in deinem Privaturtheil), kann die Qualität und Quantität der Strafe bestimmt angeben [...]« (AA VI, 332). Aber auch Kant war klar, dass es hierbei nur um Proportionalität gehen kann, nicht um Gleichartigkeit bzw. Gleichheit von Tat und Bestrafung im strengen Sinn (vgl. ebd.), die schon bei einer Vergewaltigung zu unannehmbaren Konsequenzen führen würde. Die meisten Vertreter ›absoluter Straftheorien‹ forderten allerdings (konsequent) bei Mord die Todesstrafe (vgl. AA VI, 334 f. in Auseinandersetzung mit Beccaria). Heute erscheint dies indes nicht mehr akzeptabel, wobei man gegen Kant einwenden könnte, schon sein eigener Anspruch an die Wahrung von Menschenwürde lasse die Todesstrafe nicht zu, weil bei ihr der Delinquent bloß noch als Mittel und gar nicht mehr als Zweck gebraucht werde. In Deutschland ist die Todesstrafe jedenfalls positivrechtlich durch Art. 102 GG abgeschafft, und gegen eine (an sich denkbare, mit verfassungsändernder Mehrheit erfolgende) Streichung von Art 102 GG dürfte wohl zumindest die (gem. Art. 79 Abs. 3 GG) »immerwährende« Menschenwürdegarantie aus Art. 1 GG stehen. Diese Menschwürdegarantie spricht auch gegen Strafarten wie Prügel oder sonstige Leibesstrafen, Prangerstrafen etc., so dass als legitime Strafarten im Wesentlichen (von einigen Nebenstrafen wie Berufsverbot, Fahrverbot etc. abgesehen) nur noch die Freiheitsstrafe und die Geldstrafe in Betracht kommen.

Die für eine Straftat vorgesehene Straf*höhe* wird in aller Regel durch einen so genannten Straf*rahmen* (z. B. zwischen einem und fünf Jahren Freiheitsstrafe) festgelegt. Denn die Zumessung der gerechten Strafe ist insbesondere abhängig von der Schuld des Täters (vgl. § 46 StGB), die vom Richter individuell im Hinblick auf die konkrete Tat und den konkreten Täter bestimmt wird und nicht durch eine ›punktgenaue‹ Strafandrohung seitens des Gesetzgebers vorweggenommen werden kann. Eine Ausnahme gilt für die Anordnung der Strafbarkeit des Mordes, bei der das Gesetz keinen Strafrahmen, sondern stets eine lebenslange Freiheitsstrafe vorsieht (vgl. § 211 StGB). Allerdings ist durchaus umstritten, ob diese gesetzliche Festsetzung überhaupt (verfassungsrechtlich) zulässig ist und dem Einzelfall gerecht werden kann. Die Rechtsprechung unterläuft die Festsetzung des Gesetzgebers inzwischen in bestimmten Fallkonstellationen unter Bezugnahme auf das verfassungsrechtliche Verhältnismäßigkeitsprinzip durch eine Herabsetzung der Strafe (vgl. BGH GSSt 30, 105; so genannte Rechtsfolgenlösung).

Eine hiervon zu trennende Frage ist, ob im Hinblick auf eine Tat und ihren Täter eigentlich nur genau *eine* Strafhöhe innerhalb eines gesetzlich vorgesehenen Strafrahmens als angemessen und damit gerecht bezeichnet werden kann oder ob der Richter einen Spielraum hat, innerhalb dessen alle Strafhöhen akzeptabel sind, jedenfalls nicht mehr revisionsrechtlicher Überprüfung unterliegen (›Spielraumtheorie‹). Danach gäbe es jeweils mehrere gerechte Strafhöhen (innerhalb des richterlichen Spielraums, der wiederum innerhalb des gesetzlichen Strafrahmens liegt). Dem steht die These entgegen, dass nur *eine* Strafe gerecht sein könne (›Punktstrafentheorie‹). Angesichts der unterschiedlichen Ansätze zur Rechtfertigung der Strafe überhaupt und der in der herrschenden ›Vereinigungstheorie‹ einander widerstreitenden Konzepte – ein Widerstreit, der sich auch in der gesetzlichen Vorschrift (§ 46 StGB) zur Strafzumessung widerspiegelt – dürfte indes die Spielraumtheorie schon aus pragmatischen Gründen den Vorzug verdienen.

Die Gründe, die im Einzelnen die Höhe einer gerechten Strafe mitbestimmen, sind vielfältig; § 46 StGB nennt in erster Linie die Schuld des Täters, aber auch die Wirkungen, die von der Strafe für das künftige Leben des Täters in der Gesellschaft zu erwarten sind, und erwähnt insbesondere: die Beweggründe des Täters; seine Gesinnung, die aus der Tat spricht; den bei der Tat aufgewendeten Willen; das Maß der Pflichtwidrigkeit; die Art der Ausführung und die verschuldeten Auswirkungen der Tat; das Vorleben des Täters; seine persönlichen und wirtschaftlichen Verhältnisse; sein Verhalten nach der Tat. Einmal mehr zeigt sich hier, wie heterogen die Ansatzpunkte für die Bestimmung einer gerechten Strafe sein können und wie stark die unterschiedlichen Strafbegründungskonzeptionen hier ihren Einfluss ausüben.

Strafverfahrensgerechtigkeit

Ein dritter Aspekt der Frage nach der Strafgerechtigkeit besteht darin, sicherzustellen, dass es bei dem Verfahren der *Feststellung* einer Straftat und der anschließenden Verurteilung gerecht zugeht. Heute wird diese Problematik üblicherweise als Forderung nach einem ›fairen Strafverfahren‹ diskutiert (vgl. Art. 6 EMRK; Art. 20 Abs. 3 GG). Während die oben erwähnten, im Anschluss an Feuerbach entwickelten Grundsätze dazu dienen, die Grenzen einer möglichen Strafverfolgung überhaupt zu markieren, geht es jetzt vor allem um verfahrensrechtliche Vorkehrungen gegen eine ungerechtfertigte Strafverfolgung. Im Vordergrund steht dabei zunächst die strafrechtliche Unschuldsvermutung (Achenbach 2001; Hruschka 2000), wonach jeder als unschuldig zu gelten hat, bis ihm seine Schuld in einem förmlichen Gerichtsverfahren nachgewiesen wurde. Seine Fortsetzung findet dieses Prinzip in der strafprozessualen Beweislastregel, wonach bei nicht nachgewiesener Schuld ein Freispruch zu erfolgen hat bzw. bei Zweifeln über den Sachverhalt die dem Angeklagten günstigste Sachverhaltsgestaltung zugrunde zu legen ist (*in dubio pro reo*).

Weiterhin setzt die Strafverfahrensgerechtigkeit insbesondere voraus, dass keiner seinem gesetzlichen Richter entzogen werden darf (vgl. Art. 101 Abs. 1 S. 1 GG), der Beschuldigte stets einen Anspruch auf rechtliche Prüfung gegen ihn gerichteter staatlicher Verfolgungsmaßnahmen hat (vgl. Art. 20 Abs. 3; Art. 104 GG), er nicht wegen ein und derselben Tat zweimal zur Verantwortung gezogen werden darf (*ne bis in indem*; vgl. Art. 103 Abs. 3 GG), er einen Anspruch auf rechtliches Gehör hat (*et audiatur altera pars*; vgl. Art. 103 Abs. 1 GG), er nicht ohne seinen Willen zur Mitwirkung bei der Aufklärung der Tat durch eigene Aussagen gezwungen werden darf (*nemo tenetur se ipsum accusare*), er dementsprechend zu den gegen ihn erhobenen Anschuldigungen schweigen darf, er weiterhin einen Anspruch auf einen Verteidiger hat, bestimmte Beweismethoden verboten sind (etwa Vernehmungen unter Androhung oder gar Anwendung von Folter, Einsatz von Täuschungen oder Narkotika etc.; vgl. Art. 104 Abs. 1 S. 2 GG; § 136a StPO) und das Strafverfahren in der Regel öffentlich durchgeführt werden muss. Alle diese prozessrechtlichen Prinzipien und Regeln (und weitere, die hier nicht im Einzelnen genannt werden können) dienen dazu, zu gewährleisten, dass der Beschuldigte in einem gegen ihn gerichteten Strafverfahren nicht zu einem Objekt dieses Verfahrens wird, sondern dass er stattdessen Prozesssubjekt sein kann. Kantisch gesprochen geht es hier um die Wahrung der Menschenwürde auch des (möglichen) Straftäters, der nicht zu einem bloßen Mittel einer Wahrheitsfindung ›um jeden Preis‹ werden soll.

Literatur

Achenbach, Hans: Unschuldsvermutung. In: *Historisches Wörterbuch der Philosophie*, Bd. 11. Darmstadt 2001, Sp. 266 f.

Bauer, Anton: *Lehrbuch des Naturrechts*. Göttingen 1825.

Bundesgerichtshof: Entscheidungen des Bundesgerichtshofs in Strafsachen (BGHSt). Köln (zit. nach Band und Seite).

Campagna, Norbert: *Strafrecht und unbestrafte Straftaten. Philosophische Überlegungen zur strafenden Gerechtigkeit und ihren Grenzen*. Stuttgart 2007.

–: Der Rechtsstaat und das Problem der strafrechtlichen Amnestie. In: *Jahrbuch für Recht und Ethik* 21 (2013), 167–186.

Feinberg, Joel: *The Moral Limits of the Criminal Law*, Vol. 1–4. Oxford 1984–1990.

Feuerbach, Paul Johann Anselm: *Lehrbuch des gemeinen in Deutschland geltenden Peinlichen Rechts*. Gießen 1801.

Finnis, John: *Natural Law and Natural Rights*. Oxford 1980.

Greco, Luis: *Lebendiges und Totes in Feuerbachs Straftheorie. Ein Beitrag zur gegenwärtigen strafrechtlichen Grundlagendiskussion*. Berlin 2009.

Hart, Herbert L. A.: *Law, Liberty and Morality*. Oxford 1963.

Hassemer, Winfried: *Warum Strafe sein muss – Ein Plädoyer*. Berlin 2009.

Hegel, Georg Wilhelm Friedrich: Grundlinien der Philosophie des Rechts [1821]. In: Ders.: *Hauptwerke in sechs Bänden*, Bd. 5. Hamburg 1999.

Hörnle, Tatjana: *Straftheorien*. Tübingen 2011.

Hoerster, Norbert: *Muss Strafe sein? Positionen der Philosophie*. München 2012.

Hruschka, Joachim: Strafe und Strafrecht bei Achenwall. Zu einer Wurzel von Feuerbachs psychologischer Zwangstheorie. In: *Juristenzeitung* 42 (1987), 161–169.

–: Die Unschuldsvermutung in der Rechtsphilosophie der Aufklärung. In: *Zeitschrift für die gesamte Strafrechtswissenschaft* 112 (2000), 285–300.

Jakobs, Günther: *Strafrecht Allgemeiner Teil*. Berlin [2]1991.

–: *Staatliche Strafe: Bedeutung und Zweck*. Paderborn 2004.

Joerden, Jan C.: Strafrechtliche Perspektiven der Robotik. In: Eric Hilgendorf (Hg.): *Robotik und Gesetzgebung*. Baden-Baden 2013, 195–209.

Kant, Immanuel: *Grundlegung zur Metaphysik der Sitten* [1785]. In: Königlich Preußische Akademie der Wissenschaften (Hg.): *Kant's gesammelte Schriften* [Akademie-Ausgabe], Bd. IV. Berlin 1968 [AA IV].

–: *Die Metaphysik der Sitten* [1797]. In: Königlich Preußische Akademie der Wissenschaften (Hg.): *Kant's gesammelte Schriften* [Akademie-Ausgabe], Bd. VI. Berlin 1968 [AA VI].

Keller, Josef A./Novak, Felix: *Kleines pädagogisches Wörterbuch*. Freiburg/Basel/Wien [8]1993.

Krey, Volker: *Keine Strafe ohne Gesetz. Einführung in die Dogmengeschichte des Satzes »nullum crimen, nulla poena sine lege«*. Berlin 1983.

Lampe, Ernst-Joachim: *Strafphilosophie, Studien zur Strafgerechtigkeit*. Köln 1999.

Liszt, Franz von: Der Zweckgedanke im Strafrecht [1882]. In: Ders.: *Strafrechtliche Vorträge und Aufsätze*. Berlin 1905, 126–179.

Merle, Jean-Christophe: *Strafe aus Respekt vor der Menschenwürde*. Berlin 2007.

Naucke, Wolfgang: *Kant und die psychologische Zwangstheorie Feuerbachs*. Hamburg 1962.

Pauen, Michael/Roth, Gerhard: *Freiheit, Schuld und Verantwortung. Grundzüge einer naturalistischen Theorie der Willensfreiheit*. Frankfurt a. M. 2008.

Pawlik, Michael: *Person, Subjekt, Bürger. Zur Legitimation von Strafe*. Berlin 2004.

Plack, Arno: *Plädoyer für die Abschaffung des Strafrechts*. München 1974.

Platon: Protagoras. In: Ders.: *Sämtliche Werke*. Hg. von Walter F. Otto, Ernesto Grassi und Gert Plamböck. Hamburg 1988.

Rosenau, Henning/Kim, Sangyun (Hg.): *Straftheorie und Strafgerechtigkeit. Deutsch-Japanischer Strafrechtsdialog*. Frankfurt a. M. 2010.

Roth, Gerhard: Willensfreiheit und Schuldfähigkeit aus Sicht der Hirnforschung. In: Ders./Klaus-Jürgen Grün (Hg.): *Das Gehirn und seine Freiheit*. Göttingen [3]2006, 9–28.

Roxin, Claus: *Strafrecht. Allgemeiner Teil*, Bd. 1: *Grundlagen. Der Aufbau der Verbrechenslehre*. München [4]2006.

–: Der Grundsatz der Gesetzesbestimmtheit im deutschen Strafrecht. In: Eric Hilgendorf (Hg.): *Das Gesetzlichkeitsprinzip im Strafrecht. Ein deutsch-chinesischer Vergleich*. Tübingen 2013, 113–139.

Schmidhäuser, Eberhard: *Vom Sinn der Strafe* [[2]1971]. Neu hg. von Eric Hilgendorf. Berlin 2004.

Schopenhauer, Arthur: *Die Welt als Wille und Vorstellung* [1819], Bd. I/2. In: Ders.: *Zürcher Ausgabe, Werke in zehn Bänden*, Bd. II. Zürich 1977.

Seneca, Lucius Annaeus: De ira. In: Ders.: *Philosophische Schriften*. Hg. von Otto Apelt, Bd. 1. Hamburg 1993.

Wittwer, Héctor: Muss die Willensfreiheit bewiesen werden, damit sich das Schuldprinzip rechtfertigen lässt? In: *Jahrbuch für Recht und Ethik* 19 (2011), 397–425.

Zaczyk, Rainer: Zur Begründung der Gerechtigkeit menschlichen Strafens. In: Jörg Arnold et al. (Hg.): *Menschengerechtes Strafrecht. Festschrift für Albin Eser zum 70. Geburtstag*. München 2005, 207–220.
Zippelius, Reinhold: *Rechtsphilosophie*. München [6]2011.

Jan C. Joerden

20 Generationengerechtigkeit

Der Begriff der Generationen- oder intergenerationellen Gerechtigkeit bezieht sich auf das Problem der gerechten Verteilung von Lasten und Vorteilen zwischen den Angehörigen unterschiedlicher Generationen. Dabei sind grob zwei Fälle zu unterscheiden. In dem einen Fall geht es um die Verteilung von Lasten und Vorteilen zwischen heute lebenden Personen in unterschiedlichen Altersgruppen; in dem anderen Fall bezieht sich der Begriff auf das Verhältnis zwischen den heute Lebenden und den Verstorbenen oder noch nicht Geborenen (s. Kap. V.80).

Wenn in der philosophischen Literatur von ›intergenerationeller Gerechtigkeit‹ gesprochen wird, geht es zumeist um Fragen, die sich im zuletzt genannten Fall ergeben, da sich hier spezifische – und spezifisch philosophische – Probleme stellen. Dies hat damit zu tun, dass im Verhältnis zwischen Toten, Lebenden und noch nicht Geborenen die üblichen Anwendungsbedingungen des Gerechtigkeitsbegriffs nicht vorliegen.

Insofern es bei Fragen der Generationengerechtigkeit darum geht, was gegenwärtig Lebende vergangenen und zukünftigen Generationen schulden, werden sie in jeder grundlegenden politischen Entscheidung berührt. Besonders sichtbar werden diese Fragen in umwelt-, finanz- und vergangenheitspolitischen Debatten, wenn es um Themen wie die Erhaltung der natürlichen Umwelt (s. Kap. V.66), die Staatsverschuldung oder Wiedergutmachungspflichten geht.

Anwendungsbedingungen der Gerechtigkeit

David Hume hatte erstmals in *A Treatise of Human Nature* (1739–1740) Anwendungsbedingungen der Gerechtigkeit formuliert und diese in *An Enquiry Concerning the Principles of Morals* (1751) präzisiert. Ihm zufolge gehört zu den besagten Bedingungen neben a) der Knappheit von Gütern (Knappheitsbedingung) und b) den aufgrund der Knappheit entstehenden Interessendivergenzen über deren Verteilung (Konfliktbedingung) auch c) die Fähigkeit, Ansprüche unter Aufbietung von Machtmitteln geltend zu machen (Machtbedingung). Die Machtbedingung rechtfertigt Hume in folgender Weise:

> »Lebten Menschen mit einer Gattung rationaler Wesen zusammen, die zu schwach wäre, um Widerstand

gegen uns zu leisten, und uns niemals, selbst bei größter Herausforderung, die Auswirkungen ihres Zorns fühlen lassen könnten, dann scheint mir die notwendige Konsequenz die zu sein, dass wir durch die Gesetze der Menschlichkeit verpflichtet sind, diese Wesen gütig zu behandeln; aber strenggenommen wären uns von der Gerechtigkeit her keine Schranken ihnen gegenüber auferlegt [...]. Unser Umgang mit ihnen wäre nicht ›gesellschaftlich‹ zu nennen, da ein solcher einen Grad von Gleichheit voraussetzt« (Hume 1751/2002, 109).

Hume meint, dass wir »ganz offensichtlich« (ebd., 110) Tieren gegenüber nicht gerecht oder ungerecht sein könnten, weil der erforderliche Grad an Gleichheit nicht vorliege und wir daher mit ihnen keine Gesellschaft bildeten. Was Hume hier von Tieren sagt, dass ihnen die Fähigkeit abgehe, »selbst bei äußerster Herausforderung« wirksam Widerstand zu leisten, gilt *a fortiori* für die Angehörigen zukünftiger Generationen. Da zukünftige Personen nicht existieren, haben sie den Handlungen heute lebender Menschen nichts entgegenzusetzen. Heutige und zukünftige Generationen bilden insofern einem Humeschen Verständnis gemäß keine Gerechtigkeitsgemeinschaft. Folglich könnten die heute Lebenden den Nachkommen nichts schulden, sondern lediglich durch die »Gesetze der Menschlichkeit« (ebd., 109) zur Rücksichtnahme verpflichtet sein.

John Rawls, der mit *A Theory of Justice* die erste systematische Diskussion des Themas ›Generationengerechtigkeit‹ vorgelegt hat (Meyer 2003), hat zugleich Humes Anschauung über die Anwendungsbedingungen des Gerechtigkeitsbegriffs übernommen (Rawls 1971/1999, 109–112). Bei genauer Betrachtung erweist sich, dass Rawls kein Konzept der Gerechtigkeit ›zwischen‹ Generationen vertritt, sondern ein Konzept der Gerechtigkeit ›hinsichtlich‹ zukünftiger Generationen (Barry 1989, 189–194). Sein Rechtfertigungsmodell geht davon aus, dass Dritte keine ›Rechte‹ gegen die (ihr Eigeninteresse verfolgenden) Urzustandsparteien haben (Rawls 1971/1999, 111). Vielmehr lautet die Modellannahme, dass die Repräsentanten im Urzustand den Wunsch haben, das Wohlergehen ihrer eigenen Nachkommen über zwei Generationen sicherzustellen (ebd.). Um für die Erfüllung dieses Wunsches zu sorgen, werden sie daher mit den anderen Parteien des Urzustandes Bedingungen aushandeln, die den Fortbestand einer gerechten Grundstruktur für die gesamte Lebensspanne der eigenen Kinder und Enkel garantieren (Rawls 2001/2003, 159). Rawls betont, dass die Annahme eines auf die eigenen Nachkommen gerichteten Wohlwollens keine Abweichung von dem Prinzip der wechselseitigen Desinteressiertheit der Urzustandsparteien beinhalte (Rawls 1971/1999, 167).

Nach Brian Barry führt die Übernahme der Humeschen Lehre von den Anwendungsbedingungen der Gerechtigkeit bei Rawls dazu, dass das Wohlergehen zukünftiger Generationen nicht nur faktisch, sondern auch normativ von dem Wohlwollen der heute Lebenden abhängt. Ohne den Wunsch, die Interessen der eigenen Nachkommen zu schützen, werden die Parteien im Urzustand keine Verpflichtungen hinsichtlich zukünftiger Generationen eingehen (Barry 1989, 192).

Eine naheliegende Reaktion auf den normativ kontingenten und indirekten Status der Ansprüche zukünftiger Generationen bei Rawls besteht darin, die Humesche Machtbedingung für die Zuschreibung gerechter Ansprüche aufzugeben. So wird nicht von vornherein ausgeschlossen, dass Tiere und andere Entitäten, mit denen Menschen keine Gesellschaft im Humeschen Sinne bilden, Träger von Rechten sein können.

Rechtsträgerschaft zukünftiger und vergangener Generationen

Die Preisgabe der Machtbedingung eröffnet die Möglichkeit, den Anwendungshorizont des Gerechtigkeitsbegriffs zu erweitern. Jedoch ist es fraglich, ob Personen, die nicht mehr oder noch nicht leben, ungerecht behandelt werden können. Folgt man John Stuart Mills Vorschlag, als ungerecht diejenigen Handlungen zu bezeichnen, die jemandes moralische Rechte verletzen (Mill 1861/1969, 247), so hängt die Antwort davon ab, ob und inwiefern das Handeln heute lebender Personen die moralischen Rechte verstorbener oder noch nicht lebender Menschen betreffen kann.

Es ist eine geläufige Annahme, dass verstorbene Personen nicht existieren. Fred Feldman nennt dies die Auslöschungsthese (Feldman 2000, 98). Für Anhängerinnen der Auslöschungsthese muss die Antwort auf die Frage, ob Tote Rechte haben können, verneinend ausfallen. Ähnliches scheint für noch nicht Geborene zu gelten. Auch sie existieren nach verbreiteter Auffassung nicht. Inexistente Personen können jedoch keine Subjekte von Rechten sein (Macklin 1981). Folglich kann keine gegenwärtige Handlung ungerecht gegenüber Verstorbenen oder noch nicht

Lebenden sein. Der normative Status zukünftiger Generationen kann somit nicht im Rahmen einer Theorie intergenerationeller Gerechtigkeit bestimmt werden (Beckermann/Pasek 2001, 14). Gleiches gilt dieser Ansicht zufolge für vergangene Generationen. Nennt man die Menge aller nicht-erworbenen moralischen Rechte von Individuen Menschenrechte, so lautet die skeptische These, dass gegenwärtige Praktiken keine Verletzung der Menschenrechte der Angehörigen zukünftiger oder vergangener Generationen darstellen können.

Die Existenzfrage hinsichtlich vergangener und zukünftiger Generationen

Dass die Angehörigen zukünftiger oder vergangener Generationen nicht existieren (Inexistenzannahme), wird gemeinhin als unbestreitbar richtig angesehen. Zu sagen, dass Verstorbene oder noch nicht Lebende existierten, scheint dagegen die problematische religiöse oder metaphysische Annahme zu enthalten, sie hätten ein Dasein im Jenseits (Meyer 2005, 79). Übersehen wird dabei jedoch in der Regel, wie Palle Yourgrau argumentiert (2000, 51), dass die Inexistenzannahme es im Rahmen der klassischen Fregeschen Logik unmöglich macht, einem Satz wie ›Heinrich Heine ist tot‹ einen Wahrheitswert zuzuordnen. Denn in der Fregeschen Logik muss jeder Term in einer wahrheitswertfähigen Aussage auf etwas Existierendes referieren. Wenn aber Heinrich Heine nicht existiert, stellt ›Heinrich Heine ist tot‹ keine wahrheitswertfähige Aussage dar. Ein Lösungsversuch dieses Problems lässt die Inexistenzannahme fallen und nimmt an, dass alles, was jemals existiert haben wird, existiert (Silverstein 1980, 418–424; 2000, 124–130). Der Satz ›Heinrich Heine existiert‹ ist zu jedem Zeitpunkt (›für alle Ewigkeit‹) wahr; doch dies bedeutet nicht, dass Heinrich Heine für alle Ewigkeit existiert. Heines Leben hat zeitliche Grenzen. Für uns Lebende ist der Satz: »Heinrich Heine existiert, aber nicht *jetzt*« (vgl. Silverstein 2010, 285 f.) wahr. Verstorbene und noch nicht Lebende sind dieser ›eternalistischen Sichtweise‹ zufolge nicht inexistent, sondern zeitlich abwesend. Ein anderer Lösungsversuch greift die Logik Alexius Meinongs auf, der zufolge es inexistente Objekte gibt (vgl. Rosefeldt 2006). So geht Yourgrau von der ›präsentistischen Sichtweise‹ aus, dass Tote nicht existieren. Unter Rückgriff auf Meinong nimmt er aber an, dass es Tote, obwohl inexistent, gibt (Yourgrau 1987). Was ist der ontologische Status von Toten nach Yourgrau? Tote, wie Heinrich Heine, sind ihm zufolge Personen und nicht etwa Erinnerungen oder Vorstellungen. Sie sind ›tote‹ Personen (Yourgrau 2000, 64). Geburt und Tod sind Änderungen der Art, in der Personen sind. Die intrinsischen Eigenschaften werden durch den Tod nach Yourgrau nicht aufgehoben: Heine bleibt ein Mensch, ein Schriftsteller, ein Mann usw., obwohl er jetzt nicht mehr existiert. Einen anderen Vorschlag unterbreitet Niall Connolly (2011). Nach Connollys *Bare Particular Theory* sind Tote nicht, wie bei Yourgrau, Personen im Modus der Inexistenz. Vielmehr sind sie eigenschaftslose Einzeldinge. Mit dem Tod hört die Person auf, zu existieren. Sie verliert ihre intrinsischen Eigenschaften, auch ihre Eigenschaft, Person zu sein. Mit dem Tod wird eine Person zu einem bloßen Partikular (Connolly 2011, 84 f.). Der Satz ›Heinrich Heine ist tot‹ bezieht sich Connolly zufolge auf ein solches Partikular, auf ein (nun) eigenschaftsloses Einzelding.

Die Relevanz dieser offenen Debatte hinsichtlich des ontologischen Status von Verstorbenen für das Thema ›Generationengerechtigkeit‹ besteht in Folgendem: Ein Grund, der für die Behauptung angeführt wird, dass den Angehörigen zukünftiger Generationen keine Menschenrechte zukommen, lautet, dass sie nicht existierten. Doch hierüber bestehen, wie ausgeführt, vernünftige Meinungsverschiedenheiten. Laut eternalistischer Sichtweise sind noch nicht Geborene nicht inexistent, sondern zeitlich abwesend. Während offensichtlich zu sein scheint, dass Inexistenz Rechtlosigkeit nach sich zieht, ist weit weniger offensichtlich, warum aus zeitlicher Abwesenheit Rechtlosigkeit folgen sollte. Zur Veranschaulichung: Joel Feinberg (1986, 154) gibt das Beispiel eines bösartigen Misanthropen, der kurz vor seinem Tode in einem Kindergarten eine Zeitbombe versteckt, die erst nach zehn Jahren detoniert. Obwohl die Bombe ausschließlich Kinder verletzt, die zum Zeitpunkt der Tat noch lange nicht geboren waren, liegt es nahe, zu sagen, dass ihnen seitens des Misanthropen schweres Unrecht zugefügt worden ist. Im Gegensatz zu der präsentistischen Auffassung gibt es dem Eternalismus zufolge keinen Grund, an dieser intuitiven Sichtweise Kritik zu üben, weil Täter und Opfer koexistieren, obwohl sich ihre Lebensspannen nicht überlappen. Aus eternalistischer Perspektive ist es unproblematisch, zu sagen, dass der Misanthrop die Rechte von Angehörigen zukünftiger Generationen verletzt. Denn zukünftige Personen existieren, wenn auch nicht jetzt.

Gegenwärtige oder zukünftige Rechte zukünftiger Generationen

Auch wenn die Existenz zukünftiger Personen zugestanden wird, ist noch offen, ob daraus Gerechtigkeitspflichten für Angehörige gegenwärtiger Generationen folgen. So lässt sich argumentieren, dass a) Personen Menschenrechte nur während ihrer Lebensspanne innehaben und b) aus zukünftigen Menschenrechten nur Pflichten für diejenigen folgen, deren Lebensspanne sich mit derjenigen der Rechteinhaberinnen überschneidet. Axel Gosseries (2008a, 453–457) folgend kann man mit Blick auf b) von der Pflichten-Gleichzeitigkeitsthese sprechen und mit Blick auf a) von der Rechte-Gleichzeitigkeitsthese. Gemäß a) sind die Rechte zukünftiger Generationen zukünftige Rechte; gemäß b) entstehen aus den zukünftigen Rechten einer zukünftigen Person keine gegenwärtigen Pflichten.

Beide Thesen lassen sich bestreiten. Derek Bell (2011, 105) spricht im Anschluss an Robert Elliot (1989) von einer nicht-konzessionären Auffassung, wenn – entgegen a) – angenommen wird, dass zukünftige Personen gegenwärtige Rechte haben. Als Schwierigkeit der nicht-konzessionären Auffassung wird gesehen, dass sie nicht lebenden (und daher inexistenten) Personen gegenwärtige Rechte zuschreibt. Rechte, so die Überlegung, können aber nicht unabhängig von den Inhaberinnen dieser Rechte bestehen. Sie beginnen erst mit ihnen zu existieren. Die Menschenrechte zukünftiger Generationen sind somit zukünftige Rechte.

Die konzessionäre Auffassung akzeptiert a), behauptet aber – entgegen b) –, dass aus zukünftigen Rechten durchaus gegenwärtige Pflichten folgen können. Für die konzessionäre Auffassung lässt sich anführen, dass mit an Sicherheit grenzender Wahrscheinlichkeit in der Zukunft Menschen leben werden. Daher sei bereits in der Gegenwart von bestimmten Praktiken auszumachen, dass sie zur Nichterfüllung oder Verletzung von Rechten in der Zukunft führen werden. Dass die Identität der betroffenen Rechteinhaberinnen nicht bekannt sei, sei unerheblich (Feinberg 1981, 147 f.). Gegenwärtige Handlungen werden nicht nur durch gegenwärtige, sondern auch durch zukünftige Menschenrechte eingeschränkt (Meyer 2003, 145).

Beide Auffassungen, konzessionäre wie nicht-konzessionäre, führen zu der Schlussfolgerung, dass der Misanthrop in Feinbergs Beispiel Gerechtigkeitspflichten verletzt. Der nicht-konzessionären Auffassung zufolge ergibt sich dies aus der Verletzung gegenwärtiger Rechte zukünftiger Personen, während die konzessionäre Auffassung auf die Missachtung gegenwärtiger Pflichten aus zukünftigen Rechten abhebt.

Gegenwärtige Rechte oder überlebende Pflichten: Vergangene Generationen

Während Meinungsverschiedenheiten darüber bestehen, ob gegenüber zukünftigen Menschen Gerechtigkeitspflichten bestehen, ist unstrittig, dass die Praktiken gegenwärtig Lebender Einfluss auf das Wohlergehen unserer Nachkommen haben. Heutige Entscheidungen über den Ressourcenverbrauch, die Sparrate oder die Menge globaler Emissionen klimaschädlicher Gase werden die Lebensbedingungen zukünftiger Generationen wesentlich prägen.

Ob jedoch heutige Handlungen das Wohlergehen Verstorbener berühren können, ist weit weniger einfach zu beantworten. Einerseits können heutige Handlungen keine kausalen Faktoren für den Ablauf vergangener Ereignisse sein. Wir können in diesem Sinne die Vergangenheit nicht ändern. Akzeptiert man die Rechte-Gleichzeitigkeitsthese, so wird man sagen: Da man keine Ereignisse in der Vergangenheit bewirken kann, ist es auch nicht möglich, heute ein Recht Verstorbener zu verletzen. Denn mit dem Tod einer Person enden deren Rechte. Folglich können wir Verstorbenen kein Unrecht tun. Anders als im Falle zukünftiger Generationen lässt sich gegen die Pflichten-Gleichzeitigkeitsthese nicht vorbringen, dass wir Ereignisse und Zustände in der Zukunft mitbewirken können. Während wir Einfluss darauf haben, wie die Lebensbedingungen in der Zukunft ausfallen, können wir an vergangenen Lebensbedingungen nichts mehr ändern. Insofern scheint es nicht nur plausibel, zu sagen, dass Verstorbene keine gegenwärtigen Rechte haben, sondern auch, dass heute Lebende ihnen gegenüber keine Gerechtigkeitspflichten haben. Denn Tote können nicht geschädigt werden (Meyer 2005, 81).

Jedoch findet sich auch die entgegengesetzte Auffassung, dass eine Schädigung von Toten möglich sei und dass daher auch davon gesprochen werden könne, dass die Lebenden ihnen etwas schuldeten (Ridge 2003). Dass es für Verstorbene Gutes und Übles gebe, ohne dass sie es spürten, hatte schon Aristoteles in der *Nikomachischen Ethik* (NE 1099 b 32) behauptet. Jüngst ist diese Überzeugung von Ronald Dworkin wiederholt worden: »Ob [...] ein Mensch ein gutes Leben hatte, kann sehr wohl durch Ereignisse nach seinem Tod beeinflusst werden, die seine Leistungen oder Hoffnungen entweder positiv oder negativ tangieren. Wie gut Ihr Leben gewesen ist, kann sich auch dann noch verändern, wenn Sie nicht mehr sind« (Dworkin 2012, 341 f.). Die Tatsache, dass Ereignisse nach unserem Tod beeinflussen können, wie gut unser Leben war, erklärt nach dieser Ansicht auch, warum wir ein Interesse an posthumen Ereignissen und Zuständen nehmen. George Pitcher (1984, 183) gibt folgendes Beispiel für eine posthume Schädigung, die wir intuitiv zugleich als Form des Unrechts gegenüber einem Verstorbenen betrachten würden: Bill verspricht seinem sterbenden Vater, dass er ihn beerdigen lassen wird; stattdessen verkauft Bill die Leiche seines Vaters an ein medizinisches Forschungsinstitut. Intuitiv, so Pitcher, will es scheinen, als habe Bill seinen Vater betrogen und ihm damit Unrecht zugefügt.

Ein naheliegender Einwand gegen den Gedanken posthumer Schädigung lautet, dass Tote durch gegenwärtige Ereignisse nicht mehr ›affiziert‹ werden können. Bills Vater ist tot. Was mit seiner Leiche geschieht, ist kein Gegenstand möglicher Erfahrung für ihn. Doch lässt sich hier einwenden, dass intuitiv Zustände oder Ereignisse als schlecht für eine Person angesehen werden können, auch wenn sie sich dieser Zustände oder Ereignisse nicht bewusst ist. Thomas Nagel (1970, 76) nennt das Beispiel eines Mannes, der hinter seinem Rücken verspottet wird. Verspottet zu werden, so könnte man meinen, ist schlecht, auch wenn man von dem Spott gar nichts mitbekommt. Sollte es nicht-erfahrene Schädigungen geben, so reicht es zur Zurückweisung des Gedankens posthumer Schädigung nicht aus, darauf zu verweisen, dass Tote durch Zustände und Ereignisse nicht affiziert werden können.

Auf dieses Defizit reagiert das auf der Auslöschungsthese beruhende Argument gegen den Gedanken posthumer Schädigung oder posthumen Unrechts. Wenn Tote nicht existieren, dann sind sie keine möglichen Subjekte von Schädigungen. Dies unterscheidet Tote von lebenden Personen, die eine nicht-erfahrene Schädigung erleiden. Im Fall von Toten ist fraglich, wer geschädigt ist (Meyer 2005, 85).

Pitcher (1984, 184) hat folgende Betrachtungsweise vorgeschlagen: Handlungen *post mortem* können die Person *ante mortem* beeinträchtigen. Wenn Bill die Leiche seines Vaters verkauft, so schädigt er nicht seinen verstorbenen, sondern seinen lebenden Vater, insofern er dafür sorgt, dass dessen Wunsch, beerdigt zu werden, nicht in Erfüllung geht. Es ließe sich sagen: Bills Vater war bereits geschädigt, als sein Sohn ihm ein lügenhaftes Versprechen gab. Diese Sichtweise hat eine gewisse Plausibilität in Fällen, in denen sich nach dem Tod einer Person erweist, dass ihr Wunsch oder Vorhaben zum Scheitern verurteilt war. Doch das Geschehen *post mortem* hat dann eine rein epistemische Funktion; es ›bewirkt‹ nicht die Schädigung *ante mortem*. Vielmehr ›zeigt sich‹ *post mortem* der bereits *ante mortem* bestehende Zustand der Schädigung. Eine Variation des Bill-Beispiels zeigt die Grenzen des Vorschlags: Wenn Bill erst nach dem Tod des Vaters entschieden hat, den Leichnam zu verkaufen, so muss man mit Pitcher entweder von der intuitiven Einschätzung abweichen, dass Bill seinen verstorbenen Vater betrüge und somit schädige; oder man hätte sich auf die Behauptung festzulegen, dass ein kontingentes *Post-mortem*-Ereignis, der Verkauf der Leiche, eine *Ante-mortem*-Schädigung ›bewirkt‹. Geht man von der Richtigkeit der Auslöschungsthese und der These von der Gerichtetheit der Zeit aus, so ist dies nicht nachvollziehbar. Lukas Meyer (2005, 91–95) schlägt daher vor, auf den Gedanken posthumer Schädigung zu verzichten und stattdessen anzunehmen, dass *Ante-mortem*-Pflichten den Tod einer Rechtsträgerin überleben können.

Demgegenüber lässt sich gestützt auf eine eternalistische These argumentieren, dass der Tod nicht das Ende der Existenz einer Person ist und dass sie daher *post mortem* geschädigt werden kann (Schefczyk 2012, 344–353). Hätte die Gestapo das Tagebuch der Anne Frank vernichtet, so wäre Letztere mit einem zentralen Lebensprojekt gescheitert. Ob das Projekt zu Lebzeiten oder *post mortem* scheitert, ist in den Augen derjenigen, die von der Möglichkeit nicht-erfahrener Schädigung und der Existenz der Toten überzeugt sind, unerheblich.

Die Schädigung zukünftiger und vergangener Generationen

Eng verbunden mit dem Problem der möglichen Rechtsträgerschaft ist die Frage nach der Verletzbarkeit der Angehörigen zukünftiger Generationen durch gegenwärtiges Handeln. Selbst wenn noch nicht lebende Personen Rechte hätten, ließe sich behaupten, dass diese Rechte in paradigmatischen Fällen dessen, was gemeinhin als intergenerationelle Ungerechtigkeit betrachtet wird, gar nicht verletzt würden, da die Handlungen der gegenwärtig lebenden Menschen weitgehend festlegen, welche und wie viele Angehörige zukünftiger Generationen geboren werden.

Die Überlegung ist folgende (Parfit 1984, 351–355): Notwendige Bedingung für die Existenz einer bestimmten Person ist die Empfängnis. Welche Eizelle mit welcher Samenzelle verschmilzt, ist partner- und zeitpunktabhängig. Ereignisse, die den Zeitpunkt der Empfängnis oder die Partnerwahl beeinflussen, beeinflussen somit, welche Menschen existieren. Wenn die Existenz einer zukünftigen Person von den Handlungen gegenwärtig lebender Menschen abhängt, so können diese Handlungen nicht als Schädigungen angesehen werden. Denn ohne diese Handlungen würden die betreffenden Personen kein besseres Leben führen, sondern gar nicht existieren. Eine Voraussetzung für die Existenz einer Person kann keine Schädigung eben dieser Person sein. Derartige Überlegungen sind unter dem Titel *Nichtidentitätsproblem* von Derek Parfit (ebd., 351–379) in *Reasons and Persons* ausführlich entwickelt worden (vgl. auch Sher 1979).

In Feinbergs Beispiel des Misanthropen kann davon ausgegangen werden, dass das Deponieren der Bombe keinen Einfluss darauf hatte, welche Menschen geboren werden. Die Handlung war keine Voraussetzung für die Existenz der betroffenen Kinder. In paradigmatischen Fällen intergenerationeller Ungerechtigkeit ist dies jedoch nicht der Fall. So ist argumentiert worden, die in den Vereinigten Staaten geborenen Sklaven und deren Nachfahren könnten nicht beanspruchen, durch die Sklaverei geschädigt worden zu sein, da sie ohne diese niemals geboren worden wären (Fishkin 1991, 91; Kershnar 1999, 95). Analoges ließe sich für den anthropogenen Klimawandel, die Ausbeutung natürlicher Ressourcen oder die Zerstörung von Ökosystemen sagen: Sofern diese Prozesse Einfluss auf die Zusammensetzung der nachfolgenden Generationen hatten, können sie nicht als Schädigung der Angehörigen dieser Generationen angesehen werden. Denn die besagten Prozesse waren Voraussetzung für deren Existenz. Von einer Schädigung könnte, dieser Argumentationsweise zufolge, unter den gegebenen Annahmen nur in dem extremen Fall die Rede sein, dass die eigene Existenz für die Angehörigen der nachfolgenden Generation selbst ein Übel darstellen würde und es insofern besser für sie gewesen wäre, gar nicht zu existieren.

Das Identitätsproblem verliert im Falle historischen Unrechts an Bedeutung, wenn man davon ausgeht, dass Wiedergutmachungspflichten gegenüber Nachkommen aus den Rechten von Verstorbenen abgeleitet werden können (Wheeler 1997; Schefczyk 2012, 359 f.). Primäres Ziel der Wiedergutmachung historischen Unrechts ist dieser Ansicht zufolge die Wiederherstellung des moralischen Status der Opfer als zu achtender Personen. Unter der Annahme, dass die verstorbenen Opfer des Unrechts zur Förderung des Wohlergehens ihrer Nachkommen verpflichtet waren (oder ein Interesse daran hatten), ist die Übernahme dieser Pflichten (oder die Erfüllung dieses Interesses) Teil der ihnen geschuldeten Restitution.

Mit Blick auf zukünftige Generationen hat Meyer (2005, 36–39) eine »Schwellenwertkonzeption der Schädigung« vorgeschlagen, um das Nichtidentitätsproblem zu entschärfen: Gegenwärtige Praktiken stellen eine Schädigung der Angehörigen zukünftiger Generationen dar, wenn sie deren Lebensqualität unter ein bestimmtes Niveau drücken. Dies gilt auch dann, wenn die Praktiken Voraussetzung für die Existenz der Betroffenen sind. Die Schädigung besteht folglich nicht in der Schlechterstellung einer Person durch die fragliche Praxis. Vielmehr besteht die Schädigung in der Nichterfüllung eines Anspruchsrechts, das der fraglichen Person zukommt.

Was schulden wir zukünftigen Generationen?

John Rawls verdanken wir die nach wie vor einflussreichste Gerechtigkeitstheorie und den ersten Entwurf einer systematischen Konzeption der Generationengerechtigkeit. Er behandelt intergenerationelle Gerechtigkeit (ähnlich wie die internationale Gerechtigkeit) als eine »Erweiterung« seiner Grundkonzeption (Rawls 1998, 87). Neben einem angemessenen System von Freiheitsrechten und chancengleichem Zugang zu Ämtern und Positionen fordert Rawls die Maximierung der sozioökonomischen Situation der am schlechtesten gestellten Gesellschaftsmitglieder. Die hierfür zu leistenden Transfers müssen jedoch mit der Aufrechterhaltung einer gerechten Grundstruktur der Gesellschaft in der Generationenfolge vereinbar sein. Das Existenzminimum wird daher im Urzustand simultan mit einem »gerechten Spargrundsatz« beschlossen (Rawls 2003, 245 f.). Generationengerechtigkeit ist somit ein integraler Bestandteil der Rawlsschen Gerechtigkeitstheorie; ihre Integration gelang aber nicht auf Anhieb. Die in der ersten Ausgabe von *Eine Theorie der Gerechtigkeit* vorgeschlagene Version hat er später revidiert (Rawls 1977). Zunächst hatte Rawls in Abänderung der Grundkonzeption postuliert, dass die Parteien im Urzustand keine rein eigeninteressierten Individuen sind, sondern Repräsentanten von Familien, die sich um das Wohlergehen ihrer Kinder und Kindeskinder sorgen. Auf diesem Wege sollte die Schwierigkeit behoben werden, dass rein eigeninteressierte Parteien keinen Grund erkennen würden, Kapital an nachfolgende Generationen zu übertragen. Allerdings brachte der Vorschlag seinerseits eine Reihe gravierender Probleme mit sich (vgl. English 1977). In seiner revidierten Theorie geht Rawls davon aus, dass die Parteien im Urzustand einen für alle Generationen verbindlichen Spar- und Investitionsplan festlegen. Die Parteien im Urzustand wissen, dass sie Zeitgenossen sind, doch nicht, welcher Generation sie angehören und auf welchem Entwicklungsstand die Gesellschaft sich befindet (Rawls 2003, 247). Sie fragen, von welchem Spargrundsatz sie wollen würden, dass er in vorangegangenen Generationen befolgt worden wäre – unter der Annahme, dass sie selbst dieser Generation angehören könnten (ebd.). Der Plan stimmt die Sparrate auf die erreichte gesellschaftliche Entwicklungsstufe ab. In einer geschlossenen Volkswirtschaft, wie sie Rawls aus Gründen der Einfachheit in seinem Modell annimmt, entsprechen die Ersparnisse notwendigerweise den Investitionen. Arme Gesellschaften müssen einen größeren Teil der wirtschaftlichen Produktion sparen, um das für den Aufbau einer gerechten Grundstruktur notwendige Kapital zu akkumulieren (Akkumulationsphase). Ist der Wohlstand hoch genug, um die Einrichtung einer gerechten Grundstruktur zu ermöglichen, besteht keine Pflicht zum Konsumverzicht zugunsten zukünftiger Generationen, der über die Erhaltungsbedingungen der gerechten Grundstruktur hinausginge (stationäre Phase). Gegenwärtige Generationen sind nicht verpflichtet, zum Wohl der Nachgeborenen mehr zu sparen, als für den Erhalt der Grundstruktur über die Generationenfolge erforderlich ist (Gosseries 2008b, 67; Rawls 1971/1999, 255). Rawls' Konzeption intergenerationeller Gerechtigkeit lässt sich entsprechend als starker Suffizientarismus charakterisieren (vgl. Meyer/Roser 2009, 224). In der stationären Phase stehen gegenwärtige Generationen unter der Gerechtigkeitspflicht, den nachfolgenden Generationen einen Kapitalstock zu hinterlassen, der die Aufrechterhaltung einer gerechten Grundstruktur erlaubt (Bedingung institutioneller Nachhaltigkeit).

Abweichend von Rawls' Einschätzung, dass es einer Gesellschaft freistehe, mehr zu sparen als von der Nachhaltigkeitsbedingung gefordert, ist argumentiert worden, dass eine höhere Sparquote das Differenzprinzip verletze (Gaspart/Gosseries 2007, 203 f.). Statt mehr zu sparen, müssen die Mittel an die am schlechtesten gestellten Mitglieder der gegenwärtigen Gesellschaft zu Konsumzwecken transferiert werden. Ist der stationäre Zustand einmal erreicht, so schließt das Differenzprinzip aus, dass eine Politik des Wirtschaftswachstums betrieben wird, es sei denn, die am schlechtesten gestellten Mitglieder geben einer solchen Politik ihre ausdrückliche Zustimmung (ebd., 207).

Ob und in welcher Weise Gerechtigkeit als Fairness mit dem Gedanken vereinbar ist, dass die gegenwärtig Lebenden den Nachgeborenen den Erhalt der natürlichen Umwelt schulden, wird unterschiedlich eingeschätzt. Klaus Mathis (2011) argumentiert, dass der Rawlssche Spargrundsatz einer Konzeption schwacher Nachhaltigkeit verpflichtet sei, insofern er den Erhalt des gesamten Kapitalstocks fordere. Eine Revision im Sinne einer Konzeption starker Nachhaltigkeit, die den Erhalt des Naturkapitals verlange, sei aber ohne weiteres möglich (Mathis 2011, 111). Andere, wie Stephen Gardiner, sehen die Anpassungsfähigkeit der Rawlsschen Theorie mit Blick auf die Erhaltung der Natur als begrenzt an (Gardiner 2011).

Literatur

Aristoteles: *Nikomachische Ethik*. Übersetzt und hg. von Olof Gigon. München 1972 [NE].

Barry, Brian: *Theories of Justice*. Berkeley 1989.

Beckerman, Wilfred/Pasek, Joanna: *Justice, Posterity and the Environment*. Oxford 2001.

Bell, Derek: Does anthrogenic climate change violate human rights? In: *Critical Review of International Social and Political Philosophy* 14/2 (2011), 99–124.

Connolly, Niall: How the dead live. In: *Philosophia* 39/1 (2011), 83–103.

Dworkin, Ronald: *Gerechtigkeit für Igel*. Frankfurt a. M. 2012 (engl. 2011).

Elliot, Robert: The rights of future people. In: *Journal of Applied Philosophy* 6/2 (1989), 159–170.

English, Jane: Justice between generations. In: *Philosophical Studies* 31/2 (1977), 91–104.

Feinberg, Joel: The rights of animals and unborn generations. In: Ernest Partridge (Hg.): *Responsibilities to Future Generations. Environmental Ethics*. New York 1981, 139–150.

–: Wrongful life and the counterfactual element in harming. In: *Social Philosophy and Policy* 4/1 (1986), 145–178.

Feldman, Fred: The termination thesis. In: *Midwest Studies in Philosophy* 24/1 (2000), 98–115.

Fishkin, James S.: Justice between generations: Compensation, identity, and group membership. In: John W. Chapman (Hg.): *Compensatory Justice*. New York 1991, 85–96.

Gardiner, Stephen M.: Rawls and climate change: does Rawlsian political philosophy pass the global test? In: *Critical Review of International Social and Political Philosophy* 14/2 (2011), 125–151.

Gaspart, Frédéric/Gosseries, Alex: Are generational savings

unjust? In: *Politics, Philosophy & Economics* 6/2 (2007), 193–217.
Gosseries, Axel: On future generations' future rights. In: *Journal of Political Philosophy* 16/4 (2008a), 446–474.
–: Theories of intergenerational justice: a synopsis. In: *SAPIENS* 1/1 (2008b), 61–71.
Hume, David: *Eine Untersuchung über die Prinzipien der Moral.* Hg. und übers. von Gerhard Streminger. Stuttgart 2002 (engl. 1751).
Kershnar, Stephan: Are the descendants of slaves owed compensation for slavery? In: *Journal of Applied Philosophy* 16/1 (1999), 95–101.
Macklin, Ruth: Can future generations correctly be said to have rights? In: Ernest Partridge (Hg.): *Responsibilities to Future Generations. Environmental Ethics.* New York 1981, 151–156.
Mathis, Klaus: Future generations in John Rawls' Theory of Justice. In: Klaus Mathis (Hg.): *Efficiency, Sustainability, and Justice to Future Generations.* Berlin 2011, 97–112.
Meyer, Lukas H.: Past and future: the case for a threshold notion of harm. In: Lukas H. Meyer/Stanley L. Paulson/Thomas W. Pogge (Hg.): *Rights, Culture and the Law. Themes from the Legal and Political Philosophy of Joseph Raz.* Oxford 2003, 143–160.
–: *Historische Gerechtigkeit.* Berlin 2005.
Meyer, Lukas/Roser, Dominic: Enough for the future. In: Axel Gosseries/Lukas H. Meyer (Hg.): *Intergenerational Justice.* Oxford 2009, 219–248.
Mill, John Stuart: *Utilitarianism* [1861]. In: John M. Robson (Hg.): Collected Works of John Stuart Mill, Bd. X. Indianapolis 1969, 203–259.
Nagel, Thomas: Death. In: *Nous* 4/1 (1970), 73–80.
Parfit, Derek: *Reasons and Persons.* Oxford 1984.
Pitcher, George: The misfortunes of the dead. In: *American Philosophical Quarterly* 21/2 (1984), 183–188.
Rawls, John: The basic structure as subject. In: *American Philosophical Quarterly* 14/2 (1977), 159–165.
–: *Politischer Liberalismus.* Frankfurt a. M. 1998 (engl. 1993).
–: *A Theory of Justice* [1971]. Cambridge MA 1999.
–: *Gerechtigkeit als Fairneß. Ein Neuentwurf.* Hg. von Erin Kelly. Frankfurt a. M. 2003 (engl. 2001).
Ridge, Michael: Giving the dead their due. In: *Ethics* 114/1 (2003), 38–59.
Rosefeldt, Tobias: *Was es nicht gibt. Eine Untersuchung des Begriffs der Existenz.* Habilitationsschrift an der Philosophischen Fakultät der Friedrich-Karls-Universität Heidelberg 2006.
Schefczyk, Michael: *Verantwortung für historisches Unrecht.* Berlin/New York 2012.
Sher, George: Compensation and transworld personal identity. In: *Monist* 62/3 (1979), 378–391.
Silverstein, Harry S.: The evil of death. In: *Journal of Philosophy* 77/7 (1980), 401–424.
–: The evil of death revisited. In: *Midwest Studies in Philosophy* 24/1 (2000), 116–134.
–: The time of the evil of death. In: Joseph K. Campbell/Michael O'Rourke/Harry S. Silverstein (Hg.): *Time and Identity.* Cambridge MA 2010, 283–295.
Wheeler, Samuel: Reparations reconstructed. In: *American Philosophical Quarterly* 34/3 (1997), 301–318.
Yourgrau, Palle: The dead. In: *Journal of Philosophy* 84/2 (1987), 84–101.
–: Can the dead really be buried? In: *Midwest Studies in Philosophy* 24/1 (2000), 46–68.

Michael Schefczyk

21 Verfahrensgerechtigkeit

Ein Verfahren legt eine regelgeleitete Abfolge von Ereignissen oder Handlungen fest. Verfahren werden durchgeführt, um Ergebnisse mit gewissen Eigenschaften hervorzubringen, und die Befolgung der für ein Verfahren wesentlichen Regeln soll sicherstellen oder zumindest wahrscheinlich machen, dass die Verfahrensergebnisse die gewünschten Eigenschaften tatsächlich haben. So führt die Befolgung der logischen Regeln mathematischer Beweisverfahren zu ›wahren‹ mathematischen Aussagen, und medizinische Therapieverfahren beruhen auf Regeln, die es wahrscheinlich sein lassen, dass mit ihrer Hilfe behandelte Patienten geheilt werden.

Im sozialen Leben spielen Verfahren eine wichtige Rolle, wenn es darum geht, zu verbindlichen Entscheidungen und Regelungen zu kommen, und in der Regel wird der Gerechtigkeit oder Fairness von Verfahren wie auch ihrer Ergebnisse eine große Bedeutung beigemessen. Man denke an politische Wahlen, Abstimmungen im Parlament oder Gerichtsprozesse. In der politischen Philosophie und der Ethik bezieht sich der Ausdruck ›Verfahrensgerechtigkeit‹ (*procedural justice*) sowohl auf die Gerechtigkeit von Verfahren als auch auf die Gerechtigkeit der Ergebnisse von Verfahren, wobei angenommen wird, dass die Gerechtigkeit der Ergebnisse aus der Gerechtigkeit der Verfahren resultiert. In der Soziologie und Sozialpsychologie bezeichnet ›Verfahrensgerechtigkeit‹ überdies die Eigenschaft eines Verfahrens, bei Beteiligten und Dritten die Überzeugung hervorzurufen, die durch das Verfahren zustande gekommenen Ergebnisse seien gerecht und akzeptabel. Ethik und politische Philosophie erörtern, was tatsächlich gerecht ist, die empirischen Sozialwissenschaften erforschen dagegen, was als gerecht wahrgenommen wird (*perceived justice*), z. B. weil es das Ergebnis eines Verfahrens ist. Die Frage, ob es tatsächlich gerecht ist, bleibt offen. Vorliegendes Kapitel handelt von der Verfahrensgerechtigkeit als Gegenstand der politischen Philosophie und der Ethik (vgl. zur Verfahrensgerechtigkeit in den Sozialwissenschaften Lind/Tyler 1988 sowie Tyler 1990 und 2005 und die dort angegebene Literatur).

Vollkommene und unvollkommene Verfahrensgerechtigkeit

Die Vorstellung, dass gerechte Verfahren zu gerechten Ergebnissen führen, ist klärungsbedürftig. Ein gerechtes Gerichtsverfahren führt, so nehmen wir an, zu gerechten Urteilen. Allerdings haben auch Prozesse, die – soweit erkennbar – gerecht waren, schon zu ungerechten Urteilen geführt, z. B. wenn Unschuldige für ein Verbrechen verurteilt wurden, das sie – wie sich später herausstellte – nicht begangen hatten. Hier kommen unterschiedliche Aspekte der Gerechtigkeit zum Tragen. Wir halten es ›der Sache nach‹ für ungerecht, wenn Unschuldige verurteilt werden, unabhängig davon, wie es dazu kam. Und wir halten es für geboten, Gerichtsverfahren so zu gestalten, dass möglichst keine Unschuldigen verurteilt werden. Die Anforderungen an einen gerechten oder fairen Prozess sind insoweit Anforderungen der Zweckmäßigkeit, die sich aus den unabhängig vom Gerichtsverfahren bestehenden Anforderungen an gerechte Gerichtsurteile herleiten. Ein ›gerechtes Verfahren‹ ist ein Verfahren, das in möglichst vielen – idealerweise in allen – Fällen zu einem unabhängig vom Verfahren gerechten Urteil führt (vgl. umfassend zur prozeduralen Gerechtigkeit von Zivilgerichtsverfahren Solum 2004). ›Verfahrensgerechtigkeit‹ ist insoweit ein *teleologisches* Konzept (von gr. *telos* – Ziel), denn die Gerechtigkeit des Verfahrens leitet sich von der (wahrscheinlichen) Erreichung seines Ziels, des gerechten Verfahrensergebnisses, her. ›Vollkommene‹ Verfahrensgerechtigkeit läge dann vor, wenn die Anwendung eines Verfahrens Ergebnisse garantieren würde, die gemessen an verfahrensunabhängigen Kriterien gerecht sind. Weil die Durchführung von Verfahren in der Praxis jedoch auch bei bestem Willen aller Beteiligten stets fehleranfällig ist, können wir im wirklichen Leben nur mit ›unvollkommener‹ Verfahrensgerechtigkeit rechnen, d. h. mit Verfahren, die in der Mehrzahl der Fälle gerechte Ergebnisse zustande bringen, aber nicht immer. Gerichtsverfahren sind dafür ein Beispiel unter vielen.

Anforderungen an gerechte Verfahren ergeben sich nicht ausschließlich daraus, dass ihre Erfüllung wahrscheinlich zu Ergebnissen führt, die verfahrensunabhängigen Gerechtigkeitskriterien genügen. Neben teleologisch begründeten Anforderungen der Zweckmäßigkeit stehen andere, die auf nicht-teleologischen Vorstellungen der Fairness und Gerechtigkeit beruhen. Auch wenn illegal beschaffte Beweismittel die Ermittlung eines Schuldigen im Gerichtsprozess unter

Umständen erleichterten, mögen wir deren Verwendung für unfair halten, weil sie durch das Rechtssystem selbst gestützte und insoweit legitime Erwartungen des Angeklagten frustrieren würde. Und wenn wir als Demokraten für alle Bürger gleiche politische Rechte fordern, so nicht notwendigerweise nur deshalb, weil wir glauben, dies führe zu besseren oder gerechteren Ergebnissen. Es ist eine Sache der Fairness, dass sich die Mitglieder einer politischen Gemeinschaft gleichberechtigt an politischen Entscheidungen, die für sie selbst bindend sind, beteiligen können, selbst wenn umstritten sein mag, ob dies bessere Ergebnisse bringt.

Ein Gerichtsprozess ist aus diesem Grund auch rückblickend nicht schon deswegen schlichtweg ungerecht, weil er zu einem ungerechten Ergebnis geführt hat. Nach einem fairen Prozess, in dem alle Parteien gehört und alle verfügbaren Informationen unparteiisch berücksichtigt wurden, hebt die (spätere) Erkenntnis, dass ein Unschuldiger verurteilt wurde, zwar die Gerechtigkeit des ergangenen Urteils auf, aber nicht die Gerechtigkeit des Verfahrens selbst. Und die Gerechtigkeit des Verfahrens überträgt sich in einem gewissen Maße auf das Verfahrensergebnis selbst, unangesehen seiner inhaltlichen Ungerechtigkeit. Ähnliches gilt für die Gesetzgebung durch demokratische Mehrheiten, die der Sache nach zu ungerechten Ergebnissen führen kann – und zweifellos immer wieder führt. Auch diejenigen, die ein durch ein faires politisches Verfahren beschlossenes Gesetz – womöglich mit Recht – für ungerecht halten, müssen anerkennen, dass es durch ein faires Verfahren zustande gekommen ist, so dass seine Befolgung nicht nur eine Frage der Legalität, sondern ebenso der Fairness oder Gerechtigkeit ist.

Fairness und reine Verfahrensgerechtigkeit

Es ist hilfreich, in diesem Zusammenhang zwischen Gerechtigkeit und Fairness zu unterscheiden und Fairness auf ein Teilgebiet der Gerechtigkeit zu beziehen (s. Kap. II.27). Der primäre Anwendungsbereich von ›Fairness‹ sind Regelungen, Prozeduren, Abläufe und Vorgehensweisen, die bestimmte Anforderungen der Fairness erfüllen und deren Ergebnisse wir, unabhängig von ihrer inhaltlichen Bewertung, eben deshalb ›fair‹ nennen, weil sie durch einen fairen Prozess zustande gekommen sind. Ein ›fairer Prozess‹ führt zu einem ›fairen Urteil‹, das seine Eigenschaft, ein faires Urteil gewesen zu sein, auch dann nicht verliert, wenn sich nachträglich herausstellt, dass es der Sache nach falsch und ungerecht war. Die Verwendung des Prädikats ›fair‹ geschieht hier analog zur ›reinen‹ Verfahrensgerechtigkeit: Die Fairness des Ergebnisses eines Verfahrens ergibt sich vollständig aus der Fairness des Verfahrens, die damit das alleinige Kriterium für die Fairness des Ergebnisses ist. ›Gerechtigkeit‹ hat demgegenüber einen weiteren Anwendungsbereich und schließt (im Sinne der vollkommenen oder unvollkommenen Verfahrensgerechtigkeit) inhaltliche Beurteilungskriterien von Urteilen, Entscheidungen und Regelungen ein, die nichts mit deren prozessualer Genese oder Herleitung zu tun haben. Ein Gerichtsurteil, dem ein fairer Prozess voranging und das insofern ein faires Urteil ist, kann gleichwohl ein ungerechtes Urteil sein, etwa weil ein Unschuldiger verurteilt wurde.

Für faire Gerichtsprozesse und faire politische Verfahren bedeutet dies, dass sie sowohl Aspekte einer unvollkommenen Verfahrensgerechtigkeit als auch Aspekte reiner Verfahrensgerechtigkeit aufweisen. Sie entsprechen der Vorstellung unvollkommener Verfahrensgerechtigkeit, weil sie, auch wenn sie allen Anforderungen an faire Verfahren genügen, fehleranfällig sind und zu ungerechten Ergebnissen führen können. Sie zeigen aber auch Merkmale reiner Verfahrensgerechtigkeit, weil die Ergebnisse fairer Prozesse und Verfahren selbst bei erwiesener inhaltlicher Ungerechtigkeit zumindest in dem eingeschränkten Sinne fair sind, als sie aus fairen Verfahren resultieren. Aus diesem Grund verdienen sie Achtung und sie können nicht als schlichtweg ungerecht betrachtet werden.

Eine uneingeschränkt reine Verfahrensgerechtigkeit liegt demgegenüber vor, wenn die Gerechtigkeit eines Verfahrensergebnisses eine Funktion ausschließlich der Fairness des Verfahrens ist und keine von diesem unabhängige Gerechtigkeitskriterien ins Spiel kommen. Beispiele für reine Verfahrensgerechtigkeit in diesem exklusiven Sinn bieten faire aleatorische Verfahren (von lat. *alea* – Würfel, Zufall, Risiko). Ihre Pointe liegt eben darin, dass sie Ergebnisse hervorbringen, die rein zufällig sind und die gerade keinem anderen Kriterium außer dem der prozeduralen Fairness genügen sollen. Das Loseziehen zur Verteilung lästiger Gemeinschaftsaufgaben bietet ein Beispiel: Derjenige, auf den das Los fällt, muss die Aufgabe übernehmen und etwa den Einkauf besorgen. Dies ist nicht deshalb gerecht, weil es irgendeinen sachlichen Grund dafür gäbe, dass derjenige, auf den das Los gefallen ist, die Aufgabe erledigt –

wir nehmen an, alle kämen dafür gleichermaßen in Frage; es ist gerecht, weil bei Fehlen inhaltlicher Entscheidungskriterien eine Lotterie mit gleichen Chancen ein faires Verfahren zur Aufgabenverteilung darstellt, das niemanden bevorzugt oder benachteiligt.

Rawls über Verfahrensgerechtigkeit

Der *locus classicus* für das Thema ›Verfahrensgerechtigkeit‹ in der aktuellen Diskussion ist Abschnitt 14 in John Rawls' *Theorie der Gerechtigkeit* von 1971 (Rawls 1975). Die oben vorgenommene Unterscheidung zwischen vollkommener und unvollkommener Verfahrensgerechtigkeit auf der einen und reiner Verfahrensgerechtigkeit auf der anderen Seite schließt unmittelbar an die Rawlsschen Ausführungen an. Bei vollkommener und unvollkommener Verfahrensgerechtigkeit gibt es ein vom Verfahren unabhängiges und diesem vorgegebenes Kriterium für die Gerechtigkeit der Verfahrensergebnisse, bei der reinen Verfahrensgerechtigkeit nicht. Im Fall der reinen Verfahrensgerechtigkeit sind die Ergebnisse eines Verfahrens *per definitionem* gerecht, wenn das Verfahren einschlägige Gerechtigkeitsanforderungen (etwa der Fairness und Unparteilichkeit) erfüllt und wenn es korrekt durchgeführt wurde (vgl. ebd., 106). Reine Verfahrensgerechtigkeit liegt demnach vor, wenn die korrekte Durchführung eines fairen Verfahrens eine logisch hinreichende Bedingung für ein gerechtes Verfahrensergebnis ist, was umgekehrt genau dann der Fall ist, wenn die Gerechtigkeit des Verfahrensergebnisses eine notwendige Bedingung für die Fairness und die korrekte Durchführung des Verfahrens ist. Reine Verfahrensgerechtigkeit folgt insoweit dem Schema eines deduktiven Schlusses, bei dem die Wahrheit der Prämissen logisch hinreichend für die Wahrheit der Konklusion und diese umgekehrt logisch notwendig für die Wahrheit der Prämissen ist (vgl. ebd., 142–144).

Ein Problem mit Rawls' Ausführungen zur Verfahrensgerechtigkeit ist, dass sie die Vermutung nahelegen, gerechte Verfahren ließen sich dichotomisch in solche der ›vollkommenen/unvollkommenen‹ und solche der ›reinen‹ Verfahrensgerechtigkeit einteilen. Dies ist jedoch nicht der Fall, denn Verfahren können, wie wir gesehen haben, unter beide Rubriken fallen. Dies berührt ein grundsätzliches Problem moderner Gerechtigkeitstheorien, das beispielhaft an der Rawlsschen Theorie erörtert werden kann.

Die Konzeption der *Gerechtigkeit als Fairness*

Rawls versteht den argumentativen Aufbau seiner Konzeption der Gerechtigkeit als Fairness im Sinne einer reinen Verfahrensgerechtigkeit. *Gerechtigkeit als Fairness* besagt eben dies, dass gerecht sei, worauf sich die Mitglieder einer Gesellschaft als Freie und Gleiche unter fairen Bedingungen einigen würden. Die Idee einer Übereinkunft unter fairen Bedingungen wird von Rawls durch die Fiktion des Urzustands und des ›Schleiers der Unwissenheit‹ modelliert. Welche Grundsätze die Parteien im Urzustand auch immer wählen mögen, es sind – so die Leitidee der Gerechtigkeit als Fairness – gerechte Grundsätze, eben weil die Parteien im Urzustand sich unter in geeigneter Weise beschriebenen fairen Bedingungen für sie entscheiden würden (vgl. ebd., 159 f., 28, 142 f.).

Rawls' Vorstellung einer Herleitung von Gerechtigkeitsgrundsätzen mithilfe des Urzustands nach dem Modell einer reinen Verfahrensgerechtigkeit passt allerdings schlecht zu seinem holistisch-kohärentistischen Theorieverständnis. Diesem zufolge gibt es keine strikt deduktiven Begründungen von Gerechtigkeitsgrundsätzen aufgrund der Wahrheit ihrer Prämissen und der Gültigkeit des zugrunde liegenden Schlussschemas. Stets gilt, dass Prämissen und Schlussschema ebenso sehr durch die Wahrheit ihrer Konklusionen gestützt werden, wie diese sich auf die Prämissen und das Schlussschema stützen (vgl. ebd., Abschn. 9; Rawls 2006, § 10). Auch für die von Rawls lediglich als Darstellungsmittel genutzte Herleitung von Gerechtigkeitsgrundsätzen mithilfe des Urzustandes (vgl. Rawls 2006, § 6) bedeutet dies, dass im Lichte wohlerwogener Überzeugungen begründete Zweifel an der Richtigkeit der im Urzustand (hypothetisch) gewählten Grundsätze ebenso Zweifel an der Konstruktion des Urzustandes selbst rechtfertigen wie umgekehrt die Plausibilität der Konstruktion den Glauben an die Richtigkeit der gewählten Grundsätze rational erscheinen lässt. Die Begründung von Gerechtigkeitsgrundsätzen mithilfe des Urzustandes ist deshalb nach Rawls erst dann gelungen, wenn die im Gedankenexperiment von den Parteien im Urzustand gewählten Grundsätze mit unseren wohlerwogenen Gerechtigkeitsüberzeugungen übereinstimmen und sich mit ihnen in einem ›Überlegungsgleichgewicht‹ befinden (vgl. Rawls 1975, 37 f.).

Im Ergebnis bedeutet dies freilich, dass die Herleitung von Gerechtigkeitsgrundsätzen mithilfe des Urzustandes kein Fall reiner Verfahrensgerechtigkeit ist.

Denn für jede konkrete Ausgestaltung des Urzustandes gilt, dass sie im Prinzip zu Grundsätzen führen kann, die nicht mit unseren wohlerwogenen Gerechtigkeitsurteilen zusammenstimmen. Diese stellen damit ein vom Verfahren des Urzustandes zumindest teilweise unabhängiges Kriterium für die Gerechtigkeit von Grundsätzen dar, die im Urzustand gewählt werden. Sie sind vom Modell des Urzustandes allerdings nur teilweise unabhängig, weil die in die Konstruktion des ›Verfahrens‹ des Urzustandes eingehenden Annahmen ebenfalls auf wohlerwogenen Gerechtigkeitsurteilen beruhen, die im Überlegungsgleichgewicht Berücksichtigung finden müssen. Der Urzustand ist gleichwohl kein Beispiel reiner, sondern im idealen Grenzfall allenfalls ein Fall vollkommener Verfahrensgerechtigkeit – wenn nämlich die aus dem Urzustand (deduktiv) hergeleiteten Grundsätze mit ›allen‹ unseren wohlerwogenen Gerechtigkeitsurteilen übereinstimmen und uns insoweit ›alles in allem‹ gerecht erscheinen.

Distributive Gerechtigkeit als reine Verfahrensgerechtigkeit?

Des Weiteren ist die Idee einer reinen Verfahrensgerechtigkeit auch inhaltlich für das Rawlssche Verständnis distributiver Gerechtigkeit bestimmend. Die Rawlsschen Gerechtigkeitsgrundsätze machen keine Aussagen darüber, ob die bei einer gegebenen gesellschaftlichen Güterverteilung auf die einzelnen Gesellschaftsmitglieder entfallenden individuellen Anteile gerecht im Lichte ihrer Verdienste, Bedürfnisse oder Wünsche sind (vgl. ebd., 106, 338, 344 f.). Ihr Gegenstand ist vielmehr die Grundstruktur einer Gesellschaft. Deren Institutionen und Regelungen legen fest, unter welchen Bedingungen Individuen legitime Ansprüche (*legitimate expectations*) auf Güter erwerben, wenn sie im Vertrauen auf etablierte Regelungen – z. B. das Eigentums- und Vertragsrecht – kooperieren und Austauschbeziehungen eingehen (ebd.). Es ist nach Rawls die Aufgabe einer Konzeption distributiver Gerechtigkeit, eben diejenigen Anforderungen zu benennen, die von den grundlegenden institutionellen Regelungen einer Gesellschaft erfüllt werden müssen, wenn ihre allgemeine Befolgung zu einer im Gesamtergebnis gerechten Güterverteilung führen soll, wenn also alle resultierenden und mit Blick auf die bestehenden Regelungen berechtigten oder ›legitimen‹ individuellen Ansprüche zugleich gerechte Ansprüche sein sollen. Wenn es nun, wie Rawls annimmt, kein von den Regelungen der Grundstruktur unabhängiges Kriterium der Gerechtigkeit gesamtgesellschaftlicher Güterverteilungen gibt, wäre die durch Befolgung der Regeln einer gerechten Grundstruktur kumulativ zustande gekommene Verteilung ein Fall ›reiner‹ Verfahrensgerechtigkeit (vgl. ebd., 308 und im engl. Orig. 243 für »pure«; Rawls 2006, 94).

Rawls zufolge gehören zu den Anforderungen an eine gerechte Grundstruktur neben allgemeinen grundrechtlichen Forderungen und wirtschaftlichen Freiheiten das Prinzip der fairen Chancengleichheit und das Differenzprinzip. Letzterem zufolge sind die in einer Gesellschaft bestehenden Einkommens- und Vermögensungleichheiten nur dann gerecht, wenn sie mit größtmöglichen Vorteilen für die in dieser Hinsicht am wenigsten Begünstigten verbunden sind. Das Differenzprinzip stellt unverkennbar eine Anforderung an gerechte Verteilungen dar, die unabhängig von deren (verfahrensmäßigem) Zustandekommen ist: In welcher Weise wirtschaftliche Transaktionen zwischen den Mitgliedern einer Gesellschaft auch immer durch die Grundstruktur einer Gesellschaft reguliert werden mögen und welche Transaktionen auch immer stattfinden mögen, stets gilt, dass die aus allen Transaktionen zusammengenommen resultierende Einkommens- und Vermögensverteilung dem Differenzprinzip zufolge mit maximalen Vorteilen für die in dieser Hinsicht am wenigsten Begünstigten verbunden sein muss.

Rawls selbst betrachtet das Differenzprinzip gleichwohl ausdrücklich als Teil einer Konzeption reiner Verfahrensgerechtigkeit (vgl. Rawls 2006, 91, 114). Dies ist nicht unproblematisch, denn wir müssen – wie Rawls selbst in seiner Auseinandersetzung mit Robert Nozick herausgestellt hat – damit rechnen, dass für sich genommen gerechte Transaktionen kumulativ zu ungerechten Ergebnissen führen. Die Dynamik freiwilliger Tauschgeschäfte und Kooperationsbeziehungen und der aus ihnen resultierenden unterschiedlichen individuellen Gewinne führt, auch bei gerechten Ausgangsbedingungen und wenn alle Transaktionen fairen Regeln folgen, zur Entstehung oder Verstärkung von Ungleichheiten, die in vielen Fällen nicht mehr als gerecht betrachtet werden können (vgl. Rawls 1998, § 4; Nozick 1974, Kap. 7). Dies gilt auch dann, wenn als Kriterium für gerechte Ausgangsbedingungen das Differenzprinzip herangezogen wird. Es ergibt sich deshalb für das Rawlssche Selbstverständnis die Schwierigkeit, dass bestimmte Verteilungen zugleich als gerecht betrachtet werden müssten – weil sie im Sinne einer reinen Verfahrensgerechtigkeit unter gerechten Ausgangsbedingungen (im Sinne des Differenzprinzips) und in Übereinstimmung mit fairen Regelungen zustande gekommen sind – und als ungerecht, weil die aus ihnen kumulativ resultierende Verteilung dem Differenzprinzip nicht mehr genügt und gerechterweise nachträglich korrigiert werden sollte, was der Vorstellung einer unvollkommenen Verfahrensgerechtigkeit entspricht.

Nun sagt das Differenzprinzip nichts darüber, welches Einkommen oder Vermögen konkrete Personen gerechterweise für sich reklamieren können. Es fordert lediglich, dass die Einkommen der Gruppe mit dem niedrigsten Einkommen, gleichgültig wer zu dieser Einkommensgruppe gehört, so hoch wie möglich sein sollten, und gibt damit an, innerhalb welcher Grenzen individuelle Einkommens- und Vermögensungleichheiten moralisch akzeptabel erscheinen, weil sie zumindest nicht ungerecht sind (vgl. Rawls 1975, 98–100). Diese Bedingung können verschiedene Verteilungen von Einkommen und Vermögen auf die einzelnen Mitglieder einer Gesellschaft erfüllen. Es ergibt sich erst aus den einschlägigen Regelungen der Grundstruktur (Eigentums- und Vertragsrecht, Besteuerung, Subventionierung), wer *in persona* am Ende welches Einkommen für sich reklamieren kann. Wenn nun diese Regelungen fair sind, so der Rawlssche Leitgedanke, dann ist jede Verteilung individueller Einkommen gerecht, die in Übereinstimmung mit diesen Regelungen zustande gekommen ist, vorausgesetzt nur, sie erfüllt die mit dem Differenzprinzip gesetzte Bedingung. Es mag dann als eine Frage reiner Verfahrensgerechtigkeit erscheinen, wer in einer Gesellschaft innerhalb dieser Grenzen welches Einkommen für sich gerechterweise beanspruchen kann (vgl. ebd., 108 f.).

Auch diese Argumentationslinie vermag jedoch nicht zu überzeugen. Obwohl das Differenzprinzip keine bestimmte Verteilung individueller Einkommen und Vermögen fordert, sondern je nach Einrichtung der Grundstruktur verschiedene Verteilungen zulässt, muss doch jede solche Verteilung die Anforderung des Differenzprinzips erfüllen und gerechterweise korrigiert werden, wenn die niedrigsten Einkommen – wer immer sie beziehen mag – niedriger als möglich sind. Dies aber bedeutet, dass eine durch eine gerechte Grundstruktur zustande gekommene Einkommensverteilung auch mit Blick auf die Verteilung individueller Einkommen und Vermögen kein Fall einer ausschließlich reinen Verfahrensgerechtigkeit ist, sondern – ebenso wie Gerichtsverfahren – ein gemischter Fall, der Merkmale reiner, aber auch unvollkommener bzw. im idealen Grenzfall vollkommener Verfahrensgerechtigkeit aufweist. Dieses Ergebnis ist in zweifacher Hinsicht von einer mehr als klassifikatorischen Bedeutung für die Gerechtigkeitstheorie. Mit Blick auf die Rawlssche Theorie bedeutet es zunächst, dass die Spannung zwischen dem auf gesamtgesellschaftliche Verteilungsergebnisse gerichteten Differenzprinzip auf der einen und den auf ein faires Verteilungsverfahren gestützten individuellen Erwartungen auf der anderen Seite sich nicht vollständig auflösen lässt. Individuelle Einkommens- und Vermögenserwartungen, die unter gerechten Bedingungen und aufgrund fairer Regelungen zustande gekommen sind – und die insoweit legitime Erwartungen sind –, müssen enttäuscht werden, wenn sichergestellt werden soll, dass Einkommens- und Vermögensverteilungen dauerhaft dem Differenzprinzip genügen. In einer weiteren Perspektive bedeutet dies für Theorien distributiver Gerechtigkeit, dass die Vorstellung einer reinen Verfahrensgerechtigkeit deutlich weniger zur Lösung von Verteilungsproblemen beiträgt, als sich Rawls und andere erhofften. Für Verteilungsprobleme, bei denen es auch unter gerechten Ausgangsbedingungen und unter Befolgung fairer Transaktionsregeln kumulativ zu moralisch inakzeptablen Ungleichheiten und deshalb distributiv ungerechten Verteilungsergebnissen kommen kann, kann es keine ausschließlich reine Verfahrensgerechtigkeit geben.

Literatur

Lind, Edgar A./Tyler, Tom R.: *The Social Psychology of Procedural Justice*. New York 1988.

Nozick, Robert: *Anarchy, State and Utopia*. New York 1974.

Rawls, John: *Eine Theorie der Gerechtigkeit*. Frankfurt a. M. 1975 (engl. 1971).

–: Die Grundstruktur als Gegenstand. In: Ders.: *Politischer Liberalismus*, 7. Vorlesung. Frankfurt a. M. 1998 (engl. 1978).

–: *Gerechtigkeit als Fairness*. Frankfurt a. M. 2006 (engl. 2001).

Solum, Lawrence B.: Procedural justice. In: *San Diego Legal Studies Research Paper* Nr. 06–14 (2004).

Tyler, Tom R.: *Why People Obey the Law: Procedural Justice, Legitimacy, and Compliance*. New Haven 1990 (mit einem neuen Nachwort Princeton 2006).

–: *Readings in Procedural Justice*, 2 Bde. Burlington 2005.

Wilfried Hinsch

22 Ergebnisgerechtigkeit

Ergebnisgerechtigkeit wird die Auffassung genannt, dass Gerechtigkeit auf inhaltlich spezifizierte Resultate bezogen ist. Als Alternative zur Ergebnisgerechtigkeit wird üblicherweise die Verfahrensgerechtigkeit (s. Kap. II.21) angesehen, der zufolge nur die Regeln als gerecht ausgezeichnet werden müssen, aus deren Anwendung sich gerechte Resultate ergeben. In diesem Beitrag soll der Konflikt untersucht werden, der dem Anschein nach zwischen den beiden Auffassungen besteht. Dazu wird zunächst verdeutlicht, dass die traditionellen Typen der Gerechtigkeit (Verteilungsgerechtigkeit, ausgleichende Gerechtigkeit, Tauschgerechtigkeit) ergebnisbezogenen sind. Dennoch könnten sich Grenzen der Ergebnisgerechtigkeit zeigen, die mit der Realisierung des gerechten Ergebnisses zusammenhängen und die darauf hindeuten, dass Ergebnisgerechtigkeit in bestimmten Kontexten durch Verfahren zu ergänzen ist. Darüber hinausgehend scheint Gerechtigkeit aus prinzipiellen Gründen gelegentlich gar nicht anhand eines Ergebnisses bestimmt werden zu können, so dass nach Auffassung mancher Autoren Ergebnisgerechtigkeit in solchen Fällen durch (reine) Verfahrensgerechtigkeit ersetzt werden muss. Ob dem so ist, soll im letzten Abschnitt des Kapitels untersucht und problematisiert werden.

Gerechtigkeit als ergebnisgezogene Kategorie

Schon in der Antike wurde Gerechtigkeit begrifflich so bestimmt, dass jeder bekommen solle, was ihm zusteht. Die Kontexte, in denen sich die Frage stellt, was Personen zusteht, wurden traditionell unterteilt in distributive Gerechtigkeit (s. Kap. II.12), ausgleichende Gerechtigkeit (s. Kap. II.19, 23) und Tauschgerechtigkeit (s. Kap. II.13). Auch wenn inhaltlich strittig sein mag, worin eine gerechte Verteilung, ein gerechter Ausgleich oder ein gerechter Tausch bestehen, so ist doch offenkundig, dass jede dieser Kategorien auf ein Ergebnis verweist. Dies wurde ebenfalls bereits in der Antike gesehen: Aristoteles vertrat die Auffassung, dass distributive Gerechtigkeit in der Herstellung einer proportionalen Gleichheit bestehe, während in Tauschverhältnissen und im Rahmen der Wiedergutmachung eine arithmetische Gleichheit herzustellen sei (vgl. NE, 1131a10–1133b28). Mit Beginn der Neuzeit wurden solche ergebnisbezogenen Bestimmungen der Gerechtigkeit zwar teils zurückgewiesen (vgl. Hobbes 1994, 101), doch lief dies auf eine Verabschiedung der Tauschgerechtigkeit oder der Verteilungsgerechtigkeit hinaus und nicht darauf, zu bestreiten, dass diese Gerechtigkeitstypen ergebnisbezogen sind, wenn man sie als einschlägig ansieht. Ähnliches gilt in der zeitgenössischen Diskussion für Robert Nozick, der Verteilungsgerechtigkeit aufgrund einer starken Eigentumskonzeption für irrelevant hält: Was Personen zusteht, die Respektierung ihres Eigentums an der eigenen Person und an rechtmäßig erworbenen Gegenständen, ist hingegen auch bei Nozick ergebnisbezogen (vgl. Nozick 1976). Anders als oft angenommen wird, lässt sich Nozicks Position also nicht unter Verfahrensgerechtigkeit einordnen.

Wenn man sich hingegen an den traditionellen Gerechtigkeitstypen orientiert, lässt sich Folgendes konstatieren: Im Falle der Tauschgerechtigkeit ist das anzustrebende Ergebnis sogar offensichtlich. Gerecht ist ein Tausch dann, wenn die getauschten Güter denselben Wert besitzen. Fraglich erscheint hier nur, wie sich feststellen lassen soll, dass Güter gleichen Wert haben, weil dabei ein Maßstab für den Wert der Güter benötigt wird, der nicht unbedingt auf der Hand liegt.

Ähnliches gilt für Wiedergutmachung als Aspekt der ausgleichenden Gerechtigkeit: Gerecht ist es, denjenigen Zustand herzustellen, der bestanden hätte, wenn kein Vergehen vorgelegen hätte. Und auch der zweite Aspekt der ausgleichenden Gerechtigkeit, Strafgerechtigkeit, besteht wesentlich in Ergebnissen: Es muss insbesondere dafür gesorgt werden, dass die und nur die Personen bestraft werden, die ein Unrecht begangen haben, und dass die Strafen für unterschiedlich schwere Delikte in einem angemessenen Verhältnis zueinander stehen. Wer darüber hinaus die Auffassung vertritt, dass eine gerechte Strafe proportional zum Vergehen sein müsse, bringt ebenfalls einen ergebnisbezogenen Maßstab ins Spiel.

Im Falle der distributiven Gerechtigkeit ist es hingegen strittiger, worin ein gerechtes Ergebnis besteht – spielt Verdienst eine Rolle für die Verteilung, sollen Bedürfnisse berücksichtigt werden, oder geht es darum, für Gleichheit zu sorgen? Aber welche dieser inhaltlichen Auffassungen man auch vertritt, stets sind sie auf ein Ergebnis bezogen: Wer ein Verdienstprinzip befürwortet, verlangt, dass die Güterverteilung im Resultat den Verdiensten der jeweiligen Personen entspricht; das Bedarfsprinzip fordert eine Verteilung, als deren Ergebnis die Bedürfnisse der Personen befriedigt sind; und das Gleichheitsprinzip verlangt, als Resultat eine Gleichheit zwischen den Personen herzustellen.

Gerechtigkeit erweist sich demnach als eine ergebnisbezogene Kategorie. Auf der anderen Seite ist es offensichtlich, dass wir häufig auf Verfahren zurückgreifen, um Gerechtigkeit zu realisieren. Deutet dies auf eine Grenze der Ergebnisgerechtigkeit hin? Dieser Frage soll im Folgenden nachgegangen werden.

Ergebnisgerechtigkeit durch Verfahren

Ein viel zitiertes Beispiel für Verfahrensgerechtigkeit ist die gerechte Aufteilung eines Kuchens auf mehrere Personen, die keine besonderen Ansprüche geltend machen können: Hier liegt ein Verfahren nahe, das darin besteht, eine Person den Kuchen aufschneiden zu lassen unter der Bedingung, dass sie das letzte Kuchenstück bekommt. Um dafür zu sorgen, dass sie keinen kleineren Anteil erhält als die anderen Personen, wird sie den Kuchen in gleich große Stücke schneiden. Dies ist ein Fall von *vollkommener* Verfahrensgerechtigkeit, da Gerechtigkeit durch das Verfahren mit Sicherheit erreicht wird (vgl. Rawls 1975, 106; Gosepath 2004, 81). Aber eine Grenze der Ergebnisgerechtigkeit zeigt sich hier offensichtlich nicht - das Verfahren erscheint nur deshalb geeignet, Gerechtigkeit herzustellen, weil im Vorhinein davon ausgegangen wird, dass eine Gleichverteilung das gerechte Ergebnis wäre. Außerdem ist das geschilderte Verfahren unter dieser Maßgabe sogar verzichtbar, denn man könnte als verteilende Instanz auch allen Beteiligten gleich große Kuchenstücke geben.

Anders verhält es sich in der zuletzt genannten Hinsicht im Falle *unvollkommener* Verfahrensgerechtigkeit, in der durch ein Verfahren eine Annäherung an Gerechtigkeit erreicht werden soll (vgl. Rawls 1975, 107; Gosepath 2004, 82). Ein gerechtes Ergebnis lässt sich hier nicht direkt herstellen, denn es sind Gesichtspunkte im Spiel, die es notwendig erscheinen lassen, auf ein Verfahren zurückzugreifen. Diese Gesichtspunkte lassen sich grob in zwei Klassen unterteilen.

Zum einen kann das nötige Wissen fehlen, um einen ergebnisbezogenen Maßstab für Gerechtigkeit anzuwenden. Im Rahmen der Tauschgerechtigkeit lässt sich vielleicht nicht feststellen, welchen Wert die für den Tausch vorgesehenen Güter tatsächlich haben. Um uns einem gerechten Tausch anzunähern, könnten wir als Verfahren vorschlagen, dass die Personen (unter geeigneten Rahmenbedingungen wie dem Ausschluss von Täuschung und Zwang) so lange verhandeln, bis sie mit dem Ergebnis zufrieden sind. Es ist zwar nicht garantiert, dass auf diese Weise die Wertgleichheit der getauschten Güter erreicht wird, aber das Verhandlungsergebnis wird dem näherungsweise entsprechen. Wissensdefizite bestehen oft auch im Rahmen der ausgleichenden Gerechtigkeit: Da wir nicht sicher feststellen können, wer schuldig ist, wird das Ziel, genau die Schuldigen zu bestrafen, nur annähernd erreicht werden können, indem ein geeignetes Untersuchungs- und Gerichtsverfahren angewandt wird. Ähnliches lässt sich bei der Verteilungsgerechtigkeit konstatieren: Wenn ein Gut nach Verdienst verteilt werden soll, aber sich die Verdienste von Personen nicht objektiv bestimmen lassen, könnte man, um der gerechten Verteilung nahezukommen, eine unabhängige Jury einsetzen, die nach ihrem Ermessen über die Verdienste der Kandidaten entscheidet. In solchen Fällen, in denen Informationsdefizite eine Anwendung des ergebnisbezogenen Maßstabes behindern, werden zwar Verfahren zur Herstellung von Gerechtigkeit benötigt; aber das Kriterium dafür, dass ein Verfahren geeignet erscheint, ist das angestrebte Ergebnis. Eine prinzipielle Grenze der Ergebnisgerechtigkeit zeigt sich hier nicht, sondern nur eine pragmatische.

Eine zweite Klasse von Fällen, in denen unvollkommene Verfahrensgerechtigkeit relevant werden könnte, stellen Situationen dar, in denen wir uns über das einschlägige Gerechtigkeitsprinzip nicht einig werden. Insbesondere hinsichtlich der inhaltlich strittigen distributiven Gerechtigkeit sind solche fundamentalen Meinungsverschiedenheiten zu erwarten: Während es den einen als gerecht erscheint, beispielsweise die Höhe der Löhne von Verdienstgesichtspunkten abhängig zu machen, halten andere dies für zutiefst ungerecht und fordern, dass Löhne Nachteile kompensieren oder sich an den Bedürfnissen der Personen orientieren sollten. Wenn sich keine Einigkeit herstellen lässt und eine Entscheidung gefällt werden muss, wird man vielleicht dazu tendieren, über die vorgeschlagenen Gerechtigkeitsprinzipien abstimmen zu lassen. In diesem Fall kann man nicht unbedingt davon ausgehen, dass das eingesetzte Verfahren näherungsweise ein gerechtes Ergebnis herstellt. Aber dennoch zeigt sich insofern keine prinzipielle Grenze der Ergebnisgerechtigkeit, als die Kontrahenten jeweils eine ergebnisbezogene Vorstellung davon haben, worin eine gerechte Verteilung besteht. Auch hier handelt es sich also nur um eine auf pragmatische Gründe zurückzuführende Anwendung von unvollkommener Verfahrensgerechtigkeit, die allerdings nach Auffassung der in der Abstimmung unterlegenen Partei gravierendere Abweichungen vom gerechten Ergebnis zur Folge haben dürfte als im Falle von Informationsdefiziten.

Prinzipielle Grenzen der Ergebnisgerechtigkeit?

Eine echte Herausforderung für die Ergebnisgerechtigkeit stellt hingegen die *reine* Verfahrensgerechtigkeit dar: Hier soll ein gerechtes Ergebnis unabhängig vom Verfahren gar nicht auszumachen sein. Als Beispiele werden meist Losverfahren oder Wetten genannt - die Fairness liege allein im Verfahren, und was immer das Ergebnis eines fairen Loses oder einer fairen Wette ist, gelte als gerecht (vgl. Rawls 1975, 107; Gosepath 2004, 81).

Es ist nun sicherlich richtig, dass im Rahmen eines Losentscheids nicht verfahrensunabhängig von einem gerechten Ergebnis gesprochen werden kann. Allerdings stellt sich die Frage, inwieweit dieser Befund für die klassischen Typen der Gerechtigkeit (Tauschgerechtigkeit, ausgleichende Gerechtigkeit, Verteilungsgerechtigkeit) relevant ist und insofern eine prinzipielle Grenze der Ergebnisgerechtigkeit anzeigt. Kann es überzeugende oder gar zwingende Gründe geben, in diesen Kontexten auf reine Verfahrensgerechtigkeit zurückzugreifen, also beispielsweise ein Losverfahren anzuwenden?

Im Falle der Tauschgerechtigkeit ist ein solcher Grund nicht auszumachen. Ein Verfahren für einen gerechten Tausch muss dadurch gerechtfertigt werden, dass es näherungsweise das angestrebte Ergebnis, eine Wertgleichheit, liefert. Analoges gilt für die Wiedergutmachung: wenn hier ein Verfahren angewandt wird, muss es dafür sorgen, annähernd den Zustand herzustellen, der eingetreten wäre, wenn kein Vergehen stattgefunden hätte. Und sofern es um eine gerechte Bestrafung geht, würden wir kaum akzeptieren, dass das Ergebnis eines Verfahrens gerecht ist, wie auch immer es ausfällt - wird ein Unschuldiger in einem Gerichtsverfahren verurteilt, ist das klarerweise ungerecht.

Es verbleibt somit die distributive Gerechtigkeit: Gibt es Verteilungsszenarien, in denen Gerechtigkeit nicht unabhängig von einem Verfahren bestimmt werden kann? Dieser Fall könnte in einer Knappheitssituation vorliegen, in der nicht jede Person das bekommen kann, was ihr zusteht. Hier scheint sich ein gerechtes Ergebnis nicht angeben zu lassen. Knappheit kann offensichtlich beim Bedürfnisprinzip und beim Verdienstprinzip auftreten. Denken wir etwa an folgenden Fall einer Verteilung strikt nach Bedarf: Es sind Organe zu vergeben, die zum Überleben benötigt werden, aber die Zahl derjenigen, die ein Organ brauchen, übersteigt die Zahl der verfügbaren Organe. In einer solchen Situation liegt es nahe, ein Losverfahren anzuwenden, und der Einsatz dieses Verfahrens erscheint nicht unfair. Aber ist es tatsächlich so, dass wir unabhängig vom Verfahren nicht feststellen können, worin ein gerechtes Ergebnis besteht? Das scheint zumindest strittig, denn man könnte meinen, dass prinzipiell durchaus ein gerechtes Ergebnis benannt werden kann: Gerecht wäre es dem einschlägigen Bedürfnisprinzip zufolge, wenn jeder Betroffene ein Organ erhielte. Wenn wir könnten, würden wir diesen Zustand auch herstellen. Allerdings ist die Realisierung des gerechten Ergebnisses nicht möglich, und deshalb greift man (notgedrungen) auf ein Losverfahren zurück. Daher scheut man sich vielleicht auch, das Ergebnis des Losverfahrens gerecht zu nennen: Nicht jede Person bekommt, was ihr eigentlich zusteht, und es erscheint nicht gerecht, dass die eine leer ausgeht, während die andere ein Organ erhält. Das Ergebnis ist, so ist man geneigt zu sagen, nur nicht ungerecht.

Ein verdienstbezogenes Knappheitsbeispiel wäre eine Situation, in der mehrere Personen gleichermaßen qualifiziert sind, ein (nicht teilbares und nicht zu vervielfachendes) Stipendium zu erhalten. Auch in einem solchen Fall würde man wohl auf ein Losverfahren zurückgreifen, um einen Bewerber auszuwählen. Dieses Vorgehen ist nicht ungerecht, aber das Ergebnis erscheint auch nicht gerecht, da das Stipendium eigentlich allen gleichermaßen zustünde.

Derartige Knappheitssituationen ließen sich allerdings auch so charakterisieren, dass den Betroffenen nicht die knappen Güter (Organe oder Stipendien) zustehen, sondern nur die gleichen Aussichten darauf, das Gut zu erhalten, sofern sie dafür qualifiziert sind. Unter dieser Beschreibung ist der Einsatz des Losverfahrens bereits das gerechte Ergebnis, da es die Aussichten gleich verteilt. Es zeigt sich, dass es von der Charakterisierung der Verteilungssituation abhängt, ob Ergebnisgerechtigkeit im Falle der Knappheit an eine prinzipielle Grenze stößt.

Es gibt noch eine zweite mögliche Begründung dafür, in Verteilungssituationen auf reine Verfahrensgerechtigkeit zurückzugreifen, die nicht darin besteht, dass der gerechte Zustand nicht hergestellt werden kann: (Faire) Chancengleichheit wird gelegentlich als Surrogat für eine Gleichheit hinsichtlich ökonomischer Güter eingeführt und die tatsächliche Verteilung der Güter im Rahmen reiner Verfahrensgerechtigkeit einem geeigneten Regelsystem überlassen (vgl. Rawls 1975, 106–109, s. Kap. II.26). Für einen solchen Vorschlag mag es gute Gründe geben; doch diese Gründe sind, sofern man meint, dass den Personen mehr zusteht als eine faire Chance auf die zu verteilenden Güter, nicht gerechtigkeitsbezogen. Gerecht wäre es aus einer ressourcenegalitären Perspektive, für Gleichheit durch die Umverteilung ökonomischer Güter zu sorgen. Der Preis für ein solches Vorgehen erscheint möglicherweise zu hoch, weil dies ständige Eingriffe in das Leben der Menschen erfordern und die Effizienz der Ökonomie stark beeinträchtigen würde. Es lässt sich aber nicht sagen, dass die Resultate des Regelsystems unter Bedingungen der Chancengleichheit zu einer gerechten Verteilung führen. Vielmehr wird die Herstellung der ressourcenegalitären Verteilungsgerechtigkeit zurückgestellt, um einem anderen, als wichtiger eingeschätzten normativen Gesichtspunkt entsprechen zu können. In diesem Fall erscheint es – anders als bei Knappheit – möglicherweise nicht einmal angemessen zu behaupten, das Ergebnis des Verteilungsmechanismus sei nicht ungerecht.

Als Fazit der angestellten Überlegungen lässt sich festhalten, dass die traditionellen Gerechtigkeitstypen wesentlich auf Ergebnisse bezogen sind. Verfahren kommen meist aus pragmatischen Gründen zum Einsatz, oder ihre Verwendung deutet darauf hin, dass neben Gerechtigkeit andere normative Gesichtspunkte im Spiel sind. Nur in einem für die traditionellen Gerechtigkeitstypen einschlägigen Szenario lässt sich dafür argumentieren, dass eine prinzipielle Grenze der Ergebnisgerechtigkeit vorliegt: in Situationen der Knappheit (bemessen an Bedarf oder Verdienst), die eine Art Losverfahren erfordern, damit überhaupt verteilt werden kann. Es ist aber strittig, ob man die durch reine Verfahrensgerechtigkeit entstehende Verteilung als gerecht bezeichnen will oder lediglich als nicht ungerecht. Darüber hinaus lassen sich die einschlägigen Situationen auch so charakterisieren, dass den Betroffenen nur eine gleiche Aussicht auf die zu verteilenden Güter zusteht, so dass die Anwendung eines Losverfahrens bereits das gerechte Ergebnis darstellt. Welche der zuletzt genannten Auffassungen am ehesten überzeugt, wäre in der zukünftigen Forschung zu klären.

Literatur

Aristoteles: *Nikomachische Ethik*. Übers. und hg. von Ursula Wolf. Reinbek bei Hamburg 2006 [NE].

Gosepath, Stefan: *Gleiche Gerechtigkeit. Grundlagen eines liberalen Egalitarismus*. Frankfurt a. M. 2004.

Hobbes, Thomas: *Vom Menschen. Vom Bürger*. Hg. von Günter Gawlik. Hamburg 1994.

Nozick, Robert: *Anarchie, Staat, Utopia*. München 1976 (engl. 1974).

Rawls, John: *Eine Theorie der Gerechtigkeit*. Frankfurt a. M. 1975 (engl. 1971).

Schlothfeldt, Stephan: *Gerechtigkeit*. Berlin 2012.

Stephan Schlothfeldt

23 Historische Gerechtigkeit

Der Begriff ›historische Gerechtigkeit‹ bezieht sich auf Rechte und Pflichten, die sich aus historischem Unrecht und seinen Folgen ergeben. Historische Gerechtigkeit wird geübt, wenn den entsprechenden Rechten und Pflichten Genüge geleistet wird. Beispiele solcher Leistungen sind die Rückgabe geraubten Eigentums, die Behebung von angerichteten Schäden an Land, Gebäuden und Gegenständen, die Entschädigung von Personen für die Folgen von Freiheitsberaubungen, Körperverletzungen oder sozialem Ausschluss. Als Sammelbegriff hat sich im deutschen Sprachraum – mangels klarer Alternative – der Begriff der Wiedergutmachung weitgehend durchgesetzt. Von manchen wird die Benutzung dieses Begriffs im Kontext der Shoa als beschönigend abgelehnt, insofern er verharmlose oder sogar exkulpiere (Assmann/Frevert 1999, 57). Er sei mit der Vorstellung verbunden, durch die Korrektur bestimmter Unrechtsfolgen werde das Unrecht gleichsam ungeschehen gemacht, und diene insofern der Verdrängung. Demgegenüber ist darauf hingewiesen worden, dass der Begriff ›gutmachen‹ seit alters her ›ersetzen, bezahlen, sühnen‹ bedeute (Hockerts 2001, 167).

Wenn von Wiedergutmachung historischen Unrechts gesprochen wird, darf jedenfalls nicht vergessen werden, dass die entsprechenden Leistungen das Unrecht nicht ungeschehen machen können und häufig in einem drastischen Missverhältnis zu dem durch das Unrecht angerichteten Schaden stehen (Jankélévitch 2004). Zum einen liegt dies in der Natur bestimmter Formen von Unrecht wie Mord; zum anderen kann das zur Behebung der Unrechtsfolgen Erforderliche die Leistungsfähigkeit des Schuldners übersteigen. Leistungen wiedergutmachender Gerechtigkeit sind oftmals unvollkommen, insofern sie sich nicht an dem bemessen, was den Opfern zustünde, sondern was die Täter zu leisten vermögen. Doch auch wenn das zur Behebung der materiellen Unrechtsfolgen Erforderliche in vollem Umfang geleistet (und insofern vollkommene historische Gerechtigkeit geübt) würde, wäre nicht ›alles wieder gut‹, weil weder das Unrecht als solches rückgängig gemacht noch die psychischen Versehrungen ganz geheilt werden könnten (Améry 1977).

Fragen der Wiedergutmachung sind vielfältiger Gegenstand juristischer Regelungen und Entscheidungen, und zwar auf nationaler wie auf internationaler Ebene (Buxbaum 2005). Diese Regelungen und Entscheidungen werden oftmals von politischen Erwägungen beeinflusst, die keinen Bezug haben zu Gerechtigkeitsargumenten. Der juristische Status quo kann in solchen Fällen ein unvollkommener oder sogar gänzlich ungeeigneter Maßstab der Rechte und Pflichten aus historischem Unrecht sein. In jedem Fall fällt dem gerechtigkeitstheoretischen Nachdenken die Aufgabe zu, die Rechtfertigungsgründe der bestehenden Rechtslage zu überprüfen. Die öffentliche Debatte begnügt sich hingegen nicht selten mit der Erörterung der juristischen Situation. Die Reaktion der deutschen Bundesregierung auf die im Jahre 2015 von griechischer Seite erhobenen Reparationsforderungen für deutsche Verbrechen während des Zweiten Weltkriegs ist ein Beispiel hierfür. Die Forderungen sind mit Verweis auf internationales Recht – insbesondere den Vertrag über die abschließende Regelung in Bezug auf Deutschland (›Zwei-plus-Vier-Vertrag‹) – abgewehrt worden, ohne dass gefragt worden wäre, ob dieses Recht und seine Konsequenzen moralisch gerechtfertigt sind.

Methodologische Fragen

John Rawls hat in *Eine Theorie der Gerechtigkeit* (Rawls 1975) und *Das Recht der Völker* (2002) folgendes Vorgehen für die Gerechtigkeitstheorie entworfen: Zunächst sei zu skizzieren, wie ein vollkommen gerechter Zustand unter idealen Bedingungen aussehen würde; darauf aufbauend ist zu klären, welche Gerechtigkeitsprinzipien unter nicht-idealen Bedingungen gelten. Nicht-ideale Bedingungen liegen nach Rawls vor, wenn sich nicht alle Parteien in vollem Umfang gerecht verhalten oder wenn die äußeren Umstände ungünstig sind. Laura Valentini (2012) nennt zwei weitere Arten der Unterscheidung zwischen idealen und nicht-idealen Theorien: a) die Gegenüberstellung von Theorien, die von Problemen politischer Um- und Durchsetzbarkeit abstrahieren, und Theorien, die dies nicht tun; die Unterscheidung entspricht dann ungefähr der zwischen realistischen und idealisierenden Betrachtungsweisen; b) die Entgegensetzung von Theorien über einen wünschenswerten Endzustand und Theorien über wünschenswerte Verbesserungsschritte; die Unterscheidung entspricht dann ungefähr der zwischen einer Status-quo-bezogenen und einer utopischen Sicht.

Rawls hat, wie angedeutet, die Auffassung vertreten, dass Fragen nicht-idealer Art nur auf der Grundlage idealer Theorie beantwortet werden können. Aus Letzterer müsse die Orientierung über die Richtung gewonnen werden, in der sich die Änderungsschritte zu bewegen hätten (Rawls 2002, 113). Für Probleme historischer Gerechtigkeit ist diese Hierarchie zwischen idealer und nichtidealer Theorie im Sinne von b) strittig. Historisches Unrecht kann in der Missachtung von erworbenen Rechten bestehen, auf deren Bestand Personen mit Grund vertraut haben. Der Schutz solchen Vertrauens gegenüber willkürlichen Eingriffen ist ein wichtiges Prinzip der Rechtlichkeit. Dieses Prinzip hat einer verbreiteten Auffassung zufolge auch dann normatives Gewicht, wenn der Vertrauensschutz sich auf nur unvollkommen gerechte Zustände bezieht. So ist beispielsweise auch in einem Land, in dem die Verteilung von Ressourcen nicht vollkommen gerecht ist, das erworbene Eigentum zu schützen, sofern die Eigentümerinnen und Eigentümer Grund hatten, in den Bestand der Ordnung zu vertrauen. Manche Theorien schätzen das normative Gewicht des Vertrauensschutzes als derart hoch ein, dass sogar willkürliche Eingriffe in eine manifest ungerechte Eigentumsordnung Wiedergutmachungspflichten begründen. So hielt es ein so entschiedener und unzweideutiger Gegner der Sklaverei wie John Stuart Mill aus Gründen des Vertrauensschutzes für geboten, Sklavenhalter für ihren Vermögensverlust aus deren Abschaffung zu entschädigen (Mill 1848/2015, 233). Die herausgehobene Rolle, die das Prinzip des Vertrauensschutzes in vielen Konzeptionen historischer Gerechtigkeit innehat, führt dazu, dass Wiedergutmachungspflichten formuliert werden können, ohne dass dabei eine Theorie vollkommen gerechter Zustände vorausgesetzt wäre. Ein gewaltsam enteigneter und vertriebener Grundbesitzer wird typischerweise auch dann Anspruch auf Restitution und Entschädigung haben, wenn er in einer vollkommen gerechten Welt gar nicht Eigentümer der fraglichen Güter gewesen wäre.

Spielt ideale Theorie im Sinne von b) in der Regel keine Rolle, um festzustellen, *ob überhaupt* wiedergutzumachendes Unrecht begangen wurde, ist sie für die Bestimmung des Gehalts von Wiedergutmachungspflichten unerlässlich. Geht man beispielsweise davon aus, dass eine gewaltsame Enteignung Unrecht darstellt und Wiedergutmachungspflichten begründet, so ist damit noch nicht bestimmt, *worin* diese Pflichten genau bestehen. Bei der Beantwortung dieser Frage muss zunächst – wie die ideale Theorie im Sinne von a) fordert – von Gesichtspunkten der Um- und Durchsetzbarkeit abstrahiert werden. Auch wenn die volle Erfüllung einer idealen Forderung unrealistisch erscheint, hat deren Formulierung eine unabdingbare Orientierungsfunktion. Zu unterscheiden ist hierbei aber eine ideale Forderung in teilweiser von einer idealen Forderung in vollständiger normativer Analyse (›Partial- und Totalanalyse‹). So ist beispielsweise im April 2015 von dem griechischen Vize-Finanzminister Dimitris Mardas eine gegen die Bundesrepublik gerichtete Reparationsforderung für deutsche Verbrechen im Zweiten Weltkrieg in Höhe von 278 Milliarden Euro erhoben worden. Eine ideale Partialanalyse würde nun fragen, ob – ungeachtet der Realisierungschancen – eine entsprechende Pro-tanto-Pflicht auf Seiten Deutschlands besteht. Hierbei wäre beispielsweise zu prüfen, ob die genannte Summe angemessen den Schaden bestimmt, den das von Deutschen begangene Unrecht verursacht hat, und ob die Deutschen pro tanto verpflichtet sind, die Unrechtsfolgen im vollen Umfang wiedergutzumachen.

Eine ideale Totalanalyse hätte darüber hinaus die Stellung der Wiedergutmachung im Gesamtgefüge der Pflichten zu bestimmen. Da die finanzielle Leistungsfähigkeit eines Landes begrenzt ist, kann der Fall eintreten, dass nicht alle Verpflichtungen in dem Umfang erfüllt werden können, den eine ideale Partialanalyse für geboten erklärt. Aufgabe einer idealen Totalanalyse ist es, das daraus entstehende Verteilungsproblem zu lösen.

Interessanterweise dürften die Akzeptanzprobleme für nicht-ideale Theorien historischer Gerechtigkeit grundsätzlich höher sein, wenn der Unterschied zwischen Partial- und Totalanalyse nicht zureichend verdeutlicht wird. In demselben Monat, in dem Madras den Wert von 278 Milliarden Euro nannte, haben sich 78 Prozent der Deutschen in einer repräsentativen Umfrage gegen Entschädigungszahlungen an Griechenland ausgesprochen. Die Ablehnung wäre möglicherweise weniger ausgeprägt gewesen, wenn Klarheit darüber geherrscht hätte, dass dieser Wert aus einer Partialbetrachtung hervorgeht und daher nur vorläufigen Charakter haben kann.

Was ist historisches Unrecht?

Wie gesagt, verweist der Begriff ›historische Gerechtigkeit‹ auf Rechte und Pflichten, die sich aus historischem Unrecht und seinen Folgen ergeben. Doch was wird unter ›historischem Unrecht‹ in der einschlägigen philosophischen Debatte typischerweise verstanden? Das wiedergutzumachende Unrecht ist nach Art und Ausmaß gravierend. Es betrifft das Leben vieler Menschen; häufig ist es gegen definierte Gruppen und deren Mitglieder gerichtet; es geht in der Regel um

Vertreibung, Massenmord, Verschleppung, sexuelle Gewalt, Verstümmelung, Versklavung, Unterjochung. Als ›historisch‹ wird Unrecht in der philosophischen Literatur zumeist betrachtet, wenn Täter oder Opfer (oder beide) verstorben sind (›historisches Unrecht I‹). Das philosophische Problem historischer Gerechtigkeit lautet entsprechend, unter welchen Bedingungen Nachgeborene Pflichten oder Rechte hinsichtlich eines Unrechts haben, das sie nicht persönlich begangen oder erlitten haben. Auf welcher Grundlage sind die Ansprüche und Verpflichtungen von nachgeborenen Generationen zu bestimmen? Welche zeitlichen Grenzen gelten dabei?

Zuweilen ist von historischem Unrecht auch die Rede, wenn Taten zum Zeitpunkt ihres Vollzugs durch die Organe der Rechtsdurchsetzung und Rechtsprechung nicht verfolgt und sanktioniert wurden und – in diesem Sinne – nicht widerrechtlich waren (›historisches Unrecht II‹). Unrecht kann in diesem Sinne historisch sein, ohne dass Täter oder Opfer verstorben wären. Philosophisch stellt sich bei dieser Verwendung die Frage, unter welchen Bedingungen Handlungen, die in einem Rechtssystem zulässig waren, als Unrecht gelten und den Tätern vorgeworfen werden können. Viele Fälle von historischem Unrecht I sind auch Fälle von historischem Unrecht II. Als Beispiele ließen sich der Völkermord an den osmanischen Armeniern und den europäischen Juden oder die Sklaverei in den Vereinigten Staaten im frühen neunzehnten Jahrhundert nennen.

Wenn in der philosophischen Literatur von historischem Unrecht im Sinne von (II) die Rede ist, so ist nicht bloß gemeint, dass wir heute etwas als Unrecht betrachten, das früher nicht als Unrecht gesehen wurde. Gemeint ist vielmehr, dass wir heute etwas als Unrecht erkennen, das tatsächlich Unrecht war. Nur unter dieser Voraussetzung kann die Frage der historischen Gerechtigkeit, also die Frage nach heute bestehenden Pflichten der Wiedergutmachung vergangenen Unrechts, überhaupt aufkommen. Wäre mit historischem Unrecht lediglich gemeint, dass wir heute Praktiken verurteilen, die früher üblich, normal und rechtskonform waren, so wäre damit keine normative Anforderung an heute Lebende verbunden. Der Begriff diente lediglich dazu, eine Bewertungsdifferenz zu markieren.

Historisches Unrecht II setzt also voraus, dass Individuen oder Gruppen Rechte haben, die nicht aus der zu einem bestimmten Zeitpunkt geltenden Ordnung positiven Rechts abgeleitet sind. Die Verletzung dieser Rechte stellt Unrecht dar, auch wenn sie von den Organen der Rechtsprechung und Rechtsdurchsetzung nicht als solche behandelt wurden. Zerstörungen, Misshandlungen und Brandstiftungen während der November-Pogrome in Deutschland 1938 waren Unrecht, auch wenn es nicht möglich war, diese Verbrechen bei der Polizei anzuzeigen und die Verantwortlichen vor Gericht zu bringen.

Erweiterte Grundintuition wiedergutmachender Gerechtigkeit

Dass eine die Rechte anderer verletzende Schädigung durch den Schädiger oder Aggressor wiedergutzumachen ist, gehört zu den tief verwurzelten Überzeugungen unseres Gerechtigkeitssinns. Die Schädigung betrifft zum einen das, was Ziel der Aggression war: den verletzten Körper oder das zerstörte oder geraubte Eigentum; sie betrifft zum anderen die Störung des Verhältnisses zwischen Aggressor und Opfer. Die ›Grundintuition wiedergutmachender Gerechtigkeit‹ verlangt daher nicht nur, dass der für ein Unrecht persönlich Verantwortliche den angerichteten Schaden nach Möglichkeit vollkommen kompensiert, sondern auch, dass er den begangenen Fehler als solchen anerkennt und das Opfer als zu achtendes Subjekt von Rechten bestätigt. Wenn Albert aus Bosheit Alfreds schöne Vase zertrümmert, so hat Alfred nicht nur das Recht, von ihm Ersatz zu verlangen; er darf von Albert auch erwarten, dass er sich für den von ihm begangenen moralischen Fehler aufrichtig entschuldigt und damit anerkennt, dass er in Alfreds Rechte eingegriffen hat. Wird die Grundintuition auf Körperschaften wie Staaten oder Unternehmen angewendet, so lässt sich von der ›erweiterten Grundintuition‹ sprechen.

Die Anerkennung des moralischen Fehlers seitens des Aggressors ist ein notwendiger Schritt für die Wiederherstellung der moralischen Ordnung (Walker 2006). Durch welche Zeichen diese Anerkennung verdeutlicht werden kann, ob durch Worte, Blicke, Gesten oder Taten, hängt von den besonderen Gegebenheiten des gestörten Verhältnisses ab. Jedoch sind Zeichen der Anerkennung des Unrechts zu dessen Wiedergutmachung in aller Regel nicht ausreichend; sie müssen begleitet werden von Versuchen, den angerichteten materiellen Schaden ganz oder teilweise zu korrigieren. Aus Sicht der Opfer geht es dabei oftmals nicht um eine vollständige Kompensation des materiellen Nachteils. So war die Wiedergutmachungszahlung von 20.000 Dollar an japanischstämmige Kanadier und US-Amerikaner, die während des Zweiten

Weltkriegs interniert worden waren, von Erklärungen der Opferseite begleitet, dass es »nicht um das Geld gehe« (Torpey 2006, 47). Der Betrag war geringfügig im Verhältnis zum angerichteten Schaden, aber doch beträchtlich genug, um ein ernsthaftes Bemühen um Wiederherstellung der moralischen Ordnung auszudrücken. Ohne Schritte zur materiellen Kompensation sind die Zeichen, mit denen der Aggressor die Anerkennung des Unrechts bedeutet, in der Regel nicht glaubwürdig. Mehr noch: Zur Anerkennung des moralischen Unrechts gehört typischerweise, dass die materielle Wiedergutmachung nicht nur geleistet, sondern gutgeheißen wird. Wenn Albert sich für seine Bosheit entschuldigt, den angerichteten Schaden aber nur mit innerem Widerwillen ersetzt, so ist dies ein Hinweis darauf, dass er die Verantwortung für seinen moralischen Fehler nicht in vollem Umfang übernimmt. Anerkenntnis des moralischen Fehlers bedeutet nicht nur, die moralischen Gründe zu sehen, die gegen die Handlung sprachen, sondern auch, die Folgen der Handlung rückgängig machen zu wollen. So schreibt Karl Jaspers in *Die Schuldfrage*, es sei eine Forderung wiedergutmachender Gerechtigkeit, »aus innerem Jasagen die Leistungen zu erfüllen, die in Rechtsform gebracht [...] den von Hitlerdeutschland angegriffenen Völkern einen Teil des Zerstörten wiederherstellen« (Jaspers 1946, 102). Das ›innere Jasagen‹ ist bedeutsam, weil es anzeigt, dass der moralische Fehler in der vollen Tragweite gesehen wird. Insofern lässt sich sagen, dass die materielle Kompensation des Opfers nicht neben die Anerkenntnis des moralischen Fehlers durch den Aggressor tritt, sondern ein Teil derselben bildet. Dieser Punkt ist unter anderem für die Beurteilung der Authentizität von politischen Entschuldigungen erheblich; wenn ein Staat zwar bereit ist, sich für vergangene Verbrechen zu entschuldigen, aber sich weigert, die Opfer zu entschädigen, so bestehen Zweifel daran, ob tatsächlich eine Entschuldigung zustande kommt (Austin 1962; Schefczyk 2004b).

Konzeptionen wiedergutmachender Gerechtigkeit

Es ist aus philosophischer Sicht angezeigt, zwischen dem Grund und dem Gegenstand eines Transfers und darauf aufbauend zwischen ›echten‹ und ›unechten‹ Reparationsforderungen zu unterscheiden. In echten Reparationskonzeptionen ist historisches Unrecht ein eigenständiger Grund für Leistungen. Unechte Reparationsforderungen zeichnen sich dagegen dadurch aus, dass Transfers an eine gesellschaftliche Gruppe in einen historisch-narrativen Kontext gestellt, aber im Kern mit geschichtsunabhängigen Überlegungen distributiver Gerechtigkeit (s. Kap. II.12) begründet werden. Dies ist beispielsweise dann der Fall, wenn Leistungen zugunsten einer Gruppe, die historisches Unrecht erlitten hat, damit begründet werden, dass diese Gruppe heute sozio-ökonomisch schlechter gestellt ist. Der Leistungsgrund liegt in der jetzigen Schlechterstellung, nicht im vergangenen Unrecht. Auf das historische Unrecht zu verweisen, muss dabei nicht allein eine politisch-rhetorische Funktion haben. Der Verweis kann vielmehr dazu dienen, auf historische Pfadabhängigkeiten aufmerksam zu machen, die erwarten lassen, dass sich die sozio-ökonomische Lage der betroffenen Gruppe nicht ohne staatliche Hilfe verbessern wird. Unechte Reparationsforderungen ließen sich beispielsweise aus Rawls' *Eine Theorie der Gerechtigkeit* gewinnen. Die Wohlergehensmetrik, die Rawls vorschlägt und auf deren Grundlage Umverteilung vorgenommen werden kann, ist geschichtslos. Die Verteilung der Grundgüter (s. Kap. IV.43) ist aber durch geschichtliche Faktoren beeinflusst. Einer Gruppe anzugehören, die Opfer historischen Unrechts war, kann die Selbstachtung der Mitglieder, die Fähigkeit, sich selbst und die eigene Lebensweise als wertvoll zu betrachten, beeinträchtigen. Der normative Grund für die Umverteilung besteht zwar im Rawlsschen Ansatz in der nicht-historischen Tatsache, der Gruppe der am wenigsten Begünstigten anzugehören; doch wer dieser Gruppe angehört, wird nicht zuletzt durch historisches Unrecht und andere geschichtliche Faktoren bestimmt (Schefczyk 2012, 290–294).

Echte Reparationsforderungen lassen sich mit Blick auf den Gegenstand der Wiedergutmachung in ›Anrechts- und Normwertkonzeptionen‹ untergliedern. Anrechtskonzeptionen gehen davon aus, dass die Wiedergutmachung historischen Unrechts in der Wiederherstellung eines historischen Anrechts besteht. Normwertkonzeptionen nehmen dagegen an, dass Wiedergutmachung historischen Unrechts darauf gerichtet ist, das Erreichen einer bestimmten Schwelle des Wohlergehens sicherzustellen. Die Differenz zwischen beiden Konzeptionen lässt sich am Beispiel von Landraub und Vertreibung erläutern. Einer Anrechtskonzeption zufolge ist der Gegenstand der Wiedergutmachung die Wiederherstellung des verletzten historischen Anspruchs auf Land und Wohnsitz (Gans 2004). Dagegen fordert eine Normwertkonzeption die Erfüllung bestimmter sozio-ökonomischer Standards (Meyer 2010). Wären beispielsweise die Angehörigen einer indigenen Gemeinschaft Opfer von widerrechtlichen Landnahmen geworden und lebten jetzt in Elend und Aussichtslosigkeit, so bezöge sich ihr Anspruch gemäß Normwertkonzeption nicht auf die Rückgabe des Landes, sondern auf die Verbesserung ihrer sozialen Lage. Der Unterschied zu einer unechten Reparationskonzeption besteht darin, dass eine Normwertkonzeption das Unrecht (und nicht das Unterschreiten einer Anspruchsschwelle) als Grund für den Transfer ansieht.

Im Rahmen einer Totalanalyse ist zu bestimmen, welchen Status Wiedergutmachungsforderungen im Gesamtgefüge von Pflichten einnehmen. Anrechts- und Normwertkonzeptionen können den Erfordernissen korrektiver Gerechtigkeit unterschiedliches Gewicht beimessen. Hat die Wiederherstellung eines historischen Anrechts innerhalb des Gesamtgefüges von Pflichten besonders hohes Gewicht (hoher Trumpf), so lässt sich von ›konservativen‹ oder ›idealen‹ Anrechtskonzeption sprechen. In einer konservativen Anrechtskonzeption wird die Wiedergutmachung mit der Notwendigkeit begründet, den Unrechtscharakter von Handlungen zu korrigieren. Wenn der Stamm der Sioux die Restitution der *Black Hills* verlangt, verweist er auf gebrochene Verträge und nicht auf eine Theorie der Verteilungsgerechtigkeit, der zufolge eine Ressourcenverteilung gerechter wäre, in welcher der Stamm über die *Black Hills* verfügte. Wenn ein deutscher Alteigentümer auf die Rückgabe seines durch eine sozialistische Regierung enteigneten Landes besteht, so pocht er auf einen missachteten Rechtstitel und nicht auf eine Theorie der Verteilungsgerechtigkeit, der zufolge die Erfüllung eines solchen Anspruchs gefordert wäre (Schefczyk 2012, 297). Einer idealen Anrechtskonzeption zufolge ist die Wiederherstellung eines verletzten Anrechts nur dann gefordert, wenn das Anrecht selbst ohne Rechtsverletzung zustande gekommen war und insofern gerechterweise bestand. Ungerechtigkeiten im Erwerb und der Übertragung von Eigentum erhalten sich nach Nozick im Verlauf der Zeit (Nozick 1999, 151–152). Da die erforderlichen historischen Informationen nicht zu beschaffen sind, geht Nozick davon aus, dass die Verteilung von Eigentum, die ohne Unrecht vorherrschen würde, durch Theorien der Verteilungsgerechtigkeit zu approximieren sind.

Nozick überführt insofern aus Gründen der Operationalisierbarkeit die ideale Anrechtskonzeption in eine Art von Normwertkonzeption, in welcher Wiedergutmachungsforderungen auf die Erfüllung bestimmter sozio-ökonomischer Verteilungsnormen gerichtet sind und ein besonders hohes Gewicht haben. Genauer gesagt, die Korrektur vergangenen Unrechts ist einer solchen ›libertären Normwertkonzeption‹ zufolge sogar die einzige Rechtfertigung für staatliche Umverteilung.

In ›offenen Anrechtskonzeptionen‹ ist dagegen das Gewicht von Wiedergutmachungsforderungen vergleichsweise gering (niedriger Trumpf). Das Anrecht eines Opfers historischen Unrechts wird nicht – wie in unechten Reparationskonzeptionen oder manchen libertären Normwertkonzeptionen – dadurch aufgehoben, dass es in einem Wohlergehensindex insgesamt gut abschneidet. Jedoch sind gemäß offener Anrechtskonzeption Reparationen nur in einem Umfang zu leisten, der keine wesentlichen Abstriche bei der Erfüllung anderer staatlicher Zielsetzungen wie der Finanzierung von Schulen und militärischen Unternehmen, der Subventionierung der Landwirtschaft oder des Nahverkehrs mit sich bringt (Schefczyk 2012, 303).

Die ›prioritäre Normwertkonzeption‹ stellt eine Variante des Zufallsegalitarismus (s. Kap. III.39) dar, bei dem die Tatsache, dass eine Person aufgrund von Unrecht in schlechten sozialen und wirtschaftlichen Verhältnissen lebt, ihr einen vorrangigen Anspruch gegenüber Personen verschafft, die in der natürlichen oder sozialen Lotterie Pech gehabt oder unvorsichtig gehandelt haben.

Konzeptionen staatsbürgerlicher Haftung

Die erweiterte Grundintuition schreibt Körperschaften, in deren Namen Unrecht begangen wurde, eine Pro-tanto-Pflicht wiedergutmachender Gerechtigkeit zu (Thompson 2002). Wenn Land A einen ungerechten Krieg gegen Land B geführt oder einen Völkermord begangen hat, so ist – der erweiterten Grundintuition folgend – Land A für die Wiedergutmachung des Schadens verantwortlich. Allerdings ist es fraglich, wie das Verhältnis zwischen staatlichem Herrschaftsapparat und herrschaftsunterworfener Bevölkerung strukturiert sein muss, damit von einer Verantwortung des Staates gesprochen werden kann. Ein Modell strikter staatsbürgerlicher Haftung, wie es beispielsweise von Karl Jaspers in der bereits zitierten *Schuldfrage* vertreten wird (Jaspers 1946, 56), geht in der Tradition des Hobbesschen Staatsdenkens davon aus, dass die souveräne Gewalt die Herrschaftsunterworfenen darstellt und durch diese ohne jede Einschränkung autorisiert ist. Als absolut autorisierte Instanz ist die souveräne Gewalt lediglich ausführendes Organ (*actor*) eines nur im Darstellungsverhältnis existierenden Volkswillens. Die Untertanen sind daher die Urheber (*authors*) der souveränen Handlungen und damit uneingeschränkt für staatliches Unrecht haftbar (Hobbes 1651/1839, 159 [Kap. XVIII]). Eine eingeschränkte Konzeption staatsbürgerlicher Haftung hat demgegenüber John Locke in der *Zweiten Abhandlung über die Regierung* vertreten. Locke hat den Staat in normativer Weise verstanden. Die Autorisierung der herrschaftlichen Gewalt durch die politische Gemeinschaft dient dem Schutz der natürlichen Rechte des Individuums. Verletzen die Inhaber staatlicher Gewaltmittel individuelle Rechte, so missachten sie den Zweck, zu dem ihnen diese Mittel übertragen wurden. Sie handeln nicht als die staatlich verfassten Organe der politischen Gemeinschaft, sondern als Mitglieder einer verbrecherischen Bande (Locke 1690/1824, 444 [§ 175]). Weil das Volk kein staatliches Unrecht autorisieren kann, ist es nach Locke für staatliche Verbrechen nicht strikt, sondern nur nach Maßgabe seiner individuellen Beteiligung verantwortlich (ebd., 446 [§ 179]). Wesentlich ist also, ob und in welcher Weise eine Person an einer Verschwörung mitwirkt, die staatliche Gewaltmittel für verbrecherische Ziele nutzt.

Angelehnt an David Miller (Miller 2004) lassen sich zwei Modelle entwickeln, die über die Lockesche Vorstellung einer auf persönlicher Mitwirkung beruhenden Haftung hinausgehen, zugleich aber die staatsbürgerliche Verantwortung an spezifische Bedingungen binden. Das erste Modell hebt auf die Möglichkeit der Kontrolle staatlichen Handelns durch die Bevölkerung ab (›Kontrollmodell‹). Wenn die Bevölkerung nicht über die Mittel verfügt, das Handeln der Gewalthaber effektiv zu beeinflussen, so ist es dem Kontrollmodell zufolge nicht plausibel, sie für staatliches Unrecht mitverantwortlich zu machen. Der zugrundeliegende Gedanke lautet, dass eine Instanz für ein Geschehen nicht verantwortlich gemacht werden kann, das sie nicht verhindern konnte. Unter welchen Bedingungen von einer Instanz gilt, dass sie ein Geschehen nicht verhindern konnte, lässt sich in unterschiedlicher Weise ausbuchstabieren. In jedem Fall werden aber gewisse Normierungen dessen vorausgesetzt, was von einer Partei in bestimmten Zusammenhängen zu wissen oder zu tun erwartet werden kann. Auch wenn beispielsweise die Mitglieder der Bevölkerung nicht gewusst hätten, dass die Regierung einen Völkermord plante, könnten sie grundsätzlich in der Lage gewesen sein, Kontrolle auszuüben, dann nämlich, wenn die entsprechenden Informationen zugänglich gewesen wären und sie Grund gehabt hätten, sich diese Informationen auch tatsächlich zu beschaffen. Die Normierung dessen, was die Bevölkerung hätte wissen und tun können, wird sich dabei an Theorien darüber orientieren, was von Akteurinnen und Akteuren in gegebenen sozialen, politischen und kulturellen Kontexten realistischerweise gefordert werden kann.

Anders als das Kontrollmodell verlangt das ›Gleichgesinntheitsmodell‹ nicht, dass die Bevölkerung auf das staatliche Handeln einwirken können muss, um für Unrechtsfolgen haftbar zu sein. Vielmehr sieht es als ausreichend an, dass die Bevölkerung die Verbrechen befürwortet oder befürworten würde. Als Beispiel könnte man an einen Völkermord durch ein autokratisches Regime denken, den die Mehrheitsbevölkerung aus Hass auf die betroffene Gruppe gutheißt oder gutheißen würde. Auch wenn der Mehrheit die Mittel gefehlt hätten, den Völkermord zu verhindern, würde sie aus Sicht des Gleichgesinntheitmodells für dessen Folgen haften. Zur Begründung wäre zum einen auf die Intuition zu verweisen, dass eine Person auch dann für die Folgen ihres Handelns verantwortlich sein kann, wenn sie nicht anders hätte handeln können (Frankfurt 1969); zum anderen wäre geltend zu machen, dass das Gutheißen eines Verbrechens eine Art von Komplizenschaft mit den Inhabern der staatlichen Gewaltmittel begründet.

Die temporale Dimension wiedergutmachender Gerechtigkeit

Wie oben im zweiten Abschnitt angesprochen, bezeichnet man in der philosophischen Literatur Unrecht zumeist dann als ›historisch‹, wenn Täter oder Opfer verstorben sind (›historisches Unrecht I‹). Der Begriff ›historische Gerechtigkeit‹ bezieht sich in diesem Verständnis auf Rechte und Pflichten, die heute Lebenden aufgrund von Unrecht zukommen, das Verstorbene begangen und erlitten haben. Die im fünften Abschnitt angesprochenen Modelle staatsbürgerlicher Haftung geben Bedingungen an, unter denen eine politische Gemeinschaft für das Handeln der staatlichen Organe verantwortlich ist. Doch gelten die Haftungspflichten und -rechte auch für nachgeborene Generationen?

Der Anrechtskonzeption folgend zielt historische Gerechtigkeit auf die Wiederherstellung eines rechtlichen Anspruchs. Ein solcher Anspruch kann sich auf Sacheigentum beziehen wie Land oder Wertgegenstände, aber auch auf vorenthaltene Gegenleistungen. Bernard Boxill (1978) hat beispielsweise argumentiert, das Unrecht der Sklaverei in den USA habe unter anderem darin bestanden, dass die Sklaven für ihre Arbeit nicht bezahlt worden seien. Die Sklaven hatten daher eine moralische Forderung auf Entlohnung gegen ihre Sklavenhalter. Diese moralische Forderung lässt sich als Eigentumsanspruch betrachten, den die Sklaven an ihre Nachkommen vererbt haben. Die Nachkommen der Sklavenhalter sind als Erben des zu Unrecht Angeeigneten nach Boxill verpflichtet, die Forderung der Nachfahren ehemaliger Sklaven zu erfüllen.

Anders als Anrechtskonzeptionen gehen Normwertkonzeptionen davon aus, dass der Gegenstand der Wiedergutmachung nicht in der Wiederherstellung eines historischen Rechts besteht, sondern in der Erfüllung bestimmter sozio-ökonomischer Bedingungen, die aufgrund des historischen Unrechts verfehlt werden. Um bei dem Beispiel der Sklaverei zu bleiben, zielte die Wiedergutmachung gemäß der Normwertkonzeption darauf, die Nachkommen von Sklaven für die sozio-ökonomischen Nachteile zu entschädigen, unter denen sie als Konsequenz des Unrechts leiden.

Unterschiedliche Auffassungen herrschen darüber, wie sich das normative Gewicht von Wiedergutmachungsansprüchen im Zeitverlauf ändert. Mit zunehmendem zeitlichem Abstand wächst typischerweise die Schwierigkeit, zwischen dem Unrecht einerseits und den Nachgeborenen andererseits einen eindeutigen Zusammenhang herzustellen. Die historischen Informationen für die Rekonstruktion von Erbschaftsverhältnissen oder kausalen Zusammenhängen sind unvollständig; die Verbindung schwächt sich in der Generationenfolge und mit zunehmender Zahl intervenierender kausaler Faktoren ab.

Waldron (1992) hat argumentiert, dass historische Eigentumsrechte mit der Zeit an Gewicht verlieren, weil die durch die Rechte ursprünglich geschützten Interessen sich abschwächen und durch andere Interessen überlagert werden. Dies gilt nach Waldron selbst dann, wenn die verletzte Partei oder deren Nachkommen das Unrecht kontinuierlich beklagen. Diese Auffassung ist verschiedentlich als unplausibel kritisiert worden (Schefczyk 2004a; Meyer 2006). Denn Rechtsverletzungen greifen nicht nur in geschützte Interessen ein; sie greifen auch den moralischen Status der Verletzten an. Zwar trifft es zu, dass das durch Unrecht verlorene Eigentum nicht mehr Bestandteil des Lebensplans verletzter Personen sein kann. Doch daraus folgt nicht, dass mit der Revision von Lebensplänen, die durch das Unrecht notwendig geworden ist, auch das Recht auf Wiedergutmachung verschwände. Das Recht schützt nämlich nicht nur die Interessen einer Person, sondern auch deren moralischen Status. Ausbleibende Wiedergutmachung ist daher ein zusätzliches Unrecht (Boxill 2003; Butt 2013). Richtig ist jedoch, dass eine Totalanalyse das Gesamtgefüge an Rechten und Pflichten würdigen muss, das sich in der Generationenfolge ändert. Die Bundesrepublik Deutschland könnte sich gegenüber griechischen Opfern nationalsozialistischer Verbrechen gleichwohl nicht einfach darauf berufen, dass seither mehr als siebzig Jahre verstrichen und die Ansprüche gleichsam verjährt seien. Eine solche Zurückweisung wäre insbesondere dann wenig überzeugend, wenn die Opfer kontinuierlich ihre Ansprüche in Erinnerung gebracht hätten. Gleichwohl sind die Pflichten historischer Gerechtigkeit in Ausgleich zu bringen mit den Pflichten, die sich aus den Rechten heute Lebender ergeben.

Literatur

Améry, Jean: *Jenseits von Schuld und Sühne. Bewältigungsversuche eines Überwältigten.* Stuttgart 1977.

Assman, Aleida/Frevert, Ute: *Geschichtsvergessenheit, Geschichtsversessenheit. Vom Umgang mit deutschen Vergangenheiten nach 1945.* Stuttgart 1999.

Austin, John L.: *How to Do Things With Words.* Oxford 1962.

Boxill, Bernard: The morality of reparation. In: *Social Theory and Practice* 2/1 (1978), 113–123.

–: A Lockean argument for black reparations. In: *The Journal of Ethics* 7/1 (2003), 63–91.

Butt, Daniel: Inheriting rights to reparation: compensatory justice and the passage of time. In: *Ethical Perspectives* 20/2 (2013), 245–269.

Buxbaum, Richard M.: A legal history of international reparations. In: *Berkeley Journal of International Law* 23/2 (2005), 314–346.

Frankfurt, Harry: Alternate possibilities and moral responsibility. In: *Journal of Philosophy* 66/23 (1969), 829–839.

Gans, Chaim: Historical rights. In: Lukas H. Meyer (Hg.): *Justice in Time. Responding to Historical Injustice.* Baden-Baden 2004, 79–99.

Hobbes, Thomas: *Leviathan or the Matter, Form and Power of Commonwealth, Ecclesiastical and Civil* [1651]. In: Ders.: The English Works of Thomas Hobbes, Bd. III. Hg. von William Molesworth. London 1839.

Hockerts, Hans G.: Wiedergutmachung in Deutschland. Eine historische Bilanz 1945–2000. In: *Vierteljahreshefte für Zeitgeschichte* 49/2 (2001), 167–214.

Jankélévitch, Vladimir: Verzeihen? In: *Das Verzeihen. Essays zur Moral und Kulturphilosophie* [1971]. Frankfurt a. M. 2004.

Jaspers, Karl: *Die Schuldfrage.* Heidelberg 1946.

Locke, John: *The Two Treatises of Government. Book II: Essay*

Concerning the True, Original, Extent and End of Civil Government [«Second Treatise«]. In: Ders.: The Works of John Locke, Bd. 4 [1690]. London [12]1824, 338–485.
Meyer, Lukas H.: *Historische Gerechtigkeit*. Berlin 2005.
–: Reparations and symbolic restitution. In: *Journal of Social Philosophy* 37/3 (2006), 406–422.
–: Historische Gerechtigkeit. Möglichkeit und Anspruch. In: *Jahrbuch für Politik und Geschichte* 1 (2010), 11–28.
Mill, John Stuart: *Prinzipien der Politischen Ökonomie*. In: Ders.: Ausgewählte Werke, Bd. III.2: Wirtschaft und Staat. Hg. von Michael Schefczyk und Christoph Schmidt-Petri. Hamburg 2015, 65–466 (engl. 1848).
Miller, David: Holding nations responsible. In: *Ethics* 114/2 (2004), 240–268.
Nozick, Robert: *Anarchy, State, and Utopia* [1974]. Oxford 1999.
Rawls, John: *Eine Theorie der Gerechtigkeit*. Frankfurt a. M. 1975 (engl. 1971).
–: *Das Recht der Völker*. Berlin 2002 (engl. 1999).
Schefczyk, Michael: Let bygones be bygones? On the temporal bounds of reparative justice. In: Roland Bluhm/Christian Nimtz (Hg.): *Ausgewählte Beiträge zu den Sektionen der GAP.5*. Paderborn 2004a, 617–623.
–: Wiedergutmachung historischen Unrechts als Bedingung des Bonum Commune. In: Jean-Michel Bonvin/Georg Kohler/Beat Sitter-Liver (Hg.): *Bonum Commune/Bien commun. Ein kritisches Plädoyer*. Fribourg 2004b, 403–441.
–: *Verantwortung für historisches Unrecht. Eine philosophische Untersuchung*. Berlin 2012.
Thompson, Janna: *Taking Responsibility for the Past. Reparation and Historical Injustice*. Cambridge 2002.
Torpey, John: *Making Whole What Has Been Smashed. On Reparation Politics*. Cambridge MA 2006.
Valentini, Laura: Ideal vs. non-ideal theory: a conceptual map. In: *Philosophical Compass* 7/9 (2012), 654–664.
Waldron, Jeremy: Superseding historic injustice. In: *Ethics* 103/1 (1992), 4–28.
Walker, Margaret U.: *Moral Repair. Reconstructing Moral Relations after Wrongdoing*. Cambridge 2006.

Michael Schefczyk

24 Personale Gerechtigkeit

Personale Gerechtigkeit wird Individuen im Gegensatz zu Institutionen, Normen usw. zugesprochen. Sie kann a) als eine regelrechte Tugend oder b) als eine einfache Einstellung angesehen werden. Im Fall a) handelt es sich (nach einer üblichen Definition) um den ständigen und bewussten Willen, im Einklang mit schon gegebenen Gerechtigkeitskriterien zu handeln. Ein solcher Wille wird zu einem wichtigen Aspekt individuellen Charakters, der es erlauben sollte, dessen Träger als gerechtes Individuum zu bezeichnen (s. Kap. III.29). Im Fall b) handelt es sich um die Tendenz, gerechte Handlungen durchzuführen oder (besonders im Fall von Richtern jeder Art) gerechte Urteile zu fällen. Aus dieser Perspektive wird das Prädikat ›gerecht‹ in erster Linie den jeweiligen Normen und Urteilen und nur sekundär den sie durchführenden bzw. fällenden Individuen zugesprochen – und zwar nur unter der Bedingung, dass es sich dabei nicht um etwas Einmaliges, sondern um einen regelmäßigen Habitus handelt. Gemäß dieser Definition scheinen sich beide Auffassungen kaum voneinander zu unterscheiden, denn entscheidend ist in beiden Fällen die wiederholte und bewusste Durchführung gerechter Handlungen, die nicht deswegen als gerecht gelten, weil sie von einem als gerecht geltenden Individuum durchgeführt werden, sondern weil sie bestimmten objektiven Kriterien der Gerechtigkeit entsprechen.

Personale Gerechtigkeit in der Antike

Traditionell gehört Gerechtigkeit zu den Haupt- oder Kardinaltugenden (die anderen sind: Weisheit, Besonnenheit und Tapferkeit). Als solche wird sie in der Antike fast ausschließlich als *personale* Gerechtigkeit, d. h. als individuelle Haltung bzw. Charaktereinstellung betrachtet und als »die moralisch-soziale Tugend schlechthin« (Horn/Scarano 2002, 17) dargestellt. Insofern gilt sie als die höchste Tugend, die alle anderen einschließt und bündelt, um aus deren Träger einen ›guten‹ bzw. ›gerechten‹ Menschen zu machen.

Gerechtigkeit tritt als personale Einstellung vor allem bei Platon auf, der in *Der Staat* Sokrates behaupten lässt, Gerechtigkeit sei, »wenn man das Seine tut« (Pol. IV, 433b); sie sei die Haltung, die anderen Tugenden wie Besonnenheit, Tapferkeit und Klugheit »die Kraft verliehen hat, sich zu bilden« (ebd., 433e). Sie ist ein Prinzip der seelischen und sozialen Harmonie. Jedem Teil der Seele (Vernunft, Tatkraft und Begehren) entspricht eine bestimmte Tugend (jeweils: Weisheit, Mut und Mäßigung). Die Grundlage, auf der die Menschen diese spezifischen Tugenden entwickeln, stellt allerdings die Gerechtigkeit dar, die somit als Vermittlungsinstanz zwischen den Seelenteilen und als Basis für die weiteren Tugenden gilt. So besteht etwa die Mäßigung darin, dass jeder Seelenteil die ihm eigene Aufgabe erfüllt: Der vernünftige Teil herrscht mit Hilfe der Tatkraft über den begehrenden Teil, der sich beherrschen lässt. Diese innere Harmonie spiegelt sich in der Gesellschaft wider. Gemäß der platonischen Auffassung gibt es in der *polis* drei Gruppen von Staatsbürgern, deren Position im politischen Körper des Gemeinwesens jeweils einem Teil innerhalb der Seele gleichkommt: die Regierenden (Vernunft), die Wächter (Tatkraft) und die Handwerker und Bauern (Begehrenskraft). Aus der sozialen Perspektive bezeichnet Gerechtigkeit die Fähigkeit, die Aufgaben zu erfüllen, die einem infolge der eigenen Position innerhalb des Gemeinwesens zukommen. Auch in diesem Fall geht es also um die Bewahrung der richtigen Proportion und Harmonie zwischen unterschiedlichen Teilen eines Ganzen. Somit weist die Tugend der Gerechtigkeit einen moralischen und zugleich einen ontologischen Charakter auf.

Aristoteles (dessen Gerechtigkeitsauffassung maßgebend für die weitere Diskussion in der Antike, im Mittelalter und in der Neuzeit wurde) bezeichnet in der *Nikomachischen Ethik* Gerechtigkeit als jene »Fähigkeit [...], gerechte Handlungen zu vollziehen[, die] ein festes Verlangen nach dem Gerechten« (NE 1129a–1138b) verursacht. Als solche besteht sie in erster Linie in der »Achtung vor Gesetz und bürgerlicher Gleichheit« (ebd.) – was (wie bei Platon) auf ihre soziale und politische Dimension hinweist.

Weiter definiert er als spezielle bzw. partikuläre Gerechtigkeit den Habitus, Güter adäquat zu verteilen – was einem bis heute weit verbreiteten Gebrauch des Terminus gleichkommt. Er unterscheidet dabei zwischen 1) austeilender bzw. Verteilungsgerechtigkeit, 2) ausgleichender bzw. korrektiver Gerechtigkeit und 3) reziproker Gerechtigkeit. Die erste zeigt sich bei der Verteilung von Gütern, die zweite, wenn es darum geht, Gabe mit Gegengabe, Schaden mit Entschädigung, Verbrechen mit Strafe angemessen zu kompensieren, die dritte, wenn ungleiche Güter getauscht werden (wie z. B. wenn ein Schuster Schuhe gegen Lebensmittel oder gegen ein Haus tauschen will: ein Problem, das in der Ökonomie besonders wichtig ist, wo es als Frage nach dem ›gerechten‹ bzw. angemessenen Preis von Objekten oder Dienstleistungen zum Vorschein kommt). In allen diesen Fällen geht es darum, eine angemessene Proportion zu bewahren (»das Gerechte ist also etwas Proportionales«, NE 1131a 25–30).

Ein charakteristisches Moment der aristotelischen Gerechtigkeitsauffassung besteht in der Einführung einer weiteren Art von Gerechtigkeit, nämlich der Billigkeit (NE 1137a 30). Sie bezeichnet die Fähigkeit, Gesetze (die ihrer Natur nach immer allgemein sind) auf besondere Fälle so anzuwenden, dass das Ergebnis gerecht ist. Manchmal würde die mechanische Anwendung des allgemeinen Gesetzes auf den konkreten Fall eine Situation hervorbringen, die trotz ihrer Legalität doch ungerecht in einem weiteren Sinne ist, obwohl das Gesetz selbst an sich gerecht ist (diese Situation wird im Lateinischen durch die Sentenz *summum ius summa iniuria* wiedergegeben). Die Billigkeit stellt somit »eine Berichtigung der Gesetzes-Gerechtigkeit« dar (NE 1137b 10) und ist die typische Tugend von Richtern und von all denjenigen, die Gesetze und allgemeine Regeln anwenden müssen.

Die römische Tradition – beginnend mit Cicero (106–43 v. Chr.) bis in die *Institutiones Iustiniani* (533 n. Chr.) – identifiziert die personale Gerechtigkeit mit einer Reihe von Haltungen, die insgesamt zur Bildung eines gerechten Charakters dadurch beitragen, dass sie internalisiert und zum Habitus werden. Es geht in erster Linie darum, niemandem ein Unrecht zuzufügen und jedem das zukommen zu lassen, was einem zusteht (wie es in den klassischen Formeln ausgedrückt wird, die sich bei Cicero und Ulpian wiederfinden und zu gängigen juristischen Redewendungen geworden sind: *neminem laede* und *suum cuique tribue*). In *Von den Pflichten* (Cic. off. I, 20) behauptet Cicero, dass Gerechtigkeit dazu verpflichtet, »Gemeingut als Gemeingut, Privatbesitz jedoch als persönliches Eigentum« zu behandeln (ebd., 29). Da aber Privateigentum nichts Natürliches darstellt, sondern erst in Gesellschaft und durch Verträge zustande kommt, weist Gerechtigkeit einen sozialen Charakter auf. Dieser besteht – anders als bei Platon – in der »Aufrichtigkeit in Worten und Vereinbarungen« und in der Verpflichtung, »das Gemeinwohl in den Mittelpunkt zu stellen, durch wechselseitige Leistungen, durch Geben und Empfangen, durch unsere Fertigkeiten, unsere Mühen und unsere Talente das einigende Band zu knüpfen, das Menschen miteinander verbindet« (ebd., 31).

Nach der klassischen Auffassung kann somit Gerechtigkeit als eine Tugend definiert werden, die auf Abwägung, Urteilskraft und Angemessenheitssinn basiert und deren Hauptmerkmal darin besteht, Harmonie und Proportion sowohl im Inneren als auch im sozialen Leben herzustellen und zu bewahren. Bei Platon sollen auch politische Institutionen dieses harmonische Gleichgewicht aufweisen, aber nur weil sie in Analogie mit der menschlichen Seele und deren Gliederung gedacht werden.

Das christliche Mittelalter

In der Spätantike und im christlichen Denken wird hingegen der Begriff der Gerechtigkeit zunehmend auf Institutionen angewandt. Gleichzeitig wird das Individuum als Einwohner von zwei unterschiedlichen Welten angesehen, in denen unterschiedliche Auffassungen von Gerechtigkeit herrschen. Dies zeigt sich bei Augustinus (vor allem in *Vom Gottesstaat*) besonders deutlich. Als irdisches Wesen und Einwohner des irdischen Staates kann der Mensch die Tugend der Gerechtigkeit nur unvollkommen und nur dank der Gnade Gottes entwickeln; als Bürger des Gottesstaates ist er insofern gerecht, als er den göttlichen Geboten folgt. Die wahre Gerechtigkeit ist allerdings nur von Gott zu erwarten, denn nur er ist vollkommen gerecht.

Bei Anselm von Canterbury wird Gerechtigkeit als ›Rechtheit‹ verstanden (*Über die Wahrheit*, XII). Wie bei Platon besteht sie in erster Linie darin, dass sich ein Individuum in der ihm in der kosmischen Ordnung zugeteilten Position zurechtfindet. Zu dieser ontologischen Dimension der Gerechtigkeit kommt jedoch eine weitere, moralische hinzu – denn auch ein Stein, der von oben nach unten fällt, ›handelt‹ recht (nämlich gemäß der ihm zugeteilten Position im Kosmos), ist aber nicht deswegen gerecht. Das gerecht handelnde Individuum muss wissen, was die Rechtheit von ihm verlangt, und muss es dann wissentlich erfüllen wollen. Gerechtigkeit besteht mit anderen Worten im wissentlichen Wollen von etwas, das gesollt ist, und zwar *weil* es gesollt ist: Sie ist »die um ihrer selbst willen bewahrte Rechtheit des Willens« (Anselm von Canterbury 2001, 67). Somit nimmt Anselm die neuzeitliche, besonders bei Kant wichtige Auffassung vorweg, dass die Intention zum moralischen Charakter einer Handlung wesentlich beiträgt.

Thomas von Aquin betont (*Summe der Theologie* II-II, q. 57 und 58) die Tatsache, dass sich Gerechtigkeit – im Unterschied zu den übrigen Tugenden, die nur auf die innere Vervollkommnung des Menschen abzielen – immer auf einen anderen bezieht, und zwar so, dass sie einen gewissen Ausgleich bzw. eine gewisse Gleichheit (*aequalitas*) herstellt. Sie hat als ihren Gegenstand das Recht (nicht nur das positive, sondern auch das natürliche Recht) und wird von Thomas in der Folge von Ulpian als der beständige und dauerhafte Wille definiert, einem jeden sein Recht zuzuteilen. Thomas übernimmt die aristotelische Unterscheidung von verteilender und ausgleichender Gerechtigkeit, meint aber (ebd., q. 61), die erstere solle sich an einem Prinzip der Würde bzw. der sozialen Position orientieren, so dass »in der zuteilenden Gerechtigkeit die Mittehaltung nicht gemäß der Gleichheit von Ding zu Ding genommen [wird], sondern nach der Verhältnisgleichheit von Ding zu Person; so daß nämlich, wie die eine Person über die andere hinausgeht, so auch das Ding, das einer Person gegeben wird, über das Ding hinausgeht, das der anderen gegeben wird« (ebd., 284). Übersieht man den historischen Kontext einer hierarchisch strukturierten Standesgesellschaft, kann man feststellen, dass hier ein Prinzip aufgestellt wird, nach dem Gerechtigkeit fordern kann, dass bei einer Güterverteilung die Empfangenden gemäß ihrer Eigentümlichkeit behandelt werden, so dass am Ende eine nicht gleiche, jedoch gerechte Verteilung resultiert.

Die Neuzeit

Die Auffassung von Gerechtigkeit als individueller Tugend ändert sich im Laufe der Zeit insoweit, als ›gerecht‹ seit der Neuzeit vor allem als Prädikat von Handlungen, Urteilen, Institutionen, Verfahren und Normen bzw. Gesetzen benutzt wird. Diese Änderung erklärt sich auch dadurch, dass sich Gerechtigkeit als individuelle Tugend eher auf zwischenmenschliche Beziehungen als auf die Kontrolle der eigenen Leidenschaften bzw. inneren Impulse bezieht. Sie drückt sich daher vor allem in äußeren Handlungen aus, die ihrerseits das Prädikat ›gerecht‹ oder ›ungerecht‹ bekommen können. Dies bedeutet allerdings nicht notwendigerweise, dass diese unterschiedlichen Aspekte immer strikt voneinander zu trennen sind. Vielmehr wird als gerecht jenes Individuum bezeichnet, das ständig auf gerechte Weise handelt und urteilt; gleichzeitig wird auch erwartet, dass Individuen, die versuchen, immer gerecht zu handeln bzw. zu urteilen, letztlich jenen Habitus entwickeln, der als Tugend der Gerechtigkeit definiert wird.

So definiert z. B. Thomas Hobbes im *Leviathan* Gerechtigkeit als die Einhaltung abgeschlossener Verträge (Hobbes 1655/1984, 110) – also als eine eher legalistisch verstandene Handlungsstrategie; andererseits bezeichnet er an derselben Stelle Gerechtigkeit als »de[n] ständige[n] Wille[n], einem jeden das Seine zu geben« (ebd.) – also als eine individuelle Haltung, die einer der traditionellsten Definitionen von Gerechtigkeit entspricht.

Ähnlich unterscheidet Samuel Pufendorf in *Über die Pflicht des Menschen und des Bürgers nach dem Gesetz der Natur* (Pufendorf 1673/1994) zwischen Handlungen, die wegen ihrer äußeren Übereinstimmung mit dem Gesetz als ›gut‹ gelten, und Handlungen, die auch als ›gerecht‹ bezeichnet werden können, weil sie 1) aus Achtung vor der Person durchgeführt wurden, gegen die sie sich richten, und zwar 2) mit Überlegung bzw. mit wissendem Willen. Noch einmal wird Gerechtigkeit als eine Haltung bezeichnet, die sich auf andere bezieht (wie bei Thomas), aber unter Einbeziehung der Motivation (wie bei Anselm).

Gegen diese eher traditionellen Auffassungen der Gerechtigkeit behauptet David Hume in seiner *Untersuchung über die Prinzipien der Moral*, dass sie ihre ausschließliche Quelle in ihrer Nützlichkeit für die Gesellschaft besitze – und zwar nur, weil in dieser die Güter immer knapp sind: Sollte es aber »einen so reichen Überfluss an allen äußeren Bequemlichkeiten« geben, so würde Gerechtigkeit im Unterschied zu den anderen sozialen Tugenden nutzlos, »denn welcher Absicht würde die Aufteilung der Güter dienen, wenn jeder schon mehr als genug hat?« (Hume 1751/2003, 17). Sogar die Institution des Privateigentums würde ihren Sinn verlieren (ebd.). Der soziale Charakter von personaler Gerechtigkeit bekommt hier eine ganz andere Bedeutung als in der Tradition: Er bezieht sich auf ihre soziale Nützlichkeit.

Die Gegenwart

Auch in der gegenwärtigen politisch-philosophischen Debatte wird Gerechtigkeit eher als institutionelle Gerechtigkeit, also als Eigenschaft von Gesellschaften, Normen oder Rechtsordnungen verstanden. So behauptet z. B. John Rawls in seinem einflussreichen Buch *Eine Theorie der Gerechtigkeit* (1975), dass Gerechtigkeit »die erste Tugend sozialer Institutionen« sei (ebd., 19). Zugleich spricht er den Individuen einer wohlgeordneten Gesellschaft einen Gerechtigkeitssinn zu, der sie dazu motivieren sollte, Gerechtigkeitskriterien anzuwenden, und erteilt ihnen die natürliche Pflicht, nach dem zu handeln, was die Gerechtigkeit fordert. Keinesfalls will jedoch Rawls die Gerechtigkeit einer Gesellschaft von der individuellen Haltung ihrer Mitglieder abhängig machen. Dagegen behauptet Gerald A. Cohen, dass Gerechtigkeit nicht einfach eine Sache der institutionellen Struktur ist, sondern auch von den individuellen Entscheidungen im Alltag abhängt. Wie ein altes Schlagwort besagt: Das Private ist politisch (Cohen 2000, 122). Gerade Rawls' Argument zugunsten des Differenzprinzips zeige, wie entscheidend subjektive Einstellungen (hier: die von talentierten Individuen, die nur dann bereit sind, ihre Talente in den Dienst der gesamten Gesellschaft zu stellen, wenn sie dafür ein wesentlich höheres Einkommen als die anderen Mitglieder erhalten) für die Wahl von Gerechtigkeitskriterien sind und wie schwer es ist, solche Kriterien ausgehend von der Prämisse zu rechtfertigen, dass sich die Individuen von Egoismus und Selbstinteresse statt von einem gewissen Sinn für Gerechtigkeit und Solidarität leiten lassen.

Hier kommt ein wichtiger Aspekt zur Geltung, der von manchen tugendethischen Kritikern moderner moralischer und politischer Theorien (z. B. Stocker 1998) betont wird: Die modernen Autoren haben Schwierigkeiten, die Verbindung von Motiven und Gründen bzw. Rechtfertigungen zu beleuchten. Zwar definierten sie Gerechtigkeitsprinzipien bzw. -kriterien, anhand derer Handlungen, Normen, Institutionen oder Verfahren als gerecht bezeichnet werden können, seien aber nicht imstande zu erklären, welche Haltung man von den Individuen erwarten solle. Genügt die punktuelle Durchführung von gerechten Handlungen, damit jemand als gerechter Mensch gelten kann? Oder muss es dafür eine Übereinstimmung von inneren Motiven und äußeren Gründen geben? Worin besteht Gerechtigkeit als Tugend? In der Verinnerlichung äußerer Gerechtigkeitsgründe, so dass deren Übernahme als Orientierung beim Handeln zu einer Art *zweiten Natur* wird? Im *dauerhaften und bewussten Willen*, gerechte Handlungen durchzuführen bzw. gerechte Institutionen zu fördern und zu stützen? Oder einfach in der zum *Habitus* gewordenen Wiederholung von Handlungen, die als gerecht gelten? Eine endgültige Antwort auf diese Fragen hängt von der Bedeutung ab, die man dem Wort ›Tugend‹ gibt – d. h. davon, ob man sie als zweite Natur, als dauerhaften und bewussten Willen oder als einfachen Habitus begreift.

Dass die meisten gegenwärtigen Theorien diese Tugend nicht ins Zentrum ihrer Überlegungen zur Gerechtigkeit rücken, bedeutet auf jeden Fall nicht, dass sie an praktischer Bedeutung verloren hat. Es ist nämlich fraglich, ob sich z. B. eine gerechte Gesellschaft erhalten könnte, wenn ihre Mitglieder diese Tugend nicht wenigstens bis zu einem gewissen Grad besäßen, nämlich in dem Ausmaß, das nötig ist, um gerechte Institutionen, Praktiken, Normen und Verfahren zu unterstützen. Dass dieser Aspekt nicht bei der Begründung von Gerechtigkeitskriterien, sondern nur bei deren konkreter Anwendung zum Vorschein kommt, mag erklären, wieso er von vielen Theorien vernachlässigt wird. Es ist jedoch zu bezweifeln, dass eine Theorie der Gerechtigkeit, die solche Fragen unberührt lässt, tatsächlich überzeugend sein kann.

Literatur

Anselm von Canterbury: *Über die Wahrheit*. Lat.-dt. Übers., mit einer Einl. und Anm. hg. von Markus Enders. Hamburg 2001.
Aristoteles: *Nikomachische Ethik*. Berlin [10]1999 [NE].
Augustinus, Aurelius: *Vom Gottesstaat*. Zürich 1955.
Cicero, Marcus Tullius: *Von den Pflichten*. Frankfurt a. M. 1991 [Cic. off.].
Cohen, Gerald A.: *If You're an Egalitarian, How Come You're So Rich?* Cambridge MA 2000.
Hobbes, Thomas: *Leviathan*. Hg. von Iring Fetscher. Frankfurt a. M. 1984 (engl. 1655).
Horn, Christoph/Scarano, Nico (Hg.): *Philosophie der Gerechtigkeit*. Frankfurt a. M. 2002.
Hume, David: *Eine Untersuchung über die Prinzipien der Moral*. Hamburg 2003 (engl. 1751).
Platon: *Der Staat*. Düsseldorf 2000 [Pol.].
Pufendorf, Samuel: *Über die Pflicht des Menschen und des Bürgers nach dem Gesetz der Natur*. Frankfurt a. M. 1994 (lat. 1673).
Rawls, John: *Eine Theorie der Gerechtigkeit*. Frankfurt a. M. 1975 (engl. 1971).
Stocker, Michael: Die Schizophrenie moderner ethischer Theorien. In: Klaus P. Rippe/Peter Schaber (Hg.): *Tugendethik*. Stuttgart 1998, 19–41.
Thomas von Aquin: *Summe der Theologie*. Stuttgart 1983.

Alessandro Pinzani

25 Das Differenzprinzip

Das Differenzprinzip ist Teil von John Rawls' *Theorie der Gerechtigkeit* (1971/2000). Mithilfe des Differenzprinzips lässt sich beurteilen, ob diejenigen Institutionen einer Gesellschaft gerecht sind, die maßgeblich für die Verteilung der gemeinsam erwirtschafteten sozioökonomischen Güter verantwortlich sind. Dem Differenzprinzip zufolge sind Ungleichverteilungen gesellschaftlicher Kooperationsgewinne nur dann gerecht, wenn die Tatsache, dass einige Bürgerinnen über mehr sozioökonomische Güter verfügen, allen Bürgerinnen und insbesondere den am schlechtesten gestellten nutzt. Das Differenzprinzip sorgt somit für Solidarität unter den Bürgerinnen, ohne diesen die Möglichkeit zu nehmen, als rationale Nutzenmaximierer ihren individuellen Lebensplan zu verfolgen. Denn das Differenzprinzip verhindert, dass moralisch irrelevante Faktoren wie soziale Stellung oder natürliche Talente zur Gänze bestimmen, wie gut es einer Bürgerin in sozioökonomischer Hinsicht geht.

Das Differenzprinzip im Rahmen von John Rawls' »Theorie der Gerechtigkeit«

Die Ausgangsfrage einer Theorie der Gerechtigkeit ist nach Rawls: Wie muss die Grundstruktur einer gerechten Gesellschaft die Grundgüter verteilen, die ihre Mitglieder im Rahmen gesellschaftlicher Kooperation erwirtschaften? Dabei versteht Rawls unter einer Gesellschaft eine Kooperationsgemeinschaft, die sowohl von Interessenharmonie als auch von Konflikt geprägt ist (vgl. Rawls 2000, 20), und unter deren Grundstruktur diejenigen Institutionen, die maßgeblich für die Verteilung der Grundgüter verantwortlich sind (vgl. ebd., 23). Grundgüter sind (I) Rechte, Freiheiten und Chancen, (II) Einkommen und Vermögen und (III) die sozialen Grundlagen für Selbstrespekt – also diejenigen Güter, die man zur Verwirklichung jedes vernünftigen Lebensplans braucht (vgl. ebd., 83). Rawls' Antwort auf die Frage sozialer Gerechtigkeit lautet:

> »(1) Jedermann soll gleiches Recht auf das umfangreichste System gleicher Grundfreiheiten haben, das mit dem gleichen System für alle anderen verträglich ist. (2) Soziale und wirtschaftliche Ungleichheiten sind so zu gestalten, dass (a) vernünftigerweise zu erwarten ist, dass sie zu jedermanns Vorteil dienen, und (b) sie mit Positionen und Ämtern verbunden sind, die jedem offen stehen« (ebd., 81).

Dabei wird der zweite Grundsatz später folgendermaßen präzisiert:

> »Soziale und wirtschaftliche Ungleichheiten sind so zu regeln, dass sie sowohl (a) den am wenigsten Begünstigten die bestmöglichen Aussichten bringen als auch (b) mit Ämtern und Positionen verbunden sind, die allen gemäß der fairen Chancengleichheit offen stehen« (ebd., 104).

(1) wird oft als Prinzip gleicher maximaler Freiheiten, (2a) als Differenzprinzip und (2b) als Prinzip fairer Chancengleichheit bezeichnet. Diese Grundsätze der Gerechtigkeit stehen in einer lexikalischen Ordnung, so dass (1) vor (2b) rangiert und (2b) vor (2a). D. h. sozioökonomische Verbesserungen können niemals Verletzungen der gleichen Grundfreiheiten oder Verminderungen der fairen Chancengleichheit rechtfertigen (vgl. ebd., 82). In späteren Schriften wird Rawls diese Vorordnung explizit machen, indem er das Prinzip fairer Chancengleichheit vor dem Differenzprinzip anführt (vgl. Rawls 2006, § 13); auch wird er von Anfang an präzisieren, wie soziale und wirtschaftliche Ungleichheiten gestaltet werden müssen, damit sie zu jedermanns Vorteil sind (vgl. hierzu den Abschnitt »Herleitung und Präzisierung des Differenzprinzips« in diesem Artikel).

Während (1) und (2b) regeln, wie Grundgüter der Kategorie (I) zu verteilen sind, behandelt das Differenzprinzip die Verteilung von Grundgütern der Kategorie (II), d. h. sozioökonomischer Güter. Rawls hofft, dass eine gerechte Verteilung der Grundgüter aus diesen Kategorien auch eine gerechte Verteilung der sozialen Grundlagen für Selbstrespekt mit sich bringt. Das Differenzprinzip formuliert dabei eine »Legitimitätsbedingung der sozioökonomischen Ungleichheit« (Kersting 2000, 96). Denn gemäß dem Differenzprinzip ist es nicht notwendigerweise ungerecht, wenn die Bürgerinnen einer Gesellschaft nicht über die gleiche Menge sozioökonomischer Güter verfügen; ungerecht ist eine Ungleichverteilung nur genau dann, wenn sie nicht zum Wohl aller beiträgt.

Zur Rechtfertigung seiner Theorie greift Rawls auf das kontraktualistische Paradigma zurück; d. h. nach Rawls spricht für seine Grundsätze, dass die Bürgerinnen diese unter bestimmten Umständen als Regeln für ihre Gesellschaft auswählen würden. Im Gedankenexperiment des Urzustands führt Rawls dies aus (vgl. Rawls 2000, Kap. 3): Man stelle sich vor, Personen sollen Regeln für die Grundstruktur ihrer Gesellschaft festlegen. Zur Auswahl stehen neben Rawls' Grundsätzen gängige Theorien sozialer Gerechtigkeit wie Durchschnittssummen-Utilitarismus oder Intuitionismus. Bei ihrer Wahl unterliegen die Personen allerdings einer radikalen Informationsbeschränkung, dem so genannten ›Schleier des Nichtwissens‹ (vgl. ebd., § 24): Niemand kennt »seinen Platz in der Gesellschaft, seine Klasse oder seinen Status; ebenso wenig seine natürlichen Gaben, seine Intelligenz, Körperkraft usw. Ferner kennt niemand seine Vorstellung vom Guten, die Einzelheiten seines vernünftigen Lebensplans, ja nicht einmal die Besonderheiten seiner Psyche [...]« (ebd., 160).

Stattdessen verfügen die Auswählenden nur über allgemeines Faktenwissen zu politischen, sozialen und ökonomischen Zusammenhängen. Bei ihrer Auswahl sollen sie ihren individuellen Nutzen maximal befördern und neidfrei vorgehen; d. h. sie sollen diejenigen Grundsätze auswählen, die ihnen am meisten Grundgüter zuteilen, und nicht darauf achten, wie sich ihre Wahl auf ihre Stellung im Vergleich zu der der anderen auswirkt.

Unter diesen Umständen würden Rawls zufolge seine Grundsätze ausgewählt. Denn nur diese garantieren, dass die Auswählenden auch dann noch über genug Grundgüter verfügen, um ihren vernünftigen Lebensplan zu verfolgen, wenn sich nach Lüftung des Schleiers herausstellt, dass sie dem am schlechtesten gestellten Gesellschaftssegment angehören. Denn in einer rawlsianischen Gesellschaft haben alle Bürgerinnen die gleichen maximalen Freiheitsrechte; und auch wenn es Ärmere und Reichere gibt, können sich die Ärmeren darauf verlassen, dass der Reichtum der Reicheren nur zulässig ist, solange er zum Wohl aller und damit insbesondere auch zu ihrem Wohl beiträgt.

Doch warum spricht es für Rawls' Grundsätze, dass sie unter diesen fiktiven Bedingungen gewählt würden? Rawls zufolge stehen der Urzustand und insbesondere der Schleier des Nichtwissens in einem Überlegungsgleichgewicht mit wohlüberlegten moralischen Urteilen zu sozialer Gerechtigkeit; d. h. der Urzustand bringt auf den Punkt, was intuitiv für gerecht gehalten wird, so dass Grundsätze, die in ihm gewählt würden, dem ebenfalls entsprechen. Dabei grenzt Rawls im Laufe seines Schaffens diesen Anspruch ein: In *Eine Theorie der Gerechtigkeit* (1971/2000) glaubt er noch, universelle moralische Urteile zu artikulieren, ab der Veröffentlichung von *Politischer Liberalismus* (1993/2003) beansprucht er nur noch, die Gerechtigkeitsvorstellungen westlich geprägter liberaler Bürgerinnen auszudrücken (vgl. ebd., 15–16). Die moralische Intuition, die dem Urzustand zugrunde liegt, ist folgende: Einerseits sollten die Bürgerinnen die Möglichkeit haben, ihren individuellen Nutzen zu verfolgen. Andererseits sollte der Staat dafür sorgen, dass das individuelle Streben nach Nutzen innerhalb der Grenzen erfolgt, die der wechselseitige Respekt voreinander als Zwecke an sich vorschreibt (vgl. Rawls 2000, 205). Genauer gesagt dürfen die Bürgerinnen ihren individuellen Nutzen nur genau dann verfolgen, wenn dies mit dem Respekt vor der Freiheit ihrer Mitbürgerinnen und mit Solidarität diesen gegenüber vereinbar ist. Für Rawls' Grundsätze der Gerechtigkeit spricht also letztlich, dass sie den wechselseitigen Respekt, Freiheit und Solidarität sicherstellen.

Herleitung und Präzisierung des Differenzprinzips

Doch inwiefern stellt das Differenzprinzip sicher, dass das individuelle Nutzenstreben der Bürgerinnen weder den Respekt vor der Freiheit ihrer Mitbürgerinnen noch die gebotene gesellschaftliche Solidarität verletzt? Rawls zeigt dies anhand der Ableitung des Differenzprinzips aus dem Urzustand:

Im Urzustand treten die Auswählenden als rationale Nutzenmaximierer auf und sind nur daran interessiert, sich möglichst viel von jedem Grundgut zu sichern. Daher werden sie fordern, dass die Verteilung der gesellschaftlichen Kooperationsgewinne Pareto-optimal ist (vgl. Rawls 2000, 87–91). Dies bedeutet, dass sie jede Verteilung zurückweisen werden, zu der es eine Alternative gibt, die mindestens eine Bürgerin besser stellt, ohne dadurch eine andere schlechter zu stellen. Einfacher ausgedrückt: Sie werden darauf bestehen, dass alle Kooperationsgewinne vollständig unter den Bürgerinnen aufgeteilt werden. Denn warum sollten rationale Nutzenmaximierer eine Verteilung akzeptieren, die Teile des gemeinsam Erwirtschafteten ungenutzt brachliegen lässt?

Aber die Auswählenden werden sich nicht mit jeder beliebigen Pareto-optimalen Verteilung der Kooperationsgewinne zufriedengeben. Denn jede vollständige Verteilung ist Pareto-optimal, so auch etwa eine, bei der alle Kooperationsgewinne einem einzigen Gesellschaftssegment zugesprochen werden. Da die Auswählenden aufgrund des Schleiers nicht wissen, welchem Gesellschaftssegment sie angehören, ist es daher für sie rational, die (vollständige und damit Pareto-optimale) *Gleichverteilung* der Kooperationsgewinne zu fordern (vgl. ebd., 96). Denn würden sie deren Ungleichverteilung zustimmen, könnten sie unwissentlich gerade dasjenige Gesellschaftssegment benachteiligen, dem sie angehören. In einem ersten Schritt legen sich die Auswählenden im Urzustand also auf die vollständige und gleiche Verteilung der Kooperationsgewinne unter den Bürgerinnen fest.

Bezüglich der ersten Grundgutkategorie bleibt diese Gleichverteilung unangetastet. Doch was, wenn durch eine Ungleichverteilung der sozioökonomischen Güter das Produktionsvolumen insgesamt anstiege, so dass es möglich wäre, jedem Gesellschaftssegment mehr solcher Güter zuzuteilen als im Falle der vollständigen Gleichverteilung? Unter diesen Umständen würden die Auswählenden sozioökonomische Ungleichheit akzeptieren (vgl. ebd., 96–101). Denn sie entscheiden nutzenmaximierend und neidfrei, d. h. sie wollen stets lieber mehr als weniger von einem Gut und interessieren sich nicht für ihre Stellung im Vergleich zu ihren Mitbürgerinnen. Da Ungleichheit Rawls zufolge tatsächlich zu Wirtschaftswachstum führt, werden die Auswählenden im Urzustand letztlich einer Ungleichverteilung der sozioökonomischen Kooperationsgewinne zustimmen, aber nur genau dann, wenn diese zu jedermanns Vorteil ist. Damit entsprechen sie der Forderung des Differenzprinzips.

Nachdem Rawls gezeigt hat, dass das Differenzprinzip im Urzustand ausgewählt würde, präzisiert er dessen Formulierung in dreierlei Hinsicht. Die erste Präzisierung legt fest, welches Gesellschaftssegment für die Beurteilung einer Verteilung ausschlaggebend ist. Rawls zufolge herrscht zwischen den Gesellschaftssegmenten eine Verkettung (vgl. ebd., 101–104): Verbessert man die Situation derjenigen, die am schlechtesten gestellt sind, wird sich auch die Situation der am zweitschlechtesten Gestellten verbessern, ebenso wie die der am drittschlechtesten Gestellten etc. Dabei stellen die Grundgüter die Metrik dar, mit der man die Stellung einer Bürgerin ermittelt: Besser gestellt ist, wer mehr Grundgüter hat. Ausgehend von der Verkettungshypothese ist eine Ungleichverteilung also schon dann zu jedermanns Vorteil, wenn sie zum Vorteil der am schlechtesten Gestellten ist.

Die zweite Präzisierung buchstabiert aus, wie die Formulierung ›zum Vorteil der am schlechtesten Gestellten‹ zu verstehen ist. Rawls zufolge ist das Differenzprinzip »ein Maximierungsprinzip« (ebd., 99); d. h. diejenige Ungleichverteilung ist zum Vorteil der am schlechtesten Gestellten, die deren Position maximal befördert. Von den folgenden Verteilungen sollte man also C oder D wählen (wobei die Zahlenwerte ordinal vergleichbare Bündel sozioökonomischer Güter darstellen, vgl. Koller 1983). Denn obwohl die Verteilungen B, C und D zum Vorteil der am schlechtesten Gestellten sind, da diese hier mehr erhalten als in A, wird deren Vorteil nur in C und D maximal befördert:

Verteilung A	50 – 40 – 30 – 20 – 10 – 7
Verteilung B	55 – 45 – 35 – 25 – 15 – 8
Verteilung C	90 – 50 – 40 – 30 – 20 – 9
Verteilung D	95 – 55 – 45 – 35 – 25 – 9

Die dritte Präzisierung erläutert schließlich, wie zwischen C und D zu entscheiden ist, d. h. zwischen zwei ungleichen Verteilungen, die beide den Vorteil der am schlechtesten Gestellten maximieren. Rawls plädiert für eine lexikographische Auslegung des Differenzprinzips (vgl. Rawls 2000, 103; diese Lesart hatte Amartya Sen bereits 1970 gefordert, vgl. Sen 1970, 138, Anm. 12). Diese Interpretation präzisiert, dass eine Ungleichverteilung der sozioökonomischen Güter genau dann gerecht ist, wenn sie sowohl die Situation der am schlechtesten Gestellten maximal befördert als auch die der am zweitschlechtesten Gestellten als auch die der am drittschlechtesten Gestellten etc. Gemäß der lexikographischen Auslegung des Differenzprinzips sollte man in obigem Beispiel also D wählen, da in D nicht nur die Situation des am schlechtesten gestellten, sondern auch die der anderen Gesellschaftssegmente maximal befördert wird. Damit stellt die lexikographische Auslegung des Differenzprinzips sicher, dass bei der Beförderung der Situation der am schlechtesten Gestellten die gesamtgesellschaftliche Nutzensumme nicht völlig aus den Augen verloren wird.

Mit dem Differenzprinzip spricht sich Rawls gegen einen strengen Egalitarismus und stattdessen für gesellschaftliche Solidarität aus. Denn einerseits wird den Bürgerinnen erlaubt, durch eigene Leistung ihre gesellschaftliche Stellung zu verbessern; aber dies darf andererseits nur geschehen, solange es auch denjenigen nutzt, die zu solchen Leistungen nicht in der Lage sind. Doch selbst wenn das Differenzprinzip kein streng egalitäres Prinzip ist, sollte man sein sozialpolitisches Potential nicht unterschätzen. Das Differenzprinzip gestattet nämlich prinzipiell auch »Änderungen, die die Aussichten einiger Bevorzugter verschlechtern können« (Rawls 2000, 100). *Prima facie* scheint dies der Ableitung des Differenzprinzips aus dem Urzustand zu widersprechen, der zufolge Pareto-Optimalität eine notwendige Bedingung gerechter Verteilung ist. Doch diesen vermeintlichen Widerspruch löst Rawls auf, indem er auf verschiedene Realisierungszustände der Gerechtigkeit hinweist (vgl. ebd., 99): Vollkommen gerecht ist eine Gesellschaft in sozioökonomischer Hinsicht, wenn die Güterverteilung dem Differenzprinzip entspricht. Durchwegs gerecht ist eine Gesellschaft, wenn die bestehende Ungleichheit die Situation der am schlechtesten Gestellten zwar nicht maximal befördert, ihnen aber doch nutzt. Ungerecht ist eine Gesellschaft schließlich, wenn die bestehende Ungleichheit nicht zum Wohl der am schlechtesten Gestellten beiträgt. Im Falle einer ungerechten Gesellschaft ist es Rawls zufolge notwendig und legitim, die Situation der am schlechtesten Gestellten durch Umverteilung zu verbessern, selbst wenn dies nicht Pareto-optimal ist (vgl. ebd., 100). Die aus einer solchen Umverteilung resultierende vollkommen gerechte Situation soll dieses Kriterium aber wieder erfüllen.

Solidarität im Differenzprinzip

Wie dargestellt sorgt das Differenzprinzip für gesellschaftliche Solidarität. Diese herzustellen und zu befördern ist Rawls zufolge erlaubt und notwendig, weil dadurch verhindert wird, dass moralisch irrelevante Faktoren die Chancen der Bürgerinnen auf erfolgreiche Umsetzung ihres Lebensplanes und also auf ein gelungenes Leben festlegen (vgl. ebd., 98). Inwiefern wirkt das Differenzprinzip den Auswirkungen moralisch irrelevanter Faktoren entgegen?

Welche Lebenschancen eine Bürgerin hat, hängt u. a. von ihrer sozioökonomischen Stellung ab. Diese wird wiederum sowohl von sozialen Faktoren beeinflusst (etwa welchem Gesellschaftssegment sie angehört, wie hierarchisch ihre Gesellschaft strukturiert ist, wie stark ihre Talente gefördert werden, welche Normen das Verhältnis der Geschlechter zueinander regeln etc.) als auch von natürlichen (etwa welchem Geschlecht sie angehört, wie sie physisch und psychisch beschaffen ist, über welche Talente sie verfügt etc.). Rawls zufolge sind all diese Faktoren moralisch irrelevant. Denn sie unterliegen nicht der Kontrolle der einzelnen Bürgerin und spiegeln also nicht deren individuelles Streben und eigene Leistung wider; vielmehr sind sie das Ergebnis der sozialen Lotterie, die darüber entscheidet, in welches Gesellschaftssegment eine Bürgerin hineingeboren wurde, sowie der Lotterie der Natur, die Geschlecht, natürliche Ausstattung und Talente bestimmt (vgl. ebd., 93). Damit ähnelt Rawls' Auffassung dem Luck Egalitarianism (s. Kap. III.39), für den ebenfalls nur solche Faktoren moralische Relevanz besitzen, die der Kontrolle des Individuums unterliegen. Aber anders als der Luck Egalitarianism besteht Rawls nicht auf der vollständigen Aufhebung aller Effekte moralisch irrelevanter Faktoren und also darauf, dass alle Bürgerinnen die gleichen Chancen auf ein gelungenes Leben haben. Denn Rawls fordert nicht für alle Bürgerinnen die gleiche Startmenge an sozioökonomischen Grundgütern, sondern nur, dass auch die schlechter Gestellten von den Früchten des gesellschaftlichen Wachstums profitieren. Damit steuert das Differenzprinzip den verzerrenden Effekten der sozialen und natürlichen Lotterie nur teilweise entgegen.

Zusammen mit dem Grundsatz gleicher maximaler Freiheiten und dem Prinzip fairer Chancengleichheit bildet die gesellschaftliche Solidarität, die im Differenzprinzip zum Ausdruck kommt, das System demokratischer Gleichheit. Dieses kontrastiert Rawls mit den Systemen der natürlichen Freiheit und der liberalen Gleichheit (vgl. ebd., 86 und 92–95). In ersterem wird Chancengleichheit nur formal umgesetzt, indem alle Bürgerinnen vom Gesetz gleich behandelt werden. Doch selbst wenn keiner Bevölkerungsgruppe durch diskriminierende Gesetze der Zugang zu anderen Gesellschaftssegmenten verwehrt wird, haben die Bürgerinnen in diesem System sehr unterschiedliche Chancen darauf, ihren Lebensplan zu verwirklichen. Denn »die Anfangsverteilung der Aktiva [wird] jederzeit stark von natürlichen und gesellschaftlichen Zufälligkeiten beeinflußt« (ebd., 92). Das System liberaler Freiheit will zumindest den Einfluss der sozialen Lotterie ausgleichen und sicherstellen, dass »[d]ie Aussichten von Menschen mit gleichen Fähigkeiten und Motiven [...] nicht von ihrer sozialen Schicht abhängen« (ebd., 93). Doch auch dieses System geht in Rawls' Augen nicht weit genug, da es die moralisch irrelevanten Faktoren der natürlichen Lotterie weiterhin wirksam werden lässt.

Kritik

Die Veröffentlichung der *Theorie der Gerechtigkeit* und insbesondere das Differenzprinzip haben eine Flut von neuen Debatten um soziale Gerechtigkeit (s. Kap. II.18) ausgelöst. Einerseits wurde – im Stile interner Kritik – bezweifelt, dass das Differenzprinzip dasjenige Prinzip sozioökonomischer Verteilung sei, auf das sich die Auswählenden im Urzustand festlegen würden. John C. Harsanyi behauptet etwa, dass sich rationale Nutzenmaximierer stattdessen auf eine Variante des Durchschnittssummen-Utilitarismus festlegen würden, wonach die Verteilung der Kooperationsgewinne so zu gestalten ist, dass sie den gesellschaftlichen Durchschnittsnutzen maximiert. Denn Harsanyi zufolge sollten die Auswählenden davon ausgehen, dass die Wahrscheinlichkeit, Mitglied eines der n Gesellschaftssegmente zu sein, jeweils 1/n und also gleich hoch ist. In diesem Fall wäre es nicht rational, sondern übertrieben risikoavers, eine Verteilung zu wählen, die die Situation der am schlechtesten Gestellten maximal befördert (vgl. Harsanyi 1975). Auch Michael Sandel hinterfragt, ob sich reine Nutzenmaximierer auf das Differenzprinzip festlegen würden. Denn warum sollten sich »ungebundene Selbste«, die nur ihren eigenen Vorteil im Blick haben, für die Situation anderer interessieren und sich durch die Wahl des Differenzprinzips solidarisch verhalten (vgl. Sandel 1993, 29 sowie – ausführlicher – Sandel 1982, Kap. 1)? Gerald Allan Cohen weist dagegen darauf hin, dass das Differenzprinzip das so genannte *incentive argument* voraussetzt. Diesem zufolge muss man akzeptieren, dass einige Bürgerinnen (traditionellerweise in ausbildungsintensiven Berufen wie etwa dem der Ärztin oder der Juristin) mehr Lohn für ihre Arbeit bekommen, weil sie anderenfalls keinen Anreiz hätten, diese Tätigkeiten auszuführen. Sozioökonomische Ungleichheit ist also schlicht der Preis, den eine Gesellschaft dafür zahlen muss, dass bestimmte Berufe ausgeübt werden, und das Differenzprinzip stellt sicher, dass sich diese scheinbar unvermeidbare Ungleichheit zumindest zum Wohle der am schlechtesten Gestellten und mithin aller auswirkt. Doch Cohen wirft die Frage auf, warum man eigentlich akzeptieren sollte, dass einige für ihre Arbeit den Anreiz besserer Bezahlung fordern. Dies wäre nur dann gerechtfertigt, wenn man zudem annimmt, dass Personen einen Anspruch auf die Früchte ihrer natürlichen Talente haben, die es ihnen erlauben, ausbildungsintensive Berufe auszuüben – eine Annahme, die Rawls eigentlich ablehnen muss, da natürliche Talente ihm zufolge moralisch irrelevant sind (vgl. Cohen 2008, Kap. 1 und konziser in Cohen 2000, 123–133).

Auf Harsanyis Einwand lässt sich erwidern, dass Rawls die Entscheidungssituation im Urzustand als eine unter Unwissenheit interpretiert; d. h. die Auswählenden haben Rawls zufolge keinerlei Anhaltspunkte dafür, den möglichen Weltzuständen Wahrscheinlichkeiten zuzuordnen. Daher sollten sie diejenige Verteilung akzeptieren, die die Position der am schlechtesten Gestellten im Vergleich zu allen anderen möglichen Verteilungen maximal befördert. Dies tut nur eine Verteilung, die dem Differenzprinzip entspricht. Sandel lässt dagegen außer Acht, dass gesellschaftliche Solidarität für die Parteien im Urzustand durchaus rational ist, da sie aufgrund des Schleiers des Nichtwissens nicht ausschließen können, selbst diejenigen zu sein, die auf diese angewiesen sein werden. Cohen schließlich berücksichtigt nicht ausreichend, dass das Differenzprinzip ein Grundsatz zur Bewertung der Grundstruktur und nicht individueller Handlungen oder Präferenzen wie Gehaltsvorstellungen ist.

Andererseits wurde im Stile externer Kritik bezweifelt, dass es gerecht ist, dem Einfluss von sozialen und natürlichen Faktoren bei der Verteilung sozioökonomischer Güter so entgegenzuwirken, wie Rawls dies mit dem Differenzprinzip tut. Dem Libertären Robert Nozick zufolge ist dies nur möglich, indem man gegen Freiheitsrechte, insbesondere gegen das Recht auf Eigentum, verstößt. Tut der Staat dies und veranlasst eine Umverteilung des Besitzes bzw. Investitionen zugunsten der am schlechtesten Gestellten, behandelt er seine Bürgerinnen so, als seien ihre Talente und deren Früchte nicht ihr eigener, sondern allgemeiner Besitz. Dies ist Nozick zufolge illiberal und daher ungerecht (vgl. Nozick 1976, insbesondere Kap. 7). Gemäß Ronald Dworkin, einem Anhänger des Luck Egalitarianism, missversteht Rawls dagegen, was es heißt, dem Einfluss moralisch irrelevanter Faktoren auf die Lebenschancen der Bürgerinnen entgegenzuwirken. Denn während alle Faktoren, die nicht der Kontrolle des Individuums unterliegen, als moralisch irrelevant angesehen und ihre Effekte ausgeglichen werden sollten, sollten die Bürgerinnen für ihre eigenen Entscheidungen und deren Folgen durchaus verantwortlich gemacht werden. Der Staat sollte zwar *endowment-insensitive*, aber *ambition-sensitive* sein, d. h. er sollte ihrer natürlichen Ausstattung keine Rechnung tragen, wohl aber ihrem Fleiß und persönlichen Einsatz (vgl. Dworkin 1981, 331). Letzteres trifft auf das Differenzprinzip nicht zu. Denn dem Differenzprinzip zufolge muss man die Situation der am schlechtesten Gestellten maximal befördern – selbst dann, wenn die am schlechtesten Gestellten aufgrund ihrer eigenen Entscheidungen in diese Situation geraten sind. Amartya Sen bezweifelt dagegen grundsätzlich den Wert einer Theorie, deren fundamentale Inhalte aus abstrakten Gedankenexperimenten wie dem Urzustand folgen. Um anwendbar zu sein, müssten Gerechtigkeitstheorien ihre Umsetzungsbedingungen – wie etwa das konkrete Verhalten von Personen und die Auswirkungen, die institutionelle Arrangements auf dieses haben – stärker berücksichtigen. Rawls' Theorie sei eine »transcendental solution« (Sen 2009, 70) für das Problem der Gerechtigkeit, aber keine für die reale Welt.

Auf Nozicks Einwand könnte Rawls entgegnen, dass Nozick fälschlicherweise davon ausgeht, dass sich die Bürgerinnen nur wechselseitig in ihrer Freiheit respektieren und nicht auch miteinander solidarisch sein müssten. Denn nach Rawls sind Freiheit und Solidarität gleichermaßen geboten. Dworkins Kritik muss Rawls dagegen akzeptieren. Doch er könnte darauf hinweisen, dass Verteilungsmodelle, die auch *ambition-sensitive* sein wollen (wie Dworkins eigenes Modell, vgl. Dworkin 1981), nur schwer umzusetzen sind. Denn dafür bräuchte der Staat detailliertes Wissen über die Motivationslage seiner Bürgerinnen, was nicht immer mit dem Respekt vor deren Freiheit zu vereinbaren sein wird. Sen gegenüber würde Rawls schließlich darauf insistieren, dass eine Theorie der Gerechtigkeit sowohl realistisch als auch utopisch sein muss (vgl. Rawls 2006, § 1.4) und dass Sen das Gleichgewicht zwischen diesen beiden Polen zugunsten der Anwendbarkeit zu verschieben droht.

Literatur

Cohen, Gerald A.: *If You're an Egalitarian, How Come You're So Rich?* Cambridge MA 2000.

–: *Rescuing Justice and Equality*. Cambridge MA 2008.

Dworkin, Gerald: What is equality? Part 2: Equality of resources. In: *Philosophy and Public Affairs* 10/4 (1981), 283–345.

Harsanyi, John C.: Can the maximin principle serve as a basis for morality? In: *American Political Science Review* 59 (1975), 594–606.

Kersting, Wolfgang: *Theorien der sozialen Gerechtigkeit*. Stuttgart 2000.

Koller, Peter: Rawls' Differenzprinzip und seine Deutungen. In: *Erkenntnis* 20/1 (1983), 1–25.

Nozick, Robert: *Anarchie, Staat, Utopie*. München 1976 (engl. 1974).

Rawls, John: *Eine Theorie der Gerechtigkeit*. Frankfurt a. M. 2000 (engl. 1971).

–: *Politischer Liberalismus*. Frankfurt a. M. 2003 (engl. 1993).

–: *Gerechtigkeit als Fairness – Ein Neuentwurf*. Frankfurt a. M. 2006 (engl. 2001).

Sandel, Michael: *Liberalism and the Limits of Justice*. Cambridge MA 1982.

–: Die verfahrensrechtliche Republik und das ungebundene Selbst. In: Rainer Forst (Hg.): *Kommunitarismus. Eine Debatte über die moralischen Grundlagen moderner Gesellschaften*. Frankfurt a. M. 1993, 18–35.

Sen, Amartya: *Collective Choice and Social Welfare*. San Francisco 1970.

–: *The Idea of Justice*. Cambridge 2009.

Christine Bratu

26 Chancengleichheit

Forderungen nach Chancengleichheit gehen in der Regel davon aus, dass es in einer Gesellschaft unterschiedlich attraktive soziale Positionen gibt. Chancengleichheit wird dann im Hinblick auf den Zugang zu diesen Positionen gefordert. Alle sollten die gleichen Chancen darauf haben, diese Positionen zu besetzen.

Diese Forderung ist klärungsbedürftig. So impliziert die Forderung nach *formaler* Chancengleichheit, dass die Vergabe bestimmter Positionen (z. B. auf dem Arbeitsmarkt) allein von der Qualifikation abhängen sollte, nicht jedoch von Merkmalen, die für den Aufgabenbereich der Position nicht relevant sind (wie etwa dem Geschlecht). Hier wird also ein Diskriminierungsverbot formuliert. Darüber hinaus wird betont, dass schon das Qualifikationsverfahren der Forderung nach Chancengleichheit genügen müsse. Dies sei der Fall, wenn jeder eine faire Chance hatte, sich zu qualifizieren. Eine solche Forderung nach *fairer* Chancengleichheit findet sich etwa bei John Rawls (1979).

Diese Forderung ist insofern eingeschränkt, als es lediglich um gleiche Chancen für gleich begabte und gleich motivierte Individuen geht. Noch weiter gehende Gerechtigkeitsforderungen geben diese Einschränkungen auf. Dies wird damit begründet, dass natürliche Begabungen nicht in den Verantwortungsbereich der Individuen fallen und daher keine Unterschiede in den Lebensaussichten nach sich ziehen sollten. Die Forderung nach Chancengleichheit wird dabei z. B. als eine nach gleichen Chancen auf Wohlergehen formuliert (Arneson 1989). Darüber hinaus wird kritisiert, dass auch die Motivation und die individuellen Entscheidungen in Forderungen nach Chancengleichheit, und allgemeiner im so genannten ›Luck Egalitarianism‹ (s. Kap. III.39), gerechtigkeitstheoretisch falsch akzentuiert werden (Anderson 1999).

Formale Chancengleichheit

Das Prinzip der formalen Chancengleichheit verlangt, dass attraktive Positionen allen dafür qualifizierten Bewerbern offenstehen sollen. Die Attraktivität der Position kann sich aus ihrer Wirkungsmacht ergeben (etwa politische Ämter), aus dem hohen Einkommen, welches die Position verspricht, oder (allgemeiner) aus dem individuellen Wohlergehen, welches sie gewährt (etwa ein erfüllender Beruf). Formale Chancengleichheit erlegt denjenigen, die diese Positionen zu vergeben haben, Beschränkungen auf. Wenn ein Arbeitgeber etwa in seinem Unternehmen systematisch keine Mitglieder bestimmter Bevölkerungsgruppen einstellt, weil er ihnen gegenüber Vorurteile hegt, dann liegt ein Verstoß gegen die Forderung nach formaler Chancengleichheit vor. Diese Forderung lässt sich somit als ein Diskriminierungsverbot verstehen. Sie impliziert zum einen, dass niemandem rechtlich der Zugang zu bestimmten Positionen verwehrt sein soll. Darüber hinaus kann sie als ein moralisches Verbot der Diskriminierung verstanden werden. Ein solches Diskriminierungsverbot schließt z. B. eine Bevorzugung aufgrund des Geschlechts oder der Hautfarbe aus. Stärker ist die Forderung, dass jedes andere Kriterium als das der Befähigung für die zu besetzende Stelle unzulässig ist, etwa die Bevorzugung von Familienmitgliedern (Gosepath 2004, 437 f.).

Umstritten ist, ob *affirmative action* mit der Forderung nach formaler Chancengleichheit vereinbar ist. Ein Beispiel für *affirmative action* sind Quotenregelungen. So wurden etwa für deutsche Hochschulen Quoten für Studierende mit Migrationshintergrund gefordert und für Führungspositionen in der Wirtschaft Frauenquoten. Angenommen, eine derartige Regelung führt dazu, dass sich ein Arbeitgeber in einem konkreten Fall gezwungen sieht, eine vergleichsweise schlechter qualifizierte Person vorzuziehen. Würde dies gegen die Forderung nach formaler Chancengleichheit verstoßen? Die Antwort auf diese Frage hängt davon ab, ob sich diese Forderung auf die Chancen von Individuen und somit auf den Einzelfall oder eher auf eine gesellschaftliche Praxis richtet. Elizabeth Anderson (2002) betont zugunsten von *affirmative action* an amerikanischen Universitäten, dass es letztlich um die Integration benachteiligter Gruppen in die Gesellschaft gehe (vgl. dazu auch Jacobs 2004, 124–142). Falls man sich allerdings stark auf Individuen und deren Chancen bezieht, stellt sich die Frage, ob man es für vertretbar hält, einzelnen Individuen schlechtere Chancen zuzuteilen, um dadurch auf lange Sicht einer weit größeren Zahl anderer Individuen formale Chancengleichheit zu ermöglichen.

Onora O'Neill (1977, 182) räumt durchaus ein, dass Quotenregelungen gegen die Forderung nach formaler Chancengleichheit verstoßen. Allerdings ließen sie sich unter Verweis auf die Forderung nach substantieller Chancengleichheit rechtfertigen. Damit negiert O'Neill explizit den Fokus auf formale Chancengleichheit und schlägt eine weitere Interpretation des Prinzips der Chancengleichheit vor. Dieses Prinzip wird in der Literatur unter dem Namen *substantielle* Chancengleichheit diskutiert. Der formalen Chancengleichheit ist Genüge geleistet, wenn von den gleich qualifizierten Bewerbern niemand von der Bewerbung um eine attraktive Position ausgeschlossen ist. Forderungen nach substantieller Chancengleichheit gehen darüber hinaus und beziehen sich auf die Chancen dafür, sich überhaupt zu qualifizieren. Die in der Literatur wohl meistdiskutierte Variante einer solchen Forderung nach substantieller Chancengleichheit ist Rawls' Prinzip der *fairen* Chancengleichheit.

Faire Chancengleichheit

Auch Rawls geht in seiner *Theorie der Gerechtigkeit* über die Forderung nach *formaler* Chancengleichheit hinaus und fordert *faire* Chancengleichheit. In seinem zweiten Gerechtigkeitsgrundsatz betont er, soziale und ökonomische Ungleichheiten sollten so arrangiert werden, dass die am schlechtesten gestellten Bürger möglichst gut dastehen (Differenzprinzip, s. Kap. II.25). Zudem fordert er, dass allen Bürgern die attraktiven Positionen unter den Bedingungen der fairen Chancengleichheit offenstehen müssen (Rawls 1979, 105–110). Danach sollten nicht nur gleich Qualifizierte die gleichen Chancen haben, sondern alle sollten die gleichen Chancen haben, sich zu qualifizieren.

Kinder armer oder weniger gebildeter Eltern haben oftmals nicht die gleichen Aussichten darauf, bestimmte gesellschaftliche Positionen zu besetzen. Es ist unwahrscheinlicher, dass sie in diese Positionen kommen, denn sie haben dabei größere Hindernisse zu überwinden. Die Forderung nach einer Gleichheit der Chancen wird daher einerseits so interpretiert, dass für alle die gleiche Wahrscheinlichkeit bestehen sollte, bestimmte Ziele zu erreichen (z. B. O'Neill 1977, 184). Andererseits wird sie so analysiert, dass es um die Abwesenheit bestimmter Hindernisse beim Erreichen dieser Ziele geht (Westen 1985). Beide Interpretationen sind kompatibel, wenn statistische Zusammenhänge als Indizien für das Vorliegen von Hindernissen angesehen werden. So ist empirisch festzustellen, dass der Bildungserfolg sehr stark mit dem sozialen Hintergrund korreliert, und zur Erklärung lässt sich auf bestimmte Hindernisse verweisen, wie z. B. auf mangelnde monetäre Ressourcen zur Finanzierung von Nachhilfeunterricht.

Da Forderungen nach Chancengleichheit den Zugang zu attraktiven Positionen im Blick haben, liegt es nahe, dem Bildungssystem eine besonders große Rolle bei der Einlösung dieser Forderungen zuzuschreiben (s. Kap. V.58). So wird etwa gefordert, für eine größere soziale Durchmischung innerhalb des staatlichen Schulsystems zu sorgen, und zwar sowohl auf der Ebene der Grund- wie auch der weiterführenden Schulen. Allerdings ist zu erwarten, dass manche Eltern ihren Kindern dennoch Wettbewerbsvorteile verschaffen, etwa dadurch, dass sie ihre Kinder auf eine elitäre Privatschule oder in den Ferien auf Sprachreisen schicken. Darüber hinaus profitieren Kinder gänzlich unabhängig von diesen ökonomischen Möglichkeiten von dem Bildungshintergrund ihrer Eltern. Forderungen nach Chancengleichheit sind daher in ihrer Einlösung mit erheblichen Problemen konfrontiert. Finanzielle Nachteile lassen sich in einem bestimmten Rahmen ausgleichen, bei den Unterschieden in den nicht-monetären Bildungsinvestitionen ist dies jedoch nicht umfänglich zu realisieren. Maßnahmen, die zumindest für *mehr* Chancengleichheit sorgen würden, schränken zudem oftmals Freiheiten ein (etwa hinsichtlich der Wahl der Schule für die eigenen Kinder). Dies diskreditiert die Forderung nach Chancengleichheit zwar nicht als solche, zeigt aber mögliche Wertkonflikte auf.

Jenseits der Problematik, dass der Einlösung der Forderung nach substantieller Chancengleichheit andere Werte entgegenstehen, gibt es in der Literatur darüber hinaus grundsätzlichere Kritikpunkte an dieser Forderung. Eine solche Kritik wird von Seiten der Libertarier formuliert, welche die Einlösung dieser Forderung für prinzipiell unvereinbar mit bestimmten Rechten halten (Nozick 1974; s. Kap. III.32). Eine weitere grundsätzliche Kritik richtet sich dagegen, dass das Prinzip der substantiellen bzw. fairen Chancengleichheit Gerechtigkeitsüberlegungen zu stark daran orientiert, wofür die einzelnen Individuen vermeintlich selbst verantwortlich sind. Dieser zweiten Kritik soll nun näher nachgegangen werden.

Kritik an der Forderung nach Chancengleichheit

Faire Chancengleichheit liegt vor, wenn soziale Faktoren für den Bildungserfolg und für die Aussichten auf das Erreichen attraktiver Positionen keine Rolle spielen. Menschen mit gleichen Fähigkeiten und Begabungen und gleicher Bereitschaft, diese einzusetzen, sollten auch die gleichen Erfolgsaussichten haben. Rawls betont zwar ausdrücklich, dass man seinen Platz in der Verteilung der natürlichen Begabungen ebenso wenig verdient hat wie die eigene Ausgangsposition in der Gesellschaft. Dem soll aber durch das Differenzprinzip Rechnung getragen werden, welches die Lebensaussichten der am wenigsten Begünstigten in den Blick nimmt. Das Prinzip der fairen Chancengleichheit ist dem Differenzprinzip lexikalisch vorgeordnet (Rawls 1979, 110). Da aber schwer zu sehen ist, warum die am wenigsten Begünstigten auf Chancengleichheit beharren sollten, wenn sie hinsichtlich der Güterverteilung besser dastehen könnten, wurde dieser lexikalische Vorrang oftmals kritisiert (z. B. von Pogge 1994, 99–103 und Arneson 1999).

Wenn also die natürlichen Begabungen gerechtigkeitstheoretisch auf einer Ebene mit der sozialen Herkunft liegen, könnte man das Prinzip der Chancengleichheit so formulieren, dass es dem Rechnung trägt. Es würden dann nicht lediglich gleiche Chancen für gleich begabte Individuen, sondern gleiche Chancen für alle Individuen gefordert. Diese Chancen beziehen sich jedoch nicht auf den Bildungserfolg (jedenfalls nicht unter der Voraussetzung, dass dieser notwendig von bestimmten natürlichen Begabungen abhängt). Vielmehr müsste das Ziel, hinsichtlich dessen die Chancen gleich sein sollen, allgemeiner formuliert werden. Eine solche Zielformulierung findet sich z. B. in Arnesons Forderung nach gleichen Chancen auf Wohlergehen (Arneson 1989). Jenseits der Frage nach der gerechtigkeitstheoretischen Relevanz von Begabungen ist zudem die zu unkritische Rede von den ›natürlichen‹ Begabungen und Talenten zu monieren, da das Potential zu künftigen Leistungen in einem höheren Ausmaß von sozialen Bedingungen abhängt als mit dieser Rede oftmals unterstellt wird.

Auch der Rekurs auf die gerechtigkeitstheoretische Relevanz der Motivation ist umstritten. Rawls fordert ja, dass Menschen mit gleichen Begabungen und gleicher Bereitschaft, diese einzusetzen, die gleichen Erfolgsaussichten haben sollten. Allerdings scheint die soziale Herkunft einen starken Einfluss auf die so verstandene Motivation zu haben. Zudem hängt die Bereitschaft, die eigenen Begabungen einzusetzen, stark damit zusammen, was man sich überhaupt zutraut (Sher 2012). Daher lässt sich nicht nur die gerechtigkeitstheoretische Relevanz (vermeintlich natürlicher) Begabungen bestreiten, sondern auch die Relevanz eigener Entscheidungen. Dies dürfte insbesondere im Bildungsbereich einschlägig sein, weil hier hinzukommt, dass man Kinder für ihre Entscheidungen nicht umfänglich verantwortlich erklären kann (z. B. wenn sie darauf verzichten, sich um einen guten Schulabschluss zu bemühen).

Anderson (1999) kritisiert allgemein den Fokus auf individuelle Verantwortlichkeiten, der für den Luck Egalitarianism (s. Kap. III.39) charakteristisch sei. Glücksegalitaristen behaupten, dass Handelnde die Konsequenzen ihrer freien Entscheidungen selbst tragen sollten und Ungleichheiten, die durch solche freien Entscheidungen entstehen, nicht ausgeglichen werden müssen. Alle sollten zwar gleiche Startbedingungen haben, aber wenn das gewährleistet ist, müssten Ungleichheiten, die z. B. aus leichtsinnigem Verhalten entstehen, nicht beseitigt werden. Anderson wendet gegen den Glücksegalitarismus unter anderem ein, dass jemand bekommen sollte, was er braucht, und zwar auch dann, wenn er es nur deshalb braucht, weil er zuvor extrem unklug gehandelt hat.

Allerdings kann auch ein Glücksegalitarist behaupten, dass man sein Anrecht auf Güter, die man unbedingt braucht (wie etwa medizinische Versorgung), nicht verspielen kann. Zudem könnte man weitere Gerechtigkeitsprinzipien formulieren (wie etwa bei Rawls das Differenzprinzip), die einer meritokratischen Gesellschaft entgegenwirken. Gegen das Prinzip der Chancengleichheit ist aber eingewendet worden, dass es derartige Gerechtigkeitsforderungen konterkariert. Es führe dazu, dass die Mitglieder einer Gesellschaft unsolidarisch werden gegenüber denen, die es nicht geschafft haben, die begehrten Positionen zu erreichen. Das Prinzip der Chancengleichheit werde also von einem kompetitiven statt von einem tatsächlich an Gerechtigkeit orientierten Geist getragen (so bereits Schaar 1967).

Mit Blick auf das Prinzip der Chancengleichheit stellt sich daher die Frage, warum die individuelle Anstrengung und Motivation so in den Vordergrund gerückt werden sollte, wie es dieses Prinzip vorsieht. Oftmals scheint dahinter die Annahme zu stehen, dass insgesamt weniger erwirtschaftet wird, wenn man der individuellen Anstrengung in Forderungen der Gerechtigkeit kein großes Gewicht beimisst. Wenn weniger erwirtschaftet wird, kann insgesamt weniger verteilt werden, und dies sei auch den weniger begünstigten Individuen letztlich abträglich. Gegen diese Überlegung lässt sich jedoch einwenden, dass sie dem Prinzip der Chancengleichheit allenfalls einen instrumentellen Wert beimisst. Dieses würde sich dann letztlich aus anderen Gerechtigkeitsforderungen ergeben (etwa aus dem Differenzprinzip) oder aber aus einer konsequentialistischen Argumentation (Cavanagh 2002).

Eine weitere Erklärung dafür, dass es nicht um eine Gleichverteilung von Gütern, sondern von Chancen gehen muss, besteht darin, dass man in bestimmten

Bereichen allenfalls Angebote machen kann. Der Bildungsbereich ist dafür ein Beispiel. So ist etwa der Erwerb bestimmter Bildungszertifikate oder ein Hochschulstudium ein Angebot, welches man wahrnehmen, aber auch ausschlagen kann. Allerdings ist an dieser Stelle einzuwenden, dass Kinder nicht umfänglich für ihre Entscheidungen verantwortlich gemacht werden können. Wenn sie etwa nicht ausreichend motiviert sind, das zu leisten, was für den Erwerb bestimmter Bildungszertifikate nötig ist, dann sollten sie zusätzlich motiviert werden, statt retrospektiv darauf zu verweisen, dass sie ja immerhin eine Chance hatten und nun selbst dafür verantwortlich sind, diese nicht genutzt zu haben. Dies trifft insbesondere auf den Erwerb sehr grundlegender Fähigkeiten zu. Alle Kinder sollten lesen lernen und nicht lediglich die Chance darauf haben, lesen zu lernen.

Einwänden dieser Art lässt sich jedoch dadurch begegnen, dass man die Forderung nach Chancengleichheit auf einen späteren Zeitpunkt verlegt. Sie ist dann so zu verstehen, dass mit dem Eintritt ins Erwachsenenalter alle die gleichen Chancen haben sollen, sich um bestimmte vorteilhafte Positionen zu bemühen (Sachs 2012). Auch diese Forderung rückt jedoch die Einrichtung des Bildungssystems in den Blick. Sie impliziert nämlich, dass dieses so ausgerichtet sein sollte, dass die soziale Herkunft keinen oder zumindest einen weniger starken Einfluss auf die Bildungsaussichten hat als bisher. Der Bildungsbereich ist damit tatsächlich ein gutes Beispiel für eine Anwendung der Forderung nach Chancengleichheit. Ein anderes Beispiel wäre die Erbschaftssteuer (s. Kap. V.75). Auch sie ließe sich unter Rekurs auf die Forderung nach Chancengleichheit rechtfertigen, denn auch hier geht es darum, dass die Erfolgsaussichten in dem Bemühen um vorteilhafte Positionen nicht von der sozialen Herkunft abhängen sollten.

Literatur

Anderson, Elizabeth S.: What is the point of equality? In: *Ethics* 109/2 (1999), 287–337.

–: Integration, affirmative action, and strict scrutiny. In: *New York University Law Review* 77 (2002), 1195–1271.

Arneson, Richard J.: Equality of opportunity for welfare. In: *Philosophical Studies* 56/1 (1989), 77–93.

–: Against Rawlsian equality of opportunity. In: *Philosophical Studies* 93/1 (1999), 77–112.

Cavanagh, Matt: *Against Equal Opportunity*. Oxford 2002.

Gosepath, Stefan: *Gleiche Gerechtigkeit. Grundlagen eines liberalen Egalitarismus*. Frankfurt a. M. 2004.

Jacobs, Lesley A.: *Pursuing Equal Opportunities: The Theory and Practice of Egalitarian Justice*. New York 2004.

Nozick, Robert: *Anarchy, State, and Utopia*. New York 1974.

O'Neill, Onora: How do we know when opportunities are equal? In: Mary Vetterling-Braggin/Frederick Elliston (Hg.): *Feminism and Philosophy*. Totowa NJ 1977, 177–189.

Pogge, Thomas W.: *John Rawls*. München 1994.

Rawls, John: *Eine Theorie der Gerechtigkeit*. Frankfurt a. M. 1979 (engl. 1971).

Sachs, Benjamin: The limits of fair equality of opportunity. In: *Philosophical Studies* 160/2 (2012), 323–343.

Schaar, John H.: Equality of opportunity, and beyond. In: J. Roland Pennock/John W.Chapman (Hg.): *Equality*. New York 1967, 228–249.

Sher, George: Talents and choices. In: *Nous* 46/3 (2012), 400–417.

Westen, Peter: The concept of equal opportunity. In: *Ethics* 95/4 (1985), 837–850.

Kirsten Meyer

27 Fairness

Die Kritik, etwas sei ›unfair‹, ist im Alltagsleben sowie in öffentlichen und politischen Debatten häufig zu hören. Empirische Studien zeigen, dass die meisten Menschen starke moralische Intuitionen haben, wenn es darum geht, bestimmte Situationen als ›unfair‹ einzuschätzen, und dass sie sich in dieser Einschätzung oft einig sind (vgl. Finkel 2001). Die meisten Autoren verwenden den Begriff, ohne ihn zu definieren, offenbar in der Annahme, dass er vom Common Sense verstanden wird. Nichtsdestotrotz ist der genaue Gehalt des Fairness-Konzepts schwierig zu erfassen. Zu ›Fairness‹ selbst gibt es im Gegensatz zum Konzept der Gerechtigkeit nur wenig Literatur und kaum ausgearbeitete Theorien (v. a. Broome 1990; Carr 2000; Hooker 2005). Aus diesem Grund liegt der Fokus dieses Kapitels auf verschiedenen möglichen Explikationen des Fairness-Begriffs. Da ›Fairness‹ in einigen der prominentesten Gerechtigkeitstheorien, z. B. bei Rawls 1998 und Sen 2010, eine wichtige Rolle spielt, werden wir uns weiter unten mit der Bedeutung von ›Fairness‹ für diese Theorien befassen. Beginnen wollen wir unsere Auseinandersetzung mit ›Fairness‹ nun mit der Frage nach dem Verhältnis zwischen Gerechtigkeit und Fairness und derjenigen nach den Kontexten und Objekten von Fairness-Urteilen.

Wie das Verhältnis zwischen Fairness und Gerechtigkeit genau zu verstehen ist, hängt von substanziellen Vorannahmen zur Explikation der beiden Begriffe ab und fällt entsprechend verschieden aus. Einige Autoren verwenden Fairness im Sinne von *prozeduraler* Gerechtigkeit, während Gerechtigkeit als mit *Ergebnis*-Gerechtigkeit, d. h. als mit der Erfüllung substanzieller Ansprüche befasst verstanden wird (z. B. Carr 2000); andere verstehen ›Fairness‹ im Sinne formaler Gerechtigkeit und ›Gerechtigkeit‹ im Sinne materialer Gerechtigkeit (Klosko 1992); einige Autoren wiederum benutzen ›Fairness‹ weitgehend synonym mit sozialer Gerechtigkeit (z. B. Miller 2008; Hooker 2005). Daneben gibt es verschiedene weitere mögliche Unterscheidungen, die auf unterschiedlichen Explikationen der beiden Begriffe beruhen.

Eine nach Ansicht der Autorin plausible Unterscheidung geht dahin, dass Fairness-Urteile sich im Gegensatz zu Gerechtigkeitsurteilen auf *komparative Bevorzugungen und Benachteiligungen* bzw. die Verteilung von *relativen Vor- und Nachteilen* richten (vgl. Carr 1981, 214 f.). Die Grundzüge eines so verstandenen Fairness-Begriffs, der sowohl auf Hintergrundbedingungen und Prozeduren als auch auf Verteilungsergebnisse Anwendung finden kann, sollen anhand eines Zitats von T. M. Scanlon erläutert werden: »Wir haben Grund gegen Prinzipien einfach deshalb Einspruch zu erheben, weil sie willkürlich die Ansprüche einiger gegenüber anderen bevorzugen: das soll heißen, weil sie unfair sind« (Scanlon 1998, 216; eigene Übers.). Als unfair wird also eine *willkürliche Bevorzugung* einiger (bzw. ihrer Ansprüche) gegenüber anderen angesehen: Entscheidend im Hinblick auf die *Fairness* komparativer Bevorzugungen und Benachteiligungen ist, ob moralisch rechtfertigbare Gründe dafür vorliegen oder nicht, in welchem Fall sie eben *willkürlich* sind. Welche Gründe dabei für die Bevorzugung einiger Personen bei einer bestimmten Verteilung von Vor- und Nachteilen moralisch rechtfertigbar sind, hängt davon ab, welche Anspruchsgrundlagen dabei als relevant angesehen werden. Es ist ›Fairness‹ im Sinne dieses Ausschaltens willkürlicher Bevorzugungen und Benachteiligungen, die in den Gerechtigkeitstheorien von John Rawls und Amartya Sen eine wichtige Rolle spielt.

Kontexte und Objekte von Fairness-Urteilen

Die Kontexte von Urteilen über Unfairness sind sehr vielfältig: Wettkämpfe, Wettbewerbe, Spiele, Lotterien, Verteilungen, Anstehen, Gerichtsprozesse, Wahlen, Verhandlungen, Arbeitsverhältnisse, Handelsverhältnisse etc. Ihnen gemeinsam ist, dass sie »contested contexts« sind, die unweigerlich komparative Bevorzugungen und Benachteiligungen beinhalten, d. h. Unterscheidungen, die einigen zugutekommen, während sie die Situation anderer verschlechtern oder unverändert lassen (Carr 2000, 14). Entsprechend kann in ihnen versucht werden, komparative Vorteile oder die Vermeidung komparativer Nachteile auf moralisch problematische Weise auf Kosten anderer zu erreichen (vgl. ebd.).

Die Objekte, auf die sich Fairness-Urteile richten, lassen sich in drei Ebenen unterteilen: Auf einer ersten Ebene werden *individuelle Handlungen* im Hinblick auf ihre Fairness beurteilt. So wird beispielsweise absichtliches Foulen oder Doping eines Athleten, Bestechung bei Wettbewerben, ›Schummeln‹ bei Spielen, Vordrängeln in einer Schlange etc. als unfair verurteilt. Die Handlungen von individuellen Akteuren, die mit der Umsetzung von Regeln und Gesetzen betraut sind (Schiedsrichter, Richter, Zuständige in Auswahlverfahren etc.) stehen oft speziell im Fokus von Fairness-Kritiken.

Auf einer zweiten, übergeordneten Ebene können *soziale Praktiken und ihre Regeln* selbst als fair oder unfair beurteilt werden. So könnte beispielsweise eine Wettkampfregel, die Kämpfe zwischen Boxern mit großem Gewichtsunterschied zulässt, als unfair angesehen werden (Barry 1965, 98 f.), ebenso eine soziale Praktik, die es Wirten erlaubt, Ausländern den Zutritt zu ihrem Lokal zu verwehren, oder eine Regel im Auswahlprozess für ein Stipendium, die tätowierte Bewerber benachteiligt.

Auf einer dritten Ebene sind *Institutionen*, *Gesetze*, *institutionelle Regeln* und *gesellschaftliche Hintergrundbedingungen* (die *basic structure von Gesellschaften*) Gegenstand von Fairness-Urteilen. So würden z. B. ein Gesetz, das Frauen das Autofahren verbietet, ein Gesetz, das alleinerziehenden Müttern eine größere Steuerlast auferlegt als der übrigen Bevölkerung, oder eine gesellschaftliche *Hintergrundbedingung*, die dazu führt, dass Menschen aus niedrigen Einkommensschichten viel schlechtere Chancen auf eine höhere Ausbildung haben als die übrige Bevölkerung, als unfair beurteilt. Auf dieser Ebene werden als Objekt von ›Fairness‹-Betrachtungen auch oft die Kriterien sozialer Verteilungsgerechtigkeit angesehen, d. h. es wird die Frage gestellt, was das ›faire‹ (angemessene, gerechte) Kriterium der Verteilungsgerechtigkeit darstelle.

Eine solche enge Verknüpfung von ›Fairness‹ und den Prinzipien sozialer Gerechtigkeit ist auch in den Gerechtigkeitstheorien von Rawls und Sen zu beobachten. Wie ›Fairness‹ dort genau verstanden wird und welche Rolle sie in den entsprechenden Gerechtigkeitstheorien spielt, soll im Folgenden erläutert werden.

Fairness und Gerechtigkeit bei Rawls und Sen

In John Rawls' *Eine Theorie der Gerechtigkeit* (TdG) wird Fairness als Teilaspekt der Gerechtigkeit angesehen. Die zentrale Idee der TdG, deren Untertitel im Original »Gerechtigkeit als Fairness« (»justice as fairness«) lautet, besteht darin, dass die Züge einer *gerechten* gesellschaftlichen Grundstruktur mit Hilfe eines *fairen* Prozesses ermittelt werden sollen. Während Rawls Gerechtigkeit also als Eigenschaft von *Institutionen* versteht, wird Fairness in erster Linie im Sinne der *Unparteilichkeit von Prozessen* konzeptualisiert (mehr zur Explikation von Fairness als Unparteilichkeit weiter unten). Der Urzustand, in dem die substanziellen Gerechtigkeitsgrundsätze beschlossen werden, wird dazu mithilfe des ›Schleiers des Nichtwissens‹ so strukturiert, dass er die Unparteilichkeit des Entscheidungsprozesses sicherstellt und so dafür sorgt, dass nur moralisch relevante Gründe zur unterschiedlichen Behandlung von Personen berücksichtigt werden (Rawls 1998). Fairness besteht gemäß Rawls also darin, ungerechtfertigte Bevorzugungen und Benachteiligungen zu vermeiden. In diesem Sinn liegt Fairness auch dem Rawlsschen Prinzip der ›fairen Chancengleichheit‹ zugrunde, dem zweiten Teil seines zweiten Gerechtigkeitsprinzips, welches verlangt, dass eine Gesellschaft während der prägenden Kinder- und Jugendjahre ihrer Mitglieder tut, was sie kann, um deren Lebenschancen auszugleichen und damit ungerechtfertigten Bevorzugungen und Benachteiligungen entgegenzuwirken. Fairness taucht bei Rawls außerdem im ›Principle of Fairness‹ auf, das besagt, dass man nicht von den kooperativen Anstrengungen anderer profitieren darf, ohne selbst seinen fairen Anteil beizutragen (ebd.,133; mehr dazu s. u.).

Amartya Sen übernimmt von Rawls die Idee, dass Fairness im Sinne von Unparteilichkeit einen zentralen, impliziten Aspekt von Gerechtigkeit bildet (z. B. Sen 2010). Sens Idee von Fairness als Unparteilichkeit ist dabei als ›unparteilich begründbar‹ zu verstehen und ist angelehnt an die Vorstellung eines unparteilichen Beobachters im Sinne von Adam Smiths *Theorie der ethischen Gefühle* (Smith 1759/2004, Teil III, Kap. 1). Bezüglich der Methodik zum Erreichen von Unparteilichkeit setzt Sen im Gegensatz zu Rawls auf einen unparteilichen öffentlichen Diskurs über alle Landesgrenzen hinaus, in dem Begründungen von allen vorgebracht und die Interessen aller berücksichtigt werden. An Rawls' Ansatz kritisiert Sen in *Equality of What?* (1980) genauso wie Martha Nussbaum (2010) und Will Kymlicka (1997), dass Rawls' Prinzipien im Fall von behinderten Menschen gerade keine faire Behandlung sicherstellen, da Rawls' Einheit zum Vergleich von Vor- und Nachteilen in *sozialen* Primärgütern besteht, während *natürliche* Primärgüter wie die Fähigkeit zu gehen, zu hören etc. nicht berücksichtigt werden. Entsprechend berechtigen Nachteile behinderter Menschen diese nicht zum Bezug von Ressourcen, welche diese ausgleichen (außer auf Grundlage des Differenzprinzips, s. Kap. II.25), was tatsächlich in einer unfairen Benachteiligung derselben resultiert. Dieses Problem soll der Capability-Ansatz von Sen und Nussbaum vermeiden (s. Kap. IV.43).

Verschiedene Fairness-Explikationen

Im Folgenden werden einige der plausibelsten Vorschläge von Fairness-Explikationen vorgestellt und zu den vorangehenden Ausführungen in Beziehung gesetzt. Es gibt daneben viele weitere Explikationsvorschläge, die unplausibel erscheinen und auf die hier nicht eingegangen wird, u. a. Fairness als Respekt vor Personen, Regelbefolgung, formale Gerechtigkeit, Reziprozität, konsequenzialistische moralische Richtigkeit, etc.

Fairness als Unparteilichkeit

Eine weitverbreitete Explikation von Fairness versteht diese als Unparteilichkeit (z. B. Rawls 1998; Sen 2010; Cullity 2008; Gert 2005). Unparteilichkeit ist ein prozeduraler Fairness-Standard, der selbst komplex und interpretationsbedürftig ist (vgl. Jollimore 2014). Sie ist eng mit der Vorstellung eines neutralen *moral point of view* verbunden (z. B. Smith 1759/2004) sowie mit der Idee der Gleichheit, denn die moralische Wichtigkeit von Unparteilichkeit besteht darin, dass jeder grundsätzlich als Gleicher behandelt wird (Dworkin 1990), d. h. dass seine Ansprüche gleichermaßen berücksichtigt werden. Unparteilichkeit impliziert die Vermeidung von ungerechtfertigten Bevorzugungen und Benachteiligungen und ist eng mit der Forderung nach Chancengleichheit (s. Kap. II.26) verbunden.

Die Explikation von Fairness als Unparteilichkeit ist vor allem in Bezug auf institutionelle Kontexte (in einem weiten Sinn) plausibel, und zwar sowohl bezüglich ihrer Regeln als auch bezüglich deren Anwendung bzw. der Handlungen derjenigen Akteure, die damit betraut sind, die Regeln umzusetzen (z. B. Richter oder Schiedsrichter). Sie ist jedoch grundsätzlich ergänzungsbedürftig in Bezug auf die Anspruchsgrundlagen, die im jeweiligen Kontext eine Ungleichbehandlung rechtfertigen können oder sogar fordern. In Bezug auf die Handlungen der übrigen individuellen Akteure ergibt diese Explikation jedoch oft keinen Sinn – so ist es z. B. nicht unfair, wenn Sportler gewinnen wollen und somit ›parteilich‹ sich selbst gegenüber sind (Carr 2000, 18).

Fairness als Nicht-Benachteiligen oder Nicht-Ausnutzen (*not taking advantage*)

Fairness wird oft als ›nicht unrechtmäßig benachteiligen oder ausnutzen‹ (*not taking undue advantage*, z. B. Hackett Fisher 2012) expliziert. Fälle, in denen jemand benachteiligt oder jemand oder etwas ausgenutzt wird, gehören zu den intuitiv eindeutigsten Beispielen unfairen Verhaltens. Dies überrascht nicht, denn wie wir sagten sind Fairness-Überlegungen gerade in umstrittenen Situationen relevant, in denen versucht werden kann, komparative Vorteile auf Kosten anderer zu erlangen. Auf der anderen Seite ist offenbar nicht jedes Ausnutzen und jede komparative Benachteiligung unfair. Wenn ein Tennisspieler die schwache Rückhand seines Gegners ausnutzt, um sich einen Vorteil zu verschaffen, oder wenn ein Marktteilnehmer einen Konkurrenten benachteiligt, indem er ein Geschäft gründet, dessen Erfolg die erste Firma schließlich vom Markt verdrängt, ist dies nicht per se unfair. Die Frage ist also, *was genau bestimmte Formen* von Ausnutzen und Benachteiligen unfair macht oder, in anderen Worten, was das zusätzliche *Kriterium* dafür ist, dass eine bestimmte Art von Benachteiligung unfair ist. Dieses Kriterium hängt jeweils vom spezifischen Kontext ab, der Bevorzugung und Benachteiligung *auf bestimmten Grundlagen* erlaubt und andere verbietet: Auf der einen Seite lassen sich die Grundlagen für legitimes Benachteiligen im Kontext von spezifischen sozialen Praktiken (Wettkämpfen, Wettbewerben, Wahlen, Anstehen etc.) plausibel aus den Zielen bzw. zugrundeliegenden Prinzipien der Praktiken selbst begründen (s. u.). Auf der anderen Seite ist die entscheidende Frage bei klassischen Verteilungsfragen und gerade auch im Bereich sozialer Gerechtigkeit (also in Bezug auf die institutionelle dritte Ebene) die Frage nach den grundlegenden Anspruchsgrundlagen, für die es verschiedene Kandidaten gibt: Verdienste, Bedürfnisse, Priorität der am schlechtesten Gestellten, etc. Abhängig von der akzeptierten Anspruchsgrundlage werden verschiedene Verteilungen als fair oder unfair angesehen, woraus sich verschiedene Positionen zur Fairness von bestimmten *policies* etc. ergeben. So verstanden ist Fairness primär ein prozeduraler Standard, dessen Anforderungen mit dem spezifischen Kontext variieren, aber immer an einem grundlegenden moralischen Ideal der Gleichwertigkeit aller Menschen und am Ideal der Chancengleichheit gemessen werden. Letzteres bedeutet, dass Fairness sensitiv ist (oder zumindest sein kann) für bestehende Nachteile einiger Teilnehmer in den Hintergrundbedingungen der Praktik. So könnte bei einem Essay-Wettbewerb z. B. der zusätzliche Gesichtspunkt des Alters der Teilnehmer mit einbezogen werden, so dass einem sehr jungen Autor (sagen wir, einem 12-Jährigen) ein Bonus aufgrund des Nachteils seiner Jugend eingeräumt wird. Fairness kann auf dieser

Grundlage also auch heißen, dass Nachteile in den Hintergrundbedingungen einer Praktik (hypothetisch) korrigiert werden, um die gleichberechtigte Teilnahme der benachteiligten Parteien an der Praktik zu gewährleisten. Was in jedem Fall als extrem unfair angesehen wird, ist eine Benachteiligung von bereits benachteiligten Personen (z. B. eine höhere Besteuerung von alleinerziehenden Eltern).

Fairness als Ausrichtung auf das ›Ziel‹ bzw. die zugrunde liegenden Prinzipien sozialer Praktiken

Craig Carr (2000) hat eine Explikation von Fairness vorgeschlagen, welche das Konzept als inhärent in soziale Praktiken eingebettet versteht. Carr argumentiert dafür, Fairness als Ausrichtung auf das ›Ziel‹ oder *telos* einer assoziativen sozialen Praktik bzw. die ihr zugrunde liegenden Prinzipien (englisch: *rationale*) zu verstehen – und zwar sowohl die Fairness der präskriptiven Regeln, die eine bestimmte Praktik regeln, als auch die der Handlungen der Teilnehmer an der Praxis. Was Fairness verlangt, hängt entsprechend davon ab, ob und wie bestimmte Regeln oder Handlungen den Prinzipien bzw. dem *telos* dienen, welche der Praktik zugrunde liegen und sie inspirieren, oder anders ausgedrückt: Regeln, Handlungen etc. sind in dem Maße ›fair‹, wie sie das ›richtige Resultat‹ der Praktik gemäß ihres Ziels fördern (vgl. ebd., 47). Dies bedeutet, dass das Ziel der Praktik die Anspruchsbasis (bzw. die Kriterien) definiert, aufgrund derer die Vor- und Nachteile fairerweise verteilt werden. So wird z. B. beim erwähnten Essay-Wettbewerb das Ziel darin bestehen, den besten Essay zu eruieren, und die angemessenen Kriterien zu diesem Zweck werden z. B. Stil, Konzeption, Originalität etc. sein. Fließen für das Ziel der Praktik irrelevante Kriterien in die Bewertung mit ein (z. B. Geschlecht, Verwandtschaft mit einem Juror etc.), ist dies entsprechend unfair.

Gemäß dieser Explikation erfordert die Bestimmung dessen, was Fairness fordert, eine Reflexion auf die ›Ziele‹ der betreffenden sozialen Praktik – was natürlich problematisch ist, da diese sich daraus ergeben, wie die Praktik sich historisch konkret entwickelt hat, und es folglich zweifellos kontrovers ist, was man als solche ›Ziele‹ ansehen soll. Wenn Fairness aber tatsächlich inhärent in soziale Praktiken eingebettet ist, ist dies kein Argument gegen die vorgeschlagene Explikation, sondern eine unvermeidliche Schwierigkeit, die es zu lösen gilt. In diesem Sinn ist es plausibel, eine moralisch informierte konstruktivistische Interpretation der ›Ziele‹ der betreffenden Praktik vorzunehmen, um die ihr zugrundeliegenden Prinzipien zu eruieren (vgl. James 2014, 185), und dabei möglichst unkontroverse Annahmen zu machen. Darüber hinaus kann und muss natürlich auch der moralische Wert von bestehenden sozialen Praktiken als solcher hinterfragt werden. Das Hauptkriterium in dieser Hinsicht ist die grundlegende moralische Gleichheit aller Menschen, welche eine Praktik nicht verletzen darf, wenn sie legitim sein soll. Eine moralisch illegitime soziale Praktik kann ihrerseits keine Fairness-Pflichten generieren.

Die Explikation von Fairness als Ausrichtung auf die Ziele sozialer Praktiken ist grundsätzlich auf der ersten und zweiten Ebene plausibel, auf der es um soziale Praktiken, ihre Regeln und die individuellen Handlungen in ihrem Kontext geht. Für die dritte Ebene, diejenige von gesamtgesellschaftlichen Verteilungen und Hintergrundbedingungen, ergibt diese Explikation keinen Sinn, da es dabei, wie bereits gesagt, unabhängig von konkreten Praktiken um grundlegende Anspruchsgrundlagen wie Verdienste, Bedürfnisse oder die Priorität der am schlechtesten Gestellten geht.

Fairness als proportionale Erfüllung stringenter moralischer Ansprüche

Eine prominente Explikation von Fairness stammt von John Broome (1990), der Fairness als proportionale Erfüllung stringenter Ansprüche im Kontext der Verteilung von Gütern versteht (ebd., 95). Er unterscheidet Fairness-Ansprüche bzw. -Gründe von zwei weiteren Klassen von Gründen, nämlich einerseits aggregierbaren *benefit*-Gründen und andererseits absoluten *side-constraints* (ebd.). Während sich gemäß Broome Fairness nur mit der Unterklasse der Fairness-Ansprüche befasst, ist Gerechtigkeit mit *allen* Ansprüchen befasst (ebd., 96).

Gemäß Broome gelten als Grundlagen für moralische Ansprüche der Fairness-relevanten Klasse Verdienste, Bedürfnisse und Verträge. Wenn jemand auf der Grundlage von Verträgen einer Person A 100 Einheiten Mais schuldet und einer zweiten Person B 200 Einheiten, verlangt die Fairness, dass er ihnen entweder diese Mengen liefert (vorausgesetzt, es sind keine Ansprüche auf die Güter auf der Basis von Bedürfnissen oder Verdiensten vorhanden) oder aber, wenn er dazu nicht genügend Einheiten Mais hat, Person B doppelt so viel wie Person A, da dies ihre Ansprüche proportional zu ihrer Stärke erfüllt.

Broome argumentiert für seine Theorie u. a. auf der Grundlage, dass sie am besten erklären kann, weshalb

Lotterien ein faires Mittel sind, um unteilbare Güter zu verteilen, auf die mehrere Leute rivalisierende moralische Ansprüche haben. Dies ist plausibel in Situationen, in denen unteilbare Güter unter Leuten mit demselben Anspruch verteilt werden, und in solchen, wo teilbare Güter verteilt werden (ebd.). Sein Konzept ist jedoch nicht überzeugend, wenn die Ansprüche sehr unterschiedlich stark sind (vgl. Hooker 2005), und lässt sich auf viele Kontexte nicht anwenden, in denen wir gemeinhin von Fairness sprechen (z. B. in Bezug auf das Verhalten von Sportlern).

Fairness als faires oder proportionales Teilen von Kosten und Nutzen

In Bezug auf Kooperationszusammenhänge schließlich wird Fairness oft so verstanden, dass sie eine normative Relation zwischen einem Beitrag zu und einem Profitieren von kooperativ produzierten (gemeinsamen oder öffentlichen) Gütern impliziert. Dieser ergebnisorientierte Fairness-Standard, der auf der grundlegenden Norm der Reziprozität basiert, geht in beide Richtungen: Wenn Menschen kooperativ produzierte Güter nutzen, sollten sie einen fairen oder proportionalen Anteil der mit ihrer Produktion verbundenen Kosten oder Lasten übernehmen (vgl. z. B. Lyons 1965), und wenn sie helfen, solche Güter kooperativ zu produzieren, sollten sie auch einen fairen oder proportionalen Anteil an diesen Gütern bekommen.

Die vielleicht bekannteste Formulierung der ersten Form dieser Idee ist das durch John Rawls berühmt gewordene so genannte ›Fairness-Prinzip‹ (adaptiert von Hart 1955, 185 f. und Broad 1916, 388): »Der Grundgedanke [des Fairness-Prinzips] ist: Wenn sich mehrere Menschen nach Regeln zu gegenseitig nutzbringender Zusammenarbeit vereinigen und damit ihre Freiheit zum Vorteil aller beschränken müssen, dann haben diejenigen, die sich diesen Beschränkungen unterwerfen, ein Recht darauf, dass das auch die anderen tun, die Vorteil davon haben« (Rawls 1998, 133; vgl. auch Rawls 1958, 179). Für Rawls bildet das Fairness-Prinzip damit die Grundlage aller Verpflichtungen gegenüber dem Gemeinwesen und den Mitbürgern, da es sich dabei um eine umfassende Zusammenarbeit bzw. Kooperation zum gegenseitigen Vorteil handelt. Er fährt fort: »Man darf bei der Zusammenarbeit nicht die Früchte fremder Anstrengung in Anspruch nehmen, ohne selbst seinen fairen Teil beizutragen« (Rawls 1998, 133). Was ein »fairer Teil« ist, hängt von der spezifischen Praktik ab. Bei Institutionen der Grundstruktur definieren die »Gerechtigkeitsgrundsätze, was ein fairer Anteil ist« (ebd.). Bei isolierten sozialen Praktiken hingegen wird oft ein proportionales Verhältnis von Nutzen und Lasten als fair angesehen.

Das ›Fairness-Prinzip‹ richtet sich in erster Linie gegen *Trittbrettfahren* in Bezug auf *non-excludable goods*, d. h. Güter, von denen alle profitieren, wenn sie einmal existieren, und bei denen keine Möglichkeit besteht, einige Individuen von ihren Vorteilen auszuschließen (z. B. Landesverteidigung, öffentlicher Verkehr; vgl. Rawls 1998; Carr 2000, 26).

Das Fairness-Prinzip ist kontrovers und wurde extensiv diskutiert (wichtige Beiträge sind u. a. Hart 1955; Lyons 1965; Rawls 1998; Nozick 1976; Arneson 1982; Greenwalt 1987; Simmons 1979; Klosko 1992). Akzeptiert man es grundsätzlich, lautet eine zentrale Frage im Hinblick auf diesen Fairness-Standard, wo genau er zur Anwendung kommt. So wird er z. B. implizit angewendet, wenn beanstandet wird, dass in globalen Wertschöpfungsketten die primären Produzenten in Entwicklungsländern im Verhältnis zu ihrem Beitrag einen zu kleinen Anteil am Gewinn der Endprodukte erhalten. Da in der philosophischen Diskussion üblicherweise angenommen wird, dass der Fairness-Standard nur für Kooperationszusammenhänge gilt, muss die Anwendbarkeit des Standards geprüft werden, indem geklärt wird, wann etwas als ›Kooperation‹ im relevanten Sinn zählt und ob diese Kriterien im vorliegenden Fall erfüllt sind (vgl. Dänzer 2013).

Literatur

Arneson, Richard: The principle of fairness and free-rider problems. In: *Ethics* 92/4 (1982), 616–633.
Barry, Brian: *Political Argument*. London 1965.
Broad, C. D.: On the function of false hypothesis in ethics. In: *International Journal of Ethics* 26 (1916), 377–397.
Broome, John: Fairness. In: *Proceedings of the Aristotelian Society* 91 (1990), 87–102.
Carr, Craig L.: The concept of formal justice. In: *Philosophical Studies* 39/3 (1981), 211–226.
–: *On Fairness*. Aldershot 2000.
Cullity, Garret: Public goods and fairness. In: *Australasian Journal of Philosophy* 86/1 (2008), 1–21.
Dänzer, Sonja: *What is ›Fair Trade‹? An Investigation into the Ethical Foundations of a Multifaceted Debate*. Diss. Universität Zürich 2013, unpubliziert.
Dworkin, Ronald: *Bürgerrechte ernstgenommen*. Frankfurt a. M. 1990.
Finkel, Norman J.: *Not Fair! A Typology of Commonsense Unfairness*. Washington DC 2001.
Gert, Bernard: *Morality. Its Nature and Justification*. Oxford 2005.

Greenwalt, Kent: *Conflicts of Law and Morality*. Oxford 1987.
Hackett Fisher, David: *Fairness and Freedom. A Comparison of two Open Societies. New Zealand and the United States*. Oxford 2012.
Hart, Herbert L. A.: Are there any natural rights? In: *Philosophical Review* 64/2 (1955), 175–191.
Hooker, Brad: Fairness. In: *Ethical Theory and Moral Practice* 8/4 (2005), 329–352.
James, Aaron: A theory of fairness in trade. In: *Moral Philosophy and Politics* 1/2 (2014), 177–200.
Jollimore, Troy: Impartiality. In: Edward N. Zalta (Hg.): *The Stanford Encyclopedia of Philosophy* (Spring 2014 Edition), http://plato.stanford.edu/archives/spr2014/entries/impartiality/ (5.2.2016).
Klosko, George: *The Principle of Fairness and Political Obligation*. Lanham MD 1992.
Kymlicka, Will: *Politische Philosophie heute. Eine Einführung*. Frankfurt a. M. 1997.
Lyons, David: *Forms and Limits of Utilitarianism*. Oxford 1965, 161–177.
Miller, David: *Grundsätze sozialer Gerechtigkeit*. Frankfurt a. M. 2008.
Nozick, Robert: *Anarchie, Staat, Utopia*. München 1976.
Nussbaum, Martha C.: *Die Grenzen der Gerechtigkeit. Behinderung, Nationalität und Spezieszugehörigkeit*. Berlin 2010.
Rawls, John: Justice as fairness. In: *Philosophical Review* 67/2 (1958), 164–194.
–: *Eine Theorie der Gerechtigkeit*. Frankfurt a. M. 1998 (engl. 1971).
Scanlon, T. M.: *What We Owe to Each Other*. Cambridge MA 1998.
Sen, Amartya: Equality of What? In: *The Tanner Lectures on Human Values* 1 (1980), 195–220.
–: *Die Idee der Gerechtigkeit*. München 2010.
Simmons, A. John: The Principle of Fair Play. In: *Philosophy and Public Affairs* 8/4 (1979), 307–337.
Smith, Adam: *Theorie der ethischen Gefühle* [1759]. Hamburg 2004.

Sonja Dänzer

28 Gleichheit

Zu den Begriffen

›Gleichheit‹ – griech. *isotês*, lat. *aequitas, aequalitas*, frz. *égalité*, engl. *equality* – kann in zwei Bedeutungen verwendet werden: erstens im Sinn *qualitativer Übereinstimmung*, zweitens im Sinn numerischer *Identität*. In der ersten Bedeutung bezieht man sich mit ›gleich‹ auf mehrere unterschiedliche Gegenstände, die in mindestens einer, aber nicht allen Hinsichten gleiche Eigenschaften haben. Die zweite Bedeutung bezieht sich auf ein und denselben mit sich selbst in allen Merkmalen übereinstimmenden Gegenstand, auf den ggf. mittels verschiedener singulärer Termini bzw. Eigennamen oder Beschreibungen Bezug genommen wird. Dieses Kapitel behandelt qualitative Gleichheit als soziale und politische Gleichheit, die gegenwärtig die kontroverseste unten den großen sozialen Idealen ist. ›Gleichheit‹ kann sowohl deskriptiv als auch präskriptiv benutzt werden. ›Gleichheit‹ ist in der präskriptiven Verwendungsweise ein aufgeladener Terminus. Wegen seiner normalerweise positiven Konnotation hat er eine rhetorische Kraft (Westen 1990), die den Begriff zum politischen Slogan geeignet sein lässt.

›Gleichheit‹ bedeutet Übereinstimmung einer Mehrzahl von Gegenständen, Personen oder Sachverhalten in einem bestimmten Merkmal, bei Verschiedenheit in anderen Merkmalen. ›Gleichheit‹ ist damit sowohl von ›Identität‹ als auch von ›Ähnlichkeit‹, dem Begriff für nur annähernde Übereinstimmung, zu unterscheiden (Dann 1975, 997; Menne 1962; Westen 1990, 39, 120).

›Gleichheit‹ bzw. ›gleich‹ ist ein unvollständiges Prädikat und muss immer die Frage nach sich ziehen: Gleich in welcher Hinsicht? Gleichheit besteht im Wesentlichen in einer dreistelligen Relation zwischen zwei (oder mehreren) Gegenständen oder Personen und einer (oder mehreren) Eigenschaften. »Zwei Gegenstände a und b sind gleich hinsichtlich des Prädikationsspielraums P, wenn sie, was diesen Spielraum betrifft, unter denselben generellen Terminus fallen« (Tugendhat/Wolf 1983, 169). ›Gleichheit‹ bezeichnet das Verhältnis zwischen den verglichenen Objekten. Jeder Vergleich setzt ein *tertium comparationis* voraus, ein konkretes Merkmal, in dem die Gleichheit gelten soll. Gleichheit bezieht sich auf den gemeinsamen Anteil an dem vergleichsentscheidenden Merkmal. Dieser relevante Vergleichsstandard stellt eine jeweils zu spezifizierende ›Variable‹ (oder ›Index‹, ›Bewertungsspielraum‹ u. ä.) des Gleichheitsbegriffs dar (Westen 1990, 10), die zu verschiedenen Konzeptionen der Gleichheit führt, wenn es sich bei den Standards um unterschiedliche moralische Normen handelt. Der Unterschied zwischen einem allgemeinen Begriff und spezifischen Konzeptionen (Rawls 1975, 21 f.) der Gleichheit mag erklären, warum ›Gleichheit‹ manchen Autoren zufolge keine einheitliche Bedeutung zu haben oder sogar ein leerer Begriff zu sein scheint (Rae 1981, 127 f., 132 f.).

Im Unterschied zu numerischer Identität setzt ein Gleichheitsurteil die Verschiedenheit des Verglichenen voraus. ›Völlige‹ oder ›absolute‹ Gleichheit sind nach dieser Definition in sich widersprüchliche Aussagen. Zwei nicht-identische Objekte gleichen sich nie vollständig; sie unterscheiden sich zumindest in ihrer Raum-Zeit-Stelle. Einige Autoren hingegen möchten absolute qualitative Gleichheit nicht definitorisch ausschließen, sondern als Grenzbegriff zulassen (ebd., 170).

Von zentraler Bedeutung ist es, wie der Maßstab des Vergleichs bei deskriptiver wie präskriptiver Gleichheit bestimmt wird. Bei *deskriptiver* Gleichheit ist der gemeinsame Maßstab selbst ein deskriptiver: Zwei Menschen wiegen z. B. gleich viel. *Präskriptive* Gleichheit liegt vor, wenn ein präskriptiver Maßstab, d. h. eine Norm oder Regel verwendet wird, z. B. Gleichheit vor dem Gesetz. Die Maßstäbe, die präskriptiven Gleichheitsbehauptungen zugrunde liegen, enthalten zumindest zwei Komponenten: einerseits eine deskriptive Komponente, da sie deskriptive Kriterien enthalten müssen, um diejenigen Personen zu identifizieren, auf die sich die Regel bezieht; diese deskriptiven Kriterien unterscheiden diejenigen, die unter die Norm fallen, von denen, die außerhalb des Geltungsbereichs der Norm stehen. Andererseits enthalten die Vergleichsstandards etwas Normatives, eine moralische oder rechtliche Regel, die angibt, wie die Menschen, die als unter die Norm fallend identifiziert wurden, behandelt werden sollen. Diese Norm macht die Präskription aus (Westen 1990, Kap. 3).

Soziologische und ökonomische Analysen von (Un-)Gleichheit untersuchen deskriptiv, 1) wie (Un-)Gleichheit bestimmt und gemessen werden kann und 2) was ihre Ursachen und Wirkungen im gesellschaftlichen und wirtschaftlichen Gefüge sind (Berger/Schmidt 2004). Die Moral-, Sozial- und politische Philosophie beschäftigt sich hingegen mit (Un-)Gleichheit hauptsächlich in ihrer präskriptiven Verwendung.

Zur Begriffs- und Problemgeschichte

Gleichheit gilt von der Antike an (Benn 1967, 39 f.; Albernethy 1959; Lakoff 1964; Thomson 1949) als ein konstitutives Merkmal der Gerechtigkeit. Wenn zwei Personen in mindestens einer relevanten Hinsicht als gleich gelten, müssen diese Personen in dieser Hinsicht gleich behandelt werden. Ansonsten wird eine ungerecht behandelt. Dies ist das allgemein akzeptierte *formale* Gleichheitsprinzip, das Aristoteles in Rückgriff auf Platon formulierte: Gleiche(s) gleich behandeln (NE V.3, 1131a10–b15; Pol. III.9, 1280a8–15, III.12, 1282b18–23). Einige sehen dieses formale Prinzip der Gleichheit als eine spezifische Anwendung einer Rationalitätsregel. Es sei irrational, weil inkonsistent, ohne hinreichenden Grund gleiche Fälle ungleich zu behandeln (Berlin 1955/56). Stattdessen betonen die meisten, dass es sich hier um ein moralisches Prinzip der Gerechtigkeit handelt, das im Wesentlichen der Universalisierbarkeit moralischer Urteile entspricht. Das formale Postulat bleibt allerdings so lange leer, wie unklar ist, was hier ›gleiche Fälle‹ und was ›gleich behandeln‹ meint. Alle Debatten über die richtige Auffassung von Gerechtigkeit, d. h. darüber, wem was zukommt – so bemerkte schon Aristoteles –, können als Kontroversen über die Frage aufgefasst werden, welche Fälle gleich und welche ungleich sind (NE 1282b22). Jeder normative Disput kann als Widerstreit einer vorgeschlagenen Norm mit einer anderen dargestellt werden, d. h. als Widerstreit zwischen einer Konzeption von Gleichheit mit einer anderen. Deshalb ist es richtig, wenn Gleichheitstheoretiker (Nagel 1994; Rae 1981; Sen 1992, 13) betonen, dass es fast nie um die Frage geht, ob überhaupt Gleichheit geboten ist, sondern (nur) um die Frage nach der Art der Gleichheit. Eigentlich jede normative Theorie stellt sich als eine Gleichheitsposition dar. Egalitaristen müssen also, um ihre Position zu skizzieren, eine spezifischere (egalitärere) Konzeption von Gleichheit in Anschlag bringen.

Platon und Aristoteles vertreten ein Prinzip *proportionaler* Gleichheit (Nom. 757b–c; NE 1130b–1132b): Wenn Faktoren für eine Ungleichverteilung sprechen, weil die Personen in relevanten Hinsichten ungleich sind, ist diejenige Verteilung gerecht, die proportional zu diesen Faktoren ist. Ungleiche Verteilungsansprüche müssen proportional berücksichtigt werden; das ist die Voraussetzung dafür, dass die Personen gleich berücksichtigt werden. Beide verstehen gleiche Berücksichtigung im Sinne der Formel des Ulpian: »Suum cuique tribuere«, also: »Gerecht ist eine Handlung, wenn sie jedem das gibt, was ihm zukommt« (Polit. 331e, 332b–c; Ulpianus 1854, 1,1,10). Diese Definition ist ganz formal, denn offen ist noch, wem was zukommt. Ungleiche Berücksichtigung der Rechte verschiedener Personen heißt demnach, dass nicht jedem zugeteilt wird, was ihm zusteht. Die zugrundeliegenden vorausgesetzten Rechte können dabei aber ungleich sein – und sind es für Platon und Aristoteles auch.

Gegen Platon und Aristoteles hat die Ulpianische Formel im Laufe der Geschichte den inhaltlich egalitären Sinn angenommen, dass jedem die gleiche Würde (Menschenwürde) und jedem gleiche Achtung gebührt. Dies ist die heute weitgehend geteilte Auffassung *substantieller* universalistischer Gleichheit. Sie entwickelte sich in der Stoa, die die natürliche Gleichheit aller rationalen Wesen betonte, und im frühen Christentum des Neuen Testaments, das die Gleichheit der Menschen vor Gott zu einem Prinzip erhob, das die christliche Kirche später allerdings nicht immer konsequent vertrat. In der Neuzeit, vom 17. Jahrhundert an, wurde die Idee natürlicher Gleichheit in der Tradition des Naturrechts und der Vertragstheorie (Gesellschaftsvertrag) dominant. Hobbes ging davon aus, dass die Menschen im Naturzustand gleiche Rechte haben, weil sie über die Zeit hinweg die gleiche Fähigkeit haben, einander zu schaden (Hobbes 1651/1976). Locke vertrat die Auffassung, dass alle Menschen gleiche natürliche Rechte auf Freiheit und Eigentum besitzen (Locke 1690/1974). Rousseau erklärte soziale Ungleichheit durch einen nahezu urgeschichtlichen Verfall der Menschengattung von einer natürlichen Gleichheit im harmonischen Naturzustand, hervorgerufen durch den Drang der Menschen zur Vervollkommnung, wodurch Eigentum und Besitz wirkmächtig wurden. Die dadurch entstandene Ungleichheit und Herrschaft der Gewalt könne nur durch die Einbindung der freigesetzten Subjektivität in einer gemeinsamen Bürgerexistenz und Volkssouveränität überwunden werden (Rousseau 1755/1971; 1762/1974).

In Kants Moralphilosophie formuliert der kategorische Imperativ das Gleichheitspostulat der gleichen universellen Achtung (AA IV). Die transzendentalphilosophische Reflexion des Gedankens der Autonomie und Selbstgesetzgebung führt zur Anerkennung der gleichen Freiheit aller Vernunftwesen, die Kant auch zum einzigen Rechtsprinzip erklärt (AA VI, 230). Die aufklärerischen Ideen stimulierten die großen sozialen Bewegungen und Revolutionen und schlugen sich in den modernen Verfassungen und Menschenrechtserklärungen nieder. Neben Freiheit und Brüderlichkeit wurde Gleichheit in der Französischen Revolution Grundlage der *Déclaration des droits de l'homme et du citoyen* von 1789 (Barbeuf 1796). Das Prinzip der gleichen Würde und Achtung (Vlastos 1962), das heute von allen Hauptströmungen der modernen westlichen Kultur als Minimalstandard akzeptiert wird (Kymlicka 1996), schreibt in einer üblichen Unterscheidung vor, Personen als Gleiche zu behandeln (*treating persons as equals*), nicht aber das in vielen Fällen unplausible Prinzip, Personen genau gleich zu behandeln (*treating persons equally*; Dworkin 1990, 370). Seit dem 19. Jahrhundert liegt der politische und philosophische Schwerpunkt neben der Sicherung gleicher Freiheitsrechte und gleicher politischer Partizipationsrechte verstärkt in der Auseinandersetzung um ökonomische und soziale Ungleichheit (Marshall 1992). Dabei ist die Idee der Gleichheit seitens sozialistischer und marxistischer Kreise durchaus kritisiert worden (Marx 1875/1978; vgl. Kymlicka 1996, Kap. 5). So lehnt Marx den Gedanken der Rechtsgleichheit ab, weil sie sich erstens ungleich auswirke, da sie nur eine begrenzte Zahl moralisch relevanter Gesichtspunkte heranziehe und andere vernachlässige; zweitens konzentrierten sich Theorien der Gerechtigkeit zu sehr auf die Verteilung statt auf die grundlegenden Fragen der Produktion; drittens brauche die kommunistische Gesellschaft kein Recht und keine Gerechtigkeit, weil in ihr die gesellschaftlichen Konflikte aufgelöst sein würden.

Gegenwärtige Debatten

Da in zeitgenössischen Theorien ›Behandlung als Gleiche‹ der moralisch geteilte Standard ist, beziehen sich die heutigen Debatten darauf, welche Art von Behandlung normativ gefordert ist, wenn wir uns wechselseitig als Personen mit gleicher Würde achten. Dabei geht es um zweierlei: erstens ob überhaupt Gleichheit, und zweitens, wenn ja, welche Art von Gleichheit gefordert ist.

1) Nach non-egalitärer Meinung impliziert gleiche Würde gar keine Gleichheit, weil sich aus der Achtung der Würde überhaupt keine komparativen (also vergleichenden) Prinzipien der Gleichheit ergeben. Vielmehr kann man nach non-egalitärer Auffassung ohne Vergleich wissen, was moralisch zu tun ist (Krebs 2000). Egalitäre Auffassungen hingegen bestreiten, dass sich die moralische Begründung und Bestimmung des Gesollten ohne vergleichende Berücksichtigung dessen, was anderen in gleicher Lage zusteht, be-

urteilen lassen. Dabei wird Gleichheit nicht um ihrer selbst willen angestrebt, sondern weil erst sie soziale Gerechtigkeit realisiert bzw. konstituiert.

2) Eine Minimalposition vertritt der *Libertarismus* (s. Kap. III.32) und *Wirtschaftsliberalismus*, der, auf Locke zurückgehend, gleiche ursprüngliche Freiheits- und Besitzrechte postuliert und damit gegen Umverteilung und soziale Rechte und für den freien Markt argumentiert (Nozick 1974; Hayek 1960). Es wird ein Gegensatz von Gleichheit und Freiheit behauptet. Dagegen wird eingewandt, dass gerade wenn das eigene freie Verdienst zählen soll, der eigene Erfolg nicht so sehr von Glück, natürlicher Ausstattung, ererbtem Besitz und Status abhängen darf. Es bedarf mindestens noch der *Chancengleichheit* (s. Kap. II.26), die dafür sorgt, dass das Schicksal der Menschen von ihren Entscheidungen und nicht von ihren sozialen Lebensumständen bestimmt wird, die sie nicht zu verantworten haben. Der Egalitarismus will jedoch mehr. Für ihn ist eine Welt moralisch besser, wenn in ihr *Gleichheit der Lebensbedingungen* herrscht. Dies ist ein amorphes Ideal, das Klärung verlangt. Warum ist Gleichheit der Lebensbedingungen ein Ideal, und Gleichheit von was genau? (Cohen 1989; Arneson 1993)

3) Eine Maximalposition stellt *strikte Gleichheit* dar, die allen ein gleiches materielles Level an Gütern und Leistungen gewähren will. Sie wird allgemein als unplausibel verworfen. Sie scheitert an Problemen, die allgemein gegen Gleichheit eingewandt werden und die jede plausible Gleichheitsauffassung lösen muss. Erstens müssen angemessene Indizes für die Messung der Gleichheit der zu verteilenden Güter angegeben werden. In Begriffen von was soll Gleichheit bzw. Ungleichheit hier verstanden werden? So kann Gleichheit materieller Güter zu ungleicher Zufriedenheit führen. Als üblicher, wenn auch bekanntermaßen unzulänglicher Index wird das Geld benutzt, wobei offensichtlich mindestens Gleichheit der Chancen anders erfasst werden muss. Zweitens muss angegeben werden, in welchem Zeitraum das angestrebte gleiche Verteilungsmuster realisiert sein muss. Strikte Gleichheit fordert Gleichheit innerhalb kürzerer Zeitabstände. Dies scheint jedoch die Verfügungsgewalt von Personen über ihren Anteil unzulässig einzuschränken. Drittens verzerrt strikte Gleichheit ökonomische Leistungsanreize und führt zu einem Mangel an Effizienz, weil bei der Umverteilung Schwund an Gütern durch administrative Kosten auftritt (Okun 1975). Gleichheit und Effizienz müssen in ein ausgewogenes Verhältnis gesetzt werden. Oft wird, hauptsächlich von Ökonomen, diesbezüglich *Pareto-Optimalität* verlangt. Ein Zustand ist pareto-optimal oder pareto-effizient, wenn es nicht möglich ist, in einen anderen sozialen Zustand überzugehen, der mindestens von einer Person als besser und von keiner als schlechter beurteilt wird. Diese Beurteilung ist jedoch immer relativ zu einem gegebenen Ausgangszustand, der ungleich und ungerecht sein kann. Deshalb mag es zur Herstellung von Gerechtigkeit nötig sein, Pareto-Optimalität zu verletzen. Zumindest darf Gleichheit in den Augen der Kritiker nicht dazu führen, dass manche auf Güter verzichten müssen, obwohl dadurch kein Schlechtergestellter besser gestellt würde. Viertens gibt es moralische Einwände: Strikte und mechanische Gleichbehandlung aller Beteiligten nimmt die Unterschiede zwischen den Individuen und ihren Situationen nicht ernst. Eine Kranke hat intuitiv andere Ansprüche als ein Gesunder; ihr das Gleiche zuzuteilen wäre falsch. Bei einfacher Gleichheit wird die Freiheit der Individuen unzulässig beschränkt und die je individuelle Besonderheit der Person nicht hinreichend berücksichtigt; insofern wird sie eben nicht gleich berücksichtigt. Moralisch besteht nicht nur ein Recht auf die Berücksichtigung besonderer Bedürfnisse, sondern auch ein Recht auf die Früchte der eigenen Arbeit, darauf, dass die eigene Leistung, das Verdienst auch zählt. Zu guter Letzt besteht die Gefahr, dass strikte Gleichheit zu Gleichmacherei, Uniformität und Einebnung führt, statt Differenz und Pluralität zu respektieren (Walzer 1992; Young 1990).

Als Desideratum kann man insofern festhalten: Statt einfacher Gleichheit bedarf es einer Konzeption komplexerer Gleichheit, der es durch Unterscheidung von verschiedenen Güterklassen, getrennten Sphären (Walzer 1983) und differenzierteren Kriterien gelingt, auf diese Problemlagen zu antworten.

4) *Gleichheit der Wohlfahrt* motiviert sich durch die Intuition, dass es das Wohlergehen der Individuen ist, um das es in der politischen Moral geht. Das Wohlfahrtsniveau auszugleichen, müsse daher das relevante Gerechtigkeitskriterium sein. Auch diese Auffassung ist jedoch mit erheblichen Schwierigkeiten konfrontiert (Dworkin 1981a). Es scheint unplausibel, alle Präferenzen der Personen (gleichermaßen) zu zählen; einige Präferenzen sind aus Gerechtigkeitsgründen unzulässig. Zufriedenheit bei der Erfüllung der Wünsche kann kein Maßstab sein, weil Personen mehr wollen als Glücksgefühle. Als Maßstab für Wohlfahrtsvergleiche kann also nur die Beurteilung des Erfolgs bei der Erfüllung der Präferenzen fungieren. Sie darf jedoch nicht nur auf einem subjektiven Urteil basieren. Für eine gerechtfertigte Beurteilung bedarf es

eines Standards, der angibt, was hätte erreicht werden sollen oder können. Dieser setzt wiederum schon eine Annahme über eine gerechte Verteilung voraus, ist also kein unabhängiges Gerechtigkeitskriterium. Ein weiteres beträchtliches Problem jeder an Wohlfahrt ausgerichteten Konzeption von Gleichheit ist, dass Personen mit teurem Geschmack nach dieser Konzeption mehr Ressourcen beanspruchen dürfen; dies verletzt eindeutig moralische Intuitionen, weil der teure Geschmack kultiviert ist. Zudem kann Gleichheit der Wohlfahrt für den Aspekt des Verdienstes (Feinberg 1970) nicht aufkommen.

5) Solche Probleme vermeidet die vor allem von Rawls und Dworkin vertretene *Gleichheit der Ressourcen (*Rawls 1975; Dworkin 1981b). Die Argumentation geht davon aus, dass Individuen für ihre Entscheidungen und Handlungen, nicht jedoch für die Umstände ihrer Situation verantwortlich sind. Das, was man nicht zu verantworten hat, darf kein Verteilungskriterium sein. Rasse, Geschlecht, Hautfarbe, Intelligenz, soziale Stellung sind als irrelevante Ausnahmegründe ausgeschlossen. Stattdessen sind ungleiche Anteile an sozialen Gütern dann *fair* (s. Kap. II.27), wenn sie sich aus den Entscheidungen und absichtlichen Handlungen der Betreffenden ergeben. Chancengleichheit ist nicht ausreichend, weil ungleiche natürliche Ausstattung dadurch nicht kompensiert wird. Was für soziale Umstände gilt, soll auch für natürliche Gaben gelten. Natürliche Begabungen und soziale Umstände sind reine Glückssache und müssen ausgeglichen werden. Damit wird das gängige Verdienstkriterium berücksichtigt, aber deutlich relativiert. Die Menschen sollen eine anfängliche gleiche Ausstattung an Grundgütern als allgemein dienliche Mittel (Rawls) oder Ressourcen (Dworkin) bekommen und können später aufgrund ihres eigenen ökonomischen Handelns durchaus unterschiedliche Mengen an Gütern besitzen. Soziale und ökonomische Ungleichheiten sind nach Rawls bei vorrangiger Sicherung gleicher Grundfreiheiten und -rechte gerecht, wenn sie zwei Bedingungen erfüllen: »[E]rstens müssen sie mit Ämtern und Positionen verbunden sein, die allen unter Bedingungen fairer Chancengleichheit offenstehen, und zweitens [– das ›Differenzprinzip‹, s. Kap. II.25 –] müssen sie sich zum größtmöglichen Vorteil für die am wenigsten begünstigten Gesellschaftsmitglieder auswirken« (Rawls 1998, 69; 1975, 336). Ansonsten muss umverteilt werden. Hinter dem für die ursprüngliche Situation der Entscheidung über Prinzipien einer gerechten Gesellschaft unterstellten ›Schleier des Nichtwissens‹ würde man nach Rawls das Differenzprinzip wählen, weil es sicherstellt, dass man nicht im freien Markt durch die Maschen fällt und dass es allen besser geht als in einer Situation totaler Gleichverteilung, deren Level mangels Effizienz unter dem des im Differenzprinzip Schlechtestgestellten liegt.

Dworkin beansprucht mit seiner Theorie, noch ›absichtssensitiver‹ und ›ausstattungsinsensitiver‹ als die Rawlssche Theorie zu sein (Dworkin 1981b). Er schlägt eine hypothetische Auktion vor, auf der sich jeder bei gleichen Zahlungsmitteln Güterbündel so zusammenstellen kann, dass er am Ende niemand anderen um sein Güterbündel beneidet. Auf dem freien Markt hängt es dann von den Ambitionen der Individuen ab, wie sich die Verteilung entwickelt. Die ungerechtfertigten Ungleichheiten aufgrund unterschiedlicher natürlicher Ausstattung, Begabung und Glück sollen durch ein differenziertes fiktives Versicherungssystem kompensiert werden, dessen Prämien hinter einem ›Schleier des Nichtwissens‹ ermittelt werden, um dann im echten Leben auf alle umgelegt und per Steuer eingetrieben zu werden. So soll ein fairer Ausgleich für die natürliche Lotterie erfolgen, der eine ›Versklavung‹ der talentierten Erfolgreichen durch zu hohe Abgaben verhindert (s. auch Kap. III.39).

6) Theorien wie die eben genannten, die sich darauf beschränken, grundlegende Mittel gleich zu verteilen, in der Hoffnung, sie könnten den verschiedenen Zwecken aller Menschen gerecht werden, werden von Sen kritisiert (Sen 1992). Wie wertvoll die Güter für jemanden sind, hängt von den Möglichkeiten, der natürlichen Umgebung und den individuellen Fähigkeiten ab. Sen schlägt stattdessen vor, sich an grundlegenden menschlichen Möglichkeiten (*capabilities*) zur Ausübung bestimmter relevanter Seinsweisen und Tätigkeiten (*functionings*) bei der Verteilung zu orientieren (s. Kap. IV.43). Die Bewertung des individuellen Wohlergehens muss sich an basalen Funktionsweisen wie Ernährung, Gesundheit, Abwesenheit von Gefahren für das Leben usw. festmachen. Wichtig ist aber auch der Freiheitsaspekt, der in der Möglichkeit, die Art und Weise der Verwirklichung der Funktionsweisen selbst zu wählen, enthalten ist. *Capabilities* sind daher nach Sen das Maß für die angestrebte *Gleichheit der Möglichkeiten* des Menschen, sein Leben zu führen.

7) Eine andere Konzeption der Gleichheit, die beansprucht, das Desideratum komplexerer Gleichheit zu erfüllen, arbeitet prozedural mittels einer *Präsumtion der Gleichheit*, d. h. eines *Prima-facie*-Gleichverteilungsprinzips für alle politisch zur Verteilung anstehenden Güter (Gosepath 2004, Kap. II.8; Hinsch 2002; Tugendhat 1997, Kap. III; Williams 1973; Bedau

1967, 19): Alle Betroffenen sind ungeachtet ihrer empirischen Unterschiede gleich zu behandeln, es sei denn, bestimmte (Typen von) Unterschiede(n) sind in der anstehenden Hinsicht relevant und rechtfertigen durch allgemein annehmbare Gründe eine ungleiche Behandlung oder ungleiche Verteilung. Wenn alle ein Interesse an den zu verteilenden Gütern haben, so zählt die Befriedigung der Präferenzen aller *prima facie* (in Abwesenheit besonderer Rechtfertigungsgründe) gleich viel, weil die Personen gleich viel zählen. Wer mehr will, schuldet den anderen eine angemessene allgemeine und reziproke Rechtfertigung. Wenn es keinen Grund für eine Ungleichverteilung gibt, den alle im Prinzip anerkennen können, dann ist Gleichverteilung die einzige legitime Verteilung. Gleichverteilung ist damit nicht eine unter vielen Alternativen, sondern die unvermeidliche Ausgangsposition, sofern man die Rechtfertigungsansprüche aller als gleichberechtigt ernst nimmt. Diese Präsumtion der Gleichheit gibt ein elegantes Verfahren für die Konstruktion einer Theorie der Verteilungsgerechtigkeit ab.

Folgende Fragen müssten allerdings beantwortet werden, um zu einem inhaltlich gefüllten Gerechtigkeitsprinzip zu kommen: Welche Güter und Lasten stehen zur Verteilung (bzw. sollten zur Verteilung stehen)? Was sind die sozialen Güter, die den Gegenstand gerechter Gleichverteilung abgeben? An wen soll verteilt werden? Wer hat *prima facie* einen Anspruch auf einen fairen Anteil? Was sind die gerechtfertigten Ungleichheiten je nach Sphäre oder Güterklasse? Dabei werden viele Aspekte der zuvor genannten Theorien egalitärer distributiver Gerechtigkeit eine wesentliche Rolle spielen.

8) Als Alternativen zu distributiver Gleichheit von etwas aus der möglichen Menge der *equalisanda* werden zum einen ein Suffitarianismus vertreten. So ist nach Harry Frankfurts Prinzip der *Hinlänglichkeit* (*doctrine of sufficiency*; Frankfurt 1987) ein hinreichend gutes Auskommen für jeden zu sichern. Eine zweite populäre Alternative stellt der Prioritanismus dar. So fordert Parfits *Vorrangprinzip* (*priority view*; Parfit 1997) die vorrangige Verbesserung der Situation der Schlechtergestellten. Gemäß dem Vorrangprinzip ist es nicht schlecht oder ungerecht, dass einige schlechter gestellt sind als andere. Stattdessen gelte es nur, den Schlechtergestellten zu helfen, und zwar umso mehr, je schlechter sie gestellt sind. Auch in Mangelsituationen, in denen nicht allen ein menschenwürdiges Leben ermöglicht werden kann, geben die absoluten Gerechtigkeitsstandards selbst eine Verteilung vor: Je weiter ein Mensch von dem eigentlich gebotenen Niveau entfernt ist, desto dringlicher ist (in der Regel) sein Anspruch auf Hilfe. Zum dritten wird von mehreren gegenwärtigen Philosoph_innen gegen Gleichheit als Gleichverteilung von etwas zu Verteilendem eingewandt, dass es bei der Idee der Gleichheit vielmehr um eine nicht-hierarchische, nicht beherrschende Beziehung zwischen Personen gehe. Diese Position ist als sozialer oder relationaler Egalitarianismus bekannt (Anderson 2000, Fourie/Schuppert/Wallimann-Helmer 2015), dem es um die Sicherung und Anerkennung des gleichen Status von Personen geht.

9) Ist Gleichheit ein Wert an sich? (Raz 1986; Frankfurt 1987; Scanlon 2003) Viele Egalitaristen sind heute bereit zuzugestehen, dass Gleichheit im Sinne von Gleichheit der Lebensumstände keinen starken Wert an sich hat, sondern ihre Bedeutung im Rahmen liberaler Gerechtigkeitskonzeptionen im Zuge der Verfolgung anderer Ideale erhält – wie Freiheit für alle, volle Entwicklung der menschlichen Fähigkeiten und der Persönlichkeit, die Beseitigung von Leid, Dominanz und Stigmatisierung, stabiler Zusammenhalt moderner freiheitlich verfasster Gesellschaften etc. Dies öffnet die Tür für die kritische Anfrage, ob nicht ein anderer Gesichtspunkt als Gleichheit der Lebensumstände (auch für Egalitaristen) das Kriterium der Verteilungsgerechtigkeit ist.

Literatur

Albernethy, George L. (Hg.): *The Idea of Equality*. Richmond 1959.

Anderson, Elizabeth: Warum eigentlich Gleichheit? [1999] In: Angelika Krebs (Hg.): *Gerechtigkeit oder Gleichheit. Texte der neuen Egalitarismuskritik*. Frankfurt a. M. 2000, 117–172.

Aristoteles: *Nikomachische Ethik*. Zürich 1967 [NE].

–: *Politik*. Zürich 1971 [Pol.].

Arneson, Richard J.: Equality. In: Robert E. Goodin/Philip Pettit (Hg.): *A Companion to Contemporary Political Philosophy*. Oxford 1993, 489–507.

Babeuf, François Noël: Das Manifest der Gleichen [1795/6]. In: François Noël Babeuf: *Verschwörung für die Gleichheit*. Hg. von John A. Scott. Hamburg 1988, 103–108.

Bedau, Hugo A.: Egalitarianism and the idea of equality. In: J. Roland Pennock/John W. Chapman (Hg.): *Equality*. New York 1967, 3–27.

Benn, Stanley I.: Equality. In: *Encyclopedia of Philosophy*. New York 1967, 38–42.

Berger, Peter A./Schmidt, Volker H.: *Welche Gleichheit, welche Ungleichheit? Grundlagen der Ungleichheitsforschung*. Wiesbaden 2004.

Berlin, Isaiah: Equality. In: *Proceedings of the Aristotelian Society* 56 (1955/56), 301–326.

Cohen, Gerald A.: On the currency of egalitarian justice. In: *Ethics* 99 (1989), 906–944.

–: *If You're an Egalitarian, How Come You're So Rich?* Cambridge MA 2000.
–: *Rescuing Justice and Equality*. Cambridge MA 2008.
Dann, Otto: Gleichheit. In: Otto Brunner/Werner Conze/Reinhart Koselleck (Hg.): *Geschichtliche Grundbegriffe*, Bd. II. Stuttgart 1975, 995–1046.
Dworkin, Ronald: What is equality? Part 1: Equality of welfare. In: *Philosophy and Public Affairs* 10 (1981a), 185–246.
–: What is equality? Part 2: Equality of resources. In: *Philosophy and Public Affairs* 10 (1981b), 283–345.
–: *Bürgerrechte ernstgenommen*. Frankfurt a. M. 1990 (engl. 1977).
Feinberg, Joel: Justice and personal desert. In: Ders.: *Doing and Deserving*. Princeton 1970, 55–94.
Fourie, Carina/Schuppert, Fabian/Wallimann-Helmer, Ivo (Hg.): *Social Equality: On What It Means to be Equals*. Oxford 2015.
Frankfurt, Harry: Equality as a moral ideal. In: *Ethics* 98/1 (1987), 21–43.
Gosepath, Stefan: *Gleiche Gerechtigkeit. Grundlagen eines liberalen Egalitarismus*. Frankfurt a. M. 2004.
Hayek, Friedrich August von: *The Constitution of Liberty*. London 1960.
Hinsch, Wilfried: *Gerechtfertigte Ungleichheiten*. Berlin 2002.
Hobbes, Thomas: *Leviathan*. Frankfurt a. M. 1976 (engl. 1651).
Holtug, Nils/Lippert-Rasmussen, Kasper (Hg.): *Egalitarianism. New Essays on the Nature and Value of Equality*. Oxford 2006.
Kant, Immanel: Grundlegung zur Metaphysik der Sitten [1785]. In: Königlich Preußische Akademie der Wissenschaften (Hg.): *Kant's gesammelte Schriften* [Akademie-Ausgabe], Bd. IV. Berlin 1968 [AA IV].
–: Metaphysik der Sitten [1797]. In: Königlich Preußische Akademie der Wissenschaften (Hg.): *Kant's gesammelte Schriften* [Akademie-Ausgabe], Bd. VI. Berlin 1968 [AA VI].
Krebs, Angelika (Hg.): *Gleichheit oder Gerechtigkeit*. Frankfurt a. M. 2000.
Kymlicka, Will: *Politische Philosophie heute*. Frankfurt a. M. 1996 (engl. 1990).
Lakoff, Sanford A.: *Equality in Political Philosophy*. Cambridge MA 1964.
Locke, John: *Über die Regierung*. Stuttgart 1974 (engl. 1690).
Marshall, Thomas H.: *Bürgerrechte und soziale Klassen*. Frankfurt a. M. 1992.
Marx, Karl: Kritik des Gothaer Programms [1875]. In: *Marx-Engels-Werke*, Bd. 19. Berlin 1978, 13–32.
Menne, Albert: Identität, Gleichheit, Ähnlichkeit. In: *Ratio* 4 (1962), 44–53.
Nagel, Thomas: *Eine Abhandlung über Gleichheit und Parteilichkeit und andere Schriften*. Paderborn 1994.
Nozick, Robert: *Anarchy, State, and Utopia*. New York 1974.
Okun, Arthur M.: *Equality and Efficiency*. Washington 1975.
Parfit, Derek: Gleichheit und Vorrangigkeit. In: Angelika Krebs (Hg.): *Gerechtigkeit oder Gleichheit. Texte der neuen Egalitarismuskritik*. Frankfurt a. M. 2000, 81–106 (engl. 1997).
Platon: *Politeia*. In: Ders.: *Sämtliche Werke*, Bd. 3. Hamburg 1958a [Polit.].
–: *Nomoi*. In: Ders.: *Sämtliche Werke*, Bd. 6. Hamburg 1958b [Nom.].
Rae, Douglas W.: *Equalities*. Cambridge MA 1981.
Rawls, John: *Eine Theorie der Gerechtigkeit*. Frankfurt a. M. 1975 (engl. 1971).
–: *Politischer Liberalismus*. Frankfurt a. M. 1998 (engl. 1993).
Raz, Joseph: *The Morality of Freedom*. Oxford 1986.
Rousseau, Jean-Jacques: Über den Ursprung der Ungleichheit unter den Menschen. In: Ders.: *Schriften zur Kulturkritik*. Hamburg 1971 (frz. 1755).
–: *Der Gesellschaftsvertrag oder die Grundsätze des Staatsrechts*. Stuttgart 1974 (frz. 1762).
Scanlon, Thomas M.: The diversity of objections to inequality [1996]. In: Ders.: *The Difficulty of Tolerance. Essays in Political Philosophy*. Cambridge 2003, 202–218.
Sen, Amartya: *Inequality Reexamined*. Oxford 1992.
Thomson, David: *Equality*. Cambridge 1949.
Tugendhat, Ernst: *Dialog in Letitia*. Frankfurt a. M. 1997.
–/Wolf, Ursula: *Logisch-Semantische Propädeutik*. Stuttgart 1983.
Ulpianus, Domitius: *Fragmenta*. Bonn 1845.
Vlastos, Gregory: Justice and equality. In: Richard Brandt (Hg.): *Social Justice*. Englewood Cliffs NJ 1962, 31–72.
Walzer, Michael: *Sphären der Gerechtigkeit*. Frankfurt a. M. 1992 (engl. 1983).
Westen, Peter: *Speaking Equality*. Princeton 1990.
White, Stuart: *Equality*. Oxford 2006.
Williams, Bernard: Der Gleichheitsgedanke. In: Ders.: *Probleme des Selbst*. Stuttgart 1978, 366–397 (engl. 1973).
Young, Iris Marion: *Justice and the Politics of Difference*. Princeton 1990.

Stefan Gosepath

III Gerechtigkeits-konzeptionen

29 Gerechtigkeit als Tugend

Eine spezielle Perspektive

Gerechtigkeit *als Tugend* in den Blick zu nehmen bedeutet, eine spezielle Perspektive auf die Gerechtigkeit einzunehmen. Um die systematische Besonderheit dieser Perspektive zu erfassen, muss zum einen das Konzept der Tugend, also die Frage, was eine Tugend eigentlich ist, näherungsweise geklärt sein; zum anderen muss man verstehen, welcher Stellenwert Tugenden in den unterschiedlichen Moraltheorien zukommt.

Die präzise Bestimmung des Begriffs ›Tugend‹ ist umstritten (vgl. u. a. Halbig 2013). ›Tugend‹ ist die deutsche Übersetzung des griechischen Begriffs *aretê*, der in etwa Exzellenz oder ›Bestheit‹ bedeutet, also die höchste Qualität, die man in einem Kontext erreichen kann. Im Allgemeinen ist damit eine hervorragende Charaktereigenschaft oder auch eine vorbildliche Haltung gemeint. Im Deutschen spricht man von *der* Tugend und *dem* Laster, aber auch von verschiedenen spezifischen Tugenden oder Lastern. Dabei unterscheidet man zwischen moralischen (›primären‹) und nicht-moralischen (›sekundären‹) Tugenden sowie zwischen jenen, die auf das praktische Handeln bezogen sind (ethische Tugenden), und denjenigen, die auf die Tätigkeit des Verstandes bezogen sind (intellektuelle Tugenden). Die ethischen Tugenden befähigen dazu, das sittlich Gute anzustreben.

Die Gerechtigkeit gilt seit der Antike als eine der zentralen ethischen Tugenden. Erstmals bei Aischylos (525/4–456/5 v. Chr.) als eine von vier Grundtugenden aufgeführt, wird sie seit dem Mittelalter als Kardinaltugend bezeichnet (von lat. *cardo*, Türangel, Dreh- und Angelpunkt), weil sie grundlegend und wichtig für das individuelle Wohlergehen und für das Zusammenleben in einer Gemeinschaft ist. Die Perspektive der Gerechtigkeit als Tugend meint entweder die Haltung bzw. charakterliche Eigenschaft eines Individuums, das Gerechtigkeit anstrebt und zuverlässig gerecht handelt, oder auch die Qualität einer Institution oder einer Gesellschaft, die sich durch ein hohes Maß an Gerechtigkeit auszeichnet.

Aufgrund kontroverser Einschätzungen in der Frage, wie die Gerechtigkeitsmaßstäbe zu begründen seien, hat sich eine divergierende Entwicklung ergeben: Universalisten haben Onora O'Neill zufolge eine Tendenz, die Tugend zu vernachlässigen, weil sie ihrer Ansicht nach im Kern darin besteht, universalistischen Prinzipien zu folgen; Partikularisten hingegen fokussieren lokal interpretierte Tugenden unter systematischer Vernachlässigung universeller Moralprinzipien. Die Fragen nach universalistischen Gerechtigkeitsprinzipien einerseits und nach einer inhaltlichen Bestimmung der Tugend der Gerechtigkeit andererseits wurden O'Neill zufolge also zunehmend unabhängig voneinander beantwortet (O'Neill 1996). Auch die Positionierung in dieser Kontroverse ist mithin von erheblicher Bedeutung für den systematischen Stellenwert und die inhaltliche Bestimmung der Tugend der Gerechtigkeit.

Entscheidend für das Verständnis dessen, was jeweils unter Gerechtigkeit als Tugend gefasst wird, ist weiterhin, welche Rolle den Tugenden in der moraltheoretischen Konzeption zukommt, in deren Kontext die Tugend der Gerechtigkeit aufgeführt wird. Christoph Halbig trifft hier eine hilfreiche Unterscheidung zwischen *Tugendethik*, *Tugendlehre* und einer *Ethik der Tugenden* (Halbig 2013, 11). In der *Tugendethik* gelten ›aretaische Kategorien‹, mithin die Tugenden bzw. Tugendbegriffe als fundamental. Dem Anspruch dieser Tugendethik zufolge lassen sich alle anderen (deontischen oder evaluativen) Konzepte auf Tugendbegriffe reduzieren und sind diesen nachgeordnet. Demgegenüber spielen Tugenden in den so genannten Regelethiken eine sekundäre Rolle: Tugenden allgemein (und damit auch der Tugend der Gerechtigkeit) kommt hier ein abgeleiteter, derivativer Status zu. Sie gelten im Wesentlichen als individuelle Dispositionen, moralisches Handeln an den von den jeweiligen Moraltheorien als einschlägig ausgewiesenen Prinzipien und Normen zu orientieren und in diesem Sinne zuverlässig moralisch zu sein. Aus der Perspektive deontologischer oder konsequentialistischer Regelethiken geht es somit in Bezug auf die Tugend der Gerechtigkeit darum, deren Stellenwert im Kontext einer *Ethik der Tugenden* zu bestimmen. Die *Tugendlehre* schließlich zielt Halbig zufolge »auf ein Verständnis dessen, was Tugenden sind: ihrer Ontologie, Epistemologie sowie ihrer handlungstheoretischen Bedeutung« (Halbig 2013, 11). Auch in diesem Kontext kann die Tugend der Gerechtigkeit thematisiert und inhaltlich bestimmt werden. Was die Tugend der Gerechtigkeit ausmacht, muss also vor dem Hintergrund einer sorgfältigen Kenntnisnahme des konzeptionellen Rahmens interpretiert werden, in dem jeweils argumentiert wird.

Während Gerechtigkeit als Tugend in der Antike (u. a. bei Platon und Aristoteles) und im Mittelalter (u. a. bei Thomas von Aquin) im Kontext tugendethischer Konzeptionen diskutiert wird, verliert diese Perspektive nach dem Mittelalter zugunsten deontologischer und konsequentialistischer Spielarten einer Regelethik zunehmend an Bedeutung. In der gegenwärtigen Ethik finden sich Ausführungen zur Tugend der Gerechtigkeit sowohl in konsequentialistischen und deontologischen Ethiken der Tugenden als auch in explizit tugendethischen Konzeptionen (u. a. bei Martha Nussbaum, Philippa Foot, Alasdair MacIntyre oder John McDowell). Ob und inwiefern Autoren wie Platon, Aristoteles u. a. jedoch als Tugendethiker im oben definierten Sinne gelten können, ist heute umstritten (vgl. u. a. Halbig 2013 und O'Neill 1996). Nicht nur in der Moraltheorie, auch in der politischen Theorie wird die Tugend der Gerechtigkeit thematisiert: So finden sich Ausführungen zur Gerechtigkeit als Bürgertugend u. a. im politischen Liberalismus, im Kommunitarismus und im Republikanismus.

Konzepte und Konzeptionen

In fast allen antiken Ethiken gilt Gerechtigkeit (*dikaiosynê*) als die moralisch-soziale Tugend schlechthin. *Dikaiosynê* kommt eine herausragende Bedeutung zu, und zwar nicht nur in den Sinnbedeutungen von Gerechtigkeit, die uns heute geläufig sind, sondern auch als Vorzüglichkeit eines Menschen oder Staates verstanden. Mit Rückgriff auf die klassische Tugendethik der Antike lässt sich eine Bestimmung von Gerechtigkeit als Tugend vornehmen, die auch für die gegenwärtige Diskussion derselben noch einschlägig ist. Aristoteles definiert Tugend als *hexis prohairetikê*, eine auf eine Überlegung begründete, auf einer Entscheidung beruhende Haltung (Aristoteles, NE 1106b–1107a). Diese Definition beinhaltet einige Elemente, die auch in unserem modernen Verständnis eine zentrale Rolle spielen: eine *kognitive* Komponente, denn eine Haltung erwirbt man bewusst, man entscheidet sich für sie aus bestimmten Gründen; eine *volitive* Komponente, denn man will diese Haltung entwickeln, sie entspringt einem Willensakt; und schließlich eine *affektive* Komponente, denn der Vorgang, eine bestimmte Tugend anzustreben, ist in der Regel mit positiven Gefühlen (der Wertschätzung des Inhalts dieser Tugend) verbunden. Ein gerechter Mensch, den wir als exzellent und damit auch als moralisches Vorbild akzeptieren, strebt danach, gerecht zu handeln und sich gerecht zu verhalten. Er ist in dieser Hinsicht zuverlässig. Halbig spricht von Tugenden als »robusten Charaktermerkmalen in dem Sinn, dass wir etwa von einem ehrlichen Menschen erwarten, dass er sich nicht nur in einem bestimmten Typ von Situationen ehrlich verhält, sondern dies situationsübergreifend tut« (Halbig 2013, 19).

Eine wesentliche Komponente der Tugendhaftigkeit besteht darin, dass der Gerechte weiß, was jeweils der angemessene Maßstab ist und was im jeweiligen Kontext gerecht ist. Während Platon als Universalist aufgefasst wird, besteht bezüglich Aristoteles Uneinigkeit darüber, welchen Standpunkt er bei der Frage nach einem kontext- und perspektivenunabhängigen Gerechtigkeitskriterium vertritt.

In Platons Dialogen finden sich bereits viele der heute diskutierten Theorien zur Gerechtigkeit zumindest in ihren Grundzügen wieder: Während nach Sokrates' Darstellung in *Politeia* (Pol II, 358a) die Gerechtigkeit zu dem Schönsten gehört, »was sowohl um seiner selbst willen als wegen dessen, was daraus erfolgt, dem, der glückselig sein will, wünschenswert ist«, stellt z. B. Thrasymachos die Gerechtigkeit als ein Instrument der Mächtigen dar, durch das sie die Regeln im Staat festlegen und ihre Interessen durchsetzen (Pol I, 338c–339b, ebenso 343b–344c), und Glaukon formuliert den Grundgedanken des Kontraktualismus (Pol II, 358e–359b). Platon selbst versteht Gerechtigkeit als eine Haltung, die darin besteht, dass »jeder das Eigene und Seinige hat und tut« (Pol IV, 434 St.). Ungerechtigkeit besteht in »eine[r] Sucht, alles Mögliche zu betreiben und sich in die Geschäfte anderer zu mischen« (Pol IV, 444 St.). Die Formel ›Jedem das Seine‹ bedeutete bei den Griechen, »dass man sich seiner Stellung oder Rolle im Ganzen, die sich aus den eigenen Fähigkeiten ergibt, bewusst ist, sie akzeptiert und nicht über die von ihr definierten Grenzen hinauszugehen versucht, nicht mehr an Ämtern und Machtmitteln an sich zu reißen versucht, als zu dieser Funktion gehören« (Wolf 2002, 107). Für die individuelle Tugend der Gerechtigkeit heißt das, dass jeder Seelenteil das Seinige tut, indem der vernünftige Seelenteil über den mut- und zornhaften sowie über den begehrlichen Teil herrscht: Gerechtigkeit ist eine innere Einstellung, der gemäß die drei Seelenteile des Menschen im richtigen Verhältnis zueinander stehen

(Pol IV, 443d–444a). Gerechtigkeit ist laut Platon nicht nur eine individuelle Tugend, sondern auch unverzichtbares Konstitutionsprinzip einer wohlgeordneten Polis. Er stellt den gerechten Aufbau eines Staates als parallel zu einer wohlgeordneten Seele vor: Jeder Teil hat und tut das Seine. Analog zu den drei Seelenteilen des Menschen finden sich in einer solchen Polis drei Stände, deren Akteure (Herrscher, Wächter, Gewerbetreibende) jeweils das Ihrige tun und sich über ihre Fähigkeiten, Funktionen und Befugnisse nicht hinwegsetzen. Platon zufolge spielt die Tugend der Gerechtigkeit für den gerechten Staat eine herausragende Rolle, da sie allein es ermöglicht, dass die anderen Tugenden (Besonnenheit, Tapferkeit, Einsicht) in ihm ausgebildet werden – wobei der Staat in der Antike noch als zuständig galt für die Erziehung der Bürgerinnen und Bürger im Sinne der Tugenden.

Aristoteles unterscheidet die Gerechtigkeit als Charakterhaltung im Sinne einer speziellen Tugend ausdrücklich von einer umfassenden Gerechtigkeit, die mit der gesamten Tugend gleichzusetzen sei. In letzterem Sinne ist Gerechtigkeit (*dikaiosynê*) »die Ausübung der vollkommenen Gutheit« (NE V, 1129b): »Vollkommen aber ist sie, weil der, der sie besitzt, die Tugenden auch in Bezug auf den anderen Menschen gebrauchen kann, und nicht nur für sich selbst« (ebd.). In diesem Sinne ist Gerechtigkeit nicht ein Teil der Tugend, sondern die ganze Tugend. Gerechtigkeit als individueller Haltung kommt unter den Tugenden bei Aristoteles eine prominente Rolle zu, der Gerechtigkeit im allgemeinen Sinne erst recht: Sie gilt »häufig als die wichtigste der Tugenden, und weder der Abendstern noch der Morgenstern ist so wunderbar« (ebd.).

Die Gerechtigkeit im speziellen Sinn, die partikulare Gerechtigkeit, gehört zu den ethischen Tugenden und kann die Art der Zuteilung von Gütern wie Ehre und Geld betreffen (Verteilungsgerechtigkeit, *dianemetikê*) oder als ausgleichende Gerechtigkeit (*diorthôtikê/epanorthôtikê*; s. Kap. II.12) die vertraglichen Beziehungen zwischen den Menschen regeln. Die ausgleichende Gerechtigkeit hat wiederum mindestens zwei Unterformen, da zu unterscheiden ist zwischen freiwilligem und unfreiwilligem Rechtsverkehr (und entsprechend zwischen kommutativer und korrektiver Gerechtigkeit). Ob die reziproke Gerechtigkeit (*antipeponthos*) als eine weitere eigenständige Unterart zu betrachten ist, ist strittig (Wolf 2002, 94).

Die Gerechtigkeit im speziellen Sinn ist wie jede andere Tugend eine Haltung (*hexis*). Sie ist eine Tätigkeit der Seele gemäß der Vernunft, aufgrund derer Menschen »das Gerechte tun, das heißt auf gerechte Weise handeln und Gerechtes wünschen« (NE V, 1129a).

> »Und zwar ist die Gerechtigkeit diejenige Disposition, kraft deren der Gerechte als jemand bezeichnet wird, der das Gerechte mit Vorsatz (*prohairesis*) tut und der, wo es um das Verteilen geht, für sich in Bezug auf einen anderen und für einen anderen in Bezug auf einen Dritten nicht so vorgeht, dass er vom Wählenswerten sich selbst mehr und dem Nächsten weniger gibt, vom Schädlichen aber umgekehrt, sondern so, dass er das proportional Gleiche gibt, und ebenso bei der Verteilung zwischen zwei anderen Personen« (NE V, 1133b).

Aus dem Moment der »Würdigkeit« (*axia*; NE V, 1131a) ergibt sich, dass die gerechte Zuteilung bei der Verteilungsgerechtigkeit darin liegt, dass jeder proportional das erhält, was er verdient (geometrische Proportionalität). Die dabei einschlägige Würdigkeit des Einzelnen wird Aristoteles zufolge unterschiedlich bestimmt: »[N]icht alle [nennen] dieselbe Art von Würdigkeit, sondern die Demokraten nennen den Status des freien Menschen, die Oligarchen den Reichtum, manche auch die adlige Abstammung, die Aristokraten die Gutheit des Charakters« (ebd.). Bei der ausgleichenden Gerechtigkeit geht es um die Zuteilung nach der arithmetischen Proportionalität: Ohne Ansehung der Person versucht der gerechte Richter das Ungleiche auszugleichen, indem er das Zuviel an Gewinn wegnimmt. Das gerechte Handeln ist die Mitte zwischen dem Unrechttun und dem Unrechtleiden – wobei das Unrechttun schlechter ist als das Unrechtleiden (vgl. NE V, 1138a). Nur wenn man absichtlich (d. h. wissentlich und willentlich) ungerecht handelt, wird man als Unrechttuender zu einem Ungerechten; gerecht ist ein Mensch, »wenn er mit Vorsatz gerecht handelt« (NE V, 1136a). Das Motiv für Ungerechtigkeit ist Aristoteles zufolge das Handeln »des Gewinnes wegen« (NE V, 1130a): Ungerecht im Sinne der speziellen Ungerechtigkeit ist eine Person aufgrund der Lust am Gewinn, des Mehrhabenwollens (*pleonexia*). Dazu bemerkt Ursula Wolf kritisch: »Der Versuch, alle speziellen Gerechtigkeitsfragen an einer Charaktereinstellung zum Affekt des Mehrhabenwollens festzumachen, kann angesichts der Verschiedenartigkeit dieser Kontexte kaum zum Erfolg führen« (Wolf 2002, 114). Bernard Williams führt aus, dass ungerechte Handlungen auch aus Untugenden wie Angst, Eifersucht, Rachegelüsten etc. resultieren können. Somit kann Ungerechtigkeit nicht essentiell mit *pleonexia* verbunden werden, bei manchen ungerechten Handlungen ist *pleonexia* sogar überhaupt nicht Motiv (wie z. B. bei Aristoteles' drittem teilbarem Gut, der Sicherheit; Williams 1984, 102 f.). Williams betont, dass zu den Motiven für Ungerechtigkeit auch solche wie Faulheit oder Leichtfertigkeit gehören, während die wenigsten Ungerechten gerade deshalb etwas Ungerechtes reizvoll fänden, weil es Ungerechtigkeit aufweist. Eher muss der Ungerechte als derjenige betrachtet werden, der keinen Gerechtigkeitssinn hat und für den Gerechtigkeitserwägungen keine Rolle spielen.

Es stellt sich die Frage, wie zu bestimmen ist, wem was zukommt, wenn sich die tugendhafte Haltung einer gerechten Person darin zeigt, dass sie sich selbst und jedem anderen weder ein Zuviel noch ein Zuwenig zuteilt. William K. Frankena und andere kritisieren Aristoteles' Ansatz als zirkulär, da die Tugendhaftigkeit des Individuums ausschlaggebend dafür sei, wie viel ihm zusteht, sich die Tugendhaftigkeit aber u. a. gerade in der Fähigkeit des Individuums zeigt, zu wissen, wie viel er und andere erhalten sollten (vgl. Frankena 1963).

Nicht ganz einig ist man sich über Aristoteles' Position bezüglich der Frage, was letztlich der Maßstab für Gerechtigkeit ist. Einerseits findet sich bei ihm die Argumentation, die Gesetze gäben vor, alle Tugenden handelnd zu realisieren, und Gerechtigkeit im allgemeinen Sinn sei die Gesamtheit aller ethischen Tugenden, also sei »klar, dass alles, was den Gesetzen entspricht, in gewisser Weise gerecht ist [...]. Denn was von der Gesetzgebung festgelegt wird, ist gesetzlich, und jede einzelne gesetzliche Bestimmung nennen wir gerecht« (NE V, 1129b). Andererseits unterscheidet er bessere Gesetze und schlechtere Gesetze: »Es befiehlt das eine, verbietet das andere, das richtige Gesetz in der richtigen Weise, das improvisierte Gesetz in schlechterer Weise« (ebd.). Dies impliziert einen Maßstab der Gerechtigkeit, der unabhängig von gesetztem Recht ist – also eine Vorstellung von Gerechtigkeit, die in den Gesetzen mehr oder minder gut realisiert sein kann, weshalb die Billigkeit als Tugend hier eine fundamentale Rolle spielt.

In Auseinandersetzung mit der aristotelischen Konzeption stellt Williams fest, dass bezüglich der Frage, auf welche Objekte die Ausdrücke ›gerecht‹ und ›ungerecht‹ angewandt werden können, zumindest im Fall der distributiven Gerechtigkeit drei Elemente unterschieden werden können: die Person, die Methode und das Ergebnis (vgl. Williams 1984, 98). Williams vertritt die Ansicht, der Gedanke einer gerechten Verteilung gehe dem einer gerechten Person voraus, da eine gerechte Person eine solche sei, »die dafür disponiert ist, gerechte Verteilungen zu fördern, sie zu suchen, ihnen wohlwollend gegenüberzustehen usw., weil das das ist, was sie sind« (ebd., 101). Eine gerechte Person widersetzt sich ungerechten Verteilungen und hat die Fähigkeit, sich den Motiven zu ungerechtem Verhalten zu widersetzen; dazu bedarf sie auch anderer Tugenden wie des Mutes und der Selbstkontrolle (vgl. ebd.).

Eine weitere an das aristotelische Verständnis der Tugend der Gerechtigkeit anschließende Problematik ist die des Zusammenhangs zwischen dieser Tugend und der individuellen Glückseligkeit. Die Tugend der Gerechtigkeit ist eine ethische Tugend und zugleich eine, die im Unterschied zu Tugenden, die in erster Linie dem Tugendhaften selbst nützen (wie z. B. Fleiß oder Disziplin), auf andere abzielt und zunächst einmal anderen nützt. Wer zuverlässig gerecht handelt, nützt jenen, die unmittelbar mit ihm zu tun haben, und gegebenenfalls auch der Gemeinschaft, in der der Gerechte lebt. Offen bleibt, welche positiven Effekte die Tugend der Gerechtigkeit für den Tugendhaften selbst hat. Gerecht zu handeln kann bedeuten, selbst unter Umständen massive persönliche Nachteile in Kauf nehmen und große Opfer bringen zu müssen. Auch in Hinblick auf die Gesellschaft ist die Einschätzung nicht eindeutig: Gerechte Entscheidungen müssen nicht notwendigerweise das Gemeinwohl vermehren, sie können aus dieser Perspektive höchst umstritten sein. Dieser Punkt steht in engem Zusammenhang mit der Frage nach dem guten Leben (s. Kap. IV.42).

Das antike Verständnis von Gerechtigkeit wird in Spätantike und Mittelalter um christliche Werte und Konzepte erweitert und erfährt eine entsprechende Modifizierung. In den Schriften der Bibel spielt Gerechtigkeit in unterschiedlichen Hinsichten eine gewichtige Rolle, so auch bei der Frage nach Vergebung und der damit verbundenen Verkündigung eines Jüngsten Gerichts, bei dem Gerechtigkeit entsprechend der Rechtfertigung der Sünder wiederhergestellt wird (vgl. Mt 12,31–37). Der Begriff der Sünde führt zu einer Unterscheidung von Ungerechtigkeit gegenüber anderen Menschen und Ungerechtigkeit wider Gott: Fortan stellt sich die zusätzliche Frage, wie der Mensch ›gerecht vor Gott‹ sein kann.

Bei den mittelalterlichen Positionen zur Tugend der Gerechtigkeit lassen sich drei Hauptstränge unterscheiden: Neben einer neuplatonischen Konzeption der Gerechtigkeit, wie sie sich z. B. bei Augustinus mit seiner Unterteilung in irdische und himmlische Gerechtigkeit findet, sind Konzepte wie die von Anselm von Canterbury und Petrus Abaelard zu verzeichnen, die noch vor der Übersetzung der Nikomachischen Ethik und also davon unabhängig entworfen wurden, sowie solche, die in Auseinandersetzung mit der aristotelischen Schrift entstanden (s. Kap. I.2).

Als Tugend tritt Gerechtigkeit bei Anselm von Canterbury auf, der sie Christoph Horn und Nico Scarano zufolge als »die um ihrer selbst willen bewahrte Rechtheit des Willens« definiert (Horn/Scarano 2002, 97). Augustinus schreibt von Gerechtigkeit als einer personalen Tugend und von Gerechtigkeit als einer Eigenschaft Gottes, wobei die menschliche Tugend immer nur unvollkommen und vorläufig sein kann. Thomas von Aquin stellt in seiner *Summa Theologiae* explizit die Frage, ob Gerechtigkeit eine Tugend sei, und beantwortet sie mit Rückgriff auf Aristoteles bejahend: Tugend sei das, was Handlungen und was Menschen gut mache – und »das kommt der Gerechtigkeit zu« (*Summa Theologiae*, Questio 58, Artikel 3, zit. nach Horn/Scarano 2002).

In seinen Ausführungen zur Tugend der Gerechtigkeit nimmt Baruch de Spinoza als Vertragstheoretiker eine Zwischenposition zwischen christlicher Tugendlehre, neuzeitlicher Moralphilosophie und politischer Philosophie in liberaler Tradition ein. Er bestimmt Gerechtigkeit als den beharrlichen Willen, jedem das Seine zu geben; das, was jedem zukommt, entspricht dem, was ihm »nach dem bürgerlichen Recht zukommt« (Spinoza 1670/1870, 355). Im Zuge seiner Auseinandersetzung mit der Bibel und dem christlichen Glauben argumentiert er, die durch Christus gebotene Gerechtigkeit und Liebe könne nur durch den Staat durchgesetzt werden und solle durch Recht und Gesetz Kraft erlangen – wobei »[j]edem seine Meinung frei zu lassen« sei (ebd., 412).

Mit Beginn der Neuzeit treten tugendethische Konzeptionen in den Hintergrund, während vorwiegend konsequentialistische und deontologische Moraltheorien und kontraktualistische sowie vernunftrechtliche Moralbegründungen diskutiert werden (s. Kap. I.3). In seinem *Leviathan* nennt Thomas Hobbes die Gerechtigkeit im vorstaatlichen Zustand eine Tugend: Ihm zufolge sind sich alle Menschen einig darüber, dass Frieden ein Gut ist und damit auch alle moralischen Tugenden gut sind, die dazu beitragen – unter anderem eben die Gerechtigkeit (vgl. z. B. Hobbes 1651/1996, Kap. XV). Auf diese Weise verstanden, lassen sich die Gerechtigkeit als Tugend und eine kontraktualistische Konzeption miteinander verbinden, wobei die Tugend der Gerechtigkeit nicht inhaltlich bestimmt ist, sondern Bedingung der Möglichkeit dafür ist, dass man im Gesellschaftszustand tut, worauf man sich vertragstheoretisch geeinigt hat.

Gerechtigkeit als Tugend findet sich in unterschiedlicher Weise verstanden in zwei grob unterscheidbaren Theoriefamilien wieder: In den *Gefühlsethiken* der so genannten *Moral-Sense*-Ethiker dominiert das Verständnis von Gerechtigkeit als Haltung eines allgemeinen Wohlwollens bzw. einer allgemeinen Menschenliebe; innerhalb von Konzepten der *Pflichtethik* besteht Tugend darin, dasjenige Richtige tun zu wollen, das als Pflicht erkannt wird.

Francis Hutcheson entwirft eine Ethik, die auf Wohlwollen und Liebe basiert, wobei der Mensch seiner Ansicht nach diese Anlagen zur Moral von Natur aus besitzt. Die individuelle Tugend der Gerechtigkeit besteht darin, durch universelles Wohlwollen motiviert zu sein. Gerechtigkeit ist gleichbedeutend mit der Beachtung einer strikten Gleichheit, wobei sie als eine Eigenschaft eines vernünftigen Wesens zu betrachten ist, das den Blick auf das Wohl der gesamten Menschheit richtet. Wenn das Wohl der gesamten Menschheit dabei nicht berücksichtigt würde, würden wir seiner Ansicht nach nicht von Gerechtigkeit als einer Tugend sprechen. Gerechtigkeit zählt zu den Kardinaltugenden, »weil [diese] als Dispositionen zur Förderung des Gemeinwohls allgemein notwendig sind und Affekte gegenüber vernünftigen Wesen bezeichnen« (Hutcheson 1725/1986, 33). Alle Tugend entspringt aus uneigennützigen Affekten, es gibt »eine gewisse Veranlagung unserer Natur, das Wohl anderer zu erstreben« (ebd., 55), doch »die höchste Vollendung der Tugend ist ein universales ruhiges Wohlwollen für alle empfindsamen Wesen« (ebd., 73) – womit Gerechtigkeit zu den höchsten Tugenden zu zählen wäre.

Auch David Hume zufolge ist Gerechtigkeit eine notwendige Bedingung für ein gutes Zusammenleben: Angesichts der Bedingungen, unter denen die Menschen leben, müssen sie sich zu einer Gemeinschaft zusammentun, der einzelne Mensch ist schwach und bedürftig. Nur durch die Gesellschaft wird seine Schwäche ausgeglichen, und durch die »Vermehrung von Kraft, Geschicklichkeit und Sicherheit wird die Gesellschaft nützlich« (Hume 1739/2007, 49). Wenn alle benötigten Güter unbegrenzt zur Verfügung stünden, gäbe es weder Eigentum noch Gerechtigkeit. Die Einführung der künstlichen Tugend der Gerechtigkeit ist dementsprechend durch das Selbstinteresse der Menschen motiviert, wobei die Gerechtigkeit dem Einzelnen, aber immer auch den Anderen und dem Gemeinwohl dient: »*So ist Eigennutz das ursprüngliche Motiv zur* Festsetzung *der* Rechtsordnung, *aber* Sympathie *für das Allgemeinwohl ist die Quelle der* moralischen Anerkennung, *die dieser Tugend gezollt wird«* (ebd., 66). Sympathie mit dem Gemeinwohl ist Grundlage der Tugend der Gerechtigkeit, wobei Hume diese Tugend als eine nicht-natürliche Tugend bezeichnet, dabei allerdings ausdrücklich betont, dass er ›natürlich‹ hier lediglich in Abgrenzung zu ›künstlich‹ verstanden wissen möchte: So wie kein Prinzip des menschlichen Geistes natürlicher sei als sein Sinn für Tugend, so sei keine Tugend natürlicher als diejenige der Gerechtigkeit (ebd., 47). Sie ist insofern künstlich, als ihre Existenz von zwischenmenschlichen Vereinbarungen abhängt, die aufgrund ihrer Nützlichkeit getroffen werden. Die Tugend der Gerechtigkeit kann nicht vollständig in Begriffen natürlicher Motive gefasst werden, da in größeren Gemeinschaften unter den Bedingungen von Anonymität und Komplexität unsere natürlichen Motive nicht ausreichen: »[D]as Gefühl für Recht und Rechtswidrigkeit [ist] [...] künstlich, wenn auch notwendigerweise, durch die Erziehung und menschliche Übereinkunft erzeugt« (ebd., 46).

Nach Immanuel Kant ist die Tugend generell als moralische Stärke des Willens eines Menschen in Befolgung seiner Pflicht zu definieren (vgl. Kant 1797, XIV) und erhält damit ihren sekundären Status. In seiner Tugendlehre konzipiert Kant ein Verständnis von Tugend, dem zufolge derjenige als tugendhaft gilt, der moralische Normen um ihrer Richtigkeit willen befolgt und einen entsprechenden Charakter ausbildet. Der Gerechtigkeitsbegriff selbst spielt in Kants Moralphilosophie keine herausragende Rolle – und doch finden sich in Anlehnung an Kants Moral- und Rechtsphilosophie Konzepte von Gerechtigkeit als Tugend, die ausdrücklich als kantisch bezeichnet werden.

So bestimmt John Rawls in Anlehnung an Kant die individuelle Tugend der Gerechtigkeit als das Akzeptieren und Befolgen von tugendunabhängigen moralischen und politischen Prinzipien. Gerechtigkeit als Tugend lässt sich bei ihm in zweierlei Hinsicht ausmachen: Zum einen bezeichnet er die Gerechtigkeit als »die erste Tugend sozialer Institutionen« (Rawls 1975, 19). Eine funktionierende Gesellschaft braucht als Basis von allen akzeptierte Gerechtigkeitsgrundsätze und daran orientierte Institutionen. Die Bürgerinnen und Bürger können sich somit darauf verlassen, dass Verteilungsprobleme transparent und fair gelöst werden. In der von ihm entwickelten vertragstheoretischen Konzeption soll der Umstand, dass hinter einem so genannten ›Schleier des Nichtwissens‹ über die gerechten Verteilungsprinzipien der zu einem guten Leben notwendigen Grundgüter entschieden wird, die prinzipielle Zustimmung der Bürgerinnen und Bürger zu den gesellschaftlichen Institutionen gewährleisten. Die Tugend der Gerechtigkeit taucht darüber hinaus inhaltlich in dem auf, was Rawls als ›Gerechtigkeitssinn‹ bezeichnet. Er geht davon aus, dass die Mitglieder einer Gesellschaft eine intuitive Vorstellung von gerechten Zuständen und Verfahren haben und zugleich ein intensives, durchaus mit einer Gefühlskomponente versehenes Bedürfnis, nach Grundsätzen der Gerechtigkeit zu handeln. Diese ›Grundtendenz zum Gerecht-sein-Wollen‹ könnte man als inhaltlichen Kern einer Gerechtigkeit als Tugend, verstanden als bürgerliche Tugend, interpretieren. »[Als] Haupttugenden für das menschliche Handeln dulden Wahrheit und Gerechtigkeit keine Kompromisse« (ebd., 20).

Rawls' Theorie der Gerechtigkeit ist in den Kontext des politischen Liberalismus einzuordnen: Mit seiner Theorie der Grundgüter stellt er ein Konzept vor, anhand dessen gesichert werden soll, dass die basalen Institutionen einer Gesellschaft es jedem Individuum gleichermaßen ermöglichen, seinem eigenen Entwurf eines guten Lebens nachzugehen. Dabei meint der politische Liberalismus, wie u. a. Wolfgang Kersting ausführt, aus verschiedenen Gründen auf die Tugenden im Allgemeinen sowie auf die Tugend der Gerechtigkeit im Besonderen systematisch verzichten zu können (Kersting 1997, 436 f.): Liberalen Konzeptionen zufolge sollten Überlegungen zum guten Leben in einem gerechten Staat nur insofern eine Rolle spielen, als jeder den Raum gewährt bekommen soll, den er braucht, um seine eigene Vorstellung eines guten Lebens zu bestimmen und zu verwirklichen. Es besteht u. a. die Sorge, der Staat mische sich in die private Sphäre seiner Bürger ein. Um die (Gerechtigkeits-)Prinzipien einer liberalen Gesellschaft zu bestimmen, aber auch, um die Einsicht in ihren Zweck und damit in ihre Verbindlichkeit zu gewährleisten, sind aufgeklärtes Eigeninteresse und hinreichende Rationalität der Individuen erforderlich, nicht aber Tugenden. Um den Fortbestand liberaler Gesellschaften zu sichern, genügt prinzipiell die Einsicht in die Vernunftmäßigkeit ihrer Prinzipien und Strukturen: »Der dogmatische Liberalismus glaubt an die konstruktive Kraft des reflektierten Interesses, an die produktive List des sich selbst bindenden Egoismus; er ist davon überzeugt, dass er keiner Tugend bedarf« (ebd., 448).

In kritischer Auseinandersetzung mit der liberalen Tradition und Rawls entwickelt sich als Gegenposition zum politischen Liberalismus der Kommunitarismus (s. Kap. III.36), vertreten u. a. durch Alasdair MacIntyre, Michael Walzer und Charles Taylor. Diese Denker schreiben gemeinsamen, im kollektiven Denken und Handeln verankerten Vorstellungen von Gerechtigkeit und einem guten Leben eine konstitutive Rolle für eine gut funktionierende Gesellschaft zu: Kommunitaristen zufolge lässt sich über einen gerechten Staat und eine gerechte Gemeinschaft erst dann nachdenken, wenn zuvor Einigkeit darüber herrscht, was unter Gerechtigkeit und einem guten Leben zu verstehen ist. Denn erst auf Grundlage einer gemeinsamen Vorstellung und Diskussion von Werten, Tugenden und dem guten Leben lasse sich entscheiden, wie welches Gut zu realisieren bzw. zu verteilen sei. So schreibt MacIntyre zur Tugend von Gesellschaften: »Vorstellungen von Gerechtigkeit und die Treue gegenüber solchen Vorstellungen konstituieren zum Teil das Leben von sozialen Gruppen, und wirtschaftliche Interessen werden oft zum Teil mit Hilfe solcher Vorstellungen definiert und nicht umgekehrt« (MacIntyre 1997, 336). Tugenden insgesamt und damit auch die Gerechtigkeit als Tugend sind für ihn unverzichtbar, um jene inhärenten Güter zu erlangen, um derentwillen wir die Teilhabe an einer Praxis anstreben (sollten). So brauchen wir als Vorgesetzter oder als Lehrperson Gerechtigkeit als Tugend, weil wir ohne sie nicht in der Lage wären, wirklich gute Vorgesetzte oder Lehrer zu sein.

Michael Sandel hat in neuerer Zeit die Notwendigkeit des Nachdenkens über Tugend für die Einrichtung einer gerechten Gesellschaft wieder in den Fokus gestellt: Seiner Ansicht nach gehört es zur Gerechtigkeit, Tugend zu kultivieren und über das Gemeinwohl nachzudenken (vgl. Sandel 2013).

In Auseinandersetzung mit der kommunitaristischen Kritik hat auch der politische Liberalismus zu einem Interesse an den Tugenden gefunden, speziell an der Tugend der Gerechtigkeit als einer zentralen Bürgertugend.

> »Insofern sich der Liberalismus wie jede normative Theorie um Verwirklichung bemüht, muss er sich auch in der Sprache der Tugenden und Werte artikulieren und von seinen Bürgern eine gemeinsame aktive Unterstützung der liberalen Kultur und einen von liberalen Werten geleiteten Gemeinsinn verlangen« (Kersting 1997, 456).

Vor diesem Hintergrund sind jene Publikationen zu sehen, die Rawls und Kant auf neue Weise interpretieren und eine Verbindung in ihren Werken zwischen Perfektionismus und Liberalismus aufzeigen (u. a. Pauer-Studer 2002) und eine Rückbesinnung auf jene bürgerlichen Tugenden empfehlen, ohne die auch eine liberale Gesellschaft nicht bestehen kann (u. a. Galston 1991; Macedo 1990; Forst 2000). Zu diesen bürgerlichen Tugenden gehört dann in zentraler Weise die Tugend der Gerechtigkeit, die insbesondere bei O'Neill ausführlich thematisiert wird. Während viele neuere Arbeiten die Relevanz der Tugenden in der Moralphilosophie und politischen Philosophie Kants aufzeigen, ohne speziell auf die Tugend der Gerechtigkeit einzugehen (u. a. Sherman 1997; Grenberg 2005; Betzler 2007; Sensen 2011), möchte O'Neill darlegen, wie sich das Interesse an einem universalistischen Gerechtigkeitsprinzip konzeptionell stimmig mit der intensiven Hinwendung zu der einschlägigen Tugend der Gerechtigkeit verbinden lässt (O'Neill 1996; vgl. auch Van Hooft 2006).

In kritischer Auseinandersetzung mit der neuzeitlichen Moralphilosophie und deren Vernachlässigung der Tugenden hat die vornehmlich neoaristotelische moderne Tugendethik mit Arbeiten von Elizabeth Anscombe, Philippa Foot und Martha C. Nussbaum einen erneuten Aufschwung erlebt, in dessen Kontext sich auch inhaltlich gehaltvolle Ausführungen zur Tugend der Gerechtigkeit finden. Den Auftakt zum neoaristotelischen Revival in den 1960er Jahren des 20. Jahrhunderts macht Anscombe mit ihrem Aufsatz »Modern Moral Philosophy« (1958). Dort stellt sie die These auf, dass wir – um zu verstehen, inwiefern ein ungerechter Mensch ein schlechter Mensch ist – eine positive Darstellung der Gerechtigkeit als Tugend brauchen, die wiederum die Rückkehr zur Tugendethik (bzw. zur Tugendlehre im Sinne Halbigs) als Teil einer Handlungstheorie moralischen Handelns erfordern würde. Anscombe zufolge ist diejenige Person gerecht, die sich habituell weigert, ungerecht zu handeln (Anscombe 1958, 16).

Foot bezeichnet die Gerechtigkeit (wie auch andere Tugenden) als Korrektive, die wir brauchen, weil die Menschen von Natur aus eine Tendenz haben, die berechtigten Ansprüche anderer auszublenden und zu übergehen (Foot 1978, 116 f.). Nur durch die wissentlich und willentlich erworbene Haltung des Gerecht-sein-Wollens könne diese natürliche Tendenz ausgeglichen werden.

Eine derzeit viel diskutierte Konzeption des guten Lebens und der Gerechtigkeit ist Nussbaums Fähigkeiten-Ansatz, der sich unter Rekurs auf eine aristotelische Tugendethik an der Schnittstelle zwischen Moralphilosophie und Politischer Philosophie, zwischen Tugendethik und Liberalismus bewegt (vgl. u. a. Nussbaum 1993; 1999). Zentral für ihre Ausführungen ist dabei die Grundannahme, dass eine adäquate Theorie der Gerechtigkeit eine umfassende Theorie des guten Lebens als Fundament benötigt. Ihre Liste der für ein gutes Leben unabdingbaren menschlichen Fähigkeiten versteht sich explizit als tugendethisch inspirierte Theorie der Gerechtigkeit. Ebenso wie Annette C. Baier (1995) sieht auch sie den Begriff der Tugend als eine Möglichkeit, einen Brückenschlag herzustellen zwischen einem abstrakten und allgemeinen Gerechtigkeitsprinzip einerseits und einer emotionalen individuellen Haltung jenen Wesen gegenüber, die der Gerechtigkeit bedürfen, andererseits, im Sinne einer Einstellung der Fürsorge, wie sie Carol Gilligan beschreibt (1982).

Die zeitgenössische Diskussion um die Tugenden weist heute eine große inhaltliche und konzeptionelle Bandbreite im Spannungsfeld zwischen einer nicht länger neoaristotelisch dominierten Tugendethik, einer Tugendlehre und einer Ethik der Tugenden auf (vgl. Halbig 2013). Aber auch im Bereich der Tugendlehre sowie innerhalb der vielschichtigen Ethik der Tugenden steht die Tugend der Gerechtigkeit bisher bis auf die oben genannten Ausnahmen nicht im Fokus (vgl. u. a. Russell 2013; Swanton 2003; 2015; Battaly 2015).

Schlussbemerkung

Die Tugend der Gerechtigkeit steht im antiken Denken im Zentrum des Interesses, vornehmlich in der Ethik. In der Neuzeit findet sich dann eine systematisch motivierte inhaltliche Vernachlässigung dieser Tugend, sowohl in den regelethischen Konzeptionen der Moralphilosophie als auch in den vom politischen Liberalismus dominierten Theorien der politischen Theorie bzw. Philosophie. Seit der frühen Neuzeit haben sich mit der Auffassung des guten Lebens als etwas Subjektiven die Vorstellungen von gerechten Institutionen und Gemeinschaften grundlegend geändert – anstelle des Primats der individuellen Tugend der Gerechtigkeit tritt die Gerechtigkeit als Tugend von Institutionen und Staats- und Regierungsformen in den Vordergrund. Im 20. Jahrhundert lässt sich innerhalb neuerer tugendethischer Ansätze wieder eine dezidierte Hinwendung zur Tugend der Gerechtigkeit beobachten: in der politischen Theorie als unverzichtbare Bürgertugend und in der Moraltheorie als unverzichtbare Tugend für ein individuell gutes Leben. Dabei geht es allerdings hauptsächlich darum, aufzuzeigen, welchen systematischen Ort die Tugend der Gerechtigkeit jeweils hat und warum es systematisch und inhaltlich geboten wäre, sich ausführlich mit ihr zu beschäftigen. Diese Überlegungen sind in ihren inhaltlichen Ausführungen eher knapp (Van Hooft 2006; Banks/Gallagher 2009; Swanton 2015). Eine umfassende systematische Analyse dieser Tugend steht sowohl in der politischen Theorie als auch in der Moraltheorie der Gegenwart noch aus.

Wer über Gerechtigkeit nachdenkt, wird nicht umhinkommen, auch die Gerechtigkeit *als Tugend* in den Blick zu nehmen. Sowohl in Hinblick auf die Begründung von Gerechtigkeitsprinzipien in unterschiedlichen Kontexten als auch in Bezug auf Fragen der Implementierung von Gerechtigkeitsnormen wird diese Perspektive nahezu unverzichtbar sein. Dabei sind viele Fragen offen – nach dem Wesen der Tugend, nach ihrer Beziehung zum guten Leben und natürlich auch, warum man eigentlich danach streben sollte, exzellent in Hinblick auf gerechte Entscheidungen und Handlungen zu sein, und worin sich ein diesbezügliches Gelingen konkret zeigt. Aus der Perspektive der Gerechtigkeit als Tugend ergeben sich Aspekte, ohne die eine Konzeption der Gerechtigkeit unvollständig bleiben muss.

Literatur

Anscombe, Elizabeth: Modern Moral Philosophy. In: *Philosophy* 33/124 (1958), 1–19.
Aristoteles: *Nikomachische Ethik*. Übers. und hg. von Ursula Wolf. Reinbek bei Hamburg 2006 [NE].
Baier, Annette C.: Wir brauchen mehr als nur Gerechtigkeit. In: Christoph Demmerling/Thomas Rentsch (Hg.): *Die Gegenwart der Gerechtigkeit. Diskurse zwischen Recht, praktischer Philosophie und Politik*. Berlin 1995, 249–260.
Banks, Sarah/Gallagher, Ann: *Ethics in Professional Life. Virtues for Health and Social Care*. New York 2009.
Battaly, Heather: *Virtue*. Cambridge 2015.
Betzler, Monika (Hg.): *Kant's Virtue Ethics*. Berlin 2007.
Foot, Philippa: Virtues and vices. In: *Virtues and Vices and Other Essays in Moral Philosophy*. Oxford 1978.
Forst, Rainer: Toleranz, Gerechtigkeit und Vernunft. In: Ders. (Hg.): *Toleranz. Philosophische Grundlagen und gesellschaftliche Praxis einer umstrittenen Tugend*. Frankfurt a. M. 2000, 119–143.
Frankena, Williams: *Ethics*. New York 1963.
Galston, William: *Liberal Purposes. Goods, Virtues, and Diversity in Liberal States*. Cambridge 1991.
Gilligan, Carol: *In a Different Voice. Psychological Theory and Women's Development*. Cambridge 1982.
Grenberg, Jeanine: *Kant and the Ethics of Humility: A Story of Dependence, Corruption and Virtue*. Cambridge 2005.
Halbig, Christoph: *Der Begriff der Tugend und die Grenzen der Tugendethik*. Berlin 2013.

Hobbes, Thomas: *Leviathan*. Hamburg 1996 (engl. 1651).
Horn, Christoph/Scarano, Nico (Hg.): *Philosophie der Gerechtigkeit. Texte von der Antike bis zur Gegenwart*. Frankfurt a. M. 2002.
Hume, David: *Über Moral* (*Traktat über die menschliche Natur*, Buch 3). Kommentar von Herlinde Pauer-Studer, Übers. von Theodor Lipps. Frankfurt a. M. 2007 (engl. 1739).
Hutcheson, Francis: *Inquiry into the Origin of Our Ideas of Beauty and Virtue [1725]*. London 1986.
Kant, Immanuel: *Metaphysik der Sitten*, Teil II: *Metaphysische Anfangsgründe der Tugendlehre* [1797]. In: Königlich Preußische Akademie der Wissenschaften (Hg.): *Kant's gesammelte Schriften* [Akademie-Ausgabe], Bd. VI. Berlin 1968, 203–492.
Kersting, Wolfgang: *Recht, Gerechtigkeit und demokratische Tugend. Abhandlungen zur praktischen Philosophie der Gegenwart*. Frankfurt a. M. 1997.
Macedo, Stephen: *Liberal Virtues: Citizenship, Virtue and Community in Liberal Constitutionalism*. Oxford 1990.
MacIntyre, Alasdair: *Der Verlust der Tugend*. Frankfurt a. M. 1997 (engl. 1981).
Nussbaum, Martha C.: Menschliches Tun und soziale Gerechtigkeit. Zur Verteidigung eines aristotelischen Essentialismus. In: Micha Brumlik/Hauke Brunkhorst (Hg.): *Gemeinschaft und Gerechtigkeit*. Frankfurt a. M. 1993, 323–361.
–: *Gerechtigkeit oder Das Gute Leben*. Hg. von Herlinde Pauer-Studer. Frankfurt a. M. 1999.
O'Neill, Onora: *Tugend und Gerechtigkeit. Eine konstruktive Darstellung des praktischen Denkens*. Berlin 1996 (engl. 1996).
Pauer-Studer, Herlinde: Liberalismus, bürgerliche Tugenden und perfektionistische Bestrebungen. In: Reinhold Schmücker/Ulrich Steinvorth (Hg.): *Gerechtigkeit und Politik. Philosophische Perspektiven. Deutsche Zeitschrift für Philosophie*, Sonderbd. 3. Berlin 2002, 77–94.
Platon: Der Staat. In: Ders.: *Sämtliche Dialoge*, Bd. V. Hg. von Otto Apelt. Hamburg 1993 [Pol].
Rawls, John: *Eine Theorie der Gerechtigkeit*. Frankfurt a. M. 1975 (engl. 1971).
Russell, Daniel C.: *The Cambridge Companion to Virtue Ethics*. Cambridge 2013.
Sandel, Michael J.: *Gerechtigkeit. Wie wir das Richtige tun*. Berlin 2013 (engl. 2009).
Sensen, Oliver/Timmermann, Jens/Trampota, Andreas (Hg.): *Kant's »Tugendlehre«. A Comprehensive Commentary*. Berlin 2011.
Sherman, Nancy: *Making a Necessity of Virtue. Aristotle and Kant on Virtue*. Cambridge 1997.
Spinoza, Baruch de: *Theologisch-politische Abhandlung* [1670]. Berlin 1870, http://www.zeno.org/nid/20009272313 (2.3.2015).
Swanton, Christine: *Virtue Ethics. A Pluralistic View*. Cambridge 2003.
–: *The Virtue Ethics of Hume and Nietzsche*. Oxford 2015.
Thomas von Aquin: Summa theologiae II-II. In: Christoph Horn/Nico Scarano (Hg.): *Philosophie der Gerechtigkeit. Texte von der Antike bis zur Gegenwart*. Frankfurt a. M. 2002, 131–143.
Van Hooft, Stan: *Understanding Virtue Ethics*. London 2006.
Williams, Bernard: *Moralischer Zufall. Philosophische Aufsätze 1973–1980*. Königstein/Ts. 1984 (engl. 1981).
Wolf, Ursula: *Aristoteles' ›Nikomachische Ethik‹*. Darmstadt 2002.

Dagmar Borchers / Svantje Guinebert

30 Kontraktualistische Gerechtigkeit

Die Kernidee des Kontraktualismus besteht in der Annahme, dass die Forderungen der Gerechtigkeit ein Resultat der Selbstbestimmung von Personen sind und somit als Ausdruck unserer Natur als freie und gleiche Vernunftwesen verstanden werden können. Verschiedene Spielarten des Kontraktualismus beantworten unterschiedliche Fragen: Während der legitimationstheoretische oder politische Kontraktualismus die Autorität des Staates und die damit einhergehende Gehorsamsverpflichtung auf ein Versprechen oder eine Zustimmung des Bürgers gründet, nimmt der gerechtigkeitstheoretische oder moralische Kontraktualismus eine unparteiliche Rechtfertigung von Moralprinzipien durch eine (hypothetische) Einwilligung von freien und gleichen Personen vor. Mit ›Gerechtigkeit‹ wird dabei meist der Teilbereich der Moral bezeichnet, der es mit den Rechten und Pflichten von Personen (und dann auch der Gestalt sozialer Institutionen) zu tun hat und in erster Linie dem Schutz besonders wichtiger Interessen dienen soll. Zur Rechtfertigung ihrer Forderungen ist der Kontraktualismus daher besonders geeignet; für andere moralische Verpflichtungen (etwa zur Dankbarkeit) wird man daneben andere Grundlagen annehmen können oder sogar müssen.

In der jüngeren Debatte wird das Wort ›Kontraktualismus‹ unterschiedlich verwendet: Im deutschen Sprachraum (Stemmer 2000, 84; 2013, 1–19 und 166–189; Leist 2003) wird darunter die Begründung der Moral im rationalen Eigeninteresse von Individuen verstanden; für diesen Ansatz hat sich inzwischen auch der Titel ›Kontraktarianismus‹ (*contractarianism*) eingebürgert (vgl. Darwall 2003). Im angelsächsischen Sprachraum versteht man unter ›Kontraktualismus‹ heute dagegen eine Theorie, die moralische Prinzipien auf einen Akt der (hypothetischen) Einwilligung zurückführt – wobei dieser Akt seinerseits ein Ideal der vernünftigen Reziprozität und der gegenseitigen Anerkennung von Personen zum Ausdruck bringt und nicht nur durch das rationale Interesse des Individuums motiviert ist. In einem sehr engen Sinn (vgl. Ashford/Mulgan 2013) dient ›Kontraktualismus‹ zur Bezeichnung der speziellen Position, die Thomas Scanlon in seinem Buch *What We Owe to Each Other* (1998) entwickelt hat. In einem sehr weiten Sinn (vgl. Southwood 2010) wird das Wort auch als Oberbegriff zur Bezeichnung von kontraktarianistischen und kontraktualistischen Positionen verwendet, die die Prinzipien der Moral auf einen – wie auch immer motivierten – Akt der Zustimmung zurückführen. In einem engeren (die Positionen von Rawls und Scanlon umfassenden) Sinn des Wortes zählt der Kontraktualismus – wie sein Kontrahent, der Utilitarismus (s. Kap. III.34), aber im Gegensatz zum Kontraktarianismus – zu den unparteilichen Theorien; wie eine gleiche Berücksichtigung der Interessen aller Personen dann genauer verstanden werden soll, bleibt zwischen den Kontrahenten allerdings umstritten. So macht Rawls (1975, 217) auf die für den Utilitarismus typische und folgenschwere Deutung der Idee der Unparteilichkeit als Forderung nach Unpersönlichkeit aufmerksam: »Der Fehler des Utilitarismus ist die Verwechslung von Unparteilichkeit [*impartiality*] mit Nicht-Person-Sein [*impersonality*].«

Zur Geschichte der Idee des Kontraktualismus

Während man Elemente einer auf das rationale Interesse von Individuen zurückzuführenden Gerechtigkeit bereits bei den griechischen Sophisten und bei Epikur antrifft (vgl. etwa Stemmer 2000, 84; 2013, 2), sehen sich fast alle Kontraktualisten heute in der von Jean-Jacques Rousseau und Immanuel Kant begründeten Tradition der Idee eines Gesellschaftsvertrags zwischen freien und gleichen Personen. Bei Rousseau ist die Frage nach den Grundlagen der Gerechtigkeit allerdings noch eng mit der Frage nach der Legitimität von staatlicher Herrschaft verknüpft. Seiner Auffassung zufolge kann der Mensch nur als Bürger einer staatlichen Gemeinschaft moralisch handeln. Trotz seiner Identifizierung des positiven Rechts (eines gerechten Staates) mit den Forderungen der Gerechtigkeit wird in Rousseaus Theorie des Gesellschaftsvertrags auch die Grundidee des moralischen Kontraktualismus sichtbar (vgl. Rawls 2012, 337–363): Insoweit wir uns selbst als freie und gleiche Personen verstehen, können wir nur die Forderungen als moralisch bzw. gerecht gelten lassen, die uns der Gemeinwille – und darunter versteht Rousseau den vernünftigen Willen aller Mitglieder einer Gemeinschaft – vorschreibt. Frei und gleich sind wir mit anderen Worten nur dann, wenn wir die Forderungen sowohl des Staates als auch der Gerechtigkeit als Ausfluss unseres eigenen Willens verstehen können. Wenn wir also gerechte Gesetze befolgen, gehorchen wir doch nur uns selbst und bleiben so frei und gleich wie zuvor.

Obwohl er sehr viel klarer zwischen der Legitimität des Staates und der Rechtfertigung der Moral trennt, greift Kant genau diese Idee der Autonomie auf und verwendet sie zur Rechtfertigung moralischer Normen. (Seine Rechts- und Staatsphilosophie steht dabei wieder auf einem anderen Blatt.) Als freie und gleiche Personen können wir uns seiner Auffassung zufolge nur dann verstehen, wenn die Forderungen der Moral das Ergebnis eines vernünftigen Verfahrens – der Prozedur des Kategorischen Imperativs – sind. Über die Interpretation dieses Verfahrens gibt es bis heute heftige Kontroversen (vgl. z. B. Parfit 2011, Bd. I, 177–300). Als unstrittig darf indessen die Annahme gelten, dass Kant die Forderungen der Moral nicht als von Gott oder der Natur vorgegebene Normen versteht, sondern sie in den Fähigkeiten zur vernünftigen Selbstgesetzgebung und zur fairen Kooperation freier und gleicher Personen verankert (vgl. Rawls 1975, 283–290).

Weder Thomas Hobbes noch John Locke kommt in der jüngeren systematischen Debatte eine größere Bedeutung zu (zu ihrer Interpretation vgl. Rawls 2012, 53–162 und 163–240). Zum einen liegt das daran, dass sie sich des Gesellschaftsvertrags in erster Linie zur Begründung der Legitimität des Staates und der Gehorsamsverpflichtung seiner Bürger bedienen; und während Hobbes die Geltung der Gerechtigkeit dann zwar von den Sanktionen des allmächtigen Leviathans abhängig macht, geht Locke davon aus, dass den moralischen Forderungen bereits im Naturzustand Folge zu leisten sei. Zum anderen wird man dies darauf zurückführen können, dass beide Autoren lediglich das am eigenen Vorteil orientierte Individuum zum Dreh- und Angelpunkt ihrer Argumentation machen.

Die aktuelle Debatte

In der aktuellen Debatte zum Kontraktualismus sind vor allem Rousseau und Kant nach wie vor präsent: Rawls weist darauf hin, dass »Rousseaus Ideen nach meiner Überzeugung tief und konsequent sind« (2012, 286), und nimmt außerdem eine »Kantische Deutung« (1975, 283–290) seiner Theorie vor. Auch Scanlon (1998, 5 f.) betont Ähnlichkeiten seiner Position sowohl mit Rousseaus Lehre vom Gesellschaftsvertrag als auch mit Kants Kategorischem Imperativ, weist aber auch auf einige Unterschiede (ebd., 189 f.; 2011) hin. Die Forderungen der Gerechtigkeit bringen diesem Ansatz zufolge ein Ideal der gegenseitigen Achtung zum Ausdruck. Southwood (2010, 51) bezeichnet die Positionen Rawls' und Scanlons daher auch als ›Kantischen Kontraktualismus‹ und unterscheidet sie von einem (kontraktarianistischen) ›Hobbesschen Kontraktualismus‹ (ebd., 25).

John Rawls über die Gerechtigkeit als Fairness

Die wichtigsten Impulse gingen von John Rawls' *Theorie der Gerechtigkeit* aus. Die Idee einer allgemeinen Zustimmung dient dort zur Begründung zweier Prinzipien der Gerechtigkeit, die die Freiheiten von Personen sowie eine egalitäre Verteilung von Chancen und materiellen Gütern zum Gegenstand haben. Rawls' Hauptmotiv ist die Ausarbeitung einer Alternative zum im angelsächsischen Sprachraum lange Zeit dominierenden Paradigma des Utilitarismus, der die Gerechtigkeit als Mittel zum Zweck der Vermehrung des Gesamtnutzens versteht. Rawls weiß, was er der Tradition der politischen Philosophie der Moderne schuldet: Er habe versucht, »die herkömmliche Theorie des Gesellschaftsvertrags von Locke, Rousseau und Kant zu verallgemeinern und auf eine höhere Abstraktionsstufe zu stellen« (1975, 12). Während die herkömmliche Theorie einer Begründung der Legitimität des Staates galt, so wird die Idee des Vertrags von Rawls für die Konstruktion einer Konzeption der Gerechtigkeit in den Dienst genommen.

Worin besteht das Problem, und wie lässt sich sein Lösungsvorschlag beschreiben? Moderne Gesellschaften lassen sich als kooperative Unternehmungen freier und gleicher Personen verstehen, die sehr unterschiedliche Vorstellungen über die Inhalte eines guten, gelingenden Lebens verfolgen. In diesen Gesellschaften entstehen deshalb auch Konflikte über die Art und Weise der Verteilung der Vorteile und Lasten der sozialen Kooperation. Rawls stellt sich nun die Aufgabe, eine Konzeption der Gerechtigkeit für die wichtigsten sozialen Institutionen – die Grundstruktur (1975, 23; 2006, 92) – einer pluralistischen Gesellschaft zu bestimmen und zu begründen. Die moralischen Pflichten von Einzelmenschen (1975, 368–414), die Beziehungen zwischen verschiedenen Gesellschaften (ebd., 415–420) und verschiedenen Generationen (ebd., 319–327) spielen in der *Theorie der Gerechtigkeit* noch eine untergeordnete Rolle.

Der Kern seines Vorschlags ist der Urzustand (1975, 140–220; 2006, 132–210), der das Ideal der Autonomie des Bürgers einer Demokratie repräsentieren und eine gemeinsame Entscheidung der Betroffenen über eine faire Verteilung von Gütern ermöglichen soll. Diese Konstruktion ist ein Gedankenexperiment, dessen Plausibilität sich aus Intuitionen herleiten lässt, die die Praxis unseres moralischen Urteilens ohnehin immer anleiten: Die Gerechtigkeit sozialer Institutionen soll einzelne Personen nicht aufgrund irrelevanter Charakteristika benachteiligen. Rawls fordert uns mit diesem Experiment dazu auf, uns hinter den so genannten ›Schleier des Nichtwissens‹ (1975, 159–166) zu begeben: Stellen wir uns also vor, wir wüssten nicht, mit welchen besonderen Talenten und Eigenschaften wir ausgestattet sind, und stellen wir uns weiterhin vor, wir wüssten nicht, welche Ziele wir im Leben verfolgten bzw. welche Werte wir für unsere Identität als maßgeblich ansähen. Von diesem unparteilichen Standpunkt aus könnten wir sehr gut beurteilen, welche Gestalt eine gerechte Gesellschaft annehmen sollte. Denn wüssten wir nur, dass wir moralische Personen sind, die »über die beiden Vermögen moralischer Personalität verfügen: die Anlage zu einem Gerechtigkeitssinn und die Befähigung zu einer Konzeption des Guten« (Rawls 2003, 104), wären wir in einer solchen Situation darum bemüht, allen Personen möglichst gleiche Freiheitsrechte, gleiche Chancen und eine grundlegende materielle Sicherheit zu gewährleisten. Sicher würden wir nicht das Risiko eingehen wollen, etwa zum Zwecke einer Vermehrung eines möglichst großen gesamtgesellschaftlichen Nutzens unzumutbar hohe Opfer zu bringen. Wir würden von sozialen Institutionen vielmehr fordern wollen, dass sie uns eine Wertschätzung unserer beiden grundlegenden Vermögen als moralische Personen entgegenbringen.

Zum Verständnis seines Arguments ist folgender Punkt wichtig: Rawls gründet die Gerechtigkeit sozialer Institutionen nicht im Eigeninteresse real existierender Individuen. Der Schleier des Nichtwissens soll gerade dazu dienen, den Vertragsparteien das Wissen ihrer Identität und ihrer Interessen teilweise zu entziehen. Er leitet die Prinzipien der Gerechtigkeit aber auch nicht wie Kant von einer formalen, empiriefreien Idee der Vernunft oder wie Habermas von einem von allen strategischen Interessen befreiten Ideal der herrschaftsfreien Kommunikation ab. Die Parteien im Urzustand haben sicherlich ein großes Interesse an den so genannten ›Grund- oder Primärgütern‹ (Rawls 1975, 111–115) als Voraussetzung zur Verfolgung eines breiten Spektrums verschiedener Konzeptionen eines guten Lebens; und es ist auch legitim, sich von gerechten Institutionen einen Schutz bei der Verfolgung dieser Interessen zu erwarten. Dennoch stehen diese Institutionen nicht im Dienste der Verfolgung dieser Interessen besonderer Individuen. Sie sollen vielmehr allen Bürgern gleichermaßen nützen und ihnen die Möglichkeit bieten, sich darin als freie und gleiche Personen wiederzuerkennen. Rawls versucht also weder, die Gerechtigkeit aus einem moralfreien Eigeninteresse der Individuen hervorzuzaubern, noch sich auf eine anspruchsvolle, umstrittene Interpretation der Vernunft zu stützen, um daraus eine apriorische Konzeption der Gerechtigkeit zu entwickeln. Rawls (1975, 290) sagt vielmehr, er wolle die kantische Vorstellung von Moral »im Rahmen einer empirischen Theorie« neu formulieren.

Im Anschluss an seine *Theorie der Gerechtigkeit* hat Rawls zahlreiche Änderungen und Erweiterungen vorgenommen: Er bezeichnet seine Rechtfertigungstheorie jetzt als ›politischen Konstruktivismus‹ (2003, 169–216) und schränkt die Reichweite seiner Konzeption auf die politische Gerechtigkeit westlicher Demokratien ein (ebd., 169). Die liberale Konzeption der Gerechtigkeit ist nur noch ein vernünftiger Vorschlag neben anderen Möglichkeiten; und insbesondere für die internationale und die intergenerationelle Gerechtigkeit bedürfe es spezieller Antworten. Dennoch, und das wird oft übersehen, hält Rawls an seiner ursprünglichen Idee fest: Richtig verstanden und interpretiert kann die Methode des Urzustands nach wie vor als Mittel zur Begründung von Gerechtigkeitsgrundsätzen für die Grundstruktur einer Gesellschaft angesehen werden (vgl. Rawls 2006, 38–44). Entsprechend modifiziert mag sie auch wertvolle Dienste für die Rechtfertigung von Prinzipien der internationalen und intergenerationellen Gerechtigkeit leisten.

Thomas Scanlon über das Ideal der Begründbarkeit von Moral

Während John Rawls als der Neubegründer der Vertragstheorie in der zweiten Hälfte des 20. Jahrhunderts gilt, wird man Thomas Scanlon als wichtigsten Kontraktualisten in der Gegenwart bezeichnen können: Die Grundidee seiner Position hat er bereits in seinem frühen Aufsatz »Contractualism and Utilitarianism« vorgelegt; allerdings hängt die Rechtfertigung moralischer Normen dort noch von einem (empirischen) Wunsch (*desire*) ab, seine Handlungen gegenüber anderen Personen zu rechtfertigen (Scanlon 1982, 111 und 117). In *What We Owe to Each Other* geht Scanlon zusätzlich davon aus, »dass Personen gute Gründe dafür haben, sich zu wünschen, auf eine Art und Weise zu handeln, die sie anderen Personen gegenüber rechtfertigen könnten« (1998, 154; eigene Übers.). Dreh- und Angelpunkt seiner kontraktualistischen Position ist neben der Idee der Rechtfertigung nun vielmehr eine bestimmte Auslegung der Idee der ›Vernünftigkeit‹ (*reasonableness*). Auf den Punkt gebracht lautet die Kernidee: Eine Handlung ist dann unrecht, wenn ihre Ausführung nicht von einer Klasse von Prinzipien zur Verhaltensregulierung erlaubt werden würde, die niemand vernünftigerweise zurückweisen könnte (Scanlon 1998, 153 und 197). Die Möglichkeit einer allgemeinen Akzeptanz eines bestimmten Prinzips reicht dieser Formulierung zufolge nicht aus; denn sicher wäre es von einem altruistischen Standpunkt aus gesehen nicht unvernünftig, sehr hohe individuelle Kosten für einen größeren sozialen Nutzen zu akzeptieren (Scanlon 1982, 111; vgl. auch 1998, 154 f.). Mit seiner Formel einer vernünftigen Ablehnung eines Prinzips macht Scanlon darauf aufmerksam, dass es unter Umständen gute Gründe für die Zurückweisung eines Prinzips geben mag, das gleichwohl das Resultat eines vernünftigen Konsenses sein könnte. Anders formuliert: Das Zurückweisungskriterium kann zum Ausschluss konsensfähiger Prinzipien führen und legt die Latte der Begründbarkeit damit ein Stückchen höher.

Von allen rivalisierenden Auslegungen der Unparteilichkeit unterscheidet sich Scanlons Kontraktualismus durch den zentralen Stellenwert der Idee der ›Vernünftigkeit‹ (Scanlon 1998, 189–191). Die Vertragstheorien sowohl David Gauthiers (1986) als auch John Rawls', die Diskurstheorie Habermas' und die utilitaristische Theorie Hares bedienen sich jeweils einer besonderen Auffassung der ›Rationalität‹ bzw. der rationalen Motivation der Person. Für manche Empiriker (wie Gauthier sowie mit Einschränkungen Rawls) beschränkt sich Rationalität dabei auf die Verfolgung des Eigeninteresses; und für Ansätze, die in der rationalistisch-formalistischen Tradition Kants stehen, verwickelt sich die unmoralisch handelnde Person in Widersprüche und begeht gleichsam einen logischen Fehler. Scanlon zufolge sind die Vertragsparteien nicht nur durch ein Interesse am eigenen Wohlergehen (und nicht durch die Furcht vor Widersprüchen) motiviert; sie verfolgen vielmehr das Ziel, Prinzipien zu finden, die andere Personen mit den gleichen Motivationen vernünftigerweise nicht zurückweisen könnten. Das Selbstinteresse sei nicht »der Typ eines Grundes, durch den eine moralische Person unserem Verständnis nach zuerst und hauptsächlich motiviert sein könnte« (Scanlon 1998, 150); und »die spezifische Kraft moralischer Forderungen scheint sich von derjenigen etwa von Prinzipien der Logik stark zu unterscheiden« (ebd. 151).

Bereits bei Rawls spielt die Idee der Vernünftigkeit (vgl. v. a. Rawls 2006, 27) eine wichtige Rolle, doch hinter dem Schleier des Nichtwissens entscheiden die Parteien nur nach rationalen Gesichtspunkten. Bei Scanlon kommt der (hypothetischen) Zustimmung der Parteien dagegen gar keine entscheidende Rolle mehr zu, denn es geht nur mehr darum, welche Prinzipien andere Personen eventuell mit guten Gründen zurückweisen könnten. Außerdem werden die ›Vertragsparteien‹ nicht hinter einen Schleier des Nichtwissens verfrachtet, um ihnen bestimmte Informationen unzugänglich zu machen (Scanlon 1982, 122; 1998, 242–246). Ihr eigenes Interesse werden die Parteien sicher nicht vollständig verleugnen wollen, aber sie haben alle Vorschläge immer nur im Lichte ihrer ›Vernünftigkeit‹ zu beurteilen. Nicht zuletzt geht es Scanlon primär nicht wie Rawls um die Grundstruktur und die Gerechtigkeit sozialer Institutionen, sondern zunächst nur um das Tun und Lassen von Individuen (Scanlon 1998, 244). Doch obwohl Scanlon das Wort ›Gerechtigkeit‹ in seinem Hauptwerk kaum verwendet, darf man davon ausgehen, dass mit den Dingen, die wir einander schulden (»we owe to each other«), ein Kernaspekt dessen angesprochen ist, was wir unter ›Gerechtigkeit‹ in einem sehr weiten Sinne verstehen. Der Kontraktualismus könne zwar einen zentralen Teil des Territoriums der Moral abdecken, aber er »schließt nicht alles ein, auf das dieser Begriff korrekt angewandt wird« (Scanlon 1998, 173).

Was versteht Scanlon nun genau unter ›Vernünftigkeit‹ (*reasonableness*), und was versteht er unter der Idee der ›Rechtfertigung‹ bzw. genauer der ›Nichtverwerfbarkeit‹? Mit der Idee der Vernünftigkeit verweist Scanlon auf den Begriff des Grundes (*reason*), den er in einem irreduzibel normativen Sinn verstanden wissen will und von den motivierenden Gründen eines Individuums unterscheidet (Scanlon 1998, 19). Ein normativer Grund ist also immer auch ein *guter* Grund, eine Erwägung, die tatsächlich für eine Handlung spricht. Motivierende Gründe – insbesondere psychologische Zustände wie Überzeugungen und Wünsche eines Individuums – sind dagegen nicht per se auch immer gute Gründe. Scanlon weist die Position zurück, dass Wünschen eine besondere normative Bedeutung zukommt. Natürlich hängen viele Handlungsgründe von Wünschen ab, aber *allein* die Tatsache, dass wir uns etwas wünschen, ist fast niemals ein guter Grund zur Verfolgung dieses Gegenstands. Die Gründe unseres Handelns haben vielmehr mit den Eigenschaften von Dingen zu tun, die sie gut oder wertvoll machen. Gründe entspringen zuletzt also bestimmten Werten: »Wenn wir einen Gegenstand wertschätzen, so nehmen wir an, dass wir Gründe für bestimmte positive Einstellungen ihm gegenüber und für bestimmte Handlungen in Bezug auf ihn haben« (Scanlon 1998, 95). Der Begriff des ›Grundes‹ selbst lasse sich dann nicht weiter erklären; er bedürfe auch gar keiner Erklärung (ebd., 154), bilde vielmehr eine unhintergehbare Voraussetzung und führe nur zur Idee einer »Erwägung, die für etwas spricht« (ebd., 17; vgl. kritisch Stemmer 2013, 139–165).

Wenn wir also bestimmte Prinzipien vernünftigerweise nicht zurückweisen können, dann ist nach Scanlon von dieser Art von praktischen Gründen die Rede, die sich von bloßen Wünschen fundamental unterscheiden. Und es sind genau diese normativen Gründe, die auch für Scanlons Idee der Rechtfertigung bzw. Ablehnung bestimmter Prinzipien Verwendung finden. Scanlon stellt zunächst fest, dass die Idee der Rechtfertigung in verschiedenen Moraltheorien auftaucht. Auch Utilitaristen sind an einer Rechtfertigung bestimmter moralischer Prinzipien interessiert (Scanlon 1998, 189); und vor allem auch Kontraktarianisten möchten natürlich die Moral rechtfertigen. In Scanlons Version des Kontraktualismus spielt diese Idee in zweifacher Hinsicht eine grundlegende Rolle: Sie bildet zum einen die normative Grundlage der Moral, zum anderen ermöglicht sie auch die allgemeinste Charakterisierung von deren Inhalten.

Einwände

Die wichtigsten Einwände, die in der Debatte gegen den Kontraktualismus vorgebracht werden, sind der Zirkularitätseinwand, das Aggregationsproblem und das Problem der eventuell unzumutbar hohen Ansprüche.

Der gravierendste Einwand ist sicherlich der Zirkularitäts- bzw. Redundanzeinwand (vgl. Southwood 2010, 61–70; Ashford/Mulgan 2013, Kap. 5), der die grundsätzliche Eignung des Kontraktualismus zur Lösung des Problems der Rechtfertigung von moralischen Prinzipien in Frage stellt: Auf den Punkt gebracht läuft dieser Einwand auf den Vorwurf einer *petitio principii* hinaus; eine kontraktualistische Theorie der Rechtfertigung unserer Pflichten setze – zu einem gewissen Teil – immer bereits voraus, was sie eigentlich erst beweisen wolle.

Bereits bei Rawls' Konstruktion des Urzustands gibt es für diesen Vorwurf einige Anhaltspunkte. Der Urzustand wird schließlich ausgehend von bestimmten wohlüberlegten moralischen Urteilen modelliert. Rawls (1975, 165) selbst räumt unumwunden ein: »Wir wollen den Urzustand so bestimmen, daß die gewünschte Lösung herauskommt.« Doch welche Bedeutung kommt dem Urzustand – und mit ihm natürlich der ganzen kontraktualistischen Prozedur – dann überhaupt noch zu? Auch Scanlons Theorie ist einem ähnlichen Vorwurf ausgesetzt: Wenn nämlich nur die Prinzipien als gerechtfertigt angesehen werden dürfen, die keine der Vertragsparteien mit vernünftigen Gründen zurückweisen kann, so fragt man sich, welches Gewicht die Vertragsprozedur neben den Gründen, auf die sich die Parteien ja ohnehin berufen können, überhaupt noch hat. Mit anderen Worten: Steht das Resultat – die Antwort auf die Frage nach moralischem Recht und Unrecht – nicht bereits von vornherein fest? Ist der ganze Aufwand nicht zuletzt überflüssig?

Eine Antwort auf diesen Einwand wird verschiedene Überlegungen berücksichtigen müssen: Zum einen stellt sich die Frage, ob die Zirkularität einer Theorie tatsächlich unbedingt ein tödlicher Einwand sein muss; zum anderen muss es nicht als ausgemacht gelten, dass der Kontraktualismus nicht zumindest die problematische Spielart einer zirkulären Argumentationsstruktur vermeiden kann.

Kommt der Nachweis einer zirkulären Argumentation immer einem Knock-out gleich? Sowohl Rawls als auch Scanlon lehnen diesen Schluss ab, denn sie nehmen nicht für sich in Anspruch, von Voraussetzungen auszugehen, die überhaupt keine moralischen Annahmen machen. Rawls (1975, 66) schreibt, man könne sich »eine Theorie der Gerechtigkeit als Beschreibung unseres Gerechtigkeitssinnes vorstellen«; und der Urzustand dient ihm letztlich nur als Mittel zur Realisierung eines ›Überlegungsgleichgewichts‹ (ebd., 68). Auch Scanlon (1982, 122; 1998, 148) meint, er wolle die Idee der Vernünftigkeit nur beschreiben. Insofern ist die Verwendung bestimmter moralischer Voraussetzungen kein triftiger Einwand gegen eine bescheidene Spielart des Kontraktualismus ohne Absicht einer Letztbegründung (vgl. auch Scanlon 1998, 213–218). Außerdem bedeutet ›Zirkularität‹ noch nicht, dass man sich nur im Kreis dreht und nicht mehr vom Fleck kommt. John Rawls versucht durch seine Konstruktion des Urzustands nämlich nicht nur unseren wohlüberlegten Urteilen eine kohärente Struktur zu geben, sondern darüber hinaus auch eine klare Hierarchie unserer moralischen Intuitionen zu etablieren. Und auch Scanlons Konzeption des praktischen Grundes nimmt das Ergebnis der kontraktualistischen Prozedur noch nicht vorweg. Wir sind vielmehr darauf angewiesen, in unterschiedlichen Situationen immer wieder aufs Neue die Möglichkeit der vernünftigen Zurückweisung eines Vorschlags anhand der möglichen Erwägungen, die für oder gegen ihn ins Feld geführt werden können, zu überprüfen.

Ein weiterer Einwand gegen den Kontraktualismus geht auf ein Problem zurück, das mit der (manchmal unvermeidbaren) Verrechnung von Vor- und Nachteilen zwischen Personen zu tun hat. Der Kontraktualismus bezieht einen nicht geringen Teil seiner intuitiven Attraktivität gegenüber vielen Varianten des Konsequentialismus aus dem strikten Verbot jeglicher Aggregation. Rawls (1975, 45) wirft dem klassischen Utilitarismus etwa vor, die »Verschiedenheit der einzelnen Menschen« nicht ernst zu nehmen, und meint damit, dass eine höhere gesamtgesellschaftliche Nutzensumme keine Opfer einzelner Personen erlaube und die Vor- und Nachteile verschiedener Personen nicht einfach in einer Gesamtsumme gegeneinander verrechnet werden dürften. Scanlon (1998, 234) schreibt ähnlich, der Kontraktualismus habe im Gegensatz zum Utilitarismus »eine individualistische Basis« und artikuliere ein Ideal der gegenseitigen Anerkennung von Personen.

In manchen Fällen kann allerdings die Anzahl der Personen (und damit die Summe des Nutzens) tatsächlich eine moralische Bedeutsamkeit erhalten. Ein striktes Aggregationsverbot erscheint dann höchst unplausibel (vgl. Scanlon 1998, 230). Angenommen, wir könnten in einer bestimmten Situation entweder eine Person A oder zwei Personen B und C vor dem sicheren Tod retten. Wenn für die Rettung einer dieser Person nun keine besonderen Gründe sprechen, wird wohl eher die Rettung der Personen B und C geboten sein. Wie lässt sich diese Intuition mit der individualistischen Basis des Kontraktualismus vereinbaren? Kann die Person A nicht mit guten Gründen ein Prinzip verwerfen, das uns zur Rettung der beiden Personen B und C – und zwar allein aus dem Grund, weil es eben zwei Personen sind – auffordert? Sollte der Kontraktualismus nicht jeden Versuch blockieren, die Vor- und Nachteile verschiedener Personen gegeneinander aufzurechnen?

Scanlon möchte nicht einfach eine Intuition verwerfen, die in diesem Fall für eine Berücksichtigung der schieren Anzahl der Personen spricht, möchte aber dennoch vermeiden, einer Aggregation aller möglichen Vor- und Nachteile Tür und Tor zu öffnen. Kann er sich aus dieser Zwickmühle befreien, an der individualistischen Basis seiner Auffassung festhalten, dennoch aber einigen aggregativen Überlegungen Raum verschaffen (vgl. Scanlon 1998, 229–241)? Scanlon zufolge kann ein Prinzip P1, das dem Retter *erlaubt*, entweder die Person A oder die Personen B und C zu retten, mit guten Gründen zurückgewiesen werden. Es könnte nicht mit diesen Gründen zurückgewiesen wären, stünde der Retter nur vor der Entscheidung, entweder die Person A oder die Person B zu retten. Die Existenz der Person C ist aber von moralischer Bedeutung, und C könnte sich mit guten Gründen darüber beschweren, dass P1 diese Existenz nicht hinreichend berücksichtige. Die Tatsache also, dass es in unserem Beispiel eine weitere Person C gibt, sollte eine Rolle bei der Frage der moralischen Pflichten des Retters spielen. Das bedeutet, dass dann auch A keine guten Gründe mehr gegen ein Prinzip P2 vorbringen kann, das den Retter zur Rettung der Personen B und C verpflichtet. Wenn es *nur* eine Entscheidung zwischen der Rettung von A oder B gibt, stehen wir vor einer Pattsituation, aber die Existenz einer zusätzlichen Person C führt zu einem moralischen Unterschied (zur Debatte vgl. Ashford/Mulgan 2013, Kap. 7). Auf diese Weise kann der Kontraktualist einigen aggregativen Überlegungen ein Gewicht geben, ohne dabei seine individualistische Basis radikal in Frage zu stellen. (Weitere Argumente gegen die so genannte ›individualistische Restriktion‹ der kontraktualistischen Position Scanlons und für die Möglichkeit einer Konvergenz von kontraktualistischen und konsequentialistischen Ansätzen hat jüngst Parfit 2011, Bd. II, 191–212 in die Debatte eingeführt.)

Ein dritter Einwand, der gegen alle Varianten unparteiischer Ansätze vorgebracht wird, besteht im Hinweis auf eventuell unzumutbar hohe Ansprüche der Moral (vgl. Ashford/Mulgan 2013, Kap. 8). Eine wohlhabende Person, die in einer der reichen Industrienationen lebt, kann wohl nicht vernünftigerweise ein Prinzip zurückweisen, das ihr größere finanzielle Opfer für die Abschaffung von Hunger und Armut in der Dritten Welt abverlangt (gehen wir dabei von der – höchst fraglichen – Annahme auf, es gebe ein Patentrezept zur Abschaffung von Hunger und Armut, das bisher nur an der mangelnden Finanzierung scheitere). Die offene Frage ist nur, ob eine solche Forderung mit der Wertschätzung der Autonomie einer Person vereinbar sein kann. Verletzt die Idee der Unparteilichkeit also nicht etwa unser moralisches Recht auf die Bestimmung und Verfolgung einer bestimmten Konzeption des guten Lebens? Im Gegensatz zum Utilitaristen kann der Kontraktualist immerhin für sich in Anspruch nehmen, diese besondere Erwägung im Rahmen seiner Rechtfertigungstheorie zumindest zu berücksichtigen, ohne ihr doch immer das letzte Wort zu geben. In vielen utilitaristischen Deutungen der Idee der Unparteilichkeit kommt dem Wert der Autonomie von Personen dagegen überhaupt keine eigenständige Bedeutung zu.

Kontraktarianismus

Bei meiner Präsentation des Kontraktualismus habe ich mich an den einschlägigen angelsächsischen Debatten orientiert. Eingangs habe ich jedoch darauf hingewiesen, dass ›Kontraktualismus‹ im deutschen Sprachraum zur Bezeichnung einer Position verwendet wird, die nur wenige Gemeinsamkeiten mit dem Kontraktualismus von Rawls und Scanlon aufweist. Zwar ist beiden Ansätzen ein individualistisches Paradigma gemeinsam; hinsichtlich ihrer Ausgangsannahmen weichen sie jedoch stark voneinander ab. Rawls und Scanlon setzen sich lediglich die Klärung unseres Gerechtigkeitssinnes zum Ziel; eine Antwort auf die Frage, warum wir überhaupt gerecht handeln sollten, zählen sie nicht zu ihren Aufgaben. Kontraktarianisten wie Gauthier oder Stemmer suchen dagegen nach einer voraussetzungsfreien Grundlage der Gerechtigkeit im rationalen Interesse des Individuums.

Peter Stemmer zufolge bleiben Kontraktualisten wie Rawls oder Scanlon die Antwort auf die entscheidenden Fragen schuldig:

> »Rawls fragt nicht, wie von einer vormoralischen Basis aus rationalerweise eine moralische Welt entsteht, er setzt von vorneherein einen moralischen Standpunkt im Sinne der Unparteilichkeit voraus und fragt lediglich, wie die Moral inhaltlich auszugestalten ist, speziell welche Konzeption der Gerechtigkeit die richtige ist« (Stemmer 2000, 85).

Auch Scanlons Ideal der Begründbarkeit (*justifiability*) leide an einer solchen Schwäche; denn »solange nicht alle dieses Ideal teilen«, so Stemmer (2013, 178), wäre es nicht gerechtfertigt, »es für alle verbindlich zu machen, dadurch, dass man es zur Grundlage moralischer Normen macht«. Offen bleibt allerdings die Frage, ob es gerechtfertigt ist, Stemmers höherstufige Norm, »die vorschreibt, dass moralische Normen im Interesse eines jeden Betroffenen liegen müssen« (ebd., 84), zum allgemeinverbindlichen Ideal zu machen. Auch gegen die exklusive Orientierung am individuellen Interesse mag es vernünftige Einwände geben.

Stemmer versucht dagegen, ohne diese Voraussetzung auszukommen, um selbst noch den Amoralisten von den Vorteilen der Moral zu überzeugen. Und dies sei vor allem dann möglich, wenn die Moral »ihre Basis allein in den Interessen der Betroffenen« habe (Stemmer 2013, 172). Diese Interessen müssen nun durchaus nicht notwendig selbstbezogen-egoistische Interessen sein: Manche Menschen haben z. B. auch ein altruistisches Interesse am Wohlergehen ihrer Freunde oder an der Verhinderung von Tierquälerei. Da solche Interessen aber auch ausbleiben können, eignen sie sich nicht zur Rechtfertigung moralischer Forderungen. Auf der sicheren Seite steht man deshalb mit der Annahme bestimmter elementarer Interessen, die allen Menschen gemeinsam sind.

Thomas Scanlon (1998, 148) zweifelt ausdrücklich daran, dass eine solche Begründung der Moral mithilfe von Annahmen, die wie etwa das rationale Eigeninteresse der Individuen eben keine moralischen Inhalte haben, geleistet werden könne. Der Kontraktarianist kann angesichts der anspruchsvollen Vorannahmen des Kontraktualisten tatsächlich auf eine gewisse Anfälligkeit dieser Theorie für Zirkularitätsprobleme hinweisen und die berechtigte Frage aufwerfen, was mit einer ›Begründung‹ von Gerechtigkeit gewonnen sei, wenn Individuen bereits ein Interesse an der Gerechtigkeit unterstellt werde. Umgekehrt wird ein Kontraktualist wie Scanlon (1998, 150) Zweifel daran anmelden, dass mit einer rationalen Begründung der Moral tatsächlich die richtige *Art* von Gründen angegeben ist, die eine moralische Person zum moralischen Handeln veranlassen wird. Man kann also darüber streiten, ob der Kontraktarianist überhaupt die richtige Frage stellt.

Anwendungsfragen

Der Kontraktualismus nimmt für sich in Anspruch, eine Grundlage für unsere Fragen nach den Inhalten von Moral und Gerechtigkeit zu liefern, ohne uns doch in jeder Situation eine klare, eindeutige Handlungsanweisung geben zu können. Die betroffenen Personen sind vielmehr selbst dazu aufgefordert, eine allseits akzeptable Lösung ihrer Konflikte in verschiedenen Kontexten zu finden.

Vielleicht können wir drei Anwendungskontexte

unterscheiden: erstens die Beziehungen zwischen individuellen Personen, zweitens das Zusammenleben in politischen Gemeinschaften und drittens die Beziehungen zwischen verschiedenen Gemeinschaften (und darüber hinaus auch verschiedenen Generationen). In der Literatur wird nun kontrovers diskutiert, zu welchen Resultaten der Kontraktualismus in diesen Kontexten führt: Sind Hilfspflichten schwieriger zu rechtfertigen als negative Pflichten, die von Personen allein die Unterlassung von schädlichen Handlungen verlangen (so Stemmer 2000, 200)? Welches Ideal der Legitimation von politischer Autorität und welche Ausgestaltung sozialer Institutionen legt eine kontraktualistische Gerechtigkeitstheorie nahe (vgl. v. a. Rawls 2003)? Und zu welchen Ergebnissen führt der Kontraktualismus für die internationale und intergenerationelle Gerechtigkeit (vgl. Ashford/Mulgan 2013, Kap. 10)?

Ein besonderes Anwendungsproblem betrifft daneben auch die Frage nach der Reichweite einer kontraktualistischen Theorie der Gerechtigkeit: Allen kontraktualistischen (und kontraktarianistischen) Ansätzen in der Moraltheorie ist das Problem gemeinsam, dass sie sich nur auf die Beziehungen zwischen Personen mit der Fähigkeit zur Artikulation ihres Willens anwenden lassen. Wenn alle moralischen Verpflichtungen nun aber auf eine Vereinbarung zwischen den Vertragsparteien zurückzuführen sind, so würde das bedeuten, dass wir keine Verpflichtungen etwa gegenüber Tieren und eventuell auch gegenüber zukünftigen Personen oder Personen haben, die Mitglieder anderer Gemeinschaften sind.

Wie kann der Kontraktualismus also der plausiblen Intuition Rechnung tragen, dass Tierquälerei unmoralisch ist? Zum einen kann der Kontraktualist die Reichweite seiner Theorie begrenzen: Scanlon (1998, 178) weist darauf hin, dass der Kontraktualismus nur der Grundlegung dessen gelte, was wir als Personen einander schulden, und nicht den ganzen Bereich der Moral charakterisiere. Stemmer (2013, 86) schreibt, der Umgang mit Tieren liege »außerhalb des Kernbereichs der Moral« (vgl. ebd., 173 f. sowie Stemmer 2000, 257). Zum anderen könnte der Kontraktualist dieser Intuition aber im Rahmen seiner Theorie durch die Einführung einer Idee der Treuhänderschaft Rechnung tragen, um damit den Kreis der Wesen zu erweitern, denen wir eine Rechtfertigung unseres Handelns schulden.

Im Vergleich dazu gestaltet sich die Einbeziehung räumlich und zeitlich entfernter Personen sehr viel einfacher. So gibt es keinen guten Grund, warum wir unsere Handlungen nicht auch gegenüber Personen rechtfertigten sollten, die keine Mitglieder unserer Gemeinschaften sind. Selbst gegenüber zukünftigen Personen kann die Idee einer vernünftigen Zustimmung eine sinnvolle Verwendung finden. Sicher können wir auch zukünftigen Personen ein Unrecht zufügen, denn sicherlich können wir uns fragen, ob sie vernünftige Gründe zur Ablehnung der Prinzipien haben, die unser Handeln in der Gegenwart anleiten (vgl. Scanlon 1998, 187; zur Diskussion vgl. Parfit 2011, Bd. II, 231–243). Der Kontraktualismus kann also zur Begründung von Prinzipien Verwendung finden, die unsere Beziehungen zu räumlich und zeitlich entfernten Personen regulieren.

Fazit

Die jüngere Debatte kann eine neue Grundlegung der alten Idee der Gerechtigkeit vornehmen und zur Klärung einiger wichtiger Punkte beitragen: Der Kontraktualismus setzt sich eine Rechtfertigung der Gerechtigkeit zum Ziel, die sowohl die komplexe Struktur als auch die politische Dynamik der praktischen Vernunft angemessen widerspiegelt. Die Gründe für die Gerechtigkeit, so die Kernidee, entspringen einer freien Entscheidung von gleichen Personen: Sie lassen sich nicht auf den rationalen Vorteil von Individuen (Kontraktarianismus) oder Kollektiven (Utilitarismus) reduzieren, obgleich solche Erwägungen berücksichtigt werden müssen. Aber sie leiten sich auch nicht aus der Analyse moralischer Begriffe bzw. einem sanften Zwang zur Beachtung der Gesetze der Logik oder eines Ideals der rationalen Kommunikation ab.

Diese Grundhaltung macht den Kontraktualismus attraktiv und zugleich angreifbar. Das wichtigste Forschungsdesiderat besteht meines Erachtens nicht vorrangig in einer Antwort auf die Frage, welche Position den Streit um die Grundlage der Gerechtigkeit für sich entscheiden kann. Der Teufel steckt eher im Detail, und die Klärung von Einzelproblemen scheint heute deshalb sehr viel lohnender.

Zunächst sollten wir die Deutung der Vertragsidee im Auge behalten: Gibt es einen unversöhnlichen Konflikt zwischen den Anhängern von Hobbes und denjenigen von Rousseau und Kant? Oder zeichnet sich am Horizont die Möglichkeit einer ›deliberativen‹ Variante des Kontraktualismus ab (Southwood 2010), die die beiden alten Kontrahenten miteinander versöhnen könnte? Die entscheidende Frage für weitere Forschungen lautet dann aber: Verfügt der Kontraktualismus über die theoretischen Ressourcen, um den philosophischen und vor allem auch praktisch-politischen Herausforderungen der Gegenwart und der Zukunft begegnen zu können? Oder müssen wir uns eher seiner Grenzen bewusst bleiben, um uns für neue Fragen wappnen und uns nach Alternativen umsehen zu können? Es ist nicht ausgeschlossen, dass wir beide Fragen positiv beantworten sollten.

Literatur

Ashford, Elizabeth/Mulgan, Thomas: Contractualism. In: Edward N. Zalta (Hg.): *The Stanford Encyclopedia of Philosophy* (Fall 2012 Edition), http://plato.stanford.edu/entries/contractualism/ (8.8.2013).
Darwall, Stephen: Introduction. In: Ders. (Hg.): *Contractarianism/Contractualism*. Malden 2003, 1–8.
Gauthier, David: *Morals by Agreement*. Oxford 1986.
Leist, Anton (Hg.): *Moral als Vertrag? Beiträge zum moralischen Kontraktualismus*. Berlin 2003.
Parfit, Derek: *On What Matters*. 2 Bde. Oxford 2011.
Rawls, John: *Eine Theorie der Gerechtigkeit*. Frankfurt a. M. 1975 (engl. 1971).
–: *Politischer Liberalismus*. Frankfurt a. M. 2003 (engl. 1993).
–: *Gerechtigkeit als Fairness. Ein Neuentwurf*. Frankfurt a. M. 2006 (engl. 2001).
–: *Geschichte der politischen Philosophie*. Frankfurt a. M. 2012 (engl. 2007).
Scanlon, Thomas M.: Contractualism and Utilitarianism. In: Amartya Sen/Bernard Williams (Hg.): *Utilitarianism and Beyond*. Cambridge 1982, 103–128.
–: *What We Owe to Each Other*. Cambridge MA 1998.
–: How I am not a Kantian. In: Derek Parfit: *On What Matters*, Bd. II. Oxford 2011, 116–139.
Southwood, Nicholas: *Contractualism and the Foundations of Morality*. Oxford 2010.
Stemmer, Peter: *Handeln zugunsten anderer. Eine moralphilosophische Untersuchung*. Berlin 2000.
–: *Begründen, Rechtfertigen und das Unterdrückungsverbot*. Berlin 2013.

Peter Rinderle

31 Liberale Gerechtigkeit

Unter liberaler Gerechtigkeit versteht man in der Tradition des Liberalismus stehende egalitaristische (sozialliberale) Theorien der politischen, sozialen und ökonomischen Gerechtigkeit für demokratische Gesellschaften. Häufig bezieht man sich auf sie mit dem Begriff ›egalitärer Liberalismus‹. Die wichtigsten konkurrierenden Gerechtigkeitskonzeptionen sind libertäre (Robert Nozick; s. Kap. III.32), sozialistische (Gerald A. Cohen, John E. Roemer; s. Kap. III.33), utilitaristische (John C. Harsanyi; s. Kap. III.34) und kommunitaristische (Michael Sandel, Michael Walzer; s. Kap. III.36) Gerechtigkeitskonzeptionen. Einflussreichster Vertreter liberaler Gerechtigkeit ist John Rawls. Seine 1971 veröffentlichte Theorie der ›Gerechtigkeit als Fairness‹ ist die Referenztheorie liberaler Gerechtigkeit, zu der sich alle, die sich zur liberalen (und allgemein zur politisch-sozialen) Gerechtigkeit äußern, positionieren müssen. Weitere prominente Vertreter liberaler Gerechtigkeit sind vor allem Ronald Dworkin sowie Richard Arneson, Brian Barry, Thomas Nagel, Martha Nussbaum (in ihren neueren Schriften), Samuel Scheffler und Amartya Sen.

Typische Merkmale liberaler Gerechtigkeit

Liberale Gerechtigkeitstheorien suchen als Theorien der distributiven und sozialen Gerechtigkeit (s. Kap. II.12, 18) nach Prinzipien für eine gerechte Einrichtung der wichtigsten gesellschaftlichen Institutionen in demokratischen Staaten.

Oberster Wert in liberalen Gerechtigkeitstheorien ist die Achtung der Freiheit und Gleichheit aller Personen. Freiheit wird nicht als positive Freiheit verstanden, wonach man nur frei handelt, wenn man frei von inneren Zwängen ist und selbstbestimmt, vernünftig, rational, gemäß dem moralischen Gesetz oder gemäß seinem wahren Selbst handelt. Freiheit wird vielmehr verstanden entweder als negative Freiheit, also als Abwesenheit von äußeren Zwängen, die eine Handlung verhindern oder erzwingen, oder als triadische Relation, wonach eine Person frei ist, wenn sie frei *von* Zwängen ist, *um* bestimmte Handlungen auszuführen. An diese Interpretation anknüpfend wird nicht die Freiheit an sich als besonders wertvoll verteidigt, sondern bestimmte Freiheiten, dieses oder jenes zu tun, da nicht die Freiheit an sich und auch nicht jede Freiheit wertvoll ist, sondern nur bestimmte Freiheiten (von denen die wichtigsten als Grundfreiheiten bezeichnet werden) wertvoll und schützenswert sind.

Im Gegensatz zu (ultra-liberalen) libertären Gerechtigkeitstheorien, für die Gerechtigkeit sich im Schutz von Eigentum, Freiheit und Leben erschöpft und jegliche staatliche, etwa steuerliche Umverteilung als Diebstahl und Freiheitseinschränkung gilt, erkennen liberale Gerechtigkeitstheorien kein natürliches Recht auf Eigentum (mit der Freiheit, auf beliebige Weise darüber zu verfügen) an.

Eine besondere Freiheit in liberalen Gerechtigkeitstheorien ist die Freiheit jeder Person, das eigene Leben gemäß den eigenen Vorstellungen vom Guten und vom guten Leben (s. Kap. IV.42) zu führen, solange man nicht die Freiheiten und Rechte anderer Personen verletzt. Diese Freiheit darf durch keine vom Staat bevorzugte Vorstellung des Guten eingeschränkt werden.

Neben der Freiheit ist die Gleichheit (s. Kap. II.28) der zweite Eckpfeiler liberaler Gerechtigkeitstheorien. Manche Vertreter liberaler Gerechtigkeit (z. B. Dworkin 1986) behaupten sogar, dass nicht Freiheit, sondern Gleichheit der zentrale Wert des Liberalismus sei. Die Gleichheit aller Personen wird zunächst in dem von niemandem bestrittenen Sinn verstanden, dass alle Personen Anspruch auf gleiche Achtung und Berücksichtigung haben und deshalb alle Personen die gleichen Grundfreiheiten und Grundrechte (s. Kap. IV.45) besitzen.

Zudem (und nicht so unbestritten) wird die Gleichheit aller Personen in dem stärkeren Sinn interpretiert, dass alle Personen einen Anspruch auf bestimmte *unverletzliche* Grundfreiheiten und Grundrechte besitzen, die nicht in einer Nutzenkalkulation aufgerechnet und zugunsten der Nutzenmaximierung bzw. des Gemeinwohls eingeschränkt oder verletzt werden dürfen. Gleichheit in diesem stärkeren Sinn verlangt nach Rawls, dass wir Personen und die ›Getrenntheit der Personen‹ (Rawls 1975, 45) ernst nehmen und nicht nur Interessen gegeneinander aufrechnen. Da der Utilitarismus einigen Personen Opfer zugunsten des größeren Nutzens anderer zumutet, ist er mit dieser Auffassung unvereinbar. Daher präsentiert Rawls seine Gerechtigkeitstheorie explizit als Alternative zum Utilitarismus, und obwohl der Utilitarismus eine bedeutende historische Wurzel des Liberalismus ist, verstehen sich Theorien liberaler Gerechtigkeit als dezidiert anti-utilitaristisch.

Schließlich (noch kontroverser und in Opposition zum Libertarismus) sind Vertreter liberaler Gerechtigkeit der Auffassung, dass die Gleichheit der Personen bzw. die Gerechtigkeit Gleichheit in einem noch substanzielleren Sinn erfordert: 1) Die Grundfreiheiten dürfen nicht nur formal gleich sein, sondern alle Personen müssen die gleichen Chancen und Möglichkeiten haben, sie zu nutzen. 2) Auch Einkommen und Wohlstand sollten grundsätzlich gleich verteilt sein, und eine ungleiche Verteilung bedarf einer besonderen Begründung. Erst diese Forderung nach substanzieller Gleichheit, die eine Forderung nach sozialer Gerechtigkeit ist, macht liberale Gerechtigkeitstheorien zu egalitären Gerechtigkeitstheorien. Diese substanzielle Gleichheit soll zu einer Gesellschaft führen, in der sich alle Personen unabhängig von ihrer sozialen Stellung als gleiche und gleich geachtete Bürger betrachten können.

Ein weiteres zentrales Element liberaler Gerechtigkeit ist die Auffassung, dass Personen selbst für ihre Entscheidungen und ihre Lebensführung verantwortlich sind und die Folgen ihrer Entscheidungen tragen müssen, sie aber nicht für unverschuldete, unverdiente, zufällige Umstände (wie Begabungen, Herkunft, Glück und Pech) verantwortlich sind und es deshalb ein Gebot der Gerechtigkeit ist, aus solchen Umständen resultierende Ungleichheiten auszugleichen bzw. abzumildern. Um diesem Gebot gerecht werden zu können, benötigen liberale Gerechtigkeitstheorien eine tragfähige Unterscheidung zwischen Folgen aus zurechenbaren Entscheidungen und Folgen aus nicht zurechenbaren Umständen (Cohen 1989; Dworkin 2000).

Charakteristisch für liberale Gerechtigkeitstheorien ist ferner, dass sie beanspruchen, von allen vernünftigen Personen akzeptiert werden zu können, und deshalb oft kontraktualistisch begründet werden, wobei die vertragliche Vereinbarung das Ergebnis eines fairen Verfahrens sein muss, in dem alle Personen gleichgestellt sind und es keine ungleichen Verhandlungspositionen gibt (Barry 1989; 1995).

Schließlich gilt der Vorrang des Rechten vor dem Guten als typisch für liberale Gerechtigkeit (Freeman 2007; Rawls 1998; Sandel 1998), wobei mit diesem populären Slogan unterschiedliche Behauptungen verknüpft werden: 1) Gerechtigkeitsprinzipien setzen in ihrer Begründung und Formulierung keine umfassende Vorstellung des Guten voraus. Die in Anspruch genommenen Ideen des Guten sind politische Ideen, die zur öffentlichen politischen Kultur einer demokratischen Gesellschaft gehören und von freien und gleichen Bürgern geteilt werden können. 2) Gerechtigkeitsprinzipien schließen Vorstellungen des Guten, die mit den Gerechtigkeitsprinzipien nicht vereinbar sind, als unzulässig aus. 3) Grundfreiheiten und Grundrechte dürfen nicht zugunsten der Maximierung des Guten verletzt werden. 4) Gerechtigkeitsprinzipien dürfen nicht zur Durchsetzung einer Vorstellung des Guten in der Gesellschaft verletzt werden. 5) Gerechtigkeit ist die erste Tugend gesellschaftlicher Institutionen: Die Gerechtigkeit einer Gesellschaft hat Vorrang vor der ökonomischen Wohlfahrt der Gesellschaft.

John Rawls' Gerechtigkeit als Fairness

Das Paradigma einer Theorie liberaler Gerechtigkeit ist John Rawls' zuerst in *A Theory of Justice* (Rawls 1971/1975) veröffentlichte Theorie der ›Gerechtigkeit als Fairness‹. Rawls entwickelt seine sozialliberale Gerechtigkeitstheorie als Antwort auf folgende Frage, die er für eine der Grundfragen der politischen Gerechtigkeit in einer demokratischen Gesellschaft hält: »Welches ist die angemessenste Gerechtigkeitskonzeption, um faire Bedingungen einer Generationen übergreifenden sozialen Kooperation unter Bürgern zu formulieren, die als freie und gleiche und lebenslang kooperative Gesellschaftsmitglieder betrachtet werden?« (Rawls 1998, 67). Diese Gerechtigkeitskonzeption soll als Leitlinie dafür dienen, grundlegende politische und soziale Institutionen so einzurichten, dass die Werte der Freiheit und Gleichheit in der Gesellschaft verwirklicht werden können. Ebenso wichtig und kontrovers wie ihr Inhalt ist Rawls' Begründung seiner Gerechtigkeitstheorie. Rawls verbindet zwei Begründungsmethoden: erstens ein die Tradition des Liberalismus (von Locke, Kant und Rousseau) aufgreifendes vertragstheoretisches Argument, in dem Gerechtigkeitsprinzipien in einer fairen Entscheidungssituation, dem so genannten Urzustand, gewählt werden, und zweitens die Methode des Überlegungsgleichgewichts, wonach Gerechtigkeitsprinzipien nur dann gut begründet sind, wenn sie mit unseren wohlüberlegten Urteilen über Personen, Fairness, Gerechtigkeit und eine gerechte Gesellschaft übereinstimmen. Zur Herstellung dieser Übereinstimmung können sowohl die Gerechtigkeitsprinzipien im Licht unserer wohlüberlegten Urteile als auch unsere wohlüberlegten Urteile im Licht der Gerechtigkeitsprinzipien modifiziert werden, bis keine weitere Anpassung mehr nötig und ein Gleichgewicht zwischen wohlüberlegten Urteilen und Gerechtigkeitsprinzipien hergestellt ist. Ob wir vorgeschlagene Gerechtigkeitsprinzipien akzeptieren, hängt letzten Endes nicht davon ab, dass sie im Urzustand gewählt werden, sondern davon, dass sie mit unseren wohlüberlegten Urteilen übereinstimmen. Dennoch ist die Wahl der Gerechtigkeitsprinzipien im Urzustand wichtig, weil sie die Idee ausdrückt, dass Gerechtigkeitsprinzipien gut begründet sind, wenn diejenigen, die ihnen unterworfen sind, sie unter fairen Bedingungen wählen würden.

Rawls geht von bestimmten grundlegenden Überzeugungen über Personen, Fairness, Gerechtigkeit und eine gerechte Gesellschaft aus und charakterisiert den Urzustand so, dass er einerseits unseren Vorstellungen von einer fairen Entscheidungssituation entspricht und andererseits gewährleistet ist, dass die Personen im Urzustand Gerechtigkeitsprinzipien wählen, die mit diesen grundlegenden Überzeugungen vereinbar sind. Ist dies gelungen, sind nach Rawls die Gerechtigkeitsprinzipien gut begründet. Die grundlegenden Überzeugungen sind:

- Eine liberale demokratische Gesellschaft ist ein faires System der sozialen Kooperation zwischen freien und gleichen Personen, das für alle mit Vorteilen und Lasten sowie Rechten und Pflichten verbunden ist.
- Die Verteilung dieser Vorteile, Lasten, Rechte und Pflichten wird wesentlich durch die Grundstruktur der Gesellschaft, d. h. durch die wichtigsten politischen, sozialen und ökonomischen Institutionen (wie die Verfassung und das Rechtssystem, die Familie, das Wirtschaftssystem) bestimmt. Da diese Verteilung auf tiefgreifende Weise das Leben und die Lebensaussichten der Personen bestimmt und deshalb die Gerechtigkeit oder Ungerechtigkeit einer Gesellschaft von ihrer Grundstruktur abhängt, ist die Grundstruktur der Hauptgegenstand der Gerechtigkeitsprinzipien.
- Alle Personen haben als freie und gleiche Wesen den gleichen Wert. Gleich sind alle Personen, weil sie zwei ›moralische Vermögen‹ (in einem ausreichenden Mindestmaß) teilen: a) Sie verfügen über einen Gerechtigkeitssinn, der in der Fähigkeit besteht, Gerechtigkeitsprinzipien zu verstehen, anzuwenden und nach ihnen zu handeln. Diese Fähigkeit zeichnet Personen als vernünftig aus. b) Sie haben die Fähigkeit, sich eine Vorstellung vom Guten (von dem, was sie für wertvoll und für ein gutes Leben halten) zu machen und sie im Laufe ihres Lebens zu verfolgen und zu revidieren. Diese Fähigkeit zeichnet Personen als rational aus.
- Freie und gleiche Personen besitzen eine Unverletzlichkeit und einen Anspruch auf gleiche Achtung und Berücksichtigung ihrer Interessen, die Vorrang vor dem Gemeinwohl haben: Ihre Grund-

freiheiten und Grundrechte sind nicht gegen das Gemeinwohl aufrechenbar.

- Alle Personen sollen eine gleiche faire Chance zur Verwirklichung ihrer Lebenspläne und Vorstellungen des Guten haben. Ihre Lebensaussichten sollten von ihren freien Entscheidungen abhängen und nicht von unverdienten Zufallsumständen wie natürlichen Begabungen, sozialer Herkunft und Glück und Pech (z. B. Krankheiten) im Laufe des Lebens.
- Aufgrund der Gleichheit der Personen sollen Einkommen und Besitz gleich verteilt werden, es sei denn, eine ungleiche Verteilung bringt Vorteile für alle und insbesondere für die am schlechtesten gestellte Personengruppe. Diese Bedingung für erlaubte Ungleichheiten ist Ausdruck einer Vorstellung der Reziprozität, wonach die aus unverdienten Zufallsumständen resultierenden Vorteile als Gemeingut betrachtet werden und die (aufgrund unverdienter Faktoren) besser Gestellten ihre Vorteile nur in Anspruch nehmen dürfen, wenn auch die schlechter Gestellten davon profitieren. Die besser Gestellten dürfen nicht auf Kosten der schlechter Gestellten von Vorteilen profitieren.
- Gerechtigkeitsprinzipien sind fair, wenn freie und gleiche Personen sich in einer fairen Entscheidungssituation auf sie einigen.

Welche Gerechtigkeitsprinzipien im Urzustand gewählt werden, hängt von der Charakterisierung des Urzustands ab, die wiederum von unseren wohlüberlegten Urteilen über angemessene Bedingungen einer solchen fairen Entscheidungssituation abhängt. Zu den angemessenen Bedingungen des Urzustands zählen Annahmen über die Rationalität, Vernünftigkeit und Motivation der Menschen im Urzustand sowie Annahmen über faire Bedingungen im Urzustand. Fair ist der Urzustand, wenn die völlige Unparteilichkeit der Personen garantiert ist. Um diese Unparteilichkeit zu garantieren, führt Rawls den ›Schleier des Nichtwissens‹ ein, der den Personen jegliches individuelle Wissen über sich und ihre Lebensumstände nimmt und es dadurch unmöglich macht, unfaire, die eigene Person begünstigende Gerechtigkeitsprinzipien vorzuschlagen. Hinter dem Schleier des Nichtwissens haben die Personen kein Wissen über ihre persönlichen Eigenschaften und Lebensumstände, die Merkmale der Gesellschaft, in der sie leben, sowie über ihre Vorstellungen des Guten und des guten Lebens. Sie wissen, neben ihrer Kenntnis allgemeiner sozialwissenschaftlicher Zusammenhänge, lediglich, *dass* sie Vorstellungen vom Guten und rationale Lebenspläne haben und dass sie für deren Verwirklichung möglichst viele Grundgüter (s. Kap. IV.43) benötigen. Rawls unterscheidet fünf Kategorien von Grundgütern: 1) Grundrechte und Grundfreiheiten, 2) Freizügigkeit und freie Berufswahl vor dem Hintergrund vielfältiger Möglichkeiten, 3) Befugnisse und Zugangsrechte zu Ämtern und Positionen innerhalb der politischen und ökonomischen Institutionen der Grundstruktur, 4) Einkommen und Besitz, 5) die sozialen Grundlagen der Selbstachtung (Rawls 1998, 275). Grundgüter erfüllen zwei Funktionen in Rawls' Theorie: Erstens schaffen sie im Urzustand die Grundlage für die rationale Entscheidung der Personen. Zweitens ermöglichen sie in der Gesellschaft, für die die Gerechtigkeitsprinzipien gewählt werden, interpersonelle Vergleiche der für die Beurteilung der Gerechtigkeit relevanten Bedürfnisse der Bürger.

Die Personen im Urzustand charakterisiert Rawls als rationale und vernünftige, neidfreie und gegenseitig desinteressierte Personen, die bei der Wahl der Gerechtigkeitsprinzipien von folgenden Überlegungen geleitet werden: Sie wollen einen ausreichend großen (aber nicht unbedingt den größtmöglichen) Anteil an Grundgütern; sie wollen auf keinen Fall riskieren, dass die Verletzung ihrer Grundfreiheiten und Grundrechte erlaubt ist – was bei utilitaristischen Gerechtigkeitsprinzipien der Fall wäre; sie dürfen nur Prinzipien wählen, von denen sie überzeugt sind, dass sie sich unter allen Umständen an sie halten können – was bei utilitaristischen Gerechtigkeitsprinzipien nicht der Fall wäre; sie wollen keine Prinzipien wählen, die zu sozialen Verhältnissen führen können, die ihre Selbstachtung als freie und gleiche Bürger untergraben – was utilitaristische Gerechtigkeitsprinzipien nicht garantieren können.

Diese Überlegungen schließen nach Rawls aus, dass die Personen utilitaristische Gerechtigkeitsprinzipien (aus einer vorgegebenen Liste von Prinzipien) wählen. Stattdessen wählen sie die beiden folgenden Gerechtigkeitsprinzipien:

> » (a) Jede Person hat den gleichen Anspruch auf ein völlig adäquates System gleicher Grundrechte und Freiheiten, das mit demselben System für alle vereinbar ist, und innerhalb dieses Systems wird der faire Wert der gleichen politischen (und nur der politischen) Freiheiten garantiert.
>
> (b) Soziale und ökonomische Ungleichheiten müssen zwei Bedingungen erfüllen: Erstens müssen sie mit Ämtern und Positionen verbunden sein, die allen unter Bedingungen fairer Chancengleichheit offenstehen,

und zweitens müssen sie sich zum größtmöglichen Vorteil für die am wenigsten begünstigten Gesellschaftsmitglieder auswirken« (Rawls 1998, 69 f.).

Diese Prinzipien sind lexikalisch geordnet: Das erste Prinzip – das Freiheitsprinzip – hat Vorrang vor dem zweiten Prinzip und innerhalb des zweiten Prinzips hat das erste Teilprinzip – das Prinzip der fairen Chancengleichheit – Vorrang vor dem zweiten Teilprinzip, dem Differenzprinzip (s. Kap. II.25).

Zu den Grundfreiheiten zählen Gedanken- und Gewissensfreiheit, die politischen Freiheiten (z. B. Wahlrecht, politische Redefreiheit, Recht zur Parteigründung und -mitgliedschaft, Recht zur Bekleidung öffentlicher Ämter), Versammlungsfreiheit, die Freiheiten, welche durch die Freiheit und Integrität der Person festgelegt werden (z. B. Freiheit von Versklavung, Freiheit von Misshandlungen, eingeschränktes Recht auf Privateigentum, insofern dies für die Selbstachtung und die persönliche Unabhängigkeit zur Ausübung anderer Grundfreiheiten sowie zum Verfolgen von Lebensplänen notwendig ist), und schließlich die von der Rechtsstaatlichkeit abgedeckten Rechte und Freiheiten (z. B. unparteiische Anwendung der Gesetze, Freiheit von willkürlicher Verhaftung, faire Gerichtsverfahren). Eine Sonderstellung wird den politischen Grundfreiheiten eingeräumt, da nur für sie eine faire Chancengleichheit zu ihrer Ausübung gefordert wird (so dass z. B. gleich Begabte die gleiche Chance zur Erlangung eines öffentlichen Amtes haben). Der Vorrang des Freiheitsprinzips vor dem zweiten Gerechtigkeitsprinzip garantiert den Vorrang der Grundfreiheiten vor ökonomischen Vorteilen: Keine noch so großen ökonomischen Vorteile können die Einschränkung oder Verletzung der Grundfreiheiten rechtfertigen. Grundfreiheiten können nur zugunsten anderer Grundfreiheiten eingeschränkt werden. Der Vorrang der Grundfreiheiten ist Ausdruck der liberalen Grundeinstellung, dass der Freiheit und Gleichheit der Personen der höchste Wert zukommt, und er schützt das Selbstverständnis der Personen, als freie und gleiche Personen geachtet zu werden. Während eine Verletzung der Grundfreiheiten und ungleiche Grundfreiheiten unmittelbar dieses Selbstverständnis treffen würden, gilt dies nicht für die ökonomischen Ungleichheiten, die das Differenzprinzip zulässt. Das Differenzprinzip garantiert der am schlechtesten gestellten Personengruppe den größtmöglichen ökonomischen Vorteil (der größer ist als bei einer Gleichverteilung). Dabei wird trotz ungleicher Einkommensverteilung durch die vorrangige Gewährung fairer Chancengleichheit auf bessere Positionen sowie durch den Gedanken der Reziprozität, wonach keine ökonomischen Vorteile erlaubt sind, die nicht zum größtmöglichen Vorteil der am schlechtesten gestellten Personengruppe führen, das Selbstverständnis der Personen der am schlechtesten gestellten Gruppe als freie und gleiche Personen nicht beeinträchtigt.

In Rawls' eigenen Worten sind die beiden Gerechtigkeitsprinzipien aufgrund folgender Merkmale Ausdruck eines Liberalismus:

> »Erstens werden bestimmte Grundrechte, Freiheiten und Chancen festgelegt, wie sie aus demokratischen Verfassungsstaaten vertraut sind; zweitens wird diesen Rechten, Freiheiten und Chancen ein Vorrang insbesondere gegenüber den Forderungen des allgemeinen Wohls und gegenüber perfektionistischen Werten zugesprochen; und drittens wird allen Bürgern ein angemessener Anteil an allgemein dienlichen Mitteln zugesichert, so daß sie ihre Freiheiten und Chancen wirksam nutzen können« (Rawls 1998, 70).

Ausdruck eines *egalitären* Liberalismus sind sie aufgrund folgender Merkmale:

> »(a) die Garantie des fairen Werts der politischen Freiheiten, so daß diese nicht nur formal bleiben; (b) die faire (und wiederum nicht nur formale) Chancengleichheit; und schließlich (c) das sogenannte Differenzprinzip, dem zufolge die mit Ämtern und Positionen verbundenen sozialen und ökonomischen Ungleichheiten so eingerichtet sein müssen, daß sie, wie groß oder klein sie auch sein mögen, zum größtmöglichen Vorteil der am wenigsten begünstigten Gesellschaftsmitglieder wirken« (Rawls 1998, 70 f.).

In *Politischer Liberalismus* (1998) hat Rawls seine Gerechtigkeitstheorie als politische Gerechtigkeitskonzeption interpretiert, als eine ›freistehende Auffassung‹ (ebd., 78), die keine umfassenden, auf alle Lebensbereiche anwendbaren weltanschaulichen, philosophischen oder religiösen Lehren voraussetzt und selbst keine solche umfassende Lehre ist, sondern eine Gerechtigkeitskonzeption für die Grundstruktur einer demokratischen Gesellschaft. Diese Interpretation trägt dem Faktum eines vernünftigen Pluralismus Rechnung: In modernen Gesellschaften besteht ein unvermeidlicher, nicht überwindbarer Pluralismus vernünftiger, miteinander unvereinbarer und konkurrierender Weltanschauungen sowie Vorstellungen des Guten und des guten Lebens. Da dennoch Gerechtigkeitsprinzipien gegenüber allen (vernünftigen) Personen, die ihnen unterworfen sind, begründbar sein müssen, muss eine Gerechtigkeitskonzeption ein übergreifender Konsens aller vernünftigen Weltanschauungen sein: Die Gerechtigkeitskonzeption muss in jede vernünftige Weltanschauung eingefügt und von ihr unterstützt werden, ohne selbst eine solche Weltanschauung zu sein oder vorauszusetzen.

Nach Rawls

Die aktuelle Debatte um liberale Gerechtigkeit verbindet vor dem Hintergrund der allgegenwärtigen Gerechtigkeitstheorie von Rawls folgende Aspekte: erstens die Diskussion von Detailproblemen der Rawlsschen Theorie sowie Fragen ihrer korrekten Interpretation (Freeman 2002; Mandle/Reidy 2014), zweitens Einwände gegen Rawls' Theorie und Verbesserungsvorschläge bzw. Weiterführungen aus dem liberalen Lager, die zu mehr oder weniger stark von Rawls' Theorie abweichenden alternativen liberalen Gerechtigkeitstheorien führen (Dworkin 2000; Nussbaum 2010; Sen 2010), und drittens grundsätzliche Kritik an der Konzeption liberaler Gerechtigkeit vom externen Standpunkt der konkurrierenden libertären, sozialistischen, utilitaristischen und kommunitaristischen Gerechtigkeitskonzeptionen (Richardson 1999).

Die wichtigsten Themen, die in der aktuellen Diskussion um liberale Gerechtigkeit diskutiert werden, sind: *erstens* die Frage, welche Entscheidungsstrategie im Urzustand rational ist und ob rationale Personen tatsächlich das Differenzprinzip wählen würden; *zweitens* der vielfach erhobene Einwand, dass das Differenzprinzip nicht plausibel und mit unseren intuitiven Gerechtigkeitsvorstellungen unvereinbar ist; *drittens* die Frage, ob der Gegenstand einer liberalen Gerechtigkeitstheorie nur die Grundstruktur der Gesellschaft sein sollte oder ob, wie Gerald A. Cohen (2000) eingewandt hat, das Differenzprinzip auch für das individuelle Handeln der Personen gelten sollte; *viertens* der Einwand (z. B. von Martha Nussbaum 2010), dass Rawls' Gerechtigkeitstheorie wesentliche Anwendungsbereiche der Gerechtigkeit außer Acht lässt, verbunden mit der Frage, ob und wie liberale Gerechtigkeitstheorien erweitert werden können, um Gerechtigkeit zwischen den Geschlechtern, Gerechtigkeit in der Familie, Gerechtigkeit für geistig und körperlich behinderte Menschen, Gerechtigkeit für Menschen in ärmeren Nationen (da der Geburtsort ebenfalls ein unverdienter Umstand ist) sowie Gerechtigkeit für Tiere mit einzubeziehen. Von besonderer Bedeutung ist hierbei die Frage, ob eine solche Erweiterung im Rahmen des kontraktualistischen Begründungsmodells möglich ist. Schließlich wird *fünftens* die Frage nach dem Stellenwert und der Tragfähigkeit der Unterscheidung zwischen Folgen aus eigenen Entscheidungen und Folgen aus unverschuldeten Umständen diskutiert, verbunden mit der Frage nach der gerechten Berücksichtigung dieser Unterscheidung. Dworkin (2000; 2011) hat gegen das Differenzprinzip eingewandt, dass es dieser Unterscheidung in zweierlei Hinsicht nicht gerecht wird: Es ist zu ausstattungssensitiv, da es nur soziale und keine natürlichen Grundgüter berücksichtigt, also z. B. nicht berücksichtigt, dass Behinderte mehr Ressourcen benötigen als Nichtbehinderte, und daraus resultierende Ungleichheiten in den Lebensaussichten nicht ausgleicht. Es ist andererseits zu absichtsinsensitiv, da es die unterschiedlichen Ambitionen und Präferenzen der Personen nicht berücksichtigt und einen Ausgleich von Ungleichheiten fordert, die aus eigenen Entscheidungen (z. B. für teure Hobbies) resultieren. Dworkin versuchte diesen Mangel zu beheben durch eine möglichst ausstattungsinsensitive und ambitionssensitive glücksegalitaristische (s. Kap. III.39) Theorie der Ressourcengleichheit. Durch die daran anschließende Diskussion verlagerte sich ein großer Teil der Debatte um liberale Gerechtigkeit in die Debatte um die Frage, in welcher Hinsicht Personen gleich behandelt bzw. gleichgestellt werden sollen, die unter dem Stichwort ›Gleichheit von was?‹ (z. B. Chancen [s. Kap. II.26], Fähigkeiten [*capabilities*, s. Kap. IV.43], Wohlbefinden oder Chancen auf Wohlbefinden) geführt wird.

Literatur

Barry, Brian: *A Treatise on Social Justice*, Bd. 1: *Theories of Justice*. Berkeley 1989.

–: *A Treatise on Social Justice*, Bd. 2: *Justice as Impartiality*. Oxford 1995.

Cohen, Gerald A.: On the currency of egalitarian justice. In: *Ethics* 99 (1989), 906–944.

–: *If You're an Egalitarian, How Come You're So Rich?* Cambridge MA 2000.

Dworkin, Ronald: Liberalism [1978]. In: Ders.: *A Matter of Principle*. Oxford 1986, 181–204.

–: *Sovereign Virtue. The Theory and Practice of Equality*. Cambridge MA 2000.

–: *Was ist Gleichheit?* Frankfurt a. M. 2011.

Freeman, Samuel: Utilitarianism, deontology, and the priority of right [1994]. In: Ders. (Hg.): *Justice and the Social Contract. Essays on Rawlsian Political Philosophy*. Oxford 2007, 45–74.

– (Hg.): *The Cambridge Companion to Rawls*. Cambridge 2002.
Mandle, Jon/Reidy, David A. (Hg.): *A Companion to Rawls*. Chichester 2014.
Nussbaum, Martha C.: *Die Grenzen der Gerechtigkeit. Behinderung, Nationalität und Spezieszugehörigkeit*. Frankfurt a. M. 2010 (engl. 2006).
Rawls, John: *Eine Theorie der Gerechtigkeit*. Frankfurt a. M. 1975 (engl. 1971).
–: *Die Idee des politischen Liberalismus. Aufsätze 1978–1989*. Hg. von Wilfried Hinsch. Frankfurt a. M. 1992.
–: *Politischer Liberalismus*. Frankfurt a. M. 1998 (engl. 1993).
–: *Gerechtigkeit als Fairneß. Ein Neuentwurf*. Frankfurt a. M. 2003 (engl. 2001).
Richardson, Henry S. (Hg.): *Opponents and Implications of a Theory of Justice*. New York 1999.
Sandel, Michael: *Liberalism and the Limits of Justice*. Cambridge ²1998.
Sen, Amartya: *Die Idee der Gerechtigkeit*. München 2010 (engl. 2009).

Jörg Schroth

32 Libertäre Gerechtigkeit

Wie die meisten philosophisch-politischen Strömungen hat auch der Libertarismus (*libertarianism*) viele Gesichter. Was Libertäre jedoch eint, ist die Überzeugung vom normativen Primat des Individuums, die starke Betonung von negativer Freiheit und Eigentumsrechten, das Eintreten für Tauschfreiheit, freie Märkte und Gleichheit vor dem Gesetz sowie eine ausgeprägte Skepsis gegenüber Staaten und staatlicher Umverteilung.

Der an philosophischen Seminaren bekannteste libertäre Philosoph ist Robert Nozick, dessen Buch *Anarchie, Staat und Utopia* im Jahr 1974 Furore machte. Doch gibt es heute eine Vielzahl weiterer Philosophen, die dem Libertarismus zuzuordnen sind. Der Begriff ›libertär‹, wie er heute verwendet wird, entstand in den 1950er Jahren in den USA, nachdem der Begriff ›liberal‹ spätestens seit dem *New Deal* einen Bedeutungswandel vollzogen hatte (*new liberalism*). Der ›klassische Liberalismus‹ (*classical liberalism*), den Libertäre oft noch weiter radikalisieren, hatte sich seit dem 18. Jahrhundert entwickelt. Der wohl wichtigste historische Vordenker ist John Locke mit seiner *Zweiten Abhandlung über die Regierung* von 1689. Obwohl heute oft zwischen radikaleren ›Libertären‹ und gemäßigteren ›Klassisch-Liberalen‹ unterschieden wird, wird im Folgenden der Begriff ›libertär‹ in einem weiten Sinne verwendet, der auch klassisch-liberale Positionen umfasst.

Libertäre Gerechtigkeit: Selbsteigentum und die Aneignung äußerer Güter

Im Libertarismus werden alle Gerechtigkeitsnormen in der Kategorie moralischer Rechte (s. Kap. IV.44) formuliert. Moralische Rechte werden von den meisten Libertären als ›Naturrechte‹ begriffen, insofern sie nicht-konventionell sind und jeder Person qua Personsein zukommen. Libertäre Gerechtigkeit besteht im Achten dieser Rechte.

Das grundlegendste moralische Recht ist aus libertärer Perspektive das Selbsteigentum (*self-ownership*). Die Selbsteigentumsthese geht auf Locke zurück (Locke 1689/1977, Kap. 5 § 27): Personen haben demnach Eigentumsrechte an ihren Körpern, ihren Talenten und ihrem ›Geist‹, so wie sie (z. B.) Eigentumsrechte an ihren Büchern oder ihrem Land haben. Da Rechte mit Pflichten korrelieren, hat natürlich jede Person auch die entsprechende Pflicht, das Selbsteigentum anderer zu achten und deren Körper nicht ohne ihr Einverständnis anzutasten.

Wenn man Personen als Selbsteigentümer sieht, liegt es nahe, ihnen auch die Möglichkeit zuzugestehen, sich Teile der äußeren Welt anzueignen. Selbsteigentümer müssen auch über die ›Früchte ihrer Arbeit‹ verfügen können. Nach Locke können Personen sich äußere Gegenstände aneignen, indem sie ihre Arbeitskraft mit ihnen ›mischen‹, also z. B. Äpfel ernten oder eine Hütte bauen (ebd., §§ 27 f.). Die Idee der ›Mischung‹ sollte man jedoch nicht allzu wörtlich nehmen: Wenn man seine Dose Tomatensaft ins Meer gießt, dann scheint man sich durch die Vermischung nicht das Meer angeeignet zu haben (Nozick 2006, 233). Eric Mack ist deshalb der Auffassung, dass Arbeitsmischung keine entscheidende argumentative Rolle in der libertären Theorie der Gerechtigkeit spielen sollte: Wenn man Personen als Selbsteigentümer sieht, sollte man ihnen vielmehr auch das moralische Recht zuschreiben, sich gemäß verschiedensten *Konventionen* äußere Güter anzueignen (Mack 2009, 130–133).

Nach Locke darf man sich allerdings nur dann äußere Güter aneignen, wenn man »genug und ebenso gutes« für andere übrig lässt (Locke 1689/1977, Kap. 5 §§ 27, 33, 36). Manche Libertäre lehnen ein solches ›Lockesches Proviso‹ ab (Narveson 1988, 84 f.). Andere akzeptieren es, wenn auch in neuen Formulierungen: Nach Nozick darf eine Aneignung niemanden im Vergleich zum Zustand ohne die Aneignung schlechter stellen (Nozick 2006, 234–237). Nach Mack gibt es zwar keine moralische Grenze legitimen Eigentumserwerbs, aber ein so genanntes ›Selbsteigentums-Proviso‹ (*self-ownership proviso*), nach dem man seine Eigentumsrechte nicht auf eine Weise *ausüben* darf, die es anderen Personen unmöglich macht, ihre ›weltbezogenen Kräfte‹ (*world-interactive powers*) zu betätigen (Mack 2009, 133 f.). Sowohl Nozick als auch Mack denken jedoch, dass ihre Provisos nur in Ausnahmefällen relevant werden (Nozick 2006, 242; Mack 2009, 134).

So genannte ›Links-Libertäre‹ (*left-libertarians*) dagegen akzeptieren eine folgenreiche egalitäre Variante des Lockeschen Provisos. Nach Hillel Steiner hat jede Person ein moralisches Recht auf einen gleichen Anteil äußerer Güter. Entsprechend darf man sich nur so viel aneignen, bis man diesen gleichen Anteil hat (Steiner 1994, 235). Nach Michael Otsuka darf man sich nur so viel aneignen, wie mit Chancengleichheit (s. Kap. II.26) auf Wohlergehen kompatibel ist (Otsuka 2003, 24–27). Wer zu viel aneignet, verletzt die Rechte aller anderen. Im Namen des egalitären Provisos können Links-Libertäre wie Steiner und Otsuka deswegen massive Umverteilung im Namen wiederherstellender Gerechtigkeit fordern. Links-Libertäre sind allerdings nur ›Startschuss-Egalitaristen‹: Wenn etwas rechtmäßig angeeignet ist, darf es frei getauscht und verschenkt werden; diese Tausch- und Schenkungshandlungen können durchaus Ungleichheiten in der Verteilung äußerer Güter generieren.

Zwischen dem egalitären Proviso der Links-Libertären und den schwachen Provisos von Nozick und Mack kann man sich weitere Varianten denken: Beispielsweise könnte ein moderates Lockesches Proviso fordern, dass bei einer Aneignung für alle anderen ein (z. B. gemäß einem Suffizienzstandard) ›fairer‹, wenn auch nicht gleicher Anteil übrig gelassen werden muss (vgl. Simmons 1992, 292–294; Wendt 2016).

Libertäre Gerechtigkeit löst sich also in die Achtung von Eigentumsrechten auf. Eigentumsrechte kreieren Freiheitssphären, d. h. Sphären der Nicht-Intervention (vgl. Kant 1793/1992, 20 f.; Steiner 1994, 216–221; Wendt 2009, 111–122, 19–31). Dies erklärt den Namen ›libertär‹ (von lat. *liber*: frei). Eigentumsrechte sind negative Rechte, d. h. sie korrelieren mit bloßen Unterlassungspflichten, insbesondere natürlich mit der Pflicht, das Eigentum anderer nicht anzutasten. Dies hat weitreichende Folgen: Eingriffe in die Freiheit bzw. das Eigentum einer Person zu ihrem eigenen Wohl (›Paternalismus‹) stellen eine Verletzung moralischer Rechte dar und sind deswegen aus libertärer Perspektive ungerecht. So ist aus libertärer Perspektive z. B. klar, dass der Konsum von Drogen nicht zu verbieten ist und dass der Verkauf von Nieren als Ausübung von Eigentumsrechten am eigenen Körper erlaubt sein muss. Auch gibt es aus libertärer Perspektive keine positiven Gerechtigkeitspflichten wie z. B. Hilfspflichten. Da Gerechtigkeit natürlich nicht mit der Gesamtheit der Moral zu identifizieren ist, mag es zwar in einem weicheren Sinn moralisch kritikwürdig sein, anderen nicht zu helfen, doch ist dies aus libertärer Perspektive keine Frage der Gerechtigkeit. Obwohl eher als populäre Formel tauglich, kann man die libertäre Gerechtigkeitstheorie in Murray Rothbards ›Nicht-Aggressions-Axiom‹ zusammenfassen: Niemand darf initiativ physische Gewalt gegen die Person oder das Eigentum anderer ausüben (Rothbard 1978, 22).

Manche Libertäre versuchen jedoch, die libertäre Gerechtigkeitskonzeption etwas abzuschwächen, um allzu kontraintuitive Implikationen zu vermeiden. Beispielsweise sollte eine adäquate Gerechtigkeitstheorie zulassen, dass es moralisch erlaubt ist, ein fremdes Grundstück zu durchqueren, wenn dies notwendig ist, um ein Menschenleben zu retten. So können (und sollten wohl) Libertäre zugestehen, dass libertäre Rechte unter bestimmten Umständen von anderen moralischen Erwägungen übertrumpft werden können (vgl. z. B. Nozick 2006, 55; Otsuka 2003, 15). Manche ›gemäßigte‹ Libertäre akzeptieren sogar positive Rechte und Pflichten und erweitern damit die libertäre Gerechtigkeitstheorie erheblich (vgl. etwa Lomasky 1987, 126–128).

Begründung libertärer Gerechtigkeit

Obwohl die Annahme von Selbsteigentum sicherlich intuitiv einige Attraktivität hat (vgl. jedoch z. B. Cohen 1995, 229–244), müssen Libertäre Selbsteigentum nicht als selbstevidentes Grundprinzip akzeptieren. Nozick z. B., der übrigens überraschend selten wörtlich von ›Selbsteigentum‹ spricht, deutet zumindest an, libertäre Rechte in der kantischen Idee der Achtung von Personen gründen zu wollen (Nozick 2006, 56–59, 81).

Elaborierter ist Macks in zahlreichen Aufsätzen entwickelte Begründung libertärer Rechte (zusammengefasst u. a. in Mack 2009). Grundlegend ist bei Mack die metaethische These, dass es keine ›akteurneutralen‹ Werte gibt, sondern nur ›akteurrelative‹ Werte: Nichts ist gut *an sich*, sondern immer nur gut *für* jemanden. Zu betonen ist dabei, dass auch die Erfüllung von altruistischen Anliegen gut für die Person mit dem altruistischen Anliegen ist. In einem nächsten Schritt verteidigt Mack eine individualistische Ethik, nach der jede Person ihren je eigenen akteurrelativen Werten nachgehen dürfen sollte. Niemand soll sich für die Werte anderer Personen oder (vermeintliche) akteurneutrale Werte ›opfern‹ müssen. Deswegen, so Mack, müssen Personen durch libertäre Rechte geschützt werden, die ihnen den Raum geben, ihren akteurrelativen Werten nachzugehen.

Douglas Rasmussen und Douglas Den Uyl, deren Position stark von der für die libertäre Bewegung in den USA äußerst wichtigen Schriftstellerin und (außerakademischen) Philosophin Ayn Rand beeinflusst ist, wollen libertäre Rechte in einer aristotelisch-perfektionistischen Ethik begründen (Rasmussen/Den Uyl 2005, 127–152). Menschliches Gedeihen (*flourishing*) ist das teleologisch verstandene Ziel für jeden Menschen. Es kann nicht von außen, durch den Staat oder andere Menschen, erreicht werden, sondern nur durch die ›selbstgesteuerte‹ (*self-directed*) Aktivität der Individuen selbst, unter anderem durch die Ausübung von Tugenden. Das Argument für libertäre Rechte ist sodann, dass durch sie die individuelle Selbststeuerung geschützt wird (ebd., 86–96, 268–283).

Steiner argumentiert, dass nur Eigentumsrechte ein System von miteinander vereinbarten (*compossible*) Rechten ergeben können, d. h. ein System von Rechten, das keine kollidierenden Pflichten generieren kann (Steiner 1994, 86–101). Eigentumsrechte verteilen Freiheit – und nach Steiner ist selbstverständlich, dass Freiheit gleichverteilt sein sollte (ebd., 229, 235; vgl. Steinvorth 1999). So kommt er zu seiner links-libertären Gerechtigkeitstheorie, in der alle Personen Selbsteigentümer sind und ein moralisches Recht auf einen gleichen Anteil äußerer Güter haben.

Jan Narveson will die libertären Rechte in einem von Hobbes inspirierten Kontraktualismus (s. Kap. III.30) begründen: Eine Moral negativer libertärer Rechte ist im Lichte der Interessen aller Personen besser als ein moralfreier Naturzustand, da durch libertäre Rechte Kooperation zum Vorteil aller möglich wird (vgl. Narveson 1988, 175). Umgekehrt sind positive Rechte nicht im (Eigen-)Interesse *aller*, möglicherweise mit Ausnahme eines positiven Rechts auf Hilfeleistung in der Not (Narveson 1988, 243; Stemmer 2000, 200).

Loren Lomasky entwickelt in einem zu wenig beachteten Buch eine andere kontraktualistische Begründung libertärer Rechte. Ausgangspunkt ist bei ihm die These, dass das Verfolgen eigener ›Projekte‹ zentral für das Leben von Personen ist (Lomasky 1987, 16–55). In einem vormoralischen Naturzustand, der bei Lomasky allerdings mit durchaus empathischen Akteuren bevölkert ist, würden deshalb alle zur wechselseitigen Anerkennung basaler negativer Rechte gelangen, die es ihnen ermöglichen, ihre Projekte zu verfolgen (ebd., 69–83, 120–121). Sie würden sich jedoch auch einige bescheidene positive Wohlfahrtsrechte (*welfare rights*) zugestehen, die die Minimalbedingungen für die Möglichkeit des Verfolgens von Projekten sicherstellen (ebd., 94–100, 126–128). Lomasky vertritt insofern einen ›gemäßigten‹ Libertarismus.

Andere Klassisch-Liberale und Libertäre wiederum, wie z. B. Milton Friedman oder auch Ludwig von Mises (wenn man ihm überhaupt normative Thesen zuschreiben will), sind zumindest implizit Utilitaristen (oder Regelutilitaristen) (s. Kap. III.34). Sie verweisen auf die Effizienz und Wohlfahrtssteigerung, die durch Privateigentum voraussetzende freie Märkte ermöglicht wird (vgl. Friedman 2004; Mises 2006). Doch die Details der utilitaristischen Moraltheorie bleiben bei diesen in erster Linie als Ökonomen auftretenden Autoren unausgearbeitet. Die Idee der Gerechtigkeit spielt in ihren Schriften ohnehin eine untergeordnete Rolle. Eine explizit utilitaristische Begründung einer klassisch-liberalen Ordnung liefert allerdings Richard Epstein (1998, 9–39). Es sollte betont werden, dass ›Selbsteigentum‹ bei vielen utilitaristisch (und auch kontraktualistisch) orientierten Klassisch-Liberalen eine deutlich weniger zentrale Bedeutung hat als bei anderen Libertären.

Libertäre Gerechtigkeit und der Staat

Da libertäre Gerechtigkeit in der Achtung von Eigentumsrechten besteht, scheint sie kaum moralischen Platz für Staaten zu lassen. Steuern, so ein libertäres Diktum, sind Diebstahl und somit eine Verletzung libertärer Rechte (Rothbard 1978, 25). Doch selbst wenn Staaten anders finanzierbar wären (vgl. Otsuka 2003, 49 f.), würde ihr Anspruch auf ein Gewaltmonopol libertäre Rechte verletzen. Tatsächlich sind deshalb die radikalsten Libertären ›Markt-Anarchisten‹ oder ›Anarcho-Kapitalisten‹, die jeden Staat ablehnen. Natürlich glauben diese Libertären nicht nur, dass Staaten ungerecht sind. Sie versuchen auch plausibel zu machen, dass selbst Sicherheit und Rechtsprechung effizienter von konkurrierenden privaten Schutzfirmen und Gerichten bereitgestellt werden können als vom Staat (Rothbard 1978, 219–246; Huemer 2013, Kap. 10–12).

Andere möchten dagegen zumindest einen Minimalstaat rechtfertigen, der die libertären Rechte schützt. Nozick erzählt zu diesem Zweck eine Geschichte, in der aus einem vorstaatlichen Naturzustand durch eine ›unsichtbare Hand‹ und ohne die Verletzung libertärer Rechte ein Staat entsteht. Zunächst, so Nozick, würde sich in einem Naturzustand in abgegrenzten geographischen Gebieten eine jeweils dominierende Schutzvereinigung herausbilden, da es bei der Bereitstellung von Sicherheitsdienstleistungen eine Tendenz zum Monopol gibt (Nozick 2006, 40). Eine solche dominierende Schutzvereinigung, so Nozick weiter, dürfte die Privatjustiz von Nicht-Mitgliedern verbieten, da Privatjustiz ein hohes Risiko der Verletzung libertärer Rechte in sich birgt (ebd., 127, 143–152). Sie darf Privatjustiz aber nur verbieten, wenn sie den ›Unabhängigen‹ dafür eine Entschädigung bietet – und diese Entschädigung besteht, so Nozick, plausiblerweise darin, dass sie auch ihnen Schutz bietet (ebd., 155, 121). Eine dominierende Schutzvereinigung, die das tut, wäre ein Minimalstaat. Es ist zu bemerken, dass man eine analoge Geschichte nicht bezüglich anderer möglicher Staatsaufgaben erzählen kann, da z. B. private Krankenversicherungen kein Risiko der Verletzung libertärer Rechte in sich bergen. Dennoch hat Nozicks Argument wenig Anhänger gefunden, unter anderem aus dem Grund, dass unklar ist, welche Relevanz seine Geschichte für real existierende Staaten hat, deren Entstehungsgeschichte moralisch deutlich problematischer sein dürfte. Auch ist der für Nozicks Argument entscheidende Entschädigungsgrundsatz umstritten.

Ein anderer Weg zu einem aus libertärer Perspektive gerechtfertigten Staat führt direkt über abgeschwächte libertäre Rechte: Wenn libertäre Rechte übertrumpft werden können, zumindest wenn dies im Interesse der weitaus meisten Rechtsträger ist, dann könnte ein Staat, der eben diese Rechte schützt und insofern für Sicherheit sorgt, gerechtfertigt sein, wenn man glaubt, dass ohne den Staat weitaus mehr und schlimmere Rechtsverletzungen geschehen würden. Wenn man allerdings diesen Weg der Staatsrechtfertigung einschlägt, wird man womöglich nicht bei einem Minimalstaat stehenbleiben können. Man wird vielmehr wahrscheinlich auch einige weitere Staatsaufgaben als legitim anerkennen müssen, in erster Linie die staatliche Bereitstellung weiterer öffentlicher Güter (jenseits des öffentlichen Guts ›Sicherheit‹) und eines sozialen Netzes. Eher konsequentialistisch orientierte Denker wie Friedrich Hayek akzeptieren diese Staatsaufgaben (vgl. z. B. Hayek 2003, 348 f., 361 f., 367 f.).

Aus kontraktualistischer Perspektive können Staatsaufgaben auf die gleiche Weise gerechtfertigt werden wie die libertären Rechte selbst, nämlich als im Eigeninteresse aller liegend. James Buchanan spricht zunächst von einem Verfassungsvertrag, mit dem zugleich Eigentumsrechte und ein für ihren Schutz sorgender Staat (*protective state*) etabliert werden. Dem folgt bei Buchanan ein postkonstitutioneller Vertrag, mit dem die staatliche Produktion weiterer öffentlicher Güter gerechtfertigt wird (*productive state*) (Buchanan 2009, 97 f.; vgl. auch Lomasky 1987, 149–151).

Libertäre Gerechtigkeit versus soziale Gerechtigkeit

Die meisten Libertären sind skeptisch gegenüber den Ideen der ›Verteilungsgerechtigkeit‹ (s. Kap. II.12) und der ›sozialen Gerechtigkeit‹ (s. Kap. II.18). So heißt der zweite Band von Hayeks *Recht, Gesetz und Freiheit* »Das Trugbild sozialer Gerechtigkeit«. Hayeks Skepsis bezüglich sozialer Gerechtigkeit rührt daher, dass die Idee sozialer Gerechtigkeit inkompatibel mit der ›spontanen Ordnung‹ ist, die sich durch freiwillige Kooperation von Personen in Märkten einstellt (Hayek 2003, 218–221). Märkte haben den großen Vorteil, dass sich in den auf ihnen gebildeten Preisen wertvolle Informationen über die Präferenzen von Personen und die Knappheit von Gütern widerspiegeln, die komplexe gesellschaftliche Koordination ermöglichen. Diese Informationen können keinem zentralen Planer zur Verfügung stehen (Hayek 2003, 50–54). Recht soll nach Hayek nur einen stabilen Rahmen schaffen, innerhalb dessen sich durch freiwillige Kooperation auf Märkten spontane Ordnungen herausbilden können. Da es also keine zentrale Verteilung von Gütern gibt (bzw. geben sollte), gibt es auch keine Verteilungsgerechtigkeit oder soziale Gerechtigkeit (vgl. auch Nozick 2006, 201, 214).

Ein sehr einfaches und wichtiges Argument gegen Verteilungsgerechtigkeit und soziale Gerechtigkeit ist Nozicks Wilt-Chamberlain-Argument (Nozick 2006, 215 f.). Es richtet sich gegen alle ›strukturellen‹ Gerechtigkeitsprinzipien, also Prinzipien, die behaupten, dass eine Verteilung von Gütern (oder anderem) eine bestimmte Struktur haben muss, um als gerecht gelten zu können. Ein Beispiel für ein strukturelles Gerechtigkeitsprinzip ist z. B. der Grundsatz ›Jedem nach seinen Bedürfnissen‹, aber auch komplexere Grundsätze wie John Rawls' ›Differenzprinzip‹ (s. Kap. II.25) fallen darunter. Nozick lädt den Leser zunächst ein, sich eine Gesellschaft vorzustellen, in der des Lesers bevorzugter struktureller Gerechtigkeitsgrundsatz verwirklicht ist. Sodann kommt der Basketballspieler Wilt Chamberlain in die Stadt und unterzeichnet einen Vertrag beim örtlichen Basketballverein, dem gemäß er für jedes verkaufte Heimspielticket 25 Cent bekommt. Die Leute strömen zu den Spielen und Wilt Chamberlain wird reich. Das wenig überraschende Ergebnis ist, dass wir eine *neue* Struktur vor uns haben: Freiwillige Tauschhandlungen haben die gemäß dem strukturellen Gerechtigkeitsgrundsatz des Lesers geordnete Struktur ›gesprengt‹. Strukturelle Gerechtigkeitsgrundsätze könnten somit, so Nozick, nur durch ständige gewaltsame Eingriffe in die Tauschfreiheit von Personen aufrechterhalten werden. Eine – in ihrer Schlagkraft umstrittene – Entgegnung ist, dass zumindest Rawls' Differenzprinzip nur die ›Grundstruktur‹ der Gesellschaft betreffen soll, nicht ›einzelne‹ Verteilungen (vgl. dazu Schmidtz 2006, 199–202; vgl. für eine kritische Diskussion des Wilt-Chamberlain-Arguments auch Cohen 1995, 19–37).

Da für Libertäre alle Ungerechtigkeit in der Verletzung von Rechten besteht, kann man die Gerechtigkeit einer Güterverteilung nicht an der Verteilungsstruktur ablesen. Es gibt keine ›Ergebnisgerechtigkeit‹ (s. Kap. II.22). Es kommt allein darauf an, wie die Verteilung zustande gekommen ist. Aus diesem Grund ist ›historische Gerechtigkeit‹ (s. Kap. II.23) für Libertäre von zentraler Bedeutung. Die schwierige Frage, wie mit bis heute folgenreichem Unrecht in der Vergangenheit, wie z. B. der Sklaverei in Amerika, umzugehen ist, stellt sich aber natürlich nicht nur aus libertärer Perspektive (vgl. z. B. Nozick 2006, 205 f., 304 f.; Schmidtz 2006, 208–215).

Libertäre politische Philosophie ohne libertäre Gerechtigkeit

Zwei interessante neuere Ansätze libertärer politischer Philosophie radikalisieren in gewisser Weise die Skepsis gegenüber sozialer Gerechtigkeit: Sie übertragen sie auf libertäre Gerechtigkeit selbst.

Chandran Kukathas entwickelt die Vision der Gesellschaft als eines Archipels von Inseln, die alle nach ihren je eigenen Gerechtigkeitsvorstellungen leben können. Die Aufgabe des Staates besteht in diesem Archipel allein darin, den *Frieden* zwischen den Inseln zu sichern (Kukathas 2003, 252 f.). Im Hintergrund steht bei Kukathas dabei eine Anthropologie, nach der es das zentrale menschliche Grundinteresse ist, nach dem eigenen Gewissen (inklusive der eigenen Gerechtigkeitsvorstellung) leben zu können (ebd., 55). Eine Gesellschaft, die ermöglichen will, dass alle nach ihrem Gewissen leben können, sollte nach Kukathas in erster Linie Toleranz und Vereinigungsfreiheit hochhalten, aber nicht in interne Angelegenheiten von durch Moral- und Gerechtigkeitsvorstellungen geeinten Gemeinschaften eingreifen (ebd., 119 f.). Sie ist nicht selbst durch eine gemeinsame Gerechtigkeitsvorstellung geeint (ebd., 76). Anders als libertäre Philosophen von Nozick über Mack bis Steiner entwickelt Kukathas somit keine spezifisch libertäre Theorie der Gerechtigkeit. Man könnte bei ihm von einem ›kommunitaristischen Libertarismus‹ sprechen.

Nach Gerald Gaus, dessen politische Philosophie im Kern vom späten Rawls geprägt ist, müssen die Autoritätsansprüche staatlicher Gesetze, aber auch die Regeln der ›Sozialmoral‹, *öffentlich rechtfertigbar* sein. Staatliche Gesetze und Regeln sind öffentlich gerechtfertigt, wenn alle vor dem Hintergrund ihrer je eigenen Überzeugungen, Wert- und Gerechtigkeitsvorstellungen hinreichenden Grund haben, sie zu akzeptieren (Gaus 2011, 263). Da Gaus den tiefgreifenden Pluralismus unserer Gesellschaften, der bis zu Gerechtigkeitsfragen reicht, ernst nimmt, glaubt er nicht, dass es Bereiche gibt, in denen genau ein Gesetz oder eine moralische Regel den Test öffentlicher Rechtfertigbarkeit übersteht (ebd., 305). Vielmehr wird es meist eine größere Menge von für alle akzeptablen Gesetzen und moralischen Regeln geben. Diese Menge zeichnet sich dadurch aus, dass alle sie besser finden als die Alternative, für den Bereich gar keine Gesetze oder Regeln zu haben. Die öffentlich gerechtfertigten moralischen Regeln und staatlichen Gesetze, die implementiert sind oder implementiert werden, werden deshalb aus der Perspektive der meisten Personen nicht ideal gerecht sein. Gaus versucht zu zeigen, dass sein Ansatz klassisch-liberale Implikationen hat: Ein ausgreifender egalitärer Wohlfahrtsstaat ist nach Gaus nicht öffentlich rechtfertigbar, da manche Personen vernünftige klassisch-liberale oder libertäre Überzeugungen haben. Diese Personen können geltend machen, dass sie ab einem bestimmten Ausmaß von Zwang einen Zustand ohne Gesetze stark umverteilenden Gesetzen vorziehen würden. Vorschläge über stark umverteilende Gesetze fallen deswegen aus der Menge der für alle akzeptablen Gesetze heraus (ebd., 501, 521 f.). Sie sind nicht öffentlich rechtfertigbar.

Bleeding Heart Libertarianism

In jüngster Zeit verteidigen so genannte ›Bleeding Heart Libertarians‹ gegen Hayek, Nozick, Kukathas und Gaus explizit die Idee sozialer Gerechtigkeit als zentralen Bewertungsstandard für Institutionen. John Tomasi entwickelt eine stark von Rawls inspirierte Theorie sozialer Gerechtigkeit: Einem lexikalisch vorgeordneten Freiheitsgrundsatz, der für alle Bürger gleiche Rechte und Grundfreiheiten fordert, folgt ein Grundsatz fairer Chancengleichheit sowie ein Differenzprinzip, das – in einer allgemeinen Formulierung – verlangt, dass die Vorteile der gesellschaftlichen Zusammenarbeit allen, insbesondere den Schwächsten, zugutekommen müssen. Doch bekommt diese Gerechtigkeitstheorie bei Tomasi eine marktfreundliche Interpretation. Am deutlichsten wird dies im Freiheitsgrundsatz: Nach Tomasi müssen auch weitgehende wirtschaftliche Freiheiten im Freiheitsgrundsatz verankert sein (Tomasi 2012, xv, 121), weil diese ebenso entscheidend für ›Selbstautorenschaft‹ (*self-authorship*) sind wie andere Freiheiten. Auch das Differenzprinzip unterstützt nach Tomasi (und nach David Schmidtz) marktfreundliche Institutionensysteme, da in ihnen ein Wohlstand produziert wird, von dem auch die Schwächsten profitieren (ebd., 230–236; Schmidtz 2006, 193 f., 57, 167). Tomasi vertritt jedoch, wie z. B. auch Hayek, Buchanan, Lomasky und Gaus, einen über den Minimalstaat hinausgehenden Staat, der auch öffentliche Güter und ein soziales Netz bereitstellt (z. B. Tomasi 2012, 92, 230).

Zusammenfassung

Libertäre Gerechtigkeit besteht in der Achtung von Eigentumsrechten, sowohl an der eigenen Person als auch an (auf gerechte Weise erworbenen) äußeren Gütern. Die Begründungsstrategien für die libertäre Gerechtigkeitstheorie spiegeln die gesamte Bandbreite ethischer Theorien von Kantianismus über Tugendethik und Kontraktualismus bis Utilitarismus wider. Eine offene Frage unter Libertären ist, ob sich vor dem Hintergrund libertärer Rechte gar kein Staat, ein Minimalstaat oder sogar ein darüber hinausgehender Staat rechtfertigen lässt. Libertäre sind meist skeptisch gegenüber Konzeptionen der sozialen Gerechtigkeit, wie sie von liberalen Egalitaristen wie z. B. Rawls entwickelt wurden. Doch gibt es einige Entwicklungen in der libertären Theoriebildung, die interessante Brückenschläge zu nicht-libertären Gerechtigkeitskonzeptionen ermöglichen und so neue Diskussionsfelder eröffnen: Links-Libertäre verknüpfen Selbsteigentum mit einer egalitären Theorie bezüglich äußerer Güter, Kukathas entwickelt multikulturalistische Themen in eine libertäre Richtung, Gaus knüpft an die auch von Rawls entwickelte Idee öffentlicher Rechtfertigung an und Tomasi versucht sogar, eine libertäre Theorie sozialer Gerechtigkeit zu entwickeln.

Literatur

Buchanan, James: *Die Grenzen der Freiheit*. Tübingen ²2009 (engl. 1975).
Cohen, Gerald A.: *Self-Ownership, Freedom, and Equality*. Cambridge 1995.
Epstein, Richard: *Principles for a Free Society*. New York 1998.
Friedman, Milton: *Kapitalismus und Freiheit*. München ⁸2004 (engl. 1962).
Gaus, Gerald: *The Order of Public Reason*. New York 2011.
Hayek, Friedrich: *Recht, Gesetz und Freiheit*. Tübingen 2003 (engl. 1973).
Huemer, Michael: *The Problem of Political Authority*. Basingstoke 2013.
Kant, Immanuel: *Über den Gemeinspruch: Das mag in der*

Theorie richtig sein, taugt aber nicht für die Praxis [1793]. Hamburg 1992.
Kukathas, Chandran: *The Liberal Archipelago*. Oxford 2003.
Locke, John: *Zweite Abhandlung über die Regierung*. In: *Zwei Abhandlungen über die Regierung*. Frankfurt a. M. 1977 (engl. 1689).
Lomasky, Loren: *Persons, Rights, and the Moral Community*. Oxford 1987.
Mack, Eric: Individualism and libertarian rights. In: John Christman/Thomas Christiano (Hg.): *Contemporary Debates in Political Philosophy*. Oxford 2009, 121–136.
Mises, Ludwig: *Liberalismus* [1927]. Sankt Augustin ^{4}2006.
Narveson, Jan: *The Libertarian Idea*. Philadelphia 1988.
Nozick, Robert: *Anarchie, Staat und Utopia*. München 2006 (engl. 1974).
Otsuka, Michael: *Libertarianism without Inequality*. Oxford 2003.
Rasmussen, Douglas/Den Uyl, Douglas: *Norms of Liberty*. University Park PA 2005.
Rothbard, Murray: *For a New Liberty*. New York ^{2}1978.
Schmidtz, David: *Elements of Justice*. Cambridge 2006.
Simmons, A. John: *The Lockean Theory of Rights*. Princeton NJ 1992.
Steiner, Hillel: *An Essay on Rights*. Oxford 1994.
Steinvorth, Ulrich: *Gleiche Freiheit*. Berlin 1999.
Stemmer, Peter: *Handeln zugunsten anderer*. Berlin 2000.
Tomasi, John: *Free Market Fairness*. Princeton NJ 2012.
Wendt, Fabian: *Libertäre politische Philosophie*. Paderborn 2009.
Wendt, Fabian: The sufficiency proviso: a case for moderate libertarianism. In: Jason Brennan/Bas van der Vossen/David Schmidtz (Hg.): *The Routledge Handbook of Libertarianism*. London (im Erscheinen).

Fabian Wendt

33 Sozialistische Gerechtigkeit

Gerechtigkeit aus einer sozialistischen Sicht unterscheidet sich durch zwei Merkmale von anderen, von Sozialisten als ›bürgerlich‹ klassifizierten Ansätzen:

Erstens orientiert sich diese Tradition stärker an der ursprünglichen Gleichheitssemantik der Gerechtigkeit. Bereits Aristoteles bestimmte die Gerechtigkeit als eine proportionale Gleichheit (Pol 1301a 26), eine »Gleichheit für Gleiche« (Pol 1280a 11; vgl. NE V.6), und machte von der Wahrung dieser Gleichheit, obzwar sie noch qualifiziert werden muss, das Glück des Gemeinwesens abhängig. Er meint damit nicht nur die Summe des Glücks Einzelner, sondern auch das Gelingen der Gemeinschaft als solcher: »Nun ist des Staates Gut das Gerechte und das Gerechte das, was dem gemeinen Wesen frommt. Das Gerechte scheint aber allen ein Gleiches zu sein« (Aristoteles, Pol 1282b 16). Ein Zusammenhang von sozialer Gleichheit und glückender Gemeinschaft wird, zumindest über den Umweg von Ungleichheit und Unglück, noch heute diskutiert (Wilkinson/Pickett 2009).

Zweitens wird Gleichheit im sozialistischen Zusammenhang weniger rechtlich oder politisch ausbuchstabiert, sondern stärker ökonomisch verstanden. Ökonomische Gleichheit gilt dabei allerdings zugleich als Ermöglichungsbedingung rechtlicher und politischer Gleichheit. Sozialisten geht es vor allem um eine größere Gleichheit hinsichtlich der Teilhabe am gesellschaftlichen Reichtum. Doch dies lässt sich nicht konsumistisch verkürzen (wie u. a. Max Weber dem Sozialismus vorwarf, vgl. Weber 1918/1988), denn zugleich ist eine gleichberechtigte Teilnahme an und eine Mitbestimmung über wirtschaftliche Angelegenheiten angezielt. Das kann auf verschiedene Weise umgesetzt werden, und daher gibt es nicht nur einen, sondern verschiedene ›Sozialismen‹. Die Orientierung an einer gesellschaftlichen Gütergemeinschaft erlaubt jedoch eine hinreichende Unterscheidung zu anderen Gerechtigkeitsvorstellungen, insbesondere zu den so genannten liberalen Konzeptionen von Friedrich August Hayek bis John Rawls (s. Kap. III.31).

Eine Betrachtung sozialistischer Gerechtigkeit wird durch zwei Umstände erschwert: Zum einen gibt es heute kaum noch Gesellschaften, die sich als sozialistisch verstehen (und die Realsozialismen, die es einmal gab, waren weit von den eigentlichen Idealen entfernt). Zum anderen definierte sich auch der Sozialismus, den es einmal gab, weniger über positive Zielvorgaben als vielmehr über negative Abgrenzungen gegenüber anderen, als ungerecht empfundenen Gesellschaftsformen. Zumindest in der sozialistischen Programmatik steht die Kritik an der Ungerechtigkeit gegenüber der Bestimmung positiver Kriterien sozialistischer Gerechtigkeit im Vordergrund. Bei näherem Hinsehen ist für das sozialistische Denken sogar schon der Begriff der Gerechtigkeit kritikwürdig, da er allzu sehr in die Ideologien verwoben ist, welche die kapitalistischen Gesellschaften rechtfertigen (s. Kap. I.10). Darstellungen der positiven Gerechtigkeitsideale des Sozialismus haben deshalb spekulativen Charakter, denn hier wird rekonstruiert, was nur selten explizit war.

Diese Darstellung sozialistischer Gerechtigkeit beginnt daher mit einer Analyse der sozialistisch inspirierten Kritik an der Ungerechtigkeit bestehender Gesellschaften sowie der sozialistischen Kritik am Begriff der Gerechtigkeit. Daran schließt sich eine Betrachtung positiver Entwürfe an, soweit es solche gegeben hat. Und schließlich werden in einem Ausblick in der sozialphilosophischen Literatur der Gegenwart wiederkehrende sozialistische Motive – ob unter diesem Namen oder nicht – aufgezeigt.

Sozialistische Kritik an der realen Ungerechtigkeit

Im Mittelpunkt der sozialistischen Ungerechtigkeitskritik steht die ungleiche Verteilung der Güter (Einkommen und Vermögen), wie es sie in den meisten Gesellschaften seit der neolithischen Revolution gegeben hat. Diese Kritik findet sich bereits im Judentum und dem frühen Christentum (s. Kap. I.6). Wenn es etwa heißt, »[d]ie Erde ist des Herrn« (Psalm 24,1; vgl. 3. Mose 25,23) oder »wir sind Kinder Gottes« (1. Joh. 3,2), dann folgt daraus in einer radikalen Lesart, dass alle Menschen ein gleiches Recht auf die Natur und die Aneignung der Früchte der Natur haben. Gerechtigkeit ist ein Zentralwort des Alten Testaments, und das führte bereits in Judentum und frühem Christentum zu einer starken sozialkritischen Unterströmung, auf die sich egalitaristisch-sozialrevolutionäre Strömungen immer wieder bezogen haben (dazu klassisch Farner 1985, im Überblick auch Leidinger/Moritz 2008). Diese Idee eines ursprünglichen Gemeineigentums an der Erde wurde über John Lockes Naturrecht auch in der Neuzeit wirksam. Auch für Locke gehört die Erde ursprünglich allen Menschen:

> »Gott [hat] die Welt den Menschen gemeinsam übertragen [...]. Alle Früchte, die sie natürlich hervorbringt, und alle Tiere, die sie ernährt, gehören den Menschen gemeinsam, weil sie wildwachsend von der Natur erzeugt werden; und niemand hat ursprünglich ein persönliches Herrschaftsrecht mit Ausschluß aller übrigen Menschen über irgendetwas« (Locke 1689/1977, 216).

Auf diese doppelte Tradierung der Idee eines ursprünglichen Gemeineigentums – aus den sozialkritischen Elementen der jüdisch-christlichen Religion und aus dem revolutionär wirkenden säkularen Naturrecht der Neuzeit – konnten sich sozialistische Kritiken an einer ungerechten Verteilung des Reichtums in der europäischen Neuzeit stützen. Solche Kritiken traten insbesondere in Zeiten des gesellschaftlichen Umbruchs hervor, in denen eine Neuordnung der Gesellschaft möglich erschien – im deutschen Bauernkrieg etwa bei Thomas Müntzer (1489–1525), im englischen Bürgerkrieg bei Gerrard Winstanley (1609–1676), in der radikalen Aufklärung des 18. Jahrhunderts etwa bei Thomas Paine (1737–1809), der als Erfinder des bedingungslosen Grundeinkommens gehandelt wird, und im ›Frühsozialismus‹ des 19. Jahrhunderts bei Denkern wie William Thompson (1775–1833) oder Wilhelm Weitling (1808–1871). Im 20. Jahrhundert hatten sozialistische Tendenzen vor allem nach den beiden Weltkriegen Konjunktur, denn in diesen Phasen lagen alte politische Institutionen am Boden und zugleich gab es große Versorgungsengpässe. Darin sahen viele Betroffene eine Irrationalität vor allem der kapitalistischen Produktionsweise: »Diese grundlegende und letztlich unentrinnbare Irrationalität der Wirtschaft ist eine der Quellen aller ›sozialen‹ Problematik, vor allem: derjenigen des Sozialismus« (Weber 1922/1988, 60).

Dabei ist hervorzuheben, dass als zu kritisierende Ungerechtigkeit nicht nur die ungleiche Verteilung der Einkommen und Gehälter zwischen den gesellschaftlichen ›Klassen‹ galt (wie sie bald genannt wurden), sondern auch die Benachteiligung der Frauen in Familie, Gesellschaft und Politik; deutlich z. B. bei Thompson, daneben etwa bei William Godwin (1756–1836), Charles Fourier (1772–1837) und August Bebel (1840–1913; vgl. Bebel 1879/1946). In beiden Fällen wird Ungerechtigkeit als reale Ungleichheit beschrieben – das eine Mal zwischen den gesellschaftlichen Klassen hinsichtlich ihrer ungleichen Ressourcen (zunächst zwischen Bauern und adligen Grundeigentümer, zunehmend dann auch zwischen Arbeitern und Kapitalisten), und das andere Mal zwischen den Geschlechtern auch innerhalb dieser Klassen hinsichtlich des eingeschränkten Wirkungsrahmens der Frauen. Eine gerechtere Gesellschaft wäre entsprechend eine, in der es mehr rechtliche und ökonomische Gleichheit zwischen den Menschen gibt, und zwar auf der Grundlage einer gemeinsamen Bestimmung über den Reichtum, sowohl was den Verbrauch als auch was die Herstellung desselben anging. Sozialismus bezeichnet also nicht nur das Zusammenleben einer Menge ähnlich reicher Individuen, die sonst nicht weiter verbunden sind (wie es manche Konzeptionen des liberalen Egalitarismus vorsehen), sondern auch die Art und Weise der Verbundenheit zwischen ihnen. Lorenz von Stein (1850/1959) sprach daher von einer ›sozialen Bewegung‹. Dadurch wird in gewisser Weise auch die *fraternité* aus der Losung der Französischen Revolution (*liberté, égalité, fraternité*) aufgegriffen und weiterentwickelt.

Über die Jahrhunderte verändert sich allerdings die Gestalt der ›Gleichheitspräsumption‹ (also die Idee, dass eine Gleichverteilung der Normalfall sein sollte), an der als ungerecht empfundene Verteilungsverhältnisse gemessen werden. Dieser Übergang ist vermittelt u. a. durch die bereits genannte Theorie von Locke, für den ja nur die Früchte der Natur, nicht aber die Früchte der Arbeit allen gehören sollten. Im Rahmen der im 18. Jahrhundert entstehenden politischen Ökonomie wird die Herkunft des gesellschaftlichen Reichtums nicht länger nur der Natur zugeschrieben (wie zuletzt noch im System der Physiokraten), sondern vor allem der menschlichen Arbeit. Diese Arbeit ist im Denken der Sozialisten allerdings keine, die Individuen in Absonderung voneinander vollbringen können (wie in einer Republik von Kleinbauern, die etwa für den Jeffersonschen Republikanismus noch Pate stand), sondern eine kooperative *gesellschaftliche* Arbeit. Diese wird zwar arbeitsteilig erbracht, die Bestimmung über den Arbeitsprozess und die Verteilung der Früchte vollzieht sich aber im Kapitalismus radikal ungleich – und daher für Sozialisten ungerecht: Kapitaleigentümer haben die Kontrolle über den Produktionsprozess und können sich daher auch den Löwenanteil der Früchte desselben aneignen. Und zwar geschieht dies auf eine Weise, die dem geltenden Recht dieser Epoche durchaus entspricht. Denn dieses Recht orientierte sich seit Locke vor allem an der Sicherung des bürgerlichen Eigentums als Pfand der Freiheit gegenüber Staatseingriffen. In dieser Situation stützte sich die sozialistische Gleichheitspräsumption nicht mehr primär auf das Gemeineigentum an Naturgütern, sondern eher auf die gemeinsame Erwirtschaftung des Reichtums in einer Zusammenarbeit der Klassen: vor allem der Grundbesitzer, Kapitalbesitzer und Arbeitskraftbesitzer. Es sei ungerecht, meinten nun die ricardianischen Sozialisten (im Anschluss an David Ricardo, 1772–1823), dass dieser Reichtum von den ersten beiden Gruppen in weitaus höherem Maße angeeignet werde als von der dritten, wesentlich zahlreicheren, obwohl doch die eigentliche Arbeit von eben dieser dritten Klasse geleistet werde. Die anderen beiden Klassen haben die Arbeitsmittel zur Verfügung und verwandeln die Arbeit damit ebenfalls in ein solches ›bloßes‹ Mittel. Das ruft zugleich Phänomene von Entfremdung und Verdinglichung hervor, die von Sozialisten ebenfalls kritisiert wurden.

Das Stichwort des ›gesellschaftlichen Reichtums‹ markiert nun die grundlegend veränderte Vorstellung dieses Gerechtigkeitsdenkens gegenüber liberalen Modellen, die von einem »possessiven Individualismus« ausgehen (Macpherson 1990). Es wird ein Zweifel artikuliert an der – meist durch das bürgerliche Recht gestützten und insofern im offiziellen Diskurs gerechtfertigten – individualistischen Aneignungsform eines Reichtums, der doch im Grunde von allen gemeinsam produziert wird. Der Reichtum gehört allen, und zwar, wie gesehen, erstens deshalb, weil die Natur, als erste Quelle aller Reichtümer, niemandem allein gehören kann (so die ältere Version), und zweitens deshalb, weil der Reichtum von Gesellschaften durch gesellschaftliche Arbeitsteilung und insofern ›sozial‹ – und gerade nicht individuell – produziert wurde.

Damit basiert die Kritik an der individualistischen Aneignung des Reichtums nicht in erster Linie auf einer (im Vergleich zum Ideal des *homo oeconomicus*) sozialeren Anthropologie – also auf der Vorstellung, dass der Mensch sich nur durch die Einbettung in allerlei soziale Bindungen überhaupt ausbilden kann und daher kein atomistisches Einzelwesen ist. Zwar gibt es solche kommunitaristischen Tendenzen im Sozialismus (zum Kommunitarismus s. Kap. III.36); Sozialismus ist jedoch nicht gleichzusetzen mit einem ethischen Antiindividualismus. Die Skepsis speist sich vielmehr aus einer anderen Interpretation wirtschaftlicher Prozesse. Mit ihr wird die Legitimität von Ansprüchen auf eine individuelle Aneignung der gemeinsamen Produkte bestritten. Da die Kritikfolie nun weniger in der Natur als vielmehr in der Interpretation der Wirtschaft verortet ist, wird die *politische Ökonomie* zur Leitwissenschaft des Sozialismus. Das war nicht erst bei Karl Marx so, sondern bereits bei früheren Sozialisten von Robert Owen (1771–1858) bis Pierre-Joseph Proudhon (1809–1865). Noch heute wird über die Möglichkeit eines Sozialismus vor allem in ökonomischen Kategorien debattiert.

Sozialistische Kritik am Gerechtigkeitsbegriff

Nun gibt es unter Rechtsphilosophen eine verbreitete Kritik an der philosophischen Gewohnheit, Gerechtigkeitsvorstellungen, die in einer bestimmten Gesellschaft entstanden sind und eine Funktion innerhalb derselben haben, von ihren Kontexten zu lösen, um sie dann als freischwebendes Ideal einer künftigen gerechteren Gesellschaft zu interpretieren – noch Axel Honneth beispielsweise spricht von einem »Geltungsüberhang« (Honneth 2010, 224), der in Gerechtigkeitsbegriffe eingelassen sei. Zu den Kritikern dieser Dekontextualisierung zählen so unterschiedliche Autoren wie der sozialdemokratisch orientierte Hans Kelsen (vgl. Kelsen 1953), der Neoliberale Friedrich August Hayek (vgl. Hayek 2004) sowie Karl Marx. Marx' Gerechtigkeitskritik wird im Folgenden näher beleuchtet, weil sie bis heute eine der einflussreichsten Kritiken am Gerechtigkeitsbegriff darstellt.

Nach dem historischen Materialismus, demzufolge das gesellschaftliche Sein der Menschen ihr Denken bestimmt (und nicht umgekehrt), kann eine ›Idee der Gerechtigkeit‹ die Zustände, denen sie entspringt, nicht auf reale Weise transzendieren. Denn würde man die durch Abstraktionen von der gegebenen und bereits von Gerechtigkeitsvorstellungen durchwirkten Wirklichkeit gewonnene *höhere*, weil philosophisch ausgedrückte Gerechtigkeit gegen diese ökonomische Wirklichkeit aufbieten, so würde man diese Wirklichkeit lediglich ideell verdoppeln, d. h. theoretisch verklären und praktisch wiederherstellen. Diesen Verdacht haben Marx und Friedrich Engels bereits im *Kommunistischen Manifest* (1847) geäußert: »Eure Ideen selbst sind Erzeugnisse der bürgerlichen Produktions- und Eigentumsverhältnisse, wie euer Recht nur der zum Gesetz erhobene Wille eurer Klasse ist« (MEW 4, 477). Es macht für Marx wenig Sinn, mit Begriffen der Gerechtigkeit gegen gesellschaftliche Missstände wie die von den Sozialisten beklagte ökonomische Ungleichheit zwischen gesellschaftlichen Klassen angehen zu wollen, weil die Vertreter der bürgerlichen Ordnung die ›Gerechtigkeit‹ im Zweifelsfall auf ihrer Seite hätten. Zwar kann aufgrund der Deutungsoffenheit solcher Begriffe jede Seite einer Auseinandersetzung sich als diejenige bezeichnen, der Ungerechtigkeit widerfahre; doch diese Auseinandersetzung wird auch mithilfe einer Deutungshoheit über die Begriffe einer Zeit geführt, welche nun einmal die bürgerliche Klasse innehabe. Einzig die Überwindung dieses Zustandes verspricht für Marx eine wirkliche Veränderung der Lage. Das Beharren auf einem juristischen Verständnis der Probleme, welches sich auch bei Sozialisten und Philanthropen finde, lenke die Betrachtung von ihrem Gegenstand ab (zur Erläuterung dieser Argumentation Maihofer 1992 und Wood 2004).

Gleichwohl beinhaltet gerade die politökonomische Analyse des Kapitalismus den Nachweis einer Ungerechtigkeit nicht nur hinsichtlich der Verteilung, sondern bereits auf der Ebene der Eigentumsverhältnisse. Diese lassen sich nicht durch eine einmalige Umverteilung der *assets* verändern, wie in der ›Stakeholder-Gesellschaft‹ Bruce Ackermanns, da bereits die ›Form‹ dieser *assets*, also die private Verfügung über gespeicherte gesellschaftlicfhe Arbeit in Form des Kapitals, das Problem immer wieder neu hervorbringen würde. Das gilt es kurz zu erläutern: Marx zeigt im Geiste Hegels auf, dass das auf der Tauschebene beruhende abstrakte Vertragsrecht die Menschen bereits als Freie und Gleiche behandelt. Darauf beruht der Anschein, man habe es hier mit gerechten Verhältnissen zu tun, da Freiheit und Gleichheit bewahrt, ja allererst ›hergestellt‹ werden: »Der Austausch von Tauschwerten ist die produktive, reale Basis aller Gleichheit und Freiheit« (MEW 42, 170). Allerdings ist der Gebrauchswert dessen, was die Menschen im ›gerechten‹ Äquivalententausch jeweils erlangen, radikal verschieden, je nachdem ob sie Eigentümer von Produktionsmitteln oder Verkäufer von Arbeitskraft sind. Genau darin kann man nun eine Ungerechtigkeit sehen: »Das Kapital ist die konzentrierte gesellschaftliche Macht, während der Arbeiter nur über seine Arbeitskraft verfügt. Der Kontrakt zwischen Kapital und Arbeit kann deshalb niemals auf gerechten Bedingungen beruhen« (MEW 16, 169; vgl. MEW 23, 191, 611).

Marx benutzt diese Sprache jedoch in der Regel nicht, weil gerade in diesem Sprachgebrauch das Recht, aus welchem die Gerechtigkeitssemantik ja stammt, *nicht* hinterfragt werde. Für Marx ist das bürgerliche Recht nicht Teil der Lösung, sondern Teil des Problems. Er bestimmt das Recht als eine aus verschiedenen Diskursen bestehende eigene Sphäre, die jedoch in letzter Instanz von der Ökonomie abhängig ist. Es reagiert auf Veränderungen in der ökonomischen Sphäre ebenso wie auf Entwicklungen in anderen Sphären (der Kultur, der Politik etc.). Nur müssen diese Teilbereiche jeweils in ihrer eigenen Verwiesenheit auf die ökonomische Sphäre verstanden werden. Sie seien selbst schon von der kapitalistischen Produktionsweise beeinflusst. Ökonomie sei die ›Quelle‹ oder

der ›Boden‹ des Rechts, gerade wie der Boden die ›Basis‹ für einen Baum ist. Und wenn man diesen Boden umgraben will, sollte man – diesem Bild zufolge – nicht mit den Blüten beginnen.

Interessanterweise haben die wichtigsten Kritiken an dieser radikalen Position selten Gerechtigkeitsargumente bemüht, sondern eher die Effizienz problematisiert. Eine nicht länger auf Privateigentum beruhende Wirtschaftsform würde zwar die ›Kuchenstücke‹, die jedem Gesellschaftsmitglied zustünden, gleicher machen, doch würde dadurch der Kuchen insgesamt kleiner, so dass eine solche alternative Wirtschaftsweise für die Gesellschaft insgesamt (und, so fügte Rawls an, auch für die am schlechtesten Gestellten innerhalb derselben) von Nachteil sei. Es gelte daher, an der alten kapitalistischen Gerechtigkeit festzuhalten, die besagt: »To each according to what he and the instruments he owns produces« (Friedman 1962, 192; vgl. Hayek 2004).

Sozialistische Entwürfe einer ›gerechteren‹ Gesellschaft

Der Sozialismus unterscheidet sich von anderen sozialreformerischen Bewegungen darin, dass er nicht nur innerhalb des bestehenden Systems gewisse Besserungen erzielen möchte, sondern beansprucht, die Organisationsprinzipien der Gesellschaft insgesamt in Richtung eines Gemeinbesitzes an Produktionsmitteln sowie an weiteren öffentlichen Gütern wie dem Gesundheits-, Ausbildungs- und Versicherungswesen zu verändern. Doch offensichtlich ist es schwierig, eine sozialistische Gesellschaft in den Begriffen derjenigen Gesellschaft zu beschreiben, welche der Sozialismus gerade zu überwinden trachtet. Dennoch ist es unvermeidlich, dass eine politische Bewegung wie der Sozialismus sich selbst über ihre grundlegenden Ziele verständigt. Daher gibt es gleichwohl innersozialistische Diskurse darüber, wie man sich diese Zukunft eigentlich näher auszumalen habe. Der alternde Marx hat auf diese Debatten noch Bezug genommen und dabei das Gerechtigkeitsdenken im späteren Sozialismus abermals geprägt. In den *Randglossen zum Programm der deutschen Arbeiterpartei* (verfasst 1875, publiziert 1890) unterscheidet er zwei sozialistische Gerechtigkeiten.

In einer ersten Stufe, die er »das gleiche Recht« (MEW 19, 20) nennt, übernimmt Marx die ältere sozialistische Grundidee, dass die Menschen lediglich über das verfügen sollten, was sie tatsächlich erarbeitet haben – eine Verdienstgerechtigkeit im buchstäblichen Sinne. Marx korrigiert zwar, dass diese Verteilung der Früchte erst nach Abzug der zur gesellschaftlichen Reproduktion nötigen Investitionen (er nennt Verwaltungskosten, Schulen, Gesundheitsvorrichtungen etc.) und auch nicht mehr im Medium des geldvermittelten ›Tausches‹ stattfinden könne. Doch schließt er sich dieser Position für eine erste Phase an: »Demgemäß erhält der einzelne Produzent – nach den Abzügen – exakt das zurück, was er ihr [der Gesellschaft] gibt« (MEW 19, 19; vgl. MEW 25, 883). *Gerecht* daran ist, dass niemand aufgrund von bloßem Kapitalbesitz oder aufgrund von Marktzufällen ein Vielfaches mehr erhalten könne als andere. Wie August Bebel erläutert hat, ist in diesem Prinzip bereits vorausgesetzt, dass die notwendige Gesamtarbeit auf alle arbeitsfähigen Menschen *gleich* verteilt wird, wodurch sich die Arbeitszeit radikal verkürzen würde, nämlich auf etwa zweieinhalb Stunden täglich (Bebel 1946, 423).

In verschiedenen Hinsichten kann aber noch dieses Prinzip als ungerecht erscheinen. Würde im Hinblick auf eine gleiche *Leistung* gleich verteilt, dann bekämen die Stärkeren mehr als die Schwächeren. Würde aber im Hinblick auf ein gleiches *Bedürfnis* gleich verteilt, könnten die Schwächeren besser dastehen als die Stärkeren – Gerechtigkeit wäre also auch hier nur jeweils partiell verwirklicht. In späteren Begriffen ausgedrückt, artikuliert Marx deshalb Bedenken der Bedarfsgerechtigkeit (»einer hat mehr Kinder als der andre etc.«, MEW 19, 20) sowie des Luck-Egalitarismus (»natürliche Privilegien« wie eine höhere »Leistungsfähigkeit« würden nach wie vor durchschlagen; MEW 19, 20; s. Kap. III.39). Dennoch setzen noch jüngste Debatten über den Sozialismus dieses vorläufige Prinzip voraus: Aus der Sicht von Heinz Dieterich etwa war das bisherige Problem des Sozialismus vor allem, dass man die angepeilte Exaktheit in der Umrechnung von Arbeitsstunden in Werteinheiten verfehlt habe. Diese Relation aber lasse sich nun mithilfe von Computern errechnen (Dieterich 2006). Der Gerechtigkeit halber ist anzufügen, dass sozialistische Gesellschaften Südamerikas, aus deren Horizont dieser ›neue‹ Sozialismus entworfen wurde, zugleich auf Modelle des guten Lebens – *buen vivir* – zurückgreifen (vgl. Gudynas 2012; s. Kap. IV.42).

Ein zweites, für Marx weitaus erstrebenswerteres Prinzip lautet hingegen: »Jeder nach seinen Fähigkeiten, jedem nach seinen Bedürfnissen!« (MEW 19, 21, zuerst so formuliert von Louis Blanc). Dieses Prinzip liegt insofern bereits jenseits eines Gerechtigkeitsdenkens, als Geben und Nehmen nun entkoppelt sind – es gibt keine Vergleichsrelation mehr, auf deren Grundlage sich bestimmen ließe, nach welchen Kriterien zu verteilen sei (Recht, Leistung, Bedarf oder anderes mehr, vgl. Töns 2003). Vielmehr haben nun beide Momente je eigene Kriterien: Man gibt gern, weil die Arbeit Freude macht, und man nimmt im Modus des Miteinander nur das, was man braucht. Gerald A. Cohen (2009) hat das als Mentalität des nicht auf Dauer zu stellenden »Zeltlagers« beschrieben. Das klassische Bild für diese Bereitschaft des Teilens war das der Brüderlichkeit, also der Familie.

Nun mag eine Familiarität Gerechtigkeitsfragen zwar verändern, doch sie erübrigt sie keineswegs (s. Kap. II.24, V.61). Man denke nur an das Standardbeispiel für die Erläuterung von Gerechtigkeitsfragen: nämlich die Größe von Kuchenstücken, die unterschiedlich großen Geschwistern zukommt. Bekommt der Fleißigste das größere Stück oder der Hungrigste, oder bekommen alle gleich viel? Offensichtlich gibt es auch unter Bedingungen der Brüderlichkeit noch Gerechtigkeitsfragen. Im Realsozialismus gab es daher durchaus eine Gerechtigkeitspolitik. Die ökonomischen Ungleichheiten zwischen den Menschen waren zwar kleiner als heute, dennoch wurden Arbeiten unterschiedlich entlohnt, um soziale Ränge zu markieren (also: Krankenpfleger von Chefärztinnen abzuheben), höhere Qualifizierungen zu ›belohnen‹ und über Prämien innerhalb jeder Tarifgruppe Leistungsanreize zu setzen. Gerechtigkeitsprobleme in sozialistischen Staaten betrafen aber weniger diese ökonomische als vielmehr die rechtliche und politische Dimension: So war der Zugang zur Ausbildung beispielsweise in der DDR stark politisch reglementiert, während die Politik selbst – obwohl sie mehr zu entscheiden hatte als in kapitalistischen Staaten – kaum mehr demokratisch legitimiert war. Ungerechtigkeit in real existierenden sozialistischen Staaten betraf daher vor allem die mangelnde rechtliche und politische Gleichheit der Bürger in diesen Systemen (s. Kap. IV.50).

Ausblick auf jüngere Debatten

Während des Zusammenbruchs des Realsozialismus hat sich die progressive Linke, auch in der akademisch-philosophischen Welt, primär mit der politischen Gerechtigkeit sowie identitätsbezogenen Fragen wie der Sexualität und dem kulturellen Pluralismus auseinandergesetzt und ökonomische Fragen in der Folge eher geringgeschätzt. Dies war auch deswegen möglich, weil der sozialstaatliche Aspekt mit Rawls' Gerechtigkeitstheorie bereits hinreichend abgehandelt schien. So hat vor allem die angelsächsische Debatte lange versucht, egalitäre Ambitionen in Form von Detailkritiken an Rawls zu formulieren (zur Übersicht über diese Debatten vgl. Peffer 1990). Dabei ist der Unterschied dieser Theorie zu sozialistischen Gedanken denkbar groß: Es ist nach dem sozialistischen Ansatz kaum möglich, gravierende materielle Ungleichheiten, wie sie in den westlichen Staaten die Regel sind, durch ein theoretisch ausgezirkeltes Differenzprinzip (s. Kap. II.25) als gerecht zu legitimieren. Sozialistisches Denken über Gerechtigkeit unterscheidet sich radikal von der von Rawls geprägten philosophischen Diskussion.

In der heutigen Diskussion gibt es allerdings, nicht zuletzt angestachelt durch die immer weiter zunehmenden globalen Ungleichheiten, durch ökonomische Krisen und ökologische Kollateralschäden riesigen Ausmaßes, eine Rückkehr klassisch sozialistischer Themen wie etwa der Kritik der Entfremdung, der Verdinglichung und eben der ökonomischen Ungleichheit. Nur werden sie heute auch von prominenten US-amerikanischen Denkern wie Joseph Stiglitz oder Michael Sandel (2012) vorgetragen. Auch im Positiven ist, wenn auch selten unter diesem Titel, eine Rückkehr sozialistischer Topoi zu verzeichnen: So gibt es etwa die Forderung nach einer Entkopplung von Leistung und Einkommen in der internationalen Debatte um das bedingungslose Grundeinkommen oder die Forderung nach einer Rücknahme der profitgetriebenen Privatisierung und einer Stärkung des öffentlichen Sektors (also des Gemeineigentums) in der Debatte um die *Commons* (vgl. Negri/Hardt 2010).

Literatur

Aristoteles: *Nikomachische Ethik*. In: Ders.: Werke in deutscher Übersetzung. Hg. von Ernst Grumach und Hellmut Flashar, Bd. 6. Berlin [10]1999 [NE].

–: *Politik*. In: Ders.: Werke in deutscher Übersetzung. Hg. von Ernst Grumach u. Hellmut Flashar, Bd. 9 [in 4 Teilbänden]. Berlin 1991–2005 [Pol].

Bebel, August: *Die Frau und der Sozialismus* [1879]. Berlin [55]1946.

Cohen, Gerald A.: *Sozialismus – warum nicht?* München 2010 (engl. 2009).

Dieterich, Heinz: *Der Sozialismus des 21. Jahrhunderts. Wirtschaft, Gesellschaft und Demokratie nach dem globalen Kapitalismus*. Berlin 2006.

Farner, Konrad: *Theologie des Kommunismus?* Zürich 1985.

Friedman, Milton: *Capitalism and Freedom*. Chicago 1962.

Gudynas, Eduardo: Das gute Leben jenseits von Entwicklung und Wachstum. In: Miriam Lang (Hg.): *Demokratie,*

Partizipation, Sozialismus. Lateinamerikanische Wege der Partizipation. Berlin 2012, 28–45.
Hayek, Friedrich August: *Wissenschaft und Sozialismus. Aufsätze zur Sozialismuskritik.* Gesammelte Schriften, Bd. 7. Tübingen 2004.
Henning, Christoph: Der wahre Sozialismus (Rezension zu Axel Honneth: *Die Idee des Sozialismus: Versuch einer Aktualisierung.* Berlin 2015). In: *Soziopolis* (Januar 2016), http://www.soziopolis.de/lesen/buecher/artikel/der-wahre-sozialismus.
Honneth, Axel: *Das Ich im Wir. Studien zur Anerkennungstheorie.* Berlin 2010.
Kelsen, Hans: *Was ist Gerechtigkeit?* [1934]. Wien 1953.
Leidinger, Hannes/Moritz, Verena: *Sozialismus.* Wien 2008.
Locke, John: *Zwei Abhandlungen über die Regierung.* Hg. und eingel. von Walter Euchner. Frankfurt a. M. 1977 (engl. 1689).
Macpherson, Crawford B.: *Theorie des Besitzindividualismus.* Frankfurt a. M. ³1990 (engl. 1962).
Maihofer, Andrea: *Das Recht bei Marx. Zur dialektischen Struktur von Gerechtigkeit, Menschenrechten und Recht.* Baden-Baden 1992.
Marx, Karl/Engels, Friedrich: *Marx-Engels-Werke.* 42 Bde. Berlin 1956–1990 [MEW].
Negri, Antonio/Hardt, Michael: *Common Wealth: Das Ende des Eigentums.* Frankfurt a. M. 2010 (engl. 2009).
Peffer, Rodney G.: *Marxism, Morality, and Social Justice.* Princeton 1990.
Sandel, Michael: *What Money can't buy. The Moral Limits of Markets.* New York 2012.
Stein, Lorenz von: *Geschichte der sozialen Bewegung in Frankreich von 1789 bis auf unsere Tage* [1850]. 3 Bde. Hildesheim 1959.
Töns, Katrin: *Recht, Leistung, Bedarf. Die Verteilungsprinzipien der sozialen Gerechtigkeit am Beispiel der erwerbszentrierten Sozialhilfereform.* Münster 2003.
Wilkinson, Richard G./Pickett, Kate: *Gleichheit ist Glück: Warum gerechte Gesellschaften für alle besser sind.* Berlin 2009 (engl. 2009).
Weber, Max: Der Sozialismus [1918]. In: Ders.: *Gesammelte Aufsätze zur Soziologie und Sozialpolitik.* Hg. von Marianne Weber. Tübingen 1988, 492–518.
–: *Wirtschaft und Gesellschaft. Grundriss der verstehenden Soziologie* [1922]. Tübingen ⁵1988.
Wood, Alan: *Karl Marx.* New York 2004 (engl. 1980).

Christoph Henning

34 Utilitaristische Gerechtigkeit

Der Utilitarismus besteht aus einer Theorie des Guten, die dieses Gute als die Menge an Nutzen (z. B. Wohlfahrt) bestimmt, und aus einer Theorie des Richtigen, die zumindest in ihrer ursprünglichen Form sagt, dass moralisch richtig genau das ist, was das Gute, also die Menge an Nutzen, maximiert. Da ›Nutzen‹ oft als synonym mit ›Glück‹ verstanden wird, ist ›das größte Glück der größten Zahl‹ zur Losung dieser Ethik geworden.

Entwicklung des Utilitarismus

Die Losung hat schon Francis Hutcheson ausgegeben, doch erst Jeremy Bentham baut sie zu einer Ethik aus, die er ›Utilitarismus‹ nennt. Er schlägt vor, bei allen Entscheidungen für alle möglichen Handlungen zu prüfen, wie viel Nutzen sie den von ihnen betroffenen Individuen bescheren würden, und dann diejenigen Handlungen als richtig zu bezeichnen, die jeweils in der Summe den größten Nutzen hervorbringen. Den individuellen Nutzen fasst Bentham als hedonisches Glück, als Lust und die Abwesenheit von Leid, und bestimmt ihn näher mittels eines Kalküls: Je intensiver, je andauernder und je reiner etwa das hedonische Glück sei, desto größer sei tendenziell auch der individuelle Nutzen (Bentham 1789/1964, Kap. 4). John Stuart Mill ist dieser rein an Quantitäten ausgerichtete Kalkül zu schlicht. Er möchte zusätzlich die Qualität des hedonischen Glücks berücksichtigt wissen und sagen können, dass es besser sei, ein unzufriedener Sokrates als ein zufriedener Narr zu sein (Mill 1861/1976, Kap. 2).

Schon Bentham und Mill legen dar, wie sich das Maximierungsprinzip mit anderen, auch in der Alltagsmoral verankerten Prinzipien in Einklang bringen lässt, u. a. mit Prinzipien materialer Gerechtigkeit (s. u.). Doch erst Henry Sidgwick unternimmt einen systematischen Versuch, die Alltagsmoral mit dem Utilitarismus auszusöhnen, sie als »einen Mechanismus von Regeln, Gewohnheiten und Empfindungen [auszuzeichnen], der etwas roh und allgemein [...] auf das Hervorbringen der größtmöglichen Glückseligkeit [...] angewendet wird« (Sidgwick 1907/1909, 251).

Von Anfang an konzentrieren sich die Debatten im und um den Utilitarismus auf die zahlreichen Einwände, die gegen ihn erhoben werden (vgl. etwa Rawls 1971/1975, insb. Abschn. 5; Williams 1973/1979; Railton 1984): Die Doktrin scheitere schon deshalb, weil der Nutzen nicht interindividuell vergleichbar sei. Sie behandle uns wie Nutzengefäße und schaue nur darauf, wie viel Nutzen in den Gefäßen *insgesamt* sei; um die Verteilung des Nutzens auf die Gefäße schere sie sich nicht. Sie sei bereit, jeden Nutzenverlust, egal welcher Größe, durch beliebig kleine Nutzengewinne auszugleichen, wenn es nur hinreichend viele solcher kleiner Nutzengewinne gibt. Sie verbiete in manchen Hinsichten zu wenig, z. B. indem sie die Rechte von Individuen ebenso ignoriere wie die Verbindlichkeit von Versprechen und Verträgen und die besonderen Pflichten, die wir gegenüber unseren Liebsten und Nächsten haben. In anderen Hinsichten verlange sie zu viel, z. B. dass wir unter Umständen sogar unser Leben für das Leben anderer opfern. Sie verletze unsere moralische Integrität. Sie sei blind für Verdienst und Schuld.

Die Einwände sind kategorial verschieden, und kategorial verschieden sind auch die Strategien, den Utilitarismus gegen sie zu verteidigen. *Eine* Strategie besteht darin, den individuellen Nutzens anders zu fassen, als es der hedonische Utilitarismus im Anschluss an Bentham tut, also nicht (nur) als Lust und Abwesenheit von Leid. Diese Strategie ist von der Annahme geleitet, dass es mehr Dinge gibt, die das ausmachen, was gut für Individuen ist - z. B. dass Versprechen, die ihnen gegeben wurden, gehalten werden -, und dies auch unabhängig davon, wie sich das auf ihr hedonisches Glück auswirkt. Unter der Voraussetzung, dass der individuelle Nutzen noch immer subjektivistisch zu fassen ist, d. h. bestehend nur aus Dingen, deren Positivität im Individuum selbst verankert ist (vgl. Wessels 2011, Kap. 2 und 3), führt die Strategie zum *Präferenz-Utilitarismus* (vgl. Hare 1981/1992). Der Präferenz-Utilitarismus identifiziert den individuellen Nutzen mit der Befriedigung von Präferenzen – in Kombination teils mit einem für die Zwecke der Ethik maßgeschneiderten Begriff von Präferenzen und teils mit einem Filter über den Präferenzen, der manche Präferenzen als moralisch nicht zu berücksichtigen außen vor lässt.

Eine *andere* Strategie besteht darin, das Maximierungsprinzip nicht, wie es der Utilitarismus in seiner ursprünglichen Form, also der Akt-Utilitarismus will, bei *allen* Entscheidungen in Ansatz zu bringen, sondern primär oder sogar nur bei der Entscheidung für *sekundäre Prinzipien*, die dann bei *anderen* Entscheidungen mehr oder weniger strikt anzuwenden sind. Motiviert ist diese Strategie von der Einsicht, dass wir oft gar nicht die Zeit oder Kraft haben, für alle uns möglichen Handlungen zu prüfen, welchen der von ihnen betroffenen Individuen sie einen wie großen Nutzen bescheren würden; und dass wir, selbst wo wir Zeit und Kraft dazu haben, zur Parteilichkeit neigen und gleiche Verluste, wenn sie uns selbst treffen, für größer halten, als wenn sie andere treffen. Deshalb würden wir, wenn wir außer dem Maximierungsprinzip nicht noch weitere Prinzipien zur Hand hätten, oft Gefahr laufen, das utilitaristische Ziel zu verfehlen: Manch ein Kind, das wir hätten retten können, wäre längst ertrunken, wenn wir endlich ermittelt haben, dass wir es retten sollten. Letztlich führt die Strategie zu der Unterscheidung zwischen verschiedenen Formen von indirektem Utilitarismus, darunter Regel-Utilitarismus und Zwei-Ebenen-Theorien. Beide Typen von Theorien zeichnen sich dadurch aus, dass sie diejenigen sekundären Prinzipien für richtig erklären, deren weitgehende Akzeptanz in den meisten Situationen unseres Alltags den größten Nutzen hätte – das Prinzip, nicht zu lügen, ist ein heißer Kandidat. Regel-Utilitarismus und Zwei-Ebenen-Theorien unterscheiden sich voneinander im Status, den sie den sekundären Prinzipien geben. Zwei-Ebenen-Theorien geben ihnen den Status nur einer die utilitaristischen Entscheidungen erleichternden *Methode*. Uns an die Prinzipien zu halten, *hilft* uns oft, das moralisch Richtige zu tun; das moralisch Richtige ist aber stets das, was den Nutzen maximiert. Der Regel-Utilitarismus hingegen gibt den sekundären Prinzipien den Status auch eines die utilitaristischen Entscheidungen bestimmenden *Kriteriums*. Das moralisch Richtige ist stets das, was mit den sekundären Prinzipien in Einklang steht, auch wenn es einmal *nicht* den Nutzen maximiert. (Zum Unterschied zwischen Zwei-Ebenen-Theorien und Regel-Utilitarismus und verschiedenen Ausprägungen beider Typen vgl. Hooker 2008.)

Der Einwand, dass der Utilitarismus schon deshalb scheitere, weil der Nutzen nicht interindividuell vergleichbar sei, trifft, wenn er trifft, nicht allein den Utilitarismus, sondern jede Theorie, die das Gute mit dem Nutzen assoziiert – unabhängig davon, ob sie es schlicht als die *Menge* oder aber als eine *andere* Verteilung desselben bestimmt. Im Kontext von Wohlfahrtstheorien haben sich Philosophen und Ökonomen seit den 1970er Jahren darum bemüht, diesen Einwand zu entkräften. Viel diskutiert werden, insbesondere in der Ethik, Versuche, interindividuelle Vergleiche in unverdächtige intraindividuelle zu überführen (z. B. Hare 1981/1992, Kap. 5). Wenn ich wünsche, dass *p* der Fall ist, während du wünschst, dass *p* nicht der Fall ist, dann frage ich mich, was mir lieber wäre: dass ich in meiner Haut stecke und *p* der Fall ist oder dass ich in deiner Haut stecke und *p* nicht der Fall ist – und der Ausgang dieses intraindividuellen Vergleichs bestimmt das Gesuchte: den interindividuellen Nutzen. Wäre es mir lieber, dass ich in deiner Haut stecke und *p* nicht der Fall ist, dann ist es mit Blick auf unser beider Interessen insgesamt besser, dass *p* nicht der Fall ist.

Forderungen formaler Gerechtigkeit

Viele der genannten Einwände variieren ein Thema: Der Utilitarismus berücksichtige Gerechtigkeitserwägungen nicht oder jedenfalls nicht hinreichend. Anhänger des Utilitarismus reagieren auf solche Einwände oft, indem sie zunächst darauf hinweisen, dass der Utilitarismus bestimmte Forderungen der Gerechtigkeit sehr wohl berücksichtigt, ja sogar explizit erhebt. Wenn der Utilitarismus uns heißt, den Nutzen zu maximieren, dann heißt er uns, dies ohne Ansehen der Person zu tun; er heißt uns, jedes Individuum als eines und keines als mehr denn eines zu zählen; allen jeweils betroffenen Individuen die gleiche Achtung entgegenzubringen; gleich starken Interessen ein gleich starkes Gewicht zu geben. Diese Forderungen sind Forderungen *formaler* Gerechtigkeit. Einer weit verbreiteten Vorstellung zufolge sind sie äquivalent mit dem Universalisierbarkeitsprinzip, das in einer klassischen Formulierung besagt: Situationen, die einander in all ihren nicht-moralischen Eigenschaften gleichen, gleichen einander auch in ihren moralischen. Auch wenn es bezüglich mancher nicht-moralischen Eigenschaften strittig ist, ob sie tatsächlich von Belang sind: Dass die schieren Rollenverteilungen in den Situationen *nicht* von Belang sind, ist unstrittig. Aus dem Universalisierbarkeitsprinzip folgt mithin:

> »Wenn ich jetzt sage, daß ich einer bestimmten Person gegenüber etwas bestimmtes tun sollte, so habe ich mich damit auf die Auffassung festgelegt, daß genau das gleiche auch mir gegenüber getan werden sollte, wenn ich genau in ihrer Lage wäre, die gleichen persönlichen Merkmale hätte und mich insbesondere in den gleichen motivationalen Zuständen befände« (Hare 1981/1992, 168).

Doch auch wenn der Utilitarismus zentrale Forderungen formaler Gerechtigkeit stellt, so bringt ihn das noch nicht zur Anerkennung von Prinzipien *materialer* Gerechtigkeit, und es sind letztlich diese Prinzipien, um die sich die Gerechtigkeitseinwände drehen.

Prinzipien materialer Gerechtigkeit

Klassisch ist die Unterscheidung zwischen Prinzipien der austeilenden und der ausgleichenden Gerechtigkeit. Prinzipien der austeilenden Gerechtigkeit (s. Kap. II.12) haben die ideale Verteilung von Gütern und Leistungen (sowie deren Gegenstücke, Lasten und Verbindlichkeiten) zum Gegenstand. Sie verlangen, allen Individuen gleich viel zu geben (Gleichverteilungsprinzipien) – oder aber verschiedenen Individuen verschieden viel, nämlich in Abhängigkeit z. B. von ihren moralischen Rechten (Prinzipien der Rechte-basierten Verteilung), ihren grundlegenden Bedürfnissen (Prinzipien der bedarfsorientierten Verteilung) oder ihren Verdiensten (Verdienstprinzipien), wobei die Auffassungen darüber, was als ein Verdienst zählt, variieren und teils so umfassend sind, dass die Verdienstprinzipien andere Prinzipien der Gerechtigkeit einschließen. Prinzipien der ausgleichenden Gerechtigkeit regeln u. a., was bei Abweichungen von der idealen Verteilung geschehen soll, also welche Individuen unter welchen Bedingungen und in welchem Umfang für ihr Handeln zur Rechenschaft zu ziehen sind. Beispielsweise verlangen sie, dass höchstens diejenigen, die ein Unrecht begangen haben, für das Unrecht geradestehen müssen und zu bestrafen sind (Verursacherprinzipien). Wenn Anhänger des Utilitarismus solche Prinzipien materialer Gerechtigkeit nicht revisionistisch mit dem Hinweis bescheiden möchten, dass Gerechtigkeit nun einmal nichts anderes *ist* als die Maximierung des Nutzens, dann können sie zwei Wege beschreiten: Sie können versuchen zu zeigen, dass *innerhalb* der reinen Lehre bereits Platz für klassische Prinzipien materialer Gerechtigkeit *ist*. Oder sie können versuchen, *jenseits* der reinen Lehre, also mit gewissen Abweichungen von ihr, Platz dafür zu *schaffen*; sie können versuchen, klassische Prinzipien materialer Gerechtigkeit in eine Theorie zu integrieren, die sich ansonsten kaum vom Utilitarismus entfernt und insofern noch als Utilitarismus in einem weiteren Sinne bezeichnet werden kann.

Prinzipien materialer Gerechtigkeit jenseits der reinen Lehre

Anhänger des Utilitarismus, die es jenseits der reinen Lehre versuchen, haben ihrerseits mindestens zwei Optionen. Die eine Option besteht darin, das Maximierungsprinzip durch konkurrierende Prinzipien materialer Gerechtigkeit zu puffern. Für diese Option macht sich Jon Elster (1995) in Form seines »gestutzten Utilitarismus« (»truncated utilitarianism«) stark. Er schlägt eine Kaskade von vier Prinzipien vor: a) Maximiere den Nutzen, b) es sei denn, dadurch fallen einige unter ein Minimum. In diesem Fall stelle zunächst sicher, dass alle das Minimum erhalten, c) es sei denn, einige fallen darunter, weil sie bestimmte Entscheidungen getroffen haben (z. B. nicht zu arbeiten). In diesem Fall stelle nicht sicher, dass sie das Minimum erhalten, d) es sei denn, sie haben die Entscheidungen nur getroffen, weil sie depriviert waren. In diesem Fall stelle sicher, dass sie doch das Minimum erhalten. Indem der gestutzte Utilitarismus auf diese Weise dem Maximierungsprinzip ein seinerseits durch andere Prinzipien materialer Gerechtigkeit beschränktes Prinzip der Minimalversorgung vorordnet, steht er allerdings anderen Theorien, wie z. B. bestimmten Formen des Egalitarismus, näher als dem Utilitarismus.

Die andere Option jenseits der reinen Lehre besteht darin, die utilitaristische Theorie des Guten zu modifizieren, also das Gute nicht ausschließlich mit der Menge an Nutzen zu identifizieren, sondern mit der auf die eine oder andere Weise ›gerechtigkeitsadjustierten‹ Menge (zu einer generellen Kritik an derartigen Vorgehensweisen vgl. Schroth 2006). Für diese Option votiert Fred Feldman (u. a. 1995). Er präsentiert eine Theorie, die uns, wie andere Formen des Akt-Utilitarismus auch, heißt, bei allen Entscheidungen eine derjenigen Handlungen zu vollziehen, deren Wert (Feldman nennt ihn auch ›universelles Gerechtigkeits-Niveau‹) maximal ist, wobei sich dieser Wert aus der Summe der Werte ergibt, die die Handlungen für die jeweils von ihnen betroffenen Individuen haben. Diese individuellen Werte werden allerdings von zwei Parametern bestimmt: dem Nutzen, den die Individuen *erhalten*, und dem Nutzen, den sie *verdienen*. Wie die individuellen Werte von diesen beiden Parametern bestimmt werden, umreißt Feldman unter der vereinfachenden Annahme, dass der Nutzen allein durch Lust und die Abwesenheit von Leid konstituiert wird. Lust ist zunächst an sich gut, aber sie ist besser, wenn das Individuum, das die Lust verspürt, sie auch verdient, und sie ist weniger gut, wenn das Individuum statt der Lust Leid verdient; in einigen Fällen, in denen das Individuum statt der Lust Leid verdient, ist die Lust sogar wertneutral oder schlecht. Leid hingegen ist zunächst an sich schlecht, aber es ist weniger schlecht, wenn das Individuum, das das Leid verspürt, es auch verdient, und es ist schlechter, wenn das Individuum statt des Leids Lust verdient; in einigen Fällen, in denen das Individuum das Leid verdient, ist es sogar wertneutral oder gut. Verdient das Individuum weder Lust noch Leid, haben Lust und Leid genau den Wert, den sie an sich haben. *Ob* ein Individuum Lust bzw. Leid verdient, soll, außer von seinen moralischen Rechten, vornehmlich von dem abhängen, was in der Vergangenheit mit dem oder durch das Individuum geschehen ist: wie gut oder schlecht es sich gefühlt und wie anständig oder unanständig es sich verhalten hat.

Die von den Verdiensten unabhängige Verteilung des Nutzens berücksichtigt Feldmans Theorie nicht. Ob alle Individuen ein gleich großes Stück vom Nutzenkuchen bekommen oder manche ein riesiges und andere ein winziges, ist, wenn die Individuen weder Lust noch Leid verdienen, egal, solange die Nutzensumme dieselbe bleibt. Anders der Gerechtigkeitsutilitarismus, wie ihn Rainer Trapp (1988) vorgeschlagen hat. Er arbeitet nicht nur mit dem Nutzen- und dem Verdienstparameter, sondern auch mit einem Verteilungsparameter und heißt uns, bei allen Entscheidungen eine derjenigen Handlungen zu vollziehen, deren von diesen drei Parametern bestimmter Wert – Trapp nennt ihn den GU-Gesamtwert – maximal ist.

Angenommen, *h* sei eine Handlung, deren GU-Gesamtwert ermittelt werden soll. Der Nutzenparameter erfasst den Nutzen von *h*. Grob gesprochen ergibt er sich aus dem Nutzen, den *h* für alle von ihr betroffenen Individuen hat, geteilt durch die Anzahl der Individuen. Der Verdienstparameter erfasst den verdienten Nutzen von *h*. Er ergibt sich, ebenfalls im Durchschnitt, aus dem Nutzen, den *h* für alle von ihr betroffenen Individuen hat, jeweils gewichtet mit deren Verdiensten. Inhaltlich bestimmt Trapp die Verdienste nur vage. Ähnlich wie Feldman schlägt er vor, u. a. die ›Verdienstgeschichten‹ der Individuen zu berücksichtigen, d. h. ihren Nutzen in der Vergangenheit und ihr moralisches Kapital. Der Verteilungsparameter erfasst in einem bestimmten Sinne die Ungleichverteilung des Nutzens infolge von *h*. Er ergibt sich aus dem Nutzenabstand zwischen allen möglichen Paaren von betroffenen Individuen, geteilt durch die Anzahl der Individuen im Quadrat und gewichtet mit einem Faktor d, mit $0 < d \leq 1$. Der GU-Gesamtwert von *h* ist dann schließlich (anders, als Trapp selbst ursprünglich angegeben hat: vgl. Gesang 1998, 26) gleich dem Verdienstparameter plus der Differenz zwischen dem Nutzen- und dem Verteilungsparameter.

Während der Verdienstparameter allgemein dafür sorgt, dass der GU-Gesamtwert einer Handlung umso größer wird, je größer auch die Verdienste der von ihr profitierenden Individuen sind, sorgt der Verteilungsparameter dafür, dass der GU-Gesamtwert einer

Handlung umso kleiner wird, je größer die Ungleichheit in der Verteilung ist. Gegeben das Ziel, klassische Prinzipien materialer Gerechtigkeit in eine Theorie zu integrieren, die ansonsten so utilitaristisch wie möglich bleibt, sind diese Effekte willkommen – wie auch manch andere. So soll etwa gelten: »Im Rahmen von im normalen Leben halbwegs vorstellbaren Umständen [...] ist ein Antasten von elementaren Individualrechten fast ausnahmslos GU-suboptimal und daher verboten« (Trapp 1988, 576).

Prinzipien materialer Gerechtigkeit innerhalb der reinen Lehre

Anhänger des Utilitarismus, die zu zeigen versuchen, dass *innerhalb* der reinen Lehre bereits Platz für klassische Prinzipien materialer Gerechtigkeit *ist*, verweisen zunächst oft auf unsere einschlägigen Intuitionen. Die meisten von uns glauben z. B., dass wir ein Individuum nicht quälen sollten – auch dann nicht, wenn wir dadurch, dass wir es quälen, hinreichend viele andere Individuen in insgesamt nutzenmaximierender Weise noch ein bisschen froher machen würden, als sie es ohnehin schon sind. Wenn solche Intuitionen bzw. die zugehörigen Empfindungen oder Präferenzen vorliegen, finden sie im Utilitarismus Berücksichtigung (zu dem *Wie* vgl. Fehige/Frank 2010, Abschn. 3 und 4 sowie die dort angegebenen Quellen) – und dies unter Umständen mit dem Ergebnis, dass wir auch dem Utilitarismus zufolge in dem beschriebenen Fall das Individuum nicht quälen sollten. Wenn allerdings, dieser Berücksichtigung zum Trotz, der Nutzen dadurch maximiert wird, dass wir es quälen, sagt zumindest der Akt-Utilitarismus: Wir sollten das Individuum quälen.

Zumindest sagt das der *herkömmliche* Akt-Utilitarismus, der den Nutzen auf einzelne reelle Zahlen abbildet und damit zulässt, dass das kleine zusätzliche Glück der großen Zahl bei hinreichend großer Zahl das große Unglück der kleinen Zahl aufwiegt. Ein Akt-Utilitarismus hingegen, der den Nutzen z. B. auf Paare von reellen Zahlen abbildet, könnte sagen (vgl. Fehige 1995): Die erste reelle Zahl eines Paares erfasst den Nutzen, der sich über alle betroffenen Individuen hinweg aus der Befriedigung ihrer grundlegenden Bedürfnisse etwa nach Schmerzfreiheit ergibt; die zweite reelle Zahl erfasst den Nutzen, der sich in gleicher Weise aus der Erfüllung ihrer ›Luxuspräferenzen‹ ergibt; und bei der komponentenweise definierten Addition $((x_1, y_1) + (x_2, y_2) = (x_1 + x_2, y_1 + y_2))$ bleibt ein Paar von reellen Zahlen, auch wenn es im Vergleich mit einem anderen eine deutlich höhere zweite reelle Zahl enthält, geringerwertig als dieses, falls dessen erste Zahl niedriger ist, weil die Größer-Beziehung lexikographisch ist: $(x_1, y_1) > (x_2, y_2)$ genau dann, wenn: $x_1 > x_2$ oder $x_1 = x_2$ und $y_1 > y_2$. Auch ein solcher Akt-Utilitarismus würde in dem beschriebenen Fall sagen, dass wir das Individuum *nicht* quälen sollten.

Einschlägige Alternativen zum Akt-Utilitarismus sind die beiden schon erwähnten Formen des indirekten Utilitarismus: Regel-Utilitarismus und Zwei-Ebenen-Theorien. In den meisten ihrer Ausprägungen verbieten sie nicht nur bestimmte Typen von Handlungen, z. B. das Lügen oder das Brechen von Versprechen (Harsanyi 1985). Sie erkennen auch viele der klassischen Prinzipien materialer Gerechtigkeit an, nämlich:

1. Prinzipien der Rechte-basierten Verteilung. Zu den Rechten gehören zuvörderst generelle, d. h. Rechte, die alle Individuen gegenüber allen anderen haben: z. B. das Recht auf körperliche Unversehrtheit, Meinungsfreiheit oder privates Eigentum (Hare 1981/1992, Kap. 9.5). Zu den Rechten gehören aber auch besondere, d. h. Rechte, die bestimmte Individuen gegenüber bestimmten anderen haben, aufgrund der Beziehungen etwa, in denen sie zueinander stehen: z. B. das Recht von Kindern auf Fürsorge seitens ihrer Eltern. Und so wie den generellen Rechten generelle Pflichten korrespondieren, korrespondieren den besonderen Rechten besondere Pflichten, z. B. dem Recht von Kindern auf Fürsorge seitens ihrer Eltern die Pflicht der Eltern, sich um ihre Kinder zu kümmern (Hooker 2000, Kap. 6.5).
2. Gleichverteilungsprinzipien für viele nutzengenerierende Güter, paradigmatischerweise für Einkommen (Brandt 1992b, 380). Im Hintergrund steht das Gesetz des abnehmenden Grenznutzens: Für jedes Individuum gilt, dass der zusätzliche Nutzen, den ihm ein bestimmtes Zusatzeinkommen verschafft, umso geringer ist, je mehr Einkommen es schon hat. Aus dem Gesetz folgt, dass eine (moderate) Gleichverteilung der Einkommen eher als eine (radikale) Ungleichverteilung dazu angetan ist, den Gesamtnutzen zu maximieren. (Diese Konsequenz setzen aber auch Anhänger des herkömmlichen Akt-Utilitarismus für ihre Zwecke ein: vgl. z. B. Smart 1978.)
3. Verursacherprinzipien. Höchstens diejenigen, die ein Unrecht begangen haben, sollten dafür bestraft werden, »wenn nicht durch das Gesetz, so doch

durch das Urteil [ihrer] Mitmenschen, und wenn nicht durch dies, so doch durch die Vorhaltungen [ihres] eigenen Gewissens« (Mill 1861/1976, 84). (Ob und, wenn ja, in welchem Umfang die Betreffenden tatsächlich bestraft werden sollten, wird seinerseits von sekundären Prinzipien bestimmt.) Mit solchen Prinzipien sagen auch Regel-Utilitarismus und Zwei-Ebenen-Theorien in dem beschriebenen Fall, dass wir das Individuum eher *nicht* quälen sollten. Dito sagen sie: Ein Arzt sollte eher *nicht* einen seiner Patienten töten, um mit dessen Organen das Leben von fünf anderen zu retten; ein Gläubiger sollte eher *nicht* darauf verzichten, seine Schulden zu begleichen, um mit dem Geld eine Hilfsorganisation zu unterstützen; ein Vater sollte das für eine solide Schulausbildung seiner Tochter nötige Geld eher *nicht* spenden, um eine Vielzahl anderer Kinder vor dem Erblinden zu bewahren; ein Richter sollte eher *nicht* wissentlich einen Unschuldigen verurteilen, um zu verhindern, dass der tobende Mob einen noch größeren Schaden anrichtet; etc. Mit den genannten Prinzipien sind Regel-Utilitarismus und Zwei-Ebenen-Theorien also gegen viele Einwände, die gegen den Utilitarismus erhoben werden, recht gut gewappnet, auch gegen viele Gerechtigkeitseinwände.

Es sieht allerdings so aus, als müssten beide Typen von Theorien dafür ihren je eigenen Preis zahlen. Indem er die sekundären Prinzipien auch zum *Kriterium* für das moralisch Richtige erhebt, scheint der Regel-Utilitarismus einen Verstoß gegen sekundäre Prinzipien selbst in den Fällen für moralisch falsch erklären zu müssen, in denen ein dramatischer Nutzenverlust nur durch einen Verstoß gegen sekundäre Prinzipien verhindert werden kann; so z. B. in einem Fall, in dem nur dadurch, dass einem Terroristen Gewalt angetan wird, verhindert werden kann, dass die von ihm auf einem Bahnhof deponierte Bombe Hunderte von Menschen tötet. Das hat dem Regel-Utilitarismus den Vorwurf des Regel-Fetischismus eingebracht (Smart 1956, 349). Zwei-Ebenen-Theorien hingegen scheinen, indem sie die sekundären Prinzipien nur als eine Methode begreifen, unter Umständen auch in Fällen, in denen durch einen Verstoß gegen die sekundären Prinzipien nur ein kleiner Nutzengewinn erzielt werden kann, diesen Verstoß für moralisch richtig erklären zu müssen. So z. B. in dem oben beschriebenen Fall, in dem wir nur dadurch, dass wir ein Individuum quälen, hinreichend viele andere Individuen in insgesamt nutzenmaximierender Weise noch ein bisschen froher machen würden, als sie es ohnehin schon sind. Dies hat Zwei-Ebenen-Theorien den Vorwurf eingebracht, in den herkömmlichen Akt-Utilitarismus zu kollabieren (Lyons 1965, Kap. 3).

Ob die Vorwürfe zutreffen, ist jedoch nicht ausgemacht. Jedenfalls haben Anhänger der jeweiligen Typen von Theorien versucht, sie zu entkräften. Anhänger des Regel-Utilitarismus weisen u. a. darauf hin, dass der Regel-Utilitarismus auch ein (andere Prinzipien zumeist unterordnendes) Prinzip zur Vermeidung von dramatischen Nutzenverlusten enthalten wird (Brandt 1988/1992a, 150; Hooker 2000, Kap. 4.2 und 6.2 f.), und Anhänger von Zwei-Ebenen-Theorien betonen u. a., dass Fälle, in denen Zwei-Ebenen-Theorien einen Verstoß gegen die sekundären Prinzipien für moralisch richtig erklären, so gut wie nie vorkommen (Hare 1981/1992, Kap. 9.7) – nicht zuletzt, weil diese Prinzipien internalisiert sind und bei einem Verstoß mit entsprechenden Gefühlen einhergehen: ex ante mit dem Gefühl des Abscheus und ex post mit dem Gefühl der Schuld (vgl. Fehige/Frank 2010, Abschn. 3 und 4 sowie die dort angegebenen Quellen). Ließen sich die genannten Vorwürfe so oder ähnlich entkräften, hätte das mindestens zwei bemerkenswerte Konsequenzen. Erstens würden sich Regel-Utilitarismus und Zwei-Ebenen-Theorien zumindest für alle praktischen Zwecke kaum noch voneinander unterscheiden, und zweitens hätten sie gute Aussichten, oft erhobenen Forderungen der Gerechtigkeit mindestens ebenso gut zu entsprechen wie konkurrierende Theorien, die sich von vornherein und oft in Abgrenzung zum Utilitarismus als Theorien der Gerechtigkeit verstehen.

Literatur

Bentham, Jeremy: *The Principles of Morals and Legislation* [1789]. Indianapolis 1964.

Brandt, Richard B.: Fairness to indirect optimific theories in ethics [1988]. In: Ders.: *Morality, Utilitarianism, and Rights*. Cambridge 1992a, 137–157.

–: Utilitarianism and welfare legislation. In: Ders.: *Morality, Utilitarianism, and Rights*. Cambridge 1992b, 370–387.

Elster, Jon: The empirical study of justice. In: David Miller/ Michael Walzer (Hg.): *Pluralism, Justice and Equality*. Oxford 1995, 81–98.

Fehige, Christoph: Das große Unglück der kleineren Zahl. In: Christoph Fehige/Georg Meggle (Hg.): *Zum moralischen Denken*, Bd. 2. Frankfurt a. M. 1995, 139–175.

–/Frank, Robert H.: Feeling our way to the common good. In: *The Monist* 93/1 (2010), 141–165.

Feldman, Fred: Adjusting utility for justice. In: *Philosophy and Phenomenological Research* 55/3 (1995), 567–585.

Gesang, Bernward: Gerechtigkeitsutilitarismus. In: Ders. (Hg.): *Gerechtigkeitsutilitarismus*. Paderborn 1998, 13–37.

Harsanyi, John C.: Rule utilitarianism, equality, and justice. In: *Social Philosophy and Policy* 2/2 (1985), 115–127.
Hare, Richard M.: *Moralisches Denken*. Frankfurt a. M. 1992 (engl. 1981).
Hooker, Brad: *Ideal Code, Real World*. Oxford 2000.
–: Rule-consequentialism. In: Edward N. Zalta (Hg.): *The Stanford Encyclopedia of Philosophy* (Winter 2008 Edition), http://plato.stanford.edu/entries/consequentialism-rule (9.1.2008).
Lyons, John: *Forms and Limits of Utilitarianism*. Oxford 1965.
Mill, John Stuart: *Der Utilitarismus*. Stuttgart 1976 (engl. 1861).
Railton, Peter: Alienation, consequentialism, and the demands of morality. In: *Philosophy and Public Affairs* 13/2 (1984), 134–171.
Rawls, John: *Eine Theorie der Gerechtigkeit*. Frankfurt a. M. 1975 (engl. 1971).
Schroth, Jörg: Utilitarismus und Verteilungsgerechtigkeit. In: *Zeitschrift für philosophische Forschung* 60/1 (2006), 37–58.
Sidgwick, Henry: *Die Methoden der Ethik*. Leipzig 1909 (engl. [7]1907).
Smart, John J. C.: Extreme and restricted utilitarianism. In: *Philosophical Quarterly* 6/25 (1956), 344–354.
–: Utilitarianism and justice. In: *Journal of Chinese Philosophy* 5/3 (1978), 287–299.
Trapp, Rainer: *»Nicht-klassischer« Utilitarismus*. Frankfurt a. M. 1988.
Wessels, Ulla: *Das Gute*. Frankfurt a. M. 2011.
Williams, Bernard: *Kritik des Utilitarismus*. Frankfurt a. M. 1979 (engl. 1973).

Ulla Wessels

35 Kosmopolitische Gerechtigkeit

Aus der Sicht kosmopolitischer Gerechtigkeitskonzeptionen sind global alle Personen bei der Bestimmung von Gerechtigkeitsprinzipien zu berücksichtigen. Dabei gibt es allerdings wesentliche Unterschiede zwischen den Konzeptionen, da sie den Kosmopolitismus bzw. Universalismus nicht auf der gleichen Ebene der Begründung von Gerechtigkeitsprinzipien vorsehen: Einige Positionen fordern, dass jedem bei der Begründung von Gerechtigkeitsprinzipien die gleichen Ansprüche zukommen müssen. Andere gehen demgegenüber davon aus, dass Gerechtigkeitsprinzipien jedem gegenüber gerechtfertigt werden (können) müssen. Und wieder für andere liegt der Kosmopolitismus in einer globalen (politischen) Struktur, in der sich alle gleichermaßen bei der Bestimmung und Anwendung von Gerechtigkeitsprinzipien zur Geltung bringen können. In der jüngeren Diskussion hat sich zur Unterscheidung zwischen der ersten und der dritten Sichtweise auch die terminologische Differenzierung zwischen ›kosmopolitischen‹ und ›kosmopolitanen‹ Ansätzen ergeben, wobei die zweite Perspektive je nach der Art der geforderten Rechtfertigung der einen oder anderen Seite zugeordnet wird.

Geschichte der kosmopolitischen Gerechtigkeitstheorie

Die Idee eines Weltbürgers (*kosmopolites*) wird in der griechischen Antike zunächst dem kynischen Philosophen Diogenes von Sinope zugeschrieben, und zwar als Ausdruck seiner Unverbundenheit mit einem spezifischen Gemeinwesen und dessen Moralvorstellungen. Systematisch relevant für die Geschichte des Kosmopolitismus als einer Gerechtigkeitstheorie ist aber insbesondere das Denken der Stoa: Ausgehend von den Schriften ihres Begründers Zenon von Kition im 4./3. Jahrhundert vor u. Z. bis hin zu den römischen Stoikern wird das Modell einer kosmischen politischen Ordnung entwickelt. Diese Ordnung beschränkt sich nicht auf ein einzelnes Gemeinwesen, sondern alle Gemeinwesen werden immer schon als Teile einer gesetzmäßigen Struktur begriffen, die den gesamten Kosmos umfasst. Für die Rechtsordnung bedeutet dies einen grundlegenden Vorrang des Naturrechts vor jedem positiven Recht, wobei das Naturrecht für die zwei Ideen steht, dass jeder das Recht erkennen kann und alle auf der fundamentalsten Ebene gleichermaßen dem gleichen Recht unterworfen sind (Schofield 1999).

Diese Vorstellung eines Vorrangs des Naturrechts vor dem positiven Recht führt die christliche Tradition politischen Denkens von Augustinus bis ins Mittelalter fort (s. Kap. I.2), geht dabei jedoch nicht mehr von einer kosmischen Ordnung aus, an der sich ein ewiges Gesetz ablesen ließe. Sie versteht das Naturrecht wesentlich als Vernunftrecht, das die basalen Rechtsprinzipien enthält, denen (neu) gesetztes Recht nicht zuwiderlaufen darf. Spätestens im Mittelalter tritt jedoch das Problem der Rechtsanwendung neben dasjenige der Rechtsbegründung, und damit wird die Positivierungsbedürftigkeit des Rechts und bei einigen Autoren (von Wilhelm von Ockham bis hin zu Thomas Hobbes) auch die Souveränität als Lösung des Problems der Unterbestimmtheit eines reinen Vernunft- und Naturrechts eingeführt. Selbst wenn das Recht weiterhin (auch) Ausdruck allgemeiner Gerechtigkeitsprinzipien ist, so hängt seine Geltung doch entscheidend davon ab, dass sich konkrete und distinkte Herrschaftskontexte konstituieren, in denen jeweilige Herrscher das Recht umsetzen. Die Vorstellung einer einzigen politischen Ordnung der Erde verschwindet daher ab der Frühen Neuzeit nahezu vollständig – und das Vernunft- oder Naturrecht wird zu einer Frage der Grundlagen des (jeweils einzelstaatlichen) Rechts bzw. auf den Bereich des Völkerrechts beschränkt (Lutz-Bachmann/Niederberger/Schink 2010).

Eine wichtige Ausnahme davon bildet Francisco de Vitoria, der zumindest für die Rechtsbegründung an der Vorstellung einer ursprünglichen globalen Rechtsgemeinschaft festhält. In der Klärung der Ansprüche, die die Spanier gegenüber den indigenen Völkern Mittel- und Südamerikas haben, konstatiert Vitoria, dass die Aufteilung der Welt in einzelne Gemeinwesen nur das Resultat eines Konsenses der gesamten Menschheit sein kann, in distinkten Ordnungen leben zu wollen (Vitoria 1997, 460–465). Würde es sich nicht um einen Konsens handeln, dann könnten auch die Spanier in Europa nicht erwarten, dass andere Gemeinwesen ihre Grenzen anerkennen. Daraus ergibt sich nicht nur, dass die Spanier die Ansprüche der indigenen Völker auf eigene Gemeinwesen respektieren müssen. Sondern es zeigt sich noch viel grundsätzlicher, dass alle Prinzipien, die zwischen den Gemeinwesen gelten, sowie auch diejenigen, die Rechtsregeln innerhalb der Gemeinwesen zugrunde liegen, die Auswirkungen auf deren Verhältnis zu anderen Gemeinwesen haben, auf den Konsens der Gesamtmenschheit zurückgeführt werden müssen. Mit dieser Begründung geht Vitoria davon aus, dass es ein weltbürgerliches Recht gibt, sich an beliebigen Stellen der Erde aufzuhalten und sich als Handels- und Interaktionspartner anzubieten (Bunge/Spindler/Wagner 2011).

Immanuel Kant greift diese Überlegungen Vitorias auf, die für das Völkerrecht im 17. und 18. Jahrhundert und insbesondere auch für die Entwicklung des europäischen Kolonialismus wichtig geworden sind, schränkt sie aber deutlich ein. Sein Weltbürgerrecht besteht nicht mehr in einem Aufenthaltsrecht, sondern nur noch in einem Besuchsrecht, das von den ›Besuchten‹ aufgehoben werden kann, wenn es für den Abgewiesenen keinen Schaden zur Folge hat, abgewiesen zu werden. Stärker als Vitoria betont Kant jedoch, dass das Weltbürgerrecht wie andere Rechtsbereiche einer Absicherung bedarf und nicht vom Wohlwollen jeweiliger Gemeinwesen abhängen darf (Kant 1795/1968, 357–360). Mit Kant wird die Idee des Kosmopolitismus so in gewisser Weise wieder zu ihrem Ausgangspunkt zurückgeführt: Es soll sich bei ihr nicht mehr nur noch um eine Figur der Rechtsbegründung handeln, sondern sie verweist vielmehr auf eine globale öffentliche Rechtsordnung, die zu schaffen ist und in der jeder einzelne wenigstens die Möglichkeit hat, sich an jedem Platz der Erde aufzuhalten, ohne dabei Gefahren ausgesetzt zu sein. Dieser Gedanke ist zu einer der Inspirationsquellen für die Revolution des Völkerrechts im 20. Jahrhundert geworden, die ihrerseits zur UN-Charta und zur Allgemeinen Menschenrechtserklärung geführt hat. Zugleich wird Kant damit zum primären Bezugsautor für die Wiederentdeckung des Kosmopolitismus in der politischen Philosophie am Ende des 20. Jahrhunderts (Eberl 2008).

Kosmopolitische Gerechtigkeitsprinzipien

Wie zu Beginn festgehalten wurde, existieren kosmopolitische Gerechtigkeitskonzeptionen in drei wesentlichen Varianten (wobei es durchaus Konzeptionen gibt, die zwei oder drei Varianten kombinieren oder zentrale Überlegungen verschiedener Varianten in einen Begründungszusammenhang bringen – vgl. als Überblicke über das gesamte Feld Brock/Moellendorf 2005; Brooks 2014). Die erste Variante besagt, dass (wenigstens die grundlegenden) Gerechtigkeitsprinzipien global alle Personen gleichermaßen betreffen bzw. berücksichtigen müssen. Der Kosmopolitismus dieser Ansätze besteht also darin, dass sich die Gerechtigkeitsprinzipien auf die Welt insgesamt beziehen, und Ansprüche, die auf die Geltung der Gerechtigkeitsprinzipien zurückgehen, nehmen typischerweise die Form von Menschenrechten an.

Eine der klarsten Argumentationen für eine solche kosmopolitische Gerechtigkeitskonzeption präsentiert Simon Caney: Wenn es (wie auch Gerechtigkeitskonzeptionen behaupten, die sich – vermeintlich – nur auf einzelstaatliche Verhältnisse beziehen) überhaupt Gerechtigkeitsprinzipien gibt, dann hängt die Geltung und Anwendung dieser Prinzipien von bestimmten Eigenschaften ihrer Adressaten ab. Lässt sich zeigen, dass Personen jenseits des Einzelstaates diese Eigenschaften teilen, dann müssen die Prinzipien auch für diese Personen gelten oder die Gerechtigkeitstheorie wird inkonsistent (Caney 2005, 35 f.). Blickt man auf vorliegende (zunächst nicht kosmopolitische) Begründungen von Grund- und Bürgerrechten oder von Prinzipien sozialer Gerechtigkeit, so zeigt sich, dass diese Begründungen mit einer »universalist ›moral personality‹« operieren (ebd., 77). Denn die entsprechenden Theorien setzen gewöhnlich keine historischen oder sozialen Bedingungen voraus, die (nur) in einem spezifischen Gemeinwesen vorliegen. John Rawls' *Theorie der Gerechtigkeit* ist zwar eventuell hinsichtlich der beanspruchten Rechtfertigungsreichweite, d. h. mit Blick auf den Kreis, der von der Argumentation überzeugt werden soll, auf einen spezifischen Kontext bezogen (s. dazu den nächsten Abschnitt); aber von der Argumentation her, d. h. hinsichtlich der Punkte, die zur Begründung herangezogen werden, handelt es sich nicht um eine ›Theorie der Gerechtigkeit in den USA‹. Wenn Theorien aber auf einen universalistischen Personenbegriff rekurrieren, dann können die Eigenschaften, die für die Geltung und Anwendung der Gerechtigkeitsprinzipien relevant sind, nicht derart partikular sein, dass Personen jenseits des fraglichen Gemeinwesens sie nicht teilen (können). Die Theorien können also nicht ausschließen, dass es sich bei ihnen immer schon um Theorien der Weltbürgerschaft oder globaler sozialer Gerechtigkeit handelt.

David Miller (2007), Rawls (1999), Thomas Nagel (2005) u. a. vertreten Gerechtigkeitstheorien, die unterschiedliche Gerechtigkeitsprinzipien für die Verhältnisse innerhalb von Staaten und für diejenigen zwischen Staaten bzw. zwischen Staaten und den Bürgern anderer Staaten vorsehen. Die Begründungen für solche Unterschiede sind dabei nicht einheitlich: Sie stützen sich auf den Vorrang von Nahbeziehungen bzw. nationalen Gemeinschaften, kontingenterweise bestehende Unterschiede in Kooperationszusammenhängen und ihren jeweiligen Gerechtigkeitsverständnissen, auf die Abhängigkeit jeweiliger Prinzipien von besonders nachgefragten Gütern oder auf die unterschiedliche Reichweite von Institutionen, die die Befolgung von Prinzipien erzwingen können. Caney beansprucht, mit seinen Argumenten negativ zu zeigen, dass eine solche Beschränkung von Gerechtigkeitsprinzipien auf einen jeweiligen partikularen Geltungskontext und die Behauptung anderer Gerechtigkeitsprinzipien für den Bereich jenseits des entsprechenden Zusammenhangs inkonsistent ist. Diese Zurückweisung ist noch nicht selbst eine Aussage dazu, welche Gerechtigkeitsprinzipien global gelten sollten und wie eine überzeugende Begründung solcher Prinzipien aussieht – ob sie z. B. allen gegenüber gerechtfertigt werden müssen oder nur in geteilten politischen Strukturen entwickelt werden können. Caney ist überzeugt, dass bereits die Annahme, dass es überhaupt Gerechtigkeitsprinzipien gibt, einen guten Grund bietet, alternative kosmopolitische Gerechtigkeitskonzeptionen (wie sie in den nächsten beiden Abschnitten präsentiert werden) abzulehnen. Denn wenn eine Gerechtigkeitstheorie beansprucht, Gerechtigkeitsprinzipien zu identifizieren, dann muss sie ihm zufolge darauf abzielen, dass diese Gerechtigkeitsprinzipien auch zur Anwendung kommen. Sie muss also eine konsequentialistische Dimension haben und kann ihre eigenen Geltungsansprüche nicht an die faktische Zustimmung derjenigen binden, denen Pflichten auferlegt werden sollen (Caney 2005, 71) – was allerdings noch nicht bedeutet, dass Gerechtigkeitsprinzipien auch unter allen Umständen durchgesetzt werden dürfen.

Dieser Konsequentialismus erlaubt es, eine interessentheoretisch fundierte Gerechtigkeitstheorie zu denken, also eine Theorie, die bestimmte Interessen von Personen als Eigenschaften auszeichnet, die stark genug sind, um die Geltung von Gerechtigkeitsprinzipien zu begründen. Interessentheoretische Argumente (d. h. in diesem Zusammenhang Argumente, dass es global von jedem Menschen geteilte Interessen gibt) finden sich in verschiedenen kosmopolitischen Gerechtigkeitstheorien. Eine Fassung bietet Thomas Pogge: Ihm zufolge haben Menschen grundlegende Bedürfnisse, die jeweils zu entsprechenden Menschenrechten führen. Aufgrund dieser Rechte sind global alle verpflichtet zu verhindern, dass ihre jeweiligen Regierungen sowie die Regierungen anderer Länder sie missachten (Pogge 2002, 58). Aus den Interessen bzw. in diesem Fall Bedürfnissen ergeben sich also unmittelbare Pflichten eines jeden, die von Vorteil für die je anderen sind, allerdings bestreitet Pogge im Gegensatz zu Caney, dass Gerechtigkeitsprinzipien direkt handlungsleitend sind, und das heißt vor allem: dass sie positive Pflichten umfassen.

Gerechtigkeitstheorien, die über Interessen Prinzipien begründen, die unmittelbar zu positiven Handlungsverpflichtungen führen (können), präsentieren neben Caney prominent Henry Shue oder James Griffin: Shue geht davon aus, dass Menschen sehr unterschiedliche Interessen verfolgen. Allerdings setzt das Verfolgen dieser vielfältigen Interessen, die sich nicht für eine übergreifende Gerechtigkeitstheorie eignen würden, voraus, dass grundlegende Interessen erfüllt sind. Diese Interessen, die es ermöglichen, die heterogenen Interessen zu verfolgen, lassen sich universell konstatieren, so dass ihre Gewährleistung Gegenstand einer kosmopolitischen Gerechtigkeitstheorie sein sollte. Die grundlegenden Interessen, so Shue, sind Interessen an physischer Sicherheit, Subsistenz und basaler Freiheit. Und da diese Interessen Voraussetzungen sind, um jegliche anderen Interessen verfolgen zu können, fordert die Gerechtigkeit, dass die grundlegenden Interessen für alle (und zwar in der Form von Rechten) zu erfüllen sind, bevor jemand legitimerweise ein anderes Interesse verfolgen darf (Shue 1996, 13–87).

Gegen Shue wird eingewandt, dass der Versuch, grundlegende Gerechtigkeitsansprüche aus logischen Voraussetzungen für andere Ansprüche zu gewinnen, in zwei Hinsichten nicht überzeugend ist: Einerseits handelt es sich immer noch um konditionale Ansprüche (Tötungsakte lassen sich z. B. auf diese Weise nicht verbieten, weil Tote keine Interessen mehr verfolgen) und andererseits ist nicht offensichtlich, dass die Voraussetzungen in allen Fällen wirklich notwendig sind, um weitergehende Interessen zu verfolgen. Griffin schlägt dementsprechend eine alternative kosmopolitische Begründung von Gerechtigkeitsprinzipien vor, die sich auf den universellen menschlichen Anspruch auf die Entwicklung und Bewahrung des eigenen Handlungsvermögens (*agency*) stützt. Die Eigenschaften des jeweiligen Handlungsvermögens stehen sicherlich nicht immer im Zentrum der Lebensentwürfe, die Menschen verfolgen. Aber das eigene Handlungsvermögen ist letztlich die wesentliche Instanz in Personen, die bei anderen Verpflichtungen zu erzeugen vermag (Griffin 2008, 44–48). Menschliche Existenz besteht entscheidend darin, über ein eigenes Handlungsvermögen zu verfügen und es auszuüben, so dass Pflichten, die sich nicht aus besonderen Beziehungen ergeben, sich darauf beziehen können. Kosmopolitische Gerechtigkeitsprinzipien fordern daher negative (das Verfügen über das Handlungsvermögen sichernde) und positive (die Ausübung des Handlungsvermögens unterstützende) Menschenrechte.

Kosmopolitische Rechtfertigung

Die erste Variante einer kosmopolitischen Gerechtigkeitskonzeption besagt, dass sich Prinzipien oder Ansprüche begründen lassen, die über Einzelstaaten hinausreichen oder sogar global jedem zukommen. Die zweite Variante richtet sich demgegenüber auf die Begründungsbedürftigkeit der globalen Verhältnisse. Hierzu wird die These vorgebracht, dass gemeinsame (d. h. die Staaten überschreitende) Handlungskontexte unter Prinzipien stehen müssen, die die Zustimmung aller Betroffenen finden können, und dass aus dieser Zustimmungsbedürftigkeit resultiert, dass die Prinzipien (wenigstens minimale) Forderungen der Gerechtigkeit erfüllen müssen (vgl. zum Folgenden ausführlicher Niederberger 2013).

Entwickelt wird eine solche kosmopolitische Gerechtigkeitskonzeption v. a. im Anschluss und als Kritik an Rawls' Gerechtigkeitstheorie und deren Behauptung eines wesentlichen Unterschieds zwischen einzelstaatlicher und globaler Gerechtigkeitstheorie. In der *Theorie der Gerechtigkeit* führt Rawls einen zweiten Urzustand ein, in dem »Abgesandte verschiedener Nationen« Prinzipien suchen, die konfligierende Ansprüche zwischen Staaten regeln können. Hierbei zeigt sich für Rawls, dass Staaten insbesondere ihr Selbstbestimmungsrecht sichern wollen, was zur Folge hat, dass die Abgesandten umfassendere Prinzipien sozialer Gerechtigkeit jenseits der Staaten zurückweisen (Rawls 1971, 378–379).

Gegen eine solche zweistufige Gerechtigkeitstheorie, die von Rawls (1999) später noch weiter ausgearbeitet wird, betonen Charles Beitz, Pogge u. a., dass angesichts der Prämissen der einzelstaatlichen Gerechtigkeitstheorie schon der erste Urzustand (d. h. die Ebene, auf der die vermeintlich einzelstaatlichen Gerechtigkeitsprinzipien begründet werden) global alle Menschen umfassen muss. Die Notwendigkeit, nach Prinzipien einer gerechten Grundstruktur zu suchen, ergibt sich für Rawls aufgrund dauerhafter Kooperationsverhältnisse, und da zu konstatieren ist, dass die Welt aktuell einen einzigen Kooperationszusammenhang bildet, muss die geforderte Grundstruktur in den Augen von Beitz (1999, 144) den gesamten globalen Raum abdecken. Die kontraktualistische Überlegung hinter dem Rawlsschen Ausgangspunkt und seiner globalen Erweiterung ist die folgende: Wenn Akteure sich auf Kooperationen einlassen (bzw. ihnen nicht entgehen können), dann muss für sie unterstellt werden, dass diese Verhältnisse von wechselseitigem Vorteil sind bzw. dass Akteure danach streben werden, sie zu ihrem Vorteil auszugestalten. Würde es einseitig Benachteiligte geben, wäre nicht zu verstehen, warum sie die reziproken Erwartungen erfüllen sollten, die mit solchen Kooperationsverhältnissen einhergehen. Wenn solche Erfüllungen aber nicht zu erwarten wären, dann würden die Kooperationen auch für die Begünstigten problematisch werden, weil sie nur kontingenterweise gelingen würden und zu ihrem Vorteil wären. Selbst diejenigen, die dadurch begünstigt wären, müssten also Vorsorge für den Fall treffen, dass die Kooperationspartner die Erwartungen nicht mehr erfüllen.

Kann also gezeigt werden, dass es globale Kooperation gibt, dann müssen die unterschiedlichen Zugänge zum Weltmarkt (s. Kap. V.79) und die unterschiedlichen Vor- und Nachteile, die sich aus ihm für unterschiedliche Staaten und Personen ergeben, gerechtigkeitstheoretisch thematisiert und die Ungerechtigkeit einer entsprechenden Weltordnung erwiesen bzw. die eigentlich gebotenen Prinzipien, die der Grundstruktur zugrunde liegen sollten, allen gegenüber gerechtfertigt werden. Stabile und akzeptable Kooperationsverhältnisse liegen erst dann vor, wenn sie auf Prinzipien zurückgehen, die von allen geteilt werden, so dass alle einen Grund haben, den entsprechenden Prinzipien gemäß zu handeln. Die Forderung einer kosmopolitischen Gerechtigkeitskonzeption resultiert also aus den Bedingungen, unter denen ein gemeinsamer Handlungsraum so geregelt sein kann, dass dies von allen anerkannt wird.

In der bislang skizzierten Form hängt die Gerechtigkeitskonzeption, die auf kosmopolitische Rechtfertigung ausgerichtet ist, an der Existenz von Kooperationsverhältnissen und -notwendigkeiten. Gegen eine starke Analogie zwischen staatlicher Kooperation und der globalen Situation wird aber bereits früh eingewandt, dass reiche Länder nicht in gleichem Maß auf die Länder des globalen Südens angewiesen bzw. für deren Armut verantwortlich sind, wie dies für die Beziehungen zwischen Reichen und Armen innerhalb einzelner Gemeinwesen gilt. Beitz selbst und vor allem Pogge haben daher die Bedingung für die Forderung einer global gerechten Grundstruktur und im gleichen Zug auch die Prinzipien globaler Gerechtigkeit abgeschwächt. Statt von Kooperation ist im globalen Raum nur von Interaktion auszugehen, d. h. von Handlungen, die in irgendeiner Weise aufeinander bezogen sind oder Auswirkungen aufeinander haben. Eine relevante Interaktion liegt auch dann schon vor, wenn einige Staaten anderen Staaten Bedingungen vorgeben, unter denen letztere sich auf dem Weltmarkt bewegen können, selbst wenn erstere kein genuines Interesse an einer Kooperation mit letzteren haben. Denn die bestehenden internationalen Regelungen haben für die interne Staatsorganisation – bzw. insbesondere als Anreize innerhalb von Gemeinwesen zur Korruption oder sogar zum Etablieren diktatorischer Verhältnisse – unmittelbare Konsequenzen (Pogge 2002, 112–116). Besonders deutlich zeigt sich dies am so genannten Ressourcenprivileg, d. h. an den Möglichkeiten, international Rohstoffe zu verkaufen, ohne dass die entsprechenden Akteure über legitime Eigentumstitel an ihnen verfügen (Wenar 2016). Selbst unter diesen abgeschwächten Voraussetzungen sind also all diejenigen, die an den entsprechenden Interaktionsverhältnissen beteiligt sind (d. h. insbesondere die Vorteilsnehmer dieser Interaktionsverhältnisse), dazu verpflichtet, sie gerechten Regeln zu unterwerfen, d. h. Prinzipien, denen alle, die von den Verhältnissen betroffen sind, ihre Zustimmung geben können.

Kosmopolitane Demokratie

Die ersten beiden Varianten kosmopolitischer Gerechtigkeitskonzeptionen bewegen sich wesentlich im Bereich philosophischer Reflexion. Sie begründen im einen Fall, dass es Gerechtigkeitsprinzipien bzw. -ansprüche mit globaler Reichweite gibt, und im anderen Fall, dass Prinzipien für die globalen Interaktionsverhältnisse zu suchen sind, denen alle Betroffenen zustimmen könnten. Gerade im Anschluss an die zweite Variante stellt sich jedoch die Frage, ob entsprechende Prinzipien allein in philosophischer Reflexion gefunden werden können oder ob dazu nicht vielmehr globale politische Verfahren und Strukturen erforderlich sind. Über solche Verfahren und Strukturen sollte sichergestellt werden, dass tatsächlich alle an der Entscheidung über Prinzipien teilhaben können, die die globale Koexistenz regulieren. Eine derartige Vorstellung vertritt die dritte Variante einer kosmopolitischen oder genauer: kosmopolitanen Gerechtigkeitskonzeption, in der die Gerechtigkeit der globalen Ordnung an deren demokratische, d. h. inklusive und legitime Gestaltung gebunden wird (vgl. zum Folgenden ausführlicher Niederberger 2012).

Den ersten Vorschlag zu einer kosmopolitanen Demokratie hat David Held vorgelegt. Seiner Auffassung nach ist Autonomie der entscheidende Maßstab für gerechte Verhältnisse, was sich u. a. auch daran zeigt, dass hinter der Forderung nach Prinzipien, die allgemeine Zustimmung finden können, die Einsicht steht, dass die Autonomie global aller den Bezugspunkt für die Beurteilung der Zulässigkeit oder Unzulässigkeit von Handlungen, Strukturen etc. abgeben sollte, die sie betreffen. Die Anerkennung der Autonomie hat zwei Implikationen: Einerseits muss es Verfahren und Strukturen geben, in denen die Autonomie ausgeübt werden kann, und andererseits müssen die Verfahren und Strukturen, aber auch die Möglichkeiten von Akteuren so beschränkt sein, dass sie anderen nicht die Möglichkeit zur Ausübung von Autonomie nehmen können (Held 1995, 147). Beide Implikationen bedeuten, dass eine bloß philosophische Begründung von Gerechtigkeitsprinzipien nicht ausreichen kann, da sie weder als Ausübung der Autonomie aller begriffen werden kann noch sicherstellt, dass eine ›Umsetzung‹ der Prinzipien nicht unzulässigerweise in die Autonomie Betroffener eingreift.

Held fordert daher eine kosmopolitane Demokratie, die die Autonomie in ihren beiden Dimensionen gewährleistet: Als transnationale Struktur soll sie Verfahren bereitstellen, in denen mit Blick auf grenzüberschreitende Handlungskontexte bindende Regeln gefunden werden können, ohne dabei die bestehenden politischen Gemeinwesen einfach aufzuheben. Sie soll es vielmehr erlauben, legitimerweise in distinkten Gemeinwesen partikulare (vielleicht auch weiter oder weniger weit reichende) Gerechtigkeitsprinzipien zu etablieren, indem sie sicherstellt, dass die Entscheidungen dieser Gemeinwesen nicht auf Kosten anderer getroffen werden (ebd., 231–238). Zugleich müssen die übergreifenden Strukturen jedoch in die Lage versetzt werden, notfalls die Ressourcen zu akquirieren, die erforderlich sind, um Prinzipien sozialer Gerechtigkeit auch umzusetzen, über die gemeinsam befunden wurde (ebd., 275).

Helds Modell operiert mit der Idee, dass die bislang v. a. für Einzelstaaten begründete Verbindung von Gerechtigkeit und Demokratie auf den Globus ausgedehnt wird. Und selbst wenn nicht ausgeschlossen wird, dass bisher existierende politische Kontexte weiterbestehen, so kommt der kosmopolitanen Demokratie doch die ›Kompetenzkompetenz‹ zu und sie kann jederzeit die Auflösung untergeordneter politischer Ebenen verfügen. In einer Weiterentwicklung der Theorie hat Daniele Archibugi eine Alternative zu einer solchen Kompetenzzuschreibung präsentiert, die Gefahr läuft, die Ausübung von Autonomie (und das heißt vor allem: umfangreichere soziale Gerechtigkeit) in distinkten Kontexten vom Wohlwollen global aller abhängig zu machen. Dieser Alternative zufolge sollte die kosmopolitane Demokratie in einer stabilen Kompetenzaufteilung zwischen verschiedenen Ebenen politischen Entscheidens bestehen, die sowohl die Staaten wie auch eine globale Gesetzgebung vorsieht (Archibugi 2008, 109–112). Otfried Höffe hält demgegenüber eine noch weiter reduzierte Form einer »komplementären Weltrepublik« für sinnvoll, deren Kompetenzen davon abhängen, dass sie ihr auch von den Staaten verliehen werden (Höffe 1999, 308–314) – womit die Staaten, anders als bei Held und Archibugi, konstitutiv für die Weltrepublik sind und nicht gleichzeitig begründet werden. Globale Gerechtigkeit beschränkt sich dann aber darauf, ein Korrektiv zum Weltmarkt zu sein, der als solcher unangetastet bleibt. In Abgrenzung von all diesen Ansätzen schlägt eine Konzeption transnationaler Demokratie eine globale Ordnung vor, in der die beiden Autonomie gewährleistenden Strukturen auseinandertreten, so dass die politischen Ebenen dynamischer auf Herausforderungen der Gerechtigkeit und der Selbstbestimmung sowie ihre Gefährdung (auch durch politische Kontexte) reagieren können (Niederberger 2009).

Desiderate kosmopolitischer Gerechtigkeitskonzeptionen

Kants Ansatz führt zwei Aspekte wieder zusammen, die zuvor auseinandergetreten waren, nämlich die Forderung nach global für jeden geltenden Ansprüchen und diejenige nach einer den gesamten Globus umspannenden öffentlichen (Rechts-)Ordnung. Der Durchgang durch derzeit vertretene kosmopolitische Gerechtigkeitskonzeptionen zeigt, dass diese beiden Aspekte weiterhin nicht notwendig miteinander einhergehen – und zum Teil sogar als in Spannung zueinander stehend begriffen werden. Und hierin liegen, abgesehen von der Kontroverse innerhalb der einzelnen Varianten von Gerechtigkeitskonzeptionen über die jeweiligen Prinzipien bzw. Strukturen oder Verfahren, die gefordert werden, auch die zwei wichtigsten Desiderate für die zukünftige Diskussion:

Erstens ist noch nicht geklärt, wie sich Gerechtigkeit und Legitimität zueinander verhalten. Varianten kosmopolitischer Konzeptionen, die Gerechtigkeitsprinzipien an Verfahren ihrer Begründung knüpfen, in die alle einbezogen sind, können – so die Verfahrensbedingungen eingehalten werden – kaum noch etwas Weitergehendes hinsichtlich der Qualität der Resultate fordern. Prinzipien, die sich aus den Verfahren ergeben, müssen als gerecht gelten, selbst wenn sie Ungleichheiten zulassen, Armut nicht bekämpfen etc. Die Legitimität des Verfahrens scheint hinreichend für die Gerechtigkeit der Ergebnisse zu sein. Das läuft jedoch vielen Bewertungen von Entscheidungen zuwider, die nicht nur hinsichtlich der Einhaltung von Verfahrensbedingungen als ungerecht qualifiziert werden. Mit Blick auf das Verhältnis zwischen Gerechtigkeit und Legitimität bleibt dementsprechend noch zu untersuchen, ob und, wenn ja, wie und mit welchen Konsequenzen für den Umgang mit Prinzipien die beiden zu unterscheiden sind oder nicht.

Hinter den Kontroversen über das Verhältnis zwischen Gerechtigkeit und Legitimität verbirgt sich *zweitens* aber noch eine tiefergehende Auseinandersetzung, die auch in dem terminologischen Vorschlag zum Ausdruck kommt, kosmopolitische und kosmopolitane Gerechtigkeitskonzeptionen voneinander abzuheben. Varianten kosmopolitischer Gerechtigkeitskonzeptionen, die – wie im Fall von Caney – allein auf die Reichweite der begründeten Prinzipien setzen und die Frage weitgehend ausblenden, ob sie gegenüber Betroffenen gerechtfertigt werden können, betonen den unmittelbar moralischen und handlungsverpflichtenden Charakter von Gerechtigkeitsprinzipien. Aufgrund der Probleme und Gefahren, die solche Verpflichtungen mit sich bringen (unterkomplexes Verständnis von Situationen, Notwendigkeit koordinierter Handlungen bzw. von Institutionen, Imperialismus etc.), spricht aus Sicht gerade der dritten Variante viel dafür, dass globale Gerechtigkeit nur in einer öffentlichen Ordnung erreichbar ist, die es in gewissem Maß erfordert, von je eigenen moralischen Urteilen abzusehen – was auch durch die terminologische Differenz betont werden soll. Aber eine solche Konzentration auf eine globale Ordnung könnte wiederum die problematische Konsequenz haben, dass Gerechtigkeit aufzuschieben ist, bis adäquate globale Verfahren und Strukturen existieren. Dies kann wiederum kaum gerecht sein, so dass vor diesem Hintergrund gut nachzuvollziehen ist, warum in den letzten Jahren die Forschung zu Forderungen der Gerechtigkeit unter nicht-idealen Bedingungen in den Mittelpunkt gerückt ist.

Literatur

Archibugi, Daniele: *The Global Commonwealth of Citizens. Toward Cosmopolitan Democracy*. Princeton 2008.

Beitz, Charles: *Political Theory and International Relations*. Princeton ²1999.

Brock, Gillian/Moellendorf, Darrel (Hg.): *Current Debates in Global Justice*. Dordrecht 2005.

Brooks, Thom (Hg.): *The Global Justice Reader*. Malden 2014.

Bunge, Kirstin/Spindler, Anselm/Wagner, Andreas (Hg.): *Die Normativität des Rechts bei Francisco de Vitoria*. Stuttgart-Bad Cannstatt 2011.

Caney, Simon: *Justice Beyond Borders. A Global Political Theory*. Oxford 2005.

Eberl, Oliver: *Demokratie und Frieden. Kants Friedensschrift in den Kontroversen der Gegenwart*. Baden-Baden 2008.

Griffin, James: *On Human Rights*. Oxford 2008.

Held, David: *Democracy and the Global Order. From the Modern State to Cosmopolitan Governance*. Cambridge 1995.

Höffe, Otfried: *Demokratie im Zeitalter der Globalisierung*. München 1999.

Kant, Immanuel: Zum ewigen Frieden [1795]. In: Königlich Preußische Akademie der Wissenschaften (Hg.): *Kant's gesammelte Schriften* [Akademie-Ausgabe], Bd. VIII. Berlin 1968, 341–386.

Lutz-Bachmann, Matthias/Niederberger, Andreas/Schink, Philipp (Hg.): *Kosmopolitanismus. Zur Geschichte und Zukunft eines umstrittenen Ideals*. Weilerswist 2010.

Miller, David: *National Responsibility and Global Justice*. Oxford 2007.

Nagel, Thomas: The problem of global justice. In: *Philosophy and Public Affairs* 33 (2005), 113–147.

Niederberger, Andreas: *Demokratie unter Bedingungen der Weltgesellschaft? Normative Grundlagen legitimer Herrschaft in einer globalen politischen Ordnung*. Berlin 2009.

–: Jenseits des Staates. Kosmopolitane Demokratietheorie im Zeitalter der Globalisierung. In: Oliver W. Lembcke/Claudia Ritzi/Gary S. Schaal (Hg.): *Zeitgenössische Demokratietheorie*, Bd. 1: *Normative Demokratietheorien*. Wiesbaden 2012, 417–444.

–: Liberales Tolerieren statt globaler Gerechtigkeit. John Rawls' Konzeption eines Rechts der Völker. In: Michael Becker (Hg.): *Politischer Liberalismus und wohlgeordnete Gesellschaften. John Rawls und der Verfassungsstaat*. Baden-Baden 2013, 131–164.

Pogge, Thomas: *World Poverty and Human Rights*. Cambridge 2002.

Rawls, John: *A Theory of Justice*. Oxford 1971.

–: *The Law of Peoples (with »The Idea of Public Reason Revisited«)*. Cambridge MA 1999.

Schofield, Malcolm: *The Stoic Idea of the City*. Chicago 1999.

Shue, Henry: *Basic Rights. Subsistence, Affluence, and U. S. Foreign Policy*. Princeton ²1996.

Vitoria, Francisco de: De Indis/Über die Indianer. In: Ders.: *Vorlesungen II. Völkerrecht, Politik, Kirche*. Stuttgart 1997, 370–541.

Wenar, Leif: *Blood Oil: Tyrants, Violence, and the Rules That Run the World*. Oxford 2016.

Andreas Niederberger

36 Kommunitaristische Gerechtigkeit

Der Begriff ›Kommunitarismus‹ bezeichnet eine philosophische Strömung, die im letzten Drittel des 20. Jahrhunderts als Kritik an der liberalen (und libertären) Theoriebildung entstanden ist (s. Kap. III.31, 32). Ziele der Kritik waren insbesondere das 1971 von John Rawls vorgelegte Werk *A Theory of Justice* sowie Robert Nozicks 1974 erschienenes Buch *Anarchy, State and Utopia*. Namensgebend für den Kommunitarismus war der Umstand, dass die kommunitaristischen Kritiker insbesondere die individualistischen Prämissen, auf denen liberale Theorien traditionell aufgebaut sind, aus ontologischer, methodischer oder normativer Sicht infrage stellten und eine zentralere Rolle für die Kategorie des Gemeinwohls in Gerechtigkeitstheorien einforderten. Als Hauptvertreter des Kommunitarismus gelten Alasdair MacIntyre, Michael Sandel, Charles Taylor, Michael Walzer sowie Amitai Etzioni. Die konstitutive Eingebundenheit des Individuums in gemeinschaftliche Kontexte sowie eine auf das Gemeinwohl ausgerichtete Politik waren natürlich bereits früher, z. B. bei Aristoteles, Augustinus, Thomas von Aquin, Jean-Jacques Rousseau, G. W. F. Hegel, Karl Marx oder Stephen MacPherson betont worden, ganz zu schweigen von der außerwestlichen Gerechtigkeitsphilosophie, so dass eher von der Wiederentdeckung einer gemeinschaftszentrierten Gerechtigkeitstheorie als von einer Neuerfindung zu sprechen ist. Zufällig war der Zeitpunkt dieser Wiederentdeckung aber keineswegs, da der Individualismus in den Theorien von Rawls und Nozick als herausragende philosophische Errungenschaft des westlich-neuzeitlichen Denkens bekräftigt und besonders überzeugend begründet wurde.

Der Beitrag des Kommunitarismus zur philosophischen Debatte über Gerechtigkeit lässt sich in viererlei Hinsicht als eine konstruktive Kritik an liberalen Ansätzen fassen. Erstens wird die Existenz von Loyalitätspflichten zu begründen versucht, die Gemeinschaftsmitglieder einander, nicht aber Außenstehenden schulden. Damit verbunden wird zweitens hinsichtlich des allgemeinen Menschenbilds gefordert, dass Gerechtigkeitstheorien das Individuum nicht als autonom, sondern als in gemeinschaftliche Kontexte eingebettet voraussetzen müssen. Drittens wird alternativ zum Verweis auf ein abstraktes, ahistorisches und universalistisches Ideal des moralisch Richtigen empfohlen, gerechtigkeitstheoretische Reflexionen auf die kontingent vorherrschenden Werttraditionen von konkreten Gemeinschaften zu stützen. Schließlich wird auf Kurskorrekturen in der gesellschaftlichen Praxis gedrängt, wobei insbesondere Maßnahmen zur Förderung von Gemeinsinn und substaatlichen Gemeinschaften stärkere Berücksichtigung finden sollen. Im Folgenden wird diese vierfache konstruktive Liberalismuskritik des Kommunitarismus in umgekehrter Reihenfolge erläutert. Die Darstellung arbeitet sich also von den politischen Verästelungen zu den philosophischen Wurzeln vor. Dies ist sinnvoll, weil gerechtigkeitstheoretische Reflexionen im Allgemeinen auf Konsequenzen in der Praxis ausgerichtet sind und der Kommunitarismus im Speziellen den Anspruch besonderer Anschlussfähigkeit an das alltägliche Leben von Menschen erhebt.

Gemeinschaftsfördernde Politik

Um einen Eindruck der vielfältigen praktischen Forderungen zu geben, die von kommunitaristischer Warte aus an die Politik gerichtet werden, kann man sich nicht auf die vorgeschlagenen Reformen beschränken. Die praktischen Implikationen der kommunitaristischen Theoriebildung beziehen sich mindestens ebenso sehr auf die Verhinderung von Reformen wie auf Veränderungsvorschläge selbst. Tatsächlich laufen sowohl die Veränderungs- wie Nichtveränderungsvorschläge der Kommunitarier mehrheitlich auf die Aufrechterhaltung bereits existierender gesellschaftlicher Verhältnisse hinaus, so dass dem Kommunitarismus eine gewisse ideologische Affinität zum Konservatismus zugesprochen werden kann. Während sich aber der Konservatismus in den letzten Jahrzehnten in Europa und den USA spürbar an (neo-)liberale Positionen angenähert hat und politisch auf kontrollierte Modernisierung pocht, stehen die Forderungen der Kommunitarier republikanischen Traditionen näher.

Im Hinblick auf die Verhinderung von Reformvorhaben ist zunächst zu bekräftigen, dass Kommunitarier normalerweise nicht an den grundlegenden zivilen und politischen Freiheiten bestehender liberaler Demokratien rütteln. Tatsächlich sollen nach eigenem Anspruch viele der kommunitaristischen Forderungen an die Politik gerade deren Schutz dienen. Der liberalen Politik (und mittelbar der liberalen politischen Philosophie) wird dementsprechend vorgeworfen, durch einen einseitigen Fokus auf individuelle Selbstbestimmung den gemeinschaftlichen ›Kitt‹ zu zersetzen, der eine liberale und pluralistische Ordnung zusammenhält (z. B. Sandel 1996). Weiter lässt sich häufig ein Bekenntnis zu existierenden Institutionen finden, die Progressive unter Gerechtigkeits- oder Emanzipationsgesichtspunkten als zu restriktiv und daher als reformbedürftig betrachten. Befürwortet werden z. B. vorherrschende Immigrations- und Einbürgerungsbestimmungen (z. B. Walzer 1983, Kap. 2), heterosexuelle und monogame Ehe oder Beschränkungen der individuellen Selbstbestimmung in bioethischen Fragen wie der Abtreibung oder der Sterbehilfe (siehe Etzioni 2011). Schließlich wird allgemein gegen die Ausweitung der ökonomischen Globalisierung durch eine Liberalisierung der Märkte ebenso Position bezogen wie gegen die Forderung, der ökonomischen Globalisierung müsse die politische Globalisierung folgen. Viele Kommunitarier halten an der politischen Organisation in Nationalstaaten fest.

Im Gegensatz zu verlangten Reformen verfolgen die Forderungen der Kommunitarier, wie bereits angezeigt, mitunter das Ziel, bestimmte im Gang befindliche Entwicklungen aufzuhalten oder gar rückgängig zu machen. Eine dieser Entwicklungen wird in der fortschreitenden Kommerzialisierung der Gesellschaft erkannt. Michael Sandel (2012) und zuvor bereits Michael Walzer (1983, 97–107) prangern den Trend an, dass der Logik des Marktes Zugang zu immer mehr Lebensbereichen verschafft werde, in denen die Logik des Marktes fehl am Platz sei, weil sie in Aussicht stelle, mit Geld Dinge kaufen zu können, die man mit Geld nicht kaufen können sollte (z. B. Liebe, politische Macht, Freundschaft, Staatsbürgerschaft). Eine zweite unerwünschte Entwicklung wird in der Detraditionalisierung der Gesellschaft erkannt. Historisch und lokal verankerte Wertvorstellungen, Einrichtungen und Bräuche dürften nicht leichtfertig zur Disposition gestellt werden. Im Gegenteil gelte es gerade, sie zu bewahren.

Diejenige politische Forderung aber, die in irgendeiner Form von allen Kommunitariern erhoben wird, bezieht sich auf Maßnahmen zum Schutz und zur Förderung von als wertvoll betrachteten Formen des Gemeinschaftslebens. Als wertvoll erachtete Formen des Gemeinschaftslebens werden vor allem in Familien, Freundschaften und der Bürgergemeinschaft erkannt; mitunter werden aber auch berufliche und religiöse Assoziationen dazu gezählt. Konkrete Forderungen richten sich z. B. auf die (Wieder-)Einführung von Bürgerdiensten wie der Wehrpflicht oder dem Zivildienst, die ökonomische Besserstellung von Familien oder familienähnlichen Gemeinschaften, den Schutz von regional wirtschaftenden mittelständischen Unternehmen oder die Stärkung der Position von regionalen Arbeitnehmern gegenüber Großfirmeneigentümern durch die Demokratisierung von Managementstrukturen (z. B. Walzer 1983, 291–303).

Die in der kommunitaristischen Literatur auffindbaren Forderungen entsprechen keinem kohärenten Programm. Dies ist kein Zufall. Abgesehen davon, dass die Kommunitarier häufig eher über die jeweilige Kritik am Liberalismus geeint sind als durch eine positive, konzeptuell unabhängige Gerechtigkeitstheorie, versperrt auch eine von vielen Kommunitariern geteilte theoretische Grundannahme den Weg zu einem einheitlichen Programm. Wie im folgenden Abschnitt über das metaethische Verständnis des Kommunitarismus deutlich wird, vertreten Kommunitarier die Auffassung, dass es von den kulturellen und historischen Kontexten abhänge, welche Forderungen an die Politik gestellt werden sollen.

Die kommunitaristische Kritik an universalistischen Gerechtigkeitstheorien

Neben dem Vorwurf, der Liberalismus stütze seine gerechtigkeitstheoretischen Reflexionen häufig auf eine ungeeignete Konzeption des Individuums (s. u.), wird die universelle und ahistorische Gültigkeit von Gerechtigkeitsansprüchen von zahlreichen kommunitaristischen Kritikern zurückgewiesen. Ein archimedischer – d. h. neutraler und überzeitlicher – Standpunkt zur Klärung von Gerechtigkeitsfragen sei eine Illusion oder könne von Menschen jedenfalls nicht eingenommen werden. Wenn sich eine Gerechtigkeitstheorie nicht in den Dienst eines Kulturimperialismus stellen wolle, müsse sie auf lokal vorherrschenden Gerechtigkeitsvorstellungen und Werttraditionen aufbauen und sich somit auf gesellschaftsinterne Kritik beschränken. An die Stelle von moralischem Universalismus müsse moralischer Partikularismus treten. Die so genannte Universalismus-Partikularismus-Debatte beschränkt sich nicht auf das Streitgespräch zwischen Liberalen und Kommunitariern. Sie reicht weit zurück in die Vergangenheit und hat sich im 20. Jahrhundert weit über den westlichen Kontext hinaus ausgebreitet, so dass in diesem Kapitel die Streitpunkte weder vollständig noch besonders tiefgründig rekonstruiert werden können. Es sollen aber zwei Argumente zur Rechtfertigung des moralischen Partikularismus skizziert werden, die das Spektrum von Begründungsversuchen aufzeigen.

Unter anderem im Anschluss an den *linguistic turn*

in der Philosophie wird argumentiert, dass die moralische Urteilsfähigkeit von Menschen von deren jeweiliger sprachlicher und kultureller Sozialisation abhängt. Die Suche nach einer universellen Moral sei deshalb nicht minder fruchtlos (wenngleich vielleicht minder grausam) als die Suche nach der universellen Sprache Friedrichs II. von Hohenstaufen, der davon ausging, dass ein ohne soziale Kontakte heranwachsendes Kind entweder Hebräisch, Griechisch, Latein oder aber Arabisch sprechen müsse. Wenn die moralische Urteilsfähigkeit von Menschen von deren jeweiliger Sozialisation abhängt, dann können allgemein verbindliche Gerechtigkeitsprinzipien nur in der Schnittmenge einer Vielzahl von partikulären Moralvorstellungen bestehen. Diese moralische Schnittmenge ist demgemäß erstens derivativ (d. h. die universellen Prinzipien müssen sich nach den partikulären Moralvorstellungen richten und nicht umgekehrt) und zweitens vergleichsweise dünn. Die international anerkannten Menschenrechte können vielleicht als eine solche dünne Schnittmenge gelten. Allerdings wäre damit immer noch offen gelassen, wie die einzelnen Rechte im jeweiligen Kontext begründet sind und ob kulturelle Faktoren nicht unterschiedliche Vorrangregelungen bedingen (Bell 2006, Kap. 3; Benhabib 1992, Kap. 1–3; MacIntyre 1988, Kap. 1; Taylor 1985, Kap. 1–3; Walzer 1983, xiv, 5; Walzer 1994).

Ein zweites Argument ist pragmatischer. Angenommen, es gäbe universalistische Gerechtigkeitsprinzipien, die substanziellerer Natur sind als eine Schnittmenge empirisch vorhandener, partikulärer Moraltraditionen; müssten diese Prinzipien dann nicht so abstrakt formuliert werden, dass sie sich zur Beantwortung praktisch relevanter Streitfragen kaum eignen? Damit gerechtigkeitstheoretische Interventionen in der Gesellschaft Widerhall finden und Wirkung entfalten könnten, so das Argument weiter, müssten sie durch den Verweis auf örtlich vorherrschende Anschauungen und Werttraditionen begründet werden (Walzer 1983, 29, 91; Young 1990, 4). Dieses partikularistische Anschlussfähigkeitsargument weist den Anspruch universalistischer Gerechtigkeitstheorien also nicht kategorisch zurück, sondern räumt ihnen eher geringe Erfolgsaussichten ein, viele Menschen überzeugen zu können. Allgemeiner lässt sich das Argument wie folgt formulieren: Gerechtigkeitstheoretische Argumente haben größere Aussicht auf Erfolg, wenn zur Widerlegung einer weit verbreiteten Meinung X auf eine im Denken derselben Menschen tief verwurzelte Überzeugung Y rekurriert wird, als wenn man die Existenz eines abstrakten und universalistischen Theorems Z behauptet. Gemäß Walzer muss dabei nicht erwartet werden, dass eine solche partikularistische Gerechtigkeitstheorie systematisch den vorherrschenden Status quo bekräftigt. In *Spheres of Justice* versucht er dementsprechend nachzuweisen, dass die allgemeinen *Meinungen* seiner amerikanischen Landsleute mit ihren eigenen tief verwurzelten *Überzeugungen* mitunter im Widerspruch stehen. Während man z. B. in den USA allgemein kein Problem damit zu haben glaube, dass Firmeneigentümer die Belegschaft von der Unternehmenspolitik ausschließen dürfen, würden die tief verwurzelten Überzeugungen der amerikanischen Bürger bezüglich der gerechten Verteilung von politischen und ökonomischen Rechten ebendies verbieten (Walzer 1983, 291–303).

Die kommunitaristische Kritik am moralischen Universalismus impliziert eine Aufwertung der Gemeinschaft im Vergleich zur liberalen Theoriebildung. Gemeinschaften sind nicht einfach pragmatische Assoziationen, sondern maßgebliche normative Bezugspunkte für deren Mitglieder. Mit dieser Aufwertung der Gemeinschaft geht ein neues Menschenbild einher: Menschen sind nicht atomistische Individuen, die sich zu Kooperationszwecken zu Gesellschaften zusammenschließen, sondern wesentlich Gemeinschaftstiere. Ihr moralisches Leben kann nach kommunitaristischem Verständnis nicht unabhängig von den gesellschaftlichen Kontexten gedacht werden, in die sie eingebettet sind.

Das Individuum in der Gemeinschaft

In liberalen Gerechtigkeitstheorien steht das Individuum mit seinen Freiheitsrechten im Mittelpunkt. Die Gesellschaft ist eine Assoziation zu Kooperationszwecken, hat aber darüber hinaus keinen speziellen Wert. Zugespitzt formuliert ist sie gerecht, wenn sie möglichst neutral ist. Anstatt Lebenspläne ihrerseits vorzuschreiben, soll sie lediglich gewährleisten, dass die Mitglieder ihre eigenen Lebenspläne uneingeschränkt verfolgen können, solange sie nicht mit den Lebensplänen anderer in Konflikt geraten. Rawls' Gedankenkonstrukt des hypothetischen Urzustands illustriert dieses Verständnis des Verhältnisses von Individuum und Gemeinschaft: Die Prinzipien für eine gerechte gesellschaftliche Ordnung werden hinter dem ›Schleier des Nichtwissens‹ festgelegt, der den Entscheidungspersonen das Wissen über ihre soziale Stellung, Religionszugehörigkeit, Lebenspläne etc. entzieht. So soll gewährleistet werden, dass die für alle verbindlichen Gerechtigkeitsprinzipien niemanden bevorzugen und niemanden bevormunden (Rawls 1971, §§ 4, 24).

Kommunitaristische Kritiker bescheinigen der Fokussierung auf individuelle Selbstbestimmung zwar intuitive Attraktivität, meinen aber, sie beruhe auf zweifelhaften Annahmen. Zunächst müsse man sich von der Vorstellung befreien, dass Individuen als selbstgenügsame, atomistische Einheiten zu denken seien, deren Verhältnis zu anderen Menschen und Gemeinschaften rein voluntaristisch sei. Abgesehen davon, dass Menschen für gewöhnlich nicht außerhalb der Gesellschaft leben wollten, könnten sie es nämlich gar nicht. Sie werden in einem sozialen Kontext geboren und wachsen in einem ebensolchen auf. Das Familien- und Gemeinschaftsleben werfe die heranwachsenden Menschen in eine Vielzahl von nichtfreiwilligen persönlichen Beziehungen und verankere in ihnen Wertvorstellungen und Gewohnheiten, die ihr Denken und Handeln grundlegend beeinflussen. Anstatt autonom zwischen unterschiedlichen Lebensplänen wählen und sich für oder gegen das Gesellschaftsleben entscheiden zu können, seien Individuen notwendig Teil von Gemeinschaften und das Produkt von Sozialisation (Sandel 2010, Kap. 1; Taylor 1985, Kap. 7).

Dieses ontologische Argument ist an sich plausibel. Es ist lediglich fraglich, ob es alle liberalen Gerechtigkeitskonzeptionen gleichermaßen tangiert. Während gewisse individualistische Theorien (z. B. Nozicks ›Entitlement Theory‹) tatsächlich nicht um die Prämisse eines atomistischen Menschenbildes herumkommen dürften, scheinen andere (z. B. Rawls' Theorie von Gerechtigkeit als Fairness) aber darauf verzichten zu können, ohne eine substanzielle Neujustierung vornehmen zu müssen. Letztere können das selbstbestimmte Leben als ein regulatives Ideal auffassen, das eine gerechte Gesellschaft so gut wie möglich fördern soll, selbst wenn die vollständige Selbstbestimmung des Einzelnen unerreichbar ist. Genau genommen wollen Liberale durch die Einräumung von möglichst umfangreichen Freiheitsrechten ja lediglich gewährleisten, dass Individuen frei zwischen unterschiedlichen Lebensplänen wählen dürfen. Jeder Mensch soll das gute Recht haben, sich von jeder durch Sozialisation vermittelten Wertvorstellung, Gewohnheit oder Rolle zu emanzipieren, wenn er oder sie es wünscht (Kymlicka 1989, 52 f.).

Ein weiteres Set von Argumenten der kommunitaristischen Kritiker ist normativen Charakters. Einerseits wird bezweifelt, dass die systematische Infragestellung von nicht voluntaristisch gewählten Lebensplänen wünschenswert ist. Es möge manchmal vonnöten sein, sozial vermittelte Wertvorstellungen, Gewohnheiten und Rollen zur Disposition zu stellen, z. B. wenn Konflikte unter ihnen auftreten, die das tägliche Leben belasten. Einen Eigenwert hat die kritische Hinterfragung aber nicht. Warum sollte ein Anhänger des 1. FC Nürnberg ohne konkreten Beweggrund in Betracht ziehen, Bayernfan zu werden? Andererseits wird der Vorwurf erhoben, der Fokus auf individuelle Selbstbestimmung entziehe einer liberalen Gesellschaft ihre notwendigen Grundlagen. Die Aufrechterhaltung einer pluralistischen Ordnung (und *a fortiori* von wohlfahrtsstaatlichen Institutionen) erfordere nämlich ein solidarisches Selbstverständnis unter den Gesellschaftsmitgliedern sowie die Identifikation der Gesellschaftsmitglieder mit den staatlichen Institutionen. Indem der Liberalismus aber auf der Neutralität des Staates und dem Ideal der individuellen Selbstbestimmung beharre, würden die Gesellschaftsmitglieder zu konsumistischen und politikverdrossenen Privatmenschen erzogen und daran gewöhnt, individuelle Rechte als Trümpfe gegen die Gesellschaft zu verstehen (Sandel 1996, Kap. 9).

Der gewichtigste Einwand von kommunitaristischer Seite ist aber, dass Individuen Loyalitätspflichten gegenüber partikulären Gemeinschaften haben, deren Mitglied sie sind (sowie Pflichten gegenüber deren einzelnen Mitgliedern) – partikuläre Verpflichtungen also, denen im konkreten Fall durchaus Priorität gegenüber allgemeinen moralischen Verpflichtungen zukommen kann.

Loyalitätspflichten

Die meisten Menschen verstünden sich, so einige Vertreter des Kommunitarismus, als Mitglieder von Familien, Religionsgemeinschaften und Freundschaften, als Angehörige eines Volks oder einer Nation, und erachteten sich solchen partikulären Gemeinschaften gegenüber grundsätzlich als verpflichtet. Nicht wenige würden sogar einräumen, dass Mütter bzw. Väter und deren Kinder, Freunde, Angehörige einer Nation etc. wechselseitige Verpflichtungen haben, die Außenstehende nicht haben, selbst wenn die Elternschaft, Freundschaft, Nationalität etc. nicht frei gewählt wurde. Liberale Ansätze könnten der Idee solcher Loyalitätspflichten aber schlecht habhaft werden. Die normativ auf Selbstbestimmung ausgerichteten Individuen seien in liberalen Gerechtigkeitskonzeptionen schließlich nur durch selbstgewählte Ziele und Rollen verpflichtet sowie durch allgemeine Regeln, die sicherstellen, dass alle Individuen selbstgewählte Lebenspläne so frei wie möglich verfolgen können. Weil die Einhaltung der allgemeinen Regeln individuelle Selbstbestimmung erst ermögliche, müsse dabei universellen moralischen Verpflichtungen der normative Vorrang eingeräumt werden. Die praktische Konsequenz sei, dass ein tugendhafter Mensch, wie Montesquieu bekräftigte, dem entferntesten Fremden ebenso schnell zur Hilfe eilen würde wie einem Freund. Wenn also zwei Menschen zu ertrinken drohten, von denen einer der beiden ein persönlicher Freund, der andere aber eine Unbekannte ist, und man nur eine Person retten kann, dann wäre es vielleicht geboten, eine Münze zu werfen. Ein wahrhaft tugendhafter Mensch, spitzte Montesquieu die Pointe zu, hätte gar keine Freunde (zit. nach Sandel 1996, 342). Gemäß den kommunitaristischen Kritikern liegt Montesquieu falsch. Wir können uns nicht nur guten Gewissens für den eigenen Freund entscheiden, wir haben unter Umständen sogar eine vorgeordnete Loyalitätspflicht, dies zu tun. Und Gleiches könne für Familienmitglieder sowie Mitglieder der eigenen Glaubensgemeinschaft oder Nation gelten (MacIntyre 1993; Sandel 1996, bes. 341–344).

Wer eine starke Form des moralischen Partikularismus vertritt, für den ist die Rechtfertigung von Loyalitätspflichten keine theoretische Herausforderung. Fraglich ist vielmehr aus empirischer Sicht, ob die in einer Gesellschaft kontingenterweise etablierten moralischen Normen ihre Mitglieder gegenüber ihresgleichen stärker als gegenüber Außenstehenden verpflichten (Oldenquist 1982, 177 f.). Es kann aber auch versucht werden, die Existenz von Loyalitätspflichten ohne Rückgriff auf den moralischen Partikularismus zu begründen. Argumente können dabei zunächst konsequentialistischen Charakters sein. Richard M. Hare argumentiert beispielsweise, dass Loyalitätspflichten letztlich effektiver zum allgemeinen Wohlbefinden beitrügen als universelle moralische Pflichten, da die Verbundenheit in einer Gemeinschaft die Motivation liefere, moralisch zu handeln (Hare 1981, 137; vgl. auch Railton 1984, 152). Alternativ können Argumente aber auch auf den intrinsischen Wert von partikulären Gemeinschaften rekurrieren. Wenn partikuläre Gemeinschaften wie Freundschaften, Familienverbände oder Nationen intrinsisch gute Beziehungen von Menschen sind, dann sind sie an und für sich wertvoll. Wenn eine Freundschaft, ein Familienverbund oder eine Nation wechselseitige Verpflichtungen unter den Mitgliedern einschließt, dann sind diese Verpflichtungen durch das moralische Gut der partikulären Gemeinschaftsbeziehung legitimiert. Loyalitätspflichten wären dementsprechend implizit im moralischen Gut einer partikulären Gemeinschaft enthalten (Raz 1989; Mason 1997, 439–447).

Am populärsten unter den Vertretern des Kommunitarismus sind jedoch Begründungsversuche von Loyalitätspflichten, bei denen die konstitutive Bedeutung von partikulären Gemeinschaften für die Identität von Individuen ins Feld geführt wird: Wenn Menschen Gemeinschaftstiere sind, für deren Selbst die Zugehörigkeit zu partikulären Gemeinschaften konstitutiv ist, dann resultieren Loyalitätspflichten aus dem Wert, den unsere Mitgliedschaft in diesen Gemeinschaften für uns hat. Derartige Begründungsansätze setzen voraus, dass einerseits Gemeinschaften mehr als instrumentelle Zusammenschlüsse von selbstgenügsamen Individuen sind, sowie andererseits, dass die häufig nicht oder nur bedingt voluntaristisch gewählte Zugehörigkeit von Menschen zu gemeinschaftlichen Kontexten Verbindlichkeiten mit sich bringt. So wird, um drei Beispiele zu nennen, zu begründen versucht, dass die leiblichen Eltern einem ungeplanten Kind gegenüber moralisch verpflichtet sind und es nicht ohne gewichtige Gründe abtreiben dürfen; dass eine Person sich nicht leichtfertig aufgrund von wechselnden romantischen Gefühlen oder rationalem Kalkül von ihrem Ehepartner scheiden lassen darf und dass Patriotismus eine Tugend ist (Hoff Sommers 1989; MacIntyre 1995; Sandel 2010, 178–183).

Ausblick

Die Diskussionen um die Existenz von Loyalitätspflichten sind noch nicht zu einem Ende gelangt. Insofern die Vertreter des Kommunitarismus diese Diskussionen mit angestoßen haben, kann ihrem Anliegen gewisser Erfolg bescheinigt werden. Auch hinsichtlich der Kritik am moralischen Universalismus kann gesagt werden, dass die Intervention nicht wirkungslos verpufft ist, zumal gerade Rawls in seinem Spätwerk einen deutlichen Schritt auf die Kommunitarier zugegangen ist. Dort schränkt er den Geltungsanspruch seiner Gerechtigkeitskonzeption nämlich auf liberal-demokratische Kulturkreise ein und will seine Theorie auch allein über die dort vorherrschenden historischen Traditionen begründet wissen (Rawls 1985; 1993). In jedem Fall kann aus dem kommunitaristischen Plädoyer für einen moralischen Partikularismus gelernt werden, dass es ratsam sein dürfte, bei der Beanspruchung universeller Gültigkeit für ein normatives Prinzip besondere Vorsicht und auch mehr Bescheidenheit walten zu lassen, als dies in der Vergangenheit mitunter der Fall war. Die ›Entdeckung‹ des sozial konstituierten Individuums hat im Rückblick aber kleinere Wellen geschlagen, als man zunächst vielleicht vermuten durfte. So plausibel das ontologische Argument, dass Menschen Gemeinschaftstiere sind, sein mag: Die Einsicht in die Einbettung des Menschen in gemeinschaftliche Kontexte lässt sich häufig in liberale Gerechtigkeitskonzeptionen integrieren, ohne dass deren liberal-individualistischer Charakter aus normativer Sicht ins Wanken geraten würde.

Die langfristig vielleicht wichtigste Frage, die der Kommunitarismus für die weitere Forschung aufgeworfen hat, bezieht sich auf das Wesen und den Status von Werttraditionen. Wenn sich gerechtigkeitstheoretische Reflexionen – wie von kommunitaristischen Kritikern gefordert und vom späten Rawls bestätigt – stärker auf existierende Traditionen stützen sollen, um metaphysische Setzungen zu vermeiden, scheint schließlich allem voran eine tiefgründigere Auseinandersetzung mit dem Konzept der Tradition notwendig. Es wird deshalb genauer zu untersuchen sein, wie entwicklungsfähig Traditionen sein können, ohne konzeptuell beliebig und politisch allzu leicht instrumentalisierbar zu werden; wie (und ob) zwischen guten und schlechten Traditionen unterschieden werden kann; wie zwischen rivalisierenden Traditionen zu vermitteln ist und unter welchen Bedingungen der Rekurs auf vorherrschende Traditionen ausreichend Raum für Deliberation und Kritik lässt.

Literatur

Bell, Daniel: *Beyond Liberal Democracy. Political Thinking for an East Asian Context.* Princeton NY 2006.

Benhabib, Seyla: *Situating the Self. Gender, Community and Postmodernism in Contemporary Ethics.* Cambridge MA 1992.

Etzioni, Amitai: On a communitarian approach to bioethics. In: *Theoretical Medicine and Bioethics* 32/5 (2011), 363–374.

Hare, Richard M.: *Moral Thinking: Its Levels, Method and Point.* Oxford 1981.

Hoff Sommers, Christina: Philosophers against the family. In: George Graham/Hugh LaFollette (Hg.): *Person to Person.* Philadelphia 1989, 82–105.

Kymlicka, Will: *Liberalism, Community and Culture.* New York 1989.

MacIntyre, Alasdair: *Whose Justice? Which Rationality?* Notre Dame IN 1988.

–: Ist Patriotismus eine Tugend? In: Axel Honneth (Hg.): *Kommunitarismus. Eine Debatte über die moralischen Grundlagen moderner Gesellschaften.* Frankfurt a. M. 1993, 84–102.

–: Is patriotism a virtue? In: Ronald Beiner (Hg.): *Theorizing Citizenship.* New York 1995, 209–228.

Mason, Andrew: Special obligations to compatriots. In: *Ethics* 107/3 (1997), 427–447.

Nozick, Robert: *Anarchy, State and Utopia.* New York 1974.

Oldenquist, Andrew: Loyalties. In: *Journal of Philosophy* 79/4 (1982), 173–193.

Railton, Peter: Alienation, consequentialism, and the demands of morality. In: *Philosophy & Public Affairs* 13/2 (1984), 134–171.

Rawls, John: *A Theory of Justice.* Cambridge MA 1971.

–: Justice as fairness. Political, not metaphysical. In: *Philosophy and Public Affairs* 14/3 (1985), 223–251.

–: *Political Liberalism.* New York 1993.

Raz, Joseph: Liberating duties. In: *Law and Philosophy* 8/1 (1989), 3–21.

Sandel, Michael: *Democracy's Discontent. America in Search of a Public Philosophy.* Cambridge MA 1996.

–: *Liberalism and the Limits of Justice* [1982]. Cambridge 2010.

–: *What Money Can't Buy.* New York 2012.

Taylor, Charles: *Philosophy and the Human Sciences. Philosophical Papers 2.* Cambridge 1985.

Walzer, Michael: *Spheres of Justice.* New York 1983.

–: *Thick and Thin.* Notre-Dame 1994.

Young, Iris Marion: *Justice and the Politics of Difference.* Princeton NY 1990.

Martin Beckstein

37 Gerechtigkeit in der Diskursethik

Die Diskursethik wurde von Jürgen Habermas (1983) und Karl-Otto Apel (1973; Kettner 2000) als Theorie der Moral entwickelt, die in der Tradition Kants steht. An die Stelle einer reflexiven Prüfung moralischer Maximen anhand des kategorischen Imperativs tritt der praktische Diskurs, in dem die Geltung moralischer Normen argumentativ ausgelotet wird. Aus der transzendentalen Selbstreflexion durch das vernünftige Subjekt wird eine pragmatische Rekonstruktion normativer Bedingungen kommunikativer Rationalität (Habermas 2001). In dieser Theorie kommt Aspekten der Gerechtigkeit nur indirekt eine zentrale Stellung zu. Einige Anknüpfungspunkte lassen sich dennoch zunächst allgemein, dann anhand verschiedener Sichtweisen darstellen.

Für Friedrich Nietzsche und Peter Sloterdijk ist Gerechtigkeit die Feindin der Freiheit. Bei aller Differenz liegt diesen Positionen eine Vorstellung von Freiheit zugrunde, bei der Gerechtigkeitsforderungen als Beschneidung eines möglichst unbegrenzten Handlungsspielraumes erscheinen. In der Diskursethik hingegen kann Freiheit überhaupt nur im Zusammenspiel mit Gerechtigkeit bestehen. Ohne gerechte Verfahren, in denen wir als Autoren die Reichweite und Grenze der Freiheit aller festlegen, kann es nur die willkürliche Freiheit Einzelner, nicht aber die Freiheit aller geben.

Diese moralische Grundintuition entfaltet Habermas in seiner Konzeption der *Verfahrensgerechtigkeit* (s. Kap. II.21), die nicht in einem Einzelwerk gebündelt ist, sondern sich als normatives Leitmotiv durch seine Moraltheorie, Rechtsphilosophie und seine Studien zur politischen Theorie zieht. Es lassen sich zwei Bereiche unterscheiden, die gleichwohl eng miteinander verbunden sind: Die ›moralische Gerechtigkeit‹ wird im Anschluss an in kantischer Tradition stehende Moraltheorien entwickelt, und die ›politische Gerechtigkeit‹ nimmt vor allem in seiner Rechtsphilosophie Konturen an. In diesem Zusammenhang stellt sich auch die Frage nach der Gerechtigkeit auf transnationaler Ebene, die in den politisch-theoretischen Schriften zur Konstitutionalisierung des Völkerrechts aufgegriffen wird.

Moralische Gerechtigkeit

Mit dem Erscheinen des langen Aufsatzes *Diskursethik – Notizen zu einem Begründungsprogramm* (Habermas 1983, 53–126) beginnt Habermas im Rahmen seiner Moraltheorie systematisch einen Begriff der Gerechtigkeit zu entwickeln. Mit anderen kantianischen Gerechtigkeitstheorien geht Habermas von dem Grundsatz aus, dass die praktische Vernunft ihre Prinzipien aus sich selbst heraus gewinnen kann. Der ›moralische Standpunkt‹, von dem aus moralische Handlungskonflikte unparteilich beurteilt werden können, ist dann nicht der einer letztbegründeten Moral (wie bei Apel 1973) des moralischen Realismus, des Naturrechts oder des ›Philosophenkönigs‹. Vielmehr wird die Unparteilichkeit durch Regeln und Verfahren gewährleistet, die gerechte, d. h. verfahrensethisch begründete Prinzipien hervorbringen.

Bereits bei Kant ist diese prozedurale Interpretation der Gerechtigkeit im kategorischen Imperativ angelegt – wenn man ihn nicht bloß als Handlungsmaxime, sondern auch als ein Begründungsprinzip versteht, das besagt, dass gültige Handlungsmaximen der allgemeinen Gesetzgebung dienen können (Kant 1785/1991). Der prozedurale Charakter der Gerechtigkeit drückt sich in zwei Aspekten aus: in der Forderung nach Autonomie, d. h. der Freiheit des Einzelnen, nach ›selbstgegebenen Gesetzen‹ zu handeln, und in der Erwartung einer allgemeinen Konsensfähigkeit der entsprechenden Handlungsweisen. Diese moralischen Grundannahmen werden von den zeitgenössischen kantianischen Gerechtigkeitstheorien, mit denen Habermas sich auseinandersetzt, noch stärker verfahrensethisch akzentuiert – wenn auch auf unterschiedliche Weise (Habermas 1991, 54).

John Rawls, der zweifellos eine der einflussreichsten Gerechtigkeitstheorien des 20. Jahrhunderts vorgelegt hat, bedient sich zur Begründung der Gerechtigkeitsprinzipien der Vertragstheorie (Rawls 1972). Die privatrechtlich am rationalen Eigeninteresse orientierten Vertragsparteien entscheiden bekanntermaßen unter den Bedingungen des ›Urzustandes‹: Sie genießen gleiche Wahlfreiheit und orientieren sich an ihrem rationalen Eigeninteresse. Durch den so genannten ›Schleier des Nichtwissens‹ (der die beteiligten Parteien in Unkenntnis ihres zukünftigen gesellschaftlichen Status belässt) sind die Vertragsparteien gezwungen, sich nacheinander die Sichtweisen aller Beteiligten anzueignen, da sie nach dem Lüften des Schleiers in einer gesellschaftlich nachteiligen Situation sein könnten. Auf diese Weise ist durch die Rahmenbedingungen auch der rationale Egoist gezwungen, einen moralischen Standpunkt einzunehmen. Für Habermas bleibt dennoch bei Rawls ein Moment des Voluntarismus, da den auf »den Verstand von Privatrechtssubjekten« zugeschnittenen Vertragspartnern die über eine bloße Kalkulation eigener Interessen hinausreichende »Einsicht« in die Richtigkeit ihrer Entscheidungen fehlt (Habermas 1991, 56). Diese moralisch-praktische Erkenntnis bleibt – in einem Anflug von Restplatonismus – dem Theoretiker überlassen (Habermas 1996c, 179).

Dieses Problem hat der amerikanische Philosoph Thomas Scanlon, so Habermas, durch eine entscheidende Revision des kantischen Vertragsmodells wesentlich überzeugender gelöst. Anstelle des kantischen Sittengesetzes, das jeder durch die praktische Vernunft einsehen kann, tritt der Wunsch der Einzelnen, die eigene Praxis gegenüber allen möglicherweise davon Betroffenen überzeugend zu rechtfertigen. Das geschieht auf Basis von »Gründen, die man vernünftigerweise nicht zurückweisen kann« (Scanlon 1982, 110; 1998). Die Rawlssche Deutung der praktischen Vernunft verliert auf diese Weise ihren monologischen Charakter, da es nicht ausreicht, aus Sicht irgendeines anderen (die dann doch bloß *meine* Sicht ist, projiziert auf die Anderen) zu prüfen, was als allgemein zustimmungsfähig erscheint. Bei Scanlon muss jeder aus seiner Perspektive beurteilen, welche Handlungsweise als allgemeine Praxis von niemandem im Kreis der Betroffenen aus guten Gründen zurückgewiesen werden kann. Das verlangt jedem Einzelnen ein *begründetes Einverständnis* ab. Statt einer Gerechtigkeitsperspektive, die den Parteien übergestülpt wird, müssen sich die Beteiligten wenigstens virtuell eine intersubjektive Einigung vorstellen, die sie als gerecht ansehen (Habermas 1991, 57).

Scanlon wie auch Habermas greifen nicht zufällig auf George Herbert Meads Theorie des symbolischen Interaktionismus zurück. Die Vorstellung, dass ein Interaktionsteilnehmer die Perspektive des anderen übernimmt, wird nicht als Ergänzung, sondern explizit als Alternative zum Vertragsmodell entwickelt (Habermas 1983; 1991, 58; 1981, Bd. II, 141 f.). Auch Lawrence Kohlberg, der für die Begründung von ›gerechten Prinzipien‹ und die entwicklungspsychologische Grundlage von moralischem Handeln in Habermas' Theorie von großer Bedeutung ist, erläutert den moralischen Gesichtspunkt mithilfe des Begriffs der idealen Rollenübernahme (Kohlberg 1981). Ausgehend von einer überschaubaren Perspektivübernahme zwischen Alter und Ego, bei der sich beide im Falle eines moralischen Konfliktes reziprok in die Erwartungen, Interessen, Wertorientierungen des anderen *einfühlen*, muss die Prüfung der Universalisierbarkeit auf eine Gruppe und letztlich auf die universelle Austauschbarkeit *aller* Perspektiven erweitert werden. Die Gefahr einer ›emotivistischen Vereinseitigung‹, bei der ein intuitives Verständnis für die Lage der Einzelnen eine größere Rolle spielt als die intersubjektive Anerkennung ihrer Argumente, durch die die Beteiligten zur Einsicht in die Richtigkeit ihres Handelns und zu einer Einstellungsänderung gelangen können, ist für Habermas unausweichlich. Die »diskursethische Alternative« (Habermas 1991, 69) basiert dann auch auf der *Rechtfertigung* von Normen. Normen sind dann gerecht, wenn sie das Ergebnis eines ›reflexiven‹ Diskurses sind, d. h. eines Diskurses, in dem auch die Verfahren selbst, die zu gerechten Prinzipien führen, auf die Bedingungen der Argumentation, die alle Beteiligten zur idealen Rollenübernahme anhält, überprüft werden (ebd., 632).

Anfang der 1980er Jahre kritisierte Carol Gilligan Kohlbergs Annahme, dass sich moralisches Urteilen über sechs Entwicklungsstufen hin zu einer zunehmenden Universalisierung begründen lasse (Gilligan 1982). Gilligan warf Kohlberg vor, durch eine einseitige Fragestellung die Gerechtigkeitsurteile allein auf ›vernunftbasierte‹ Einschätzungen zu beziehen und anderes Wissen, alternative Umgangsweisen mit moralischen Konflikten und damit die Sorge (*care*) füreinander, die auf die Einzigartigkeit von Personen und die Nahbeziehungen zwischen Menschen abzielt, vollkommen auszublenden. Kohlberg sah sich veranlasst, auf diese Einwände zu reagieren, und versuchte, Gerechtigkeit (*justice*) und das Wohl des Nächsten (*benevolence*) zusammenzuführen (Kohlberg/Boyd/Levine 1986) – ein Anliegen, an dem er letztlich scheitert, da für ihn die Integrität des Einzelnen nur auf den ersten Blick den Gerechtigkeitsfragen unversöhnlich gegenübersteht und die ›Fürsorge‹ letztlich nur ein Aspekt der ›Gerechtigkeit‹ darstellt.

Habermas nimmt Gilligans Vorschlag, das Wohl des Nächsten zu berücksichtigen, zum Anlass, Solidarität als die andere Seite der Gerechtigkeit einzuführen (Habermas 1991, 70). Jede deontologische Gerechtigkeitstheorie müsse zwei Aufgaben erfüllen: die Gleichbehandlung sowie den gleichmäßigen Respekt vor der Würde des Einzelnen fordern und die intersubjektiven Beziehungen reziproker Anerkennung schützen. Seyla Benhabib, die Gilligans Kritik ebenfalls aufgreift, bringt diese Doppelseitigkeit der diskurstheoretischen Gerechtigkeit auf den Punkt, indem sie zwei Standpunkte vorschlägt, die mit der Unterscheidung Gerechtigkeit/Solidarität korrespondieren: den Standpunkt des ›verallgemeinerten Anderen‹, der uns dazu bewegt, jedes Individuum als Wesen mit gleichen Rechten und Pflichten anzuerkennen, und den des ›konkreten Anderen‹, der uns veranlasst, den Anderen mit seiner ganzen Individualität, bestimmter Geschichte und affektiv-emotionaler Konstitution zu sehen (Benhabib 1995, 182; vgl. auch Wingert 1993, der zwischen ›gerechtem‹ und ›solidarischem‹ Respekt unterscheidet). Erst wenn beide Standpunkte eingenommen und aufeinander bezogen werden, kann Benhabib zufolge eine »epistemologische Blindheit« (ebd.) gegenüber Fragen des guten Lebens und damit Ungerechtigkeit vermieden werden. Damit bezieht sich das Diskursmodell der Gerechtigkeit weiterhin auf das Prinzip der reziproken und allgemeinen Rechtfertigung von Normen gegenüber allen Betroffenen und unterläuft dennoch die starre Grenze zwischen Gerechtigkeit und dem guten Leben (s. Kap. IV.42), wie sie beispielsweise bei Rawls besteht – ein Vorschlag, der von Habermas in seiner Rechtsphilosophie und in seinen Arbeiten zur politischen Theorie aufgegriffen wird (Habermas 1994, 375 f., 380; 1996a, 247).

Politische Gerechtigkeit

In der Rechtsphilosophie ändert die Verfahrensgerechtigkeit ihr Gesicht, ohne ihren normativen Kern zu verlieren. Ging es in Habermas' Moraltheorie um die *moralische* Rechtfertigung der Verfahren zur Bestimmung von gerechten Prinzipien, so werden in der Rechtsphilosophie im Prozess der *politischen* Rechtfertigung Prinzipien zur Begründung der politischen Grundstruktur einer Rechtsgemeinschaft entwickelt (zur Differenzierung von Moral, Recht und Politik vgl. Forst 1994). Im moralischen Kontext wird das Verfahren beschrieben, mit dem die hypothetische Gemeinschaft aller Menschen sich auf moralische und prozedurale Prinzipien einigt, die ihr Zusammenleben regeln. Ausgehend von den moralisch gerechtfertigten Prinzipien wird das gerechte Verfahren dann im Kontext einer *politischen* Rechtsgemeinschaft der Bürger verankert, mit dem Ziel, sich auf gerechte politische Institutionen zu verständigen. Dazu gehören Verfassungsrechte und Menschenrechte ebenso wie Regeln, die die soziale Gerechtigkeit oder die Anerkennung kultureller Lebensformen betreffen.

Die Begründung eines Systems von Rechten hat Habermas in gleich weitem Abstand von liberalen Theorien, die einen Vorrang der klassischen Freiheitsrechte vertreten, wie von republikanischen Theorien vorgenommen, die den politischen Teilnahmerechten Priorität einräumen. Für Habermas' Idee ›politischer‹ Gerechtigkeit ist die Annahme entscheidend, die er u. a. in Diskussion mit Klaus Günther und Ingeborg Maus entwickelt hat, dass das Verhältnis von subjektiven Freiheitsrechten und Volkssouveränität, von Recht und Politik, komplementär sei. Die demokratische Genese – und nicht ein apriorisches Rechtsprinzip, dem das Gesetz entsprechen muss – sichert die Gerechtigkeit der Verfassungsrechte und der Gesetze (Maus 1992). Die subjektive Freiheit wiederum erlaubt, aus dem kommunikativen Handeln ›auszusteigen‹ und sich in eine Privatheit zurückzuziehen, die von der Last gegenseitig zugemuteter kommunikativer Freiheit befreit (Günther 1992).

Hier wird auch der Zusammenhang zwischen ›moralischer‹ und ›politischer Gerechtigkeit‹ deutlich. Erstere geht letzterer logisch voraus (Forst 1999, 151): Die im moralischen Kontext begründeten Prinzipien ›regieren‹ die Verfahren zur Rechtssetzung, im Rechtssetzungsverfahren verbindet sich ein Netz von pragmatischen, moralischen und juridischen Diskursen mit Verhandlungen, die auf verschiedenen Wegen miteinander in Verbindung treten und zu einer begründeten Übereinkunft führen. Im Begründungsdiskurs selbst trumpfen letztlich die moralischen Argumente (Habermas 1996b, 1612): Gerechte Verfahren bringen verallgemeinerbare und damit auch gerechte Ergebnisse hervor.

Das Verhältnis zwischen Gerechtigkeit und Politik ist auch Gegenstand der Diskussion zwischen Rawls und Habermas, die im *Journal of Philosophy* im Jahr 1995 erschien (dt. Rawls 1996; Habermas 1996c). Motiviert durch die Wahrnehmung einer kulturellen und weltanschaulichen Pluralität, unterstreicht Rawls seit den *Dewey Lectures* (1993) den politischen Charakter seiner Gerechtigkeitstheorie. Die vertragstheoretisch begründete Gerechtigkeitstheorie wird daraufhin geprüft, ob sie in einer pluralen Gesellschaft auf Akzeptanz stoßen kann. Dies geschieht in einer öffentlichen Diskussion, in der sich zeigen muss, dass die ›Gerechtigkeit als Fairness‹ einen »übergreifenden Konsens« herstellen kann (Rawls 1993, § 3, 144). Rawls stellt sich in diesem Fall nicht virtuelle, sondern ganz reale Bürger vor, die tatsächlich über die Stabilität der Theorie zu entscheiden haben – mit offenem Ausgang (ebd., 65). Dennoch zeigt sich für Habermas darin ein falsches Verständnis einer ›politischen‹ Gerechtigkeitstheorie: Die Bürger können sich nicht von der Gerechtigkeitstheorie überzeugen, bevor sie in einen Konsens einwilligen, sondern der Wert der bestehenden Theorie wird bereits vorausgesetzt (Habermas 1996c, 183). Es fehlt offensichtlich eine Verbindung zwischen der Gültigkeit der Theorie und einer Überprüfung derselben unter den Bedingungen der Pluralität. Damit verschenkt Rawls die Möglichkeit, Gerechtigkeit an politische Freiheit zu binden. Anders als die älteren (substanziellen) Begriffe der Gerechtigkeit, die auf dem guten Leben oder dem Gemeinwohl aufruhen, ist mit den modernen Rechtssystemen die Vorstellung erwachsen, dass Gerechtigkeit und Freiheit aufeinander bezogen sind: In der demokratischen Realisierung individueller Freiheit zeigt sich eine gerechte politische Ordnung – und, so ließe sich ergänzen, die Solidarität der Rechtsgenossen (Brunkhorst 2002).

Globale Gerechtigkeit

Globale Probleme wie weltweite Armut, die Exklusion ganzer Bevölkerungsschichten von Arbeit, Bildung und einer funktionierenden Gerichtsbarkeit haben die Frage aufgeworfen, ob Gerechtigkeit als normativer Maßstab auch jenseits des Nationalstaates Gültigkeit haben sollte. Während Rawls' Vorschlag für innerstaatliche soziale Gerechtigkeit (Differenzprinzip, s. Kap. II.25) auf internationaler Ebene auf eine »Pflicht, den Völkern zu helfen« reduziert wird, wenn diese bereit sind, sich zu »wohlgeordneten« Gesellschaften zu entwickeln (Rawls 2002, 41), zieht sich Thomas Nagel auf den Standpunkt zurück, dass es keine Gerechtigkeit zwischen Staaten oder deren Bürgern geben kann, solange es keinen transnationalen Souverän gibt, der die Pflichten durch legitimes zwingendes Recht erwirken kann (Nagel 2005). Auf der universalistischen Seite des Theoriespektrums argumentiert Peter Singer für eine universelle »positive Hilfspflicht«. Wie es moralisch falsch ist, beim Spaziergang ein ertrinkendes Kind nicht zu retten, machen wir uns schuldig, wenn wir nicht regelmäßig spenden (Singer 2007).

Aus Habermas' Projekt einer »Weltinnenpolitik« ergibt sich eine doppeldeutige Auffassung supranationaler Gerechtigkeit. Auf der einen Seite fußt es auf einem *minimalistischen* ›realistischen‹ Ansatz, wonach die Weltinnenpolitik der Aufrechterhaltung des Friedens höchste Priorität vor allen anderen Zielen einräumt; die Gerechtigkeitskonzeption beschränkt sich hierbei auf die Vermeidung von Kriegen und die Garantie der Menschenrechte auf Freiheit (Habermas 2004, 140–143). Andererseits basiert sein Projekt auf einem eher ehrgeizigen »utopischen« Ansatz, der eine globale Regierungsorganisation vorschlägt, die die Weltinnenpolitik nach Prinzipien globaler Gerechtigkeit *lenken* soll; diese Gerechtigkeitsprinzipien sollen von einer Weltorganisation und ihrer Charta repräsentiert werden (Habermas 2007, 450). Dabei wird eine Trennlinie gezogen zwischen den klar definierten Aufgaben, deren Erfüllung die Gerechtigkeit auf supranationaler Ebene garantieren soll (in erster Linie, den Frieden zu bewahren), einerseits und allen anderen transnationalen Aufgaben ›politischer Art‹ andererseits: der Gestaltung von ökonomischen Regelwerken und von Umweltschutzstandards, der Förderung der Künste und der Aufstellung von sozialpolitischen Standards (ebd.).

In einer ersten Lesart, die den minimalistischen Ansatz untermauert, stellen die negativen Pflichten einer universalistischen Moral der Gerechtigkeit – »die Pflicht zur Unterlassung von Angriffskriegen und von Menschheitsverbrechen« – die Grundlage für die Rechtsprechung der internationalen Gerichte und die politischen Entscheidungen der UN dar (Habermas 2004, 142). Hier bleibt für Armutsbekämpfung auf *supra*nationaler Ebene kein Raum; dies scheint ein Teil der *trans*nationalen Agenda zu sein, die Gegenstand von politischen Verhandlungen ist.

Habermas ließe sich aber auch auf eine andere, normativ ehrgeizige Weise lesen: Demnach gäben die Vereinten Nationen den normativen Rahmen für die Weltpolitik im Allgemeinen vor – einschließlich der politischen Prozesse auf transnationaler Ebene. Die Aufgaben werden zwischen diesen beiden Ebenen nach Maßgabe funktioneller Anforderungen aufgeteilt, die von Wirtschaftsorganisationen wie der WTO und ebenso von UN-Organisationen wie der WHO erfüllt werden müssen, sind aber nicht von vornherein festgelegt (Habermas 2005, 335). Eine thematische Aufgabenteilung zwischen Moral und Politik, die dem diskursiven Verfahren vorausläge, wäre mit dem Anspruch der Verfahrensgerechtigkeit ohnehin unvereinbar.

Aus Sicht einiger Theoretiker spricht viel für diese zweite Lesart. Dafür werden mindestens drei Argumente angeführt: Erstens sehen wir – konsequentialistisch betrachtet –, dass jedes Jahr mehr Menschen an vermeidbaren, durch Armut verursachten Krankheiten und an anderen Formen des Mangels sterben als bei Kriegen getötet werden. Dies ist Grund genug, um diese Frage auf die supranationale Bühne zu heben (Pogge 2002; Kreide 2007). Zweitens ist Armut auf der Welt nicht von den Betroffenen selbst verschuldet, sondern es ist davon auszugehen, dass einige von den weltweiten ökonomischen, finanziellen und politischen Regeln in einer Weise profitieren, die andere in eine desperate Situation zwingen (O'Neill 2000; Caney 2005). Und schließlich müsste die Beantwortung der Frage, was in den Bereich der Gerechtigkeitstheorie gehört und was politischen Verhandlungen mit ungewissem Ausgang überlassen bleibt, »der internen Logik des Moraldiskurses folgen« (Lafont 2009). Gerechtigkeitsfragen sind nämlich nicht ›politisch‹ in dem Sinn, dass sie durch Kompromisse beantwortet werden könnten.

Literatur

Apel, Karl-Otto: Das Apriori der Kommunikationsgemeinschaft und die Grundlagen der Ethik. In: Ders.: *Transformation der Philosophie*, Bd. 2. Frankfurt a. M. 1973, 358–436.

Benhabib, Seyla: *Selbst im Kontext. Kommunikative Ethik im Spannungsfeld von Feminismus, Kommunitarismus und Postmoderne*. New York 1995 (engl. 1992).

Brunkhorst, Hauke: *Solidarität. Von der Bürgerfreundschaft zur globalen Rechtsgenossenschaft*. Frankfurt a. M. 2002.

Caney, Simon: *Justice beyond Borders. A Global Political Theory*. Oxford 2005.

Forst, Rainer: *Kontexte der Gerechtigkeit. Politische Philosophie jenseits von Liberalismus und Kommunitarismus*. Frankfurt a. M. 1994.

–: Die Rechtfertigung der Gerechtigkeit. Rawls' Politischer Liberalismus und Habermas' Diskurstheorie in der Diskussion. In: Hauke Brunkhorst/Peter Niesen (Hg.): *Das Recht der Republik*. Frankfurt a. M. 1999, 105–169.

Gilligan, Carol: *Die andere Stimme*. München 1982.

Günther, Klaus: Die Freiheit der Stellungnahme als politisches Grundrecht – eine Skizze. In: Peter Koller/Csaba Varga/Ota Weinberger (Hg.): *Theoretische Grundlagen der Rechtspolitik. Archiv für Rechts- und Sozialphilosophie*, Beiheft 54 (1992), 59–72.

Habermas, Jürgen: *Theorie des kommunikativen Handelns*, 2 Bde. Frankfurt a. M. 1981.

–: *Moralbewußtsein und kommunikatives Handeln*. Frankfurt a. M. 1983.

–: *Erläuterungen zur Diskursethik*. Frankfurt a. M. 1991.

–: *Faktizität und Geltung. Beiträge zur Diskurstheorie des Rechts und des demokratischen Rechtsstaats*. Frankfurt a. M. ⁴1994.

–: *Die Einbeziehung des Anderen. Studien zur politischen Theorie*. Frankfurt a. M. 1996a.

–: Replik auf Beiträge zu einem Symposion der Benjamin N. Cardozo School of Law. In: *Cardozo Law Review* 17/4–5 (1996b), 1559–1645.

–: Versöhnung durch öffentlichen Vernunftgebrauch. In: Philosophische Gesellschaft Bad Homburg/Wilfried Hinsch (Hg.): *Zur Idee des politischen Liberalismus*. Frankfurt a. M. 1996c, 169–195.

–: *Kommunikatives Handeln und detranszendentalisierte Vernunft*. Frankfurt a. M. 2001.

–: *Der gespaltene Westen. Kleine politische Schriften X*. Frankfurt a. M. 2004.

–: *Zwischen Naturalismus und Religion*. Frankfurt a. M. 2005.

–: Kommunikative Rationalität und grenzüberschreitende Politik: eine Replik. In: Peter Niesen/Benjamin Herborth (Hg.): *Anarchie der kommunikativen Freiheit. Jürgen Habermas und die Theorie der internationalen Politik*. Frankfurt a. M. 2007, 406–460.

Kant, Immanuel: Grundlegung zur Metaphysik der Sitten [1785]. In: Ders.: *Werkausgabe in zwölf Bänden*, Bd. VII. Hg. von Wilhelm Weischedel. Frankfurt a. M. 1991.

Kettner, Matthias: *Angewandte Ethik als Politikum*. Frankfurt a. M. 2000.

Kohlberg, Lawrence: *Essays on Moral Development*, Bd. 1: *The Philosophy of Moral Development*. Bd. 2: *The Psychology of Moral Development*. San Francisco 1981.

–/Boyd, Dwight R./Levine, Charles: Die Wiederkehr der sechsten Stufe. In: Wolfgang Edelstein/Gertrud Nunner-Winkler (Hg.): *Bestimmung der Moral*. Frankfurt a. M. 1986, 205–240.

Kreide, Regina: Neglected Injustice: Poverty as a violation of social autonomy. In: Thomas Pogge (Hg.): *Freedom from Poverty. Who Owes What to the Very Poor*. Oxford 2007, 155–183.

Lafont, Cristina: Alternative visions of a new global order: What should cosmopolitans hope for? In: *Soziale Welt*, Sonderband 18 (2009), 231–249.

Maus, Ingeborg: *Zur Aufklärung der Demokratietheorie*. Frankfurt a. M. 1992.

Mead, George Herbert: *Geist, Identität und Gesellschaft aus der Sicht des Sozialbehaviorismus*. Frankfurt a. M. 1968 (engl. 1934).

Nagel, Thomas: The problem of global justice. In: *Philosophy & Public Affairs* 33/2 (2005), 113–147.

O'Neill, Onora: Transnational economic justice. In: Dies.: *Bounds of Justice*. Cambridge 2000, 115–142.

Pogge, Thomas: *World Poverty and Human Rights. Cosmopolitan Responsibilities and Reforms*. Cambridge 2002.

Rawls, John: *Die Idee des politischen Liberalismus. Aufsätze 1978–1989*. Frankfurt a. M. 1972.

–: *Political Liberalism*. New York 1993.

–: Erwiderung auf Habermas. In: Philosophische Gesellschaft Bad Homburg/Wilfried Hinsch (Hg.): *Zur Idee des politischen Liberalismus*. Frankfurt a. M. 1996, 196–265 (engl. 1995).

–: *Das Recht der Völker*. Berlin 2002 (engl. 1999).

Scanlon, Thomas: Contractualism and Utilitarianism. In: Bernard Williams/Amartya Sen (Hg.): *Utilitarianism and Beyond*. Cambridge MA 1982.

–: *What We Owe to Each Other*. Cambridge MA 1998.

Singer, Peter: Hunger, Wohlstand und Moral. In: Barbara Bleisch/Peter Schaber (Hg.): *Weltarmut und Ethik*. Paderborn 2007, 37–52 (engl. 1972).

Wingert, Lutz: *Gemeinsinn und Moral. Grundzüge einer intersubjektivistischen Moralkonzeption*. Frankfurt a. M. 1993.

Regina Kreide

38 Gerechtigkeit in der Kritischen Theorie

In den 1930er Jahren entstand am Institut für Sozialforschung (IfS) in Frankfurt am Main jene Theorietradition, die später als ›Kritische Theorie‹ bzw. ›Frankfurter Schule‹ bekannt werden sollte (vgl. Wiggershaus 1987). Orientiert an der Gesellschafts- und Kapitalismuskritik von Karl Marx, zeichnet sich das Forschungsprogramm der Kritischen Theorie von Beginn an dadurch aus, dass philosophische und sozialwissenschaftliche Forschung miteinander verbunden werden sollte, um zur Emanzipation der Gesellschaft beizutragen (vgl. Horkheimer 1931/1988). Die Frage der Gerechtigkeit bzw. der Ungerechtigkeit von gesellschaftlichen Zuständen spielt dabei seit jeher eine große Rolle. Die Orientierung an Marx sorgt allerdings dafür, dass das Nachdenken über Gerechtigkeit innerhalb der Kritischen Theorie von einer grundsätzlichen Skepsis bestimmt ist. Die Frage nach dem Stellenwert des Gerechtigkeitsbegriffs bei Marx hat in den 1980er Jahren eine kontroverse, bis heute nicht abgeschlossene Diskussion ausgelöst. Im Mittelpunkt steht dabei die Frage, ob sich im Werk von Marx überhaupt eine Theorie der Gerechtigkeit findet und, wenn ja, welchen normativen Status sie besitzt. Auf diese Debatte soll an dieser Stelle nicht näher eingegangen werden (einen Überblick bietet z. B. Leist 1985; s. Kap. I.10). Für den vorliegenden Zusammenhang genügt es zu erläutern, worin die Marxsche Skepsis gegenüber dem Begriff der Gerechtigkeit besteht, die die Vertreter und Vertreterinnen der Kritischen Theorie bis heute beschäftigt. In einer historisch-materialistischen Perspektive erscheinen Recht und Gerechtigkeit in erster Linie als Ausdruck der vorherrschenden materiellen Produktions- und Reproduktionsverhältnisse (vgl. u. a. MEW 1, 390; MEW 19, 359; MEW 23, 99; MEW 25, 352). Marx gebraucht den Begriff der Gerechtigkeit in diesen Fällen »in einem informativen Modus« (Rottleuthner 1994, 210), d. h. um zu bezeichnen, was innerhalb der bürgerlichen Rechtsordnung als gerecht gilt. Damit nährt er den Verdacht, dass der Begriff der Gerechtigkeit womöglich nicht taugt, um die bürgerlich-kapitalistische Gesellschaft zu kritisieren. Denn wenn der Begriff der Gerechtigkeit zu der historischen Bewusstseinsform der bürgerlichen Gesellschaft gehört, dann kann und sollte womöglich nicht in diesem Namen für eine emanzipierte, post-kapitalistische Gesellschaft gekämpft werden.

Dieser ›Marxsche Verdacht‹ gegenüber dem Gerechtigkeitsbegriff zwingt die Vertreter und Vertreterinnen der Kritischen Theorie dazu, ihre Verwendung des Gerechtigkeitsbegriffs kritisch zu reflektieren anstatt sich blindlings auf seinen kritischen und emanzipatorischen Gehalt zu verlassen. Auf diese Herausforderung reagieren sie unterschiedlich, wie wir im Folgenden zeigen möchten. Wir werden uns dabei ausschließlich auf die Kritische Theorie im engeren Sinne beziehen, d. h. auf Denker und Denkerinnen, die institutionell mit der Kritischen Theorie bzw. der Frankfurter Schule in Verbindung stehen. Im zweiten Teil werden wir zunächst die Gerechtigkeit in der frühen Kritischen Theorie behandeln, wobei wir uns aus Platzgründen auf deren Hauptvertreter Max Horkheimer, Theodor W. Adorno und Walter Benjamin beschränken. Im dritten Teil wird die Diskussion des Begriffs der Gerechtigkeit in der neueren Kritischen Theorie systematisch rekonstruiert, wobei im Besonderen die Positionen von Jürgen Habermas, Axel Honneth und Rainer Forst berücksichtigt werden.

Frühe Kritische Theorie

In der frühen Kritischen Theorie, die noch deutlich vom ursprünglich marxistischen Forschungsprogramm des IfS geprägt ist, spielt das Problem der Gerechtigkeit bzw. Ungerechtigkeit eine große Rolle. Die Auseinandersetzung findet hierbei – mit Ausnahme von Benjamins Abhandlung *Zur Kritik der Gewalt* – allerdings nicht explizit statt. Das heißt: Die Frage, was Gerechtigkeit bzw. Ungerechtigkeit ist und wie sie zu beheben ist, wird nicht als gesondertes theoretisches Problem diskutiert. Vielmehr fungieren die Begriffe der Gerechtigkeit und Ungerechtigkeit als beständige Bezugspunkte für eine kritische Analyse des Gesellschaftlichen, wobei sich die Hauptvertreter der frühen Kritischen Theorie – Horkheimer, Adorno und Benjamin – vor allem an dem Marxschen Verdacht gegenüber dem Gerechtigkeitsbegriff abarbeiten und sich darum bemühen, das emanzipatorische Potenzial des Begriffs zu sondieren.

Horkheimer beschäftigt zeitlebens die enorme gesellschaftliche Ungerechtigkeit, die in den unterschiedlichen Lebensbedingungen der Menschen zum Ausdruck kommt (vgl. Adorno 1986b, 158; Hesse 2008, 508). Prinzipiell ist Horkheimer davon überzeugt, dass der Begriff der Gerechtigkeit für den Kampf für eine bessere Welt genutzt werden kann, insofern die Norm der Gerechtigkeit fordert, »die Wirklichkeit so einzurichten, dass keiner ohne sinnvollen Grund zu leiden hat« (Horkheimer 1935/1988, 264). Als Vertreter des westlichen Marxismus weiß Horkheimer allerdings auch, dass der Begriff der Gerechtigkeit mit der spezifischen historischen Bewusstseinsform der bürgerlichen Gesellschaft verbunden ist (vgl. Horkheimer 1967/1991, 181). Um den Gerechtigkeitsbegriff auf seinen tatsächlichen emanzipatorischen Gehalt hin zu überprüfen, wendet sich Horkheimer daher seinem historischen Entstehungskontext zu. Laut Horkheimer verdankt der Begriff seine Existenz »dem elenden Zustand der Beherrschten«, der in ihnen den »utopische[n] Wunsch nach Gleichheit und Gerechtigkeit« (Horkheimer 1936b/1988, 25) erzeugt. Die Massen nutzen den Gerechtigkeitsbegriff, um sich dem »blinde[n] Urteilsspruch der Ökonomie« (Horkheimer 1936a/1988, 383) zu widersetzen und die Aufhebung ihres ökonomischen Elends zu fordern. Diese Forderung wird von den Protagonisten und Protagonistinnen der bürgerlichen Revolution aufgenommen und für ihre eigenen Ziele instrumentalisiert. Der »bürgerliche[ ] Führer[ ]« (Horkheimer 1936b/1988, 72) nutzt den Wunsch nach Gerechtigkeit, um die unterdrückten Massen für den Kampf um eine neue Gesellschaftsordnung zu mobilisieren, die in Wahrheit nur den Interessen des Bürgertums dient, ohne das Elend der Massen signifikant zu lindern (vgl. ebd., 25, 72). In der Epoche der bürgerlichen Gesellschaft verliert der Gerechtigkeitsbegriff sodann seinen ursprünglich materialistisch-ökonomischen Gehalt und emanzipatorischen Anspruch. Er wird zum Opfer einer »ideologische[n] Hypostasierung« (ebd., 75) und fungiert nur noch als abstraktes Ideal und Gegenstand der Theorie. Folglich sieht Horkheimer die Aufgabe einer kritischen Theorie der Gerechtigkeit darin, dem historischen Prozess der Entpolitisierung entgegenzutreten und dem Begriff der Gerechtigkeit seinen ursprünglichen Wahrheitsgehalt zurückzugeben. Indem Kritische Theorie aufzeigt, dass die bürgerliche Gesellschaft niemals das Versprechen auf Gerechtigkeit eingelöst hat, das sie bei ihrer Gründung gegeben hat, kann sie die bestehenden Verhältnisse kritisieren und dem Gerechtigkeitsbegriff seinen ursprünglichen emanzipatorischen Gehalt zurückgeben.

Adorno schließt sich grundsätzlich der begriffshistorischen Analyse Horkheimers an: Auch er glaubt, dass die bürgerliche Gesellschaft mit dem hoffnungsvollen Versprechen auf Gerechtigkeit gegründet wurde, ohne dass sie dieses jemals einlösen konnte. Bereits im 19. Jahrhundert zeigt sich, dass die bürgerliche Gesellschaft »ihre eigene Vernunft, ihre eigenen Ideale von Freiheit, Gerechtigkeit und humaner Unmittelbarkeit nicht verwirklichen [kann], ohne daß ihre Ordnung aufgehoben« wird (Adorno 1977, 630). Die bürgerliche Gesellschaft verschleiert diesen Zusammenhang, indem sie damit beginnt, den Begriff der Gerechtigkeit ausschließlich in einem immanenten Sinn zu verwenden: Gerecht ist die Handlung, die in Übereinstimmung mit dem bürgerlichen Gesetz steht; gerecht ist der ökonomische Tausch, in dem Äquivalente gegeneinander getauscht werden. Dieser Begriff von Gerechtigkeit, der nichts anderes mehr als die »›Vernünftigkeit‹ eben dieser Gesellschaft« (Adorno 1986a, 20) bezeichnet, hat laut Adorno eine ideologische Funktion: Mit dem Begriff der »immanenten Gerechtigkeit« verdeckt die bürgerliche Gesellschaft den Tatbestand, dass in Wirklichkeit die nackte »Lebensnot [...] den Mechanismus der antagonistischen Gesellschaft stöhnend im Gange erhält« (ebd.). Adorno teilt also den Marxschen Verdacht gegenüber dem bürgerlichen Gerechtigkeitsbegriff. Wie Horkheimer bemüht sich auch Adorno darum, den kritisch-emanzipatorischen Gehalt des Begriffs zu retten, indem er einen »umfassender[en] Gerechtigkeitsbegriff« (Lohmann 1986, 190) entwickelt. Dieser soll deutlich machen, dass die »Äquivalenz nicht die Wahrheit, daß der gerechte Tausch nicht die Gerechtigkeit« (Adorno 1971, 34) ist, sondern das »universale Unrecht [...] in Vertauschbarkeit und Substitution selber« (Adorno 1980, 84) liegt. Adorno bringt seine Vorstellung von einer anderen, umfassenden Gerechtigkeit durch die Formel ›Gerechtigkeit widerfahren lassen‹ zum Ausdruck, die sich wie ein roter Faden durch sein Werk zieht. Einer Sache Gerechtigkeit widerfahren zu lassen, impliziert, auf eine Weise wahrzunehmen, zu denken und sich auszudrücken, die nicht durch den Zwang zur begrifflichen Identifikation bestimmt ist. Damit löst Adorno den Gerechtigkeitsbegriff von seiner Fokussierung auf politisch-ökonomisch-juridische Verhältnisse ab. Am pointiertesten kommt Adornos Verständnis des Gerechtigkeitsbegriffs in seiner Besprechung von Wilhelm Lehmanns *Bemerkungen zur Kunst des Gedichts* zum Ausdruck. Dort heißt es:

> »[E]s ist das Eigentümliche solcher Erfahrungen wie der seinen, daß sie, im Gegensatz zu der heute verbreiteten Denkgewohnheit, keine These aufstellen, niemandem eine Gesinnung aufdrängen wollen, vielmehr sich um Konkretion im wörtlichsten Sinn, das Ineinandergewachsensein der Momente eines Problems bemühen. Mit anderen Worten, um Gerechtigkeit« (Adorno 1974, 665).

Von den hier vorgestellten Vertretern der frühen Kritischen Theorie liefert nur Benjamin mit seiner Abhandlung *Zur Kritik der Gewalt* eine explizite theoretische Auseinandersetzung mit dem Begriff der Gerechtigkeit. Der Text zielt darauf ab, eine ›Kritik der Gewalt‹ zu leisten, und zwar durch »die Darstellung ihres Verhältnisses zu Recht und Gerechtigkeit« (Benjamin 1977, 179). Der überaus dichte und anspruchsvolle Text kann an dieser Stelle nicht adäquat rekonstruiert und interpretiert werden. Für den vorliegenden Zusammenhang muss es genügen, Benjamins Reaktion auf den Marxschen Verdacht gegenüber dem bürgerlichen Gerechtigkeitsbegriff sichtbar zu machen. Offensichtlich teilt Benjamin diesen Verdacht. Unter Bezugnahme auf Georges Sorel konstatiert Benjamin, dass »alles Recht« bis jetzt »›Vor'recht der Könige oder der Großen, kurz der Mächtigen« gewesen ist und dies auch so »bleiben [wird], solange es besteht« (ebd., 198). Wie Horkheimer und Adorno reagiert auch Benjamin auf diesen Umstand mit dem Versuch, einen umfassenderen Gerechtigkeitsbegriff zu entwickeln, der aber wie bei Horkheimer auf politisch-ökonomisch-juridische Verhältnisse bezogen bleibt. Benjamin verfolgt dabei in seinem Aufsatz eine zweifache Strategie: Zuerst arbeitet er die Widersprüche innerhalb der bürgerlichen Rechtsordnung heraus, die dafür sorgen, dass diese sich von selbst destabilisiert. Diese dekonstruktivistische Sicht auf das Recht ist durch die Interpretation von Jacques Derrida (1991) äußert einflussreich geworden und spielt auch für die gegenwärtigen Bemühungen innerhalb der Kritischen Theorie, die von Marx begonnene »soziale Kritik des Rechts« (Menke 2013, 273) aufzunehmen und weiterzudenken, eine große Rolle (vgl. hierzu Teil 3). Anschließend geht Benjamin »von einer ›immanenten‹ zu einer ›transzendierenden‹ Kritik« (Honneth 2006, 206) über und etabliert einen externen Standpunkt, von dem aus die bürgerliche Rechtsordnung als ganze kritisiert werden kann. Diesen externen Standpunkt erreicht Benjamin dadurch, dass er dem bislang vorherrschenden instrumentellen Verständnis von Gewalt ein »expressivistisches Konzept« (ebd.) der Gewalt gegenüberstellt. In den bisherigen Rechtsordnungen wird Gewalt immer als Mittel zur Erreichung eines bestimmten (Rechts-)Zweckes gesehen. Benjamin versucht demgegenüber einen Begriff von Gewalt zu etablieren, in dem Gewalt »nicht Mittel, sondern Manifestation« (Benjamin 1977, 196) ist. Solch expressive Gewalt, wie sie sich beispielsweise in einem Wutanfall zeigt, ist laut Benjamin »eine Gewalt anderer Art« (ebd.), die außerhalb der Zweck-Mittel-Matrix steht. Benjamin glaubt, dass von solch einer »reinen unmittelbaren Gewalt« (ebd., 199) der Impuls zu einer vollständigen »Entsetzung des Rechts« (ebd., 202) ausgehen und dadurch der Eintritt in »ein neues geschichtliches Zeitalter« (ebd.) gelingen kann. Wenn expressive Gewalt nämlich nicht als mythische Gewalt, sondern als göttliche Gewalt in Erscheinung tritt, vermag sie den Menschen vor Augen zu führen, »daß und wie [...] revolutionäre Gewalt möglich ist« (ebd.), die einen Zustand herbeiführt, in dem die Frage der Gerechtigkeit nicht mehr gestellt werden muss. Benjamin bietet einen Begriff von Gerechtigkeit an, der alle bisherigen Rechtsordnungen, ja die Logik von Rechtsordnungen überhaupt transzendiert und jener Hoffnung Ausdruck verleiht, die sich auch bei Marx findet (vgl. MEW 4, 480 f.; MEW 19, 21) – der Hoffnung, dass in der postkapitalistischen Gesellschaft »durch Beseitigung materieller Knappheit und Herstellung von Interessensharmonie keine Gerechtigkeit mehr nötig« (Gosepath 2008, 399) ist.

Neuere Entwicklungen in der Kritischen Theorie

Hat auch die neuere Kritische Theorie den Marxschen Verdacht gegenüber dem Gerechtigkeitsbegriff geerbt, so hat Habermas' Neuformulierung des Programms der Kritischen Theorie im Paradigma kommunikativer Vernunft zu einer optimistischeren Sicht auf die Institution des Rechts und das emanzipatorische Potenzial des Gerechtigkeitsbegriffs geführt. Diese veränderte Sichtweise hat eine explizitere Auseinandersetzung mit dem Begriff der Gerechtigkeit zur Folge, als sie in der frühen Kritischen Theorie stattfand. Das erlaubt einen systematischen Zugriff auf die Diskussion zwischen den hier ausführlicher behandelten Autoren Habermas, Honneth und Forst. Gemeinsam ist den drei Positionen die Kritik eines distributiven Gerechtigkeitsbegriffs. Ihre Positionen unterscheiden sich anhand der Frage, wie weitreichend die Konsequenzen der Kritik an einem distributiven Modell für den Gerechtigkeitsbegriff im Allgemeinen, insbesondere bezüglich seiner Stellung zum Recht, sind.

Die Kritik an einem distributiven Gerechtigkeitsmodell richtet sich gegen die angelsächsisch geprägte liberale Gerechtigkeitstheorie, die sich im Anschluss an John Rawls entwickelt hat (s. Kap. III.31). Sie wurde in den 1980er und 1990er Jahren prominent von Iris Marion Young geübt, die ihre Kritik analog zu

Marx' Kritik der politischen Ökonomie verstand (Young 1981, 284; 2011, insbes. 15–38). Youngs Kritik wurde im Frankfurter Kontext aufgenommen und erweitert (Habermas 1998, 505 f.; Honneth 2010; Forst 2011, 29–52). Der Kern der Kritik ist, dass sich distributive Gerechtigkeitstheorien darauf beschränkten, zu untersuchen, welche (materielle) Güterverteilung in einer Gesellschaft gerecht ist, d. h. welches Bündel an Gütern jedem Individuum zukommen sollte. Dabei wird das Individuum fälschlicherweise als passiv, bloß Güter empfangend, und isoliert konzeptualisiert, und die eigentlich wichtigen Fragen, woher die zu verteilenden Güter überhaupt kommen und wer die Macht hat, sie zu verteilen, werden ausgeblendet oder stehen zumindest nicht im Mittelpunkt vieler Theorien der Gerechtigkeit (vgl. Forst 2011, 34–37). Gegenstand von Gerechtigkeitstheorien sollten statt Güterverteilungen und ihren Empfängern *soziale Beziehungen* sein. Das bedeutet im Umkehrschluss nicht, Verteilungsfragen seien unter dem Aspekt der Gerechtigkeit unwichtig, sondern bloß, dass sie selbst schon aus bestimmten sozialen Beziehungen hervorgehen. Hier wird der Marxsche Hintergrund der Kritik deutlich; denn auch Marx kritisierte, dass die politische Ökonomie die Bedingungen gesellschaftlicher Missstände, nämlich die *Produktionsverhältnisse* als bestimmte Form sozialer Beziehungen, nicht in den Blick nehme (Forst 2013, 144–121). Nun geht es der neueren Kritischen Theorie beim Blick auf soziale Beziehungen nicht ausschließlich um Produktionsverhältnisse, sondern allgemeiner um die Reflexion auf soziale Verhältnisse, die spezifischen Gerechtigkeitsfragen wie der Verteilungsfrage vorgelagert sind. Honneth spricht daher von einer »Reflexionssteigerung von Gerechtigkeit« (Honneth 2004, 225).

Laut Honneth ist die Verschiebung der »Aufmerksamkeit von Gütern auf Beziehungen« folgenschwer (ebd., 215, 217). Infolge dieser Einsicht muss das *Rechtsverhältnis* »seine privilegierte Stellung« verlieren, wenn es um die Realisierung von Gerechtigkeit in der Gesellschaft gehe (ebd., 217). Nun könnte man ein Rechtsverhältnis als soziale Beziehung und somit als angemessenen Gegenstand der Gerechtigkeit nach der Kritik distributiver Gerechtigkeit verstehen. In Anlehnung an Hegel argumentiert Honneth aber, dass Rechtsverhältnisse nur einen Teil der gerechtigkeitsrelevanten sozialen Beziehungen darstellen, und zwar diejenigen, die die Willkürfreiheit von Individuen betreffen. Das ist gerade die Bestimmung, die Individuen so versteht, dass sie Empfänger eines gerechten Güterbündels sein sollten, mit dem sie (willkürlich) machen können, was sie wollen. Die Grundlagen dieser Entscheidungsfreiheit reflektiert ein bloßer ›Empfänger‹ dabei nicht (ebd., 217, 221–223; Honneth 2011, 146–172). Dies knüpft an Marx' Kritik eines für die bürgerliche Gesellschaft typischen, distributiv-juridischen Gerechtigkeitsbegriffs an. Diese Erweiterung des Gegenstandsbereichs von Gerechtigkeit hat darüber hinaus methodische Konsequenzen. So sollte eine Gerechtigkeitstheorie nicht abstrakte normative Grundsätze über eine gerechte Verteilung aufstellen, die dann als Maßstab dafür gelten, welche Gesetze gerecht und welche ungerecht sind. Eine Theorie der Gerechtigkeit sollte vielmehr *alle* sozialen Beziehungen analysieren, die notwendig sind für die Ermöglichung individueller Freiheit. In *Das Recht der Freiheit* (2011) entwirft Honneth eine Gerechtigkeitstheorie nach diesen Maßgaben. Bestehende soziale Beziehungen und Institutionen werden daraufhin analysiert, wie und ob sie individuelle Freiheit, laut Honneth der Grundwert der Moderne, realisieren. In Anlehnung an seine früheren Arbeiten, in denen der Gerechtigkeitsbegriff allerdings keine systematische Bedeutung hat, werden diese als *Anerkennungsbeziehungen*, die nicht vollständig in Rechtsbeziehungen aufgehen (vgl. Honneth 2011, 126), konzeptualisiert. Ein freies Individuum, das dementsprechend in einer gerechten Gesellschaft lebt, ist anerkannter Teil von drei verschiedenen »relationalen Handlungssystem[en]«: »dem der persönlichen Beziehungen, des ökonomischen Marktes und der politischen Öffentlichkeit« (ebd., 232).

Es ist bemerkenswert, dass Honneth dem Recht keine hervorgehobene Stellung zugesteht, obwohl er grundsätzlich an Habermas' kommunikatives Paradigma anknüpft und dieses »der Kategorie des Rechts einen zentralen Stellenwert einräumt« (Habermas 1998, 21), wie Habermas in *Faktizität und Geltung* betont hat. Hier findet Habermas' expliziteste Auseinandersetzung mit Gerechtigkeitstheorien statt, die er auch im Dialog mit Rawls vertieft. Dennoch muss *Faktizität und Geltung* als »Diskurstheorie des Rechts und des demokratischen Rechtsstaates«, wie es im Untertitel heißt, und nicht als Gerechtigkeitstheorie verstanden werden (vgl. Habermas' Kritik am liberalen Gerechtigkeitsdiskurs: ebd., 78–90). Versteht man Habermas' Ausführungen als Rechts- und nicht als Gerechtigkeitstheorie, bedeutet dies, dass Habermas die moderne Rechtsform gewissermaßen als Untersuchungsgegenstand voraussetzt – und nicht erst als beste Form der Realisierung von abstrakten Gerechtigkeitsforderungen thematisiert. Dennoch ist der Untersuchungsgegenstand natürlich mit Bedacht gewählt, insofern Habermas an die emanzipatorische Kraft des Rechts glaubt, daran, dass das Recht Resultate demokratischer Entscheidungsfindungsprozesse angemessen ausdrücken und somit *legitim* sein kann (vgl. Iser/Strecker 2010, 140–155). Ob Rechtsnormen legitim sind oder nicht, entscheidet sich anhand des »Demokratieprinzips«, das »besagt [...], daß nur die juridischen Gesetze legitime Geltung beanspruchen dürfen, die in einem ihrerseits rechtlich verfaßten diskursiven Rechtssetzungsprozeß die Zustimmung aller Rechtsgenossen finden können« (Habermas 1998, 141). Inwiefern sich nun *Legitimität* und *Gerechtigkeit* unterscheiden, kann an dieser Stelle nicht ausführlich diskutiert werden. Grob gesagt betrifft die Gerechtigkeit einer politischen Ordnung sowohl ihren grundsätzlichen Herrschaftsanspruch als auch den Inhalt ihrer Herrschaftsordnung, während Legitimität bloß Ersteres in den Blick nimmt (vgl. Forst 2015, 186–197). Gerade wenn es darum geht, Forsts Projekt einer »kritischen Theorie der Gerechtigkeit« in seinen Differenzen zu Habermas zu verstehen, gilt es diese Unterscheidung zu beleuchten (Forst 2007, 179).

Der normative Grundsatz von Forsts kritischer Theorie der Gerechtigkeit ähnelt dem von Habermas. Im Kontext »politische[r] und soziale[r] Gerechtigkeit« besteht die normative Forderung der Gerechtigkeit darin, dass die Grundstruktur der relevanten Gesellschaft oder allgemeiner des relevanten sozialen Gefüges »wechselseitig und allgemein begründet werden muss, wobei nicht eine Seite ihre Gründe auf die andere einfach projizieren darf, sondern sich diskursiv rechtfertigen muss« (Forst 2011, 30, 40).

Ein seiner und Habermas' normativer Perspektive ähnliches Verständnis von Gerechtigkeit findet Forst bereits beim jungen Horkheimer (Forst 1996, 154). Forst rückt bei seiner Interpretation ungerechtfertigte gesellschaftliche *Ungleichheit* als Kennzeichen von Ungerechtigkeit ins Zentrum, während für Horkheimer grundloses *Leiden* mindestens genauso zentral ist (Forst 2015, 20). Es gibt zwei Hauptaspekte von Forsts Theorie, mit denen er sich von Habermas abgrenzt. Erstens verwendet Forst einen »normativ gehaltvolleren Vernunftbegriff als Habermas« (ebd., 11, Fn. 4). Forst kritisiert an Habermas, dass man mit ihm zwar verstehen könne, *was* eine gerechtfertigte, d. h. eine gerechte, Norm ausmache, aber nicht, *dass* sie tatsächlich Geltung beanspruche und Individuen motiviere (Forst 2007, 93). Zweitens versteht Forst den Gegenstandsbereich von Gerechtigkeit bzw. Legitimität anders als Habermas. Wie oben beschrieben, geht es Habermas um die Frage, wie *Rechtsnormen* gerechtfertigt werden sollten. Dass Habermas den Gegenstand seines Demokratieprinzips so versteht, ist in seiner umfassenden Gesellschaftstheorie begründet, die auf seiner berühmten Unterscheidung zwischen *System* und *Lebenswelt* basiert. Die Sprache des Rechts sei sowohl für das System als auch für die Lebenswelt verständlich, könne daher eine gesellschaftliche Vermittlungsfunktion einnehmen und dafür sorgen, dass das System nicht auf unangemessene Weise in die Lebenswelt eingreift, d. h. sie kolonisiert (vgl. Habermas 1998, 77 f.). Da Forst hingegen, in Abgrenzung zu Habermas, Gesellschaft gar nicht mithilfe der System-Lebenswelt-Dichotomie versteht (Forst 2015, 26, 69 f.), spielt für ihn – zumindest auf den ersten Blick – das Recht keine derart bedeutende Rolle, da er nicht zwei gesellschaftliche Sphären miteinander vermitteln muss. Forst versteht Gesellschaft als Ensemble von *Rechtfertigungsverhältnissen* (Forst 2011). Da Rechtfertigung für Forst sowohl ein deskriptiver als auch ein normativer Begriff ist – es kann also auch unvernünftige oder ideologische Rechtfertigungen geben – besteht die Forderung der Gerechtigkeit darin, bestehende Rechtfertigungen in gerechte Rechtfertigungsverhältnisse zu transformieren (vgl. Forst 2015, 58–81).

Obwohl dem Recht bei Forst also zunächst nicht dasselbe Gewicht zukommt wie bei Habermas, spielt es für ihn eine bedeutendere Rolle als in den hegelianischen Sittlichkeitstheorien Honneths und Jaeggis (Jaeggi 2014). So ist bei Honneth das Recht zwar auch *eine* notwendige Bedingung für die Realisierung von Gerechtigkeit; allerdings hat es in Bezug auf ihre Verwirklichung gegenüber beispielsweise intimen Beziehungen *keine hervorgehobene Rolle* (s. o.). An dieser Stelle kann nicht weiter auf die wichtige Frage eingegangen werden, ob Honneths Programm somit tatsächlich sinnvollerweise als Gerechtigkeitstheorie zu begreifen ist und ob nicht Jaeggi konsequenter verfährt, wenn sie ihre hegelianische Version Kritischer Theorie gar nicht als Gerechtigkeitstheorie, sondern als »eine *kritische Theorie der Kritik von Lebensformen*« bezeichnet und sich explizit vom Gerechtigkeitsdenken verabschiedet, d. h. dem Marxschen Verdacht gewissermaßen nachgibt (ebd., 12, 23). Ein Vorteil von Forsts Theorie gegenüber Jaeggis sei, dass sie Entscheidungen darüber zulasse, wann ein gesellschaftliches Phänomen so falsch, d. h. *ungerecht* sei, dass es ein »Einschreiten des Rechts« fordere (Forst 2015, 21). Bei Jaeggi steht die Kritik eines sozialen Phänomens dagegen nicht in direktem Zusammenhang mit der Frage nach den, insbesondere rechtlichen, Konsequenzen der Kritik (Jaeggi 2014, 52 f.). Analog zu der Abgrenzung von Jaeggi kann man Forsts Beitrag zu der zwischen Nancy Fraser und Honneth geführten Debatte *Umverteilung oder Anerkennung?* (Fraser und Honneth 2003) verstehen, wenn er betont, dass ein Vorteil seiner (und mit Einschränkung Frasers) Theorie gegenüber Honneths sei, dass sie »wie ein Filter [funktioniert], der rechtfertigbare von nicht-rechtfertigbaren Ansprüchen« (und man könnte ergänzen: solche, die in Recht übersetzt werden sollten, von solchen, die es nicht sollten) differenzieren kann (Forst 2011, 139). Auch in seiner Debatte mit Wendy Brown über Toleranz – ein Begriff, der für Forsts gerechtigkeitstheoretisches Projekt eine wichtige Rolle spielt – betont er, dass seine Perspektive es ihm erlaube, in »die Rolle des Gesetzgebers« zu schlüpfen und sich die Frage zu stellen, »ob mein Einwand zu dieser Praxis gut genug ist, um zu argumentieren, dass diese Dinge nicht erlaubt sein sollten« (Brown/Forst 2014, 41, eigene Übers.).

Die Frage nach gerechtem (bzw. legitimem) Recht ist für Forst demnach – auf den zweiten Blick –, wie für Habermas, zentral; und gerade das grenzt seine Gerechtigkeitstheorie von hegelianisch geprägten zeitgenössischen kritischen Theorien ab: So ist für Honneth das Recht nur *eine* von verschiedenen Manifestationsformen der Gerechtigkeit und in Jaeggis Modell der Kritik spielt das Recht zunächst gar keine entscheidende Rolle. Dennoch unterscheiden sich die Theorien von Habermas und Forst in der Art und Weise, *wie* das Recht in ihnen relevant ist. Für Habermas nimmt das Recht, wie oben beschrieben, eine Vermittlungsfunktion zwischen System und Lebenswelt ein; für Forst hingegen, könnte man argumentieren, ist gerechtes Recht das Ergebnis der Transformation von schlechten zu vernünftigen Rechtfertigungsverhältnissen. Da die Rechtsform bei Forst nun aber, im Gegensatz zu Habermas, nicht historisch und soziologisch als emanzipatorische Institution gerechtfertigt wird, sondern abgeleitet von Forsts normativem Gerechtigkeitsprinzip als angemessene Realisierungsform desselben verstanden werden kann, stellt sich hier nun eine radikale rechtstheoretische Frage, welche die frühe Kritische Theorie schon beschäftigt hat: Inwiefern hängt die moderne Rechtsform notwendigerweise mit (illegitimer) Gewalt zusammen und ist deshalb als emanzipatorische Institution und somit für die Kritische Theorie zunächst problematisch? In dem erwähnten Aufsatz *Zur Kritik der Gewalt* hat sich Walter Benjamin dieser Frage gewidmet. Auch die Rechtstheoretiker Franz Neumann und Otto Kirchheimer, die in den 1920er und 1930er Jahren am IfS arbeiteten, bewegte diese Frage (vgl. Buckel 2007, 80–94). Insbesondere in Auseinandersetzung mit Benjamin und seiner Rezeption durch Jacques Derrida (1991) wird diese Diskussion heute in Frankfurt weitergeführt (Loick 2012; Menke 2012; Menke 2015, insbes. 403 ff.). Im Gegensatz zu Habermas' Hoffnung, dass die moderne Rechtsform Gerechtigkeit zumindest prinzipiell realisieren könne, schreibt Menke über (s)eine an Benjamin und Derrida geschulte Perspektive: »[S]ie *hofft* nicht einmal mehr, daß ihr Gerechtigkeitsverlangen sich [im Recht] je ganz stillen lasse« (Menke 1994, 287).

Ausblick

Der Marxsche Verdacht ist für alle Vertreter und Vertreterinnen der Kritischen Theorie in ihrem Nachdenken über Gerechtigkeit und Recht bedeutend. In der ersten Generation ist der dadurch begründete Skeptizismus gegenüber dem Gerechtigkeits- (und Rechts-) Denken besonders stark. In der neueren Debatte vertritt Habermas eine Rechtstheorie, die den emanzipatorischen Gehalt des modernen Rechts betont; Honneth hingegen entwirft ein erweitertes gerechtigkeitstheoretisches Programm, das dem Recht eine notwendige, aber keine hervorgehobene Rolle zuweist. Für Jaeggis normative Theorie spielt das Recht unmittelbar gar keine explizite Rolle, und sie löst sich gleichzeitig auch vom Gerechtigkeitsbegriff. Menke dagegen rückt, wie Habermas, die Auseinandersetzung mit dem modernen und bürgerlichen Recht ins Zentrum seiner Überlegungen, betont dabei aber, anders als Habermas, insbesondere die in der Form dieses Rechts angelegten problematischen Wirkungen (vgl. Menke 2015). Das Projekt einer ›kritischen Theorie der Gerechtigkeit‹ steht für Forst im Mittelpunkt seiner Forschungen. Dabei verfolgt er, im Vergleich zu Honneth, der ebenfalls eine kritische Gerechtigkeitstheorie entwirft (Honneth 2011), ein in Bezug auf den Gerechtigkeitsbegriff orthodoxeres Programm. Er erkennt den Marxschen Verdacht als Herausforderung an, strebt aber keine so starke Erweiterung des Gerechtigkeitsbegriffs an wie Honneth; seine Gerechtigkeitstheorie bleibt eine »reduzierte[ ] Form der Kritik« (Forst 2011, 136). Frasers Perspektive auf Fragen der Gerechtigkeit ähnelt in ihren theoretischen Grundentscheidungen, trotz wichtiger Unterschiede, der von Forst (s. o. und Fraser 2008).

In Bezug auf Forsts Programm bleibt eine offene Frage, nämlich die, wie das Verhältnis von Gerechtigkeit zu Recht verstanden werden muss. Steht das Recht nicht so sehr im Zentrum der Überlegungen wie bei Habermas und Menke, scheint es dennoch eine bedeutendere Rolle für die Frage der Realisierung der Gerechtigkeit (bzw. in Jaeggis Fall einer rationalen Lebensform) zu spielen als bei Honneth und Jaeggi. Womöglich ist Forst bezüglich der emanzipatorischen Kraft des Rechts optimistischer als Menke, nichtsdestotrotz ist seine Perspektive prinzipiell offen für eine radikale Kritik der Institution des Rechts (wie des Marktes), da diese Institution für ihn, anders als für Habermas, keine festgeschriebene Funktion innerhalb einer gesellschaftstheoretischen Analyse hat.

Bezüglich sowohl Honneths als auch Forsts Gerechtigkeitstheorien ist es eine weitere offene Frage, ob sie *strukturelle* Herrschaftsmechanismen, insbesondere Geschlechterhierarchien, aus ihren theoretischen Perspektiven adressieren können. Young hat im Anschluss an ihre Kritik des distributiven Paradigmas eine Konzeption *struktureller Ungerechtigkeit* entworfen, die insbesondere in ihrem posthum erschienenen Buch *Responsibility for Justice* (Young 2011) verhandelt wird. Strukturelle Ungerechtigkeit lässt sich demnach nicht als individuell-interaktional oder staatlich bzw. von mächtigen politischen Institutionen induziert begreifen, sondern als *strukturell* ungerechte Hierarchie sozialer Positionen (ebd., 45). Honneths und Forsts Gerechtigkeitstheorien beziehen sich auf *soziale Beziehungen*, Anerkennungs- bzw. Rechtfertigungsbeziehungen, und betonen somit mehr als Young die interaktionale, auf das intentional handelnde Subjekt bezogene Dimension von Sozialität. Offen bleibt, ob sie strukturelle Herrschaftsmechanismen mit ihrem Instrumentarium aufdecken können oder nicht (vgl. Young 2007 über Honneth sowie Forsts Argumentation in Forst 2015, 69–74).

Es bleibt eine Strömung im Nachdenken über kritische Gerechtigkeitsperspektiven und ein aktuelles Buch zum Thema zu erwähnen. Alessandro Ferrara macht den Vorschlag, dass beim Nachdenken über Gerechtigkeit zunächst der Anspruch aufgegeben werden müsse, ideale Modelle, Regeln oder Normen der Gerechtigkeit festzulegen (Ferrara 1999). Stattdessen sollte das Augenmerk auf Urteile über Gerechtigkeitsfragen in konkreten Situationen gelenkt werden. An dieses »judgment paradigm« schließt Albena Azmanova (2012, 4) an. Gustavo Pereiras Buch *Elements of a Critical Theory of Justice* (2013) lässt sich mit Einschränkungen dem von Honneth verfolgten Weg einer erweiterten Gerechtigkeitskonzeption zuordnen. So schreibt Pereira, dass das Ziel einer kritischen Theorie der Gerechtigkeit die Sicherung der Bedingungen individueller *Selbstverwirklichung* sei, was z. B. von Forsts Perspektive abweicht (ebd., 3; vgl. Forst 2011, 134–136).

Literatur

Adorno, Theodor W.: Zur Metakritik der Erkenntnistheorie. Studien über Husserl und die phänomenologischen Antinomien. In: Ders.: *Gesammelte Schriften*. Hg. von Rolf Tiedemann, Bd. 5: *Zur Metakritik der Erkenntnistheorie. Drei Studien zu Hegel*. Frankfurt a. M. 1971, 7–245.

–: Bei Gelegenheit von Wilhelm Lehmanns ›Bemerkungen zur Kunst des Gedichts‹. In: Ders.: *Gesammelte Schriften*, Bd. 11: *Noten zur Literatur*. Frankfurt a. M. 1974, 665–668.

–: Stichworte. Kritische Modelle 2. Fortschritt. In: Ders.: *Gesammelte Schriften*, Bd. 10.2: *Kulturkritik und Gesellschaft 2*. Frankfurt a. M. 1977, 617–638.

–: *Minima Moralia. Reflexionen aus dem beschädigten Leben*. In: Ders.: *Gesammelte Schriften*, Bd. 4. Frankfurt a. M. 1980.

–: Neue wertfreie Soziologie. In: Ders.: *Gesammelte Schriften*, Bd. 20.1: *Vermischte Schriften 1*. Frankfurt a. M. 1986a, 13–45.

–: Offener Brief an Max Horkheimer. In: Ders.: *Gesammelte Schriften*, Bd. 20.1: *Vermischte Schriften 1*. Frankfurt a. M. 1986b, 155–163.

Azmanova, Albena: *The Scandal of Reason. A Critical Theory of Political Judgment*. New York 2012.

Benjamin, Walter: Zur Kritik der Gewalt. In: Ders.: *Gesammelte Schriften*. Hg. von Rolf Tiedemann und Hermann Schweppenhäuser, Bd. II.1. Frankfurt a. M. 1977, 179–203.

Brown, Wendy/Forst, Rainer: *The Power of Tolerance. A Debate*. Wien 2014.

Buckel, Sonja: *Subjektivierung und Kohäsion. Zur Rekonstruktion einer materialistischen Theorie des Rechts*. Göttingen 2007.

Derrida, Jacques: *Gesetzeskraft. Der »mystische Grund der Autorität«*. Frankfurt a. M. 1991.

Ferrara, Alessandro: *Justice and Judgment. The Rise and the Prospect of the Judgment Model in Contemporary Political Philosophy*. London 1999.

Forst, Rainer: Justice, reason, and critique: Basic concepts of Critical Theory. In: David Rasmussen (Hg.): *The Handbook of Critical Theory*. Oxford 1996, 138–162.

–: *Das Recht auf Rechtfertigung. Elemente einer konstruktivistischen Theorie der Gerechtigkeit*. Frankfurt a. M. 2007.

–: *Kritik der Rechtfertigungsverhältnisse. Perspektiven einer kritischen Theorie der Politik*. Berlin 2011.

–: Gerechtigkeit nach Marx. In: Rahel Jaeggi/Daniel Loick (Hg.): *Nach Marx. Philosophie, Kritik, Praxis*. Berlin 2013, 107–121.

–: *Normativität und Macht. Zur Analyse sozialer Rechtfertigungsordnungen*. Berlin 2015.

Fraser, Nancy: *Scales of Justice. Reimagining Political Space in a Globalizing World*. New York 2008.

–/Honneth, Axel: *Umverteilung oder Anerkennung? Eine politisch-philosophische Kontroverse*. Frankfurt a. M. 2003.
Gosepath, Stefan: Gerechtigkeit. In: Stefan Gosepath/Wilfried Hinsch/Robin Celikates (Hg.): *Handbuch der Politischen Philosophie und Sozialphilosophie*, Bd. 1. Berlin 2008, 394–401.
Habermas, Jürgen: *Faktizität und Geltung. Beiträge zur Diskurstheorie des Rechts und des demokratischen Rechtsstaats*. Frankfurt a. M. 1998.
Hesse, Heidrun: Horkheimer, Max. In: Stefan Gosepath/Wilfried Hinsch/Robin Celikates (Hg.): *Handbuch der Politischen Philosophie und Sozialphilosophie*, Bd. 1. Berlin 2008, 11–13.
Honneth, Axel: Gerechtigkeit und kommunikative Freiheit. Überlegungen im Anschluss an Hegel. In: Barbara Merker/Georg Mohr/Michael Quante (Hg.): *Subjektivität und Anerkennung*. Paderborn 2004, 213–227.
–: Zur Kritik der Gewalt. In: Burkhardt Lindner (Hg.): *Benjamin-Handbuch. Leben – Werk – Wirkung*. Stuttgart 2006, 193–210.
–: Das Gewebe der Gerechtigkeit. In: Ders.: *Das Ich im Wir*. Berlin 2010, 51–77.
–: *Das Recht der Freiheit. Grundriß einer demokratischen Sittlichkeit*. Berlin 2011.
Horkheimer, Max: Die gegenwärtige Lage der Sozialphilosophie (1931). In: Ders.: *Gesammelte Schriften*, Bd. 3: *Schriften 1931–1936*. Frankfurt a. M. 1988, 20–35.
–: Bemerkungen zur philosophischen Anthropologie (1935). In: Ders.: *Gesammelte Schriften*, Bd. 3: *Schriften 1931–1936*. Frankfurt a. M. 1988, 249–276.
–: Autorität und Familie (1936a). In: Ders.: *Gesammelte Schriften*, Bd. 3: *Schriften 1931–1936*. Frankfurt a. M. 1988, 336–417.
–: Egoismus und Freiheitsbewegung (1936b). In: Ders.: *Gesammelte Schriften*, Bd. 4: *Schriften 1936–1941*. Frankfurt a. M. 1988, 9–88.
–: Zur Kritik der instrumentellen Vernunft (1967). In: Ders.: *Gesammelte Schriften*, Bd. 6: *Zur Kritik der instrumentellen Vernunft und Notizen 1949–1969*. Frankfurt a. M. 1991, 19–186.
Iser, Mattias/Strecker, David: *Jürgen Habermas zur Einführung*. Hamburg 2010.
Jaeggi, Rahel: *Kritik von Lebensformen*. Berlin 2014.
Leist, Anton: Mit Marx von Gerechtigkeit zu Freiheit und zurück. In: *Philosophische Rundschau* 32/3 (1985), 198–230.
Lohmann, Georg: Zwei Konzeptionen der Gerechtigkeit in Marx' Kapitalismuskritik. In: Emil Angehrn/Georg Lohmann (Hg.): *Ethik und Marx. Moralkritik und normative Grundlagen der Marxschen Theorie*. Königstein 1986, 174–194.
Loick, Daniel: *Kritik der Souveränität*. Frankfurt a. M. 2012.
Marx, Karl/Engels, Friedrich: *Werke (MEW)*, Bd. 1–43. Berlin 1956–1990.
Menke, Christoph: Für eine Politik der Dekonstruktion. Jacques Derrida über Recht und Gerechtigkeit. In: Anselm Haverkamp (Hg.): *Gewalt und Gerechtigkeit. Derrida-Benjamin*. Frankfurt a. M. 1994, 279–287.
–: *Recht und Gewalt*. Berlin 2012.
–: Die »andre Form« der Herrschaft. Marx' Kritik des Rechts. In: Rahel Jaeggi/Daniel Loick (Hg.): *Nach Marx. Philosophie, Kritik, Praxis*. Berlin 2013, 273–295.
–: *Kritik der Rechte*. Berlin 2015.
Pereira, Gustavo: *Elements of a Critical Theory of Justice*. Basingstoke 2013.
Rottleuthner, Hubert: Gerechtigkeit bei und nach Marx. In: Hans-Joachim Koch (Hg.): *Theorien der Gerechtigkeit*. Stuttgart 1994, 208–222.
Wiggershaus, Rolf: *Die Frankfurter Schule. Geschichte – Theoretische Entwicklung – Politische Bedeutung*. München 1987.
Young, Iris Marion: Toward a critical theory of justice. In: *Social Theory and Practice* 7/3 (1981), 279–301.
–: Recognition of love's labor: Considering Axel Honneth's feminism. In: Bert van den Brink/David Owen (Hg.): *Recognition and Power: Axel Honneth and the Tradition of Critical Social Theory*. Cambridge 2007, 189–212.
–: *Responsibility for Justice*. Oxford 2011.

Esther Neuhann / Bastian Ronge

39 Luck Egalitarianism

Das Kernprinzip des Luck Egalitarianism

Luck egalitarian oder verantwortungssensitive Theorien der Verteilungsgerechtigkeit verknüpfen den Wert der Gleichheit mit der Bedeutung von Verantwortung. Ungleichheiten sind nur dann gerechtfertigt, wenn sie sich auf Entscheidungen, Handlungen, Umstände oder Ereignisse zurückführen lassen, für die von der Ungleichheit Betroffene in einem relevanten Sinne selbst verantwortlich sind. Das zentrale Prinzip dieser Variante des Egalitarismus lautet: Niemandem soll es ohne eigenes Verschulden oder eine eigene relevante Entscheidung schlechter ergehen als anderen (Cohen, 1989). Die Bezeichnung ›Luck Egalitarianism‹, die zunächst von Kritikern geprägt wurde (Anderson, 1999), soll deutlich machen, dass es der Gerechtigkeitstheorie eines verantwortungssensitiven Egalitarismus darum geht, den Einfluss von Glück, Zufall oder Schicksal auf die Verteilung wichtiger Güter, wie etwa materieller Ressourcen oder individuellen Wohlergehens, auszuschalten.

Luck Egalitarianism und die Gerechtigkeitstheorie von John Rawls

Die grundlegenden Impulse und Motive eines verantwortungssensitiven Egalitarismus lassen sich aus dem Verhältnis zu den zentralen Prinzipien und Argumenten in John Rawls' *Eine Theorie der Gerechtigkeit* (1979) erklären (Kymlicka 2002). Auf der einen Seite kann man das Anliegen des Luck Egalitarianism als eng verwandt mit einer der von Rawls dargelegten direkten Begründungen seiner Gerechtigkeitsprinzipien verstehen, der zufolge Faktoren wie etwa Talent oder soziale Herkunft moralisch willkürlich (*morally arbitrary*) und daher vom Standpunkt der Gerechtigkeit unerheblich sind. Auf der anderen Seite wenden sich Vertreter des Luck Egalitarianism in zweifacher Hinsicht gegen Rawls. Sie argumentieren erstens, dass eine Gerechtigkeitstheorie, die anerkennt, dass Verteilungen nicht von moralisch willkürlichen Faktoren beeinflusst sein sollen, egalitärer ausfallen müsse als die Theorie von Rawls. Letztlich seien alle Ungleichheiten, die sich nicht auf Entscheidungen Einzelner zurückführen lassen, ungerecht, auch solche, die für eine Verbesserung der Situation aller sorgen. Zweitens argumentieren Verfechter des Luck Egalitarianism, dass Rawls' Differenzprinzip einen moralisch relevanten Faktor, nämlich den der individuellen Verantwortung, vernachlässige. Sollte sich eine Gesellschaft wirklich an der materiellen Situation der Schlechtestgestellten messen lassen, auch wenn diese für ihre Lage selbst verantwortlich sind? Eine angemessene Gerechtigkeitstheorie, so die Position des Luck Egalitarianism, habe einen doppelten Anspruch einzulösen: Eine Verteilung kann nur dann als gerecht gelten, wenn Anlagen, Herkunft und Talente einer Person unerheblich dafür sind, wer was bekommt (*endowment insensitivity*), die Verteilung aber sehr wohl individuelle Entscheidungen und Anstrengungen widerspiegelt (*ambition sensitivity*).

Gerechtigkeit, Fairness und Verdienst

In der Begründung einer verantwortungssensitiven Gerechtigkeitskonzeption spielen sowohl der Wert der Fairness (s. Kap. II.27) als auch Überlegungen zu individuellem Verdienst eine Rolle. Ungleichheiten, für die ›niemand etwas kann‹, sind moralisch problematisch, weil sie unfair und unverdient sind. Es ist (von unten erläuterten Umständen des optionalen Zufalls abgesehen) unfair, wenn Güter zwischen zwei Personen, die sich auf die gleiche Art und Weise verhalten, die gleichen Entscheidungen treffen und die gleichen Anstrengungen auf sich nehmen, ungleich verteilt werden. Der Einfluss von Glück, Zufall oder Schicksal untergräbt die Fairness von Verteilungen. Einige Luck Egalitarians gestehen zudem Überlegungen individuellen Verdiensts eine zentrale Rolle zu. Sie argumentieren, dass Ungleichheiten nur dann moralisch unproblematisch sind, wenn diese Unterschiede individuellen moralischen Verdienst widerspiegeln. Eine Ungleichheit, die zwischen zwei Personen entsteht, weil sich nur eine Person moralisch verhält, ihren Verpflichtungen nachkommt und Teile ihres Besitzes für gute Zwecke aufgibt, erscheint vom Standpunkt der Gerechtigkeit problematisch, obwohl die Ungleichheit auf Entscheidungen der benachteiligten Person zurückzuführen ist.

Es gibt mehrere Möglichkeiten, Überlegungen zu Gerechtigkeit, Fairness und Verdienst in einer im weiteren Sinne *luck egalitarian* Theorie miteinander zu kombinieren: Fairness könnte mit Verdienst und Verantwortung in Zusammenhang gebracht werden, so dass Ungleichheiten nur dann unfair sind, wenn sie unverdient sind. Gerechtigkeit könnte als sowohl von Fairness als auch Verdienst bestimmt verstanden werden, wobei beiden Begriffen unabhängig voneinander

Bedeutung zukommt (Temkin 2011), Gerechtigkeit könnte als Kombination aus Gleichheits- und Verdienstüberlegungen verstanden werden (Arneson 2007), und schließlich könnte man individuelles moralisches Verdienst an die Stelle von Verantwortung setzen und einen verdienstsensitiven Egalitarismus formulieren (Knight 2011).

Reiner und optionaler Zufall

Vom Standpunkt der Fairness unterscheiden Luck Egalitarians zwischen zwei unterschiedlichen Varianten des Glücks oder Zufalls. Der so genannte optionale Zufall (*option luck*) tritt dann auf, wenn Individuen freiwillig ein bestimmtes Risiko eingegangen sind. Ungleichheiten, die das Ergebnis optionalen Zufalls sind, gelten nicht als unfair und müssen daher nicht ausgeglichen werden. Wenn von drei Jahrmarktbesuchern, die alle einen Dollar besitzen, einer freiwillig das Risiko eingeht, ein Los mit einer geringen Gewinnchance auf 100 Dollar zu kaufen, während die beiden anderen sich entscheiden, ihren Dollar zu behalten, dann ist die nach einem Gewinn entstehende Ungleichheit zunächst unproblematisch. Der so genannte reine Zufall (*brute luck*) tritt dann auf, wenn Menschen unfreiwillig oder unvermeidbar dem Zufall ausgesetzt sind. Ungleichheiten, die das Ergebnis von purem Zufall sind, gelten als unfair und sollten daher ausgeglichen werden. Wenn einem der Jahrmarktbesucher der Ein-Dollar-Schein durch eine unvorhersehbar starke Windböe aus der Hand gerissen wird, dann scheint die daraus entstehende Ungleichheit unfair und ausgleichsbedürftig zu sein.

Unterschiedliche Konzeptionen des Luck Egalitarianism

Innerhalb der Familie des Luck Egalitarianism gibt es konkurrierende Konzeptionen und Auseinandersetzungen darüber, wie die Gerechtigkeitsprinzipien eines verantwortungssensitiven Egalitarismus genau zu verstehen sind. Eine erste strittige Frage ist, in welcher Hinsicht überhaupt Gleichheit hergestellt werden soll, d. h. um die Gleichverteilung welcher Güter es Egalitaristen geht. Anders formuliert: Was genau ist die Metrik oder Währung des Luck Egalitarianism (Sen 1980)? Eine zweite Auseinandersetzung dreht sich um die Frage, wo und wie die Trennlinie zwischen gerechtfertigten und ungerechtfertigten Ungleichheiten gezogen werden soll und was genau als reiner Zufall und somit als ausgleichswürdig zu betrachten sei.

Verfechter eines so genannten Ressourcen-Egalitarismus (*resource egalitarianism*) wie etwa Ronald Dworkin (1981a; 1981b; 2002) glauben, dass sich die Gerechtigkeitsprinzipien des verantwortungssensitiven Egalitarismus in erster Linie auf die Verteilung externer Ressourcen beziehen. Die Idee eines idealisierten Marktes, in dem Individuen die Kosten ihrer eigenen Entscheidungen und Vorlieben tragen, ist in doppelter Hinsicht zentral für Dworkin.

Erstens veranschaulicht Dworkin das Ideal der Ressourcengleichheit durch das Modell einer Versteigerung bei gleicher Kaufkraft, in der beispielsweise auf einer Insel Gestrandete mit unterschiedlichen Vorlieben, aber gleicher Ausstattung an Muschelwährung für die natürlichen Reichtümer der Insel bieten. Die sich aus der Versteigerung ergebende Verteilung ist genau dann gerecht, wenn sie den so genannten Neidtest (*envy test*) besteht, d. h. wenn jeder sein eigenes ersteigertes Bündel an Ressourcen allen anderen preisgleichen Bündeln vorzieht. Ungleichheiten, die im Laufe der Zeit aufgrund von Entscheidungen oder Wagnissen entstehen, sind als optionaler Zufall moralisch unproblematisch.

Zweitens bedient sich Dworkin der Idee eines Versicherungsmarktes, um zu erklären, wie sich der moralisch problematische reine Zufall in optionalen Zufall überführen lässt. Das Risiko, durch reinen Zufall benachteiligt zu werden, beispielsweise durch Krankheit oder Behinderung, wird durch die Möglichkeit, sich zu versichern, zum optionalen Zufall. Inselbewohner, die fürchten, durch Krankheit oder Ähnliches schlechter gestellt zu sein, würden einige ihrer Muscheln auf den Erwerb einer Versicherung verwenden. Unter Umständen, in denen Individuen bereits von Krankheiten oder Behinderungen betroffen sind (so genannte *internal endowment deficits*), lässt sich die Idee eines hypothetischen Versicherungsmarktes zur Bestimmung von Umverteilung und Ausgleich heranziehen: Opfer von unfreiwilligem Nachteil werden aus Steuermitteln entschädigt, wobei die Höhe der Entschädigung für die Opfer und das Steuerniveau der Höhe der Entschädigungssumme und der Prämie einer Versicherung entsprechen, die Menschen erwerben würden, um sich gegen das jeweilige Risiko abzusichern. Zentral für die Unterscheidung zwischen moralisch unbedenklichen und durch einen Steuertransfer auszugleichenden Nachteilen ist für Dworkin die Unterscheidung zwischen Personen und Umständen. Nachteile, die entstehen, weil man eine Person mit bestimmten Vorlieben ist oder sich mit bestimmten Zielen identifiziert, beispielsweise weil man dem kostspieligen Hobby Segeln nachgeht, müssen nicht ausgeglichen werden; Nachteile, die externen Umständen geschuldet sind, beispielsweise dass man sich ohne Rollstuhl nicht bewegen kann, hingegen schon.

Andere Luck Egalitarians, beispielsweise Richard J. Arneson und Gerald A. Cohen, stehen dem Ideal der Ressourcengleichheit kritisch gegenüber und vertreten Konzeptionen des verantwortungssensitiven Egalitarismus, die sich sowohl in Bezug auf die Metrik der Gleichheit als auch hinsichtlich der Unterscheidung zwischen moralisch problematischen und moralisch unproblematischen Ungleichheiten von Dworkins Position unterscheiden. Arneson (1989) ist als Vertreter eines so genannten Chancen-auf-Wohlfahrt-Egalitarismus (*equal opportunity for welfare*) davon überzeugt, dass es Luck Egalitarians darum gehen müsse, sicherzustellen, dass alle die gleiche Chance auf individuelles Wohlergehen haben, auch wenn dies eine Ungleichverteilung von Ressourcen bedeutet. Cohen (1989) argumentiert, dass die richtige Metrik oder Währung des Luck Egalitarianism Ressourcen- und Wohlfahrtselemente in einem Begriff des gleichen Zugangs zu Vorteilen (*equal access to advantage*) vereinen müsse. Widerspruch zu Dworkin ergibt sich auch aus der Frage, welche Nachteile genau im Namen der Gerechtigkeit ausgeglichen werden sollten. Nach Cohen ist die relevante Unterscheidung nicht die zwischen Personen und Umständen, sondern die zwischen Wahl/Entscheidung (*choice*) und Umständen. Nachteile, die einer Person aufgrund ihrer Ziele und Vorlieben entstehen, sollten ausgeglichen werden, nämlich genau dann, wenn diese Ziele oder Vorlieben unfreiwillig und nicht das Ergebnis einer Wahl oder Entscheidung sind.

An der so genannten Auseinandersetzung um teure Vorlieben (*expensive tastes*) lassen sich die Unterschiede von Cohens und Dworkins Konzeptionen des verantwortungssensitiven Egalitarismus verdeutlichen (Dworkin/Burley 2004): Sollten Menschen mit teuren Vorlieben, etwa für Segeln und Champagner, mehr Ressourcen erhalten, so dass es ihnen genauso gut geht wie Menschen mit weniger teuren Vorlieben, etwa für Radfahren und Bier? Dworkin argumentiert, dass Individuen mit teuren Vorlieben, also Individuen, die zur Befriedigung ihrer Bedürfnisse viele Ressourcen brauchen, keinen Anspruch auf einen größeren Anteil an Ressourcen haben. Anders als Menschen, die mit einer Behinderung oder anderen Form der Benachteiligung leben müssen, sehen Menschen mit teuren Vorlieben eben diese im Allgemeinen als positiven Teil ihrer Persönlichkeit an. Dworkin und andere ressourcenorientierte Egalitaristen halten diese Tatsache für einen überzeugenden Grund dafür, dass solche Vorlieben keinen Anspruch auf einen höheren Ressourcenanteil rechtfertigen können. Cohen entgegnet, dass in Fällen, in denen Individuen für ihre Präferenzen nicht verantwortlich sind und der Preis einer für die Befriedigung von wichtigen Bedürfnissen benötigten Ressource das Ergebnis von purem Preisglück, genauer Pech (*price luck*) ist, Menschen mit teuren Vorlieben mehr Ressourcen zustehen. Teure Vorlieben können in doppelter Hinsicht als unfreiwilliger Nachteil gelten: Weder die Tatsache, dass man die Vorliebe hat, noch, dass ihre Befriedigung teuer ist, lässt sich auf eine relevante Entscheidung zurückführen.

Einwände und Kritik

Der Luck Egalitarianism sieht sich einer Vielzahl von Einwänden ausgesetzt. Einige dieser Einwände beziehen sich in erster Linie auf den egalitären Aspekt der Theorie und die Bedeutung, die dem Wert der Gleichheit beigemessen wird. Andere Einwände richten sich gegen verschiedene Aspekte individueller Verantwortung und deren Rolle für zentrale Prinzipien des Luck Egalitarianism. Wieder andere Kritiker verweisen auf die Unzulänglichkeit des Luck Egalitarianism als Maßstab und Anleitung für die Einrichtung und Umgestaltung politischer Institutionen.

Der prominenteste Einwand gegen Gerechtigkeitstheorien, die der Gleichverteilung von Gütern – im Fall des Luck Egalitarianism unter Berücksichtigung des Prinzips der Verantwortungssensitivität – einen Wert an sich zugestehen, ist der so genannte Nivellierungseinwand (*levelling down objection*) (Parfit 1997): Wer an den Wert der Gleichheit glaubt, der müsse eine Gleichverteilung auf niedrigem Niveau einer für alle Betroffenen besseren Ungleichverteilung auf höherem Niveau vorziehen und darauf bestehen, dass eine Verteilung besser sein kann als eine andere, ohne für irgendjemanden besser zu sein. An die Stelle des Egalitarismus solle das so genannte Prinzip des Vorrangs (*priority view*) treten, dem zufolge es bei der Bewertung von Verteilungen um Vorrang für die absolut Schlechtgestellten geht, vergleichende Überlegungen jedoch irrelevant und Ungleichheiten nicht an sich moralisch problematisch sind.

Andere Kritiker konzentrieren sich auf den Aspekt

der Verantwortung und weisen beispielsweise daraufhin, dass die Plausibilität des Luck Egalitarianism von Antworten auf strittige Fragen, etwa solchen der Willensfreiheit und des Determinismus, abhänge. Eine weitere Frage tritt bei der Begründung des Luck Egalitarianism auf: Wieso sollte aus der Motivation, den Einfluss von Glück und Zufall auf Verteilungen auszuschalten und lediglich Faktoren, für die Individuen verantwortlich sind, als verteilungsrelevant gelten zu lassen, eine Gleichverteilung als moralischer Standard folgen (Hurley 2003)?

Ein dritter Einwand verweist darauf, dass die Prinzipien des Luck Egalitarianism mit anderen Werten in Konflikt geraten oder zu problematischen Urteilen führen, sobald es darum geht, zu entscheiden, wie sich Individuen und politische Institutionen gerechterweise verhalten sollten und wie eine Gerechtigkeitskonzeption praktisch umzusetzen sei. Wer mit einem *luck egalitarian* Anspruch auf Umverteilung zu seinen Gunsten auftritt, so der Einwand der Kritiker, müsse diesen mit beschämenden Enthüllungen, beispielsweise über persönliche Unzulänglichkeiten, begründen und sich von Institutionen auf eine Art und Weise behandeln lassen, die mit Respekt gegenüber der Person unvereinbar sei (Anderson 1999; Wolff 1998). Außerdem, so ein weiterer Einwand, könnten Verfechter des Luck Egalitarianism nicht erklären, warum Ressourcen zugunsten von Menschen verwendet werden sollen, die Opfer ihrer eigenen Entscheidungen und Handlungen werden (Fleurbaey 1995). Sollten wir einen verunglückten Motorradfahrer wirklich sterben lassen, nur weil er für sein Schicksal selbst verantwortlich ist? Anstatt auf gleiche Verteilungen zu zielen, solle sich der Egalitarismus stärker mit sozialen Beziehungen auseinandersetzen (was wäre das für eine Gesellschaft, in der Sterbende auf der Straße zurückgelassen werden?). Weil sich ein plausibler Egalitarismus lediglich über das Ideal einer Gesellschaft von Gleichen begründen lasse, solle an die Stelle des Luck Egalitarianism das Ideal eines demokratischen oder relationalen Egalitarismus (*relational egalitarianism*) treten (Scheffler 2010).

Antwortstrategien

Verfechter des Luck Egalitarianism begegnen den Einwänden ihrer Kritiker auf unterschiedliche Art und Weise.

Manche akzeptieren die *levelling down objection* und verwandte Einwände und ersetzen in ihren Theorien den Wert der Gleichheit durch das Prinzip des Vorrangs, so dass ihre Position eine verantwortungssensitive Variante des Vorrangprinzips wird (Arneson 2000): Vom Standpunkt der Gerechtigkeit geht es primär um das Wohlergehen der Schlechtestgestellten, wobei es auch von Bedeutung ist, ob diese für ihre Lage selbst verantwortlich sind.

Andere verfolgen eine andere, doppelte Antwortstrategie. Erstens verweisen sie auf den pluralistischen Charakter von Moral und erklären, dass der Egalitarismus keine vollständige Moraltheorie formuliert und anderen Werten und Prinzipien Platz lässt. Da Egalitaristen auch an die Bedeutung von individueller Wohlfahrt glauben, können sie eine Ungleichverteilung auf hohem Wohlfahrtsniveau einer Gleichverteilung auf niedrigem Wohlfahrtsniveau vorziehen. Es gibt lediglich eine Hinsicht, nämlich die der Gleichheit, in der die Verteilung auf niedrigem Niveau besser ist. Und zweitens wird argumentiert, dass die durch die *levelling down objection* zum Vorschein gebrachte Merkwürdigkeit, dass nämlich ein Zustand als zumindest in einer Hinsicht besser erachtet wird, ohne für irgendjemanden tatsächlich besser zu sein, keine Besonderheit des Egalitarismus sei. Wie andere Werte und Prinzipien auch, lasse sich der Luck Egalitarianism nicht auf Überlegungen individueller Wohlfahrt reduzieren (Temkin 1993; 2003).

Entgegnungen auf die verantwortungsbasierten Einwände können in einem zweifachen Zugeständnis bestehen. Sollten sich bestimmte Varianten des Determinismus als wahr herausstellen und die Bedeutung von individueller Verantwortung untergraben, dann würde dies bedeuten, dass der Luck Egalitarianism einfacheren Varianten des (Ergebnis-)Egalitarismus stärker ähnelt und somit alle Formen von Ungleichheit als moralisch problematisch verurteilt. Als Antwort auf die Argumentation Susan Hurleys argumentieren Luck Egalitarians, dass Überlegungen zur Neutralisierung von Glück zur genaueren Bestimmung des *luck egalitarian* Ideals dienen, auch wenn sie kein unabhängiges Argument für den Wert der Gleichheit liefern (Cohen 2006; Arneson 2001).

Der bereits in der Entgegnung auf den Nivellierungseinwand erwähnte Verweis auf den moralischen Pluralismus kommt auch in der Antwort auf die Einwände von Elizabeth Anderson und Marc Fleurbaey zum Tragen. Luck Egalitarians glauben, dass Opfern ihrer eigenen Entscheidungen im Namen der Menschlichkeit geholfen werden soll, auch wenn uns die Prinzipien eines verantwortungssensitiven Egalitarismus im Konfliktfall nahelegen, eher denjenigen zu helfen, die für ihre Situation nicht selbst verantwortlich sind (Tan 2008). Dem Einwand, dass die Prinzipien des Luck Egalitarianism sich nicht als Maßstab und Anleitung für die Einrichtung und Umgestaltung politischer Institutionen eignen, können Luck Egalitarians unter anderem dadurch begegnen, dass sie den Status ihrer Prinzipien genauer klären und den Unterschied zwischen abstrakten Prinzipien und den daraus abzuleitenden Politikempfehlungen herausstellen: Bei den Prinzipien des Luck Egalitarianism handelt es sich um erste Prinzipien der Gerechtigkeit und nicht um Prinzipien sozialer Regulierung (Cohen 2003; 2008).

Gegenwärtige Fragen

Die Gerechtigkeitstheorie des Luck Egalitarianism wirft weiterhin zentrale Fragen in der politischen Philosophie auf. Die folgenden fünf Beispiele, die sich teils auf fundamentale Begründungsfragen, teils auf Herausforderungen der Anwendung beziehen, illustrieren Entwicklungen in der gegenwärtigen Debatte. An ihnen muss sich der Luck Egalitarianism bewähren und seine Überzeugungskraft entfalten.

Erstens findet eine Auseinandersetzung darüber statt, wie genau zentrale Begriffe wie etwa Verdienst und Verantwortung (Temkin 2011; Knight/Stemplowska 2011) oder Fairness und Chancengleichheit (Fleurbaey 2012) zu verstehen sind und wie sie mit der Position des verantwortungssensitiven Egalitarismus zusammenhängen.

Zweitens gibt es – nachdem Fragen der Metrik der Gleichheit in der Vergangenheit eine zentrale Rolle gespielt haben – derzeit eine stärkere Auseinandersetzung mit Begründungsfragen: Warum eigentlich Gleichheit? Lässt sich ein systematisches Argument für die Prinzipien des Luck Egalitarianism formulieren oder läuft am Ende alles auf eine Gleichheits- oder Fairness-Intuition hinaus (Christiano 2007)? Und sind die Prinzipien eines verantwortungssensitiven Egalitarismus mit der Idee der fundamentalen Gleichheit von Menschen vereinbar (Carter 2011)?

Drittens stellt sich im Zusammenhang mit Problemen globaler Gerechtigkeit die Frage, ob der Luck Egalitarianism das Potential zu einer überzeugenden Theorie globaler Gerechtigkeit hat. Finden die Prinzipien des Luck Egalitarianism lediglich auf Personen Anwendung, die einen bestimmten institutionellen Kontext miteinander teilen? Wenn ja, wie ist dieser Kontext zu bestimmen? Und was ist der sich hieraus ergebende Geltungsumfang (*scope*) des Luck Egalitarianism (Tan 2012)?

Viertens stellt sich die Frage, wie sich die Theorie eines verantwortungssensitiven Egalitarismus auf kollektive Phänomene anwenden lässt. In den Standardformulierungen des Luck Egalitarianism wird von Individuen als Trägern von Verantwortung ausgegangen. Was aber, wenn beispielsweise die Handlungen und Entscheidungen von Gruppen Einfluss auf das Wohlergehen ihrer Mitglieder haben (Lippert-Rasmussen 2011)?

Und fünftens gibt es das Projekt, verantwortungsegalitaristische Positionen, Lösungsansätze und Antworten auf Fragen in verschiedenen Politikbereichen zu formulieren. Wie sähe beispielsweise eine *luck egalitarian* Gesundheitspolitik plausiblerweise aus und was sind die Empfehlungen einer *luck egalitarian* Gerechtigkeitstheorie, wenn es um die Verteilung knapper Gesundheitsgüter geht (Segall 2009)?

Literatur

Anderson, Elizabeth: What is the point of equality? In: *Ethics* 109/2 (1999), 287–337.

Arneson, Richard J.: Equality and equal opportunity for welfare. In: *Philosophical Studies* 56/1 (1989), 77–93.

–: Luck egalitarianism and prioritarianism. In: *Ethics* 110/2 (2000), 339–349.

–: Luck and equality. In: *Aristotelian Society Supplementary Volume* 75 (2001), 51–72.

–: Desert and equality. In: Nils Holtug/Kasper Lippert-Rasmussen (Hg.): *Egalitarianism. New Essays on the Nature and Value of Equality.* Oxford 2007, 262–293.

Carter, Ian: Respect and the basis of equality. In: *Ethics* 121/3 (2011), 538–571.

Christiano, Thomas: A Foundation for Egalitarianism. In: Nils Holtug/Kasper Lippert-Rasmussen (Hg.): *Egalitarianism. New Essays on the Nature and Value of Equality.* Oxford 2007, 41–82.

Cohen, Gerald A.: On the currency of egalitarian justice. In: *Ethics* 99/4 (1989), 906–944.

–: Facts and principles. In: *Philosophy and Public Affairs* 31/3 (2003), 211–245.

–: Luck and equality: A reply to Hurley. In: *Philosophy and Phenomenological Research* 72/2 (2006), 439–446.

–: *Rescuing Justice and Equality.* Cambridge MA 2008.

Dworkin, Ronald M.: What is equality? Part 1: Equality of welfare. In: *Philosophy & Public Affairs* 10/3 (1981a), 185–246.

–: What is equality? Part 2: Equality of resources. In: *Philosophy & Public Affairs* 10/4 (1981b), 283–345.

–: *Sovereign Virtue: The Theory and Practice of Equality.* Cambridge MA 2002.

–/Burley, Justine: *Dworkin and His Critics: With Replies by Dworkin.* Malden MA 2004.

Fleurbaey, Marc: Equal opportunity or equal social outcome? In: *Economics and Philosophy* 11/1 (1995), 25–55.

–: *Fairness, Responsibility, and Welfare*. Oxford 2012.
Hurley, Susan L.: *Justice, Luck, and Knowledge*. Cambridge MA 2003.
Knight, Carl: Responsibility, desert and justice. In: Ders./ Zofia Stemplowska (Hg.): *Responsibility and Distributive Justice*. Oxford/New York 2011, 152–173.
Knight, Carl/Stemplowska, Zofia (Hg.): *Responsibility and Distributive Justice*. Oxford 2011.
Kymlicka, Will: *Contemporary Political Philosophy. An Introduction*. Oxford 2002.
Lippert-Rasmussen, Kasper: Luck egalitarianism and group responsibility. In: Carl Knight/Zofia Stemplowska (Hg.): *Responsibility and Distributive Justice*. Oxford 2011.
Parfit, Derek: Equality and priority. In: *Ratio* 10/3 (1997), 202–221.
Rawls, John: *Eine Theorie der Gerechtigkeit*. Frankfurt a. M. 1979.
Scheffler, Samuel: Choice, circumstance and the value of equality. In: Ders.: *Equality and Tradition. Questions of Value in Moral and Political Theory*. Oxford 2010, 208–235.
Segall, Shlomi: *Health, Luck, and Justice*. Princeton NY 2009.
Sen, Amartya: Equality of What? In: *The Tanner Lecture on Human Values*, Bd. 1. Salt Lake City 1980.
Tan, Kok-Chor: A Defense of Luck Egalitarianism. In: *The Journal of Philosophy* 105/11 (2008), 665–690.
–: *Justice, Institutions, and Luck: The Site, Ground, and Scope of Equality*. Oxford 2012.
Temkin, Larry S.: *Inequality*. New York 1993.
–: Egalitarianism defended. In: *Ethics* 113/4 (2003), 764–782.
–: Justice, equality, fairness, desert, rights, free will, responsibility and luck. In: Carl Knight/Zofia Stemplowska (Hg.): *Responsibility and Distributive Justice*. Oxford 2011, 51–76.
Wolff, Jonathan: Fairness, respect, and the egalitarian ethos. In: *Philosophy & Public Affairs* 27/2 (1998), 97–122.

Gabriel Wollner

IV Gerechtigkeit im Kontext

40 Menschenwürde

Nach Artikel 1 des deutschen Grundgesetzes ist die Würde des Menschen unantastbar und ihr Schutz die Verpflichtung aller staatlichen Gewalt. Viele sehen die Würde des Menschen auch als die Grundlage der verfassungsmäßig garantierten Grundrechte wie auch der Menschenrechte. Die Präambel der Allgemeinen Erklärung der Menschenrechte bezeichnet die »Anerkennung der angeborenen Würde [...] aller Mitglieder der Gemeinschaft der Menschen [als] die Grundlage von Freiheit, Gerechtigkeit und Frieden in der Welt«. Was unter der Würde, von der in Verfassungskontexten die Rede ist, zu verstehen ist, ist umstritten. Es gibt unterschiedliche Meinungen darüber, was sie bedeutet und ob sie überhaupt etwas bedeutet. Unklar ist auch, was es heißen könnte, dass die Würde Grundlage der Grund- und Menschenrechte sowie allgemein von Freiheit und Gerechtigkeit ist, bzw. in welcher Beziehung sie zu Gerechtigkeit steht.

Kant und das Instrumentalisierungsverbot

Was ist unter der Würde des Menschen zu verstehen? Eine wichtige Rolle für die Bestimmung der Bedeutung des Würdebegriffs spielen Immanuel Kants Ausführungen zur Würde des Menschen. Dass Menschen Würde haben, heißt für Kant zunächst negativ: Menschen haben keinen Preis. Unter ›Preis‹ versteht Kant nicht bloß den Marktpreis, den wir für Güter und Leistungen bezahlen, sondern auch den Wert von Dingen, die wir nicht gegen Geld tauschen, die wir aber mit dem Wert anderer Dinge vergleichen. Solche Dinge haben keinen Marktpreis, aber, wie Kant sagt, einen ›Affektionspreis‹. Sie haben einen Wert für uns, ohne dass wir sie kaufen oder verkaufen würden. Wesen, die Würde haben, besitzen einen absoluten Wert. Das unterscheidet sie von Dingen, die einen Markt- oder Affektionspreis haben. Was keinen absoluten Wert hat, »an dessen Stelle kann auch etwas anderes, als Äquivalent, gesetzt werden, was dagegen über allen Preis erhaben ist, mithin kein Äquivalent verstattet, das hat eine Würde« (AA IV, 429).

Die Achtung, die wir anderen Personen schulden, ist nach Kant die Achtung ihrer Würde (AA VI, 462). Er meint, dass ich den anderen (und mich selbst) genau dann in seiner Würde achte, wenn ich ihn »jederzeit zugleich als Zweck, niemals bloss als Mittel« (AA IV, 429) behandle. Die Pflicht, den anderen in seiner Würde zu achten, sowie der Anspruch, den eine andere Person mir als einem Wesen mit Würde gegenüber geltend machen kann, werden so von Kant über das ›Instrumentalisierungsverbot‹ bestimmt. Dieses untersagt uns, Personen (uns selbst wie auch andere) ›bloß‹ als Mittel zu benutzen.

Bloß als Mittel behandle ich den anderen, wie Kant in seinen Erläuterungen zum falschen Versprechen ausführt (vgl. ebd.), wenn ich ihn in einer Weise behandle, der er ›unmöglich‹ zustimmen kann. Gemeint ist hier eine Unmöglichkeit in einem normativen Sinn. Man kann sagen, die andere Person könne einer bestimmten Behandlung unmöglich zustimmen, wenn sie dazu keinen Grund hat und sie sich nicht rational verhalten würde, wenn sie zustimmen würde. So ließe sich im Blick auf die von Kant erwähnten Angriffe auf die Freiheit und das Eigentum von Personen sagen, dass die jeweiligen Opfer keinen Grund haben, in die Weise, wie sie behandelt werden, einzuwilligen. Die andere Person in ihrer Würde zu achten, heißt nach Kant dementsprechend, sie in einer Weise zu behandeln, die ihr die Möglichkeit gibt, zu dem, was man mit ihr tut, zustimmend oder ablehnend Stellung zu nehmen. In Orientierung an der normativen Unmöglichkeit könnte man alternativ sagen: Eine andere Person in ihrer Würde zu achten, bedeutet, sie in einer Weise zu behandeln, der sie vernünftigerweise zustimmen kann.

Grundrechte und moralischer Status

In der neueren philosophischen Diskussion findet man Vorschläge, Würde über verfassungsmäßig garantierte Grundrechte zu verstehen, andere wiederum verweisen auf charakteristische Eigenschaften von Menschen. Nach einem anderen Verständnis meint die Menschenwürde den moralischen Status von Menschen, dass Menschen Träger von Rechten sind oder einfach moralische Berücksichtigung verdienen. Verschiedene Autoren verbinden die Würde von Menschen mit deren Selbstachtung. Betrachten wir diese Vorschläge einzeln für sich.

Nach Ansicht von Dieter Birnbacher lässt sich der Begriff der Würde über bestimmte Grundrechte explizieren. Die Grundrechte, die er dabei im Blick hat, werden nach Birnbacher nicht durch die Würde begründet. Vielmehr meint er, dass die Würde des Menschen »mit einem Ensemble bestimmter grundlegender Rechte gleichgesetzt werden kann« (Birnbacher 1995, 5). Es sind genau vier Grundrechte, die mit dem Würdebegriff gemeint sind: a) das Grundrecht auf ein Existenzminimum, b) das Recht auf Freiheit von großen und andauernden Schmerzen, c) das Recht auf minimale Freiheit und d) das Recht auf eine minimale Selbstachtung. Mit dem Anspruch der Menschenwürde wird in dieser Konzeption nicht ein Gut oder ein Wert geschützt. Es geht vielmehr um den Schutz eines Ensembles von Rechten, die unter dem Titel der Würde zugleich als grundlegende Rechte ausgezeichnet werden. Nach Birnbacher besitzen diese grundlegenden Rechte anderen Rechten gegenüber Vorrang. Sie entziehen sich einem politischen Kosten-Nutzen-Kalkül wie auch einer Abwägung mit anderen Gütern und Rechten. Das Minimum an Grundgütern, auf das der Begriff der Menschenwürde verweist, verstattet in Anknüpfung an Kant auch nach Birnbacher kein Äquivalent, wenn man, wie er einschränkend hinzufügt, von Katastrophensituationen absieht, in denen auch dieses Minimum zur Disposition gestellt werden darf (vgl. ebd., 8).

In dieser Interpretation erhält der Begriff der Menschenwürde einen eigenständigen Gehalt, der die Ansprüche benennt, die mit der inhärenten Würde gemeint sind und deren Schutz auch verfassungsrechtlich garantiert wird. Die vier Grundrechte, mit denen Birnbacher das Prinzip der Würde gleichsetzt, sind Anspruchs- und Abwehrrechte zugleich. Einen Menschen in seiner Würde zu achten, heißt danach: ›Füge ihm keine großen Schmerzen zu‹, ›nimm ihm nicht seine Freiheit‹, gleichzeitig aber auch: ›Sorge dafür, dass er über Güter verfügt, die ihm ein Leben sichern, in dem er sich achten kann‹.

Wenn eines dieser Grundrechte verletzt wird, wird kein Anspruch verletzt, der diesen Rechten zugrunde liegt und aus dem sich diese Grundrechte herleiten lassen. Es ist auch nicht so, dass Würde etwas bezeichnen würde, worin die besagten Grundrechte übereinstimmen würden. Es handelt sich um unterschiedliche Rechte, die bloß darin übereinkommen, dass sie grundlegende Rechte sind, die sich – unter normalen Bedingungen jedenfalls – einer Güterabwägung entziehen und deren Verletzung eine Würdeverletzung darstellt.

Die Verbindung von spezifischen Rechten und Würde, die Birnbachers Vorschlag zugrunde liegt, wird von verschiedenen Autoren in Frage gestellt. Zu nennen sind etwa die Autorinnen und Autoren, die eine Statustheorie der Menschenwürde vertreten. Nach Ansicht dieser Autorinnen und Autoren wird mit der inhärenten Würde Menschen ein ›moralischer‹ Status zugewiesen. ›Menschen haben Würde‹ meint demgemäß: Menschen verdienen moralische Rücksichtnahme. Unterschiedliche Versionen einer solchen Statustheorie finden wir sowohl bei englisch- wie auch bei deutschsprachigen Autoren.

Für Joel Feinberg hat die Würde des Menschen mit seinem Status als Rechtssubjekt, d. h. als Träger von Rechten, zu tun. Würde ist nach Feinberg kein Ensemble von Rechten und auch kein einzelnes Recht, sondern die Eigenschaft eines Menschen, Rechte zu haben und anderen gegenüber geltend machen zu können. Einen Menschen in seiner Würde zu achten, heißt nach Feinberg, ihn als jemanden zu sehen, der Ansprüche geltend machen kann (»to think of him as possessed of human dignity, simply is to think of him as a potential maker of claims«; Feinberg 1970, 252). Dabei geht es Feinberg nicht bloß darum, dass man den anderen als ein Wesen sieht, das diese Fähigkeit besitzt, sondern dass man ihn als ein Wesen sieht, das berechtigt ist, Ansprüche zu erheben. Natürlich setzt die Berechtigung, Ansprüche geltend zu machen, die Fähigkeit voraus, dies faktisch auch tun zu können. Feinberg versteht dieses ›Können‹ aber in einem normativen Sinn: Menschen können das nicht bloß faktisch tun, sondern sind dazu auch berechtigt. Die Achtung der Würde von Menschen wird damit von der Achtung ihrer Rechte unterschieden. Achtung der Würde bezieht sich auf den Rechtsstatus der anderen Person.

In einer ähnlichen Weise wie Feinberg versteht Stephen Darwall die Würde von Personen. ›Personen haben Würde‹ heißt nach Darwall: Sie haben die Autorität, von anderen bestimmte Dinge zu fordern (Darwall 2006, 14). Die Achtung vor der Würde ist die Achtung dieser Autorität, Forderungen erheben zu können. Achtung schulden wir auch den gültigen Ansprüchen von Personen. Achtung vor Personen lässt sich allerdings, so Darwall, nicht auf die Achtung ihrer gültigen Ansprüche reduzieren. Wir könnten die Ansprüche anderer achten, ohne sie als ›ihre‹ Ansprüche anzuerkennen (vgl. ebd., 140). In diesem Fall achten wir nicht die normative Autorität einer Person, d. h. wir achten sie nicht in ihrer Würde. Es handelt sich also um einen wesentlichen Aspekt der Würde von Personen, dass sie die gleiche Autorität haben, Dinge voneinander einzufordern (vgl. ebd., 242). Die Würde von Personen beruht dabei, Darwall zufolge, nicht auf dem intrinsischen Wesen von Personen, sondern darauf, wie sie sich als Wesen, die wechselseitige Ansprüche erheben, aufeinander beziehen. Würde zuzuschreiben, ist etwas, wozu wir innerhalb dessen, was Darwall den »zweitpersonalen Standpunkt« nennt, verpflichtet sind (ebd., 245). Wenn ich gegenüber jemandem eine Forderung erhebe, setze ich immer schon eine geteilte Autorität voraus. Und Würde erschließt sich nicht aus einer erstpersonalen Perspektive. Würde ist vielmehr etwas, das wir nach Darwall anderen Personen dadurch, dass wir uns mit zweitpersonalen Gründen an sie richten und ihnen gegenüber Forderungen erheben, zuschreiben. Darwall ist der Überzeugung, dass selbst ein Sklavenhalter, wenn er Forderungen an seinen Sklaven richtet, voraussetzt, dass sie beide einen gemeinsamen normativen Status freier und rationaler Personen besitzen (vgl. ebd., 265). Wer Forderungen erhebt, unterstellt, dass andere das ihm gegenüber auch tun dürfen. Das meint Darwall mit der Aussage, dass die Würde von Personen aus einer irreduzibel zweitpersonalen Perspektive hervorgeht.

Menschliche Grundfähigkeiten

Seit der Stoa wird die Würde mit essenziellen Eigenschaften von Menschen in Verbindung gebracht. Autorinnen wie Martha Nussbaum meinen, Würde beruhe auf typisch menschlichen Eigenschaften (s. Kap. IV.43). Sie bezeichnet diesen Vorschlag als eine ›aristotelische Theorie‹ der Würde (vgl. Nussbaum 2006, 161). Nach dieser Konzeption kommt Menschen Würde aufgrund ihres Menschseins zu. Damit ist nicht gemeint, dass sie Würde haben, weil sie Mitglied der Spezies Mensch sind. Sie haben vielmehr Würde aufgrund typisch menschlicher Eigenschaften. Nussbaum spricht davon, dass man ein Leben in Würde führt, wenn man ein Leben zu führen in der Lage ist, das Menschen eben typischerweise führen. Nussbaum meint damit ein Leben, in dem zentrale menschliche Fähigkeiten ausgeübt werden können (vgl. ebd., 161). Zu diesen zentralen menschlichen Fähigkeiten gehören unter anderem die Fähigkeit, die Vorstellung und das Denken zu religiösen, literarischen, musikalischen und anderen kulturellen Zwecken zu benutzen; die Fähigkeit, sich Dingen und Menschen verbunden zu fühlen, sie zu lieben und sie zu betrauern, aber auch die Fähigkeit, sich um andere zu kümmern, mit ihnen zu interagieren und sich in sie einzufühlen (dazu ausführlich ebd., 76–78). Zu den zentralen menschlichen Fähigkeiten zählen für Nussbaum nicht bloß diejenigen Fähigkeiten, über welche ausschließlich Menschen verfügen. Als zentrale menschliche Fähigkeiten betrachtet Nussbaum diejenigen Fähigkeiten, die für alle Menschen wichtig sind (vgl. ebd., 78). Im Unterschied zu Kants Würdekonzeption spielt in dieser anthropologischen Theorie der Würde nicht bloß die Fähigkeit zur rationalen Selbstbestimmung eine Rolle, sondern vielmehr alle typischen menschlichen Fähigkeiten. Nussbaum betont, dass die Zuschreibung von Würde von keiner einzelnen menschlichen Fähigkeiten abhängt (vgl. Nussbaum 2008, 362). Die Fähigkeit zur rationalen Selbstbestimmung ist genauso wenig maßgebend für die Würdezuschreibung wie irgendeine andere menschliche Fähigkeit. Würde kommt nach Nussbaum allen menschlichen Wesen zu, die irgendeine der typischen menschlichen Fähigkeiten besitzen.

Mit der Würde geht der Anspruch einher, in der Lage zu sein, die zentralen menschlichen Fähigkeiten auszuüben. Es muss sichergestellt werden, dass die Fähigkeiten ausgeübt werden können, nicht dass sie auch ausgeübt werden. So muss der Staat z. B. dafür sorgen, so Nussbaum, dass Menschen das Recht haben zu wählen, und nicht, dass sie dieses Recht auch wahrnehmen (vgl. ebd., 368). Die Verhinderung und Beeinträchtigung der Ausübung von Fähigkeiten sind nach dieser Würdekonzeption Verletzungen der Würde des Menschen.

Würde und Autonomie

Anders als Martha Nussbaum sehen Vertreterinnen einer stärker an Kant orientierten Würdekonzeption ›Autonomie‹ als die würdeverleihende Eigenschaft an. Bei einigen Autorinnen steht in diesem Zusammenhang die Fähigkeit im Vordergrund, das eigene Verhalten im Lichte von Gründen zu bestimmen (vgl. Herman 1993, 228). Menschen haben Würde, weil sie diese Fähigkeit haben. Und sie in ihrer Würde zu achten, heißt nach diesem Vorschlag, sie nach ihren eigenen Gründen handeln zu lassen. Das tut man beispielsweise dann nicht, wenn man sie täuscht, manipuliert oder sie zu Dingen verführt, die sie von sich aus nicht tun wollen.

Eine vergleichbar normative Autonomiekonzeption der Würde schlägt auch die Bioethikerin Ruth

Macklin vor. Wenn der Begriff der Würde auf eine verständliche Weise verwendet werde, sei damit nichts anderes als die Achtung vor der Autonomie von Personen gemeint (vgl. Macklin 2003, 1420). Wenn mit Würde allerdings der Anspruch darauf gemeint ist, in seiner Autonomie oder Willensfreiheit nicht beeinträchtigt zu werden, stellt sich die Frage, ob man die Würde verletzt, wenn man den anderen in der Ausübung seiner Autonomie oder seiner Willensfreiheit beeinträchtigt, oder bloß dann, wenn man ihn seiner Autonomie oder Willensfreiheit gänzlich beraubt. Verletze ich den anderen in seiner Würde bloß dann, wenn ich dafür sorge, dass er nicht mehr frei oder autonom handeln kann? Oder ist jede Beeinträchtigung der Autonomie oder der Willensfreiheit des anderen eine Würdeverletzung? Wenn wir Letzteres sagen, verwenden wir den Begriff der Würde in einem weiten Sinn. Verstehen wir den Begriff der Würde hingegen so, dass bloß dann eine Würdeverletzung vorliegt, wenn jemand seiner Willensfreiheit bzw. seiner Fähigkeit, sich selbst zu bestimmen, beraubt wird, verwenden wir den Begriff in einem engen Sinn.

Würde und Handlungsfähigkeit

Nach Alan Gewirth besteht ein Zusammenhang zwischen der Würde von Menschen und ihrer Fähigkeit, für sie wertvolle Ziele zu verfolgen. Menschen haben die Fähigkeiten, das eigene Verhalten zu kontrollieren und für die eigenen Zwecke die geeigneten Mittel zu bestimmen (vgl. Gewirth 1996, 66). Diese Fähigkeiten sind erforderlich, um einem Wesen Rechte sinnvoll zuschreiben zu können. Und da wir den Zwecken unseres Handelns einen Wert zuschreiben, müssen wir, so Gewirth, auch den Fähigkeiten, die es uns ermöglichen, wertvolle Zwecke zu verfolgen, einen Wert zuschreiben. Es sind nämlich, wie Gewirth argumentiert, diese Fähigkeiten, die dem menschlichen Leben einen Wert verleihen, und sie sind deshalb auch der Grund, Menschen als Wesen mit Rechten zu sehen. Die moralischen Rechte von Menschen ergeben sich aus dem Wert des Rechtsträgers. Dieser Wert des Rechtsträgers ist das, was Gewirth mit dem Begriff Würde im Blick hat. Gewirth redet davon, dass die Würde die Grundlage von Rechten sei, und auch davon, dass Rechte aus der Würde abgeleitet seien (vgl. Gewirth 1992, 24). Es scheint, als würden die Rechte von Personen die Fähigkeiten schützen, die, wie Gewirth meint, die Würdezuschreibung an Menschen rechtfertigen würden. Die moralischen Rechte schützen diejenigen Güter, welche für die Ausübung dieser für uns so wertvollen Fähigkeiten erforderlich sind.

Würde und Selbstachtung

Eine Theorie der Gerechtigkeit befasst sich nach John Rawls mit der Verteilung von Gütern, die für jedes Leben von zentraler Bedeutung sind. Eines der wichtigsten Grundgüter ist seiner Ansicht nach Selbstachtung (vgl. Rawls 1979, 479). Die Menschen würden sich im Urzustand deshalb für soziale Verhältnisse entscheiden, welche es ihnen ermöglichen würden, sich selbst zu achten. Zur Selbstachtung gehört nach Rawls zum einen ein Selbstwertgefühl und zum andern »ein Vertrauen in die eigene Fähigkeit, seine Absichten, soweit es einem eben möglich ist, auszuführen« (ebd., 479). Selbstachtung ist ein Grundgut, weil sie erforderlich ist, damit sich Menschen gesellschaftlich engagieren. Ohne Selbstachtung, so Rawls, versinken Menschen »in Teilnahmslosigkeit und Zynismus« (ebd., 479). Für eine Theorie der Gerechtigkeit als Fairness spielt Selbstachtung deshalb eine wichtigere Rolle als für andere Theorien der Gerechtigkeit. Eine Gesellschaft, welche die von Rawls vorgeschlagenen Gerechtigkeitsprinzipien anerkennt, sorgt auch dafür, dass Menschen sich selber achten können (vgl. dazu Mieth 2009, 146).

Wenn, wie verschiedene Autoren meinen, Würde bloß über den Begriff der Selbstachtung verstanden werden kann, dann kann eine Gesellschaft nur gerecht sein, wenn sie den einzelnen ein Leben in Würde ermöglicht. Die Idee, dass zwischen Selbstachtung und Würde ein enger Zusammenhang besteht, geht auf Avishai Margalit zurück. In seinem Buch *Politik der Würde* (engl. *The Decent Society*, 1996) untersucht er das Verhältnis von Demütigung und Würde. Demütigung stellt, so Margalit, einen Angriff auf die Selbstachtung der gedemütigten Person dar. Dem anderen soll deutlich gemacht werden, dass er nicht zählt.

Der zentrale Begriff dieses Verständnisses von Menschenwürde ist derjenige der Selbstachtung. Was unter Würde verstanden wird, hängt davon ab, was man unter Selbstachtung versteht. Selbstachtung kann im Sinne der Selbstwertschätzung verstanden werden: Ich achte mich selbst, wenn ich mich selbst und das, was ich tue, positiv bewerte. Jemanden zu demütigen heißt demnach, jemanden in seiner Selbstwertschätzung zu beeinträchtigen. Man kann diese Selbstwertschätzung, wie Christoph Menke und Arnd Pollmann das tun, als ein Resultat sozialer Anerkennung verstehen (vgl. Menke/Pollmann 2007, 141). Ein »Gefühl der Selbstsicherheit« wird in mir erzeugt, wenn ich weiß, dass ich von den anderen »als gleichwertiges Mitglied der moralischen Gemeinschaft respektiert« (ebd.) werde. Die positive Selbstbewertung kann auch anderen gegenüber durch eine würdevolle Haltung zum Ausdruck gebracht werden. Menschen, die sich selbst achten, verhalten sich in einer Weise, die anderen deutlich macht, dass sie Respekt verdienen.

Margalit versteht die Selbstachtung, die durch Demütigung gefährdet wird, als eine Wertschätzung seiner selbst, die sich nicht auf eigene Taten, sondern auf das eigene Menschsein bezieht (vgl. Margalit 1996, 24). Er meint darüber hinaus, dass man Selbstwertschätzung und Selbstachtung unterscheiden sollte (vgl. ebd., 44). Selbstachtung soll nach Margalit kein psychischer Zustand sein. Er begreift sie als etwas, das unabhängig von der Bewertung konkreter Kompetenzen und Taten besteht. Es handelt sich um einen intrinsischen Wert, den wir uns als Menschen zuschreiben. Das tun wir nach Margalit aber nicht unabhängig davon, welche Einstellungen andere uns gegenüber einnehmen. Menschen, die Opfer von Erniedrigungen und Demütigungen werden, fühlen sich in ihrem Selbstwert in der Regel beeinträchtigt. Die Frage stellt sich, ob sie das auch tun sollten. Margalit bezeichnet das als das »Paradox der Entwürdigung« (ebd., 115–129). Wie soll das Unrecht, das Demütigung darstellt, ein Grund sein, sich in seiner Selbstachtung tangiert zu fühlen? Rational betrachtet sollten Demütigungen sich nicht auf unser Selbstverhältnis auswirken. Für Margalit ist es allerdings ein psychologisches Faktum, dass sich die meisten von uns entwürdigt fühlen, wenn sie gedemütigt werden. Unsere Einstellung uns selbst gegenüber ist faktisch nicht unabhängig von den Einstellungen, die andere uns gegenüber einnehmen (vgl. ebd., 127).

Würde und eine gerechte staatliche Ordnung

Eine enge Verbindung zwischen Würde und Gerechtigkeit ist in der Präambel der Allgemeinen Erklärung der Menschenrechte ausgedrückt. Dort lesen wir, dass die Anerkennung der Würde des Menschen auch die Grundlage von Gerechtigkeit sei: Würde ist Grundlage der Rechte, welche Menschen zukommen. Und sie ist als solche auch Grundlage einer gerechten staatlichen Ordnung, sofern man darunter eine staatliche Gemeinschaft versteht, in der die Menschenrechte anerkannt und geschützt werden. Jede staatliche Gemeinschaft hat nach dieser Auffassung die Pflicht, die Menschenrechte zu garantieren. Der Schutz dieser Rechte ist zugleich auch der Schutz der Würde jedes Menschen, sofern man die Würde als Grundlage der Menschenrechte versteht.

Alle Autorinnen, die der Würde einen eigenen Stellenwert zuschreiben, kommen darin überein, dass Gerechtigkeit den Schutz der Rechte fordert, die den Schutz der Würde garantieren. Um welche Rechte es sich dabei handelt, variiert jedoch, und es ist unklar, ob sämtliche Menschenrechte die Würde als Grundlage besitzen. Mit Gewirth könnte man sagen, dass diejenigen Rechte Menschenrechte sind, welche die Fähigkeiten schützen, die es uns ermöglichen, unsere Ziele zu verfolgen. Und wenn man James Griffin folgt, könnte man sagen, dass diejenigen Rechte garantiert sein müssen, welche unsere Fähigkeiten schützen, ein Leben nach unseren Vorstellungen des Guten zu führen. Gemäß einer anthropologischen Theorie der Würde, wie sie Nussbaum vertritt, sollte der gerechte Staat dafür sorgen, dass Menschen in der Lage sind, grundlegende Fähigkeiten auszuüben. Das würde es ihnen ermöglichen, ein Leben in Würde zu führen. Hier ist Würde eng verbunden mit einer bestimmten Lebensform, die es zu ermöglichen und zu schützen gilt. Wenn Würde zu haben bedeutet, ein Selbstverfügungsrecht zu besitzen, dann gibt es ›Gründe‹, den Menschen die ›Rechte‹ zuzusprechen, welche die Bedingungen schützen, die erfüllt sein müssen, soll das Selbstverfügungsrecht wirklich ausgeübt werden können; nämlich Rechte, welche akzeptable Optionen von Menschen schützen. Das sind Rechte wie das Recht, nicht erniedrigt oder Opfer inhumaner Behandlung zu werden; aber – und das ist im Zusammenhang der Verteilungsgerechtigkeit (s. Kap. II.12) von zentraler Bedeutung – auch das Recht, kein Leben in absoluter Armut führen zu müssen, mithin das Recht auf ein Existenzminimum.

Verteilungsgerechtigkeit und Armut

Die Güter einer Gesellschaft können nur dann gerecht verteilt sein, wenn alle in der Lage sind, ein Leben in Würde führen zu können. Nach Rawls müssen sie fähig sein, sich selbst zu achten. Um gerecht zu sein, bedarf es nach Gewirth sozialer Rechte, welche Menschen den Zugang zu Gütern sichern, ohne die sie nicht nach wertvollen Zielen streben und deshalb auch kein Leben in Würde führen könnten. Für Nussbaum sorgt ein gerechter Staat dafür, dass Menschen grundlegende Fähigkeiten auszuüben in der Lage sind.

Es ist unklar, ob diese Vorschläge hinreichende Kriterien für eine gerechte Ordnung formulieren. Man kann sagen, dass der Umstand, dass alle ein Leben in Würde führen können, nicht bedeutet, dass die Güter gerecht verteilt sind. Für Margalit ist eine Gesellschaft, in der alle in Würde leben können, eine anständige, aber nicht notwendigerweise eine gerechte Gesellschaft (vgl. Margalit 1996, 272). Dass alle in Würde leben können, ist eine notwendige Bedingung von Gerechtigkeit. Man kann sagen, dass in einer gerechten Gesellschaft Menschen ein Leben in Würde führen können, dass allerdings zusätzlich die Grundgüter nach Maßgabe des Rawlsschen Differenzprinzips (s. Kap. II.25) verteilt werden sollen. In einer Gesellschaft, in der die Güter gerecht verteilt sind, ist jedes Mitglied der Gesellschaft fähig, in Würde zu leben. Das ist relevant für die Frage, welche Formen der Armut eine gerechte Gesellschaft tolerieren könnte.

Für die einen schließt ein menschenwürdiges Leben ein Leben in absoluter Armut, für andere ein Leben auch in relativer Armut aus. Diese beiden Formen der Armut werden in der Diskussion um Armut üblicherweise unterschieden. Fraglich ist, ob beide nicht mit einem Leben in Würde verträglich sind. In absoluter Armut lebt jemand nach der Standarddefinition der Weltbank, wenn ihm weniger als 1,25 Dollar pro Tag zur Verfügung stehen. Gehaltvoller aber im Blick auf die Frage, ob absolute Armut mit einem Leben in Würde unverträglich ist, ist die von Peter Singer formulierte Auffassung, wonach Personen dann in absoluter Armut leben, wenn sie »unter schlimmen Entbehrungen und in einem Zustand von Verwahrlosung und Entwürdigung ums Überleben kämpfen« (Singer 1993, 219). Entwürdigung ist nach dieser Auffassung ein Merkmal eines Lebens in absoluter Armut. Wer diese Position vertritt, wird sich fragen müssen, was an einem Leben in absoluter Armut entwürdigend ist.

Autoren, die sich an Margalits Auffassung von Würde orientieren, meinen, ein Leben in absoluter Armut lasse keine Selbstachtung zu: »Schwere Armut erzeugt Bedürftigkeit, die einen von anderen abhängig macht. Diese Abhängigkeit ist mit der Selbstachtung nicht vereinbar« (Mieth 2009, 140; vgl. auch Schaber 2011, 155–157). Für Julia Müller und Christian Neuhäuser gilt dies nicht bloß für ein Leben in absoluter Armut, sondern auch für eines in relativer Armut (vgl. Müller/Neuhäuser 2011). Im Unterschied zu Menschen, die in absoluter Armut leben, haben Menschen in relativer Armut Zugang zu den Grundgütern, die in jeder Gesellschaft erforderlich sind, um ein minimal gutes Leben zu führen. Ungeachtet dessen leben Menschen unter Bedingungen relativer Armut dieser Auffassung gemäß in der Regel am Rande der Gesellschaft. Sie werden als Bürgerinnen und Bürger zweiter Klasse behandelt, was sich mit Selbstachtung und Würde der Personen nicht verträgt (vgl. ebd., 168). Dabei besteht nach Auffassung der Autoren kein begrifflicher Zusammenhang zwischen relativer Armut und Würdeverletzung. Menschen, die in relativer Armut leben, könnten auch als gleichwertige Bürgerinnen und Bürger behandelt werden. Das ist in der Regel aber nicht der Fall. Deshalb können wir nur dann sicherstellen, dass Menschen ein Leben in Würde zu führen in der Lage sind, wenn wir dafür sorgen, dass nicht nur niemand in absoluter, sondern auch niemand in relativer Armut leben muss. Nur dann können in einer Gesellschaft gemäß dieser Auffassung die Güter auch gerecht verteilt sein.

Literatur

Birnbacher, Dieter: Mehrdeutigkeiten im Begriff der Menschenwürde. In: *Aufklärung und Kritik* 2/1 (1995), 4–13.

Darwall, Stephen L.: *The Second-Person Standpoint. Morality, Respect, and Accountability*. Cambridge 2006.

Feinberg, Joel: The nature and value of rights. In: *Journal of Value Inquiry* 4/4 (1970), 243–257.

Gewirth, Alan: Human dignity as the basis of rights. In: Michael A. Meyer/William A. Parent (Hg.): *The Constitution of Rights. Human Dignity and American Values*. Cornell UP 1992, 10–28.

–: *The Community of Rights*. Chicago 1996.

Herman, Barbara: *The Practice of Moral Judgement*. Cambridge 1993, 208–242.

Kant, Immanuel: *Grundlegung zur Metaphysik der Sitten* [1785]. In: Königlich Preußische Akademie der Wissenschaften (Hg.): Kant's gesammelte Schriften [Akademie-Ausgabe], Bd. IV. Berlin 1968 [AA IV].

–: *Metaphysik der Sitten* [1794]. In: Königlich Preußische Akademie der Wissenschaften (Hg.): Kant's gesammelte Schriften [Akademie-Ausgabe], Bd. VI. Berlin 1968 [AA VI].

Macklin, Ruth: Dignity is a useless concept. In: *British Medical Journal* 327/7429 (2003), 1419–1420.

Margalit, Avishai: *The Decent Society*. Cambridge 1996.

Menke, Christoph/Pollmann, Arnd: *Philosophie der Menschenrechte zur Einführung*. Hamburg 2007.

Mieth, Corinna: Menschenwürde und soziale Gerechtigkeit. Überlegungen zu Kant, Rawls und Margalit. In: Christian Thies (Hg.): *Der Wert der Menschenwürde*. Paderborn 2009, 133–148.

Müller, Julia/Neuhäuser, Christian: Relative poverty. In: Paulus Kaufmann/Hannes Kuch/Christian Neuhäuser/Elaine Webster (Hg.): *Humiliation, Degradation, Dehumanization. Human Dignity Violated*. Dordrecht 2011, 159–172.

Nussbaum, Martha C.: *Frontiers of Justice. Disability, Nationality, Species Membership*. Cambridge 2006.
–: Human dignity and political entitlements. In: President's Council on Bioethics (Hg.): *Human Dignity and Bioethics. Essays Commissioned by the President's Council on Bioethics*. Washington DC 2008, 351–380.
Rawls, John: *Eine Theorie der Gerechtigkeit*. Frankfurt a. M. 1979 (engl. 1971).
Schaber, Peter: *Instrumentalisierung und Würde*. Paderborn 2010.
–: Absolute poverty. In: Paulus Kaufmann/Hannes Kuch/Christian Neuhäuser/Elaine Webster (Hg.): *Humiliation, Degradation, Dehumanization. Human Dignity Violated*. Dordrecht 2011, 151–158.
Singer, Peter: *Practical Ethics*. Cambridge 1993.

Peter Schaber

41 Moral

Versteht man Moral als richtiges Handeln nach Regeln und das Gerechte im Sinne des lat. *rectum*, des Richtigen, dann ist Moral nahezu bedeutungsgleich mit Gerechtigkeit. Wenn für Moral dagegen die richtige Einsicht und Absicht entscheidend ist, Gerechtigkeit (›öffentliche Gerechtigkeit‹) dagegen ein System der richtigen oder gerechtfertigten Verteilung von Gütern ist, dann besteht eine erhebliche Differenz. Eine ›gerechte Weltordnung‹ ist offenbar etwas Umfassenderes als eine Handlung aus richtiger oder pflichtgemäßer Gesinnung.

Ist also Moral ein Teil der Gerechtigkeit oder umgekehrt? Im Folgenden sollen einige der Konstellationen beider Begriffe (und ihrer jeweiligen Inhalte) erörtert werden.

In der modernen philosophischen Literatur wird Moral oft von Ethik unterschieden als Verhalten nach gebotenen Regeln (Moral) gegenüber der Theorie, Begründung oder Rechtfertigung dieser Regeln (Ethik). Das ist eine nützliche Unterscheidung, obgleich sie weder der Wortgeschichte von lat. *mores* und griech. *ethos*, *scientia moralis* und *ethike episteme* entspricht noch unserem alltäglichen Sprachgebrauch. In diesem gibt es etwa eine ›christliche Moral‹, die Handeln, Regeln und Lehre (Moraltheologie) umfasst. Oder man spricht von ethischem und ›unethischem‹ Verhalten (*unethical behavior*). Wenn im Folgenden von Moral die Rede ist, werden moralische Lehren und Theorien der Moral einbezogen – allerdings nur normative, nicht deskriptive wie Moralpsychologie oder -soziologie. Zunächst soll die enge Verbindung zwischen Moral und Gerechtigkeit dargestellt werden, dann ist die Differenz zu akzentuieren.

Gerechtigkeit als Kern der Moral

Das allgemeinste Kriterium für Moral ist vielleicht das, was man den ›moralischen Standpunkt‹, den *moral point of view* genannt hat (am ausführlichsten entwickelt von Baier 1958). Dieser Standpunkt ist die Perspektive des *benevolent impartial spectator* (bereits bei Hume 1751/1998, 166; Smith 1759/1976, 26, 294; vgl. Tugendhat 1993, 282–309). Man kann das als einen vom Menschen eingenommenen Gottesstandpunkt betrachten (Smith 1759/1976, 130, 166), aber vielleicht hat es ihn schon vor jedem Gottes- oder Götterglauben gegeben, wenn Menschen in der Frühzeit gemeinsam jagen oder Feinde abwehren mussten. Wenn man nicht von der bloßen Befehlsgewalt eines Anführers ausgeht, mussten die von jedem geforderten Leistungen oder Belohnungen ja einvernehmlich geregelt werden, zumindest durch wechselseitig akzeptierte Erwartungen. Für diesen moralischen Standpunkt ist offenbar Gerechtigkeit im Sinne der Unparteilichkeit notwendig. Dass Gerechtigkeit es mit einer Gleichheit in der Berücksichtigung von Ansprüchen, Leistungen, Bedürfnissen etc. zu tun hat, ›wissen‹ nicht nur Kinder, sondern es geht auch in die frühesten philosophischen Gerechtigkeitskonzeptionen ein – etwa in die *isotes*-Lehre des Aristoteles (vgl. NE 1129a, 34: »demgemäß wird gerecht sein, wer die Gesetze beobachtet und sich an die Gleichheit (*to ison*) hält«). Aber auch in den neuesten ethischen Konzeptionen wie der Diskursethik oder der Vertragsethik ist Unparteilichkeit und Gleichheit in verschiedenen Formen vorausgesetzt: Teilnehmer an einem Diskurs über die Rechtfertigung von Normen dürfen nicht von vornherein bevorzugt sein, es muss eine grundsätzliche Gleichberechtigung ihrer Ansprüche herrschen. Verträge, die als Grundlage eines wechselseitigen Verzichts auf Schädigung dienen sollen, müssen ebenfalls von einer elementaren Gleichheit der Ansprüche und Unparteilichkeit des Richters in Bezug auf ihre Erfüllung ausgehen. Am meisten Schwierigkeiten hat der Utilitarismus mit der Gerechtigkeit, weil eine Steigerung des Gesamtnutzens auch durch Ungleichverteilung von Grundrechten – oder ihrer Erfüllung – erreicht werden kann (s. u.).

Der Zusammenhang dieses Verständnisses der Moral mit dem des Richtigen (*rectum*), des Einhaltens von Verpflichtungen und der Anerkennung von Ansprüchen liegt auf der Hand. Steigt man sozusagen von der Höhe des nicht-interessierten, aber wohlwollenden Beobachters hinab in die Mitte der miteinander Kooperierenden oder Streitenden, dann besteht das moralische Handeln eben in der Erfüllung von Pflichten gegenüber den gleichen Rechten eines jeden. Natürlich gibt es auch Pflichten gegenüber einem ›Nicht-Teilnehmer‹ wie dem göttlichen oder fürstlichen Urheber von Normen. Wenn Gerechtigkeit aber nicht nur in der Erfüllung von autoritativ gesetzten Normen besteht, also sozusagen ›positivistisch‹ verstanden wird, dann kommt die Frage nach dem, was jemandem zusteht, wieder ins Spiel. Die Differenz zu einem bloß gesetzestreuen legalen Handeln ist aber gerade das, was moralisch genannt wird. Moralische Pflichten betreffen also das Gerechte nicht einfach im Sinne formaler Unparteilichkeit, sondern im Sinne dessen, was einem anderen zusteht – und sei es die Dankbarkeit oder Verehrung gegenüber einem gerechten Gott. Dieses ›Zustehende‹, oder platonisch ›das Seine‹, kann wieder einen ganz verschiedenen Umfang haben. Im allgemeinsten Sinne sprechen wir sogar von ›einer Sache gerecht werden‹. Ob das noch zur Moral gehört oder diese auf Personen beschränkt ist, steht in der modernen Ethik zur Diskussion.

Bisher ist ein zentraler Begriff des Moralischen oder der Moral nur nebenher in den Blick gekommen: der des Guten. In der ›Benevolenz‹ muss so etwas mitgedacht werden, nicht nur wegen des Bestandteils *bonum* in *benevolentia*. Der Wohlwollende muss dem Betroffenen etwas für ihn Gutes wünschen. Der gerechte Gott ist traditionell ebenfalls durch Güte gekennzeichnet – auch wenn diese seinen Geschöpfen oder ›seinem Volk‹ (›alter‹ oder ›neuer‹ Bund) in dessen beschränkter Perspektive als grausam oder hart erscheinen mag. Der Begriff des Guten hat allerdings ebenfalls einen großen und differenzierten Bedeutungsumfang (vgl. Wright 1970; Stemmer 1997, 65–92). Auch er steht zur Moral und zur Gerechtigkeit in unterschiedlichen Verhältnissen, je nach Begriffsverständnis oder moralischer Position. Ein moralisch handelnder oder sich moralisch richtig verhaltender Mensch ist jedenfalls auch ein ›guter Mensch‹. In der Tradition der hebräischen Bibel (s. Kap. I.6) und der aristotelischen Ethik fällt er aber auch mit ›dem Gerechten‹ zusammen: In der ersteren ist er derjenige, der den Willen des gerechten Gottes erfüllt, in der letzteren der edle Charakter, der alle Tugenden im sozialen Umgang zu aktivieren weiß (vgl. NE 1125b, 25–30).

Gerechtigkeit als Tugend

Moral kann auch als ein die Tugenden ausübendes Verhalten und die Lehre davon als Tugendethik verstanden werden (s. auch Kap. III.29). Es kann dabei offen bleiben, ob die Tugendethik auf einer Ebene mit der Pflichten- und Folgenethik steht, wie das in vielen metaethischen Einteilungen behauptet wird. (Kritisch gegenüber der modernen Tugendethik – aber nicht gegenüber den Tugenden – ist Christoph Halbig 2013.)

Tugenden haben es nach Aristoteles, dem die Tradition weitgehend folgt, mit einer richtigen, von der Vernunft klug dosierten Proportion der Affekte in einer Situation und gegenüber den darin Involvierten zu tun – einschließlich des sich Verhaltenden bzw. Handelnden selber. Neben dem Begriff der Gerechtigkeit als Fähigkeit, alle besonderen Tugenden richtig einzusetzen, kann Gerechtigkeit aber nach der schon platonischen Tradition der zentralen Tugenden (›Kardinaltugenden‹) eine besondere Haltung sein. Dann hat sie es wiederum mit der richtigen Verteilung (*justitia distributiva*, s. Kap. II.12) oder der geschuldeten Leistung in Interaktion und Austausch (*justitia commutativa*, s. Kap. II.13) zu tun. Auch für die Moral als Tugend bzw. Tugendlehre ist die Gerechtigkeit also zentral, egal, ob sie als allgemeine oder besondere Tugend verstanden wird.

Wie bedeutsam sie für alle Tugenden ist, ist auch der Debatte über die Einheit oder Vielheit der Tugend zu entnehmen. Kann man die Tugenden der Klugheit, des Maßes oder der Tapferkeit ohne die Gerechtigkeit haben? Bei den ersten beiden ist die Erkenntnis des Zustehenden oder Angemessenen ohnehin im Spiel. Aber auch tapfer wird man ohne ein Mindestmaß an Gerechtigkeit nicht sein können. Ein tapferer Soldat, der einer völlig ungerechten Weltsicht folgt – der viel diskutierte ›tapfere‹ überzeugte SS-Hauptmann (bzw. ›Obersturmbannführer‹ etc.) –, wird in seiner radikal ungerechten Weltanschauung zwar kühn und ›kameradschaftlich‹ sein können, aber nicht im moralischen Sinne tapfer. Die sich dabei öffnenden weiteren Probleme, wie weit der Horizont der Gerechtigkeit und der Moral sein muss – ob man in einer insgesamt falschen Weltsicht im kleinen Umkreis gerecht und moralisch sein kann –, lasse ich hier offen.

Gerechtigkeit: Gesinnung und Weltzustände

Die Bedeutung des Guten muss aber nicht auf Handlungen oder Gesinnungen beschränkt sein. Sie kann sich auch auf Weltzustände erstrecken, nicht nur in traditionellen Begriffen einer durch die kosmische Vernunft oder den göttlichen Schöpfer guten Welt (Kosmos, Schöpfung), sondern auch in modernen der Arbeit an einer zukünftigen besseren Welt – wie in Kants Lehre vom höchsten Gut als Gegenstand gemeinsamen moralischen und rechtlichen Strebens in seiner Religions- und Geschichtsphilosophie (vgl. Hoesch 2014) oder in den utilitaristischen Begriffen von der Verbesserung der Weltzustände (*make the world a better place*) (über die Beförderung des Guten im Utilitarismus vgl. Driver 2012, besonders Kap. 2, 1.1 und 1.7). In den traditionellen Konzeptionen von Platon bis Kant ist selbstverständlich, dass für diese Güte der Welt die Gerechtigkeit eine zentrale Voraussetzung ist. In der Neuzeit ist die Gerechtigkeit allerdings zumeist auf die Menschenwelt beschränkt. Bei Kant findet sich noch ein Rest ›kosmischer‹ Gerechtigkeit im Postulat eines allgerechten und allmächtigen Wesens, das die Natur den moralischen Verdiensten der Menschen angemessen gestalten kann – allerdings nicht in dieser raum-zeitlichen Welt (Kant AA V, 124–132). Auch bei den modernen alltäglichen ›Weltverbesserern‹ spielt die menschliche oder soziale Gerechtigkeit in der Regel die entscheidende Rolle. Nach der ökologischen Wende der Moral und der (Natur-)Ethik können aber auch nicht-menschliche Wesen Ansprüche und Güter haben, die bei einer Verbesserung der Welt – oder dem Aufhalten ihrer Verschlechterung – zu berücksichtigen sind (vgl. Regan 1982).

Notorische Probleme im Verhältnis zwischen Gerechtigkeit und Gutem bzw. Verbesserung gibt es im Utilitarismus (s. Kap. III.34). Seit Jeremy Bentham das größte Glück der größten Zahl oder die moderneren Versionen die Optimierung der Balance von Freud und Leid (*pleasure and pain*) bei allen Betroffenen zur Grundregel des Utilitarismus gemacht haben, war das Problem der Gerechtigkeit ein Standardproblem. Schon John Stuart Mill setzte sich mit der Frage auseinander, ob es Pflichten gebe, die unabhängig von der Glücksbilanz einzuhalten sind, weil sie von den Rechten und der Gerechtigkeit her gefordert sind. Bei ihm hatte es *justice* vornehmlich mit der Respektierung von Pflichten zu tun, die gesetzlich (Integrität der Person, Eigentum) oder moralisch (Wahrhaftigkeit) gefordert sind. In diesem Sinne gerecht zu sein, kann bei ihm zwar im Einzelfall das Glück bzw. den Nutzen verringern, ist aber im Ganzen für die Gesellschaft und die Menschheit nützlicher als alternative Verhaltensweisen (vgl. Mill 1861/1976, Kap. 5).

Die moderne, vor allem von John Rawls in seiner *Theory of Justice* (1971) ausgelöste Debatte über Utilitarismus und Gerechtigkeit hat es mehr damit zu tun, dass das Glück der größten Zahl auch durch das Leid einer kleinen Gruppe (z. B. Sklaven) gefördert werden kann. Darauf gibt es eine ganze Reihe sehr elaborierter utilitaristischer Antworten wie den Gerechtigkeitsutilitarismus (vgl. Trapp 1988) oder den Prioritarismus (vgl. Parfit 2002). Die Trennung zwischen Moral und Gerechtigkeit (oder die Marginalisierung von Rechtspflichten gegenüber dem Guten) trifft offenbar einen neuralgischen Punkt. Dass eine Steigerung der Summe des Guten (Freude, Nutzen etc.) für eine Menge von Menschen jede Verletzung von Rechten Einzelner oder strikten Geboten (etwa Tötung Unschuldiger) aufwiegen könne, scheint für keine Moral tolerabel.

Der Gegensatz von Gut und Recht

Bisher haben wir es nur mit Formen der Moral zu tun gehabt, für die Gerechtigkeit von zentraler Bedeutung war, die ohne Gerechtigkeit nicht denkbar waren oder in denen das moralisch Richtige, Geforderte etc. mit dem Gerechten zusammenfiel. Es gibt aber in der neuzeitlichen Moralphilosophie und vor allem in der politischen Philosophie auch Tendenzen, das Gerechte oder Rechte und das Gute oder moralisch Gesollte zu trennen – von Thomas Hobbes über Kant und Rawls bis Jürgen Habermas.

Für Hobbes, einen der Begründer der Ethik und Rechtsphilosophie der Neuzeit, gibt es keine gemeinsamen Vorstellungen vom Guten. Die Sicherung der Rechte eines jeden ist daher die einzige streng verpflichtende Aufgabe – sowohl der gesetzgebenden Autorität wie der die Gebote befolgenden Bürger (vgl. Hobbes 1651/1996, Kap. XIII–XVII). Nach Kant ist das Recht allein auf die äußeren Handlungen der Menschen bezogen, die sich nach allgemeinen Gesetzen zur Sicherung der gleichen Handlungsfreiheit aller richten müssen (vgl. Kant AA VI, § B 229 f.). Die Moral betrifft das Gebiet des ›inneren‹ Willens zur Befolgung des Sittengesetzes (vgl. Kant AA IV, 393–405). Für Rawls hat es die Gerechtigkeit mit der Gesellschaftsordnung zu tun, und sie beruht auf gleichen Primärinteressen (Freiheit, Fairness, Personalität). Dagegen ist das Gute entweder Inhalt persönlicher Überzeugungen oder moralischer Lehren über Ziele und Werte, die verwirklicht werden sollen (Rawls 1975, 433–442, 486–492). Nach Habermas (1991) ist das Gute Thema der konkreten Traditionen und Sitten einer Gemeinschaft, das Rechte dagegen universal begründbarer Gegenstand von Pflichten aller Menschen gegeneinander.

In Folge dieser Unterscheidungen können Gerechtigkeit und Moral auch in Distanz oder Konflikt zueinander geraten. Wenn für die Moral Gewissens- und Überzeugungsfreiheit gilt, Gesetze aber von äußeren Instanzen erlassen und sanktioniert werden können, dann können gerechte Gesetze mit ›falscher‹ (z. B. eigensüchtiger) Gesinnung befolgt werden. Umgekehrt kann eine richtige moralische Haltung sich von Gesetzen distanzieren, zumindest innerlich. Moralität kann von Legalität unterschieden werden – Kant hat das am deutlichsten formuliert (AA VI, 219).

Wenn Gerechtigkeit allerdings, wie im Positivismus, mit der Gültigkeit und Befolgung der geltenden Gesetze gleichgesetzt wird, dann kann man eine übergesetzliche, in diesem Sinne von manchen ›moralisch‹ genannte Gerechtigkeit gegen sie ins Spiel bringen. Die materiale Gerechtigkeit einer Rechtsordnung kann dann von der formalen ihrer Gesetze und Verfahren abweichen. Man kann diese materiale Vorstellung als ein Ideal ansehen, das nur zur Kritik ungerechter Gesetze benutzt werden, aber nicht positiv ausbuchstabiert werden kann (Derrida 1991). Oder man kann bestimmte überpositive Rechte, wie die Menschenrechte, ›moralische‹ Rechte nennen (z. B. Habermas 1991).

Differenzen zwischen Moral und Gerechtigkeit kann es auch in der Morallehre oder Ethik geben. Dass für eine Moral, die wie der Utilitarismus von der Beförderung des Guten ausgeht, die Gerechtigkeit nur ein Teil des Guten (oder des Nutzens) ist, wurde schon erwähnt. Statt von ›Teil‹ kann man vielleicht auch von Bedingung oder Grenze sprechen: Das Gute, das in der Freude oder der Erfüllung der Präferenzen aller oder der größten Zahl besteht, darf die Rechte der Einzelnen nicht verletzen. Seine Beförderung sollte auch nicht zu unfairen Verteilungen führen.

Genauer wird das Verhältnis einer utilitaristischen oder allgemeiner einer konsequentialistischen Moral zur Gerechtigkeit davon abhängen, ob es sich um eine wertmonistische oder wertpluralistische Position handelt. In der ersten wird Gerechtigkeit auf den einzigen oder übergeordneten Wert zurückgeführt werden müssen – eben als langfristig bestes Mittel zur Steigerung des Nutzens oder der Freude (*pleasure*). Das wird am ehesten im Regelutilitarismus gelingen, in dem der langfristige Nutzen von Handlungsregeln entscheidend ist, nicht die einzelne Handlung. Bei wertpluralistischen Formen des Konsequentialismus wird dagegen Gerechtigkeit einer der zu realisierenden Werte neben anderen sein, und die Rangfolge der Gewichtung wird sich möglicherweise je nach Umständen anders gestalten.

Nicht ganz einfach ist auch die Frage zu beantworten, welche Rolle die Gerechtigkeit im so genannten Präferenzutilitarismus spielt. Man könnte die These, dass es keinen allgemeinen Nutzenvergleich außerhalb der individuellen Präferenzen geben kann, als Resultat einer Gerechtigkeitsüberlegung ansehen: Es darf niemandem ›paternalistisch‹ sein Glück vorgeschrieben werden, jeder hat das Recht, seine Interessen oder seinen Nutzen selbst zu bestimmen, auch wenn es für andere nach ›Schaden‹ aussieht. Richtig ist nur, ihn bei der Realisierung seiner Präferenzen nicht zu stören. Aber andererseits werden die Störungen oder Beförderungen auch wieder in ein Gesamtkalkül, das Optimierungs- oder Maximierungskriterien folgt, einbezogen.

Auch in tugendethischen Ansätzen ist das Verhältnis nicht so harmonisch, wie es zunächst aussieht. Gerechtigkeit als strikte Befolgung allgemeiner Prinzipien oder universaler Gesetze der Verteilung oder des Zustehenden zeigt sich im Verhältnis der Tugenden durchaus als sperrig: Gerechtigkeit kann in Konflikt mit Barmherzigkeit geraten, aber auch mit Tugenden oder auch Pflichten der Nahbeziehungen. Der Konflikt mit der Barmherzigkeit oder der Wohltätigkeit wird traditionell mit der Tugend der Billigkeit überbrückt, die von der strikten Gerechtigkeit situations- und folgenorientierte Abweichungen zulässt. Ihr Ruf ist allerdings zu unterschiedlichen Zeiten und in unterschiedlichen Bereichen sehr verschieden gewesen: Im Bereich des Rechtes kann man argwöhnen, dass sich dahinter Rechtsbeugung und Willkür von Richtern oder Herrschern verberge. Zu Zeiten einer ›rechtsförmigen‹ Gestaltung der Moral, wozu man die Neuzeit mit ihrem Ausgang von den subjektiven Rechten und ihrer Durchsetzung generell rechnen muss, liegt das nahe. Es gilt vor allem dann, wenn Gerechtigkeit als von einer gesetzlich strukturierten Vernunft geforderter unbedingter Zweck verstanden wird, wie in Kants ›rigoristischer‹ Moral- und Rechtsphilosophie. Dagegen kann auf die sehr viel stärker von historischen Lernprozessen und Problemlösungen geprägte ›Sittlichkeit‹ hingewiesen werden, die nur mit einer ganzheitlichen (kohärentistischen oder holistischen) Theorie verschiedener Prinzipien, Werte und Pflichten begriffen und weiterentwickelt werden kann – dieser Position kommt Hegel nahe (vgl. Hegel 1821/2013, §§ 142–157).

Der Konflikt zwischen Nah- und Fernpflichten ist davon nicht strikt zu trennen: Fordert die Gerechtigkeit etwa, dass ich die Bedürfnisse meines eigenen Kindes nicht höher bewerte als das eines beliebigen, mir unbekannten Kindes in entfernten Ländern? Oder ist es ›herzlose Prinzipienreiterei‹, um eines allgemeinen ›Humanismus‹ willen die Nahestehenden (*near and dear*) nicht bevorzugt zu behandeln? Die Antwort auf diese Frage hat es mit metaethischen Überlegungen zu Pflichten aus einer akteurzentrierten (*agent-centered*) Perspektive versus strengem Universalismus und Egalitarismus zu tun (vgl. Nagel 1986, Kap. IX). Das gilt auch für die Frage nach den nicht-vertraglichen Verpflichtungen durch Nahbeziehungen im Verhältnis zu den Rechten aller in einer universalistischen Moral. Gerechtigkeit wird aber nicht immer als streng universalistisch und gesetzlich aufgefasst. Man kann auch auf den alten Begriff des einer Sache, einer Situation und den betroffenen Personen ›Gerechtwerdens‹ zurückgreifen. Dann kann den Nahverpflichtungen doch ein Primat eingeräumt werden. Aber unabhängig davon, ob man Gerechtigkeit konkret oder allgemein, strikt oder ›flexibel‹ versteht, sie wird von diesen Positionen aus kaum als das Ganze der Moral oder desjenigen angesehen werden können, was bei einer guten Handlung oder Einstellung zu berücksichtigen ist.

Gerechtigkeit in der angewandten Ethik

Überlegungen der letzten Art werden heute vielfach auch in der angewandten Ethik angestellt, vor allem bei Fragen der internationalen Gerechtigkeit, aber auch in der Bio- oder Naturethik.

Bei der internationalen Gerechtigkeit – im Sinne der Probleme gerechter Verteilung der Lebenserhaltung und der Chancen auf ein ›gutes Leben‹ in verschiedenen Gegenden und Staaten der Welt – geht es vielfach auch um das Verhältnis zwischen Wohltätigkeit und Gerechtigkeit sowie Nah- und Fernpflichten (vgl. Bleisch/Schaber 2007). Das kann hier nur ganz kurz skizziert werden.

Haben Menschen in Ländern, die aufgrund natürlicher oder historisch bedingter Verhältnisse beim Erwerb oder der Erhaltung von Gesundheit, Einkommen und vielen anderen Gütern und Chancen benachteiligt sind, Gerechtigkeitsforderungen gegenüber den Bevorzugten? Sind diese Forderungen rechtlich durchsetzbare Ansprüche oder sind sie moralische Appelle zu freiwilliger Wohltätigkeit? Zwar gibt es in vielen Staaten soziale Grundrechte, aber sie sind meist nicht streng einklagbar (z. B. Recht auf Arbeit, Wohnung) und sie gelten nicht als Rechte gegen andere Staaten. In der Regel sind sie Gegenstände von Staatsaufgaben. Die internationalen Verpflichtungen zur Hilfe, etwa bei Hungerkatastrophen in anderen Staaten, oder auch die gemeinsamen Zielsetzungen der Staatengemeinschaft (›Millenniumsziele‹ etc.) sind von noch schwächerer, oft nur deklaratorischer Verbindlichkeit.

Eine neuere Tendenz der gegenwärtigen (›angewandten‹) Ethik wie auch politischer Aktivitäten, vor allem von Nichtregierungsorganisationen (NGOs), versteht demgegenüber die Ansprüche auf ausreichende Ernährung und Gesundheitsversorgung als Menschenrechte (Pogge 2007; Venkatapuram 2011).

Da Menschenrechte einen Anspruch enthalten, weltweit geachtet zu werden, scheint das den Notleidenden einen stärkeren Anspruch zu sichern. Dafür spricht, dass sich die Staaten oft auch in ihren Verfassungen, wie die Bundesrepublik in Artikel 1, Abs. 2 GG, auf die Achtung der Menschenrechte und ihre internationale Verbreitung verpflichten. Andererseits sind Menschenrechte auf Güter, die in ihrem Umfang umstritten sind und positive Leistungen erfordern (wie ein ›Recht auf Gesundheit‹), international weder durch staatliche noch durch überstaatliche Sanktionen (›humanitäre Interventionen‹) zu erzwingen. Internationale Verteilungsgerechtigkeit zur Menschenrechtsfrage zu machen, könnte die Menschenrechte also auch ›aufweichen‹. Ob man die internationale Gerechtigkeit durch moralische Appelle, durch völkerrechtliche Verpflichtungen oder durch eine Terminologie und Politik der Menschenrechte fördern will, ist auch eine Frage der rechtspraktischen oder politischen Erfolgsaussichten – eine Art praktischer Konsequentialismus.

Schließlich haben es auch natur- und bioethische Überlegungen mit dem Verhältnis strenger und weiter Gerechtigkeits- oder Wohltätigkeitspflichten zu tun. Davon berührt ist die Frage, ob nur Menschen oder auch andere Lebewesen Rechte oder zumindest advokatorisch wahrzunehmende Ansprüche haben. Wenn es darüber hinaus auch um die Erhaltung der Diversität von Arten, Landschaften oder natürlichen Formationen geht, muss man entweder die Rechte der Menschen sehr weit fassen – als Recht auf ein gelungenes Leben, das der Begegnung mit intakter Natur bedarf, oder auf eine Identität, die mit einer vertrauten Landschaft verbunden ist (Krebs 2012, 45–54). Oder man muss das Ziel einer Natur ins Auge fassen, die von einem den Umkreis der Menschen überschreitenden *Impartial-observer*-Perspektive aus gesehen ›gut‹ (erstrebenswert, billigenswert) genannt werden kann (vgl. Siep 2004; Vieth/Halbig/Kallhoff 2008). Für eine solche umfassende Naturethik im Zeitalter der Evolutionstheorie würde Gerechtigkeit im Sinne der Koexistenz von unterschiedlichen Wesen, die sich Lebensräume teilen, ebenfalls ein notwendiger, wenn auch nicht der ganze Inhalt der Moral sein.

Literatur

Aristoteles: *Nikomachische Ethik*. Hg., übers. und eingeleitet und mit Erläuterungen versehen von Olof Gigon. Zürich/München 1967 [NE].

Baier, Kurt: *The Moral Point of View*. Ithaca 1958.

Bleisch, Barbara/Schaber, Peter (Hg.): *Weltarmut und Ethik*. Paderborn 2007.

Derrida, Jacques: *Gesetzeskraft. Der »mystische Grund der Autorität«*. Frankfurt a. M. 1991 (engl. 1990).

Driver, Julia: *Consequentialism*. New York 2012.

Habermas, Jürgen: Vom pragmatischen, ethischen und moralischen Gebrauch der praktischen Vernunft. In: Ders.: *Erläuterungen zur Diskursethik*. Frankfurt a. M. 1991, 100–118.

Halbig, Christoph: *Der Begriff der Tugend und die Grenzen der Tugendethik*. Berlin 2013.

Hegel, Georg Wilhelm Friedrich: *Grundlinien der Philosophie des Rechts* [1821]. Hamburg 2013.

Hobbes, Thomas: *Leviathan* [1651]. Cambridge 1996.

Hoesch, Matthias: *Vernunft und Vorsehung. Säkularisierte Eschatologie in Kants Religions- und Geschichtsphilosophie*. Berlin 2014.

Hume, David: *An Enquiry Concerning the Principles of Morals* [1751]. Oxford 1998.

Kant, Immanuel: *Grundlegung zur Metaphysik der Sitten* [1785]. In: Königlich Preußische Akademie der Wissenschaften (Hg.): *Kant's gesammelte Schriften* [Akademie-Ausgabe], Bd. IV. Berlin 1968 [AA IV].

–: *Kritik der praktischen Vernunft* [1788]. In: Königlich Preußische Akademie der Wissenschaften (Hg.): *Kant's gesammelte Schriften* [Akademie-Ausgabe], Bd. V. Berlin 1968 [AA V].

–: *Metaphysik der Sitten* [1797]. In: Königlich Preußische Akademie der Wissenschaften (Hg.): *Kant's gesammelte Schriften* [Akademie-Ausgabe], Bd. VI. Berlin 1968 [AA VI].

Krebs, Angelika: Oikophilia – Die neu entdeckte Liebe zur Heimat. In: Siegfried Höfling/Felix Tretter (Hg.): *Homo Oecologicus. Menschenbilder im 21. Jahrhundert*. München 2012, 45–54.

Mill, John Stuart: *Der Utilitarismus*. Stuttgart 1976 (engl. 1861).

Nagel, Thomas: *The View from Nowhere*. Oxford 1986.

Parfit, Derek: Equality or Priority? In: Matthew Clayton/Andrew Williams (Hg.): *The Ideal of Equality*. Basingstoke 2002, 81–125.

Pogge, Thomas: Anerkannt und doch verletzt durch internationales Recht. Die Menschenrechte der Armen. In: Barbara Bleisch/Peter Schaber (Hg.): *Weltarmut und Ethik*. Paderborn 2007, 95–138.

Rawls, John: *Eine Theorie der Gerechtigkeit*. Frankfurt a. M. 1975 (engl. 1971).

Regan, Tom: *All that Dwell Therein*. Berkeley 1982.

Siep, Ludwig: *Konkrete Ethik*. Frankfurt a. M. 2004.

Smith, Adam: *The Theory of Moral Sentiments* [1759]. Oxford 1976.

Stemmer, Peter: Gutsein. In: *Zeitschrift für philosophische Forschung* 51/1 (1997), 65–92.

Trapp, Rainer: *Nicht-klassischer Utilitarismus. Eine Theorie der Gerechtigkeit*. Frankfurt a. M. 1988.

Tugendhat, Ernst: *Vorlesungen über Ethik*. Frankfurt a. M. 1993.

Venkatapuram, Sridhar: *Health Justice. An Argument from the Capabilities Approach*. Cambridge 2011.

Vieth, Andreas/Halbig, Christoph/Kallhoff, Angela (Hg.): *Ethik und die Möglichkeit einer guten Welt.* Berlin 2008.
Wright, Georg Henrik von: *The Varieties of Goodness.* London 1970.

Ludwig Siep

42 Gutes Leben

Das Verhältnis zwischen Gerechtigkeit und gutem Leben ist verwandt mit dem zwischen Moral und Glück. Während in der antiken Philosophie beide Verhältnisse kaum zu unterscheiden waren, weil Gerechtigkeit häufig als Kern der Moral galt und Glück und gutes Leben in eins fielen, haben sich die Begriffe mittlerweile so weit differenziert, dass es sinnvoll ist, die Idee des guten Lebens gesondert in Bezug auf Gerechtigkeit zu thematisieren.

Je nach Perspektive kann man die Beziehung zwischen Gerechtigkeit und dem guten Leben für grundsätzlich harmonisch oder spannungsvoll halten. Als harmonisch erscheint sie aus der Perspektive, dass Gerechtigkeit zum guten Leben aller beitragen sollte. Spannungsgeladen erscheint sie, wenn man bedenkt, dass Forderungen der Gerechtigkeit die Möglichkeiten eines guten Lebens für Einzelne einschränken können. Natürlich hängen diese Überzeugungen vom jeweiligen Verständnis von Gerechtigkeit und dem guten Leben ab. Annäherungsweise seien vorab zwei grobe Bestimmungen genannt. Mit ›Gerechtigkeit‹ ist die Idee gemeint, dass jedem das Angemessene zukommt, was ihm in Abhängigkeit der verantwortlichen Handlung eines anderen zusteht (vgl. Gosepath 2004, 61). Mit ›gutem Leben‹ ist eines gemeint, das als ganzes oder doch zu wichtigen Teilen (in sich) gut ist für die Person, die es führt (vgl. Steinfath 2011, 296); es ist eines, für das insgesamt am meisten spricht.

Historische Positionen

Antike

Platon und Aristoteles können exemplarisch für zwei Antworten der Antike auf die Frage nach dem Verhältnis von Gerechtigkeit und gutem Leben stehen (s. Kap. I.2). Auf den ersten Blick kann es scheinen, als müsse für diese Autoren Gerechtigkeit (*diakosyne*) eine problematische Herausforderung darstellen, da sie Glücksethiken vertreten (Annas 1993, 291), also Ethiken, in denen die praktische Grundfrage, wie man leben soll, damit beantwortet wird, dass man das Glück (*eudaimonia*) als höchstes Gut anstreben soll. Wenn man annimmt, dass Forderungen der Gerechtigkeit Einschränkungen im persönlichen Glück bedeuten müssen, da man auf Bedürfnisse oder Rechte anderer achten und daher selbst in irgendeiner Hinsicht zurückstecken muss, dann scheinen Gerechtigkeitsforderungen der direkten Ausrichtung auf Glück entgegenzustehen. Doch im Verständnis von Platon und Aristoteles gibt es diese Spannung letztlich nicht, da das Glück nicht als ein rein individuelles, idiosynkratisches verstanden wird, sondern als eines, das man als Person einer Gemeinschaft erlebt, als deren Teil man sich begreift (ebd., 291). Um dieser Idee zu entsprechen und auch anderen Missverständnissen vorzubeugen, wurde *eudaimonia* im 20. Jahrhundert zunehmend mit dem Begriff des ›Wohlergehens‹ oder ›guten Lebens‹ übersetzt (vgl. zustimmend Wolf 1999, 15; kritisch Annas 1993, 453).

Platon geht so weit zu behaupten, dass *allein* in der Gerechtigkeit der Schlüssel zu einem guten Leben liege, da nur eine nach dem Prinzip der Gerechtigkeit geordnete Seele eine gesunde sei, mit der sich ein gutes Leben führen lasse (Platon 1994, 444 f.). Er geht von drei Seelenteilen aus, die wie die drei Teile des Staates in einem harmonischen Verhältnis zueinander stehen können und sollen. Insofern ist hier ein gerechtes Handeln identisch mit dem Handeln von jemandem, der ein gutes Leben führt. Dabei unterscheidet Platon nicht zwischen Gerechtigkeit als Bezeichnung von umfassend moralisch angemessenen Handlungen oder Verfassungen und Gerechtigkeit als angemessener Güter- und Aufgabenverteilung.

Diese wie andere wichtige Unterscheidungen nimmt Aristoteles vor (NE, V). Neben dem umfassenden Gerechtigkeitsbegriff, der die Moral als ganze betrifft, führt er die spezifischere Vorstellung von partikularer Gerechtigkeit ein (Horn/Scarano 2002, 27). Damit fällt ein direkter Vergleich mit staatlicher Gerechtigkeit weg und in Aristoteles' eudämonistischer Tugendethik tritt die Gerechtigkeit als problematische Tugend im Vergleich zu anderen stärker hervor: Die Tugend der Tapferkeit beispielsweise ist für die handelnde Person selbst genauso gut wie für die anderen Beteiligten in einer Situation. Die Gerechtigkeit, die verlangt, andere zu berücksichtigen, scheint hingegen einen Nachteil für das Individuum mit sich zu bringen. Nach Aristoteles' Tugendkonzeption, die mit einem teleologischen Menschenbild zusammenhängt, ist das aber nicht der Fall. Tugendhaft zu leben heiße, die Natur (*ergon*) des Menschen aufs Beste zu entfalten, und das bedeute nichts anderes, als ein gutes Leben zu führen (NE, I). Ein gutes Leben zu führen, bestehe also nicht in erster Linie darin, einem individuellen Glück hinterherzulaufen, sondern tugendhaft zu leben. In diesen Tugenden nun kann die Rücksicht auf andere und die Sorge um sie selbstverständlich enthalten sein, wie es in der Gerechtigkeit und in der Freundschaft (*philia*) der Fall ist. Diese Tugenden sind daher naheliegenderweise ein Bestandteil der Gestaltung eines guten Zusammenlebens in der Gemeinschaft (vgl. Fenner 2007, 22; Annas 1993, 223–226).

Neuzeit

Während im Mittelalter neoplatonische Gedanken mit christlichen Ideen verbunden werden und die harmonische Tendenz vorherrscht, bricht in der Neuzeit eine zunehmende Spannung zwischen Gerechtigkeit und dem guten Leben auf (s. Kap. I.3.4). David Hume beispielsweise verhandelt Gerechtigkeit auch noch als eine Tugend, jedoch nicht als eine natürliche, wie es das Wohlwollen gegenüber uns nahestehenden Menschen sei, sondern als eine künstliche. Mit ihr begegneten wir einander unter den tatsächlichen Bedingungen der Gesellschaft, die uns dazu bringen, auf das Wohl von unbekannten Mitmenschen zu achten, um letztlich dem Prinzip der Nützlichkeit – nämlich unserem eigenen Nutzen – Rechnung zu tragen (Hume 2000, Bd. 3, Teil 2, Abschn. 1). Humes Ethik, die wesentlich auf moralischen Gefühlen beruht, ist in diesem Zusammenhang als Übergang interessant, da er einerseits der Tugend der Gerechtigkeit (noch) eine große Rolle zuspricht und andererseits kein substanzielles, teleologisches Menschenbild mehr hat, durch das festgelegt wäre, was alle Menschen zu ihrem gelingenden Leben beitragen müssen. Individuelle Empfindungen spielen eine größere Rolle. Die künstliche Tugend der Gerechtigkeit kann man als Resultat eines Prozesses von Umlernen und Umgewöhnung von Gefühlen sehen, die anfänglich, rein individuell, anders ausgerichtet sind.

Mit Immanuel Kant wird die eudämonistische Moralphilosophie endgültig an den Rand gedrängt (vgl. Steinfath 1998a, 7) und die Spannung zwischen Gerechtigkeit und gutem Leben wird größer. Das hat zwei Gründe. Zum einen wird das aufgeklärte Individuum nicht mehr selbstverständlich und grundsätzlich als in eine Gemeinschaft eingebettet verstanden, sondern in seiner Autonomie betont; zum anderen wächst die Skepsis allen Versuchen gegenüber, »verallgemeinerbare Aussagen über ein gutes Leben aus einer sei es anthropologisch, sei es kosmologisch oder theologisch begründeten Wesensbestimmung des Menschen abzuleiten« (ebd.). Auf die praktische Frage, wie man leben soll, werden nun Antworten in zwei widerstrebenden Richtungen gegeben: Moralisch zu leben, ist nicht mehr notwendig auch der Weg, alles in allem gut zu leben. Dafür ist eine subjektivierte Vorstellung des guten Lebens verantwortlich, wonach dessen Ziel, Glück, nur ganz persönlich zu bestimmen ist. So bezeichnet Kant ›Glückseligkeit‹ (ohne davon ein ›gutes Leben‹ abzusetzen) als »Befriedigung aller unserer Neigungen« (KrV, A 806) oder als den »Zustand eines vernünftigen Wesens in der Welt, dem [...] alles nach Wunsch und Willen geht« (KpV, A 225). Die Frage nach dem guten Leben wird vor dem Hintergrund eines solchen hedonistischen Glücksverständnisses mit John Locke geradezu zu einer Geschmacksfrage wie der, ob einem Pflaumen oder Nüsse besser schmecken (Locke 1690/1975, Bd. 2, Kap. 21). Damit wird dieses Thema zu einer empirischen Frage, für welche die Philosophie gar nicht mehr zuständig ist; diese kümmert sich vornehmlich nur noch um Gerechtigkeit, die im Zweifel auf individuelle Entwürfe des guten Lebens keine Rücksicht nimmt.

Aktuelle Positionen

Da es gegenwärtig keine eigene differenzierte Debatte gibt, die sich dem Verhältnis von Gerechtigkeit und gutem Leben widmet, werden zunächst Theorien des guten Lebens vorgestellt und anschließend wird gezeigt, welche verschiedenen Konzeptionen davon in prominenten Theorien der Gerechtigkeit auf welche Weise eine Rolle spielen.

Theorien des guten Lebens

Eine übliche Einteilung seit Derek Parfit (1987, 493) unterscheidet grob zwischen drei Theorierichtungen zur Bestimmung dessen, was ein gutes Leben ausmacht: hedonistischen Theorien, Wunschtheorien und objektivistischen Theorien (vgl. z. B. auch Fenner 2007). Nach einer hedonistischen Theorie ist ein Leben dann gut, wenn es geprägt ist von Erlebnissen der Lust oder Freude. Als an sich gut gilt die Gefühlsqualität von lustvollen Erfahrungen, zentral sind also Bewusstseinsphänomene, unabhängig davon, wie sie ausgelöst wurden. Je mehr, je intensivere und je längere solcher Erfahrungen man macht, desto besser ist nach dieser Sicht auch ein ganzes Leben. Die klassischen Versionen des Hedonismus, die auf Epikur zurückgehen und bei einigen Utilitaristen (wie John Stuart Mill oder Henry Sidgwick) zu finden sind, greifen offensichtlich zu kurz, da uns oft besonders an Dingen liegt, die wir nur unter Anstrengung, vielleicht auch Schmerzen erreichen können, und es uns außerdem nicht gleichgültig ist, wie wir zu den angenehmen Empfindungen kommen. Robert Nozicks Gedankenexperiment einer *experience machine*, an die wir uns nur anzuschließen bräuchten, um lustvolle Bewusstseinsphänomene zu erleben, zeigt, dass wir uns mit einer Illusion nicht zufriedengeben würden, sondern dass es auf die Beziehung zur Realität ankommt (Nozick 1974, 42–45). Deshalb setzt sich vom einfachen *sensory hedonism* ein *attitudinal hedonism* ab, in dem intentionale Einstellungen wie Freude, also positive Emotionen, als entscheidend für ein gutes Leben gesehen werden (Feldman 2004, Kap. 4). Solche Emotionen können sich nach längerfristigen mühsamen Betätigungen einstellen und schließen immer Weltbezug mit ein. Doch hier greift der Einwand, dass es bei Menschen als reflexiven Wesen für ein gutes Leben darauf ankomme, sich mit dem als angenehm Empfundenen auf bestimmte Weise zu identifizieren. Das gute Leben sei für einen Menschen auf andere Weise gut, als es für eine Maschine gut sei, geölt zu werden, oder für eine Pflanze, gegossen zu werden (Steinfath 2013, 176); das liege daran, dass der Mensch Wünsche und einen Willen habe, von denen abhänge, ob etwas *für* eine spezielle Person gut sei (vgl. Frankfurt 1988).

Deshalb machen andere Theorien das gute Leben genau daran fest: Für Wunschtheorien ist ein Leben dann gut, wenn es eines ist, in dem eine Person ihre Wünsche oder (mit dem vor allem in der Wohlfahrtsökonomie verbreiteten Ausdruck) ihre Präferenzen oder auch ihre Ziele oder Zwecke erfüllt sieht (Griffin 1986; Wessels 2011). Doch die Wunschtheorien haben ein eigenes Problem: Wenn es sich nicht um Wünsche handelt, die auf etwas Wertvolles ausgerichtet sind, scheint die Rede von einem guten Leben auch noch nicht vollständig gerechtfertigt. Wenn man sich nur nach den faktischen Wünschen richtet, besteht die Gefahr, dass man sich flüchtigen oder verfehlten, etwa falsch informierten oder neurotischen Wünschen ausliefert, die einen auf lange Sicht vom guten Leben wegführen. Verteidiger schlagen vor, dass nur die Erfüllung bestimmter qualifizierter Wünsche als entscheidend für das gute Leben anzusehen sei, etwa solcher Wünsche, die in angemessenen Werturteilen fundiert seien (Fenner 2007, 63–69), oder solcher, die »sinnvoll miteinander vereinbar sind [und] einen nicht-illusionären Charakter haben« (Seel 1995, 93), die sich also in »sinnvolle[ ] Lebenskonstellationen« (ebd.) einfügen lassen. Solche Ansätze sind dann jedoch kaum mehr zu unterscheiden von objektiven Theorien des guten Lebens, die grundsätzlich der Forderung entsprechen, dass das gute Leben auf objektiv Wertvollem basieren muss.

Objektivistische Ansätze gehen von Standards aus, die für alle Menschen als erstrebenswert bzw., mehr noch, als wertvoll angesehen werden. Neo-aristotelische Versionen solcher Ansätze nehmen eine allgemeine menschliche Natur an, die es zu verwirklichen gelte, so dass es auf das Gedeihen als Menschen ankomme, wie es für die Pflanze auf ihr Erblühen ankomme (Kraut 2007, bes. Teil 3; Foot 2001). Kritiker solcher substanziellen anthropologischen Annahmen haben dagegen Versionen entwickelt, die die Idee der Selbstverwirklichung hervorheben, so dass es nicht auf die Entfaltung von Gattungsmerkmalen, sondern von individuellen Potentialen ankomme (Gewirth 1998).

Gegen diese objektivistischen Ansätze lässt sich jedoch wiederum anführen, dass es für ein gutes Leben nicht hinreichend sein kann, einen objektiv bemessenen Standard zu erreichen. Vielmehr muss eine Person das Leben auch selbst als gut empfinden oder einschätzen. Wie es einer Person nicht gut geht, wenn sie sich krank fühlt – auch wenn sie physisch gesund ist –, so kann ein Leben nicht gut sein, wenn die Person es nicht subjektiv als gut empfindet. Wenn eine Person Nahrung, Haus und Familie hat und dennoch nicht glücklich ist, handelt es sich im Ganzen auch nicht um ein gutes Leben. So argumentieren Vertreter der zuerst erwähnten subjektivistischen Theorien, die betonen, dass das gute Leben immer für die Person, die es führt, gut sein muss.

Angesichts dieser Vor- und Nachteile der einzelnen Positionen liegt es nahe, eine Hybridkonzeption zu vertreten, die aus allen dreien etwas aufnimmt, wie es etwa Joseph Raz (Raz 1986, Kap. 12) und Holmer Steinfath tun. »So könnten wir ein Leben gut nennen, wenn die Person, die es führt, die Ziele, Ideale und Beziehungen, die ihr am Herzen liegen, auf eine sie emotional befriedigende Weise realisiert und das, was für sie zählt, auch wert- und sinnvoll ist« (Steinfath 2013, 177; vgl. Steinfath 2001, Kap. 7 und 8). Freilich muss bei einer solchen Bestimmung noch ausgeführt werden, was etwas wert- oder sinnvoll macht. Wenn man bei dieser Frage nicht auf einen letzten, beständigen Wertmaßstab kommt, muss man Steinfath zufolge jedoch nicht die Idee des guten Lebens aufgeben, da wir auch »ohne letzte Bezugspunkte zurechtkommen, indem wir uns für neue Erfahrungen offen halten und uns mit temporären Situations- und Sinndeutungen zufrieden geben« (Steinfath 2011, 302).

Daniel Haybron schlägt eine etwas andere Übersicht über die Thematik vor. Er hält die vorgestellten Theorien in der Regel für Theorien des Wohlergehens und hält Wohlergehen nur für *einen* der Werte, die für ein gutes Leben nötig sind – neben moralischen und anderen, etwa ästhetischen Werten (Haybron 2008, 38).

Die Rolle des guten Lebens in Gerechtigkeitskonzeptionen

In der aktuellen Gerechtigkeitsdebatte sind John Rawls und Nozick entscheidende Bezugspunkte. So unterschiedlich ihre Gerechtigkeitskonzeptionen sind – bei Rawls vertragsrechtlich, bei Nozick naturrechtlich –, so sind sie sich doch in einer Sache einig. Zugespitzt sagen sie: Gerechtigkeit hat Vorrang vor dem guten Leben. Das zumindest implizieren Worte wie diese: »The principles of right, and so of justice, put limits on which satisfactions have value; they impose restrictions on what are reasonable conceptions of one's good [...]. [I]n justice as fairness the concept of right is prior to that of the good« (Rawls 1971, 27).

Diese Äußerung mag insofern überraschen, als man hier, in der politischen Philosophie, die erste der eingangs genannten Grundauffassungen hätte erwarten können, nach der zwischen Gerechtigkeit und gutem Leben insofern ein harmonisches Verhältnis besteht, als die Gerechtigkeit dafür sorgen soll, dass möglichst viele Menschen ein gutes Leben führen können. Tatsächlich ist das auch der leitende Hintergedanke solcher Gerechtigkeitstheorien, doch man ist der – seit der frühen Moderne geläufigen – Überzeugung, dass das gute Leben nur persönlich zu bestimmen sei und Gerechtigkeit lediglich gewisse Voraussetzungen dafür schaffen könne und müsse. Eben weil aufgrund der Vielfalt von Lebensentwürfen gar keine Berücksichtigung des guten Lebens für alle *möglich* sei, stehe das Prinzip der Gerechtigkeit im Vordergrund und habe im Konfliktfall einzelne persönliche Vorstellungen des guten Lebens zu übertrumpfen.

Dabei vertreten Rawls und Nozick eine Wunschtheorie des guten Lebens, mit der sie sich ausdrücklich von hedonistisch-utilitaristischen Konzeptionen absetzen, nach denen Gerechtigkeit mit der größtmöglichen Lust der größtmöglichen Zahl in eins gesetzt würde. Während sie selbst stichhaltige Argumente gegen hedonistische Theorien vorbringen, werden umgekehrt gegen sie und ihre Wunschtheorien Einwände seitens objektivistischer Ansätze formuliert. In beiden Fällen vollzieht sich also die Kritik an einer Gerechtigkeitskonzeption über eine Kritik an einer zugrunde liegenden Vorstellung von gutem Leben.

Von konservativ-kommunitaristischer Seite wird Rawls und Nozick ein Individualismus vorgeworfen, der übersehe, dass alle Werte nur im Zusammenhang des Zusammenlebens einer Gemeinschaft zu verstehen seien, welche sich über Tugenden bestimme, die wesentlich mit Traditionen zusammenhingen und in deren Ein- und Ausübung ein gutes Leben bestehe. Zu einem entsprechenden Gerechtigkeitsverständnis gehöre dann auch die Idee des Verdienstes, und zwar des moralischen Verdienstes im Rahmen einer moralischen Gemeinschaft, nicht nur die Idee der Gleichheit in Bezug auf Bedürfniserfüllung oder Anrechte (MacIntyre 1981, Kap. 17).

Von einer progressiven, oftmals auch feministischen Seite werden die Wunschtheorie des guten Lebens und die damit zusammenhängenden Gerechtigkeitstheorien dahingehend kritisiert, dass sie von falschen Annahmen darüber ausgingen, was überhaupt in einem Staat gerecht zu verteilen sei. In Anschluss an Amartya Sen betont Martha Nussbaum, dass es nicht in erster Linie auf die gleiche Verteilung von Rechten, Chancen und materiellen Gütern ankomme, sondern auf eine solche Verteilung, die dazu führe, dass den Menschen die Ausübung gleicher Grundfähigkeiten ermöglicht werde, etwa die Ausübung praktischer Vernunft, Engagement in sozialen Beziehungen, auch Verbindung mit der Natur und spielerische Tätigkeiten (Nussbaum 1998, bes. Kap. 2). Im Rahmen dieses Capability Approach (vgl. Sen 1980) plädiert Nussbaum für eine neo-aristotelische Theorie des guten Lebens, die manchmal auch Listentheorie genannt wird, da in ihrem Zentrum eine »starke vage« (Nussbaum 1998, 209) Liste von Bedürfnissen und Fähigkeiten steht, die für alle Menschen erfüllt bzw. die auszuüben allen möglich sein müsse (vgl. auch Nussbaum 2011, Kap. 2). Die Wunschtheorie des guten Lebens trage nicht dem Umstand Rechnung, dass viele Menschen (insbesondere z. B. Frauen in wenig entwickelten Ländern ohne breite Bildung) gar nicht erst die Wünsche ausbilden können, die notwendig wären, damit sie für ein Leben streiten könnten, das wirklich gut für sie wäre und für das die Ausübung bestimmter Grundfähigkeiten zumindest eine Voraussetzung sei.

Da Vertreter der Hybridtheorie des guten Lebens Kritik an Theorien üben, die sich auf solche ›objektiven Listen‹ stützen, ist zu fragen, inwieweit bei einer Hybridtheorie Gerechtigkeitsforderungen als einschränkend, kompatibel oder sogar als notwendig für das gute Leben betrachtet werden. Damit wird die Perspektive wieder weg von der politischen Philosophie und hin zur Moralphilosophie gewendet. Steinfath erklärt, dass ein gutes Leben wesentlich mit der Erfüllung von selbstkritisch reflektierten und evaluierten Wünschen zusammenhänge, und deutet an, dass diese Reflexion auch moralische Ansprüche mit einschließe, da jede Selbstkritik auch mögliche Kritik von außen mitbedenke (Steinfath 1998b, 91). So könnten in diesem Modell auch Gerechtigkeitserwägungen integraler Bestandteil eines guten Lebens sein. Ein gerechtes und ein gutes Leben wären, so kann man weiter erläutern, weder selbstverständlich identisch, wie es in der Antike verbreitet gesehen wurde, noch stünden sie grundsätzlich in einem Spannungsverhältnis, in dem das gute Leben allgemeinen Gerechtigkeitsforderungen untergeordnet wäre, wie es in der politischen Philosophie des 20. Jahrhunderts dargestellt wurde; vielmehr speisten sich die selbstkritisch reflektierten Wünsche, deren Erfüllung ein gutes Leben verspricht, auch aus Gerechtigkeitsüberlegungen.

Die Renaissance der Idee des guten Lebens in den letzten Jahrzehnten könnte man insgesamt zunächst für eine Erscheinung im Rahmen von neoliberalen Tendenzen deuten, die mehr auf das gelungene Leben von Einzelnen abzielen als auf eine gesamtgesellschaftliche Ordnung, in der auf eine gerechte Verteilung der Güter geachtet wird. Doch wie gezeigt weisen die jüngeren Ansätze, die Überlegungen zum guten Leben in den Mittelpunkt stellen, gerade in eine andere Richtung: Sie wenden sich gegen neoliberale Gerechtigkeitstheorien, die mit dem Fokus auf materielle Güter und Rechte vor allem mit der herrschenden Wirtschaftsordnung kompatibel sind, und plädieren für eine kritische, moralsensible und integrierende Erläuterung des guten Lebens. Es wird sich zeigen, ob auf diesem Weg im postkolonialen Zeitalter auch eine Annäherung zwischen der westlichen Tradition und moralischen Grundkonzeptionen aus anderen Kulturkreisen möglich ist (vgl. Metz 2014), was unter den Bedingungen der Globalisierung wichtig wäre. Neue Aufmerksamkeit erlangt hat zumindest das südamerikanische Prinzip des ›Buen vivir‹, das zum guten Leben nicht nur die Gemeinschaft mit Menschen, sondern auch einen angemessenen Umgang mit der Natur zählt (Fatheuer 2011); im europäischen Kontext findet man einen ähnlichen Ansatz z. B. in dem von französischen Denkerinnen und Denkern verfassten und von weiteren europäischen Autorinnen und Autoren unterzeichneten *konvivialistischen Manifest* (Leggewie/Adloff 2014).

Literatur

Annas, Julia: *The Morality of Happiness*. Oxford 1993.
Aristoteles: *Nikomachische Ethik*. Hg. von Ursula Wolf. Reinbek bei Hamburg 2006 [NE].

Fatheuer, Thomas: *Buen Vivir – Recht auf gutes Leben*. Berlin 2011.
Feldman, Fred: *Pleasure and the Good Life*. Oxford 2004.
Fenner, Dagmar: *Das gute Leben*. Berlin/New York 2007.
Foot, Philippa: *Natural Goodness*. Oxford 2001.
Frankfurt, Harry: *The Importance of What We Care About*. Cambridge 1988.
Gewirth, Alan: *Self-Fulfillment*. Princeton 1998.
Gosepath, Stefan: *Gleiche Gerechtigkeit*. Frankfurt a. M. 2004.
Griffin, James: *Well-Being*. Oxford 1986.
Haybron, Daniel: *The Pursuit of Unhappiness*. Oxford 2008.
Horn, Christoph/Scarano, Nico (Hg.): *Philosophie der Gerechtigkeit*. Frankfurt a. M. 2002.
Hume, David: *A Treatise of Human Nature* [1739/49]. Hg. von David Fate Norton und Mary Norton. Oxford 2000.
Kant, Immanuel: *Kritik der praktischen Vernunft* [1788]. In: Ders.: *Werke in 12 Bänden*, Bd. VII. Hg. von Wilhelm Weischedel. Frankfurt a. M. 1986 [KpV].
–: *Kritik der reinen Vernunft* [1781]. In: Ders.: *Werke in 12 Bänden*, Bd. III. Hg. von Wilhelm Weischedel. Frankfurt a. M. 1986 [KrV].
Kraut, Richard: *What is Good and Why. The Ethics of Well-Being*. Cambridge MA 2007.
Leggewie, Carl/Adloff, Frank: *Das konvivialistische Manifest*. Bielefeld 2014.
Locke, John: *An Essay Concerning Human Understanding* [1690]. Hg. von Peter Nidditch. Oxford 1975.
MacIntyre, Alasdair: *After Virtue*. London 1981.
Metz, Thaddeus: Harmonizing global ethics in the future: A proposal to add South and East to West. In: *Journal of Global Ethics* 10/2 (2014), 146–155.
Nozick, Robert: *Anarchy, State, and Utopia*. Oxford 1974.
Nussbaum, Martha: *Gerechtigkeit oder Das gute Leben*. Frankfurt a. M. 1998.
–: *Creating Capabilities. The Human Development Approach*. Cambridge MA 2011.
Parfit, Derek: *Reasons and Persons*. Oxford ²1987.
Platon: *Der Staat*. In: Ders.: Sämtliche Werke, Bd. II. Hg. von Ursula Wolf. Reinbek bei Hamburg 1994.
Rawls, John: *A Theory of Justice*. Cambridge MA 1971.
Raz, Joseph: *The Morality of Freedom*. Oxford 1986.
Seel, Martin: *Versuch über die Form des Glücks*. Frankfurt a. M. 1995.
Sen, Amartya: Equality of what? In: Sterling M. McMurrin (Hg.): *The Tanner Lectures on Human Values*, Bd. 1. Salt Lake City/Cambridge 1980.
Steinfath, Holmer: *Was ist ein gutes Leben? Philosophische Reflexionen*. Frankfurt a. M. 1998a.
–: Selbstbejahung, Selbstreflexion und Sinnbedürfnis. In: Ders.: *Was ist ein gutes Leben?* Frankfurt a. M. 1998b, 73–93.
–: *Orientierung am Guten*. Frankfurt a. M. 2001.
–: Theorien des guten Lebens in der neueren (vorwiegend) analytischen Philosophie. Wünsche, Freuden und objektive Güter. In: Dieter Thomä/Christoph Henning/Olivia Mitscherlich-Schönherr (Hg.): *Glück. Ein interdisziplinäres Handbuch*. Stuttgart/Weimar 2011, 296–302.
–: Gutes Leben. In: Armin Grunwald (Hg.): *Handbuch Technikethik*. Stuttgart 2013, 174–178.
Wessels, Ulla: *Das Gute. Wohlfahrt, hedonisches Glück und die Erfüllung von Wünschen*. Frankfurt a. M. 2011.
Wolf, Ursula: *Die Philosophie und die Frage nach dem guten Leben*. Reinbek bei Hamburg 1999.

Eva Weber-Guskar

43 Grundgüter und Fähigkeiten

Theoretische Rolle in Gerechtigkeitstheorien

Grundgütern und Grundfähigkeiten sind zwei unterschiedliche Funktionen gemeinsam, die sich direkt in deren Konzeption niederschlagen. Es handelt sich einerseits um eine Maßeinheit, in der das Wohlergehen von Personen und der Fortschritt einer Gesellschaft erfasst werden sollen. Andererseits dienen sie dazu, Mittel zu identifizieren, mit denen das Wohlergehen von Personen verändert und typischerweise verbessert werden soll.

Diese unterschiedlichen Funktionen sind für eine erhebliche Uneinheitlichkeit der Theorien von Grundgütern und Fähigkeiten verantwortlich, wie an einem einfachen Beispiel vorgeführt werden kann. Ein typisches Grundgut in der Entwicklungshilfe wie in zahlreichen nationalen Sozialversorgungssystemen ist der Zugang zu sauberem Trinkwasser. Dieses Gut ist sowohl dazu geeignet, das Wohlergehen einer Person zu bemessen, als auch dazu, als Leistung zur Verfügung gestellt zu werden. Anders verhält es sich mit dem Grundgut der Teilhabe am politischen und kulturellen Leben der Gemeinschaft. Während sich dieses Gut mit einigem Aufwand messen lässt und aufgrund dessen etwas über das Wohlergehen der Person ausgesagt werden kann, ist es nicht in derselben Weise zuteilbar wie der Zugang zu sauberem Wasser. In beiden Rollen erfordert die Bestimmung von Grundgütern oder Fähigkeiten ein Werturteil über gesellschaftliche Ziele in ökonomischer, sozialer, kultureller und ökologischer Hinsicht.

Die meisten Theorien von Grundgütern und Fähigkeiten werden von ihren Autoren explizit als Theorien der Messung von Wohlergehen oder sozialem Fortschritt präsentiert. Grundgüter und Fähigkeiten konkurrieren in dieser methodischen Funktion mit subjektiven Indikatoren, insbesondere Zufriedenheits- oder Glücksmaßen. Diesen gegenüber wird nahezu durchweg reklamiert, dass Grundgüter und Fähigkeiten nicht in derselben Weise anfällig für den verzerrenden Einfluss von Gewöhnung seien. Während Personen auf einer Zufriedenheitsskala allein deshalb einen hohen Wert erlangen könnten, weil sie sich an Situationen der Auszehrung gewöhnt haben, stelle ihre Ausstattung mit Grundgütern oder Fähigkeiten ihre reale Lebenssituation dar (Nussbaum 2000, Kap. 2).

Der Versuch, die Güte oder den Fortschritt sozialer Zustände mittels einer Liste von Gütern oder Fähigkeiten zu messen, dürfte mindestens auf die Theorie sozialer Indikatoren in den 1960er Jahren zurückgehen, die ökonomische Indikatoren für sozialen Fortschritt, insbesondere das von Simon Kuznet propagierte GDP (Gross Domestic Product), ergänzen oder ersetzen sollten. Den Anfang macht 1966 Raymond Bauer mit dem Band *Social Indicators*, wenn auch Vorläuferkonzepte in den 1930er Jahren etwa bei William F. Ogburn zu finden sind. Beispiele für soziale Indikatoren sind: »das Risiko finanzieller Armut, gemessen durch 50 bzw. 60 % des nationalen Medianeinkommens, gewichtet nach OECD-Skala« oder »Anteil der Personen in Haushalten ohne bestimmte Haushaltseinrichtungen oder mit bestimmten Gebäudemängeln« (Atkinson 2002, 196).

Die Tradition sozialer Indikatoren hat bereits früh auf die Kritik, sie könne aufgrund ihrer Orientierung an einzelnen Gütern oder Dienstleistungen kein gesellschaftsübergreifendes Maß sozialen Fortschritts liefern, mit Vorschlägen zu kulturübergreifenden Indikatoren wie beispielsweise dem UNRISD *level of living index* (1966) reagiert. Die Soziale-Indikatoren-Tradition hat sich in ihrer Entwicklung oft explizit auf die philosophische Kritik bezogen. So ist beispielsweise der von Mahbub ul-Haq entwickelte und von den Vereinten Nationen verwendete Human Development Index von den Arbeiten Amartya Sens und Martha Nussbaums inspiriert. Die jüngsten Indizes verwenden neben ökonomischen und sozialen zunehmend auch Umwelt-Indikatoren, um der Gefahr von Umweltveränderungen für den sozialen Fortschritt Rechnung zu tragen (Scrivens/Iasiello 2010).

In kritischer Anlehnung an die Tradition sozialer Indikatoren hat sich insbesondere in der philosophischen Debatte eine Zahl von Entwürfen herausgebildet, die sozialen Fortschritt daran bemessen wollen, ob Personen in einer Gesellschaft die notwendigen Mittel zum Leben oder gar zu einem guten Leben haben. Diese neuen, auf Grundgütern und Fähigkeiten basierenden Ansätze werfen der Soziale-Indikatoren-Theorie vor, sie habe es nicht vermocht, die Universalität ihrer Maße für sozialen Fortschritt zu rechtfertigen, und versuchen genau diesen Mangel zu beheben (vgl. Corning 2000; Doyal/Gough 1991; Nussbaum/Sen 1993).

Die eingangs erwähnte Doppelrolle als Ziel und Zuteilungseinheit lässt sich sowohl in der Entwicklungshilfepraxis als auch in der Sozialhilfepraxis gut nachverfolgen. So formulieren beide explizit Ziele in Begriffen von Grundgütern und Fähigkeiten. In der Entwicklungshilfepraxis sind derzeit noch die Millennium Development Goals in solchen Begriffen gefasst, wie etwa mit Bezug auf das Grundgut HIV-Behandlung: »Bis 2010 weltweiten Zugang zu medizinischer Versorgung für alle HIV/AIDS-Infizierten erreichen, die diese benötigen« (United Nations General Assembly 2000). Gleichzeitig werden Entwicklungsprojekte danach bewertet, ob sie den Betroffenen Grundgüter oder Fähigkeiten zur Verfügung stellen, beispielsweise durch die Finanzierung von Brunnenprojekten oder von Schulen und Lernmaterial. In der Sozialhilfe zahlreicher Länder wird neben finanziellen Mitteln oft der Zugang zu konkreten Grundgütern wie Unterkunft (Doyal/Gough 1991, 196 f.) erleichtert, beispielsweise in der Form von Wohnberechtigungsscheinen, sozialem Wohnungsbau, Heizkostenzuschüssen oder Ähnlichem. Seit 2003 gehören in Deutschland nicht nur Grundgüter, sondern auch Fähigkeiten – unter dem Titel ›Verwirklichungschancen‹ – zum theoretischen Inventar der Sozialhilfepraxis (Arndt/Volkert 2006).

Theorien von Grundgütern und Grundfähigkeiten

Die Zahl der Vorschläge zu Grundgütern und Fähigkeiten, aber auch zu den im Weiteren nicht diskutierten Grundbedürfnislisten, ist erheblich. Einen guten Überblick darüber liefert Sabina Alkire (2002). Im Folgenden sollen nur drei theoretisch besonders einflussreiche Theorien exemplarisch vorgestellt werden. John Rawls verwendet den Begriff der Grundgüter (*basic goods*) bereits 1971, Sen führt den Begriff der *basic capabilities* 1979 ein und Len Doyal und Ian Gough entwickeln ihre Theorie der Grundbedürfnisse und *universal satisfiers* 1984. Auf die Diskussion von Grundgütern in perfektionistischen Theorien, beispielsweise bei Thomas Hurka oder George Sher, sei hier nur verwiesen, weil sie dort normalerweise in eine umfassendere Theorie des Guten bzw. der Vervollkommnung eingebettet sind.

Grundgüter füllen bei Rawls zwei unterschiedliche theoretische Rollen aus. Sie fungieren zum einen im Rahmen des Differenzprinzips als Maßeinheit gerechtfertigter Ansprüche von Bürgern an den Staat. Zum anderen wird mit ihnen angegeben, unter welchen Umständen Personen in der Lage sind, als Bürger an der gesellschaftlichen Kooperation teilzunehmen.

Rawls macht in seinem Buch *Politischer Liberalismus* geltend, dass ein Mindestmaß an materiellem und sozialem Wohlergehen, Bildung und Ausbildung erforderlich ist, damit eine Person ihre eigene Theorie des Guten entwickeln und sich als gleicher Bürger am sozialen Leben beteiligen kann. Auch wenn sich keine gesellschaftsübergreifenden Angaben zur Höhe dieses bestimmten Niveaus finden lassen, scheint Rawls die Maßeinheit als generell geeignet anzusehen, die unterschiedlichen Bedingungen der Partizipation am sozialen und politischen Leben anzugeben (vgl. Rawls 1993/1998). Diese Grundausstattung des kooperationsfähigen Bürgers wird zwar weitgehend in derselben Einheit gemessen wie spätere Umverteilungen in Rawls' Differenzprinzip, nämlich »Grundrechte, Grundfreiheiten und Chancen und allgemein dienliche[ ] Mittel wie Einkommen und Besitz, die alle durch dieselben gesellschaftlichen Grundlagen der Selbstachtung gesichert werden« (Rawls 1992, 371). Allerdings ist zu beachten, dass die ersten drei Elemente dieser Liste – Grundrechte, Grundfreiheiten und Chancen – nicht Teil einer gesellschaftlichen Umverteilung sein können, weil sie in jeder gerechten Gesellschaft von Beginn an gleich verteilt sind. Während die restlichen Grundgüter, d. h. die allgemein dienlichen Mittel im Rahmen des Differenzprinzips zur Bewertung von Verteilungsmaßnahmen innerhalb der gesellschaftlichen Kooperation dienen, werden alle genannten Grundgüter inklusive Grundrechten, Grundfreiheiten und Chancen als Maß der Grundbedingungen des kooperativen Gesellschaftsmitglieds vor jeder Anwendung des Differenzprinzips angelegt (vgl. Rawls 1993/1998). Im Rahmen nachgeordneter gesellschaftlicher Umverteilung zwischen Bürgern fungieren Rawls' allgemein dienliche Mittel als Maßeinheit der gerechtfertigten Ansprüche an den Staat, die Personen innerhalb ihrer jeweiligen Theorien des Guten vorbringen. Diese Grundgüter sind in der Umverteilung gemäß dem Differenzprinzip ein universelles Mittel bei der Verfolgung der eigenen Vorstellung vom guten Leben.

Rawls gibt nur wenig Auskunft darüber, wie genau die Liste der Grundgüter zustande kommt. Allerdings formuliert er einige Bedingungen, die diese Liste erfüllen muss. Sie muss in einer politischen Konzeption von Gerechtigkeit als Fairness vertretbar bleiben, die in einem übergreifenden Konsens von allen Bürgern akzeptiert werden kann, und sie muss »einschränkende Bedingungen der Einfachheit und der Verfügbarkeit von Informationen beachten« (Rawls 1992, 372). Seine Grundgüterliste muss demnach in jeder vollständigen Theorie des guten Lebens begründet werden können, d. h. kein Bürger darf in einem überlappenden Konsens in die Situation geraten, die dort formulierten Güter im Rahmen seiner eigenen Vorstellung vom guten Leben nicht anerkennen zu können. Daher nennt Rawls seine Grundgüterliste auch eine schwache Theorie des Guten. Das Erfordernis einfacher und verfügbarer Informationen speist sich daraus, dass Rawls' Verteilungsverfahren nach Maßgabe des Differenzprinzips davon abhängt, dass die Ausstattung mit sozialen Gütern eindeutig vergleichbar ist. Das Differenzprinzip zieht den Vorteil der sozial am schlechtesten gestellten Personengruppe als Kriterium der Zulässigkeit von neuen Ungleichheiten heran. Dafür muss diese Personengruppe eindeutig identifiziert werden, was nur mit einer Theorie der Grundgüter möglich ist, die eine einfache Messung anhand verfügbarer Informationen zulässt. Hier hat demnach das Verteilungsprinzip starken Einfluss auf die Grundgüterkonzeption.

Die Auseinandersetzung mit der Rawlsschen Konzeption kann selbst als ein dominanter Strang der politischen Philosophie der letzten 40 Jahre gelten, entsprechend umfangreich sind die Kritiken daran. Für den gegenwärtigen Kontext sind besonders zwei Einwände von Bedeutung. Zum einen wird geltend gemacht, Rawls berücksichtige bei seiner Konzeption der Grundgüter die tatsächliche Diversität der Vorstellungen vom guten Leben nicht und ignoriere die Erfahrungswelt insbesondere sozial schwächer gestellter und marginalisierter Gruppen (Brighouse/Unterhalter 2010). Zum anderen wird ihm vorgeworfen, dass seine Grundgüterkonzeption nicht geeignet sei, die Auswirkung von Gütern auf die Lebensführung unter variierenden Bedingungen zu erfassen. So moniert insbesondere Sen an der Konzeption der Grundgüter, dass sie keine ausreichende Garantie für ein in Freiheit geführtes Leben zu bieten scheint (Sen 1980). Durch einen Vergleich der unterschiedlichen Handlungsoptionen, die Personen mit und ohne Behinderung mit denselben Gütern haben, verdeutlicht Sen, dass Rawls' Grundgüter ein unzureichendes Maß für die realen Freiheiten von Personen sind. Die Umsetzung von Grundgütern in eine Lebensführung hänge von Faktoren ab, die mit dieser Einheit selbst nicht erfasst werden können. Wolle man die Mittel zur Verfolgung eines guten Lebens ermessen, so dürfe man sich nicht auf die Grundgüter verlassen, sondern müsse auch die Umstände berücksichtigen, die die Umsetzung von Gütern in Lebensweisen und Handlungen limitieren.

Der Capability Approach, der Fähigkeiten- bzw. Befähigungsansatz (zur Übersetzungsproblematik s. Heinrichs 2004) von Nussbaum und Sen beginnt mit einer Kritik an der verkürzten Information, mit der insbesondere in ökonomischen Theorien über gesellschaftlichen Fortschritt und das Wohlergehen von Personen geurteilt wurde. Sen macht bereits 1979 in seiner Tanner-Lecture *Equality of What?* geltend, dass wir nicht nur auf Ressourcen wie das Brutto-Inlandsprodukt pro Kopf und nicht nur auf subjektive Zustände wie Zufriedenheit schauen dürfen, sondern beachten müssen, wie Personen wirklich leben und welche Freiheiten zu wertvollen Zuständen und Aktivitäten sie haben (Sen 1980).

Der Capability Approach gewinnt durch die Kooperation mit Nussbaum einen engen Bezug zur aristotelischen Ethik (Nussbaum 1988), der sich in Sens Tanner-Lecture *The Standard of Living* von 1985 (Sen 1988) andeutet. Die aristotelischen Bezüge werden in dem von Nussbaum und Sen gemeinsam herausgegebenen Band *The Quality of Life* (Nussbaum/Sen 1993) besonders klar. Die wahrscheinlich am weitesten ausgearbeitete Version des Ansatzes, in dem die aristotelischen Bezüge aber bereits wieder schwächer werden, legt Nussbaum mit *Women and Human Development: The Capability Approach* vor (Nussbaum 2000). In neueren Veröffentlichungen interpretiert Nussbaum ihre Liste von *capabilities* (s. u.) überwiegend im Rahmen der Rawlsschen Konzeption eines überlappenden Konsenses und kaum mehr mit Bezug auf Aristoteles. Einen Überblick über ihre philosophischen Gewährsleute gibt Nussbaum in *Creating Capabilities* in einem eigenen Kapitel (Nussbaum 2013, 123 ff.).

›*Capability*‹ bezeichnet insgesamt die positive Freiheit, wertvolle Zustände und Aktivitäten (Funktionen) zu erlangen. Diese Freiheit basiert auf sozialen, psychologischen und materiellen Grundbedingungen, die es ermöglichen, diese Befähigungen zu entwickeln und auszuüben. *Basic capabilities* oder in Nussbaums Begriffsverwendung *central capabilities* sind die grundlegenden Ermöglichungsbedingungen eines guten Lebens – »die Fähigkeit bestimmte äußerst wichtige Funktionen zu einem gewissen minimalen Grad zu erfüllen« (Sen 1993). Nussbaum (1988) zufolge ergeben sich Befähigungen (*combined capabilities*) aus der Verbindung von natürlichen Dispositionen (*basic capabilities*) und gesellschaftlichen Möglichkeiten (*external capabilities*). Die Maßeinheit *capabilities* ist auch jenseits einer Grundausstattung einschlägig, zahlreiche Beiträge im Rahmen des Befähigungsansatzes konzentrieren sich aber auf Armutsthemen und daher auf Grundbefähigungen.

Sens frühe Schriften lassen zunächst erwarten, dass

er eine Theorie der Grundbefähigungen hat, die für ein menschenwürdiges Leben unumgänglich sind. Er bezieht sich aber später nur im Kontext der Armutsproblematik und für die Human Development Reports auf *basic capabilities* (Sen 1993). Bis heute hat er nicht nur keine aufgearbeitete Grundbefähigungsliste vorgelegt, sondern sich sogar explizit davon distanziert (z. B. Sen 2005). Sen zufolge werden Grundbefähigungen wie auch alle anderen gesellschaftlich als wertvoll erachteten Befähigungen in gesellschaftlichen Entscheidungen festgelegt (ebd.). Zahlreiche Autoren haben das Fehlen einer Grundbefähigungsliste in Sens Schriften beklagt und teilweise versucht, diese auf der Basis oder in Weiterentwicklung des Befähigungsansatzes nachzuliefern (z. B. Alkire 2002; Gasper 2002; Heinrichs 2004; Nussbaum 2000; Williams 1988).

Nussbaum entwickelt in Auseinandersetzung mit Sen eine eigene vollständige Theorie der *capabilities*, die mittlerweile mehrere Phasen durchlaufen hat. Im Unterschied zu Sen generiert Nussbaum eine Liste von zehn Grundbefähigungen und bezieht sich dabei ausführlich auf Traditionsbestände der Philosophie wie eine Narrativitätskonzeption (Nussbaum 1995) und das aristotelische Funktionenargument (Nussbaum 1988). Eine Befähigungsliste müsse all diejenigen Befähigungen enthalten, derer es bedarf, damit wir das Leben einer Person als ein vollständiges, der Möglichkeit nach gutes menschliches Leben erkennen können. Ihre frühere Version des Befähigungsansatzes identifiziert die einschlägigen Befähigungen unter dem Titel einer starken vagen Theorie des Guten. Diese Bezeichnung wendet sich kritisch gegen Rawls, der lediglich eine schwache Theorie des Guten für rechtfertigbar erklärt hatte. Spätere Ausarbeitungen stützen sich stärker auf die Rawlssche Konzeption und sehen in der Liste lediglich einen Vorschlag für eine partielle moralische Konzeption, die in einen übergreifenden Konsens eingehen könne. Die Rechtfertigung der Liste folgt nicht mehr narrativistischen oder neoaristotelischen Linien, vielmehr nimmt Nussbaum seit *Women and Human Development* (Nussbaum 2000) in Anspruch, es handele sich bei diesen Grundbefähigungen um die Bedingungen eines Lebens in Würde. Der Würdebegriff findet allerdings erst in *Creating Capabilities* eine explizite Diskussion (Nussbaum 2013).

Neben die quasi-deduktive Herleitung von Befähigungen aus dem aristotelischen Ansatz respektive dem Würdebegriff tritt spätestens seit *Women and Human Development* (Nussbaum 2000) eine empirische Überprüfung ihrer Liste in interkulturellen akademischen Gesprächen und partizipatorischen Prozessen. Nussbaum reklamiert, ihre Liste habe in der jüngsten Version die Überprüfung in interkulturellen Abwägungen bestanden. Sie betont darüber hinaus, dass ihre Liste nicht nur offen, d. h. auf Basis von gesellschaftlichen Erwägungen ergänzbar sei, sondern dass auch die einzelnen Befähigungen so abstrakt formuliert werden müssten, dass sie in partizipatorischen deliberativen Prozessen durch die Bürger der jeweiligen Gesellschaften ausgestaltet werden könnten.

In der Auseinandersetzung zwischen Vertretern des Befähigungsansatzes und einer Grundgüterkonzeption wurde der Maßstab der Befähigung insbesondere dahingehend kritisiert, dass er sowohl in der Senschen als auch in der Nussbaumschen Variante einen Perfektionismus und eine starke Theorie des Guten (Kelly 2010) impliziere. Damit sei er zwischen unterschiedlichen Lebensentwürfen nicht mehr neutral und tauge daher in einer pluralistischen Gesellschaft nicht als Gerechtigkeitsmaßstab. Darüber hinaus sei die Messung von Befähigungen selbst wiederum so aufwendig, dass sie dem Publizitätskriterium nicht mehr genügen könnten. Es sei Mitgliedern der Gesellschaft nicht mehr ohne weiteres möglich, den Maßstab zu evaluieren, mit dem Gerechtigkeitsurteile getroffen würden (Rawls 1999, 13).

Doyal und Gough legen einen explizit kantischen Entwurf von Grundgütern vor. Anders als Rawls, von dem sie sich ausdrücklich distanzieren, orientieren sie sich dabei aber nicht an Kants Vernunftrechtskonzeption, sondern an dessen Moralphilosophie. Sie entwickeln in ihrer *Theory of Human Needs* (Doyal/Gough 1991) ein Maß, das den Erfolg sozialer Praxen über alle Personen hinweg angeben soll. Die theoretische Rolle dieses Maßes verorten sie explizit in der Theorie gesellschaftlichen Fortschritts. Obwohl – dem Titel entsprechend – der Fokus ihrer Arbeit auf einer Theorie der Grundbedürfnisse liegt, entwickeln sie auf diesem Begriff aufbauend auch eine Konzeption von Grundgütern.

Doyal und Gough beziehen sich explizit auf Kant, indem sie geltend machen, die Grundbedürfnisse jedes Menschen ließen sich mit einem transzendentalen Argument ableiten. Grundbedürfnisse seien nämlich jene Bedürfnisse, deren Erfüllung die Bedingung der Möglichkeit individuellen Handelns sei. Damit Menschen irgendwelche Ziele verfolgen könnten, müssten die Grundbedürfnisse erfüllt sein. Damit geht der deduktive Anspruch weiter als bei Rawls oder bei Nussbaum. Doyal und Gough versuchen

Grundbedürfnisse bzw. -güter nicht aus den Bedingungen voller Kooperationsfähigkeit als Bürger oder eines guten Lebens abzuleiten, sondern aus jenen der Handlungsfähigkeit überhaupt. Gough reklamiert in seinem jüngsten Artikel zum Thema explizit, die Doyal-Gough-Theorie greife damit auf den »kleinsten gemeinsamen Nenner universalisierbarer Vorbedingungen für menschliches Handeln und soziale Partizipation« zurück (Gough 2014).

Die Theorie identifiziert zwei Gruppen von Grundbedürfnissen, nämlich individuelle Grundbedürfnisse (Überleben, Gesundheit, Autonomie und Lernen) sowie gesellschaftliche Grundbedürfnisse (Produktion, Reproduktion, Kommunikation und Autorität). Wie diese Bedürfnisse konkret bestimmt würden, sei von Kultur und Kontext abhängig. Aber aus allen Varianten der Befriedigung von Grundbedürfnissen ließen sich so genannte *universal satisfiers* (universelle Bedarfsdecker) abstrahieren. Diese *universal satisfiers* lassen sich durchaus als Grundgüter identifizieren. Genauer beschreibt Gough die Eigenschaften von *universal satisfiers* als die Eigenschaften von Gütern, Dienstleistungen, Aktivitäten und Beziehungen, die die physische Gesundheit und menschliche Autonomie in allen Kulturen steigerten. Darunter fielen beispielsweise die täglichen Kalorien in Nahrungsmitteln, Schutz vor den Elementen und Schutz vor krankheitsübertragenden Vektoren (Gough 2014).

Wie die *universal satisfiers* in einer Kultur und in einem Kontext realisiert würden, lasse sich einerseits mittels wissenschaftlicher Informationen aus den Natur- und Ingenieurwissenschaften sowie der komparativen Anthropologie klären, andererseits mittels Erfahrungswissen der Personen im jeweiligen Kontext. An dieses Erfahrungswissen gelange man am besten unter idealen Kommunikationsbedingungen eines herrschaftsfreien Diskurses.

Verfahren zur Bestimmung von Grundgütern und Fähigkeiten

Die meisten Theorien geben explizit das Verfahren an, mittels dessen sie Grundgüter und Fähigkeiten bestimmen. In den meisten Fällen werden deduktive und empirische Verfahren kombiniert, um zuerst Kategorien der Grundsicherung zu definieren und diese Kategorien dann kontextsensitiv auszufüllen.

Die deduktiven Verfahren gruppieren sich zum einen um ein transzendentales Argument, zum anderen um einen internalistischen Essentialismus (Nussbaum 1995). Das transzendentale Argument macht geltend, bestimmte Grundgüter oder Fähigkeiten seien die Bedingung der Möglichkeit von Tätigkeiten oder Zuständen menschlicher Wesen, die in der Perspektive der politischen Ethik als unverzichtbar gelten. Bei Rawls sind die Grundgüter, wie erwähnt, Bedingung der Möglichkeit einer eigenen Vorstellung des Guten; bei Sen machen Grundbefähigungen »gewisse elementare und entscheidend wichtige Fähigkeiten« (s. o.) möglich; bei Doyal und Gough ermöglichen sie individuelles Handeln der Person; bei Peter A. Corning ermöglichen sie adaptive Fitness und damit langfristiges Überleben der Spezies. Jüngst haben Rutger Claassen und Marcus Düwell (2013) vorgeschlagen, Nussbaums Capability Approach mithilfe von Alan Gewirths Moralphilosophie so umzugestalten, dass *capabilities* als die Bedingung der Möglichkeit von Handlungen verstanden werden. Sie rücken den Ansatz damit unter der Hand an den von Doyal und Gough heran (Claassen/Düwell 2013). Das Problem für alle Theorien, die auf ein transzendentales Argument bei der Bestimmung von Grundgütern zurückgreifen, besteht darin, dass sie leicht Gegenbeispielen anheimfallen. Wenn Personen nicht über die fraglichen Grundgüter oder Fähigkeiten verfügen, aber dennoch eine Vorstellung vom Guten, von Handlungsfähigkeit etc. haben, scheinen solche Theorien in Frage zu stehen.

Neben den transzendentalen Verfahren bemüht insbesondere Nussbaum einen so genannten internalistischen Essentialismus, der zwar nicht durchweg deduktiv, aber zugleich auch nicht rein empirisch argumentiert. Dieser Ansatz evaluiert aus der teilnehmenden Perspektive der menschlichen Lebensform, ob ein Leben als volles menschliches Leben erkannt werden kann. Menschen gäben sich in ihren Erzählungen und Mythen insbesondere über nichtmenschliche Wesen wie etwa Zyklopen und Götter Auskunft darüber, was ein menschliches Leben ausmache. Narrative Vergleiche zu Göttern wiesen darauf hin, dass Menschen sterblich und verletzlich seien, Vergleiche mit Zyklopen darauf, dass Menschen soziale Wesen seien (Nussbaum 1995). Die Grundgüter und Fähigkeiten, die auf deduktive Weise generiert werden, sind durchweg relativ grob eingeteilt, um ihre Universalität zu wahren. Die konkrete Ausgestaltung wird nahezu durchweg Verfahren anheimgestellt, in denen die Perspektive der jeweiligen in einer Kultur und in einem Kontext verankerten Personen berücksichtigt werden kann.

Während die Perspektive unterschiedlicher kultureller Gruppen in philosophischen Theorien mit wenigen Ausnahmen nur als Desiderat erwähnt wird, spielt sie in der Praxis insbesondere der Entwicklungshilfe eine konkrete Rolle. Seit den 1990er Jahren haben sich so genannte partizipatorische Prozesse bei der Gestaltung von Entwicklungsprozessen durchgesetzt und die reinen Expertenurteile und konsultatorische Verfahren zum Teil verdrängt (The World Bank 1996). Partizipatorische Verfahren erfüllen zwei unterschiedliche Rollen; sie sind einerseits epistemische, andererseits aber auch politische Prozesse. Als überwiegend epistemischer Prozess werden sie beispielsweise bei Doyal und Gough gesehen, die durch das Erfahrungswissen vor Ort eine kontextsensitive Anpassung ihrer *universal satisfiers* intendieren. Als politische Prozesse werden sie insbesondere bei Sen und bei Nussbaum gesehen, die konkrete Ergebnisse partizipatorischer Prozesse in ihren Arbeiten berücksichtigen. Beide erkennen an, dass die Einbindung in partizipatorische Prozesse selbst ein Teil der Erfüllung von Grundbefähigungen ist, nämlich der Fähigkeit zur politischen Teilhabe (*agency achievement* laut Sen, *political control over one's environment* bei Nussbaum).

Neben den partizipatorischen Prozessen finden zum Teil empirische Verfahren der Natur- und Sozialwissenschaften Erwähnung, wenn es um die Bestimmung von Grundgütern und Fähigkeiten geht. So macht Corning in seiner evolutionären Theorie der Grundbedürfnisse geltend, biologische Erkenntnisse könnten Auskunft darüber geben, was Menschen zum Überleben und zur Fortpflanzung brauchen. Doyal und Gough weisen auf Erkenntnisse aus den Naturwissenschaften wie aus der Anthropologie hin, derer es bedürfe, um Bedürfnisbefriediger zu identifizieren.

Weil Grundbefähigungen und Grundgüter lediglich Maßeinheiten für das Wohlergehen von Personen sind, kann die Bevorzugung eines der beiden Standards nur eingeschränkt gerechtfertigt werden, ohne die umfassende Gerechtigkeitstheorie zu diskutieren, in die sie eingebettet werden. Die Debatte hat sich über die bereits oben erwähnten klassischen Argumente für und wider beide Standards stark diversifiziert. So wurden sowohl differenzierte Argumentationsstrategien für beide Ansätze im Allgemeinen generiert als auch die Vorzüge beider Ansätze in spezifischen Kontexten wie Erziehung und Bildung (Otto/Ziegler 2010), Gesundheitsfürsorge (Brock 1993) etc. diskutiert. Einen guten Überblick über den Stand der Debatte liefern Harry Brighouse und Ingrid Robeyns (2010).

Literatur

Alkire, Sabina: *Valuing Freedoms: Sen's Capability Approach and Poverty Reduction*. Oxford 2002.

Arndt, Christian/Volkert, Jürgen: Amartya Sen's Capability-Approach – Ein neues Konzept der deutschen Armuts- und Reichtumsberichterstattung. In: *Vierteljahrshefte zur Wirtschaftsforschung* 75/1 (2006), 7–29.

Atkinson, Anthony B.: *Social Indicators: The EU and Social Inclusion*. Oxford 2002.

Bauer, Raymond A.: *Social Indicators*. Cambridge MA 1966.

Brighouse, Harry/Robeyns, Ingrid (Hg.): *Measuring Justice. Primary Goods and Capabilities*. Cambridge 2010.

–/Unterhalter, Elaine: Primary Goods versus Capabilities: Considering the debate in relation to equalities in education. In: Hans-Uwe Otto/Holger Ziegler (Hg.): *Capabilities – Handlungsbefähigung und Verwirklichungschancen in der Erziehungswissenschaft*. Wiesbaden 2010, 69–81.

Brock, Dan: Quality of life measures in health care and medical ethics. In: Martha Nussbaum/Armatya Sen (Hg.): *The Quality of Life*. Oxford 1993, 95–132.

Claassen, Rutger/Düwell, Marcus: The foundations of Capability theory: Comparing Nussbaum and Gewirth. In: *Ethical Theory and Moral Practice* 16/3 (2013), 493–510.

Corning, Peter A.: Biological adaptation in human societies: A ›Basic Needs‹ approach. In: *Journal of Bioeconomics* 2/1 (2000), 41–86.

Doyal, Len/Gough, Ian: *A Theory of Human Need*. Houndsmills 1991.

Gasper, Des: Is Sen's Capability Approach an adequate basis for considering human development? In: *Review of Political Economy* 14/4 (2002), 435–461.

Gough, Ian: Lists and thresholds: Comparing the Doyal-Gough theory of human need with Nussbaum's Capabilities Approach. In: Flavio Comim/Martha Nussbaum (Hg.): *Capabilities, Gender, Equality. Towards Fundamental Entitlements*. Cambridge 2014 (im Erscheinen).

Heinrichs, Jan-Hendrik: *Grundbefähigungen: Zum Verhältnis von Ethik und Ökonomie*. Paderborn 2004.

Hurka, Thomas: *Perfectionism*. Oxford 1996.

Kelly, Erin: Equal opportunity, unequal capability. In: Harry Brighouse/Ingrid Robeyns (Hg.): *Measuring Justice: Primary Goods and Capabilities*. Cambridge MA 2010.

Nussbaum, Martha C.: Nature, function, and capability: Aristotle on political distribution. In: Julia Annas/Robert H. Grimm (Hg.): *Oxford Studies in Ancient Philosophy*. Oxford 1988, 145–184.

–: Aristotle on human nature and the foundations of ethics. In: J. E. J. Altham/Ross Harrison (Hg.): *World, Mind, and Ethics. Essays on the Ethical Philosophy of Bernard Williams*. Cambridge 1995, 86–131.

–: *Women and Human Development: The Capabilities Approach*. Cambridge 2000.

–: *Creating Capabilities. The Human Development Approach*. Cambridge/London 2013.

–/Sen, Amartya (Hg.): *The Quality of Life*. Oxford 1993.

Otto, Hans-Uwe/Ziegler, Holger (Hg.): *Capabilities – Handlungsbefähigung und Verwirklichungschancen in der Erziehungswissenschaft*. Wiesbaden 2010.

Rawls, John: Der Vorrang des Rechten und die Idee des Guten. In: Wilfried Hinsch (Hg.): *Rawls, Die Idee des politischen Liberalismus*. Frankfurt a. M. 1992, 364–397 (engl. 1988).
–: *Politischer Liberalismus*. Frankfurt a. M. 1998 (engl. 1993).
–: *The Law of Peoples*. Cambridge 1999.
Scrivens, Katherine/Iasiello, Barbara: Indicators of »societal progress«: Lessons from international experiences. *Working paper, Organisation for Economic Co-operation and Development, Statistics Directorate*. Paris 2010.
Sen, Amartya: Equality of what? In: Sterling M. McMurrin (Hg.): *The Tanner Lectures on Human Values* 1. Cambridge 1980, 197–220.
–: The standard of living, in: Geoffrey Hawthorn (Hg.): *The Standard of Living*. Cambridge 1988, 1–38.
–: Capability and well-being. In: Martha C. Nussbaum/Amartya Sen (Hg.): *The Quality of Life*. Oxford 1993, 30–53.
–: Human rights and capabilities. In: *Journal of Human Development* 6/2 (2005), 151–166.United Nations General Assembly: *Resolution 2 Session 55 United Nations Millennium Declaration*. New York 2000.
Sher, George: *Desert. Studies in Moral, Political and Legal Philosophy*. Princeton 1987.
Williams, Bernard: The standard of living: Interests and capabilities. In: Geoffrey Hawthorn (Hg.): *The Standard of Living*. Cambridge 1988, 94–102.
The World Bank: *The World Bank Participation Sourcebook*. Washington, D. C. 1996.

Jan-Hendrik Heinrichs

44 Moralische Rechte

›Ius suum tribuere‹

Eine der ältesten und berühmtesten Charakterisierungen der Gerechtigkeit expliziert sie als ständige Bereitschaft, anderen Menschen ihr Recht zu geben (*ius suum tribuere*). Besonders wirkungsmächtig ist die Formulierung der Justinianischen *Institutionen* aus dem 6. Jahrhundert: »Gerechtigkeit ist der stete und dauerhafte Wille, jedem sein Recht zu geben« (*iustitia est constans et perpetua voluntas ius suum cuique tribuens*). Der Grundgedanke dieser Explikation ist schon zu Justinians Zeiten ein alter Hut. Justinian zitiert mit diesen Worten den römischen Juristen Ulpian, der von ähnlichen Formulierungen bei Cicero beeinflusst ist, der den Gedanken bei Platon gefunden haben könnte, der ihn (in der *Republik*) Polemarchus in den Mund legt, der sich auf den Dichter Simonides beruft (vgl. Raphael 2001, Part I). Ulpian erklärt die Tugend der Gerechtigkeit im Rückgriff auf Akte des ›Gebens‹ (*tribuere*), deren Akkusativobjekte die subjektiven Rechte (lat.: *ius*, pl.: *iura*) anderer Menschen sind. Der Wille zur Gerechtigkeit zielt auf die ständige und umfassende Achtung der Rechte anderer.

Die Zielobjekte und Gegenstände eines gerechten Willens, so Ulpian, sind subjektive Rechte. Aber ist die Übersetzung des Lateinischen *ius* durch ›subjektives Recht‹ nicht ein Anachronismus? Ist der Begriff eines ›subjektiven‹, einer Person zukommenden Rechts nicht eine Erfindung der Moderne? Nein. Die angebliche Modernität subjektiver Rechte ist ein Mythos (vgl. Tierney 2001). Soziale Institutionen wie Eigentum, Vertrag und Ehe, wie sie seit jeher in allen Zivilisationen vorkommen, sind ohne ein (zumindest implizites) Erfassen des Begriffs eines subjektiven Rechts undenkbar. Denn diese und ähnliche Institutionen und Praktiken werfen unweigerlich Fragen nach der Berechtigung interpersonaler Ansprüche auf, deren dauerhafte Regelung und Administration die Identifizierung und Anerkennung der Rechte aller Beteiligten erfordert. Überdies zeigt das Possessivpronomen *suum* in Ulpians analytischer Definition unmissverständlich an, dass die *iura*, auf die der Wille zur Gerechtigkeit zielt, etwas sind, das Menschen (Personen, Subjekte) besitzen und das ihnen zukommt. Die hier relevanten *iura* sind weder Rechte im ›objektiven‹ Sinne von Rechtsordnungen noch im (unpersönlichen) Sinne eines ›Richtigen‹, sondern im ›subjektiven‹, einen Besitzer und Rechtsträger implizierenden Sinne.

Allenfalls in einem Punkt weicht das griechischrömische Verständnis von *ius suum* vom modernen Begriff subjektiver Rechte ab. Dem modernen Verständnis nach sind subjektive Rechte für ihre Träger zumindest *pro tanto* von Vorteil. Heute betrachten wir subjektive Rechte als normative relationale Eigenschaften, die ihren Trägern eine begünstigende normative Position gegenüber anderen Personen einräumen. Ihre Funktion besteht darin, ihren Besitzern ein Gut zu sichern, kein Übel. Dieses Verständnis ist spätestens bei Jeremy Bentham explizit: »Einem Individuum den Besitz eines bestimmten Guts zu sichern, heißt ihm ein *subjektives Recht* zu übertragen« (Bentham 1843, 159; Hervorh. im Orig.). Hingegen sind die Ulpianschen *iura*, deren Achtung ein Gebot der Gerechtigkeit ist, für ihre Besitzer nicht immer erfreulich. Das zeigt die Bemerkung eines mittelalterlichen Ulpian-Kommentators, der erklärt, dass das *ius* eines Menschen im hier relevanten Sinne »ein Kranz ist, wenn er Gutes verdient; eine Strafe, wenn er gesündigt hat« (*coronam, si bene meruerit; poenam si peccaverit*; zit. n. Carlyle/Carlyle 1909, Kap. 1). Wer Unrecht getan hat, mag eine Strafe verdienen; aber für moderne Ohren klingt es ungereimt, von einem subjektiven Recht des Täters auf Bestrafung zu sprechen (aber immerhin noch nicht für Hegel: Hegel 1820, § 100). Ein weiteres Bedenken richtet sich gegen die Übersetzung von *tribuere* durch ›geben‹. Mit Blick auf Ciceros Formulierung der klassischen Gerechtigkeitsformel wendet Kant ein: »*[S]uum cuique tribue.* – Die letztere Formel, wenn sie so übersetzt würde: ›Gieb Jedem das *Seine*‹ würde eine Ungereimtheit sagen; denn man kann niemandem etwas geben, das er schon hat« (Kant 1797/1988, 46). Aber wie Kant selbst sieht, zeigt dieser Einwand bestenfalls, dass ›geben‹ hier nicht in einem rein aktivischen Sinne zu verstehen ist. *Tribuere* kann nicht nur ein aktives Zuteilen meinen, sondern auch ein passives Lassen. Der klassische Gerechtigkeitsbegriff ist allgemeiner als der moderne. Er umfasst nicht nur distributive, sondern auch korrektive bzw. kommutative Gerechtigkeit (vgl. NE V; ST, I-II q. 60 a. 3 ad 3). Beispielsweise ist Folter nach klassischer Auffassung eine Ungerechtigkeit – aber keine distributive, sondern eine kommutative. Entsprechend müssen wir *tribuere* im Kontext der Ulpianschen Gerechtigkeitsdefinition als ein Teilhabenlassen im weiten Sinne verstehen. Dieser Sinn schließt alle (aktiven und passiven) Handlungen ein, die anderen Menschen den störungsfreien Genuss ihrer Rechte ermöglichen. Folglich besteht die Tugend der Gerechtigkeit nach Ulpian in der steten und dauerhaften Bereitwilligkeit, im eigenen – aktiven und passiven – Handeln die subjektiven Rechte anderer Menschen umfassend zu achten.

Anspruchsrechte und vollkommene Pflichten

Um welchen Typ subjektiver Rechte handelt es sich und welche Pflichten impliziert ihre umfassende Achtung? Im 13. Jahrhundert wird die Ulpiansche Analyse von Thomas von Aquin präzisiert. In seiner *Summe der Theologie* macht Thomas sich zunächst Ulpians analytische Definition der Gerechtigkeit zu eigen (ebd., II-II q. 58 a. 1c). Sein Paradebeispiel eines Gerechtigkeitsverhältnisses ist die kommutative Beziehung, die durch eine Vereinbarung (*pactum*, pl.: *pacta*) über einen Lohn im Austausch für eine Dienstleistung (*recompensatio mercedis debitae pro servitio impenso*; ebd., II-II q. 57 a. 1c) gestiftet wird. Vereinbarungen aller Art unterliegen einem Sekundärprinzip der Gerechtigkeit, das Ende des 12. Jahrhunderts von den Bologneser Glossatoren entwickelt wurde und das im modernen Recht als ›das Prinzip der Vertragstreue‹ bekannt ist: »Vereinbarungen sind einzuhalten« (*pacta sunt servanda*; vgl. ebd., II-II q. 110 a. 3c). Angenommen, A verspricht B, ihn für eine Dienstleistung mit 10 Euro zu entlohnen. Das durch diesen Akt des Versprechens entstehende *pactum* ist nach Thomas so zu beschreiben: Durch sein Versprechen *verpflichtet* sich A gegenüber B zur Zahlung von 10 Euro im Austausch für B's Dienstleistung; zugleich *berechtigt* es B zum Erhalt von 10 Euro seitens A, sobald B die Dienstleistung erbringt. Das Versprechen generiert ein bilaterales Gerechtigkeitsverhältnis zwischen A und B, in dem A eine (bedingte) Pflicht und B ein korrelatives (bedingtes) Recht hat. Wir können verallgemeinern. Vereinbarungen aller Art erzeugen nach Thomas interpersonale Recht/Pflicht-Beziehungen, in denen eine Partei den normativen Status eines Gläubigers und Rechtsträgers und die andere Partei den normativen Status eines Schuldners und Verpflichteten hat. Der Versprechensgeber A hat nun eine Schuld (*debitum*) – in Form einer Pflicht gegenüber B und der Versprechensempfänger B ein korrelatives subjektives Recht auf Erfüllung dieser Pflicht gegenüber A. Das Ergebnis solcher Vereinbarungen zwischen zwei Parteien A und B ist ein Gerechtigkeitsverhältnis in Form einer Recht/Pflicht-Relation nach dem Schema:

(Korr): A hat gegenüber B ein moralisches Recht auf B's φen genau dann, wenn B gegenüber A die moralische Pflicht hat, zu φen.

Für Thomas sind aus Vereinbarungen resultierende Recht/Pflicht-Relationen für Gerechtigkeitsverhältnisse paradigmatisch. Aber er ist nicht der Auffassung, dass Gerechtigkeitsverhältnisse ausschließlich durch *pacta* in die Welt kommen. Viele Recht/Pflicht-Relationen sind nicht das Ergebnis eines datierbaren Willensaktes. Vielmehr finden wir uns in ihnen immer schon vor. Nicht nur in vertraglichen, auch in nicht-konsensuellen zwischenmenschlichen Beziehungen trete »deutlich zu Tage, dass ein Mensch dem anderen gegenüber verpflichtet ist, ihm das zu geben, was er ihm schuldet« (*manifeste apparet quod homo est alteri obligatus ad reddendum ei quod debet*; ebd., II-II q. 122 a. 1). Von besonders bedeutsamen und allgemeingültigen nicht-konsensuellen Gerechtigkeitsverhältnissen, so Thomas, handeln die alttestamentarischen Zehn Gebote. Alle Gebote des Dekalogs brächten Forderungen der Gerechtigkeit zum Ausdruck (*ergo omnia praecepta Decalogi pertinent ad iustitiam*; ebd., II-II q. 122 a. 1). Als solche sind sie anderen Personen, die ein entsprechendes korrelatives Recht haben, strikt geschuldet: Ihre Erfüllung ist ein *debitum*, wie Thomas betont. Die Existenz solcher Recht/Pflicht-Relationen erscheint zumindest mit Blick auf die Verbote von Mord, Diebstahl und Lüge der zweiten Tafel des Dekalogs plausibel. Die jeweiligen moralischen Rechte und Pflichten beruhen nicht auf *pacta*, sondern auf der intrinsischen Schädlichkeit von Mord, Diebstahl und Lüge etc. für Wesen mit der geistigen und körperlichen Konstitution von Menschen. Mord, Diebstahl und Lüge verletzen natürliche Rechte und Pflichten, deren Existenz weder auf Vereinbarungen noch überhaupt auf Willenssetzungen beruht. Darüber hinaus gibt es Gerechtigkeitsverhältnisse, die durch kontingente Umstände entstehen und vergehen. Beispielsweise generiert die Tatsache, dass in einer Nothilfesituation allein A ohne unzumutbare Risiken und Kosten ein Kleinkind B vor dem Ertrinken bewahren kann, eine Recht/Pflicht-Relation, in der A eine Rettungspflicht gegenüber B und B ein korrelatives Anspruchsrecht auf Rettung gegenüber A hat. Hier ist es die Koinzidenz zweier Umstände, nämlich das Ertrinken B's und die zufällige Präsenz A's, die ein Gerechtigkeitsverhältnis erzeugt.

Zusammenfassend können wir sagen, dass eine Person A nach Thomas die moralischen Rechte einer anderen Person B genau dann achtet, wenn A B gibt, was A ihm schuldet (*reddere quod ei debit*); und A gibt B, was er ihm schuldet, wenn er stets und ständig die moralischen Pflichten erfüllt, die ihm aus B's moralischen Rechten nach Schema (Korr) unmittelbar erwachsen. Thomas' impliziter Verweis auf (Korr) macht klar, dass es sich bei den moralischen Rechten, deren umfassende und stete Achtung die Gerechtigkeit gebietet, um Hohfeldsche Anspruchsrechte handelt. Denn (Korr) ist Hohfelds kontextuelle Definition dessen, was er als »Anspruch« (*claim*) oder als »subjektives Recht im strikten Wortsinn« (Hohfeld 1913/2007, 62) bezeichnet und von anderen Typen subjektiver Rechte, seien es Freiheitsrechte (*privileges*), Befugnisse (*powers*) oder Immunitäten (*immunities*), unterschieden wissen will. In der Terminologie des modernen Naturrechts (vgl. Kersting 1982) sind Anspruchsrechte mit so genannten ›vollkommenen‹ Pflichten – und nur mit ihnen – begrifflich äquivalent, aber nicht identisch. Zu beachten ist jedoch, dass es Thomas (im Unterschied zu Hohfeld) in diesem Kontext nicht primär um positiv-juridische, sondern um kritisch-moralische Anspruchsrechte geht. Denn die Forderungen der Gerechtigkeit und die von ihnen implizierten Rechte sind von der Existenz positiver Rechtsordnungen unabhängig. Gerechtigkeitsfragen stellen sich auch im Naturzustand.

Der Ursprung des Begriffs eines subjektiven Rechts

Thomas versteht Gerechtigkeitsbeziehungen als normative Relationen, die in Anspruchsrechte und vollkommene Pflichten zerfallen. Die Möglichkeit der expliziten begrifflichen Artikulation von Gerechtigkeitsbeziehungen als Recht/Pflicht-Relation suggeriert eine These über den Ursprung und den Erwerb des Begriffs eines moralischen Anspruchsrechts: Wir erwerben den Begriff eines Anspruchsrechts (und seines Pflichtkorrelats), wenn wir lernen, Gerechtigkeitsbeziehungen als Recht/Pflicht-Relationen zu verstehen und die entsprechende begriffliche Zerfällung vorzunehmen. Der entscheidende Schritt ist die Einsicht in die allgemeine Möglichkeit einer analytischen Zergliederung einer Relationsaussage a[R]b in zwei Teilaussagen über zwei korrelative relationale Eigenschaften [aR]b und a[Rb]. Nach Thomas sind bilaterale Gerechtigkeitsbeziehungen in dieser Hinsicht wie (heterosexuelle, monogame) Ehen. Eine Relationsaussage wie ›Frau Müller und Herr Schmidt sind verheiratet‹ kann als Behauptung über das Bestehen einer Ehe-Beziehung aufgefasst und begrifflich so artikuliert werden: [Frau Müller]-Ehe-[Herr Schmidt]. Alternativ kann sie jedoch auch als von einer Ehefrau/Ehemann-Relation handelnd verstanden werden, die zwei Personen zwei unterschiedliche relationale Eigenschaft zuschreibt: Frau Müller [ist-Ehefrau-von-Herrn-Schmidt], und Herr Schmidt [ist-Ehemann-von-Frau Müller]. In dem Augenblick, indem wir uns über die allgemeine Möglichkeit dieser Alternativzergliederung von Ehebeziehungen klar werden, erwerben wir die zwei Korrelationsbegriffe ›Ehemann‹ bzw. ›Ehefrau‹. Analog für Gerechtigkeitsbeziehungen: Die kognitive Fähigkeit, bilaterale Gerechtigkeitsbeziehungen begrifflich in Recht/Pflicht-Relationen zu gliedern, geht einher mit dem Erwerb der zwei Korrelationsbegriffe ›Rechtsträger‹ und ›Pflichtinhaber‹. Diese Einsicht manifestiert sich in der logischen Fähigkeit und Bereitschaft, vom Bestehen einer Gerechtigkeitsbeziehung auf die Existenz eines Rechts- und eines Pflichtinhabers zu schließen (analog für Ehen und deren Relata, d. h. die jeweiligen Ehefrauen und Ehemänner).

Drei Merkmale des klassischen Gerechtigkeitsbegriffs

Damit haben wir die klassische, von Ulpian formulierte und von Thomas präzisierte Analyse von Gerechtigkeit in hinreichender Schärfe vor uns. Ihr zufolge ist gerecht, wer stets und dauerhaft bereit ist, die Anspruchsrechte anderer zu berücksichtigen und zu achten, indem er die vollkommenen Pflichten erfüllt, die mit diesen moralischen Rechten korrelieren. Methodisch folgt Ulpians klassische Analyse der wissenschaftstheoretischen Empfehlung des Aristoteles, Dispositionen durch ihre Aktualisierungen und Aktualisierungen durch deren Gegenstände zu explizieren (*Über die Seele*, II.4, 415a16–22). Ulpian fasst Gerechtigkeit als eine charakterliche Disposition, die sich in Handlungen aktualisiert, deren Ziele und Gegenstände die subjektiven Rechte anderer sind. Der Begriff der Gerechtigkeit-als-Tugend wird erklärt durch den Begriff der gerechten Handlung, der wiederum durch den Begriff der umfassenden Achtung moralischer Anspruchsrechte erläutert wird: 1) Die Tugend der Gerechtigkeit ist eine ständige Disposition des Willens (*constans et perpetua voluntas*) zu gerechten Handlungen des Teilhabenlassens (*tribuere*), die 2) in der umfassenden Achtung der moralischen Anspruchsrechte anderer Menschen (*iura sua*) bestehen.

Der so explizierte klassische Gerechtigkeitsbegriff hat drei Merkmale. Erstens fasst er Gerechtigkeit primär als moralische Charaktereigenschaft von Personen: als Tugend (s. Kap. III.29). Nur in einem sekundären und derivativen Sinne kann Gerechtigkeit auch von Handlungen oder Institutionen ausgesagt werden. Gleichwohl hat in explanatorischer Hinsicht der Begriff der gerechten Handlung den Primat. Denn Gerechtigkeit-als-Tugend wird von Ulpian erklärt als Disposition-zu-gerechtem-Handeln. Ein zweites Merkmal des klassischen Gerechtigkeitsbegriffs ist seine Interpersonalität. Gerechtigkeit ist das Paradigma einer sozialen, interpersonalen Tugend. Sie ist, wie Thomas betont, ihrem Wesen nach auf den Anderen (*ad alterum*) gerichtet. Denn die Handlungen, zu denen diese Tugend ihre Besitzer disponiert, beziehen sich notwendig auf andere Personen: A kann nur vis-à-vis einer zweiten Person B gerecht oder ungerecht sein. Sich selbst gegenüber kann man diesem Verständnis nach bestenfalls in einem metaphorischen Sinne (un)gerecht sein. Die wesentliche Interpersonalität von Gerechtigkeitsbeziehungen überträgt sich auf die beiden korrelativen relationalen Eigenschaften, in die sie zerfallen. Auch Anspruchsrechte und vollkommene Pflichten sind wesentlich relationale, interpersonale Eigenschaften von Personen. Ein drittes Merkmal des klassischen Gerechtigkeitsbegriffs ist seine peremptorische Strenge. Die Erfüllung gerechter Forderungen ist, in Thomas' Worten, eine Schuld (*debitum*), deren Erfüllung nicht von unseren Neigungen und Wünschen abhängt. In der Terminologie des modernen Naturrechts handelt es sich um ›vollkommene‹ Pflichten der Schuldigkeit, im Unterschied zu den ›unvollkommenen‹ Pflichten der Gütigkeit, bei deren Erfüllung unsere Wünsche und Neigungen zumindest hinsichtlich des Wann, Wie und Wo einen gewissen Spielraum haben (vgl. Kersting 1982). Gerechtigkeitsbeziehungen sind moralisch asymmetrisch, insofern der Pflichtinhaber den moralischen Status eines Schuldners und der Rechtsträger den moralischen Status eines Gläubigers hat.

Die moralische Notwendigkeit positiver Konkretisierungen und Sicherungen

Die peremptorischen Pflichten bzw. Anspruchsrechte beider Parteien einer Gerechtigkeitsbeziehung sind jedoch weiterer Konkretisierung fähig und bedürftig. Zwar kann, so Thomas, prinzipiell jeder Mensch allein durch seine Vernunft erkennen, dass z. B. Mord, Diebstahl und Lüge ungerecht sind und alle Menschen Anspruchsrechte auf die entsprechenden Unterlassungen haben. Gleichwohl ist der präzise normative Gehalt der so erkennbaren Gerechtigkeitsprinzipien in der Praxis oft vage und unterbestimmt, weil er für sich genommen keine hinreichend genaue Identifikation der zu achtenden Rechte erlaubt. Allgemein ist nach Thomas der normative Gehalt der kritisch-moralischen Prinzipien des Naturrechts (*lex naturalis*) wesentlich unterbestimmt und der Konkretisierung durch die politisch-autoritativen Setzungen einer positiven Rechtsordnung (*lex positiva*) dringend bedürftig. Diesen politisch-autoritativen Konkretisierungsprozess bezeichnet Thomas als »determinatio« (ST I-II q. 95, 2; vgl. auch Finnis 1998, Kap. V. I.). Er erfordert positiv-moralische und positiv-rechtliche Stipulationen einer politischen Autorität, die kontingente historische, ökonomische und natürliche Umstände berücksichtigt. Diese autoritativen Stipulationen sind nicht willkürlich, weil die kritisch-moralischen Prinzipien der Gerechtigkeit bestimmte Konkretisierungen ausschließen. Aber für sich genommen sind sie mit einer Vielzahl gleichermaßen zulässiger Stipulationen verträglich. Eben deshalb bedarf es einer finalen politischen Autorität, die zwischen ihnen verbindlich entscheidet. Dass diese politische Autorität ›final‹ ist, heißt nicht, dass sie infallibel wäre. Im Gegenteil, der autoritative Konkretisierungsprozess geschieht im steten Bewusstsein seiner Revidierbarkeit und grundsätzlichen Offenheit für Anpassungen und Veränderungen. Eine vollständige Konkretisierung der Recht/Pflicht-Relationen zwischen Mitgliedern größerer Gemeinschaften ist äußerst komplex (vgl. Finnis 2011, Kap. VIII 5). Selbst für vergleichsweise einfache Gerechtigkeitsverhältnisse erfordert dieser Prozess *minimal* a) die Bestimmung der Klasse der Rechtsinhaber; b) die Festlegung der Klasse der Pflichtträger; und c) die Identifikation des Handlungstyps, der den Inhalt des Rechts bzw. der Pflicht bildet (vgl. die entsprechenden Überlegungen zu einem Menschenrecht auf Freiheit von schwerer Armut in Hinsch/Stepanians 2005). Ein weiteres, ebenfalls nur durch positiv-moralische und positiv-rechtliche Setzungen zu erfüllendes Desiderat ist die Sicherung der konkretisierten Rechte durch Zwangsmittel. Beides, sowohl die moralische Notwendigkeit der Konkretisierung von Rechten und Pflichten als auch deren dauerhafte Sicherung, erfordert letztlich die Etablierung einer umfassenden positiven Rechtsordnung. So verstanden hat Kant recht, wenn er die klassische Gerechtigkeitsformel letztlich als Aufforderung zur positiv-rechtlichen Institutionalisierung einer »Gerechtigkeitsordnung« im Sinne einer »lex iustitiae« interpretiert: »Wenn [die Formel *suum cuique tribue*] einen Sinn haben soll, so müßte sie so lauten: ›Tritt in einen Zustand, worin Jedermann das Seine gegen jeden Anderen gesichert sein kann‹ (*Lex iustitiae*)« (Kant 1797/1988, 46).

Gerechtigkeit und subjektive Rechte bei John Stuart Mill

In Kapitel V von *Utilitarianism* von 1861 macht Mill sich die klassische Analyse von Gerechtigkeit zu eigen. Mill grenzt zunächst innerhalb des normativen Gebiets allgemeiner Nützlichkeit (*the field of General Expediency*) den Bereich der (kritischen) Moral (*morality*) ab. Er sucht nach einem Kriterium, das es uns erlaubt, nützliche, aber nicht verpflichtende Handlungen von solchen zu unterscheiden, die auszuführen wir moralisch verpflichtet sind. Das entscheidende Merkmal von Pflichthandlungen, so Mill, sei die Strafwürdigkeit ihrer Unterlassung: Ein Tun oder Lassen sei genau dann moralisch notwendig – und somit moralische Pflicht – wenn seine Unterlassung eine Bestrafung rechtfertigt (Mill 1863, 247). Bloß nützliche Handlungen unterscheiden sich demnach von Pflichthandlungen der Moral dadurch, dass ihre Unterlassung zwar moralisch suboptimal, aber nicht strafwürdig ist. In einem zweiten Schritt identifiziert Mill innerhalb des so bestimmten Gebiets moralischer Pflichten den »heiligsten und verbindlichsten Teil der Moral« (ebd., 255), den Bereich der Gerechtigkeit: »Gerechtigkeit ist der Name einer gewissen Klasse moralischer Regeln, welche die Notwendigkeiten menschlichen Wohls (*the essentials of human well-being*) näher betreffen und die deshalb von absoluterer Verbindlichkeit (*of more absolute obligation*) sind als alle anderen Regeln der Lebensführung« (ebd.). Demnach verdanken die Pflichten der Gerechtigkeit ihre peremptorische Dringlichkeit ihrer überragenden Bedeutung für die Befriedigung grundlegender menschlicher Bedürfnisse. Aber anhand welcher Kriterien, fragt Mill, lassen sich Pflichten der Gerechtigkeit von bloß moralischen Pflichten unterscheiden?

In seiner Antwort greift Mill auf die oben schon erwähnte naturrechtliche Einteilung aller Pflichten in ›vollkommene‹ und ›unvollkommene‹ zurück: »Bekanntlich unterteilen Ethiker moralische Pflichten in zwei Klassen, die mit den irreführenden Ausdrücken Pflichten vollkommener und unvollkommener Verbindlichkeit bezeichnet werden; wobei Letztere jene sind, die zwar verbindlich sind, deren Erfüllungsanlässe jedoch in unsere Wahl gestellt bleiben, wie im Fall der Wohl- oder Mildtätigkeit, die zu praktizieren zwar verbindlich ist, aber weder gegenüber einer bestimmten Person noch zu einer bestimmten Zeit. In der präziseren Sprache der philosophischen Juristen sind Pflichten mit vollkommener Verbindlichkeit jene Pflichten, kraft derer sich in einer oder mehreren Personen ein korrelatives *Recht* [a correlative *right*] befindet; Pflichten unvollkommener Verbindlichkeiten sind solche moralischen Verbindlichkeiten, die kein Recht gebären« (ebd., 247; Hervorh. im Orig.). Für vollkommene Pflichten der Gerechtigkeit gilt im Unterschied zu bloßen, weil unvollkommenen Pflichten der Moral: Mindestens eine andere Person hat auf ihre Erfüllung ein korrelatives Recht. Pflichten der Gerechtigkeit, und nur sie, erfüllen (Korr). Demnach impliziert der Vorwurf, dass eine Handlung unmoralisch sei, in Mills Augen für sich genommen nur, dass sie moralisch falsch (*wrong*), d. h. strafwürdig ist. Der Vorwurf, dass sie nicht nur moralisch falsch, sondern darüber hinaus ungerecht sei, wiegt schwerer. Denn er impliziert nach Mill »zweierlei – eine falsche Handlung und eine zuordenbare Person, der ein Unrecht zugefügt wird« (*a wrong done, and some assignable person who is wronged*; ebd., 247). Die ›absolutere‹ Verbindlichkeit von Pflichten der Gerechtigkeit im Unterschied zu anderen Pflichten der Moral rührt also daher, dass ihre Verletzung nicht nur falsch und verwerflich ist, sondern darüber hinaus einer konkreten, identifizierbaren Person ein Unrecht zufügt. Wie ein Blick auf (Korr) zeigt, besteht dieses Unrecht in der Verletzung eines moralischen Anspruchsrechts dieser Person.

Die größere (›absolutere‹) Verbindlichkeit von vollkommenen Pflichten der Gerechtigkeit gegenüber bloß unvollkommenen Pflichten der Moral rührt also daher, dass wir für ihre Erfüllung nicht nur einen Grund haben, sondern zwei. Ihre Nicht-Erfüllung ist nicht nur moralisch verwerflich, sondern verletzt immer und notwendig auch ein moralisches Recht mindestens einer anderen Person. Denn »Gerechtigkeit impliziert etwas, das nicht nur zu tun richtig und nicht zu tun falsch ist, sondern das eine andere Person als ihr moralisches Recht von uns einfordern kann« (ebd.). Folglich ist das Gebiet der Gerechtigkeit, des für Mill »heiligsten und verbindlichsten Teils der Moral«, jener Bereich, in dem es um die Achtung moralischer Rechte geht. Der Kernbegriff der Gerechtigkeit, so Mill, ist der eines moralischen Anspruchsrechts: »Die Vorstellung, die wir als für die Idee der Gerechtigkeit wesentlich gefunden haben, ist die eines einem Individuum innewohnenden Rechts« (ebd., 255).

Dworkin, Rawls und in subjektiven Rechten fundierte Gerechtigkeitstheorien

Im Zuge der Renaissance des Menschenrechtsgedankens (s. Kap. IV.45) und der Idee moralischer Rechte allgemein nach 1945 findet auch die klassische Auffassung von Gerechtigkeit erneute Aufmerksamkeit. In seinem einflussreichen Aufsatz »Justice and Equality« von 1962 wirbt Gregory Vlastos für Platons Auffassung von Gerechtigkeit, die er so definiert: »Eine Handlung ist genau dann *gerecht*, wenn sie ausschließlich mit Rücksicht auf die subjektiven Rechte all derer vorgeschrieben ist, die sie substanziell affiziert« (Vlastos 1962, 53; Hervorh. im Orig.). Auch John Finnis bekennt sich zu Beginn der 1980er Jahre zur klassischen Konzeption, wenn er (Thomas zustimmend) betont: »Gegenstand (das definierende Ziel oder die Pointe) der Gerechtigkeit sind subjektive Rechte« (Finnis 2011, 460; vgl. auch Finnis 1998, Kap. V. I.). In jüngster Zeit hat Nicholas Wolterstorff in *Justice – Rights and Wrongs* von 2008 in gleicher Absicht hervorgehoben, dass Gerechtigkeit und subjektive Rechte zwei Kehrseiten derselben Medaille sind: »Ich betrachte Gerechtigkeit als durch subjektive Rechte konstituiert: Eine Gesellschaft ist gerecht, insofern ihre Mitglieder Güter genießen, auf die sie ein Recht haben« (Wolterstorff 2008, xii). Grundsätze der Gerechtigkeit implizieren moralische Rechte; aber auch umgekehrt beeinflusst die Struktur moralischer Rechte den Inhalt von Gerechtigkeitsprinzipien. Das ist der Grundgedanke in Hillel Steiners Buch *A Theory of Rights* von 1994: »Die Elementarteilchen der Gerechtigkeit sind *subjektive Rechte*. Rechte sind die Entitäten, die durch Gerechtigkeitsprinzipien geschaffen und verteilt werden« (Steiner 1994, 2; Hervorh. im Orig.). Daher gelte auch: »Wir lernen etwas über Gerechtigkeit, indem wir die formalen oder charakteristischen Eigenschaften subjektiver Rechte untersuchen. Diese Eigenschaften beschränken den möglichen Inhalt von Gerechtigkeitsprinzipien auf ganz ähnliche Weise wie Bauvorschriften die Eigenschaften der Baumaterialien reflektieren, die sie orchestrieren« (ebd.).

Der wohl detaillierteste zeitgenössische Versuch, die klassische Auffassung von Gerechtigkeit neu zu begründen und zu präzisieren, stammt von Ronald Dworkin. In »Gerechtigkeit und Rechte« (Originaltitel »Justice and Rights«, 1977) argumentiert Dworkin, dass der analytische Zusammenhang zwischen Gerechtigkeit und subjektiven Rechten keine Erfindung der Philosophen ist, sondern tief verwurzelten

Alltagsintuitionen entspricht. Am paradigmatischen Beispiel von John Rawls' Hauptwerk *A Theory of Justice* von 1971 (dt. 1975) beansprucht Dworkin zu zeigen, »dass unsere Intuitionen über Gerechtigkeit nicht nur voraussetzen, dass Menschen subjektive Rechte haben, sondern dass eines von diesen Rechten grundlegend und sogar axiomatisch ist. Dieses grundlegendste aller Rechte ist eine distinkte Konzeption des Rechts auf Gleichheit, die ich als das Recht auf gleiche Anteilnahme und [gleichen] Respekt [*equal concern and respect*] bezeichne« (Dworkin 1984, Einleitung, § 4). Wie alle akzeptablen Gerechtigkeitstheorien, so Dworkin, sei auch Rawls' Auffassung von Gerechtigkeit – im Einklang mit der klassischen Konzeption – in subjektiven Rechten fundiert (*right-based*). Eine eingehende Analyse von *Eine Theorie der Gerechtigkeit* zeige, so Dworkin, dass Rawls Gerechtigkeit als universales und natürliches Recht aller Menschen auf gleiche Achtung ihrer moralischen Rechte auffasse: »Wir können [...] sagen, dass [Rawls'] Gerechtigkeit als Fairness auf der Annahme eines natürlichen Rechts aller Männer und Frauen auf gleiche Anteilnahme und gleichen Respekt beruht, ein Recht, das sie nicht nur aufgrund von Geburt oder Merkmalen oder Verdienst oder Tugend haben, sondern schlicht aufgrund ihres Menschseins« (ebd., 182). Rawls selbst scheint den ›Rechte-fundierten‹ Charakter seiner Theorie zu bestätigen, wenn er unterstreicht, dass seine Konzeption Gerechtigkeit im Rückgriff auf natürliche Rechte und Pflichten der Moral begründe. Seine Theorie der Gerechtigkeit als Fairness, so Rawls in *Eine Theorie der Gerechtigkeit*, habe »die charakteristischen Merkmale einer Naturrechtstheorie [...]. Nicht nur gründet sie fundamentale Rechte auf natürliche Attribute und unterscheidet deren Grundlagen von sozialen Normen, sondern sie weist Personen subjektive Rechte durch Prinzipien gleicher Gerechtigkeit zu« (Rawls 1975, Kap. VIII, § 77, Fn. 30).

Literatur

Aristoteles: *Nikomachische Ethik*. Stuttgart 1969 [NE].

–: *Über die Seele*. Stuttgart 2011.

Bentham, Jeremy: A General View of a Complete Code of Laws. In: Ders.: *The Works of Jeremy Bentham*. Hg. von John Bowring, Bd. 3. London ³1843.

Carlyle, Robert W./Carlyle, Alexander J.: *A History of Medieval Political Theory in the West*. London ⁴1909.

Dworkin, Ronald: Gerechtigkeit und Rechte. In: Ders.: *Bürgerrechte ernstgenommen*. Frankfurt a. M. 1984, S. 252–302 (engl. 1977).

Finnis, John: *Aquinas – Moral, Political, and Legal Theory*. Oxford 1998.

–: *Natural Law and Natural Rights* [1980]. Oxford ²2011.

Hegel, Georg Wilhelm Friedrich: *Grundlinien der Philosophie des Rechts*. Berlin 1820.

Hinsch, Wilfried/Stepanians, Markus: Severe poverty as a human rights violation – weak and strong. In: Andreas Føllesdal/Thomas Pogge (Hg.): *Real World Justice: Grounds, Principles, Human Rights, and Social Institutions*. Dordrecht 2005, 295–315.

Hohfeld, Wesley N.: Einige Grundbegriffe des Rechts, wie sie in rechtlichen Überlegungen Anwendung finden. In: Markus Stepanians (Hg.): *Individuelle Rechte*. Paderborn 2007, 51–85 (engl. 1913).

Kant, Immanuel: *Metaphysische Anfangsgründe der Rechtslehre* [1797]. Hg. von Bernd Ludwig. Hamburg 1988.

Kersting, Wolfgang: Das starke Gesetz der Schuldigkeit und das schwächere der Gütigkeit. Kant und die Pflichtenlehre des 18. Jahrhunderts. In: *Studia Leibnitiana* 14/2 (1982), 184–220.

Mill, John Stuart: *Utilitarianism*. London 1863.

Rawls, John: *Eine Theorie der Gerechtigkeit*. Frankfurt a. M. 1975 (engl. 1971).

Raphael, Daiches D.: *Concepts of Justice*. Oxford 2001.

Steiner, Hillel: *An Essay on Rights*. Oxford 1994.

Stepanians, Markus (Hg.): *Individuelle Rechte*. Paderborn 2007.

Thomas von Aquin: *Summe der Theologie*. Stuttgart ³1985 [ST].

Tierney, Brian: *The Idea of Natural Rights – Studies on Natural Rights, Natural Law, and Church Law 1150–1625*. Grand Rapids 2001.

Vlastos, Gregory: Justice and equality. In: Richard Brandt (Hg.): *Social Justice*. Englewood Cliffs 1962, 31–72.

Wolterstorff, Nicholas: *Justice – Rights and Wrongs*. Princeton 2008.

Markus Stepanians

45 Menschenrechte und Grundrechte

Die deutschen Termini ›Gerechtigkeit‹ und ›Menschenrechte‹ weisen ersichtlich denselben Wortstamm auf. In beiden Fällen klingt das ›Rechte‹ an, das in der althochdeutschen Sprache etwa ab dem 8. Jahrhundert als Bezeichnung für Meinungen, Handlungen, Personen und dann auch zunehmend für soziale Umstände, Regeln, Gesetze oder Institutionen Verwendung findet, die ›gerade‹ oder ›aufrecht‹ geartet sind und sich damit auf der ›richtigen Seite‹ befinden (im Gegensatz zu dem, was ›links‹ ist). Trotz dieser etymologischen Nähe ist jedoch das Verhältnis beider Begriffskonzepte aus *philosophischer* Sicht bis heute weitgehend ungeklärt, ja, die Debatten über Gerechtigkeit und Menschenrechte kreuzen sich eher selten, so dass die wichtigsten Gemeinsamkeiten und Unterschiede beider Konzepte keineswegs auf der Hand liegen und daher im Folgenden aufgedeckt werden sollen. Vorab muss es aber im ersten Abschnitt dieser Überlegungen um die Aufklärung einer terminologischen Verwirrung gehen, die dadurch entsteht, dass man die Menschenrechte sehr häufig mit ›Grundrechten‹ in einem Atemzug nennt und auch verwechselt. Es handelt sich dabei aber weder um synonyme Begriffe noch um vollends verschiedene Begriffskonzepte, sondern lediglich, wie zu zeigen sein wird, um zwei verschiedene ›Aggregatzustände‹ fundamentaler Rechtsansprüche. Im zweiten Abschnitt sollen dann zunächst wichtige Parallelen zwischen den Debatten um Gerechtigkeit und Menschenrechte aufgezeigt werden. Im dritten Abschnitt sind die wichtigsten Differenzen in Bezug auf die *inhaltliche* Frage zu klären, ob Forderungen der Gerechtigkeit und der Menschenrechte denselben oder auch nur einen ähnlichen Gegenstand haben. Im Schlussabschnitt wird es dann um wichtige *formale* Begriffsunterschiede und damit um die Frage gehen, inwiefern sich Forderungen der Gerechtigkeit und der Menschenrechte strukturell unterscheiden.

Drei Parallelen zwischen den Debatten um Gerechtigkeit und Menschenrechte

Zwar nimmt die zeitgenössische Gerechtigkeitsdebatte nicht selten auf philosophische Konzepte des ›Rechts‹ Bezug (s. Kap. IV.44, 47), aber systematische Gemeinsamkeiten und Unterschiede mit Blick auf den spezifischeren Begriff der *Menschenrechte* werden nur sporadisch und meist beiläufig erörtert (wichtige Ausnahmen: Gosepath 2004, Kap. IV; Dworkin 2012, Kap. 15). Allenfalls in neueren Debatten um ›globale Gerechtigkeit‹ bzw. ›globale Armut‹ hat der Begriff der Menschenrechte auch innerhalb der philosophischen Gerechtigkeitsdebatte eine gewisse Konjunktur erfahren (meist im Anschluss an Rawls 2002; s. Kap. II.16, 17, III.35, V.56). Allerdings gehen etwaige Bezugnahmen hier nur selten einmal über den – sehr wohl wichtigen – Hinweis hinaus, dass die Menschenrechte in systematischer Hinsicht so etwas wie ›minimale‹ (globale) Gerechtigkeit fordern (vgl. Tugendhat 1993, 390 f.). Umgekehrt gilt, dass sich in der aktuellen Menschenrechtsdebatte zwar vielerorts der Hinweis finden lässt, *dass* die Menschenrechte in einem engen thematischen Zusammenhang zu Fragen der Gerechtigkeit stehen (exemplarisch Pogge 2011). Doch systematische Überlegungen dazu, wie genau dieser begriffliche Zusammenhang beschaffen ist, erschöpfen sich, der Sache nach, zumeist in eher oberflächlichen Variationen der dem klassischen Naturrecht verpflichteten Überzeugung, dass die Menschenrechte – ganz so wie Theorien der Gerechtigkeit auch – eine Art »übergesetzliches Recht« definieren, wie es prominent bei Gustav Radbruch heißt; ein Recht, dem das positive oder gesatzte Recht zu weichen habe, sobald es zu »gesetzlichem Unrecht« oder gar zu »unerträglich« ungerechten Gesetzesanwendungen komme (Radbruch 1946, bes. 107).

Mit diesem gemeinsamen Bezug auf eine Art ›höheres‹ Recht ist gleichwohl eine erste systematische Gemeinsamkeit angedeutet, aus der sich unmittelbar auch eine zweite Parallele ergibt: Sobald nämlich philosophische Begriffskonzepte der Gerechtigkeit oder der Menschenrechte die Idee eines derart höheren Rechts propagieren, an dem sich das ›irdische‹ Recht im Kollisionsfall messen lassen muss, handelt es sich bei beiden Begriffskonzepten um dezidiert *politische* Ordnungsvorstellungen. Zwar kann die Philosophie sowohl den Begriff der Gerechtigkeit als auch den der Menschenrechte als ›vorstaatlich‹ oder ›überpositiv‹ in dem Sinn verstehen, dass beide Begriffe der Kritik empirisch konkreter Rechts(un-)ordnungen vorausgehen müssen. Aber indem beide Arten von Theorie diesen empirischen Rechts(un-)ordnungen normativ vorschreiben wollen, wie sie gestaltet sein sollten, sind beide philosophischen Begriffskonzepte von vornherein als politische – und damit nicht bloß als ›moralische‹ (s. Kap. IV.41, 44) – Ordnungsvorstellungen zu verstehen. Wer in öffentlich-rechtlichen und institutionellen Zusammenhängen auf Gerechtigkeit oder aber auf die Menschenrechte pocht, gibt seinem bzw. ihrem Gegenüber zu verstehen, dass er oder sie die politischen und mithin gesetzlichen Umstände, um deren Kritik es geht, im Lichte höherer Rechtsnormen für mangelhaft oder gar unerträglich hält.

Bei genauerem Hinsehen lässt sich an politischen Forderungen nach Gerechtigkeit und Menschenrechten zugleich auch eine dritte Gemeinsamkeit ablesen: Beide Begriffskonzepte weisen in systematischer Hinsicht einen konstitutiven Bezug zum Begriff der *Gleichheit* auf (s. Kap. II.28). Auch wenn innerhalb der philosophischen Gerechtigkeitsdebatte umstritten sein mag, wie strikt ›egalitaristisch‹ eine Theorie der Gerechtigkeit ausgerichtet sein müsse, und die klassische gerechtigkeitstheoretische Gewissheit, dass ›Ungleiches ungleich‹ zu behandeln sei, von der jeweils in Frage stehenden Theorie als noch so fundamental eingestuft werden mag: Theorien der Gerechtigkeit werden aus der für sie jeweils zentralen Perspektive der ›Unparteilichkeit‹ (vgl. Lohmann 2001) kaum vollends auf die korrespondierende Gewissheit verzichten können, dass in mindestens einer konzeptionell wichtigen Hinsicht – sei es mit Blick auf Grundgüter, Chancen, Rechte, Pflichten etc. – eben doch auch ›Gleiches gleich‹ behandelt werden müsse.

Ähnliches gilt auch für die philosophische Menschenrechtsdebatte: Im Einzelfall mag strittig sein, *wie* egalitär die Anerkennung universeller Menschenrechte gedacht werden muss und ob man als Träger dieser Rechte tatsächlich bereits dann *alle* Menschenrechte besitzt, wenn man *irgendein* Menschenrecht besitzt. So halten heute vereinzelt Verteidigerinnen und Verteidiger der Menschenrechte noch immer an der Ansicht fest, dass der Besitz von Menschenrechten ›graduiert‹ werden könne. Demnach mögen z. B. vollwertige Staatsbürgerinnen und Staatsbürger mehr Rechte als Flüchtlinge besitzen, so genannte Personen mehr Rechte als Nicht-Personen genießen, Erwachsene mehr Rechte als Kinder auf sich vereinen oder Männer mehr Rechte als Frauen einfordern dürfen. Kritikerinnen und Kritiker dieser relativistischen Theorievarianten sehen in eben diesen Graduierungen eine menschenrechtliche *Ungerechtigkeit*, die sich eben nur schwer mit der Prämisse menschenrechtlicher Gleichheit vertrage; vielmehr seien die Menschenrechte auch in dem Sinn ›unteilbar‹, dass man sie als Mensch entweder alle oder aber keines davon habe. Einig sind sich jedoch fast alle philosophischen Theorien der Menschenrechte in zumindest diesem egalitären Punkt: Für den Umstand, dass man überhaupt als Träger von (zumindest einigen) Menschenrechten in Frage kommt, bürgt allein schon das Faktum *gleichen Menschseins* (Bielefeldt 2012).

Damit sind die drei wichtigsten konzeptionellen Gemeinsamkeiten zwischen philosophischen und politischen Forderungen der Gerechtigkeit und ebensolchen Appellen im Namen der Menschenrechte benannt: 1) In beiden Fällen werden kontexttranszendierende Normen angerufen, die philosophisch auch dann Gültigkeit beanspruchen sollen, wenn sie empirisch *nicht* gelten. 2) In beiden Fällen werden Alternativen zu politisch vorherrschenden Ordnungskonzepten vorgeschlagen, die kritisch als Vorschlag zu deren Transformation zu verstehen sind. 3) Für beide Ordnungskonzepte ist die Idee der Gleichheit zentral, die den Status einer konzeptionellen »Präsumtion« zugewiesen bekommt (dazu Gosepath 2004, 200–211).

Zum Unterschied von Menschenrechten und Grundrechten

Wie eben schon angedeutet, werden die Begriffe ›Menschenrechte‹ und ›Grundrechte‹ gelegentlich als austauschbare Synonyme verwendet, was aus rechtsphilosophischer Sicht die systematische Erkundigung notwendig macht, wie genau sich deren begriffliches Verhältnis zueinander darstellt (vgl. für das Folgende: Pollmann 2012). In der rechtshistorischen Rückschau auf einschlägige Rechtsdokumente, in denen es im Laufe der Rechtsgeschichte zur Verkündung oder gar zur Positivierung von Menschenrechten bzw. Grundrechten gekommen ist, wird rasch deutlich, dass lange Zeit keine Unterschiede – zumindest keine eindeutigen – zwischen beiden Begriffen gemacht wurden (vgl. die Dokumente in Hartung/Commichau/Murphy 1998). Selbst noch das deutsche *Grundgesetz* von 1949 scheint beide Begriffe auf den ersten Blick als bedeutungsgleich zu behandeln, wenn es in Artikel 1 Abs. 2 heißt, das deutsche Volk bekenne sich zu »unverletzlichen und unveräußerlichen Menschenrechten«, während Abs. 3 umgehend hinzufügt, dass daher »nachfolgende Grundrechte« den deutschen Staat und seine Organe verfassungsrechtlich binden sollen. Aber gerade diese Struktur von Artikel 1 ist rechtsphilosophisch bedeutsam, weil sich darin ein historisch und politisch wichtiger Schritt von den Menschenrechten *zu* den Grundrechten niederschlägt – womit beide Rechtsbegriffe eben doch auf terminologisch angemessene Weise differenziert werden. Denn der zitierte Übergang von Artikel 1 Abs. 2 zu Abs. 3 muss als eine dezidierte »Begründung« verstanden werden

(Brugger 1997): Eben *weil* sich das deutsche Volk zu Rechten aller Menschen, und zwar weltweit, bekennt, bindet es sich und seine Staatsgewalt – in positiv gesatzter Form – an *subjektive öffentliche* Rechte im Sinne Georg Jellineks (1892/2006), die eben dadurch zu »nachfolgenden Grundrechten« (Art. 1 Abs. 3 GG) werden und fortan »als unmittelbar geltendes Recht« (ebd.) zu verstehen sind. Anders gesagt: Menschenrechte *werden* zu Grundrechten, indem sie nicht bloß philosophisch oder politisch ›deklariert‹ werden, sondern in Form von verfassungsrechtlich verbürgten und damit einklagbaren Ansprüchen eine positivrechtliche Verankerung erfahren (anders etwa die Verwendung des Begriffs »basic rights« bei Shue 1996, der letztere von vornherein mit überpositiven Menschenrechten identifiziert).

Allerdings ergibt sich aus dem inhärenten Anspruch der Menschenrechte, in positivierte Grundrechte transformiert zu werden, unmittelbar ein philosophisches Problem: Das vermeintlich ›höhere‹ und damit zunächst nur ›gedachte‹ Recht der Menschenrechte dient der Kritik empirisch defizienter Rechts(un-)ordnungen. Indem dieses höhere Recht nun aber selbst, und zwar in der Gestalt von Grundrechten, zu *positivem* Recht wird, wandert in dieses positive Recht eine Spannung ein: Entspricht die empirisch jeweils konkrete Ausgestaltung der Grundrechte denn auch *wirklich* den (gedachten) Menschenrechten? Und wie lässt sich das entscheiden? Man kann diese Spannung mit Blick auf die deutsche Verfassung an periodisch aufflammenden Debatten z. B. über die ›Aushöhlung‹ des Menschenrechts auf Asyl, über das Fehlen kodifizierter ›sozialer‹ Grundrechte oder auch über die Frage ablesen, wie mit ›neuen‹ Menschenrechten, z. B. dem Recht auf informationelle Selbstbestimmung, umzugehen sei, die sich aus dem bisherigen Verfassungstext bislang so nicht zu ergeben scheinen.

Doch kommen wir zu der Frage zurück, was der Begriff ›Menschenrechte‹ meint. Ein Blick auf die inzwischen weitverzweigte Menschenrechtsdebatte (dazu der interdisziplinäre Überblick: Pollmann/Lohmann 2012) führt einem rasch die Unmöglichkeit einer ›ökumenischen‹ Definition der Menschenrechte vor Augen, die nach Art eines *overlapping consensus* eine universell geteilte Begriffsdeutung zuließe. Und doch gibt es einige recht allgemeine Begriffsaspekte, die weitgehend als unstrittig gelten: Man versteht unter Menschenrechten gemeinhin rechtssystematisch grundlegende und zudem inhaltlich fundamentale ›individuelle Rechte‹ (vgl. Stepanians 2007), die jedem einzelnen Menschen bereits qua Menschsein zustehen sollen und die ihm in politischen Deklarationen, einzelstaatlichen Verfassungen oder auch völkerrechtlichen Abkommen als ›angeboren‹, ›unverlierbar‹ und ›unveräußerlich‹ zuerkannt werden müssen. Folgt man dem aus rechtshistorischer Sicht bislang symbolträchtigsten Dokument, der Allgemeinen Erklärung der Menschenrechte von 1948, so dienen die Menschenrechte dem Schutz und der Garantie von elementaren Lebensinteressen, basalen Freiheiten, grundlegenden politischen Partizipationsmöglichkeiten sowie elementaren sozialen, ökonomischen und kulturellen Teilhabechancen. Die Menschenrechte fungieren damit weltweit, d. h. über nationale, regionale, kulturelle oder auch religiöse Grenzen hinweg, als Mindestnormen, an denen sich die Legitimität öffentlicher Gewalt und mithin staatlicher Herrschaft messen lassen muss.

Dass die Menschenrechte jedem Menschen bereits qua Menschsein zukommen, will besagen, dass es sich um Rechte handelt, die ›universelle‹, ›kategorische‹ und ›egalitäre‹ Geltung beanspruchen dürfen (Lohmann 1998). Was genau dies freilich jeweils heißt, wie konsequent diese Geltungsansprüche zu verstehen sind und ob sich daraus wichtige weitere Geltungsansprüche ergeben, ist philosophisch umstritten (dazu Kap. II.1 und IV.1 in Pollmann/Lohmann 2012). Vor allem aber ist mit ihrer universellen, kategorischen und egalitären Sollgeltung gemeint, dass die Menschenrechte – im Gegensatz zu vielen anderen Rechten – ihren Trägern vollends unabhängig von individuellen Eigenschaften, persönlichen Leistungen, sozialen Zugehörigkeiten oder intersubjektiven Vereinbarungen zustehen. Dabei weisen die Menschenrechte stets die folgende Grundstruktur auf, die sie mit positivierten Grundrechten gemein haben (vgl. Alexy 1999): *A hat gegenüber B einen gerechtfertigten Anspruch auf x*. Und diese Rechtsform ist äquivalent mit: *B hat gegenüber A die begründete Pflicht zu x*. Mit A sind jeweils einzelne Rechtssubjekte, mit B die für die Gewährleistung der entsprechenden Rechtsansprüche verantwortlichen Pflichtadressaten und mit x die von diesen zu gewährleistenden Rechtsgüter gemeint (z. B. Leben, Freiheit, Sicherheit, Teilhabe, Gleichheit). Dass es sich dabei um ›gerechtfertigte‹ Ansprüche handeln muss, bedeutet, dass alle der von den konkreten Rechtsrelationen Betroffenen (d. h. sämtliche As und Bs) diese Ansprüche wechselseitig mit rationalen Gründen akzeptieren können müssen. Aus welchen *konkreten* Gründen diese Ansprüche zu akzeptieren sind (ob aus metaphysischen, naturrechtlichen, vernunftrechtlichen, anthropologischen, vertragstheoretischen, diskursethischen etc.), ist Gegenstand einer anhaltenden »Begründungsdebatte« (dazu Kap. II.2 in Pollmann/Lohmann 2012).

Während grundsätzlich *jede* Art von Recht die oben erwähnte formale Grundstruktur aufweist, nimmt deren inhaltliche Konkretisierung im Fall der Menschenrechte bzw. der Grundrechte eine für diese Rechte jeweils charakteristische Form an: Mit A sind in beiden Fällen nicht etwa partikulare Rechtssubjekte (z. B. Vertragspartner, Erben, Teilnehmer am Straßenverkehr, diskriminierte Gruppen) gemeint, sondern – in einem noch näher zu spezifizierenden Sinn – ›alle‹. Dagegen sind die mit B bezeichneten Pflichtadressaten, zumindest in der politischen bzw. der öffentlich-rechtlichen Auslegung beider Begriffe (vgl. Menke/Pollmann 2007, Kap. 1 und 2), ausdrücklich *nicht* alle einzelnen Individuen, obwohl dies in der Philosophie sehr häufig angenommen wird (für eine derart interpersonelle und damit moralische Deutung vgl. exemplarisch Griffin 2009), sondern zuvorderst die für die öffentliche Ordnung verantwortlichen Akteure und Repräsentanten, d. h. politische und staatliche Funktionsträger. Mit Blick auf die konkreten Rechtsgüter x gilt schließlich, dass es sich – im doppelten Sinn – um ›fundamentale‹ Rechtsansprüche handelt: Zum einen sind diese Rechte inhaltlich so beschaffen, dass es ihnen um ›Mindeststandards‹ geht, die garantiert sein müssen, damit die betreffenden Rechtsträger auch etwaige weiterreichende Rechte in Anspruch nehmen können. Zum anderen bilden diese Rechte, sobald sie in einem ausdifferenzierten Rechtssystem in Form von Grundrechten kodifiziert sind, dessen Wertefundament; d. h. sie sind dann als rechtliche Grundentscheidungen zu verstehen, an denen die öffentliche Ordnung die eigene normative Basisstruktur ausrichtet und an denen sich dann auch alle weiteren Rechte und politischen Entscheidungen zu orientieren haben (Alexy 1994, Kap. 10).

Die begrifflichen Unterschiede zwischen Menschenrechten und Grundrechten zeigen sich aber erst dann, wenn man jeweils deren Geltungsbereich absteckt. Genau dann bekommt die obige Behauptung, Träger dieser Rechte seien ›alle‹, eine jeweils unterschiedliche Bedeutung: Menschenrechte kommen definitionsgemäß (mindestens) allen Menschen weltweit zu (vielleicht aber auch manchen Tieren; dazu etwa die Debatte im Anschluss an Donaldson/Kymlicka 2013). Die Geltung von verfassungsrechtlich verankerten Grundrechten hingegen muss stets auf den Hoheitsbereich desjenigen Verfassungsstaates beschränkt bleiben, der diese Rechte ausdrücklich per Verfassung garantiert. Damit ist zugleich auch ein begriffliches Problem angezeigt: Die Menschenrechte implizieren das Ansinnen ihrer juridischen Kodifizierung in Form von einklagbaren Grundrechten. Genau in diesem Moment ihrer Positivierung aber verwandeln sie sich, denn in der Gestalt von Grundrechten gelten kodifizierte Menschenrechte nunmehr noch für diejenigen, die im Geltungsbereich der gemeinsamen Verfassung leben. Und dies sind vornehmlich – wenn auch nicht ausschließlich, wie der Fall von Migrantinnen und Migranten zeigt – die Bürgerinnen und Bürger des betreffenden Staates. So entsteht aus menschenrechtlicher Sicht ein philosophischer Widerspruch: Die Transformation der Menschenrechte in kodifizierte Grundrechte verwirklicht zwar deren inhärenten Anspruch auf Positivierung, doch dabei scheinen die Menschenrechte zugleich auch ihre Universalität einzubüßen (vgl. Bobbio 1998, Kap. 1).

Inhaltliche Unterschiede zwischen Menschenrechtsforderungen und Gerechtigkeitsansprüchen

Die Menschenrechte werden häufig in drei inhaltliche Klassen unterteilt, die sich in historischer Stufenfolge ergeben haben sollen: ›negative Freiheitsrechte‹, ›politische Teilnahmerechte‹ und ›soziale Teilhaberechte‹. Abgesehen davon, dass diese Dreiteilung angesichts der Heterogenität völkerrechtlich bereits verbriefter Menschenrechte etwas unterkomplex anmutet, lässt diese dreifache Binnendifferenzierung vermuten, dass sich daraus sowohl auf inhaltlicher als auch auf historischer Ebene sehr verschiedene Bezüge zur philosophischen Gerechtigkeitsdebatte ergeben. Während die Teilklasse negativer Freiheitsrechte seit jeher im Mittelpunkt *liberaler* Gerechtigkeitskonzeptionen steht, rücken politische Teilhaberechte vor allem im Rahmen *republikanischer* Ordnungsvorstellungen in den Fokus, während die Klasse der sozialen Teilhaberechte zuvorderst das ideengeschichtliche Erbe *sozialistischer* Gerechtigkeitstheorien ist (Lohmann 2000). Trotz dieser ersten historischen Parallelen wird häufig übersehen, dass die *Inhalte* von Gerechtigkeitsforderungen einerseits und Forderungen im Namen der Menschenrechte andererseits in zwei bedeutsamen Hinsichten *nicht* deckungsgleich sind.

Die erste dieser inhaltlichen Differenzen betrifft den in politischen Verteilungsfragen unstrittigen Umstand, dass sich politische Gerechtigkeitsvorstellungen lediglich *unter anderem* auf die Verteilung grundlegender Rechte beziehen. Als politisch ›ungerecht‹

werden regelmäßig auch ganz andere Missstände gedeutet oder erfahren, z. B. die Falsch- oder Ungleichverteilung von materiellem Eigentum, von Arbeit und Freizeit, Chancen und Risiken, Bildung und Kultur, Privilegien und Ämtern, Pflichten und Verantwortlichkeiten usw., und damit nicht nur die diskriminierende Ungleichverteilung basaler Rechtsansprüche. Die Menschenrechte hingegen setzen zunächst ausnahmslos auf Rechte bzw. auf Forderungen in Rechtsform. Die jeweils konkret eingeforderten Rechtsansprüche mögen sich zwar, ihrem Inhalt nach, mit einigen der oben genannten Gerechtigkeitsforderungen überschneiden. Der systematische Unterschied jedoch ist folgender: Mögen auch Forderungen der Gerechtigkeit bisweilen sogar ausdrücklich mit der Rede von (moralischen) ›Rechten auf‹ operieren, so setzt der Menschenrechtsdiskurs *von vornherein* auf Rechte im ›starken‹ (juristisch durchsetzbaren) Sinn. Diese harren so lange ihrer Verwirklichung, wie sie ihren Trägern nicht auch in Form von juridisch einklagbaren bzw. erzwingbaren Ansprüchen zuerkannt werden (vgl. Tugendhat 1993, Kap. 17). Mit anderen Worten: Während der Gerechtigkeitsdiskurs auf Ebene der normativen Begründungen weitgehend mit ›schwachen‹ oder eben moralischen Rechten operiert, sind die Menschenrechte von vornherein »gleichzeitig der Moral und dem Recht zugewandt [...] Ungeachtet ihres moralischen Inhalts haben sie die Form juristischer Rechte« (Habermas 1998, 177).

Der zweite wichtige Unterschied ergibt sich aus dem normativen ›Anspruchsniveau‹, das Gerechtigkeitsvorstellungen einerseits und menschenrechtliche Forderungen andererseits zu etablieren versuchen. An eben dieser Stelle erfolgt gelegentlich der weiter oben bereits erwähnte Hinweis, dass die Menschenrechte, zumindest in distributiven Zusammenhängen, auf ›minimale‹ Gerechtigkeit zielen. Tatsächlich geht es den Menschenrechten in inhaltlich konkreter Hinsicht nicht schon um das *Ganze* der distributiven Gerechtigkeit, sondern lediglich um Fragen einer Art ›Grundsicherung‹ (Gosepath 2008), d. h. um Mindeststandards gelingenden Lebens. So würden gerechtigkeitstheoretische Forderungen nach einer *umfassenderen* Umverteilung der – national oder sogar weltweit verfügbaren – Ressourcen teilweise weit über das hinauszielen, was als Anspruch auf eine spezifisch menschenrechtliche Gleichbehandlung einzuklagen wäre (so etwa die Tendenz bei Nussbaum 2014). Die Menschenrechte fordern zwar ersichtlich mehr als nur das, was der Mensch zum ›nackten‹ oder ›bloßen‹ Überleben braucht, aber doch zugleich auch weniger als das, was für ein umfassend ›gutes‹ oder gar ›glückliches‹ Leben notwendig wäre und z. B. im Erwartungshorizont so mancher ›egalitaristischer‹ oder ›perfektionistischer‹ Gerechtigkeitstheorie liegt. Die Menschenrechte zielen vielmehr inhaltlich auf einen ethischen ›Zwischenbereich‹, der mehr als bloßes Überleben und doch zugleich auch weniger als Glück bedeuten würde. Und dieser inhaltliche Zwischenbereich wird in der Menschenrechtsdebatte gemeinhin mit der These markiert, die Menschenrechte zielten auf ein Leben in ›Menschenwürde‹ (Menke/Pollmann 2007, Abschnitt III; zum systematischen Gehalt der menschenrechtlichen Menschenwürdeidee Kaufmann et al. 2010; s. auch Kap. IV.40).

Folglich kann ein Mensch leben, ohne zugleich menschenwürdig zu leben (z. B. in Sklaverei, auf der Flucht oder in Armut), während zugleich gilt, dass ein Mensch menschenwürdig leben kann, ohne dass er deshalb bereits gut leben müsste (weil z. B. keine umfassende Verteilungsgerechtigkeit gegeben ist). Damit aber erweist sich die Behauptung, die Menschenrechte zielten auf ›minimale‹ Gerechtigkeit, als irreführend. Zwar sind die Menschenrechte inhaltlich ›bescheidener‹ als so manche Gerechtigkeitsvorstellung. Das Anspruchsniveau menschenwürdigen Lebens ist ersichtlich niedriger zu veranschlagen als das des guten Lebens. Und doch ist das, was mit der Verwirklichung menschenwürdigen Lebens erreicht wäre, keineswegs so ›minimal‹, wie es hier suggeriert wird, denn das Leben in Menschenwürde ginge doch teilweise weit über das hinaus, was zu nacktem Überleben notwendig wäre. Daher muss der inhaltliche Zusammenhang noch etwas genauer formuliert werden: Es geht bei den Menschenrechten bzw. den Grundrechten inhaltlich um eine (weltweite) Gleichverteilung von *Mindeststandards menschenwürdigen Lebens.*

Formale Unterschiede zwischen Menschenrechtsforderungen und Gerechtigkeitsansprüchen

Wie weiter oben bereits angedeutet, basieren zeitgenössische Gerechtigkeitstheorien meist auf einer »Präsumtion der Gleichheit« (Gosepath 2004, 200–211) und damit auf dem Prinzip eines wechselseitigen moralischen Respekts zwischen jenen, die zu diesem Respekt fähig sind. Zwar berücksichtigen die gemeinten Theorien fast immer auch (zumindest manche) andere Subjekte als anspruchsberechtigt, die *nicht* schon gleichermaßen zu moralischem Respekt fähig zu sein scheinen (z. B. Embryonen, Kinder, geistig Behinderte, höher entwickelte Tiere). Aber etwaige moralische Verpflichtungen gegenüber diesen vulnerablen Gruppen ergeben sich häufig erst sekundär, und zwar als wechselseitige Übereinkunft jener vernunftfähigen Autorinnen und Autoren der Moral, *auch* diesen Gruppen moralische Rücksicht zu schulden. Im Kern bleibt es meist bei einer vorgängig reziproken Begründungsstruktur: ›Wir‹ sind als einzelne moralische Subjekte – im starken Sinn – anspruchsberechtigt, weil wir zugleich auch – im starken Sinn – zur Gewährleistung entsprechender Ansprüche gegenüber den unfreiwillig Benachteiligten (die wir am Ende ja auch selbst sein können) verpflichtet sind. Somit korrespondieren individualmoralischen Ansprüchen *auf* Gerechtigkeit ebenso individualmoralische Pflichten *zur* Gerechtigkeit, und folglich gehen moralisch begründete Gerechtigkeitstheorien oft von einer prinzipiellen Personalunion von Anspruchsberechtigten und Pflichtadressaten aus.

Im Fall der Menschenrechte (bzw. der Grundrechte) verhält sich das grundlegend anders – zumindest dann, wenn man sie von vornherein als öffentlich-rechtliche Schranken politischer Gewaltausübung versteht. Dann ist vielmehr von einer prinzipiellen Asymmetrie zwischen Anspruchsberechtigten und Pflichtadressaten auszugehen. Diese Asymmetrie ergibt sich zunächst aus dem weiter oben schon erwähnten Umstand, dass die Menschenrechte (bzw. die Grundrechte) ›subjektive öffentliche‹ Rechte sind: Sie sind dazu da, politische und staatliche Machtbeziehungen zu regulieren. Die Menschenrechte (bzw. die Grundrechte) verpflichten jene, die politische oder staatliche Gewalt ausüben, gegenüber denen, die dieser Gewalt unterworfen sind. Und trotz aller demokratietheoretischen, kontraktualistischen oder auch diskursethischen Legitimationsanforderungen auf *philosophischer* Ebene: In der *Empirie* politischer Macht- und Herrschaftsbeziehungen sind diese beiden Gruppen nicht einmal annähernd deckungsgleich.

Gleichwohl halten bis heute viele philosophische Theorien der Menschenrechte an einer solchen irreführenden Analogie zur Moral der Gerechtigkeit fest: Wer menschenrechtlich anspruchsberechtigt ist, so heißt es dann, ist zugleich auch menschenrechtlich verpflichtet – und umgekehrt (exemplarisch: Gewirth 1982; Griffin 2009). Für diesen systematischen Trugschluss scheint zunächst der Umstand zu sprechen, dass Pflichten, die mit Menschenrechten einhergehen, weniger an den ›abstrakten‹ Staat als vielmehr konkret an jene adressiert sind, die verantwortliche Aufgaben in dem betreffenden Herrschaftsverband übernommen haben oder öffentliche Funktionen oder Ämter bekleiden. Besteht nicht auch der Staat letztlich nur aus jeweils *individuellen* Funktionsträgern, die sich jeweils persönlich, d. h. moralisch, für ihr Tun verantwortlich fühlen müssen? Und haben diese staatlichen Funktionsträger menschenrechtliche Pflichten nicht gerade deshalb, weil sie eben auch als moralische Subjekte menschenrechtlich verpflichtet sind?

Den gleichwohl bestehenden Unterschied zwischen moralischen und menschenrechtlichen Pflichten kann man sich an einem Beispiel deutlich machen: Herr K. ist Polizist, 34 Jahre alt, verheiratet, Vater zweier Kinder. In seiner Freizeit treibt er Sport in einer Rugby-Mannschaft. In all diesen Rollen und Funktionen gilt K. als nicht ganz unumstritten: Als Polizist ist er für seine ›unorthodoxen‹ Verhörmethoden bekannt, mit denen er bisweilen, laut seinen Kritikerinnen und Kritikern, die Grenze zur Folter überschreitet. Als Ehemann und Familienvater ist er gefürchtet, weil ihm daheim gelegentlich ›die Hand ausrutscht‹. Als Rugby-Spieler schließlich neigt er zu einem etwas überharten Einsatz. Aus den bisherigen Überlegungen zu den Menschenrechten ergibt sich nun folgende These: Je nach ›Rolle‹ ergeben sich für Herrn K. sehr unterschiedliche Pflichten in Bezug auf eine hier geforderte Unterlassung von Gewalt. Ein Polizist, der Verdächtige mit Gewalt zur Aussage nötigt oder gar foltert, begeht eine Grund- und Menschenrechtsverletzung, weil er als staatlicher Funktionsträger per Verfassung zu einer entsprechenden Unterlassung verpflichtet ist. Väter (oder Mütter), die Gewalt gegenüber ihrer Familie ausüben, handeln zwar zutiefst unmoralisch, weil sie als moralische Privatpersonen zu einer entsprechenden Unterlassung verpflichtet sind, sie begehen überdies Straftaten, die polizeilich geahndet werden müssen, aber dennoch keine Menschenrechtsverletzungen, und zwar selbst dann nicht, wenn sie von Beruf Polizist sind. Sportlerinnen und Sportler hingegen, die sich im Spiel unfair verhalten, begehen weder eine Menschenrechtsverletzung noch verstoßen sie gegen die Moral oder das Strafrecht; vielmehr machen sie sich lediglich einer unsportlichen Regelverletzung schuldig.

Dies illustriert zunächst: Ein und dasselbe *Individuum* kann das eine Mal in der Rolle eines Menschenrechtsverletzers, ein anderes Mal als Privatperson, die gegen die Moral oder das Strafrecht verstößt, ein wieder anderes Mal in der Rolle eines unsportlichen oder ähnlichen Regelverletzers auftreten. Darüber hinaus gilt: Ein und derselbe *Tatbestand*, z. B. eine Körperverletzung, kann, wie im ersten Fall, die Verletzung eines Menschenrechts darstellen, im zweiten Fall ein unmoralisches oder strafrechtliches Vergehen sein und im dritten Fall eine unsportliche oder ähnliche Regelverletzung. Das Entscheidende aber ist: Im Fall politisch und juridisch verstandener Menschenrechte übernehmen die korrespondierenden Pflichtadressaten die betreffenden Verpflichtungen ausdrücklich *nicht* in ihrer Rolle als moralische Einzelsubjekte, sondern in ihrer Rolle als *öffentliche Funktionsträger*. Oder anders gesagt: Alle Menschen haben Menschenrechte, aber vergleichsweise wenige haben *auch* menschenrechtliche Pflichten. Sie haben solche Pflichten vielmehr nur dann, wenn sie – ob auf nationaler oder auch auf internationaler Ebene – *Repräsentanten öffentlicher Gewalten* sind. Und für den Fall, dass jeweils nationale Staaten bei der Verwirklichung von Menschenrechten versagen, übernehmen die internationale Staatengemeinschaft und jeweils *deren* öffentliche Funktionsträger eine entsprechende Ausfallbürgschaft (zur Begründung der Letzteren vgl. Beitz 2009).

Diese systematische Asymmetrie menschenrechtlicher Pflichtrelationen – und damit das, was die Menschenrechte von der Moral und der Gerechtigkeit unterscheidet –, lässt sich an einer eher beiläufigen Anmerkung Arthur Schopenhauers illustrieren, der eine »doppelte Ungerechtigkeit« diagnostiziert, »wo Jemand ausdrücklich die Verpflichtung übernommen hat, einen Andern in einer bestimmten Hinsicht zu schützen, folglich die Nichterfüllung dieser Verpflichtung schon Verletzung des Andern, mithin Unrecht wäre; er nun aber noch überdies jenen Andern, eben darin, wo er ihn schützen sollte, selbst angreift und verletzt« (Schopenhauer 1841/2006, 118). Überträgt man diesen moralphilosophischen Gedanken auf die Menschenrechte und damit auf öffentliche Gewaltverhältnisse, so wäre das Folgende gemeint: Auch Menschenrechtsverletzungen stellen insofern eine doppelte Ungerechtigkeit dar, als sie stets das Ergebnis von (öffentlichem) Machtmissbrauch sind. Es ist bereits ungerecht, wenn man zum Opfer ›einfacher‹ Benachteiligung oder sogar Gewalt wird. Wenn aber diejenigen zum Täter werden, denen die (öffentliche) Macht ›geliehen‹ ist, uns nicht zuletzt eben auch gegen (private) Benachteiligung und Gewalt zu schützen, so kann dies, wie Schopenhauer an selbiger Stelle sagt, von den Betroffenen regelrecht als »Verrat« empfunden werden: Die Schutzmacht versagt dann nicht nur in ihrer Eigenschaft *als* Schutzmacht, sie wird nunmehr selbst aktiv und zum schädigenden Täter. Und wird man selbst als schutzbefohlene Person (z. B. als Bürgerin oder Bürger) ausgerechnet von denen attackiert (z. B. von Polizistinnen und Polizisten, aber auch von Gerichten, Verwaltungsangestellten oder anderen öffentlichen Funktionsträgern), die verpflichtet sind, uns Schutz zu gewähren, ergibt sich ein *doppelter* Verlust des Vertrauens und eine geradezu potenzierte Verunsicherung: Wer im Privaten geschädigt wird, kann sich an öffentliche Instanzen wenden (und damit eben an die Polizei, an Gerichte, Verwaltungsangestellte etc.). Was aber dann, wenn diese öffentlichen Instanzen selbst zu Tätern werden? An wen wendet man sich dann?

Dass aber diese doppelte Ungerechtigkeit, die für Menschenrechtsverletzungen typisch ist, am Ende *keine* Erfahrung der Ungerechtigkeit im engeren Sinn mehr ist, auch wenn Schopenhauer dies terminologisch nahelegt, lässt sich u. a. daran ablesen, mit welchen ›Emotionen‹ die Opfer entsprechender Diskriminierung auf eben diese Benachteiligungen oder gar Schädigungen reagieren. Auch wenn dies auf den ersten Blick ein wenig unphilosophisch klingt: Erfahrungen mit (einfacher) Ungerechtigkeit und spezifisch menschenrechtliche Verletzungserfahrungen können sich unterschiedlich anfühlen. Während in der Gerechtigkeitsdebatte inzwischen ein gewisser Konsens herrscht, dass die typische emotionale Reaktion, mit der wir auf Ungerechtigkeiten reagieren, die ›Empörung‹ ist, die damit ihrerseits zu einer treibenden Kraft gesellschaftlichen Fortschritts werden kann (Iser 2008), drängt sich mit Blick auf die Menschenrechte ein ganz anderer Eindruck auf. Betrachtet man prototypische Beispiele von Menschenrechtsverletzungen – rechtswidrige Demonstrationsverbote, willkürliche Verhaftungen, illegale Abhöraktionen, staatliche Wahlmanipulationen, mediale Zensur, rechtswidrige Abschiebungen, willkürliche Polizeigewalt, Vergewaltigungen im Krieg, Folter etc. –, so ist zumindest fraglich, ob diese Ereignisse auf Seiten der Opfer primär als Erfahrungen empörender Ungerechtigkeit durchlitten werden.

Zwar ist anzunehmen, dass Menschenrechtsverletzungen – ähnlich wie diskriminierende Ungerechtigkeiten – als Erfahrungen von ›Unrecht‹ erlebt werden, doch die dominierende Gefühlsreaktion dürfte – anders als im Fall von politischer oder auch distributiver Ungerechtigkeit – nicht die Empörung, sondern ein Gefühl politischer ›Ohnmacht‹ sein; einer politischen Ohnmacht, die sich einstellt, wenn man, um es mit Schopenhauer zu sagen, ausgerechnet von jenen ›angegriffen‹ wird, die man zuvor autorisiert hat, als Schutzmacht zu fungieren. Subjektive Erfahrungen empörender Ungerechtigkeit einerseits und menschenrechtlicher Ohnmacht andererseits mögen sich im konkreten Einzelfall zwar überschneiden; z. B. können staatliche Kürzungen elementarer Sozialleistungen entweder als distributive Ungerechtigkeit (›Die anderen haben so viel mehr!‹) und/oder als politische Ohnmacht (›So speist der Staat uns Bürgerinnen und Bürger ab!‹) erfahren werden. Dennoch unterscheiden sich beide Erfahrungen in ihrem phänomenalen Gehalt: Im ersten Fall hat man den Eindruck, ›zu kurz‹ zu kommen, im zweiten Fall hingegen wird die Willkür der Machthabenden als ›Verrat‹ und damit als eigene Machtlosigkeit erlebt. Letztere Erfahrung, so wäre eingehender zu zeigen, ist die für Opfer von Menschenrechtsverletzungen typische Erfahrung.

Literatur

Alexy, Robert: *Theorie der Grundrechte*. Frankfurt a. M. 1994.

–: Grundrechte. In: Hans Jörg Sandkühler (Hg.): *Enzyklopädie Philosophie*, Bd. 1. Hamburg 1999, 525–529.

Beitz, Charles R.: *The Idea of Human Rights*. Oxford 2009.

Bielefeldt, Heiner: Universalität und Gleichheit. In: Arnd Pollmann/Georg Lohmann (Hg.): *Menschenrechte. Ein interdisziplinäres Handbuch*. Stuttgart 2012, 159–164.

Bobbio, Norberto: *Das Zeitalter der Menschenrechte*. Berlin 1998.

Brugger, Winfried: *Menschenwürde, Menschenrechte, Grundrechte*. Baden-Baden 1997.

Donaldson, Sue/Kymlicka, Will: *Zoopolis*. Berlin 2013.

Dworkin, Ronald: *Gerechtigkeit für Igel*. Berlin 2012.

Gewirth, Alan: *Human Rights*. Chicago 1982.

Gosepath, Stefan: *Gleiche Gerechtigkeit*. Frankfurt a. M. 2004.

–: Ein menschenrechtlicher Anspruch auf Grundsicherung. In: *Zeitschrift für Menschenrechte* 2/2 (2008), 26–39.

–/Lohmann, Georg (Hg.): *Philosophie der Menschenrechte*. Frankfurt a. M. 1998.

Griffin, James: *On Human Rights*. Oxford 2009.

Habermas, Jürgen: Zur Legitimation durch Menschenrechte. In: Ders.: *Die postnationale Konstellation*. Frankfurt a. M. 1998, 170–191.

Hartung, Fritz/Commichau, Gerhard/Murphy, Ralf (Hg.): *Die Entwicklung der Menschen- und Bürgerrechte von 1776 bis zur Gegenwart* [1972]. Göttingen ^{6}1998.

Iser, Mattias: *Empörung und Fortschritt*. Frankfurt a. M. 2008.

Jellinek, Georg: *System der subjektiven öffentlichen Rechte* [1892]. New York 2006.

Kaufmann, Paulus et al. (Hg.): *Humiliation, Degradation, Dehumanization: Human Dignity Violated*. New York 2010.

Lohmann, Georg: Menschenrechte zwischen Moral und Recht. In: Gosepath/Lohmann 1998, 62–95.

–: Die unterschiedlichen Menschenrechte. In: Klaus Peter Fritzsche/Georg Lohmann (Hg.): *Menschenrechte zwischen Anspruch und Wirklichkeit*. Würzburg 2000, 9–23.

–: Unparteilichkeit in der Moral. In: Klaus Günther/Lutz Wingert (Hg.): *Die Öffentlichkeit der Vernunft und die Vernunft der Öffentlichkeit. Festschrift für Jürgen Habermas*. Frankfurt a. M. 2001, 434–455.

Menke, Christoph/Pollmann, Arnd: *Philosophie der Menschenrechte. Zur Einführung*. Hamburg 2007.

Nussbaum, Martha: *Die Grenzen der Gerechtigkeit*. Berlin 2014.

Pogge, Thomas: *Weltarmut und Menschenrechte*. Berlin 2011.

Pollmann, Arnd: Menschenrechte, Grundrechte, Bürgerrechte. In: Pollmann/Lohmann 2012, 129–136.

–/Lohmann, Georg (Hg.): *Menschenrechte. Ein interdisziplinäres Handbuch*. Stuttgart 2012.

Radbruch, Gustav: Gesetzliches Unrecht und übergesetzliches Recht. In: *Süddeutsche Juristenzeitung* 5/1 (1946), 105–108.

Rawls, John: *Das Recht der Völker*. Berlin 2002.

Schopenhauer, Arthur: *Über die Grundlage der Moral* [1841]. Hamburg 2006.

Shue, Henry: *Basic Rights*. Princeton ^{2}1996.

Stepanians, Markus (Hg.): *Individuelle Rechte*. Paderborn 2007.

Tugendhat, Ernst: *Vorlesungen über Ethik*. Frankfurt a. M. 1993.

Arnd Pollmann

46 Verantwortung und Pflicht

Verantwortung und Pflicht werden manchmal als synonyme Begriffe und manchmal als voneinander zu unterscheidende Konzepte verwendet. Einerseits scheint es möglich, jede Bezugnahme auf Verantwortung einfach durch eine Bezugnahme auf Pflichten zu ersetzen und die umgekehrte Ersetzung scheint ebenfalls zu funktionieren. Man kann beispielsweise eine Pflicht oder eine Verantwortung dafür haben, absolut armen Menschen zu helfen und es scheint keinen großen Unterschied zu machen, welchen Begriff man hier verwendet. Andererseits gibt es der Meinung mancher Autor_innen nach zumindest in einigen Nuancen auch Unterschiede zwischen den beiden Begriffen (Feinberg 1966; Beck 2015; Albertzart 2015). Pflichten gelten üblicherweise streng und scheinen auf konkrete Handlungen bezogen zu sein. Verantwortung klingt allgemeiner und eher auf Handlungsbereiche oder Rollen bezogen. Einige Autor_innen nehmen diese feinen Unterschiede zum Anlass, das eine Konzept dem anderen vorzuziehen (Buddeberg/Neuhäuser 2015). Allerdings ist auch umstritten, ob diese Unterschiede wirklich bestehen bzw. relevant sind. Jedenfalls lässt sich sagen, dass die Begriffe der Verantwortung und der Pflicht in einigen Gerechtigkeitsdebatten eine leicht unterschiedliche Rolle spielen, weswegen sie hier der Reihe nach vorgestellt werden.

Pflicht und Gerechtigkeit

In seiner wegweisenden Theorie der Gerechtigkeit geht John Rawls nicht nur davon aus, dass jedem Menschen bestimmte Rechte zukommen, sondern auch davon, dass soziale Systeme abgeschafft oder abgeändert werden müssen, wenn sie ungerecht sind (Rawls 1971). Auch unabhängig von Rawls ist in Bezug auf die Umsetzung von Gerechtigkeitsvorstellungen bzw. in Bezug auf die Abschaffung von Ungerechtigkeiten die Frage von zentraler Relevanz, welche Akteure hierfür zuständig sind. Das gilt auch für den Menschenrechtsdiskurs. Hier hat Onora O'Neill die These vertreten, dass Menschenrechte so lange bloße Manifestrechte, also zahnlose Papiertiger, Proklamationen und Behauptungen seien, wie unklar bleibe, wer die korrespondierenden Pflichten zu erfüllen habe (O'Neill 1996; 2005). Dies gelte insbesondere für soziale Menschenrechte, die sie als Leistungsrechte versteht. Wenn Menschen tatsächlich, wie in Artikel 26 der Allgemeinen Erklärung der Menschenrechte formuliert, ein Recht auf Nahrung, Kleidung und Unterkunft haben, dann stellt sich die Frage, wer dazu verpflichtet ist, ihnen die entsprechenden Güter zur Verfügung zu stellen, sofern sie aus eigener Kraft dazu nicht in der Lage sind. Wenn es um die Frage der Beseitigung globaler Übel, wie etwa lebensbedrohlicher Armut (s. Kap. V.56) geht, spaltet sich die Debatte oft in diejenigen, die das globale Armutsproblem primär als Hilfsproblem verstehen, wie etwa Peter Singer (Singer 1972; vgl. auch Rawls 1993; Höffe 1999) und diejenigen, die das globale Armutsproblem als Gerechtigkeitsproblem klassifizieren. Es handle sich, da Armut primär durch die Folgen des Kolonialismus und ein unfaires Weltwirtschaftssystem verursacht sei, um eine Frage der historischen Gerechtigkeit, bzw. um eine Frage der ausgleichenden Gerechtigkeit (Pogge 2002/2011; Wenar 2003). Entsprechend hätten wir gegenüber den Armen primär Kompensationspflichten für Unrecht, das wir begangen, von dem wir profitiert oder zu dem wir beigetragen haben. Ferner kann man darüber hinaus die These vertreten, dass bereits die Annahme sozialer Menschenrechte dazu führt, diejenigen Systeme als ungerecht zu klassifizieren, die sie nicht gewährleisten. Hier gehen einige von entsprechenden Institutionalisierungspflichten derjenigen Individuen aus, die sich für die Abschaffung ungerechter Institutionen bzw. für die Etablierung gerechter Institutionen einsetzen können (Ashford 2007; Gosepath 2007). Ein Zusammenhang zwischen Gerechtigkeit und Pflicht besteht auf zweifache Weise. Erstens gibt es bestimmte Pflichten, die von anderen Pflichten zu unterscheiden sind und die auf Gerechtigkeit bezogen sind. Zweitens müssen Pflichten selbst auf gerechte Weise verteilt werden.

Pflichten, die sich auf Gerechtigkeit beziehen, werden oft als Gerechtigkeitspflichten bezeichnet. In der Regel fallen darunter Pflichten, die anderen geschuldet sind: die Kompensation für begangenes Unrecht (z. B. ein gestohlenes Gut zurückgeben), die Bestrafung begangenen Unrechts (z. B. eine Freiheitsstrafe für Diebstahl) und andersherum etwa die negative Pflicht, das Recht auf Eigentum zu respektieren; oder die beiderseitige Einhaltung von Verträgen. Solche Gerechtigkeitspflichten werden oft insbesondere von humanitären Pflichten (Wohltätigkeitspflichten) unterschieden. Die Pflicht, anderen Gutes zu tun, wäre demnach keine Gerechtigkeitspflicht, sondern eine Wohltätigkeitspflicht. Auch Freundschaftspflichten oder Pflichten der Liebe gehören nicht dazu. Dabei wird in der kantischen Tradition die These vertreten, dass Gerechtigkeitspflichten Vorrang vor Wohltätigkeitspflichten haben (Kersting 1997). Man darf etwa fremdes Eigentum nicht beschädigen, um anderen zu helfen (dazu kritisch: Steigleder 2002, 285 f.). Auf der globalen Ebene macht es aus dieser Perspektive einen Unterschied, ob absolut armen Menschen gegenüber eine Gerechtigkeitspflicht oder ›nur‹ Wohltätigkeitspflichten bestehen (Pogge 2006). Diese Unterscheidung kann verschiedene Dinge kennzeichnen.

Erstens kann sie der Unterscheidung von negativen und positiven Pflichten entsprechen (Mieth 2011). Negativ sind Pflichten dann, wenn sie darin bestehen, schädigende Handlungen passiv unterlassen zu müssen. Positiv hingegen sind Pflichten dann, wenn sie darin bestehen, helfende Handlungen aktiv durchführen zu müssen. In der klassischen liberalen Theorie und insbesondere in ihrer libertären, also ausschließlich auf Freiheitsrechte abstellenden Variante, können Gerechtigkeitspflichten nur negative Pflichten sein. Humanitäre Pflichten hingegen werden als »bloße Tugendpflichten« (vgl. AA VI, 383) verstanden, denen keine korrespondierenden Rechte entsprechen (O'Neill 1996), oder sogar nicht einmal als Pflichten, sondern vielmehr als supererogatorische Handlungen. Damit ist gemeint, dass sie über das moralisch Geforderte hinausgehen und es moralisch verdienstvoll ist, wenn man sie ausführt, man aber kein Unrecht begeht, wenn man sie nicht ausführt (Urmson 1958). Robert Nozick (Nozick 1974) vertritt beispielsweise diese Position.

Eine zweite Unterscheidung zwischen Gerechtigkeitspflichten und humanitären Pflichten besteht darin, sie in stärkere und schwächere oder, Kant folgend, als vollkommene und unvollkommene Pflichten zu bezeichnen. Starke und vollkommene Pflichten können demnach nicht nur negative, sondern auch positive Pflichten sein. Entscheidend ist vielmehr, dass ein Akteur diesen Pflichten unbedingt nachkommen muss. Schwachen und unvollkommenen Pflichten hingegen muss ein Akteur nicht unbedingt nachkommen, vielmehr ist es verdienstvoll, wenn er dies tut. Kant spricht auch davon, dass unvollkommene Pflichten einen »Spielraum« (AA VI, 390) in der Anwendung haben. Allerdings stellt sich dann wieder die Frage, ob es sich dabei überhaupt um Pflichten oder eher um supererogatorische Handlungen, bzw. bloße »Anmahnungen« handelt (ebd., XXIII, 380).

Drittens lassen sich Gerechtigkeitspflichten von anderen Pflichten dadurch unterscheiden, dass Gerechtigkeitspflichten als Rechtspflichten verstanden werden, deren Einhaltung erzwungen werden kann. Sie gelten dann in dem Sinne stark, dass der Rechtsstaat die Einhaltung von Gerechtigkeitspflichten überwacht und Verletzungen dieser Pflichten sanktionieren darf (z. B. bei der Verletzung der Pflicht nicht zu Stehlen oder zu Töten wird eine Freiheitsstrafe verhängt). Kant geht davon aus, dass nur Rechtspflichten erzwingbar sind (ebd., VI, 383). Andere Pflichten gelten zwar auch in dem Sinne als stark, dass man ihnen unbedingt Folge zu leisten hat; bei Kant bezieht sich der Kategorische Imperativ auch auf Tugendpflichten (AA IV, 421). Aber es ist nicht die Aufgabe des Rechtsstaates, die Einhaltung dieser Pflichten durchzusetzen, bei Tugendpflichten ist allein die moralische Motivation der Akteure ausschlaggebend (AA VI, 220). Diesem Verständnis nach wäre eine Hilfe für absolut arme Menschen über das Zahlen von Steuern hinaus keine Gerechtigkeitspflicht, weil sie nicht rechtlich vorgeschrieben ist und, sofern es sich dabei um eine Tugendpflicht handelt, auch gar nicht rechtlich vorgeschrieben werden kann. Auch John Stuart Mill vertritt die These, dass zur Wohltätigkeit kein Rechtsanspruch korrespondiert und diese daher nicht erzwungen werden kann:

> »Gerechtigkeit bedeutet nicht nur zu tun, was recht wäre, und nicht zu tun, was unrecht wäre, sondern zu tun, was jemand uns gegenüber als sein moralisches Recht geltend machen kann. Niemand hat einen Rechtsanspruch auf unsere Großmut und unsere Wohltätigkeit, da wir nicht moralisch verpflichtet sind, diese Tugenden jedem Individuum gegenüber zu üben« (Mill 2006, 149, 151).

Wer zeigen möchte, dass es eine Gerechtigkeitspflicht gibt, absolut armen Menschen zu helfen, müsste dafür argumentieren, dass der Staat diese Hilfeleistung durchzusetzen hat, etwa, um soziale Menschenrechte zu gewährleisten. Hier wäre die Frage, ob man nur gegenüber den eigenen Mitbürger_innen zu sozialen Leistungen verpflichtet ist (Walzer 2003) oder ob diese Pflichten einen globalen Anwendungsbereich haben und allen gegenüber geschuldet sind (Gewirth 1987).

O'Neill (1996) geht im Anschluss an Kant davon aus, dass nur negativen Menschenrechten auf Leben, Freiheit und Eigentum universelle Unterlassungspflichten korrespondieren. Daher handle es sich auch nur hier um echte Menschenrechte im Unterschied zu bloßen Manifestrechten. Denn universellen negativen Pflichten könne jeder Mensch einfach durch Unrechtsunterlassungen (nicht stehlen, nicht töten) nachkommen. Dagegen sei nicht klar, wer im Hinblick auf Leistungsrechte die entsprechenden Leistungen zu erbringen habe. O'Neill spricht hier von speziellen Universalrechten, deren Realisierung von der Festlegung der Pflichtenträger abhängig sei (ebd.; O'Neill 2005; dagegen Ashford 2007).

Allerdings stellt sich angesichts komplexer institutioneller Zusammenhänge in unserer globalisierten Welt bereits eine Skepsis gegenüber der These ein, dass wir negative Pflichten, die den Rechten auf Leben, Freiheit und Eigentum entsprechen können, gegenüber allen anderen Menschen durch Unterlassung direkter Rechtsverletzungen (nicht stehlen, nicht töten), nachkommen können (Mieth 2013). Denn durch die globale Wirtschaft sind etwa Bürger_innen der reichen Staaten ohne dies zu intendieren in globales Unrecht wie Ausbeutung in der Textilindustrie und die negativen Folgen des Klimawandels verstrickt. Judith Lichtenberg spricht hier von *new harms*, die nicht intendiert, schwer zu vermeiden und schwer zuzurechnen sind (Lichtenberg 2010). Entstehen aus dem Beitragen zu und Profitieren von Unrecht (etwa als Konsument_innen) Gerechtigkeitspflichten, gegen eine ungerechte Weltwirtschaftsordnung vorzugehen? Sind diese Pflichten stark oder schwach? Wie kann man sie einzelnen Individuen zuweisen? Auch wenn man von klassischen Gerechtigkeitspflichten ausgeht, die sich darauf beziehen, nicht zu töten und nicht zu stehlen, Verträge zu erfüllen und auf ungerechte Weise erworbene Güter dem Geschädigten zurückzugeben, scheinen diese nicht einfach auf komplexe globale institutionelle Zusammenhänge übertragbar.

Der zweite, eingangs erwähnte Zusammenhang von Pflichten und Gerechtigkeit besteht darin, dass Pflichten gerecht zu verteilen sind. In Bezug auf die Gewährleistung sozialer Menschenrechte stellt sich hier etwa die Frage der gerechten Besteuerung. Haben diejenigen, die mehr zu leisten in der Lage sind, auch mehr Pflichten? Ab wann ist die Erfüllung von Pflichten unzumutbar? Die Lage anderer zu verbessern, kann – so selbst diejenigen Theoretiker_innen, die sehr weitreichende moralische Forderungen aufstellen wie Thomas von Aquin – nicht mehr verlangt werden, wenn das eigene Leben auf dem Spiel steht (ST II-II, 32, 6; Singer 1972) oder etwas anderes von moralischer Bedeutung geopfert werden müsste (so Singers anspruchslosere Formulierung seines Hilfsprinzips oder auch Kants Idee, dass Tugendpflichten dann nicht erfüllt werden dürfen, wenn sie mit Rechtspflichten kollidieren; vgl. Kersting 1997, 108). Ferner stellt sich angesichts globaler Übel die Frage, ob Individuen auch dann verpflichtet sind, denen, die von lebensbedrohlicher Armut betroffen sind, zu helfen, oder sich für gerechtere Institutionen einzusetzen, wenn andere, denen diesbezüglich stärkere Pflichten zukämen, diese Pflichten nicht erfüllen (Shue 2005; Miller 2011). Umstritten sind in der Pflichtdebatte:

1. die Reichweite von Leistungspflichten,
2. die Abgrenzung der Gerechtigkeitspflichten von Wohltätigkeitspflichten,
3. die Zuordnung von globalen Übeln wie dem Weltarmutsproblem zu Gerechtigkeitspflichten oder zu Wohltätigkeitspflichten,
4. die Frage nach Kriterien zur gerechten Verteilung von Pflichten, die Rechten korrespondieren (betreffen diese nur Mitbürger_innen oder alle Menschen?),
5. die Frage nach der Institutionalisierung von Leistungsrechten und
6. die Frage nach der Zuweisung von Pflichten zur Abschaffung globaler Übel angesichts komplexer institutioneller Zusammenhänge.

Verantwortung und Gerechtigkeit

Der Verantwortungsbegriff spielt für Gerechtigkeit in ganz verschiedenen Kontexten eine wichtige Rolle. Dabei kommt oft die große Vielseitigkeit des Verantwortungsbegriffs zur Geltung. Verantwortung wird häufig als dreistellig relationaler Begriff verstanden. Ein Akteur X ist gegenüber einem Adressaten Y für eine Handlung H verantwortlich (Buddeberg 2011). Diese schematische Analyse hilft dabei, den Verantwortungsbegriff in ganz verschiedenen Kontexten zur Anwendung zu bringen. Viele Autor_innen fügen noch weitere Relationen hinzu. Es gibt sechs- und sogar achtstellig-relationale Analysen des Verantwortungsbegriffs (Lenk 1992; Lenk/Maring 1993; Beck 2016). Eine vierte Relation, die sehr häufig noch genannt wird, ist die des normativen Maßstabes (Lohmann 2002). Sie erlaubt es beispielsweise zwischen moralischer, politischer, rechtlicher und metaphysischer Verantwortung zu unterschieden, wie etwa Karl Jaspers es tut, der allerdings von Schuld und nicht von Verantwortung spricht (Jaspers 1946/2012).

Dabei lässt sich annehmen, dass Schuld eine spezifische Form von Verantwortung neben anderen ist. Häufig wird Verantwortung auch im Sinne von Haftung oder aber im Sinne einer Sorge verwendet (Arendt 1987; Young 2006; 2011). Darüber hinaus finden sich ganz verschiedene weitere Typen von Verantwortung in der Literatur, etwa Aufgabenverantwortung, Folgenverantwortung, Vergangenheitsverantwortung, Zukunftsverantwortung oder Gruppenverantwortung. Mithilfe einer mehrstellig-relationalen

Analyse des Verantwortungsbegriffs und der Unterscheidung in die drei Dimensionen der Schuld, Sorge und Haftung lassen sich all diese verschiedenen Typen von Verantwortung wahrscheinlich kategorisieren.

Es sind insbesondere vier Debatten, in denen dieser vielschichtige Verantwortungsbegriff und Gerechtigkeit gemeinsam diskutiert werden. Das ist erstens die Fragen nach der Verantwortung für historisches Unrecht (1.), zweitens das Problem der kollektiven Verantwortung für Unrecht und Gerechtigkeit (2.), drittens die Frage der Zukunftsverantwortung (3.) und viertens schließlich das Thema der Verantwortung für globale Gerechtigkeit (4.).

Verantwortung für historisches Unrecht

Bereits kurz nach dem zweiten Weltkrieg hat Jaspers im Jahre 1946 das Buch die *Die Schuldfrage* (1946/2012) veröffentlicht. Darin beschäftigt er sich mit der Frage, welche Schuld den Deutschen für den Zweiten Weltkrieg und den Holocaust zukommt. Er unterscheidet zwischen rechtlicher, politischer, moralischer und metaphysischer Schuld. Rechtlich sind Jaspers zufolge nur diejenige Deutschen zur Verantwortung zu ziehen, die tatsächlich auch Verbrechen begangen haben. Politisch hingegen sind alle Deutschen den Siegern gegenüber verantwortlich. Seine moralische Verantwortung hingegen muss jeder Deutsche selbst bestimmen. Sie hängt ab von der Verstrickung in das Unrechtsregime, ohne selbst verbrecherisch tätig geworden zu sein. Die vierte Kategorie der metaphysischen Schuld hat einen klar religiösen Bezug. Sie besteht Jaspers zufolge darin, sich nicht selbst gegen das Unrechtsregime gestellt und geopfert zu haben.

Die Überlegungen von Jaspers sind auch für spätere und heutige Auseinandersetzungen mit historischem Unrecht ein zentraler Referenzpunkt. So hat Hannah Arendt (1987) gegen Jaspers stark gemacht, dass vor allem die Sorge für die Zukunft und nicht die Zuweisung von Schuld oder der Versuch ihr zu entkommen, im Mittelpunkt der Verantwortungstheorie stehen sollte. Michael Schefczyk (2012) möchte gegen Jaspers an einem Begriff der Kollektivschuld festhalten, der allerdings verantwortungsindividualistisch funktioniert. Auch für Unterlassungen können Mitglieder eines Kollektivs demnach sowohl politisch als auch rechtlich zur Verantwortung gezogen werden, beispielsweise wenn sie keinen passiven Widerstand leisten.

Im Kontext der historischen Verantwortung wird weiterhin kontrovers diskutiert, wie sich der zu leistende Schadensersatz bestimmen lässt (s. Kap. II.23). Gerade bei weiter zurückliegendem Unrecht ist das nicht ohne Weiteres klar, weil man nicht sagen kann, wie die Geschichte ohne dieses Unrecht verlaufen wäre. Wenn es um Reparationen und insbesondere die Rückgabe von Land und anderem Eigentum geht, kann es zudem sein, dass andere Menschen an diesem Eigentum legitime Rechte erworben haben (Waldron 1992). Schließlich ist es eine kontroverse Frage, wie sich über die Zeit hinweg überhaupt verantwortliche Akteure finden lassen, wenn die eigentlichen Täter bereits verstorben sind. Denn Kinder erben von ihren Eltern nicht die Schuld an deren Verbrechen. Es lässt sich aber argumentieren, dass korporative Akteure wie Staaten eine größere Kontinuität über die Zeit hinweg besitzen und daher als Subjekte von Verantwortung für lange vergangenes Unrecht in Frage kommen (Thompson 2002).

Kollektive Verantwortung für Unrecht und Gerechtigkeit

Nicht zuletzt vor dem Hintergrund historischen Unrechts, aber auch in gegenwärtigen Kontexten kollektiven Handelns stellt sich die Frage, wer Verantwortung dafür besitzt, Unrecht zu verhindern oder Gerechtigkeit herzustellen. Dabei lassen sich grob drei Positionen unterscheiden. Dem ersten streng individualistischen Ansatz zufolge sind nur individuelle Menschen für ihr eigenes Handeln verantwortlich. Wenn es beispielsweise um das Unrecht der absoluten Armut geht, dann sind Menschen im Sinne der Schuld nur für diese Armut verantwortlich, wenn sie direkt dazu beitragen. Dieser Ansatz wird beispielsweise von Hywel Lewis (1948) oder John L. Mackie (1977/1981) vertreten. Dem gemäßigt individualistischen Ansatz zufolge reicht es bereits aus, an einer Unrechtspraxis mitzuwirken, ohne selbst unmittelbar einen kausalen Beitrag zu dem Unrecht leisten zu müssen, um in der Schuld zu stehen. Im Falle der absoluten Armut genügt es demnach, in den Welthandel verstrickt zu sein, ohne selbst aktiv absolute Armut herbeiführen zu müssen. Diese Position vertreten beispielsweise Pogge (2006), Julian Nida-Rümelin (2011) und Schefczyk (2012).

Bei dem dritten Ansatz handelt es sich um einen kollektivistischen Ansatz. Demnach ist es so, dass auch kollektive Gruppen eine Verantwortung besitzen können. Für die Weltarmut wären dann beispielsweise auch Staaten oder supranationale Organisationen wie die WTO oder der IWF verantwortlich. Diese Position vertreten etwa Peter French (1979), Margaret Gilbert (2006), Philip Pettit und Christian List (List/Pettit

2011; vgl. auch Neuhäuser 2011). Außerdem ist eine Konsequenz dieser Position, dass auch die individuellen Mitglieder dieser Gruppen in der Verantwortung stehen. Dabei lässt sich entweder annehmen, dass sie bereits allein aufgrund ihrer Mitgliedschaft ebenfalls eine Schuld auf sich laden oder aber zwar individuell schuldfrei sein können, aber in jedem Falle mithaften müssen.

Eine andere Perspektive hat Iris Young (2011) im Anschluss an Arendt entwickelt, wenn sie dafür plädiert, Schuldfragen ganz auszuklammern und stattdessen danach zu fragen, wer die Fähigkeit und die Bereitschaft mitbringt, Unrecht abzubauen. Ihr Verantwortungsmodell baut also nicht auf Schuld und Haftung auf, sondern auf Sorge. Dabei spielt ihrer Ansicht nach die soziale Verbindung zu dem Unrecht oder den vom Unrecht betroffenen Menschen eine wichtige Rolle. Darüber bestimmt sich normativ wie stark die Verantwortung dafür ausfällt, Sorge für den Abbau des Unrechts zu tragen.

Zukunftsverantwortung

Bei der Zukunftsverantwortung steht nicht die Schuldfrage im Vordergrund, sondern vielmehr die Frage danach, wer für zukünftige Zustände Sorge zu tragen hat. Insbesondere im Kontext der Umwelt- und Klimaethik geht es um diese Frage, weil heutiges Handeln erhebliche Auswirkungen auf zukünftige Generationen hat und zum Teil erhebliche Schädigungen bedeuten kann (Roser/Seidel 2013). Dabei wird kontrovers diskutiert, wie genau eine Verantwortung zukünftigen Generationen gegenüber aussieht und wie weit diese in Zukunft reicht. Ein Problem besteht darin, dass die Angehörigen zukünftiger Generationen noch nicht als individuelle Personen bestimmbar sind und daher nicht klar ist, ob ihnen auch Personen- und Menschenrechte zukommen. Außerdem ist nicht klar, in welchem Maße für die Zukunft Sorge zu tragen ist. Muss der heutige Lebensstandard erhalten bleiben oder reicht es, wenn eine gewisse Suffizienzschwelle nicht unterschritten wird? Dann wäre es beispielsweise so, dass man die Menschenrechte zukünftiger Generationen sichern müsste, aber nicht dafür zu sorgen hätte, dass sie in Wohlstand leben können (Gosseries 2008).

Ein weiteres Problem besteht darin, dass auch zukünftige Generationen handelnde Akteure sind, die ihre Umwelt selbst aktiv gestalten und durch technische Entwicklungen beeinflussen. Es ist unklar, wie die Unsicherheit über zukünftige Interessen, aber auch zukünftige Möglichkeiten, beispielsweise im technischen Bereich, in einer Zukunftsverantwortung zu berücksichtigen sind. Soll man beispielsweise darauf setzen, dass es zukünftig mehr und bessere grüne Technologien geben wird? Oder sollte man vorsichtiger sein und das umweltschädliche Wirtschaftswachstum radikal stoppen? Viele Umweltethiker setzen auf das Vorsichtsprinzip (Roser/Seidel 2013, Kap. 8). Allerdings kann diese Vorsicht mehr oder weniger streng ausfallen. Das Prinzip muss also konkreter gefasst werden, sonst löst es das Problem nicht, sondern benennt es nur: wieviel Vorsicht ist angemessen?

Obwohl die Verantwortung als Sorge im Vordergrund steht, wenn es um die Zukunft geht, lässt sich natürlich bereits gegenwärtig feststellen, dass Menschen durchaus Schuld auf sich laden, wenn sie für die Zukunft keine Sorge tragen und in der Vergangenheit bereits Schuld auf sich geladen haben, weil sie das nicht getan haben. Allerdings können zukünftige Generationen heutige Generationen wegen der einseitigen Linearität des Zeitstrahls für ihr verantwortungsloses Handeln nicht in Haftung nehmen. Wenn die Sorgeverantwortung und die eventuelle Schuld heutiger Generationen mit der Drohung von Haftung und vielleicht auch Strafe verbunden werden sollen, dann müssten Angehörige der heutigen Generationen also als Stellvertreter für die zukünftigen Generationen agieren. Hier stellt sich noch die schwierige Frage, wer berechtigt ist, für die zukünftigen Generationen, ihre Interessen und Anliegen zu sprechen.

Verantwortung für globale Gerechtigkeit

Die Problematik der Zukunftsverantwortung wird häufig als Frage der intergenerationellen Gerechtigkeit bezeichnet. Dem steht die Frage nach der intragenerationellen Gerechtigkeit gegenüber, womit eine Verantwortung für globale Gerechtigkeit gemeint ist (Beck 2016). Es gibt eine gewisse Spannung zwischen der inter- und der intragenerationellen Gerechtigkeit, weil die Erfüllung der Gerechtigkeitsansprüche der einen Gruppe auf Kosten der Gerechtigkeitsansprüche der anderen Gruppe gehen könnte. Man könnte beispielsweise versuchen, die Gerechtigkeitsansprüche absolut armer Menschen durch ein globales Konjunkturprogramm und erhebliches Wirtschaftswachstum zu erfüllen. Das geht aufgrund der aller Wahrscheinlichkeit damit einhergehenden Umwelt- und Klimaschädigungen jedoch auf Kosten der Ansprüche zukünftiger Generationen.

Die Verantwortung für globale Gerechtigkeit muss also immer auch vor dem Hintergrund anderer Gerechtigkeitsansprüche bestimmt werden. Dennoch gilt, dass die Verantwortung absolut armen Menschen gegenüber besonders groß ist, weil die Existenz dieser Menschen und die Würde ihrer Personalität aufgrund ihrer großen Armut fundamental bedroht sind (Bleisch/Schaber 2007). Aus diesem Grund konzentriert sich ein großer Teil der Debatte auf das Problem der globalen Armut. Daneben, aber auch damit verbunden, gibt es noch weitere Probleme einer Verantwortung für globale Gerechtigkeit (s. Kap. II.17). So stellt sich beispielsweise allgemein die Frage, wer für die Sicherung der Menschenrechte verantwortlich ist: Sind es nur Staaten oder auch andere Akteure, wie supranationale Organisationen, Unternehmen und Gruppen individueller Menschen, beispielsweise wohlhabende KonsumentInnen? Ähnliche Fragen stellen sich für die globale Wirtschaftsordnung, die Sicherung von Frieden und die Verantwortung für schwache oder gescheiterte Staaten.

Gerade mit Blick auf absolute Armut, aber auch in Bezug auf andere Gerechtigkeitsprobleme muss bestimmt werden, auf welcher Grundlage verschiedenen Akteuren eine Verantwortung zugewiesen wird. Für absolute Armut argumentiert Pogge (Beck 2016), dass all diejenigen Akteure eine negative Pflicht verletzen, die von ungerechten politischen und wirtschaftlichen Strukturen profitieren. Sie tragen bereits durch ihren Profit dazu bei, dass diese Strukturen aufrechterhalten werden. Pogge behauptet, dass sie damit einen kausalen Beitrag zu diesem Unrecht beitragen (Pogge 2002/2011; Anwander 2005). Young (2011) hingegen befürwortet ein Verantwortungsmodell der sozialen Verbundenheit. Ihrer Ansicht nach stellt die Verstrickung in ungerechte Strukturen nicht notwendigerweise einen kausalen Beitrag zu einem Unrecht und eine negative Pflichtverletzung dar. Aber allein die soziale Verbundenheit mit diesem Unrecht reicht aus, um eine entsprechende Verantwortung zu generieren.

Literatur

Albertzart, Maike: Der Vorrang des Pflichtbegriffs in kollektiven Kontexten. In: *Zeitschrift für Praktische Philosophie* 2/2 (2015), 87–120.

Anwander, Norbert: Contributing and benefiting: Two grounds for duties to the victims of injustice. In: *Ethics and International Affairs* 19/1 (2005), 39–45.

Arendt, Hannah: Collective Responsibility. In: James Bernhauer (Hg.): *Amor Mundi*. Leiden 1987, 43–50.

Ashford, Elizabeth: Unsere Pflichten gegenüber Menschen in chronischer Armut. In: Barbara Bleisch/Peter Schaber (Hg.): *Weltarmut und Ethik*. Münster 2007, 195–211.

Beck, Valentin: Verantwortung oder Pflicht? Zur Frage der Aktualität und Unterscheidbarkeit zweier philosophischer Grundbegriffe. In: *Zeitschrift für Praktische Philosophie* 2/2 (2015), 165–202.

Beck, Valentin: *Eine Theorie der globalen Verantwortung*. Berlin 2016.

Bleisch, Barbara/Peter Schaber: *Weltarmut und Ethik*. Münster 2007.

Buddeberg, Eva: *Verantwortung im Diskurs*. Berlin 2011.

Buddeberg, Eva/Christian Neuhäuser: Einleitung: Pflicht oder Verantwortung? In: *Zeitschrift für Praktische Philosophie* 2/2 (2015), 49–60.

Feinberg, Joel: Duties, rights, and claims. In: *American Philosophical Quarterly* 3/2 (1966), 137–144.

French, Peter: The corporation as a moral person. In: *American Philosophical Quarterly* 16/3 (1979), 207–215.

Gewirth, Alan: Private philanthropy and positive rights. In: *Social Philosophy & Policy* 4/2 (1987), 55–78.

Gilbert, Margaret: *A Theory of Political Obligation: Membership, Commitment, and the Bonds of Society*. Oxford 2006.

Gosepath, Stefan (2007): Notlagen und institutionell basierte Hilfspflichten. In: Barbara Bleisch/Peter Schaber (Hg.): *Weltarmut und Ethik*. Münster 2007, 213–246.

Gosseries, Axel: On future generations' future rights. In: *Journal of Political Philosophy* 16/4 (2008), 446–474.

Höffe, Otfried: *Demokratie im Zeitalter der Globalisierung*. München 1999.

Jaspers, Karl: *Die Schuldfrage: Von der politischen Haftung Deutschlands* [1946]. München 2012.

Kant, Immanuel: Grundlegung zur Metaphysik der Sitten [1785]. In: *Immanuel Kant. Gesammelte Schriften*. Akademie Ausgabe, Bd. 4. Berlin 1968 [AA IV].

Kant, Immanuel: Metaphysik der Sitten [1797]. In: *Immanuel Kant. Gesammelte Schriften*. Akademie Ausgabe, Bd. 4. Berlin 1968 [AA VI].

Kersting, Wolfgang: Das starke Gesetz der Schuldigkeit und das schwächere der Gütigkeit. In: Ders. (Hg.): *Recht, Gerechtigkeit und demokratische Tugend*. Berlin 1997, 74–120.

Lenk, Hans: Deskriptive und normative Zuschreibungen von Verantwortung. In: Ders. (Hg.): *Zwischen Wissenschaft und Ethik*. Berlin 1992, 76–100.

Lenk, Hans/Maring, Matthias: Verantwortung – Normatives Interpretationskonstrukt und empirische Beschreibung. In: Lutz Eckensberger/Ulrich Gähde (Hg.): *Ethische Norm und empirische Hypothese*. Berlin 1993, 222–243.

Lewis, Hywel D.: Collective responsibility. In: *Philosophy* 23/84 (1948), 3–18.

Lichtenberg, Judith: Negative duties, positive duties, and the ›new harms‹. In: *Ethics* 120/3 (2010), 557–578.

List, Christian/Pettit, Philip: *Group Agency*. Oxford 2011.

Lohmann, Georg: Zur moralischen, ethischen und rechtlichen Verantwortung in Wissenschaft und Technik. In: Holger Burckhart/Horst Gronke (Hg.): *Philosophieren aus dem Diskurs. Beiträge zur Diskurspragmatik*. Würzburg 2002, 366–378.

Mackie, John L.: *Ethik. Die Erfindung des moralisch Richtigen und Falschen*. Ditzingen 1981 (engl. 1977).

Mieth, Corinna: On human rights and the strength of corresponding duties. In: Jan-Christoph Heilinger/Gerhard

Ernst (Hg.): *The Philosophy of Human Rights*. Berlin 2011, 159–184.
Mieth, Corinna: Global economic injustice, individual duties and social responsibility. In: Hajo Greif/Martin Gerhard Weiss (Hg.): *Ethics, Society, Politics*. Berlin 2013, 411–428.
Mill, John Stuart: *Der Utilitarismus*. Hg. und übers. von Dieter Birnbacher. Ditzingen 2006.
Miller, David: Taking up the slack? Responsibility and justice in situations of partial compliance. In: Carl Knight/Zofia Stemplowska (Hg.): *Responsibility and Distributive Justice*. Oxford 2011, 230–245.
Neuhäuser, Christian: *Unternehmen als moralische Akteure*. Berlin 2011.
Nida-Rümelin, Julian: *Verantwortung*. Ditzingen 2011.
Nozick, Robert: *Anarchy, State and Utopia*. New York 1974.
O'Neill, Onora: *Tugend und Gerechtigkeit. Eine konstruktive Darstellung des praktischen Denkens*. Berlin 1996.
O'Neill, Onora: *Bounds of Justice*. Cambridge [3]2005.
Pogge, Thomas: Globale Armut: Erklärung und Verantwortung. In: Peter Koller (Hg.): *Die globale Frage. Empirische Befunde und ethische Herausforderungen*. Wien 2006, 95–130.
Pogge, Thomas: *Weltarmut und Menschenrechte. Kosmopolitische Verantwortung und Reformen*. Berlin 2011 (engl. 2002).
Rawls, John: *A Theory of Justice*. Harvard 1971.
Rawls, John: *Political Liberalism*. Columbia 1993.
Roser, Dominic/Seidel, Christian: *Ethik des Klimawandels*. Darmstadt 2013.
Schefczyk, Michael: *Verantwortung für historisches Unrecht*. Berlin 2012.
Shue, Henry: Thickening convergence: Human rights and cultural diversity. In: Deen K. Chatterjee (Hg.): *The Ethics of Assistance. Morality and the Distant Needy*. Cambridge [2]2005, 217–241.
Singer, Peter: Famine, affluence and morality. In: *Philosophy and Public Affairs* 1/3 (1972), 229–243.
Steigleder, Klaus: *Kants Moralphilosophie*. Stuttgart 2002.
Thomas von Aquin: *Summa Theologica*. Ungekürzte deutsch-lateinische Ausgabe. Hg. von der Albert-Magnus-Akademie u. kommentiert von Otto Pesch. Walberberg bei Köln 1974 [ST].
Thompson, Janna: *Taking Responsibility for the Past: Reparation and Historical Injustice*. Hoboken 2002.
Urmson, James O.: Saints and heroes. In: Abraham Melden (Hg.): *Essays in Moral Philosophy*. Washington 1958, 198–216.
Waldron, Jeremy: Superseding historic injustice. In: *Ethics* 103/1 (1992), 4–28.
Walzer, Michael: *Spheres of Justice. A Defence of Pluralism and Equality* [1983]. New York 2008.
Wenar, Leif: What we owe to distant others. In: *Politics, Philosophy & Economics* 2/3 (2003), 283–304.
Young, Iris Marion: Responsibility and global justice: a social connection model. In: *Social Philosophy & Policy* 23/1 (2006), 102–130.
Young, Iris Marion: *Responsibility for Justice*. Oxford 2011.

Corinna Mieth / Christian Neuhäuser

47 Positives Recht und Völkerrecht

Das Verhältnis von positivem Recht und Gerechtigkeit ist seit jeher umstritten. Ideengeschichtlich werden vor allem drei Relationsformen vertreten: 1) Insbesondere rechtspositivistische Ansätze gehen davon aus, dass die Bestimmung des positiven Rechts unabhängig von Gerechtigkeitsanforderungen an das Recht erfolgen müsse. 2) Hingegen wird in einer natur- bzw. vernunftrechtlichen Tradition der Begriff des positiven Rechts selbst mit Bezug auf Gerechtigkeit bestimmt. Positives Recht, das den Anforderungen der Gerechtigkeit nicht genügt, kann in dieser Perspektive keine legitime Geltung beanspruchen. 3) Eine vermittelnde Theorie, wie sie auch in der so genannten ›Radbruchschen Formel‹ zum Ausdruck kommt, lässt im Ausnahmefall die Verbindlichkeit des positiven Rechts entfallen. Das soll insbesondere dann der Fall sein, wenn das positive Recht den Anforderungen der Gerechtigkeit in besonders grober Weise widerspricht und dies Normen von qualifizierter Bedeutung betrifft (Radbruch 1946, 105–108).

Unabhängig von der Frontstellung zwischen Rechtspositivismus und Naturrecht herrscht weithin Einigkeit, dass dem Verhältnis von positivem Recht und Gerechtigkeit ein basaler Widerspruch zugrunde liegt. Einerseits könne zwar die Gerechtigkeit nicht Wesensmerkmal des positiven Rechts sein. Andererseits und zugleich komme aber die Bestimmung des positiven Rechts nicht ohne Bezug auf einen Gerechtigkeitskern aus. In Auseinandersetzung mit dieser widersprüchlichen Struktur haben sich unterschiedliche Ansätze herausgebildet, die einerseits die Gerechtigkeitsbezüge des nationalen Rechts, andererseits aber auch die Gerechtigkeitsanforderungen an transnationale Rechtsordnungsmuster betreffen.

Positives Recht

Das positive Recht kann allgemein als Gesamtheit all derjenigen Normen einer Rechtsordnung definiert werden, denen deshalb Rechtskraft zukommt, weil sie rechtmäßig zustande gekommen sind und ihr Inhalt rechtlichen Anforderungen nicht widerspricht. Das so geformte positive Recht setzt sich zusammen aus Gesetzen (legislative Rechtsetzung), Gerichtsentscheidungen (judikative Rechtsetzung) und rechtlichen Handlungsformen der Exekutive, insbesondere der Verwaltung durch Satzungen, Verordnungen sowie Verwaltungsakte (exekutive Rechtsetzung). Schließlich gibt es etwa in Gestalt privater Verträge, die zwischen Einzelnen und Gruppen geschlossen werden, auch Formen gesellschaftlicher Rechtsetzung abseits der politischen Institutionen (Merkl 1923).

Der genaue Inhalt des positiven Rechts ist regelmäßig umstritten. Da neben legislativ und exekutiv erlassenen Rechtsnormen auch judikative Entscheidungen rechtsgenerierende Wirkung haben und diese drei Rechtsquellen wiederum mit Rechtsquellen, die in gesellschaftlicher Übung (Gewohnheitsrecht) und sozietaler Normsetzung ihren Grund haben, in Verbindung zu setzen sind, kommt es regelmäßig zu Normkollisionen. Die Schwierigkeit, das jeweils in Rechtskraft erwachsende positive Recht angesichts sich widersprechender Geltungsanordnungen zu bestimmen, spitzt sich im Bereich des transnationalen Rechts noch zu. Konnten die Widersprüche im Nationalstaat noch durch die Etablierung von Norm- und Gerichtshierarchien eingegrenzt werden, kann angesichts der polyzentrischen Struktur des transnationalen Rechts auf diese Mechanismen nur eingeschränkt zurückgegriffen werden.

Als transnational in einem weiten Sinn sind hierbei unter Bezugnahme auf eine frühe Begriffsdefinition von Philip C. Jessup diejenigen rechtlichen Ordnungsmuster zu verstehen, die jenseits des staatlichen Rechts gebildet werden (Jessup 1956). Diese umfassen das internationale Recht, das im Kontext der Europäischen Union gesetzte Unionsrecht und auch das transnationale Recht im engeren Sinn, das von privaten Akteuren gesetzt und durch private Schiedsgerichte durchgesetzt wird (zum engen und weiten Begriffsverständnis transnationalen Rechts vgl. die Beiträge in Calliess 2014).

Zwar wird vereinzelt versucht, den Begriff des positiven Rechts auch im transnationalen Recht noch unter Bezugnahme auf den Staat oder staatliche Gewalt zu bestimmen. Dies überzeugt angesichts einer sich dramatisch verändernden Rechtswirklichkeit jedoch nicht mehr. Denn die Herausbildung transnationaler Regelungsarenen (*lex mercatoria*, *lex digitalis* etc.) und privater Spruchkörper (Schiedsgerichte) ist Ausdruck einer durch die funktionale Differenzierung ausgelösten fundamentalen Fragmentierung des Weltrechts. Eine Bestimmung des positiven Rechts muss sich in der transnationalen Konstellation deshalb von seiner Staatszentrierung lösen, um diese neuartigen Normierungsformen zu integrieren. Die Frage, ob etwa transnationale Unternehmen und internationale Organisationen an Menschenrechte gebunden sind, offenbart zudem eine Tendenz zu einem Anspruchstransfer: Die Gerechtigkeitsanforderungen an das Recht betreffen zunehmend auch solche Arenen transnationaler ›Governance‹, deren Institutionen und Strukturen durch nichtstaatliche Akteure geprägt werden.

Naturrecht und Rechtspositivismus

Eine angemessene Rahmung des Verhältnisses dieses in den jeweiligen Ordnungsmustern gebildeten positiven (transnationalen) Rechts zu den Anforderungen der Gerechtigkeit stellt die zentrale Herausforderung bei der Bestimmung des Umfangs und der Grenzen der Autonomie des Rechts dar. Zwar wurde der Begriff des positiven Rechts selbst teilweise mit Bezug auf die Gerechtigkeit gebildet, d. h. Gerechtigkeit wurde als konstitutives Merkmal des Begriffs des positiven Rechts betrachtet. Allerdings gerät schon bei den Sophisten das Verhältnis von Recht und Gerechtigkeit in ein Spannungsverhältnis.

Die Relation von Recht und Gerechtigkeit wird regelmäßig dann zum Problem, wenn das Recht positiviert wird. Denn spätestens ab diesem Moment können das, was Recht ist, und das, was gerecht ist, auseinanderfallen. Ausgangspunkt der Diskussionen um das Verhältnis von Recht und Gerechtigkeit ist hierbei die Konfrontation rechtspositivistischer Positionen auf der einen und natur- bzw. vernunftrechtlicher Konzepte auf der anderen Seite. Während die Vertreter des Naturrechts das geltende Recht aus einem religiös-, natur- oder vernunftbasierten Apriori entwickeln (exemplarisch: Pufendorf 1672/2001), besteht der Rechtspositivismus klassischerweise auf einer Autonomsetzung des positiven Rechts. So hat Hans Kelsen die Naturrechtslehre als ein *sacrificium intellectus* bezeichnet, weil es eine Illusion sei, dass die Gerechtigkeitsnorm von Gott, der Natur oder der Vernunft stamme. Das Recht sei Ergebnis gesellschaftlicher Setzung und unabhängig von einem vorgeblich natürlichen Apriori (Kelsen 1976, 442).

Es wäre allerdings unzutreffend, wollte man die Gerechtigkeitsdebatte auf diese überholte Frontstellung zwischen rechtspositivistischen Theorietraditionen auf der einen Seite und natur- bzw. vernunftrechtlichen Positionen auf der anderen verkürzen. Schon Immanuel Kants vernunftrechtlicher Ansatz fasste das Problem der Relationierung von Recht und Gerechtigkeit bekanntlich komplexer, indem er mit Blick auf das Widerstandsrecht postulierte, dass dem positiven Recht regelmäßig auch dann Folge zu leisten sei, wenn es nicht als vernünftig wahrgenommen werde (Kant 1797/1977, 337–443). Das positive Recht besitzt also selbst schon bei Kant eine gewisse Eigenständigkeit gegenüber dem Vernunftrecht.

Gerechtigkeit als Transzendenzformel des Rechts

Aktuelle Überlegungen zum Verhältnis von positivem Recht und Gerechtigkeit beziehen sich unterschiedlich stark auf rechtspositivistische oder natur- bzw. vernunftrechtliche Theorietraditionen. Weder rein positivistische noch rein naturrechtliche Positionen sind dabei jedoch vorherrschend. Die aktuellen Beiträge in der Diskussion über das Verhältnis von Recht und Gerechtigkeit verbindet vielmehr die – im Einzelnen freilich unterschiedlich ausgedeutete – Ausgangsposition, dass das Verhältnis von positivem Recht und Gerechtigkeit widersprüchlich ist. Diese Widersprüchlichkeit ergibt sich aus zwei kontradiktorischen Befunden: 1) Gerechtigkeit kann kein Wesensmerkmal des positiven Rechts sein. 2) Das positive Recht kann aber zugleich nicht ohne Verweis auf Gerechtigkeit bestimmt werden.

Der erste Befund, dass Gerechtigkeit kein Wesensmerkmal des positiven Rechts sein kann, wird damit begründet, dass selbst die Körperschaften demokratischer Gesetzgebung im Einzelfall ungerechtes Recht produzieren können. Nur wenn die Gerechtigkeit nicht konstitutiv für den Begriff des positiven Rechts selbst ist, könne das positive Recht überhaupt im Namen der Gerechtigkeit kritisiert, könne die »ungeheure Kluft, die zwischen Recht und Gerechtigkeit dem Wesen nach klafft« (Benjamin 1995, 42) sichtbar werden. Es scheint also, dass Gerechtigkeitsanforderungen an das positive Recht nur dann gestellt werden können, wenn Letzteres nicht schon je begrifflich als gerechtes Recht bestimmt ist. Erst die Konfrontation des Rechts mit kollidierenden Gerechtigkeitserwartungen führt zu der Frage, ob und wann ein Gerechtigkeitsverstoß auf die Geltung der Rechtsnorm durchschlägt.

Der zweite – entgegenstehende – Befund besteht darin, dass der Begriff des positiven Rechts aber ebenso wenig ohne einen immanenten Gerechtigkeitsbezug als normatives Element der Bestimmung des Rechts auskommt. Konsequenterweise bestimmt Niklas Luhmann denn auch die Gerechtigkeit als Kontingenzformel des Rechts. Sie stelle als Selbstbeschreibung und Selbstbeobachtung des Systems eine reflexive Repräsentation der Einheit des Funktionssystems Recht dar. Im rechtlichen Streben nach Gerechtigkeit komme der Anspruch des Rechts zum Ausdruck, gleiche Fälle gleich zu entscheiden und sich hierbei responsiv zu den gesellschaftlichen Anforderungen zu verhalten. Gerechtigkeit wird insofern zur permanenten Quelle der Irritation des autonomen Rechts durch die Gesellschaft (Luhmann 1993, 214–238). Auch in den dekonstruktiven Analysen Jacques Derridas kommt das Recht nicht ohne Verweis auf Gerechtigkeit aus. Denn auch noch die genaueste Fassung einer positiven Rechtsnorm kann die Anwendung derselben, d. h. die Entscheidung nach positivem Recht, nicht vorgeben. Die Anwendung des positiven Rechts ist kein Automatismus. Die Aporien des Rechtsentscheidens, der Hiatus zwischen positiver Rechtsnorm und ihrer Anwendung in der Entscheidung, können nur mit Hilfe der Gerechtigkeit überwunden werden. Eine Entscheidung kann dabei nie gerecht »sein«. Die Gerechtigkeit des Rechts sei vielmehr stets »im Kommen« (Derrida 1991, 46–53).

Gerechtigkeit im transnationalen Recht

Diese doppelte Einsicht, dass die Bestimmung des positiven Rechts unabhängig von Gerechtigkeitskriterien erfolgen muss und dass zugleich der Vollzug des positiven Rechts strukturell auf Gerechtigkeit angewiesen ist, wird theoretisch sehr unterschiedlich umgesetzt. Dies zeigt sich vor allem auch an der Diskussion um die Gerechtigkeit im transnationalen Recht.

Eine bedeutsame Theorietradition des transnationalen Gerechtigkeitsdiskurses bezieht sich auf das Kantische Vernunftrecht, adaptiert dies aber in Richtung einer diskursethisch fundierten prozeduralen Gerechtigkeitsvorstellung. Gerechtigkeit wird so in erster Linie als prozedurale Ausgestaltung vernünftiger Verfahren und nicht mehr, wie noch in natur- und vernunftrechtlichen Ansätzen, inhaltlich bestimmt. Die Universalisierbarkeit rationaler Normen bildet für die Vertreter dieser Theorieschule die Grundlage für eine gerechte Ausgestaltung des positiven Rechts. Gerade im Völkerrecht werden Ansätze entwickelt, die in der Konstitutionalisierung des Völkerrechts die Antwort auf die Gerechtigkeitsdefizite des globalen Rechts sehen. Hiernach setze eine gerechte Völkerrechtsordnung vor allem voraus, dass es gelinge, deliberativ-demokratische Legitimationselemente aus dem Nationalstaat in die transnationale Konstellation zu überführen (Habermas 2004).

Kantianisch inspirierte Beiträge gehen über dieses Programm bisweilen hinaus und suchen den Gerechtigkeitsbezug des transnationalen Rechts zu einer militärischen Eingriffsbefugnis oder gar -pflicht auszudeuten. So wird in der Theorie des gerechten Krieges die Gerechtigkeit zum außerrechtlichen Rechtfertigungsgrund für formal völkerrechtswidrige militärische Einsätze (zur Kritik: Müller 2013). Die Legalitätsordnung des Völkerrechts in Gestalt der Friedenspflicht wird in solchen Ansätzen damit unter den Vorbehalt extralegaler Legitimitätsanforderungen gestellt. Dies widerspricht allerdings der prozeduralen Gerechtigkeitsdimension des transnationalen Rechts. So wurde insbesondere im System der Vereinten Nationen eine komplizierte Balance geschaffen, um das globale Gewaltverbot durchzusetzen und die Rechtmäßigkeit des Einsatzes militärischer Gewalt an die in der UN-Charta festgelegten Verfahren zu binden. Diese Verfahrensgerechtigkeit kann nicht durch eine materielle Gerechtigkeitslogik substituiert werden, ohne die freiheitssichernde Funktion der Kompetenzordnung zu gefährden (Maus 1999).

Neben den prozedural argumentierenden Gerechtigkeitstheorien gibt es im transnationalen Recht eine Vielzahl ganz unterschiedlich gelagerter Ansätze, deren gemeinsamer Ausgangspunkt ihre Alteritätsorientierung ist; d. h. nicht die Suche nach universeller Gültigkeit, sondern die Einsicht in die unüberbrückbare normative Pluralität gesellschaftlicher Verhältnisse steht hier im Zentrum. Bei Gunther Teubner erfährt die Kontingenzformel der Gerechtigkeit eine dekonstruktive Ausdeutung. Unter Bezugnahme auf Derrida versteht Teubner die transnationale Gerechtigkeit als einen Prozess der »Selbstbeschreibung im Recht, der die routinisierte Rekursivität der Rechtsoperationen unterbricht, blockiert, sabotiert, unterminiert, der damit das Recht zu seiner Selbsttranszendierung über jeden Sinn hinaus zwingt, der sich aber sogleich wieder unter den Fortsetzungszwang, weitere Rechtsoperationen zu produzieren, setzt und sich dadurch selbst sabotiert, dass er genau neue Ungerechtigkeiten schafft« (Teubner 2014, 347). Nur in der Selbsttranszendierung könne das transnationale Recht sich demnach der Gerechtigkeitserfahrung aussetzen. Eine große Nähe haben solche alteritätsorientierten Gerechtigkeitskonzeptionen zudem zu den rechtskritischen Ansätzen im Rahmen des so genannten *Third World Approach to International Law* (TWAIL). Diese regelmäßig postkolonialen Theoriebildungen setzen sich vor allem kritisch mit universalistischen Gerechtigkeitsvorstellungen auseinander (vgl. z. B. Anghie 2005).

In Bezug auf das Völkerrecht schlagen sich alteritätsorientierte Gerechtigkeitskonzepte des Rechts vor allem in den Konzepten eines transnationalen Rechtspluralismus nieder. Wenn ein gerechtes Recht nicht durch Universalisierung erreicht werden kann, weil die normative Pluralität als Ausdruck der funktionalen Differenzierung der Gesellschaft nicht aufgehoben werden könne, kommt eine Bezugnahme auf Metanormen oder eine übergreifende und einheitsstiftende (Welt-)Verfassung nicht mehr in Betracht. Gerechtigkeitsanforderungen müssen dann vor allem darauf abzielen, die Kollision polyzentrisch organisierter Normierungsformen und Arenen abzufedern, indem in den heterarchischen pluralen Normordnungen intern Responsivitätspflichten etabliert werden, die intern einen adäquaten Umgang mit den von der jeweiligen Bereichsrechtsordnung Betroffenen absichern. Es wird dann zur Kernforderung der Gerechtigkeit, durch Recht einen Prozess zu etablieren, der die Rechte von Menschen, ökologischer Umwelt und von anderen gesellschaftlichen Sektoren so miteinander in Beziehung setzt, dass individuelle Freiheit und gesellschaftliche Emanzipation möglich bleiben.

Forschungsperspektivisch hat eine solche Ausdeutung der Gerechtigkeitsfrage im Recht insbesondere auch Folgen für die Bedeutung von Staatlichkeit: Galt vernunftrechtlich orientierten Ansätzen der Staat und das politische Gemeinwesen in deliberativ-demokratischer Tradition noch als letztlich entscheidende Legitimationsquelle des Rechts und war der Wille des Staates in rechtspositivistischen Ansätzen letztlich entscheidendes Kriterium für die Entstehung positiver völkerrechtlicher Normen, so löst sich der transnationale Rechtspluralismus von diesem etatistischen Reduktionismus. Neben der Festigung von im Staat organisierten Beteiligungsstrukturen komme es darauf an, neue formelle und informelle zivilgesellschaftliche und subalterne Partizipationsformen im Recht zur Geltung zu bringen. Nur wenn das positive Recht gesellschaftliche Selbstbestimmungsmöglichkeiten jenseits staatlicher Zusammenhänge eröffne, könne es zu einer gerechten rechtlich basierten Ordnung der transnationalen Konstellation beitragen. Gerade weil neben dem Staat zunehmend auch nichtstaatliche Akteure öffentliche Gewalt ausübten, müssten Gerechtigkeitsanforderungen an das Recht auch in diesen nichtstaatlichen Regelungsarenen zur Geltung gebracht werden (Teubner 2012).

Literatur

Anghie, Antony: *Imperialism, Sovereignty, and the Making of International Law.* Cambridge 2005.

Benjamin, Walter: Notizen zu einer Arbeit über die Kategorie der Gerechtigkeit [1916]. In: *Frankfurter Adorno Blätter* 4 (1995), 41–52.

Calliess, Gralf-Peter (Hg.): *Transnationales Recht.* Tübingen 2014.

Derrida, Jacques: *Gesetzeskraft. Der »mystische Grund der Autorität«.* Frankfurt a. M. 1991.

Habermas, Jürgen: *Der gespaltene Westen.* Frankfurt a. M. 2004.

Jessup, Philip C.: *Transnational Law.* New Haven 1956.

Kant, Immanuel: *Die Metaphysik der Sitten* [1797]. In: Ders.: Werkausgabe in 12 Bänden, Bd. VIII. Hg. von Wilhelm Weischedel. Frankfurt a. M. 1977.

Kelsen, Hans: *Reine Rechtslehre* [1960]. Wien ^{2}1976.

Luhmann, Niklas: *Das Recht der Gesellschaft.* Frankfurt a. M. 1993.

Maus, Ingeborg: Menschenrechte als Ermächtigungsnormen internationaler Politik. In: Hauke Brunkhorst/Wolfgang R. Köhler/Matthias Lutz-Bachmann (Hg.): *Recht auf Menschenrechte.* Frankfurt a. M. 1999, 274–285.

Merkl, Adolf: *Die Lehre von der Rechtskraft entwickelt aus dem Rechtsbegriff.* Leipzig 1923.

Müller, Harald: Justice and peace: Good things do not always go together. In: Gunther Hellmann (Hg.): *Justice and Peace. Interdisciplinary Perspectives on a Contested Relationship.* Frankfurt a. M. 2013, 43–68.

Pufendorf, Samuel: *Acht Bücher vom Natur- und Völkerrecht.* Frankfurt a. M. 1711, Nachdr. Hildesheim 2001 (lat. *De iure naturae et gentium libri octo,* Lund 1672).

Radbruch, Gustav: Gesetzliches Unrecht und übergesetzliches Recht. In: *Süddeutsche Juristenzeitung* 1 (1946), 105–108.

Teubner, Gunther: *Verfassungsfragmente. Gesellschaftlicher Konstitutionalismus in der Globalisierung.* Berlin 2012.

–: Selbstsubversive Gerechtigkeit: Kontingenz- oder Transzendenzformel des Rechts? In: Marc Amstutz/Andreas Fischer-Lescano (Hg.): *Kritische Systemtheorie.* Bielefeld 2014, 327–364.

Andreas Fischer-Lescano / Johan Horst

48 Staat

Der Staat wird in diesem Kapitel nicht nur im engeren Sinn des modernen Flächenstaates, sondern allgemein als institutionalisierte Herrschaft verstanden. Philosophische Theorien stehen in Bezug auf das Thema des Verhältnisses von Staat und Gerechtigkeit weitgehend im Spannungsfeld von zwei Positionen. Die eine begreift Herrschaftsfreiheit als notwendiges Element von Gerechtigkeit, was eine Inkompatibilität von Staat und Gerechtigkeit impliziert. Die andere Position sieht in der Gerechtigkeit die normative Grundstruktur der staatlichen Herrschaftsordnung.

Gerechtigkeit als Herrschaftsfreiheit

Das Verständnis der Gerechtigkeit als Herrschaftsfreiheit lässt sich seinerseits in zwei Spielarten unterscheiden. Die erste geht von einer Inkompatibilität von Staat und Gerechtigkeit aus (Inkompatibilitätstheorie). Die zweite sieht den Staat als Vorstufe einer herrschaftsfreien Gesellschaft, die notwendig ist, die es aber zu überwinden gilt (Überwindungstheorie).

Die Inkompatibilitätstheorie erachtet den Staat als Herrschaftsform, der Gerechtigkeit prinzipiell nicht zugeschrieben werden kann (vgl. z. B. Godwin 1793/1993; Proudhon 1840/1867; Stirner 1845/1981; Landauer 1901; Sartwell 2008; Scott 2012). Es sei nicht möglich, den Staat gerecht zu gestalten oder Gerechtigkeit durch den Staat zu verwirklichen. Die Ungerechtigkeit aller Herrschaftsordnung kann gemäß dieser Theorie auch durch das Verfolgen von guten Zwecken mit den zwangsbewehrten Mitteln des Staates nicht kompensiert werden.

Es ist nur möglich, diese Position kohärent zu rekonstruieren, wenn man den Unterschied zwischen Anarchie und Anomie berücksichtigt. Anarchie ist ein Zustand ohne auf Zwangsgewalt gestützte Herrschaft, Anomie ein Zustand ohne Sittengesetz oder soziale Normen (Durkheim 1897). In der Inkompatibilitätstheorie wird nicht die Idee des Gesetzes als Ermöglichungsbedingung gleicher Freiheit verworfen – das zu tun, wäre die Position der Anomie. Vielmehr wird die zwanghafte Durchsetzung von Gesetzen und Pflichten durch den Staat als Verletzung der Gerechtigkeit betrachtet. Diese Position muss folglich jeglichen Zwang und jegliches Gewaltmonopol als inhärent ungerecht betrachten, die Anwendung von Zwangsgewalt zur Durchsetzung von Gewaltverzicht, gerechter Zwecke oder zur Bereitstellung öffentlicher

Güter ablehnen und den Begriff der Neutralität des Staates verwerfen. Der Staat kann nur unter Voraussetzung dieser Punkte nicht als Garant gerechter Verhältnisse gedacht und gerechtfertigt werden. Die anarchistische Position lässt sich wie folgt zusammenfassen: Um Herrschaft auszuüben, was auch in der minimalistischen Variante bedeutet, Regeln im äußeren Verhältnis der Menschen durchzusetzen, muss der Staat Zwang anwenden und allen anderen Akteuren an physischer Gewalt überlegen sein. Der Staat ist ein übermächtiger Akteur in einer Gesellschaft von Gleichen. Durch die Anwendung von Zwang verletzt er Autonomie, denn jegliche staatliche Zwecksetzung dient notwendig partikularen Interessen. Durch den Staat wird das Trittbrettfahrerproblem (regelwidriges Verhalten einzelner oder einer Gruppe auf Kosten all jener, die sich an eine Regel halten) nicht gelöst, da der Staat selbst Partei mit partikularen Interessen ist. Vielmehr erhält eine privilegierte Gruppe oder Klasse von Menschen ein Trittbrettfahrermonopol. Das heißt, es wird in dieser Position unterstellt, dass vom Staat zwar allgemein verbindliche Gesetze durchgesetzt werden, dass diese aber immer nur jener partikularen Gruppe nützen, die den Staat kontrolliert. Diese anarchistische Position ist radikaler als die libertäre Rechtfertigung des Minimalstaates (s. Kap. III.32).

In der Überwindungstheorie, der zweiten Spielart der anarchistischen Position, wird gerechte Herrschaft als notwendige Vorstufe einer normativ höherwertigen, herrschaftsfreien Ordnung betrachtet. In letzterer erreicht der Mensch den Status eines Wesens, das der staatlich sanktionierten Gerechtigkeit nicht mehr bedarf. Es wird in diesem Fall nicht eine Inkompatibilität zwischen Gerechtigkeit und Staat unterstellt. Sanktion und Herrschaft werden nicht notwendigerweise als ungerecht betrachtet. Staatliche Sanktion gilt als notwendiges Element von Gerechtigkeit zwischen moralisch und epistemisch defizienten Wesen. Gerechtigkeit wird aber als normative Ordnung betrachtet, der man sich durch Tugend und Wissen annähern kann und die im Fall einer vollkommenen Internalisierung der Gesetze der Gerechtigkeit staatliche Sanktion obsolet macht. Der Staat ist ein unvollkommenes Heilmittel gegen Unmoral und Unwissen; aufgeklärte Wesen ordnen ihre Gesellschaft im herrschaftsfreien Gespräch durch Handeln gemäß ihrer Verständigung über das Gute und gemäß ihrer Einsicht in das Wahre. Aus dieser Perspektive gilt es, den Staat im Hinblick auf das normative Ziel einer herrschaftsfreien Gesellschaft zu überwinden. Noch 1788 schreibt Madison (1788/2003, 316), dass Engel keinen Staat benötigen. Diese Position impliziert nicht, dass moralisch vollkommene Wesen (›Engel‹) untereinander keine Gerechtigkeit verwirklichen, sondern dass sie Gerechtigkeit ohne Staat realisieren. Die Überwindungsthese unterstellt ein Telos moralischer und epistemischer Vollkommenheit. Nur beide zusammen würden den Staat obsolet machen (Kavka 1995). Im Hinblick darauf wird gerechte Herrschaft auf der Grundlage eines herrschaftsfreien Ideals beständig zurückgefahren und letztlich überwunden. Diese Position findet ihre Ausprägungen in einer bestimmten Interpretation von Platons *Politeia* als antipolitische Schrift, der es um eine Reinigung der Seele und nicht um die innerweltliche Verwirklichung eines gerechten Staates gehe. Letztere werde in der *Politeia* ironisiert und ins Absurde geführt. Der letzte Teil der Schrift mit dem Mythos des Schicksals der Seele bestätige die von Platon vertretene Bestimmung des Menschen zu herrschaftsfreier Moralität in der Gemeinschaft der Gerechten (Strauss 1964; Bloom 1991; Klosko 1986, 275–293).

In Augustinus' *De civitate dei* ist die Gerechtigkeit ein notwendiges Element des Staates. Augustinus schreibt, dass Königreiche ohne Gerechtigkeit nichts anderes sind als große Räuberbanden (De civ. I, 101). Diese staatliche Gerechtigkeit findet erst im Gottesstaat ihre Vollendung. Die Überwindungstheorie wurde von Marx und Engels in einer innerweltlichen Interpretation vertreten. Der Staat ist ein Instrument der Klassenherrschaft. Er wird sich über die notwendige Zwischenstufe des sozialistischen Staates (MEW 19, 224) auflösen, und es wird sich ein Prinzip durchsetzen, das als kommunistisches Gerechtigkeitsprinzip gelesen werden kann: »jeder nach seinen Fähigkeiten, jedem nach seinen Bedürfnissen« (ebd., 21). Der Gegensatz zwischen diesem geschichtsteleologischen Kommunismus und einem strikten Anarchismus ist der Gegensatz zwischen der Inkompatibilitäts- und der Überwindungstheorie. Die Überwindungstheorie ist auch in der frühen transzendentalen Sprachpragmatik präsent, der zufolge Herrschaft nach Maßgabe einer kontrafaktisch antizipierten, herrschaftsfreien Sprechsituation vermindert und in herrschaftsfreie Verhältnisse überführt werden soll (Habermas 1968, 76). Das normative Telos dieser Theorie ist nicht gerechte Herrschaft, sondern Herrschaftsfreiheit. Spätere diskurstheoretische Begründungen des liberalen Rechtsstaates versuchen dieser Konsequenz zu entgehen (Apel 1992, 46; Habermas 1992).

Der Staat als gerechte Herrschaft

Die andere Grundposition bezüglich des Verhältnisses von Staat und Gerechtigkeit betrachtet den Staat entweder als notwendige Bedingung oder als Institution der umfassenden Verwirklichung einer gerechten Ordnung. Begriff und Rechtfertigung des Staates sind in dieser Position eng mit Gerechtigkeit verbunden. Die Realisierung der Gerechtigkeit im äußeren Verhältnis der Menschen ist vom Staat abhängig oder sie ist sogar der eigentliche Staatszweck. In der Staatslehre von Thomas Hobbes ist der Staat die notwendige Bedingung der Möglichkeit von Gerechtigkeit. Im staatsfreien Zustand der Menschen gibt es aufgrund der rationalen Antizipation der immer möglichen Gewalt des Anderen keine Grundlage, zwischen gerechtem und ungerechtem Verhalten zu unterscheiden. Individuen muss zugestanden werden, ihr Überleben zu sichern, wenn nötig mit präventiver Täuschung und Gewalt (Hobbes 1651/1962, 115). Die Möglichkeit der Beurteilung gerechter Handlungen und Verhältnisse setzt den Staat notwendig voraus. Der Staat erzeugt durch das Gewaltmonopol und die Garantie des Rechts ein Umfeld stabilisierter Erwartungen in Bezug auf das Handeln der Anderen. Erst die Schutzgarantie des Staates erlaubt es, von Menschen vernünftigerweise zu erwarten, dass sie sich im Rahmen des Rechts an normative Gerechtigkeitsansprüche halten.

Darüber hinaus kann die Gerechtigkeit als »erste Tugend sozialer Institutionen« (Rawls 1971/2001, 3) oder gar als moralischer Zweck des Staates (Reus-Smit 1999) verstanden werden. Es gibt keine normativ begründbare Vorstellung eines legitimen Staates ohne Gerechtigkeit. Die Bedeutung, die dem Staat in diesem Ansatz jeweils zugedacht wird, hängt vom Verständnis der Gerechtigkeit ab. Die liberale Position (s. Kap. III.31) betrachtet den Staat als notwendigen Zwangsapparat mit Gewaltmonopol zur Sicherung von Grundrechten und zur weltanschaulich neutralen Ermöglichung der Koexistenz von Menschen und zivilgesellschaftlichen Gruppen mit unterschiedlichen Vorstellungen des guten Lebens. Die Gerechtigkeit steht gemäß dieser Position an höchster Stelle der normativen Prinzipien der politischen Ordnung. Sie wird aber nicht unbedingt in Funktion der Verwirklichung eines bestimmten Guts verstanden. Unterschiedliche Wertungen haben ihren Platz in der Gesellschaft, insofern sie den formalen und inhaltlichen Prinzipien der Gerechtigkeit nicht widersprechen. Wegen der divergierenden Positionen in der Ausgestaltung der Rechte gibt es auch innerhalb des liberalen Verständnisses eine große Bandbreite von Varianten. Die durch den Staat zu realisierende Gerechtigkeit reicht darin von einem friedlichen *modus vivendi* und einer minimalen Garantie formaler Freiheitsrechte (Nozick 1974) bis hin zu einer inhaltlich sehr anspruchsvollen egalitaristischen und demokratischen Gesellschaftsform (vgl. Habermas 1992; Rawls 1993; Warren 2006). Diese demokratische Gerechtigkeit des Staates definiert sich nicht unbedingt im Gegensatz zu einer liberalen. Angesichts einer Pluralität liberaler Interpretationen in der Ausgestaltung der Grundrechte wird postuliert, dass sich Letztere nur über demokratische Prozesse zu justiziablen Normensystemen konkretisieren können oder dass sie ihre Begründung darin finden, ein bestimmtes menschliches Gut zu befördern, das zu seiner Konkretion der demokratischen Entscheidungsfindung bedarf (Sandel 1998).

Das Festhalten an den Grundrechten als nicht übertrumpfbaren Grundnormen des Staates unterscheidet die liberale Position von republikanischen oder kommunitaristischen, in denen die Gerechtigkeit in Abhängigkeit von kollektiven Gütern oder Vorstellungen des Gemeinwohls definiert wird (s. Kap. III.36). Wird die Gerechtigkeit als Staatszweck verstanden, fällt dem Staat in dieser kommunitaristischen Lesart eine umfassende Rolle in der kollektiven Realisierung des guten Lebens oder Gemeinwohls zu (Aristoteles 1990; Hegel 1820/1986). Kommunitaristische Gerechtigkeitstheorien sind aber oft auch antistaatlich angelegt. Sie sehen im liberalen Staat eine Ursache der Entfernung von zivilgesellschaftlichen Formen des solidarischen Zusammenlebens (Etzioni 2009). Oder sie sehen den Staat als sekundär und abhängig von zivilgesellschaftlich aufgebautem Sozialkapital (Putnam 2001).

Weltstaat als gerechte Herrschaft oder Gerechtigkeit zwischen Staaten

Das Verhältnis von Staat und Gerechtigkeit wird auch in Debatten um die globale Gerechtigkeit diskutiert. Im Rahmen dieser Diskussion findet sich eine abgeschwächte Form der Überwindungstheorie in postmodernen Positionen, die einer Auflösung des Staates in post-souveräne Regulierungsprozesse das Wort reden (Walker 1993). Es ist allerdings nicht klar, wie dadurch positiv der Gerechtigkeit gedient ist. Die liberale Variante staatszentrierter Realisierung von Gerechtigkeit gibt es auch als Theorien des globalen Staates. Gemäß dieser Position kann aus prinzipiellen Gründen nur ein auf globaler Ebene realisierter Staat den Prinzipien der Gerechtigkeit zum Durchbruch verhelfen. Den souveränen Nationalstaat gilt es als Teilstaat in einen Weltstaat zu integrieren. Die meisten weltstaatlichen Gerechtigkeitstheorien haben ein liberales Gepräge. Sie gehen von einem normativen Vorrang der Gleichheit zentraler menschlicher Gerechtigkeitsansprüche aus. Diese werden durch eine Fragmentierung in souveräne Einzelstaaten mit partikularen Rechten und Pflichten von Bürgern verletzt oder nur sehr unvollständig eingelöst (Beitz 1999; Pogge 1989; Held 1995; Archibugi 2008; Risse 2012). Es gibt aber auch eine partikularistische Position, die eine Fragmentierung in Einzelstaaten unter Anwendung des liberalen Prinzips der Gleichbehandlung rechtfertigt (Blake 2001).

Kommunitaristische oder partikularistische Gerechtigkeitstheorien sind den Theorien globaler Staatlichkeit gegenüber kritisch eingestellt und geben gemeinschaftsbezogenen, relationalen, vertraglichen oder assoziativen Pflichten und Verantwortlichkeiten oder einer bestimmten gemeinschaftlich akzeptierten Konzeption des Guten aus unterschiedlichen Gründen Vorrang vor Prinzipien globaler Gerechtigkeit (diskutiert bei Scheffler 2008, 48–96; Scheffler 2014). Allerdings gibt es auch innerhalb der republikanischen und kommunitaristischen Strömung eine kosmopolitische Schule. Sie knüpft nicht unbedingt an die relativistische Variante des Kommunitarismus an, der gemäß Rechte ihren normativen Ursprung in der konventionellen Einbettung in eine faktische gemeinschaftliche Anerkennung haben, sondern an die Variante, wonach sich Rechte aus bestimmten für alle Menschen begründbaren Gütern ergeben, die menschheitsgemeinschaftlich realisiert werden sollen (vgl. Hicks 1999; Bohman 2004). Methodisch entgegen steht dieser These eine Position, die die Ableitung eines normativen Imperativs zur Weltstaatlichkeit aus Gerechtigkeitsprinzipien ablehnt, weil sie in Anlehnung an Hobbes die Realisierung von egalitaristischer Gerechtigkeit, vor allem distributiver Gerechtigkeit, von der Effektivität eines politischen Basiskonsenses zur Aufrechterhaltung robuster souveräner Institutionen abhängig macht. Diese werden in der Theorie der Gerechtigkeit vorausgesetzt und sind als allgemeine Gerechtigkeitsprinzipien in ihren Grenzen weder begründbar noch widerlegbar. Sie müssen aber elementare humanitäre Pflichten erfüllen, um in ihrem Recht zu sein (Rawls 1999; Nagel 2005). Eine dritte Variante stellt der konstruktivistische Kosmopolitismus dar. Staaten sind in ihrem Recht, aber sie sind zu Reziprozität und zur Bildung einer Rechtsgemeinschaft verpflichtet, die verschiedene Aufgaben der Realisierung von Gerechtigkeit auf unterschiedlichen Ebenen angeht (Risse 2012; Blake 2012; Sangiovanni 2007; Cheneval 2011).

Literatur

Apel, Karl-Otto: Diskursethik vor der Problematik von Recht und Politik: Können die Rationalitätsdifferenzen zwischen Moralität, Recht und Politik selbst noch durch die Diskursethik normativ-rational gerechtfertigt werden? In: Karl-Otto Apel/Matthias Kettner (Hg.): *Zur Anwendung der Diskursethik in Politik, Recht und Wissenschaft.* Frankfurt 1992, 29–61.

Archibugi, Daniele: *The Global Commonwealth of Citizens. Toward Cosmopolitan Democracy.* Princeton 2008.

Aristoteles: *Politik.* Übers. und mit erkl. Anm. vers. von Eugen Rolfes. Unver. Nachdr. Hamburg 1990.

Augustinus, Aurelius: *De civitate dei. Corpus Christianorum, series latina XLVII.* Turnholti 1955 [De civ.].

Beitz, Charles: *Political Theory and International Relations* [1979]. Princeton ²1999.

Blake, Michael: Distributive justice, state, coercion, and autonomy. In: *Philosophy & Public Affairs* 30/3 (2001), 257–296.

–: Global distributive justice: Why political philosophy needs political science. In: *Annual Review of Political Science* 15/1 (2012), 121–136.

Bloom, Allan: *The Republic of Plato* [1968]. New York ²1991.

Bohman, James: Republican cosmopolitanism. In: *The Journal of Political Philosophy* 12/3 (2004), 336–352.

Cheneval, Francis: *The Government of the Peoples. On the Idea and Principles of Multilateral Democracy.* New York 2011.

Durkheim, Émile: *Le suicide. Étude de sociologie.* Paris 1897.

Etzioni, Amitai: *The Monochrome Society.* Princeton 2009.

Godwin, William: *Enquiry Concerning Political Justice* [1793]. London 1993.

Habermas, Jürgen: *Erkenntnis und Interesse.* Frankfurt a. M. 1968.

–: *Faktizität und Geltung.* Frankfurt a. M. 1992.

Hegel, Georg Friedrich Wilhelm: *Grundlinien der Philosophie des Rechts oder Naturrecht und Staatswissenschaft im Grundrisse* [1820]. In: Ders.: Werke, Bd. 7. Hg. von Eva Moldenhauer und Karl Markus Michel. Frankfurt a. M. 1986.

Held, David: *Democracy and the Global Order. From the Modern State to Cosmopolitan Governance.* Cambridge 1995.

Hicks, Stephen: *International Law and the Possibility of a Just World Order. An Essay on Hegel's Universalism.* Amsterdam/Atlanta 1999.

Hobbes, Thomas: *Leviathan or the Matter, Form and Power of a Commonwealth Ecclesiastical and Civil* [1651]. Hg. von Michael Oakeshott. London 1962.

Kavka, Gregory S.: Why even morally perfect people would need government. In: *Social Philosophy and Policy* 12/1 (1995), 1–18.

Klosko, George: The straussian interpretation of Plato's re-

public. In: *The History of Political Thought* VII/2 (1986), 275–293.
Landauer, Gustav: Anarchistische Gedanken über Anarchismus [1901]. In: http://link.springer.com/chapter/10.1007 %2F978-3-322-96246-1_10 (19.1.2015).
Madison, James: Federalist 51. In: Alexander Hamilton/ James Madison/John Jay (Hg.): *The Federalist Papers* [1788]. New York 2003.
Marx, Karl/Engels, Friedrich: *Marx Engels Werke* [MEW], Bd. 19. Berlin 1962.
Nagel, Thomas: The problem of global justice. In: *Philosophy & Public Affairs* 33/2 (2005), 113–147.
Nozick, Robert: *Anarchy, State, and Utopia*. New York 1974.
Platon: *Politeia*. Hamburg 1989.
Pogge, Thomas: *Realizing Rawls*. Ithaca NY 1989.
Proudhon, Pierre-Joseph: *Qu'est-ce que la propriété?* [1840]. Paris 1867.
Putnam, Robert D.: *Bowling Alone*. New York 2001.
Rawls, John: *Political Liberalism*. New York 1993.
–: *The Law of Peoples*. Cambridge MA 1999.
–: *A Theory of Justice* [1971]. Cambridge MA 2001.
Reus-Smit, Christian: *The Moral Purpose of the State*. Princeton 1999.
Risse, Mathias: *On Global Justice*. Princeton 2012.
Sandel, Michael: *Liberalism and the Limits of Justice* [1982]. Cambridge ²1998.
Sangiovanni, Andrea: Global justice, reciprocity, and the state. In: *Philosophy & Public Affairs* 35/1 (2007), 3–39.
Sartwell, Crispin: *Against the State. An Introduction to Anarchist Political Theory*. New York 2008.
Scheffler, Samuel: *Boundaries and Allegiances. Problems of Justice and Allegiances in Liberal Thought*. Oxford 2008.
–: The idea of global justice. A progress report. In: *The Harvard Review of Philosophy* 20 (2014), 1–17.
Scott, James C.: *Two Cheers for Anarchism*. Princeton 2012.
Stirner, Max: *Der Einzige und sein Eigentum* [1845]. Stuttgart 1981.
Strauss, Leo: *The City and Man*. Chicago 1964.
Walker, Rob B. J.: *Inside/Outside: International Relations as Political Theory*. Cambridge 1993.
Warren, Mark: Democracy and the State. In: John S. Dryzek/ Bonnie Honig/Anne Phillips (Hg.): *The Oxford Handbook of Political Theory*. Oxford 2006, 382–399.

Francis Cheneval

49 Mensch, Bürger, moralische Person

›Mensch‹, ›Bürger‹ und ›moralische Person‹ sind mögliche Antworten auf die Frage, wem ein moralischer Status zukommt. Ein Wesen besitzt einen moralischen Status, wenn es aus moralischen Gründen um seiner selbst willen Beachtung verdient (DeGrazia 2014). Die Frage nach dem moralischen Status ist auch für die Gerechtigkeit grundlegend bedeutsam, denn diese ist ein besonderer Teil der Moral. Nur wer überhaupt einen moralischen Status hat, kann daher einen solchen auch unter dem Gesichtspunkt der Gerechtigkeit besitzen. Aber das Umgekehrte muss nicht gelten: Womöglich gibt es Wesen, die um ihrer selbst willen Beachtung verdienen, deren Behandlung aber gleichwohl nicht in das Geltungsgebiet der Gerechtigkeit fällt. Das wäre etwa so, wenn zwar jeder Mensch einen moralischen Status besäße, die Gerechtigkeit aber einzig Beziehungen unter Bürgern regelte.

Damit sind begriffliche Fragen berührt, und eine Schwierigkeit ist, dass das Gerechtigkeitskonzept keine einheitliche Verwendung findet (Ladwig 2011). Klassisch ist die Unterscheidung des Aristoteles zwischen einem allgemeinen und einem besonderen Gebrauch des Gerechtigkeitsbegriffs. Eine ähnliche Unterscheidung spielt noch immer eine Rolle: Grob gesprochen, dreht sich das allgemeine Verständnis von Gerechtigkeit heute um Rechtspflichten, während das besondere die verteilende und die ausgleichende Gerechtigkeit umfasst. Da diese zwei Bedeutungen, die allgemeine und die besondere, weder extensional noch intensional zusammenfallen, sollten wir auch die Statusfrage für beide gesondert betrachten. Wer also hat einen gerechtigkeitserheblichen moralischen Status im allgemeinen, wer im besonderen Sinne des Begriffs der Gerechtigkeit? Lautet die Antwort, in der einen oder auch in der anderen Hinsicht, »jeder Mensch«, so liegt eine kosmopolitische Position vor. Besagt sie »nur Bürger«, so ist die Position eine partikularistische.

Als wäre das noch nicht kompliziert genug, hängen die Antworten von einer weiteren begrifflichen Weichenstellung ab; und auch sie ist für jede Verwendungsweise getrennt zu betrachten. Bedarf die Gerechtigkeit einer auslösenden Bedingung in Gestalt spezieller Beziehungen oder auch Institutionen? Oder gilt sie von vornherein unter allen Menschen, wo, wann und wie sie auch leben? Im ersten Fall wäre die Gerechtigkeit ein assoziatives Konzept, im zweiten Fall ein nicht-assoziatives. Die nicht-assoziative Sichtweise ist, sofern alle Menschen einen moralischen Status besitzen, von vornherein universalistisch. Aber auch die assoziative Sichtweise kann auf einen Universalismus hinauslaufen. Das setzt allerdings voraus, dass die relevanten Beziehungen oder Institutionen die ganze Welt umgreifen.

Die Statusfrage wird heute mit Blick auf die Gerechtigkeit vor allem im Sinne der Frage gestellt, ob Menschen als solche oder nur Bürger in und gegenüber ihren Staaten gültige Ansprüche der Gerechtigkeit geltend machen können. Das dritte titelgebende Konzept dieses Kapitels, ›moralische Person‹, wirkt demgegenüber wenig vertraut. Es soll daher abschließend als genuine Alternative zu der Grundunterscheidung ›Mensch oder Bürger‹ betrachtet werden. Dabei wird auch die Frage nach möglichen Gerechtigkeitsansprüchen von Tieren zur Sprache kommen. Zunächst aber sei die Grundalternative ›Mensch oder Bürger‹ mit Blick auf die allgemeine, sodann auf die besondere Gerechtigkeit näher beleuchtet.

Allgemeine Gerechtigkeit: Rechtspflichten und moralischer Status

Aristoteles verstand unter Gerechtigkeit im Allgemeinen eine Regelbefolgung im sozialen Miteinander. Er dachte vor allem an das Zusammenleben freier und gleicher Bürger einer sich selbst regierenden – attischen – Stadtrepublik. Menschen als solche hatten in den Augen des Aristoteles keinen moralischen Status: Manche seien geborene Sklaven, und die allgemeine Gerechtigkeit lege fest, was die Bürger eines um Autarkie bemühten Gemeinwesens voneinander erwarten dürfen. Man könnte sagen, der gerechte Mensch im allgemeinen Sinne des Wortes, wie es Aristoteles verstand, ist ein guter Sozialpartner. Er verhält sich zu seinen Mitbürgern so, wie es diesen gebührt.

Der allgemeine Begriff der Gerechtigkeit ist mit zwei wichtigen Modifikationen bis heute im moralphilosophischen Gebrauch. Jürgen Habermas (1988) etwa behauptet, heute sei ›Moral‹ im Wesentlichen gleichbedeutend mit ›Gerechtigkeit‹. Der Grund dafür sei, dass seit der Neuzeit Fragen der Moral und Fragen des guten Lebens auseinandergetreten seien. Die Moral dient demnach vor allem der Regelung intersubjektiver Interessenkonflikte. Ihre Kernfrage lautet, was wir einander allgemein und wechselseitig schulden. Dabei verweist das Konzept des Geschuldeten im modernen Verständnis auf gültige Ansprüche von Individuen. Darin liegt die *erste* Modifikation gegenüber dem Verständnis des Aristoteles: Dieser hatte nicht Ansprüche, sondern Tugenden als grundlegend für die Gerechtigkeit angesehen.

Eine selbst schon klassische Deutung des neuen Verständnisses von allgemeiner Gerechtigkeit gibt im 19. Jahrhundert John Stuart Mill (1871/1985). Mit ›Gerechtigkeit‹ meinen wir demnach, was die Moral uns in Gestalt von Rechtspflichten aufgibt. Auch die allgemeine Gerechtigkeit ist folglich nicht das Ganze der Moral. Sie bezeichnet nur den zentralen Teil des im strengen Sinne Geschuldeten. Kennzeichen der Gerechtigkeit ist das strikte Entsprechungsverhältnis von Rechten und Pflichten. Mill grenzt damit die Gerechtigkeit vom großen Bereich des moralisch Lobenswerten, aber Mehr-als-Geschuldeten ab.

Im Anschluss an Kant (1797/1968) könnten wir auch sagen: Pflichten der Gerechtigkeit sind vollkommene Pflichten. Sie gelten unbedingt und sind zeitlich, sachlich und sozial zureichend bestimmt. Damit ist zusätzlich gesagt, dass nicht sämtliche Pflichten solche der Gerechtigkeit sind. Pflichten der Menschenliebe oder der Wohltätigkeit, die uns dazu anhalten, fremde Güter zu befördern, sind zeitlich, sachlich und sozial nicht zureichend bestimmt. Daher kann auch kein ganz bestimmter anderer sagen, wir hätten seine gültigen Ansprüche verletzt, indem wir ihm gegenüber nicht wohltätig gehandelt haben.

Die *zweite* Modifikation im Verständnis der allgemeinen Gerechtigkeit besteht darin, dass wir Rechtspflichten nicht nur unter Bürgern gelten lassen. Vielmehr erkennen wir Menschen als solchen Rechte zu. Dabei unterscheiden wir auch nicht, wie noch Aristoteles, zwischen Menschen im Vollsinne der Bestimmung zu einer politisch-bürgerschaftlichen Existenz und Menschen im minderen Verständnis wie Frauen oder gar geborenen Sklaven. Daher können Gerechtigkeitspflichten, wenn wir sie mit Rechtspflichten gleichsetzen, nicht nur gegenüber Bürgern bestehen. Auch erkennen wir an, dass die allgemeine Gerechtigkeit einige nicht-assoziative Pflichten umfasst. Wir haben Rechtspflichten der Nichtschädigung und auch der Nothilfe, die nicht an besondere Beziehungen und Institutionen gebunden sind.

Aber nicht für alle Rechtspflichten, denen wir eine menschenrechtliche Bedeutung beimessen, muss dies gelten. Die Rechtspflicht, jedem Kind in Deutschland eine grundlegende Bildung zu gewährleisten, obliegt jedenfalls nicht im gleichen Maße und im selben Sinne den Bürgern Dänemarks wie den Bürgern der Bundesrepublik. Und mit ›Bürgerrechten‹ verbinden wir schon begrifflich besondere Beziehungen und Regeln der Mitgliedschaft. Die Frage ist dann, ob manche Bürgerrechte ihrerseits einer kosmopolitischen, alle Menschen einbeziehenden Begründung fähig sind. Dies wären universalistisch begründete Pflichten, die gleichwohl nur unter der assoziativen Bedingung politischer Mitgliedschaft ausgelöst würden. Möglich ist aber auch, dass etwa die liberalen Freiheits-, Teilnahme- und Teilhaberechte *allein* als Ansprüche von Bürgern besonderer, eben liberaler Gemeinwesen begründbar sind, während unter Menschen als solchen nur ganz elementare Rechtspflichten wie die Vermeidung von Folter, Versklavung oder Genozid gelten.

So genannte menschenrechtliche Minimalisten vertreten diese letzte Position. Sie argumentieren, Menschenrechte sollten als Grundnormen der internationalen Beziehungen begriffen werden, deren Verletzung souveränitätserhebliche Eingriffe in die rechtsverletzenden Staaten rechtfertigen könnte (etwa Ignatieff 2001; abgeschwächt auch Rawls 2002). Das gilt am klarsten für die Normen des zwingenden Völkerrechts (*ius cogens*). Bürgerliche und politische Freiheiten werden hingegen nicht von allen Staaten anerkannt, schon gar nicht als Normen, auf deren Verletzung wirtschaftliche Sanktionen oder militärische Interventionen folgen dürften.

Methodisch berufen sich Minimalisten gewöhnlich auf die Rolle, die Menschenrechte in der politischen und völkerrechtlichen Praxis spielen. Unabhängig von dieser Praxis ließen sich Menschenrechte weder begreifen noch begründen. Damit wird zugleich gesagt, dass auch Menschenrechte in gewissem Sinne assoziativ seien. Sie seien an die Voraussetzung bestimmter institutioneller Ordnungen, etwa des Staatensystems und des internationalen Rechts, gebunden, und universal seien sie nur deshalb, weil diese Ordnungen heute globale Geltung beanspruchen und weltweite Wirkung entfalten.

Doch dieser methodische Grundgedanke, den menschenrechtliche Minimalisten mit anderen Vertretern politischer Menschenrechtskonzeptionen (Beitz 2009; Raz 2010) teilen, spricht eher für einen Zusammenhang als für eine Trennung von Menschen- und Bürgerrechten. Die Menschenrechtspakte von 1966 etwa schließen (Bürger-)Rechte auf politische Beteiligung als genuine Menschenrechte ein. Die maßgeblichen Menschenrechtsdokumente sind inhaltlich nicht minimalistisch. Sie sehen eine Art moralischer Arbeitsteilung vor, in der die Einzelstaaten zentrale Pflichten der Menschenrechtsverwirklichung tragen, von denen einige nur gegenüber Bürgern gelten (Ladwig 2014).

Was die Menschenrechte von Nichtbürgern angeht, so ist Hannah Arendts (1986) harsches Urteil, diese seien praktisch bedeutungslos, heute rechtlich und teilweise auch tatsächlich überholt. Gleichwohl sind, wie die Flüchtlingsdramen an den Grenzen zwischen wohlhabenden und ärmeren Weltteilen drastisch zeigen, die Ansprüche solcher Menschen in der Wirklichkeit oft wenig wert. Viele Menschen sind effektiv außerstande, noch so grundlegende Menschenrechtsgüter zu genießen, solange sie nicht in einem funktionierenden Verfassungsstaat leben und in diesem auch einen geregelten Aufenthaltsstatus erlangt haben.

Zusammenfassend zur allgemeinen Gerechtigkeit: Einige Rechtspflichten gehen direkt aus Ansprüchen hervor, die Menschen einfach als solche besitzen. Das ist eine Implikation der modernen Grundüberzeugung, dass jeder Mensch unbedingte und unverlierbare Rechte hat. Einige Rechtspflichten hingegen gelten direkt nur gegenüber Bürgern, und ihre Erfüllung ist nur diesen geschuldet. Aber auch solche Rechtspflichten könnten indirekt auf den moralischen Status von Menschen als solchen zurückverweisen. Ein Menschenrecht höherer Stufe, das Recht, Bürger eines Staates zu sein, verbindet dann die partikularen Bürger- mit den universalen Menschenrechten.

Besondere Gerechtigkeit: Wer hat Anspruch auf gerechte Verteilung?

Bereits die allgemeine Gerechtigkeit besitzt auch eine distributive Dimension. Menschenrechte sind begrifflich als gleiche Rechte bestimmt. Die Gleichheit ist ein menschenrechtliches Strukturprinzip, das in Gestalt von Diskriminierungsverboten selbst zum subjektiven Recht wird. Auch diesen Umstand verkennen Minimalisten, die mit den Menschenrechten nur absolute Standards wie die Freiheit von Folter, Genozid und vielleicht auch lebensbedrohender Armut verbinden. Die Menschenrechte bringen aber, über ihre vorteilhaften Folgen für grundlegende und zentrale Güter hinaus, auch direkt unseren moralischen Status zum Ausdruck. Dieser Status ist genuin egalitaristisch (Buchanan 2013). Wir haben einen menschenrechtlichen Anspruch auf Anerkennung als einander Gleiche.

Die distributive Dimension verweist auf einen besonderen Sinn von ›Gerechtigkeit‹ und damit auf die zweite Verwendungsweise dieses Konzepts. Eine begriffliche Intuition spricht dafür, dass wir mit Gerechtigkeit oder Ungerechtigkeit zumeist etwas Spezielleres meinen als die Beachtung oder Verletzung gleich welcher Rechtspflichten. H.L.A. Hart (2011, 187) schreibt prägnant, das Besondere der Gerechtigkeitsidee liege darin, »daß die Individuen im Verhältnis zueinander einen Anspruch auf relative Gleichheit und Ungleichheit haben«.

Für die Gerechtigkeit im speziellen Wortverständnis ist diese Verhältniskomponente kennzeichnend. Von Gerechtigkeit reden wir, wenn wir das richtige Verhältnis unserer Ansprüche zueinander selbst als ein Gut betrachten. Eine Ungerechtigkeit wäre dementsprechend eine Unordnung in einem solchen Verhältnis. Sie ist eine moralische Verfehlung, die für ein wesentlich *relationales* Übel verantwortlich zeichnet: Jemand steht ungerechtfertigt schlechter da als ein anderer; jemand beutet einen anderen aus; jemand verweigert einem anderen die geschuldete Korrektur eines Schadens; jemand herrscht über einen anderen, ohne dazu autorisiert zu sein.

Mit Blick auf die besondere Gerechtigkeit stellt sich die Statusfrage von neuem. Namentlich für die verteilende Gerechtigkeit ist strittig, ob diese alle Menschen unabhängig von besonderen Beziehungen und vorgängigen Institutionen zu etwas verpflichtet. John Rawls (1975) hat hier weichenstellend gewirkt, indem er die Gerechtigkeit als erste Tugend sozialer Institutionen bezeichnete. Die Grundfrage einer Theorie der Gerechtigkeit laute, wie wir die Rechte und Pflichten sowie die Früchte der sozialen Zusammenarbeit unter allen Angehörigen eines Gemeinwesens verteilen sollten. Rawls hat damit für die verteilende Gerechtigkeit eine assoziative Sichtweise etabliert. Dabei setzte er erstens voraus, dass das jeweilige Gemeinwesen autark sei und jeder Angehörige ihm von der Geburt bis zum Tod angehöre, und zweitens, dass jedes Gemeinwesen einen eigenen großen Kooperationszusammenhang bilde. Die beiden Bestimmungen sind logisch voneinander unabhängig, denn wer etwa zu schwer behindert ist, um an der Arbeitsteilung in einem Gemeinwesen mitzuwirken, mag diesem trotzdem als Mitglied angehören. Außerdem können Kooperationsbeziehungen auch bestehen, wo die Bedingung der Autarkie nicht erfüllt ist.

Die Kooperationsbedingung gibt eine gewisse Bindung von Rawls an die kontraktualistische Grundidee zu erkennen, dass wir Gerechtigkeit brauchen, um Beziehungen des Gebens und Nehmens zum Vorteil aller Beteiligten zu regeln (kritisch dazu Nussbaum 2010). Die Mitgliedschaftsbedingung dagegen verweist auf eine Grundbedeutung von ›sozialer Gerechtigkeit‹: Diese sei dazu da, die gesellschaftlichen Beziehungen innerhalb eines staatlich geeinten Gemeinwesens zu regeln (Miller 2008).

Eine Besonderheit solcher Gemeinwesen besteht darin, dass deren Angehörige einem Gewaltmonopol unterworfen sind, und dies nicht nur zeitweilig und freiwillig, wie Touristen, sondern dauerhaft und zumeist von Geburt an. Eine solche Art der Mitgliedschaft geht mit einzigartigen Zumutungen einher. Staaten erwarten Gesetzesgehorsam und gebieten über Zwangsmittel zu dessen Durchsetzung, was sie in eine ständige Spannung zur Autonomie der Bürger bringt. Daher kann man argumentieren, dass die Mitglieder, und nur die Mitglieder, eines solchen Gemeinwesens auch einzigartige Ansprüche aneinander und an ihren Staat stellen dürfen. Im Sinne Ronald Dworkins (2000): Alle Bürger müssen in der Gesetzgebung als Gleiche Beachtung finden; alle haben ein Grundrecht auf gleiche Achtung und Berücksichtigung durch die öffentlichen Gewalten, denen sie unterworfen sind. Dies schließt neben gleichen Rechten auf demokratische Mitwirkung auch weitere Ansprüche verteilender Gerechtigkeit ein.

Folgt man dieser Argumentationslinie, so ist wenigstens nicht evident, dass auch sozial Fremde vergleichbare Ansprüche auf eine gerechte Verteilung stellen dürfen. Ob die Geltungsreichweite distributiver Gerechtigkeit gar global ist, also alle Menschen einschließt, hängt dann davon ab, ob alle Menschen in Beziehungen zueinander stehen, die denen unter Bürgern in wenigstens einer für die Verteilungsgerechtigkeit erheblichen Hinsicht gleichkommen. Klar ist, dass dies in Abwesenheit eines Weltstaates keine Beziehungen sein können, die durch gemeinsame Unterwerfung unter ein einziges Gewaltmonopol gekennzeichnet sind. Man müsste daher ein Analogon in Gestalt globaler Herrschaftsverhältnisse finden, die auch ohne Gewaltmonopol genügen, um Ansprüche verteilender Gerechtigkeit auf Weltebene auszulösen. Dafür kommen etwa internationale Organisationen wie der Internationale Währungsfonds (IWF) und Vereinbarungen wie das Übereinkommen über handelsbezogene Aspekte der Rechte des geistigen Eigentums (TRIPS-Abkommen) in Betracht: Sie beeinflussen tiefgreifend und umfassend das Leben von Milliarden Menschen, ohne allen Betroffenen auch nur annähernd gleiche Möglichkeiten der Mitwirkung an der Regelsetzung zu geben (vgl. die Beiträge in Broszies/Hahn 2010).

Unter Anhängern assoziativer Sichtweisen ist strittig, welche Arten von Beziehungen oder auch Institutionen nötig sind, um Pflichten verteilender Gerechtigkeit auszulösen: Beziehungen der Zusammenarbeit? Verhältnisse der Interdependenz? Auch einseitiger Abhängigkeit? Macht und Herrschaft? Nur mit oder auch ohne Gewaltmonopol? Hier stehen wesentlich begriffliche Intuitionen gegeneinander. Strittig ist auch, ob und inwieweit die relevanten Beziehungen über die Nationalstaaten hinaus gegeben sind. Dies sind empirische Fragen, die abhängig von der normativen Grundüberzeugung, welche Beziehungen oder Institutionen für die Gerechtigkeit bedeutsam seien, der Beantwortung bedürfen, wenn man einer assoziativen Sichtweise verbunden bleiben will.

Man kann sich solcher Schwierigkeiten aber auch entledigen, indem man eine nicht-assoziative Sichtweise vorzieht. Die Grundannahme lautet dann gewöhnlich, dass der gleiche moralische Status aller Menschen auch eine Präsumtion der Gleichverteilung mit sich bringe (Gosepath 2001): Wann immer ein moralisch erhebliches Gut unter den Menschen mehr oder weniger gleich verteilt sein könnte und wir die Möglichkeit haben, es so oder anders zu verteilen, müssen wir es möglichst gleich verteilen, es sei denn, eine ungleiche Verteilung kann unter allen Betroffenen unparteiisch gerechtfertigt werden.

Die Existenz der Staaten kann dieser alternativen Sichtweise zufolge nicht die auslösende Bedingung für alle möglichen Forderungen verteilender Gerechtigkeit sein. Sie beeinflusst ja selbst, wie moralisch erhebliche Güter, etwa natürliche Rohstoffe oder auch die Bewegungsmöglichkeiten von Menschen auf Territorien, verteilt sind. Darum bedarf auch sie einer unparteiischen Rechtfertigung unter allen Betroffenen. Und dies sind zunächst alle Menschen weltweit. Allenfalls in einem zweiten Schritt, *nach* erfolgreicher Rechtfertigung gewisser Grenzen, mögen dann Bürger innerhalb dieser Grenzen besondere und weiter reichende Forderungen aneinander richten dürfen.

Ein Nachteil der nicht-assoziativen Sichtweise kann darin gesehen werden, dass sie von strittigen Intuitionen wie einer global geltenden Präsumtion der Gleichverteilung aller möglichen moralisch erheblichen Güter abhängt. Auch mag man gegen sie einwenden, dass sie uns zu weit von den tatsächlichen Strukturen und Machtverhältnissen in der Welt wegführe. In der Folge falle es uns schwer, die praktischen Probleme der Gerechtigkeit überhaupt noch zu erkennen, geschweige denn prinzipiengeleitet auf sie einzugehen. Drei Vorteile aber besitzt die nicht-assoziative Sichtweise: Sie ist argumentativ sparsam; sie zieht eine moralisch attraktive Konsequenz aus der moralischen Gleichwertigkeit aller Menschen; und sie ist nicht in fragwürdiger Weise konservativ: Anstatt bestimmte für die Verteilung bedeutsame Strukturen und Kräfteverhältnisse vorauszusetzen, stellt sie diese allesamt auf den Prüfstand einer willkürfreien Rechtfertigung.

Diese Überlegungen betreffen den Begriff und die Begründung der besonderen Gerechtigkeit. Wenigstens erwähnt sei aber, dass manche Philosophen, wenn sie die Alternative ›alle Menschen oder nur Bürger‹ erörtern, vor allem an die *Verwirklichungsbedingungen* der verteilenden Gerechtigkeit denken. Für einen Partikularismus könnte sprechen, dass distributive Gerechtigkeit auf Weltebene kein realisierbares Ideal oder keine »realistische Utopie« (Rawls 2002) sei. Dafür nämlich müssten vier Bedingungen erfüllt sein: die Bereitschaft der Menschen, für noch so fern lebende Fremde etwas abzugeben oder auf etwas zu verzichten, ein grundlegendes Einverständnis über die Güter, Grundsätze und Regeln gerechter Verteilung, eine zentralisierte Gewalt, um diese flächendeckend und unparteiisch umzusetzen, sowie eine Öffentlichkeit, die in der Lage wäre, die Zentralgewalt zu programmieren und zu kontrollieren.

Der bis heute weiteste Bezugsrahmen für eine substanzielle ›Solidarität unter Fremden‹ sei aber, so das partikularistische Argument, der Nationalstaat (etwa Miller 2008). Kosmopoliten könnten dies allerdings einräumen und gleichwohl erwidern: Eine Theorie der Gerechtigkeit sei gerade dazu da, uns zu sagen, welcher Bezugsrahmen der für die Gerechtigkeit richtige wäre und welche Einstellungen, Institutionen und Verständigungsforen wir darum fördern sollten. Mit einem Wort: Strittig ist hier, wie eine zugleich realitätsbezogene und kritische Konzeption der Gerechtigkeit aussehen könnte.

Zusammenfassend zur besonderen Gerechtigkeit: Diese handelt von genuin relationalen Gütern und Übeln, und ihre Grundfrage lautet, wie wir moralisch erhebliche Güter (und Übel) verteilen sollten. Dabei ist eine Grunddimension, die direkt alle Menschen einbegreift, die Gleichheit unseres moralischen Status. Was die Verteilung gewöhnlicher Güter angeht, so herrscht heute eine assoziative Sichtweise vor. Ihr zufolge stellen sich Fragen verteilender Gerechtigkeit nur unter der auslösenden Bedingung besonderer Beziehungsformen oder auch Institutionen. Dies kann, muss aber nicht bedeuten, dass nur Bürger eines Staates gegeneinander und gegen ihre gemeinsamen öffentlichen Gewalten Ansprüche distributiver Gerechtigkeit geltend machen können. Möglich ist auch, dass die besonderen Beziehungen unter Bürgern ein Analogon etwa in Gestalt globaler Herrschaftsverhältnisse finden, das hinreicht, um vergleichbare Forderungen verteilender Gerechtigkeit auf Weltebene auszulösen. Alternativ dazu könnte man mittels einer Präsumtion der Gleichverteilung zu Forderungen globaler Verteilungsgerechtigkeit gelangen, die auch imstande wären, das Staatensystem als solches zu hinterfragen – mit allerdings theoretisch wenig klarem und praktisch fernliegendem Ausgang. (Andererseits: Warum sollte wahre Gerechtigkeit nicht auch in weiter Ferne liegen können?)

Moralische Personen oder: Gerechtigkeit für Menschen und andere Tiere

Bis jetzt habe ich so getan, als gingen wenigstens einige Pflichten der Gerechtigkeit aus den ›angeborenen‹ Ansprüchen von Menschen als solchen hervor. Doch zu den Menschen im biologischen Sinne zählen alle individuellen Träger des zweifachen Chromosomensatzes menschlicher Eltern. Haben aber Embryonen, jedenfalls nach Einnistung in die Gebärmutter, bereits unverlierbare Rechte? Das ist bekanntlich strittig; und man kann argumentieren, dass nur erlebensfähige Subjekte von Interessen auch als Subjekte genuiner Rechte in Frage kommen, weil nur sie subjektiv etwas zu verlieren haben.

Wir können nun das bislang vernachlässigte Konzept der ›moralischen Person‹ heranziehen, um diesen Unterschied zwischen Menschen im biologischen Sinne und Subjekten genuiner Rechte zu verdeutlichen. Dabei meint ›Person‹ nicht unbedingt einen Träger besonders anspruchsvoller Fähigkeiten wie Rationalität, Vernünftigkeit oder Moralität. Wir verwenden etwa den Ausdruck ›juristische Person‹, um zu sagen, dass ein Wesen für das positive Recht nicht nur etwas ist, sondern *jemand*: dass es um seiner selbst willen zählt. Analog könnten wir auch sagen, dass eine Person ein Jemand im Sinne eines moralischen Gegenübers ist: dass andere ihr aus moralischen Gründen etwas schulden. Wie die juristische, so wäre demnach auch die moralische Person begrifflich bestimmt als ein Subjekt genuiner Rechte.

Damit ist *nicht* vorentschieden, ob wir genuine Rechtssubjektivität an Bedingungen wie die Möglichkeit der Gegenseitigkeit oder eines selbstbewussten Rechtsgebrauchs binden sollten. Solche Bedingungen erfüllen nur Personen im besonderen Wortsinne normativ zurechnungsfähiger Akteure. Ausgeschlossen wären damit aber alle Menschen, die etwa aufgrund schwerer geistiger Behinderung zu einem reziproken und selbstbewussten Rechtsgebrauch außerstande sind. Der globale menschenrechtliche Minimalkonsens sagt etwas anderes: Jedenfalls alle geborenen und nicht (ganz-)hirntoten Angehörigen unserer Art seien moralische und auch juristische Personen. Die Menge der moralischen Personen muss demnach größer sein als die Menge der normativ zurechnungsfähigen Akteure, auch wenn sie diese zweite Menge sicher einschließt. Wir sollten, mit anderen Worten, *moralische Personen* nicht mit *moralischen Subjekten* gleichsetzen. Moralische Subjekte sind imstande, aus moralischer Einsicht moralisch zu handeln; moralische Personen sind mögliche Nutznießer moralisch gebotener Rücksicht und Beachtung.

Das Konzept der moralischen Person muss aber auch gegenüber dem Begriff des Menschen nicht redundant sein, und dies aus zwei Gründen. Erstens, weil der menschenrechtliche Minimalkonsens eben nicht alle Menschen im biologischen Sinne dieses Konzepts einbezieht, sondern nur die bereits auf die Welt gebrachten mit noch lebendigen Hirnteilen. Zweitens, weil wir auch fragen können, ob das biologische Menschsein für einen moralischen Status *notwendig* sei. Gewiss wäre es ungewöhnlich, auch von anderen erlebensfähigen Tieren zu sagen, sie seien moralische Personen. Aber das liegt wiederum daran, dass wir mit ›Person‹ zumeist die zusätzliche Vorstellung besonders anspruchsvoller Fähigkeiten verbinden. Doch bereits im menschlichen Fall wäre die Vorstellung fatal, dass nur ein Träger solcher Fähigkeiten ein Jemand sein könne. Wäre es da nicht willkürlich, dies für andere Tiere kategorisch auszuschließen, nur weil sie das ›falsche‹ Erbgut aufweisen?

Besitzt die Art des Erbguts als solche keine moralische Relevanz, so müssen andere Eigenschaften zur Begründung dienen, warum manche Wesen nur etwas sind, andere hingegen auch jemand. Und bereits unter uns Menschen finden wir manche Eigenschaften moralisch erheblich, die wir mit anderen erlebensfähigen Tieren teilen. Wir sind nicht die einzigen Tiere, die Schmerzen und Furcht empfinden, sich an sinnlichen Reizen und freier Bewegung erfreuen oder den Kontakt zu anderen Lebewesen suchen, brauchen und genießen. Nicht nur wir kämpfen darum, am Leben zu bleiben, wenn wir dieses bedroht fühlen. Dies spricht für einen moralischen Status aller erlebensfähigen Tiere und nicht nur von Menschen (s. Kap. V.77).

Haben andere Tiere als der Mensch darum aber auch genuine Ansprüche der Gerechtigkeit? Was die besondere Gerechtigkeit angeht, mag man dagegen einwenden, dass jedenfalls die allermeisten erlebensfähigen Tiere keinen Sinn dafür haben, in welchen moralischen Relationen sie zu anderen stehen. Sie können ihre eigenen Ansprüche nicht verstehen und sie darum auch nicht zu den Ansprüchen anderer ins Verhältnis setzen. Folglich spielt Gleichheit als solche für sie keine moralische Rolle; und Fragen gerechter Verteilung, gerechten Tausches und gerechter Vergeltung sind für sie, wenn überhaupt, nur instrumentell bedeutsam: im Hinblick auf andere, absolute Güter oder Übel wie Wohlbefinden oder leibgebundenes Leiden. Allerdings sind *wir selbst*, wenn wir als Subjekte moralischer Überlegung über ihren moralischen Status befinden, an das Gebot willkürfreier Begründung gebunden. *Wir* können und sollten einsehen, dass es ungerecht wäre, ein Wesen in einer für dieses selbst erheblichen Hinsicht einzig aufgrund seines Erbguts schlechter zu behandeln als ein anderes.

Eine Grundfrage der besonderen Gerechtigkeit ist die Frage nach dem moralischen Status eines Wesens relativ zu dem aller anderen. Und sofern die Kritik am ›Speziesismus‹ als einer Spielart von Diskriminierung analog zu Rassismus oder Sexismus zutrifft (Singer 1994), besitzen alle erlebensfähigen Wesen den grundsätzlich gleichen Status. Unterschiede in der Behandlung können dann nur willkürfrei gerechtfertigt sein, soweit sie auf Unterschiede in moralisch erheblichen Eigenschaften antworten.

Für die allgemeine Gerechtigkeit folgt daraus, dass alle erlebensfähigen Tiere, und nicht nur die menschlichen, auch Rechtspflichten auszulösen vermögen (Cavalieri 2002; Regan 2004). Wir schulden ihnen Rücksicht um ihrer selbst willen mit Blick auf Bedürfnisse und Fähigkeiten, die wir so oder ähnlich mit ihnen teilen und die wir untereinander als moralisch erheblich erachten (sollten). Und wie im menschlichen Fall, so sind auch gegenüber anderen Tieren die grundlegenden Rechtspflichten nicht an besondere Beziehungen und Institutionen gebunden. Generelle Pflichten der Nichtschädigung und vielleicht auch der Hilfe in akuten Notlagen sind nicht-assoziativ.

In neuerer Zeit haben allerdings verschiedene Autoren auch die moralische Bedeutung besonderer Beziehungen betont, in denen Menschen zu anderen Tieren stehen (etwa Wolf 2012). Evident ist dies für Tiere, deren Lebensbedingungen wir umfassend kontrollieren und die wir, als Nutztiere oder als Gefährten, von uns abhängig gemacht haben. Sue Donaldson und Will Kymlicka (2011) gehen so weit, für domestizierte Tiere einen Status als gleichberechtigte Mitbürger vorzusehen. Damit meinen sie nicht nur, dass jeweils ein ganz bestimmter Staat die ultimative Verantwortung für die Rechte solcher Tiere tragen sollte. Domestizierte Tiere sollten auch anerkannt werden als aktive Mitgestalter der Normen, die ihr Zusammenleben mit Menschen regeln. Analog sollten Tiere in der Wildnis als Angehörige souveräner Gemeinschaften und Kulturfolger als *denizens* (Einwohner) Anerkennung finden.

Damit indes bringen Donaldson und Kymlicka normativ gehaltvolle Konzepte, die auf Beziehungen unter Menschen und menschlichen Gemeinschaften zugeschnitten sind, auch für Beziehungen zu nichtmenschlichen Tieren zur Geltung. Dagegen lässt sich einwenden, dass die Tiere selbst solche Konzepte nicht verstehen und verwenden können. Sie können sich selbst und andere nicht als gleichberechtigte Mitbürger oder etwa als Angehörige souveräner Gemeinwesen begreifen. Zumindest der aktive Aspekt von Mitbürgerschaft, das gleiche Recht auf Mitwirkung an kollektiv verbindlichen Entscheidungen, ist direkt nur für Menschen bedeutsam. Diese indes sollten ihre Bürgerrolle in dem Bewusstsein ausüben, dass sie damit Verantwortung auch für andere menschliche wie nicht-menschliche Lebewesen tragen, die gültige Ansprüche der Gerechtigkeit an uns richten.

Literatur

Arendt, Hannah: *Elemente und Ursprünge totaler Herrschaft. Antisemitismus, Imperialismus, totale Herrschaft* [1951]. München 1986.

Aristoteles: *Die Nikomachische Ethik*. München 1991.

Beitz, Charles: *The Idea of Human Rights*. Oxford 2009.

Broszies, Christoph/Hahn, Henning (Hg.): *Globale Gerechtigkeit. Schlüsseltexte zur Debatte zwischen Partikularismus und Kosmopolitismus*. Frankfurt a. M. 2010. Buchanan, Allen: *The Heart of Human Rights*. Oxford 2013.

Cavalieri, Paola: *Die Frage nach den Tieren. Für eine erweiterte Theorie der Menschenrechte*. Erlangen 2002.

DeGrazia, David: Gleiche Berücksichtigung und ungleicher moralischer Status. In: Friederike Schmitz (Hg.): *Tierethik. Grundlagentexte*. Frankfurt a. M. 2014, 133–152.

Donaldson, Sue/Kymlicka, Will: *Zoopolis. A Political Theory of Animal Rights*. Oxford 2011.

Dworkin, Ronald: *Sovereign Virtue. The Theory and Practice of Equality*. Cambridge MA/London 2000.

Gosepath, Stefan: The Global Scope of Justice. In: Thomas Pogge (Hg.): *Global Justice*. Oxford 2001, 145–168.

Habermas, Jürgen: *Theorie des kommunikativen Handelns*. Frankfurt a. M. 1988.

Hart, Herbert L. A.: *Der Begriff des Rechts* [1961]. Frankfurt a. M. 2011.

Ignatieff, Michael: *Human Rights as Politics and as Idolatry*. Princeton, NJ 2001.

Kant, Immanuel: *Die Metaphysik der Sitten* [1797]. In: Ders.: Werke in zwölf Bänden, Bd. VIII. Hg. von Wilhelm Weischedel. Frankfurt a. M. 1968.

Ladwig, Bernd: *Gerechtigkeitstheorien zur Einführung*. Hamburg 2011.
–: Menschenrechte, Institutionen und moralische Arbeitsteilung. In: *Politische Vierteljahresschrift* 55/3 (2014), 472–492.
Mill, John Stuart: *Der Utilitarismus*. Stuttgart 1985 (engl. 1871).
Miller, David: *Grundsätze sozialer Gerechtigkeit*. Frankfurt a. M. 2008.
Nussbaum, Martha C.: *Die Grenzen der Gerechtigkeit – Behinderung, Nationalität und Spezieszugehörigkeit*. Frankfurt a. M. 2010.
Rawls, John: *Eine Theorie der Gerechtigkeit*. Frankfurt a. M. 1975 (engl. 1971).
–: *Das Recht der Völker*. Berlin 2002 (engl. 1999).
Raz, Joseph: Human rights without foundations. In: Samantha Besson/John Tasioulas (Hg.): *The Philosophy of International Law*. Oxford 2010, 321–338.
Regan, Tom: *The Case for Animal Rights*. Berkeley/Los Angeles ²2004.
Singer, Peter: *Praktische Ethik*. Neuausgabe. Stuttgart 1994 (engl.1979).
Wolf, Ursula: *Ethik der Mensch-Tier-Beziehungen*. Frankfurt a. M. 2012.

Bernd Ladwig

50 Politik und Demokratie

Der Zusammenhang von Gerechtigkeit, Politik und Demokratie beschäftigt die westliche politische Philosophie seit ihren Anfängen in der griechischen Antike und steht auch heute noch im Fokus zahlreicher Debatten. Hier kann nur ein kurzer Abriss über einflussreiche Verständnisse des Verhältnisses von Politik und Gerechtigkeit, die dominante Gerechtigkeitstheorie des politischen Liberalismus und die Kritik an den entpolitisierenden Effekten dieser Theorie gegeben werden, bevor das Spannungsverhältnis zwischen Gerechtigkeit und Demokratie adressiert wird.

Gerechtigkeit und Politik

Prinzipien der Gerechtigkeit werden seit der Antike vor allem mit Bezug auf die soziale und politische Organisation von Gesellschaften formuliert, so dass Gerechtigkeit häufig als »erste Tugend sozialer Institutionen« (Rawls 1975, 19) und damit als zentraler normativer Begriff im Bereich der Politik aufgefasst wird. Allerdings wird das Verhältnis von Gerechtigkeit und Politik abhängig von unterschiedlichen Verständnissen von Politik auf sehr unterschiedliche Weise begriffen.

Grob vereinfachend lassen sich vier paradigmatische Antworten auf die Frage ›Was ist Politik?‹ unterscheiden (vgl. Celikates/Gosepath 2013, Kap. 1.1):

1. Die ›klassische‹, auf die griechische Antike und vor allem auf Platon und Aristoteles zurückgehende Antwort begreift Politik als gemeinwohlorientierte Praxis, also als auf das Gute der Gemeinschaft als ganzer ausgerichtetes Zusammenhandeln tugendhafter Bürger in der Polis. Gerechtigkeit wird in diesem Zusammenhang noch als Teil einer umfassenderen Idee des Guten verstanden und noch nicht im Sinne der Unterscheidung des Richtigen vom Guten ausdifferenziert (vgl. Meier 1983).
2. Die mit der neuzeitlichen Vertragstheorie (vor allem bei Locke und Kant) entstehende liberale Antwort speist sich aus Skepsis gegenüber der Möglichkeit allgemeingültiger Aussagen über das Gute, die Natur des Menschen oder das Gemeinwohl und geht stattdessen von Individuen aus, die über bestimmte basale Interessen – etwa an Leben, Freiheit und Eigentum (Locke 1689/2000, II, § 123) – sowie über unveräußerliche Rechte verfügen, die diese notwendigerweise immer wieder miteinander in Konflikt geratenden Interessen durch die

Etablierung eines gemeinsamen moralisch oder rechtlich bestimmten Rahmens schützen sollen. Politik wird vor diesem Hintergrund als Anwendung moralphilosophischer Prinzipien etwa der Gerechtigkeit bzw. als Entscheidungsfindung innerhalb dieses rechtlich und/oder moralisch bestimmten Rahmens verstanden. Daraus folgt unter anderem, dass der Schutz individueller Rechte und die Sicherung von Freiräumen, in denen jeder nach seiner eigenen Vorstellung glücklich werden kann, das zentrale Anliegen liberaler Politik ist (vgl. etwa Höffe 1989).

3. Die ›realistische‹ (unter anderem an Hobbes, Machiavelli und Weber anschließende) Antwort bezweifelt, dass sich die vom Liberalismus als problematisch identifizierten Konflikte wirklich mit Mitteln der Moral und des Rechts überwinden lassen, und versteht Politik daher als Fortsetzung des Krieges mit anderen Mitteln und als Kampf um Macht. Bezugnahmen auf Gerechtigkeit erscheinen aus dieser Perspektive entweder als naive Idealisierungen aus dem philosophischen Lehnstuhl oder als ideologische Verschleierungstaktik in der politischen Auseinandersetzung, mit der von der ›eigentlichen‹, in Eigeninteresse und Herrschaftsstreben verankerten Realität politischen Handelns abgelenkt werde (vgl. für eine differenziertere Position etwa Geuss 2011).
4. Die vor allem im sozialwissenschaftlichen Kontext einflussreiche systemtheoretische Antwort begreift Politik deskriptiv als gesellschaftliches Teilsystem zur Herbeiführung und Durchsetzung gesamtgesellschaftlich bindender Entscheidungen durch staatliche Institutionen des Regierens, deren Effizienz und Durchsetzungsvermögen angesichts der für moderne Gesellschaften charakteristischen internen Differenzierung und ihrer Einbindung in globale Zusammenhänge jedoch zunehmend in Zweifel gezogen werden (vgl. etwa Luhmann 2000).

Vor diesem Hintergrund erscheint das Verhältnis von Gerechtigkeit und Politik als eines, das vor allem auch deshalb schwer zu bestimmen ist, weil die entsprechenden Prinzipien und Praktiken in einem Spannungsverhältnis stehen, das nicht einfach in die eine oder andere Richtung aufgelöst werden kann, ohne entweder in idealisierende Gerechtigkeitskonzeptionen zurückzufallen, die sich vorwerfen lassen müssen, wenig mit der realen Praxis der Politik zu tun zu haben, oder in pseudo-realistischer Manier die faktische Wirksamkeit normativer Prinzipien auch der Gerechtigkeit in politischen Diskursen und Praktiken zu leugnen. Das damit angesprochene Spannungsverhältnis ist wiederum nicht ein-, sondern mehrdimensional.

Die in der Praxis selbst stattfindende und sowohl aus der Beobachter- als auch aus der Teilnehmerperspektive vorgenommene Reflexion und Bewertung politischer Institutionen und politischen Handelns mit Bezug auf Normen bzw. Prinzipien der Gerechtigkeit, die dabei jedoch ebenfalls unterschiedlich interpretiert, problematisiert und weiterentwickelt werden, kann als eine erste Dimension dieses Spannungsverhältnisses verstanden werden, aber nicht als die einzige. Es kommen noch mindestens zwei weitere hinzu, die das Bild verkomplizieren und eine bloße Anwendung von Gerechtigkeitsprinzipien auf den Bereich der Politik als zu einfache Bestimmung des Verhältnisses von Gerechtigkeit und Politik erscheinen lassen. Die Bezugnahme auf Prinzipien der Gerechtigkeit kann nämlich zum einen insofern als politisch verstanden werden, als damit in vielen Fällen auch politische Absichten verfolgt werden, die deutlich über die unparteiliche Bewertung von Verhältnissen, in die man selbst nicht involviert ist, hinausgehen und historisch z. B. der politischen Legitimation oder der Disziplinierung oder Exklusion anderer gedient haben (vgl. Geuss 2011). In all diesen Fällen bedarf es nicht nur weiterer Gerechtigkeitsdiskurse – substanzieller Beiträge zur Debatte darüber, was Gerechtigkeit ist oder fordert –, sondern auch einer politischen Kritik bzw. Ideologiekritik der (herrschenden Verständnisse von) Gerechtigkeit und der Verteidigung gegen eine Kolonialisierung der politischen Praxis durch nur scheinbar neutrale Gerechtigkeitsvorstellungen. Eine dritte Dimension dieses Spannungsverhältnisses besteht zum anderen darin, dass die Auseinandersetzung um Gerechtigkeit, wie bereits angedeutet, selbst Teil der Politik ist. Damit steht Gerechtigkeit nicht jenseits und über der Politik, kann aber auch nicht auf die bloße Instrumentalisierung von Gerechtigkeitsrhetorik für politische Zwecke reduziert werden. Politische Akteure orientieren sich in ihren politischen Entscheidungen und Praktiken (auch) an Gerechtigkeitsvorstellungen und versuchen, andere Akteure durch gerechtigkeitsbasierte Argumente von ihrem Standpunkt zu überzeugen.

Vor diesem Hintergrund erscheint es als zu einfach, der Gegenüberstellung von idealisierender Gerechtigkeitstheorie und vermeintlichem Realismus zu folgen und politisches Handeln entweder als Verwirklichung von Normen der Gerechtigkeit zu verstehen oder aber als Kampf um die Macht und die Durchsetzung von

Interessen. Weder ein rein normatives oder moralisches, idealistisches noch ein strikt strategisches oder ›realistisches‹ Politikverständnis ist dazu in der Lage, die Komplexität des Verhältnisses von Gerechtigkeit und Politik abzubilden (vgl. Young 2000).

Eine mögliche Position, die zwischen ›Moralismus‹ und ›Realismus‹ vermittelt bzw. diese Alternative vermeidet, geht davon aus, dass Politik und Gerechtigkeit tatsächlich in einem Verhältnis stehen, dass dieses Verhältnis aber nicht als bloße Anwendung eines bereits vollständig spezifizierten Sets an Gerechtigkeitsprinzipien auf die Politik verstanden werden darf. Demnach kann man nicht einfach mit der Konstruktion normativer Gerechtigkeitsprinzipien beginnen und diese auf das Feld der Politik dann nur noch anzuwenden versuchen. Vielmehr muss man mit einem tatsächlich realistischen und etwa auch historisch und soziologisch informierten Verständnis der Bedingungen politischen Handelns ansetzen, das bestimmt ist durch Uneinigkeit, Konflikt und Machtverhältnisse. Politische Akteure haben demnach unterschiedliche Interessen und unterschiedliche normative Auffassungen sowohl vom guten Leben (s. Kap. IV.42) als auch von Gerechtigkeit. Aus dieser Sicht kann es in der Politik nicht einfach um die Verwirklichung vorab bestimmter vermeintlich allgemeingültiger und vernünftigerweise nicht bestreitbarer Normen der Gerechtigkeit gehen, sondern nur darum, unter Bedingungen real existierender Uneinigkeit spezifisch politische, also immer auch demokratisch anfechtbare und provisorische Problemlösungen zu finden, die ganz unterschiedliche Formen – von Konsens über *Modus-vivendi*-Kompromisse bis hin zu andauernden Verhandlungen und Auseinandersetzungen – annehmen können (vgl. ebd. und Tully 2008).

Gerechtigkeit und Politik im politischen Liberalismus

Die wirkmächtigste Theorie der Gerechtigkeit der Gegenwart – John Rawls' Konzeption von Gerechtigkeit als Fairness (Rawls 1975; 1998) – verfolgt freilich das anspruchsvolle Ziel, allgemeine Prinzipien der Gerechtigkeit zu identifizieren, die sich dennoch explizit als politisch verstehen lassen, insofern sie sich nicht nur in ihrem Anwendungsbereich auf die Grundstruktur einer gerechten Gesellschaft beschränken (also nicht etwa direkt das Handeln von Individuen zu binden beanspruchen), sondern auch beanspruchen, sich von verschiedenen politischen und weltanschaulichen Grundüberzeugungen aus rechtfertigen zu lassen. Die Begründung dieser Prinzipien, will sie für eine moderne demokratische Gesellschaft Geltung beanspruchen, muss Rawls zufolge nämlich das Faktum des Pluralismus (unterschiedlicher Weltsichten und Auffassungen des Guten) berücksichtigen (vgl. v. a. Rawls 1998). Daher müsse sich eine rein politische Gerechtigkeitskonzeption wesentlich auf eine allgemein akzeptierbare, stabile Einigung über die grundlegenden institutionellen Prinzipien einer wohlgeordneten, gerechten Gesellschaft beschränken, in der alle Menschen ihre eigene Konzeption des Guten realisieren können, solange diese nicht im Widerspruch zu den allgemein akzeptierten Prinzipien steht. Ob eine Theorie der Gerechtigkeit normativ adäquat ist, kann sich unter diesen Bedingungen nur in ihrer öffentlichen Rechtfertigung erweisen: Ihre normativen Prämissen und die Gerechtigkeitsgrundsätze, die sie aus ihnen ableitet, müssen unter freien und gleichen Bürgern vernünftigerweise zustimmungsfähig sein.

Rawls' Idee des öffentlichen Vernunftgebrauchs verlangt, dass die Bürgerinnen und Bürger ihr politisches Handeln, z. B. ihr Argumentieren, Entscheiden oder Abstimmen, in der Öffentlichkeit nur an gemeinsam geteilten Kriterien, Richtlinien und Informationen orientieren sollen. Man darf sich also in Gerechtigkeitsfragen nicht allein von der eigenen umfassenden Weltanschauung leiten lassen. Nur dann ist mit einem übergreifenden Konsens solcher Lehren, seien sie religiöser oder säkularer Natur, zu rechnen, die die Gerechtigkeit aus ihrer je eigenen Perspektive bejahen. Politik – insofern sie Legitimität beanspruchen kann – findet dieser Konzeption gemäß im Rahmen der durch die verfassungsmäßig etwa in der Form von Grundrechten institutionalisierten Prinzipien der Gerechtigkeit statt. Dabei ist freilich umstritten, 1) ob es tatsächlich möglich ist, eine politisch neutrale – also von unterschiedlichen politischen Positionen und Verständnissen des Politischen aus gleichermaßen akzeptierbare – und dennoch nicht vollkommen vage, sondern substanzielle Begründung und Ausformulierung der Prinzipien der Gerechtigkeit zu geben, und 2) wie groß der Freiraum für demokratisches politisches Handeln und Entscheiden angesichts der Rahmung legitimer Politik durch die Gerechtigkeitsprinzipien und ihre Ausbuchstabierung in der Verfassung im Rawlsschen Modell überhaupt noch ist (vgl. etwa die Kritik in Wolin 1996).

Kritik am Liberalismus

Aus unterschiedlichen theoretischen Richtungen ist Kritik am liberalen Paradigma und der Art und Weise formuliert worden, wie es die Verbindung zwischen Politik und Gerechtigkeit konzipiert (vgl. auch Celikates/Gosepath 2013, Kap. 3). Dabei richtet sich die Kritik – am Liberalismus im Allgemeinen und Rawls' Konzeption im Besonderen – nicht nur inhaltlich gegen eine spezifische Interpretation von Gerechtigkeit und deren Reichweite, sondern auch methodologisch gegen die Orientierung am rationalen Individuum als Grundeinheit des Politischen und eine rein normative, ausschließlich auf rationale Begründung von politischer Herrschaft ausgerichtete politische Philosophie. Aus der Perspektive zahlreicher kritischer Ansätze – etwa marxistischen, feministischen und postkolonialen Zuschnitts – führt dies nicht nur zu einem inadäquaten, die Rationalität und Vernünftigkeit von sozialen Verhältnissen überschätzenden Verständnis unserer politischen Wirklichkeit, sondern auch zu einer falschen oder unzureichenden Bestimmung des normativen Ziels, auf das hin sich diese Wirklichkeit verändern sollte (bzw. auf das hin wir diese Wirklichkeit verändern sollten) (vgl. aus anderer Perspektive auch Honneth 2011).

Marxismus

Aus Sicht marxistischer Ansätze leidet das liberale Verständnis des Verhältnisses von Politik und Gerechtigkeit, wiederum schematisch gesprochen (und ohne Rawls' deutlich komplexerer Position Gerechtigkeit widerfahren zu lassen), an fünf blinden Flecken (vgl. für einen guten Überblick Wood 2004):

1. Im Liberalismus wird Politik als (im Wesentlichen) autonome Sphäre verstanden, deren Grundstruktur (relativ) unabhängig ist von sozialen Herrschafts- und ökonomischen Ausbeutungsverhältnissen.
2. Damit einhergehend findet sich in liberalen Ansätzen ein tendenziell formales Verständnis von Freiheit und Gleichheit, das die Existenz substanzieller Unfreiheit und Ungleichheit unter dem Schein gleicher Rechte im liberalen Staat nicht nur verdeckt, sondern funktional zu deren Reproduktion und zur mit ihr zusammenhängenden unfairen Ausnutzung sozialer Abhängigkeitsverhältnisse beiträgt.
3. Die vom Liberalismus propagierten gesellschaftlichen (Rechts-)Verhältnisse – etwa die Fokussierung auf individuelle Rechte – machen eine sinnhafte Identifikation der Menschen mit ihren sozialen und politischen Institutionen unmöglich und erzeugen ein Gefühl des Machtverlusts.
4. Der Liberalismus verkennt die Bedeutung von Ideologie im Sinne notwendig falschen Bewusstseins als Strukturmerkmal kapitalistischer Gesellschaften und Hindernis eines radikalen Wandels, etwa indem er die Präferenzen und Interessen von Individuen als gegeben auffasst anstatt als durch ungerechte und ideologische Verhältnisse geprägt – Ideologie und Entfremdung aber sind von Ungerechtigkeit unterschiedene Phänomene und können daher auch in einer Gesellschaft mit einer gerechte(re)n Verteilung persistieren.
5. Liberale Gerechtigkeitstheorien konzentrieren sich einseitig auf Verteilungsfragen und naturalisieren in Form der so genannten Umstände der Gerechtigkeit für kapitalistische Gesellschaften spezifische Formen der psychologischen Motivation (beschränkter Altruismus) und spezifische ökonomische Verhältnisse (künstlich erzeugte Güterknappheit) als unhinterfragte Voraussetzung. Diesem letzten Einwand zufolge kann es – bildlich gesprochen – nicht nur oder primär darum gehen, wie wir ›den Kuchen‹ verteilen sollen, sondern es muss darum gehen, wer ihn unter welchen Bedingungen produziert hat und wem die Arbeitskraft, die Arbeitsmittel und das Produkt gehören.

Feminismus

Auch von feministischer Seite werden Grundannahmen liberaler Gerechtigkeitstheorien in Frage gestellt, manchmal mit dem Ziel der Erweiterung dieser Theorien (etwa mit Blick auf die Einbeziehung sozialer Machtverhältnisse in Familie und ›Privat‹leben), manchmal mit dem Ziel ihrer Ersetzung durch alternative theoretische und normative Modelle von Politik und Gesellschaft. Einig sind sich diese Ansätze jedoch erstens darin, dass ein ›geschlechtsneutrales‹ Verständnis von Gerechtigkeit vor dem Hintergrund tiefer und (sowohl in der sozialen Realität als auch im gesellschaftlichen und philosophischen Diskurs) tief verankerter Asymmetrien im Geschlechterverhältnis nicht nur unzureichend, sondern Teil des Problems ist, da ›Neutralität‹ unter diesen Umständen alles andere als neutral ist und zur Kaschierung und Reproduktion dieser Asymmetrien beiträgt. Zweitens wird von feministischen Ansätzen die unkritische Unterscheidung von Öffentlichem und Privatem problematisiert, die etwa in Rawls' ursprünglichem Entwurf zum Ausschluss der als privat verstandenen Familie aus dem Anwendungsbereich der Gerechtigkeit geführt hat (vgl. Okin 1989). Drittens wird infrage gestellt, inwiefern ›freiwillige Zustimmung‹ (einschließlich wie auch immer idealisierter Formen solcher Zustimmung) unter Bedingungen von Herrschaft, strukturellen Abhängigkeitsverhältnissen, adaptiven Präferenzen und anderen Formen ideologischer Verzerrung tatsächlich ein adäquates Kriterium für die Legitimität sozialer Relationen darstellt, wie es von den unterschiedlichen Varianten des Kontraktualismus unterstellt wird (vgl. auch Mills/Pateman 2007).

Postkolonialismus

Schließlich ist aus postkolonialer Perspektive gegen den liberalen Mainstream der Gerechtigkeitstheorie eingewendet worden, dass die idealisierende Methode nicht nur zur Vernachlässigung historisch entstandener Machtasymmetrien und anhaltender Unterdrückungs- und Ausbeutungsverhältnisse führt, sondern auch dazu tendiert, spezifische Erfahrungen und partikulare Verständnisse von Gerechtigkeit (etwa in Form individueller Rechtsansprüche) zu universalisieren. Damit wird etwas eigentlich historisch und kulturell Partikulares als universell und als höherwertig im Vergleich zu anderen kulturell partikularen Auffassungen ausgegeben, wodurch diese Art des Universalismus historisch häufig auch als ideologische Grundlage hegemonialer und imperialer Projekte funktioniert hat (vgl. Kerner 2012; Dübgen 2014).

Aus Sicht dieser drei alternativen Paradigmen erscheint die politische Gerechtigkeitskonzeption, wie sie der Rawlssche Liberalismus entwickelt, gerade als in einem problematischen Sinn entpolitisierend, da sie die Prinzipien der Gerechtigkeit selbst der politischen Auseinandersetzung enthebt und ihr vorlagert. Freilich bleibt umstritten, inwiefern diese Kritik das liberale Modell tatsächlich trifft und ob nicht stärker kontext- und machtsensible Varianten liberaler (und vielleicht sogar kritischer) Gerechtigkeitstheorie im Anschluss an Rawls möglich sind (vgl. etwa Forst 2007).

Gerechtigkeit und Demokratie

Demokratie wird heute sowohl in der politischen Praxis als auch in der Theorie fast ausnahmslos als die einzig rechtfertigbare Organisationsform politischer Gemeinschaften erachtet. Jedoch herrscht keineswegs Übereinstimmung in Bezug darauf, was Demokratie genau bedeutet, wie sie zu rechtfertigen, wie sie in der politischen Wirklichkeit zu institutionalisieren ist und in welchem Verhältnis sie zur Gerechtigkeit steht (vgl. Celikates/Gosepath 2013, Kap. 4.3).

Das wörtliche Verständnis von ›Demokratie‹ als ›Herrschaft des Volkes‹ wirft unmittelbar die Frage auf, wer der *demos* bzw. das ›Volk‹ ist und wie es herrschen bzw. regieren kann bzw. soll. In der Beantwortung beider Fragen spielt Gerechtigkeit eine wichtige, jedoch alles andere als unumstrittene Rolle.

Im Hinblick auf die zweite Frage wird Demokratie häufig vor allem im Sinne von Verfahren verstanden, die bestimmten Prinzipien der Gerechtigkeit, wie etwa der Nichtdiskriminierung und politischen Gleichheit der Beteiligten, genügen müssen. Auch Rechtsstaatlichkeit – also die Garantie von Grundrechten und Verfassungsprinzipien gerade unabhängig von wechselnden Mehrheiten und damit die Selbstbeschränkung der Demokratie – wird heute gemeinhin als prozedurales und zugleich gerechtigkeitsbasiertes Erfordernis der Demokratie angesehen; daher wird meist von demokratischen Rechtsstaaten oder liberalen Demokratien gesprochen (vgl. aus gerechtigkeitstheoretischer Perspektive etwa Gosepath in Celikates/Kreide/Wesche 2015, Kap. 10).

Das Prinzip der Demokratie erschöpft sich jedoch nicht in diesen prozeduralen Bestimmungen ihrer Entscheidungsverfahren, sondern betrifft auch den Zugang zu diesen Verfahren. Wer soll gleichberechtigt partizipieren? Die einfache Antwort lautet: der *demos*, also die Gemeinschaft der Bürgerinnen und Bürger. Aber wer gehört zu dieser Gemeinschaft oder hat zumindest einen Anspruch darauf, zu ihr zu gehören? Hier tut sich eine erste Spannung auf: Zum einen kann man nämlich dafür argumentieren, dass alle erwachsenen und dauerhaft ansässigen Einwohner des entsprechenden Territoriums einen Anspruch auf die gleiche Beteiligung an den Verfahren haben, von deren Ergebnissen sie wie alle anderen auch in relevanter Weise betroffen sind (etwa dadurch, dass sie den staatlichen Gesetzen unterliegen oder dass sie Steuern zahlen). Zum anderen wird jedoch häufig die These vertreten, die politische Gemeinschaft habe selbst ein Recht, darüber zu entscheiden, wen sie als neues Mitglied aufnehmen möchte (vgl. etwa Miller 2005). Dieses Recht berechtigt aus demokratietheoretischer Sicht aber nicht einfach zu willkürlichen Ausschlüssen, etwa aufgrund bestimmter kultureller oder sexistischer Kriterien, sondern muss die legitimen Ansprüche derjenigen berücksichtigen, die von den Gesetzen in relevanter Weise betroffen sind. Der *demos* definiert sich also nicht primär über eine gemeinsame vorpolitische Identität, beispielsweise im Sinne der Zugehörigkeit zu einer ethnischen oder kulturellen Gemeinschaft, sondern als genuin politische Gemeinschaft (vgl. Carens 2013, Teil I): An den demokratischen Entscheidungsprozessen sind idealerweise alle die beteiligt, die zugleich von den beschlossenen Regeln des Zusammenlebens in relevanter Weise betroffen sind (vgl. zu den Problemen dieses Prinzips etwa Näsström 2011; s. Kap. V.70). Insofern ist die Forderung, dass alle Adressaten der Gesetze sich – in einem näher zu spezifizierenden Sinn – auch als deren Autoren verstehen können müssen, für die Idee der Demokratie grundlegend (Habermas 1992; vgl. mit Blick auf die Vermittlung von Gerechtigkeit und Demokratie auch Benhabib 2008).

Was die so verstandene ›Herrschaft‹ des Volkes bzw. Selbstregierung der Bürgerinnen und Bürger als Freie und Gleiche aber praktisch bedeutet und wie sie institutionell umzusetzen ist, wird von verschiedenen Demokratiemodellen – die von direkten bzw. partizipatorischen über repräsentative und deliberative bis hin zu agonalen bzw. radikalen Verständnissen reichen – sehr unterschiedlich bewertet. Die vermutlich stärksten Spannungsverhältnisse zwischen Demokratie und (vor allem liberalen Konzeptionen von) Gerechtigkeit kommen dabei in der agonalen bzw. radikalen Demokratietheorie zum Ausdruck, für die die Teilnahme an sozialen und politischen Kämpfen um politische Teilhabe und an Konflikten um grundlegende Werte und Normen (auch der Gerechtigkeit) im Zentrum steht und die daher die Idee zurückweist, dass es Prinzipien der Gerechtigkeit gibt, die sich unabhängig von diesen Konflikten identifizieren ließen und diesen dann als selbst nicht anfechtbarer Rahmen vorgeordnet werden könnten. In diesen Ansätzen wird der Grundgedanke der direkten bzw. partizipatorischen Demokratie – nämlich dass die Bürgerinnen und Bürger als Freie und Gleiche unmittelbar an der Selbstregierung der Gemeinschaft teilnehmen – aufgegriffen und radikalisiert (vgl. etwa Mouffe 2013 sowie die Beiträge von Douzinas und Marchart in Celikates/Kreide/Wesche 2015). Dabei grenzen sie sich auch von deliberativen Demokratiekonzeptionen ab, die sich in den letzten Jahrzehnten in der politischen Praxis ebenso wie in der Theorie als gegenüber der repräsentativen Demokratie anspruchsvollere Alternative etabliert haben und denen zufolge Demokratie wesentlich in öffentlicher Deliberation im Sinne des freien und vernünftigen Austauschs von Argumenten auf der Suche nach der richtigen oder zumindest einer begründeten Antwort auf ein zur politischen Entscheidung anstehendes Problem begriffen werden sollte (Habermas 1992). An die Adresse dieses deliberativen Demokratiemodells wird der Vorwurf eines gewissen Elitismus erhoben, der den gut ausgebildeten, angemessen informierten und sich vernünftig austauschenden Bürger zum Modell- und/oder Standardfall erklärt und damit zum einen überspannte Erwartungen an die Rationalität der Diskursteilnehmer formuliert, zum anderen der Vernachlässigung von Faktoren wie Machtasymmetrien und Ideologien, die den Diskurs unter realen, nicht idealen Bedingungen verzerren, den Weg bereitet (vgl. auch die Weiterentwicklung des deliberativen Modells in Young 2000).

Der agonalen bzw. radikalen Demokratiekonzeption zufolge kann Demokratie nicht als institutioneller Mechanismus zur Umsetzung von vorab philosophisch identifizierten Gerechtigkeitsprinzipien verstanden werden, da es sich um einen offenen Prozess der Demokratisierung handle, der das Ergebnis sozialer und politischer Kämpfe gegen den Ausschluss von Individuen und Gruppen aus der institutionalisierten politischen Ordnung oder auch gegen deren diskriminierenden Einschluss sei. Darin freilich kann gerade auch der Kern eines politisch radikaleren – über die Anerkennung liberaler Rechte hinausgehenden – Gerechtigkeitsbegriffs gesehen werden, an dem sich zahlreiche Emanzipationsbewegungen orientiert haben und noch immer orientieren. Der Modus politischen Handelns ist eher Konflikt und Dissens als Deliberation und Konsens – auch auf der Ebene der Identifikation und Ausformulierung von Prinzipien und nicht allein auf der Ebene von deren Anwendung oder Interpretation. Auch der radikalen Demokratietheorie zufolge muss der Konflikt allerdings auf nichtmilitärische Weise ausgetragen werden, um noch als politischer Konflikt gelten zu können; in diesem Konflikt stehen also nicht auf die Vernichtung des jeweils anderen zielende Feinde einander gegenüber, sondern Gegner, mit denen man in eine politische Auseinandersetzung, in einen Streit, eintreten kann und die sich insoweit wechselseitig als legitime Akteure anerkennen (vgl. Mouffe 2013). Auf diese Weise scheint dann doch wieder ein Bezug auf bestimmte Normen oder Prinzipien nötig, deren Status im Rahmen dieses Modells allerdings unklar oder zumindest ambivalent bleiben muss.

Politisierung und Demokratisierung der Gerechtigkeit?

Mit Bezug auf das Verhältnis von Politik und Demokratie zu Gerechtigkeit muss man den hier rekonstruierten Alternativen und Ergänzungen zur liberalen Gerechtigkeitstheorie entnehmen, dass ein Festhalten am Gerechtigkeitsbegriff dessen Politisierung und Demokratisierung ebenso erfordert, wie es Politik und Demokratie unter den Anspruch stellt, sich auch im Register der Gerechtigkeit befragen zu lassen (vgl. Young 2000). Eine demokratische Politik der Gerechtigkeit wäre dann vielleicht am ehesten als selbstreflexiver Prozess zu verstehen, der in dem Spannungsfeld zwischen der (potenziell) universellen Bedeutung von Gerechtigkeitsprinzipien und -ansprüchen und ihrer je lokalen und historisch, sozial und politisch spezifischen Artikulation operiert und damit immer auch gegen die etablierten Diskurse, Institutionen und Praktiken der Gerechtigkeit, der Politik und der Demokratie mobilisiert werden kann (vgl. etwa Tully 2008; Balibar 2012 und Ingram 2013). Zum Verständnis dieses Prozesses wären dann aber neben den hier besprochenen philosophischen Ansätzen auch eher empirisch und soziologisch informierte Beiträge nötig, also eine Überwindung des auch in der Gerechtigkeitstheorie noch immer bestehenden Grabens zwischen Philosophie auf der einen und Geschichte sowie Sozialforschung auf der anderen Seite.

Literatur

Balibar, Étienne: *Gleichfreiheit*. Berlin 2012.
Benhabib, Seyla: *Kosmopolitismus und Demokratie*. Frankfurt a. M. 2008.
Carens, Joseph: *The Ethics of Immigration*. Oxford 2013.
Celikates, Robin/Gosepath, Stefan: *Politische Philosophie*. Stuttgart 2013.
Celikates, Robin/Kreide, Regina/Wesche, Tilo (Hg.): *Transformations of Democracy*. London 2015.
Dübgen, Franziska: *Was ist gerecht?* Frankfurt a. M. 2014.
Forst, Rainer: *Das Recht auf Rechtfertigung*. Frankfurt a. M. 2007.
Geuss, Raymond: *Kritik der Politischen Philosophie*. Hamburg 2011.
Habermas, Jürgen: *Faktizität und Geltung*. Frankfurt a. M. 1992.
Höffe, Otfried: *Politische Gerechtigkeit*. Frankfurt a. M. 1989.
Honneth, Axel: *Das Recht der Freiheit*. Berlin 2011.
Ingram, James: *Radical Cosmopolitics*. New York 2013.
Kerner, Ina: *Postkoloniale Theorien zur Einführung*. Hamburg 2012.
Locke, John: *Zwei Abhandlungen über die Regierung*. Frankfurt a. M. 2000 (engl. 1689).
Luhmann, Niklas: *Die Politik der Gesellschaft*. Frankfurt a. M. 2000.
Meier, Christian: *Die Entstehung des Politischen bei den Griechen*. Frankfurt a. M. 1983.
Miller, David: Immigration. The case for limits. In: Andrew Cohen/Christopher Heath Wellman (Hg.): *Contemporary Debates in Applied Ethics*. Oxford 2005, 193–206.
Mills, Charles/Pateman, Carole: *Contract and Domination*. Cambridge 2007.
Mouffe, Chantal: *Agonistics*. London 2013.
Näsström, Sofia: The challenge of the all-affected principle. In: *Political Studies* 59/1 (2011), 116–134.
Okin, Susan Moller: *Justice, Gender, and the Family*. New York 1989.
Rawls, John: *Eine Theorie der Gerechtigkeit*. Frankfurt a. M. 1975.
–: *Politischer Liberalismus*. Frankfurt a. M. 1998.
Tully, James: *Public Philosophy in a New Key*. 2 Bde. Cambridge 2008.
Wolin, Sheldon: The liberal/democratic divide. In: *Political Theory* 24/1 (1996), 97–119.
Wood, Allen: *Karl Marx*. London 2004.
Young, Iris M.: *Inclusion and Democracy*. Oxford 2000.

Robin Celikates

51 Gesellschaft und Kultur

Ist die Forderung nach Gerechtigkeit eine allgemeinmenschliche Forderung? Und verstehen die Menschen in ihren verschiedenen kulturellen und sozialen Kontexten darunter etwas Vergleichbares? Geht man von den alten aristotelischen Begriffen der Gerechtigkeit aus wie der *distributiven Gerechtigkeit*, wonach jeder von einem Gut so viel bekommen sollte, wie ihm (nach Verdienst, Würde oder anderen Kriterien) zusteht, der *kommutativen Gerechtigkeit*, wonach jeder Schaden oder jede Verletzung, den eine Person oder Gruppe anderen Personen oder Gruppen zufügt, proportional ausgeglichen werden soll, und der Gerechtigkeit im Sinne von *Rechtsförmigkeit*, dann kann man sich schwer vorstellen, dass es menschliche Gemeinschaften geben könnte, in denen diese Grundelemente der Gerechtigkeit nicht zumindest implizit in den zwischenmenschlichen Reaktionen präsent sind. Damit ist jedoch noch nicht die Frage beantwortet, ob es sich hierbei wirklich um Prinzipien handelt, die in allen kulturellen Kontexten gleichermaßen Geltung beanspruchen dürfen, oder nur um abstrakte Konstruktionen, aus denen wenig über konkrete kulturelle Vorstellungen von Gerechtigkeit und Praktiken folgt.

Gerechtigkeit aus der Perspektive der Rechtsanthropologie

Die Befunde der Kulturanthropologie des 20. Jahrhunderts haben deutlich gemacht, dass nicht nur die Antworten auf die Fragen, wem was zusteht und wie ein Unrecht ausgeglichen werden kann, je nach kulturellem Kontext variieren, sondern auch der Gedanke des Rechts bzw. der Institutionen und Verfahrensweisen, die für Gerechtigkeit sorgen und individuelle Willkür bestrafen sollen. Auch wenn es mittlerweile einen interkulturellen Rechtsdiskurs gibt, der nach den Grundlagen eines interkulturellen Strafrechts sucht (Höffe 1999), sind die Unterscheidungen moderner westlicher Gesellschaften zwischen (staatlichem) Recht und Moral sowie innerhalb des Rechts zwischen Strafrecht und Zivilrecht nicht ohne weiteres auf traditionelle Gesellschaften übertragbar. Das gilt auch für die Funktion und Struktur der Rechtsinstitutionen. Das moderne europäische Strafrecht steht im Dienste des Staates und hat die Aufgabe, der Rechtsordnung durch die Bestrafung von Gesetzesbrüchen Geltung zu verschaffen; zu seinen Aufgaben gehört nicht die gerechte Lösung der sozialen Konflikte, die Hintergrund oder Anlass der Straftat waren oder durch sie ausgelöst wurden. Gerechtigkeit im Sinne von Rechtsförmigkeit wird durch das Bild der Justitia mit den verbundenen Augen repräsentiert: Eine Rechtsentscheidung ist gerecht, insofern die Richter unparteilich vorgehen, jeden gleich behandeln, nicht das Recht ›beugen‹ usw. Ein nichtstaatliches Recht, das nicht durch unparteiliche Richter nach fixierten Normen gesprochen, sondern von den Parteien ad hoc nach eher flexiblen Regeln verhandelt wird, erscheint aus dieser Sicht als ein hölzernes Eisen, ein nur scheinbares Recht, das in Wahrheit einen Hobbesschen Zustand des Krieges aller gegen alle verdeckt, in dem Konflikte nicht anders als durch mehr oder weniger verdeckte Gewalt und Erpressung gelöst werden können.

Mit der ethnologischen Erforschung traditioneller Rechtssysteme und dem Verfall der Kolonialherrschaft setzte sich im Laufe des 20. Jahrhunderts jedoch allmählich die Einsicht durch, dass das traditionelle Recht in nichteuropäischen Kontexten nicht nach dem Maßstab des differenzierten europäischen Rechtssystems bewertet werden kann, da es andere Rechtsziele verfolgt und daher anders strukturiert ist, insbesondere in nichtstaatlichen Gesellschaften. Mittlerweile wird kaum noch die Auffassung vertreten, dass das Recht einer Gesellschaft homogen und mit staatlichem Recht gleichzusetzen sei. Vielmehr geht man von *unterschiedlichen Rechtskontexten* aus. Während der Rechtsanthropologe Leopold Pospisil diese noch als hierarchisch geordnet verstand (Pospisil 1971, 124–126), verwenden die meisten Rechtsanthropologen heute eher horizontale Modelle (Lampe 1992, 134; Moore 2001, 95–116).

Die Unterschiede zwischen der Struktur und Funktion des modernen europäischen Rechts und den Rechtskontexten nichtstaatlicher Gesellschaften ergeben sich aus der Aufgabe des Rechts. So wird ein Normverstoß in nichtstaatlichen Gesellschaften in erster Linie als eine Missachtung der Person wahrgenommen, nicht als eine Missachtung des Rechts oder der Gemeinschaft als solcher (Wesel 1985, 321). Entsprechend liegt die Aufgabe der Rechtsinstitutionen vor allem in der Konfliktlösung bzw. der Wiederherstellung einer nachhaltig funktionierenden sittlichen Form des Zusammenlebens (Lotter 2012, 249–278). Diese Aufgabe wird nicht immer durch professionelle Richter, sondern oft durch Laien und mitunter durch die Parteien selbst wahrgenommen. Ihre Verfahrensweise besteht nicht in der strikten Anwendung von Normen; die Rechtsansprüche sind oft eher Einsätze in der Hand feilschender Parteien (Wesel 1985, 331–334).

Entsprechend fehlt in manchen staatenlosen Gesellschaften wie bei den Arusha im nördlichen Tansania ein Verständnis von Gerechtigkeit bzw. Rechtsförmigkeit, das über die jeweils erzielte *faktische* Einigung im Falle von Normenverletzungen und Konflikten hinausgeht. Ein klassisches Beispiel hierfür ist der Prozess eines Mannes gegen seinen Schwiegersohn wegen einer nicht geleisteten Brautpreiszahlung, der damit endet, dass Ersterer sich auf dem Wege einer sehr unkonventionellen Normenauslegung faktisch mit einer sehr viel geringeren Zahlung als der üblichen einverstanden erklärt (Gulliver 1963, 252). Eine solche Einigung, die nicht nur die Ansprüche des Klägers, sondern die Interessen aller Betroffenen berücksichtigt, gilt als sittliche Errungenschaft, die gewisse Tugenden erfordert: Während das unflexible Beharren auf Rechtsansprüchen, die in der momentanen Macht- und Verhandlungskonstellation zwischen den Parteien faktisch nicht durchsetzbar sind, als unangebracht gilt, wird die Bereitschaft der Vermittler und Beteiligten zum ›kreativen‹ Umgang mit den Normen und zum Kompromiss außerordentlich hoch geschätzt (ebd., 242). In solchen Rechtskontexten können die rechtlichen Folgen von Normverletzungen daher je nach Anlass, Status der Betroffenen, ihren verwandtschaftlichen Beziehungen etc. sehr unterschiedlich ausfallen, was Ethnologen als ›strukturale Relativität‹ bezeichnen: Je enger die Beziehungen zwischen Täter und Opfer sind, desto leichter ist es für das Opfer, eine Entschädigung zu erhalten, da die Verwandten starkes Interesse an einer baldigen Lösung eines Konfliktes haben, der auch sie affizieren kann; desto geringer fällt allerdings auch die Entschädigung aus, weil alle Betroffenen mitreden und der Druck zur Wiederherstellung der Harmonie größer ist als die Empörung über das Unrecht. Hingegen verringert sich die Aussicht, Recht zu erhalten, mit zunehmender verwandtschaftlicher und räumlicher Entfernung, da der Druck der Gemeinschaft auf den Schädiger fehlt; wenn der Geschädigte es aber doch erreicht, Unterstützung für eine Einigung zu mobilisieren, steigt die Aussicht auf eine hohe Entschädigung, weil der Druck fehlt, die Interessen des Schädigers zu berücksichtigen (Evans-Pritchard 1940, 155–162; Wesel 1985, 271). Wenn man vom europäischen Rechtsverständnis ausgeht, bedeutet diese strukturale Relativität eine strukturelle Ungerechtigkeit, da sie statusschwache Personen ohne hinreichende Kontakte benachteiligt. Mit Blick auf die anderen Rechtsziele des traditionellen afrikanischen Rechts – das Rechtsziel der nachhaltigen Konfliktlösung – muss man jedoch berücksichtigen, dass aufgrund der rechtlichen Flexibilität viel eher die institutionellen Voraussetzungen zur Findung einer Lösung gegeben sind, die allen Beteiligten ›recht‹ und daher nachhaltig ist, was nur möglich ist, wenn sie der individuellen Situation, den momentanen Machtverhältnissen und Interessen aller Parteien Rechnung trägt.

Das Rechtsziel der (Wieder-)Herstellung einer nachhaltig funktionierenden Form des sozialen Zusammenlebens spiegelt sich auch im traditionellen afrikanischen Prozessrecht wider, wie es in den klassischen rechtsanthropologischen Untersuchungen des Juristen und Ethnologen Max Gluckman über das traditionelle Gericht der Barotse im damaligen Nordwestrhodesien in der letzten Phase der Kolonialherrschaft an vielen Fällen illustriert wird. Das Gericht konzentriert sich nicht auf die Anklagepunkte, sondern berücksichtigt alle Erklärungen, Vorwürfe und Klagen, welche die Beteiligten während des Prozesses vorbringen (Gluckman 1965, 7), um zu ermitteln, wer sich unangemessen in den sozialen Beziehungen verhalten hat und somit als Ursache des Konflikts zu betrachten ist. Das Prozessrecht schließt nicht aus, während dieses Verfahrens die Anklage zu verändern oder gar den Kläger zum Angeklagten zu machen wie im Falle eines Prozesses, den ein Ortsvorsteher gegen seine Schwestern wegen rechtswidriger Nutzung von Grundstücken und Fischereianlagen angestrengt hatte. Da das Gericht durch die Ermittlung anderer, weit zurückliegender familiärer Streitpunkte zu der Einschätzung kam, dass er selbst die Hauptursache des familiären Konfliktes war, wurden nicht die Schwestern, sondern er zur Kompensation genötigt (Gluckman 1955, 198). Die britische Kolonialmacht hatte kein Verständnis für diese, aus Sicht europäischer Juristen, plan- und ziellose Anhörung irrelevanter Details und übte starken Druck auf die Gerichte aus, sich auf die (für das britische Recht einzig relevanten) Anklagepunkte zu beschränken. Umgekehrt muss den Barotse die Vorstellung der Kolonialmacht, ein Gericht habe nur die Anklagepunkte zu untersuchen und sich nicht um die Hintergründe der jeweiligen Konflikte zu kümmern, ethisch und juristisch bizarr erschienen sein; denn wie sollte auf diese Weise eine (sozial) gerechte Lösung gefunden werden?

Gerechtigkeit im Kontext: Neuere philosophische Diskussionen

Die Frage, inwieweit die Bedeutung und der Geltungsanspruch moralischer Ideen an partikulare soziale und kulturelle Kontexte gebunden sind, reicht bis in die

Philosophie der Antike zurück und wird in der neuzeitlichen Philosophie des späten 18. und des 19. Jahrhunderts neu gestellt. Während G. W. F. Hegel in seiner Rechtsphilosophie die Analyse partikularer historischer Moral- und Rechtsauffassungen in den Entwicklungsgang der Vernunft einordnet und ihnen dadurch eine sowohl partikulare als auch universale Bedeutung verleiht (Hegel 1820/1970), zielt die genealogische Methode in der Tradition von Friedrich Nietzsche und Michel Foucault in die umgekehrte Richtung einer *Dekonstruktion von Legitimität in emanzipatorischer Absicht*: Die historische Kontextualisierung soll die Kontingenz moralischer Ideen aufzeigen, um ihnen ihre Selbstverständlichkeit und Verbindlichkeit zu nehmen, und so »die Möglichkeit auffinden, nicht länger das zu sein, zu tun oder zu denken, was wir sind, tun oder denken« (Foucault 1990, 49).

Eine spezielle philosophische Debatte zum Begriff ›Gerechtigkeit‹ im Kontext von Gesellschaft und Kultur hat sich jedoch erst aus der Kritik an John Rawls' *Theorie der Gerechtigkeit* (1979) entwickelt, wo dem Begriff ›Gerechtigkeit‹ wieder eine ähnlich zentrale Rolle für die politische Philosophie und Ethik zugewiesen worden war wie schon bei Platon. Diese Theorie der Gerechtigkeit knüpft freilich nicht an die antiken Diskussionen, sondern an die neuzeitliche Vertragstheorie an (s. Kap. III.30). Rawls geht bei der Bestimmung der Gerechtigkeit nicht nur von der Frage aus, nach welchen Kriterien Güter und Aufgaben zu verteilen sind, sondern setzt voraus, dass gerecht nur eine gesellschaftliche Verfassung sein kann, bei der die Interessen aller Mitglieder als Freie und Gleiche unter Bedingungen, die ihre Individualität und ihr Eigeninteresse ausblenden, in den Regeln und Institutionen berücksichtigt werden (Rawls 1979, 28). Dagegen haben Kritiker des Liberalismus Einwände erhoben, die sich gegen den Anspruch richten, die Frage, was gerecht sei, könne unter Absehung von kulturellen und sozialen Kontexten beantwortet werden; dazu gehören nicht nur ›Kommunitaristen‹ wie Michael Sandel, Alasdair MacIntyre, Charles Taylor, Michael Walzer u. a., die die Bedeutung von Gerechtigkeit mit den geteilten Auffassungen von kulturellen Gemeinschaften gleichsetzen (s. Kap. III.36), sondern auch Autoren wie Bernard Williams und Raymond Geuss, die nicht dem Kommunitarismus zuzuordnen sind.

Ein Einwand richtet sich gegen die Entkontextualisierung des moralischen Subjekts. Allein von abstrakten Vorstellungen von Rationalität und Eigeninteresse ausgehend könne niemand verstehen, was Gerechtigkeit bedeutet (Geuss 2008, 6). Die Fähigkeit des einzelnen Individuums, eigenes Handeln unter Gesichtspunkten der Fairness und Gerechtigkeit zu betrachten, setze institutionell oder traditionell eingeübte Kommunikations- und Verfahrensweisen voraus, mithilfe derer diese Perspektiven und die ihnen zugrunde liegenden Normen expliziert und durchgesetzt werden könnten. Nur als Mitglied einer Gemeinschaft sei der Mensch überhaupt fähig, zwischen gerecht und ungerecht zu unterscheiden und über die Prinzipien und Maßstäbe der Gerechtigkeit zu reflektieren (Sandel 1982). Ein anderer Einwand beruft sich auf die Vielfältigkeit der Bedeutungen und Gesichtspunkte von Gerechtigkeit in wirklichen sozialen und kulturellen Kontexten, die nicht auf die Rawlsschen Grundsätze reduzierbar seien. Dabei unterscheidet Walzer auch innerhalb von Kulturen verschiedene Sphären der Gerechtigkeit, in denen unterschiedliche Projekte verfolgt werden und nicht dieselben Maßstäbe gelten (Walzer 1983). Ein weiterer Einwand betrifft die Brauchbarkeit der Konstruktion einer ideal gerechten Gesellschaft als Matrix zur Beurteilung der Gerechtigkeit konkreter Praktiken. So liegt schon aus rechtsethnologischer Perspektive gegen Rawls der Einwand nahe, dass die Frage, ob eine Praxis wie das Recht der Barotse oder der Arusha gerecht ist, sich oft schon durch ein genaues empirisches Studium beantworten lässt, indem man etwa die Vor- und Nachteile verschiedener Rechtsformen für die Betroffenen vergleicht. Hingegen ist nicht ersichtlich, welche Hilfe das künstliche Vertragsmodell, in dessen Lichte jede reale Gesellschaft ungerecht erscheint, bei der Beurteilung realer Institutionen und Praktiken leisten könnte. Für MacIntyre und Geuss ist daher eine Ethik, die abgetrennt von Geschichte, Soziologie und Ethnologie anhand spezieller normativer Argumentationsformen Themen wie Gerechtigkeit studiert und daraus herleitet, wie sich Menschen zueinander verhalten sollten, im besten Falle ein nutzloses Unternehmen, weil sie Menschen mit konkreten Gerechtigkeitsproblemen nichts zu sagen hat (MacIntyre 1997, 9; Geuss 2008, 7).

Umgekehrt stellt sich die Frage, was philosophische Ansätze, die auf einer kontextbezogenen Untersuchung der Gerechtigkeit insistieren, überhaupt über die empirische Erfassung faktischer Auffassungen von Gerechtigkeit und den empirischen Vergleich hinaus leisten können. Das betrifft sowohl die Frage, ob dem Begriff ›Gerechtigkeit‹ überhaupt eine kulturübergreifende oder nur eine partikulare Bedeutung zugeschrieben werden kann, als auch die normative Frage, auf welcher Grundlage es gerechtfertigt ist, gegebene Auffassungen von Gerechtigkeit als ungerecht zu kritisieren.

Walzers Antwort auf die erste Frage lautet: beides. Das ist kein Widerspruch, denn Walzer unterscheidet im Rückgriff auf Clifford Geertz zwischen einem kultur- und kontextübergreifenden ›minimalen‹ oder ›dünnen‹ Verstehen von Gerechtigkeit und dem ›maximalen‹ und ›dichten‹ Verstehen eines Insiders, das auf der persönlichen Vertrautheit mit den emotionalen und praktischen Bedeutungen eines Begriffs beruht (Geertz 1973). Beispielsweise kann, Walzer zufolge, ein Amerikaner die Demonstranten im Prag von 1989 durchaus verstehen, die Transparente mit den Aufschriften ›Wahrheit‹ und ›Gerechtigkeit‹ hochhalten, auch wenn er gar nicht mit den politischen und religiösen Gruppierungen in Prag und der Vorgeschichte des Konflikts vertraut ist. Er versteht, dass die Leute ihre Unzufriedenheit mit der Ungerechtigkeit und Verlogenheit der politischen Verhältnisse und Umgangsformen demonstrieren wollen. Das bedeutet nicht, dass er sagen könnte, warum sie diese und nicht andere moralische Begriffe gewählt haben, was sie dabei unter Gerechtigkeit verstehen, um welche Vorkommnisse und welche Güter es dabei geht, etc. Obgleich in solchen Fällen durchaus ein kulturübergreifendes Verständnis vorliegt, ist es sehr dünn im Vergleich zu dem Verständnis eines Insiders; es besteht weitgehend in einer *Abstraktion* von den entsprechenden dichten Erfahrungen der eigenen Tradition und in der Konzentration auf Merkmale, die ihm in diesem Moment ganz selbstverständlich universal scheinen. Dünne Begriffe von Gerechtigkeit sind nach Geertz und Walzer nicht ohne weiteres als ethische Universalien zu verstehen, die als Ausdruck einer allgemeinmenschlichen Vernunft, allgemeiner anthropologischer Eigenschaften oder allgemeinmenschlicher Beziehungen den dichten Begriffen partikularer Kontexte vorausliegen; sie bezeichnen zunächst Gesichtspunkte, unter denen sich dichte Begriffe zu einem bestimmten Zeitpunkt überschneiden (Walzer 1994, 3–32).

Das ist vielleicht eine zu schwache Deutung von dünnen Begriffen. So zeigt die Formel *suum cuique* – jedem das, was ihm zusteht – nicht nur momentane Überschneidungen an. Aus ihrer universalen Anwendbarkeit folgt jedoch noch nicht viel, denn was es konkret heißt, einer Person zu geben, was ihr zusteht, ergibt sich nach kommunitaristischer Auffassung erst daraus, was einer Person nach dem kulturellen Verständnis ihrer Gemeinschaft gebührt, das von lokalen Traditionen geprägt ist. Dabei wird unterstellt, dass es in kulturellen Kontexten geteilte Auffassungen von Gerechtigkeit gibt, die durch ihre Rolle für die Selbstverständigung legitimiert sind. Während nach den neuzeitlichen Wertvorstellungen, an die Rawls mit seinem Modell anknüpft, feudale Vorrechte oder geschlechterspezifische Privilegien, die der Norm der gleichen Mitbestimmung aller widersprechen, ungerecht erscheinen, können sie nach soziologischen und kommunitaristischen Maßstäben in einer traditionellen Kastengesellschaft durchaus eine selbst unhinterfragte Grundlage für die Kritik von Ungerechtigkeiten abgeben (Corsten/Rosa/Schrader 2005, 10; Walzer 1983, 312–316).

Gegen die kommunitaristische Annahme, die Ansprüche der Gerechtigkeit müssten sich auf die im kulturellen Kontext jeweils geteilten Auffassungen von Gerechtigkeit berufen, erheben sich verschiedene Einwände. Erstens sind moralische Ideen auch in traditionellen Gesellschaften nicht unbedingt homogen, konfliktfrei und abgeschottet gegenüber Neuerungen – wer bestimmt dann, welche die geteilten sind? Zweitens liegt der ideologiekritische Einwand nahe, dass solche Auffassungen, auch wenn es keinen offenen Konflikt gibt, mitunter nur in dem Sinne geteilt sind, dass manche benachteiligte Bevölkerungsgruppen – etwa Frauen – sich daran gewöhnt haben, dass sie nichts Eigenes zu sagen und zu denken haben. Drittens stellt sich die Frage, wann man überhaupt von kulturell verankerten Auffassungen – im Unterschied zur Verfolgung persönlicher Interessen auf der Grundlage etablierter Machtverhältnisse – sprechen kann. Nicht alle Gewohnheiten und Selbstverständlichkeiten beruhen auf explizierbaren Auffassungen. Menschen haben oft keine begründbare Vorstellung davon, bei welchem Teil ihrer Überzeugungen und Wünsche es sich um ethische Prinzipien handelt, bei welchem Teil um persönliche Interessen. Das sollten wir nach Raymond Geuss nicht als ein epistemisches Versagen betrachten, das man im Prinzip heilen könnte, sondern als einen inhärenten Zug des menschlichen Lebens (Geuss 2008, 3). Wenn man jedoch den gegebenen Gerechtigkeitsauffassungen nicht allein schon aufgrund ihrer Faktizität auch Geltung zuschreibt, stellt sich die Frage, auf welcher Grundlage ihre Geltungsansprüche ermittelt und kritisiert werden können.

Die kommunitaristische Perspektive schließt eine normative Kritik an kulturell verankerten Vorstellungen nicht grundsätzlich aus. Voraussetzung legitimer Kritik ist jedoch, dass sie nicht von einer gänzlich externen Auffassung von Gerechtigkeit ausgeht, sondern an lokale Kategorien der Selbstverständigung anschließt. Schon der Soziologe Émile Durkheim, auf den das auch von kommunitaristischer Seite oft implizit unterstellte Konzept eines kollektiven Bewusstseins zurückgeht, wies darauf hin, dass Probleme der Gerechtigkeit im Kontext einer Kultur nicht auf das reduzierbar sind, was faktisch zu einem Zeitpunkt legal ist oder aufgrund einer vorherrschenden Tradition als legitim gilt. So ist nach Durkheim eine alte Tradition wie die Vererbung von Eigentum im heutigen europäischen kulturellen Kontext latent ungerecht, obgleich sie sowohl die Tradition als auch das Recht auf ihrer Seite hat; denn sie behindert die konsequente Verwirklichung anderer, ebenfalls kulturell verankerter Wertvorstellungen wie der Gleichberechtigung aller, auch wenn diese Ungerechtigkeit vielleicht nur einer Minderheit ausdrücklich bewusst ist (Durkheim 1991, 297–300). Ähnlich hat Bernard Williams mit Blick auf die Sklaverei argumentiert: Aus dem Faktum, dass in einem kulturellen Kontext Sklaven gehalten wurden, folgt mitnichten, dass die Sklavenhalter dies zwangsläufig auch als gerecht betrachtet haben müssen und außerstande gewesen wären, daran zu zweifeln (Williams 1993, 123–127). Warum sollten sie nicht, wie wir auch, unter Umständen gelebt haben, die ihnen zumindest teilweise als ungerecht und schlecht erschienen, ohne dass sie jedoch wussten, wie sie es hätten besser machen können, ohne auf Dinge zu verzichten, die ihnen unverzichtbar schienen? Im Unterschied zur Theorie führt im wirklichen Leben eine komplexe Gemengelage aus ökonomischen Gründen, Machtinteressen, Mangel an politischer Phantasie u. a. gewöhnlich dazu, dass Fragen der Gerechtigkeit vernachlässigt oder mittels intellektueller Rationalisierungen entschärft werden, falls man sich nicht ohnehin bewusst mit der Ungerechtigkeit arrangiert. So hätten sich in den Südstaaten des frühen 19. Jahrhunderts allein aus den christlichen Grundüberzeugungen genügend Gründe gegen die Sklaverei entwickeln lassen, was die Pfarrer jedoch, wie Mark Twain anschaulich berichtet, in der Regel ebenso wenig unternahmen wie ihre Gemeinde, bei der die Gewohnheit und Normalität der Sklavenhaltung, in Verbindung mit den großen Vorteilen, die sie auch ärmeren Sklavenbesitzern bot, gewöhnlich Zweifel an ihrer Legitimität gar nicht erst aufkommen ließ (Twain 1924, 123). Ebenso hätte im antiken Athen – einer Kultur, die großen Wert auf Freiheit und Selbständigkeit legte – die Sklaverei von Kriegsgefangenen als ein moralisches Übel wahrgenommen werden können, zumal man, anders als in den Südstaaten, die Sklaven als ebenbürtige Menschen betrachtete, die sich nur darin von einem selbst unterschieden, dass sie im Krieg Unglück gehabt hatten (Williams 1985, 164). Dass es im antiken Athen unter Sklavenhaltern faktisch keine Reformbewegung gegen die Sklaverei gegeben hat und Aristoteles es für angebracht hielt, sie ethisch zu legitimieren, beweist daher nicht, dass sie nicht als ein moralisches Übel hätte wahrgenommen werden können. Es belegt nur, dass man solche Gedanken, wenn sie denn aufkamen, nicht sehr weit verfolgte und sie ohne Konsequenzen für das Handeln blieben, möglicherweise weil man die Sklaverei ökonomisch für unverzichtbar hielt. Umgekehrt lässt sich die Abschaffung der Sklaverei in den Vereinigten Staaten im 19. Jahrhundert nicht allein auf ein durch öffentliche Diskussion verbreitetes Unrechtsbewusstsein zurückführen, konnte sie doch nur mit Hilfe nördlicher Staaten durchgesetzt werden, in denen sie eine im Vergleich zu den Südstaaten viel geringere ökonomische Rolle spielte.

Literatur

Corsten, Michael/Rosa, Hartmut/Schrader, Ralph: *Die Gerechtigkeit der Gesellschaft*. Wiesbaden 2005.

Durkheim, Émile: *Physik der Sitten und des Rechts*. Frankfurt a. M. 1991.

Evans-Pritchard, Edward: *The Nuer. A Description of the Modes of Livelihood and Political Institutions of a Nilotic People*. Oxford 1940.

Foucault, Michel: Was ist Aufklärung? In: Eva Erdmann/Rainer Forst/Axel Honneth (Hg.): *Ethos der Moderne. Foucaults Kritik der Aufklärung*. Frankfurt a. M. 1990, 55–69.

Geertz, Clifford: *The Interpretation of Cultures*. Harper 1973.

Geuss, Raymond: *Philosophy and Real Politics*. Princeton 2008.

Gluckman, Max: *The Judicial Process among the Barotse of Northern Rhodesia*. Manchester 1955.

–: *The Ideas in Barotse Jurisprudence*. London 1965.

Gulliver, P. H.: *Social Control in an African Society. A Study of the Arusha: Agricultural Masai of Northern Tanganyika*. Boston 1963.

Hegel, G. W. F.: *Grundlinien der Philosophie des Rechts oder Naturrecht und Staatswissenschaft im Grundrisse* [1820]. In: Ders.: *Werke*, Bd. 7. Hg. von Eva Moldenhauer und Karl Markus Michel. Frankfurt a. M. 1970.

Höffe, Otfried: *Gibt es ein interkulturelles Strafrecht?* Frankfurt a. M. 1999.

Lampe, Ernst-Joachim: Entwicklungslinien in der rechtsanthropologischen Forschung. In: Werner Maihofer/Gerhard Sprenger (Hg.): *Praktische Vernunft und Theorien der Gerechtigkeit*. Stuttgart 1992, 232–236.

Lotter, Maria-Sibylla: *Scham, Schuld, Verantwortung. Über die kulturellen Grundlagen der Moral*. Berlin 2012.

MacIntyre, Alasdair C.: *Der Verlust der Tugend*. Frankfurt a. M. 1997.

Moore, Sally F.: Certainties undone: fifty turbulent years of legal anthropology 1949–1999. In: *The Journal of the Royal Anthropological Institute* 7 (2001), 95–116.
Pospisil, Leopold: *Anthropology of Law. A Comparative Theory*. New York 1971.
Rawls, John: *Eine Theorie der Gerechtigkeit*. Frankfurt a. M. 1979 (engl. 1971).
Sandel, Michael J.: *Liberalism and the Limits of Justice*. Cambridge 1982.
Twain, Mark: *Autobiography*, Bd. 1. New York 1924.
Walzer, Michael: *Spheres of Justice. A Defence of Pluralism and Equality*. New York 1983.
–: *Thick and Thin. Moral Argument Home and Abroad*. Notre Dame, London 1994.
Wesel, Uwe: *Frühformen des Rechts in vorstaatlichen Gesellschaften*. Frankfurt a. M. 1985.
Williams, Bernard: *Ethics and the Limits of Philosophy*. Cambridge 1985.
–: *Shame and Necessity*. Cambridge 1993.

Maria-Sibylla Lotter

52 Anerkennung und Toleranz

Etwa seit den 1960er Jahren, ausgehend von der Frauen- und Bürgerrechtsbewegung in den USA, setzen sich soziale Bewegungen von gesellschaftlich Benachteiligten und Minderheiten – darunter nationale, ethnische, religiöse und geschlechterspezifische Gruppen – für Toleranz und Anerkennung sowohl als Gleiche als auch als Besondere ein. Dabei ist zu unterscheiden zwischen Kämpfen um traditionelle Gerechtigkeitsprinzipien wie gleichberechtigte Teilhabe und Umverteilung auf der einen Seite und Kämpfen um die Anerkennung der je partikularen, z. B. kulturellen Identität, die bei den sozialen Kämpfen zunehmend in den Vordergrund gerückt ist, auf der anderen Seite.

Der normative Begriff der Anerkennung bedeutet zunächst einmal allgemein gesprochen, dass man andere in einer bestimmten Weise wahrnimmt und positiv bestätigt. In welcher Hinsicht, das haben Anerkennungstheorien vor dem Hintergrund jener sozialen Bewegungen ausdifferenziert und damit den klassischen Gerechtigkeitstheorien etwas entgegen- oder an die Seite gestellt, so dass diese mindestens erweitert wurden. Anerkennungstheorien im Anschluss an vor allem G.W.F. Hegel erweitern die klassischen Theorien des Individualismus und des Liberalismus um kommunitaristische Aspekte bzw. ersetzen sie durch ein kommunitaristisches Modell: Sie sehen den Menschen eingebettet in soziale und kulturelle Kontexte, welche für ein gerechtes und gutes Leben als normativ relevant angesehen werden. Dabei gerät nicht zuletzt die jeweilige Diversität der Menschen und Gemeinschaften in den Blick von Gerechtigkeitstheorien.

Auch gegenwärtige Ansätze zur Toleranz – die das Akzeptieren anderer Wertvorstellungen und Lebensformen implizieren – reagieren auf den Pluralismus heutiger Gesellschaften und sind als normative, gerechtigkeitstheoretische Antwort auf die Bedürfnisse der wegen ihrer Differenz von der Norm diskriminierten Minderheiten zu verstehen, wobei das Toleranzprinzip weniger einen Gegenpol zu klassischen liberalistischen Gerechtigkeitstheorien bildet als vielmehr aus diesen heraus entsteht und daher in der Tradition des Liberalismus steht. Da es sich demnach um zwei verschiedene Theoriegebäude handelt, werden im Folgenden zunächst der Begriff der Anerkennung in seinen verschiedenen Bedeutungen, dann der Begriff der Toleranz beleuchtet.

Formen der Anerkennung

Anerkennungstheorien haben vor allem im deutschsprachigen und angloamerikanischen Raum Konjunktur, in der Geschichte der Philosophie und der Gegenwartsphilosophie gibt es aber auch diskursprägende Beiträge aus der französischen Philosophie, die vor allem als kritische Stimmen auftreten und Probleme von Anerkennung aufdecken (vgl. zu den Synergien und Dissonanzen zwischen europäisch-kontinentaler, angloamerikanischer und französischer Anerkennungstheorie Bankovsky/Le Goff 2012).

Nach einem der führenden Theoretiker in der Anerkennungsdebatte, Axel Honneth, wird Anerkennung im Anschluss an Hegel in drei Formen differenziert: Respekt, Wertschätzung und Liebe/Fürsorge. Anerkennung richtet sich dabei erstens in der Form des moralischen Respekts auf einen universellen Wert wie die gleiche Würde eines jeden Menschen und seine moralischen Rechte, zweitens als soziale Wertschätzung, je nach Diskussionskontext, auf partikulare Eigenschaften und Fähigkeiten wie die kulturelle, religiöse oder Geschlechtsidentität oder auf sozialkonstitutive Leistungen wie Arbeit, schließlich drittens in Gestalt der Liebe und Fürsorge auf die elementaren Bedürfnisse des Menschen in personalen Nahbeziehungen.

Alle Bereiche können mit dem klassischen Paradigma der Gerechtigkeit in Verbindung gebracht werden: Geht es im einen Fall darum, was allen Menschen oder Gesellschaftsmitgliedern auf der Grundlage des Respekts vor ihrer gleichen Würde und ihrem Anspruch, ein autonomes, freies Leben zu führen, geschuldet ist, so geht es in den anderen Bereichen darum, was ihnen aufgrund ihrer jeweiligen Partikularität zukommen sollte: So geht es etwa in der Identitätspolitik – ein Begriff, der für die sozialen Kämpfe um Anerkennung der partikularen Identität steht – um die Überzeugung, dass Gerechtigkeit innerhalb einer Gesellschaft überhaupt nur über affirmative, politische Anerkennung bestimmter Identitätsdimensionen – wie etwa Sprache, Kultur, Nationalität, Religion – hergestellt werden kann (Taylor 1992; Kymlicka 1999). Dass Arbeitsleistungen finanziell angemessen anerkannt werden, gehört wiederum zu einer gerechten Lohngesellschaft. Eine ›Politik der Fürsorge‹ argumentiert darüber hinaus – vor allem diskutiert in der feministischen Philosophie –, dass z. B. Familienarbeit wirtschaftlich und politisch anerkannt, oder umgekehrt, dass das Recht von Frauen auf gerecht bezahlte Arbeit außerhalb des Hauses respektiert werden müsse (Baier 1994; Krebs 2002). Die Kritik am Individualismus und Liberalismus paart sich hier mit der Überzeugung, dass die klassische Theoriesprache zutiefst männlich geprägt und damit ungerecht schon in ihrer basalen Ausrichtung ist.

Anerkennungstheorien sind in der Regel teleologisch und tugendethisch charakterisiert, indem es ihnen um die Bedingungen für ein gutes Leben geht, das ein gerechtes Leben integriert. Anders als klassische Gerechtigkeits- und Moraltheorien, die in der Tradition Immanuel Kants stehen und für die in der Philosophie des 20. Jahrhunderts John Rawls federführend ist, geht es Anerkennungstheorien um mehr als das minimal Geschuldete. Sie sind substanzieller und reichhaltiger, was die Kriterien für ein gelingendes Leben und für stabile Gesellschaften betrifft. Vor dem Hintergrund einer Konzeption positiver Freiheit formulieren sie Bedingungen – wie kulturelle Zugehörigkeit –, die ein gutes und würdevolles Leben überhaupt erst ermöglichen sollen.

Anerkennung hat somit eine psychologische und eine normative Dimension (Iser 2008, 216). In psychologischer Hinsicht wird intersubjektive Anerkennung als konstitutiv für unser Selbstbewusstsein und unsere Identität angesehen: Nur indem wir anerkannt werden, können wir ein positives Verhältnis zu uns selbst entwickeln und behalten sowie eigene Ziele verfolgen. In normativer Hinsicht gilt Anerkennung als konstitutiv für unseren moralischen Status innerhalb der Gesellschaft: Wenn jemand in seinem moralischen Status anerkannt wird, heißt das, dass er als gleichberechtigtes Subjekt innerhalb der moralischen Gemeinschaft zählt, und dies wiederum bedeutet, dass auf seine moralisch berechtigten Ansprüche Rücksicht genommen wird (Schmetkamp 2012). Dass beide Dimensionen zusammengehören, dafür argumentieren u. a. Axel Honneth und Charles Taylor (Honneth 2010; Taylor 1992).

Monistischer und dualistischer Ansatz

Für Honneth sind Kämpfe um Gerechtigkeit überhaupt als Kämpfe um Anerkennung zu analysieren (vgl. Honneth 2010): Menschliche Gesellschaften sind Konglomerate wechselseitiger Anerkennungsverhältnisse und gar nicht fähig, sich zu entwickeln und stabil zu bleiben, gäbe es nicht Formen von Anerkennung. Umgekehrt liefert verweigerte Anerkennung die motivationale und legitimatorische Basis sozialer Kämpfe, welche nach Honneth zwar Gerechtigkeitskämpfe sind, aber ebenso mit dem Begriff der

Anerkennung vollständig eingefangen werden können: Moralische Ansprüche und Gerechtigkeitsansprüche erwachsen aus den Erfahrungen negierter Anerkennungsansprüche.

Allerdings konzentrieren sich Anerkennungstheoretiker wie Honneth dabei nicht auf die Anerkennung moralischer Rechte allein, sondern differenzieren, wie oben angegeben, mehrere Formen von Anerkennung: Honneth unterscheidet mit Liebe/Fürsorge, Respekt sowie Wertschätzung bzw. Solidarität entsprechend die gesellschaftlichen Sphären der Familie/Freundschaft, des Rechts und der Gesellschaft. Durch die jeweils erfüllten Anerkennungsansprüche entwickelt das Individuum Selbstvertrauen, Selbstbewusstsein und Selbstwertgefühl. Indem Honneth alle Gerechtigkeitsfragen auf Anerkennungsfragen zurückführt, vertritt er einen monistischen Ansatz. Honneths zentrale Thesen sind: 1) Was theoriesprachlich als Ungerechtigkeit bezeichnet wird, wird von den Betroffenen als eine Verletzung von begründeten Ansprüchen auf Anerkennung erfahren. 2) Verteilungsungerechtigkeiten müssen als institutioneller Ausdruck von sozialer Missachtung oder ungerechtfertigten Anerkennungsverhältnissen begriffen werden. 3) Ohne Vorgriff auf eine Konzeption des guten Lebens lassen sich diese gegenwärtigen Ungerechtigkeiten nicht angemessen kritisieren (Honneth 2003, 135, 159–162).

In einer Debatte mit Honneth hat sich die politische Philosophin Nancy Fraser kritisch dazu geäußert, ob Anerkennung tatsächlich all dies einfangen könne oder ob andere Gerechtigkeitsbegriffe wie der der Umverteilung weiter berücksichtigt werden sollten: Theorien distributiver Gerechtigkeit (s. Kap. II.12) plädieren für den Weg der Verteilung materieller und sozialer Ressourcen, um politische und soziale Gerechtigkeit herzustellen. Dabei ist der Hauptgedanke der, dass alle sozialen Primärgüter – nicht nur materielle Güter, sondern auch Freiheit, Chancen, Rechte, Pflichten und die Grundlagen der Selbstachtung – gleich zu verteilen sind, es sei denn, eine Ungleichverteilung irgendeines oder aller dieser Güter kommt den am wenigsten Begünstigten zugute. Grundlage zur Verwirklichung der Verteilungsgerechtigkeit ist die wechselseitige Achtung der Gesellschaftsmitglieder als Freie und Gleiche, ausgestattet mit dem gleichen Paket an Rechten, Pflichten und Freiheiten. So das bisherige Paradigma. Dass Honneth alle Gerechtigkeitsfragen auf Anerkennung zurückführt, ist also zugleich ein Paradigmenwechsel.

Fraser schlägt daher einen perspektivischen Dualismus vor, in dem beide Paradigmen – Umverteilung und kulturelle Anerkennung – als gleichursprüngliche und wechselseitig nicht reduzierbare Größen von Gerechtigkeit begriffen werden sollen (Fraser 2003). Die praktisch orientierte Norm, die in Frasers Konzeption leitend ist, ist die partizipatorische Parität: die gleichberechtigte Teilnahme aller Gesellschaftsmitglieder am öffentlichen Leben und Diskurs. Mangelnde Anerkennung und Ungleichverteilung sind demnach zwei verschiedene Arten von Hindernissen für die demokratische Teilhabe. Diese Hindernisse sind zum einen soziale Ungleichheit und zum anderen die Missachtung von Differenz.

Fraser zufolge richtet sich Umverteilung auf die soziale Klasse, Anerkennung auf den sozialen Status von Mitgliedern einer Gesellschaft: In die Klassendefinition sollen nach Fraser auch klassisierte Immigrantengruppen oder ethnische Minderheiten einbezogen werden, die im Bereich der bezahlten Arbeit benachteiligt sind. Die Umverteilung hat dann nichts mit ihrer Gruppenidentität zu tun. Aber auch Anerkennung richtet sich nach Frasers Auffassung nicht auf kulturelle Identität, sondern auf den Status der Gruppenmitglieder als gleichberechtigte Teilnehmer sozialer Interaktion (Fraser 2003, 25–41).

Als Beispiele, in denen Gerechtigkeit in einer Verknüpfung einer Politik der Umverteilung mit einer Politik der Anerkennung aufgeht, nennt Fraser unter anderem rassistische Ungerechtigkeiten: Diese gehen sowohl auf ökonomische Benachteiligung als auch auf mangelnde Anerkennung zurück. Ethnische Minderheiten z. B. weisen eine unverhältnismäßig hohe Arbeitslosenquote und einen hohen Anteil an unterbezahlten Hilfsarbeiterjobs auf. Hier muss eine Politik der Umverteilung greifen. Die mangelnde Anerkennung zeigt sich dagegen in der Stigmatisierung der Mitglieder anderer Kulturen als minderwertige Gesellschaftsmitglieder, etwa im alltäglichen Umgang in Form von Schikane, tätlicher Bedrohung oder herablassendem Verhalten. Dagegen hilft eine Politik der Anerkennung. Welche Politik in welchem Fall jeweils angewendet werden soll, muss in der Praxis partikular und kontextual entschieden werden. Allerdings ist das, was Fraser hier unter Anerkennung versteht, eher das, was der basale Respekt normativ umfasst: Die Achtung des moralischen Status, der Würde und Autonomie des Individuums fordert, dass dieses als gleichberechtigt anerkannt wird. Anerkennung der Identität impliziert aber darüber hinaus, dass die identitäts- und persönlichkeitskonstitutiven Merkmale anerkannt werden. Insofern verwendet Fraser einen anderen bzw. engeren Anerkennungsbegriff als Honneth.

Multikulturalistischer Ansatz

In multikulturalistischen Theorien, wie sie Charles Taylor oder Will Kymlicka vertreten, steht die soziologische Kategorie der Gruppe im Vordergrund. Während Fraser die kulturelle Identität durch den gesellschaftlichen Status ersetzt wissen will, wenden multikulturalistische Ansätze das Identitätsargument zur Begründung von Minderheitenrechten von Gruppen an: Es geht um Fragen der Bedeutung kultureller Mitgliedschaft und des Schutzes von kulturellen und in der Regel kollektiven Identitäten und damit verbunden um gruppendifferenzierte Rechtsansprüche von ethnokulturellen, nationalen oder anderen Minderheiten. Der kulturellen Mitgliedschaft kommt für die Identität und die Selbstachtung des Individuums eine signifikante Rolle und ein Wert zu (Taylor 1992). Theoriegeschichtlich verbunden ist damit eine Transformation vom traditionellen Liberalismus, der sich für einen streng neutralen Staat einsetzt, hin zu einem kultursensitiven Liberalismus, der zulässt, dass sich ein Staat für den Fortbestand und das Gedeihen (*flourishing*) nationaler, kultureller oder religiöser Gemeinschaften einsetzt (vgl. Walzer 1993, 109 f.).

Ein viel diskutiertes Beispiel der Multikulturalismus-Debatte in der politischen Philosophie ist die Situation der frankophonen Québécois in Kanada, speziell ihr Streben nach kultureller und sprachlicher Anerkennung und damit zusammenhängenden Verfassungsreformen. Das Interessante hieran ist: Rechtliche Diskriminierung oder ökonomische Ungleichheiten liegen nicht vor. Es geht hier demnach nicht um klassische Gerechtigkeit. Die nationalistischen Bestrebungen der Québécois scheinen dagegen »fast vollständig von dem Wunsch nach Anerkennung und dem Ausdruck ihrer nationalen Identität getragen zu sein« (Kymlicka 1999, 9). Die Québécois selbst setzten sich mit ihrem Sonderstatus dem Vorwurf des Ethnonationalismus aus. Gesetze der Regierung in der Sprachpolitik führten sogar dazu, dass Kindern von Einwanderern aus frankophonen Gebieten vorgeschrieben war, ausschließlich französischsprachige Schulen zu besuchen (vgl. Benhabib 1999, 44, 73; Taylor 1992).

Die Vertreter des liberalen Multikulturalismus sind sich dahingehend einig, dass sie der kulturellen Gemeinschaft einen hohen Wert für die Identitätsentwicklung und für die Selbstachtung des Individuums zusprechen und sich von dem traditionell-liberalistischen Prinzip des kulturell neutralen Staates verabschieden. Dabei kehren liberale Multikulturalisten wie etwa Kymlicka, Taylor oder auch Joseph Raz dem Individualismus als solchem aber nicht den Rücken zu, sie transzendieren ihn vielmehr und inkorporieren ihn in eine neue liberalistisch-kommunitaristische Konzeption (vgl. Raz 1994, 174). Raz etwa insistiert ähnlich wie Taylor darauf, dass die Autonomie des Individuums – hier: die Freiheit, zwischen verschiedenen Formen des guten Lebens zu wählen – eng an die Zugehörigkeit zu einer Kultur, an die Entwicklung dieser Kultur und an die Anerkennung, die andere dieser Kultur entgegenbringen, gekoppelt ist.

In der Begründung von Minderheitenrechten werden kulturelle Gemeinschaften und ihre Bestätigung durch Anerkennung bzw. durch Vermeidung von Demütigung als konstitutive, soziale und moralische Bedingungen für die Entwicklung, die Identität und die Selbstachtung des Individuums – als lebenswichtig für die einzelnen Personen – angesehen und zum Maßstab für eine gerechte Gesellschaft erhoben.

Werden nun innerhalb einer pluralistischen bzw. multikulturellen Gesellschaft die Optionen der Mehrheit den ethnischen, religiösen und anderen Minderheiten oder den von der Mehrheit in ihren Werten abweichenden Gruppen oktroyiert, sind Minderheitenrechte bzw. kulturelle Rechte notwendig, um die Aufrechterhaltung des kulturimmanenten Horizonts und die damit verbundenen je eigenen Optionen zu gewährleisten – und zwar nicht bloß aus Gründen einer psychologisch begründeten Anerkennung der Identität, sondern auch aus Gerechtigkeitsüberlegungen.

Vor allem das Identitätsargument betreffend gibt es viel Kritik. So betonen Anerkennungstheoretiker, die in der französischen Theorietradition stehen – in der Jean-Paul Sartre bekanntlich den identitätszementierenden »Blick« kritisiert hat (ebd. 2008, 467) –, dass es ›die Identität‹ nicht gebe, sondern diese dauernd in Bewegung sei (Bedorf 2010, 9). Durch identifikationsgebundene Anerkennung könnten Identitäten auch fixiert und dadurch neue Ungerechtigkeiten geschaffen werden (Bedorf 2010; Butler 2005; Fraser 2003). Auch liberalistische Theorien kritisieren, dass die Betonung der Anerkennung der Differenz umgekehrt auch zu einem Argument für Benachteiligung werden könne (Fraser 2003). Ein anderes Problem ist die optimistische Sichtweise der meisten Anerkennungstheorien, dass der Kampf um Anerkennung abschließbar sein und die Beziehung von einer asymmetrischen in eine symmetrische überführt werden könnte (vgl. Bertram/Celikates 2013). Ferner gibt es grundsätzliche Kritik dahingehend, ob eine Anerkennungsgesellschaft nicht ein zu anspruchsvolles Ziel sei, das über eine gerechte Gesellschaft noch hinausgehe: Schließlich entspricht – wie insbesondere das Beispiel der Liebe zeigt – nicht allen Anerkennungserwartungen ein moralisches Recht.

Toleranz

Toleranz ist neben der Anerkennung eines der zentralen Stichworte unserer Zeit geworden, vor allem im politischen Kontext. Toleranz impliziert unter anderem die Idee, dass andere Lebensformen und (religiöse, kulturelle, moralische) Ansichten akzeptiert oder politische Gegner anerkannt werden. Eine solche Toleranz – die sich anspruchsvoll von reiner Duldung abheben soll – ist ein grundlegendes Prinzip pluralistischer, demokratischer Gesellschaften und historisch im Geiste des Liberalismus entstanden. Wie Rawls vor allem in *Politischer Liberalismus* (1998) ausführt, ist die Toleranz dabei *die* Tugend des Pluralismus, welcher darin besteht, dass verschiedene religiöse, philosophische und moralische Modelle einander zwar inhaltlich ausschließen können, aber vernünftig in einem *overlapping consensus* toleriert werden. Vertikal-institutionell wird die Toleranz manifest in der Religionsfreiheit, der Gewissens- und Meinungsfreiheit oder auch in Verhandlungen politischer Gruppen, Nationen etc. untereinander; horizontal zeigt sie sich in individuellen Einstellungen von Individuen und innerhalb von Gruppen.

Zwar gibt es in der Geschichte der Toleranz verschiedene Konzeptionen (Forst 2003), vorherrschend ist heute aber die normative Begründung der Toleranz über den basalen Respekt: Wer Personen in ihrer Autonomie achtet, so lautet das zentrale Argument, der muss auch ihre Überzeugungen tolerieren. Oder anders formuliert: Wer andere toleriert, tut dies aus der normativen Überzeugung heraus, dass sie ein Recht darauf haben, als Person respektiert und darum auch in ihren Meinungen, Lebenseinstellungen etc. toleriert zu werden (Forst 2003; Nussbaum 2012).

Eine Konzeption, die sich gewissermaßen zwischen Anerkennung und Toleranz situieren lässt und darum hier zuerst betrachtet werden soll, ist die von Avishai Margalit: Anders als Honneth in seiner Anerkennungstheorie, welche die gesellschafts- und identitätskonstitutive Rolle der Anerkennung fokussiert, aber auch anders als Forst, dessen Toleranztheorie den moralischen Kern des Respekts betont, geht es Margalit um eine politische Anerkennung bzw. Toleranz, welche prudentiell ›um des Friedens willen‹ zwischen politischen Verhandlungsträgern zum Zuge kommt (Margalit 2011, 51–83, 84–107). Margalit greift diesen Gedanken mit dem Begriff des Kompromisses auf (den er neben der Toleranz als die zweite Seite *einer* Medaille des liberalen Denkens bezeichnet, vgl. Margalit 2011, 195): Ein blutleerer Kompromiss (*anemic compromise*) ist dann einer, der rein prudentiell-taktisch ist. Ein Vollblutkompromiss (*sanguine compromise*) ist demgegenüber einer, bei dem der Standpunkt des anderen, z. B. eines Verhandlungspartners, als *berechtigt* anerkannt bzw. toleriert wird.

Eine ebenso politische und rechtfertigungstheoretische Konzeption entwickelt Rainer Forst: Anders als die klassische, mit Honneth vorgestellte Anerkennung *bestätigt* nach Forst Toleranz den Menschen nicht in mehreren Hinsichten wie in seinen Bedürfnissen, Leistungen oder Identitätseigenschaften affirmativ, sondern ist zum einen auf die Frage nach dem Umgang mit divergierenden Lebensformen und damit verbundenen Einstellungen, Überzeugungen, Traditionen etc. beschränkt (d. h. wir sprechen nicht davon, jemandes Bedürfnis auf Fürsorge zu *tolerieren*) und lehnt diese zum anderen ab bei gleichzeitiger Akzeptanz, was als Paradox der Toleranz bezeichnet wird (Nussbaum 2012; Forst 2003; Scanlon 2003). Der Anerkennung fehlt demgegenüber die Komponente der Ablehnung, was sie aber zugleich zum moralisch anspruchsvolleren Konzept macht.

Rainer Forst, der eine umfangreiche und debattenprägende Studie zur Toleranz in der Tradition von Habermas' Diskurstheorie und Rawls' Gerechtigkeitstheorie vorgelegt hat, hat als normative Rahmenbedingung der Toleranz ein »Recht auf Rechtfertigung« in seiner Toleranzkonzeption etabliert (Forst 2003, 615, 622, 626; Rawls 1998). Nach dem Rechtfertigungsprinzip müssen die Normen, denen alle Gesellschaftsmitglieder unterworfen sind, ihnen gegenüber und durch sie allgemein und reziprok gerechtfertigt werden. Nur wechsel- und allseitig teilbare Gründe beanspruchen Legitimität und damit auch Toleranz.

Grenzen der Toleranz

Es wäre irreführend, Toleranz und Anerkennung als konzeptionell getrennte Bereiche zu betrachten. In einer gerechten Gesellschaft gehen sie Hand in Hand: Wenn diskutiert wird, ob das Tragen der Burka oder des Nikap verboten werden soll, so geht es in diesen Diskussionen auch darum, welche Werte in einer Gesellschaft vorrangig sind: die Religionsfreiheit, der Wert öffentlich zum Ausdruck gebrachter kultureller Traditionen für das individuelle Selbstverständnis, die Autonomie der Frau, die Offenheit oder die Sicherheit etc. Wird die Bedeutung der kulturellen Tradition anerkannt, so drückt sich dies praktisch-politisch in einer Toleranz aus. Wird die Tradition als Verletzung eines anderen Werts – wie der Autonomie – gesehen, so stößt die Toleranz an ihre Grenzen, weil hier die Autonomie des Individuums als missachtet interpretiert wird: Der Anspruch auf externen Respekt ethisch-kultureller Differenz ist nicht mit deren interner Regression vereinbar (Forst 2003, 746–748). Nach Margalit sind die Grenzen der Toleranz und der Kompromisse dann erreicht, wenn damit Institutionen – er konzentriert sich auf den politischen Bereich – unterstützt werden, die Grausamkeit und Erniedrigung etabliert haben und Menschen nicht als Menschen behandeln. Margalit betitelt dieses Phänomen als »faulen Kompromiss« (Margalit 2011, 10). Dieser ist, da moralisch verwerflich, »um jeden Preis« zu vermeiden (ebd., 143–170).

Ein ganz anderer wichtiger Kritikpunkt an Toleranz ist, dass sie in vielen Bereichen, wie oben angesprochen, gar nicht das angemessene Prinzip ist. Wenn Menschen mit Behinderungen bzw. beeinträchtigten geistigen und körperlichen Fähigkeiten am gesellschaftlichen Leben teilhaben können sollen, so reicht es nicht aus, ihre Fähigkeiten zu tolerieren (Schmetkamp 2012, 99–101). Hier bedarf es Umstrukturierungen, die es ermöglichen, dass diese Menschen gemäß ihren Ansprüchen integriert werden, was eine Form der Anerkennung ihrer Bedürfnisse darstellt und nicht eine bloße Toleranz. An diesem Punkt scheint es daher angebracht, ein weiteres mit Respekt, Anerkennung und Toleranz verbundenes Prinzip einzubeziehen, nämlich das der Rücksicht: Eine stabile Gesellschaft bzw. ihre Mitglieder muss auch einfühlend auf Besonderheiten ihrer (Ko-)Mitglieder als *konkrete* Andere Rücksicht nehmen, wenn gewährleistet sein soll, dass alle gerechtermaßen am gesellschaftlichen Leben teilhaben können (Benhabib 1999; Schmetkamp 2012; Nussbaum 2000). Oder anders gesagt: Der Respekt vor der Würde des Anderen impliziert nicht nur die negative Achtung und Toleranz im Sinne der Nichteinschränkung der Freiheit, sondern auch die positive Achtung und Anerkennung, um ein Leben in Würde überhaupt zu ermöglichen, und dazu gehört auch, die Bedingungen der persönlichen Identität zu sichern.

Literatur

Baier, Annette: Wir brauchen mehr als bloß Gerechtigkeit. In: *Deutsche Zeitschrift für Philosophie* 42/2 (1994), 225–236.

Bankovsky, Miriam/Le Goff, Alice (Hg.): *Recognition Theory and Contemporary French Moral and Political Philosophy. Reopening the Dialogue*. Manchester 2012.

Bedorf, Thomas: *Verkennende Anerkennung*. Frankfurt a. M. 2010.

Benhabib, Seyla: *Kulturelle Vielfalt und demokratische Gleichheit. Politische Partizipation im Zeitalter der Globalisierung*. Frankfurt a. M. 1999.

Bertram, Georg W./Celikates, Robin: Towards a conflict theory of recogition: On the constitution of relations of recognition in conflict. In: *European Journal of Philosophy* 23 (2015), 838–861.

Butler, Judith: *Giving an Account of Oneself*. New York 2005.

Forst, Rainer: *Toleranz im Konflikt. Geschichte, Gehalt und Gegenwart eines umstrittenen Begriffs*. Frankfurt a. M. 2003.

Fraser, Nancy: Soziale Gerechtigkeit im Zeitalter der Identitätspolitik. Umverteilung, Anerkennung und Beteiligung. In: Axel Honneth/Nancy Fraser: *Umverteilung oder Anerkennung? Eine politisch-philosophische Kontroverse*. Frankfurt a. M. 2003, 15–128.

Honneth, Axel: Umverteilung als Anerkennung. Eine Erwiderung auf Nancy Fraser. In: Nancy Fraser/Axel Honneth: *Umverteilung oder Anerkennung. Eine politisch-philosophische Kontroverse*. Frankfurt a. M. 2003, 129–224.

–: *Kampf um Anerkennung. Zur moralischen Grammatik sozialer Konflikte* [1992]. Frankfurt a. M. ^{6}2010.

Iser, Matthias: *Empörung und Fortschritt. Grundlagen einer kritischen Theorie der Gesellschaft*. Frankfurt a. M. 2008.

Krebs, Angelika: *Arbeit und Liebe. Die sozialen Grundlagen der Gerechtigkeit*. Frankfurt a. M. 2002.

Kymlicka, Will: *Multikulturalismus und Demokratie. Über Minderheiten in Staaten und Nationen*. Hg. von Otto Kallscheuer. Hamburg 1999 (engl. 1997).

Margalit, Avishai: *Über Kompromisse und faule Kompromisse*. Berlin 2011.

Nussbaum, Martha C.: Toleranz, Mitleid und Gnade. In: Rainer Forst (Hg.): *Toleranz. Philosophische Grundlagen und gesellschaftliche Praxis einer umstrittenen Tugend*. Frankfurt a. M. 2000, 144–161.

–: *The New Religious Intolerance. Overcoming the Politics of Fear in an Anxious Age*. Harvard 2012.

Rawls, John: *Politischer Liberalismus*. Frankfurt a. M. 1998 (engl. 1993).

Raz, Joseph: Multiculturalism: A liberal perspective. In: Ders.: *Ethics in the Public Domain. Essays of Law and Politics*. Oxford 1994, 155–176.

Sartre, Jean-Paul: *Das Sein und das Nichts. Versuch einer phänomenologischen Ontologie*. Reinbek bei Hamburg ^{14}2008 (frz. 1943).

Scanlon, Thomas: *The Difficulty of Tolerance. Essays in Political Philosophy*. Cambridge 2003.

Schmetkamp, Susanne: *Respekt und Anerkennung*. Paderborn 2012.

Taylor, Charles: *Multiculturalism and ›The Politics of Recognition‹*. Hg. von Amy Gutmann. Princeton 1992.

Walzer, Michael: *Kritik und Gemeinsinn. Drei Wege der Gesellschaftskritik*. Frankfurt a. M. 1993.

Susanne Schmetkamp

53 Macht

Es gibt mindestens so viele Machtbegriffe wie es Gerechtigkeitsvorstellungen gibt, aber in einem ganz allgemeinen Sinne bezeichnet ›Macht‹ all diejenigen Faktoren und Kräfte, die in einem sozialen Feld bewirken, dass etwas geschieht. Der Rekurs auf Macht erläutert bestimmte Handlungen oder Prozesse, die von sich aus nicht oder anders verlaufen wären, und ist oft (aber nicht immer) mit der Behauptung verbunden, dass es den Fähigkeiten spezifischer, eben mächtiger Akteur_innen zuzuschreiben sei, dass Handlungen vollzogen werden, sich bestimmte Ordnungsmuster etablieren oder bestimmte Überzeugungen herrschen (vgl. Scott 2001). In einem engeren Sinn wird Macht darum gemeinhin als Synonym für ungleiche und asymmetrische Sozialverhältnisse verstanden. Gerechtigkeit mit Macht in Verbindung zu bringen, bedeutet entsprechend, ihre reine Idealität infrage zu stellen und zu erkunden, auf welchen sozialen Voraussetzungen der Appell an (die Norm der) Gerechtigkeit beruht, sowie darauf zu insistieren, dass sich die Geltung dieser Norm nicht unabhängig von ihren machtvollen Bedingungen versteht.

Ideengeschichtlich gesehen hat der kritische Hinweis auf die Verstrickung von Macht und Gerechtigkeit den Gerechtigkeitsdiskurs seit der Antike wie ein Schatten begleitet. Im Folgenden werden vier Ansätze unterschieden, mit denen sich das systematische Verhältnis von Macht und Gerechtigkeit fassen lässt, wobei die einzelnen Positionen teilweise ineinander übergehen: Ein im weitesten Sinne ideologiekritischer Strang von Positionen entlarvt die Rede von der Gerechtigkeit als machtverschleiernd und denunziert damit die Gerechtigkeitsidee als solche (s. Kap. I.10). Einzelne sophistische Positionen setzen darüber hinaus Macht und Gerechtigkeit in affirmativer Weise gleich, indem sie Macht als Ausdruck des Gerechten deuten. Egalitaristische und demokratietheoretische Positionen wiederum versuchen, die Machtelemente der Gerechtigkeit normativ einzuhegen und zu minimieren. Machtkritische Positionen schließlich erkennen die unaufhebbare Macht und Asymmetrie sozialer Verhältnisse an und revidieren entsprechend das Gerechtigkeitsideal. Diese unterschiedlichen Strategien machen deutlich, dass sich Macht und Gerechtigkeit nie vollständig versöhnen lassen und dass ihr Verhältnis konstitutiv spannungsvoll bleibt.

Das Gerechte als Vorteil der Mächtigen

Die Herausbildung eines genuin philosophischen Konzepts von Gerechtigkeit erfolgte seit Platon in Reaktion auf sophistische Positionen, die bezweifelten, dass Gerechtigkeit eine machtunabhängige Idee mit absoluter Geltung sein könne. Die Sophisten hatten darauf insistiert, dass alle Vorstellungen von Gerechtigkeit machtgetränkt und eigeninteressiert sind und die Durchsetzung von bestimmten Gerechtigkeitsvorstellungen selbst oft keine gewaltfreie Handlung ist. Das Gerechte ist demnach kein ahistorisches und machtunabhängiges ideales Konzept, sondern erscheint vielmehr als das Ergebnis machtförmiger Praktiken und Kalküle zum »Vorteil des Stärkeren« (Pol., 32, 338 c), wie es Thrasymachos in Platons *Staat* paradigmatisch formuliert.

Dieses gerechtigkeitsskeptische Motiv wird in der Moderne sowohl in ideologiekritischer als auch in genealogischer Form weitergeführt und hat die einflussreichen Versuche, ein philosophisch und normativ gehaltvolles Gerechtigkeitsverständnis zu entwickeln, immer wieder herausgefordert. In ideologiekritischer Absicht wird aufgezeigt, dass der Rekurs auf Gerechtigkeit den Mächtigen zur Wahrung ihrer spezifischen Interessen dient und dass dieser Zusammenhang zugleich verschleiert wird, indem Gerechtigkeit enthistorisiert, universalisiert und entkontextualisiert wird. Diese Kritik, prominent bei Karl Marx und im Anschluss bei Antonio Gramsci und in der gesamten marxistischen Tradition, entlarvt sowohl die bürgerliche Moral, die sich als allgemeine Moral ausgebe, aber einseitig den Interessen des Kapitals zuarbeite und ihre Funktion als Instrument von Partikularinteressen verschleiere (vgl. Jaeggi 2009; Balibar 2013, 75–100), als auch die humanistische Ideologie universaler Menschenrechte, die von den Kolonialmächten zur Manipulation kolonialisierter Subjekte und zur Unterdrückung antikolonialer Revolutionen eingesetzt werde (Fanon 1981).

In einer genealogischen Perspektive zeigt sich der Zusammenhang zwischen Macht und Gerechtigkeit daran, dass Gerechtigkeitsvorstellungen in Form von Moral, Religion oder sittlichen Normen die Herausbildung von Subjektivität, Gewissen, Bewusstsein und Individualität in einem Feld sozialer Hierarchien und exkludierender Normen so strukturieren, dass die normierten Subjekte die Machtverhältnisse in ihrem Denken und Handeln reproduzieren (vgl. im Anschluss an die Überlegungen Nietzsches etwa Foucault 1977; Butler 2001; Saar 2007; kritisch dagegen Habermas 1985; Honneth 1985; Fraser 1994). Die grundsätzliche Dimension der ideologiekritischen und genealogischen Kritik an Gerechtigkeitsdiskursen hängt also davon ab, dass diese das Gerechte als machtunabhängig und ahistorisch behaupten. Je stärker Gerechtigkeit dagegen als immer schon historisches und kontextualisiertes Phänomen begriffen wird, desto mehr verliert der Hinweis auf die Machtbedingtheit von Gerechtigkeit seine grundsätzliche gerechtigkeitskritische Dimension.

Das natürliche Recht des Stärkeren

Der sophistische Aufweis der Machtbedingtheit und Machtbezogenheit von Gerechtigkeitsvorstellungen, oft als Einwand gegen jede Orientierung an der Norm der Gerechtigkeit vorgebracht, wird in anderen Positionen affirmativ und ostentativ bejaht. Demnach ist es gerecht, dass die wenigen Starken und Mächtigen die Gesetze nach ihrer Willkür schaffen und das ›Recht des Stärkeren‹ im Sinne eines Naturgesetzes zur Geltung bringen. Diese Position, die Thukydides im *Melierdialog* den athenischen Gesandten in den Mund legt (Thukydides 2004, Bd. V, 456, 84–116), wird prominent auch von der Kunstfigur Kallikles in Platons *Gorgias* vertreten, die in diesem Sinn die Natur (d. h. das Recht des Stärkeren) gegen das Gesetz (d. h. die Moral der Schwachen) setzt (Gorg., 256 f., 482 e). Nach Kallikles machen die von den Schwachen gesetzten und für alle gleichen moralischen Gesetze die Starken knechtisch. Der Starke dagegen schüttle alle widernatürlichen Gesetze ab, und eben in dieser Selbstbehauptung eines natürlichen Vor-Rechts zeige sich das eigentliche »Recht der Natur« (ebd., 258, 484 b).

Friedrich Nietzsche bezieht sich in *Zur Genealogie der Moral* implizit auf diese Position, wenn er schreibt: »Wer befehlen kann, wer von Natur ›Herr‹ ist, wer gewaltthätig in Werk und Gebärde auftritt – was hat der mit Verträgen zu schaffen! Mit solchen Wesen rechnet man nicht« (Nietzsche 1988, Bd. 5, 324). Auch für Nietzsche ist die Idee einer universalen und Gleichheit schaffenden Verteilung absurd und ein »Reich der Gerechtigkeit und Eintracht auf Erden [...] das Reich der tiefsten Vermittelmässigung und Chineserei« (Nietzsche 1988, Bd. 3, 629). Er transformiert das Recht des Stärkeren allerdings in die existenzielle und ästhetische Figur der Selbstermächtigung im Sinne eines »Künstler-Egoismus« (Nietzsche 1988, Bd. 5, 325), in der sich erst ›das jedem Einzelnen Angemessene‹ artikulieren kann. Das Problem der Gerechtigkeit im herkömmlichen Sinne ist hier weniger ihre Blindheit für die Machtkontexte, aus denen sie stammt, als ihre Ausblendung der wesentlichen – und für Positionen in dieser Traditionslinie grundsätzlich werthaften – Ungleichheiten, um deren Anerkennung es geht.

Gerechtigkeit als Vertrag unter Gleichen: die demokratische Zähmung der Macht

Nicht jeder Hinweis auf die Machtbedingtheit und Gleichheitsunterstellung von Gerechtigkeitsvorstellungen bedeutet, dass der Gerechtigkeitsbegriff per se obsolet oder Macht und Gerechtigkeit ununterscheidbar würden. So gibt es eine ebenfalls bis auf Thukydides zurückreichende Denktradition, die Gerechtigkeit an die Herstellung eines Machtgleichgewichts knüpft und sie damit implizit als Aushandlungsverfahren unter gleich Mächtigen definiert (vgl. Thukydides 2004). In der Frühen Neuzeit etabliert vor allem der Thukydides-Kenner Thomas Hobbes gegen die aristotelische und scholastische Tradition die These, dass Gerechtigkeit eine menschlich geschaffene Errungenschaft sei, die an Institutionen des Rechts und des Staates gebunden und als Ergebnis eines Gesellschaftsvertrags unter Gleichen zu fassen sei: Gerechtigkeit bezieht sich »auf den in der Gesellschaft [...] befindlichen Menschen«, es gibt sie erst im und durch den Staat (Hobbes 1651/1984, 98). Dies bedeutet, dass Gerechtigkeit nun prinzipiell historisch, relativ und machtbedingt zu denken ist und dass es gerade keine ›natürliche‹ Gerechtigkeit gibt.

Vor diesem Hintergrund verschiebt sich das Interesse neuzeitlicher und frühmoderner Gerechtigkeitstheorien darauf, die Idee der Gerechtigkeit mit ihrer Machtabhängigkeit zu versöhnen, indem die Bedingungen der Gerechtigkeitsbestimmungen universalisiert und demokratisiert werden: Gerechtigkeit kann nur entstehen, wo ursprüngliche Gleichheit der Rechte und der Vermögen herrscht. Und sie kann nur umgesetzt werden, wo die Teilnahme aller an der Festlegung der Spielregeln des gerechten Zusammenlebens gesichert wird. Die frühneuzeitlichen politischen Theorien (vgl. Spinoza 1670/2004; Locke 1690/1977) und die demokratietheoretischen Entwürfe der frühen Moderne (vgl. besonders Rousseau 1762/2003) liegen in dieser Linie.

Damit wird die Gleichheit an Macht nicht nur kontrafaktisch als Voraussetzung der Gerechtigkeit reklamiert, sondern selbst zum normativen Kriterium der Gerechtigkeitsidee, deren Funktion darin liegt, asymmetrische Machtverhältnisse zu zähmen und normativ einzuhegen. Dabei ist die Vorstellung leitend, dass sich nur unter den Bedingungen der Neutralisierung verzerrender Macht- und Ungleichheitsverhältnisse die für Gerechtigkeit relevanten normativen Dimensionen menschlicher Existenz – wie Freiheit oder Vernunft – aktualisieren können. Nur wo sich Freie und Gleiche in einem Raum relativer Machtabwesenheit (im Sinne der Abwesenheit von Ungleichheitsverhältnissen) treffen können, können sich gerechte Verhältnisse ergeben; dies ist wohl die leitende normative Intuition der dominanten politischen Philosophie der Moderne sowohl liberaler als auch republikanischer Spielart (vgl. etwa Rawls 1979; Arendt 1981; Habermas 1996; Benhabib 2008).

Die egalitäre Demokratisierung der Macht im Namen der Gerechtigkeit ist demnach eine Antwort auf die elitäre und aristokratische Affirmation des Rechts der Stärkeren. Die skeptische These, dass es eine Gerechtigkeit jenseits menschlicher sozialer und politischer Machtzusammenhänge nicht geben könne, wird zwar anerkannt, aber ohne dass damit der Gerechtigkeitsbegriff selbst aufgelöst würde, wie dies die ideologiekritischen und genealogischen Lesarten dieses Zusammenhangs implizieren.

Machttheoretische Erweiterung der Gerechtigkeit

Nun ist die Grenzziehung zwischen einem ›gerechten‹, d. h. machtfreien Gesellschaftsvertrag und einer vertraglich instituierten Ordnung, die bloß dem Vorteil des Stärkeren dient, grundsätzlich umstritten. Schon Jean-Jacques Rousseau (1762/2003) und Baruch de Spinoza (1670/2004) opponieren gegen Hobbes' Unterwerfungsvertrag; John Stuart Mill und Alexis de Tocqueville kritisieren an demokratischen Machtordnungen, dass sie Gefahr laufen, die »Tyrannei der Mehrheit« (vgl. Tocqueville 1840/1985, 139–150) und soziale Konformität zum Maßstab von Recht und Gerechtigkeit zu machen und damit einem auf problematische Weise demokratischen, nämlich majoritären Recht des Stärkeren zu folgen (vgl. Mill 1859/2009).

In der Sozialtheorie und politischen Philosophie der Gegenwart findet sich dieser Einwand in vielfacher Weise wieder; er läuft auf die Mahnung hinaus, die Machtwirkungen und die Machtbestimmtheit konkreter Gerechtigkeitsvorstellungen anzuerkennen und die Forderung nach wirklich inklusiven und demokratischen Formen des Zusammenlebens zu radikalisieren. Aus feministischer und postkolonialer Perspektive wird kritisiert, dass die in vertragstheoretischen Gerechtigkeitsmodellen vorgenommenen Unterscheidungen von öffentlich und privat, von kulturell und natürlich oder von aufgeklärt und traditionell den Gegenstand von (zu verhandelnden) Gerechtigkeitsfragen einengen und damit patriarchale, heterosexistische und rassistische Herrschaftsverhältnisse reproduzieren (vgl. Pateman 1988; Okin 1989; Wittig 1992; Mills 1997; Butler 2009). Kritisiert wird auch, dass mit dem (liberalen) Fokus auf abstrakte Individuen als Vertragspartner_innen politischer Gerechtigkeit die strukturellen Gewalt- und Herrschaftsformen wie ökonomische Marginalisierung, Kulturimperialismus und vergeschlechtlichte und rassifizierte Arbeitsteilung verkannt und damit weiter tradiert werden (Young 1990).

Die Demokratisierung des Macht-Gerechtigkeit-Nexus kann entsprechend solchen Diagnosen – bei allen methodisch-konzeptionellen Unterschieden der einzelnen Ansätze – nur gelingen, wenn die strukturellen Machtverhältnisse, die als materielle Ermöglichungs- und Ausschlussbedingungen in Gerechtigkeitsdiskursen wirksam sind, erkannt und der Kritik und Veränderung zugänglich gemacht werden. Es ergibt sich somit der Bedarf eines komplexen und mehrdimensionalen Gerechtigkeitsbegriffs, der die Machtblindheit der herkömmlichen Gerechtigkeitstheorien überwindet, indem er nicht nur die Anerkennung von Gleichheit artikuliert, sondern auch die historisch vielfältigen und normativ ambivalenten Formen von Differenz und Partikularität mit einbezieht (vgl. Fraser 2003; Young 2011).

Gerechtigkeit und Macht in Spannung

Die bisher genannten Ansätze stellen Versuche dar, Gerechtigkeit von der Macht her zu denken, und zwar entweder um die Schwäche der Gerechtigkeitsnorm darzulegen oder um sie im Gegenteil machtkritisch, d. h. demokratisch und egalitär zu reformulieren. Alle Varianten, selbst die komplexen, stellen sich das Verhältnis tendenziell als einen Gegensatz vor, der sich in die eine oder andere Richtung auflösen oder relativieren lässt: Die skeptische Variante besagt, dass hinter der Gerechtigkeit nichts als Macht sei; die optimistische behauptet, dass hinreichend komplex gefasste Gerechtigkeit bestehende Ungleichheits- und Machtverhältnisse überwinden oder minimieren könne.

In beiden Versionen wird damit ein mögliches

Spannungsverhältnis zwischen beiden Polen entschärft. Es steht allerdings zu befürchten, dass solche Modelle noch zu kurz greifen und einer existenziellen Erfahrung im Umgang mit dem Normativen nicht gerecht werden: Gerechtigkeit und Macht stehen in einer komplexeren Beziehung als der zwischen gutem Ideal und problematischer Wirklichkeit. Oft genug braucht Moral Macht und ist Macht bezogen auf die Moral. Auch die Moral erscheint in dieser Perspektive als von dieser Welt. Sie ist nichts rein Ideales, gerade wenn und weil sie diese Welt verändern will. Zugleich verändert dieses Weltlichwerden und Mächtigwerden die Moral selbst. Geltung (der Moral) und Faktizität (der Macht) durchdringen und bedingen einander also tiefgreifender, als es der Moralphilosophie und Politischen Theorie recht sein kann.

Im Anschluss an einige heterodoxe Überlegungen zum Verhältnis von Macht, Gewalt, Recht und Gerechtigkeit (vgl. Benjamin 1991; Menke 2011) und zur grundsätzlichen Kontingenz des Politischen (vgl. Lefort 1990; Meyer 2012) ließe sich deshalb ein spannungsreiches und schwerer aufzulösendes Verhältnis denken: Macht und Gerechtigkeit stehen in einem konstitutiven Spannungsverhältnis, das nur um den Preis von Zynismus oder Idealismus negiert werden kann und das in seiner – vielleicht sogar tragischen – Dimension ausgehalten werden muss. Macht ist für Gerechtigkeit konstitutiv, damit sie zu einer gesellschaftlichen Vorstellung und Praxis werden kann; mit ihr schreibt sich aber auch ein Moment von Kontingenz und Willkür in die Gerechtigkeit ein.

Im Horizont dieser unauflöslichen Spannung wird Gerechtigkeit zu einem »unendlichen« Anspruch (vgl. Derrida 1991, 51) und zu einer unabschließbaren Aufgabe einer demokratischen Gemeinschaft, die sich diesem Anspruch verschreibt, ohne ihn je vollständig erfüllen zu können. Ihre Gerechtigkeit bewährt sich daran, dass sie sich ihrer eigenen Kontingenz und Macht bewusst bleibt und sich sowohl der optimistischen als auch der pessimistischen Gleichsetzung von Macht und Gerechtigkeit verweigert. Das unauflösliche Konstitutionsverhältnis von Macht und Gerechtigkeit kann so zum Ausgangspunkt einer kritischen Haltung werden, die immer wieder an die normativen Grenzen des Machbaren und die faktische Begrenztheit des Rechten erinnert.

Literatur

Arendt, Hannah: *Vita activa oder Vom tätigen Leben*. München 1981 (engl. 1958).

Balibar, Étienne: *Marx' Philosophie*. Berlin 2013 (frz. 1993).

Benhabib, Seyla: *Die Rechte der Anderen*. Frankfurt a. M. 2008 (engl. 2004).

Benjamin, Walter: Zur Kritik der Gewalt [1920/21]. In: *Gesammelte Schriften*, Bd. II.1. Hg. von Rolf Tiedemann und Hermann Schweppenhäuser. Frankfurt a. M. 1991, 179–203.

Butler, Judith: *Psyche der Macht. Das Subjekt der Unterwerfung*. Frankfurt a. M. 2001 (engl. 1997).

–: *Die Macht der Geschlechternormen und die Grenzen des Menschlichen*. Frankfurt a. M. 2009 (engl. 2004).

Derrida, Jacques: *Gesetzeskraft. Der »mystische Grund der Autorität«*. Frankfurt a. M. 1991 (engl. 1990).

Fanon, Frantz: *Die Verdammten dieser Erde*. Frankfurt a. M. 1981 (frz. 1961).

Foucault, Michel: *Sexualität und Wahrheit*, Bd. 1: *Der Wille zum Wissen*. Frankfurt a. M. 1977 (frz. 1976).

Fraser, Nancy: *Widerspenstige Praktiken. Macht, Diskurs, Geschlecht*. Frankfurt a. M. 1994 (engl. 1989).

–: Soziale Gerechtigkeit im Zeitalter der Identitätspolitik. Umverteilung, Anerkennung und Beteiligung. In: Dies./Axel Honneth: *Umverteilung oder Anerkennung? Eine politisch-philosophische Kontroverse*. Frankfurt a. M. 2003, 13–128.

Habermas, Jürgen: *Der philosophische Diskurs der Moderne. Zwölf Vorlesungen*. Frankfurt a. M. 1985.

–: Drei normative Modelle der Demokratie. In: Ders.: *Die Einbeziehung des Anderen. Studien zur politischen Theorie*. Frankfurt a. M. 1996, 277–292.

Hobbes, Thomas: *Leviathan oder Stoff, Form und Gewalt eines kirchlichen und bürgerlichen Staates*. Hg. von Iring Fetscher. Frankfurt a. M. 1984 (engl. 1651).

Honneth, Axel: *Kritik der Macht. Reflexionsstufen einer kritischen Gesellschaftstheorie*. Frankfurt a. M. 1985.

Jaeggi, Rahel: Was ist Ideologiekritik? In: Dies./Tilo Wesche (Hg.): *Was ist Kritik?* Frankfurt a. M. 2009, 266–295.

Lefort, Claude: Menschenrechte und Politik. In: Ulrich Rödel (Hg.): *Autonome Gesellschaft und libertäre Demokratie*. Frankfurt a. M. 1990, 239–280 (frz. 1981).

Locke, John: *Zwei Abhandlungen über die Regierung*. Frankfurt a. M. 1977 (engl. 1690).

Menke, Christoph: *Recht und Gewalt*. Berlin 2011.

Meyer, Katrin: Demokratie ohne Menschenrechte? Das Problem der normativen Unbestimmtheit von Demokratien nach Platon, Lefort und Arendt. In: *studia philosophica. Jahrbuch der Schweizerischen Philosophischen Gesellschaft* 71 (2012), 107–127.

Mill, John Stuart: *Über die Freiheit*. Hg. von Bernd Gräfrath. Stuttgart 2009 (engl. 1859).

Mills, Charles: *The Racial Contract*. Ithaca 1997.

Nietzsche, Friedrich: *Die fröhliche Wissenschaft* [1882]. In: Ders.: Sämtliche Werke. Kritische Studienausgabe (KSA), Bd. 3. Hg. von Giorgio Colli und Mazzino Montinari. München 1988.

–: *Zur Genealogie der Moral. Eine Streitschrift* [1887]. In: Ders.: Sämtliche Werke. Kritische Studienausgabe (KSA), Bd. 5. Hg. von Giorgio Colli und Mazzino Montinari. München 1988.

Okin, Susan Moller: *Justice, Gender, and the Family*. New York 1989.

Pateman, Carole: *The Sexual Contract*. Stanford 1988.

Platon: *Der Staat*. Übers. von Rudolf Rufener, mit einer Einl. von Thomas Alexander Szlezák und Erläuterungen von Olof Gigon. München 1991 [Pol.].
–: *Gorgias*. In: Ders.: Die großen Dialoge. Übers. von Rudolf Rufener, mit einer Einführung und Erläuterungen von Thomas Alexander Szlezák. München 1991, 193–327 [Gorg.].
Rawls, John: *Eine Theorie der Gerechtigkeit*. Frankfurt a. M. 1979 (engl. 1971).
Rousseau, Jean-Jacques: *Vom Gesellschaftsvertrag oder Grundsätze des Staatsrechts*. Stuttgart 2003 (frz. 1762).
Saar, Martin: *Genealogie als Kritik. Geschichte und Theorie des Subjekts nach Nietzsche und Foucault*. Frankfurt a. M./New York 2007.
Scott, John: *Power*. London 2001.
Spinoza, Baruch de: *Theologisch-politischer Traktat*. Übers. und hg. von Wolfgang Bartuschat. Hamburg 2004 (lat. 1670).
Thukydides: *Der Peloponnesische Krieg*. Übers. und hg. von Helmuth Vretska und Werner Rinner. Ditzingen 2004.
Tocqueville, Alexis de: *Über die Demokratie in Amerika*. Hg. von J. P. Mayer. Stuttgart 1985 (frz. 1835/40).
Wittig, Monique: *The Straight Mind and Other Essays*. Boston 1992.
Young, Iris Marion: *Justice and the Politics of Difference*. Princeton 1990.
–: *Responsibility for Justice*. Oxford 2011.

Katrin Meyer / Martin Saar

V Anwendungsfragen

54 Alter

Unter dem Eindruck des demographischen Wandels der westlichen Industrienationen erscheint das höhere Lebensalter in den ethischen und politischen Diskussionen der Gegenwart vielfach vorrangig als ein gesellschaftliches Problem, das die gerechte Verteilung von Gütern und Lasten zwischen den Generationen betrifft. Damit wird die gerechtigkeitsethische Perspektive auf das Alter allerdings vorschnell auf Fragen der Verteilungsgerechtigkeit (s. Kap. II.12) und der fairen Gestaltung intergenerationeller Beziehungen (s. Kap. II.20) verengt. Darüber hinaus machen sich unter dem Deckmantel populistischer Szenarien einer ›Überalterung der Gesellschaft‹ und eines ›Kampfs der Generationen‹ vielfach auch negative und polemische Altersbilder breit.

Unter diesen Vorzeichen wird leicht verkannt, dass das Alter gerechtigkeitsethisch durchaus grundlegende Probleme aufwirft und in verschiedenen Sachgebieten eine moralisch, politisch und rechtlich signifikante Rolle spielt. Das zeigt sich insbesondere im Hinblick auf Recht und Gleichberechtigung, Altersvorsorge und soziale Sicherung sowie Medizin und Gesundheitsversorgung. In allen diesen Bereichen erfordert eine angemessene Erörterung der jeweils einschlägigen gerechtigkeitsethischen Fragen bezüglich des Alters nicht zuletzt eine grundsätzliche Verständigung darüber, was es überhaupt bedeutet, alt zu werden und zu sein.

Von der hierarchischen Stufung zum modernen Egalitarismus

Versteht man Gerechtigkeit zunächst allgemein im Sinne der intersubjektiv gefassten Fragestellung, was wir einander in einem strikten Sinne schuldig sind, welche Rechte und Pflichten wir also im Verhältnis zueinander und im Umgang miteinander haben (Höffe 2007, 28 f.), so ergibt sich mit Blick auf das höhere Lebensalter ein ausgesprochen heterogenes Bild: Was wir älteren Personen moralisch oder politisch schulden (und *vice versa*), wurde und wird in Abhängigkeit von den jeweils zugrunde gelegten Altersbildern, Rollenerwartungen und gesellschaftlichen Ordnungsmodellen ganz unterschiedlich eingeschätzt. Allgemein scheint den Alten vor allem in vormodernen Gemeinschaften oft wie selbstverständlich ein besonderer moralischer bzw. rechtlicher Status und eine entsprechend abweichende Behandlung zuteilzuwerden. Im Horizont des modernen Egalitarismus wird eine Bevorzugung oder Benachteiligung von Menschen aufgrund ihres (fortgeschrittenen) Lebensalters dagegen überwiegend kritisch betrachtet.

In traditionalen, hierarchisch geprägten Verhältnissen nehmen ältere Menschen als Träger der Überlieferung, Wächter über den Zugang zu politischer Macht und sozialem Kapital sowie Hüter des kulturellen und ökonomischen Erbes nicht selten eine herausgehobene Stellung ein. In gerontokratischen Ordnungen kommt ihnen als Oberhäuptern gemäß dem Senioritätsprinzip sowohl auf familiärer als auch auf gesellschaftlich-politischer Ebene eine besondere Autorität, Machtfülle und Entscheidungsbefugnis zu (Luh 2003, 305 f.). Auch als Vermittler gesellschaftlich grundlegender Wissensbestände und Fertigkeiten gebührt ihnen hohe Wertschätzung. Schließlich stehen sie im mythisch-rituellen Bezugsrahmen des Ahnenkultes in nächster Verbindung mit den geheiligten Altvorderen und verdienen daher Ehrerbietung. Allerdings erscheint jede nostalgische Verklärung eines ›goldenen Zeitalters der Alten‹ unangemessen (ebd.). Zum einen hängt die soziale Position einer alten Person immer auch von zusätzlichen Gesichtspunkten wie Geschlechts-, Familien- oder Standes- bzw. Schichtenzugehörigkeit ab. Und zum anderen kann gerade in einfacheren Gemeinschaften durchaus auch eine systematische Zurücksetzung oder Ausschließung älterer Menschen als legitim und gerecht gelten, bis hin zu Vernachlässigung, Aussetzung oder gar ritueller Tötung (Senizid; ebd.).

Im Zuge der Modernisierung beginnt sich die Lage der Alten grundlegend zu wandeln (Cowgill/Holmes 1972). An die Stelle überlieferter hierarchischer Rangordnungen tritt ein universalistischer Egalitarismus allgemeiner Rechte und Pflichten. Damit verliert auch das höhere Lebensalter jede moralische und rechtliche Sonderstellung. Die aufklärerischen Ideale universeller Freiheit und Gleichheit untergraben seine traditionelle Autorität (Fischer 1977). Der wissenschaftlich-technische Fortschritt entwertet seine überlieferten

Kenntnisse. Die Industrialisierung begünstigt junge Arbeitskräfte und führt mit dem Ausscheiden der Alten aus dem Erwerbsleben zu ökonomischer Abhängigkeit und sozialem Prestigeverlust (Cowgill/Holmes 1972). Die auf wechselseitige Zuneigung gegründete bürgerliche Kleinfamilie löst den dynastischen, generationenumspannenden Familienzusammenhang auf und relativiert die in ihm begründete Stellung der Altvorderen. Andererseits entzieht der moderne Egalitarismus allerdings auch jeder Zurücksetzung den Boden. Die Gleichstellung der Alten erscheint als weiterer Schritt zur Einlösung des universellen Anspruchs der Menschenrechte. Missachtung oder Benachteiligung alter Menschen gelten zunehmend als unzulässig. Diese Perspektive wird auch in Ethik und politischer Philosophie wirksam. So fordert Simone de Beauvoir (1970) die Gleichberechtigung der Alten und klagt Vorurteile und Ungerechtigkeiten an. In den USA wird zeitgleich der Ageismus, die Diskriminierung von Menschen aufgrund ihres Lebensalters, zum politischen Thema (Butler 1969; Fredman/Spencer 2003).

Recht

Im Recht schlägt sich dieser egalitäre Gedanke erst verhältnismäßig spät nieder. Zwar hatte schon die *Déclaration des Droits de l'Homme et du Citoyen* 1789 postuliert, »die Menschen werden frei und gleich an Rechten geboren *und bleiben es*« (eigene Hervorh.), und damit im Prinzip auch in zeitlicher Hinsicht jede graduelle Abstufung über den Lebensverlauf eingeebnet. Doch während Bemühungen um die Durchsetzung von Kinderrechten über 100 Jahre zurückreichen, sind Bestrebungen zur Explikation des normativen Gehalts der Menschenrechte mit Blick auf ältere Menschen erst seit etwa 30 Jahren zu verzeichnen (Ruppert 2013; Roth 2013). Im Anschluss an den UN-Aktionsplan zur Frage des Alterns fordern die *United Nations Principles for Older Persons* 1982 Möglichkeiten zur Selbstentfaltung, Anspruch auf respektvolle Behandlung sowie Zugang zu Pflege und Gesundheitsversorgung. Im Kontext der *Europäischen Sozialcharta* erscheint 1988 das Recht älterer Menschen auf sozialen Schutz. Die *Charta der Grundrechte der Europäischen Union* verbietet jede Diskriminierung nach dem Lebensalter und enthält einen Artikel zu Rechten älterer Menschen (Art. 21 und 25). Seit 2010 prüft die *UN-Open-ended Working Group on Ageing* den internationalen Rechtsrahmen mit Blick auf die Rechte Älterer, identifiziert Lücken und macht Handlungsbedarf geltend.

Diesseits der Grundrechtsebene ist das menschliche Leben freilich in den meisten modernen Rechtssystemen einem dichten Raster altersbezogener Regelungen unterworfen (Ruppert 2010). Insbesondere Altersschwellen und -grenzen hinsichtlich rechtlicher Ansprüche, Erlaubnisse, Gebote und Verbote kommt dabei eine wichtige Bedeutung zu. Sie weisen natürlichen Personen einen je spezifischen Rechtsstatus zu und definieren so nicht nur den gesellschaftlichen Anwendungsbereich gesetzlicher Normen, sondern spielen im Rahmen moderner Wohlfahrtsstaaten auch eine konstitutive Rolle bei der sozialen Standardisierung, Strukturierung und Segmentierung des Lebensverlaufs (ebd.). Besonders markante Zäsuren bzw. Statuspassagen bilden in Deutschland die Erlangung der Volljährigkeit mit Vollendung des 18. sowie der Eintritt in den Ruhestand mit Vollendung des 65. (bzw. künftig 67. oder höheren) Lebensjahres. Mit Blick auf ältere Menschen sind insbesondere sozialrechtliche Anwartschaftsschwellen wie das Renteneintrittsalter und arbeits- bzw. berufsrechtlich definierte Höchstalter, wie z. B. die Grenze von 70 Jahren für die Notartätigkeit, von Bedeutung. Inwiefern durch altersbezogene Regelungen eine Altersdiskriminierung stattfindet, wird kontrovers diskutiert und hängt nicht zuletzt von jeweils zugrundeliegenden Annahmen bezüglich des Alters und der Generationenbeziehungen ab (Bouchouaf 2010).

Altersvorsorge und soziale Sicherung

Während die Versorgung im höheren Lebensalter bis ins 19. Jahrhundert weitgehend individueller Eigenverantwortung oder familiärer Fürsorge überlassen blieb, wurde sie im Zuge der Industrialisierung zu einer öffentlichen, staatlich zu regelnden Aufgabe. Die im Deutschen Reich 1891 als Invalidenversicherung eingeführte gesetzliche Rentenversicherung bildet den Prototyp eines teilstaatlichen Alterssicherungssystems. Durch sie erfolgte die Abgrenzung und Definition des Alters als Ruhestand, d. h. als einer eigenen, durch berufliche und soziale Entpflichtung geprägten Lebensphase (Conrad 1994). Im Zuge des demographischen Wandels verändert sich mit der zugrundeliegenden ›Standardbiographie‹ allerdings auch das Verhältnis der Generationen in Familie und Gesellschaft. Die steigende Lebenserwartung führt zur stärkeren Überlappung aufeinanderfolgender Generationen, die mit Blick auf Pflege- und Versorgungsleistungen eine Mehrfachbelastung der mittleren ›Sandwich-Generation‹ nach sich zieht (Lettke 2002). Der im Verhältnis zur versicherungspflichtig beschäftigten Bevölkerung wachsende Anteil älterer Menschen lässt im Rahmen umlagebasierter Systeme Zweifel an der künftigen Finanzierbarkeit bisheriger Rentenniveaus und -eintrittsalter aufkommen. Damit erscheint die ins kontraktualistische Bild des Generationenvertrags gefasste Idee von Generationengerechtigkeit (s. Kap. II.20) bedroht (Véron/Pennec/Légaré 2007).

Vor diesem Hintergrund rückt die Frage der gerechten und mit Blick auf künftige Generationen nachhaltigen Gestaltung der sozialen Sicherungssysteme in den Fokus öffentlicher und politischer Auseinandersetzungen. Dabei steht nicht nur die traditionelle Verteilung von Rechten und Pflichten zwischen den Generationen, sondern auch die zwischen Individuum, Familie und Gesellschaft zur Diskussion. Insbesondere wirft die im Namen einer ›aktivierenden Sozialpolitik‹ vielfach verstärkte Betonung individueller Eigenverantwortung und familiärer Fürsorge mit Blick auf das höhere Lebensalter durchaus gerechtigkeitsethische Fragen auf. Zum einen sind die Kapazitäten zur privaten Altersvorsorge ungleich verteilt, so dass sich Effekte bestehender sozialer Ungleichheit und prekärer Erwerbsbiographien über den Lebensverlauf akkumulieren und besonders auf das höhere Lebensalter durchschlagen, z. B. in Gestalt zunehmender Altersarmut (Vogel/Motel-Klingebiel 2013). Darüber hinaus folgt die Aufteilung von Pflegearbeit und Versorgungsleistungen in der Familie vielfach noch wie selbstverständlich traditionellen Geschlechterrollenverteilungen, was auch das Problem der Gleichberechtigung der Geschlechter berührt (Backes/Wolfinger/Amrhein 2008). Schließlich wirft das Prinzip der Subsidiarität der sozialen Sicherung allgemein die Frage auf, inwieweit sich intergenerationelle Fürsorge- und Versorgungspflichten im Zeichen zunehmender Individualisierung noch rechtfertigen und gerecht gestalten lassen.

Medizin und Gesundheitswesen

Auch in Medizin und Gesundheitswesen (s. Kap. V.63) spielt die Frage der gerechten Verteilung mit Blick auf das Alter eine zentrale Rolle. Es wird befürchtet, dass der demographische Wandel zum Anstieg der Gesundheitsausgaben bei gleichzeitigem Rückgang des Beitragsaufkommens führt und damit zur Mittelknappheit im öffentlichen Gesundheitswesen beiträgt. Auch wenn die Gesundheitskosten vermutlich nicht mit dem chronologischen Lebensalter, sondern mit der zeitlichen Nähe zum Tod korrelieren (Werblow/Felder/Zweifel 2007) und der Anstieg der Lebenserwartung mit einer Ausdehnung der gesunden Lebenszeit einhergehen dürfte (Fries/Bruce/Chakravarty 2011), rücken oft die Alten als vermeintliche Verursacher der Systemkrise ins Visier (Schweda 2013). Unter diesen Vorzeichen wird über die Bedeutung des Lebensalters für Verteilungsentscheidungen und über den ökonomischen Sinn und die ethische Legitimität einer altersabhängigen Begrenzung medizinischer Versorgung diskutiert (Marckmann 2003). Zugunsten einer solchen Altersrationierung wird das pragmatische Argument angeführt, das Lebensalter stelle ein eindeutiges Allokationskriterium dar, das alle gleichermaßen betreffe, da schließlich (fast) jeder einmal alt wird (Breyer 2005). Utilitaristen (s. Kap. III.34) argumentieren zudem, die Kosteneffektivität medizinischer Behandlung und damit ihr volkswirtschaftlicher Nutzen falle bei älteren Menschen niedriger aus (Brock 2003). Aus kommunitaristischer Sicht (s. Kap. III.36) wird das Alter als wesentliche Stufe des natürlichen Lebenszyklus gefasst, die es anzunehmen und sinnvoll zu gestalten gelte, statt sie medizinisch zu bekämpfen (Callahan 1995). Doch auch egalitaristisch lässt sich eine Ungleichbehandlung aufgrund des Lebensalters rechtfertigen, sofern sie der Gleichstellung in einer moralisch relevanteren Hinsicht dient. In diesem Sinne wird angenommen, dass jedem eine faire Chance auf Vollendung der Lebensspanne zusteht, weshalb Menschen, die ihr ganzes Leben noch vor sich haben, bei der Gesundheitsversorgung bevorzugt werden dürften (Harris 1985, 91). Liberale argumentieren im Anschluss an John Rawls, wenn verfügbare Mittel hinter einem Schleier des Nichtwissens über die eigene Lebensspanne einzuteilen wären, gebiete die Klugheit, den Großteil für frühere Lebensphasen vorzuhalten, so dass eine solche Verteilung auch allgemein zustimmungsfähig sein müsste (Daniels 1988). Gegner wenden ein, chronologische Altersgrenzen stellten bloß willkürliche Setzungen dar, die angesichts der großen Variationsbreite des Alters jeder sachlichen Grundlage entbehren. Eine Altersrationierung verstoße gegen traditionelle Werte wie christliche Nächstenliebe, Fürsorge und gesellschaftliche Solidarität (Müller 2010). Sie stehe auch im Widerspruch zum egalitären Grundzug modernen moralischen Denkens. Einigen Personen bloß wegen des kontingenten Faktums ihres Geburtsdatums Ansprüche zu bestreiten, die anderen ohne weiteres zugestanden werden, erscheint als ungerechte Diskriminierung (Giordano 2005).

Ausblick

Im Zeichen der steigenden Lebenserwartung und des demographischen Wandels rückt das Alter in den Fokus ethischer und politischer Auseinandersetzungen. Dabei wird es vor allem als Herausforderung eingespielter Verteilungsprinzipien im Rahmen sozialstaatlicher Sicherungssysteme wie der gesetzlichen Renten- und Krankenversicherung thematisiert. Allerdings gehen vielfach ungesicherte empirische und normative Vorannahmen hinsichtlich der Bedeutung des Alters im individuellen Lebenszyklus und der familiären bzw. gesellschaftlichen Generationenfolge sowie der spezifischen Verfassung und Lage alter Menschen in die Diskussion ein. Die Beschäftigung mit gerechtigkeitsethischen Fragen des Alters bedarf daher einer grundsätzlichen Verständigung darüber, was es überhaupt bedeutet, alt zu werden und zu sein. Sie hat ein normativ reflektiertes und empirisch informiertes Verständnis der zeitlichen Erstreckung und Verlaufsstruktur des menschlichen Lebens zugrunde zu legen und dafür auch einschlägige biologisch-medizinische, psychologische und sozial- bzw. kulturwissenschaftliche Forschungsergebnisse einzubeziehen (Schweda 2014). Erst auf dieser Grundlage wird eine angemessene Auseinandersetzung darüber möglich, was wir alten Menschen schulden (und *vice versa*).

Literatur

Backes, Gertrud M./Wolfinger, Martina/Amrhein, Ludwig: Geschlechterungleichheiten in der Pflege. In: Ulrich Bauer/Andreas Büscher (Hg.): *Soziale Ungleichheit und Pflege. Beiträge sozialwissenschaftlich orientierter Pflegeforschung.* Wiesbaden 2008, 132–153.

Beauvoir, Simone de: *La Vieillesse.* Paris 1970.

Bouchouaf, Ssoufian: Altersdiskriminierung durch rechtliche Altersgrenzen aus verfassungsrechtlicher Perspektive. In: Stefan Ruppert (Hg.): *Lebensalter und Recht. Zur Segmentierung des menschlichen Lebenslaufs durch rechtliche Regelungen seit 1750.* Frankfurt a. M. 2010, 241–260.

Breyer, Friedrich: Rationierung von GKV-Leistungen nach dem Alter? Pro. In: *Deutsche Medizinische Wochenschrift* 130/7 (2005), 349–350.

Brock, Dan: Ethik und Altersrationierung in der Medizin: Ein konsequentialistischer Standpunkt. In: Georg Marckmann (Hg.): *Gesundheitsversorgung im Alter. Zwischen ethischer Verpflichtung und ökonomischem Zwang.* Stuttgart 2003, 89–115.

Butler, Robert N.: Age-ism: Another form of bigotry. In: *Gerontologist* 9/4 (1969), 243–246.

Callahan, Daniel: *Setting Limits. Medical Goals in an Aging Society* [1987]. Washington D. C. 1995.

Conrad, Christoph: *Vom Greis zum Rentner. Der Strukturwandel des Alters in Deutschland zwischen 1830 und 1930.* Göttingen 1994.

Cowgill, Donald O./Holmes, Lowell D.: *Aging and Modernization.* New York 1972.

Daniels, Norman: *Am I My Parents' Keeper? An Essay on Justice between the Young and the Old.* New York 1988.

Fischer, David H.: *Growing Old in America.* New York 1977.

Fredman, Sandra/Spencer, Sarah (Hg.): *Age as an Equality Issue. Legal and Policy Perspectives.* Oxford/Portland 2003.

Fries, James F./Bruce, Bonnie/Chakravarty, Eliza: Compression of morbidity 1980–2011: A focused review of paradigms and progress. In: *Journal of Aging Research* (2011), article 261702.

Giordano, Simona: Respect for equality and the treatment of the elderly: Declarations of human rights and age-based rationing. In: *Cambridge Quarterly of Healthcare Ethics* 14/1 (2005), 83–92.

Harris, John: *The Value of Life. An Introduction to Medical Ethics.* New York 1985.

Höffe, Otfried: Gerechtigkeit. Eine philosophische Einführung [1991]. München ³2007.

Lettke, Frank: Pflegen wollen, sollen, müssen oder dürfen? Zur Ambivalenz von Generationenbeziehungen im Alter. In: Andreas Motel-Klingebiel/Hans-Joachim von Kondratowitz/Clemens Tesch-Römer (Hg.): *Lebensqualität im Alter.* Wiesbaden 2002, 71–94.

Luh, Andreas: Das »Goldene Zeitalter der Alten«? Alter in historischer Perspektive. In: *Zeitschrift für Gerontologie und Geriatrie* 36/4 (2003), 303–316.

Marckmann, Georg (Hg.): *Gesundheitsversorgung im Alter. Zwischen ethischer Verpflichtung und ökonomischem Zwang.* Stuttgart 2003.

Müller, Lucius B.: *Grenzen der Medizin im Alter? Sozialethische und individualethische Diskussionen.* Zürich 2010.

Roth, Markus: Die internationale Entwicklung des Rechts der Älteren. In: Ulrich Becker/ Markus Roth (Hg.): *Recht der Älteren.* Berlin 2013, 69–82.

Ruppert, Stefan: Lebensalter und Recht. Zur Segmentierung des menschlichen Lebenslaufs durch rechtliche Regelungen seit 1750. In: Ders. (Hg.): *Lebensalter und Recht. Zur Segmentierung des menschlichen Lebenslaufs durch rechtliche Regelungen seit 1750.* Frankfurt a. M. 2010, S. VII–XXXIII.

–: Die Geschichte des Rechts der Älteren. In: Ulrich Becker/ Markus Roth (Hg.): *Recht der Älteren.* Berlin 2013, 27–48.

Schweda, Mark: Zu alt für die Hüftprothese, zu jung zum Sterben? Die Rolle von Altersbildern in der ethisch-politischen Debatte um eine altersabhängige Begrenzung medizinischer Leistungen. In: Gunnar Duttge/Markus Zimmermann-Acklin (Hg.): *Gerecht Sorgen. Verständigungsprozesse über einen gerechten Einsatz knapper Ressourcen bei Patienten am Lebensende.* Göttingen 2013, 149–167.

–: »Ein Jegliches hat seine Zeit« – Altern und die Ethik des Lebensverlaufs. In: *Zeitschrift für Praktische Philosophie* 1/1 (2014), 185–232.

UN-Open-ended Working Group: http://social.un.org/ageing-working-group/.

Véron, Jacques/Pennec, Sophie/Légaré, Jacques: *Ages, Generations, and the Social Contract*. Berlin 2007.
Vogel, Claudia/Motel-Klingebiel, Andreas (Hg.): *Altern im sozialen Wandel: Die Rückkehr der Altersarmut?* Wiesbaden 2013.
Werblow, Andreas/Felder, Stefan/Zweifel, Peter (2007): Population ageing and health care expenditure: A school of »Red Herrings«? In: *Health Economics* 16 (2007), 1109–1126.

Mark Schweda

55 Arbeit und Einkommen

Unabhängig von ihrer spezifischen Beschaffenheit erkennen die meisten Moral- oder Gerechtigkeitstheorien an, dass *erstens* Arbeit und Einkommen Güter sind, deren Umfang und Vorhandensein weitgehend von der Einrichtung der Gesellschaft abhängen, dass *zweitens* die zentralen Steuerungsprinzipien einer Gesellschaft deren Mitgliedern gegenüber moralisch oder politisch gerechtfertigt werden müssen und deshalb *drittens* der Umgang mit Arbeit und Einkommen einer solchen Rechtfertigung bedarf.

Damit ist bereits klar, dass man sich einer normativen Debatte über die Verteilung dieser Güter nicht mit dem Hinweis entziehen kann, deren Verteilung vollziehe sich in modernen Gesellschaften nach Marktprinzipien und sei eben deshalb keiner weiteren Rechtfertigung zugänglich und bedürftig. Zu rechtfertigen ist gerade, weshalb und wie weit die Verteilung dieser Güter einem Marktprozess anvertraut werden darf. Der philosophische Streit geht denn auch nicht darum, ob hier etwas einer Rechtfertigung bedarf, sondern darum, was als eine zufriedenstellende Rechtfertigung angesehen werden kann, welche Verteilung dieser Güter als gerechtfertigt oder gerecht gelten kann. Die hier streitenden Überzeugungen lassen sich in zwei Gruppen unterteilen:

1) *Prozedurale Theorien:* In diesen wird eine Güterverteilung dadurch gerechtfertigt, dass sie sich im Rahmen eines normativ bestimmten Verfahrens ergeben hat. So gilt in vertragstheoretischen Konzeptionen eine Verteilung typischerweise dann als gerechtfertigt, wenn sie aus einer freien Übereinkunft der Subjekte entstanden ist. Diesen Ansätzen zufolge gibt es keine normativen Kriterien für das Resultat solcher Austauschprozesse. Die hier bevorzugte Verteilungsprozedur ist das Geschehen auf einem freien Markt. Gerecht ist dann jede Verteilung, die sich aus akzeptablen Ausgangsbedingungen in einem solchen Markt herausbildet.

2) *Teleologische Theorien:* In diesen wird eine Güterverteilung von dem in der Theorie favorisierten Globalziel her gerechtfertigt. Diese Globalziele sind durch zwei Elemente charakterisiert: durch ein Set von relevanten Gütern – etwa Ressourcen, Freiheiten, Fähigkeiten, Chancen, Wohlbefinden oder eine Kombination derselben – sowie durch ein Aggregationsziel hinsichtlich dieser Güter. Gemäß den prominenten Aggregationszielen gilt eine Verteilung der relevanten Güter dann als moralisch richtig oder gerecht, wenn diese entweder insgesamt möglichst umfangreich vor-

handen sind oder wenn sie möglichst gleich verteilt oder so verteilt sind, dass die Schlechtestgestellten möglichst gut dastehen, oder auch so, dass niemand unterhalb eines Basislevels der Versorgung mit diesen Gütern leben muss. Diskutiert werden auch Hybridprinzipien, die verschiedene Aggregationsziele für verschiedene Klassen von Gütern kombinieren (etwa Walzer 1992; Miller 2008, Kap. 2).

Auch die seit der Antike prominente Gerechtigkeitsvorstellung, der zufolge eine Verteilung dann gerecht ist, wenn zwischen den Leistungen und den Einkommen der Subjekte eine proportionale Gleichheit besteht, kann als eine Variante einer teleologischen Theorie, genauer eines teleologischen Egalitarismus, verstanden werden, da auch diese Proportion einen Zielzustand beschreibt (Aristoteles 2000, 214 f.). Gleiches gilt auch für die von Marx propagierte Forderung, jeden nach seinen Bedürfnissen am gesellschaftlichen Reichtum zu beteiligen (Marx 1972, 25).

Sobald man anerkennt, dass die jeweils vorhandenen gesellschaftlichen Mechanismen nichts Naturwüchsig-Unabänderliches sind, sondern eben Menschenwerk und damit prinzipiell änderbar und rechtfertigungsbedürftig, stellen sich drei Fragen:

1. Welche Tätigkeiten verdienen einen ökonomischen Ausgleich?
2. Nach welchen Prinzipien sollen die als ökonomische oder Erwerbsarbeit anerkannten Tätigkeiten verteilt werden?
3. Nach welchen Prinzipien sollen die als ökonomische oder Erwerbsarbeit anerkannten Tätigkeiten entlohnt werden?

Welche Tätigkeiten verdienen einen ökonomischen Ausgleich?

Menschen sind auf vielfache Weise tätig. Sie reinigen ihre Wohnung, kümmern sich um Angehörige, arbeiten in einer Fabrik, führen die Vereinskasse oder trösten einen Freund. Wenn es um die Verteilung von Arbeit und Arbeitseinkommen geht, ist deshalb zuerst zu klären, welche dieser Tätigkeiten hier zu berücksichtigen sind. Es geht darum, einen Arbeitsbegriff zu finden, der diejenigen menschlichen Tätigkeiten auszeichnet, die eine gesellschaftlich-ökonomische Anerkennung verdienen (Krebs 2002, 23 f.). Für einen solchen Arbeitsbegriff gibt es ein notwendiges und ein hinreichendes Kriterium. Notwendig für eine ökonomische Anerkennung ist, dass eine Tätigkeit wenigstens einen nicht-marginalen Nutzen für andere als den Tätigen stiftet. Und hinreichend anerkennenswert sind sicher alle Tätigkeiten im öffentlichen Raum, die nur unter der Voraussetzung erbracht werden, dass es dafür eine Gegenleistung gibt.

Zwischen beiden Kriterien liegen in einer Grauzone diejenigen Tätigkeiten, die zwar einen signifikanten Nutzen für andere stiften, aber nicht unter der Voraussetzung erbracht werden, dass es eine Gegenleistung dafür gibt. Die wichtigsten Tätigkeiten in dieser Gruppe sind gegenwärtig die Erziehung von Kindern und die Pflege von Angehörigen. Für die Anerkennung dieser Tätigkeiten als ökonomisch zu entgeltende spricht, dass es einen gesellschaftlichen Substitutionsbedarf gibt, wenn diese nicht mehr unentgeltlich erbracht werden (Krebs 2002, 57–59). Kinder und andere Personen, die ohne Eigenverschulden in Not sind und die Unterstützung anderer benötigen, haben in allen am Wohl der Personen orientierten Moralen einen Anspruch darauf, dass ihnen geholfen wird. Dann ist es aber unfair, wenn etwa Söhne oder Kinderlose solche normativ gebotenen Leistungen nicht erbringen und auch zu deren Finanzierung nicht herangezogen werden. Die Pflicht zur Erbringung solcher Hilfeleistungen kann allerdings auch subsidiär verstanden werden: Daraus, dass Kinder einen Anspruch auf angemessene Betreuung haben, folgt nicht unmittelbar, dass auch Kinderlose zur Finanzierung dieser Betreuung verpflichtet sind. Kinder können wie ein privates Projekt der Eltern verstanden werden, für dessen moralisch zufriedenstellende Durchführung diese auch primär verantwortlich sind. Erst im Fall des Versagens hätte dann die Gesellschaft die notwendige Betreuung sicherzustellen und alle Beitragsfähigen zu deren Finanzierung heranzuziehen. Eine weitergehende Beteiligungspflicht aller entsteht aber dann, wenn alle Gesellschaftsmitglieder in ein vereinheitlichendes Wohlfahrtssystem einbezogen sind, welches Kinder absichtlich als sozialisierte Güter behandelt, indem es (etwa durch ein entsprechendes Rentensystem) dafür sorgt, dass alle von den Mühen der Kindererziehung profitieren (Olsaretti 2013, 248 f.).

Da die Mitglieder der entwickelten Gesellschaften in einem so strukturierten Wohlfahrtssystem leben und überwiegend auch leben wollen, sind in solchen Gesellschaften die Erbringer der Betreuungsleistungen auch finanziell angemessen zu entlohnen.

Nach welchen Prinzipien sollen die als ökonomische oder Erwerbsarbeit anerkannten Tätigkeiten verteilt werden?

Zur Beantwortung der Frage ist zuerst zu klären, inwiefern die Erwerbsarbeit ein Gut darstellt. Die Beteiligung an der Sphäre des arbeitsteilig organisierten Leistungsaustausches ist – zumindest für die meisten Angehörigen des abendländisch geprägten Kulturkreises – aus wenigstens drei Gründen ein Gut.

Arbeit ist erstens eine Betätigung der eigenen Fähigkeiten, eine elementare Form des Am-Leben-Seins, der Vitalität. Für Personen besteht ein wichtiger Teil des ihnen möglichen guten Lebens in der Betätigung ihrer spezifischen Fähigkeiten. Dementsprechend wird eine erzwungene Stillstellung solcher Betätigung als Qual empfunden.

Sodann ist die Arbeit in mehreren Hinsichten mit dem Selbstwertgefühl verknüpft: Sie ist etwas, für dessen gute Ausführung sich Menschen selbst schätzen können und von anderen geschätzt werden. Jenseits der speziellen Schätzung für besondere Kunstfertigkeit werden wir von anderen Menschen auch schon dafür geschätzt, dass wir ihnen überhaupt einen Nutzen erweisen. Schließlich sichert ein Arbeitseinkommen für die meisten den Zugang zu einer normalen Konsumtion. Einschränkungen dieser Konsumtion sind nicht nur mit Frustration verbunden, es entsteht auch ein Gefühl der Deklassierung.

Die bisher genannten Beschädigungen sind schließlich oft nur der Anfang weiterer Leiden: Infolge der erzwungenen Untätigkeit und der Verluste an Selbstsicherheit nimmt die Reizbarkeit der Menschen zu. Arbeitslosigkeit führt fast immer zu Beziehungsproblemen, oft zu Trennungen und in etlichen Fällen auch zu Alkoholismus oder zu genereller Depressivität.

Da Arbeitslosigkeit also als ein gravierendes Übel empfunden wird, ist zu prüfen, ob eine Gesellschaft einem Teil ihrer Mitglieder dieses Los zumuten darf. Hier stehen typischerweise marktwirtschaftliche Systeme unter Rechtfertigungszwang, weil sie eine zwangsweise Ausgliederung aus der Arbeitswelt nach Maßgabe ökonomischer Notwendigkeiten erlauben. Allerdings ist für libertäre Anhänger dieser Wirtschaftsform schon die Frage nach der Zumutbarkeit falsch gestellt, weil es ihnen zufolge in einer Marktwirtschaft gar keine erzwungene Arbeitslosigkeit gibt. Wer in einer solchen überhaupt über Fähigkeiten verfügt, mit denen er sich für andere nützlich machen kann, und gleichwohl nicht arbeitet, ist freiwillig arbeitslos. Er ist einfach nicht bereit, seine Arbeitskraft zu dem Preis anzubieten, den seine Mitbürger für diese Leistung zu zahlen bereit sind.

Da der nachfragegerechte Preis von Arbeitsleistungen nicht notwendig existenzsichernd ist, müssen in denjenigen dieser Theorien, die ein positives Recht auf Leben anerkennen, die Arbeitseinkommen durch gesellschaftliche Transferleistungen ergänzt werden. Mit geringem Verwaltungsaufwand könnte dies in Form einer negativen Einkommensteuer realisiert werden (Friedman 2004, 228 f.). Solche Zusatzleistungen bleiben allerdings nicht so marktwirtschaftlich neutral, wie deren Vertreter gehofft haben. Sobald Unternehmen wissen, dass die von ihnen gezahlten Gehälter nicht unbedingt zur Existenzerhaltung ausreichen müssen, ist es für alle Arbeitgeber rational, zu versuchen, einen Teil ihrer Kosten auf die Gemeinschaft abzuwälzen. Es kommt zu einer Lohn-Abwärtsspirale. Ein weiteres Problem solcher Lohnergänzungsleistungen besteht in der Erzeugung einer Motivationsfalle (Parijs/Vanderbrought 2005, 75 f.). In dem Einkommensbereich, in dem die Arbeitseinkommen ohnehin durch Sozialtransfers aufgestockt werden, besteht für deren Bezieher keine Motivation, ihr Arbeitseinkommen zu verbessern. Wird das Arbeitseinkommen durch Teilzeitarbeit erzielt, sind viele auch dann nicht motiviert, eine Vollzeitarbeit anzunehmen, wenn diese ihr Einkommen über das sozial garantierte Minimum heben würde. Das Verhältnis von Mehraufwand und Mehrertrag erscheint dann insbesondere bei Arbeiten, die ihrer intrinsischen Qualität nach eher abstoßend sind, nicht verlockend.

Diesem Motivationsverlust verspricht das Modell eines bedarfsunabhängigen Grundeinkommens (vgl. z. B. Klesczewski 2013) entgegenzuwirken. Eben weil das garantierte Grundeinkommen nicht mit anderen Einkommen verrechnet wird, lohnt sich die Aufnahme einer jeden bezahlten Arbeit. Ein solches Grundeinkommen scheint jedoch gegen eine zentrale Gerechtigkeitsintuition zu verstoßen: Es sei unfair, wenn Arbeitsfähige nicht für ihren Lebensunterhalt arbeiteten und sich diesen Lebensstil von ihren arbeitenden Mitbürgern subventionieren ließen (Parijs 1991, 103). Zwar beziehen auch die Arbeitenden das Grundeinkommen, doch werden sie zugleich so hoch belastet, dass aus ihren Steuern auch das Grundeinkommen der Nichtarbeitenden finanziert werden kann. In modernen Gesellschaften kann ein solcher Transfer allerdings auch als Kompensation für einen Verzicht auf die produktive Nutzung natürlicher Ressourcen begriffen werden. Diese Argumentation basiert auf der Lockeschen These, dass die private Aneignung einer herrenlosen Sache nur dann gerechtfertigt ist, wenn dabei für alle anderen ebenso viel von gleicher Qualität zur Aneignung übrig bleibt (Locke 1689/1974, Kap. V). Da in heutigen Gesellschaften keine herrenlosen natürlichen Ressourcen mehr zur Aneignung und Nutzung zur Verfügung stehen, kann ein Grundeinkommen als Kompensation für die Ausschließung von solchen Ressourcen gerechtfertigt werden (Parijs 2005, 88 f.). In dieser Rechtfertigung wird jedoch ein wichtiges Element ausgeblendet. Auch wenn jeder ein gleiches Recht auf die Partizipation an den natürlichen Gütern hat, erfordern solche Güter stets Mühen der Aneignung oder Bearbeitung, um für jemanden nützlich zu werden. Eben dieser Arbeitseinsatz wird in der Kompensationstheorie des Grundeinkommens aber vernachlässigt, denn dieses sollen ja auch die erhalten, die schlicht keine Lust haben zu arbeiten. Das Grundeinkommen kann so das Stigma des unverdienten Vorteils nicht abstreifen.

Den Vorwurf der ungerechtfertigten Vorteilsgewährung vermeiden alle Theorien, die nicht ein Ersatzeinkommen, sondern die Arbeit selbst gerecht verteilen wollen. Diese gehen davon aus, dass in den meisten modernen Gesellschaften soziale Anerkennung und Zugehörigkeit von dem Einschluss in die Arbeitswelt abhängig sind. Da die soziale Zugehörigkeit zu einer menschenwürdigen Existenz gehört, kann in solchen Gesellschaften ein Recht auf Arbeit kulturspezifisch begründet werden (Krebs 2002, Kap. VI; Schlothfeldt 1999, Kap. IV). Ein solches Recht auf Arbeit kann auch in marktwirtschaftlich organisierten Gesellschaften in Form eines Rechts auf die Umverteilung von Arbeit realisiert werden. Hierbei wird nur die im Markt tatsächlich nachgefragte Arbeit kostenneutral umverteilt. Wer von seiner Arbeitszeit abgeben muss, damit andere integriert werden oder bleiben, muss auch entsprechende Einkommenseinbußen akzeptieren. Dazu ist allerdings zu zeigen, dass die infolge der Umverteilung durch suboptimale Ressourcenallokation eintretenden Effizienzverluste sowie die dazu notwendigen Beschränkungen der Vertragsfreiheit durch die Vorteile überwogen werden (vgl. Pfannkuche 1996).

Nach welchen Prinzipien sollen die als ökonomische oder Erwerbsarbeit anerkannten Tätigkeiten entlohnt werden?

Aus der Perspektive der Globaltheorien ist der ökonomisierte Leistungsaustausch nur einer der gerecht zu regulierenden Lebensbereiche. Die Gerechtigkeit im Leistungsaustausch kann deshalb bei den Globaltheorien auch nicht unabhängig von den anderen Lebensbereichen bestimmt werden. Wenn es im Rahmen einer Globaltheorie etwa wichtig ist, Chancengleichheit herzustellen, dann ist es für die Frage der Einkommensgerechtigkeit relevant, ob der Zugang zu Bildungseinrichtungen aus dem Arbeitseinkommen finanziert werden muss oder ob dieser durch andere gesellschaftliche Mechanismen sichergestellt wird. Zu klären ist aus einer umfassenden Perspektive ferner, wie Arbeitsunfähige zu behandeln sind und wie die Absicherung gegen Krankheitsrisiken erfolgt. In Wirtschaftsordnungen, die einen Privatbesitz von Produktionsmitteln zulassen, entsteht zudem ein erheblicher Teil der Einkommen gar nicht aus Arbeit, sondern als Kapitalrendite oder infolge von erheblichen Erbschaften. Auch die so möglichen Ungleichheiten sind in einer umfassenden Gerechtigkeitstheorie zu berücksichtigen. Jede Theorie des gerechten Arbeitseinkommens bedarf also der Ergänzung und Einbettung in andere Prinzipien. Sowohl die Frage nach dem gerechten Arbeitseinkommen wie die über den unmittelbaren Leistungsaustausch hinausgehenden Fragen werden von den konkurrierenden Globaltheorien entsprechend ihren zentralen Axiomen – der Theorie der moralrelevanten Güter und dem Aggregationsprinzip – beantwortet. Der Streit zwischen diesen Theorien ist deshalb zuletzt als Streit über die Vorzüglichkeit eines dieser Axiome zu führen.

Die Frage nach der Gerechtigkeit von Arbeitseinkommen kann als isolierte Frage nur insofern behandelt werden, als es um die Vergegenwärtigung von Gesichtspunkten geht, die für alle oder viele Theorien hinsichtlich der Frage nach der spezifischen Gerechtigkeit von Arbeitseinkommen relevant sind. Diese Gesichtspunkte werden erkennbar, wenn man der folgenden Frage nachgeht: Angenommen, die aus einer umfassenden moralischen Perspektive notwendig zu gewährleistenden Güter (Freiheiten, Chancen, Schutz vor Krankheit etc.) wären bereits durch gesellschaftliche Mechanismen in moralisch zufriedenstellendem Umfang gesichert, nach welchen Prinzipien sollen dann die Arbeitseinkommen verteilt werden?

Hier sind vor allem die drei folgenden Gesichtspunkte wichtig:

Autonomie

In allen modernen Moraltheorien spielt die Berücksichtigung der Autonomie der Subjekte eine zentrale Rolle. Diese begreifen ihre Selbstbestimmung als einen Wert, der in der Sphäre des Leistungsaustausches als Freiwilligkeit des Tauschens zu schützen ist: Jeder muss die Gelegenheit haben, seinen Mitbürgern die Leistungen anzubieten, die er gern erbringen möchte, und jeder muss frei sein, die Leistungen eines anderen in Anspruch zu nehmen oder nicht. Infolge dieser relativen Freiheit der Nachfrager muss jeder für die von ihm produzierten Güter oder Dienstleistungen den Preis akzeptieren, den seine Käufer freiwillig dafür zu entrichten bereit sind. Bei einer Vielzahl von Anbietern und Nachfragern von Arbeitsleistungen wird der freie Austausch am ehesten und effizientesten durch einen von Monopolen freien Markt gewährleistet. Märkte sind nicht nur für Kontraktualisten essenziell, sie sind auch für teleologische Theorien unverzichtbar, weil sich erst in den Interdependenzen marktförmiger Strukturen zeigt, wie die Subjekte ihre Präferenzen hierarchisieren. Erst in Märkten wird klar, wer angesichts knapper Ressourcen was zu welchem Preis zu leisten und zu kaufen bereit ist (vgl. Dworkin 1981, 286 f.). Hier tritt allerdings ein zentraler Unterschied zwischen kontraktualistischen und teleologischen Theorien hervor.

In Letzteren hat der Marktprozess als ganzer nur einen instrumentellen Wert. Die Marktmechanismen sind nur insoweit akzeptabel, als sie der Realisierung des Globalzieles dienen. Die Orientierung an einem solchen Ziel kann dabei in Spannung zur Freiheit der tauschenden Subjekte geraten. Denn wann immer eine vorliegende Verteilung im Sinn eines teleologischen Prinzips gerechtfertigt ist, kann sie durch freiwillige Tauschakte der Subjekte wieder aufgehoben werden. Teleologische Theorien müssen deshalb versuchen, die im Markt möglichen Tauschprozesse von vornherein so zu limitieren, dass die Abweichungen von der Idealverteilung möglichst klein bleiben. Ergänzend kommen korrigierende Eingriffe in Frage, die die Freiheit der täglichen Tauschakte am wenigsten behindern. So kann bei der Weitergabe von Vermögen an die nächste Generation die im Sinn der Theorie erwünschte Verteilung durch ein entsprechendes Erbrecht befördert werden.

Dagegen ist in kontraktualistischen Theorien die freie Übereinkunft der Subjekte das alleinige Legitimitätskriterium. Die in einem freien Markt hergestellte Verteilung ist eo ipso gerecht. Um dem freien Austausch eine so stark legitimierende Kraft zuschreiben zu können, müssen solche Theorien allerdings sicherstellen, dass die Subjekte das, was sie in den Tausch einbringen, auf moralisch einwandfreie Weise erworben haben. Tauschgerechtigkeit setzt eine gerechte Anfangsverteilung voraus (Gosepath 2004, 84). Im Zentrum stehen dabei die von den Subjekten angeeigneten und genutzten Ressourcen. Kontraktualistische Moralkonzeptionen benötigen deshalb eine Theorie der gerechtfertigten primären Aneignung sowie der gerechtfertigten Weitergabe über Generationen (vgl. Nozick 1974, Kap. 7).

Eigenverantwortlichkeit

Akteure unterscheiden zwischen Dingen, die ihnen zustoßen, und Zuständen, die sich infolge ihres eigenen Abwägens und Handelns für sie ergeben. Sie sind eher bereit, die Konsequenzen ihres Handelns zu tragen, als sie bereit sind, das Bestimmtwerden durch Faktoren zu akzeptieren, die sie nicht zu verantworten haben, wenn sie es für möglich halten, die Wirkungen dieser Faktoren zu neutralisieren. Hinsichtlich des Leistungstausches sind dabei angeborene Talente und die Wirkungen des sozialen Umfelds von entscheidender Bedeutung. Beide Faktoren sind für die Entwicklung von Fähigkeiten zentral. In marktwirtschaftlich organisierten Gesellschaften werden herausragende Fähigkeiten bedeutsam für das erzielbare Arbeitseinkommen, denn in Marktprozessen wird der Einsatz höherer Fähigkeiten ökonomisch gratifiziert, wenn sich mit diesen größere Werte schaffen lassen. Die Arbeit eines Verfahrenstechnikers, der einem Unternehmen Energiekosten in Millionenhöhe erspart, ist ökonomisch wertvoller als die eines Lagerarbeiters. Es ist deshalb für ein Unternehmen rational, dem Techniker ein vielfach höheres Gehalt als dem Lagerarbeiter zu zahlen, sofern sich nicht ein anderer findet, der eine gleichwertige Arbeitsqualität billiger anbietet.

Diese prinzipiell nur durch das Grenzprodukt limitierte Talentrendite ist in einer Lesart der proportionsorientierten Gerechtigkeitsauffassung auch berechtigt: Wenn Leistung als ökonomischer Ertrag verstanden wird, dann hat derjenige, der ökonomisch mehr zum gesellschaftlichen Wohlstand beiträgt, auch mehr Einkommen verdient. Aus der Autonomieperspektive stellt dies jedoch eine Benachteiligung der weniger Talentierten infolge eines von ihnen nicht verantworteten Umstands dar. Auf diese Weise werden die Subjekte in einem vermeidbaren Ausmaß der Lotterie der Natur oder der der Sozialisation unterworfen (Rawls 1971, § 12). Was sowohl aus der Autonomie- wie aus der Proportionsperspektive zu rechtfertigen ist, ist nur eine leistungsbezogene Einkommensdifferenzierung, bei der Leistung als Anstrengung verstanden wird (vgl. Dworkin 1981, 311 f.). Das ist mit einer marktwirtschaftlichen Ordnung partiell kompatibel, denn was im Markt gratifiziert wird, sind in aller Regel nicht einfach Talente, sondern ausgereifte Fähigkeiten. Und deren Entwicklung liegt wenigstens partiell in der Verantwortung der Träger der Talente. Da der Markt aber auch entwickelte Talente nicht entsprechend der darin investierten Anstrengung, sondern nur den ökonomischen Wert einer Tätigkeit gratifiziert, müssen anstrengungsfrei erworbene Vorteile verhindert oder korrigiert werden. Das Bestreben, solcherart unverdiente Einkommen zu verhindern, wird jedoch dadurch erschwert, dass eine präzise Bestimmung des selbstverantworteten Anteils am Umfang der eigenen Fähigkeiten kaum möglich ist. Daraus können zwei Konsequenzen gezogen werden:

Einerseits kann man die Suche nach einem reinen Anstrengungs- und Leistungskern, nach einer verdienstbegründenden Lichtung der Selbstverantwortung im Dickicht der kausalen Kontingenzen für verfehlt halten und demzufolge ganz darauf verzichten, die ökonomischen Erfolge oder Misserfolge ganzheitlich zu verstehender Persönlichkeiten einer egalisierenden Gerechtigkeitskorrektur zu unterwerfen (Kersting 2000, 226 f.).

Anderseits kann man trotz unsicherer Grenzen an der Korrekturbedürftigkeit der unverdienten Vor- und Nachteile festhalten und eine pauschale Redistributionsstrategie anwenden, die etwa der Vermutung folgt, dass der Anteil des durch Eigenleistung verdienten Anteils am Einkommen umso geringer ist, je höher das Einkommen ist (Gosepath 2004, 404). Für die letztere Sicht spricht, dass die meisten auch im Strafrecht die Konstruktion von Zonen der Verantwortlichkeit, innerhalb derer eine Strafe als verdient gilt, für vertretbar halten.

Effizienz

Unabhängig davon, wie es mit der Verantwortlichkeit der Subjekte für ihr Handeln steht, scheint es empirisch plausibel, dass die Zulässigkeit von marktgenerierten Ungleichheiten die Leistungsmotivation der Wirtschaftssubjekte erhöht. Solange an den dadurch erzeugten Vorteilen alle partizipieren, wäre die Verhinderung der entsprechenden Einkommensdifferenzen ein Akt des *levelling down* – man gäbe für alle mögliche Vorteile um größerer Gleichheit willen auf. Wenn Individuen mehr leisten, wenn bestimmte Ungleichheiten erlaubt sind, dann ist es auf einer ersten Ebene sogar für Egalitaristen sinnvoll, solche Ungleichheiten zuzulassen, weil die so erzeugten Güter den Spielraum für spätere Umverteilungen vergrößern. Auf einer zweiten Ebene kann dieses Motivationsgesetz aber nicht einfach als unveränderliche Gegebenheit hingenommen werden. Moralisch wünschenswert ist es vielmehr, den Subjekten, wenn möglich, eine Handlungsdisposition anzuerziehen, die sie befähigt, ihre Fähigkeiten auch ohne Distinktionsgewinne einzusetzen.

Umstritten ist zudem, ob so gerechtfertigte Ungleichheiten noch mit der Gerechtigkeit vereinbar sind oder ob es sich dabei um nur prudentielle Effizienzerwägungen handelt (Tugendhat 1993, 385 f.). Zur effizienten Ressourcenallokation ist schließlich auch das Theorem des abnehmenden Grenznutzens zu berücksichtigen. Dieses besagt, dass ein Ressourcenzuwachs das Wohlbefinden einer Person umso weniger vermehrt, je mehr eine Person bereits von dieser Ressource besitzt. Das gilt auch für die Universalressource Geld. Zwar können mit dieser eine Vielzahl von Bedürfnissen und Wünschen befriedigt werden, aber innerhalb jeder Bedürfnisart ist dann wieder das Phänomen des abnehmenden Nutzens zu beobachten. Unabhängig davon, ob das normative Ziel einer Theorie nun darin besteht, den Gesamtnutzen zu maximieren oder alle auf möglichst hohem Niveau gleich gut zu stellen, bei der Einkommensverteilung ist das Grenznutzentheorem zu beachten. Dessen Berücksichtigung erschwert die Rechtfertigung größerer Ressourcenungleichheiten. Je größer diese sind, desto unwahrscheinlicher ist es, dass sie nötig sind, um das Ziel der Moral zu erreichen.

Ausblick

Der gegenwärtig geführte Streit um die richtige Verteilung von Einkommen und Arbeit ist zum größten Teil auf zugrunde liegende und voneinander abweichende Theorien zurückzuführen. Da eine Überwindung der fundamentalen Differenzen nicht zu erwarten ist, scheint es mittelfristig lohnend, die zwischen den Theorien mögliche Überlappungszone zu identifizieren und nach Möglichkeiten zu deren Ausweitung zu suchen. Das erscheint umso dringender, als im Zeitalter der Globalisierung nicht nur Theorien heterogener Kulturen zu berücksichtigen sind, sondern zugleich auch normativ stark voneinander abweichende Gesellschaftsordnungen in größere funktionale Abhängigkeiten eintreten. Hier kommt es vermehrt zu Warentransfers, die zugleich die Grenzen moralischer Erwartungen überschreiten. Dabei treten

Systeme mit unterschiedlich hohen oder abweichend akzentuierten sozialen Absicherungsleistungen und -erwartungen in ökonomische Konkurrenz zueinander. Wenn die Austauschprozesse zwischen solchen Systemen der Logik des Marktes überlassen werden, erzwingt dies mittelfristig eine Angleichung der Sozialordnungen. Aber wie weit ist solche Angleichung moralisch wünschenswert? In welchem Umfang muss und kann die Möglichkeit soziokultureller Selbstbestimmung gewahrt bleiben, wenn Individuen und Kapital sich zunehmend der Einbindung in nationalstaatliche Verteilungsordnungen entziehen (vgl. Miller 2008, Kap. 12)? Was wären insbesondere im Hinblick auf die moralisch geforderte Integration aller in die Arbeitswelt die Prinzipien eines legitimen Protektionismus sowohl hinsichtlich der Güter wie hinsichtlich migrationswilliger Personen?

Literatur

Aristoteles: *Nikomachische Ethik*. Übers. v. Olof Gigon. Zürich/München 2000.
Dworkin, Ronald: What is equality? Part 2: Equality of resources. In: *Philosophy and Public Affairs* 10/4 (1981), 283–345.
Friedman, Milton: *Kapitalismus und Freiheit*. München 2004 (engl. 1962).
Gosepath, Stefan: *Gleiche Gerechtigkeit*. Frankfurt a. M. 2004.
Kersting, Wolfgang (Hg.): *Politische Philosophie des Sozialstaates*. Weilerswist 2000.
Klesczewski, Diethelm (Hg.): *Von der Idee des Gemeinbesitzes zum Projekt eines unbedingten Grundeinkommens*. Münster 2013.
Krebs, Angelika: *Arbeit und Liebe*. Frankfurt a. M. 2002.
Locke, John: *Über die Regierung*. Stuttgart 1974 (engl. 1689).
Marx, Karl: *Kritik des Gothaer Programms*. Berlin 1972.
Miller, David: *Grundsätze sozialer Gerechtigkeit*. Frankfurt a. M./New York 2008 (engl. 1999).
Nozick, Robert: *Anarchy, State, and Utopia*. New York 1974.
Olsaretti, Serena: Children as public goods. In: *Philosophy and Public Affairs* 41/3 (2013), 226–258.
Parijs, Phillippe van: Why surfers should be fed. In: *Philosophy and Public Affairs* 20/2 (1991), 101–131.
–/Vanderbrought, Yannick: *Ein Grundeinkommen für alle?* Frankfurt a. M./New York 2005.
Pfannkuche, Walter: Gibt es ein Recht auf Arbeit? In: *Rechtsphilosophische Hefte* 5 (1996), 97–113.
Rawls, John: *A Theory of Justice*. Cambridge MA 1971.
Schlothfeldt, Stephan: *Erwerbsarbeitslosigkeit als sozialethisches Problem*. Freiburg 1999.
Tugendhat, Ernst: *Vorlesungen über Ethik*. Frankfurt a. M. 1993.
Walzer, Michael: *Sphären der Gerechtigkeit*. Frankfurt a. M. 1992.

Walter Pfannkuche

56 Armut

Armut und die Frage nach sozialer Gerechtigkeit (s. Kap. II.18) stehen zweifellos in einem engen Zusammenhang. Wie dieser genau konzipiert werden muss, ist jedoch umstritten und Gegenstand einer umfangreichen Debatte. Zwar wird mehrheitlich zugestanden, dass vermeidbare Armut ein Gerechtigkeitsproblem darstellt. Kontrovers diskutiert wird dagegen, wann genau sie vorliegt und welche Akteure aus Gründen der Gerechtigkeit oder aus anderen moralischen Gründen welche Verantwortung für ihre Bekämpfung tragen. Diese Uneinigkeit ist gewiss auch darauf zurückzuführen, dass der Gerechtigkeitsbegriff sowie der Begriff der Armut jeweils zu den wesentlich umstrittenen Termini (vgl. dazu Gallie 1955/56) gehören. Trotz ihrer unterschiedlichen Abstraktionsgrade und Verwendungslogiken ist der Gehalt beider Begriffe umkämpft, da sie in Form von evaluativen und präskriptiven Urteilen Verwendung finden, die als solche kontrovers sind, und da sie jeweils auf komplexe soziale Zusammenhänge beziehbar sind und sich historisch wandeln. Wie Urteile über die (Un-)Gerechtigkeit eines Weltausschnittes haben daher auch Urteile über real existierende Armut nicht nur eine empirische, sondern stets auch eine irreduzible normative Komponente.

Weil der Begriff der Armut umstritten ist, fällt es schwer, eine nicht kontroverse Definition anzugeben. Armut lässt sich zwar allgemein als ein Mangelzustand von Gesellschaftsmitgliedern definieren. Doch der Preis für den konsensualen Charakter dieser Definition ist ihre Vagheit, denn sie ist in mehrfacher Hinsicht unterbestimmt. Erstens wird mit ihr noch offengelassen, woran es Gesellschaftsmitgliedern genau mangeln muss, um als arm zu gelten. Offensichtlich wird Armut aber nicht durch jede Form des Mangels, sondern nur durch ganz bestimmte Entbehrungen im Lebensstandard konstituiert, für die zusätzliche Kriterien in Anschlag zu bringen sind. Zweitens ist zu klären, ob Armut stets ein absoluter Mangel an etwas ist, wie im Fall des von Entwicklungspolitikern geprägten Begriffs der absoluten Armut, oder ob es sich im Rahmen einer Auslegung des Begriffs der relativen Armut auch um einen Zustand der relativen Entbehrung handeln kann, der aus einem bestimmten Ungleichheitsverhältnis zwischen den in Armut und den nicht in Armut lebenden Menschen innerhalb ein und desselben sozialen Kontextes herrührt.

Mit Blick auf all diese Fragen gibt es ein breites Spektrum von divergierenden Positionen. Im Folgenden geht es zunächst um Kriterien der *Armutsvermessung* und damit darum, wie der durch absolute und relative Armut konstituierte Mangelzustand genauer theoretisch zu fassen ist. Anschließend stehen Kriterien der *Armutsverantwortung* im Fokus, die spezifizieren sollen, wer durch Armut aus Gründen der Gerechtigkeit und/oder aus anderen moralischen Gründen zum Handeln aufgefordert ist.

Kriterien der Armutsvermessung

Wie viele Menschen leben derzeit in Armut? Diese schlichte Frage stellt sowohl die empirische Sozialforschung als auch die normative Theoriebildung vor beträchtliche Herausforderungen. Denn für die Vermessung von Armut bedarf es bezeichnenderweise nicht nur verlässlicher *empirischer Daten*, sondern auch der Konzipierung und Anwendung einer überzeugenden *Armutsmetrik* im Rahmen einer Theorie darüber, woran es Menschen in Armut genau mangelt. Auf einer noch vortheoretischen Ebene fehlt es jedoch gewiss nicht an einprägsamen Beispielen für Armut und die mit ihr verbundenen Arten von teils extremen Entbehrungen. Durch global vernetzte Medien und neue Technologien wird die Menschheit heute mit Bildern und Informationen über Armut in einem bis dato noch nicht bekannten Ausmaß konfrontiert. Das betrifft nicht nur die mediale Berichterstattung über akute und häufig menschengemachte Katastrophen und ihre Folgen wie Bürgerkriege, Hungersnöte, prekäre Behausungen, Epidemien und Flüchtlingsströme (s. Kap. V.69) über Kontinente hinweg. Auch chronische und relative Armut, die nur bedingt zur Sensationsberichterstattung taugt, wird in ihren unterschiedlichen Formen auf vielfältige Weise medial thematisiert und wissenschaftlich untersucht.

Wie gravierend die Lage der weltweit am schlechtesten gestellten Menschen ist, lässt sich mit folgenden Daten exemplarisch veranschaulichen: Laut Weltbank mussten im Jahr 2008 weltweit 2471 Millionen Menschen mit weniger als 2 Dollar pro Tag und 1289 Millionen mit weniger als 1,25 Dollar pro Tag auskommen (Chen/Ravaillon 2012, 6). Die Zahl der unterernährten Menschen bewegt sich seit Jahrzehnten nahe der Grenze von einer Milliarde (FAO 2010, 8). Ca. 884 Millionen Menschen fehlt es am Zugang zu sauberem Trinkwasser, 2,5 Milliarden am Zugang zu sanitären Einrichtungen (UNICEF/WHO 2008, 32 bzw. 7). Geschätzte 774 Millionen Erwachsene sind Analphabeten (UNESCO 2014, 4). Fast ein Drittel der Menschheit hat keinen sicheren Zugang zu lebenswichtigen Medikamenten (vgl. WHO 2004, 61). Diesen extremen Entbehrungen steht ein spektakulärer materieller Überfluss am anderen Ende des Einkommensspektrums gegenüber. Vermutlich gab es in der Geschichte der Menschheit noch nie so viel Reichtum und Wohlstand wie heute und dementsprechend auch noch keine quantitativ ähnlich gewaltige materielle Ungleichheit. Die globale Einkommensungleichheit zwischen Individuen ist derzeit mit einem geschätzten Gini-Koeffizienten von 0,7 extrem hoch – höher als die Ungleichheit in Südafrika und Brasilien, die im Moment die Liste der Länder mit den größten Einkommensungleichheiten anführen (vgl. Milanovic 2011, 151; gemäß der Definition des Gini-Koeffizienten bezeichnet der Minimalwert 0 einen Zustand vollkommener Gleichheit und der Maximalwert 1 jenen Zustand der größtmöglichen Ungleichverteilung, in dem eine Person alles besäße und die anderen gar nichts). Ein weiterer Indikator für die extreme weltweite Einkommensungleichheit zwischen Individuen ist, dass die obersten zehn Prozent derzeit 56 Prozent und die untersten zehn Prozent gerade einmal 0,7 Prozent des globalen Gesamteinkommens beziehen (vgl. ebd., 152). Diese beispielhaft angeführten Daten geben aufgrund der mit globalen Schätzungen dieser Art verbundenen Unsicherheiten keine genauen Größen, sondern nur eine grobe Tendenz an. Auch müssten sie durch andere Zahlen insbesondere zu innerstaatlicher Armut und Ungleichheit ergänzt werden, um ein facettenreicheres Bild der Lage zu Beginn des 21. Jahrhunderts zu zeichnen. Doch spätestens an dieser Stelle ist den theoretischen Grundlagen für die systematische Bewertung solcher und anderer Datenerhebungen nachzugehen.

Eine Armutsmetrik ist ein evaluativer Standard, auf dessen Grundlage sich Populationen in arme und nicht arme Menschen einteilen lassen, wobei es sich um einen Schwellenstandard oder auch um einen komparativen, d. h. auf Ungleichheiten innerhalb von Populationen bezogenen Standard handeln kann. *Monetäre Metriken*, wonach Menschen in Armut leben, wenn sie eine bestimmte Einkommensgrenze unterschreiten oder wenn ihre Konsumausgaben unter einer festgelegten Grenze liegen, stellen trotz aller an ihnen immer wieder geäußerten Kritik vermutlich immer noch die am häufigsten verwendete Art von Armutsmaßstab dar. Ein bekanntes Beispiel sind die Weltbank-Armutsgrenzen von 1,25 Dollar pro Tag bzw. 2 Dollar pro Tag, die schon allein deshalb bedeutsam sind, weil sie derzeit den einzigen durchgängigen

Standard bilden, der dem Anspruch nach die Zahl der weltweit in extremer bzw. schwerer Armut lebenden Menschen angibt. Diese beiden im Laufe der Zeit mehrmals modifizierten Armutsziffern werden häufig für die Beurteilung eines vermeintlichen Fortschritts bei der Reduzierung von globaler Armut herangezogen. Ihre Aussagekraft ist jedoch in Zweifel gezogen worden (vgl. die Diskussion in Anand/Segal/Stiglitz 2010 und Wisor 2011). Erstens wird moniert, dass die Zahlen von in extremer bzw. schwerer Armut lebenden Individuen mit Hilfe so genannter Kaufkraftparitäten ermittelt werden, deren Berechnung Warenkörbe zugrunde liegen, die für das Leben von Menschen in extremer Armut nicht repräsentativ sind, da diese viele der in ihnen enthaltenen Güter gar nicht konsumieren können. Zweitens basieren die Weltbankzahlen auf Haushaltsbefragungen, was zur Kaschierung von Ungleichverteilungen innerhalb der Haushaltseinheit zuungunsten schwächerer Familienmitglieder und insbesondere von Frauen und Kindern führen kann. Drittens setzt die Weltbank die Armutsgrenzen sehr niedrig an und trägt dadurch womöglich zur allgemeinen Unterschätzung des Weltarmutsproblems bei. Viertens lassen selbst die verlässlichsten Informationen über das Einkommen von Individuen nur bedingt Schlüsse auf die Lebensqualität dieser Menschen zu, weil Unterschiede in der individuellen Veranlagung und im gesellschaftlichen Umfeld beträchtlichen Einfluss darauf haben, welche Finanzmittel jeweils tatsächlich für ein menschenwürdiges Leben vonnöten sind.

Dieser vierte Kritikpunkt ist allgemeiner Art. Er betrifft nicht nur die Weltbankmetrik und die ihr zugrunde liegende Art der Datenerhebung, sondern monetäre Armutsmetriken generell – auch solche zur Bemessung von relativer Armut. Diese wird häufig gemäß einer Verhältnisbestimmung zum jeweiligen Durchschnittseinkommen in einer Gesellschaft ermittelt, wobei dann diejenigen als relativ ›arm‹ gelten, deren Einkommen etwa um 50 oder 60 Prozent unter dem Durchschnitt liegt. An dieser Art der Bemessung der Zahl der in relativer Armut lebenden Menschen wird manchmal kritisiert, dass sie nicht universal anwendbar ist, da ansonsten auch diejenigen Gesellschaftsmitglieder in einem hypothetischen Szenario als arm und in der Tat als ärmer als zuvor gelten müssten, deren Einkommen auf sehr hohem Niveau stagniert, während das gesellschaftliche Durchschnittseinkommen anwächst. In diesem nicht besonders realitätsnahen Beispiel handelte es sich jedoch nur um eine Vergrößerung der Einkommensungleichheit, nicht aber der relativen Armut. Relative Armut und materielle Ungleichheit müssen in der Tat begrifflich auseinandergehalten werden (vgl. Sen 1981, 15). Dies bedeutet aber weder, dass Armut gar keine komparative Dimension hat, wodurch der Begriff der relativen Armut hinfällig würde, noch dass eine materielle Ungleichheit auf hohem Niveau stets unproblematisch ist. Weil Menschen ihre Lebensqualität stets auch in einem Vergleich mit ihren Mitmenschen beurteilen und weil mit bestimmten Formen der materiellen Ungleichheit problematische Formen der Exklusion der Schlechtergestellten einhergehen, sind für die Bemessung von Armut relative Entbehrungen ergänzend zu absoluten Entbehrungen in den Blick zu nehmen, wobei letztere den Kern des Phänomens ausmachen (vgl. ebd., 17). Noch wichtiger ist aber, dass die monetäre Dimension von Armut weder hinsichtlich absoluter noch relativer Entbehrungen verabsolutiert werden darf. Denn bei der Vermessung von Armut müssen insbesondere auch nicht rein monetär erfassbare Aspekte wie der Zugang zu angemessener Nahrung und Bekleidung und zu kollektiven Gütern wie sauberer Luft und Trinkwasser und nicht zuletzt die Gesundheit (s. Kap. V.63) und Bildung (s. Kap. V.58) von Menschen erfasst werden. Monetäre Indikatoren sind daher in das richtige Verhältnis zu anderen Gesichtspunkten für die Lebensqualität von Menschen in Armut zu bringen.

Amartya Sen ist ein Pionier der Kritik an eindimensionalen monetären Armutsmetriken und hat besonders durch den in Zusammenarbeit mit Martha Nussbaum entwickelten *Fähigkeitenansatz* (Capability Approach) dazu beigetragen, dass Armut heute in der Entwicklungs- und Sozialpolitik zunehmend als multidimensionales Phänomen und Problem begriffen wird (vgl. für einen Überblick Sen 2000; Nussbaum 2011). Der Fähigkeitenansatz dient nicht nur als Maßstab für die Bemessung von Armut, sondern von menschlichem Wohlergehen insgesamt. Er steht in Kontrast zu einer Reihe konkurrierender Armuts- und Wohlergehensmetriken, darunter neben den schon diskutierten *monetären Metriken* besonders *welfaristische*, *güterbasierte* und *bedürfnisbasierte Bemessungsstandards*.

Abgesehen von den in ihrer Verabsolutierung bereits diskreditierten monetären Metriken ist der Kontrast zwischen dem *Welfarismus* und dem Fähigkeitenansatz am größten. Welfaristische Ansätze sehen die grundlegende Maßeinheit im individuellen Nutzen. Aus der Sicht der Fähigkeitentheoretikerin ist die Orientierung am Nutzen (bzw. an Lust oder Glück in älteren Formulierungen) jedoch aufgrund der Subjektivität dieser Kategorie problematisch. Denn Menschen passen ihre Präferenzen und Glücksvorstellungen ihren jeweiligen Umständen an, was in der Entwicklungsökonomie als Problem der adaptiven Präferenzen bekannt ist. Nicht zuletzt bei Menschen am Rande des Existenzminimums lässt sich eine Anpassung von Präferenzen an widrige Lebensumstände beobachten. In diesem Fall kann jedoch selbst unter Bedingungen der generellen Abwesenheit von äußerem Zwang plausiblerweise nicht mehr von Freiheit in einem anspruchsvollen Sinn (von ›positiver‹ im Gegensatz zu bloß ›negativer‹ Freiheit) gesprochen werden, da die Wahl zwischen einzelnen Handlungsoptionen auf gravierende Weise selbst extern beschränkt ist (vgl. Sen 2000, 81 f.). Deshalb reicht die Orientierung an der Erfüllung subjektiver Präferenzen für die Bemessung des Lebensstandards nicht aus. Vielmehr bedarf es einer objektiven Maßeinheit, die eine bessere Richtschnur für die Bemessung des Lebensstandards in verschiedenen sozialen Arrangements liefert. Zwar hat es auch im Rahmen des Welfarismus seit Anbeginn Versuche gegeben, ›Glück‹ bzw. ›Nutzen‹ objektiv zu bestimmen (vgl. dazu schon John Stuart Mills Version des qualitativen Utilitarismus). Aus der Perspektive des Fähigkeitenansatzes sind jedoch menschliche Fähigkeiten (engl. *capabilities*) die geeignete Metrik zur Bestimmung des Lebensstandards. Fähigkeiten werden dabei als Möglichkeit der Realisierung bestimmter als wertvoll angesehener Funktionsweisen verstanden, wie u. a. eine angemessene Nahrungsmittelversorgung zu haben, medizinisch betreut zu werden, lesen und schreiben zu können und ein möglichst langes Leben zu führen. Dem Fähigkeitenansatz geht es jedoch letzten Endes nicht darum, dass Menschen stets im Einklang mit solchen intrinsisch wertvollen Funktionsweisen leben, sondern dass sie die Fähigkeiten im Sinne positiver Freiheiten dazu haben. Denn Menschen können sich auch aus freien Stücken dafür entscheiden, eine grundlegende Funktionsweise nicht zu realisieren, obwohl sie die Möglichkeit dazu haben. Ein prominentes Beispiel, das Sen und Nussbaum zur Erläuterung dieser Unterscheidung häufiger anführen, sind die Fälle von fastenden oder freiwillig in den Hungerstreik tretenden Personen, die jeweils die Fähigkeit haben, sich angemessen zu ernähren, was sie von Hunderten von Millionen von Unterernährten auf dieser Erde unterscheidet, die durch ihre Lebensumstände zum Hungern gezwungen sind (vgl. u. a. Sen 2000, 97, 346; Nussbaum 2011, 25). Da es dem Fähigkeitenansatz zufolge also um Möglichkeiten der Realisierung von für ein gutes Leben unentbehrlichen Funktionsweisen geht, definiert er Armut als einen Mangel an Fähigkeiten zur Realisierung ebendieser basalen Funktionsweisen (vgl. Sen 2000, 110).

Bedürfnisbasierte Armutsmetriken weisen eine gewisse Nähe zur Fähigkeitenperspektive auf, wenn Bedürfnisse nicht einfach subjektivistisch als das verstanden werden, was Menschen faktisch jeweils wollen, sondern objektivistisch als darauf bezogen, was sie zum guten Leben (s. Kap. IV.42) benötigen, wobei auch soziale und politische Umstände Berücksichtigung finden (vgl. die Aufsätze in Brock 1998). Aufgrund dieser Nähe ist es nicht erstaunlich, dass auch die Fähigkeitentheoretikerin Nussbaum den Bedürfnisbegriff selbst häufiger affirmativ verwendet (vgl. Nussbaum 1999, 260). Dennoch kann gegenüber bedürfnisbasierten Theorien der Einwand erhoben werden, dass die grundlegende Orientierung am Bedürfnisbegriff im Gegensatz zum Fähigkeitenbegriff zur problematischen Degradierung von Menschen zu passiven Empfängern von Hilfeleistungen führt. Der Kontrast zu *güterbasierten Ansätzen* ist in jedem Fall klarer und anders gelagert. Gesellschaftlicher Fortschritt oder Rückschritt wird innerhalb güterbasierter Ansätze an der individuellen Verfügbarkeit bestimmter Bündel materieller und nicht-materieller Güter (bzw. ›Ressourcen‹, s. Kap. V.71) festgemacht. Ein prominentes Beispiel für einen güterbasierten Ansatz ist die von John Rawls im Rahmen seiner politischen Gerechtigkeitskonzeption eingesetzte Grundgütermetrik, die soziale Allzweckgüter formuliert, die für die Verfolgung ganz unterschiedlicher Lebenspläne nützlich sind (vgl. z. B. Rawls 1975, 111–115). Damit liegt der Schwerpunkt in Rawls' Theorie nicht auf intrinsisch wertvollen Lebensvollzügen, sondern auf der Verteilung *instrumentell* wertvoller Güter. Auch die Grundgütermetrik erfüllt auf ihre Weise das Desiderat einer multidimensionalen Perspektive, da Rawls zu den Grundgütern (*primary goods*) nicht nur materielle Güter wie Einkommen und Vermögen, sondern auch immaterielle Güter zählt, darunter eine Reihe von politischen und sozialen Grundrechten und Grundfreiheiten und in Gestalt von beruflichen Erfolgschancen sowie den sozialen Grundlagen der Selbstachtung auch zwei genuin komparative Grundgüterkategorien.

Die Frage nach den Vorzügen und Nachteilen des Fähigkeitenansatzes im Vergleich zu güterbasierten Ansätzen werden kontrovers diskutiert (s. Kap. IV.43). Sen und Nussbaum kritisieren an der Grundgütermetrik, dass diese nicht sensitiv genug sei für die individuelle Konvertierbarkeit von Grundgütern in Funktionsweisen durch verschiedene Gesellschaftsmitglieder. Körperlich stark behinderte Menschen benötigen z. B. andere materielle Güter, um mobil zu sein, als Nicht-Behinderte, was die Frage aufwirft, ob solche Gerechtigkeitsprobleme mit der Grundgütermetrik angemessen konzeptualisiert werden können. Im Gegenzug wird der Grundgüteransatz bisweilen mit dem Verweis darauf verteidigt, dass nur er eine Metrik bereitstelle, die die Neutralitätsanforderungen einer genuin politischen Gerechtigkeitskonzeption erfülle, während der Fähigkeitenansatz keine genuin politische normative Metrik darstelle, da in der Praxis eine essentialistische Rangordnung verschiedener Fähigkeiten nötig werde. Im Unterschied zu Nussbaum (vgl. u. a. Nussbaum 2011, 33 f.) hat Sen jedoch ausdrücklich keine konkrete Fähigkeitenliste vorgeschlagen und in späteren Arbeiten die Rolle des öffentlichen Vernunftgebrauchs für die Anwendung des Fähigkeitenansatzes betont (vgl. u. a. Sen 2010).

Trotz aller Differenzen besteht zwischen dem Fähigkeitenansatz, bedürfnisorientierten und güterorientierten Ansätzen auch ein großes Einigungspotential. Sie alle erfüllen auf ihre Weise das Desiderat der Multidimensionalität und teilen die Ansicht, dass Lebensqualität in verschiedenen Dimensionen wie Ernährung, Gesundheit, Bildung und politischer Mitbestimmung ermöglicht werden muss. Sie alle fordern, dass es der Gestaltung sozialer Strukturen bedarf, die Zugang zu Gütern gewährleisten, so dass grundlegende Fähigkeiten realisiert und elementare menschliche Bedürfnisse erfüllt sind. Uneinigkeit besteht allein darüber, welcher dieser drei Aspekte in diesem Zusammenhang die grundlegende Einheit zur Bemessung von Lebensqualität – bzw. von Armut als einem Mangel an derselben – darstellt.

Kriterien der Armutsverantwortung

Im Folgenden geht es zunächst um das Verhältnis von Gerechtigkeit und Armut und anschließend um die Frage nach der Reichweite und dem Gewicht von Armutsverantwortung bzw. von Pflichten gegenüber Menschen in Armut (für die komplexe und kontroverse Frage nach dem Verhältnis des Pflichtbegriffs zum Verantwortungsbegriff vgl. Beck 2016, Kap. II). Ein Gerechtigkeitsstandard enthält in der Regel Angaben zur Metrik sowie zur Verteilungsfunktion, die bestimmt, wie die jeweilige Bemessungsgrundlage in einem gesellschaftlichen Kontext verteilt sein soll (s. Kap. II.12). Uneinigkeit besteht in der zeitgenössischen Diskussion nicht nur über die Metrik der Gerechtigkeit (ob also z. B. Grundgüter, Fähigkeiten oder Bedürfnisse die Bemessungsgrundlage darstellen sollen) und die angemessene Verteilungsfunktion, sondern auch darüber, ob die Reichweite von Normen sozialer Gerechtigkeit in Zeiten der Globalisierung überhaupt noch auf einzelne, ehemals meist in einem nationalstaatlichen Kontext konzipierte Gesellschaften eingeschränkt werden kann und welche Gerechtigkeitsnormen eine globale Reichweite haben (s. Kap. II.17). Das Spektrum der in der Theorie und Praxis vorgeschlagenen normativen Standards für die gerechte Gestaltung sozialer Kontexte ist dementsprechend breit. Es umfasst mit Blick auf die Verteilungsfunktion einerseits Schwellenstandards unterschiedlichen Inhalts, wonach ein vertikales Minimum für alle Gesellschaftsmitglieder notwendig und hinreichend für die Realisierung von Gerechtigkeit im jeweiligen sozialen Kontext ist, und andererseits komparative Standards, wonach soziale Kontexte bestimmte und zum Teil recht anspruchsvolle Verteilungsvorgaben für erlaubte und nicht erlaubte Ungleichheiten erfüllen müssen. Auch zur Reichweite und zu den Geltungsgründen von Gerechtigkeitsnormen gibt es eine ganze Bandbreite unterschiedlicher Positionen (vgl. hierzu u. a. Broszies/Hahn 2010; Beck 2016).

Der Zusammenhang von Armut und Gerechtigkeit ist jedoch wohlgemerkt weniger umstritten als Gerechtigkeitsfragen insgesamt. Denn trotz aller tiefgreifenden theoretischen Streitpunkte stellt es einen weitgehenden Konsens dar, dass vermeidbare Armut eine Ungerechtigkeit markiert, auch wenn es umstritten bleibt, aus welchen Gründen dies so ist. Während auf der Grundlage von Schwellenkonzeptionen erst die Unterschreitung einer Schwelle das Gerechtigkeitsproblem darstellt, bildet aus der Perspektive komparativer Konzeptionen bereits das durch Armut entstandene Ausmaß der Ungleichheit ein solches Problem – wobei Ungleichheiten demnach selbst dann ein Gerechtigkeitsproblem markieren können, wenn keine Armut im absoluten oder relativen Sinn mehr vorliegt. Robert Nozicks Libertarismus (s. Kap. III.32) stellt vielleicht die einzige ernsthaft diskutierte zeitgenössische Position dar, der zufolge selbst schwere Armut nicht zwangsläufig ein Gerechtigkeitsproblem darstellen muss – nämlich genau dann nicht, wenn die Menschen, denen es am Notwendigsten mangelt, aufgrund ›gerechter‹ Aneignungs- und Übertragungsvorgänge keine libertaristisch begründeten Eigentumsansprüche an die Gemeinschaft oder einzelne Mitglieder derselben stellen können (vgl. Nozick 1974). Nozicks Kritiker haben auf die fehlende Plausibilität seiner Grundannahmen verwiesen sowie darauf, dass seine libertäre Theorie unter den von ihr selbst formulierten Bedingungen für Aneignungs- und/oder Übertragungs*un*gerechtigkeit, die in der Weltgeschichte offenbar den Regelfall darstellt, jede diagnostische Aussagekraft verliert.

Die inhaltliche Bestimmung von *Armutsverantwortung* ist stark mit der theoretischen Diskussion rund um die Metrik, die inhaltlichen Standards, die Reichweite und die Geltungsgründe von Gerechtigkeitsnormen verbunden. Armutsverantwortung stellt sich mit anderen Worten anders dar, je nachdem, welcher übergreifende Standpunkt zu diesen gerechtigkeitstheoretischen Unterfragen genau vertreten wird. Dabei ist zumindest der Rahmen von Armutsverantwortung innerhalb von politischen Einheiten wie dem Nationalstaat aufgrund des skizzierten Einigungspotentials darüber, dass Armut ein Gerechtigkeitsproblem darstellt, noch vergleichsweise konsensual bestimmbar. In vager Anlehnung an John Rawls' Modell der natürlichen Pflichten der Gerechtigkeit (vgl. Rawls 1975, v. a. § 19 und 51) kann allen Gesellschaftsmitgliedern eine Verantwortung zur Erhaltung und Förderung gerechter Institutionen zugeschrieben werden, was vor dem Hintergrund der meisten Gerechtigkeitskonzeptionen die Verantwortung zur Bekämpfung und Abschaffung von Armut impliziert. Damit bleibt aber noch eine ganze Bandbreite von Anschlussfragen ungeklärt, darunter solche zur Ausdifferenzierung des Verhältnisses von Kollektiv- und Individualverantwortung (vgl. u. a. die Beiträge in Gerber/Zanetti 2010) und zu Szenarien unvollständiger Konformität, in denen eine signifikante Zahl von Verantwortungssubjekten den ihnen jeweils zukommenden Part nicht übernimmt (vgl. Miller 2011).

Noch komplexer und zugleich kontroverser wird die Debatte über Armutsverantwortung bei der Bestimmung von Verantwortungsbeziehungen über kleinere und größere politische Einheiten hinweg. Einen Schwerpunkt bildet in der zeitgenössischen Diskussion die Frage, welche Verantwortung bzw. Pflichten die Privilegierten dieser Welt gegenüber den Menschen in extremer Armut haben. Peter Singers nun schon einige Jahrzehnte altes Argument für anspruchsvolle und umfangreiche Hilfspflichten von Gutsituierten gegenüber Menschen in akuten und chronischen Notlagen bildet dabei immer noch einen wichtigen, aber auch vielkritisierten Referenzpunkt (vgl. besonders Singer 2007 und 2009 sowie zur kritischen Diskussion die Beiträge in Bleisch/Schaber 2007; Bleisch 2010; Mieth 2012; Beck 2016). Bessergestellte sind nach Singer moralisch dazu verpflichtet, einen beträchtlichen Anteil ihrer materiellen Ressourcen für die Bekämpfung von extremer und schwerer Armut einzusetzen – paradigmatisch in Form von Geldspenden an einschlägige Hilfsorganisationen. Für diese Schlussfolgerung hat Singer u. a. die berühmt-berüchtigte Teichanalogie herangezogen, wonach die Relation Bessergestellter zu Menschen in extremer und schwerer Armut in moralischer Hinsicht analog zur Relation eines Passanten zu einem Kind zu beurteilen sei, das in einem Teich zu ertrinken drohe (erstmalig in Singer 2007). Ist diese absichtlich provokante und zum Nachdenken anregende Analogie jedoch auch angemessen? Wird sie den in moralischer Hinsicht relevanten Aspekten beider ›Situationen‹ gerecht? Es gibt eine Reihe von Gründen, die dafür sprechen, dass die beiden ›Situationen‹ in moralischer Hinsicht nicht analog sind, darunter die unterschiedliche Erfolgsgewissheit und Zahl von potentiellen Helfern bzw. Spendern und Hilfebedürftigen. Der wohl wichtigste Unterschied liegt jedoch darin, dass das Verhältnis von Privilegierten gegenüber Menschen in extremer Armut letzten Endes schon deshalb nicht mit interpersonalen Szenarien dieser Art veranschaulicht werden sollte, weil dies dem strukturellen Charakter des Armutsproblems gar nicht gerecht werden kann. Dies spricht keineswegs dagegen, dass Gutsituierte Hilfspflichten gegenüber Menschen in extremer Armut haben, wohl aber dafür, dass für sie anders argumentiert werden muss. Bei Singer macht sich eine gewisse Strukturvergessenheit bemerkbar; diese ist gerade angesichts wirkmächtiger Interdependenzen wirtschaftlicher und ökologischer Art, die auch implizite Rollenzuweisungen wie diejenige der Helfer und Hilfebedürftigen in Zweifel ziehen, problematisch. Singers präferenzutilitaristische Perspektive auf das Weltarmutsproblem ist rein ergebnisorientiert und blendet die Frage nach den Ursachen für die Entstehung und Perpetuierung von Armut zunächst aus, auch wenn diese Frage in der Beurteilung der Effektivität von Hilfe auch im Rahmen seines Ansatzes am Ende eine Rolle spielt. Während es bei Singer keine klare Trennlinie zwischen einer Armutsverantwortung aus Humanitäts- und aus Gerechtigkeitsgründen gibt, wird dieser Unterschied in der zeitgenössischen Theoriebildung zu Fragen globaler Gerechtigkeit intensiv diskutiert.

In diese Diskussion gehört auch Thomas Pogges

These, dass es zunächst einmal um die Anerkennung der Verletzung negativer Pflichten durch Bessergestellte gegenüber Menschen in extremer Armut gehe (vgl. Pogge 2011). Pogge wird oft etwas missverständlich als Antipode zu Singer dargestellt, obwohl er gar nicht bestreitet, dass es positive Pflichten zur Armutsbekämpfung gibt (vgl. u. a. Pogge 2005, 66). Vielmehr könne bei einer Reaktion auf eine Schädigungsrelation aufrichtigerweise auch nicht von ›Hilfe‹ im genuinen Sinn, sondern allenfalls von Kompensation gesprochen werden. Diese Schädigungsthese geht auf zwei Grundmotive zurück. Pogge macht erstens geltend, dass die Pflichten Privilegierter gegenüber Menschen in extremer Armut schwerwiegender sind, wenn sie nicht nur positiver, sondern auch negativer Art sind. Zweitens soll die Schädigungsthese für eine Erweiterung der argumentativen Ressourcen sorgen, durch die selbst libertär Gesinnte, die dem Gedanken von Hilfspflichten kritisch gegenüberstehen, von ihrer Verpflichtung gegenüber Menschen in extremer Armut überzeugt werden könnten.

Pogges Argumentationsstrategie geht jedoch dem Anschein nach nicht ganz auf. Zwar wird deutlich, dass die Konzeptualisierung des Verhältnisses Privilegierter zu Menschen in extremer Armut allein in Begriffen der gebotenen Hilfe irreführend ist. In diesem Punkt ist Pogge recht zu geben. Denn die angekreidete Perspektive blendet die Verflechtung von Pflichtsubjekten und -adressaten in ein System gemeinsam geteilter ökonomischer und politischer Institutionen aus, das einen Anteil an der Perpetuierung von extremer Armut hat und das deshalb bei der Vermessung von Armutsverantwortung Berücksichtigung finden muss. Dies ist zunächst einmal ein begrifflicher Punkt, der unabhängig von der stärker empirieabhängigen Frage ist, welchen *genauen* Anteil die von Pogge ins Visier genommene globale institutionelle Ordnung an der Reproduktion von Armut hat. Aus der richtigen Distanzierung von einem ›explanatorischen Nationalismus‹ (vgl. u. a. Pogge 2011, 177–183), der Armut allein auf politische und wirtschaftliche Bedingungen in Nationalstaaten zurückführt, folgt jedenfalls keineswegs schon die zweite Extremposition, wonach jedes Auftreten von extremer Armut auf die Eigenschaften der Weltordnung zurückgeht. Einen solchen ›explanatorischen Globalismus‹ weist jedoch selbst Pogge, wenn auch etwas halbherzig, zurück (vgl. Pogge 2005, 76). Trotz der offenen Frage nach den genauen strukturellen Ursachen der Weltarmut bleibt die Transzendierung der Sprache der Hilfe ein wichtiges Anliegen, solange es als sicher gelten kann, dass die ökonomischen und politischen Beziehungen im globalen Zeitalter einen nicht zu vernachlässigenden Anteil an der Reproduktion von extremer und schwerer Armut haben. Ergänzend oder auch alternativ zu globalen Schädigungsrelationen wird zudem das Profitieren von der Weltarmut bzw. von ihren strukturellen Hintergrundbedingungen bei der Bestimmung der moralischen Relation von Privilegierten zu Menschen in extremer Armut in den Blick genommen (vgl. Pogge 2011; Bleisch 2010, 128–134).

Unklar ist, ob die Verteidigung der Schädigungsthese tatsächlich nur auf solche Prämissen minimaler Art angewiesen ist, auf die sich selbst Libertäre einigen können. Denn bei genauerem Hinsehen stützt sich diese These auf gerechtigkeitstheoretische Annahmen, die zumindest für hartgesottene Libertäre, die wie Nozick die Orientierung an Prinzipien der strukturierten Verteilung anprangern, nicht mehr akzeptabel sein dürften (vgl. Nozick 1974, 155–164). Da das rechtslibertäre Denken offenbar nicht einmal als Orientierungspunkt für die Formulierung eines kleinsten gemeinsamen Nenner taugt, ist es vermutlich besser, ihm von Beginn an den Status eines ernst zu nehmenden Konterparts abzusprechen und seine inakzeptablen Prämissen klar zu benennen.

Aktuelle Herausforderungen für die Theorie der Armutsbemessung und Armutsverantwortung

Es zeigte sich, dass nicht erst die Zuschreibung von Armutsverantwortung, sondern schon die Vermessung von Armut auf normative Kriterien angewiesen ist, die als solche vermutlich immer bis zu einem gewissen Grad umkämpft bleiben. In der aktuellen Debatte geht es diesbezüglich vermehrt um Fragen der Ausdifferenzierung einzelner Bemessungsgrundlagen und ihr Verhältnis zueinander (vgl. u. a. Brighouse/Robeyns 2010). Für die genauere Messung von globaler Armut muss eine alternative multidimensionale Armutsmetrik etabliert werden, welche die aus den skizzierten Gründen unbefriedigende monetäre Weltbankmetrik ablösen kann. Zwar gibt es in Gestalt des *Human Development Index* (HDI) und des *Gender-related Development Index* (GDI) schon seit Längerem zwei verwandte Metriken, die keine rein monetäre Bemessungsgrundlage haben und auch die Gesundheit und den Bildungsstand in einzelnen Ländern (und im Fall des GDI sogar geschlechtsspezifische Ungleichheiten) mit berücksichtigen. Der HDI und GDI sind jedoch nicht auf Individuen, sondern auf den Entwicklungsstand einzelner Länder bezogen und können zudem innerstaatliche materielle Ungleichheiten nicht angemessen abbilden. Der gesuchte alternative Bemessungsstandard muss nicht nur sensitiv für geschlechtsspezifische Unterschiede (s. Kap. V.62) sein, sondern auch eine verlässliche Grundlage für die Einschätzung der chronologischen Entwicklung der Zahl der in extremer und schwerer Armut lebenden Individuen abgeben. Die praktische Bedeutung eines solchen Projekts kann gar nicht genug hervorgehoben werden. Denn die genauere Messung von globaler Armut wird auch zu einem besseren Verständnis ihrer vielfältigen Ursachen und der mit ihr einhergehenden existenziellen Probleme führen, was wiederum eine Vorbedingung für die Implementierung von effektiveren Strategien der Armutsbekämpfung ist. In Gestalt z. B. der *Alkire-Foster Method* (vgl. Alkire et al. 2015) wurde jüngst eine neue Bemessungsgrundlage vorgeschlagen, die den skizzierten Anforderungen an die Bemessung von globaler Armut wie insbesondere ihrer Multidimensionalität besser gerecht werden soll.

Auch die Bestimmung von *Armutsverantwortung* und besonders der grenzüberschreitenden normativen Relationen von Bessergestellten zu Menschen in extremer Armut erwies sich in gleich mehrfacher Hinsicht als ein komplexes Unterfangen. Erstens sollte die Zuschreibung von Armutsverantwortung auf einer konsensfähigen Armutsdefinition sowie idealerweise auch auf gesicherten empirischen Erkenntnissen über die Ursachen von extremer, schwerer und relativer Armut aufbauen, wobei innerstaatliche und globale Ursachen und Hintergrundbedingungen in ein angemessenes Verhältnis zu bringen sind. Zweitens verweist die Frage nach Armutsverantwortung letzten Endes auf die weit verästelte Debatte über die Subjekte, die Geltungsgründe, die Reichweite, die Metrik, die Inhalte und Adressaten von Gerechtigkeitsforderungen in einer globalisierten Welt (vgl. für einen Überblick die Beiträge in Broszies/Hahn 2010 sowie Beck 2016). Auch diese Debatte ist keineswegs ausgeschöpft und reproduziert auch nicht nur normative Differenzen, wie sie in der Diskussion über innerstaatliche Gerechtigkeit seit jeher zutage treten. Ungeklärt sind beispielsweise noch immer das genaue Verhältnis und das jeweilige Gewicht von Gerechtigkeitsforderungen zwischen den Mitgliedern kleinerer politischer Einheiten und solchen zwischen Weltbürgern über nationalstaatliche Grenzen hinweg. Dabei kann es auch nicht nur um die Theoretisierung der Verantwortung ›gewöhnlicher Bürger‹ in wohlhabenden Ländern gehen, sondern diese muss zur Verantwortung von kollektiven und korporativen Akteuren wie Staaten, Nichtregierungsorganisationen und Unternehmen (s. Kap. V.78) in ein richtiges Verhältnis gesetzt werden. Trotz der tiefgreifenden Meinungsunterschiede in diesem Diskurs besteht Grund zu der Hoffnung, dass zumindest eine Einigung auf eine Minimalverantwortung individueller und kollektiver Subjekte möglich ist, die einen Konsens über die anhaltende Dringlichkeit des Weltarmutsproblems einschließt.

Literatur

Alkire, Sabina/Foster, James E./Seth, Suman/Santos, Maria Emma/Roche, Jose M./Ballon Paola: Multidimensional Poverty Measurement and Analysis: Chapter 5 – The Alkire-Foster Counting Methodology. Oxford Poverty & Human Development Initiative Working Paper No. 86 (2015). In: http://www.ophi.org.uk/multidimensional-poverty-measurement-and-analysis-chapter-5-the-alkire-foster-counting-methodology/ (27.1.2015).

Anand, Sudhir/Segal, Paul/Stiglitz, Joseph (Hg.): *Debates on the Measurement of Global Poverty*. Oxford 2010.

Beck, Valentin: *Eine Theorie der globalen Verantwortung. Was wir Menschen in extremer Armut schulden*. Berlin 2016.

Bleisch, Barbara: *Pflichten auf Distanz*. Berlin 2010.

–/Schaber, Peter (Hg.): *Weltarmut und Ethik*. Paderborn 2007.

Brighouse, Harry/Robeyns, Ingrid (Hg.): *Measuring Justice. Primary Goods and Capabilities*. Cambridge 2010.

Brock, Gillian (Hg.): *Necessary Goods. Our Responsibilities to Meet Others' Needs*. Oxford 1998.

Broszies, Christoph/Hahn, Henning (Hg.): *Globale Gerechtigkeit*. Berlin 2010.

Chen, Shaohua/Ravaillon, Martin: An update to the World Bank's estimates of consumption poverty in the developing world (2012). In: http://siteresources.worldbank.org/INTPOVCALNET/Resources/Global_Poverty_Update_2012_02-29-12.pdf (4.8.2016).

Food and Agriculture Organization (FAO): *The State of Food Insecurity in the World 2010*. Rom 2010.

Gallie, W. B.: Essentially contested concepts. In: *Proceedings of the Aristotelian Society* 56 (1955/56), 167–198.

Gerber, Doris/Zanetti, Veronique (Hg.): *Kollektive Verantwortung und internationale Beziehungen*. Berlin 2010.

Mieth, Corinna: *Positive Pflichten. Über das Verhältnis von Hilfe und Gerechtigkeit in Bezug auf das Weltarmutsproblem*. Berlin 2012.

Milanovic, Branko: *The Haves and the Have-Nots*. New York 2011.

Miller, David: Taking up the slack? Responsibility and justice in situations of partial compliance. In: Zofia Stemplowska/Carl Knight (Hg.): *Responsibility and Distributive Justice*. Oxford 2011, 230–245.

Nozick, Robert: *Anarchy, State, and Utopia*. New York 1974.

Nussbaum, Martha: Nicht-relative Tugenden: Ein aristote-

lischer Ansatz. In: Dies.: *Gerechtigkeit oder Das gute Leben*. Hg. von Herlinde Pauer-Studer. Frankfurt a. M. 1999, 227–264 (engl. 1993).
–: *Creating Capabilities. The Human Development Approach*. Cambridge MA 2011.
Pogge, Thomas: Severe poverty as a human rights violation. In: *Ethics & International Affairs* 19/1 (2005), 55–83.
–: *Weltarmut und Menschenrechte. Kosmopolitische Verantwortung und Reformen*. Berlin 2011 (engl. 2008).
Rawls, John: *Eine Theorie der Gerechtigkeit*. Frankfurt a. M. 1975 (engl. 1971).
Sen, Amartya: *Poverty and Famines. An Essay on Entitlement and Deprivation*. New York 1981.
–: *Ökonomie für den Menschen*. München 2000 (engl. 1999).
–: *Die Idee der Gerechtigkeit*. München 2010 (engl. 2009).
Singer, Peter: Hunger, Wohlstand und Moral. In: Barbara Bleisch/Peter Schaber (Hg.): *Weltarmut und Ethik*. Paderborn 2007, 37–51 (engl. 1972).
–: *The Life You Can Safe. Acting Now to End World Poverty*. New York 2009.
United Nations Children's Fund (UNICEF)/World Health Organization (WHO): *Progress on Drinking Water and Sanitation – Special Focus on Sanitation*. New York 2008.
United Nations Educational, Scientific and Cultural Organization (UNESCO): *Education for All Global Monitoring Report. Teaching and Learning: Achieving Quality for All*. Paris 2014.
World Health Organization (WHO): *The World Medicines Situation*. Geneva 2004.
Wisor, Scott: *Measuring Global Poverty. Toward a Pro-Poor Approach*. London 2011.

Valentin Beck

57 Behinderung

Historisch betrachtet wird das Thema Behinderung in der Philosophie, deren Mainstream sich auf das Konzept des rationalen und autonomen Menschen konzentriert, stiefmütterlich behandelt. Insbesondere Menschen mit kognitiven Beeinträchtigungen erscheinen in philosophischen Gerechtigkeitstheorien nicht als aktive Träger und Subjekte moralischer Ansprüche, sondern allenfalls als Mitglieder eines Personenkreises, der Anspruch auf Kompensation unverdienter Nachteile hat. Ausführlich diskutiert wird das Thema Behinderung vorwiegend in der Tier- und Bioethik (Buchanan et al. 2000; McMahan 2005; Scully 2008; Singer 2009), häufig allerdings in abgrenzender Absicht. Peter Singer (2009) etwa versucht durch den Vergleich der kognitiven Fähigkeiten höher entwickelter Tiere mit denen kognitiv beeinträchtigter Menschen für Tierrechte zu argumentieren.

Die Marginalisierung des Themas Behinderung in Gerechtigkeitstheorien hat damit zu tun, dass in klassischen Gerechtigkeitstheorien überwiegend davon ausgegangen wird, dass ein Kriterium für Anerkennung von Gerechtigkeitsansprüchen Reziprozität oder zumindest Kooperationsfähigkeit ist. John Rawls beispielsweise geht sowohl in seiner *Theorie der Gerechtigkeit* (1971/1979) als auch in seiner Schrift *Politischer Liberalismus* (1996/1998) davon aus, dass die Parteien, die im Urzustand über die Gerechtigkeitsprinzipien entscheiden und die Verteilung von Rechten und Chancen regulieren, keine Behinderungen aufweisen. Von normalen Fähigkeiten auszugehen, erlaubt seiner Ansicht nach »einen klaren und unverstellten Blick auf das, was für uns die grundlegende Frage politischer Gerechtigkeit ist: Welche ist die angemessenste Gerechtigkeitskonzeption, um faire Kooperationsbedingungen für Bürger zu formulieren, die als freie und gleiche und lebenslang uneingeschränkt kooperative Gesellschaftsmitglieder betrachtet werden?« (Rawls 1998, 86). Um als Subjekte von Gerechtigkeitsansprüchen gelten und moralische Rechte in Anspruch nehmen zu können, müssen Menschen in dieser Sichtweise also moralische Akteure sein und gegebenenfalls auch die Pflichten zur Gerechtigkeit übernehmen. Insbesondere Menschen mit kognitiven Beeinträchtigungen erscheinen so nicht als Subjekte von Gerechtigkeitsansprüchen. Wenn sie bei der Verteilung von Ressourcen und Gütern theoretisch überhaupt berücksichtigt werden, dann ergeben sich die Forderungen nicht aus Gerechtigkeitserwägungen, sondern vielmehr aufgrund von Mitleidsüberlegungen.

In jüngster Zeit wird die weitgehende Marginalisierung von Menschen mit Behinderungen in Gerechtigkeitstheorien allerdings immer häufiger kritisiert (Carlson 2009; Eurich 2008; Feder Kittay 1999; Graumann 2011; Nussbaum 2010; Reinders 2000; Wolff 2009). Um diese Kritik in ihrem Kontext verstehen zu können, werden in einem ersten Schritt zwei in der Debatte häufig angeführte Behinderungsmodelle vorgestellt und hinsichtlich ihrer Konsequenzen für Gerechtigkeitstheorien thematisiert. Anschließend kommen die groben Leitlinien einer ›inklusiven‹ Gerechtigkeitstheorie zur Sprache. Als Beispiel eines solchen Zugangs wird der Capability Approach (Fähigkeitenansatz) von Amartya Sen und Martha Nussbaum vorgestellt. Der Beitrag schließt mit einem Ausblick auf offene Fragestellungen im Kontext von Behinderung und Gerechtigkeit.

Modelle von Behinderung

Alltagssprachlich haben wir ein ausreichend genaues Verständnis davon, was eine Behinderung ist: Wir identifizieren eine Person mit sichtbarem Down-Syndrom als behindert, während wir eine Person, die keine Auffälligkeiten zu haben scheint, nicht ohne weiteres als behindert bezeichnen würden. Auf den zweiten Blick allerdings ist weit weniger klar, was eine Behinderung ist: Sozialrechtlich betrachtet ist Behinderung etwa an eine Beeinträchtigung der Teilhabe am Leben in der Gemeinschaft geknüpft (Welti 2005). Da aber umstritten und kontingent ist, wann die Teilhabe einer Person am Leben in der Gemeinschaft beeinträchtigt ist und wann nicht, wird das Problem mit Rückgriff auf rehabilitative Kategorien und medizinisches Wissen gelöst (Felkendorff 2003). In der Literatur wird dieser Zugang meist als ›medizinisches Modell von Behinderung‹ bezeichnet. Eine Behinderung ist demnach ein stabiles, intrinsisch bedingtes und individuelles Merkmal eines Menschen, das von einer als normal erachteten Funktionsfähigkeit abweicht. So ist Hören oder Sehen eine Funktionsfähigkeit des menschlichen Körpers, und da blinde oder gehörlose Menschen diese Funktionsfähigkeit nicht aufweisen, gelten sie als behindert respektive als in der Teilhabe am Leben in der Gesellschaft, die zu weiten Teilen von einer sehenden und hörenden Mehrheit geprägt ist, beeinträchtigt.

Auch wenn klassische Gerechtigkeitstheorien ihre Auffassung von Behinderung nicht offen thematisieren respektive den Begriff Behinderung meist nicht definieren, kann ihnen entnommen werden, dass sie angeborene Behinderungen im Blick haben und diese, basierend auf einem medizinischen Modell von Behinderung, als Form unverschuldeten Pechs, als so genanntes *bad brute luck* betrachten (Dworkin 1981). Behinderung ist ein individuelles Schicksal. Menschen mit Behinderungen können nichts dafür, dass sie behindert sind, und weil sie aufgrund ihrer Behinderung an unverdienten Folgen wie Arbeitslosigkeit leiden, sollen sie hierfür eine Kompensation erhalten, beispielsweise in Form einer Rente. In Gerechtigkeitstheorien erscheinen sie damit häufig einzig als Objekte respektive Empfänger von Gerechtigkeit und nicht als Subjekte, die ihre Ansprüche autonom geltend machen können und sowohl Rechte als auch Pflichten haben. Denn durch die Annahme einer gleichen Ausgangslage aller Beteiligten – beispielsweise im Rawlsschen Urzustand – und der Verschiebung der Thematik der Aushandlung von Gerechtigkeitsansprüchen auf die Ebene der Praxis gelten Menschen mit Behinderung auf der Ebene der Theorie nicht mehr als moralische Subjekte in einem starken Sinne. Behinderung wird als praktisches und als individuelles Problem betrachtet, dessen Linderung oder Lösung hauptsächlich in der Kompensation für erlittenes Leid gesucht wird.

Problematisch an dieser Sichtweise sind nach Ansicht der Vertreter eines dem medizinischen Modell kritisch gegenüberstehenden ›sozialen Modells von Behinderung‹ (Oliver 1996) vor allem zwei Dinge: Erstens wird Behinderung von ihren sozialen Bezügen weitgehend entkoppelt. Umweltfaktoren treten weder als für eine Behinderung ursächliche noch als beeinflussende Faktoren auf. Die Ausprägung einer Behinderung ist aber keineswegs zwingend stabil und im Individuum verankert. Sie kann beeinflusst werden, beispielsweise durch die endogene Entwicklung der Person, durch einen Wechsel in einen anderen sozialen Kontext, durch therapeutische, technische oder pädagogische Eingriffe oder durch den Wandel der Normalitätserwartungen innerhalb eines bestimmten Kontextes sowie der merkmalsbezogenen Normen selbst (Felkendorff 2003). Ferner sind Fälle vorstellbar, in denen tatsächlich umweltbedingte oder soziale Faktoren ursächlich für eine Behinderung sind. Zu nennen sind hier beispielsweise Fälle extremer Schüchternheit, die sich zu einer sozialen Phobie und damit einer Form psychischer Behinderung entwickeln kann. Zweitens sind auch die gerechtigkeitstheoretischen Folgen dieser Sichtweise nach dem sozialen Modell problematisch: Denn als Gerechtigkeitsforderung im engeren Sinn taucht höchstens noch die Kompensation des unverdienten Pechs auf. Dies wiederum ist aus zwei Gründen fragwürdig: Erstens scheint Kompensation nicht alle Gerechtigkeitsforderungen zu umfassen. Forderungen nach Nichtdiskriminierung oder Umgestaltung der Umwelt, so dass sie zugänglich ist für Menschen mit Behinderungen, sind damit nicht gemeint. Und zweitens kann Kompensation selbst als diskriminierend und stigmatisierend erlebt werden. Insbesondere Elizabeth Anderson (1999) hat in ihrer Kritik des ›Luck Egalitarianism‹ (s. Kap. III.39) darauf hingewiesen, dass in vielen Gerechtigkeitsansätzen eine herablassende Haltung gegenüber Menschen mit Behinderungen zum Ausdruck kommt. Den Vertretern des Luck Egalitarianism zufolge, so Andersons Argumentation, müssten Menschen mit Behinderungen zuerst beweisen, dass sie keine Verantwortung dafür tragen, in dieser Lage zu sein, und deswegen ein Anrecht auf angemessene Kompensation haben. Dies versetze sie in die Position von Bittstellern, die auf Gnade hoffen können. Überdies beruhe diese Auffassung auf kontroversen Annahmen über die Verantwortlichkeit für die eigene Lebenssituation. Ihrer Ansicht nach sollte die Frage, welche Ressourcen Menschen aus Gründen sozialer Gerechtigkeit zugestanden werden sollen, direkt auf das Leben gerichtet sein, das Menschen führen können, und damit nicht von der Beantwortung der Frage nach einem möglichen Verschulden abhängig sein.

Grundzüge inklusiver Gerechtigkeitstheorien

Einige Gerechtigkeitstheorien, die alle Menschen mit Behinderungen als Träger moralischer Ansprüche sehen, setzen als Ziel sozialer Gerechtigkeit die Ermöglichung eines guten Lebens (Schramme 2006; Wolff 2009). Adressaten von Gerechtigkeitsforderungen sind in solchen Theorien alle Wesen, die substanziell leiden können. Diese Auffassung von Gerechtigkeit ist anders als in klassischen Theorien nicht reziprozitätsorientiert, sondern direkt an Subjekten und ihren Bedürfnissen ausgerichtet (Buchanan 1990). Das heißt, sie stellt den Menschen als Wesen mit bestimmten Bedürfnissen und daraus folgenden Ansprüchen auf deren Befriedigung ins Zentrum ihrer Überlegungen und trägt infolgedessen nicht die Beweislast, zeigen zu müssen, dass Menschen die für Gerechtigkeitsansprüche notwendigen Fähigkeiten wie Kooperations- oder Reziprozitätsfähigkeiten besitzen.

Die intuitive Annahme hinter solchen inklusiven Gerechtigkeitstheorien ist, dass Gerechtigkeitsansprüche auch dann verletzt sind, wenn elementare Grundbedürfnisse von Menschen nicht erfüllt sind. Menschen benötigen bestimmte Güter zu ihrer Subsistenz, zu ihrer grundlegenden Erhaltung und als Grundbedingung dafür, überhaupt ein den menschlichen Bedürfnissen angemessenes Leben führen zu können. Die Art und Weise der Befriedigung von Grundbedürfnissen kann nicht oder nur in begrenztem Maße frei gewählt werden.

Die Sphäre sozialer Gerechtigkeit ist daher in inklusiven Gerechtigkeitstheorien weiter als in einer klassischen Ausrichtung. Sie beginnt nicht erst dort, wo Subjekte die Kriterien für Reziprozität erfüllen, sondern bereits bei den Voraussetzungen, die für ein gutes Leben notwendig sind. Aus einer so ausgerichteten Gerechtigkeitstheorie müssen Menschen mit Behinderungen nicht zuerst exkludiert werden, um sie dann in einem zweiten Schritt über Kompensation für unverdientes Pech oder über gerechtigkeitsfremde Motive wie Mitleid wieder zu inkludieren. Sie sind von vornherein eingeschlossen. Die Antwort auf die Frage, wer als Gerechtigkeitssubjekt anzuerkennen ist, hat also weitreichende Folgen für Menschen mit Behinderungen sowie auch direkt für die Ausgestaltung von Gerechtigkeitstheorien.

Eine solchermaßen konzeptualisierte Gerechtigkeitstheorie ist beispielsweise der von Amartya Sen und Martha Nussbaum (Nussbaum 2006/2010; Sen 2009/2010) entworfene Capability Approach, der aktuell große Verbreitung findet.

Der Capability Approach als Beispiel einer inklusiven Gerechtigkeitstheorie

Im Zentrum der Theorie von Sen und Nussbaum steht die Befähigung zu einem guten menschlichen Leben. Die Vorstellung von Gerechtigkeit als ausschließlich austeilender und ausgleichender Gerechtigkeit wird abgelehnt. Sen und Nussbaums Theorie ist demgegenüber getragen von der Überzeugung, dass Konzeptionen sozialer Gerechtigkeit die Diversität menschlicher Lebensformen berücksichtigen müssen und nicht erst in einem zweiten Argumentationsschritt hinzunehmen dürfen. Der Capability Approach richtet seinen Blick daher direkt darauf, was Menschen mit den Gütern, die sie erhalten, tun und sein können, sowie darauf, welche substanziellen Freiheiten sie haben, ein Leben ihrer Wahl zu führen. Es zählen nicht nur die Güter und Ressourcen, die

Menschen mit Behinderungen zur Verfügung stehen, sondern auch ihr Gebrauch: Für viele Menschen mit Behinderungen spielt nicht nur eine Rolle, ob ihr Anteil an einem Gut in einem abstrakten Sinne gerecht ist, sondern auch, was sie damit wirklich anfangen können. Dies ist die Frage nach substanzieller Gerechtigkeit. Menschen mit Behinderungen haben beispielsweise häufig ein Konversionsproblem (Kuklys 2005). Das bedeutet, dass sie mit derselben Menge und demselben Inhalt an Gütern weniger anfangen können als andere Menschen. Aus diesem Grund benötigen sie andere und auch mehr Güter. Der Capability Approach lenkt die Aufmerksamkeit hin zu verschiedenen Formen externer Ressourcen. Diese sind dann nicht einzig als kompensatorischer Ausgleich an die Folgen einer Schädigung geknüpft – wodurch Menschen mit Behinderung tendenziell in einen inferioren Status versetzt werden, weil sie als Bittstellerinnen und Bittsteller Güter einfordern müssen –, sondern direkt an die Voraussetzungen für ein gutes Leben für alle Bürger einer Gesellschaft, bei denen die Ausgangslagen ungleich sind, die aber alle Anrecht auf das Erreichen eines gelingenden oder guten Lebens haben.

Zweitens wirft der Ansatz ein Licht darauf, dass Menschen mit Behinderungen auch an einer Einbuße jener substanziellen Freiheit leiden, ein Leben nach ihrer Wahl zu führen. Nur ein Teil dieses Mangels an substanzieller Freiheit ist einem Mangel an internen Ressourcen (wie Talent oder physischer Kraft) oder einem Mangel an externen Ressourcen (wie Einkommen oder Bildung) geschuldet (Hull 2009). Zu einem bedeutenden Teil sind die Probleme, ein gutes Leben führen zu können, auch der Struktur der Gesellschaft, den Einstellungen von Menschen sowie dem Aufbau verschiedener Institutionen der Gesellschaft geschuldet. So sind etwa die Zugänglichkeit von Gebäuden und Dienstleistungen und die Regelungen dieses Zugangs mitverantwortlich dafür, ob und wie jemand am Prozess der Verteilung von Gütern überhaupt teilnehmen kann. In den klassischen Theorien sozialer Gerechtigkeit wird häufig übersehen, dass die Wahl des gesellschaftlichen Rahmens, also der Art und Weise, wie sich eine Gesellschaft hervorbringt, selbst mitentscheidend dafür ist, wer behindert ist und wer nicht, respektive wer inkludiert ist und wer nicht.

Damit sind auch Fragen der Macht und (struktureller) Ungleichheit angesprochen. Nach Iris Marion Young stellen Menschen mit Behinderungen eine strukturell benachteiligte Gruppe innerhalb der Gesellschaft dar (Young 2008). Sie erleiden demnach Ungerechtigkeit aufgrund ihrer sozialen Stellung in der Gesellschaft. Durch die Art und Weise, wie verschiedene Institutionen und Praktiken der Gesellschaft funktionieren, sind die Möglichkeiten behinderter Menschen beim Erreichen eines guten Lebens eingeschränkt. Versteht man die Herausforderungen, denen Menschen mit Behinderungen bei der Führung eines guten Lebens gegenüberstehen, als mangelnde Übereinstimmung zwischen den Voraussetzungen und Merkmalen der Personen (wie ihren Talenten oder körperlichen wie psychischen Fähigkeiten) und der dominanten sozialen Struktur der Gesellschaft, ihren Praktiken, Normen und ästhetischen Standards, dann rücken gerade auch letztere Strukturen in den Fokus von Gerechtigkeitsüberlegungen. Die Beseitigung von Ungerechtigkeit beinhaltet laut Young dann auch das Herausfordern von Normen und Regeln von Institutionen, welche die Freiheitsgrade und Lebenschancen von Menschen prägen und die Lebenswirklichkeit betroffener Menschen als abweichend charakterisieren.

Eine Gerechtigkeitstheorie, welche auf die substanziellen Freiheiten von Menschen zum Erreichen von Wohlergehen fokussiert, muss daher auch die tatsächlichen Möglichkeiten zur Entwicklung persönlicher Fähigkeiten und Fertigkeiten analysieren und die Frage beantworten, wie und in welcher Weise diese gesellschaftlich-strukturell geprägt werden.

Ausblick

Gerade das Beispiel Behinderung verdeutlicht, dass Fragen der Anerkennung von Menschen, der Macht von Menschen und Institutionen über andere Menschen sowie die Grundlagen interpersoneller Vergleiche von erheblicher Relevanz für Fragen der Gerechtigkeit, ja für die Vorstellung und Reichweite von Gerechtigkeitsforderungen überhaupt sind. Nicht zuletzt die jüngere Kritik an klassischen Gerechtigkeitstheorien zeigt, dass diese angereichert und ergänzt werden sollten, insbesondere durch phänomenologische Zugänge sowie durch empirisches Wissen über die tatsächliche Lebenssituation behinderter Menschen. Denn nur mit dichten Beschreibungen und einem vertieften Verständnis davon, was es heißt, ein Leben mit Behinderung zu leben, ist man fähig, gerechtigkeitsrelevante Ansprüche in ihren Wechselwirkungen, Dynamiken und Komplexitäten zu erfassen. Besteht nur ein abstrakter oder dünner Begriff von Behinderung, ist eine Gerechtigkeitstheorie nicht in der Lage, die Heterogenität von Behinderungen zu erfassen sowie zu verstehen, was eigentlich genau behindernd ist an einer Behinderung und worin die Relevanz für Fragen der Gerechtigkeit besteht. Gerechtigkeitstheorien laufen dann Gefahr, ein schablonenartiges Bild von Behinderung zu entwerfen, das unter Gerechtigkeitsaspekten exkludierende Wirkung entfaltet. Noch aber fehlen, von einigen Ausnahmen abgesehen (Scully 2008; Wolff/De-Shalit 2007), Gerechtigkeitsansätze, die phänomenologisches und empirisches Wissen über Behinderung sinnvoll integrieren. Diese gilt es in Zukunft zu entwickeln.

Literatur

Anderson, Elizabeth: What is the point of equality? In: *Ethics* 109/1 (1999), 287–337. Buchanan, Allen: Justice as reciprocity versus subject-centered justice. In: *Philosophy and Public Affairs* 19/3 (1990), 227–252.

–/Brock, Dan W./Daniels, Norman/Wikler, Daniel: *From Chance to Choice – Genetics and Justice*. Cambridge MA 2000.

Carlson, Licia: Philosophers of intellectual disability: A taxonomy. In: *Metaphilosophy* 40/3–4 (2009), 552–566.

Dworkin, Ronald: What is equality? Part 2: Equality of resources. In: *Philosophy and Public Affairs* 10/4 (1981), 283–345.

Eurich, Johannes: *Gerechtigkeit für Menschen mit Behinderung: Ethische Reflexionen und sozialpolitische Perspektiven*. Frankfurt a. M. 2008.

Feder Kittay, Eva: *Love's Labor: Essays in Women, Equality and Dependency*. New York 1999.

Felkendorff, Kai: Ausweitung der Behinderungszone: Neuere Behinderungsbegriffe und ihre Folgen. In: Günther Cloerkes (Hg.): *Wie man behindert wird – Texte zur Rekonstruktion einer sozialen Rolle und zur Lebenssituation betroffener Menschen*. Heidelberg 2003, 25–52.

Graumann, Sigrid: *Assistierte Freiheit: Von einer Behindertenpolitik der Wohltätigkeit zu einer Politik der Menschenrechte*. Frankfurt a. M. 2011.

Hull, Richard: Disability and freedom. In: Kristjana Kristiansen/Simo Vehmas/Tom Shakespeare (Hg.): *Arguing about Disability – Philosophical Perspectives*. London 2009, 93–104.

Kuklys, Wiebke: *Amartya Sen's Capability Approach: Theoretical Insights and Empirical Application*. Berlin 2005.

McMahan, Jeff: Our fellow creatures. In: *The Journal of Ethics* 9/3–4 (2005), 353–380.

Nussbaum, Martha C.: *Die Grenzen der Gerechtigkeit: Behinderung, Nationalität und Spezieszugehörigkeit*. Frankfurt a. M. 2010 (engl. 2006).

Oliver, Michael: *Understanding Disability: From Theory to Practice*. Basingstoke 1996.

Rawls, John: *Eine Theorie der Gerechtigkeit*. Frankfurt a. M. 1979 (engl. 1971).

–: *Politischer Liberalismus*. Frankfurt a. M. 1998 (engl. 1996).

Reinders, Hans: *The Future of the Disabled in Liberal Society*. Notre Dame 2000.

Schramme, Thomas: *Gerechtigkeit und soziale Praxis*. Frankfurt a. M. 2006.

Scully, Jackie Leach: *Disability Bioethics – Moral Bodies, Moral Difference*. Plymouth 2008.

Sen, Amartya: *Die Idee der Gerechtigkeit*. München 2010 (engl. 2009).

Singer, Peter: Speciesism and moral status. In: *Metaphilosophy* 40/3–4 (2009), 567–581.

Welti, Felix: *Behinderung und Rehabilitation im sozialen Rechtsstaat*. Tübingen 2005.

Wolff, Jonathan: Disability among equals. In: Kimberley Brownlee/Adam Cureton (Hg.): *Disability and Disadvantage*. Oxford 2009, 112–137.

–/De-Shalit, Avner: *Disadvantage*. Oxford 2007.

Young, Iris Marion: Structural injustice and the politics of difference: Seeking fairness in diverse societies. In: Gary Craig/Tania Burchardt/David Gordon (Hg.): *Social Justice and Public Policy*. Bristol 2008, 77–104.

Franziska Felder

58 Bildung

Aufgrund des erheblichen Einflusses, den Bildung auf die beruflichen Möglichkeiten, die gesellschaftliche Stellung, die Anerkennung anderer und das individuelle Wohlergehen hat, ist Bildung ein zentraler Anwendungsbereich für Forderungen nach Gerechtigkeit.

Im zeitgenössischen Sprachgebrauch ist ›Bildung‹ oftmals Bestandteil von zusammengesetzten Substantiven, wie etwa in ›Bildungssystem‹ oder ›Bildungspolitik‹. Zudem wird dem Wort ›Bildung‹ oftmals ein spezifizierendes Adjektiv vorangestellt. So ist von der ›schulischen Bildung‹ und der ›universitären Bildung‹ die Rede. Bei einer Übersetzung in andere Sprachen wird das deutsche Wort ›Bildung‹ meist mit ›Erziehung‹ übersetzt, so z. B. die akademische Bildung mit ›higher education‹ oder ›university education‹.

Die Wörter ›Bildung‹ und ›Erziehung‹ haben allerdings im Deutschen nicht dieselbe Bedeutung. ›Bildung‹ verweist nicht nur auf den Prozess, sondern auch auf die Zwecke der Erziehung. Zudem kann man sich zwar auch selbst bilden, nicht aber selbst erziehen. ›Bildung‹ wurde durch Wilhelm v. Humboldt zum Grundbegriff der deutschsprachigen Pädagogik. Ausgehend von Humboldt rückt der Bildungsbegriff das Individuum in den Fokus der Bildungspolitik. Heute wird auf diesen Begriff daher oftmals im Kontext einer Kritik an bestimmten Zwecken der Bildungspolitik verwiesen, welche die individuelle Bildung vernachlässigen und stattdessen ausschließlich gesamtgesellschaftliche Zwecke in den Fokus rücken.

Eine solche kritische Perspektive ergibt sich auch aus Forderungen der Gerechtigkeit. Statt die Bildungspolitik allein an der Steigerung des gesamtgesellschaftlichen Nutzens auszurichten, solle man sich dabei auch an Forderungen der Gerechtigkeit orientieren. Zwei Varianten solcher Forderungen sind in der philosophischen Diskussion unterschieden worden: Der egalitaristischen Perspektive zufolge ist das Bildungssystem so einzurichten, dass jedes Individuum *gleich gute* Bildungsmöglichkeiten hat. Aus der Perspektive eines Adäquatheitsansatzes wird dagegen gefordert, das Bildungssystem so einzurichten, dass jedes Individuum *genug* Bildung bekommt. Beide Perspektiven konvergieren im Ergebnis jedoch in vieler Hinsicht, und aus beiden Perspektiven wird die Forderung nach Chancengleichheit (s. Kap. II.26) im Bildungssystem erhoben.

Bildung und Chancengleichheit

Die Forderung, im Bildungssystem für Chancengleichheit zu sorgen, ist auch im öffentlichen Diskurs sehr verbreitet. Zwei Varianten dieser Forderung können unterschieden werden: einerseits die Forderung nach Chancengleichheit *durch* Bildung und andererseits die Forderung nach gleichen Chancen *auf* Bildung.

Chancengleichheit *durch* Bildung nimmt Bildung vorrangig als Mittel zum Zweck des Erreichens anderer Güter in den Blick (etwa beruflicher Perspektiven oder monetärer Güter). Eine Diskussion dieser Forderung müsste also zunächst die allgemeine Forderung nach Chancengleichheit theoretisch erhellen und dann zeigen, inwiefern Bildung dazu beiträgt, diese allgemeine Forderung einzulösen. Eine solche allgemeine Forderung ist etwa die Forderung nach gleichen Chancen auf Wohlergehen (vgl. Arneson 1989). Es wäre also zu zeigen, in welchem Zusammenhang Bildung und individuelles Wohlergehen stehen und welchen Beitrag Bildung zur Einlösung der so verstandenen Forderung nach Chancengleichheit leistet.

Die Rede von Chancen *auf* Bildung drückt sich etwa in der Forderung nach gleichen Chancen auf das Erreichen eines bestimmten Bildungsabschlusses unabhängig von der sozialen Herkunft aus. Hier handelt es sich um eine genuine Forderung der Bildungsgerechtigkeit. Schlechtere Aussichten auf das Erreichen solcher Bildungsziele lassen sich auf das Vorliegen bestimmter Hindernisse zurückführen, die dem Erreichen dieses Ziels entgegenstehen oder es erschweren. Ein Beispiel dafür sind sprachliche Defizite aufgrund eines Migrationshintergrundes. Darüber hinaus gibt es eine Vielzahl weiterer Hindernisse auf dem Weg der einzelnen Individuen zu ihren Bildungszielen. Dazu zählen die direkte Diskriminierung bestimmter sozialer Gruppen und die Erhebung von Schulgeld, welches Kindern aus einkommensschwachen Elternhäusern den Zugang zu bestimmten Bildungseinrichtungen verwehrt. Es geht hier aber nicht lediglich um monetäre Güter. Auch der vergleichsweise niedrige Bildungshintergrund der Eltern kann dem Erreichen bestimmter Bildungsziele im Weg stehen oder es zumindest erschweren.

Je weiter man die potenziellen Einschränkungen von Chancengleichheit an dieser Stelle fasst, desto fragwürdiger erscheint jedoch der Versuch, die daraus resultierende Ungleichheit gänzlich beheben zu wollen. Hier ergeben sich klassische Konflikte zwischen Eingriffen in die Freiheit und Forderungen der Gerechtigkeit, etwa hinsichtlich der Frage, ob man den

Besuch einer Kindertagesstätte (mit den entsprechenden Bildungsangeboten) von staatlicher Seite verbindlich vorschreiben soll. Darüber hinaus sind Einwände dagegen erhoben worden, Eltern in ihrer Entscheidung, welche Bildungsangebote sie ihren Kindern machen, um der Gerechtigkeit willen einzuschränken. Dabei wird betont, dass die elterlichen Bemühungen zum Wohle der Kinder für beide Seiten einen hohen Wert haben. Zudem scheint eine gewisse Parteilichkeit zugunsten der eigenen Kinder durchaus gerechtfertigt zu sein.

Diesen Bedenken ließe sich Rechnung tragen, wenn keine Bildungsmöglichkeiten beschnitten, sondern lediglich denen, die diese sonst nicht hätten, von staatlicher Seite zusätzliche Angebote eröffnet würden. Dabei entsteht jedoch das Problem, dass dies nicht in vollem Umfang zu leisten ist. Man müsste immer dann, wenn Eltern ihren Kindern zusätzliche Bildungsmöglichkeiten offerieren, von staatlicher Seite dafür sorgen, dass allen anderen Kindern diese Möglichkeiten ebenfalls offenstehen. Damit, so die Kritik, werde das Bildungssystem jedoch zu einem Fass ohne Boden, und es sei nicht zu rechtfertigen, derartig viele Ressourcen im Bildungsbereich einzubringen, die dann an anderer Stelle (etwa im Gesundheitswesen) fehlen (Gutmann 1999, 131).

Es lässt sich also offenbar nicht dafür sorgen, dass alle Kinder faktisch die gleichen Aussichten auf eine gleich gute Bildung haben, wenn man dabei gleichzeitig an grundlegenden liberalen Werten festhalten will (Satz 2007, 634). Doch obwohl sich die Forderung nach gleichen Bildungschancen nicht *umfänglich* einlösen lässt, lässt sich zumindest für *mehr* Chancengleichheit sorgen als gegenwärtig gegeben ist. Selbst wenn also zuzugeben ist, dass dem Ideal gleicher Bildungschancen andere Werte entgegenstehen, die dieses Ideal in seine Schranken weisen, so muss dies dennoch nicht auf dessen Preisgabe hinauslaufen (Brighouse/Swift 2014). Daher lohnt es sich, die Forderung nach gleichen Bildungschancen zu präzisieren und möglichen Begründungen für diese Forderung näher nachzugehen. Diese Forderung lässt sich auf unterschiedliche Weise interpretieren, und sie wird auch unterschiedlich begründet (für eine Kritik an der damit einhergehenden Unklarheit vgl. Jencks 1988).

Zunächst stellt sich die Frage, warum von gleichen Chancen auf Bildung und nicht von gleichen Bildungsressourcen oder Bildungsergebnissen die Rede ist. Gegen die Forderung nach einer Gleichheit von Ressourcen spricht, dass Kinder abhängig von ihren unterschiedlichen Fähigkeiten unterschiedlich viele Ressourcen für ihre Bildung benötigen. Statt von gleich vielen Ressourcen für Bildung ist daher von gleich guten Bildungsmöglichkeiten die Rede. Andererseits ist auch die Angleichung von Bildungsergebnissen aus mehreren Gründen kein adäquates Ziel. Erstens geht man nicht davon aus, dass angesichts der unterschiedlichen Talente und Fähigkeiten die Egalisierung von Bildungsergebnissen erreichbar ist, ohne diejenigen, die mehr erreichen könnten, darin erheblich zu beschneiden. Zweitens hat Bildung offenbar einen individuellen Anteil. Das Individuum trägt auch selbst zu seiner Bildung bei, und die Forderung nach gleichen Bildungsergebnissen läuft dieser Vorstellung eines zumindest in Teilen selbstbestimmten Bildungsprozesses entgegen. Die Rede von Bildungschancen greift dies auf. Doch inwiefern sollten die Bildungschancen oder Bildungsmöglichkeiten nun *gleich* sein?

Gleich gute Bildungsmöglichkeiten

Als Egalitarist könnte man betonen, dass es ungerecht sei, wenn die einen mehr von dem Gut Bildung bekommen als andere. Zur Begründung dieser Forderung ließe sich darauf verweisen, dass eine Gesellschaft so einzurichten sei, dass alle Güter gleich verteilt sind. Egalitaristen führen jedoch die Tatsache, dass die Bildungsmöglichkeiten unterschiedlich gut sind, meist nicht als direkten Grund dafür an, für einen Ausgleich zu sorgen. Stattdessen wird als Grund angeführt, dass diese Unterschiede Effekte haben, gegen die aus einer gerechtigkeitstheoretischen Perspektive weitere Bedenken formuliert werden können.

Harry Brighouse und Adam Swift verweisen in diesem Zusammenhang darauf, dass Bildung ein positionales Gut ist, dessen Wert davon abhängt, wie viel andere von diesem Gut haben. Eltern, die ihren Kindern zusätzliche Möglichkeiten eröffnen, machen die Lebensaussichten der anderen Kinder zuweilen *dadurch* schlechter, als sie es ansonsten wären. Wenn einige Kinder schlechtere Chancen auf dem Arbeitsmarkt haben, weil anderen Kindern eine bessere Bildung zuteilwird, dann seien somit keine fairen Wettbewerbsbedingungen gegeben (Brighouse/Swift 2006a, 476). Der Zugang zum Arbeitsmarkt ist kompetitiv, so dass bessere Chancen der einen Gruppe (z. B. derjenigen, die eine gute Privatschule besuchen konnten) schlechtere Chancen der anderen Gruppe nach sich ziehen (z. B. derjenigen, die nur eine qualitativ schlechtere staatliche Schule besucht haben). Hier werde man daher auf das Gebot der Fairness (s. Kap. II.27) verwiesen. Die gesellschaftlichen Institutionen sollten für faire Wettbewerbsbedingungen sorgen. Das betreffe auch, und sogar insbesondere, den Bildungsbereich.

Manche Bildungsmöglichkeiten haben allerdings keine offensichtlichen Auswirkungen auf die Chancen auf dem Arbeitsmarkt und auch keine Effekte auf das Leben derjenigen, die nicht von diesen zusätzlichen Möglichkeiten profitieren. Man denke etwa an den privaten Musikunterricht. Wie also sind die zusätzlichen Möglichkeiten einzuordnen, die nicht nur bessere Berufsaussichten eröffnen, sondern das Leben in anderer Weise bereichern? Ein egalitärer Ansatz müsste hier eine umfassendere Forderung nach Chancengleichheit ins Spiel bringen. Man würde den Wert von Bildung und dessen Beitrag zum je individuell guten Leben (s. Kap. IV.42) dann im Rahmen der allgemeinen Forderung nach gleich guten Lebensaussichten betrachten (vgl. dazu auch Meyer 2011, 164 f.).

Diese Forderung ist nicht unumstritten, öffnet aber inhaltlich den Blick für mögliche Differenzen zwischen der Forderung nach gleich guten Bildungsmöglichkeiten und gleich guten Lebensaussichten. So könnte man etwa behaupten, dass eine (so genannte) Begabtenförderung zwar leistungsstarken Individuen zusätzliche Bildungsangebote macht und daraus unterschiedlich gute Bildungsmöglichkeiten resultieren. Aus der Perspektive derjenigen, die die vergleichsweise schlechteren Bildungsmöglichkeiten haben, muss dies aber nicht der entscheidende Grund gegen eine Begabtenförderung sein. Denn es wird behauptet, dass die Begabtenförderung auch für diejenigen letztlich vorteilhaft ist, die insofern schlechtere Bildungsmöglichkeiten haben. Die durch die Begabtenförderung zusätzlich hervorgebrachten Güter kämen letztlich allen zugute, z. B. durch die direkte Umverteilung monetärer Güter oder durch die steigende Qualität bestimmter Leistungen (wie etwa eine bessere medizinische Versorgung). Gegen diese Argumentation gibt es jedoch eine Reihe von Einwänden.

Ein Einwand besteht in der Problematisierung des hier oftmals zugrunde gelegten Begabungsbegriffs, der zu sehr auf der fragwürdigen Annahme basiert, dass Leistungsunterschiede umfänglich auf so genannten ›natürlichen‹ Begabungen basieren. Stattdessen ist in einem sehr viel stärkeren Ausmaß, als oftmals suggeriert wird, die soziale Herkunft für die Leistungsunterschiede verantwortlich (vgl. Meyer/Streim 2013). Dies gilt im Übrigen auch für die Bewertung der individuellen Leistungsbereitschaft und Motivation. Der Glücksegalitarismus (s. Kap. III.39) misst dieser eine zentrale Funktion bei, und dies trifft auch auf die Forderung nach Chancengleichheit zu. Zugleich ist es fragwürdig, ›Leistungsbereitschaft‹ und ›Motivation‹ als unveränderliche individuelle Konstanten zu betrachten, die unabhängig von den Einflüssen der Eltern und des jeweiligen sozialen Umfeldes bestehen. Man muss sich daher fragen, inwiefern die individuelle Motivation tatsächlich in den Verantwortungsbereich der Individuen fällt (insbesondere wenn es sich um Kinder handelt).

Ein weiterer Einwand besteht darin, die empirisch angenommenen positiven Effekte für diejenigen in Frage zu stellen, die angeblich von der Begabtenförderung profitieren (Giesinger 2008). Erstens lässt sich bestreiten, dass die Begabtenförderung faktisch zu den erwünschten positiven Effekten führt. Zweitens kann angezweifelt werden, dass davon auch diejenigen mit eher niedrigen Bildungsabschlüssen profitieren. Fraglich wird das z. B., wenn man bezweifelt, dass die durch die Begabtenförderung potenziell erwirtschafteten monetären Zugewinne tatsächlich umverteilt werden.

Generell sollten die potenziellen Differenzen zwischen der Forderung nach gleich guten Bildungsmöglichkeiten und gleich guten Lebensaussichten offenbar zugunsten der Letzteren entschieden werden. Um dies zu bestreiten, könnte man in Anlehnung an John Rawls (1979) auf den lexikalischen Vorrang der Chancengleichheit verweisen und behaupten, dass auch dann gleiche Bildungsaussichten bestehen sollten, wenn ungleiche Bildungsaussichten tatsächlich mit dem Differenzprinzip (s. Kap. II.25) vereinbar wären. Demnach wären etwa Qualitätsunterschiede zwischen einzelnen Schulen auch dann nicht hinzunehmen, wenn die Beibehaltung dieser Unterschiede den Schlechtestgestellten tatsächlich zugutekäme. Der lexikalische Vorrang ist jedoch oftmals kritisiert worden, und diejenigen, die in der zeitgenössischen Philosophie der Erziehung eine egalitaristische Position vertreten, halten nicht an dem lexikalischen Vorrang der Chancengleichheit fest (vgl. z. B. Brighouse/Swift 2006a).

Brighouse/Swift betonen unter Verweis auf Fairnessüberlegungen dennoch die grundsätzliche Bedeutung gleicher Bildungsmöglichkeiten (s. o.). Im Ergebnis unterscheiden sie sich damit nur wenig von denen, die aus einer nicht an Fairness, sondern eher an Adäquatheit orientierten Perspektive ebenfalls dafür argumentieren, gleiche Bildungsmöglichkeiten zu eröffnen (vgl. z. B. Anderson 1999 und 2007; Satz 2007 und 2012).

Adäquate Bildungsmöglichkeiten

Charakteristisch für eine solche Perspektive ist die Annahme, dass sich Forderungen nach Bildungsgerechtigkeit nicht im Kern darauf richten sollten, gleich gute Bildungsmöglichkeiten zu verlangen. Stattdessen sei gefordert, Bildungsmöglichkeiten so zu gestalten, dass bestimmte andere Forderungen erfüllt werden, wie etwa die Möglichkeit, am gesellschaftlichen Leben gleichberechtigt teilzunehmen. Vertreter eines Adäquatheitsansatzes postulieren daher, dass es nicht um Gleichheit, sondern um Adäquatheit gehe. Das Ziel sei letztlich nicht, dass alle eine gleich gute Bildung erhalten, sondern dass alle genug Bildung erhalten (vgl. z. B. Satz 2007).

Diese Ansätze schließen ebenfalls an bestimmte Überlegungen bei Rawls an, jedoch stärker an seine Überlegungen in *Politischer Liberalismus*. Dort betont Rawls, der Staat habe insofern ein Interesse an der Erziehung der Kinder, als diese zukünftige Bürger seien (Rawls 1998, 298). Ähnlich wie Rawls argumentiert Amy Gutmann (1999, 42–44.). Sie meint, die staatliche Erziehung solle die Werte unserer modernen Demokratien vermitteln. Gutmann bezeichnet die bewusste soziale Reproduktion als den zentralen Wert der Demokratie. Eine Gesellschaft, die diesen Wert befördern will, müsse daher die Kinder so erziehen, dass sie die Fähigkeit erlernen, an der bewussten Gestaltung ihrer Gesellschaft teilzunehmen.

Auch Anderson (1999) meint, dass im Bildungssystem bestimmte Fähigkeiten vermittelt werden müssten, die nötig sind, um in einem demokratischen Staat als Bürger gleich dazustehen. Dabei versteht sie Gleichheit allerdings als soziales Verhältnis, nicht als Verteilungsstruktur. Daher müssten die Fähigkeiten vermittelt werden, die nötig sind, um sich allen Formen der Unterdrückung in sozialen Beziehungen entgegenzustellen und allen Bürgern den Status als Gleiche in der Zivilgesellschaft zu sichern (Anderson 1999, 316). Diese Fähigkeiten sollten alle Menschen *gleichermaßen* haben. Jeder solle beispielsweise die Möglichkeit haben, lesen und schreiben zu lernen. Doch einige andere in der Schule vermittelte Fähigkeiten sind laut Anderson von dieser Forderung nicht erfasst. Dazu zählt sie z. B. im US-amerikanischen Kontext das Erlernen einer Fremdsprache (ebd., 319).

An dieser Stelle wird deutlich, dass es in der Reichweite der Forderungen nach Bildungsgerechtigkeit durchaus Unterschiede gibt, die auf die verschiedenen theoretischen Perspektiven zurückzuführen sind. Andersons Ansatz zufolge besteht zunächst einmal kein Problem darin, dass manche Eltern ihre Kinder durch private Investitionen zusätzlich in dem Erlernen von Fremdsprachen unterstützen. Nimmt man dagegen die Perspektive von Brighouse/Swift ein, so lässt sich argumentieren, dass diese Eltern ihren Kindern dadurch unfaire Wettbewerbsvorteile auf dem Arbeitsmarkt verschaffen. An dieser Stelle bringen die Unterschiede in den theoretischen Positionen also tatsächlich eine unterschiedliche Haltung zu privaten Bildungsinvestitionen mit sich. Neben solchen Unterschieden gibt es aber auch viele Gemeinsamkeiten. So argumentiert etwa Satz (2012) aus der Perspektive eines Adäquatheitsansatzes für den Wert von Chancengleichheit. Das Prinzip der fairen Chancengleichheit sei eng mit der Vorstellung verwoben, dass der Staat all seinen Mitgliedern die volle Inklusion in die Gesellschaft schulde. Es sei daher zentral für eine demokratische Gesellschaft von Gleichen.

Mit Blick auf die Förderung so genannter Leistungseliten argumentiert auch Anderson (2007) für die Bedeutung von Chancengleichheit. Anderson betont, dass andere nur dann von den Errungenschaften der Leistungseliten profitieren können, wenn diese Eliten mit bestimmten Fähigkeiten ausgestattet sind, die sie für diese Positionen qualifizieren. Dazu zähle aber z. B. auch die Fähigkeit, die Perspektive bestimmter sozialer Gruppen adäquat zu erfassen und darauf entsprechend zu reagieren. Diese Fähigkeiten könnten jedoch nur erworben werden, wenn die Ausbildung der Leistungseliten so erfolgt, dass für eine soziale Durchmischung gesorgt ist. Damit rückt Anderson den instrumentellen Wert gleicher Bildungsmöglichkeiten in den Blick. Nur wenn die soziale Herkunft keine entscheidende Rolle für den Zugang zu höheren Bildungseinrichtungen spielt, können die Leistungseliten tatsächlich das leisten, was sie leisten sollen. Nur wenn diese Gruppe selbst sozial durchmischt ist, kann sie diesen Anforderungen genügen.

Konkrete Forderungen

Empirische Studien zeigen immer wieder, dass der Bildungserfolg sehr stark mit der sozialen Herkunft verknüpft ist (vgl. z. B. die PISA-Studien). Maßnahmen, die dem entgegenwirken, lassen sich nicht von philosophischer Seite bestimmen. Es liegt aber nahe, dass bestimmte Formen des gemeinsamen Lernens Abhilfe schaffen können, weil Formen der schulischen Segregation für diese großen Unterschiede mitverantwortlich sind. Bei einem segregierten

Schulsystem ist es darüber hinaus besonders wichtig, bestimmte Hindernisse abzubauen, etwa bei den Bildungsübergängen. Solche Hindernisse führen dann auch zu dem erheblichen Einfluss der sozialen Herkunft auf den Erwerb der Zugangsberechtigung zu den Universitäten. Und selbst unter den Jugendlichen, die eine Studienberechtigung erreicht haben, variiert die Anzahl derjenigen, die ein Studium aufnehmen, mit dem Bildungshintergrund im Elternhaus (selbst bei gleicher Schulleistung, vgl. z. B. Bildungsberichterstattung 2012, 125).

Den Ursachen für diese jeweiligen empirischen Zusammenhänge ist freilich näher nachzugehen, und sie sind daraufhin zu überprüfen, ob sie aus einer gerechtigkeitstheoretischen Perspektive problematisch sind. Insofern dies der Fall ist, wäre weiterhin zu klären, wie weit man bei der Einlösung der Forderung nach einer Angleichung von Bildungsmöglichkeiten gehen sollte und was dem entgegensteht. Hier stellen sich Fragen nach einer gerechtfertigten Form von elterlicher Parteilichkeit, nach dem Wert von familiären Beziehungen und den Grenzen legitimer staatlicher Eingriffe. Es geht also darum, inwiefern Eltern ihren Kindern hier tatsächlich ungerechtfertigte Vorteile verschaffen und ob (und, falls ja, wie) man dem entgegenwirken darf und sollte (vgl. dazu Brighouse/Swift 2006b).

Jenseits dieser Fragen, denen Konflikte zwischen unterschiedlichen Normen und Werten zugrunde liegen, gibt es jedoch offenbar eine berechtigte Kritik am deutschen Bildungssystem, welches nachweislich und mehr als vergleichbare Alternativen die soziale Herkunft über den Bildungserfolg entscheiden lässt.

Literatur

Anderson, Elizabeth S.: What is the point of equality? In: *Ethics* 109/2 (1999), 287–337.

–: Fair opportunity in education: A democratic equality perspective. In: *Ethics* 117/4 (2007), 595–622.

Arneson, Richard J.: Equality of opportunity for welfare. In: *Philosophical Studies* 56/1 (1989), 77–93.

Autorengruppe Bildungsberichterstattung: *Bildung in Deutschland 2012. Ein indikatorengestützter Bericht mit einer Analyse zur kulturellen Bildung im Lebenslauf.* Bielefeld 2012.

Brighouse, Harry/Swift, Adam: Equality, priority, and positional goods. In: *Ethics* 116/3 (2006a), 471–497.

–/Swift, Adam: Parents' rights and the value of the family. In: *Ethics* 117/1 (2006b), 80–108.

–/Swift, Adam: The place of educational equality in educational justice. In: Kirsten Meyer (Hg.): *Education, Justice, and the Human Good. Fairness and Equality in the Education System.* London 2014, 14–33.

Giesinger, Johannes: Begabtenförderung und Bildungsgerechtigkeit. In: Heiner Ullrich/Susanne Strunck (Hg.): *Begabtenförderung an Gymnasien.* Wiesbaden 2008, 271–291.

Gutmann, Amy: *Democratic Education.* Princeton NY 1999.

Jencks, Christopher: Whom must we treat equally for educational opportunity to be equal? In: *Ethics* 98/3 (1988), 518–533.

Meyer, Kirsten: *Bildung.* Berlin 2011.

–/Streim, Benjamin: Wer hat, dem wird gegeben? Hochbegabtenförderung und Gerechtigkeit. In: *Zeitschrift für Pädagogik* 59/1 (2013), 112–130.

Rawls, John: *Eine Theorie der Gerechtigkeit.* Frankfurt a. M. 1979 (engl. 1971).

–: *Politischer Liberalismus.* Frankfurt a. M. 1998 (engl. 1993).

Satz, Debra: Equality, adequacy, and education for citizenship. In: *Ethics* 117/4 (2007), 623–648.

–: Unequal chances: Race, class and schooling. In: *Theory and Research in Education* 10/2 (2012), 155–170.

Kirsten Meyer

59 Demokratie und Selbstbestimmung

Demokratie wird heute sowohl in der politischen Praxis als auch in der Theorie fast ausnahmslos als die einzig rechtfertigbare Organisationsform politischer Gemeinschaften erachtet. Jedoch herrscht keineswegs Übereinstimmung in Bezug darauf, was Demokratie genau bedeutet, wie sie zu rechtfertigen ist, wie sie in der politischen Wirklichkeit zu institutionalisieren ist und in welchem Verhältnis sie zur Gerechtigkeit steht (s. Kap. IV.50; Celikates/Gosepath 2013, 4.3).

Das wörtliche Verständnis von ›Demokratie‹ als ›Herrschaft des Volkes‹ verbindet die Idee der Demokratie unmittelbar mit der Idee der Selbstbestimmung bzw. Selbstregierung des Volkes, wirft jedoch ebenso unmittelbar die Frage auf, wer der *demos* bzw. das ›Volk‹ ist und wie es herrschen bzw. sich selbst bestimmen oder regieren kann bzw. soll. Der Zusammenhang von Demokratie und Selbstbestimmung ist vor diesem Hintergrund ein doppelter: Zum einen wird Demokratie als politische Organisationsform verstanden, die es den zur politischen Gemeinschaft gehörenden Bürgerinnen und Bürgern erlaubt, sich als Freie und Gleiche auf wie auch immer vermittelte und indirekte Weise gemeinsam selbst zu bestimmen und nicht durch andere fremdbestimmt zu werden und in diesem gemeinsam bestimmten Rahmen individuell selbstbestimmt zu leben, so dass im Ideal der Demokratie (bzw. des demokratischen Rechtsstaats) private bzw. individuelle und öffentliche bzw. kollektive Autonomie, Freiheit und Gleichheit als verbunden gedacht werden (Habermas 1992; vgl. zur Begründung der Demokratie aus dem Ideal der sozialen Gleichheit, das unvereinbar ist mit politischen Machtasymmetrien, Kolodny 2014); zum anderen scheint diese Idee von Demokratie als Selbstbestimmung des Volkes vorauszusetzen, dass Völker – wie auch immer diese dann genauer bestimmt werden – die relevanten politischen Einheiten sind, denen ein Recht auf Selbstbestimmung zukommt.

Demokratie als kollektive Selbstbestimmung

Was die den Kern der Demokratie ausmachende kollektive Selbstbestimmung bzw. Selbstregierung der Bürgerinnen und Bürger bzw. die so verstandene Herrschaft des Volkes praktisch bedeutet und wie sie institutionell umzusetzen ist, wird von verschiedenen Demokratiemodellen – die von direkten bzw. partizipatorischen über repräsentative und deliberative bis hin zu agonalen bzw. radikalen Verständnissen reichen – sehr unterschiedlich bewertet (Benhabib 1996). In allen diesen Modellen kann Demokratie jedoch nicht mit ihrer institutionellen Umsetzung in Form eines bestimmten Regierungssystems gleichgesetzt werden. Das ist auch deshalb relevant, weil die Idee der Demokratie als kollektive Selbstbestimmung der Bürgerinnen und Bürger heute mit einer Reihe von Herausforderungen konfrontiert ist, die es nötig machen, auf institutioneller Ebene mit verschiedenen Mischformen der eben angeführten Modelle zu experimentieren, ohne dabei den normativen Kern der Demokratie aufzugeben.

Auf einer ganz allgemeinen Ebene sehen sich nationalstaatlich (und damit über das Territorialitätsprinzip) organisierte Demokratien von zwei Seiten mit Herausforderungen konfrontiert: zum einen ›von oben‹ bzw. ›außen‹ durch Prozesse der Globalisierung bzw. Denationalisierung – diese Herausforderung nationalstaatlicher Steuerungsfähigkeit ist bedingt durch die Erosion staatlicher Souveränität und die Entstehung transnationaler Problemlagen, die der Möglichkeit der institutionalisierten Selbstbestimmung einer politischen Gemeinschaft auf Ebene des Nationalstaats die Grundlage zu entziehen scheinen, und kann deshalb nach Meinung zahlreicher Autoren nur durch die Etablierung transnationaler politischer Institutionen aufgefangen werden (vgl. etwa Bray/Slaughter 2015); zum anderen ›von unten‹ bzw. ›innen‹ durch Prozesse der sozialen Differenzierung (man denke nur an die zunehmende Autonomie gesellschaftlicher Funktionssysteme wie Wirtschaft und Technologie, aber auch an Prozesse der Individualisierung und Auflösung traditioneller Bindungen), die schon innerhalb nationalstaatlich verfasster Gesellschaften die Wirksamkeit hierarchischer Steuerung untergraben und die es deshalb als unwahrscheinlich erscheinen lassen, dass eine einfache Verlagerung solcher Steuerungsmechanismen auf eine höhere Ebene zu einer sowohl demokratisch legitimen als auch effektiven Problemlösung beizutragen vermag (vgl. etwa Offe 2003).

Die transnationalen Herausforderungen, mit denen nationalstaatliche Demokratien konfrontiert sind, wie etwa Klimawandel und globale Finanzkrisen, schaffen einen Handlungs- und Regelungsbedarf auf globaler Ebene, der auch globale Formen der Regulierung zu erfordern scheint, deren demokratische Einbettung und Kontrolle jedoch kaum dem nationalstaatlichen Muster folgen können wird. Zugleich entsteht aus der Perspektive der nationalstaatlichen Demokratien das über das Regulierungsproblem hinausgehende normative Problem der Berücksichtigung und Einbeziehung der von weitreichenden Entscheidungen Betroffenen. Gemäß dem Grundprinzip der Demokratie, dass alle von einer Entscheidung in signifikanter Weise Betroffenen an dieser Entscheidung beteiligt werden müssen, müsste bei politischen Entscheidungen zunächst gefragt werden, wer in signifikanter Weise betroffen sein könnte, um diese Personen dann in die Entscheidungsfindung mit einzubeziehen. Diese Forderung der demokratischen Inklusion geht deutlich über das Gebot der Gerechtigkeit hinaus, die Interessen der Betroffenen in der Entscheidungsfindung auf angemessene (nicht unbedingt politische Beteiligung erfordernde) Weise zu berücksichtigen. Sowohl die Ermittlung (des Grades) der Betroffenheit als auch die Einlösung der Forderung nach Mitbestimmung stellen die Demokratie in Theorie und Praxis vor ernst zu nehmende Schwierigkeiten, die in großen Teilen des akademischen, insbesondere aber des politischen Diskurses noch nicht einmal als solche anerkannt werden (vgl. Goodin 2007; Fraser 2008). Besonders deutlich werden diese Schwierigkeiten wiederum angesichts des Problems des Klimawandels und der damit zusammenhängenden Frage der Berücksichtigung der Interessen und Rechte zukünftiger Generationen (s. Kap. V.80), aber auch der Folgen für Bürger anderer Staaten, deren Interessen nicht repräsentiert werden bzw. denen keine Möglichkeit eingeräumt wird, sich an der Entscheidungsfindung zu beteiligen (vgl. Moellendorf 2015; mit Bezug auf den politischen Status von nicht-menschlichen Tieren identifizieren Donaldson/Kymlicka 2011 ein weiteres Demokratiedefizit, das hier jedoch nicht weiter diskutiert werden kann; s. Kap. V.77).

Unter dem Eindruck dieses doppelten Problemdrucks durch Denationalisierung und Komplexitätssteigerung ist es vor allem in der politikwissenschaftlichen Diskussion zu einer Umstellung von *Input-* auf *Output*-Legitimation sowie von *Government* auf *Governance* gekommen, die auch in der Politik – vor allem auf der Ebene der Europäischen Union – einigen Einfluss entfaltet hat, aus demokratietheoretischer Perspektive aber äußerst problematisch ist. Die Input-orientierte Perspektive versteht Demokratie als ›Herrschaft durch das Volk‹ und knüpft die Legitimität politischer Entscheidungen an die Beteiligung der Bürgerinnen und Bürger bzw. der Betroffenen (und nicht allein an die Einbeziehung von deren Interessen in den Prozess der Entscheidungsfindung). Im Unterschied zu einer solchen, den Zusammenhang zwischen Demokratie und Gerechtigkeit wesentlich prozedural verstehenden Perspektive begreift die Output-orientierte Perspektive, die insbesondere mit Bezug auf die demokratische Legitimität der EU häufig ins Spiel gebracht wird, Demokratie primär als ›Herrschaft für das Volk‹ und knüpft die Legitimität politischer Entscheidungen daran, dass sie effektive Problemlösungen bereitstellen, das Gemeinwohl fördern und damit (eine freilich oft recht minimalistisch verstandene) Gerechtigkeit in einem substanziellen Sinn realisieren (vgl. Schmidt 2012).

Dabei gerät aber nicht nur aus dem Blick, dass demokratische Politik etwas anderes als *Governance* und Legitimität von Effizienz und Effektivität zu unterscheiden ist. Zudem werden in der Output-Perspektive substanzielle gegen prozedurale Gerechtigkeitsforderungen ausgespielt und es wird vorausgesetzt, was in einer Demokratie eigentlich nicht vorausgesetzt werden kann: dass sich Politikergebnisse objektiv, etwa an ihrem Beitrag zum Gemeinwohl, dem öffentlichen Interesse oder anderen vermeintlich objektiven substanziellen Gerechtigkeitsindikatoren messen lassen. Was das Gemeinwohl, das öffentliche Interesse oder Gerechtigkeit in einem substanziellen Sinn ausmacht, ist aber selbst Teil des demokratischen Prozesses und Ergebnis der politischen Auseinandersetzung; es kann nicht zum externen Maßstab von Politik gemacht werden, weil es, zumal in pluralistischen Gesellschaften, selbst politisch umstritten, ja umkämpft und in seinen konkreten Bestimmungen stets nur temporär gültiges Ergebnis von Auseinandersetzungen in der politischen Öffentlichkeit ist, an denen sich alle Betroffenen direkt beteiligen können müssen (vgl. Habermas 1992, Kap. VII–VIII; Tully 2008, Kap. I.4). Hinzu kommt, dass es mit Bezug auf die meisten politischen Grundsatzfragen ohnehin kein gesellschaftlich (oder auch nur innerhalb des Wissenschaftssystems) wirklich unumstrittenes Wissen gibt, so dass sich immer die Frage nach der Neutralität und Objektivität jenes Wissens stellt, das etwa in Form von Sachverständigengutachten, Expertenkommissionen, Politikberatung etc. in den politischen Prozess eingespeist wird. Aus der radikaldemokratischen Perspektive ist zudem jede Bürgerin und jeder Bürger gleichermaßen dazu befähigt und berechtigt, nicht nur zur Bestimmung des Gemeinwohls beizutragen, sondern sich als Freie und Gleiche auch an der Praxis der Selbstregierung zu beteiligen (Rancière 2011).

Angesichts dieser Situation bestehen zahlreiche

Demokratietheoretiker darauf, dass Demokratie kollektive Selbstbestimmung heißt und eine Vielfalt von Orten erfordert, an denen die Möglichkeit der effektiven Mitsprache besteht, und damit eine Kombination von Elementen direkter, deliberativer und repräsentativer Demokratie (Young 2000). In diesem Kontext ist über Formen der direkten Mitbestimmung nachzudenken, die ihren Ort sowohl innerhalb wie auch außerhalb der etablierten Institutionen haben können. Zu den Voraussetzungen einer demokratischen Kultur gehören dabei neben einem funktionierenden und minimale Gerechtigkeitsstandards nicht unterlaufenden Bildungssystem eine funktionierende Öffentlichkeit und eine pluralistische Medienlandschaft. Insofern ist die Öffentlichkeit ein zentraler Ort der Demokratie, an denen die Bürgerinnen und Bürger politische Konflikte als solche erkennen und diskursiv austragen können (Habermas 1992, Kap. VIII).

Konflikte sind in dieser Perspektive gerade nicht als Gefahr für die Demokratie zu betrachten, sondern als Quelle ihrer Vitalität. Sie zu unterdrücken und ihnen legitime Ausdrucksformen zu verwehren, kann zu einer nicht mehr kontrollierbaren Eskalation führen, die politische Konflikte zu gewaltförmigen Auseinandersetzungen werden lässt und sie zum Spielfeld insbesondere rechter Populisten macht (Mouffe 2013). Demokratie muss deshalb auch über die staatlichen Institutionen hinaus Praktiken der Konfliktaustragung und der Kontestation umfassen, die – wie etwa der zivile Ungehorsam – es den Bürgerinnen und Bürgern erlauben, sich direkt an der Gestaltung des öffentlichen Lebens zu beteiligen und ihnen einseitig auferlegte politische Entscheidungen anzufechten, nicht nur im Namen substanzieller Gerechtigkeitsnormen, also etwa der verfassungsmäßig verbrieften Grundrechte, sondern auch in Reaktion auf Defizite und Dysfunktionalitäten des formell demokratischen politischen Systems und damit im Namen der über ihre jeweilige institutionelle Realisierung hinausreichenden Idee der Demokratie und der von ihr implizierten prozeduralen Gerechtigkeitsanforderungen (vgl. Smith 2013).

Grenzen der Demokratie

Jede Demokratie ist mit der Frage ihrer inneren und äußeren Grenzen konfrontiert, denn sie muss entscheiden, wer als Bürgerin und Bürger zum *demos* gehört – und damit Zugang zu den Verfahren und Institutionen der politischen Selbstbestimmung hat – und wer nicht (Benhabib 2008). Dass die Frage, wer Mitglied in einer politischen Gemeinschaft sein oder werden soll, von dieser Gemeinschaft selbst beantwortet werden muss, wird immer wieder als Element demokratischer Selbstbestimmung verstanden, bringt aber die faktische – und normativ nicht weniger bedeutsame – Gefahr der Verteidigung bestehender Privilegien und Exklusionen gegen die berechtigten Ansprüche von ›Neuankömmlingen‹, der Missachtung basaler Forderungen von Gerechtigkeit und Demokratie und damit eines Rückfalls in einen nationalistisch gewendeten Feudalismus mit Rechtssubjekten unterschiedlicher Klassen mit sich (vgl. Carens 2013, Teil I).

Der *demos* – also das politische Subjekt der Demokratie – scheint sich als territorial lokalisierte Gemeinschaft gleicher Staatsbürger verstehen zu müssen. Dies kann jedoch auf sehr unterschiedliche Weisen geschehen, die der normativen Forderung, dass alle Adressaten der Gesetze sich auch als deren Autoren verstehen können müssen, mal mehr und mal weniger gerecht werden. Auch in liberalen Demokratien wird zahlreichen Gruppen der Zugang zu grundlegenden politischen Rechten und damit zur tatsächlichen Fähigkeit, öffentlich für die eigenen Rechte einzutreten und damit überhaupt in einem politischen Sinn zu existieren, verwehrt oder erheblich erschwert (vgl. die Beiträge von Goppel, Celikates und Zurbuchen in Cassee/Goppel 2012). Viele Angehörige dieser Gruppen haben mit rassistischer Diskriminierung zu kämpfen, die sie auf Dauer zu ›Ausländern‹ und ›Migranten‹ macht und ihnen damit den Status eines gleichberechtigten Mitgliedes der politischen Gemeinschaft trotz dauerhafter Ansässigkeit verwehrt (vgl. Laborde 2008). Können sich die Adressaten der Gesetze nicht zugleich als deren Autoren verstehen, sind sie aber politisch fremdbestimmt und also unfrei, denn alle einer Regierungsstruktur Unterworfenen – ob sie nun formell Mitglieder des Gemeinwesens sind oder nicht – müssen gleich ›zählen‹, und das heißt: ein politisches Mitspracherecht haben, will der fragliche Staat tatsächlich demokratische Legitimität für sich in Anspruch nehmen können. Die Verknüpfung der Konzepte von Nation, politischer Gemeinschaft, Staatsbürgerschaft und Bürgerrechten funktioniert daher längst nicht mehr so einfach wie weithin angenommen (vgl. Benhabib 2008). Es gibt befristete und unbefristete Aufenthaltstitel; man kann Bürger der EU und gleichzeitig Bürger eines einzelnen Landes sein; auf kommunaler Ebene dürfen EU-Bürger anderer Länder schon mitwählen, andere langjährig Ansässige nicht, und auch das allgemeine Wahlrecht ist nicht überall an die Staatsbürgerschaft gekoppelt. In einer Demokratie jedenfalls muss das Recht zu bleiben das Recht, politisch mitzubestimmen, implizieren, wenn in der Idee der Selbstbestimmung auch weiterhin der normative Kern der Demokratie gesehen wird.

Selbstbestimmungsrecht der Völker als Prinzip des modernen Völkerrechts

Die zweite Weise, in der die Idee der Demokratie mit der Idee der Selbstbestimmung verknüpft ist, folgt aus der Annahme, dass ›Völker‹ die relevanten politischen Einheiten sind, denen im internationalen Bereich, also im Verhältnis zu anderen politischen Einheiten bzw. Staaten, ein Recht auf Selbstbestimmung zukommt. Die Idee eines Selbstbestimmungsrechts der Völker entwickelte sich zunächst im Zuge der nationalen Unabhängigkeitsbestrebungen innerhalb der Vielvölkerreiche des 19. und frühen 20. Jahrhunderts, dann nach dem Zweiten Weltkrieg vor allem im Rahmen des formalen Dekolonialisierungsprozesses. Heute ist dieses Recht in der Charta der Vereinten Nationen (Art. 1 Abs. 2: Grundsatz der Gleichberechtigung und Selbstbestimmung der Völker), im Internationalen Pakt über bürgerliche und politische Rechte (Art. 1 Abs. 1: Alle Völker haben das Recht auf Selbstbestimmung) und im Internationalen Pakt über wirtschaftliche, soziale und kulturelle Rechte (hier ebenfalls im Art. 1 Abs. 1) verbrieft. Allerdings bleibt auch im Völkerrecht umstritten, wer genau das Subjekt dieses Rechts ist, unter welchen Umständen eine Gruppe also als Volk zählt und wie unterschiedliche Völker voneinander zu unterscheiden sind. Zudem kann das Selbstbestimmungsrecht der Völker in unterschiedlicher (z. B. auch föderaler oder konföderaler) Form realisiert werden und muss sich nicht immer in vollumfassender Souveränität über ein Territorium manifestieren, woraus sich neue Herausforderungen nicht nur für das Völkerrecht, sondern auch für die politische Philosophie ergeben (Roepstorff 2013).

Als problematisch kann in diesem Zusammenhang der hinter bestimmten Auslegungen dieses Rechts stehende Nationalismus gesehen werden, dem zufolge eine Kongruenz ethnisch-kultureller und politischer Grenzen anzustreben ist. Angesichts der Tatsache, dass in vielen Staaten verschiedene Völker und ethnische Gruppen gemeinsam oder durchmischt zusammenleben, kann dies innerstaatliche Konflikte besonderer Intensität hervorrufen und zu einer weiter voranschreitenden Fragmentierung der internationalen Staatenwelt führen. Heute stellen entsprechende Bewegungen auch eine Herausforderung für die territoriale Integrität etablierter liberaler Nationalstaaten wie Spanien (Baskenland, Katalonien) und Kanada (Quebec) dar. Damit tritt das potenzielle Spannungsverhältnis zwischen der territorialen Integrität bzw. Souveränität des Staates und dem Selbstbestimmungsrecht der Völker zutage.

Vor diesem Hintergrund ist ebenfalls umstritten (zumindest außerhalb des Kontexts von Kolonialismus und Dekolonialisierung), unter welchen Umständen das Recht auf Selbstbestimmung ein (unilaterales) Recht auf Sezession begründet oder aber im Rahmen existierender Staatlichkeit realisiert werden muss. Einer zunehmend populären Position zufolge haben zumindest unterdrückte Völker ohne Aussicht auf angemessene Formen der Autonomie innerhalb eines unterdrückerischen und die basalen Menschenrechte ihrer Mitglieder verletzenden Staates angesichts der ihnen zugefügten extremen Ungerechtigkeit ein Recht auf Sezession als eine Art Notrecht, das sich aus ihrem Recht auf Selbstbestimmung ergibt (Buchanan 2004). Die Frage, ob es auch ein Recht auf Sezession von demokratischen, also die Mitbestimmungsrechte aller Bürgerinnen und Bürger in adäquater Weise schützenden Staaten gibt, bleibt dagegen weiterhin umstritten (vgl. Dietrich 2010).

In Reaktion auf diese komplexe historische und politische Realität hat es in jüngerer Zeit auch Versuche gegeben, Selbstbestimmung anders denn als Selbstregierung einer homogenen Gruppe über ein von ihr exklusiv kontrolliertes zusammenhängendes Territorium zu denken und damit der Tatsache Rechnung zu tragen, dass Völker bzw. ethnische Gruppen in vielen Fällen zusammen auf einem Territorium leben, das manchmal zudem fragmentiert ist und keine klare Grenzziehung zulassen würde (Young 2005). In solchen Kontexten können etwa verschiedene Formen des Föderalismus an Attraktivität gewinnen, die sich nach Maßgabe unterschiedlicher Dimensionen als symmetrisch oder asymmetrisch (identische Rechte für alle Subeinheiten oder nicht), primär vertikal oder horizontal (mit starkem politischem Zentrum oder nicht) und territorial ausgedehnt und zusammenhängend (oder nicht) voneinander unterscheiden lassen.

Interessante Impulse könnte diese theoretische Diskussion auch weiterhin aus der Praxis erhalten. So finden sich etwa in der west-kurdischen Rojava-Region Experimente mit alternativen Formen des demokratischen Konföderalismus, die sich explizit abgrenzen vom (etwa im nordirakischen Kurdistan verfolgten) Projekt der Staatsgründung oder Sezession – Demokratie lässt sich diesem Modell zufolge am besten im Rahmen subsidiär und inklusiv organisierter, auf Freiwilligkeit und Konsens beruhender und kooperativ miteinander verbundener Formen von Selbstverwaltung realisieren (vgl. In der Maur/Staal 2015). Aber auch im Rahmen liberaler Nationalstaaten finden sich indigene Völker (vor allem *first nations* in Kanada und den USA sowie Aborigines in Australien), deren politisches Ziel sich in vielen Fällen als ›Selbstbestimmung ohne Sezession‹ fassen lässt, die grundlegend über eine bloß kulturelle Autonomie und im Wesentlichen symbolische Anerkennung der Identität hinausgeht und z. B. (rechtlich-politische) Kontrolle über Land und Ressourcen, also eine radikale Veränderung der politischen und ökonomischen (neokolonialen und neoliberalen) Machtverhältnisse, aber keinen Anspruch separater Staatlichkeit (zumindest im klassischen Sinn) umfasst (Young 2005; Eisenberg et al. 2014). Traditionelle Konzeptionen von Staatlichkeit und Souveränität werden durch derartige Experimente mit der Idee multinationaler Demokratien als Assoziationen sich selbst bestimmender Völker (die damit erfolgreich den ihnen auferlegten Status als ›Bevölkerungen‹ oder ›Minderheiten‹ zurückweisen) konfrontiert, woraus sich durchaus auch Lektionen für das demokratische Potential von Formen der supra- und transnationalen Integration ergeben könnten, die über die sowohl aus demokratie- als auch aus gerechtigkeitstheoretischer Perspektive zu konstatierende Legitimationskrise der Europäischen Union hinausweisen (vgl. Tully 2008, Kap. I.6, II.8). In jedem Fall legen diese Entwicklungen nahe, dass der Nexus von Demokratie und Selbstbestimmung angesichts der oben angeführten Herausforderungen nicht vorschnell aufgelöst, sondern stattdessen weiterentwickelt werden sollte.

Literatur

Benhabib, Seyla (Hg.): *Democracy and Difference*. Princeton 1996.

–: *Kosmopolitismus und Demokratie*. Frankfurt a. M. 2008.

Bray, Daniel/Slaughter, Steven: *Global Democratic Theory*. Cambridge 2015.

Buchanan, Allen: *Justice, Legitimacy, and Self-Determination*. Oxford 2004.

Carens, Joseph: *The Ethics of Immigration*. Oxford 2013.

Cassee, Andreas/Goppel, Anna (Hg.): *Migration und Ethik*. Münster 2012.

Celikates, Robin/Gosepath, Stefan: *Politische Philosophie*. Stuttgart 2013.

Dietrich, Frank: *Sezession und Demokratie*. Berlin 2010.

Donaldson, Sue/Kymlicka, Will: *Zoopolis*. Oxford 2011.

Eisenberg, Avigail/Webber, Jeremy/Coulthard, Glen/Boisselle, Andrée (Hg.): *Recognition versus Self-Determination*. Vancouver 2014.

Fraser, Nancy: *Scales of Justice*. Cambridge 2008.

Goodin, Robert E.: Enfranchising all affected interests, and its alternatives. In: *Philosophy and Public Affairs* 35/1 (2007), 40–68.

Habermas, Jürgen: *Faktizität und Geltung*. Frankfurt a. M. 1992.

In der Maur, Renée/Staal, Jonas: *Stateless Democracy*. Utrecht 2015.

Kolodny, Niko: Rule over none I: What justifies democracy? In: *Philosophy and Public Affairs* 42/3 (2014), 195–229.

–: Rule over none II: Social equality and the justification of democracy. In: *Philosophy and Public Affairs* 42/4 (2014), 287–336.

Laborde, Cécile: *Critical Republicanism*. Oxford 2008.

Moellendorf, Darrel: Climate change justice. In: *Philosophy Compass* 10/3 (2015), 173–186.

Mouffe, Chantal: *Agonistics*. London 2013.

Offe, Claus: *Herausforderungen der Demokratie*. Frankfurt a. M. 2003.

Rancière, Jacques: *Der Hass der Demokratie*. Berlin 2011.

Roepstorff, Kristina: *The Politics of Self-Determination*. London 2013.

Schmidt, Vivien A.: Democracy and legitimacy in the European Union. In: Erik Jones/Anand Menon/Stephen Weatherill (Hg.): *The Oxford Handbook of the European Union*. Oxford 2012, 661–675.

Smith, William: *Civil Disobedience and Deliberative Democracy*. London 2013.

Tully, James: *Public Philosophy in a New Key*. 2 Bde. Cambridge 2008.

Young, Iris M.: *Inclusion and Democracy*. Oxford 2000.

–: Self-determination as non-domination. In: *Ethnicities* 5/2 (2005), 139–159.

Robin Celikates

60 Enhancement

Biotechnische Eingriffe in den gesunden menschlichen Organismus, die in der Absicht durchgeführt werden, bestimmte gewünschte Eigenschaften oder Fähigkeiten herbeizuführen oder zu steigern, werden in der gegenwärtigen bioethischen Debatte unter dem Begriff ›Enhancement‹ diskutiert. Dazu gehören Eingriffe in das Erbgut von Menschen sowie pharmazeutische Interventionen zur Steigerung der kognitiven Leistungsfähigkeit oder der emotionalen Befindlichkeit, aber auch Verbindungen des menschlichen Körpers, insbesondere des Gehirns, mit Geräten oder Computern. Viele Techniken, die schon diskutiert werden, sind jedoch (noch) Zukunftsmusik, etwa zielgerichtete Veränderungen im menschlichen Erbgut, um bestimmte gewünschte Eigenschaften herbeizuführen. Andere Eingriffe sind schon möglich und tatsächlich verbreitet, so etwa der Einsatz von kognitiven Stimulanzien unter Wissenschaftlerinnen, Wissenschaftlern und Studierenden. Um eine ethische Debatte zu führen, ist es allerdings zweitrangig, ob eine bestimmte Enhancement-Intervention schon jetzt verfügbar ist oder vielleicht erst später verfügbar sein wird. Es genügt die Annahme, dass bestimmte Interventionen in absehbarer Zeit möglich sein könnten.

Die ethische Bewertung von Enhancement-Eingriffen umfasst unterschiedliche Dimensionen (Schöne-Seifert/Talbot 2009; Savulescu/Bostrom 2009; Heilinger 2010). Neben der Berücksichtigung von Risikoabwägungen, Autonomieerwägungen und anthropologischen Argumenten werden auch Theorien sozialer (s. Kap. II.18) und distributiver Gerechtigkeit (s. Kap. II.12) herangezogen. Dass Enhancements überhaupt für Theorien der Gerechtigkeit einschlägig sind, setzt voraus, sie als ›Distribuenda‹ zu betrachten, also als Güter, deren Verteilung innerhalb einer Gesellschaft unterschiedlich organisiert werden kann. Enhancements haben dabei vor allem ›instrumentellen‹ Wert. Wie andere vielseitig einsetzbare Ressourcen, etwa Geld, würde die Ressource Enhancement es Menschen ermöglichen, bestimmte wertvolle Güter zu erlangen (Jobs, gesellschaftliche Positionen etc.) oder selbst gewählte Ziele zu erreichen (intellektuelle Erfahrungen etc.).

Gerechtigkeitstheoretische Positionen und Einwände

Ein naheliegender erster Einwand aus gerechtigkeitstheoretischer Perspektive basiert auf einer vermuteten Analogie zwischen Doping im Sport und biotechnologischen Enhancements etwa im Bildungssystem (Schermer 2008). In beiden Fällen werden von Einzelnen Mittel herangezogen, um in einem kompetitiven Umfeld unfaire Vorteile zu erreichen. Das Gerechtigkeitsproblem ergibt sich daraus, dass nun keine Chancengleichheit mehr besteht. Das Prinzip der Chancengleichheit (s. Kap. II.26) erfordert nämlich – in John Rawls' Formulierung –, dass Jobs und Positionen entsprechend den Talenten von Menschen vergeben werden. Entsprechend argumentiert etwa Norman Daniels dafür, dass lediglich Therapien, nicht aber Enhancements von der Öffentlichkeit finanziert werden sollen (vgl. Buchanan et al. 2000). Der unfaire Einsatz von biotechnischen Enhancements – jenseits der unterstellten Grenze der therapeutischen Behandlung – würde die natürliche Verteilung von Talenten überlagern, eigene, authentische Anstrengungen unterbinden und damit das Verdienstprinzip in Frage stellen. Dies gilt etwa für Fälle, in denen Studierende sich mithilfe von Stimulanzien effektiver auf Prüfungen vorbereiten können und aufgrund besserer Abschlüsse größere Chancen auf attraktive Positionen haben. Die genaue Abgrenzung zwischen vermeintlich unproblematischen Therapien und unfairen Enhancements ist allerdings oftmals schwierig.

Nun ist aber die Verteilung von Gesundheit, Talenten und Fähigkeit zur Anstrengung selbst arbiträr und unterliegt nicht der Kontrolle des Einzelnen. Die Nachteile, die sich aus nicht selbst gewählten Ungleichheiten ergeben, müssen aus der Perspektive des Luck Egalitarianism (s. Kap. III.39) vermieden oder kompensiert werden, egal ob sie sich aus dem sozialen Kontext oder aus der biologischen Grundausstattung von Menschen ergeben. Nur unter der Bedingung weitgehender Gleichheit ist Chancengleichheit überhaupt möglich. An dieser Stelle wird für den Luck Egalitaristen der Einsatz bestimmter Enhancements attraktiv: Die kontrollierte Verteilung von Enhancements an diejenigen, die von der ›natürlichen Lotterie‹ benachteiligt wurden, könnte zur Neutralisierung des Zufalls beitragen und erstmalig überhaupt einigermaßen gleiche Ausgangsbedingungen für alle herbeiführen, auf deren Grundlage dann Individuen frei und fair in einen Wettbewerb um Jobs und Positionen eintreten können (Segall 2010, Kap. 9).

Die Verteilung von Enhancements in der Absicht, bestimmte Fähigkeiten oder Eigenschaften hervorzubringen, kann sich an unterschiedlichen Mustern orientieren. Biotechnologische Interventionen zur Vergrößerung des IQ, zur Steigerung der Konzentrations- und Leistungsfähigkeit könnten etwa dazu genutzt werden, Gleichheit herzustellen; sie könnten auch herangezogen werden, um zunächst minimale Suffizienzstandards für alle zu sichern, oder aber um anspruchsvollere Ziele von Adäquatheit – etwa mit Blick auf die Fähigkeiten, die nötig sind, um als vollwertige Mitglieder an einer demokratischen Gesellschaft teilhaben zu können – zu verwirklichen. Alternativ könnten Enhancements auch prioritär zunächst denen zugänglich gemacht werden, die relativ am schlechtesten gestellt sind. Wenn das richtige Verteilungsmuster gefunden ist, worüber natürlich in der Forschung Dissens herrscht, wäre eine Verteilung nach diesem Muster gerecht (Etieyibo 2011).

Bei realistischer Einschätzung sollte man die Möglichkeit, Enhancements zur Vergrößerung der Gerechtigkeit einzusetzen, jedoch nicht überbewerten. Es ist vielmehr davon auszugehen, dass der tatsächliche Zugang zu Enhancements in Gesellschaften entsprechend einer bereits existierenden Ungleichverteilung von Ressourcen stattfinden wird und damit Enhancements als Luxusgut nur wenigen Privilegierten zur Verfügung stehen werden. Daher bergen Enhancements die Gefahr, die Ungleichheit und Ungerechtigkeit zwischen Individuen zu verschärfen, sowohl innerhalb einer Gesellschaft als auch im Kontext globaler Gerechtigkeit (s. Kap. II.17). Nun ist die Tatsache, dass nicht alle Menschen sofort gleichermaßen Zugang zu einem knappen Gut haben, kein Grund, ein Gut nicht zumindest einigen zugänglich zu machen (Buchanan 2011, Kap. 8). Andererseits ist auch nicht davon auszugehen, dass der Zugang zu solchen Gütern mit der Zeit ohne entsprechende politische Intervention allen zugänglich wird (*trickle down*). Bei anhaltendem privilegiertem Zugang zu Enhancements droht somit schlimmstenfalls ein weiteres Auseinanderklaffen der Schere zwischen den *haves* und *have-nots* bezüglich der Verteilung knapper Güter. Womöglich könnte das sogar zu einer Spaltung der Gesellschaft in unterschiedliche Klassen oder Kasten führen, letztlich gar zur Herausbildung einer trans- oder posthumanen Gattung, die – wie bereits diskutiert wird – irgendwann sogar die unverbesserten Menschen versklaven könnte (Annas/Andrews/Isasi 2002, 162).

Der Bezug zwischen Enhancement und Gerechtigkeit lässt sich auch abseits distributiver Fragen erkennen, etwa wenn über moralische Verbesserungen von Menschen mithilfe biotechnischer Interventionen nachgedacht wird, um die Welt insgesamt besser und gerechter zu machen. Zum einen wird diskutiert, wie etwa durch eine gezielte Beeinflussung der menschlichen Bedürfnisse, Wünsche und Motivationen bei gleichzeitiger Vergrößerung der Empathie- und Einsichtsfähigkeit prosoziales und genuin moralisches Verhalten gefördert werden kann (Persson/Savulescu 2008; kritisch Harris 2011). Zum anderen wird überlegt, ob nicht eine gezielte Veränderung des menschlichen Organismus – etwa mit Blick auf die Körpergröße, den Fleischkonsum etc. – einen Beitrag dazu leisten könnte, Probleme wie den Klimawandel anzugehen. Kleinere Menschen oder solche mit *pharmacological meat intolerance* würden insgesamt einen deutlich weniger klimaschädlichen ökologischen Fußabdruck hinterlassen (Liao/Sandberg/Roache 2012).

Kritik und Ausblick

Insgesamt ist das Erwägen möglicher Enhancement-Interventionen attraktiv für Theorien der Gerechtigkeit, weil es erlaubt, neue Alternativen zu etablierten Ansätzen zu identifizieren. Dennoch ist kritisch zu fragen, ob Enhancements – selbst wenn sie möglich wären – tatsächlich das erste Mittel der Wahl darstellen, um bestehende Ungerechtigkeiten zu verringern und die Gerechtigkeit und Gleichheit der Menschen zu vergrößern. Oftmals ergibt sich der Eindruck, dass Enhancements eher auf die Symptome fundamentaler Ungerechtigkeit zielen, als deren Ursachen anzugehen. Dass beispielsweise weniger leistungsfähige Menschen in den modernen westlichen Industrienationen relativ benachteiligt werden und oftmals Schwierigkeiten haben, ihren eigenen Lebensunterhalt zu sichern, ist keine natürliche und unveränderliche Tatsache. Statt zu überlegen, wie man solchen Menschen mithilfe biotechnischer Enhancements zu einem höheren IQ und mehr kompetitiver Leistungsfähigkeit verhelfen könnte, wäre auch der ›klassische‹ Weg zu bedenken, auf eine Veränderung der sozialen Strukturen hinzuarbeiten, die allererst dazu geführt haben, dass bestimmte gesellschaftlich wichtige Tätigkeiten als ›niedere‹ deklassiert und schlecht entlohnt werden. Auf der Ebene der Ursachen anzusetzen, würde die Plausibilität biotechnischer Lösungen deutlich verringern.

Die neuen Möglichkeiten biotechnischer Enhancements werden derzeit breit diskutiert, was auch vor dem Hintergrund von Theorien der Gerechtigkeit relevant ist. Eine gerechtigkeitstheoretische Auseinandersetzung ist zum einen nötig, um rechtzeitig über wahrscheinlich eintretende Folgen nachzudenken und entsprechende Maßnahmen vorzubereiten, ist aber andererseits auch dann sinnvoll, wenn eine Realisierung utopischer Vorstellungen unwahrscheinlich bleibt. In diesem Fall können Enhancements Alternativen zur menschlichen Lebens- und Gesellschaftsform aufzeigen, die sich als kritischer Vergleichsmaßstab zur Bewertung der Gegenwart heranziehen lassen.

Literatur

Annas, George J./Andrews, Lori B./Isasi, Rosario M.: Protecting the endangered human: Toward an international treaty prohibiting cloning and inheritable alterations. In: *American Journal of Law and Medicine* 28/2&3 (2002), 151–178.

Buchanan, Allen: *Beyond humanity?* Oxford 2011.

–/Brock, Dan W./Daniels, Norman/Wikler, Daniel: *From Chance to Choice: Genetics and Justice*. Cambridge 2000.

Etieyibo, Edwin: Genetic enhancement, social justice, and welfare-oriented patterns of distribution. In: *Bioethics* 26/6 (2011), 296–304.

Harris, John: Moral enhancement and freedom. In: *Bioethics* 25/2 (2011), 102–111.

Heilinger, Jan-Christoph: *Anthropologie und Ethik des Enhancements*. Berlin 2010.

Liao, Matthew S./Sandberg, Anders/Roache, Rebecca: Human engineering and climate change. In: *Ethics, Policy & Environment* 15/2 (2012), 206–221.

Persson, Ingmar/Savulescu, Julian: The perils of cognitive enhancement and the urgent imperative to enhance the moral character of humanity. In: *Journal of Applied Philosophy* 25/3 (2008), 162–167.

Savulescu, Julian/Bostrom, Nick (Hg.): *Human Enhancement*. Oxford 2009.

Schermer, Maartje: On the argument that enhancement is »cheating«. In: *Journal of Medical Ethics* 34/2 (2008), 85–88.

Schöne-Seifert, Bettina/Talbot, Davinia: *Enhancement. Die ethische Debatte*. Paderborn 2009.

Segall, Shlomi: *Health, Luck, and Justice*. Princeton 2010.

Jan-Christoph Heilinger

61 Familie

Die Familie ist in mehreren Hinsichten Gegenstand von Gerechtigkeitserwägungen. Die beiden meistdiskutierten Punkte in der Forschungsliteratur betreffen einerseits die innere Verfasstheit der Familie (intrafamiliäre Gerechtigkeit) und andererseits die Familie als Organisationsform und deren Auswirkung innerhalb einer liberalen egalitären Gesellschaft (interfamiliäre Gerechtigkeit). Interessanterweise wird dabei der Frage, was eine Familie eigentlich ist (bzw. wer eine Familie bilden kann/können sollte), wenig Beachtung geschenkt; die Argumentation – insbesondere im intrafamiliären Gerechtigkeitsdiskurs, der auch Genderaspekte aufweist – legt aber ein traditionelles Familienverständnis nahe. Ein solches Verständnis wird im Zuge neuer Reproduktionsformen und veränderter gesellschaftlicher Auffassungen von Ehe und Familie immer stärker in Frage gestellt, wobei sich aber die philosophische Debatte um den Familienbegriff bislang vor allem auf Theorien der Elternschaft und damit einhergehender Rechte und Pflichten konzentrierte, während die Implikationen für Gerechtigkeitsfragen weitgehend unerörtert blieben.

Die Familie – kein Gegenstand von Gerechtigkeit?

Zunächst gilt es zu klären, inwiefern das Vokabular von Rechten und Gerechtigkeit überhaupt auf die Familie Anwendung finden kann bzw. soll. Eine fundamentale Kritik diesbezüglich lautet, dass die Familie ›jenseits der Gerechtigkeit‹ liege, insofern sie von spontaner Affektion und Liebe geregelt sei, und es daher unangemessen sei, sich auf Rechte und Gerechtigkeitsprinzipien zurückzuziehen. Diese Position, für die eine starke Unterscheidung zwischen der öffentlichen Sphäre der Gerechtigkeit und der privaten Sphäre der Familie charakteristisch ist, kann in zwei Lesarten auftreten: Gemäß einer starken, kommunitaristisch bis konservativ geprägten Lesart unterminiert die explizite Erörterung von Gerechtigkeitsfragen die Familie, indem an die Stelle des liebenden Zusammenhalts eine Atmosphäre der Verhandlung und Bewertung von Vor- und Nachteilen trete (vgl. Sandel 1982, 33–35). Diese starke Lesart nimmt die Familie offensichtlich als ›sicheren Hafen‹, als einen Ort der Liebe und Fürsorge an, so dass sie maximal für glückliche Familien zutreffen kann, nicht aber für die Familie ›als solche‹ (vgl. Archard 2010, 89).

Einer schwächeren Lesart zufolge sind zwar beide Paradigmen, die private Sphäre der Liebe und Zuwendung (›Gefühlsmodell‹) auf der einen Seite und die öffentliche Sphäre der Gerechtigkeit (›Rechtsmodell‹) auf der anderen Seite, in der Familie anwesend, stehen aber in einer unauflöslichen Spannung zueinander (vgl. Honneth 1995, 999). Wo die Grenzlinie zwischen den beiden verlaufe, könne nicht auf substanzielle Weise beantwortet werden, sondern nur prozedural, insofern jede Familie in einen diskursiven Austausch darüber treten müsse, wie die Spannung zwischen Liebe und Gerechtigkeit aufzulösen sei (vgl. ebd., 1004).

*Intra*familiäre Gerechtigkeit

Gegen die soeben skizzierten Positionen haben insbesondere Feministinnen Einspruch erhoben. Ihnen zufolge sollte man die Familie keinesfalls als eine rein private Sphäre betrachten, in welcher Gerechtigkeitsansprüche keine oder nur begrenzte Geltung fänden. Damit verkenne man, dass 1) die Familie nicht allein eine ›natürliche‹ Organisation sei, sondern auch in hohem Maße eine soziale Institution, 2) der Staat ein Interesse an der (moralischen) Entwicklung seiner Bürger haben müsse (die zuallererst in Familien stattfinde) und 3) die Arbeitsteilung innerhalb der Familie gegenwärtig nach wie vor zulasten der Frauen organisiert sei, was wiederum deren Freiheiten und Perspektiven in der Gesellschaft einschränke (vgl. Satz 2013).

Die Bedeutung der Familie für die Entwicklung und Erziehung von Kindern ist unbestritten – dies gilt auch für deren *moralische* Entwicklung und die damit verbundene Ausbildung eines Gerechtigkeitssinns (vgl. Rawls 1979, §§ 70–76). Da ein solcher Gerechtigkeitssinn der Bürger eine wichtige Rolle für die Stabilität eines wohlgeordneten Staates spielt, muss ein gerechter, liberaler Staat ein Interesse daran haben, dass Kinder in Verhältnissen aufwachsen, die dem gewünschten Gerechtigkeitssinn dienlich sind. Allerdings hat schon John Stuart Mill in seinem Essay »The Subjection of Women« (1869/1984) kritisch gefragt, wie denn Kinder einen Gerechtigkeitssinn entwickeln sollen, wenn sie in der Familie mit zutiefst ungerechten Strukturen konfrontiert sind. Erst wenn die innerfamiliären Beziehungen von Gleichheit und Respekt geprägt seien, könne sich die Familie von einer Schule des Despotismus (»school of despotism«) in eine der Freiheit und entsprechender Tugenden (»school of the virtues of freedom«) wandeln (ebd., 294 f.), in der nicht mehr männliche Selbstbevorzugung und Selbstverehrung zulasten von Frauen und Töchtern vorherrsche.

Diese Diagnose teilt Susann Moller Okin, die in ihrer 1989 erschienenen Schrift *Justice, Gender, and the Family* insofern einen Schritt weitergeht, als sie nicht nur Gerechtigkeit im Sinne rechtlicher Gleichstellung und des Respekts innerhalb der Familie fordert, sondern auch *distributive* Gerechtigkeit zwischen Mann und Frau in Bezug auf Hausarbeit und Kindererziehung (vgl. zu diesem Themenbereich auch Krebs 2002). Denn neben dem oben genannten Aspekt der Familie als Ort moralischer Entwicklung erfordere eine gerechte Gesellschaft gleiche Chancen für Männer/Väter wie für Frauen/Mütter, ihre Fähigkeiten zu entwickeln, politisch zu partizipieren sowie öffentlich Einfluss zu nehmen (vgl. Moller Okin 1989, 22). Dies sei aber so lange nicht realisiert, wie Frauen überproportional die Lasten innerhalb der Familie übernähmen und deshalb ökonomisch abhängig und politisch wenig einflussreich blieben. In diesem Kontext wirft sie – trotz grundlegender Übereinstimmung – vor allem Rawls vor, dass er die innere Verfasstheit von Familien ebenfalls zu sehr als ›Privatsache‹ betrachte, insofern er die Geltung der politischen Gerechtigkeitsprinzipien nicht auf das »Innenleben der Familie« (ebd.) ausweiten wolle.

Diese Kritik greift Rawls in der Neufassung seiner *Gerechtigkeit als Fairness* explizit auf, wenn er konstatiert, dass in der Familie als Teil der Grundstruktur neben den Grundrechten und -freiheiten auch die fairen Chancen ihrer Mitglieder garantiert sein müssen (Rawls 2003, § 50, 253 f.). Allerdings scheint er dabei – wie schon in der *Theorie der Gerechtigkeit* – grundsätzlich die Anwendung der übrigen Gerechtigkeitsprinzipien (insbesondere des Differenzprinzips) für ausreichend zu erachten (ebd., 254). Etwas weitreichendere Forderungen finden sich allerdings in einer Passage, in der er zugesteht, dass zur Durchsetzung der vollen Gleichheit für Frauen Schritte unternommen werden müssten, »um entweder den Arbeitsanteil anzugleichen oder die Frauen für ihren größeren Anteil zu entschädigen« (ebd., 257).

Inwiefern die Familie als Teil der Grundstruktur nach egalitären Maßstäben organisiert sein müsse, ist umstritten, wobei die Mehrheitsmeinung Rawls darin zustimmt, dass die Institutionen der Grundstruktur (darunter auch Institutionen wie Kirchen, Universitäten und Gerichte) nicht zwingend gerecht nach egalitären distributiven Maßstäben verfasst sein müssten, sofern grundlegende Rechte gewahrt blieben (De Wijze 2000, 274 f.). Eine ungleiche Verteilung der Lasten innerhalb der Familie sei so lange aus liberaler Perspektive gerechtfertigt, wie ihr zugestimmt worden sei – schließlich gebe es noch andere Maßstäbe von Fairness, wie etwa die Verteilung nach Vorlieben oder Kompetenz (ebd., 279). Gegen eine stark egalitäre Auffassung der internen Familienstruktur wird weiter angeführt, dass diese implizit auf einer bestimmten Konzeption des Guten gründe und damit, im Falle einer staatlichen Durchsetzung, gegen das so genannte liberale Neutralitätsgebot verstoße (vgl. Card 2001, 164).

Die diskutierte Gegenüberstellung von innerfamiliärer Gerechtigkeit und der Autonomie der (liebevollen) Familie halten Pauline Kleingeld und Joel Anderson für prinzipiell verfehlt: Diese Spannung sei insofern bloß vordergründig, als ein innerfamiliärer Diskurs (auch zwischen Eltern und Kindern) *über* Gerechtigkeit und entsprechende Aufgabenverteilung gerade zum Zusammenhalt und positiven Selbstverständnis einer liebevollen Familie beitrügen. Vor diesem Hintergrund plädieren sie dafür, Gerechtigkeit nicht nur als vereinbar mit (familiärer und ehelicher) Liebe zu betrachten, sondern sie vielmehr als einen familiären Wert anzuerkennen (vgl. Kleingeld/Anderson 2014, 333).

Zuletzt sei noch auf einen weiteren Aspekt der intrafamiliären Gerechtigkeit hingewiesen, der bislang weniger Beachtung gefunden hat, nämlich das Verhältnis zwischen Eltern und Kindern aus dem Blickwinkel *relationaler* Gleichheit: Sollen Kinder in der Beziehung zu ihren Eltern als Gleiche behandelt werden? Ein Grund für die lange ausgebliebene, jetzt aber in Gang kommende Diskussion dieser Frage mag sein, dass die radikale Position der so genannten *child liberationists*, die Kindern die gleichen Rechte wie Eltern zugestehen wollen, auf wenig Resonanz stieß. Stattdessen dürfte Konsens darüber herrschen, dass Eltern zwar nicht uneingeschränkte Rechte *über* ihre Kinder haben (und Letztere die gleichen basalen Menschenrechte besitzen), sie aber kraft elterlicher Autorität Rechte *in Bezug auf* ihre Kinder haben – deren Inhalt sich parallel zu deren Entwicklungsstand verändert (vgl. Brennan/Noggle 1997). So treffen Eltern zahlreiche Entscheidungen (z. B. im medizinischen Kontext) für ihre Kleinkinder, während sie älteren, reiferen Kindern ein Mitbestimmungsrecht einräumen müssen. Diesem dynamischen Aspekt in der Eltern-Kind-Beziehung wird gegenwärtig viel Beachtung geschenkt, was sich etwa in der zunehmenden Literatur zur Anerkennung und Förderung der Autonomie von Kindern widerspiegelt (vgl. z. B. Betzler 2011).

*Inter*familiäre Gerechtigkeit

Die Familie als Institution einerseits und eine liberale Gesellschaft, welche die Chancengleichheit ihrer Bürger gesichert sehen möchte, andererseits scheinen schwer miteinander vereinbar zu sein. Selbst wenn die *intra*familiäre Gerechtigkeit gesichert sein sollte, erweist sich die Familie immer noch in *inter*familiärer Hinsicht als eine Bedrohung der Gerechtigkeit. Kinder aus bildungsnahen und wohlhabenden Familien haben nämlich – insbesondere in Deutschland – deutlich bessere Chancen und Lebensperspektiven als Kinder aus ärmeren, bildungsfremden Familien, was viele Bildungswissenschaftler wiederholt problematisieren (vgl. Wernstedt/John-Ohnesorg 2008; Müller/Ehmke 2013; s. Kap. V.58). Damit gefährden Familien die liberale Überzeugung, dass die soziale Herkunft nicht über die Lebensaussichten von Kindern entscheiden solle. Auf diese Weise kann die von wohlhabenden Eltern gelebte Bevorzugung ihrer eigenen Kinder, welche diese mit kompetitiven Vorteilen ausstattet, nicht annähernd durch die Bevorzugung der Kinder aus ärmeren Familien durch ihre eigenen Eltern kompensiert werden – und dieser Effekt potenziert sich über die Zeit und Generationen hinweg. Die genannten Vorteile sind nicht bloß materieller Natur; mindestens so wichtig dürften daneben Netzwerke und der damit verbundene Zugang zu Informationen sowie bestimmte kulturelle Werte und Praktiken (z. B. Museumsbesuche) sein – das so genannte kulturelle Kapital (vgl. Brighouse/Swift 2014, 29).

Diese Problematik erkennt z. B. auch John Rawls an, wenn er in seiner *Theorie der Gerechtigkeit* konstatiert: »Außerdem lässt sich der Grundsatz der fairen Chancen nur unvollkommen durchführen, mindestens solange es die Familie in irgendeiner Form gibt« (Rawls 1979, § 12, 94). Diese Skepsis kulminiert an anderer Stelle in der Frage: »Ist also die Familie abzuschaffen?« (ebd., § 77, 555). Rawls verneint letztlich diese Frage, indem er auf die mildernde Wirkung des Differenzprinzips hinweist. Ferner habe die Familie eine zu hohe Bedeutung hinsichtlich der Regeneration von Gesellschaft und Kultur sowie der moralischen Entwicklung der Kinder und damit auch für den Gerechtigkeitssinn der Bürger, als dass man auf sie verzichten könne. Diese instrumentelle Begründung sei zu schwach, um die Familie aus dem Blickwinkel der Gerechtigkeit zu legitimieren, moniert Véronique Munoz-Dardé. Mit Hilfe eines Gedankenexperiments, in dem sie die Kindererziehung in der Familie derjenigen in einem gut geführten Waisenhaus mit fähigen und achtsamen Erziehern gegenüberstellt, kommt sie zum Schluss, dass die Familie aus *moralischen* Gründen insofern vorzuziehen sei, als die parteiische Liebe der Eltern bewirke, dass sich das Kind in seiner Individualität und Selbstzwecklichkeit angenommen fühle (Munoz-Dardé 1999, 44 f.). Die Erziehung in einer staatlichen Institution laufe hingegen Gefahr, die Kinder für kollektive Zwecke zu instrumentalisieren (z. B. durch Beeinflussung der Berufswahl im Sinne wirtschaftlicher Bedürfnisse; ebd.). Insgesamt betrachtet sei die nicht-ideale Existenz der Familie besser als ihre Abschaffung (vgl. auch Archard 2010, 99).

Dieses Resümee enthält allerdings keinen Hinweis darauf, welche Praktiken elterlicher Liebe noch unter *gerechtfertigter* Parteilichkeit zu subsumieren sind und welche darüber hinausgehen (*dass* elterliche Parteilichkeit grundsätzlich legitim ist, ist derzeit die Mehrheitsmeinung in der familienethischen Literatur). Diesbezüglich schlagen aktuell Adam Swift und Harry Brighouse mit Verweis auf ihre Konzeption familiärer Werte vor, dass nur diejenigen Handlungen aus dem Blickwinkel der Gerechtigkeit gerechtfertigt seien, die für das Aufrechterhalten und die Pflege einer guten Eltern-Kind-Beziehung notwendig sind. Während damit die tägliche Gutenachtgeschichte, die zur wertvollen Intimität in der Eltern-Kind-Beziehung beiträgt, gerechtfertigt werden kann (selbst wenn damit sprachliche und damit intellektuelle Vorteile für die jeweiligen Kinder einhergehen), lässt sich der Besuch einer teuren Eliteschule hingegen nicht rechtfertigen, da er einer gelungenen Eltern-Kind-Beziehung nicht geschuldet ist (Brighouse/Swift 2014, 125).

Zu einem ähnlichen Ergebnis kommt auch Colin Macleod, wenn er zunächst basale, an den spezifischen Bedürfnissen von Kindern ausgerichtete Güter (*children-focused resources*) wie gute Bildung, Gesundheitsversorgung, gesunde Ernährung und Unterkunft identifiziert, die *allen* Kindern öffentlich bereitgestellt werden sollen. Damit bessergestellte Eltern ihren Kindern durch private ergänzende Maßnahmen in Bezug auf die genannten Güter nicht erneut einen Vorteil verschaffen, befürwortet er eine Einschränkung diesbezüglich: »Reichen Eltern sollte es nicht erlaubt sein, ihren Kindern eine bessere Gesundheitsversorgung oder Bildung zu kaufen« (Macleod 2002, 227). – Allein in Bereichen wie etwa der Freizeitgestaltung dürften Eltern sich über das gegebene Maß hinaus (auch finanziell) engagieren. Dieser Vorschlag (wie auch der von Brighouse/Swift) ist revisionär, stellt er doch viele gängige, als selbstverständlich empfundene Praktiken von Eltern (Finanzierung von Privatschulen, Zusatzversicherungen etc.) infrage. Solche Einschränkungen greifen stark in die vom Liberalismus respektierte Autonomie der Familie ein, insbesondere in die elterlichen Rechte. Die meisten Eltern dürften etwa für ihre Kinder ›nur das Beste‹ wollen, was ihnen angesichts der befürworteten Einschränkungen nicht mehr ermöglicht wird. Ferner lässt sich kritisch fragen, ob die Entscheidungsfreiheit der Eltern (z. B. bezüglich der Wahl einer Privatschule) nicht so lange legitim ist, wie die Qualität öffentlicher Schulen und anderer Institutionen gut genug bzw. adäquat ist (vgl. Anderson 2007). Zielführender als starke Eingriffe in die elterliche Wahlfreiheit dürften zur Dämpfung interfamiliärer Ungerechtigkeit daher (sozial)politische und steuerrechtliche Maßnahmen sein, die einerseits einen guten Standard öffentlicher Institutionen garantieren und andererseits Arbeitseinkommen nicht stärker belasten als Vermögen (s. Kap. V.75).

Familie und Gerechtigkeit im gesamtgesellschaftlichen und globalen Maßstab

Neben der *intra*familiären und der *inter*familiären Gerechtigkeit rückt mit dem demographischen Wandel in vielen Industriestaaten und den damit einhergehenden gesellschaftlichen Herausforderungen (Sicherung der Sozialsysteme, Finanzierung von Pflege, Fachkräftemangel etc.) die Frage einer gerechte(re)n Lastenverteilung zwischen Familien und Kinderlosen bzw. einer stärkeren öffentlichen Unterstützung von Familien immer mehr in den Fokus – auch in der Philosophie. Dabei wird geltend gemacht, dass die gesellschaftliche Leistung von Familien einerseits und deren tatsächliche Kosten im Zuge der Kindererziehung andererseits höher sind als bislang anerkannt (vgl. Folbre 2008). Eltern hätten deshalb Anspruch darauf, (stärker) seitens der Kinderlosen bzw. durch öffentliche Gelder finanziell entlastet zu werden (vgl. Olsaretti 2013). Es ist zu erwarten, dass die Frage, ob Familien aus gerechtigkeitstheoretischen Gründen stärker finanziell unterstützt werden müssten, angesichts der nach wie vor ungelösten gesellschaftlichen Herausforderungen an Brisanz noch zunehmen wird.

Ähnliches ist auch für die Herausforderungen im Hinblick auf die intrafamiliäre wie auch interfamiliäre Gerechtigkeit zu konstatieren, wenn man sie im *globalen* Maßstab betrachtet. In dem Kontext ist etwa auf den so genannten *care drain* hinzuweisen (vgl. Gheaus

2013): Je mehr Familienarbeit in wohlhabenden Ländern an Nannys und (weibliche) Haushaltshilfen aus Entwicklungsländern delegiert wird, desto mehr sind deren weibliche Angehörige (Töchter, Schwester, Cousinen) gefordert, die in der Heimat zurückgebliebenen Kinder zu versorgen. Dies führt zu dem paradoxen Ergebnis, dass die familiäre Emanzipation der Frauen in Industriestaaten eine Verstärkung der intrafamiliären Ungerechtigkeit in Entwicklungsländern bewirkt. Doch auch die interfamiliäre Gerechtigkeit ist im globalen Maßstab (noch) stärker unter Druck: Je mehr clanartige Familien – Familie hier als (groß) familiäres Netzwerk gemeint – Kapital und wirtschaftlichen wie politischen Einfluss akkumulieren, desto schwieriger dürfte die Grenze zwischen gerechtfertigter Parteilichkeit und ungerechtfertigtem Nepotismus zu ziehen sein.

Literatur

Anderson, Elizabeth: Fair opportunity in education: a democratic equality perspective. In: *Ethics* 117 (2007), 595–622.

Archard, David: *The Family. A Liberal Defence*. Basingstoke 2010.

Betzler, Monika: Erziehung zur Autonomie als Elternpflicht. In: *Deutsche Zeitschrift für Philosophie* 59 (2011), 937–953.

Brennan, Samantha/Noggle, Robert: The moral status of children. Children's rights, parent's rights, and family justice. In: *Social Theory and Practice* 12 (1997), 1–26.

Brighouse, Harry/Swift, Adam: *Family Values. The Ethics of Parent-Child Relationships*. Princeton 2014.

Card, Robert: Gender, justice within the family, and the commitments of Rawlsian liberalism. In: *Public Affairs Quarterly* 15 (2001), 155–171.

De Wijze, Stephen: The family and political justice – The case for political liberalisms. In: *The Journal of Ethics* 4 (2000), 257–281.

Folbre, Nancy: *Valuing Children. Rethinking the Economics of the Family*. Cambridge MA 2008.

Gheaus, Anca: Care drain as an issue of global gender justice. In: *Ethical Perspectives* 20 (2013), 61–80.

Honneth, Axel: Zwischen Gerechtigkeit und affektiver Bindung. Die Familie im Brennpunkt moralischer Kontroversen. In: *Deutsche Zeitschrift für Philosophie* 6 (1995), 989–1004.

Kleingeld, Pauline/Anderson, Joel: Justice as a family value: How a commitment to fairness is compatible with love. In: *Hypatia* 29/2 (2014), 320–336.

Krebs, Angelika: *Arbeit und Liebe. Die philosophischen Grundlagen sozialer Gerechtigkeit*. Frankfurt a. M. 2002.

Macleod, Colin M.: Liberal equality and the affective family. In: David Archard/Colin M. Macleod (Hg.): *The Moral and Political Status of Children*. Oxford 2002, 212–230.

Mill, John Stuart: The subjection of women [1869]. In: *Collected Works*, Bd. 2: *Essays on law, equality, and education*. Hg. von J. M. Robson. Toronto 1984, 259–340.

Moller Okin, Susan: *Justice, Gender, and the Family*. New York 1989.

Müller, Katharina/Ehmke, Timo: Soziale Herkunft als Bedingung der Kompetenzentwicklung. In: Manfred Prenzel/Christine Sälzer/Eckhard Klieme/Olaf Köller (Hg.): *PISA 2012. Fortschritte und Herausforderungen in Deutschland*. Münster 2013, 245–274.

Munoz-Dardé, Véronique: Is the family to be abolished then? In: *Proceedings of the Aristotelian Society* 99 (1999), 37–56.

Olsaretti, Serena: Children as public goods? In: *Philosophy & Public Affairs* 41/3 (2013), 226–258.

Rawls, John: *Eine Theorie der Gerechtigkeit*. Frankfurt a. M. 1979 (engl. 1971).

–: *Gerechtigkeit als Fairness. Ein Neuentwurf*. Frankfurt a. M. 2003 (engl. 2001).

Sandel, Michael: *Liberalism and the Limits of Justice*. Cambridge 1982.

Satz, Debra: Feminist perspectives on reproduction and the family. In: Edward N. Zalta (Hg.): *The Stanford Encyclopedia of Philosophy* (Winter 2013 Edition), http://plato.stanford.edu/archives/win2013/entries/feminism-family/ (5.2.2016).

Wernstedt, Rolf/John-Ohnesorg, Marei (Hg.): *Soziale Herkunft entscheidet über Bildungserfolg. Konsequenzen aus IGLU 2006 und PISA III. Dokumentation der Sitzung des Netzwerk Bildung vom 24. Januar 2008*. Berlin 2008.

Magdalena Hoffmann

62 Geschlecht

Das Verhältnis zwischen den Geschlechtern stellt eine wichtige Frage des abendländischen Nachdenkens über Gerechtigkeit dar. Gleichwohl wurde dem Thema Geschlechtergerechtigkeit bzw. der Gleichberechtigung der Geschlechter – wie es heute vor allem in feministischen und/oder geschlechtertheoretischen Ansätzen in der Philosophie, Soziologie, Politik- und Rechtswissenschaft sowie in den Gender Studies untersucht wird – in der Geschichte der Philosophie vergleichsweise wenig Gewicht zugemessen. Die Mehrzahl der Gerechtigkeitstheorien setzt sowohl die Existenzweise der Geschlechter als auch das Verhältnis zwischen den Geschlechtern als selbstverständlich bzw. ›natürlich gegeben‹ voraus und problematisiert die damit verbundenen gesellschaftlichen, kulturellen und politischen Annahmen über spezifische Geschlechtseigenschaften, Bedürfnisse, Verhaltensweisen und Rollenerwartungen nicht eigens. Dies kann, z. B. aus feministischer Perspektive, insofern selbst schon ein Gerechtigkeitsproblem darstellen, als damit oftmals einem patriarchalisch geprägten, androzentrischen Weltbild Vorschub geleistet wird, dessen implizite und explizite Normen das Nachdenken über Gerechtigkeit, z. B. hinsichtlich Verteilungsstandards, vereinseitigend vorstrukturieren. Kulturell verankerte Vorstellungen eines Dualismus zwischen ›Männlichkeit‹ und ›Weiblichkeit‹ veranlassen gendersensible Gerechtigkeitstheorien zu umfassenden Analysen bezüglich normativer Ansprüche (s. Kap. II.14): Sie untersuchen sowohl Gleichheitsforderungen als auch Besonderheiten in Bezug auf die verschiedenen Dimensionen des Geschlechterbegriffs wie z. B. die – umstrittene – Unterscheidung zwischen physiologisch-biologischen Aspekten (*sex*) und kulturell-gesellschaftlichen Aspekten (*gender*) des Geschlechts (vgl. hierzu u. a. Maihofer 1994; Gatens 1996, 3–20; Nagl-Docekal 1999, 46–67).

Der Zusammenhang von Gerechtigkeit und Geschlecht

Ein Zusammenhang zwischen Gerechtigkeit und Geschlecht besteht in zwei Hinsichten. Zum einen kann das Geschlecht von Personen oder Personengruppen Gegenstand von Gerechtigkeitsüberlegungen sein. Diese moralischen bzw. gesellschaftlichen oder politischen (Entscheidungs-)Fragen zur Gleichstellung der Geschlechter betreffen dann etwa wiedergutmachende Maßnahmen infolge von Diskriminierungen oder auch die Erfüllung von Geschlechterquoten. Außerdem kann die Geschlechtszugehörigkeit in Bezug auf bestimmte biologische und/oder gesellschaftliche Eigenschaften eine Rolle spielen, wenn aus gerechtigkeitstheoretischen Gründen beispielsweise besondere Rücksichten auf geschlechtsbezogene Merkmale gefordert sind. Anwendungsfelder gendersensibler Gerechtigkeitstheorien liegen heutzutage in liberal-demokratischen Gesellschaften vor allem in den Bereichen Sexualität/sexuelle Orientierung, Reproduktion und Gesundheit, private und öffentliche Arbeitsteilung zwischen den Geschlechtern, Erziehung und Bildung sowie im Bereich gesellschaftlicher Macht- und Führungspositionen. Insbesondere Sexismus als spezifisch geschlechtsbezogene Form der Diskriminierung von Personen/Personengruppen mit einer bestimmten Geschlechtszugehörigkeit und/oder bestimmter sexueller Orientierung steht im Fokus geschlechtersensibler Gerechtigkeitsüberlegungen.

Zum anderen stellt ›Geschlecht‹ eine zentrale Analysekategorie dar (vgl. Klinger 2005; Kerner 2006), mit deren Hilfe klassische Gerechtigkeitsstandards, z. B. Gleichheit, Unparteilichkeit oder Neutralität, aber auch die Normen und Kriterien bestimmter gerechtigkeitsrelevanter Maßnahmen, etwa Güterverteilung, Gleichstellung oder rechtlicher Schutz von Besonderheit, mit Blick auf deren jeweilige genderbezogene Implikationen untersucht werden können.

Die Unterscheidung zwischen Geschlecht als Analysekategorie und als Gegenstand von Gerechtigkeitsüberlegungen ist als begriffliche Unterscheidung auch normativ von Bedeutung, insofern sie auf den faktischen – mitunter ungerechten – Diskurs über Geschlechtergerechtigkeit reflektiert. In zahlreichen sozialen, kulturellen und politischen Debatten wird inhaltlich auf das Geschlecht von Personen bzw. auf die Geschlechterordnung einer ganzen Gesellschaft Bezug genommen, ohne dass dabei die impliziten Annahmen über spezifische Geschlechtseigenschaften, Rollenbilder und -erwartungen genauer befragt werden. Affirmierende, essentialisierende und/oder ideologisierende Geschlechterzuschreibungen können jedoch bereits auf der Ebene des Diskurses eine Ungerechtigkeit gegenüber Betroffenen darstellen (vgl. für die Diskussion über geschlechtergerechte Sprache z. B. Talbot 2010; s. Kap. V.74). Dies wird vor allem auch anhand der zum Teil sehr jungen Debatten über Homo-, Trans- oder Intersexualität, z. B. im Kontext einer queertheoretischen Kritik von Heteronormativität, deutlich, wenn Ansprüche auf Besonderheit bzw. Rechte auf Autonomie oder Gleichheit marginalisiert oder gar abgesprochen werden (vgl. Judith Butlers Kritik an der »Zwangsordnung Geschlecht/Geschlechtsidentität/Begehren«, Butler 1991, 22).

Gerechtigkeit und das Problem der Geschlechtsblindheit

Von einer Auseinandersetzung mit dem Thema Geschlecht in Bezug auf Gerechtigkeit im engeren Sinne kann erst seit der Moderne gesprochen werden. Wenige Ausnahmen in der Geschichte sind Platon, der bereits in der Antike für die Gleichberechtigung der Geschlechter u. a. in Bezug auf intellektuelle und politische Führungspositionen argumentiert (vgl. Platon 1991, insbes. Buch V) oder Christine de Pizan, die im Übergang vom Mittelalter zur Neuzeit eine geschlechtergerechte Gesellschaftsordnung entwirft (vgl. de Pizan 1405/1992). Autorinnen wie Olympe de Gouges oder Mary Wollstonecraft problematisieren im 18. Jahrhundert die Geschlechtsblindheit einer universalen Gerechtigkeitsvorstellung, wie sie z. B. in der Erklärung der Menschen- und Bürgerrechte aus dem Jahre 1789 zum Ausdruck kommt, und weisen vehement auf den androzentrischen Charakter von allgemeingültigen Gerechtigkeitsmaßstäben hin. In ihren Schriften decken sie die vergeschlechtlichten Implikationen von Recht, Moral, gesellschaftlichen Rollenerwartungen und Erziehungsidealen auf. Sie kritisieren, dass diese Implikationen von zeitgenössischen männlichen Theoretikern entweder negiert (Immanuel Kant) oder aber unreflektiert affirmiert (Jean-Jacques Rousseau) werden, was in beiden Varianten auf die Minderbewertung von weiblichen Verhaltensweisen oder gar der ›weiblichen Natur‹ im Ganzen hinauslaufe (vgl. de Gouges 1791/1999; Wollstonecraft 1792/2004).

Die heutige gerechtigkeitstheoretische Debatte über den Zusammenhang von Gerechtigkeit und Geschlecht knüpft an diese frühen feministischen Kritiken an, umfasst aktuell aber auch Ansätze der Men's Studies, die sich mit gesellschaftlichen Konzepten von ›Männlichkeit‹ befassen (vgl. u. a. Connell 2005), sowie Positionen der Queer Theory (vgl. u. a. Butler 2004). So werden im ausgehenden 20. und beginnenden 21. Jahrhundert nicht nur die misogynen, sexistischen oder geschlechterdiskriminierenden *Auswirkungen* von Gerechtigkeitsnormen auf die gesellschaftlichen Verhältnisse, sondern auch die *Vergeschlechtlichung* vermeintlich neutraler Wertmaßstäbe der Gerechtigkeit untersucht und kritisiert.

Ab den 1980er Jahren entwirft Carol Gilligan mit ihren Arbeiten zur kognitivistischen Moralpsychologie auf der Grundlage empirischer Befragungen eine Alternative zu androzentrischen Gerechtigkeitsvorstellungen (vgl. Gilligan 1984; Gilligan/Attanucci 1988). Diese so genannte Care- bzw. Fürsorgeethik enthält im Unterschied zu den vorherrschenden, auf allgemeinen Rechten und universalen Kategorien der Rationalität basierenden Gerechtigkeitsansätzen ein Moralverständnis, das der Fähigkeit zu Fürsorglichkeit und Empathie von moralisch Handelnden sowie der Kontextabhängigkeit moralischer Urteile Rechnung trägt. Auch wenn der Anspruch der Care-Ethik anfangs mit einer ›Frauen-Ethik‹ identifiziert wurde, liegt er vielmehr darin, die Ebenbürtigkeit moralischer Werte, die herkömmlicherweise mit ›Weiblichkeit‹ assoziiert werden (z. B. Verbundenheit mit und Fürsorge für Andere), mit traditionellerweise ›männlicht‹ konnotierten Werten (z. B. Rationalität, Neutralität und Universalität) anzuerkennen. Ein prominentes Anwendungsgebiet der Care-Ethik liegt neben der Medizinethik im Bereich der Ethik familiärer Beziehungen (vgl. Noddings 1984; Ruddick 1989).

In der Debatte um das Verhältnis von Gerechtigkeit und Geschlecht hat sich im Übergang vom 20. zum 21. Jahrhundert eine Fülle feministischer bzw. geschlechtersensibler Gerechtigkeitsansätze herausgebildet (vgl. Pauer-Studer 2005, 108–130). Neben Rückgriffen auf Konzeptionen der Gefühlsethik (vgl. Baier 1993; Nussbaum 2002, 163–233) finden sich feministische Varianten der kantischen Gerechtigkeitstheorie (vgl. O'Neill 1996), der Gerechtigkeitskonzeption der Diskursethik (vgl. Benhabib 1989) sowie neo-aristotelischer Gerechtigkeitsansätze (vgl. Nussbaum 1999). Zum einen werden in diesen Ansätzen die grundlegenden Kriterien der jeweiligen Gerechtigkeitsnormen, -standards und -begründungen hinsichtlich ihrer unterschwelligen geschlechtsbezogenen Verzerrungen untersucht. Besonderes Gewicht liegt hierbei auf der kritischen Reflexion des Selbstverständnisses der Philosophie als einer Disziplin, die sich mit den Dingen ›schlechthin‹ und nicht mit vergeschlechtlichten Gegenständen befasse. Es werden beispielsweise androzentrische Implikationen von zentralen Begriffen der Gerechtigkeitstheorie entlarvt. Ein Hauptkritikpunkt bezieht sich dabei nicht nur auf die Abwesenheit des ›anderen‹ Geschlechts bzw. der Geschlechtlichkeit überhaupt. Auch die Gleichsetzung des ›eigenen‹ (d. h. traditionellerweise männlichen) Geschlechts mit dem

›Menschen an sich‹ und die daraus resultierenden Vernachlässigungen frauenspezifischer Gesichtspunkte, z. B. der vergeschlechtlichten Leiblichkeit, reproduktiver Belange oder normierender Geschlechtszuschreibungen, werden moniert (vgl. Klinger 2005, 329–338). Zum anderen wird der Einwand erhoben, dass gerade die verallgemeinernde Sicht des Moralischen »per definitionem über die mit der [...] Asymmetrie im Status von Frauen und Männern zusammenhängenden Probleme und Erfahrungen« (Pauer-Studer 2005, 105) hinweggehe, weil das Begriffsrepertoire des ›Allgemein-Menschlichen‹, des ›Universalen‹ und ›Neutralen‹ explizit von geschlechtsbezogener Verkörperung und Situierung absehe. Hier setzen geschlechtersensible Gerechtigkeitstheorien an, nicht nur das »Schweigen der Philosophie zum Thema Geschlecht« (Klinger 2005, 330) zu brechen, sondern begriffliche Instrumentarien für die Beförderung von Geschlechtergerechtigkeit zu entwickeln.

Geschlechtersensible Gerechtigkeitsnormen: Gleichheit versus Differenz

Im Zuge der Moderne und vor allem mit dem Aufkommen der Ersten Frauenbewegung in der zweiten Hälfte des 19. Jahrhunderts wird die Gleichberechtigung der Geschlechter in Bezug auf Lebensaussichten, die Chance auf Selbstverwirklichung sowie die aktive Teilnahme an der Öffentlichkeit zum Ziel gesellschaftlicher Debatten und rechtlich-politischer Kämpfe erhoben. Der zentrale Gerechtigkeitsstandard ist hier die Gleichheit. Bei der politisch-rechtlichen Gleichstellung von Frauen und Männern (z. B. im Fall des Rechts auf politische Teilhabe für Frauen, vgl. Mill/Taylor-Mill/Taylor 1869/1976) geht es um die normativ geforderte Gleichbehandlung der Geschlechter und damit um die Absehung von Differenzen hinsichtlich spezifischer Geschlechtseigenschaften oder damit verbundener Rollenverständnisse.

Hingegen wird im Fall der Quotierung gerade die Zugehörigkeit zu einem bestimmten Geschlecht normativ in Anschlag gebracht, um die als ungerecht eingestufte, Jahrzehnte oder gar Jahrhunderte währende Diskriminierung von Frauen beispielsweise mithilfe von Maßnahmen der *affirmative action* (vgl. Fullinwider 2013) zu kompensieren. Deren Ziel besteht vor allem im Aufbrechen patriarchalisch verfestigter Strukturen, die nur formal gesehen Chancengleichheit bieten, Frauen jedoch faktisch marginalisieren oder benachteiligen. Beide Gerechtigkeitsmaßnahmen beziehen sich auf den Maßstab der (formalen) Gleichheit der Geschlechter bzw. auf die Idee der Gleichheit vor dem Gesetz. Allerdings zeigt sich am Beispiel der *affirmative action* (zu Deutsch: ›positive Diskriminierung‹), dass der Begriff der Gleichheit unterschiedliche Bedeutungen haben kann: Im Unterschied zum Verständnis von Gleichheit als *Voraussetzung*, z. B. im Sinne von Chancengleichheit (s. Kap. II.26), wird sie hier als *Resultat* aufgefasst, d. h. im Sinne von Ergebnisgleichheit. In Bezug auf Maßnahmen wie Quotenregelung, institutionelle Frauenförderungs- und Gleichstellungspolitiken sowie ›Gender Mainstreaming‹-Programme (vgl. Frey 2003) kann somit das Paradox entstehen, dass eine (ehemalige) Diskriminierung bewusst in eine (temporäre) Bevorzugung und damit Absehung von Gleichheit umgekehrt wird. Diese Handhabung rekurriert in rechtlich-politischer Hinsicht zum Teil auf entsprechende menschenrechtlich begründete Antidiskriminierungsregelungen (vgl. das internationale »Übereinkommen zur Beseitigung jeder Form von Diskriminierung der Frau« der Vereinten Nationen, CEDAW 1979).

Die so genannte positive Diskriminierung/Quotierung wird allerdings aus philosophischer Perspektive als problematisch beurteilt. Erstens stellt sich die Frage nach der Verhältnismäßigkeit struktureller Kompensation, d. h. inwiefern historisches Unrecht gegenüber Personen, die bereits tot sind, mit Maßnahmen, von denen Nachfolgende profitieren, wiedergutgemacht werden kann. Zweitens besteht das Problem der Legitimität einer Maßnahme, die, wenn auch eine *umgekehrte*, so doch eine Diskriminierung bleibt, da zur Begründung hierbei nicht auf eine faktische Benachteiligung, sondern lediglich auf die Zugehörigkeit zu einer als benachteiligt geltenden Gruppe Bezug genommen wird (vgl. Boshammer 2008, 234). Drittens wird aus geschlechtertheoretischer Perspektive der Umstand moniert, dass auch eine ›gut gemeinte‹ Berücksichtigung von geschlechtsspezifischen Eigenschaften zum einen häufig auf essentialisierende Geschlechtscharakteristika zurückgreift und zum anderen damit stereotype Annahmen über Geschlechtszugehörigkeiten eher perpetuiert denn relativiert. Gleichwohl argumentieren verschiedene geschlechtersensible Gerechtigkeitsansätze für ein normatives Recht auf Differenz. In der allgemeinen Norm der Gleichheit sehen sie die Gefahr einer Missachtung der spezifischen Besonderheiten vergeschlechtlichter Existenzweisen, die sich unter Umständen in Gewalt- und Unterdrückungsformen äußere (vgl. Young 1990). Differenztheoretische Ansätze sprechen sich daher häufig für Sonder- und Minderheitenrechte für Frauen, Homo- und Transsexuelle aus, um den besonderen Problemen in bestimmten gesellschaftlichen Bereichen wie Prostitution und Menschenhandel oder sexualisierter Gewalt/geschlechtsspezifischer Zwangsarbeit besser gerecht werden zu können.

Anwendungsbeispiele für Geschlechtergerechtigkeit in Recht, Gesellschaft und zwischenmenschlichen Beziehungen

In heutigen liberal-demokratischen Gesellschaften zeichnen sich für geschlechtersensible Gerechtigkeitsansätze verschiedene Problemfelder ab. Ein zentrales Anwendungsfeld der Diskussion um die Geschlechtergerechtigkeit liegt im Bereich der privaten und öffentlichen Arbeitsteilung. Die traditionelle geschlechtsspezifische Arbeitsteilung verortet das Betätigungsfeld von Frauen vor allem in der privaten, Tätigkeiten von Männern hingegen hauptsächlich in der öffentlichen Sphäre. Dies wirkt sich auch gegenwärtig in teils gravierenden Unterschieden in der Entlohnung von ›männlicher‹ und ›weiblicher‹ Erwerbsarbeit, in struktureller Benachteiligung von Frauen in der Berufswahl, der Karriereplanung und der Teilhabe an Macht- und Führungspositionen sowie in der Marginalisierung von als ›frauenspezifisch‹ erachteten Tätigkeiten aus. Sowohl das Thema ›Vereinbarkeit von Beruf und Familie‹ als auch die Diskussion um die so genannte ›Lohnlücke‹ (engl. *gender pay gap*) zwischen den durchschnittlichen Bruttostundenlöhnen von Männern und Frauen zeigen deutlich, dass das Geschlecht und die Zuschreibung von Geschlechterrollen im Zentrum dieser Gerechtigkeitserwägungen stehen.

Den historischen Anfang nimmt die Debatte um die geschlechtsbezogene Arbeitsteilung anhand der Forderung eines Teils der Zweiten Frauenbewegung nach finanzieller Entlohnung für Haushalts-, Erziehungs- und Pflegetätigkeiten innerhalb von familiären und verwandtschaftlichen Beziehungen (vgl. Beer 1984). Die gerechtigkeitstheoretische Kritik an unbezahlter Hausarbeit bezieht sich auf die ökonomisch willkürliche Grenzziehung zwischen (vergleichbaren oder gar gleichartigen) Leistungen, die durch eine unterschiedliche Bewertung der privaten und der öffentlichen Sphäre innerhalb patriarchalisch geprägter, kapitalistischer Produktions- und Arbeitsstrukturen zu einer Diskriminierung der typischerweise von Frauen geleisteten reproduktiven Tätigkeiten führt. Fürsorge- und Haushaltstätigkeiten sollten hingegen als Dienstleistungen im Sinne von Lohnarbeit aufgefasst und von staatlicher Seite (angemessen) bezahlt werden. Allerdings stellt sich hier das Problem einer Tendenz zur Ökonomisierung von Care-Arbeit, die Pflege- und Haushaltstätigkeiten auf den Warencharakter von Dienstleistungen reduziert. Seitdem die gesellschaftliche Entwicklung in den Industrienationen dahin tendiert, dass Frauen zunehmend in öffentlichen Lohnerwerbsstrukturen arbeiten, stellt sich das Gerechtigkeitsproblem weniger als Frage nach einer Verteilung privater Arbeitslasten in Haushalt und Pflege zwischen den Geschlechtern denn als Frage nach der Arbeitsteilung zwischen Frauen verschiedener Schichtzugehörigkeit bzw. ethnischer Herkunft (vgl. Dörre 2007). In globaler Perspektive treten damit verstärkt Problematiken wie Prekarisierung, Arbeitsmigration und geschlechtsspezifische Ausbeutung/Versklavung von weiblichen Beschäftigten auf.

Ein weiteres Problemfeld der Geschlechtergerechtigkeit liegt im Bereich Erziehung und Bildung, wo ebenfalls geschlechtsspezifische Ungleichheitsstrukturen fortbestehen. Zwar ist der Anteil von Frauen mit höherer Qualifizierung in den Industrienationen gestiegen, doch weisen Studien nach wie vor Unterschiede zwischen der Sozialisation von männlichen und weiblichen Kindern und Jugendlichen aus, die sich auf die zukünftige Berufs- und Karrierewahl der Geschlechter auswirken (vgl. Höblich 2010). Aus geschlechtertheoretischer Perspektive wird in diesem Zusammenhang auch die normierende (Selbst-)Identifikation im Rahmen der institutionellen Sozialisation problematisiert, die sich vornehmlich an einer eindeutigen Zuordnung im Rahmen von Zweigeschlechtlichkeit sowie an Heteronormativität orientiert und damit Gefahr läuft, Abweichungen von der ›Mehrheitsbiographie‹ zu marginalisieren.

Im Bereich der Sexualität/sexuellen Orientierung sind gerechtigkeitsrelevante Problemfelder zu benennen, die in unmittelbarer Weise die geschlechtliche Leiblichkeit und die damit verbundenen Reproduktionsmerkmale von Personen/Personengruppen betreffen. So wird die Frage der Legitimität bestimmter Praktiken der Genitalbeschneidung und -verstümmelung im Kontext des Rechts auf die Unversehrtheit des eigenen Körpers thematisiert. Universalistische und kulturrelativistische Argumente befinden sich hier im Streit darüber, ob der Kampf gegen die Beschneidung weiblicher (und männlicher) Genitalien als paternalistische Einmischung in religiöse/kulturelle Gepflogenheiten oder als emanzipative Gerechtigkeitsmaßnahme für die Betroffenen zu betrachten ist (vgl. Okin

1998). In den Debatten um reproduktionsmedizinische Eingriffe, d. h. um das Recht auf Abtreibung einerseits und um das Recht auf künstliche Befruchtung andererseits, haben seit der Weiterentwicklung der technischen Möglichkeiten im Bereich der In-vitro-Fertilisation und der Pränatalen Diagnostik bestimmte Akzentverschiebungen stattgefunden. Während es zunächst um die ethische Auseinandersetzung mit Pro- und Contra-Argumenten bezüglich der Abwägung des Rechts auf Leben eines Fötus mit dem Recht der Schwangeren auf Autonomie ging, stellt sich heutzutage vor allem das Problem, inwiefern das Recht von Schwangeren auf individuelle Entscheidung bezüglich einer Abtreibung verteidigt, zugleich aber die mögliche Instrumentalisierung von Eizellen oder Stammzellmaterial aus ungeborenen Föten im Rahmen von Prozessen der Reproduktionsmedizin einer kritischen Reflexion unterzogen werden kann (vgl. Pauer-Studer 2005, 109–124). Hinzu kommt, dass im Rahmen von Grundrechts- und Verteilungsgerechtigkeitsansätzen das Recht auf biologische Elternschaft/künstliche Befruchtung im Sinne eines Grundrechts diskutiert wird.

Schließlich bildet die für die abendländische Philosophie konstitutive Vorstellung von Zweigeschlechtlichkeit einen Gegenstand der Gerechtigkeitsreflexion. Ihr liegt die Annahme zugrunde, dass sowohl die Geschlechtsidentität als auch die sexuelle Orientierung eines Menschen in ihrer vermeintlichen Eindeutigkeit durch kulturelle, gesellschaftliche und biologisch-medizinische Einflüsse bestimmt wird. Entsprechend ergeben sich gerechtigkeitsrelevante Fragestellungen in Bezug auf Grundrechte und Verteilung, z. B. hinsichtlich geschlechtsanpassender Maßnahmen, aber auch hinsichtlich des Rechts auf Ablehnung einer Festlegung des Geschlechts im Kindesalter bei Intersexualität.

Befragung von geschlechtersensiblen Gerechtigkeitsnormen

An den genannten Beispielen zeigt sich, dass der akademische Diskurs über das Verhältnis von Geschlecht und Gerechtigkeit durchaus kontrovers geführt wird. Das gerechtigkeitstheoretische Ziel einer Gleichstellung der Geschlechter in privaten Beziehungen wie in der öffentlichen Sphäre sieht sich hinsichtlich der Begründung von entsprechenden Normen und Maßnahmen mit vielfältigen konzeptionellen Herausforderungen konfrontiert. Insbesondere gibt es innerhalb des feministischen und geschlechtertheoretischen Diskurses keine Einigkeit darüber, ob das Recht auf Gleichheit einen Vorrang gegenüber dem Recht auf Besonderheit hat oder ob beide vielmehr in einem wechselseitigen Vermittlungszusammenhang stehen. Darüber hinaus tendieren einige Theoretikerinnen dazu, die Frage nach einer ›besseren‹, d. h. einer geschlechtersensiblen und an Gleichberechtigung orientierten Gerechtigkeitsordnung verstärkt im Rahmen einer *prinzipiellen* Infragestellung von Gerechtigkeitsnormen hinsichtlich ihrer vermachteten Geschlechterimplikationen zu verorten (vgl. Purtschert 2012). Viele gesellschaftstheoretische Probleme lassen sich aufgrund ihrer Komplexität eben nicht ohne weiteres durch das eine oder andere – wie auch immer wohlbegründete – Gerechtigkeitsprinzip lösen. Dies lässt sich am Beispiel der Pornographie nachvollziehen. An einem gesellschaftlich so umstrittenen und entsprechend emotional aufgeladenen Thema sind die Argumentationen von gendersensiblen Gerechtigkeitstheoretikern auf die Probe gestellt. So spielt eventuell eine feministische Position »jenen Kräften in die Hände, welche die Darstellung von *queeren* und *nicht-weißen* Sexualitäten als pornographisch konnotieren und [...] verbieten wollen« (ebd., 151) und verletzt damit womöglich das Gebot des Respekts kultureller Vielfalt oder das Recht auf künstlerische Freiheit. Aus einer gendersensiblen Perspektive sind gerechtigkeitstheoretische Ansätze hingegen vor die Herausforderung gestellt, drängende moralisch-politische Fragen zu klären, z. B. inwiefern »die Ausbeutung von [Porno-]Darstellerinnen gestoppt, wie der lukrative Handel mit sexistischem Material beendet, wie die Verbreitung von gewalttätigen sexistischen Bildern unterbunden werden« (ebd.) kann.

Literatur

Baier, Annette: Hume, der Moraltheoretiker der Frauen? In: Herta Nagl-Docekal/Herlinde Pauer-Studer (Hg.): *Jenseits der Geschlechtermoral. Beiträge zur feministischen Ethik.* Frankfurt a. M. 1993, 105–134.

Beer, Ursula: *Theorien geschlechtlicher Arbeitsteilung.* Frankfurt a. M. 1984.

Benhabib, Seyla: Der verallgemeinerte und der konkrete Andere. Ansätze zu einer feministischen Moraltheorie. In: Elisabeth List/Herlinde Studer (Hg.): *Denkverhältnisse. Feminismus und Kritik.* Frankfurt a. M. 1989, 454–487.

Boshammer, Susanne: Diskriminierung. In: Stefan Gosepath/Wilfried Hinsch/Beate Rössler (Hg.): *Handbuch der Politischen Philosophie und Sozialphilosophie.* Berlin 2008, 232–238.

Butler, Judith: *Das Unbehagen der Geschlechter.* Frankfurt a. M. 1991.

–: *Undoing Gender.* New York 2004.

CEDAW (1979): Übereinkommen zur Beseitigung jeder Form von Diskriminierung der Frau. In: http://www.un.org/en/ga/search/view_doc.asp?symbol=A/RES/34/180 (27.2.2105).
Connell, Raewyn: *Masculinities*. Berkeley ²2005.
Dörre, Klaus: Prekarisierung und Geschlecht. Ein Versuch über unsichere Beschäftigung und männliche Herrschaft in nachfordistischen Arbeitsgesellschaften. In: Britte Aulenbacher et al. (Hg.): *Arbeit und Geschlecht im Umbruch der modernen Gesellschaft*. Wiesbaden 2007, 285–301.
Frey, Regine: *Gender im Mainstreaming. Geschlechtertheorie und -praxis im internationalen Diskurs*. Königstein 2003.
Fullinwider, Robert: Affirmative action. In: Edward N. Zalta (Hg.): *The Stanford Encyclopedia of Philosophy* (Fall 2013 Edition), http://plato.stanford.edu/archives/fall2013/entries/affirmative-action/ (10.1.2014).
Gatens, Moira: *Imaginary Bodies. Ethics, Power and Corporeality*. London 1996.
Gilligan, Carol: *Die andere Stimme. Lebenskonflikte und Moral der Frau*. München 1984 (engl. 1982).
–/Attanucci, Jane: Two moral orientations. In: Carol Gilligan/Janie Ward/Jill McLean Taylor (Hg.): *Mapping the Moral Domain. A Contribution of Women's Thinking to Psychological Theory and Education*. Cambridge MA 1988, 73–86.
Gouges, Olympe de: *Die Rechte der Frau*. Hg. von Karl Heinz Burmeister. Wien 1999 (frz. 1791).
Höblich, Davina: *Biographie, Schule und Geschlecht. Bildungschancen von SchülerInnen*. Wiesbaden 2010.
Kerner, Ina: Geschlecht. In: Gerhard Göhler/Mattias Iser/Ina Kerner (Hg.): *Politische Theorie. 22 umkämpfte Begriffe zur Einführung*. Wiesbaden 2006, 137–154.
Klinger, Cornelia: Philosophie. Feministische Theorie zwischen Lektüre und Kritik des philosophischen Kanons. In: Hadumod Bußmann/Renate Hof (Hg.): *Genus. Geschlechterforschung/Gender Studies in den Kultur- und Sozialwissenschaften. Ein Handbuch*. Stuttgart 2005, 328–364.
Maihofer, Andrea: Geschlecht als Existenzweise. Einige kritische Anmerkungen zu aktuellen Versuchen zu einem neuen Verständnis von ›Geschlecht‹. In: Institut für Sozialforschung (Hg.): *Geschlechterverhältnisse und Politik*. Frankfurt a. M. 1994, 168–187.
Mill, John Stuart/Taylor-Mill, Harriet/Taylor, Helen: *Die Hörigkeit der Frau*. Frankfurt a. M. 1976 (engl. 1869).
Nagl-Docekal, Herta: *Feministische Philosophie. Ergebnisse, Probleme, Perspektiven*. Frankfurt a. M. 1999.
Noddings, Nel: *Caring. A Feminine Approach to Ethics and Moral Education*. Berkeley CA 1984.
Nussbaum, Martha: *Gerechtigkeit oder das gute Leben*. Frankfurt a. M. 1999.
–: *Konstruktionen der Liebe, des Begehrens und der Fürsorge. Drei philosophische Ansätze*. Stuttgart 2002.
Okin, Susan Moller: Konflikte zwischen Grundrechten. Frauenrechte und die Probleme religiöser und kultureller Unterschiede. In: Stefan Gosepath/Georg Lohmann (Hg.): *Philosophie der Menschenrechte*. Frankfurt a. M. 1998, 310–342.
O'Neill, Onora: Gerechtigkeit, Geschlechterdifferenz und internationale Grenzen. In: Herta Nagl-Docekal/Herlinde Pauer-Studer (Hg.): *Politische Theorie. Differenz und Lebensqualität*. Frankfurt a. M. 1996, 417–449.
Pauer-Studer, Herlinde: Ethik und Geschlechterdifferenz. In: Julian Nida-Rümelin (Hg.): *Angewandte Ethik. Die Bereichsethiken und ihre theoretische Fundierung. Ein Handbuch*. Stuttgart ²2005, 88–139.
Pizan, Christine de: *Das Buch von der Stadt der Frauen*. München ³1992 (frz. 1405).
Platon: *Politeia*. Übers. von F. Schleiermacher. Leipzig 1991.
Purtschert, Patricia: Gerechtigkeit herstellen oder gegen Normierung angehen? Nachdenken über zwei feministische Denkstile und ihre epistemische Differenz. In: Hilge Landweer et al. (Hg.): *Philosophie und die Potentiale der Gender Studies. Peripherie und Zentrum im Feld der Theorie*. Bielefeld 2012, 141–161.
Ruddick, Sara: *Maternal Thinking. Towards a Politics of Peace*. Boston 1989.
Talbot, Mary: *Language and Gender. An Introduction*. Cambridge ²2010.
Wollstonecraft, Mary: *A Vindication of the Rights of Women* [1792]. New York 2004.
Young, Iris Marion: *Justice and the Politics of Difference*. Princeton NY 1990.

Franziska Martinsen

63 Gesundheit

Gesundheit ist eine zentrale Voraussetzung für ein ›gutes Leben‹ (s. Kap. IV.42). Zum einen hat Gesundheit einen besonderen existenziellen Bezug: Die mit Krankheit – also der Abwesenheit oder Einschränkung von Gesundheit – verbundenen Belastungen und Schmerzen stellen besonders intensive Beeinträchtigungen des Wohlergehens dar. Zum anderen werden durch Krankheit zahlreiche Lebensvollzüge behindert, so dass Gesundheit auch einen konditionalen oder transzendentalen Charakter besitzt; sie ist daher von zentraler Bedeutung für gesellschaftliche Chancengleichheit (Daniels 1985; s. auch Kap. II.24).

Verteilungsfragen, die sich auf die Gesundheit beziehen, unterliegen daher nach verbreiteter Auffassung und trotz unterschiedlicher verteilungstheoretischer Grundannahmen besonders strengen Gerechtigkeitsanforderungen. Allerdings ist Gesundheit kein Gut, das als solches verteilt werden kann. Dies ist schon dadurch ausgeschlossen, dass der Gesundheitszustand zahlreichen Einflüssen – etwa der genetischen Disposition, Schicksalsschlägen wie Unfällen oder der gesundheitsbezogenen Lebensführung – unterliegt, die nicht gesteuert werden können oder dürfen. Deshalb ist es auch schwerlich sinnvoll, von einem ›Recht auf Gesundheit‹ zu sprechen. Gerechtigkeitsfragen mit Bezug auf Gesundheit treten vielmehr mit Bezug auf die Faktoren auf, die für Gesundheit und Krankheit verantwortlich sind und durch gezieltes staatliches, gesellschaftliches und individuelles Handeln jedenfalls prinzipiell gestaltbar sind: die medizinische Versorgung und die sozialen Gesundheitsdeterminanten.

Das Verteilungsproblem in der medizinischen Versorgung

Angesichts der zentralen Bedeutung von Gesundheit wird es in vielen politischen Ordnungen als zentrale Verpflichtung des Sozial- oder Wohlfahrtsstaates angesehen, allen Bürgern den Zugang zu einer funktionsfähigen medizinischen Versorgung zu eröffnen. Jedenfalls in deren – gar lebenswichtigen – Kernbereichen soll insbesondere die mangelnde finanzielle Leistungsfähigkeit nicht zum Ausschluss von der Versorgung oder zu deutlichen Versorgungsunterschieden führen. Wie weit dieser Egalitarismus hinsichtlich des Versorgungszugangs reicht, ist allerdings umstritten und hängt von den allgemeinen Überzeugungen über die Grundsätze sozialer Gerechtigkeit ab. Auch fällt die institutionell-organisatorische Umsetzung dieser Verpflichtung sehr unterschiedlich aus; so kann das Versorgungssystem als staatlicher Gesundheitsdienst, als Sozialversicherungssystem oder als marktförmiges System mit staatlicher Unterstützung für sozial Bedürftige ausgestaltet sein. Schließlich bedingt ein gleicher Zugang zur Versorgung nicht eine mehr oder weniger egalitäre – etwa einkommensabhängige – Finanzierung der Versorgung. Es muss nur sichergestellt sein, dass die Versorgung für jedermann ohne existenzgefährdende finanzielle Belastungen erreichbar ist.

Sobald die öffentliche Gewalt gewährleistet, dass jeder Bürger Zugang zur medizinischen Versorgung hat, stellt sich die Frage, wie dieser obligatorische Versorgungskatalog zusammengesetzt sein soll. Angesichts des medizinisch-technischen Fortschritts und der demographischen Entwicklungen in vielen modernen Gesellschaften besteht weithin Einigkeit, dass es nicht möglich sein wird und vielleicht schon jetzt nicht mehr möglich ist, alle Versorgungsleistungen, die aus medizinischer Sicht in dem Sinne notwendig oder zumindest nützlich sind, dass sie einen gesundheitlichen Zusatznutzen bewirken, in einem öffentlichen Versorgungssystem vorzuhalten. Denn die medizinische Versorgung weist einen abnehmenden Grenznutzen auf und hat infolgedessen steigende Opportunitätskosten. Auch die medizinische Versorgung steht daher unter dem Prinzip der Knappheit, so dass sich die zentrale Gerechtigkeitsfrage stellt, wie die begrenzten Ressourcen innerhalb des Versorgungssystems verteilt werden sollen.

Dies ist eine Frage der sozialen Verteilungs- und Gesundheitsgerechtigkeit, weil eine ›harte‹ Rationierung, die einen privaten Zukauf von Leistungen, die das öffentliche Versorgungssystem nicht vorsieht, ausschließt, in einer freiheitlichen Gesellschaft mit offenen Grenzen und freien Märkten – wie in der Europäischen Union – weder möglich noch wünschenswert ist. Eine ›weiche‹ Rationierung, die diesen Zukauf nicht ausschließt, bringt aber immer die Gefahr einer sozialen Spaltung der Versorgung mit sich. Anders stellt sich die Verteilungsfrage dagegen in dem Sonderbereich der Organtransplantation dar: Da der private Zukauf von Organen auf legalem Wege nicht möglich ist, handelt es sich bei der Verteilung von knappen Organen um ein Problem der reinen Gesundheitsverteilungsgerechtigkeit.

Rationalisierung, Rationierung, Priorisierung und die Allokationsebenen

Zur Verteilungsgerechtigkeit (s. Kap. II.12) in der medizinischen Versorgung existiert eine breite philosophische, ökonomische und gesundheitssystempolitische Diskussion. Dabei besteht Einigkeit, dass die Hebung von Effizienzreserven im Versorgungssystem – z. B. durch die Vermeidung von Doppeluntersuchungen, den Abbau von überhöhten Preisen für Versorgungsleistungen und den Ausschluss unwirksamer Maßnahmen – als so genannte Rationalisierung Vorrang vor Leistungsbeschränkungen hat (›Rationalisierung vor Rationierung‹). Umstritten und nur mit Bezug auf das jeweilige Versorgungssystem zu klären ist die Frage, wie groß diese Effizienzreserven sind, wie weit sie angesichts der Komplexität der Versorgungssysteme gehoben werden können und ob dadurch eine Beschränkung von medizinisch notwendigen oder zumindest nützlichen Maßnahmen tatsächlich auf Dauer vermieden werden könnte.

In der jüngeren Diskussion hat sich der Begriff der Priorisierung etabliert, der ein Verfahren der Reihung medizinischer Maßnahmen nach ihrer Versorgungsbedeutung beschreibt (vgl. die Beiträge in Schmitz-Luhn/Bohmeier 2013). Diese Reihung kann sowohl indikationsspezifisch (›vertikal‹) als auch indikationsübergreifend (›horizontal‹) erfolgen; eine horizontale Priorisierung wirft dabei die weitere Frage auf, ob ein indikationsübergreifendes Nutzenmaß – etwa in Form des QALY (*quality adjusted life year*) – zur Verfügung steht. Obwohl Verfahren der Priorisierung in der Regel mit der Bewältigung der Knappheits- und Verteilungsproblematik zusammenhängen, können sie nicht mit einer Rationierung gleichgesetzt werden: Zum einen kann sich aus der Bildung einer Prioritätenliste auch ergeben, dass bestimmte Krankheiten und Patienten bisher nicht hinreichend versorgt worden sind (›Unterversorgung‹), so dass die Priorisierung zur Ausweitung von Versorgungsansprüchen führen kann. Zum anderen überlässt sie es einer politischen Entscheidung, welche Ressourcen dem Versorgungssystem zur Verfügung stehen; davon hängt dann ab, in welchem Umfang die Prioritätenliste abgearbeitet werden kann und ob überhaupt auf nachgeordnete (›posteriorisierte‹) medizinische Leistungen verzichtet werden muss.

Angesprochen sind damit auch unterschiedliche Ebenen und Verfahren der Mittelallokation. Während auf einer übergeordneten Ebene entschieden werden muss, welche Ressourcen dem System der kollektiven Gesundheitsversorgung – im Unterschied zu anderen Politikbereichen – zur Verfügung stehen sollen (Makroebene), muss innerhalb des Gesundheitssystems geklärt werden, wie diese Mittel auf unterschiedliche Versorgungsbereiche (Mesoebene) und schließlich auf einzelne Patienten (Mikroebene) verteilt werden. Dabei kann die Verteilung innerhalb des Versorgungssystems explizit, also auf einer höheren Ebene und regelgeleitet, oder implizit, im Versorgungsalltag durch die einzelnen Leistungserbringer, erfolgen. Eine implizite Rationierung, die typischerweise durch die Festsetzung starrer Budgets ohne die Vorgabe von Verteilungskriterien ausgelöst wird, stößt allerdings aufgrund ihrer Intransparenz auch unter Gesichtspunkten der Gerechtigkeit auf schwerwiegende Bedenken.

Verteilungskriterien

Für die Definition des Leistungskatalogs eines obligatorischen Versorgungssystems werden zahlreiche Kriterien diskutiert, die teils als solche, teils in ihrem Verhältnis zueinander umstritten sind. Sie sind für den Normalbetrieb eines medizinischen Versorgungssystems konzipiert und von den Triage-Regeln für die medizinische Versorgung in Katastrophensituationen zu unterscheiden.

Ein erstes Problem stellt sich bereits insoweit, als zwar weithin Einigkeit besteht, dass ein besonderer Solidaranspruch auf Versorgungsleistungen nur im Fall der Krankheit besteht, der Krankheitsbegriff sich aber jedenfalls an seinen Rändern als unscharf erweist (zur Diskussion vgl. die Beiträge bei Schramme 2012). Ob und unter welchen Voraussetzungen etwa Unfruchtbarkeit oder psychische Beschwerden Krankheitswert besitzen und einen Versorgungsanspruch gegen die Solidargemeinschaft begründen, lässt sich nicht ohne weiteres beantworten. Die zunehmenden Möglichkeiten der präventiven Diagnostik und der ›Verbesserung‹ menschlicher Fähigkeiten (*enhancement*, s. Kap. V.60) werden die Abgrenzungsprobleme verschärfen.

Ein zentrales und grundsätzlich anerkanntes Gerechtigkeitskriterium stellt die medizinische Bedürftigkeit im Sinne der Dringlichkeit einer Behandlung dar (›Akutprinzip‹; *rule of rescue*). Dass die Behandlung besonders massiver gesundheitlicher Beeinträchtigungen und Schmerzen höchste Priorität besitzt, lässt sich nicht nur aus dem Grundsatz der Menschenwürde oder einem universalisierbaren Interesse erklären, sondern entspricht auch dem politisch-symbolischen Sinn eines kollektiven Versorgungssystems, das niemanden in seiner existenziellen Not allein lassen will. Versorgungsgerechtigkeit ist primär Bedarfsgerechtigkeit, also Versorgung gemäß der medizinischen Bedürftigkeit. Allerdings wirft gerade der naheliegende Fall der überlebensnotwendigen Behandlung Fragen auf, da derartige Behandlungen häufig am Ende des Lebens stattfinden und den betroffenen Patienten nicht heilen, sondern sein Leben lediglich um wenige Monate bei eingeschränkter Lebensqualität verlängern. Da sie zugleich sehr kostenintensiv sein können, ist vor Überdehnungen des Akutprinzips zu warnen (Schöne-Seifert/Friedrich 2013). Auch aus der ausnahmslosen Geltung des Anspruchs auf Achtung der Menschenwürde lässt sich nicht schließen, dass die Solidargemeinschaft zu einer Lebensverlängerung um jeden Preis verpflichtet ist.

Ein weiteres grundsätzlich anerkanntes Verteilungskriterium stellt der Nutzen einer Maßnahme dar. Die Probleme liegen hier zunächst auf einer empirischen Ebene, da ungeklärt und umstritten sein kann, ob und in welchem Ausmaß eine Maßnahme einen medizinischen Nutzen bewirkt. Grundsätzlich ist es dann legitim, auf einem wissenschaftlich gesicherten Nutzennachweis nach den Grundsätzen der evidenzbasierten Medizin zu bestehen. Allerdings kann dies insbesondere mit Blick auf neue Untersuchungs- und Behandlungsmethoden dazu führen, dass jedenfalls die Chance auf einen medizinischen Zusatznutzen vereitelt wird. In Fällen einer lebensbedrohlichen Krankheit hat dies die deutsche Verfassungsrechtsprechung zum Anlass genommen, für eine Leistungsverpflichtung der gesetzlichen Krankenversicherung eine Absenkung der Anforderungen an den Nutzennachweis zu verlangen; hier soll der Versicherte auch Anspruch auf noch nicht anerkannte Untersuchungs- und Behandlungsmethoden haben (Bundesverfassungsgericht 2005).

Das Kriterium des (nachgewiesenen) Nutzens kann auch in ein Spannungsverhältnis zu dem Kriterium der Dringlichkeit treten, da gerade in schweren und daher besonders dringlichen Krankheitsfällen oft nur noch ein sehr begrenzter Zusatznutzen zu stiften ist. Während eine originäre Gerechtigkeitsperspektive den am schlechtesten Gestellten eine hohe Priorität einräumt, kann das Nutzenkriterium in eine gegenläufige Richtung weisen. Dieses Problem teilt es mit dem Kriterium des Kosten-Nutzen-Verhältnisses, das insbesondere von der Gesundheitsökonomie betont wird. In seiner utilitaristischen Ausrichtung zieht es den Einwand auf sich, für Verteilungsfragen gerade blind zu sein (Lübbe 2006). In einer Ordnung, die auf die Würde und die Rechte jedes Einzelnen gegründet ist, kann eine nutzenmaximierende Allokation von Gesundheitsgütern nur legitim sein, wenn und soweit sich nachweisen lässt, dass ein derartiges Verteilungsmuster im Interesse jedes Einzelnen liegt und somit verallgemeinerungsfähig ist; Nutzenmaximierung kann daher keinen fundamentalen, sondern nur einen abgeleiteten normativen Status haben. Allerdings lässt sich durchaus begründen, dass der Aspekt der Nutzenmaximierung auch aus einer legitimationstheoretischen – etwa kontraktualistischen – Perspektive, die von den Interessen und Rechten des Einzelnen ausgeht, eine gewisse Berechtigung hat, weil er die Chance jedes Einzelnen erhöht, in den Genuss eines gesundheitlichen Zusatznutzens zu kommen. Diese Rechtfertigung gewinnt ihre Überzeugungskraft allerdings aus der Bedingung, dass der Einzelne bei der Festsetzung des Leistungskatalogs noch nicht weiß, in welchem gesundheitlichen Zustand er sich befinden und auf welche medizinischen Leistungen er angewiesen sein wird. Wem mit dieser Begründung eine medizinische Behandlung aus Nutzen- oder Kosten-Nutzen-Erwägungen versagt wird, wird dies nur akzeptieren, wenn nicht schon von vornherein klar war, dass er – etwa aufgrund einer angeborenen schweren und kostenintensiven Krankheit – der Verlierer dieses Allokationsschemas ist. Wie weit derartige Ex-ante-Rechtfertigungen hypothetischer Kompensationsmöglichkeiten reichen, ist umstritten. Feste Schwellenwerte für Kosten-Nutzen-Verhältnisse sind jedenfalls problematisch. Letztlich drückt sich hierin der Konflikt von Gleichheit und Effizienz und von deontologischen und konsequentialistischen Intuitionen aus, der viele Verteilungsfragen prägt.

Ein interessanter Ansatz, der die Probleme des Konsequentialismus und einer ökonomischen Bewertung medizinischen Nutzens weithin vermeidet, schlägt vor, medizinische Maßnahmen mit einem nur marginalen Zusatznutzen unabhängig von ihren Kosten zu posteriorisieren (Buyx/Friedrich/Schöne-Seifert 2009). Dabei wäre allerdings zu diskutieren, ob dieser Ansatz nur gilt, wenn der Nutzen generell marginal ist – jeder Patient z. B. nur eine Lebensverlängerung von wenigen Tagen erlangt –, oder auch zur Anwendung kommen kann, wenn eine Maßnahme in der Regel gar keinen Nutzen bewirkt, aber einzelne, wenn auch nur sehr wenige Patienten einen erheblichen Zusatznutzen erfahren.

Unter dem Stichwort der Eigenverantwortung wird die Frage diskutiert, ob die Behandlung von selbstverschuldeten Krankheiten posteriorisiert werden sollte;

in Betracht kommt hier z. B. eine finanzielle Beteiligung des Patienten oder eine Rückstufung auf der Warteliste für ein Organ. Abgesehen davon, dass es häufig kaum oder nur mit unzumutbaren Eingriffen in die Privatsphäre nachweisbar sein wird, dass der Betroffene zu seinen Beschwerden durch sein Verhalten beigetragen oder zumindest das Erkrankungsrisiko erhöht hat, ist die Heranziehung der Eigenverantwortung als Verteilungskriterium unter Gesichtspunkten der Gerechtigkeit nur bei punktuellen und bewussten gesundheitsriskanten Verhaltensweisen, wie z. B. der Ausübung von Hochrisikosportarten, vertretbar. Die für die Versorgungsrealität relevanten ›Zivilisationskrankheiten‹ werden dagegen häufig durch den Lebensstil der Betroffenen mitverursacht, der von zahlreichen Faktoren bestimmt wird und daher nur sehr begrenzt der Eigenverantwortung zugerechnet werden kann (zu einem Vorschlag der gerechtigkeitstheoretischen Berücksichtigung dieses Umstands vgl. Roemer 1993). Wird zudem primär die finanzielle Belastung des Versorgungssystems als Begründung für eine Anwendung des Kriteriums der Eigenverantwortung herangezogen, wird man konsequenterweise auch berücksichtigen müssen, dass ein selbstverschuldetes frühzeitiges Versterben das Solidarsystem an anderer Stelle entlasten kann.

Ebenfalls äußerst umstritten als Verteilungskriterium ist das (chronologische oder kalendarische) Alter. Während dieses Kriterium insbesondere im juristischen Diskurs vielfach als diskriminierend eingestuft wird, sprechen Überlegungen einer ›fairen Lebensspanne‹ und kontraktualistische Ansätze ihm aufgrund seines egalitären Charakters nicht jede Berechtigung ab (Callahan 1987; Daniels 1988).

Die Budgetwirksamkeit einer medizinischen Maßnahme ist ein verbreitetes gesundheitspolitisches Entscheidungskriterium, aus gerechtigkeitstheoretischer Sicht aber kritisch zu beurteilen. Denn aus der Sicht des individuellen Versorgungsanspruchs kann es nicht darauf ankommen, ob die begehrte medizinische Leistung voraussichtlich nur selten erbracht wird oder in einer Vielzahl von Fällen zur Anwendung zu kommen und daher das Budget des Versorgungssystems merklich zu belasten droht.

Da die relevanten Verteilungskriterien als solche und in ihrem Verhältnis zueinander umstritten sind, kommt – ergänzend zur Versorgungsgerechtigkeit – der Verfahrensgerechtigkeit (s. Kap. II.21) und damit den Verfahren und Institutionen, die über Verteilungsfragen im Versorgungssystem entscheiden, maßgebliche Bedeutung zu. Aus einer verfahrensgerechtigkeitstheoretischen Perspektive wird man insoweit problemangemessene, partizipative und transparente Entscheidungsstrukturen im Sinne einer *accountability for reasonableness* (Daniels/Sabin 2008) verlangen müssen.

Soziale Versorgungsgerechtigkeit

Auch ein klug und gerecht zusammengesetzter Leistungskatalog des öffentlichen Versorgungssystems wird nicht verhindern können, dass finanziell leistungsfähige Bürger weitere Leistungen privat zukaufen und sich die Versorgung in diesem Sinne sozial ausdifferenziert. Will man dem nicht durch die unrealistische Option begegnen, dass gar keine Begrenzung medizinisch notwendiger oder zumindest sinnvoller Maßnahmen zulässig ist, kann der Mindestversorgungsanspruch sich nur auf die Teilhabe an dem Normalversorgungsniveau des jeweiligen Gemeinwesens beziehen. Dieses Niveau wird schon deshalb nicht einheitlich sein, weil es von der Versorgungskultur und wirtschaftlichen Situation des jeweiligen Gemeinwesens abhängt. Vor dem Hintergrund einer gewissen sozialen Hintergrundgerechtigkeit ist es aber nicht unfair, wenn sich die Gesundheitsversorgung der Bürger, die über kein eigenes Einkommen verfügen und deshalb keine eigene Entscheidung über das Niveau ihrer medizinischen Behandlung treffen können, an der Absicherungsentscheidung eines Durchschnittsbürgers – mit durchschnittlichem Einkommen und Gesundheitszustand – orientiert (Dworkin 2000). Zunächst nicht in der kollektiven Grundversorgung enthaltene, aber flächendeckend privat zugekaufte Leistungen müssten dann regelmäßig in das Versorgungssystem überführt werden. Der Versorgungsanspruch wird damit kultur- und systemrelativ; dies ist aber nicht zu kritisieren, weil soziale Rechte typischerweise auf die Inklusion in ein konkretes Gemeinwesen bezogen sind (Huster 2011, 52–54).

Soziale Gesundheitsungleichheiten als Gerechtigkeitsproblem

In der internationalen Diskussion ist inzwischen aufgrund der Ergebnisse sozialepidemiologischer Forschung weithin anerkannt, dass der Gesundheitszustand einer Bevölkerung, aber auch die soziale Verteilung von Gesundheit nicht nur (und ab einem gewissen Versorgungsniveau nicht einmal maßgeblich) vom Zugang zur medizinischen Versorgung abhängen, sondern maßgeblich von anderen, sozialen Faktoren bestimmt werden, die dazu führen, dass Menschen erkranken. Diese sozialen Gesundheitsdeterminanten sind dem Versorgungsgeschehen vorgelagert und erfassen etwa die Umweltbedingungen am Wohnort und am Arbeitsplatz, die gesundheitsbezogene Lebensweise und sozialstrukturelle Faktoren wie die Erfahrungen von Arbeitslosigkeit und Ausgrenzung, das Ausmaß der Selbstbestimmung am Arbeitsplatz und die Einbindung in ein soziales Netzwerk. Unabhängig davon, ob man den Sozialstatus anhand von Einkommen, Bildung oder beruflicher Stellung bestimmt, lässt sich nachweisen, dass die gesundheitsrelevanten Faktoren zu einem erheblichen Teil schichtenspezifisch ausgeprägt sind. Dies dürfte die erheblichen sozialen Gesundheitsungleichheiten erklären, die sich in Form eines sozialen Gesundheitsgradienten in allen modernen Gesellschaften finden. Selbst in Deutschland mit der gesetzlichen Krankenversicherung als einem allgemein zugänglichen und funktionsfähigen Versorgungssystem ist die Lebenserwartung von Männern im höchsten Einkommensfünftel um zehn Jahre höher als von Männern im untersten Einkommensfünftel; betrachtet man die in Gesundheit verbrachten Lebensjahre, sind die Unterschiede noch größer.

Die sich entwickelnde Public-Health-Ethik, die auf die normative Reflexion der sozialen Gesundheitsdeterminanten und ihre Beeinflussung ausgerichtet ist (vgl. Strech/Marckmann 2010), hat daher in gerechtigkeitstheoretischer Hinsicht das Augenmerk von *just health care* auf *just health* erweitert (vgl. Daniels 1985; 2008). Damit stellen sich die Fragen, wie die sozialen Gesundheitsungleichheiten zu beurteilen sind und ob sie politische Handlungspflichten auslösen.

Soweit soziale Gesundheitsunterschiede auf gesundheitsbezogene Verhaltensweisen und Lebensstile von Individuen und soziale Gruppen zurückgeführt werden können, drängt sich der Einwand auf, dass diese Unterschiede lediglich die Konsequenzen eigenverantwortlicher Lebensgestaltung darstellen, die in einer freiheitlichen Gesellschaft hinzunehmen sind und keiner Korrektur bedürfen. Allerdings haben Lebensstile wie das Ernährungs- und Bewegungsverhalten eine komplizierte Genese: Sie werden durch soziale und mediale Einflüsse verstärkt, weisen nicht selten Suchtcharakter auf und sind häufig bereits in der Kindheit angelegt. Dies sollte zur Zurückhaltung mahnen, die Verantwortung für diese Verhaltensweisen und ihre Folgen allein dem Individuum zuzuschreiben; es gibt hier offensichtlich ›Ursachen der Ursachen‹, die mit der Lebenswelt und damit auch mit dem Sozialstatus zusammenhängen: Wer in wirtschaftlich beengten Verhältnissen lebt, nur über begrenzte Bildungskompetenzen verfügt und wenig gesellschaftliche Anerkennung erfährt, hat es erheblich schwerer, gesund zu leben. Richtig ist allerdings, dass in einer freiheitlichen Ordnung der Hinweis auf die Eigenverantwortung angemessen ist und vor einer paternalistischen Gesundheitserziehungspolitik zurückschrecken lassen sollte. Dies trifft sich damit, dass zahlreiche Untersuchungen zeigen, dass moralisierende Erziehungsversuche weithin wirkungslos bleiben und es daher darum gehen müsste, die verhaltensdeterminierenden Lebensumstände zu verändern (Verhältnis- statt Verhaltensprävention).

Soweit Umweltbedingungen und sozialstrukturelle Umstände für die sozialen Gesundheitsungleichheiten verantwortlich sind, ist es noch umstrittener, ob es sich um bloße *health inequalities* – wie die höhere Lebenserwartung von Frauen gegenüber Männern – oder um *health inequities* handelt. In vielerlei Hinsicht scheinen diese Ungleichheiten auf Umstände – wie etwa die Existenz von hierarchischen Verhältnissen und Positionsgütern (z. B. Führungspositionen) – zurückzugehen, die sich in einer freiheitlichen und differenzierten Gesellschaft nicht vollständig vermeiden lassen. Daher können die Gesundheitsungleichheiten nicht bewertet werden, ohne dass man zuvor zu einem Urteil über die sozialen Verhältnisse und Ungleichheiten gelangt, die sie verursachen.

Versorgungs- und Vorsorgegerechtigkeit

Die Frage, wie Verteilungsfragen im Versorgungssystem und eine vorsorgende Public-Health-Politik, die soziale Gesundheitsungleichheiten zu verringern sucht, zueinander stehen, wird politisch durch die Ressourcenverteilung auf das Versorgungssystem und andere gesundheitsrelevante Politikbereiche, wie z. B. das Bildungssystem, beantwortet. Dabei steht das Versorgungssystem ganz im Zentrum der Aufmerksamkeit. Dies ist verständlich, da der medizinischen Hilfe in konkreten Krankheitsfällen eine höhere Dringlichkeit zukommt als Maßnahmen, die zunächst nur bei einer statistischen Betrachtung gesundheitliche Verbesserungen bewirken. Gerade mit Blick auf die Gesundheitsgerechtigkeit ist das Verhältnis von Versorgung und Vorsorge allerdings komplex. Auf der einen Seite bringen Leistungsbeschränkungen im Versorgungssystem immer die Gefahr mit sich, dass sie die sowohl gesundheitlich Belasteten als auch sozial Schwachen zusätzlich belasten. Auf der anderen Seite zeigen die Ergebnisse der sozialepidemiologischen Forschung, dass das System der Gesundheitsversorgung nur in sehr begrenztem Ausmaß für den sozialen Gesundheitsgradienten verantwortlich ist und daher auch gewiss nicht den primären Ansatzpunkt bilden kann, wenn man die Abhängigkeit der Gesundheit vom Sozialstatus auflösen oder zumindest abmildern will. Und da die Mittel nun einmal begrenzt sind, ist ein Vergleich des Grenznutzens von Maßnahmen inner- und außerhalb des Gesundheitswesens auch aus Gründen der Gerechtigkeit unausweichlich.

Literatur

Bundesverfassungsgericht: Beschluss vom. 6. Dezember 2005, 1 BvR 347/98. In: *Amtliche Entscheidungssammlung* Bd. 115, 25–51.

Buyx, Alena M./Friedrich, Daniel R./Schöne-Seifert, Bettina: Marginale Wirksamkeit als Rationierungskriterium – Begriffsklärungen und ethisch relevante Vorüberlegungen. In: Walter A. Wohlgemuth/Michael H. Freitag (Hg.): *Priorisierung in der Medizin – Interdisziplinäre Forschungsansätze*. Berlin 2009, 201–217.

Callahan, Daniel: *Setting Limits. Medical Goals in an Aging Society.* New York 1987.

Daniels, Norman: *Just Health Care*. Oxford 1985.

–: *Am I My Parents' Keeper? An Essay on Justice Between the Young and the Old*. New York 1988.

–: *Just Health. Meeting Health Needs Fairly*. New York 2008.

–/Sabin, James E.: *Setting Limits Fairly. Learning to Share Resource for Health*. New York 2008.

Dworkin, Ronald: Justice and the high cost of health. In: Ders.: *Sovereign Virtue*. Cambridge MA 2000, 307–319.

Fleck, Leonard M.: *Just Caring. Health Care Rationing and Democratic Deliberation*. Oxford 2009.

Huster, Stefan: *Soziale Gesundheitsgerechtigkeit. Sparen, umverteilen, vorsorgen?* Berlin 2011.

Lübbe, Weyma: Wirtschaftlichkeit und Gerechtigkeit: zwei Gebote? In: Bettina Schöne-Seifert/Alena M. Buyx/Johannes S. Ach (Hg.): *Gerecht behandelt?* Paderborn 2006, 17–30.

Powers, Madison/Faden, Ruth: *Social Justice. The Moral Foundations of Public Health and Health Policy*. Oxford 2006.

Roemer, John E.: A pragmatic theory of responsibility for the egalitarian planner. In: *Philosophy and Public Affairs* 22/2 (1993), 146–166.

Schmitz-Luhn, Björn/Bohmeier, André (Hg.): *Priorisierung in der Medizin. Kriterien im Dialog*. Berlin 2013.

Schöne-Seifert, Bettina/Friedrich, Daniel R.: Priorisierung nach Dringlichkeit? Kritische Überlegungen zur Rule of Rescue. In: Björn Schmitz-Luhn/André Bohmeier (Hg.): *Priorisierung in der Medizin. Kriterien im Dialog*. Berlin/Heidelberg 2013, 109–123.

Schramme, Thomas (Hg.): *Krankheitstheorien*. Frankfurt a. M. 2012.

Siegrist, Johannes/Marmot, Michael (Hg.): *Soziale Ungleichheit und Gesundheit. Erklärungsansätze und gesundheitspolitische Folgerungen*. Bern 2008 (engl. 2006).

Strech, Daniel/Marckmann, Georg (Hg.): *Public Health Ethik*. Münster 2010.

Stefan Huster

64 Gewalt und Krieg

Gewalt

Der Begriff der Gewalt hat eine doppelte Kernbedeutung: ›Gewalt‹ heißt zum einen die Anwendung physischen oder psychischen Zwangs, zum anderen die auf die Möglichkeit der Anwendung physischen Zwangs gestützte staatliche oder subsidiäre Herrschaft (›Staatsgewalt‹, ›Amtsgewalt‹). Gewalt liegt nicht nur dann vor, wenn jemand kraft fremden Zwangs etwas erleidet, sondern auch dann, wenn jemand erzwungenermaßen etwas tut, was er nicht tun will. Insofern lässt sich das Resultat von Gewalt als ein Widerfahrnis charakterisieren, dem derjenige, der davon betroffen ist, nicht ausweichen oder entrinnen kann. Eine solche Charakterisierung schließt ein, dass – entgegen dem von Ted Honderich (1973) u. a. vertretenen ›legitimistischen‹ Gewaltbegriff – auch legitimer (und legaler) Zwang Gewalt heißen kann. Weil der Gewaltbegriff insofern moralisch neutral in dem Sinne ist, dass die Klassifikation einer Handlung als Gewalthandlung kein moralisches Urteil über diese impliziert, kann er auch den von Staats wegen legitimer- und legalerweise ausgeübten Zwang bezeichnen.

Wird der Gewaltbegriff nicht zur Bezeichnung staatlicher oder subsidiärer Herrschaft verwendet, die sich auf die Möglichkeit der Anwendung physischen Zwangs stützt, kennzeichnet er zumeist eine Form des Zwangs, die in der Schädigung eines Lebewesens und insofern in einem negativen Widerfahrnis resultiert (Coady 2008, 23 f.). In einem engeren Sinn bezieht sich der Gewaltbegriff jedoch nicht auf Zwang, der von der Natur bzw. von kausal wirksamen Sachverhalten ausgeht, sondern setzt eine Schädigungsabsicht voraus. Gewalt im engeren Sinn liegt insofern dann vor, wenn jemand bewusst und beabsichtigt ein anderes Lebewesen durch eine Handlung physisch schädigt, der das geschädigte Lebewesen nicht zugestimmt hat (vgl. z. B. Miller 1971, 15). Die Schädigung eines anderen Lebewesens kann dabei auch in der Beschädigung einer in dessen Eigentum stehenden bzw. für dessen Subsistenz erforderlichen Sache oder aber in der Beschädigung von Gegenständen bestehen, denen besondere symbolische oder sakrale Bedeutung zukommt (Parkin 1986, 205). Als Gewalt in einem nicht lediglich metaphorischen Sinn kann solche ›Gewalt gegen Sachen‹ jedoch nur insofern begriffen werden, als durch die Beschädigung einer Sache mittelbar ein Lebewesen geschädigt wird.

Formen der sich in Institutionen und sozialen Interaktionen manifestierenden sozialen Ungerechtigkeit schließt der Gewaltbegriff nur insoweit ein, als sich das Resultat solcher ›strukturellen Gewalt‹ (vgl. Galtung 1975, 7–36) als eine Schädigung begreifen lässt, die wenn auch nicht notwendigerweise auf eine Schädigungsabsicht, so doch zumindest auf eine billigende Inkaufnahme durch diejenigen zurückgeführt werden kann, die durch entsprechende Handlungen die jeweiligen negativen Wirkungen herbeiführen oder zulassen. Umstritten ist, ob es psychische Gewalt gibt (bejahend z. B. Audi 1971, 54; für die gegenteilige Auffassung vgl. z. B. Betz 1977, 345). Im Übrigen hat sich die jüngere philosophische Forschung vor allem mit der Sprache als Medium von Gewalt und den Schädigungspotenzialen beleidigender Rede (*hate speech*) befasst (vgl. Butler 2006; Kuch/Herrmann 2010; Waldron 2012). In der Soziologie hingegen hat das Bestreben, die gesellschaftlichen Kontexte gewalttätigen Handelns angemessen zu berücksichtigen, dazu geführt, dass Gewalttaten eher als durch soziale Praktiken bestimmte Prozesse denn als individuelle Handlungen verstanden werden (vgl. z. B. Heitmeyer/Hagan 2002; Koloma Beck/Schlichte 2014, Kap. 4).

Krieg

Der Begriff des Krieges wird zwar in der Alltagssprache auch zur Charakterisierung von streitigen Auseinandersetzungen zwischen individuellen Personen (›Ehekrieg‹), zwischen Institutionen (›Handelskrieg‹) oder zwischen Individuen und Institutionen (›Behördenkrieg‹) verwendet, in denen mindestens von einer Konfliktpartei auf andere als die gemeinhin zur Austragung von Konflikten für angezeigt erachteten Mittel (z. B. auf Gewalt oder die Ausübung psychischen Drucks, auf Diffamierungen oder auf List und Tücke) zurückgegriffen oder der Konflikt in einer im Alltag unüblichen Weise zugespitzt oder als zugespitzt erfahren wird. In seiner Kernbedeutung bezeichnet ›Krieg‹ jedoch die Austragung eines Konflikts zwischen Staaten und/oder hierarchisch verfassten Kollektiven (z. B. aufständischen oder revolutionären Bewegungen oder Teilpopulationen eines Staates wie beim so genannten Bürgerkrieg), bei der sich mindestens eine Konfliktpartei militärischer Gewalt bedient, d. h. durch ein hierzu in geeigneter Weise organisiertes und mit geeignetem technischem Gerät (›Waffen‹) ausgestattetes Kollektiv (›Truppe‹, ›Armee‹) physischen Zwang ausübt.

Während Aristoteles den Krieg noch als Mittel zum Zweck beschreibt, welches vor allem der Unterwerfung derjenigen diene, die von Natur aus zu Beherrschten bestimmt seien, sich diesem Los jedoch nicht freiwillig fügen wollen (Pol. I 8, 1256b; VII 2, 1325a), kennzeichnet Cicero den Krieg als tierische Form der Entscheidung (*decertatio beluarum*), welche die Menschen suchen, wenn die Rechtsabsprache (*disceptatio*) als genuin menschliche Form der Entscheidungsfindung nicht möglich ist (Cic. off. I 11,34). In dieser Tradition steht auch Carl von Clausewitz, wenn er den Krieg als »eine Fortsetzung des politischen Verkehrs, ein Durchführen desselben mit anderen Mitteln« (Clausewitz 1832/1973, 210) und als einen »Akt der Gewalt, um den Gegner zur Erfüllung unseres Willens zu zwingen« (ebd., 191 f.), charakterisiert.

Wird Krieg – wie z. B. von John R. Searle (2011) – als eine durch Kodifizierung einschlägiger Regeln geschaffene institutionelle Tatsache begriffen (ebd., 97 f.), bezeichnet der Begriff eine durch spezifische Normen (Kriegsrecht) geregelte Form der Austragung von Konflikten zwischen souveränen Staaten, von denen mindestens eine Partei militärische Mittel einsetzt. Krieg beginnt dann mit einer bestimmten Anforderungen genügenden Kriegserklärung und endet mit der Erklärung der Beendigung des Kriegszustandes. Ein solches Verständnis von Krieg, das sich am völkerrechtlichen Kriegsbegriff der abendländischen Moderne orientiert, bildet allerdings nicht die Vielfalt der Phänomene ab, die der Kriegsbegriff in seiner Kernbedeutung zu bezeichnen vermag; denn es vermag als Kriegsparteien nur souveräne Staaten im neuzeitlich-westlichen Sinn anzuerkennen und so weder allen vorneuzeitlichen Kriegen noch allen Kriegen außerhalb des abendländischen Kulturkreises noch auch »neuen Kriegen« (Münkler 2007; s. u.) angemessen Rechnung zu tragen. Zudem kann es nicht verständlich machen, warum vom Ende eines Krieges oftmals bereits dann die Rede ist, wenn keine militärischen Auseinandersetzungen mehr stattfinden, obwohl die Beendigung des Kriegszustandes noch nicht erklärt worden ist. Verzichtet man deshalb darauf, die Bedeutung des Kriegsbegriffs auf die Bezeichnung einer institutionellen Tatsache zu beschränken, lässt sich Krieg als eine Form der gewaltsamen Konfliktaustragung charakterisieren, bei der sich organisierte Kollektive als Konfliktparteien gegenüberstehen (Gelven 1994, 28–42) und militärische Mittel eingesetzt werden. Für manche Autoren schließt der Kriegsbegriff sogar ›Privatkriege‹ ein, die von einzelnen Individuen geführt werden (vgl. z. B. Grotius 1625/1950, I, Kap. 3).

Die Organisiertheit und die damit einhergehende relative Stabilität der Konfliktparteien unterscheidet Krieg von anderen gewaltsamen Gruppenphänomenen wie Hungerunruhen, Krawallen und Plünderungen und ist zugleich Grundlage der Differenzierung zwischen Kombattanten und Zivilisten. Die Beziehungen der einzelnen in einen Krieg involvierten Individuen zueinander sind vorrangig durch ihre Zugehörigkeit zu einer der Kriegsparteien und gegebenenfalls durch ihre Position innerhalb des betreffenden militärischen Apparats bestimmt: »Der Krieg ist also keine Beziehung von Mensch zu Mensch, sondern eine Beziehung von Staat zu Staat, in der die Einzelnen nur durch Zufall Feinde sind, nicht als Menschen und nicht einmal als Bürger, sondern als Soldaten« (Rousseau 1762/2003, 12 f.). Im Vergleich z. B. zu vereinzelten Schusswechseln zwischen Grenzposten oder Terroranschlägen weisen Kriege zudem eine größere räumliche wie zeitliche Ausdehnung auf. Eine offene Frage ist, ob nur dann von Krieg gesprochen werden sollte, wenn tatsächlich Kampfhandlungen stattfinden, oder ob auch die massive Drohung mit militärischen Mitteln, die sich etwa in der Konzentration größerer Truppenkontingente an einer Landesgrenze manifestiert, mithin ein ›kalter‹ Krieg, als eine Form des Krieges anzusehen ist (so schon Hobbes 1651/1996, Kap. 13). Obwohl sich solche Kriegsdrohungen – man denke etwa an Jean-Paul Sartres Schilderung eines dauerhaften »Kriegs der Angst« (Sartre 1986) – als Anwendung psychischer Gewalt begreifen lassen, spricht die Tatsache, dass hier niemand mit militärischen Mitteln physisch geschädigt wird, dafür, sie nicht als Kriege zu bezeichnen.

Zur Rechtfertigbarkeit von Gewalt

Moralphilosophisch und gerechtigkeitstheoretisch stellt sich in Bezug auf Gewalt und Krieg in erster Linie die Frage, ob und wenn ja: inwiefern und gegebenenfalls unter welchen Bedingungen sie gerechtfertigt werden können. Hinsichtlich der Rechtfertigbarkeit von Gewalt lassen sich drei Positionen unterscheiden: 1) Gewalt ist prinzipiell gerechtfertigt; 2) Gewalt ist prinzipiell nicht gerechtfertigt; 3) Gewalt ist unter bestimmten Umständen gerechtfertigt bzw. rechtfertigbar.

1) Nur selten – man mag hier an den platonischen Thrasymachos oder an Nietzsche denken – ist die Auffassung vertreten worden, Gewalt sei prinzipiell erlaubt oder gar geboten. Thomas Hobbes zufolge sind

zwar die Menschen im so genannten Naturzustand jederzeit dazu berechtigt, Gewalt anzuwenden, um ihre Macht zu vergrößern; denn sie können sich nur durch möglichst große Macht vor der von den anderen Menschen ausgehenden Bedrohung ihrer Existenz und ihrer Habe schützen. Das rationale Handeln der Individuen lässt jedoch auf diese Weise einen permanenten »Krieg aller gegen alle« (Hobbes 1651/1996) entstehen, der es niemandem ermöglicht, ein sicheres Leben zu führen (ebd., Kap. 13). Die Annahme, Gewalt sei prinzipiell gerechtfertigt, lässt sich deshalb aufgrund der praktischen Konsequenzen, die aus ihr resultieren und die niemand vernünftigerweise wollen kann, nicht als rational ausweisen.

2) Die Überzeugung, dass Gewalt – verstanden als *violentia*, nicht als *potestas* – unter keinen Umständen gerechtfertigt ist, steht im Zentrum eines strikten Pazifismus. Ein strikter Pazifismus kann – sofern er nicht auf religiösen Überzeugungen beruht – im Rahmen einer strengen Pflichtenethik etwa mit der Erhaltung der eigenen moralischen Integrität begründet werden. Er ist jedoch wenig plausibel, wenn man davon ausgeht, dass die Folgen einer Handlung in deren moralische Bewertung einbezogen werden müssen. Als verantwortungsethisch (Tugendhat 1991, 177) bzw. konsequentialistisch (Singer 2013, 478–480) lässt sich ein weniger strikter Pazifismus charakterisieren, der zwar die theoretische Möglichkeit der Rechtfertigung von Gewalt anerkennt, Gewalt jedoch aus empirischen Gründen für ein nicht zu rechtfertigendes Übel erachtet, da in jedem konkret zu betrachtenden Einzelfall die negativen Folgen der Gewaltanwendung deren denkbare positive Folgen überwögen.

3) Zwischen den beiden extremen Positionen, die Gewalt entweder stets oder aber niemals für gerechtfertigt erachten, sind jene Theorien angesiedelt, welche behaupten, dass Gewalt unter bestimmten Umständen rechtfertigbar ist. Dies kann im Sinne einer schwachen Lesart von Rechtfertigbarkeit bedeuten, dass bei Vorliegen bestimmter Voraussetzungen Gewalt moralisch erlaubt ist (a). In einer starken Lesart kann die These der voraussetzungsabhängigen Rechtfertigbarkeit von Gewalt aber auch besagen, dass Gewalt unter bestimmten Voraussetzungen nicht nur moralisch erlaubt, sondern moralisch geboten oder jedenfalls moralisch wünschenswert ist (b).

Zu (a): In der politischen Philosophie wird gemeinhin angenommen, dass in einem legitimen Staat die staatlichen Autoritäten – und, wie der Begriff des Gewaltmonopols zum Ausdruck bringt, nur sie – dazu berechtigt sind, zur Durchsetzung des Rechts Gewalt anzuwenden. Dies darf nach ganz überwiegend herrschender Meinung jedoch nur innerhalb eines gesetzlich festgelegten Rahmens geschehen; die durch Menschenrechte und individuelle Grundrechte gesetzten Grenzen staatlicher Gewaltausübung sind dabei stets zu beachten. Von anarchistischen Theorien, die jeder staatlichen Ordnung Legitimität absprechen, wird die Zulässigkeit der Anwendung von Gewalt durch staatliche Autoritäten allerdings prinzipiell bestritten (klassisch etwa Bakunin 1871/1995, 54–63, 88–91).

Die moralische Erlaubtheit nichtstaatlicher Gewalt wird im Wesentlichen für zwei Handlungskontexte diskutiert. Weitreichende Einigkeit herrscht darüber, dass sie in Notwehr und als ein Mittel der Nothilfe zulässig ist, sofern sie geeignet und das mildeste Mittel ist, welches zur Abwehr eines illegitimen Angriffs zur Verfügung steht (Erforderlichkeit), ihr Einsatz in einem angemessenen Verhältnis zur Bedrohung steht (Verhältnismäßigkeit) und ihre Anwendung auf die unmittelbare Situation der Gefahr beschränkt bleibt (Gegenwärtigkeit). Die Zulässigkeit des individuellen Einsatzes von Gewalt in Notwehr- und Nothilfesituationen ergibt sich dabei daraus, dass es für solche Situationen charakteristisch ist, dass der Angegriffene keine Möglichkeit hat, bei den zur legitimen Gewaltausübung berechtigten staatlichen Instanzen Schutz zu suchen (vgl. als klassische Position zum Notwehrrecht: Locke 1690/2007, §§ 16–19).

Moralisch unterschiedlich beurteilt wird der Einsatz nichtstaatlicher Gewalt zur Erreichung bestimmter politischer und sozialer Ziele. Während etwa Kant ein Recht auf gewaltsamen Widerstand gegen ungerechte politische Herrschaft ablehnte (AA VI, 319–323), wird gewaltsamer Widerstand als Form der Notwehr und Nothilfe gegen extremes Unrecht heute oftmals als legitim erachtet, sein Erlaubtsein jedoch zugleich an das Vorliegen starker Voraussetzungen geknüpft (z. B. Gert 1969; Audi 1971, 84–95). So muss das durch Gewalt zu beseitigende Unrecht in seinem Umfang und in seiner Stärke gravierend sein, und alle gewaltlosen Mittel, es zu beseitigen, müssen erprobt worden sein oder nach eingehender Erwägung als untauglich erscheinen. Darüber hinaus muss die berechtigte Erwartung bestehen, dass das Unrecht durch den Einsatz von Gewalt innerhalb absehbarer Zeit beseitigt oder zumindest verringert werden kann. Schließlich muss eine Folgenabschätzung ergeben, dass der durch den Einsatz von Gewalt entstehende Schaden mit hoher Wahrscheinlichkeit geringer sein wird als der durch das fortwährende Bestehen des extremen Unrechts verursachte Schaden. Befürworter eines grundsätzlichen Rechts auf gewaltsamen Widerstand gegen Unrecht messen den einzelnen Voraussetzungen teilweise unterschiedliches Gewicht bei; die Voraussetzungen können so stark interpretiert werden, dass Widerstand zwar theoretisch rechtfertigbar, jedoch in den allermeisten konkreten Fällen nicht zu rechtfertigen ist, da einzelne oder mehrere der genannten Bedingungen nicht erfüllt sind.

Die Möglichkeit der Rechtfertigung revolutionärer Gewalt, die über die Beseitigung extremen Unrechts hinausgeht, wird heute überwiegend kritisch gesehen. Diese Skepsis beruht vor allem auf der Tatsache, dass revolutionäre Gewalt zu ihrer Begründung auf geschichtsphilosophische Überlegungen angewiesen zu sein scheint, die einen bestimmten, erst noch zu etablierenden Gesellschaftszustand als so erstrebenswert auszeichnen, dass zu seiner Herstellung der Einsatz von Gewalt erlaubt oder sogar geboten erscheint. Die Überzeugungskraft solcher Annahmen leidet jedoch u. a. darunter, dass die Vorzugswürdigkeit eines bestimmten Gesellschaftszustands gegenüber einem anderen oft nur relativ auf ganz bestimmte Interessen bzw. im Hinblick auf spezifische Interessengruppen begründet werden kann und die gewaltsame Etablierung eines Gesellschaftszustands in aller Regel mit der Inkaufnahme eines ganz erheblichen Ausmaßes an Leiden verbunden ist, von dem nicht klar ist, dass die Vorzüge der erstrebten neuen gesellschaftlichen Ordnung es zu überwiegen vermögen. Im Übrigen muss jeder Versuch, revolutionäre Gewalt geschichtsphilosophisch zu rechtfertigen, auf jene Grundlagenkritik reagieren, die sich in der Diskussion um das »Ende der Geschichte« (Fukuyama 1992) manifestiert und alle Spielarten klassischer Geschichtsphilosophie als bloße »Meta-Erzählungen« (Lyotard 1993) interpretiert, deren normativer Geltungsanspruch nicht argumentativ eingelöst werden kann.

Zu (b): Herrscht Klarheit über diejenigen Handlungssituationen, in denen die Anwendung von Gewalt als rechtfertigbar erscheint, so kann gefragt werden, in welchen der genannten Fälle Gewalt moralisch nicht nur erlaubt, sondern darüber hinaus wünschenswert oder geboten ist. Zwei der angesprochenen Handlungsbereiche bedürfen in diesem Zusammenhang einer abermaligen Betrachtung. Zum Ersten ist staatliche Gewalt zur Durchsetzung einer Rechtsordnung moralisch jedenfalls dann nicht nur erlaubt oder wünschenswert, sondern geboten, wenn die Rechtsordnung nicht extrem ungerecht ist. Denn eine Rechtsordnung kann ihre Funktion, die friedliche Koexistenz von Individuen mit unterschiedlichen Interessen und Handlungsplänen zu ermöglichen, nur erfüllen, wenn sie als solche hinreichende Stabilität besitzt und jeder einzelne sich darauf verlassen kann, dass seine Rechte von Staats wegen gegebenenfalls auch mit Zwangsmitteln gewährleistet werden. Zum Zweiten ist zu fragen, ob nicht unter besonderen Umständen gewaltsamer Widerstand moralisch geboten ist. So ist schon für Cicero der Tyrannenmord nicht nur erlaubt, sondern die »schönste der heldenhaften Taten« (Cic. off. III 4,19; III 6,32); auch die Widerstandskämpfer des 20. Juli 1944 gingen unter den gegebenen Umständen von einer moralischen Pflicht zur Tötung Hitlers aus (Hofer 1982, 350–354). Wenn jedoch überhaupt von einer Pflicht zum gewaltsamen Widerstand gesprochen werden kann, so lässt sich diese wohl nur für Individuen postulieren, die sich in einer Situation und gesellschaftlichen Position befinden – man denke etwa an Personen aus dem engsten Umfeld eines Tyrannen –, in der es ihnen mit sehr hoher Wahrscheinlichkeit gelingen kann, durch einen begrenzten und in seinen negativen Auswirkungen kontrollierbaren Einsatz von Gewalt entscheidend zur Verringerung gravierenden Unrechts beizutragen.

Zur Rechtfertigbarkeit von Krieg

In einer von Aristoteles über Machiavelli bis zu Clausewitz reichenden Traditionslinie der Kriegstheorie wurde Krieg als ein allgemein erlaubtes Mittel der Politik angesehen, das dem Erwerb (Pol. 1256a, 1281b), dem Gebietserwerb und der Politik schlechthin diene (Machiavelli 1532/1986, Kap. I, VI und XIV; Clausewitz 1832/1973, 179 f.). Dabei wurde, besonders wirkmächtig von Georg Wilhelm Friedrich Hegel, nicht nur die Unvermeidlichkeit des Krieges als eines Mittels des Austrags zwischenstaatlicher Konflikte hervorgehoben, sondern dem Krieg als einem »Zustand, in welchem mit der Eitelkeit der zeitlichen Güter und Dinge [...] Ernst gemacht wird[, auch ein] sittliches Moment [zugeschrieben, hätten doch] glückliche Kriege innere Unruhen verhindert und die innere Staatsmacht befestigt« (Hegel 1820/1970, § 324, Anm.). Von manchen Autoren wurde Krieg sogar als ein geradezu notwendiges Movens der kulturellen Evolution affirmiert (vgl. schon das von Heraklit überlieferte Diktum, Krieg sei »aller Dinge Vater«; Diels/Kranz 1951/52, 22 B 53); vereinzelt findet sich eine solche Auffassung noch am Ende des zwanzigsten Jahrhunderts (vgl. z. B. Hondrich 1992). Angesichts der Schäden und Gefahren, die jeder Krieg mit sich bringt, wird Krieg demgegenüber in der politischen Philosophie der Gegenwart fast ausnahmslos als ein besonders gravierendes Übel begriffen, das entweder überhaupt keiner Rechtfertigung fähig oder nur unter ganz besonderen Bedingungen zu rechtfertigen sei und dessen Vermeidung oder Einhegung im Zentrum des politischen Handelns stehen müsse.

Gegen die radikalpazifistische Annahme, dass Krieg generell moralisch verboten sei, spricht vor allem die in allen Kulturen weithin anerkannte Legitimität individueller wie kollektiver Selbstverteidigung. Vertreter eines strikten Pazifismus müssen davon ausgehen, dass es keine Fälle legitimer Selbstverteidigung von Staaten oder sozialen Gruppen gebe, annehmen, dass die legitime Selbstverteidigung eines Staates oder einer sozialen Gruppe niemals den Einsatz militärischer Mittel erfordere, oder voraussetzen, dass mit einem Krieg stets so große Übel verbunden seien, dass die Pflicht zur Kriegsvermeidung das Selbstverteidigungsrecht prinzipiell überwiege. Die beiden ersten Annahmen sind empirisch wenig plausibel. Die dritte gewichtet den legitimen Wunsch Dritter, nicht unter den Übeln eines Krieges zu leiden, prinzipiell höher als das Selbstverteidigungsrecht eines zu Unrecht angegriffenen Staates oder einer mit militärischen Mitteln terrorisierten sozialen Gruppe. Diesen, die ja bereits Opfer militärischer Gewalt geworden sind, drohen nämlich durch die Selbstverteidigung mit militärischen Mitteln nicht in jedem Fall größere Übel als die, unter denen sie ohnehin bereits zu leiden haben. Für eine derart grundsätzliche Bevorzugung der Interessen derjenigen, die nicht bereits unter illegitimer militärischer Gewalt leiden, gegenüber den legitimen Ansprüchen zur Selbstverteidigung berechtigter Opfer ist jedoch bisher keine plausible Begründung gegeben worden. Auch die Schwierigkeit der Abgrenzung von Selbstverteidigungsakten und anderen Handlungen erlaubt nicht den Schluss, Selbstverteidigung sei illegitim (Schmücker 2000, 322 f.; 2005, 9 f.).

Dieser Einsicht trägt die Frage Rechnung, wann ein Krieg als ein ›gerechter Krieg‹ (*bellum iustum*), d. h. als moralisch gerechtfertigt gelten kann. Dabei ist grundsätzlich zwischen zwei Arten von Kriegen zu unterscheiden. Einen Verteidigungskrieg führt eine Kriegspartei, die sich gegen einen Angriff eines Gegners verteidigt. Eine Kriegspartei, die sich nicht gegen einen Angriff einer anderen Kriegspartei verteidigt, führt einen Angriffskrieg. Als Akt der Selbstverteidigung wird ein Krieg gemeinhin als legitim erachtet (und ist nach geltendem Völkerrecht auch legal), wenn und soweit er zur Abwehr eines *ungerechtfertigten* Angriffs erforderlich ist (vgl. Walzer 1977, 53–58). Auch Angriffskriege lassen sich jedoch – wie die Vertreter der Theorie des gerechten Krieges seit dem Mittelalter geltend machen – unter bestimmten Bedingungen moralisch rechtfertigen. Allerdings ist die Theorie des gerechten Krieges ungeeignet, »zwischen Situationen, in denen Krieg erlaubt ist, und Situationen, in denen Krieg geboten ist« (Mayer 1999, 294, Anm. 7), zu unterscheiden.

Die breiteste Zustimmung können heute sechs Bedingungen beanspruchen, die sich im Verlauf der Entwicklung der Theorie des gerechten Krieges herauskristallisiert haben und als jeweils notwendige und zusammen hinreichende Bedingungen eines moralisch gerechtfertigten Angriffskrieges verstanden werden können (vgl. Schmücker 2000; 2005 mit weiteren Nachweisen):

1. Die schon von Cicero (Cic. off. I 11,36; so genanntes ›Fetialrecht‹) und Augustinus (1891, XXII, Kap. 75) anerkannte *Auctoritas-principis-Bedingung* verlangt, dass der Eintritt in einen Krieg auf der Entscheidung einer legitimen Autorität beruht.
2. Bereits von Augustinus (1895, VI, 10) anerkannt ist auch die *Causa-iusta-* oder *Ius-ad-bellum-Bedingung*, deren klassische Formulierung sich bei Thomas von Aquin (STh II-II, 40, a. 1, resp.) und Francisco de Vitoria (1539/1997, 10–14) findet. Sie bindet die Legitimität eines Krieges an das Vorliegen eines Grundes, der zum Kriegführen berechtigt.
3. Erstmals bei Thomas von Aquin (STh II-II, 40, a. 1, resp.), dann aber auch bei Francisco de Vitoria (1539/1997, 60, Zweiter Lehrsatz) und bei Emer de Vattel (1785/1959, III, Kap. 3, § 29 f.) findet sich die *Intentio-recta-Bedingung*. Ihr zufolge darf Krieg nicht geführt werden, um ein Übel herbeizuführen, sondern nur um eines moralisch guten Zieles willen. Die Intentio-recta-Bedingung verbietet einen Angriffskrieg, wenn das Handeln der ihn beginnenden Partei entweder nicht auf die Erreichung eines Zwecks gerichtet wäre, der durch einen zum Kriegführen berechtigenden Grund (*causa iusta*) gedeckt ist, oder auf die Verwirklichung eines Übels gerichtet wäre, das nicht notwendigerweise mit der Erreichung des durch die *causa iusta* gedeckten Zwecks verbunden ist (Schmücker 2005, 19).
4. Die *Ius-in-bello-Bedingung* fordert, dass die Kriegführung selbst moralisch legitim ist; sie lässt sich auch außerhalb der abendländischen Kulturtradition – z. B. in den hinduistischen Dharma-Lehren

– nachweisen. Als Beurteilungsmaßstab dafür, ob die Ius-in-bello-Bedingung erfüllt ist, bieten sich heute die Prinzipien des humanitären Völkerrechts (des Haager wie des Genfer Rechts) an, zumal die vier Genfer Abkommen von 1949 als erste völkerrechtliche Normen überhaupt mit dem Beitritt Montenegros im Jahr 2006 universelle Akzeptanz erlangt haben. Die Ius-in-bello-Bedingung wird auch von vielen Kriegstheoretikern anerkannt, die im Krieg ein prinzipiell erlaubtes Mittel der Austragung zwischenstaatlicher Konflikte sehen. Die Legitimität eines Krieges ist für sie jedoch allein daran gebunden, dass die für die Kriegführung geltenden Normen eingehalten werden. Diese Verengung der Frage nach der Legitimität eines Krieges auf die Frage, ob die Praxis der Kriegführung legitim ist, ergibt sich aber nur dann, wenn man die Ius-in-bello-Bedingung als eine hinreichende Bedingung der Legitimität eines Krieges versteht.

5. Die *Alternativlosigkeits-* oder *Ultima-ratio-Bedingung* verlangt, dass das durch einen Krieg erstrebte Gute auf keinem anderen Weg erreicht werden kann, der mit geringeren Schäden und Leiden verbunden ist. Man hat versucht, diese Bedingung, die bereits im klassischen Indien anerkannt gewesen zu sein scheint (vgl. Köhler 2003, 134), auch bei Thomas von Aquin formuliert zu finden (vgl. Beestermöller 1990, 130 f.); klarer ausgesprochen ist sie jedoch bei Emer de Vattel (1785/1959, Buch II, Kap. 18, § 354 sowie III, Kap. 3, §§ 25, 37) und bei heutigen Autoren (z. B. Tugendhat 1992, 101, 121; Regan 1996, 64 ff.; Coates 1997, 189 ff.; Hösle 1997, 1028). Die Alternativlosigkeitsbedingung trägt der auch von der Rechtswissenschaft anerkannten moralischen Intuition Rechnung, dass auch ein legitimer Zweck niemals ein anderes als das mildeste zur Verfügung stehende Mittel legitimiert. Da sie impliziert, dass ein Krieg nur dann legitim sein kann, wenn er überhaupt ein zur Erreichung des erstrebten Guten taugliches Mittel ist, schließt sie die Tauglichkeitsbedingung, die manche Autoren als eine eigenständige Legitimitätsbedingung auffassen, ein. Aus ihr folgt auch, dass es illegitim ist, ohne hinreichend große Erfolgsaussicht einen Angriffskrieg zu beginnen – unter welchen sonstigen Umständen auch immer.
6. Der *Verhältnismäßigkeitsbedingung* zufolge, die schon in der spanischen Spätscholastik sehr klar formuliert worden ist (Vitoria 1539/1997, 14; Suárez 1965, disp. 13, sectio 4, not. 1), müssen die von einem Krieg implizierten Übel in einem angemessenen Verhältnis zu dem durch den Krieg intendierten Guten stehen.

Moralphilosophischer Präzisierung bedarf offensichtlich die Causa-iusta-Bedingung. Wenngleich vereinzelt die Legitimität eines präventiven Angriffskrieges behauptet wird (so z. B. Walzer 1977, 83 f.), findet als zu einem Angriffskrieg berechtigender Grund heute nur das Erfordernis der Nothilfe breite Zustimmung. Zwar kann, wie schon Kant im fünften Präliminarartikel der Friedensschrift implizit anerkennt, auch die Notwendigkeit der Abwehr vollständiger Rechtsauflösung und der Wiederherstellung eines Herrschafts- und Ordnungsminimums den Einsatz militärischer Mittel moralisch begründen (AA VIII, 346). Der Einsatz militärischer Mittel zur Wiederherstellung eines Ordnungsminimums kann jedoch nicht die Form eines Angriffskriegs haben, sondern muss strikt unparteilich erfolgen. Situationen, in denen durch einen Angriffskrieg Nothilfe geleistet werden kann, sind demgegenüber durch zwei Merkmale charakterisiert: Einerseits liegt das moralische Recht einer Gruppe zur Selbstverteidigung gegen einen illegitimen Angriff oder zum Widerstand gegen extremes Unrecht vor. Andererseits sind die zur Selbstverteidigung Berechtigten zu einer wirksamen Selbstverteidigung nicht in der Lage. Die moralische Zulässigkeit einer militärischen Intervention eines Dritten, der den zur Selbstverteidigung Berechtigten in einer solchen Situation beispringt und gemeinsam mit ihnen oder an ihrer Stelle den illegitimen Angriff abzuwehren oder extremes Unrecht zu beseitigen sucht, scheint sich aus dem Umstand zu ergeben, dass es ungerecht erschiene, faktisch nur demjenigen die effektive Ausübung des Rechts auf Selbstverteidigung zuzugestehen, der dazu ohne die Inanspruchnahme der Hilfe Dritter in der Lage ist. Ein heute oft als humanitäre Intervention bezeichneter Angriffskrieg, der der Nothilfe für illegitim Angegriffene oder mit militärischen Mitteln Unterdrückte und damit dem Schutz vor der massiven und systematischen Verletzung grundlegender Menschenrechte dient, scheint deshalb dann, wenn auch die übrigen fünf Bedingungen erfüllt sind, moralischer Rechtfertigung fähig zu sein.

Ausblick

Während sich die anthropologische und historiographische Forschung seit den 1990er Jahren umfangreich mit dem sozialen Phänomen der Gewalt auseinandergesetzt hat und in den Sozialwissenschaften die Soziologie der Gewalt als eigenständige Subdisziplin entstanden ist, wurden Begriff und Phänomen der Gewalt in der Philosophie zuletzt innerhalb der analytischen Philosophie der 1960er und 1970er Jahre eingehend diskutiert (zusammenfassend Burgess-Jackson 2002). Diese Debatte war entscheidend durch politische Prozesse in den USA wie die amerikanischen Studentenproteste und die Bürgerrechtsbewegung geprägt und ist, ohne dass ein breiter und gegen kritische Einwände abgesicherter Konsens über Bedingungen der Rechtfertigung von Gewalt erzielt worden wäre, in den 1980er Jahren weitgehend zum Erliegen gekommen. Das gegenwärtige Desinteresse der Philosophie an Begriff und Phänomen der Gewalt steht jedoch in einem eklatanten Missverhältnis zu der großen gesellschaftlichen Bedeutung des Themas, die eine intensivere philosophische Reflexion wünschenswert erscheinen lässt.

Die philosophische Analyse der Legitimität von Kriegen kann sich demgegenüber auf die durch die Theorie des gerechten Krieges gewonnenen Einsichten stützen. Sie steht jedoch vor der Herausforderung, angemessen auf die zunehmende Zahl solcher bewaffneten Konflikte zu reagieren, die sich in relevanter Hinsicht von einem Krieg zwischen Staaten unterscheiden und den Rahmen der klassischen Kriegsethik, ihrer begrifflichen Unterscheidungen und Normen teilweise überschreiten. Charakteristisch für solche ›neuen Kriege‹, die gegenwärtig vor allem in den erst spät entkolonialisierten Regionen der Erde zu verzeichnen sind und oft die Form langer Bürgerkriege annehmen, ist eine Asymmetrisierung der Kriegführung, wie sie sich etwa in Guerilla-Taktiken und Terroranschlägen manifestiert (Münkler 2007, 13–57). Auch der ständig wachsende Anteil ›privater‹ Akteure an diesen Konflikten – man denke an Warlords, marodierende Banden und Terroristen, aber auch an paramilitärische Milizen und bezahlte Söldner (Kaldor 2000, 144–169) – erschwert die ethische Bewertung solcher Konflikte. Offen ist deshalb, ob sich die ›neuen Kriege‹ anhand der Kategorien der klassischen Kriegsethik ethisch bewerten lassen. Einen Weg zu einer ›Ethik der neuen Kriege‹ können möglicherweise Studien ebnen, die einzelne der beschriebenen neuartigen Gewaltphänomene – etwa die unterschiedlichen Formen des Kampfes gegen Terroristen (vgl. Goppel 2013) – moralphilosophisch untersuchen.

Literatur

Aristoteles: *Politik*. Übers. und hg. von Olof Gigon. München [4]1981 [Pol].

Audi, Robert: On the meaning and justification of violence. In: Jerome A. Shaffer (Hg.): *Violence. Award-Winning Essays in the Council for Philosophical Studies Competition*. New York 1971, 45–99.

Augustinus, Aurelius: *De utilitate credendi, De duabus animabus, Contra fortunatum, Contra Adimantum, Contra Epistulam Fundamenti, Contra Faustum*. Hg. von Joseph Zycha. Wien 1891.

–: *Quaestionum in Heptateuchum libri VII, Adnotationum in Job liber unus*. Hg. von Joseph Zycha. Wien 1895.

Bakunin, Michael: *Gott und der Staat*. Berlin 1995 (frz. 1871).

Beestermöller, Gerhard: *Thomas von Aquin und der gerechte Krieg. Friedensethik im theologischen Kontext der Summa Theologiae*. Köln 1990.

Betz, Joseph: Violence. Garver's definition and a Deweyan correction. In: *Ethics* 87 (1977), 339–351.

Burgess-Jackson, Keith: Gewalt in der zeitgenössischen analytischen Philosophie. In: Wilhelm Heitmeyer/John Hagan (Hg.): *Internationales Handbuch der Gewaltforschung*. Wiesbaden 2002, 1233–1254.

Butler, Judith: *Haß spricht. Zur Politik des Performativen*. Frankfurt a. M. 2006 (engl. 1997).

Cicero, Marcus Tullius: *De officiis. Vom pflichtgemäßen Handeln*. Lat. und dt., übers., komm. und hg. von Heinz Gunermann. Durchges. Nachdruck. Stuttgart 1992 [Cic. off.].

Clausewitz, Carl von: *Vom Kriege* [1832]. Bonn 1973.

Coady, C. A. J.: *Morality and Political Violence*. Cambridge 2008.

Coates, Anthony J.: *The Ethics of War*. Manchester 1997.

Diels, Hermann/Kranz, Walther (Hg.): *Die Fragmente der Vorsokratiker. Griechisch und Deutsch*. 3 Bde. Hildesheim [6]1951/52.

Fukuyama, Francis: *The End of History and the Last Man*. New York 1992.

Galtung, Johan: *Strukturelle Gewalt. Beiträge zur Friedens- und Konfliktforschung*. Reinbek bei Hamburg 1975.

Gelven, Michael: *War and Existence. A Philosophical Inquiry*. Philadelphia, Pa. 1994.

Gert, Bernard: Justifying violence. In: *The Journal of Philosophy* 66 (1969), 616–628.

Goppel, Anna: *Killing Terrorists. A Moral and Legal Analysis*. Berlin 2013.

Grotius, Hugo: *De jure belli ac pacis libri tres. Drei Bücher vom Recht des Krieges und des Friedens*. Neuer dt. Text und Einl. von Walter Schätzel. Tübingen 1950 (lat. 1625).

Hegel, Georg Wilhelm Friedrich: *Grundlinien der Philosophie des Rechts oder Naturrecht und Staatswissenschaft im Grundrisse* [1820]. In: Ders.: Werke. Hg. von Eva Moldenhauer und Karl Markus Michel, Bd. 7. Frankfurt a. M. 1970.

Heitmeyer, Wilhelm/Hagan, John (Hg.): *Internationales Handbuch der Gewaltforschung*. Wiesbaden 2002.

Hobbes, Thomas: *Leviathan*. Übers. von Jutta Schlösser und hg. von Hermann Klenner. Hamburg 1996 (engl. 1651).

Hofer, Walther (Hg.): *Der Nationalsozialismus. Dokumente 1933–1945*. Frankfurt a. M. 1982.

Honderich, Ted: Democratic violence. In: *Philosophy & Public Affairs* 2 (1973), 190–214.

Hondrich, Karl Otto: *Lehrmeister Krieg*. Reinbek bei Hamburg 1992.

Hösle, Vittorio: *Moral und Politik. Grundlagen einer Politischen Ethik für das 21. Jahrhundert.* München 1997.
Kaldor, Mary: *Neue und alte Kriege. Organisierte Gewalt im Zeitalter der Globalisierung.* Frankfurt a. M. 2000 (engl. 1999).
Kant, Immanuel: *Die Metaphysik der Sitten* [1797]. In: Königlich Preußische Akademie der Wissenschaften (Hg.): Kant's gesammelte Schriften [Akademie-Ausgabe], Bd. VI. Berlin 1968, 203–493 [AA VI].
Kant, Immanuel: *Zum ewigen Frieden. Ein philosophischer Entwurf* [1795/96]. In: Königlich Preußische Akademie der Wissenschaften (Hg.): Kant's gesammelte Schriften [Akademie-Ausgabe], Bd. VIII. Berlin 1968, 341–386 [AA VIII].
Köhler, Frank: Kriegsregeln im klassischen Indien. In: Dieter Janssen/Michael Quante (Hg.): *Gerechter Krieg. Ideengeschichtliche, rechtsphilosophische und ethische Beiträge.* Paderborn 2003, 116–138.
Koloma Beck, Teresa/Schlichte, Klaus: *Theorien der Gewalt zur Einführung.* Hamburg 2014.
Kuch, Hannes/Herrmann, Steffen K. (Hg.): *Philosophien sprachlicher Gewalt. 21 Grundpositionen von Platon bis Butler.* Weilerswist 2010.
Locke, John: *Zweite Abhandlung über die Regierung.* Kommentiert und hg. von Ludwig Siep. Frankfurt a. M. 2007 (engl. 1690).
Lyotard, Jean-François: *Das postmoderne Wissen. Ein Bericht.* Wien 1993.
Machiavelli, Niccolò: *Il Principe. Der Fürst.* Übers. und hg. von Philipp Rippel. Stuttgart 1986 (ital. 1532).
Mayer, Peter: War der Krieg der NATO gegen Jugoslawien moralisch gerechtfertigt? Die Operation »Allied Force« im Lichte der Lehre vom gerechten Krieg. In: *Zeitschrift für Internationale Beziehungen* 6 (1999), 287–321.
Miller, Ronald B.: Violence, force and coercion. In: Jerome A. Shaffer (Hg.): *Violence. Award-Winning Essays in the Council for Philosophical Studies Competition.* New York 1971, 9–44.
Münkler, Herfried: *Die neuen Kriege* [2002]. Reinbek bei Hamburg 2007.
Parkin, David: Violence and will. In: David Riches (Hg.): *The Anthropology of Violence.* Oxford 1986, 204–223.
Regan, Richard J.: *Just War. Principles and Cases.* Washington, D. C. 1996.
Rousseau, Jean-Jacques: *Vom Gesellschaftsvertrag.* Stuttgart 2003 (frz. 1762).
Sartre, Jean-Paul: Der Krieg und die Angst oder: Mit der Gefahr des Atomkrieges leben [1946]. In: Traugott König (Hg.): *Den Menschen erfinden. Sartre-Lesebuch.* Reinbek bei Hamburg 1986, 77 f.
Schmücker, Reinold: Gibt es einen gerechten Krieg? In: *Deutsche Zeitschrift für Philosophie* 48 (2000), 319–340.
–: Krieg als Mittel der Moral? Zur Legitimität humanitärer Interventionen. In: *Rechtsphilosophische Hefte* 10 (2005), 7–41.
Searle, John R.: *Die Konstruktion der gesellschaftlichen Wirklichkeit. Zur Ontologie sozialer Tatsachen.* Frankfurt a. M. 2011 (engl. 1995).
Singer, Peter: *Praktische Ethik.* Stuttgart ^{3}2013 (engl. 1979).
Suárez, Francisco: *Ausgewählte Texte zum Völkerrecht.* Hg. von Josef de Vries. Tübingen 1965.
Thomas von Aquin: *Summa theologiae.* Turin ^{3}1999.
Tugendhat, Ernst: Rationalität und Moral in der Friedensbewegung. Formen des Pazifismus [1986]. In: Hans-Ludwig Ollig (Hg.): *Philosophie als Zeitdiagnose. Ansätze der deutschen Gegenwartsphilosophie.* Darmstadt 1991, 175–189.
–: *Ethik und Politik.* Frankfurt a. M. 1992.
Vattel, Emer de: *Le droit des gens ou principes de la loi naturelle appliqués à la conduite et aux affaires des nations et des souverains.* Übers. und hg. von Wilhelm Euler. Tübingen 1959 (frz. 1785).
Vitoria, Francisco de: De jure belli [1539]. In: Ulrich Horst/Heinz-Gerhard Justenhoven/Joachim Stüben (Hg.): *Francisco de Vitoria. Vorlesungen II. Völkerrecht, Politik, Kirche.* Stuttgart 1997, 542–605.
Waldron, Jeremy: *The Harm in Hate Speech.* Cambridge MA 2012.
Walzer, Michael: *Just and Unjust Wars. A Moral Argument with Historical Illustrations.* New York 1977.

Johannes Müller-Salo / Reinold Schmücker

65 Institutionen und Organisationen

Institutionen lassen sich mit einem Bild des amerikanischen Wirtschaftswissenschaftlers Douglass North als die »Spielregeln« der Gesellschaft beschreiben (North 1990: 3). Sie umfassen all diejenigen formellen und informellen Sets von Regeln, Normen und Praktiken, die Erwartungen an menschliches Handeln formulieren, es mit spezifischen Bedeutungen versehen, soziale Rollen definieren und die mit ihnen verbundenen Rechte, Pflichten und Kompetenzen festlegen. Beispiele für Institutionen sind die Familie, Verfassungen und Gesetze, Kasten- und Standesordnungen, der Rechts- bzw. Linksverkehr, das ›Schlangestehen‹ an der Supermarktkasse sowie die politischen Institutionen des Staates mitsamt den sie konstituierenden Normen.

Allgemein gesprochen besteht die Funktion von Institutionen darin, die Handlungsoptionen gesellschaftlicher Akteure zu strukturieren und somit soziale Ordnung zu erzeugen. Diese Funktion erfüllen sie durch verschiedene Mechanismen, zu denen Sozialisationsprozesse, die Kommunikation normativer Erwartungen und die Bereitstellung von Anreizen und Sanktionen gehören (vgl. Scott 2014, 55–86).

Manche der oben beispielhaft genannten Institutionen wirken als regulative bzw. konstitutive Regeln (dazu Searle 1969, 33–42) unmittelbar auf ihre Adressaten ein: So reicht die Existenz von Verkehrsregeln zumindest im Prinzip aus, um das Verhalten der Verkehrsteilnehmer zu regulieren, und die Institution der Familie konstituiert ganz unmittelbar eine Vielzahl von Ansprüchen, Pflichten und normativen Befugnissen, die sich aus den Rollen von Eheleuten, Kindern oder Eltern ergeben. Andere Institutionen wie etwa die politischen Institutionen des Staates (s. Kap. IV.48) sind hingegen auf die Unterstützung bestimmter Akteure angewiesen. So bedarf die Legislative eines Parlaments, das Gesetze verabschiedet, die Judikative der Gerichte, die Urteile fällen, und die Exekutive der Verwaltung und Polizei, die politische Entscheidungen um- und durchsetzen. Bei dieser Art von kollektiven Akteuren handelt es sich um Organisationen. Während Institutionen im Kern Regeln sind, handelt es sich bei Organisationen um eine bestimmte Art von gesellschaftlichem »Spieler« (North 1990, 4 f.), dessen Handeln einerseits durch diese Regeln strukturiert wird, der sie aber andererseits durch sein Handeln interpretiert und gegebenenfalls weiterentwickelt. Von anderen Akteuren wie etwa natürlichen Personen unterscheiden sich Organisationen dadurch, dass sie bestimmte Zwecke verfolgen, ihnen mehrere Akteure als Mitglieder angehören und sie ein System von internen Normen aufweisen, das die Aufgaben der Organisationsmitglieder festlegt, ihre Handlungen koordiniert und auf die Verwirklichung der Organisationsziele ausrichtet. Aufgrund dieser normativen Binnenstruktur können die Handlungen, die Personen im Rahmen ihrer Organisationsrollen vornehmen, im Regelfall immer auch der Organisation als kollektivem Akteur und nicht nur dem individuellen Mitglied zugeschrieben werden (vgl. Pettit 2007).

Vor diesem Hintergrund wird deutlich, dass Institutionen und Organisationen ganz erheblich die Gestalt unserer sozialen Welt formen. Sie sind es, die abstrakt festlegen und konkret durchsetzen, welche Verteilung von Vor- und Nachteilen in einem Gemeinwesen gilt. Mehr noch, nicht nur die Verteilung von Rechten und Pflichten wird in modernen Gesellschaften ganz überwiegend durch Institutionen bestimmt und mithilfe von Organisationen verwirklicht, sondern die meisten der zu verteilenden Güter und Lasten werden selber erst durch Institutionen erzeugt: Studienplätze und Bundestagsmandate, Steuerbescheide und Arbeitsverträge, Unterhaltsansprüche und Eigentumsrechte sind Beispiele für solche ›sozialen Tatsachen‹, die erst durch Institutionen geschaffen werden (Searle 1995). Diese grundlegende Bedeutung von Institutionen und Organisationen für menschliche Gesellschaften macht sie zu einem – wenn nicht gar dem zentralen (Rawls 1975, 19) – Gegenstand von Theorien der Gerechtigkeit. Dabei lassen sich zwei Hinsichten unterscheiden, in denen Institutionen und Organisationen für Fragen der Gerechtigkeit eine zentrale Rolle spielen: Zum einen ist fraglich, ob die Errichtung von Institutionen selber eine zentrale Forderung der Gerechtigkeit ist, zum anderen wird diskutiert, ob Institutionen der exklusive Gegenstand der Gerechtigkeit sind, d. h. ob gerechte Institutionen bereits die Rede von einer gerechten Gesellschaft zu rechtfertigen vermögen.

Institutionen als Forderung der Gerechtigkeit

Institutionen üben einen tiefgreifenden Einfluss auf die Lebenschancen der Bürgerinnen und Bürger moderner Gesellschaften aus. Aus diesem Grund ist die Gerechtigkeit *vorhandener* Institutionen eines der zentralen Probleme, mit dem sich jede Theorie der

Gerechtigkeit beschäftigen muss. In gewisser Weise jedoch noch grundlegender ist die Frage, ob das *Vorhandensein* von Institutionen – d. h. hier insbesondere politischer Institutionen – selber eine Forderung der Gerechtigkeit ist. Bedarf es solcher Institutionen, um eine gerechte Gesellschaft zu errichten? Und wenn ja, wie ist dieser Zusammenhang genau zu verstehen? Welche Gerechtigkeitsprobleme sind es, die sich nur mithilfe von Institutionen lösen lassen?

Anhand der Antworten auf diese Fragen lassen sich drei Traditionen des politischen Denkens unterscheiden, die bis heute die philosophische Debatte zur Bedeutung von Institutionen bestimmen: 1) der philosophische Anarchismus, der alle unfreiwilligen und zwangsbewehrten Institutionen als Verstoß gegen individuelle Rechte ablehnt, 2) klassisch-liberale und naturrechtliche Positionen, die die Funktion von Institutionen vor allem in der fairen und verlässlichen *Durchsetzung* natürlicher Rechte erblicken, und 3) schließlich Ansätze in der Tradition von Kants politischer Philosophie, die annehmen, dass die verbindliche *Definition* der Rechte und Pflichten der Gesellschaftsmitglieder durch Institutionen eine notwendige Voraussetzung für ein gerechtes Gemeinwesen ist.

1) Philosophische Anarchisten wie William Godwin im 18. Jahrhundert (Godwin 1793/2013) oder gegenwärtig John Simmons (2001: 102–121) lehnen (unfreiwillige) politische Institutionen als ungerechtfertigte Eingriffe in das Selbstbestimmungsrecht der betroffenen Bürgerinnen und Bürger ab. Dieser Position zufolge handelt es sich bei den von politischen Institutionen ausgehenden Normen und Entscheidungen um *Eingriffe*, weil der mit ihnen einhergehende Anspruch auf Rechtsgehorsam und die Androhung von Zwang bei Nichtbefolgung unweigerlich mit dem anarchistischen Ideal der freien Selbstbestimmung des Individuums kollidieren. Als *ungerechtfertigt* werden diese Eingriffe abgelehnt, weil sie aus anarchistischer Perspektive nicht notwendig sind, um gerechte Verhältnisse zu sichern: Autonome Personen, so die These, könnten ihre Gerechtigkeitspflichten auch unabhängig von politischen Institutionen erfüllen. Sie seien daher weder zum Aufbau von noch zum Gehorsam gegenüber solchen Institutionen verpflichtet (ebd., 154 f.).

Die anarchistische These von der moralischen Autarkie der Individuen beruht auf den drei Prämissen, dass a) ein umfassendes System konkreter Gerechtigkeitspflichten unabhängig von der Setzung durch Institutionen existiert (ontologische Prämisse), b) der Gehalt dieser Pflichten von den Akteuren durch den Gebrauch ihrer individuellen Vernunft verlässlich erkannt werden kann (epistemische Prämisse) und c) sich ein befriedigendes Niveau der Pflichterfüllung ohne die Androhung von institutionellem Zwang gewährleisten lässt (empirische Prämisse). Diese Annahmen werden allerdings von kantianischen und liberal-naturrechtlichen Ansätzen nicht bzw. nur eingeschränkt geteilt. Die gerechtigkeitstheoretische Funktion politischer Institutionen ergibt sich in diesen Traditionen gerade an den Stellen, an denen die moralische Selbstgenügsamkeit der Individuen bestritten wird.

2) Liberale Naturrechtsdenker teilen mit den Anarchisten die Annahme, dass ein umfassendes System natürlicher Rechte existiert, das konkrete Anforderungen an das Handeln der Akteure stellt. Hinsichtlich der epistemischen Eindeutigkeit und der verlässlichen Durchsetzung dieser Rechte in einem vorinstitutionellen Zustand sind sie jedoch deutlich skeptischer. So geht John Locke in seiner *Zweiten Abhandlung über die Regierung* zwar einerseits davon aus, dass in einem Naturzustand ohne politische Institutionen »jeder die vollziehende Gewalt des Gesetzes der Natur innehat« (1689/1977, II. Abh., § 13) und berechtigt sei, »Vergehen gegen jenes Gesetz so zu bestrafen, wie es nach seinem nüchternen Sachverstand der jeweilige Fall erfordert« (ebd., § 9). Andererseits warnt er jedoch davor, dass ein solches System der privaten Rechtsauslegung und -anwendung zu ungerechten Ergebnissen tendiere und letztlich die Rechtssicherheit aller zu untergraben drohe: zum einen, weil die Streitparteien aufgrund ihrer Eigenliebe und Leidenschaften zur parteiischen Interpretation und exzessiven Durchsetzung ihrer jeweiligen Rechtsposition neigten und so ständig Gefahr liefen, sich in einen Teufelskreis von wechselseitigen Straf- und Kompensationsmaßnahmen zu verstricken (ebd., §§ 13, 124 f.); zum anderen, weil ein System der privaten Rechtsanwendung mit Risiken verbunden sei, die die Schwachen und Friedfertigen gegenüber den Starken und Streitlustigen benachteiligten (ebd., §§ 126, 136; vgl. auch Nozick 1974, 12). Aus diesen Mängeln des Naturzustands ergibt sich in der liberalen Tradition eine spezifische Konzeption der Funktion politischer Institutionen, die die unparteiliche Auslegung natürlicher Rechte durch die Judikative und ihre willkürfreie und verlässliche Durchsetzung durch die Exekutive ins Zentrum rückt. Die legislative Gestaltung des Gemeinwesens tritt im ›Nachtwächterstaat‹ des klassischen Liberalismus dagegen in den Hintergrund, da mit der Ausdehnung staatlicher Regulierungsbefugnisse immer auch ein Konflikt mit vorstaatlichen Rechten verbunden wird. Diese ambi-

valente Haltung gegenüber staatlicher Macht führt dazu, dass sich der Wert politischer Institutionen im liberalen Denken nicht abstrakt bestimmen lässt, sondern sich pragmatisch am instrumentellen Beitrag bemisst, den konkrete Institutionen zur Gewährleistung natürlicher Rechte leisten.

3) Ansätze in der Tradition von Immanuel Kants politischer Philosophie gehen schließlich davon aus, dass politische Institutionen eine notwendige Voraussetzung für ein gerechtes Gemeinwesen sind. Den Ausgangspunkt dieser Position bildet die These, dass das Naturrecht als Basis konkreter Rechte und Pflichten unterdeterminiert ist, also bereits die ontologische Prämisse der Anarchisten unzutreffend ist. Damit ist gemeint, dass moralische Normen die Akteure zwar auf Prinzipien wie die der Freiheit, Gleichheit und Unabhängigkeit der Individuen festlegen, sich aus diesen jedoch kein eindeutiger und umfassender Katalog konkreter Rechtsnormen ergibt (vgl. Stilz 2009, 35–56; Schmelzle 2015, 149–152). Vielmehr erlaubten die abstrakten Grundsätze des Naturrechts eine Vielzahl plausibler Interpretationen, die jeweils unterschiedliche Rechtsordnungen zur Folge hätten. Die Probleme, die sich aus dieser Möglichkeit »vernünftiger Meinungsverschiedenheiten« (Rawls 1998, 127–132) in Rechtsfragen ergeben, erläutert Kant anhand des Erwerbs von Eigentum im Naturzustand: Kant ist der Ansicht, dass es aufgrund der natürlichen Freiheit der Individuen allen Personen möglich sein muss, Teile der äußeren Welt zu besitzen. Da im Naturzustand jedoch eindeutige Regeln fehlen, die die Aneignung von Eigentum regulieren, sind die Akteure darauf angewiesen, so zu verfahren, wie es ihnen jeweils subjektiv »recht und gut dünkt«, d. h. die Normen ihres Handelns einseitig zu bestimmen (AA VI, 312). Da Eigentumsrechte jedoch allen anderen Personen zahlreiche Verbindlichkeiten auferlegen, sind Akte der Aneignung auf Basis einseitiger Rechtsauffassungen immer auch willkürliche Eingriffe in die Handlungsfreiheit Dritter, die gegen die Prinzipien der gleichen natürlichen Freiheit und Unabhängigkeit verstoßen. Das Problem beschränkt sich dabei nicht auf die von Locke bekannten Schwierigkeiten der parteilichen Auslegung natürlicher Rechte (1977, II. Abh., §§ 13, 125), sondern betrifft – viel grundlegender – den Inhalt dieser Rechte selbst. Die Folge ist ein Zustand struktureller Rechtlosigkeit, der sich Kant zufolge nur dadurch überwinden lässt, dass die Setzung, Anwendung und Durchsetzung verbindlicher Normen an öffentliche Institutionen übertragen wird, die den Willen aller Betroffenen vertreten. Für die Individuen ergibt sich aus dieser Überlegung eine Pflicht, in politische Gemeinschaften einzutreten und sie zu erhalten (AA VI, 312). In der modernen Gerechtigkeitstheorie findet Kants Diktum von der Pflicht zum Verlassen des Naturzustands Widerhall in John Rawls' Idee einer natürlichen Pflicht zur Gerechtigkeit, die die Individuen zum Aufbau und zur Unterstützung gerechter Institutionen verpflichtet (1975, 368 f.).

Institutionen als zentraler Gegenstand der Gerechtigkeit

Während in der gegenwärtigen philosophischen Diskussion große Einigkeit darüber herrscht, dass Institutionen – sei es nun aus instrumentellen oder prinzipiellen Gründen – für die Gerechtigkeit moderner Gesellschaften notwendig sind, kreist eine zweite, kontroversere Debatte um die Frage, ob Institutionen das alleinige Objekt von Gerechtigkeitsforderungen sind. Diese Auseinandersetzung ist nicht zuletzt deswegen interessant, weil sie die moralischen Standards unseres alltäglichen Handelns hinterfragt: Steht es uns beispielsweise frei, unsere Fähigkeiten am Arbeitsmarkt meistbietend zu verkaufen, oder sollten wir uns bei der Berufswahl auch an den Bedürfnissen der Gesellschaft orientieren? Und wie ist es gerechtigkeitstheoretisch zu bewerten, wenn Bürger und Unternehmen zwar die Steuergesetze einhalten, aber gleichzeitig konsequent jedes Schlupfloch nutzen, um ihre Steuerlast zu senken (s. Kap. V.75)? Welche Antworten auf diese Fragen gegeben werden, hängt maßgeblich davon ab, ob die Prinzipien der verteilenden Gerechtigkeit ausschließlich für die ›Grundstruktur‹, d. h. die öffentlichen, rechtlich verfassten Institutionen der Gesellschaft gelten oder ob sie auch direkt das Verhalten von Individuen und Assoziationen regulieren.

Der Vorschlag, den Geltungsbereich der Prinzipien der distributiven Gerechtigkeit auf die gesellschaftliche Grundstruktur zu beschränken, geht auf das Werk Rawls' zurück. Mit dem Begriff der Grundstruktur bezeichnet er das System der wichtigsten öffentlichen Institutionen eines Gemeinwesens, das die »Grundrechte und -pflichten und die Früchte der gesellschaftlichen Zusammenarbeit« verteilt und so die Lebenschancen der Bürgerinnen tiefgreifend prägt (Rawls 1975, 23, 74, 267). Individuen und gesellschaftliche Assoziationen wie Unternehmen und Vereine fallen somit explizit aus dem Geltungsbereich der Gerechtigkeitsprinzipien heraus. Motiviert wird dieser Vorschlag durch die Idee einer moralischen Arbeitsteilung zwischen Individuen und Institutionen: Demnach obliegt es den Institutionen, im Hintergrund die Gerechtigkeit der gesellschaftlichen Verhältnisse zu sichern, so dass die Akteure in ihren alltäglichen Handlungen frei sind, ihre subjektiven Ziele zu verfolgen (Rawls 1998, 379 f.). Umgekehrt sind die Individuen jedoch zum Aufbau von und zum Gehorsam gegenüber gerechten Institutionen verpflichtet (Rawls 1975, 368 f.). So sollen sie einerseits zur Stabilität des Systems der Hintergrundgerechtigkeit beitragen, ohne andererseits bei jeder einzelnen Handlung zur Kalkulation etwaiger Gerechtigkeitseffekte verpflichtet zu sein.

Die Gegenposition, die am prominentesten von G. A. Cohen vertreten wird, lässt sich mit dem feministischen Slogan »Das Private ist politisch« zusammenfassen (Cohen 2008, 116). Damit ist gemeint, dass nicht nur das Wirken öffentlicher Institutionen für die Gerechtigkeit eines Gemeinwesens relevant ist, sondern auch die privaten Handlungen, die in diesem Rahmen stattfinden. Beispiele hierfür sind die – häufig ungerechte – Arbeitsteilung innerhalb von Familien oder das – zumeist eigennützige – Verhalten auf dem Markt. Konkret wirft Cohen Rawls vor, dass die Beschränkung des Geltungsbereichs von Gerechtigkeitsprinzipien auf die Grundstruktur intern inkonsistent und substanziell willkürlich sei. Der Vorwurf der Inkonsistenz bezieht sich darauf, dass der Dualismus von Gerechtigkeitsprinzipien für Individuen und Institutionen nicht mit Rawls' Anspruch zu vereinbaren sei, dass die Gerechtigkeitsprinzipien das moralische Selbstverständnis der Bürger wohlgeordneter Gesellschaften auch im Alltag bestimmen (ebd., 74–76). Vielmehr, so Cohen, ermögliche Rawls' Modell der moralischen Arbeitsteilung eine schizophrene Einstellung in Gerechtigkeitsfragen: So werde von den Akteuren einerseits verlangt, anspruchsvolle Gerechtigkeitsprinzipien auf der institutionellen Ebene zu unterstützen, andererseits werde ihnen jedoch freigestellt, den Geist dieser Prinzipien in ihrem alltäglichen Handeln zu ignorieren (ebd., 138). Für das Rawlssche Projekt als Ganzes noch schwerer als der Vorwurf der Inkonsistenz wiegt jedoch Cohens zweiter Einwand, dass der von Rawls gewählte Fokus auf die Gerechtigkeit der Grundstruktur letztlich willkürlich sei. Diese Kritik beruht auf der – Cohen zufolge von Rawls geteilten – Prämisse, dass sich der Geltungsbereich von Gerechtigkeitsprinzipien daran orientieren sollte, welche Faktoren *de facto* die Verteilung von Lebenschancen in einer Gesellschaft bestimmen. Cohen argumentiert nun, dass sich in dieser Hinsicht kein systematischer Unterschied zwischen den Verteilungseffekten von rechtlichen Institutionen und (akkumulierten) individuellen Handlungen ergebe. So hingen etwa die Lebenschancen von Mädchen nicht nur von ihren formalen Rechten ab, sondern auch von informellen sozialen Normen, die ihre gesellschaftliche Rolle definierten. Verdeutlichen kann man sich diese Überlegung am Beispiel des Zugangs zu Hochschulbildung: In vielen Gesellschaften ist es nach wie vor gängige Praxis, eher Jungen als Mädchen die Aufnahme eines Studiums zu ermöglichen, auch wenn formal für beide Geschlechter die gleichen Zugangsbedingungen gelten. Ein wichtiger Grund für diese Ungleichbehandlung dürfte darin bestehen, dass sich viele Eltern an sozialen Normen orientieren, die die Rolle von Frauen auf die Bereiche Haushalt, Ehe und Familie beschränken und deswegen Hochschulbildung für Mädchen unnütz erscheinen lassen. Diese sozialen Normen, so Cohen weiter, hätten also offensichtlich einen erheblichen Einfluss auf die Biographien von Frauen und Mädchen. Dennoch zählten sie nach der Rawlsschen Definition nicht zur (rechtlich verfassten) Grundstruktur der Gesellschaft, sondern seien das Ergebnis (akkumulierter) individueller Handlungen. Aus diesem Grund hält Cohen die Beschränkung des Geltungsbereichs von Prinzipien der distributiven Gerechtigkeit auf rechtlich verfasste Institutionen grundsätzlich für verfehlt (ebd., 132–138). Als Abhilfe für beide Probleme schlägt er die Förderung eines sozialen Ethos vor, das einerseits das egalitäre Selbstverständnis der Bürgerinnen wohlgeordneter Gesellschaften widerspiegele und diese andererseits auch dann zur Befolgung der Gerechtigkeitsprinzipien motiviere, wenn ihnen institutionelle Regeln keine eindeutigen Vorgaben machen (ebd., 73, 140–143).

Verteidiger von Rawls' Position haben vor allem zwei Arten von Einwänden gegen Cohens Argumentation vorgebracht: zum einen, dass sich die Beschränkung des Geltungsbereichs der Gerechtigkeitsprinzipien auf die Grundstruktur – entgegen Cohens Annahme – nicht allein durch deren besonderen Einfluss auf die Verteilung von Lebenschancen begründen lasse, und zum anderen, dass eine gerechte Grundstruktur auch ohne die Unterstützung durch ein egalitäres Ethos für die gerechte Verteilung von Lebenschancen sorgen könne.

Autoren wie Kok-Chor Tan, Samuel Scheffler und David Estlund, die den ersten Einwand gegen Cohen vorbringen, deuten den Dualismus von Gerechtigkeitsprinzipien für Institutionen und Individuen als Ausdruck eines Pluralismus der Werte, der Rawls' politische Philosophie durchziehe. Institutionen entlasteten demnach Individuen im Alltag von anspruchsvollen Gerechtigkeitsforderungen, um ihnen die Verwirklichung von Lebensplänen zu ermöglichen, die nicht in der Optimierung der sozialen Gerechtigkeit ihrer Gesellschaft bestehen (Estlund 1998; Tan 2012, 26–38). Hierzu komplementär verhält sich ein weiteres Argument, das auf den Charakter der Grundstruktur als ein System von verbindlichen *öffentlichen* Normen abstellt. Diesem Ansatz zufolge ergibt sich der Dualismus der Gerechtigkeitsprinzipien daraus, dass die Institutionen der Grundstruktur öffentliche, zwangsbewehrte Regeln umfassen, die alle gleichermaßen verpflichten und gegenüber jedem einzelnen Bürger gerechtfertigt werden müssen (Williams 1998, 242–246; Scheffler 2006, 124 f.). Als Ausdruck der öffentlichen Gewalt unterlägen sie somit strengeren Anforderungen hinsichtlich ihrer Unparteilichkeit, egalitären Orientierung und epistemischen Überprüfbarkeit als diejenigen Normen, die private Handlungen regulieren. Folgt man dieser Argumentation, so ließe sich die vermeintliche Schizophrenie der Rawlsschen Argumentation dadurch auflösen, dass die Gesellschaftsmitglieder in ihrer Rolle als Bürger dazu verpflichtet sind, von ihren individuellen Ideen des Guten zu abstrahieren und öffentlich rechtfertigbare Gerechtigkeitskonzeptionen zu unterstützen, die ihr Handeln im Privaten zwar einschränken, aber nicht determinieren.

Eine zweite Strategie zur Verteidigung des begrenzten Geltungsbereichs von Gerechtigkeitsprinzipien besteht darin, den Zuständigkeitsbereich öffentlicher Institutionen den tatsächlichen Verteilungsproblemen der Gesellschaft so anzupassen, dass die negativen Effekte von diskriminierenden oder anti-egalitären sozialen Normen auf institutioneller Ebene ausgeglichen werden können (Ronzoni 2008; Schouten 2013). Dies lässt sich an dem bereits eingeführten Beispiel der Bildungsdiskriminierung von Mädchen erläutern: Der ungleiche Zugang von Mädchen und Jungen zu Hochschulbildung würde diesem Ansatz zufolge nicht primär durch den Wandel der individuellen Einstellungen von Eltern und Lehrern beendet, sondern durch politische Interventionen, die auf die Verbesserung der Bildungschancen von Mädchen zielen (vgl. Ronzoni 2008, 211). Denkbar wären Quotenregelungen, Stipendiensysteme oder spezielle Förderangebote, die auf der institutionellen Ebene diskriminierende soziale Normen bekämpfen und ihre negativen Effekte ausgleichen (s. Kap. V.58). Allerdings muss hier darauf hingewiesen werden, dass solche Gleichstellungsmaßnahmen in der Regel auch einen Bewusstseinswandel herbeiführen sollen, der, so die Hoffnung, die konkreten Förderprogramme langfristig überflüssig macht. Insofern zielen politische Interventionen auf Ebene der Grundstruktur mittelbar ebenfalls auf eine Veränderung des sozialen Ethos ab. Ein solcher Bewusstseinswandel wird aus der institutionellen Perspektive jedoch als Effekt von – und nicht als Alternative zu – institutionellem Wandel verstanden. Diese Konzeptualisierung ist folgerichtig, wenn man, wie hier vorgeschlagen, die Wirkung von Institutionen nicht auf die Sanktionierung von Normenverstößen reduziert, sondern auch die Mechanismen der Sozialisation von Akteuren und der Kommunikation normativer Erwartungen ernst nimmt.

Aktuelle Relevanz

Fragen nach der gerechtigkeitstheoretischen Rolle von Institutionen stellen sich gegenwärtig vor allem in Kontexten, in denen politische Institutionen entweder komplett fehlen oder nur ineffektiv funktionieren. Zwei Beispiele, die in den letzten Jahren besonders intensiv diskutiert wurden, sind globale Gerechtigkeit und Klima- und Umweltgerechtigkeit (s. Kap. II.17, V.66). Hier spielen beide in diesem Kapitel diskutierten Aspekte eine wichtige Rolle: Erstens gilt in beiden Debatten der Aufbau effektiver globaler Institutionen, die Rechte definieren, Verantwortungen verbindlich zuteilen und Regelverstöße sanktionieren, als ideale Lösung der jeweiligen Gerechtigkeitsprobleme. Auf Freiwilligkeit beruhende internationale Regime, wie etwa das Kyoto-Protokoll im Falle der Klimagerechtigkeit bzw. die Millennium-Entwicklungsziele zur Bekämpfung der globalen Armut, konnten diese Aufgaben bisher jedoch nicht hinreichend effektiv erfüllen. Aus diesem Grund wird in der Literatur zweitens zunehmend argumentiert, dass die Probleme der globalen Armut bzw. des Klimawandels so drängend sind, dass mit ihrer Bekämpfung nicht gewartet werden kann, bis durchsetzungsfähige internationale Institutionen tatsächlich entstanden sind. Dabei wird kritisiert, dass die (vermeintliche) philosophische Fixierung auf den Entwurf idealer Institutionen den Blick auf die realen Handlungsmöglichkeiten und -pflichten von Individuen, Unternehmen und Nichtregierungsorganisationen unter den gegebenen nichtidealen Bedingungen verstelle (vgl. Sen 2010). Diese Kritik verweist auf eine zentrale Schwäche von Rawls' Ansatz: Wo Institutionen nicht oder nicht effektiv funktionieren, beschränkt er die natürlichen Gerechtigkeitspflichten der Individuen auf den Aufbau bzw. die Reform von Institutionen (Rawls 1975, 368 f.). Solange diese Ziele aber noch nicht verwirklicht sind, lässt er die Akteure im Alltag ohne Handlungsorientierung (Murphy 2000). Um die drängenden Probleme unserer Welt zu bewältigen, gelte es daher eher zu fragen, welche konkreten Pflichten Individuen zur Vermeidung von Treibhausgas-Emissionen haben oder in welchem Maß Unternehmen für den Schutz der Menschenrechte ihrer Mitarbeiter verantwortlich sind. Aus dieser Diagnose hat sich in den letzten Jahren eine Literatur entwickelt, die nach den Prinzipien der Verantwortungs- bzw. Pflichtzuweisung in nicht-institutionell verfassten Kontexten fragt und diese für verschiedene Akteurstypen ausdifferenziert (z. B. O'Neill 2001; Miller 2001; Young 2006). Aus einer stärker institutionell orientierten Perspektive wirft diese Debatte vor allem zwei Fragen auf, die zukünftig bearbeitet werden sollten: zum einen, in welchem Verhältnis die aus moralischen Prinzipien abgeleiteten direkten Handlungspflichten zu der Rawlsschen Pflicht zum Aufbau effektiver Institutionen stehen, und zum anderen, wie diese Ansätze mit vernünftiger Uneinigkeit hinsichtlich der Zuweisung und Quantifizierung von Pflichten und Verantwortlichkeiten umgehen. Mit Bezug auf den letzten Punkt lautet der Verdacht, dass spätestens hier wieder Institutionen der kollektiven Entscheidungsfindung Teil einer überzeugenden Antwort sein müssten.

Literatur

Cohen, G. A.: *Rescuing Justice and Equality*. Cambridge MA 2008.

Estlund, David: Debate: Liberalism, equality, and fraternity in Cohen's critique of Rawls. In: *Journal of Political Philosophy* 6/1 (1998), 99–112.

Godwin, William: *An Enquiry Concerning Political Justice* [1793]. Oxford 2013.

Kant, Immanuel: Die Metaphysik der Sitten [1797]. In: Königlich Preußische Akademie der Wissenschaften (Hg.): *Kant's gesammelte Schriften* [Akademie-Ausgabe], Bd. VI. Berlin 1968, 203–492 [AA VI].

Locke, John: *Zwei Abhandlungen über die Regierung*. Frankfurt a. M. 1977 (engl. 1689).

Miller, David: Distributing responsibilities. In: *Journal of Political Philosophy* 9/4 (2001), 453–471.

Murphy, Liam B.: *Moral Demands in Nonideal Theory*. New York 2000.

North, Douglass C.: *Institutions, Institutional Change and Economic Performance*. Cambridge 1990.

Nozick, Robert: *Anarchy, State, and Utopia*. New York 1974.

O'Neill, Onora: Agents of justice. In: *Metaphilosophy* 32/1/2 (2001), 180–195.

Pettit, Philip: Responsibility incorporated. In: Ethics 117/2 (2007), 171–201.

Rawls, John: *Eine Theorie der Gerechtigkeit*. Frankfurt a. M. 1975 (engl. 1971).

–: *Politischer Liberalismus*. Frankfurt a. M. 1998 (engl. 1993).

Ronzoni, Miriam: What makes a basic structure just? In: *Res Publica* 14/3 (2008), 203–218.

Scheffler, Samuel: Is the basic structure basic? In: Christine Sypnowich (Hg.): *The Egalitarian Conscience. Essays in Honour of G. A. Cohen*. Oxford 2006, 102–129.

Schmelzle, Cord: *Politische Legitimität und zerfallene Staatlichkeit*. Frankfurt a. M. 2015.

Schouten, Gina: Restricting justice: political interventions in the home and in the market. In: *Philosophy and Public Affairs* 41/4 (2013), 357–388.

Scott, W. Richard: *Institutions and Organizations. Ideas, Interests and Identities*. Thousand Oaks [4]2014.

Searle, John R.: *Speech Acts. An Essay in Philosophy of Language*. Cambridge 1969.

–: *The Construction of Social Reality*. New York 1995.

Sen, Amartya: *Die Idee der Gerechtigkeit*. München 2010 (engl. 2009).

Simmons, A. John: *Justification and Legitimacy. Essays on Rights and Obligations*. Cambridge 2001.

Stilz, Anna: *Liberal Loyalty. Freedom, Obligation, and the State*. Princeton 2009.

Tan, Kok-Chor: *Justice, Institutions, & Luck. The Site, Ground, and Scope of Equality*. Oxford 2012.

Williams, Andrew: Incentives, inequality, and publicity. In: *Philosophy and Public Affairs* 27/3 (1998), 225–247.

Young, Iris Marion: Responsibility and global justice: a social connection model. In: *Social Philosophy and Policy* 23/1 (2006), 102–130.

Cord Schmelzle

66 Klima und Umwelt

Sauberes Wasser, fruchtbare Böden, angenehme Temperaturen: Die Beschaffenheit der Umwelt in all ihren Facetten ist einer der wichtigsten Bestimmungsfaktoren menschlicher Lebensqualität. Die Umwelt verändert sich seit jeher, doch der Stellenwert des Menschen als deren absichtlicher und unabsichtlicher Gestalter ist seit der industriellen Revolution viel wichtiger geworden. Gerechtigkeitsfragen stellen sich deshalb, weil die Umweltschäden ein Nebeneffekt der Erfüllung menschlicher Bedürfnisse und Wünsche sind und der Nutzen vieler umweltschädlicher Handlungen – Nutzen z. B. in Form einer geheizten Wohnung oder einer Fernreise – nicht denselben Personen zugutekommt, die den damit einhergehenden Umweltschaden zu tragen haben. Der schädliche Effekt dieser Handlungen tritt geographisch und zeitlich oft weit entfernt vom Ursprung ein, und somit genügt der Appell an das Eigeninteresse selten, um Umweltprobleme adäquat zu lösen. Die Gerechtigkeitsfrage ist unausweichlich.

Als paradigmatisches Beispiel einer solchen Frage wird im Folgenden der Klimawandel diskutiert. Er vereint Charakteristiken verschiedener Umweltfragen – wie Wasserknappheit, Biodiversität, Wüstenbildung, Nuklearenergie, gefährliche Abfälle, Landschaftsschutz, Erschöpfung natürlicher Ressourcen usw. – in besonders starker Ausprägung und wurde von Stephen Gardiner (2011a) als der vollkommene moralische Sturm (*A Perfect Moral Storm*) bezeichnet. So sind die Auswirkungen von Treibhausgasemissionen wahrhaft global verteilt, unabhängig davon, wo sie entstehen. Auch tritt ein Großteil des Effekts heutiger Emissionen erst Jahrzehnte später ein. Sowohl die Ursache des Problems (Treibhausgasemissionen) wie auch der Effekt (Klimaschäden) treten also nicht in geographisch oder zeitlich konzentrierter Form auf, sondern sind über Milliarden von Individuen verteilt. Dabei sind sowohl die Emissionen als auch die Klimaschäden nicht nur weit, sondern auch ungleich verteilt: Tendenziell tragen Menschen in Wohlstand mehr zum Klimawandel bei und sind gleichzeitig weniger stark davon betroffen. Hinzu kommt, dass der Klimawandel ein Problem des Umgangs mit Unsicherheit ist, das keine Gewissheit über das exakte Ausmaß der Schäden und den angemessenen Umgang damit zulässt. Und auch wenn diesbezüglich sichere Aussagen möglich wären, so sind doch unsere politischen Institutionen nicht darauf ausgerichtet, eine solch globale und intergenerationelle Herausforderung zu meistern.

Terminologisch ist anzumerken, dass der Begriff der Umweltgerechtigkeit – insbesondere im amerikanischen Diskurs – auch in einem engeren Sinn verwendet wird, der sich auf die soziale Gerechtigkeit zwischen ethnischen Minderheiten, ökonomischen Klassen, Geschlechtern, etc. im nationalen und lokalen Kontext konzentriert und dazu vor allem die Verteilung der Umweltschäden (statt der Verteilung der Kosten zur Verhinderung dieser Schäden) ins Zentrum stellt (vgl. Mohai et al. 2009).

Im Folgenden wird zunächst diskutiert, ob allgemeine Gerechtigkeitstheorien ohne weiteres auf den spezifischen Kontext der Umwelt übertragen werden können. Der zweite Abschnitt diskutiert dann eine erste Kernfrage der Umweltgerechtigkeit – die intergenerationelle Gerechtigkeit –, der dritte Abschnitt ergänzt die intergenerationelle Frage um den Risikoaspekt und der vierte Abschnitt diskutiert eine weitere Kernfrage – die intragenerationelle Gerechtigkeit. Der fünfte und sechste Abschnitt enthalten Bemerkungen zu prozeduraler Gerechtigkeit und einen Ausblick.

Ein spezieller Status für die Umwelt?

Die Umwelt (im Sinne der nicht-menschlichen Natur) hat in den Augen vieler einen anderen moralischen Status als den einer bloßen Sache – einer Sache, deren einziger Wert in der Nützlichkeit für die Menschen besteht. Spielt dieser moralische Status eine Rolle für die Umweltgerechtigkeit? Wenn Gerechtigkeit etwas ist, das zwischen bestimmten *Subjekten* bezüglich bestimmter *Güter* herrscht, dann müssen wir uns erstens fragen, ob uns der moralische Status der Umwelt dazu bewegen sollte, sie als eigenes *Subjekt* der Gerechtigkeit mit einzubeziehen, und zweitens, ob wir Gerechtigkeit bezüglich *Umweltgütern* in einer spezifischen Weise angehen sollten.

Zur ersten Frage: Die herrschende Umweltgerechtigkeitsdiskussion ist stark anthropozentrisch geprägt und fokussiert auf Gerechtigkeit zwischen *menschlichen* Subjekten. Dieser Fokus kann auf drei Weisen zu verteidigen versucht werden. Erstens kann nichtmenschlichen empfindungsfähigen Wesen wie Tieren (Pathozentrismus), lebenden Entitäten wie Pflanzen (Biozentrismus) und weiteren Entitäten wie Ökosystemen (Ökozentrismus) abgesprochen werden, dass sie moralisch um ihrer selbst willen zählen und wir ihnen gegenüber Pflichten haben können. Aber auch wenn ein solch radikaler Anthropozentrismus verneint wird, kann zweitens im Sinne der Konvergenzthese (Norton 1991) behauptet werden, dass die politischen Schlüsse, die sich auf der Basis anthropozentrischer und nicht-anthropozentrischer Positionen ergeben, stark überlappen und deshalb ein Fokus auf die Menschheit unproblematisch sei. Drittens kann entgegen den ersten zwei Versuchen eingestanden werden, dass Tiere und andere Aspekte der nicht-menschlichen Natur nicht allein wegen ihres instrumentellen Werts für die Menschheit zählen und dass sich ferner die praktischen Handlungsanweisungen einer anthropozentrischen und nicht-anthropozentrischen Position unterscheiden, so z. B. in der Abwägung zwischen der Verhinderung von und der Anpassung an den Klimawandel. Dieses Eingeständnis kann aber mit der Behauptung kombiniert werden, dass es keine Pflichten der *Gerechtigkeit* seien, die wir der nicht-menschlichen Natur gegenüber haben, sondern dass in diesem Bereich der Moral Werte, Tugenden, Einstellungen und Pflichten wie wohlwollende Fürsorge, Achtsamkeit, ein Empfinden des Eingebundenseins usw. im Zentrum stehen. Die Diskussion darüber sollte dann unter der allgemeineren Bezeichnung ›Umweltethik‹ geführt werden. Auch wenn man alle drei Versuche als unplausibel ablehnt, so kann man doch den pragmatischen Punkt anerkennen, dass die Beschränkung der Diskussion auf menschliche Subjekte das Nachdenken über Umweltgerechtigkeit einfacher macht. Herrschende Gerechtigkeitstheorien setzen nämlich oft ein Bild der Menschen als freie, gleiche und separate Individuen voraus. Wenn Tiere zwar moralisch um ihrer selbst willen zählen sollten, aber nicht als Gleiche oder Freie, oder wenn Ökosysteme zwar moralisch um ihrer selbst willen zählen sollten, aber nicht als separate Individuen, so verändert das die herkömmliche Herangehensweise an Gerechtigkeitsfragen stark.

Zur zweiten Frage: Sollte eine Gerechtigkeitstheorie anders aussehen, wenn es um Umweltgüter statt um Güter wie Einkommen, Freiheit oder Bildung geht? Für den Nicht-Anthropozentrismus liegt die Antwort auf der Hand: Wenn Tiere, Pflanzen und Ökosysteme nicht ausschließlich deshalb relevant sind, weil sie dem Menschen nützen, dann spielt das für den gerechten Umgang mit diesen Gütern offensichtlich eine Rolle. Das kann sich z. B. in einer Parteinahme für starke statt schwache Nachhaltigkeit äußern, d. h. für die Position, dass ein Rückgang des ›Naturkapitals‹ über die Zeit hinweg auch dann abgelehnt werden sollte, wenn dieser Rückgang durch eine Erhöhung anderer Formen von ›Kapital‹ ausgeglichen wird – ausgeglichen in dem Sinne, dass die Substituierung für das menschliche Wohlergehen keinen Unterschied macht. Der Nicht-Anthropozentrismus ist auch einer der Gründe für den Widerstand gegen die monetäre Bewertung und die Kommodifizierung von Umweltgütern, was beispielsweise den Handel mit Emissionsrechten in Frage stellt (sowohl für den Widerstand gegen ein schwaches Verständnis von Nachhaltigkeit als auch gegen den Emissionshandel gibt es aber auch noch ganz andere Gründe; vgl. dazu z. B. Ott/Döring 2004; Caney/Hepburn 2011). Allerdings werden auch im Rahmen einer anthropozentrischen oder gar ökonomischen Herangehensweise Umweltgütern gewisse charakteristische Eigenschaften zugeschrieben. So wird bei manchen Umweltgütern nicht nur ihr Gebrauch, sondern auch ihr bloßes Vorhandensein (›Existenzwert‹) oder die bloße Möglichkeit, später einmal von Nutzen zu sein (›Optionswert‹), wertgeschätzt. Letzteres ist insbesondere deshalb relevant, weil viele natürliche Prozesse bis zu einem gewissen Grad irreversibel sind: Wenn eine Tierart einmal ausgestorben ist, dann verliert man die ›Option‹, sie einfach zurückzukaufen.

Intergenerationelle Gerechtigkeit

Eine erste Kernfrage der Umweltgerechtigkeit im Allgemeinen und der Klimagerechtigkeit im Speziellen lautet (s. auch Kap. II.20): Wie viel Umwelt- bzw. Klimaschutz schulden wir unseren Nachkommen? Diese Frage stellt sich deshalb, weil die Handlungen, als deren Nebeneffekt Emissionen auftreten, in der Gegenwart Nutzen stiften, ein Großteil ihrer schädlichen Auswirkungen aber erst Jahrzehnte später eintritt. Die Extremposition auf der einen Seite verlangt überhaupt keinen Klimaschutz. Begründet werden könnte diese Sicht mit einer radikalen Skepsis gegenüber intergenerationellen Pflichten. Wenn man z. B. eine beziehungsbasierte Auffassung der Gerechtigkeit vertritt, bei der Gerechtigkeit nur dort ins Spiel kommt, wo Menschen in bestimmten Beziehungen stehen – z. B. politische Institutionen teilen oder miteinander zum gegenseitigen Vorteil handeln –, dann haben Pflichten gegenüber nicht-überlappenden Generationen einen schweren Stand (vgl. Leist 2005). Auch das Nichtidentitätsproblem kann Anlass zu radikaler Skepsis geben: Viele Individuen, die in der Zukunft unter mangelndem gegenwärtigem Klimaschutz leiden werden, würden gar nicht existieren, wenn heute eine ambitioniertere Klimapolitik gewählt würde – und können somit auch nicht behaupten, dass sie durch den mangelnden

Klimaschutz geschädigt werden (Parfit 1984, Kap. 16). Denn eine ambitioniertere Politik hätte nicht nur zur Folge, dass sich der Globus weniger erwärmt als mit einer schwachen Klimapolitik, sondern auch, dass die Welt in so vielen Aspekten einen anderen Verlauf nähme, dass sehr wahrscheinlich andere Individuen geboren würden (für Antworten auf das Nichtidentitätsproblem vgl. Roberts 2013).

Eine gegenteilige Extremposition verbietet uns jegliche (Netto-)Emissionen unter Hinweis auf das Schadensprinzip (vgl. Broome 2012, Kap. 5). Diese Position ist aus mindestens drei Gründen fragwürdig: Erstens dienen Emissionen nicht nur der Befriedigung von Luxuswünschen, sondern auch der Befriedigung von Grundbedürfnissen. Mit den heutigen technologischen Möglichkeiten würde eine Nulltoleranzpolitik deshalb mit fundamentalen Interessen der gegenwärtigen Generation in Konflikt geraten. Zweitens sind Emissionen nicht *nur* schädlich. Wenn der anthropogene Treibhausgasausstoß nur schwach angestiegen wäre, hätten womöglich unter dem Strich dessen positive Konsequenzen überwogen; und auch bei einem starken Anstieg gibt es u. a. positive Konsequenzen. Theorien mit konsequentialistischen Elementen können diese positiven Effekte zumindest ein Stück weit mit den negativen Effekten verrechnen. Der dritte Einwand basiert auf dem einfachen Punkt, dass nicht jede Schädigung eine unrechtmäßige Schädigung darstellt. Zwar bewirken zusätzliche Emissionen tatsächlich eine Verminderung des Wohlfahrtsniveaus unserer Nachfahren. Das schließt aber die Möglichkeit nicht aus, dass aufgrund zukunftsgerichteter Investitionen außerhalb der Klimapolitik die durch Emissionen verminderte Wohlfahrt immer noch über dem Niveau liegt, das wir ihnen schulden. Die Emissionen würden dann zwar einer Schädigung, aber keiner unrechtmäßigen Schädigung gleichkommen.

Das geforderte Maß an Klimaschutz liegt also irgendwo zwischen den Extrempositionen keiner und beliebig vieler Emissionen. Die Herausforderung aus Gerechtigkeitsperspektive besteht darin, sowohl die Vorteile, welche die Gegenwart aus emissionsgenerierenden Handlungen zieht, als auch die Nachteile, die dadurch für zukünftige Generationen in Form von Klimaschäden entstehen, angemessen in Anschlag zu bringen. Diese Abwägung wird im Sinne einer egalitaristischen Theorie intergenerationeller Gerechtigkeit vorgenommen, wenn sich unsere (Klima-)Politik danach ausrichtet, dass es unseren Nachkommen zumindest gleich gut gehen soll wie uns. Da einige Gründe, die im intragenerationellen Fall für Gleichheit sprechen – wie z. B. der instrumentelle Wert der Gleichheit für den sozialen Zusammenhalt – im intergenerationellen Fall eine geringere Rolle spielen mögen (vgl. Meyer/Roser 2009), steht auch der Suffizientarismus als Alternative zur Debatte. Eine solche Position wird beispielsweise von einer wörtlichen Interpretation des Gebots zur nachhaltigen Entwicklung nahegelegt. Diese wird im Brundtland-Bericht (WCED 1987) als dauerhafte Entwicklung definiert, die die Bedürfnisse der Gegenwart befriedigt, ohne zu riskieren, dass künftige Generationen ihre eigenen Bedürfnisse nicht befriedigen können. Im Gegensatz zum Egalitarismus hängen im Suffizientarismus die Pflichten der Gegenwart gegenüber der Zukunft nicht vom Wohlfahrtsniveau der gegenwärtigen Generation ab – ein Merkmal, das sich insbesondere auch in der Ausrichtung an den Menschenrechten wiederfindet (s. Kap. IV.45). Die Menschenrechte zukünftiger Generationen sind durch das Ausmaß des Klimawandels in vielfacher Weise betroffen (Bell 2011), so z. B. das in der Allgemeinen Erklärung der Menschenrechte erwähnte Recht auf Leben, Freiheit und Sicherheit der Person und das Recht auf einen Lebensstandard, der Gesundheit und Wohl gewährleistet.

Auch der Utilitarismus kann uns ein Kriterium für das geforderte Ausmaß an Emissionsreduktionen an die Hand geben: Optimale Emissionsreduktionen maximieren die über Generationen aggregierte Nutzensumme. In dieser utilitaristischen Perspektive wird der Verzicht auf Emissionen in der Gegenwart als ›Investition‹ verstanden. Diese Investition ist kein Nullsummenspiel, sondern stiftet in der Zukunft (in der Form eines stabilen Klimas) mehr Nutzen, als sie uns heute kostet. Weil der Utilitarismus jede Investition mit positiver Kosten-Nutzen-Bilanz als moralisch geboten betrachtet und weil uns in (und außerhalb) der Klimapolitik viele solcher Investitionsmöglichkeiten offenstehen, fordert der Utilitarismus von der gegenwärtigen Generation große Opfer für die Zukunft. Diese kontraintuitive Schlussfolgerung können wir verhindern, wenn wir zukünftigen Nutzen geringer gewichten als gegenwärtigen Nutzen, mit anderen Worten: wenn wir mit einer positiven Rate diskontieren. Wenn der Utilitarismus um eine positive Diskontrate ergänzt wird, dann gilt: Umso geringeres Gewicht der Zukunft beigemessen wird, desto weniger Klimaschutz fordert er. Empirisch gesehen bevorzugen Menschen natürlich gegenwärtigen gegenüber zukünftigem Nutzen, aber die kritische Frage lautet, ob es eine ethische Rechtfertigung für eine positive Diskontrate gibt. Tatsächlich lassen sich Erwägungen anführen, die gewisse Formen der Diskontierung – nicht jedoch eine so genannte ›reine Zeitpräferenz‹ – stützen könnten, so beispielsweise die Opportunitätskosten von Klimaschutzinvestitionen oder der höhere Wohlstand zukünftiger Generationen (vgl. z. B. Parfit 1984, Appendix F). Die Debatte um die Diskontrate ist von großer Bedeutung, da die Politikempfehlungen der Klimaökonomie stark davon abhängen. Allerdings ist zu beachten, dass – insofern die Klimaökonomie auf dem utilitaristischen Imperativ beruht, eine intertemporal aggregierte Nutzensumme zu maximieren – selbst eine niedrige Diskontrate nicht garantiert, dass der intergenerationellen Gerechtigkeit Genüge getan wird (Kelleher 2012, 49).

Risiko und Unsicherheit

Die Frage der intergenerationellen Gerechtigkeit wäre schon schwer genug zu beantworten, wenn wir genau wüssten, welcher gegenwärtige Aufwand für den Klimaschutz exakt welchem zukünftigen Ertrag in Form verhinderter Klimaschäden entspricht. Doch der Klimawandel basiert auf neuartigen, einschneidenden Eingriffen der Menschheit in komplexe natürliche Prozesse. Dementsprechend unsicher ist das Ausmaß der entsprechenden Schäden. Welche Relevanz hat diese Unsicherheit für unsere Klimaschutzpflichten (s. auch Kap. V.72)?

Zuerst einmal ist zu präzisieren, welcher Art die Unsicherheit ist. Es besteht kaum wissenschaftlicher Dissens darüber, *dass* wir Menschen das Klima verändern (IPCC 2013, 15). Die Unsicherheit besteht so gut wie ausschließlich darüber, wie weitreichend wir es verändern, wie stark die negativen die positiven Effekte überwiegen, wie realistisch das Szenario eines komplett außer Kontrolle geratenen Klimawandels ist und wie gut wir uns an die veränderten Bedingungen anpassen können.

Aber auch wenn man eine weitergehende Skepsis gegenüber der Klimawissenschaft verteidigen wollte, so wäre dies praktisch kaum relevant, da es keiner *Gewissheit* über die Schädlichkeit einer Handlung bedarf, um deren Regulierung zu rechtfertigen. Dieser offensichtliche Punkt ist eines der Anliegen so genannter Vorsorgeprinzipien. Ein typisches Beispiel eines Vorsorgeprinzips ist das *Wingspread Statement*, gemäß dem Handlungen, welche für die menschliche Gesundheit oder die Umwelt eine Gefahr darstellen, auch dann zu Vorsorgemaßnahmen führen sollten, wenn nicht alle Ursache-Wirkung-Beziehungen wissenschaftlich vollständig belegt sind. Da die Vorsorgeprinzipien der politischen Praxis entstammen, sind sie oft wenig präzise. Das Grundanliegen der Vorsicht im Angesicht eines Schadens unsicheren Ausmaßes kann aber philosophisch auf mindestens drei Arten gestützt werden (vgl. Roser/Seidel 2013, Kap. 8). Erstens ist es für viele Umweltprobleme charakteristisch, dass der Schaden nichtlinear (z. B. exponentiell) mit den zugrundeliegenden Ursachen ansteigt. So können natürliche oder soziale Systeme – z. B. aufgrund von positiven Rückkoppelungseffekten – Kipppunkte aufweisen, bei denen der Schaden sprunghaft ansteigt. Unsicherheit im Angesicht nichtlinearer Schäden bedeutet, dass sich die optimistischen und pessimistischen Szenarien gegenseitig nicht aufwiegen: Wenn es ein Grad wärmer würde als erwartet, würde der Schaden stärker ansteigen, als er sinken würde, wenn es ein Grad kühler würde als erwartet. Das gibt Grund zu Risikoaversion bezüglich des Temperaturanstiegs. Zweitens gibt es eine besondere Begründung für die Orientierung am Vorsichtsgedanken, wenn Rechte im Spiel sind. Angesichts der Unsicherheit über den Verlauf des Klimawandels muss ein Sicherheitsspielraum eingebaut werden, damit die Rechte zukünftiger Generationen auch dann geschützt sind, wenn die Folgen deutlich gravierender sind als erwartet. Wir müssen die Emissionen also stärker reduzieren, als wenn wir genau vorhersagen könnten, welches Ausmaß an Emissionen mit dem Schutz der Rechte zukünftiger Generationen kompatibel ist. Drittens kann argumentiert werden, dass wir in Kontexten, in denen wir Grund zu der Annahme haben, dass schlimme Szenarien möglich sind, gleichzeitig aber die wissenschaftliche Evidenz keine Wahrscheinlichkeitszuschreibungen erlaubt, den pessimistischen Szenarien besonderes Gewicht geben sollten. Auch dies würde der Intuition hinter den Vorsorgeprinzipien – dass uns die Unsicherheit bezüglich des zukünftigen Ausmaßes des Schadens mehr statt weniger Grund zum Klimaschutz gibt – Genüge tun.

Intragenerationelle Gerechtigkeit

Bisher ging es um die Frage, wie viel Klimaschutz die gegenwärtige Generation aus Gründen der intergenerationellen Gerechtigkeit leisten sollte, insbesondere im Angesicht der Unsicherheit bezüglich der Zukunft. Nun wenden wir uns der Frage zu, wer innerhalb der gegenwärtigen Generation die Kosten der Klimapolitik tragen sollte (s. auch Kap. II.17 und 18; der folgende Abschnitt orientiert sich stark an Roser/Seidel 2013, Teil III). Weil unsere Wirtschaft und unser Lebensstil in unzähligen Hinsichten mit Treibhausgasemissionen verwoben sind, wirft dies Fragen globaler und sozialer Gerechtigkeit enormer Tragweite auf. Auf dem Spiel steht dabei die Verteilung ganz verschiedener Typen von Gütern bzw. Lasten: Emissionsrechte und die damit einhergehende Möglichkeit wirtschaftlicher Entwicklung bzw. umgekehrt die (Opportunitäts-)Kosten zur Begrenzung der Emissionen, Forschung und Entwicklung sauberer Technologien, Aufforstung, Vor- und Nachteile bevölkerungspolitischer Maßnahmen, Anpassungsmaßnahmen, Kompensationszahlungen an Betroffene des Klimawandels, usw. Die meisten der im Folgenden vorgestellten Prinzipien der intragenerationellen Klimagerechtigkeit beziehen sich jedoch jeweils nur auf einen Teil dieser verschiedenen Güter- und Lastentypen.

Ein erstes Prinzip ist das *Grandfathering* (vgl. z. B. Knight 2013). Gemäß diesem Prinzip sollten die Emissions*reduktionen* gleich verteilt werden. Wenn alle ihre Emissionen beispielsweise um fünfzig Prozent reduzieren, so bedeutet das aber auch, dass derjenige, der in der Vergangenheit überdurchschnittlich viel emittiert hat, auch in Zukunft mehr als andere emittieren darf. Dieses Prinzip kommt somit den Ländern mit hohen Pro-Kopf-Emissionen entgegen und ist dementsprechend relevant für die Praxis. Aus moralischer Perspektive aber sind höchstens Ansätze einer Rechtfertigung sichtbar, so beispielsweise die Idee, dass Menschen in Industrieländern ihre Lebenspläne um eine emissionsintensive Lebensweise aufgebaut haben und nun erwarten dürfen, diese weiterzuführen, oder die Idee, dass sich die Industrieländer über die Jahre hinweg richtiggehend ein Anrecht auf einen hohen Anteil an der Nutzung der Atmosphäre angeeignet haben.

Spiegelbildlich zum *Grandfathering* und plausibler ist das *Verursacherprinzip* (vgl. z. B. Caney 2010): Wer viel emittiert, soll auch umso höhere Lasten tragen; insbesondere in Form von Lasten für die Finanzierung von Anpassungsmaßnahmen und in Form von Kompensationszahlungen für erlittene Schäden. Die zwei wichtigsten Motivationen für die Anwendung des Verursacherprinzips – Verantwortung für die Folgen des eigenen Handelns zu übernehmen und einen Anreiz zur Vermeidung schädlicher Handlungen zu schaffen – greifen relativ unstrittige moralische Ideen auf. Wenn das Verursacherprinzip aber nicht nur auf gegenwärtige, sondern auch auf vergangene Emissionen angewendet wird, wird es kontroverser, als es auf den ersten Blick scheint. Erstens hat der zeitliche Abstand zwischen Treibhausgasemissionen und den dadurch bewirkten Klimaschäden zur Folge, dass ein Teil des heutigen und zukünftigen Klimawandels von unseren Vorfahren verursacht wurde – und Tote können offensichtlich nicht mehr für ihre Taten zur Rechenschaft gezogen werden. Zweitens kann man sich für Emissionen vor einem bestimmten Zeitpunkt – beispielsweise 1980 – auf entschuldbare Unkenntnis über deren Schädlichkeit berufen und hat deshalb auch keine Pflicht, Verantwortung für die Folgen zu übernehmen.

Ein dem Verursacherprinzip verwandtes Prinzip ist das *Nutznießerprinzip* (vgl. z. B. Page 2012). Es bittet diejenigen zur Kasse, die von der Industrialisierung als Ursache des Klimawandels profitiert haben. Eine erste Version dieses Prinzips verlangt von den Nutznießern vergangener Emissionen eine Entschädigung der Opfer des Klimawandels. Im Gegensatz zum Verursacherprinzip ist es für das Nutznießerprinzip nicht (oder weniger) relevant, dass die Verursacher historischer Emissionen teilweise nicht mehr leben und teilweise unwissentlich gehandelt haben – der Nutzen ist ja trotzdem da. Viel plausibler ist das Prinzip deswegen aber nicht, da es auf der umstrittenen Prämisse beruht, dass man Vorteile, die auf ein Ereignis zurückgehen, von dem andere Schaden genommen haben, an Letztere abtreten muss. In einer zweiten Version des Prinzips geht es nicht um Entschädigung für Klimaschäden, sondern um die Verteilung zukünftiger Emissionsrechte. Das Nutznießerprinzip verlangt in dieser Version, dass die verbleibenden Emissionen, welche die Menschheit noch ausstoßen kann, primär denjenigen zugestanden werden sollen, die bisher unterdurchschnittlich von Emissionen profitiert haben, das heißt konkret: den Ländern, welche bisher noch nicht industrialisiert sind und die Emissionen somit für die Armutsbekämpfung benötigen. Das wirft allerdings die Frage auf, weshalb genau die Nutznießer *vergangener Emissionen* die Emissionsrechte den Entwicklungsländern überlassen sollen, statt dass alle Reichen, unabhängig davon, wie stark ihr Wohlstand auf vergangenen Emissionen beruht, zum Emissionsverzicht verpflichtet werden sollen. Eine solche Idee würde dem *Prinzip der Zahlungsfähigkeit* (vgl. z. B. Caney 2010) entsprechen, das den Grundsatz ›Jeder nach seinen Fähigkeiten, jedem nach seinen Bedürfnissen‹ auf die Verteilung der klimapolitischen Lasten anwendet. Dabei kann ›Fähigkeit‹ auch weiter verstanden werden als bloße ökonomische Zahlungsfähigkeit. Das Prinzip kann insbesondere so verstanden werden, dass es das Recht auf Subsistenzemissionen mit einschließt: das Recht jedes Akteurs auf Emissionen, die nötig sind, um der Armut zu entkommen.

Besonders einfach und ansprechend ist das Prinzip *gleicher Pro-Kopf-Emissionsrechte* (vgl. z. B. Ott/Baatz 2012). Eine Begründung dafür stützt sich auf die Prämisse, dass die Atmosphäre allen Menschen gleichermaßen gehöre. Doch die intuitive Überzeugungskraft dieses Prinzips täuscht, da erstens nicht klar ist, ob die Atmosphäre wirklich allen – und nicht vielmehr niemandem – gehört; und wenn doch, ob daraus auch tatsächlich gleiche Nutzungsrechte für alle folgen. Zweitens vernachlässigt das Prinzip gleicher Pro-Kopf-Emissionsrechte eine Reihe moralisch relevanter Erwägungen, von denen die vorhergehenden Prinzipien jeweils wenigstens eine aufgegriffen haben: Manche Akteure haben bereits besonders viel emittiert, andere haben besonders stark von vergangenen Emissionen profitiert; manche sind besonders zahlungsfähig, andere sind besonders stark auf Emissionen angewiesen. Es ist nicht einsichtig, weshalb all diese Akteure ein gleich großes Stück vom Kuchen bekommen sollten.

Eine weitreichende Kritik hinterfragt eine Prämisse, die den hier diskutierten Prinzipien zugrunde liegt (vgl. Caney 2012): Weshalb sollte für Güter aus dem klimapolitischen Kontext ein eigenes Gerechtigkeitsprinzip gesucht werden, statt diese Güter mit anderen Gütern ›in einen Topf zu werfen‹, um dann auf den gesamten Topf ein Gerechtigkeitsprinzip anzuwenden? Wenn etwas gemäß einem bestimmten Muster (wie z. B. Gleichheit) verteilt werden soll, dann sind es nicht solch eng gefasste Güter wie Emissionsrechte, sondern vielmehr umfassende Güter wie Wohlfahrt oder Ressourcen. Emissionsrechte (und andere klimapolitische Güter und Lasten) tragen zu diesen umfassenden Gütern wie Wohlfahrt bei, aber es scheint beispielsweise nicht ungerecht zu sein, wenn Akteur A mehr Emissionsrechte als Akteur B erhält, solange Letzterem dafür mehr saubere Technologien zugesprochen werden, die ihm denselben Lebensstandard mit weniger Emissionen ermöglichen.

Prozedurale Gerechtigkeit

Es ist eine Frage, wer aus Gerechtigkeitsperspektive wie viel zum Klimaschutz beitragen sollte, und eine andere Frage, ob eine – und wenn ja: wessen – Antwort auf diese Frage mit politischen Mitteln durchgesetzt werden sollte (s. Kap. II.21, IV.50). Letzteres ist eine Frage der prozeduralen Gerechtigkeit. Eine Option besteht darin, die Entscheidung für oder gegen klimafreundliches Handeln der individuellen Freiheit zu überlassen. Dieser Verzicht auf politische Steuerung wäre aber aus mehreren Gründen problematisch. Da ist zuerst einmal die Tatsache, dass uns der Klimawandel vor ein Problem kollektiven Handelns stellt: Es kann im Sinne jedes Akteurs sein, dass alle (statt niemand) zur Lösung des Problems beitragen, und gleichzeitig kann es im Sinne jedes individuellen Akteurs sein, selbst nicht zur Lösung beizutragen oder auf jeden Fall nur dann, wenn genügend Sicherheit herrscht, dass die meisten anderen ebenfalls beitragen. Das Widerstreben einzelner Akteure, auch ohne politische Steuerung und ohne das Mitziehen anderer unilateral einen Beitrag zu leisten, kann damit gerechtfertigt werden, dass der individuelle Beitrag zur Lösung des gemeinsam geschaffenen Problems Klimawandel vernachlässigbar klein sei (vgl. dazu jedoch Hiller 2011) oder dass Gerechtigkeit nicht fordere, alleine voranzugehen, wenn andere ihren Teil nicht beitragen (vgl. dazu jedoch Hohl/Roser 2011), oder dass politisch unkoordiniertes Vorgehen den Klimaschutz für alle Handlungswilligen unnötig teuer und mühsam mache. Insbesondere dieser letzte Punkt – die psychologischen und ökonomischen Kostenersparnisse eines rechtlich durchgesetzten Klimaschutzes – lässt eine politische Lösung ratsam erscheinen. Aber auch wenn staatlicher Zwang weniger belastend ist als der Appell an das freiwillige Handeln, so stellt sich doch die Frage, ob er auch denjenigen gegenüber gerechtfertigt werden kann, denen der Umweltschutz nicht am Herzen liegt. Das kann er: Insofern Emissionen andere Menschen in rechteverletzender Weise schädigen, spricht grundsätzlich nichts gegen staatlichen Zwang zur Beschränkung dieser Emissionen – im Gegenteil. Es gilt jedoch drei Punkte zu beachten. Erstens sind nicht *alle* umweltpolitischen Entscheide durch den Schutz von Rechten gerechtfertigt. So kann beispielsweise die staatliche Finanzierung des Landschaftsschutzes durchaus auch dann gerechtfertigt sein, wenn dies von einer demokratischen Mehrheit deshalb unterstützt wird, weil sie die Schönheit der Landschaft für intrinsisch wertvoll erachtet; nur ist dann die Rechtfertigung in einem liberalen Staatswesen anspruchsvoller, als wenn der bloße Schutz menschlicher Rechte, die durch Umweltschäden beeinträchtigt werden, auf dem Spiel steht (vgl. Bell 2002; Miller 1999). Zweitens können klimapolitische Maßnahmen verschieden stark mit der individuellen Entscheidungsfreiheit in Spannung treten, je nachdem, ob eher auf Gebote und Verbote, Anreize oder Motivations- und Informationskampagnen zurückgegriffen wird. Drittens sind individuelles Handeln und staatliches Handeln eng verwoben, wie aus den Debatten um die *environmental citizenship* und um die aktive Partizipation in der Umweltpolitik hervorgeht.

Demokratie und effektive Umweltpolitik korrelieren tendenziell eher positiv (Burnell 2012, 823), was die Begrenzung der Demokratie oder gar die Unterstützung autoritärer Regime aus Umweltschutzgründen schon in empirischer Hinsicht fragwürdig macht. Wenn man das demokratische Ideal so versteht, dass möglichst alle Betroffenen auf direkte oder indirekte Weise mitentscheiden können sollten, dann stellt die Klimapolitik allerdings eine Herausforderung für die Demokratie dar. Während sich Emissionen nicht an Staatsgrenzen halten und global wirken, sind demokratische Prozesse noch weitgehend auf der nationalen Ebene angesiedelt. Insofern es zu globalen Regelungen kommt, entstehen diese typischerweise in schwerfälligen Konsensprozessen. Auf der intergenerationellen Ebene ist die Verwirklichung des demokratischen Ideals noch schwieriger. Es gibt zwar Vorschläge, den Interessen zukünftiger Generationen wenigstens indirekt ein Gewicht in den Entscheidungsprozessen der Gegenwart zu geben, beispielsweise durch Verfassungsklauseln oder durch Gremien, deren Aufgabe in der Vertretung zukünftiger Generationen besteht. Diese behelfsmäßigen Maßnahmen können aber gegenwärtige Entscheidungsträger kaum von der Pflicht entbinden, die Interessen zukünftiger Generationen aus eigener Einsicht in die Deliberation mit einzubeziehen.

Ausblick

In diesem Kapitel wurde die Problematik der Umweltgerechtigkeit anhand des paradigmatischen Beispiels des Klimawandels skizziert. Andere (und oft überlappende) Umweltprobleme unterscheiden sich in ihren Charakteristiken graduell von der Klimafrage, insbesondere bezüglich des geographischen und zeitlichen Profils der Schäden, bezüglich des Risikoprofils und bezüglich der Relevanz nicht-anthropozentrischer Erwägungen.

Die Umweltprobleme unserer Zeit werfen aber nicht nur die Frage auf, wie bestehende Gerechtigkeitstheorien auf sie angewendet werden können, sondern sie haben auch einen ›Rückkoppelungseffekt‹ auf die zugrundeliegenden Gerechtigkeitstheorien. So stellt die Verursachung massiver Umweltschäden durch die Aggregation der Alltagshandlungen unzähliger Individuen die Unterscheidung zwischen negativen und positiven Pflichten und den Begriff der Verantwortung in ein neues Licht (Lichtenberg 2010; Gardiner 2011b); die umfassende menschliche Gestaltung der Umwelt sowie das Nachdenken über den moralischen Status der Tiere zwingen uns, das menschliche Selbstbild zu hinterfragen; die moralische Diskussion von Entscheidungen, die die Zahl und Identität zukünftiger Individuen beeinflussen, kratzt am Fundament ganzer moralischer Theorien (Parfit 1984, Teil IV); und der deutliche Abstand zwischen den Forderungen der Umweltgerechtigkeit und dem Handeln realer Individuen und Staaten hebt die Relevanz nicht-idealer Gerechtigkeitstheorien hervor.

Literatur

Bell, Derek: How can political liberals be environmentalists? In: *Political Studies* 50/4 (2002), 703–724.

–: Does anthropogenic climate change violate human rights? In: *Critical Review of International Social and Political Philosophy* 14/2 (2011), 99–124.

Broome, John: *Climate Matters*. New York 2012.

Burnell, Peter: Democracy, democratization and climate change: complex relationships. In: *Democratization* 19/5 (2012), 813–842.

Caney, Simon: Climate change and the duties of the advantaged. In: *Critical Review of International Social and Political Philosophy* 13/1 (2010), 203–228.

–: Just emissions. In: *Philosophy & Public Affairs* 40/4 (2012), 255–300.

–/Hepburn, Cameron: Emissions trading: Unethical, ineffective and unjust? In: *Royal Institute of Philosophy Supplement* 69 (2011), 201–234.

Gardiner, Stephen: *A Perfect Moral Storm. The Ethical Tragedy of Climate Change*. Oxford 2011a.

–: Is no one responsible for global environmental tragedy? Climate change as a challenge to our ethical concepts. In: Dennis Arnold (Hg.): *The Ethics of Global Climate Change*. Cambridge 2011b, 38–59.

Hiller, Avram: Climate change and individual responsibility. In: *The Monist* 94/3 (2011), 349–368.

Hohl, Sabine/Roser, Dominic: Stepping in for the polluters? Climate justice under partial compliance. In: *Analyse & Kritik* 33/2 (2011), 477–500.

IPCC: Summary for Policymakers. In: *Climate Change 2013: The Physical Science Basis. Contribution of Working Group I to the Fifth Assessment Report of the Intergovernmental Panel on Climate Change*. Cambridge 2013, 3–32.

Kelleher, J. Paul: Energy policy and the social discount rate. In: *Ethics, Policy & Environment* 15/1 (2012), 45–50.

Knight, Carl: What is Grandfathering? In: *Environmental Politics* 22/3 (2013), 410–427.

Leist, Anton: Ökologische Ethik II: Ökologische Gerechtigkeit: global, intergenerationell und humanökologisch. In:

Julian Nida-Rümelin (Hg.): *Angewandte Ethik. Die Bereichsethiken und ihre theoretische Fundierung. Ein Handbuch.* Stuttgart 2005, 426–513.
Lichtenberg, Judith: Negative duties, positive duties, and the »New Harms«. In: *Ethics* 120/3 (2010), 557–578.
Meyer, Lukas/Roser, Dominic: Enough for the future. In: Axel Gosseries/Lukas Meyer (Hg.): *Intergenerational Justice.* Oxford 2009, 273–300.
Miller, David: Social justice and environmental goods. In: Andrew Dobson (Hg.): *Fairness and Futurity. Essays on Environmental Sustainability and Social Justice.* Oxford 1999, 151–172.
Mohai, Paul/Pellow, David/Roberts, J. Timmons: Environmental justice. In: *Annual Review of Environment and Resources* 34/1 (2009), 405–430.
Norton, Bryan: *Toward Unity among Environmentalists.* New York 1991.
Ott, Konrad/Döring, Ralf: *Theorie und Praxis starker Nachhaltigkeit.* Marburg 2004.
–/Baatz, Christian: Domains of climate ethics. In: Laura Westra/Colin L. Soskolne/Donald W. Spady (Hg.): *Human Health and Ecological Integrity.* New York 2012, 188–200.
Page, Edward A.: Give it up for climate change: A defence of the beneficiary pays principle. In: *International Theory* 4/2 (2012), 300–330.
Parfit, Derek: *Reasons and Persons.* Oxford 1984.
Roberts, Melinda: The nonidentity problem. In: Edward N. Zalta (Hg.): *The Stanford Encyclopedia of Philosophy* (Fall 2013 Edition), http://plato.stanford.edu/entries/nonidentity-problem/ (14.2.2014).
Roser, Dominic/Seidel, Christian: *Ethik des Klimawandels. Eine Einführung.* Darmstadt 2013.
Wingspread Statement: *The precautionary principle.* In: http://www.psrast.org/precaut.htm (14.2.2014).
World Commission on Environment and Development (WCED): *Our Common Future.* Oxford 1987.

Dominic Roser

67 Konsum

Unter ›Konsum‹ (von lat. *consumere* = nutzen, verwenden, verbrauchen) wird nicht nur der Kauf, sondern ganz allgemein der Gebrauch von Gütern und Dienstleistungen verstanden. Der ›Konsum‹ bzw. die ›Konsumption‹ stehen häufig in einem komplementären Verhältnis zum Begriff der ›Produktion‹: In den meisten Fällen kann nur etwas konsumiert werden, das zuvor produziert wurde; und ebenso macht es meist wenig Sinn, etwas zu produzieren, das nicht konsumiert werden kann. Aufgrund der Abhängigkeit der Produktion vom Konsum wird in heutigen arbeitsteiligen Gesellschaften zwar gerne an Verbraucher appelliert, durch ihr Kaufverhalten die Wirtschaft anzukurbeln oder Arbeitsplätze zu sichern. Solche Appelle beruhen auf dem Prinzip der so genannten ›Konsumentensouveränität‹, das auf den klassischen Liberalismus von Adam Smith zurückgeht. Dieses Prinzip besagt, dass Konsumenten als autonome und rationale Akteure in der Lage sind, durch ihr Nachfrageverhalten die Produktion von Gütern zu steuern, weil die Produzenten gezwungen sind, solche Güter herzustellen, die den Wünschen der Konsumenten entsprechen. Vor dem Hintergrund der gegenwärtig dominanten ökonomischen Theorie wird allerdings trotz einer grundsätzlichen Akzeptanz dieses Prinzips das Handeln als Konsument für gewöhnlich als ein Handeln innerhalb eines moralfreien Systems des Marktes aufgefasst. In diesem gelten Konsumenten lediglich als für die Verfolgung ihrer Interessen und Befriedigung ihrer Bedürfnisse zuständig und sind von weiteren normativen und gerechtigkeitsrelevanten Forderungen entlastet. Eine solche Sichtweise wird jedoch aus unterschiedlichen Perspektiven zunehmend in Frage gestellt (z. B. Neuhäuser 2011; Stehr 2007; Young 2010), und im Rahmen einer nicht-idealen Gerechtigkeitstheorie, die sich nicht nur auf die politischen und rechtlichen Grundstrukturen bezieht, können Konsumpraktiken durchaus in Zusammenhang mit unterschiedlichen Gerechtigkeitsfragen stehen.

Zunächst kann gefragt werden, ob das derzeitig bestehende Konsumniveau angesichts knapper natürlicher Ressourcen und einer möglichen Zerstörung des Lebensraums gegenüber zukünftigen Generationen gerechtfertigt werden kann (z. B. Crocker/Linden 1998; s. auch Kap. V.66). Dies ist ein Spezialproblem der Generationengerechtigkeit (s. Kap. II.20, V.80). Dabei stellt sich die Frage, inwiefern zukünftige Generationen überhaupt geschädigt werden können oder ob man ihnen etwas schuldig sein kann (vgl. Grosseries/Meyer 2009; Roberts/Wassermann 2009).

Konsumpraktiken stehen aber auch in Verbindung mit Gerechtigkeitsfragen, die (nur) die aktuell lebenden Generationen betreffen. Solche Gerechtigkeitsfragen entstehen dann, wenn Konsumenten durch ihr Handeln in ungerechte Verhältnisse verstrickt sind. Dies kann vor allem vor dem Hintergrund der heutigen Bedingungen der wirtschaftlichen Globalisierung der Fall sein. Viele der Konsumgüter, die Konsumenten kaufen oder nutzen, sind aus Rohstoffen hergestellt, die sehr wahrscheinlich unter ungerechten Bedingungen gewonnen wurden (vgl. z. B. Pogge 2011; s. auch Kap. II.17, V.79). Prominente Beispiele sind hier etwa Notebooks oder Mobiltelefone, für deren Produktion das Erz ›Coltan‹ benötigt wird, das zu einem wesentlichen Teil aus Regionen im Ostkongo stammt, die von bewaffneten Gruppen und Warlords kontrolliert werden (zum Zusammenhang des Coltanhandels mit der Finanzierung und Fortführung des Bürgerkriegs in der Demokratischen Republik Kongo vgl. z. B. UN 2002). Bedingt durch die globale wirtschaftliche Vernetzung haben viele der Produkte, die konsumiert werden, heute generell Wertschöpfungsketten, die in zahlreiche, teilweise weit entfernte Länder reichen. Medienberichte weisen immer wieder darauf hin, dass an bestimmten Punkten solcher Wertschöpfungsketten Dinge geschehen, die viele als ungerecht bezeichnen würden – dass etwa Arbeitskräfte verschleppt oder ausgebeutet werden und Löhne erhalten, die das Existenzminimum unterschreiten, dass Arbeiter daran gehindert werden, sich zu organisieren und Gewerkschaften zu gründen, dass Arbeitskräfte diskriminiert werden oder dass sie bei ihrer Arbeit wissentlich gesundheitlichen Gefährdungen ausgesetzt werden.

Das Problem der Verantwortung von Konsumenten

Obwohl verschiedene Konsumpraktiken in Verbindung mit Gerechtigkeits- bzw. Ungerechtigkeitsfragen stehen, ist unklar, ob bzw. wie Konsumenten eine Mitverantwortung für die betreffenden Ungerechtigkeiten zugeschrieben werden kann. Zwar ist es zutreffend, dass Konsumenten etwas mit bestehenden Ungerechtigkeiten zu tun haben können. Allerdings zeichnen sich Gerechtigkeitsprobleme, die mit Konsumpraktiken in Zusammenhang stehen, dadurch aus, dass viele unterschiedliche Akteure an ihrem Bestehen beteiligt sind – wie z. B. die Warlords, die die Coltanminen im Kongo kontrollieren, die großen multinational agierenden Unternehmen, kleinere Subunternehmen, an die Produktionsaufträge weitergegeben werden, verschiedene Zwischenhändler und auch eine Vielzahl von Konsumenten. Innerhalb solch komplexer Handlungskontexte besteht das Problem, dass das Verhalten von Konsumenten nur sehr indirekt und vermittelt durch die Handlungen einer Vielzahl von anderen Akteuren und durch institutionelle Strukturen mit den betreffenden Ungerechtigkeiten in Beziehung steht. Dies führt dazu, dass zwischen dem Bestehen entsprechender Ungerechtigkeiten und dem Handeln einzelner Konsumenten keine klaren kausalen Zusammenhänge erkennbar sind. Obwohl Konsumenten solche Ungerechtigkeiten durch ihre Nachfrage zumindest kollektiv ermöglichen, scheinen die Folgen individueller Konsumhandlungen in den meisten Fällen kausal vernachlässigbar zu sein (vgl. z. B. Lichtenberg 2010; Mieth 2013; Sinnott-Armstrong 2010). Ebenso wenig wie die Konsumhandlung eines einzelnen Individuums die entsprechenden Problematiken verursacht, würde das Unterlassen einer individuellen Konsumhandlung diese wahrnehmbar beeinflussen. Dies stellt das wesentliche Problem für eine Verantwortungszuschreibung an Konsumenten dar. Denn normalerweise wird davon ausgegangen, dass Akteure nur für ihre eigenen kontrollierten Handlungen und deren Folgen verantwortlich sind.

Obwohl das Thema Konsum und Gerechtigkeit in öffentlichen und alltäglichen Diskussionen zurzeit großen Anklang findet, lässt sich sagen, dass es aus Sicht der praktischen Philosophie bislang an umfassenden Auseinandersetzungen mit diesem Gegenstand fehlt, die insbesondere eine Verantwortung einzelner Konsumenten in den Blick nehmen. Im Folgenden werden zwei besonders vielversprechende theoretische Ansätze vorgestellt, die sich zwar nur am Rande mit der Verantwortung von Konsumenten beschäftigen, die aber beanspruchen, eine Lösung für Probleme solcher Art zu bieten.

Konsum und strukturelle Ungerechtigkeit

Wenn die Zurechnung von Folgen auf individuelle Konsumenten oder gar einzelne Konsumhandlungen nicht möglich ist, dann scheint es nahezuliegen, auf Konzepte auszuweichen, die irgendwie geartete Formen einer Kollektivverantwortung zu begründen versuchen. Einen solchen Ansatz verfolgt z. B. Iris Marion Young (2010; 2011). Sie schlägt ein Modell einer geteilten Verantwortung vor, das sich auf die Beteiligung an so genannter *struktureller Ungerechtigkeit* bezieht, um Zurechnungsprobleme innerhalb solch komplexer Handlungskontexte besser adressieren zu können. Dabei meint geteilte Verantwortung eine persönliche Mitverantwortung für Konsequenzen, die von einer Gruppe von unterschiedlichen Personen verursacht werden, bei der ein spezifischer Anteil an den Konsequenzen jedoch nicht bestimmt werden kann (vgl. Young 2010, 358).

Dabei versteht Young strukturelle Ungerechtigkeit als eine Form moralischen Unrechts, »das von der unrechten Handlung eines Individuums oder von bewusst unterdrückerischen politischen Entscheidungen im Staat zu unterscheiden ist. Strukturelle Ungerechtigkeit ereignet sich als Resultat von Handlungen vieler Individuen und Institutionen, die ihre eigenen Ziele und Interessen innerhalb vorhandener institutioneller Regeln und akzeptierter Normen verfolgen« (ebd., 346). Für Young sind alle Akteure, die durch ihre Handlungen an den Prozessen teilhaben, die zu struktureller Ungerechtigkeit führen, dafür verantwortlich, diese strukturell ungerechten Verhältnisse zu beseitigen. Da Konsumenten durch ihre Handlungen in Prozesse eingebettet sind, die strukturelle Ungerechtigkeit in diesem Sinne hervorbringen, stünden auch sie in der Verantwortung, sie zu beseitigen bzw. zu lindern.

Weil individuelle Beiträge zu struktureller Ungerechtigkeit in der Regel nicht isoliert betrachtet werden können, verzichtet Youngs Verantwortungsmodell auf rückblickende moralische Kritik in Form von Schuldzuweisungen und legt den Schwerpunkt explizit auf eine zukunftsorientierte, sorgende Perspektive. Die sorgende Verantwortung mit Blick auf strukturelle Ungerechtigkeit muss nach Young dadurch umgesetzt werden, dass man sich gemeinsam mit anderen zu kollektiven Handlungen zusammenschließt, um die bestehenden Strukturen so zu verändern, dass sie weniger ungerechte Resultate hervorbringen (vgl. ebd., 359). Sie geht dabei davon aus, dass nicht alle Akteure, die eine solche Verantwortung teilen, in gleichem Maße verantwortlich sind. Um verschiedene Verantwortungsgrade einzelner Akteure zu unterscheiden, schlägt sie vier Kriterien vor. Diese beziehen sich auf die Positionen der Akteure, die sie in strukturellen Prozessen einnehmen und die ihnen unterschiedliche Möglichkeiten geben, diese Prozesse zu verändern. In diesem Zusammenhang nennt Young die Kriterien der *Macht*, *Privilegien*, *Interessen* und *kollektiven Fähigkeiten* unterschiedlicher Akteure (vgl. ebd., 364 f.). Obwohl Konsumenten im Vergleich zu großen Konzernen zwar weitaus weniger Macht haben, bestimmte Prozesse zu verändern, können z. B. einige Konsumenten – schon aufgrund der ihnen zur Verfügung stehenden finanziellen Mittel – mehr Einfluss nehmen als andere. Außerdem hätten beispielsweise diejenigen Akteure eine besondere Verantwortung, sich für eine Veränderung der Lage einzusetzen, die in den Ungerechtigkeit erzeugenden Strukturen eine relativ privilegierte Stellung einnehmen. Dazu zählen auch Konsumenten, die vom großen Angebot und günstigen Preisen der unter strukturell ungerechten Verhältnissen hergestellten Produkte profitieren (vgl. ebd., 366).

Einen wesentlichen Kritikpunkt an Youngs Verantwortungsmodell hat Martha Nussbaum geäußert. Sie beurteilt gerade die Zukunftsperspektive und insbesondere den Verzicht auf Schuldzuweisungen als einen Schwachpunkt von Youngs Modell, insofern die Trennung dieses Verantwortungskonzepts vom Schuldbegriff impliziere, dass Akteuren, denen eine Verantwortung zugesprochen wird, der sie dann aber nicht nachkommen, im Nachhinein nicht vorgeworfen werden kann, etwas falsch gemacht zu haben (vgl. Nussbaum 2011, XXI).

Konsum und die Unterstützung von Unrecht

Christopher Kutz argumentiert für ein Modell der Verantwortungszuschreibung, dessen Schwerpunkt wiederum stärker auf dem vergangenen Fehlverhalten individueller Akteure liegt. Dabei bezieht sich sein Ansatz darauf, dass einzelnen Akteuren – auch unabhängig von individuellen Handlungsfolgen – das Unterstützen von Unrecht vorgeworfen werden kann (vgl. Kutz 2000).

Im Gegensatz zur herkömmlichen und mit Blick auf Konsumhandlungen scheiternden Sichtweise, die besagt, dass Akteure nur für die klar bestimmbaren Folgen ihrer individuellen Handlungen verantwortlich sind, ist Kutz der Meinung, dass mit Hilfe eines Komplizenschaftsprinzips (*complicity principle*) einzelnen Akteuren eine Mitverantwortung für gemeinsam hervorgebrachte Übel oder Schädigungen zugerechnet werden kann (ebd., Kap. 5). Was im Rahmen von Kutz' Ansatz einen Akteur mitverantwortlich für kollektive Handlungsfolgen macht, ist der Umstand, dass er durch die Beteiligung an einer kollektiven Handlung das Ziel dieser kollektiven Handlung als sein eigenes Handlungsziel anerkennen muss.

Mit Blick auf eine mögliche Verantwortung von

Konsumenten besteht jedoch das Problem, dass diese bestimmte Schädigungen, die mit ihrem Verhalten in Verbindung stehen, in der Regel weder selbst intendieren noch Teil eines strukturierten Kollektivs sind, innerhalb dessen sie gemeinsame Ziele verfolgen. Das führt dazu, dass in Hinsicht auf Konsumenten die Grundlage für eine Verantwortungszuschreibung mithilfe von Kutzs Komplizenschaftstheorie verlorenzugehen scheint. Kutz versucht jedoch das Komplizenschaftsprinzip auch für solche Fälle, die er *unstructured collective harms* nennt, nutzbar zu machen (vgl. ebd., Kap. 6). Diese zeichnen sich gerade dadurch aus, dass entsprechende Schäden, die in der Regel nicht beabsichtigt sind, erst durch das unkoordinierte Zusammenwirken zahlreicher Einzelhandlungen eintreten. In Bezug auf das, was in Youngs Terminologie zuvor als strukturelle Ungerechtigkeit beschrieben wurde, mag das verwirrend erscheinen. Denn Fälle, die Young als strukturelle Ungerechtigkeiten beschreiben würde, decken sich mit dem, was Kutz als unstrukturierte kollektive Schädigungen bezeichnet (vgl. auch Young 2011, 102). Er nennt diese Schädigungen unstrukturiert, weil sie nicht das Ergebnis einer einzelnen koordinierten Handlung sind. Aber auch wenn in solchen Fällen keine direkte Absicht vorliegt, an einer kollektiven Handlung mit bestimmten Zielen teilzunehmen, so Kutz, hätten diejenigen Akteure, die durch ihre Handlungen zu den kollektiven Folgen beitragen, eine quasi-teilnehmende Verbindung (*quasi-participatory relationship*) zu den betreffenden Folgen: Diese besteht deshalb, weil sie einen gemeinsamen und von starker gegenseitiger Abhängigkeit gekennzeichneten Lebensstil teilen (vgl. Kutz 2000, 166–190). Die Argumentationsstrategie, die Kutz verfolgt, besteht darin, zu zeigen, dass die Kontexte, innerhalb derer es zu unstrukturierten kollektiven Schädigungen kommt, eigentlich gar nicht so unstrukturiert sind, wie es auf den ersten Blick erscheint. Dabei ersetzt er die Teilnahme an einer genuin koordinierten Handlung durch die Teilnahme an einem bestimmten schädigenden Lebensstil bzw. an einer schädigenden *consumer culture*, welche das Vorhandensein entsprechender Infrastrukturen voraussetzt, die einen solchen Lebensstil oder eine solche *consumer culture* erst ermöglichen.

Während im Rahmen prospektiv orientierter Ansätze von vornherein auf Schuldzuweisungen verzichtet wird, weicht auch Kutz' retrospektiver Vorwurf der Unterstützung von Ungerechtigkeit letztlich ganz allgemein auf die Teilnahme an einem bestimmten Lebensstil aus. In Hinsicht auf die Frage nach der Freiwilligkeit einer solchen Teilnahme und möglichen Handlungsalternativen wirkt die Komplizenschaftstheorie jedoch wenig überzeugend. Außerdem besteht das Problem, dass der pauschale Verweis auf die Teilnahme an einer sich schädigend auswirkenden *consumer culture* keine Unterscheidung in der Bewertung faktisch unterschiedlichen Konsumentenverhaltens mehr zulässt (vgl. dazu auch Schwartz 2010) und auch keine sinnvollen Handlungsanweisungen für Konsumenten bietet.

Literatur

Crocker, David A./Linden, Toby (Hg.): *Ethics of Consumption. The Good Life, Justice and Global Stewardship*. Lanham 1998.

Grosseries, Axel/Meyer, Lukas (Hg.): *Intergenerational Justice*. Oxford 2009.

Kutz, Christopher: *Complicity. Ethics and Law for a Collective Age*. Cambridge 2000.

Lichtenberg, Judith: Negative duties, positive duties, and the »New Harms«. In: *Ethics* 120/3 (2010), 557–578.

Mieth, Corinna: Global economic injustice, individual duties and social responsibility. In: Hajo Greif/Martin Gerhard Weiss (Hg.): *Ethics, Society, Politics. Proceedings of the 35th International Wittgenstein Symposium, Kirchberg am Wechsel, Austria 2012*. Berlin 2013, 411–428.

Neuhäuser, Christian: *Unternehmen als moralische Akteure*. Berlin 2011.

Nussbaum, Martha: Foreword. In: Iris Marion Young: *Responsibility for Justice*. Oxford 2011, IX–XXV.

Pogge, Thomas: *Weltarmut und Menschenrechte. Kosmopolitische Verantwortung und Reformen*. Berlin 2011 (engl. 2002).

Roberts, Melinda A./Wassermann, David T. (Hg.): *Harming Future Persons. Ethics, Genetics and the Nonidentity Problem*. Dordrecht 2009.

Schwartz, David T.: *Consuming Choices. Ethics in a Global Consumer Age*. Lanham 2010.

Sinnott-Armstrong, Walter: It's not *my* fault: Global warming and individual moral obligations. In: Stephen M. Gardiner/Simon Caney/Dale Jamieson/Henry Shue (Hg.): *Climate Ethics. Essential Readings*. Oxford 2010, 332–346.

Stehr, Nico: *Die Moralisierung der Märkte. Eine Gesellschaftstheorie*. Frankfurt a. M. 2007.

UN (United Nations, Expert Panel Appointed by the Secretary General): Final Report of the Panel of Experts on the Illegal Exploitation of Natural Resources and Other Forms of Wealth of the Democratic Republic of the Congo, S/2002/1146, 2002. In: http://www.globalsecurity.org/military/library/report/2002/n0262179.pdf (13.8.2013).

Young, Iris Marion: Verantwortung und globale Gerechtigkeit. Ein Modell sozialer Verbundenheit. In: Christoph Broszies/Henning Hahn (Hg.): *Globale Gerechtigkeit. Schlüsseltexte zur Debatte zwischen Partikularismus und Kosmopolitismus*. Berlin 2010, 329–372 (engl. 2006).

–: *Responsibility for Justice*. Oxford 2011.

Daniel Saar

68 Lohn und Leistung

Dass zwischen Lohn und Leistung eine enge Beziehung besteht oder zumindest unter dem Gesichtspunkt der Gerechtigkeit bestehen sollte, erscheint vielen so selbstverständlich, dass eine Begründung dafür nur selten verlangt wird. Ganz allgemein scheint das Leistungsprinzip als das zentrale Legitimationsprinzip moderner Gesellschaften anerkannt (Neckel 2008). Das gilt insbesondere für die Legitimation von Lohndifferenzen: Die seit einiger Zeit zu vernehmende Kritik an überzogenen Einkommen von Topmanagern entzündet sich vor allem an der unterstellten Abkoppelung dieser Einkommen von den tatsächlich erbrachten Leistungen (Bebchuk/Fried 2004; Liebig/Schupp 2004), wobei allerdings nicht immer deutlich wird, ob damit die Leistung für das jeweilige Unternehmen oder für die Gesellschaft insgesamt gemeint ist. In empirischen Untersuchungen über die (subjektiv wahrgenommene) Gerechtigkeit von Lohneinkommen und von Einkommen insgesamt wird jedenfalls das Leistungsprinzip regelmäßig als das zentrale, wenn auch keineswegs als das einzige Kriterium genannt (Hinz et al. 2010). Die Qualifikation, die Dauer der Betriebszugehörigkeit sowie der individuelle Bedarf spielen hier ebenfalls eine Rolle.

Eine Schwierigkeit bei der Interpretation solcher empirischen Ergebnisse besteht allerdings darin, dass alternative bzw. zusätzliche Kriterien der Lohngerechtigkeit wie die Qualifikation oder die Dauer der Betriebszugehörigkeit auch als indirekte Indikatoren für die (langfristig) erbrachte oder zu erwartende Leistung verstanden werden können (Abraham 2007). Und auch für den individuellen Bedarf, der auf den ersten Blick als klar leistungsunabhängiges Kriterium erscheinen mag, zeigt sich bei näherem Hinsehen, dass er erst dann in Anschlag gebracht wird, wenn eine Leistung erbracht worden ist (Liebig/Schupp 2008).

Eine zusätzliche Schwierigkeit besteht in der Bestimmung der Relevanz dieser empirischen Ergebnisse für die normative Theoriebildung: Einerseits lassen sich aus empirischen Aussagen keine normativen Aussagen ableiten, andererseits sind die empirisch festgestellten Gerechtigkeitsüberzeugungen gleichwohl nicht irrelevant für die normative Gerechtigkeitstheorie (Swift 1999). Auch wenn in den folgenden Abschnitten die normative Beziehung zwischen Lohn und Leistung im Vordergrund stehen wird, werden empirisch festgestellte Überzeugungen im Sinne der Idee eines Reflexionsgleichgewichts sozusagen das Datenmaterial abgeben, an dem sich die normativen Aussagen zu bewähren haben.

Der historische Hintergrund

Der Ausgangspunkt vieler Überlegungen zur Lohngerechtigkeit ist bis heute das biblische Gleichnis vom Weinberg und seinem Besitzer (Mt 20,13–15): Der Besitzer eines Weinbergs heuert frühmorgens einige Tagelöhner für die Ernte an und verspricht jedem von ihnen einen Denar für den Tag. Da er im Verlauf des Tages feststellt, dass er mehr Arbeiter brauchen wird, um die Ernte bis zum Ende des Tages einzubringen, heuert er noch mehrmals zusätzliche Tagelöhner an und verspricht auch diesen jeweils einen Denar für den Tag. Als er am Ende des Tages allen den versprochenen Denar auszahlt, beschweren sich diejenigen Arbeiter, die bereits seit dem frühen Morgen gearbeitet haben. Sie finden es ungerecht, dass trotz ungleicher Arbeitsleistung alle den gleichen Lohn erhalten sollen. Der Besitzer des Weinbergs verweist jedoch auf die freiwillig getroffenen Vereinbarungen und verwirft damit das von den Beschwerdeführern offenbar herangezogene Leistungsprinzip. Nach Ansicht von Avishai Margalit (2000) ist dies ein Beispiel für eine nicht nur ungerechte, sondern geradezu demütigende Gleichbehandlung, die wesentliche Unterschiede ignoriert. Dieser Lesart zufolge ging es den Arbeitern also um mehr als nur um Geld.

In der ebenfalls bis heute zitierten scholastischen Lehre vom gerechten Lohn hat das Leistungsprinzip keine erkennbare Rolle gespielt. Sie hat vor allem den Gesichtspunkt des individuellen (und standesgemäßen) Bedarfs sowie der prozeduralen Fairness, d.h. der Abwesenheit von Zwang und Täuschung, in den Vordergrund gestellt (Noell 1998). Erst mit der Erosion des Zunftwesens sowie der Ablösung des Feudalismus und der Durchsetzung der Lohnarbeit als allgemeiner Form des Einkommenserwerbs gewann das Leistungsprinzip als gesellschaftliches Legitimationsprinzip und als Prinzip der Rechtfertigung von Lohneinkommen immer mehr an Bedeutung. Ausgehend vom Stückpreis etablierte sich der Stücklohn als zunächst praktikabelste Form der Leistungsentlohnung, bis dann vor allem im Verlauf des 20. Jahrhunderts mit dem Aufstieg der ›wissenschaftlichen Betriebsführung‹ im Rahmen des Taylorismus weitere Formen der Leistungsentlohnung etabliert und so weit wie möglich objektiviert wurden (Schmiede/Schudlich 1976).

Heute leben wir nach allgemeiner Auffassung in einer Leistungsgesellschaft. Das manifestiert sich über die ökonomische Sphäre hinaus in einer allgemeinen Anerkennung der individuellen Verantwortung für das eigene Handeln sowie der Idee der Chancengleichheit, auf deren Grundlage manchen erst eine Vergleichbarkeit von Leistungen gegeben scheint, da ungleiche Ausgangssituationen ungleiche Leistungen zu ermöglichen scheinen. Wie eng oder weit dabei die Idee der Chancengleichheit verstanden werden soll, ist allerdings umstritten (s. Kap. II.26).

Die zeitgenössische Theoriediskussion

Die systematische Diskussion der Gerechtigkeit des Zusammenhangs von Lohn und Leistung hat je nach disziplinärer Zuordnung zu unterschiedlichen Ergebnissen geführt. Grundsätzlich neigen Wirtschaftswissenschaftler dazu, die Leistung im Anschluss an die neoklassische Grenzproduktivitätstheorie der Verteilung wie selbstverständlich als angemessene Grundlage der Lohnbestimmung anzusehen. Allerdings vertreten sie in der Regel die Ansicht, dass eine wissenschaftliche Antwort auf die Frage nach dem *gerechten* Lohn grundsätzlich nicht möglich sei. Sie behaupten also nicht, dass der Leistungslohn gerecht sei, sondern sie begnügen sich mit dem Hinweis darauf, dass der Leistungslohn von den wirtschaftlichen Akteuren selbst (Arbeitgebern und Arbeitnehmern) als gerecht empfunden werde und nicht zuletzt deshalb geeignet sei, den knappen Faktor Arbeit in die produktivsten Verwendungen zu lenken. Sofern Wirtschaftswissenschaftler dem normativen Begriff der Lohngerechtigkeit überhaupt einen Sinn abgewinnen können, erklären sie sich in der Regel für nicht zuständig und verweisen das Problem an die Philosophen (Krelle 1963). Innerhalb der Wirtschaftswissenschaft wird damit Gerechtigkeit lediglich als eine weitere, faktisch gegebene Präferenz der wirtschaftlichen Akteure berücksichtigt. Letztlich wird die Effizienz und nicht die Gerechtigkeit der Entlohnung zum normativen Kriterium der Lohnpolitik erhoben. Dabei beschränken sich betriebswirtschaftliche Autoren auf die Betrachtung des einzelnen Betriebes (Kosiol 1962), während volkswirtschaftliche Autoren auf der Ebene des Arbeitsmarktes oder der ganzen Volkswirtschaft argumentieren (Helmstädter 2002).

In der zeitgenössischen Philosophie hat man zwar die Idee einer wissenschaftlichen Untersuchung normativer Prinzipien ernster genommen, allerdings ist die Frage der Lohngerechtigkeit bislang nicht systematisch untersucht worden. Normative Gerechtigkeitstheorien beschränkten sich auf Fragen der sozialen und neuerdings auch der globalen Gerechtigkeit (s. Kap. II.17, 18). Paradigmatisch ist die knappe Abfertigung der Lohngerechtigkeit bei John Rawls, der sich mit dem Hinweis begnügte, dass sich die im Alltag häufig vertretenen Prinzipien ›Jedem nach seinem Einsatz‹ und ›Jedem nach seiner Leistung‹ aufgrund ihrer Gegenläufigkeit zu keiner kohärenten Vorstellung vom gerechten Lohn zusammenfügen ließen. Nach seiner Ansicht kann man die Lohnermittlung ohnehin dem Markt überlassen, da die Gerechtigkeit der gesellschaftlichen Grundstruktur wichtiger und letztlich auch ausreichend sei (Rawls 1979, 338 f.). Auch Friedrich A. von Hayek, der in mancher Hinsicht als Gegenspieler von Rawls angesehen wird, wies die Idee der Lohngerechtigkeit grundsätzlich zurück, weil er sie mit dem allgemeinen Verdienstprinzip identifizierte, dem zufolge Gerechtigkeit darin besteht, jedem dasjenige zuzuteilen, was ihm aufgrund seiner individuellen Handlungen oder Eigenschaften zukomme. Die Anwendung dieses Prinzips auf Fragen der Einkommensverteilung lehnte er ebenso wie Rawls ab (Hayek 1976). Hayeks Argument lautete, dass die Anwendung des Verdienstprinzips auf die ökonomische Sphäre voraussetze, dass die Gesellschaft ein gemeinsames Ziel verfolge, auf das hin die einzelnen Beiträge als Verdienste gewertet werden könnten. Ein solches gemeinsames Ziel gebe es jedoch zumindest in liberalen Gesellschaften nicht. Zusätzlich spreche die Funktion des Marktes als ein dezentrales Instrument der Allokation knapper Ressourcen – Hayeks berühmte Formel vom »Wettbewerb als Entdeckungsverfahren« (Hayek 1969) – gegen eine systematische Korrektur von Marktergebnissen unter der Flagge der sozialen Gerechtigkeit.

Inzwischen wird allerdings das Verdienstprinzip, das vor allem unter dem Einfluss von Rawls lange Zeit ein Schattendasein in der Gerechtigkeitstheorie führte, von vielen Philosophen in stärkerer oder schwächerer Form wieder akzeptiert, da ohne dieses Prinzip die Idee einer individuellen Zurechenbarkeit von Verantwortung verloren zu gehen droht (Schmidtz 2006). Damit stünde auch der normativen Analyse des Verhältnisses von Lohn und Leistung (im Sinne eines ökonomischen Verdienstprinzips) und der Lohngerechtigkeit insgesamt nichts mehr im Wege. Dass sie dennoch bislang keine wesentliche Rolle in der philosophischen Gerechtigkeitstheorie spielt, liegt nicht zuletzt an der undifferenzierten Identifizierung der ökonomischen Sphäre mit dem Markt. Zwar hat sich die Binnendifferenzierung moderner Gesellschaften inzwischen auch in einigen Gerechtigkeitstheorien niedergeschlagen, was bei Michael Walzer zumindest zur Diskussion der Entlohnung von ›harter Arbeit‹ (Walzer 1983, Kap. 6) und in der Theorie von David Miller zur Rechtfertigung des Verdiensts als Gerechtigkeitsprinzip für instrumentelle Beziehungen wie z. B. Arbeitsbeziehungen geführt hat (Miller 1999). Eine systematische Diskussion der Lohngerechtigkeit sucht man aber auch hier vergebens. In den meisten philosophischen Beiträgen wird Lohngerechtigkeit offenbar unausgesprochen mit Einkommensgerechtigkeit und diese mit sozialer Gerechtigkeit identifiziert.

Bei Stefan Gosepath finden sich dagegen Ansätze einer solchen Diskussion. Er hat im Rahmen seiner egalitaristischen Gerechtigkeitstheorie das Verdienstprinzip insbesondere in seiner ökonomischen Interpretation als Leistungsprinzip aufgegriffen und hier zwei Interpretationen unterschieden: Einerseits lässt sich Leistung im Sinne von Anstrengungen und Entbehrungen auffassen, sie lässt sich andererseits aber auch im Sinne von produktiven Beiträgen verstehen (Gosepath 2004, 382–397). Er hält allerdings das Leistungsprinzip in beiden Interpretationen für ungeeignet, als Prinzip der Einkommensgerechtigkeit zu fungieren. Gegen die Interpretation als Anstrengungen und Entbehrungen spricht nach seiner Ansicht vor allem, dass diese subjektiv und daher nicht vergleichbar seien. Dieser Einwand übersieht jedoch, dass trotz individueller Unterschiede in den meisten Fällen zumindest Einigkeit darüber bestehen wird, ob und in welchem Maße sich jemand für andere angestrengt hat. Ob und in welchem Maße diese Anstrengung dann auch als Entbehrung empfunden wurde, scheint für die Idee eines gerechten Leistungsaustauschs irrelevant. Wichtig ist, dass es sich um Leistungen handelt, die von ihren Empfängern als wertvoll betrachtet werden.

Gegen die Interpretation von Leistung als produktivem Beitrag führt Gosepath einerseits das bereits von Hayek vorgetragene Argument an, dass es für eine solche Interpretation eines gemeinsamen Ziels bedürfe, das in einer liberalen Gesellschaft eben nicht gegeben sei. Zudem behauptet er aber auch für den Fall, dass ein solches Ziel doch einmal vorliegt, die Unmöglichkeit einer eindeutigen Zuordnung der individuellen Beiträge zum gemeinsamen Produkt. Auf die damit verbundenen Schwierigkeiten haben bereits andere Autoren hingewiesen (Offe 1970). Auch dieser Einwand scheint jedoch übertrieben, weil er aus der fehlenden Eindeutigkeit der Zuordnung auf ihre Unmöglichkeit schließt. Häufig haben wir durchaus begründete Auffassungen darüber, wer ungefähr wie viel zum gemeinsamen Produkt beigetragen hat, auch wenn sich diese Beiträge in der Tat nur selten streng und eindeutig ermitteln lassen. Die Behauptung wiederum, dass grundsätzlich ein gemeinsames Ziel fehle, auf das hin produktive Beiträge erst bestimmt werden könnten, mag zwar für liberale Gesellschaften gelten, aber sicher nicht für Betriebe und Unternehmen, die sich gerade durch ein solches Ziel – die Herstellung bestimmter Produkte – definieren.

Die wichtigste Lehre aus dieser Diskussion lautet, dass die mit der Anwendung des Leistungsprinzips unbestreitbar verbundenen Schwierigkeiten nicht vorschnell als Beweis für eine grundsätzliche Unmöglichkeit seiner Anwendung angesehen werden sollten. Sonst macht man sich einer Haltung schuldig, die Amartya Sen in einem vergleichbaren Kontext – bei ihm ging es um den Begriff des Bedarfs – als nihilistisch bezeichnet hat: Diese nihilistische Haltung äußert sich darin, dass man durchaus zutreffend auf die Schwierigkeiten hinweist, einen bestimmten Begriff zu konkretisieren, um dann daraus das Bild eines vollkommenen Fehlschlags zu konstruieren (Sen 1997, 78). Wie aber vor allem die betriebliche Praxis zeigt, gibt es Wege, die Schwierigkeiten einer objektiven Leistungsmessung zumindest so weit in den Griff zu bekommen, dass sie von den Beteiligten selbst akzeptiert werden kann.

Das systematische Problem der Lohngerechtigkeit

Die Diskussion von Gosepath zeigt, dass auch er Lohngerechtigkeit letztlich mit Einkommensgerechtigkeit auf der Ebene ganzer Gesellschaften identifiziert. Nimmt man dagegen den gerechten Lohn als ein eigenständiges normatives Problem ernst, stellt sich einerseits die Frage nach dem grundlegenden Prinzip, andererseits die Frage nach dem geeigneten Anwendungsbereich (Köllmann 2015). Als Antwort auf die erste Frage liegt aufgrund des instrumentellen Charakters ökonomischer Beziehungen im Sinne von Miller in der Tat das Verdienstprinzip im Sinne eines Leistungsprinzips nahe. Inwieweit dieses Prinzip empirisch anwendbar ist, ist dabei für seine normative Geltung nicht relevant. Wäre es grundsätzlich unanwendbar, dann wäre die Idee der Lohngerechtigkeit dadurch nicht sinnlos, sie wäre nur in der Praxis nicht realisierbar. Mit anderen Worten: Wir wüssten zwar, was wir mit ›Lohngerechtigkeit‹ meinen, könnten sie aber nicht erreichen. Es besteht hier jedoch wie bereits erwähnt kein Grund zu übertriebenem Pessimismus, sofern man von der Gerechtigkeitstheorie nicht die Angabe konkreter Zahlenverhältnisse, sondern lediglich eine hinreichende Konkretisierung des Leistungsprinzips als des grundlegenden Prinzips der Lohngerechtigkeit erwartet.

Ein Schritt hin zur Konkretisierung des Leistungsprinzips und damit zum Begriff des gerechten Lohns besteht, wie Gosepath richtig sieht, in der genaueren Charakterisierung des Leistungsbegriffs. Diese hängt nun zunächst davon ab, ob man Lohngerechtigkeit als allgemeine oder als besondere Gerechtigkeit im Sinne der bekannten Unterscheidung von Aristoteles versteht. Man kann den Lohn einerseits in der Weise von der Leistung abhängig machen, dass man für den Anspruch auf einen Lohn nicht mehr als das Vorliegen einer wie auch immer gearteten Leistung fordert (allgemeine Gerechtigkeit); damit wären dann grundsätzlich auch Lohnstrukturen vereinbar, in denen alle den gleichen Lohn oder einen bedarfsabhängigen Lohn erhalten oder in denen Untergrenzen und/oder Obergrenzen für den Lohn festgelegt werden. Die einzige Voraussetzung für den Anspruch auf einen Lohn bestünde in diesen Fällen darin, dass man überhaupt eine Leistung erbringt, ohne dass die Höhe des Lohns vom Leistungsgrad abhängig wäre. Man kann den Lohn andererseits aber auch vom Grad der Leistung abhängig machen, also eine Proportionalität zwischen Lohn und Leistung fordern (besondere Gerechtigkeit); in diesem Fall wären dann in der Tat objektive Verfahren für die Messung und Bewertung der jeweiligen Leistung erforderlich.

Solche Verfahren werden umso leichter zu finden sein, je überschaubarer man den Anwendungsbereich des Leistungsprinzips wählt. Das legt die Antwort auf die zweite Frage nahe: Zumindest in marktwirtschaftlich organisierten Gesellschaften ist der einzelne Betrieb oder das einzelne Unternehmen (und nicht, wie oftmals unterstellt, die gesamte Gesellschaft oder auch nur die jeweilige Branche) der richtige Ort des Lohnvergleichs. Neben dem Argument der Praktikabilität der Leistungszuordnung können hier zusätzlich Argumente der modernen Institutionenökonomik herangezogen werden: Ihnen zufolge sind Betriebe und Unternehmen so etwas wie ›Inseln normativer Kontrolle‹ in einem ›Ozean dezentraler Koordination über Marktprozesse‹ (Coase 1988). Das wäre zugleich eine Antwort auf Hayeks Kritik an der Anwendung des Verdienstbegriffs auf den Markt: Während der Markt aufgrund seiner relativen Moralfreiheit tatsächlich nicht geeignet für ein derart starkes Moralprinzip zu sein scheint, verhält es sich damit innerhalb von Betrieben und Unternehmen anders – hier gelten stärkere Prinzipien, weil Unternehmen längerfristige Beziehungen generieren, die nicht auf ihre ökonomische Funktionalität reduziert werden können (Kubon-Gilke 1997).

Nun interpretieren freilich manche Autoren den gerechten Lohn als einen Anwendungsfall der Tauschgerechtigkeit (s. Kap. II.13), weil der Lohn als Preis der Arbeit faktisch auf dem Arbeitsmarkt festgelegt werde (Rippe 2010), während andere ihn als einen Anwendungsfall der Verteilungsgerechtigkeit (s. Kap. II.12) betrachten, weil es für die Rechtfertigung von Lohndifferenzen auf den letztendlichen Beitrag zum Unternehmenserfolg ankomme (Sternberg 2000). Es geht dabei um mehr als Semantik, weil die Konzeptionen der Tauschgerechtigkeit und der Verteilungsgerechtigkeit innerhalb der Kategorie der besonderen Gerechtigkeit unterschiedlich starke Normen generieren. Ein Tausch gilt ohne Ansehen der Person schon dann als gerecht, wenn die getauschten Güter im Wert gleich sind, während eine Verteilung erst unter zusätzlicher Berücksichtigung der Verdienste der jeweils beteiligten Personen als gerecht charakterisiert werden kann. Die oben angedeutete Interpretation von Unternehmen als ›Inseln normativer Kontrolle‹ innerhalb eines weitgehend moralfreien Marktes lässt die zweite Sichtweise überzeugender erscheinen. Zwar geht es in beiden Fällen um die individuelle Leistung des Lohnempfängers, aber was als Leistung anerkannt wird, unterscheidet sich je nach Kontext: Während im Rahmen der unpersönlichen Tauschgerechtigkeit allein der tatsächliche produktive Beitrag für das Unternehmen als Leistung gezählt werden wird, sollte man im Rahmen der personenbezogenen Verteilungsgerechtigkeit neben dem produktiven Beitrag auch diejenigen Anstrengungen als Leistung anerkennen, die – ohne persönliches Verschulden – nicht in einem solchen Beitrag resultieren. Die individuelle Leistung wäre dann als gewichtetes Produkt aus Anstrengung und Beitrag definiert. Damit zeigt sich, dass die von Rawls behauptete Inkohärenz dieser beiden Gerechtigkeitsprinzipien keineswegs unvermeidlich ist. Vielmehr lässt sich ein Ausgleich zwischen beiden Interpretationen des Leistungsprinzips finden, wobei ihre konkrete Gewichtung nicht mehr aus der Gerechtigkeitstheorie abgeleitet werden kann, sondern von den Beteiligten selbst auf unparteiliche Weise festgelegt werden muss.

Der Leistungslohn in der Praxis

Ungeachtet der philosophischen Kontroversen hat sich in der betrieblichen Praxis die Notwendigkeit einer eigenständigen und als gerecht wahrgenommenen Lohnpolitik ohnehin nicht abweisen lassen. Dabei spielt das Leistungsprinzip, auch als Äquivalenzprinzip bezeichnet, eine herausragende, wenn nicht sogar die einzige Rolle (Kosiol 1962). Um das Prinzip anzuwenden, bedarf es allerdings einer systematischen Arbeitsbewertung, in der sowohl die Anforderungen der jeweiligen Tätigkeit als auch die individuelle Erfüllung dieser Anforderungen in möglichst objektiver Weise analysiert und bewertet werden. Damit wird zugleich der in empirischen Befragungen häufig genannten Forderung nach Verfahrensgerechtigkeit (s. Kap. II.21) entsprochen: Denn eine Lohnpolitik, die allgemeine Anerkennung gewinnen will, muss nachvollziehbar sein und unparteilich angewandt werden.

Traditionell unterscheidet man dabei summarische und analytische Verfahren der Arbeitsbewertung: Summarische Verfahren beschränken sich auf die zusammenfassende Beschreibung der Anforderungen einer bestimmten Tätigkeit, während analytische Verfahren diese Tätigkeit in einzelne Anforderungsarten zerlegen, die dann in ein gewichtetes Bewertungsschema gebracht werden (Schettgen 1996, Kap. 3). Die Anwendung analytischer Verfahren ist mit mehr Aufwand verbunden, scheint aber grundsätzlich besser geeignet, die mit der jeweiligen Tätigkeit verbundenen Anforderungen genau und objektiv zu erfassen, auch wenn dabei immer noch Spielräume für Aushandlungsprozesse verbleiben. Deshalb ist neben der Arbeitsbewertung auch die Wahl der Lohnform von Bedeutung. Traditionell waren dies vor allem die in der Industrie angewandten Lohnformen des Stücklohns, des Akkordlohns, des Prämienlohns sowie des vor allem für Angestellte relevanten Zeitlohns, der manchmal als leistungsunabhängig angesehen wurde, obwohl auch hier über die Qualifikation eine indirekte Koppelung an die (zu erwartende) Leistung unterstellt werden konnte.

Allerdings hat insbesondere in den letzten drei Jahrzehnten durch die Zunahme der so genannten Wissensarbeit eine Flexibilisierung von Arbeitsprozessen eingesetzt, durch die der Versuch einer objektiven Leistungsmessung und -entlohnung zunehmend fragwürdig erscheinen mochte. Die Begriffe der ›Entgrenzung‹ bzw. der ›Subjektivierung‹ der Arbeit bringen es auf den Punkt: Zunehmend wird die Gesamtperson des Arbeitnehmers statt einzelner Arbeitsleistungen in lohnrelevanter Weise beurteilt (Minssen 2006, Kap. 8). Dennoch hat in den letzten drei Jahrzehnten sogar so etwas wie eine Renaissance des Leistungslohns stattgefunden (Schmierl 2010). Den Schwierigkeiten der Leistungsmessung versucht man hier vor allem durch neuere Verfahren der Leistungsbeurteilung und der Zielvereinbarung gerecht zu werden (Dilcher/Emminghaus 2010). Während dabei das Instrument der individuellen Leistungsbeurteilung dem Einwand der tendenziellen Willkür ausgesetzt ist, haben Zielvereinbarungen den Vorteil, dass ihnen eine Selbstverpflichtung beider Parteien bezüglich der zu erreichenden Leistung, die keineswegs quantitativ definiert sein muss, und der dafür vorgesehenen Lohnbestandteile zugrunde liegt. Dass es sich auch hier nicht um eine eindeutige und wertneutrale Form der Leistungsmessung und Zuordnung von Lohn und Leistung handelt, kann zugestanden werden. Allerdings sollte ebenso zugestanden werden, dass es sich bei diesen neueren Instrumenten zumindest um mögliche Realisierungen eines Leistungslohns handelt, die von vielen Beteiligten offenbar näherungsweise akzeptiert werden können. Dass zwischen Lohn und Leistung verschiedene Grade der Differenzierung möglich sind, hatte schon Erich Kosiol betont, um daraus den Schluss zu ziehen, dass man hier den Bereich der wissenschaftlichen Arbeitsbewertung verlasse und in den Bereich der Lohnpolitik eintrete (Kosiol 1962, 38).

Ausblick

Aller Voraussicht nach wird das Leistungsprinzip auch in Zukunft eine zentrale Rolle für die Rechtfertigung (nicht nur) von Lohneinkommen spielen, auch wenn die konkreten Formen seiner Umsetzung einem stetigen Wandel unterliegen. Die Gerechtigkeitstheorie tut gut daran, diesen Sachverhalt ernst zu nehmen, will sie dem Vorwurf entgehen, dass die von ihr abgeleiteten Urteile zwar unter dem Gesichtspunkt einer sozusagen ›kosmischen Gerechtigkeit‹ (Sowell 1999) überzeugen mögen, aber für die Lösung von Gerechtigkeitskonflikten, wie sie in der (betrieblichen) Wirklichkeit auftreten, vollkommen ungeeignet sind. Nach der zumindest partiellen Rehabilitierung des Verdienstprinzips in der philosophischen Gerechtigkeitstheorie sollte auch seine Anwendung als ökonomisches Leistungsprinzip zumindest im Rahmen der besonderen Gerechtigkeit nicht mehr unter Generalverdacht stehen. Das gilt nicht zuletzt deshalb, weil faktisch auf das Leistungsprinzip unter dem Gesichtspunkt der subjektiv wahrgenommenen Gerechtigkeit ohnehin nicht verzichtet werden kann, wie die oben angeführten empirischen Studien nachdrücklich zeigen. Das impliziert keineswegs eine Überhöhung des Leistungsprinzips zum alleinigen Moralprinzip der Gesellschaft. Diese kann im Gegenteil auf zusätzliche (und situationsbedingt manchmal auch vorrangige) Prinzipien wie Solidarität, aber auch Effizienz nicht verzichten, von der Bedeutung fundamentaler Menschenrechte ganz zu schweigen.

Literatur

Abraham, Martin: Wann werden Löhne als gerecht eingeschätzt? Eine tauschtheoretische Betrachtung der Lohngerechtigkeit auf dem Arbeitsmarkt. In: *Zeitschrift für Arbeitsmarktforschung* 40 (2007), 9–22.

Bebchuk, Lucian A./Fried, Jesse: *Pay without Performance. The Unfulfilled Promise of Executive Compensation.* Cambridge 2004.

Coase, Ronald: The Nature of the Firm [1937]. In: Ders.: *The Firm, the Market and the Law.* Chicago 1988, 33–55.

Dilcher, Bettina/Emminghaus, Christoph: *Leistungsorientierte Vergütung. Herausforderungen für die Organisations- und Personalentwicklung, Umsetzung und Wirkung von Leistungsentgeltsystemen in der betrieblichen Praxis.* Wiesbaden 2010.

Gosepath, Stefan: *Gleiche Gerechtigkeit. Grundlagen eines liberalen Egalitarismus.* Frankfurt a. M. 2004.

Hayek, Friedrich A. von: Der Wettbewerb als Entdeckungsverfahren. In: Ders.: *Freiburger Studien. Gesammelte Aufsätze.* Tübingen 1969, 249–265.

–: *Law, Legislation and Liberty*, Bd. 2: *The Mirage of Social Justice.* Chicago 1976.

Helmstädter, Ernst: Verteilungsgerechtigkeit als Leistungsgerechtigkeit durch Wettbewerb. In: Martin Held/Gisela Kubon-Gilke/Richard Sturn (Hg.): *Normative und institutionelle Grundfragen der Ökonomik*, Jb. 1: *Gerechtigkeit als Voraussetzung für effizientes Wirtschaften.* Marburg 2002, 197–209.

Hinz, Thomas/Auspurg, Katrin/Joos, Anja/Schwarz, Judith/Liebig, Stefan/Sauer, Carsten/May, Meike: *Bericht zur Studie Einkommensgerechtigkeit in Deutschland.* Universität Konstanz und Universität Bielefeld 2010.

Köllmann, Carsten: Grundzüge einer Theorie der Lohngerechtigkeit. In: Axel Tschentscher/Caroline Lehner/Matthias Mahlmann/Anne Kühler (Hg.): *Soziale Gerechtigkeit heute. Archiv für Rechts- und Sozialphilosophie*, Beiheft 141 (2015), 31–52.

Kosiol, Erich: *Leistungsgerechte Entlohnung.* Überarbeitete und erweiterte 2. Auflage der *Theorie der Lohnstruktur* (1928). Wiesbaden 1962.

Krelle, Wilhelm: Der gerechte Lohn in nationalökonomischer Sicht. In: Theodor Heckel (Hg.): *Der gerechte Lohn. Vorträge gehalten auf der Tagung evangelischer Juristen.* München 1963, 34–51.

Kubon-Gilke, Gisela: *Verhaltensbindung und die Evolution ökonomischer Institutionen.* Marburg 1997.

Liebig, Stefan/Schupp, Jürgen: Entlohnungsgerechtigkeit in Deutschland? Hohes Ungerechtigkeitsempfinden bei Managergehältern. In: *DIW-Wochenbericht* 47 (2004), 725–730.

–/–: Leistungs- oder Bedarfsgerechtigkeit? Über einen normativen Zielkonflikt des Wohlfahrtsstaats und seiner [sic!] Bedeutung für die Bewertung des eigenen Erwerbseinkommens. In: *Soziale Welt* 59 (2008), 7–30.

Margalit, Avishai: Menschenwürdige Gleichheit. In: Angelika Krebs (Hg.): *Gleichheit oder Gerechtigkeit. Texte der neueren Egalitarismuskritik.* Frankfurt a. M. 2000, 107–116.

Miller, David: *Principles of Social Justice.* Cambridge 1999.

Minssen, Heiner: *Arbeits- und Industriesoziologie. Eine Einführung.* Frankfurt a. M. 2006.

Neckel, Sighard: ›Leistung‹ und ›Erfolg‹. Die symbolische Ordnung der Marktgesellschaft [2001]. In: Ders.: *Flucht nach vorn. Die Erfolgskultur der Marktgesellschaft.* Frankfurt a. M. 2008, 45–64.

Noell, Edd S.: Bargaining, consent and the just wage in the sources of scholastic economic thought. In: *Journal of the History of Economic Thought* 20 (1998), 467–478.

Offe, Claus: *Leistungsprinzip und industrielle Arbeit. Mechanismen der Statusverteilung in Arbeitsorganisationen der industriellen ›Leistungsgesellschaft‹.* Frankfurt a. M. 1970.

Rawls, John: *Eine Theorie der Gerechtigkeit.* Frankfurt a. M. 1979 (engl. 1971).

Rippe, Klaus Peter: *Ethik in der Wirtschaft.* Paderborn 2010.

Schettgen, Peter: *Arbeit, Leistung, Lohn. Analyse- und Bewertungsmethoden aus sozioökonomischer Perspektive.* Stuttgart 1996.

Schmidtz, David: *Elements of Justice.* Cambridge 2006.

Schmiede, Rudi/Schudlich, Edwin: *Die Entwicklung der Leistungsentlohnung in Deutschland. Eine historisch-theoretische Untersuchung zum Verhältnis von Lohn und Leistung unter kapitalistischen Bedingungen.* Frankfurt a. M. 1976.

Schmierl, Klaus: Lohn und Leistung. In: Fritz Böhle/Günter G. Voß/Gunther Wachtler (Hg.): *Handbuch Arbeitssoziologie.* Wiesbaden 2010, 359–383.

Sen, Amartya: *On Economic Inequality.* New York 1997.

Sowell, Thomas: *The Quest for Cosmic Justice.* New York 1999.

Sternberg, Elaine: *Just Business. Business Ethics in Action.* Oxford ²2000.

Swift, Adam: Public Opinion and Political Philosophy. The relation between social-scientific and philosophical analyses of distributive justice. In: *Ethical Theory and Moral Practice* 2 (1999), 337–363.

Walzer, Michael: *Spheres of Justice. A Defense of Pluralism and Equality.* New York 1983.

Carsten Köllmann

69 Migration

232 Millionen Menschen oder rund drei Prozent der Weltbevölkerung lebten 2013 in einem anderen Land als dem, in dem sie geboren wurden (United Nations 2014). Gäbe es keine Einwanderungsbeschränkungen, so wären es vermutlich noch viele mehr.

Die grenzüberschreitende Wanderung von Menschen wirft zwei Arten von Gerechtigkeitsproblemen auf. Erstens stellt sich die Frage, welche Gerechtigkeitsprinzipien für die Regelung des territorialen Zugangs einschlägig sind: Steht es den einzelnen Staaten frei, Ausländern die Einreise und Niederlassung zu erlauben oder zu verbieten? Haben einige Einwanderungswillige einen gerechtigkeitsbasierten Anspruch, aufgenommen zu werden? Oder sollten Staaten gar ein allgemeines Recht auf globale Bewegungsfreiheit akzeptieren?

Ein zweites Bündel von Fragen betrifft die Rechte derer, die bereits eingewandert sind: Haben sie einen Anspruch, (möglicherweise nach einer bestimmten Zeit) die vollen Bürgerrechte einschließlich der politischen Mitbestimmungsrechte im Einwanderungsland zu erwerben? Wenn ja, darf die Gewährung dieser Rechte an Bedingungen wie eine gelungene Integration geknüpft werden? Sind Gastarbeiterprogramme mit Grundsätzen der Gerechtigkeit vereinbar? Und was schulden wir irregulären Migrantinnen?

Argumente für ein Recht auf Ausschluss

Wird in der breiteren Öffentlichkeit über Migrationspolitik debattiert, so steht meist die Frage im Vordergrund, wie viel Einwanderung – und welche Einwanderung – dem aufgeklärten Eigeninteresse der Bürgerinnen des jeweiligen Landes dient. Vorausgesetzt wird dabei, dass Staaten bzw. ihre Bürgerinnen grundsätzlich dazu berechtigt sind, die Einwanderung nach Maßgabe ihrer eigenen Vorstellungen und Interessen zu beschränken. Diese Annahme wird in der philosophischen Debatte kontrovers diskutiert.

Diejenigen, die ein Recht auf Ausschluss gegenüber Einwanderungswilligen befürworten, berufen sich typischerweise auf Prinzipien der kollektiven Selbstbestimmung, wobei je nach Charakterisierung des einschlägigen Kollektivs zwischen kulturellen und institutionalistischen Ansätzen unterschieden werden kann. Während kulturelle Ansätze das Recht auf Selbstbestimmung in erster Instanz Nationen als kulturellen Gemeinschaften zuschreiben und das staatliche Ausschlussrecht indirekt damit begründen, dass der Staat die institutionelle Heimat einer kulturellen Gemeinschaft sei, schreiben institutionalistische Ansätze das Selbstbestimmungsrecht direkt staatlichen Gemeinschaften zu, ohne auf die kulturelle oder identitäre Dimension des Nationalstaates Bezug zu nehmen.

Die wohl erste systematische Verteidigung eines Rechts auf Ausschluss auf der Grundlage kultureller Prämissen findet sich bei dem kommunitaristischen (s. Kap. III.36) Philosophen Michael Walzer (1983, Kap. 2). Die Basis seines Arguments bildet eine partikularistische Gütertheorie, der zufolge die Bedeutung, die einem Gut in einer bestimmten Kultur zugeschrieben wird, die Quelle aller moralischen Prinzipien für die Verteilung dieses Guts ist (ebd., Kap. 1). Auch die Mitgliedschaft in der politischen Gemeinschaft sei ein Gut, das verteilt wird, und wie bei anderen Gütern könne das Verteilungskriterium nur dem gemeinsamen Verständnis derer entspringen, die es ersonnen haben. Sofern sich eine Gemeinschaft als demokratisch verstehe, müsse sie Migranten, die auf dem Territorium aufgenommen werden, zumindest perspektivisch als volle Mitglieder ansehen. Umso wichtiger sei aber die Kontrolle über die territoriale Aufnahmepolitik: »Ohne sie gäbe es keine *spezifischen Gemeinschaften*, keine historisch stabilen Vereinigungen von Menschen, die einander in einer speziellen Weise verbunden und verpflichtet sind und die eine spezielle Vorstellung von ihrem gemeinsamen Leben haben« (Walzer 2006, 106).

Auf die besonderen Verbindungen unter den Mitgliedern einer nationalen Kulturgemeinschaft berufen sich auch die Vertreterinnen einer Position, die als ›liberaler Nationalismus‹ bezeichnet wird (Tamir 1993). Im Unterschied zum Kommunitarismus verwirft der liberale Nationalismus den Universalismus liberaler Gerechtigkeitstheorien nicht, sondern behauptet, dass er mit der Anerkennung besonderer normativer Beziehungen unter *co-nationals* vereinbar sei.

Ein wichtiger Vertreter dieser Position in der Migrationsdebatte ist David Miller. Er vertritt eine Theorie globaler Gerechtigkeit, die erheblichen Raum für besondere Verpflichtungen unter *co-nationals* lässt, welche Miller mit dem intrinsischen Wert nationaler Gemeinschaften begründet (2007, Kap. 2). Die Kontrolle der Einwanderung sei ein wichtiger Anwendungsbereich eines nationalen Selbstbestimmungsrechts: Sie ermögliche es den Nationen, über ihre zukünftige Zusammensetzung und damit über die Fortentwicklung ihrer Kultur zu bestimmen (ebd., Kap. 8; Miller 2005).

Ein weiteres liberal-nationalistisches Argument für die normative Relevanz kultureller Grenzen formuliert Will Kymlicka (1995). Im Unterschied zu Miller beruft er sich nicht auf den intrinsischen Wert der nationalen Gemeinschaft, sondern auf die instrumentelle Bedeutung der kulturellen Zugehörigkeit für die individuelle Freiheit. Welchen Lebensplan eine Person verfolge, sei ihr selbst überlassen, doch um überhaupt eine Wahl zwischen als sinnvoll erscheinenden Optionen treffen zu können, sei ein kultureller Wahlkontext vorausgesetzt (ebd., Kap. 5). Freie Einwanderung würde den Menschen Kymlicka zufolge zwar möglicherweise mehr Optionen geben, doch diese Optionen würden ihrer Bedeutung beraubt, weil die Stabilität des kulturellen Bezugsrahmens in Gefahr geriete, durch den Menschen Optionen als für sie wertvoll erkennen können (ebd., 93).

Jeder dieser kulturellen Ansätze wirft je eigene Probleme auf. So stellt sich bei Walzer die Frage, ob die Legitimität von Einwanderungsbeschränkungen bloß einem geteilten Verständnis der bisherigen Bürgerinnen des jeweiligen Landes entspringt oder ob er ein Metaprinzip im Blick hat, dem zufolge das Recht auf Ausschluss kulturübergreifende Geltung besitzt. Im ersten Fall wäre fraglich, ob Einwanderungswillige ihrerseits einen Grund hätten, Restriktionen als gerechtfertigt anzusehen und vom Versuch der irregulären Einwanderung abzusehen. Im zweiten Fall bliebe unklar, wie eine solche kulturübergreifende Norm mit Walzers Gütertheorie zusammenpasst. Bei Miller ist vor allem der Übergang von der Annahme, dass die nationale Gemeinschaft ein intrinsischer Wert unter vielen sei, zu der Ansicht problematisch, dass die nationale Gemeinschaft der *einzige* intrinsische Wert sei, den es (jenseits der Befriedigung basaler Bedürfnisse) für eine gerechte Migrationspolitik zu berücksichtigen gelte. Und gegen Kymlickas Argumentationslinie hat Jeremy Waldron (1995, 105–110) die Ansicht stark gemacht, dass Individuen zwar auf kulturelles Material zurückgreifen können müssen, um sinnvolle Entscheidungen zu fällen, dass dieses Material aber nicht ›aus einem Guss‹ sein müsse; möglich sei auch ein autonomes Leben in einem ›Kaleidoskop der Kulturen‹. Darüber hinaus werfen alle drei Ansätze die Frage auf, wie nationale (oder in Kymlickas Fall ›gesellschaftliche‹) Kulturen voneinander abzugrenzen sind und ob die Grenzen zwischen Kulturen typischerweise tatsächlich mit den Grenzen zwischen Staaten zusammenfallen (dazu kritisch Scheffler 2007).

Diesen Problemen entgeht eine Reihe von neueren institutionalistischen Ansätzen, die ein staatliches Selbstbestimmungsrecht über die territorialen Grenzen ohne Verweis auf kulturelle Kategorien begründen. Das prominenteste Argument dieser Art stammt von Christopher H. Wellman (2008; 2011, Kap. 1). Er beruft sich auf die Assoziationsfreiheit und vergleicht den Staat mit einem Club: Genau wie ein privater Golfclub das Recht habe, Beitrittswilligen die Aufnahme zu verweigern, sei auch der Staat dazu berechtigt, Einwanderungswillige abzuweisen, und zwar unabhängig davon, ob die bisherigen Mitglieder eine gemeinsame Kultur haben, die sie von Nichtmitgliedern unterscheidet.

Ein verwandtes Argument formuliert Ryan Pevnick (2011) auf der Grundlage einer an John Locke (1690/1980) angelehnten Eigentumstheorie. Er betont, dass staatliche Institutionen nicht wie Manna vom Himmel fallen, sondern durch die Beiträge der jeweiligen Bürgerinnen geschaffen und aufrechterhalten werden. Durch diese Beiträge erwerben die Mitglieder einer staatlichen Gemeinschaft Pevnick zufolge ein Eigentumsrecht an diesen Institutionen, das auch das Recht einschließe, darüber zu entscheiden, wer in Zukunft zu diesen Institutionen beitragen und von ihnen profitieren dürfe.

Michael Blake (2013) schließlich verteidigt das Recht auf Ausschluss unter Verweis auf die einzelstaatliche Zuständigkeit für den Schutz und die Gewährleistung der Menschenrechte aller Personen auf dem jeweiligen Territorium. Wer ein Recht auf Einwanderung fordere, fordere mithin, dass alle Menschen frei wählen dürfen, wer ihre Menschenrechte schützen soll. Ein solches Recht widerspreche aber dem Prinzip, dass uns niemand gegen unseren Willen neue Verpflichtungen aufoktroyieren darf.

Von den drei institutionalistischen Ansätzen hat Wellmans Argument über die Assoziationsfreiheit in der Debatte bisher am meisten Beachtung gefunden. Gegen seine Club-Analogie lassen sich zwei Standardeinwände vorbringen. Erstens wird geltend gemacht, dass die Assoziationsfreiheit mit Blick auf die Einwanderungsfrage argumentativ in beide Richtungen wirksam ist: Einerseits kann ein Recht auf Ausschluss gegenüber Einwanderungswilligen als Ausdruck der Assoziationsfreiheit auf staatlicher Ebene angesehen werden, andererseits beschneidet ein solches Recht aber auch die Assoziationsfreiheit mit Blick auf zahlreiche private Assoziationsformen (u. a. Miller 2007, 209–213). Und zweitens wird darauf hingewiesen, dass Wellmans Argumentation radikale Implikationen hat, die weit über die Einwanderungsfrage hinausgehen. So scheint die Analogie zwischen Staaten und privaten Vereinen etwa zu implizieren, dass Staaten auch bisherige Bürgerinnen ausschließen und deren Nachkommen die Aufnahme verwehren dürfen (so bereits Whelan 1988, 29).

Die Rezeption der beiden anderen institutionalistischen Ansätze steckt hingegen noch in den Kinderschuhen. Wichtige Fragen mit Blick auf Pevnicks eigentumstheoretische Argumentation betreffen den genauen Umfang der Eigentumsrechte an staatlichen Institutionen (Wilcox 2012) sowie den Umgang der Theorie mit historischem Unrecht. Mit Blick auf Blakes Ausführungen ist insbesondere fraglich, wie weit menschenrechtliche Verpflichtungen überhaupt dem Paradigma freiwilliger Verpflichtungen folgen, zumal wir den diesbezüglichen Verpflichtungen auch hinsichtlich unserer nicht-migrantischen Mitbürgerinnen nie explizit zugestimmt haben (Kates/Pevnick 2014).

Flüchtlinge

Die meisten philosophischen Befürworter eines Rechts auf Ausschluss gestehen zu, dass dieses Recht nicht völlig uneingeschränkt gilt. Ausnahmen werden einerseits mit Blick auf die zulässigen Auswahlkriterien und andererseits mit Blick auf spezifische Personengruppen geltend gemacht. In den ersten Bereich fällt etwa das Verbot, Einwanderungswilligen allein aufgrund ihrer Hautfarbe, ihres Geschlechts oder ihrer sexuellen Orientierung die Aufnahme zu verweigern (Miller 2005, 203 f.; Wellman 2008, 137–141). In den zweiten Bereich fallen Aufnahmepflichten gegenüber Flüchtlingen, wie sie von den meisten (aber nicht allen, vgl. Wellman 2008, 128–130) Befürwortern eines Rechts auf Ausschluss akzeptiert werden.

Im rechtlichen Status quo ist der Aufnahmeanspruch von Flüchtlingen durch ein Prinzip des *non-refoulement* geregelt. Es verbietet die Abschiebung eines Asylsuchenden, wenn im Herkunftsland »sein Leben oder seine Freiheit wegen seiner Rasse, Religion, Staatsangehörigkeit, seiner Zugehörigkeit zu einer bestimmten sozialen Gruppe oder wegen seiner politischen Überzeugung bedroht sein würde« (*Genfer Flüchtlingskonvention*, Art. 33). Einen Anspruch auf Aufnahme hat demzufolge nur, wer es bereits in ein sicheres Land geschafft hat und Zuflucht vor politischer Verfolgung (und nicht etwa vor ökonomischer Not oder einer Naturkatastrophe) sucht.

Matthew Price (2009) verteidigt diesen engen Flüchtlingsbegriff unter Verweis auf die expressive Dimension der Institution des Asyls. Mit der Asylgewährung werde nicht zuletzt eine Verurteilung der politischen Verfolgung im Herkunftsland zum Ausdruck gebracht, was im Fall ökonomischer Fluchtgründe nicht in derselben Weise angemessen wäre. Demgegenüber betonen Vertreter eines breiteren Flüchtlingsbegriffs die individuelle Schutzbedürftigkeit von Flüchtlingen, die auch dann gegeben sei, wenn die Betroffenen aus anderen Gründen als politischer Verfolgung in ihren grundlegenden Rechten bedroht sind oder noch nicht in ein sicheres Land ausgereist sind (Shacknove 1985).

Von großer praktischer Bedeutung ist schließlich die Frage, wie eine gerechte Verteilung der Schutzbedürftigen auf potenzielle Aufnahmestaaten aussehen könnte. Diskutiert wird in diesem Zusammenhang, nach welchem Schlüssel eine faire Verteilung der ›Lasten‹ im Asylbereich zu erfolgen hat (Schuck 1997), und ob einzelne Staaten verpflichtet sind, mehr als ihren fairen Anteil an Flüchtlingen aufzunehmen, wenn andere Staaten ihren diesbezüglichen Verpflichtungen nicht nachkommen (Kuosmanen 2012).

Einwände gegen ein Recht auf Ausschluss

Grundsätzliche Kritik an einem Recht auf Ausschluss wird aus unterschiedlichen theoretischen Perspektiven geäußert, wobei zwischen einem distributiven, einem demokratietheoretischen und einem freiheitlichen Einwand zu unterscheiden ist.

Der distributive Einwand setzt bei der Tatsache an, dass Menschen unter dem migrationspolitischen Status quo in Abhängigkeit von ihrer Staatsangehörigkeit sehr unterschiedliche Mobilitätschancen haben. Während beispielsweise die Besitzerin eines deutschen Passes 174 verschiedene Länder bereisen kann, ohne dafür ein Visum beantragen zu müssen, sind es bei einem Afghanen gerade einmal 28 (Henley & Partners 2014). Mit diesen Unterschieden in den Mobilitätschancen gehen große Unterschiede in den ökonomischen Aussichten einher. Gerade den global Benachteiligten bleibt oft die Möglichkeit versperrt, ihre wirtschaftliche Situation durch den Wegzug in ein prosperierendes Land zu verbessern. Joseph Carens (1987, 252) vergleicht die Staatsbürgerschaft in einem wohlhabenden Land vor diesem Hintergrund mit einem feudalen Privileg, das einer Gruppe von Menschen von Geburt an massiv bessere Lebensaussichten garantiert. Diesem Einwand wird oft eine glücksegalitaristische Deutung gegeben (Ladwig 2012; s. Kap. III.39): Da Menschen nicht für die Staatsbürgerschaft verantwortlich sind, die ihnen mit der Geburt verliehen wird, dürfe diese nicht ihre ökonomischen Aussichten determinieren; genau dies sei aber der Fall, wenn Staaten ein Recht auf Ausschluss haben.

Einen zweiten Einwand gegen ein unilaterales Recht auf Ausschluss formuliert Arash Abizadeh (2008) auf der Grundlage demokratischer Prinzipien. Demokratie wird dabei nicht als die Selbstbestimmung eines bereits feststehenden, einzelstaatlichen *demos* verstanden, sondern als ein normatives Prinzip, dem zufolge staatlicher Zwang nur dann legitim ist, wenn alle Zwangsunterworfenen politische Mitbestimmungsrechte haben. Da Einwanderungsbeschränkungen unter Androhung (und Ausübung) von Zwang gegen Nichtbürgerinnen durchgesetzt werden, bestehe ein Demokratiedefizit, wenn Nichtbürgerinnen von den entsprechenden Entscheidungen ausgeschlossen bleiben.

Sowohl der distributive als auch der demokratietheoretische Einwand sprechen zwar gegen ein uneingeschränktes, unilaterales Recht auf Ausschluss, nicht aber notwendigerweise für offene Grenzen. Es wäre zumindest denkbar, dass gewisse Restriktionen für die Wanderung zwischen ökonomisch vergleichbaren Regionen mit einem globalen Glücksegalitarismus vereinbar sind. Und Einwanderungsbeschränkungen könnten auch Abizadehs demokratischem Prinzip Genüge tun, wenn sie von einem globalen *demos* gutgeheißen würden. Dies gilt nicht für den dritten, freiheitlichen Einwand: Er geht dahin, dass Menschen ein moralisches Recht haben, selbst zu entscheiden, auf welchem Fleck der Erdoberfläche sie sich vorübergehend oder dauerhaft aufhalten wollen, und zwar auch dann, wenn sie dafür nationalstaatliche Grenzen überschreiten müssen.

Für ein Recht auf globale Bewegungsfreiheit werden zwei Arten von Argumenten angeführt. Theoriebasierte Argumente leiten ein Recht auf Einwanderung aus einer umfassenden Theorie der Gerechtigkeit oder der Freiheitsrechte ab. Solche Argumente werden etwa im Rahmen des Libertarismus (Carens 1987, 252–254; Steiner 1992; s. Kap. III.32) oder auf Grundlage einer kosmopolitischen Version des rawlsianischen Kontraktualismus (Carens 1987, 255–262; s. Kap. III.30) vertreten.

Daneben spielt in der Debatte aber auch ein Analogieargument eine wichtige Rolle, das beim breit akzeptierten Recht auf innerstaatliche Bewegungs- und Niederlassungsfreiheit ansetzt, wie es in Artikel 13 der *Allgemeinen Erklärung der Menschenrechte* und in Artikel 12 des *Internationalen Paktes über bürgerliche und politische Rechte* verankert ist. Dasselbe Interesse an individueller Selbstbestimmung, das diesem Recht zugrunde liege, spreche auch für ein Recht auf zwischenstaatliche Mobilität. Wer das Recht auf innerstaatliche Bewegungsfreiheit akzeptiere, könne deshalb nur um den Preis der Inkohärenz an einem Recht auf Ausschluss gegenüber internationalen Migrantinnen festhalten (ebd., 258; Oberman 2015). Dies bedeute zwar nicht, dass Einwanderungsbeschränkungen unter keinen denkbaren Umständen gerechtfertigt sein könnten. So akzeptieren Befürworter eines Rechts auf Einwanderung normalerweise eine *public order restriction* (Carens 1987, 259), der zufolge ein bestimmtes Maß an Restriktionen zulässig ist, wenn der Zusammenbruch einer gerechten Ordnung droht. Aber grundsätzlich sei es das gute Recht jedes Menschen, sich auf der Erdoberfläche frei zu bewegen, solange davon nicht eine realistische Bedrohung für andere grundlegende Rechte ausgehe.

Alle drei hier skizzierten Einwände gegen ein Recht auf Ausschluss haben eine Reihe von kritischen Reaktionen hervorgerufen. Gegen den distributiven Einwand wird einerseits normativ bestritten, dass Prinzipien der distributiven Gerechtigkeit eine globale Reichweite haben (Wellman 2011, Kap. 2), andererseits werden empirische Zweifel an der Annahme geäußert, dass eine Erweiterung globaler Mobilitätschancen ein geeignetes Mittel darstellt, globale Ungleichheiten zu mindern (Pogge 1997). Gegen Abizadehs demokratietheoretischen Einwand wird geltend gemacht, Einwanderungsbeschränkungen seien keine Form von Zwang im relevanten, demokratische Mitbestimmungsrechte begründenden Sinn (Miller 2010). Und gegen das Analogieargument für ein Recht auf globale Bewegungsfreiheit werden alternative Rekonstruktionen der innerstaatlichen Bewegungsfreiheit angeführt, die keine Übertragung auf den internationalen Fall zulassen. So schlägt etwa Miller (2005, 195 f.) vor, das Recht auf Bewegungsfreiheit als ein Recht auf eine angemessene Auswahl an Optionen in wichtigen Lebensbereichen zu verstehen. Wer im Herkunftsland bereits über eine angemessene Auswahl verfüge, habe daher keinen Anspruch auf grenzüberschreitende Freizügigkeit. Demgegenüber betonen die Befürworter eines Rechts auf globale Bewegungsfreiheit, Freiheitsrechte seien als Rechte zu verstehen, ohne Eingriffe Dritter unter allen existierenden Optionen zu wählen (Oberman 2015; Cassee 2014; Brezger 2014).

Rechte im Einwanderungsland

Gerechtigkeitsfragen stellen sich nicht nur im Zusammenhang mit der Kontrolle des territorialen Zugangs, sondern auch mit Blick auf die Rechte von Migranten im Einwanderungsland. Oft wird dabei die Ansicht vertreten, dass Einwanderer mit zunehmender Aufenthaltsdauer zusätzliche Ansprüche erwerben: Je länger sich eine Person im Land aufhält, desto schwieriger wird es, eine Ungleichbehandlung gegenüber den bisherigen Bürgerinnen zu rechtfertigen (Carens 2013, 89).

Ein relativ breiter Konsens besteht in der neueren Debatte darüber, dass es einem Demokratiedefizit gleichkommt, wenn langfristig niedergelassene Nichtbürger oder *denizens* (Hammar 1990) permanent von den politischen Mitbestimmungsrechten im Einwanderungsland ausgeschlossen bleiben (u. a. Walzer 1983, Kap. 2; Rubio-Marín 2000; Goppel 2012; vgl. auch López-Guerra 2005, der sich zugleich für den Ausschluss langfristig Ausgewanderter von der politischen Mitbestimmung im Herkunftsland ausspricht). Kontrovers diskutiert wird in diesem Zusammenhang, auf welcher Rechtfertigungsgrundlage und nach welchem Zeitraum Einwanderer einen Anspruch auf Mitbestimmung erwerben, ob die Gewährung von Partizipationsrechten von Bedingungen wie einer gelungenen Integration abhängig gemacht werden darf und ob erleichterte Einbürgerungen oder die Einführung eines Ausländerstimmrechts die geeignetste Form ist, Demokratiedefizite in diesem Bereich zu beheben. Diese Fragen werden im folgenden Kapitel über politische Zugehörigkeit (s. Kap. V.70) vertieft diskutiert.

Weitere Themen, die mit Blick auf mittel- und langfristig niedergelassene Migrantinnen diskutiert werden, betreffen etwa die Sicherheit des Aufenthaltsstatus und den Zugang zu Sozialleistungen (Carens 2013, Kap. 5). Gegenstand einer kontroversen Debatte ist zudem die Frage, ob Staaten dazu berechtigt sind, Migranten von vornherein für eine beschränkte Aufenthaltsdauer aufzunehmen und so zu verhindern, dass sie aufgrund eines längeren Aufenthalts weitergehende Ansprüche erwerben. Während etwa Walzer (1983, 56–61) kritisiert, die Schaffung einer Klasse von Gastarbeitern sei kein Ausdruck gemeinschaftlicher Freiheit, sondern eine Form von Unterdrückung, verweist Pevnick (2011, 175–183) darauf, dass Gastarbeiter den Bedingungen ihres Aufenthalts zugestimmt haben. Wenn es den Staaten freistehe, ob sie Arbeitsmigranten aufnehmen wollen oder nicht, dann dürfe die Einwanderungserlaubnis auch an die Bedingung geknüpft werden, dass die betreffenden Personen das Territorium nach einem vereinbarten Zeitraum wieder verlassen.

Spezifische Gerechtigkeitsfragen stellen sich schließlich mit Blick auf irreguläre Migrantinnen, die sich ohne legale Aufenthaltserlaubnis auf dem jeweiligen Territorium aufhalten. Sie leben in der ständigen Angst, abgeschoben zu werden, und sind der Willkür ihrer Arbeitgeber oft schutzlos ausgeliefert. Carens (2013, Kap. 7) schlägt vor, den Informationsaustausch zwischen Einwanderungsbehörden einerseits und Arbeitsgerichten und anderen grundrechtsrelevanten Institutionen andererseits durch eine *firewall* zu beschränken, um den Rechtsschutz der *Sans-Papiers* zu verbessern. Darüber hinaus argumentiert er, dass langfristig anwesenden irregulären Migranten aufgrund ihrer sozialen Mitgliedschaft ein Bleiberecht eingeräumt und letztlich der Weg zur vollen Staatsbürgerschaft geöffnet werden sollte. Pevnick (2011, 163–170) hingegen betont, dass die gesellschaftlichen Beiträge irregulärer Migranten ohne die Zustimmung der bisherigen Bürgerinnen erfolgen und deshalb keine Mitgliedschaftsrechte begründeten.

Ausblick

Die Frage nach einer gerechten Migrationspolitik wird auf absehbare Zeit Gegenstand intensiver philosophischer Debatten bleiben. Obschon eine große Bandbreite an unterschiedlichen Positionen vertreten wird, findet eine Liberalisierung sowohl mit Blick auf den territorialen Zugang als auch mit Blick auf den Zugang zu politischen Rechten in der philosophischen Debatte weit mehr Zustimmung als in der breiteren Öffentlichkeit. Umso wichtiger bleibt die Auseinandersetzung mit der Frage, wie ein realistischer Weg hin zu einer migrationspolitischen Öffnung unter Bedingungen politischer Systeme aussehen könnte, deren Akteure sich in erster Linie einem nationalstaatlichen Elektorat verpflichtet sehen (Bauböck 2014).

Literatur

Abizadeh, Arash: Democratic theory and border coercion. No right to unilaterally control your own borders. In: *Political Theory* 36/1 (2008), 37–65.

Blake, Michael: Immigration, jurisdiction, and exclusion. In: *Philosophy & Public Affairs* 41/2 (2013), 103–130.

Bauböck, Rainer: Demokratische Grenzen als Membranen. In: *Zeitschrift für Menschenrechte* 14/2 (2014), 66–82.

Brezger, Jan: Zur Verteidigung des Menschenrechts auf internationale Bewegungsfreiheit. Eine Antwort auf Micha-

el Blake. In: *Zeitschrift für Menschenrechte* 14/2 (2014), 30–49.
Carens, Joseph H.: Aliens and citizens: The case for open borders. In: *The Review of Politics* 49/2 (1987), 251–273.
–: *The Ethics of Immigration*. Oxford 2013.
Cassee, Andreas: Das Recht auf globale Bewegungsfreiheit: Eine Verteidigung. In: *Archiv für Rechts- und Sozialphilosophie*, Beiheft 141 (2014), 55-77.
Goppel, Anna: Wahlrecht für Ausländer? In: Andreas Cassee/Anna Goppel (Hg.): *Migration und Ethik*. Münster 2012, 255–274.
Hammar, Tomas: *Democracy and the Nation State. Aliens, Denizens, and Citizens in a World of International Migration*. Aldershot 1990.
Henley & Partners: International Visa Restrictions. The Henley & Partners Visa Restrictions Index. In: https://www.henleyglobal.com/international-visa-restrictions/ (25.10.2014).
Kates, Michael/Pevnick, Ryan: Immigration, jurisdiction, and history. In: *Philosophy & Public Affairs* 42/2 (2014), 179–194.
Kuosmanen, Jaakko: Global Protection of the right to asylum and partial compliance. In: *Global Justice: Theory Practice Rhetoric* 5 (2012), 46–55.
Kymlicka, Will: *Multicultural Citizenship. A Liberal Theory of Minority Rights*. Oxford 1995.
Ladwig, Bernd: Offene Grenzen als Gebot der Gerechtigkeit? In: Andreas Cassee/Anna Goppel (Hg.): *Migration und Ethik*. Münster 2012, 67–88.
Locke, John: *Second Treatise of Government* [1690]. Indianapolis 1980.
López-Guerra, Claudio: Should expatriates vote? In: *Journal of Political Philosophy* 13/2 (2005), 216–234.
Miller, David: Immigration: The case for limits. In: Andrew I. Cohen/Christopher H. Wellman (Hg.): *Contemporary Debates in Applied Ethics*. Malden MA 2005, 193–206.
–: *National Responsibility and Global Justice*. Oxford 2007.
–: Why immigration controls are not coercive: A reply to Arash Abizadeh. In: *Political Theory* 38/1 (2010), 111–120.
Oberman, Kieran: Immigration as a human right. In: Sarah Fine/Lea Ypi (Hg.): *Migration in Political Theory. The Ethics of Movement and Membership*. Oxford 2015 (im Erscheinen).
Pevnick, Ryan: *Immigration and the Constraints of Justice. Between Open Borders and Absolute Sovereignty*. Cambridge 2011.
Pogge, Thomas W.: Migration and poverty. In: Veit Bader (Hg.): *Citizenship and Exclusion*. Basingstoke 1997, 12–27.
Price, Matthew E.: *Rethinking Asylum. History, Purpose, and Limits*. Cambridge 2009.
Rubio-Marín, Ruth: *Immigration as a Democratic Challenge. Citizenship and Inclusion in Germany and the United States*. Cambridge 2000.
Scheffler, Samuel: Immigration and the significance of culture. In: *Philosophy & Public Affairs* 35/2 (2007), 93–125.
Schuck, Peter H.: Refugee burden-sharing: a modest proposal. In: *Yale Law School Faculty Scholarship Series*, Paper 1694. Yale 1997.
Shacknove, Andrew E.: Who is a refugee? In: *Ethics* 95/2 (1985), 274–284.
Steiner, Hillel: Libertarianism and the transnational migration of people. In: Brian M. Barry/Robert E. Goodin (Hg.): *Free Movement. Ethical Issues in the Transnational Migration of People and Money*. University Park PA 1992, 87–94.
Tamir, Yael: *Liberal Nationalism*. Princeton NJ 1993.
United Nations, Department of Economic and Social Affairs, Population Division: *Concise Report on the World Population Situation in 2014*. New York 2014.
Waldron, Jeremy: Minority cultures and the cosmopolitan alternative. In: Will Kymlicka (Hg.): *The Rights of Minority Cultures*. Oxford 1995, 93–119.
Walzer, Michael: *Spheres of Justice. A Defense of Pluralism and Equality*. New York 1983.
–: *Sphären der Gerechtigkeit. Ein Plädoyer für Pluralität und Gleichheit*. Frankfurt a.M ²2006.
Wellman, Christopher H.: Immigration and freedom of association. In: *Ethics* 119/1 (2008), 109–141.
–: Freedom of association and the right to exclude. In: Phillip Cole/Ders.: *Debating the Ethics of Immigration. Is There a Right to Exclude?* Oxford 2011, 11–155.
Whelan, Frederick G.: Citizenship and freedom of movement. An open admission policy? In: Mark Gibney (Hg.): *Open Borders? Closed Societies? The Ethical and Political Issues*. New York 1988, 3–39.
Wilcox, Shelley: Pevnick, Ryan. Immigration and the constraints of justice: Between open borders and absolute sovereignty. In: *Ethics* 122/3 (2012), 617–622.

Andreas Cassee

70 Politische Zugehörigkeit

Politische Zugehörigkeit wirft in verschiedenen Hinsichten Gerechtigkeitsfragen auf. Zunächst stellt sich die Frage, ob und inwieweit Gerechtigkeitspflichten nur innerhalb staatlicher Gemeinwesen entstehen bzw. ob und inwieweit auch Menschen, die nicht demselben staatlichen Gemeinwesen angehören, derartige Verpflichtungen haben (für diese Fragen s. Kap. II.12, 16, 17). Darüber hinaus stellen sich besonders Fragen danach, wie politische Zugehörigkeit gerechterweise zu regeln ist, d. h. wer unter welchen Bedingungen und mit welchen Rechten als politisches Mitglied anerkannt werden muss.

Mit politischer Zugehörigkeit können dabei verschiedene Arten der Zugehörigkeit gemeint sein, die sich wiederum auf verschiedene politische Einheiten, d. h. regionale, nationale oder transnationale Gemeinschaften beziehen können. Im Mittelpunkt der philosophischen Auseinandersetzung um politische Zugehörigkeit stehen dabei die Staatsbürgerschaft und hier mit Blick auf Gerechtigkeit die Fragen, wer unter welchen Bedingungen und warum als Staatsbürgerin oder Staatsbürger und damit als politisch zu einer staatlichen Gemeinschaft zugehörig anerkannt werden muss und welche Rechte damit verbunden sein sollen.

Politische Zugehörigkeit kann auch auf die Gruppe derjenigen verweisen, denen politische Mitspracherechte zukommen. Diese Gruppe muss nicht notwendig mit staatlich konstituierten Gemeinschaften zusammenfallen, sondern kann sowohl darüber hinausgehen als auch auf kleinere Einheiten wie z. B. Gemeinden begrenzt sein. Mit Blick auf Gerechtigkeit ist hier wiederum vor allem relevant, wem unter welchen Bedingungen und warum politische Zugehörigkeit in diesem eingeschränkten Sinn zuzuschreiben ist und ob sie überhaupt an bestimmte (staatlich) konstituierte Einheiten geknüpft werden darf. Begrifflich ist es denkbar, politische Zugehörigkeit darüber hinaus als Zugehörigkeit zu politischen Gruppierungen, einer politischen Bewegung oder Idee im Sinne des Selbstverständnisses einzelner Individuen zu verstehen. Dies wird hier nicht Thema sein. Auch werden Fragen nach Sezessionsrechten, die ebenfalls unter dem Titel politischer Zugehörigkeit diskutiert werden könnten, nicht behandelt (vgl. hierzu Dietrich 2010).

Staatsbürgerschaft

Anknüpfend an zentrale Unterschiede im Verständnis von (Staats-)Bürgerschaft im antiken Griechenland und im antiken Rom lassen sich die heutigen Konzeptionen von Staatsbürgerschaft im Spannungsfeld zwischen der republikanischen und der liberalen Auffassung von Staatsbürgerschaft verorten. Während die republikanische Auffassung die aktive Teilnahme an der Selbstregierung betont, versteht die liberale Auffassung Staatsbürgerschaft als einen mit einem Bündel von Rechten verbundenen rechtlichen Status, der Angehörigen eines jeden Gemeinwesens zukommt. Die verschiedenen Konzeptionen gehen dabei mit unterschiedlichen Diskussionsschwerpunkten einher. So betonen republikanische Autorinnen und Autoren beispielsweise die Auseinandersetzung mit Bürgertugenden, liberale Autorinnen und Autoren die mit Bürgerschaft verbundenen Rechtsansprüche gegenüber dem Staat. (Für einen Überblick über die unterschiedlichen Konzeptionen vgl. Kymlicka/Norman 1994.)

Aus einer Gerechtigkeitsperspektive stehen Fragen nach der moralischen Grundlage für die Vergabe von Staatsbürgerschaft und damit verbunden danach, wer als Staatsbürger bzw. Staatsbürgerin anzuerkennen ist, im Mittelpunkt. Diese Fragen sind sowohl mit Blick auf die politische Zugehörigkeit von Kindern bei Geburt als auch hinsichtlich der Durchlässigkeit für Migrantinnen und Migranten gerechtigkeitsrelevant. Gerechtigkeitsprobleme stellen sich hier sowohl aus Gründen der Gleichbehandlung als auch der Autonomie. Ayelet Shachar (2009) betont darüber hinaus, dass ein Zusammenhang zwischen Staatsbürgerschaft und Zugang zu Wohlstand bestehe, und diskutiert Staatsbürgerschaft als Problem distributiver Gerechtigkeit. Wenn das Wahlrecht an die Staatsbürgerschaft geknüpft ist (für die Diskussion über die Verbindung von Wahlrecht und Staatsbürgerschaft s. u.), ergeben sich im Falle von Über- und Unterinklusivität hinsichtlich des Wahlvolks – d. h. wenn Menschen die Staatsbürgerschaft erhalten, die keinen Anspruch auf Wahlrecht haben, oder wenn Menschen diese nicht zugesprochen wird, obwohl sie einen solchen Wahlrechtsanspruch haben – darüber hinaus demokratische Legitimitätsprobleme.

Völkerrechtlich wurde etwa mit Blick auf Staatenlosigkeit versucht, Festlegungen zu schaffen, die diese verhindern (Art. 15 der AEMR spricht jedem ein Recht auf Staatsbürgerschaft zu; rechtlich bindend schreibt z. B. Art. 24 (3) des Paktes über bürgerliche und politische Rechte jedem Kind das Recht zu, eine Staatsbürgerschaft zu erwerben). Insgesamt ist die Regelung der Staatsbürgerschaft jedoch weitgehend den Einzelstaaten überlassen. Philosophisch besteht Einigkeit zumindest dahingehend, dass politische Zugehörigkeit im Sinne der Staatsbürgerschaft gewissen Menschen moralisch geschuldet ist. Umstritten ist jedoch die normative Grundlage von Staatsbürgerschaft. Die Möglichkeit, Staatsbürgerschaft an ethnische Zugehörigkeit zu knüpfen, ist angesichts der Tatsache, dass keine sinnvolle normative Verbindung zwischen politischer Zugehörigkeit und Ethnie formuliert werden kann, als normativ nicht begründbar abzulehnen und mit Blick auf die mit einer Umsetzung dieser Idee verbundenen Konsequenzen als inkompatibel mit staatlicher Legitimität und gerechtfertigtem staatlichem Zwang zu verwerfen. Philosophisch zu diskutieren sind hingegen drei normative Grundlagen von Staatsbürgerschaft, die in unterschiedlichen Kombinationen derzeit politisch umgesetzt sind: erstens Abstammung (*ius sanguinis*) – wobei Abstammung hier unabhängig von ethnischer Zugehörigkeit als Abstammung von einer Person zu verstehen ist, die bereits Staatsbürgerschaft besitzt; zweitens Geburtsort (*ius soli*); und drittens die faktische ›Verbindung‹ zwischen Individuum und staatlicher Gemeinschaft – wobei sich diese Verbindung nicht in Geburtsort und Abstammung erschöpft.

Nehmen wir an, dass Staatsbürgerschaft mit wichtigen Rechten wie beispielsweise diplomatischem und konsularischem Schutz, einem unbedingten Aufenthaltsrecht und dem Recht, jederzeit in das Land der Zugehörigkeit zurückzukehren, verbunden ist, lassen sich als alleinige Grundlagen zumindest die ersten beiden Vorschläge nicht aufrechterhalten. Philosophisch ist weithin anerkannt, dass ein Staatsbürgerschaftsrecht, das die faktische Verbindung der betroffenen Individuen zum jeweiligen Staat als Grund für die Vergabe der Staatsbürgerschaft generell ausschließt, als ungerecht abzulehnen ist (Carens 2005; 2013, Kap. 2 f.; Miller 2008; Walzer 1983, 52–61; anders aktuell Oberman 2016 zumindest dahingehend, dass Immigrantinnen und Immigranten die Staatsbürgerschaft verweigert werden darf, sofern davon ausgegangen wird, dass es kein Recht auf Einwanderung gibt). Für diese Ablehnung spricht die Unterinklusivität, zu der eine Zuweisung der Staatsbürgerschaft ausschließlich bei Geburt (sei dies über Abstammung oder Geburtsort) führt. So verweigert diese beispielsweise Kindern, die nicht im Heimatland der Eltern bzw. im Geburtsland aufwachsen, die Staatsbürgerschaft im Aufenthaltsland und versagt generell Immigrantinnen und Immigranten die Anerkennung als politische Mitglieder im Einwanderungsland, egal wie dauerhaft sie dort angesiedelt sind.

Bezüglich der für die Staatsbürgerschaft relevanten faktischen Verbindung zum Einwanderungsland werden unterschiedliche Vorschläge vertreten. Diskutiert werden z. B. soziale Verbindung, d. h. faktische lebensweltliche Zugehörigkeit zur Einwanderungsgesellschaft (Carens 2005, 37–39; 2013, Kap. 2 f., bes. 22–31; vgl. auch Shachar 2009, bes. Kap. 6), Rechts- bzw. Autoritätsunterworfenheit (Carens 2013, 50; Walzer 1983, 60 f.) und Stakeholderschaft, die Rainer Bauböck (2007, 2420–2422; 2009, 478–482) dann annimmt, wenn die Lebenschancen und das Wohlbefinden eines Menschen vom Gedeihen einer Gesellschaft abhängen. All diese Vorschläge begreifen Migrantinnen und Migranten als dem Einwanderungsland (zumindest nach einer gewissen Zeitdauer) politisch zugehörig und gehen von einem Anspruch auf Staatsbürgerschaft derjenigen aus, die permanent migriert sind. Unterschiede können sich jedoch hinsichtlich der Vergabe der Staatsbürgerschaft bei Geburt ergeben sowie für Menschen, die nicht mehr oder nicht ausschließlich in dem Staat leben, mit Blick auf den die Zugehörigkeit zu bestimmen ist. Uneinigkeit besteht auch, ob das Bestehen der für politische Zugehörigkeit relevanten Verbindung immer automatisch zu Einbürgerung führen sollte oder lediglich einen Anspruch auf Staatsbürgerschaft begründet (für eine automatische Einbürgerung De Schutter/Ypi 2015; Rubio-Marin 2000; dagegen z. B. Bauböck 2009, 485).

Inwieweit normativ Geburtsort und Abstammung zusätzlich zur faktischen Verbindung eine Rolle für den Anspruch auf Staatsbürgerschaft spielen, ist umstritten. Klar erscheint, dass Kinder, die in einem Land geboren sind und deren Eltern dort leben, die Staatsbürgerschaft in diesem Land bei Geburt erhalten sollten, und dies unabhängig davon, ob ihre Eltern selbst Staatsbürger dieses Landes sind. Der überzeugende Grund hierfür ist jedoch nicht, dass der Geburtsort selbst politische Zugehörigkeit im Sinne der Staatsbürgerschaft begründet, sondern dass für Kinder, die in einem Land geboren sind und dort aufwachsen, eine normativ relevante Verbindung zum Geburtsland angenommen werden muss (so z. B. Bauböck 2009; Carens 2013, 22–26, 30 f., 35–39). Einige Staaten wie die USA akzeptieren ein *ius soli* in einem strikteren Sinn und geben jedem Baby, das auf US-amerikanischem Staatsgebiet geboren ist, unabhängig davon, ob es dort in Zukunft leben wird, die Staatsbürgerschaft. Philosophisch wird dies nicht notwendigerweise abgelehnt, aber in der Regel auch nicht gefordert, da der Geburtsort in der Regel selbst nicht als begründend anerkannt wird, sondern lediglich als Indiz für das (zukünftige) Bestehen einer normativ relevanten faktischen Verbindung zum jeweiligen Land (ebd.).

Aus dieser Perspektive scheint es plausibel, der Abstammung ebenfalls nur eine solche instrumentelle Bedeutung zuzuschreiben, d. h. Abstammung normativ nur für ausschlaggebend zu erachten, sofern darüber eine für politische Zugehörigkeit einschlägige Verbindung etabliert wird. Diese Ansicht teilen diejenigen Autorinnen und Autoren, die Staatsbürgerschaft in einer bestimmten faktischen Verbindung zum jeweiligen Staat begründet sehen. Sie vertreten jedoch unterschiedliche Auffassungen darüber, ob Abstammung eine solche Verbindung notwendigerweise etabliert. Joseph Carens (2013, 26–30) etwa ist der Ansicht, dass es moralisch gefordert ist, bei Geburt auch die Staatsbürgerschaft des Herkunftslandes der Eltern zu vergeben. Denn auch wenn Kinder nicht im Herkunftsland ihrer Eltern geboren seien und dort aufwüchsen, seien sie in relevanter Weise sozial mit der Herkunftsgesellschaft der Eltern verbunden und ihre Chancen und Wahlmöglichkeiten seien von der Politik im Heimatland der Eltern grundlegend betroffen. Bauböcks Stakeholder-Prinzip stellt nicht auf soziale Eingebundenheit ab, nimmt mit der Begründung, dass die Lebenspläne der Kinder von den Entscheidungen ihrer Eltern abhingen und Staatsbürgerschaft das Recht schütze, mit den Eltern in deren Heimatland zurückzukehren, für die zweite Generation (zumindest bis zur Volljährigkeit, siehe Bauböck 2005, 684) aber ebenfalls einen Anspruch auf Staatsbürgerschaft im Heimatland der Eltern an (Bauböck 2009, 484 f.). Ayelet Shachar hingegen vertritt die Position, dass Abstammung nur in Verbindung mit der Etablierung einer tatsächlichen Verbindung mit dem Land der Abstammung zu Staatsbürgerschaft führen sollte. Zwar sei der Aufenthalt im Land hierfür nicht immer notwendig, aber Abstammung bei Geburt alleine reiche nicht aus, um eine solche Verbindung zu etablieren (Shachar 2009, 173).

Ebenso wie die Gruppen, wie z. B. Frauen, Arbeiter oder Schwarze, denen nach politischen Kämpfen die volle Staatsbürgerschaft zugesprochen wurde, hat sich das Bündel von Rechten, das mit Staatsbürgerschaft verknüpft ist, über die Zeit hin gewandelt. Während beispielsweise das aktive und passive Wahlrecht zumindest auf nationaler Ebene heute fast durchgängig an die Staatsbürgerschaft geknüpft ist (zu den wenigen Ausnahmen gehören Neuseeland und Uruguay), haben einige Länder ihre Gesetzgebung dahingehend geändert, dass sie auf lokaler Ebene bestimmten Migrant_innengruppen die Beteiligung an Wahlen gewähren (Bauböck 2005, 684 f.). Auch kommen z. B. soziale Rechte, die früher ebenfalls mit Staatsbürgerschaft verknüpft waren, heute – häufig abgestuft nach Aufenthaltsstatus, z. B. befristeter oder permanenter Aufenthaltsgenehmigung – in der Regel auch ansässigen Ausländerinnen und Ausländern zu. In der philosophischen Debatte stellt sich mit Blick auf die an Staatsbürgerschaft zu knüpfenden Rechte etwa die Frage, ob Staatsbürgerschaft und (nationales oder lokales) Wahlrecht entkoppelt werden sollten (gegen eine Entkopplung: Celikates 2012; für eine Entkopplung: Zurbuchen 2012; zur Diskussion sozialer Rechte vgl. z. B. Kymlicka/Norman 1994, 354–359). Dies deshalb, weil nicht alle, denen das Wahlrecht in einem bestimmten Staat moralisch zusteht, notwendigerweise auch die moralisch vertretbaren Bedingungen für den Zugang zur Staatsbürgerschaft in diesem Staat erfüllen und weil Staatsbürgerinnen und Staatsbürger, die ihr Heimatland verlassen haben, nicht notwendigerweise auch die moralisch vertretbaren Bedingungen für das Wahlrecht im Heimatland erfüllen. Zwingend ist eine (teilweise) Entkoppelung wohl zumindest für diejenigen Autorinnen und Autoren, die wie Arash Abizadeh oder Robert Goodin vertreten, dass staatlichen Gemeinschaften für die Entscheidung bestimmter politischer Fragen bzw. für politische Entscheidungen generell keine gesonderte moralische Rolle zukommt (s. u. im Abschnitt zum Wahlrecht die Diskussion zur Bestimmung des ›Demos‹).

Besonders aus feministischer Perspektive und im Rahmen der Auseinandersetzung um die Rechte kultureller Minderheiten und unterdrückter und benachteiligter sozialer Gruppen wird mit Blick auf die Frage nach den Rechten, die mit Staatsbürgerschaft verbunden sein sollten, darüber hinaus die die liberale Diskussion bestimmende Konzeption von Staatsbürgerschaft als zu universalistisch zurückgewiesen (z. B. Kymlicka 1991, 151; Young 1989). Es wird die Annahme kritisiert, dass Staatsbürgerschaft für alle mit den gleichen Rechten verbunden sein sollte, und stattdessen für eine gruppendifferenzierte Staatsbürgerschaft (»group differentiated citizenship«; Young 1989, 258), d. h. für unterschiedliche Staatsbürgerrechte für unterschiedliche Gruppen, argumentiert. Die universalistische Konzeption etabliere ungerechte Privilegien, verstetige den Ausschluss historisch unterprivilegierter Gruppierungen und werde den unterschiedlichen Bedürfnissen verschiedener Gruppen nicht gerecht.

Wahlrecht

Üblicherweise wird politische Zugehörigkeit im Sinne der Staatsbürgerschaft verstanden. Es kann damit jedoch auch auf die Gruppe derjenigen verwiesen werden, die einen moralischen Anspruch auf politische Mitbestimmung (in einer Sache oder innerhalb eines Staates) haben, und diese Gruppe ist nicht notwendigerweise deckungsgleich mit der Gruppe der Staatsbürgerinnen und Staatsbürger eines Staates. Politische Mitbestimmung umfasst dabei eine Reihe an Rechten wie Versammlungs- und Demonstrationsfreiheit, das aktive und passive Wahl- und Stimmrecht (auf lokaler und nationaler Ebene) und das Recht, Parteien und politische Verbände zu gründen. Entsprechend der philosophischen Diskussionsschwerpunkte richtet sich der Fokus dieses Beitrags auf das aktive nationale Wahl- und Stimmrecht (im Folgenden ›Wahlrecht‹). Es wird jedoch davon ausgegangen, dass diejenigen, denen dieses Recht zusteht, auch einen moralischen Anspruch auf die anderen Rechte haben.

Wer unter welchen Bedingungen und für welche Entscheidungen in diesem Sinne als politisch zugehörig anerkannt werden muss, wird dabei generell mit Blick auf eine gerechte Zusammensetzung des ›Demos‹, d. h. des Wahlvolks, diskutiert. Der Frage kommt derzeit mit Blick auf das Wahlrecht von Immigrantinnen und Immigranten im Einwanderungsland und Emigrantinnen und Emigranten im Heimatland besondere Aufmerksamkeit in der migrationsethischen Debatte zu (s. auch Kap. V.69). Darüber hinaus wird sie mit Blick auf andere Gruppen wie Kinder und Straffällige verhandelt, was hier jedoch nicht im Einzelnen thematisiert wird.

Die zwei einflussreichsten Positionen in der Diskussion um eine gerechte Zusammensetzung des Demos erkennen an, dass der Demos ausgehend von moralischen Überlegungen festzulegen ist, und sehen den Anspruch auf Wahlrecht in einer bestimmten Verbindung der Individuen zu den politischen Entscheidungen. Sie betrachten jedoch unterschiedliche Arten dieser Verbindung als moralisch ausschlaggebend. Mit dem *all-affected principle* sieht die erste Position all jene als Mitglieder des Demos, die von politischen Entscheidungen in ihren (basalen) Interessen betroffen sind (z. B. Goodin 2007; Shapiro 2003, 222). Mit dem *all-subjected principle* betrachtet die zweite Position all jene als wahlberechtigt, die der staatlichen Autorität unterworfen sind (z. B. Dahl 1989; López-Guerra 2005; Owen 2010; für die folgende Auseinandersetzung vgl. Goppel 2012; 2016).

Was das *all-affected principle* angeht, scheint es gute Gründe zu geben, der ihm zugrunde liegenden normativen Idee gegenüber skeptisch zu sein. Unsere Interessen mögen zwar *side constraints* für die Handlungen anderer darstellen: Die Entscheidungsträgerinnen und Entscheidungsträger müssen unsere Interessen in ihre Entscheidungsfindung einbeziehen und unter Umständen von einer Option Abstand nehmen, die unsere Interessen negativ betrifft. Es ist jedoch nicht ohne weiteres ersichtlich, warum uns unsere Interessen einen moralischen Anspruch darauf geben sollten, am Entscheidungsprozess teilzunehmen (für eine ähnliche Überlegung vgl. López-Guerra 2005, 223 f.). Darüber hinaus führt das Prinzip in manchen Interpretationen zu problematischen Ergebnissen. Etwa sieht eine Interpretation der *all-affected principles*, die all jenen das Wahlrecht zuschreibt, die *tatsächlich* von der Entscheidung betroffen sind, d. h. deren Situation durch eine getroffene Entscheidung verändert wird, ein Wahlsystem vor, das praktisch und logisch unmöglich ist, da erst nach der Entscheidung entschieden werden kann, wessen Interessen tatsächlich betroffen sind (Goodin 2007, 52 f.). Robert Goodin, einer der prominentesten Vertreter des *all-affected principle*, vertritt demgegenüber eine Variante des Prinzips, die denjenigen ein Mitspracherecht einräumt, deren Interessen von irgendeinem möglichen Ergebnis des Entscheidungsprozesses betroffen wären. Dieser Variante zufolge zählen auch diejenigen zu den Betroffenen, deren Interessen von einem alternativen Ergebnis befördert oder beeinträchtigt worden wären (ebd., 52–55). Wie Goodin selbst feststellt, akzeptiert man damit, dass »praktisch (oder vielleicht buchstäblich) jeder auf dieser Welt berechtigt sein sollte, über jeden Vorschlag oder über jeden Vorschlag für einen Vorschlag abzustimmen« (ebd., 55, eigene Übers.). Sofern sich das Prinzip mit weniger weitreichenden Implikationen formulieren lässt, fordert es wohl zumindest unterschiedliche Demoi für einzelne Themen, d. h. für jede Frage wäre eine andere Gruppe zur Entscheidung berechtigt, nämlich stets die Gruppe derjenigen, die möglicherweise von dieser Entscheidung betroffen sind (für eine kritische Auseinandersetzung vgl. z. B. Whelan 1983). Für die generelle Frage nach politischer Zugehörigkeit sind (auf nationalstaatliche Einheiten) begrenzte Gruppierungen dem *all-affected principle* entsprechend entweder ganz ausgeschlossen oder nur für Einzelfragen zu bestimmen. Für Fragen danach, wann Immigrantinnen und Immigranten oder Emigrantinnen und Emigranten das Wahlrecht für nationale Wahlen zugesprochen werden sollte, ist dieses Prinzip deshalb nicht geeignet.

Das *all-subjected principle* basiert in einer überzeugenden Interpretation auf der Idee, dass Unterwerfung unter zwangsbewehrte Gesetze, d. h. unter Zwang, aufgrund des moralischen Anspruchs auf Selbstbestimmung moralisch nur dann zulässig ist, wenn diejenigen, die diesem Zwang unterliegen, einer solchen Behandlung zustimmen. Darin, in welchem Ausmaß und für welche Dauer ein Individuum den Gesetzen und Entscheidungen unterworfen sein muss, um einen Anspruch auf Wahlrecht zu haben, variieren die verschiedenen Formulierungen des Prinzips. Die meisten Versionen fordern jedoch Unterworfenheit bezüglich mehr als nur einer einzelnen Regelung oder Entscheidung und schließen kurzzeitiges Unterworfensein als Grundlage für den Anspruch auf Wahlbeteiligung aus.

Aufgrund der Bezugnahme auf staatliche Autorität und nicht auf Einzelentscheidungen implizieren diese Versionen des Prinzips keine themenabhängigen Einzeldemoi, sondern eine weitgehend an staatlichen Gemeinschaften orientierte Idee politischer Mitgliedschaft. Ob und unter welchen Bedingungen Immigrantinnen und Immigranten in den Demos eingeschlossen sind, hängt dann davon ab, in welchem zeitlichen und inhaltlichen Umfang Zwangsunterworfenheit als wahlrechtsrelevant verstanden wird: ob etwa nur dauerhafte oder auch auf einen kürzeren Zeitraum beschränkte Unterworfenheit als wahlrechtsrelevant betrachtet wird und in welchem Umfang Unterworfenheit gefordert wird (für umfassende und dauerhafte Unterworfenheit z. B. Dahl 1989; Owen 2010; für eine in beiden Hinsichten begrenzte Version z. B. Goppel 2012). Ob Emigrantinnen und Emigranten das Wahlrecht im Heimatland weiterhin zustehen sollte, hängt darüber hinaus davon ab, ob aktuelle Unterworfenheit als notwendige Bedingung für eine gerechte Vergabe des Wahlrechts betrachtet wird (so López-Guerra 2005, der dafür argumentiert, dass langjährigen Emigrantinnen und Emigranten das Wahlrecht im Heimatland verweigert werden müsse; dagegen Owen 2010; für eine differenzierende Position vgl. z. B. Bauböck 2007).

Über die Idee der Zwangsunterworfenheit lässt sich erklären, warum die gesamte zwangsunterworfene Gruppe die Entscheidung gemeinsam treffen muss. Unklar ist jedoch, ob sich auf Basis dieser Idee selbst (ohne Zusatzannahmen) eine an staatlichen Gemeinschaften orientierte Idee politischer Mitgliedschaft verteidigen lässt. Arash Abizadeh (2008) etwa vertritt die Position, dass Entscheidungen über Einwanderungsregelungen nicht den Staaten und deren national konstituiertem Wahlvolk überlassen werden dürften, sondern all diejenigen in die Entscheidungsfindung einbezogen werden müssten, die durch Einwanderungsregelungen staatlichem Zwang bzw. der Androhung staatlichen Zwangs ausgesetzt sind. Naheliegend ist, dass Zwangsunterworfenheit auch in anderen Fragen nicht notwendigerweise auf staatliche Gemeinschaften beschränkt ist. Sofern sich die Gruppe der Zwangsunterworfenen überhaupt eingrenzen lässt – angesichts der Tatsache, dass jedes Gesetz all die, die potenziell einwandern könnten, der Androhung von Zwang, und damit Zwang, auszusetzen scheint, ist die Konklusion naheliegender, dass die Idee der Zwangsunterworfenheit begrenzte Demoi gänzlich ausschließt –, ergeben sich unterschiedliche Gruppierungen für Einzelfragen, d. h. themenbezogene Demoi. Das *all-subjected principle* scheint entsprechend nur für die Bestimmung des Demos für nationale Wahlen geeignet, wenn von vornherein von einem nationalen Wahlsystem ausgegangen wird und die Idee der Zwangsunterworfenheit entsprechend ergänzt wird.

Weitere in den letzten Jahren diskutierte (im Zusammenhang mit Staatsbürgerschaft vorgebrachte) Ansätze, welche ebenfalls von der Existenz nationaler Wahlsysteme ausgehen, beziehen sich auf die faktische Beziehung zu den Gesetzen eines Staates, sehen diese jedoch nicht in der Autoritäts- bzw. Zwangsunterworfenheit (z. B. Bauböck 2007; 2009 mit der beschriebenen Stakeholder-Idee oder Shachar 2009 mit ihrer Version eines *ius nexi*).

Literatur

Abizadeh, Arash: Democratic theory and border coercion. No right to unilaterally control your own borders. In: *Political Theory* 36/1 (2008), 37–65.

Bauböck, Rainer: Expansive citizenship – voting beyond territory and membership. In: *Political Science and Politics* 38/4 (2005), 683–687.

–: Stakeholder citizenship and transnational political participation: a normative evaluation of external voting. In: *Fordham Law Review* 75 (2007), 2393–2447.

–: The rights and duties of external citizenship. In *Citizenship Studies* 13/5 (2009), 475–499.

Carens, Joseph: The integration of immigrants. In: *Journal of Moral Philosophy* 2/1 (2005), 29–46.

–: *The Ethics of Immigration*. Oxford 2013.

Celikates, Robin: Demokratische Inklusion: Wahlrecht oder Bürgerschaft? In: Andreas Cassee/Anna Goppel (Hg.): *Migration und Ethik*. Münster 2012, 291–305.

Dahl, Robert: *Democracy and its Critics*. New Haven 1989.
De Schutter, Helder/Ypi, Lea: Mandatory citizenship for immigrants. In: *British Journal of Political Science* 45/2 (2015), 235–251.
Dietrich, Frank: *Sezession und Demokratie: eine philosophische Untersuchung*. Berlin 2010.
Goodin, Robert: Enfranchising all affected interests, and its alternatives. In: *Philosophy and Public Affairs* 35/1 (2007), 40–68.
Goppel, Anna: Wahlrecht für Ausländer? In: Andreas Cassee/Anna Goppel (Hg.): *Migration und Ethik*. Münster 2012, 255–274.
–: Aufenthaltsdauer und Wahlrecht. In: *Archiv für Rechts- und Sozialphilosophie* 102/4 (2016, im Erscheinen).
Kymlicka, Will: *Liberalism, Community, and Culture*. Oxford 1991.
–/Norman, Wayne: Return of the citizen: A survey of recent work on citizenship theory. In: *Ethics* 104/2 (1994), 352–381.
López-Guerra, Claudio: Should expatriates vote? In: *Journal of Political Philosophy* 13/2 (2005), 216–234.
Miller, David: Immigrants, nations, and citizenship. In: *Journal of Political Philosophy* 16/4 (2008), 371–390.
Oberman, Kieran: Immigration, citizenship, and consent: What is wrong with permanent alienage? In: *Journal of Political Philosophy* (2016). DOI: 10.111/jopp.12093.
Owen, David: Resident aliens, non-resident citizens and voting rights: towards a pluralist theory of transnational political equality and modes of political belonging. In: Gideon Calder/Phillip Cole/Jonathan Seglow (Hg.): *Citizenship Acquisition and National Belonging: Migration, Membership and the Liberal Democratic State*. London 2010, 52–73.
Rubio-Marin, Ruth: *Immigration as a Democratic Challenge: Citizenship and Inclusion in Germany and the United States*. Cambridge 2000.
Shachar, Ayelet: *The Birthright Lottery: Citizenship and Global Inequality*. Cambridge MA 2009.
Shapiro, Ian: *The Moral Foundations of Politics*. New Haven 2003.
Walzer, Michael: *Spheres of Justice: a Defense of Pluralism and Justice*. New York 1983.
Whelan, Frederick: Prologue: Democratic theory and the boundary problem. In: *Nomos* 25 (1983), 13–47.
Young, Iris Marion: Polity and group difference: a critique of the ideal of universal citizenship. In: *Ethics* 99/2 (1989), 250–274.
Zurbuchen, Simone: Haben Einwanderer Anspruch auf politische Rechte? In: Andreas Cassee/Anna Goppel (Hg.): *Migration und Ethik*. Münster 2012, 275–289.

Anna Goppel

71 Ressourcen

Über die Nutzung von Ressourcen bestehen Kontroversen auf nahezu allen politischen Ebenen. Häufig sind die natürlichen Ressourcen der hauptsächliche Gegenstand der Konflikte: Bodenflächen und Gewässer, Wasservorräte, nicht-erneuerbare Rohstoffe, Ressourcen globaler Umweltmedien wie Atmosphäre und Ozeane.

Ethikerinnen und Ethiker können einzelne Konflikte daraufhin analysieren, welche normativen Belange verschiedenen Nutzungsansprüchen zugrunde liegen, und untersuchen, mit welchen Theorien distributiver Gerechtigkeit (s. Kap. II.12) diese Belange in Einklang stehen. Natürliche Ressourcen weisen jedoch zwei Besonderheiten auf, die die normative Analyse erschweren: Sie sind ohne menschlichen Einfluss da und die Konsequenzen ihrer Nutzung sind häufig ungewiss.

Was sind natürliche Ressourcen?

Ressourcen sind Objekte oder Prozesse, die als Mittel zur Erfüllung von normativen Belangen (z. B. Bedürfnissen, Rechten) moralisch berücksichtigungswürdiger Wesen dienen. Sie haben somit keinen intrinsischen Wert, sondern sind instrumentell wertvoll. Die normative Bedeutung einer Ressource bemisst sich an den normativen Belangen, die damit erfüllt werden. Welche normative Bedeutung natürlichen Ressourcen tatsächlich zugesprochen wird, hängt zusätzlich von der faktischen Auffassung der normativen Belange sowie ihrer Relevanz für die moralisch berücksichtigungswürdigen Wesen ab.

Die Vagheit des Begriffes der Natur (Krebs 1997, 340 f.) überträgt sich auf den Begriff der natürlichen Ressourcen. Zum einen sind manche auf natürliche Weise entstandene Ressourcen durch Menschen geformt worden (z. B. begradigte Flüsse). Zum anderen gibt es Ressourcen, deren natürlicher Entstehungsprozess durch Menschen initiiert wurde (z. B. ein angelegter Wald).

Natürliche Ressourcen können außermenschlich sein, aber auch Menschen anhaften, z. B. Charakter oder Talente. Letztere konstituieren die Persönlichkeit eines Individuums, sie sind nicht zwischen Personen übertragbar und ihre Entfaltung beeinträchtigt andere Wesen nicht in der Entfaltung eigener menschlicher Ressourcen (Beitz 1975, 376 f.). Wegen dieser Eigenschaften dürften sich die normativen Prinzipien, die den Umgang mit menschlichen natürlichen Ressourcen rechtfertigen, von denen, die für die außermenschlichen natürlichen Ressourcen gelten, unterscheiden. Im Folgenden geht es um außermenschliche natürliche Ressourcen.

Gerechter Besitz von Ressourcen

Eine Besonderheit natürlicher Ressourcen liegt darin, dass sie ohne absichtsvollen menschlichen Einfluss vorhanden sind. Deshalb bedarf es einer Theorie ihrer gerechten Aneignung. Prominent ist die Lockesche Bedingung: Natürliche Ressourcen dürfen angeeignet werden, wenn man sie durch eigene Arbeit aufwertet und solange für andere eine ausreichende Quantität in gleich guter Qualität übrig bleibt (Locke 1690/1999, Kap. 5, § 27). Nach Robert Nozicks Interpretation dieser Bedingung ist die ursprüngliche Aneignung natürlicher Ressourcen gerecht, solange keine anderen Menschen durch die Aneignung schlechter gestellt werden, was für ihn heißt, dass sie nicht in den Möglichkeiten eingeschränkt werden, über ihr Eigentum frei zu verfügen (Nozick 1975, 176 f.). Hiergegen spricht jedoch, dass in einer Welt endlicher Ressourcen die Aneignung jeglicher Ressourcen andere relativ benachteiligt, da sie Letztere von der Möglichkeit ausschließt, diese Ressourcen zu nutzen (Beitz 1975, 368). Die Rechte auf Aneignung natürlicher Ressourcen ergeben sich deshalb aus den Prinzipien distributiver Gerechtigkeit.

Um diese Prinzipien anwenden zu können, muss geklärt werden, zwischen wem diese Rechte verteilt werden sollen. Einige Autorinnen und Autoren glauben, dass diejenigen Einheiten, die über territoriale Rechte verfügen, auch Rechte auf die Aneignung der sich auf dem Territorium befindenden Ressourcen haben (z. B. Simmons 2001, 306). Territoriale Rechte können Institutionen wie Staaten oder Gruppen von Menschen, z. B. Nationen, zukommen (Miller 2012). Wenn ein Staat oder eine Nation legitime Souveränität über ein Territorium ausübt, dann gehören ihm/ihr auch die sich darauf befindenden Ressourcen.

Vertreterinnen und Vertreter des Kosmopolitismus verneinen hingegen, dass Rechte auf Aneignung von Ressourcen ein Bestandteil von territorialen Rechten sind, und bringen Argumente dafür vor, Ressourcenrechte zwischen allen moralischen Subjekten global zu verteilen. Charles Beitz appelliert an die Intuition, dass es unfair ist, wenn die global ungleich verteilten natürlichen Ressourcen nur denjenigen Menschen zugutekommen, die zufällig auf einem Territorium leben. Nach Beitz sollen natürliche Ressourcen gemäß dem Rawlsschen Differenzprinzip (s. Kap. II.25) global verteilt werden (Beitz 1975). Hillel Steiner (1999) argumentiert für das gleiche Recht jedes Menschen auf den Wert der natürlichen Ressourcen und fordert, den Besitz von Grund und Boden global zu besteuern und die Einnahmen unter allen Menschen gleich zu verteilen. Thomas Pogge (2013) unterstellt ein Suffizienzprinzip: Vorteile aus der Nutzung natürlicher Ressourcen sollen derart umverteilt werden, dass extreme Armut beseitigt wird. Damit rechtfertigt er die Forderung, eine ›globale Ressourcendividende‹ einzuführen, um den Abbau ausgewählter nicht-erneuerbarer Ressourcen zu besteuern und die Einnahmen zur Armutsbeseitigung zu verwenden. Die Besteuerung von Renten aus natürlichen Ressourcen rechtfertigen einige Ökonominnen und Ökonomen mit einer Effizienzüberlegung: Sie bringe im Gegensatz zur Besteuerung anderer Produktionsfaktoren keine Wohlfahrtsverluste mit sich (Segal 2011, 477). Die Umverteilung der Renten aus natürlichen Ressourcen kann nach einer Schätzung die Anzahl der Menschen unter der absoluten Armutsgrenze um 44 bis 66 % senken (ebd., 480).

Es ist allerdings umstritten, ob natürliche Ressourcen eine gesonderte Behandlung in Theorien distributiver Gerechtigkeit verdienen. Eine Besteuerung und Umverteilung von Ressourcenrenten kann dazu führen, dass Menschen, die reich an natürlichen Ressourcen, aber sonst arm sind, Einkommen an Menschen transferieren, die an Ressourcen arm, aber sonst reich sind (Beitz 1999, 284). Weil der Wert natürlicher Ressourcen von zahlreichen räumlich und zeitlich kontingenten Faktoren (Kultur, Technologieniveau, Bedürfnissen und Wünschen) abhängt, bezweifelt David Miller (1999), dass natürliche Ressourcen überhaupt ein sinnvoller Gegenstand distributiver Gerechtigkeitstheorien sind. Dagegen argumentiert Tim Hayward (2006), dass auch die ökologischen Wirkungen aus der Nutzung natürlicher Ressourcen in Theorien distributiver Gerechtigkeit berücksichtigt werden müssen. Nach dem Gebrauch verschwinden natürliche Ressourcen nicht. Sie werden in eine andere Form oder chemische Zusammensetzung umgewandelt, in der sie wieder als eine Ressource oder als eine ökologische Belastung in die Interaktion mit moralischen Akteuren eingehen. Deshalb sind gemäß Hayward nicht die natürlichen Ressourcen normativ bedeutsam, sondern der ›ökologische Raum‹, welcher die Gesamtheit menschlicher Wirkungen auf die natürliche Umwelt umfasst. Hayward vertritt die These, dass jeder Mensch das Recht auf einen gleich großen ökologischen Raum hat.

Ungewissheit bezüglich der Nutzung natürlicher Ressourcen

Nicht immer kann die gerechte Nutzung natürlicher Ressourcen durch eine Subsumtion der involvierten normativen Belange unter die Theorien distributiver Gerechtigkeit beurteilt werden. Dies liegt an einer zweiten Besonderheit: Beim Umgang mit natürlichen Ressourcen befinden wir uns in der epistemischen Situation der Ungewissheit (Knight 1921). Denn uns fehlt deterministisches Wissen über die zukünftige Verfügbarkeit natürlicher Ressourcen, die Gesamtheit ihrer ökologischen Leistungen und die Grenzen der Belastbarkeit vieler natürlicher Systeme; wir kennen in dieser Hinsicht auch keine objektiven Wahrscheinlichkeiten möglicher Zustände, verfügen also nicht über probabilistisches, sondern lediglich über possibilistisches Wissen, d. h. ein Wissen über mögliche Zustände.

Mit der Nutzung einer natürlichen Ressource greifen wir in ökologische Kreisläufe ein. Abholzen eines Waldstückes führt dazu, dass ökologische Leistungen der Bäume nicht mehr erbracht werden; Einführung von Stickstoff in die Böden verändert den Nährstoffgehalt in Gewässern, was wiederum einen Einfluss auf die Artenvielfalt in diesen ausübt. Allerdings ist unser Wissen über die kausalen Wirkungen solcher Eingriffe meistens bloß possibilistisch: Wir wissen, dass wir ab einem Punkt der Nutzung schlimme Konsequenzen (z. B. Übersäuerung, Bodenerosion) auslösen werden, für die Lage des Kipppunkts selbst können wir häufig aber nur mögliche Werte angeben.

Der Abbau nicht-erneuerbarer Ressourcen verringert ihren Bestand. Moralisch relevant sind allerdings nicht die geologischen Bestände, sondern ist die Menge einer Ressource, die mit angemessenem ökonomischem Aufwand abbaubar ist, die so genannte ›Reserve‹. Sie hängt von den verfügbaren Abbautechnologien und ihren Kosten ab. Diese Faktoren variieren jedoch in der Zeit und sind für uns weder deterministisch noch probabilistisch prognostizierbar.

Ferner können wir lediglich possibilistisch vorhersagen, ob die in der Zukunft lebenden Menschen am Abbau eines Rohstoffes interessiert sein werden. Auch wenn zukünftige Menschen gewisse basale normative Belange (z. B. Grundbedürfnisse) beanspruchen werden, wissen wir nicht, welche weiteren Bedürfnisse sie haben werden. Darüber hinaus werden möglicherweise einige nicht-erneuerbare Ressourcen nicht mehr benötigt werden, um die dann vorhandenen Bedürfnisse zu befriedigen.

Wie soll nun eine natürliche Ressource X heute genutzt werden, wenn wir lediglich possibilistisch wissen, welchen Stellenwert sie innerhalb der Ökosysteme einnimmt, welche Menge an X für die nächsten Generationen G mit angemessenem ökonomischem Aufwand nutzbar sein wird und ob G die Ressource X benötigen werden?

Innerhalb der Umweltökonomik ist das ›Prinzip der Bewahrung der produktiven Basis‹ (PBPB) weit verbreitet: Natürliche Ressourcen sollen in einem Maße verbraucht werden, bei dem der erwartete soziale Wert der produktiven Basis einer Gesellschaft nicht abnimmt (Dasgupta 2004, 147). Die produktive Basis umfasst all diejenigen Faktoren, mit denen die soziale Wohlfahrt einer Gesellschaft erwirtschaftet wird. Neben natürlichen Ressourcen zählen beispielsweise Sach- und Humankapital sowie Wissen dazu (ebd., 146). Gemäß dem PBPB ist es gleichgültig, welche Mittel für eine nachfolgende Generation erhalten bleiben, um die soziale Wohlfahrt zu erwirtschaften, solange ihr erwarteter sozialer Wert nicht gemindert wird. Der soziale Wert eines Produktionsfaktors repräsentiert den marginalen Beitrag des Produktionsfaktors zur intertemporalen sozialen Wohlfahrt. Dieser ist ungewiss. Um im Lichte der Ungewissheiten die produktive Basis zu bewahren, plädiert Partha Dasgupta (ebd., 101–103) dafür, unter der Annahme der Theorie des erwarteten Nutzens (Savage 1954) den erwarteten Wert der produktiven Basis zu bestimmen und Letztere zu erhalten.

Gegen das PBPB lässt sich zum einen einwenden, dass es die Annahme der Wohlfahrtsökonomik voraussetzt, dass die soziale Wohlfahrt maximiert werden soll. Damit überträgt sich die Kritik an den normativen Grundlagen der Wohlfahrtsökonomik (Hausman/McPherson 2006, 259–273) auch auf das PBPB. Zum anderen hat Daniel Ellsberg (2001, 137–149) argumentiert, dass die Theorie des erwarteten Nutzens gerade für die Rechtfertigung von Entscheidungen unter Knightscher Ungewissheit nicht angemessen sei.

Vertreterinnen und Vertreter der Idee der starken Nachhaltigkeit (z. B. Ott/Döring 2004) plädieren hingegen für einen Umgang mit natürlichen Ressourcen gemäß dem ›Prinzip der Bewahrung des Naturkapitals‹ (PBNK): Nicht-erneuerbare Ressourcen sollen höchstens »in dem Maße verbraucht [werden], wie während des Verbrauchs physisch und funktionell gleichwertiger Ersatz an regenerierbaren Ressourcen geschaffen wird« (Ott/Döring 2004, 170).

Zur Rechtfertigung des PBNK legen sich seine Vertreterinnen und Vertreter auf eine Variante des Maximin-Prinzips als Prinzip für Entscheidungen unter Knightscher Ungewissheit fest. Das Maximin-Prinzip fordert, diejenige Handlungsoption auszuwählen, deren schlimmstmögliche Konsequenzen am besten sind im Vergleich zu den schlimmstmöglichen Konsequenzen aller anderen verfügbaren Handlungsoptionen. Darüber hinaus behaupten Vertreterinnen und Vertreter des PBNK, dass durch die Verletzung des Prinzips im schlimmsten Fall größere Schäden für Mensch und Umwelt entstehen werden als bei seiner Befolgung (Ott/Döring 2004, 165).

Doch auch diese Rechtfertigung überzeugt nicht. Erstens führt nicht jegliche Verletzung des PBNK im schlimmstmöglichen Fall zu schlechteren Folgen als seine Einhaltung. Der Verzicht auf den Abbau nichterneuerbarer Ressourcen kann ebenfalls katastrophale Folgen für moralisch relevante Wesen nach sich ziehen, wenn beispielsweise der Abbau das einzige Mittel darstellt, Grundbedürfnisse von derzeit lebenden moralisch relevanten Wesen zu befriedigen. Zweitens ist das Maximin-Prinzip nicht das einzige (Ellsberg 2001, 159 f.; 179–209) und kein allgemeingültiges Prinzip für Entscheidungen unter Ungewissheit (Gardiner 2006, 46 f.). Sein Nachteil liegt darin, dass die möglichen vorteilhaften Konsequenzen aus den verfügbaren Handlungsoptionen bei der Rechtfertigung der Entscheidung überhaupt keine Berücksichtigung finden (Steele 2006, 27).

Aktuelle politische Relevanz am Beispiel Deutschlands

Auch wenn Prinzipien zur Rechtfertigung der Nutzung natürlicher Ressourcen im Lichte der bestehenden Ungewissheiten noch entwickelt werden müssen, lässt sich mindestens ein Grund dafür vorbringen, dass die frühzeitig industrialisierten Länder ihren Verbrauch natürlicher Ressourcen senken sollten: Sie verbrauchen sie in einer Menge, bei der es nicht ernsthaft wünschenswert ist, dass alle Menschen auf der Welt die gleichen Ressourcenmenge verbrauchen (für empirische Daten zur globalen Verteilung des Ressourcenverbrauchs vgl. Sachs/Santarius 2005, 48–60 oder die einschlägige Datenbank SERI/WU o. J.).

Innerhalb der Politik ist kaum umstritten, dass der Verbrauch natürlicher Ressourcen in Deutschland gesenkt werden sollte (Deutscher Bundestag 2013, 25). Kontrovers diskutiert die politische Öffentlichkeit hingegen die Frage, mit welchen Mitteln dies erreicht werden soll. Einige Autorinnen und Autoren glauben, dass der technologische Fortschritt das beste Mittel hierzu darstellt (Füchs 2013). Andere sind überzeugt, dass nur durch eine Reduktion der wirtschaftlichen Aktivitäten eine hinreichende Senkung des Ressourcenverbrauchs erreicht werden kann (Paech 2012). Harald Welzer (2013) sieht eine Ursache für den Ressourcenverbrauch in gegenwärtig vorherrschenden kulturellen Einstellungen.

Allerdings kann eine politische Strategie nicht gerechtfertigt werden, ohne zu klären, wie sich mögliche politische Strategien mit Gerechtigkeitsprinzipien vertragen: Gibt es Strategien, bei deren Umsetzung keine Gerechtigkeitsnormen verletzt werden? Oder befinden wir uns in einem moralischen Dilemma: Gleichgültig, wie wir in Bezug auf den Ressourcenverbrauch handeln, es wird moralisch relevante Wesen geben, gegen deren moralische Rechte verstoßen wird?

Wie natürliche Ressourcen genutzt werden sollen, ohne dass Prinzipien globaler und intergenerationeller Gerechtigkeit verletzt werden, diese Frage muss im Lichte hoher Unsicherheit darüber, in welchem Umfang insbesondere die nicht-erneuerbaren Ressourcen zur Verfügung stehen und auf welche von ihnen die zukünftigen Generationen angewiesen sein werden, beantwortet werden. Zu der Frage, welche Entscheidungsprinzipien in Situationen solcher Unsicherheit angemessen sind, besteht weiterhin Forschungsbedarf.

Literatur

Beitz, Charles R.: Justice and international relations. In: *Philosophy and Public Affairs* 4/4 (1975), 360–389.

–: International liberalism and distributive justice: A survey of recent thought. In: *World Politics* 51/2 (1999), 269–296.

Dasgupta, Partha: *Human Well-Being and the Natural Environment*. Oxford 2004.

Deutscher Bundestag: Schlussbericht der Enquete-Kommission »Wachstum, Wohlstand, Lebensqualität – Wege zu nachhaltigem Wirtschaften und gesellschaftlichem Fortschritt in der Sozialen Marktwirtschaft«. Drucksache 17/13300, 2013.

Ellsberg, Daniel: *Risk, Ambiguity and Decision*. New York 2001.

Füchs, Ralf: *Intelligent wachsen. Die grüne Revolution*. München 2013.

Gardiner, Stephen: A core precautionary principle. In: *The Journal of Political Philosophy* 14/1 (2006), 33–60.

Hausman, Daniel M./McPherson, Michael S.: *Economic Analysis, Moral Philosophy and Public Policy*. Cambridge [2]2006.

Hayward, Tim: Global justice and the distribution of natural resources. In: *Political Studies* 54/2 (2006), 349–369.
Knight, Frank H.: *Risk, Uncertainty and Profit*. Boston 1921.
Krebs, Angelika: Naturethik im Überblick. In: Dies. (Hg.): *Naturethik*. Frankfurt a. M. 1997, 337–379.
Locke, John: *Über die Regierung*. Hg. von Peter Cornelius. Stuttgart 1999 (engl. 1690).
Miller, David: Justice and global inequality. In: Andrew Hurrell/Ngaire Woods (Hg.): *Inequality, Globalization, and World Politics*. Oxford 1999, 187–210.
–: Territorial rights: Concept and justification. In: *Political Studies* 60/2 (2012), 252–268.
Nozick, Robert: *Anarchy, State, and Utopia*. New York 1975.
Ott, Konrad/Döring, Ralf: *Theorie und Praxis starker Nachhaltigkeit*. Marburg 2004.
Paech, Niko: *Befreiung vom Überfluss. Auf dem Weg in eine Postwachstumsökonomie*. München 2012.
Pogge, Thomas: *Weltarmut und Menschenrechte. Kosmopolitische Verantwortung und Reformen*. Berlin 2013 (engl. 2002).
Sachs, Wolfgang/Santarius, Tilman: *Fair Future*. München 2005.
Savage, Leonard J.: *The Foundations of Statistics*. New York 1954.
Segal, Paul: Resource rents, redistribution, and halving global poverty: The resource dividend. In: *World Development* 39/4 (2011), 475–489.
SERI/WU (o. J.): The online portal for material flow data. URL: http://www.materialflows.net (4.9.2013).
Simmons, A. John: On the territorial rights of states. In: *Noûs* 35/s1 (2001), 300–326.
Steele, Katie: The precautionary principle: A new approach to public decision-making? In: *Law, Probability and Risk* 5 (2006), 19–31.
Steiner, Hillel: Just taxation and international redistribution. In: Ian Shapiro/Lea Brilmayer (Hg.): *Global Justice* (Nomos XLI). New York 1999, 171–191.
Welzer, Harald: *Selbst denken. Eine Anleitung zum Widerstand*. Frankfurt a. M. 2013.

Eugen Pissarskoi

72 Risiko

Während ›Chancen‹ reale oder realistische Möglichkeiten positiver Ereignisse sind, stellen ›Risiken‹ reale oder realistische Möglichkeiten negativer Ereignisse dar. In beiden Fällen ist es unsicher, ob die positiv oder negativ bewerteten Ereignisse eintreten werden oder nicht. Ich werde im Folgenden ›Risiko‹ als einen Überbegriff behandeln, der sowohl Risiken im strengen Sinne (für die sich Wahrscheinlichkeiten angeben lassen) als auch Unsicherheiten (für die sich keine Wahrscheinlichkeiten angeben lassen) umfasst.

Risiken sind in erster Linie epistemischer Natur. Sie stellen mögliche Wirkungen oder Ereignisse dar, von denen wir als Handelnde aufgrund unserer epistemischen Situation ausgehen müssen. Wir verfügen nicht über ein ausreichendes Wissen darüber, was der Fall ist oder sein wird, aber wir haben genügend Hinweise darauf, was der Fall sein könnte. Deshalb müssen wir mit der Möglichkeit rechnen, dass andere Personen durch bestimmte Handlungen von uns oder durch bestimmte von uns beeinflussbare Konstellationen geschädigt werden. Eine solche Möglichkeit bezeichne ich als eine *realistische* Möglichkeit. Angenommen wir finden eine Pistole. Solange wir nicht wissen, ob die Pistole geladen ist oder nicht, müssen wir von der realistischen Möglichkeit ausgehen, dass sie geladen ist und dass deshalb das Risiko besteht, eine andere Person mit der Pistole zu erschießen. Davon müssen wir auch dann ausgehen, wenn die Pistole nicht geladen ist. Denn das wissen wir nicht. Ich unterscheide eine realistische Möglichkeit von einer *realen* Möglichkeit, in der es objektiv offen ist, ob etwas der Fall sein wird oder nicht. Reale Möglichkeiten sind indeterminiert, realistische Möglichkeiten können auch in determinierten Verhältnissen bestehen.

Risiken und Gerechtigkeit

Die Frage der angemessenen Verteilung von Chancen bzw. Vorteilen und Risiken ist eine Frage der Gerechtigkeit. In diesem Zusammenhang sind zwei unterschiedliche Problembereiche zu unterscheiden. Der erste Problembereich betrifft *Risikoaussetzungen*, bei denen im einfachsten Fall ein Handelnder durch sein Handeln Risiken für andere *schafft*, d. h. sie der Möglichkeit moralisch relevanter Schädigungen aussetzt. Dies kann ganz unterschiedliche Fälle umfassen. Unter Gesichtspunkten der Gerechtigkeit stellt sich jeweils die Frage, ob die unterschiedlichen Risikoaussetzungen moralisch richtig oder fair sind. Der zweite Problembereich betrifft *vorhandene Risiken* und *Risikokonstellationen*. Diese mögen sich dadurch ergeben haben, dass Akteure rücksichtslos Risiken geschaffen haben. Sie können sich aber auch unbemerkt gewissermaßen hinter dem Rücken der Beteiligten, etwa aufgrund von kumulativen Effekten, aufgebaut haben. Risiken bestehen auch aufgrund der Situation des Menschen und seiner natürlichen Umwelt. Angesichts vorhandener Risiken und Risikokonstellationen stellen sich Gerechtigkeitsfragen eines gerechten Risikomanagements. Welche Risiken sind vorrangig anzugehen, und um welche von Risiken betroffene Personen oder Gruppen gilt es sich vorrangig zu kümmern? Welche Maßnahmen sind zu ergreifen (Eliminierung, Minimierung, Umverteilung, d. h. Verlagerung oder Streuung von Risiken; vgl. Moss 2002)? Wer muss die entsprechenden Maßnahmen ergreifen oder unterstützen? Maßnahmen des Risikomanagements können selbst wiederum Risiken schaffen.

Dieser Beitrag beschränkt sich auf die Frage nach den Kriterien moralisch erlaubter oder unerlaubter Risikoaussetzungen. Denn diese Kriterien dürften für die Risikoethik fundamental und entsprechend auch für die Frage eines angemessenen Risikomanagements relevant sein. Ich werde zunächst zeigen, dass die Standardtheorien der normativen Ethik große Schwierigkeiten haben, überzeugende Kriterien für einen moralisch richtigen oder gerechten Umgang mit Risiken zu begründen (vgl. Hansson 2003; Hansson 2013, Kap. 2; Hayenhjelm/Wolf 2012). Anschließend werde ich umreißen, wie sich auf der Grundlage einer von Rechten ausgehenden Ethik überzeugende Kriterien gerechter Risikoaussetzungen entwickeln lassen.

Das Problem der Bestimmung erlaubter und unerlaubter Risikoaussetzungen

Eine Theorie der normativen Ethik sollte in der Lage sein, Risikoaussetzungen ex ante überzeugend zu bewerten, d. h. bevor wir wissen, ob der mögliche Schaden eintritt oder nicht. Die Bewertung sollte uns auch dann noch als richtig erscheinen, wenn wir wissen, wie sich die Dinge entwickelt haben.

Von *Rechten* ausgehende Theorien haben den gewissermaßen natürlichen Impuls, (nahezu) alle Risikoaussetzungen zu verbieten. Denn wenn jemand ein Recht darauf hat, nicht in bestimmten Weisen geschädigt zu werden, hat er dann nicht auch ein Recht darauf, nicht dem Risiko solcher Schädigungen ausgesetzt zu werden? Ein Verbot (nahezu) aller Risikoaussetzungen (von Thomson 1990, 243 als *risk thesis* bezeichnet) würde uns aber zu weitgehender Handlungsunfähigkeit verurteilen und hätte deshalb absurde Konsequenzen (vgl. auch Hansson 2003, 297–299). Deshalb sind viele Autoren zumindest skeptisch, ob eine von Rechten ausgehende Ethik überhaupt dazu in der Lage ist, plausible risikoethische Orientierungen zu bieten (vgl. z. B. Nozick 1974, 73–78; Altham 1984; McKerlie 1986; Thomson 1990, 243–246; vgl. auch MacLean 2012).

Die Erlaubnis von Risikoaussetzungen an den ›Konsens‹ der Betroffenen zu binden, hilft nur begrenzt weiter (für gute Diskussionen des Konsenskriteriums im Zusammenhang der Risikoethik vgl. Scheffler 1985; MacLean 1986; 2012). Sicherlich können durch den expliziten Konsens einige Risikoaussetzungen gerechtfertigt werden. Doch halten wir uns zu bestimmten Risikoaussetzungen auch dann für berechtigt, wenn Betroffene dem nicht zugestimmt haben oder ihre Zustimmung verweigern. Zudem mag es gute Gründe dafür geben, bestimmte Handlungen an anderen auch dann für unerlaubt zu halten, wenn die Betroffenen dem ausdrücklich zugestimmt haben. So ist es beispielsweise nicht selbstverständlich, dass ein Transplantationschirurg moralisch richtig handelt, wenn er eine gesunde Person auf deren ausdrücklichen Wunsch hin verletzt und ihr eine Niere oder einen Leberlappen entnimmt, um die Niere oder den Leberlappen auf eine andere Person zu übertragen, die das Organ oder Organteil dringend benötigt (vgl. dazu Steigleder 2006, 423–428). Konsens wäre dann in vielen Fällen kein notwendiges und möglicherweise in einigen Fällen auch kein zureichendes Kriterium für die Erlaubtheit von Risikoaussetzungen.

Problematisch ist es auch, von der *Akzeptanz* von Risiken auf die Akzeptabilität vergleichbarer Risiken schließen zu wollen (Starr 1969). So ist es oft unklar, ob die Risiken überhaupt akzeptiert werden (vgl. Thomson 1985, 137–140), falls ja, warum sie akzeptiert werden und wann ein Risiko als normativ vergleichbar angesehen wird bzw. angesehen werden kann (Birnbacher/Wagner 2003).

Als Maßstab fairer Risikoaussetzungen wird in unterschiedlicher Weise das Kriterium der *Reziprozität* vorgeschlagen. Einer der interessantesten und elaboriertesten Vorschläge stammt in diesem Zusammenhang von Sven Ove Hansson (2013, Kap. 6), der ein Kriterium fairer reziproker Risikoaussetzungen schrittweise entwickelt und Risikoaussetzungen dann als gerechtfertigt sieht, wenn sie Teil einer um Gerechtigkeit bemühten sozialen Praxis des Eingehens von Risiken sind, die zum wechselseitigen Vorteil aller Betroffenen gereicht, von den Betroffenen dadurch akzeptiert wird, dass sie sich dieser Vorteile bedienen, und die es ermöglicht, dass die Betroffenen »gleichen maximalen Einfluss« auf das Ausmaß der Risiken nehmen können, denen sie ausgesetzt werden (ebd., 108). Ein Problem dieses Vorschlags liegt sicherlich darin, dass er für die Beurteilung konkreter Fälle von Risikoaussetzungen schwer zu kontrollieren sein dürfte. Auch dürfte er nicht ganz frei von den Problemen sein, die im Zusammenhang von ›Konsens‹ und ›Akzeptanz‹ angesprochen wurden. Denn inwieweit wissen die Betroffenen beispielsweise um die wechselseitigen Risikoaussetzungen, deren Vorteile sie akzeptieren? Ist es relevant, wenn etwa bestimmte Personen das Autofahren weitgehend ablehnen und deshalb selbst auf die Benutzung eines PKW ganz verzichten? Es kommt folglich darauf an, die Kriterien zu präzisieren.

Ein weiterer Versuch, zwischen erlaubten und unerlaubten Risikoaussetzungen zu unterscheiden, besteht darin, nach einer *Risikoschwelle* zu suchen, unterhalb derer Risikoaussetzungen unproblematisch sind (vgl. z. B. Comar 1979; Whipple 1987, vgl. auch Peterson 2002 und die Diskussion bei Rippe 2006, 82–85). Bei solchen Versuchen ist oftmals der engere Risikobegriff leitend, der Risiko als Produkt von Wahrscheinlichkeit und Schadenshöhe zu verstehen sucht. Sofern entsprechende Erwartungswerte gebildet werden, setzt dies voraus, dass der Schaden sinnvoll bemessen und in eine Berechnung einbezogen werden kann, was etwa bei Schädigungen von Leib und Leben in der Regel nicht möglich sein dürfte. Ein ›triviales‹ Risiko könnte sich aus der geringen Wahrscheinlichkeit, der Geringfügigkeit des Schadens oder aus einer Kombination von Wahrscheinlichkeit und Schadenshöhe ergeben. Es dürfte aber unplausibel sein, die Risikoschwelle allein mittels der Wahrscheinlichkeiten definieren zu wollen, so dass alle Risikoaussetzungen unterhalb einer bestimmten Wahrscheinlichkeit (sagen wir 1:1.000.000) moralisch akzeptabel wären. Denn es liegt nahe, dass große oder katastrophale Schäden ohne Not gar nicht riskiert werden dürfen. Auch fragt sich, woher wir die Einschätzungen der Wahrscheinlichkeiten beziehen und wie belastbar diese sind. Sobald wir aber aus Eintrittswahrscheinlichkeit und Schadenshöhe zusammengesetzte Risikoschwellen und, je nach Zusammensetzung, unterschiedliche Schwellen zuzulassen bereit sind, stellt sich die Suche nach Risikoschwellen als nichts anderes dar als eine (auf einen bestimmten Risikobegriff verengte) Suche nach den Kriterien erlaubter und unerlaubter Risikoaussetzungen.

Aus der Diskussion von Risikoschwellen lassen sich auch schon Hinweise auf die Probleme *utilitaristischer* Ansätze der Risikoethik entnehmen (diese Ansätze dominieren die so genannte *cost benefit analysis* bzw. *risk cost benefit analysis*, vgl. einführend z. B. Wilson/Crouch 2001; Mishan/Quah 2007; zur Kritik an einer utilitaristischen *cost benefit analysis* vgl. Hansson 1993; 2003, 23–28). Zu den Standardkritiken am Utilitarismus gehört dessen Orientierung an kumulativen Resultaten. Zwar ist die Steigerung des Gemeinwohls für sich genommen sicherlich ein wichtiges Ziel. Doch fragt sich, ob der Utilitarismus den Erfordernissen der gerechten Verteilung von Kosten und Nutzen ausreichend Rechnung tragen kann. Dies gilt auch für eine mit Erwartungswerten arbeitende Kosten-Nutzen-Analyse. Unter Gesichtspunkten der Gerechtigkeit ist es nicht nur von Belang, dass das Gemeinwohl durch das Eingehen von Risiken gesteigert wird, sondern auch, wie die Risiken und Kosten verteilt sind. Auch ist fraglich, welchen möglichen Schäden überhaupt ein Preis zugeordnet werden kann, ob bestimmte mögliche hohe Schäden durch Wahrscheinlichkeiten diskontiert werden dürfen und wie belastbar die Einschätzungen der Wahrscheinlichkeiten sind. Vielfach muss wohl, statt von Risiken im engeren Sinne, von Unsicherheit ausgegangen werden, und es fragt sich, welche moralisch-normativ (und nicht einfach nur prudentiell) validen Kriterien für den Umgang mit Unsicherheit zur Verfügung stehen.

Grundlinien einer von Rechten ausgehenden Risikoethik

Der Schlüssel zur Lösung der Probleme einer von Rechten ausgehenden Risikoethik liegt darin, zu realisieren, dass ein Handelnder und die von seinen Handlungen Betroffenen jeweils die gleichen Rechte haben. Deshalb verletzt es nicht nur die Rechte von Betroffenen, bestimmten Risiken ausgesetzt zu werden. Es verletzt auch die Rechte von Handelnden, wenn sie bestimmte mit Risiken für andere behaftete Handlungen nicht ausführen dürfen. Denn dies kann auf eine massive Einschränkung ihrer Entfaltungsmöglichkeiten hinauslaufen. Wenn also die Gleichheit der Rechte des Handelnden und der Betroffenen berücksichtigt wird, dann führt eine von Rechten ausgehende Risikoethik nicht zu einem Verbot aller Risikoaussetzungen, sondern zu einer an der Abwägung der jeweiligen

Rechte orientierten Unterscheidung zwischen erlaubten und unerlaubten Risiken.

Ich gehe davon aus, dass alle Personen gleiche Rechte auf die notwendigen Voraussetzungen handelnder Selbstverwirklichung haben und dass diese Voraussetzungen, je nachdem wie unentbehrlich sie für handelnde Selbstverwirklichung sind, untereinander eine Rangordnung aufweisen. Entsprechend kann situativ ein grundlegenderes Recht wie etwa das Recht auf Leben des einen Handelnden ein weniger basales Recht wie etwa das Recht auf (nicht lebensnotwendiges) Eigentum eines anderen Handelnden überwiegen.

Es mag hilfreich sein, eine grundlegende *normative* Klassifikation von Risiken in Akteurs-Risiken oder A-Risiken und Rezipienten-Risiken oder R-Risiken vorzunehmen. *A-Risiken* sind Risiken, für die gilt, dass es einem Handelnden moralisch erlaubt ist, andere Personen diesen Risiken auszusetzen, weil ein Verbot die Rechte der Betroffenen unangemessen privilegieren würde. *R-Risiken* sind Risiken, für die gilt, dass es einem Handelnden grundsätzlich verboten ist, andere Personen (die Betroffenen, Rezipienten) diesen Risiken auszusetzen, weil eine Erlaubnis die Rechte der Handelnden unangemessen privilegieren würde. Man mag gegen diese Klassifikation einwenden wollen, dass sie nicht weiterführt, weil sie nur die Unterscheidung zwischen erlaubten und unerlaubten Risiken reproduziert. Dies ist jedoch nicht der Fall, weil R-Risiken nur grundsätzlich verbotene Risiken sind, es also auch erlaubte R-Risiken gibt. Vor allem aber macht die Klassifikation *Gründe* für die Erlaubnis oder das Verbot bestimmter Risiken geltend. Eine von Rechten ausgehende Risikoethik muss eine doppelte Perspektive verfolgen, nämlich einerseits die Perspektive der *Risikotoleranz*, die die Freiheit, die Pläne und die Chancen von Handelnden ernst nimmt, und andererseits die Perspektive der *Risikoelimination*, die Gefahren für die Rechte der von riskanten Handlungen Betroffenen zur Geltung bringt. Da die Rollen des Handelnden und des Betroffenen wechselnde Rollen sind, lässt sich auch Kants Bild von der gleichen maximalen Freiheit der Personen verwenden. Ein Verbot aller Risikoaussetzungen würde zwar zu Rechten auf gleiche Freiheit führen, aber nicht das Recht auf die maximale Freiheit realisieren, die mit den gleichen Rechten aller anderen Personen vereinbar ist. Die Konsequenzen für die Bewertung von Risiken seien im Folgenden skizziert.

Es gibt zwei Arten von *A-Risiken*. Die wichtigste, die ich als *A2-Risiken* bezeichne, stellen eine bestimmte Art Restrisiken dar. Diese betreffen 1) Handlungen, die mit der Möglichkeit schwerer Schädigungen für andere verbunden sind. Der Handelnde ergreift aber die erforderlichen Maßnahmen, um diese Schäden zu vermeiden. 2) Indem er diese Maßnahmen ergreift, kann er davon ausgehen, dass die Risiken sich normalerweise nicht materialisieren werden. Doch er kann nicht vollständig ausschließen, dass es unter bestimmten unwahrscheinlichen Umständen doch zu schweren Schädigungen kommen wird. 3) Falls sich das Risiko materialisiert, wird es normalerweise nur eine einzelne Person oder einige wenige Personen betreffen. 4) Die Erlaubnis zu solchen Handlungen würde die Handlungs- und Entfaltungsmöglichkeiten der Personen beträchtlich erweitern.

Es ließe sich nun näher zeigen (mit einer Argumentation, die Kants Begründung der grundsätzlichen Möglichkeit von Besitzrechten in § 2 der *Rechtslehre* ähnelt, vgl. dazu die Rekonstruktion in Steigleder 2002, 161–178), dass die allgemeine Erlaubnis zu solchen Handlungen für alle Personen vorteilhaft ist und die Rechte der Personen nicht verletzt und entsprechend einen Fall des Rechts auf gleiche maximale Freiheit der Personen darstellt. Ein zugegebenermaßen kontroverses Beispiel für solche Restrisiken ist das mit dem Autofahren verbundene Unfallrisiko. Die These ist, dass es, bestimmte Regulierungen und Rahmenbedingungen des Straßenverkehrs vorausgesetzt, möglich ist, so Auto zu fahren, dass man davon ausgehen kann, dass man, soweit es an einem selbst liegt, niemanden durch das Fahren des Autos schädigen wird. Gleichwohl kann auch der vorsichtige Autofahrer dies nicht völlig ausschließen. Die These ist allerdings nicht mit der Behauptung verbunden, dass die meisten Autofahrer vorsichtige Autofahrer sind, die die Bedingungen 1) und 2) in ausreichendem Maße erfüllten. Da die Rede von ›Restrisiken‹ vor allem aus der Diskussion um Kernkraftwerke bekannt ist, sei ausdrücklich betont, dass die Risiken von Kernkraftwerken keine Restrisiken im Sinne des Arguments sind, da sie nicht die Bedingung 3) erfüllen.

Die andere Art von A-Risiken, *A1-Risiken*, betreffen Risikoaussetzungen, die einem Betroffenen zuzumuten sind, weil sie entweder in relativ geringen oder in mehr oder weniger vollständig kompensierbaren möglichen Schädigungen bestehen. Letzteres dürfte nur für materielle Schädigungen zutreffen. Beschränken wir uns hier auf Risikoaussetzungen, die mit relativ geringen möglichen Schädigungen der Betroffenen verbunden sind. Diese Risikoaussetzungen sind moralisch zulässig, wenn die folgenden Bedingungen erfüllt sind: 1) Die Risikoaussetzungen sind nicht Teil der Handlungsbegründung. Der Handelnde unternimmt die Handlung nicht, um einen anderen oder andere (beispielsweise eines gewissen Kitzels wegen) einem Risiko auszusetzen. 2) Der Handelnde setzt andere nicht leichtfertig den fraglichen Risiken aus, obwohl er die Risikoaussetzung leicht (was die mögliche Schädigung oder die Wahrscheinlichkeit der Schädigung anbelangt) minimieren könnte. 3) Der Handelnde kann für einen großen Teil (allerdings nicht für alle) A_1-Risiken davon ausgehen, dass sich die mit seinen Handlungen verbundenen Risiken eher nicht materialisieren werden. 4) Falls sich die Risiken (doch) materialisieren, sind die Schädigungen für die Betroffenen zumutbar. Denn ein Verbot der Handlungen, mit denen die fraglichen möglichen Schädigungen verbunden sind, würde den Handelnden in stärkerem Maße in seinen Rechten einschränken, als der Betroffene durch die Schädigungen in seinen Rechten tangiert wird.

Dieser letzte Punkt ist der für A_1-Risiken gewissermaßen ausschlaggebende Punkt: Das Verbot der Handlungen, mit denen die fraglichen Risiken verbunden sind, wäre unverhältnismäßig. Von einer solchen Unverhältnismäßigkeit kann aber nur ausgegangen werden, wenn der Handelnde in seinen Handlungen den Rechten der von seinen Handlungen Betroffenen grundsätzlich Rechnung trägt (Punkte 1 und 2). Das Verbot leichtfertiger Risikoaussetzungen (Punkt 2) ist jedoch von dem Gebot der Vorsicht und Sorgfalt im Zusammenhang mit Restrisiken (A_2-Risiken) zu unterscheiden. Eine solche Vorsicht wird im Zusammenhang mit A_1-Risiken zuweilen gar nicht möglich sein, vor allem aber ist sie normativ gesehen nicht erforderlich, da dies die Handlungsfreiheit des Handelnden unangemessen einschränken würde.

R-Risiken sind Risiken, die weder A_1- noch A_2-Risiken sind. Die wichtigste Art von R-Risiken stellen Risiken möglicher schwerer Schädigungen dar, die sich nicht als Restrisiken verstehen lassen. Allerdings sind (solche) R-Risiken nur grundsätzlich verboten. Es gibt mindestens die folgenden rechtfertigenden Gründe, andere Personen R-Risiken auszusetzen. Diese seien hier lediglich benannt:

1. Die *normative Unvermeidbarkeit von R-Risiken*. R-Risiken können dann normativ akzeptabel sein, wenn sie dazu beitragen, für alle Betroffenen größere Risiken abzuwenden, und die größeren Risiken nur mittels der fraglichen oder mittels vergleichbarer R-Risiken abgewendet werden können. Dieses Kriterium kann R-Risiken rechtfertigen, die mit verschiedenen Technologien, technischen Systemen und Formen der sozialen und wirtschaftlichen Organisation verbunden sind. Ein Beispiel ist die Rechtfertigung der mit Marktwirtschaften verbundenen R-Risiken (z. B. Systemrisiken, Verlust von Arbeitsplätzen aufgrund von Strukturwandel). Marktwirtschaften scheinen, bestimmte Rahmenbedingungen wie die Einbettung in einen Sozialstaat vorausgesetzt, die Lebensgrundlagen und die Wohlfahrt der Betroffenen besser zu sichern als alle anderen uns bislang bekannten Wirtschaftsformen.
2. Der *situative Vorrang der Vermeidung des Risikos der größeren Schädigung*. Es kann situativ erlaubt sein, Personen R-Risiken mit geringerem Schädigungspotenzial auszusetzen, wenn nur so vermieden werden kann, dass andere Personen einem R-Risiko mit größerem Schädigungspotenzial ausgesetzt werden.
3. Die *Abwehr einer akuten Notlage*. Vermutlich kann es gerechtfertigt sein, eine Person einem geringen Todesrisiko oder einem geringen Risiko schwerster Schädigungen auszusetzen, wenn nur so der (nahezu) sichere Tod oder die (nahezu) sichere schwerste Schädigung einer anderen Person abgewendet werden kann. Die Begründung dafür wäre nicht, dass die eine Person mehr zählt als die andere, sondern die gerechtfertigte Hoffnung, dass sich so keines der Risiken materialisiert.
4. *Konsens*. Oftmals ist es erlaubt, andere Personen einem R-Risiko auszusetzen, wenn diese dem ausdrücklich und frei und informiert zugestimmt haben.

Die voranstehende Skizze versucht einen Weg zu weisen, wie überzeugende Kriterien gerechter Risikoaussetzungen entwickelt werden können. Es ließe sich näher zeigen, dass dies nicht einfach durch die Entwicklung völlig neuer Kriterien geschieht, sondern dadurch, dass Gesichtspunkten, die in der Risikoethik prominent sind, jeweils ihre Rolle oder ihr angemessener Platz zugewiesen wird.

Literatur

Altham, J. E. J.: Ethics of risk. In: *Proceedings of the Aristotelian Society* 84 (1984), 15–29.

Birnbacher, Dieter/Wagner, Bernd: Risiko. In: Marcus Düwell/Klaus Steigleder (Hg.): *Bioethik. Eine Einführung*. Frankfurt a. M. 2003, 435–446.

Comar, Cyril L.: Risk. A pragmatic de minimis approach. In: *Science* 203/4378 (1979), 319.

Hansson, Sven Ove: The false promises of risk analysis. In: *Ratio* 6/1 (1993), 16–26.

–: Ethical criteria of risk acceptance. In: *Erkenntnis* 59/3 (2003), 291–309.

–: *The Ethics of Risk. Ethical Analysis in an Uncertain World*. Basingstoke 2013.
Hayenhjelm, Madeleine/Wolf, Jonathan: The moral problem of risk impositions. A survey of the literature. In: *European Journal of Philosophy* 20, S1 (2012), E26–E51.
MacLean, Douglas: Risk and consent. Philosophical issues for centralized decisions. In: Ders.: *Values at Risk*. Totowa 1986, 17–30.
–: Ethics and risk. In: Sabine Roeser/Rafaela Hillerbrand/Per Sandin/Martin Peterson (Hg.): *Handbook of Risk Theory*, Bd. 2. Dordrecht 2012, 791–804.
McKerlie, Dennis: Rights and risk. In: *Canadian Journal of Philosophy* 16/2 (1986), 239–252.
Mishan, E. J./Quah, Euston: *Cost-Benefit Analysis*. London [5]2007.
Moss, David A.: *When All Else Fails. Government as the Ultimate Risk Manager*. Cambridge MA 2002.
Nozick, Robert: *Anarchy, State, and Utopia*. New York 1974.
Peterson, Martin: What is a *de minimis* risk? In: *Risk management* 4/2 (2002), 47–55.
Rippe, Klaus Peter: Personen einem Risiko aussetzen. In: Georg Pfleiderer/Christoph Rehmann-Sutter (Hg.): *Zeithorizonte des Ethischen. Zur Bedeutung der Temporalität in der Fundamental- und Bioethik*. Stuttgart 2006, 77–91.
Scheffler, Samuel: The role of consent in the legitimation of risky activity. In: Mary Gibson (Hg.): *To Breathe Freely. Risk, Consent, and Air*. Totowa 1985, 75–88.
Starr, Chauncey: Social benefit versus technological risk. In: *Science* 165/3899 (1969), 1232–1238.
Steigleder, Klaus: *Kants Moralphilosophie. Die Selbstbezüglichkeit reiner praktischer Vernunft*. Stuttgart 2002.
–: Organtransplantation. In: Stefan Schulz/Klaus Steigleder/Heiner Fangerau/Norbert W. Paul (Hg.): *Geschichte, Theorie und Ethik der Medizin. Eine Einführung*. Frankfurt a. M. 2006, 410–434.
Thomson, Judith J.: Imposing risks. In: Mary Gibson (Hg.): *To Breathe Freely. Risk, Consent, and Air*. Totowa 1985, 124–140.
–: *The Realm of Rights*. Cambridge MA 1990.
Whipple, Chris (Hg.): *De Minimis Risk*. New York 1987.
Wilson, Richard/Crouch, Edmund A. C.: *Risk-Benefit Analysis*. Cambridge MA [2]2001.

Klaus Steigleder

73 Soziale Ungleichheit und Sozialwesen

In diesem Kapitel werden drei Fragen thematisiert: Was sind soziale Ungleichheiten? Welche sozialen Ungleichheiten sollen durch den Staat ausgeglichen werden? Wie sollte der Staat dies tun? Die erste Frage ist vornehmlich konzeptueller Natur. Die beiden anderen sind normativ und werden hier mit Bezug auf die Frage der Gerechtigkeit gestellt. Wie sich noch zeigen wird, sind im Bereich des Sozialwesens als eines Teilgebiets staatlicher Aufgaben nicht hauptsächlich normativ-philosophische Argumente, sondern politische, rechtliche und pragmatische anzutreffen, die wiederum mit kulturellen und weltanschaulichen Überzeugungen und Traditionen verbunden sind. Eine Aufgabe der Philosophie ist es, die Stichhaltigkeit und normative Tragkraft solcher Argumente zu analysieren und gegebenenfalls zu kritisieren.

Was sind soziale Ungleichheiten?

Was sind soziale Ungleichheiten? Es sind dies in einer Annäherung alle Ungleichheiten hinsichtlich von Gütern, Fähigkeiten (*capabilities*) oder Status, die keine natürliche Ursache haben. Die Unterscheidung zwischen Natur und Sozialem ist dabei nicht eindeutig und soziale Ungleichheiten beruhen sowohl auf sozialen Bedingungen (Ausbildung, sozialer Herkunft), angeborenen Eigenschaften (Talenten, dem Fehlen von angeborenen Behinderungen) und individuellen Entscheidungen und Tätigkeiten. So ist z. B. der Gesundheitszustand einer Person sowohl von seiner genetischen Ausstattung als auch von Umweltbedingungen und der Lebensführung abhängig (Bauer/Bittlingmayer/Richter 2008). Personen, die als Kinder chronisch unterernährt oder starken Umweltgiften ausgesetzt sind, können Entwicklungsstörungen und massive gesundheitliche Schäden aufweisen, die jenen ähnlich sind, die Kinder mit angeborenen Behinderungen und Beeinträchtigungen zeigen. Auch wenn eine angeborene Beeinträchtigung (s. Kap. V.57) im engen Sinne keine soziale Ungleichheit ist, kann es ein Gebot für das Sozialwesen sein, in beiden Fällen die damit verbundenen Nachteile möglichst zu kompensieren bzw. zu beheben.

Zunächst ist aber das Konzept der sozialen Ungleichheit weiter einzugrenzen. In der Literatur werden sehr unterschiedliche Dinge als relevant erachtet, um soziale Ungleichheit zu bestimmen, von denen drei bereits genannt wurden: Güter, Fähigkeiten und Status. Hier lässt sich eine Parallele zur gerechtigkeitstheoretischen Diskussion um die Frage ›Gleichheit wovon?‹ (*equality of what?*) erkennen (Krebs 2000). Güterbasierte Ansätze sind vor allem mit der Gerechtigkeitstheorie von John Rawls verbunden, der die Meinung vertreten hat, dass Menschen einen Anspruch auf bestimmte Grundgüter besitzen, die es ihnen ermöglichen, ihre moralischen Fähigkeiten und ihre Autonomie auszuüben (Rawls 1975). Rawls zählt zu diesen Grundgütern Einkommen, Vermögen, Freiheiten, aber auch die sozialen Grundlagen der Selbstachtung. Daneben wurden Fähigkeiten (*capabilities*) als relevante Betrachtungsgröße in die Diskussion eingebracht (s. Kap. IV.43). Insbesondere Amartya Sen und Martha C. Nussbaum argumentieren dafür, dass soziale Ungleichheit nicht mit Gütern zu erfassen ist, sondern gefragt werden sollte, was Menschen in ihrem Leben tatsächlich tun können und welche Eigenschaften sie erlangen können (Nussbaum 2011; Neuhäuser 2013). Zwei Menschen, die beide die gleiche Ausstattung an Einkommen und Rechten haben, können sehr unterschiedliche Fähigkeiten aufweisen, etwa weil eine dieser Personen chronisch krank ist und ihr Einkommen nicht ausreicht, um die medizinische Behandlung zu bezahlen. Daher werden Fähigkeiten als sensitiver für bestimmte Ungleichheiten gesehen. Schließlich ist in den letzten Jahren auch verstärkt diskutiert worden, ob soziale Ungleichheit sich nicht nur auf distributive Fragen hinsichtlich von Gütern oder Fähigkeiten beziehen sollte, sondern auf das Ideal einer Gesellschaft, in der sich alle Bürgerinnen und Bürgern als gleichwertig verstehen (Fourie/Schuppert/Wallimann-Helmer 2015). Soziale Ungleichheit ist dann eng damit verwoben, wie Menschen in einer Gesellschaft einander betrachten und begegnen, ob sie auf Augenhöhe agieren können oder Statusunterschiede und soziale Hierarchien ihnen das Gefühl der Ungleichheit vermitteln. Eine Verbindung zu Fragen der Verteilung von Gütern, Lebenschancen oder Fähigkeiten ist auch hier zumeist gegeben.

Welche sozialen Ungleichheiten sind ungerecht?

Kommen wir damit zur zweiten Frage nach den relevanten Ungleichheiten, also jenen, die durch das Sozialwesen eines Staates ausgeglichen werden sollen. Zunächst ist festzuhalten, dass die Quellen für eine Antwort unterschiedlich sein können. Sie können sich auf philosophisch-normative, also ethische oder gerechtigkeitstheoretische Argumente beziehen, auf rechtliche Vorgaben, politische Kompromisse oder weltanschauliche oder religiöse Überzeugungen. Ein Staat kann Ungleichheiten im Einkommen seiner Bürgerinnen und Bürger deshalb verringern oder ausgleichen, weil dies in der Ansicht dieser Gesellschaft ein göttliches Gebot ist, weil sie die Ungleichheiten auf Basis einer breiten Deliberation für ungerecht hält oder auch nur weil eine politische Fraktion ihre Interessen auf Basis von gewonnenen Wahlen durchsetzen kann. Einem Staat können aber auch schlicht die finanziellen Mittel fehlen, ein Sozialsystem im größeren Stil aufzubauen. Infolgedessen lassen sich große Unterschiede in der Ausgestaltung des Sozialwesens verschiedener Staaten finden (Leisering/Buhr/Traiser-Diop 2006; Schmid 2006). Philosophische Überlegungen können dann einerseits solche vorfindbaren Bedingungen und Überzeugungen reflektieren, andererseits aber auch versuchen, unabhängig von diesen Antworten zu formulieren, wie das Sozialwesen ausgestaltet werden soll und welche sozialen Ungleichheiten als ungerecht zu bewerten sind.

In der gerechtigkeitstheoretischen Debatte lassen sich auch hier wieder unterschiedliche Ansätze ausmachen. In vielen Diskussionen zentral ist das Bedürfnisprinzip, mit dem Ausgangspunkt, dass solche sozialen Ungleichheiten eine Intervention durch das Sozialwesen verlangen, die die Befriedigung der Grundbedürfnisse der Betroffenen unterminieren. Solche Grundbedürfnisse sind teilweise durch die Menschenrechtskonvention, die Europäische Grundrechtecharta, durch die entsprechende Verfassung oder in speziellen Sozialgesetzen festgeschrieben (Becker/Hauser 2009). Auch wenn es hier keinen Konsensus gibt, werden etwa Wohnen, Kleidung, Nahrung, soziale Teilhabe oder Gesundheit weitgehend als Grundbedürfnisse anerkannt. Ersichtlich ist hier auch eine Überschneidung von Bedürfnissen, Interessen, Gütern und Fähigkeiten festzustellen, und diese werden mitunter nicht sauber voneinander getrennt. Suffizienztheoretische Ansätze verlangen dabei vom Sozialwesen, solche Grundbedürfnisse nur bis zu einem angemessenen Maß zu befriedigen, und erlauben Ungleichheiten oberhalb dieses Schwellenwerts (so z. B. bei Martha Nussbaum (2011) oder Elizabeth Anderson (1999)). Egalitaristische Ansätze hingegen verlangen die gleiche Befriedigung dieser Bedürfnisse für alle Bürgerinnen und Bürger, also etwa, allen einen gleichen Wohnungsstandard zu ermöglichen, wobei strikte Gleichheit im Bereich materieller Güter nur selten angestrebt wird (Phillips 2004). Im Bereich der Freiheitsrechte und der politischen Mitbestimmung, die durch soziale Ungleichheiten beeinflusst werden, jedoch zumeist außerhalb der Sphäre des Sozialwesens verortet sind, ist die Forderung nach Gleichheit weit verbreitet (klassisch bei Rawls oder auch Nussbaum).

Ein weiteres prominentes Prinzip ist jenes des Verdiensts oder der Leistung (s. Kap. V.68). Unter diesem wird verstanden, dass bestimmte Ungleichheiten zumindest so lange unproblematisch sind und keines Ausgleichs durch das Sozialwesen bedürfen, wie sie auf die bewussten Entscheidungen und Handlungen der Betroffenen zurückzuführen sind (Olsaretti 2007). Solche Verdienstgerechtigkeit kann etwa akzeptieren, dass Menschen unterschiedliche Einkommen aufweisen, sofern diese sich auf unterschiedliche Tätigkeiten am Arbeitsmarkt zurückführen lassen. Eine durch das Sozialwesen zu garantierende Voraussetzung einer solchen Verdienstgerechtigkeit wäre dabei Chancengleichheit (s. Kap. II.26), etwa durch gleichen Bildungs- und Arbeitsmarktzugang. Andere Positionen stehen der Verdienstgerechtigkeit zumindest in einigen Bereichen sehr skeptisch gegenüber und argumentieren stärker egalitaristisch. Ein Argument gegen die Legitimität von verdienstbasierten Ungleichheiten beruht auf der Kritik des Marktes als unzulängliches Verteilungsinstrument von Einkommen (so kritisieren u. a. Nancy Fraser (2003) und Angelika Krebs (2001) die Minderbewertung von so genannten typischen ›Frauenberufen‹, ungleiche Bezahlung für Frauen oder die Nichtbezahlung von Fürsorgearbeit) oder den Grenzen des (kapitalistisch organisierten) Marktes hinsichtlich der Inklusion von Menschen mit Behinderung oder von chronisch kranken Personen (Danermark/Gellerstedt 2004).

Leistungen des Sozialwesens und Verteilung der Lasten

Schließlich stellt sich die Frage, wie der Staat und sein Sozialwesen diese für problematisch erachteten sozialen Ungleichheiten ausgleicht und wie er sie aus gerechtigkeitstheoretischer Perspektive ausgleichen sollte. In der Praxis können hier Sach-, Geld- und Dienstleistungen unterschieden werden. Wem diese Leistungen zur Verfügung gestellt werden, wird im Sozialwesen hinsichtlich der oben diskutierten Prinzipien organisiert; das Bedürfnisprinzip ist dabei das vorherrschende in Fragen der Grundsicherung, also der Sicherung eines minimalen Lebensstandards. Diese Sicherung umfasst in vielen Ländern, darunter auch Deutschland, zumeist die Einbindung in die Sozialversicherung und Geldleistungen, die zur Deckung des Wohnbedarfs und des täglichen Lebens ausreichend sein sollen (Kantel 2008). Aber auch im Kreis der Grundsicherung sind immer wieder Überlegungen hinsichtlich des Verdienstprinzips anzutreffen: Einerseits sind mit dem Empfang solcher Grundsicherungsleistungen bestimmte Verhaltens- und Mitwirkungspflichten verbunden, darunter die Bereitschaft, wieder eine geeignete Erwerbsarbeit anzunehmen. Verstöße gegen die Pflichten werden sanktioniert, obwohl damit ein Unterschreiten des Existenzminimums einhergehen kann. Andererseits ist die Ausgestaltung der Grundsicherung doch zumeist derart gewählt, dass ein möglichst hoher Arbeitsanreiz gegeben ist, also die Aufnahme einer Erwerbsarbeit sich zumindest in finanzieller Hinsicht lohnen sollte.

Oberhalb der Grundsicherung sind eine ganze Reihe an Leistungen anzutreffen, die einerseits auf die Absicherung von Risiken abzielen und durch die Einbindung aller möglichen Betroffenen solidarisch organisiert sind (Versicherung von Unfall, Krankheit, Arbeitslosigkeit und Alter), andererseits Leistungen für bestimmte als besonders unterstützenswert ausgewiesene Gruppen wie Familien (Schmid 2006). Auch diese Leistungen orientieren sich überwiegend am Bedürfnisprinzip, also der Festlegung der zustehenden Leistungen gemäß dem Bedarf des Betroffenen (z. B. im Gesundheitswesen), ergänzt mitunter durch Verdienstgerechtigkeit, also die Festlegung der Höhe der Leistung gemäß vorherigen Einzahlungen (z. B. das Arbeitslosengeld) und egalitären Gesichtspunkten (das Kindergeld wird für alle Kinder unabhängig vom Einkommen der Eltern in gleicher Höhe ausbezahlt).

Inwieweit eine solche Ausgestaltung des Sozialwesens nun den Anforderungen der Gerechtigkeit entspricht, lässt sich jeweils nur aus Perspektive der angenommenen Gerechtigkeitstheorie beantworten (einen Überblick bietet Kersting 2000). Egalitaristische Theorien können die starke Ausrichtung der Grundsicherung an einem Schwellenwert kritisieren, da diese große soziale Ungleichheiten oberhalb des Schwellenwerts in Kauf nimmt. Aber auch Suffizienztheorien können kritisieren, dass der verwendete Schwellenwert prinzipiell zu niedrig angesetzt ist, etwa weil er nur zu einer ungenügenden Deckung des Bedarfs ausreicht. Ansätze, die das Verdienstprinzip stark machen, können dem entgegenhalten, dass das Sozialwesen Personen ohne Leistungen und auf Kosten des Verdienstes alimentiert. Gemäß einem pluralen Konzept der Gerechtigkeit, wie es David Miller (2008) vertritt, wäre wiederum eine Ausdifferenzierung der Leistungen des Sozialwesens gemäß Bedarf, Leistung und Gleichheit gefordert. Aus gerechtigkeitstheoretischer Perspektive ist dann umstritten, wie die Lasten, die mit diesen Leistungen des Sozialwesens einhergehen, zu verteilen sind und welche Bedingungen für ihre Inanspruchnahme gelten sollen. Das betrifft z. B. den Einbezug von Migrantinnen und Migranten in das Sozialwesen (Cole 2007) sowie die Unterstützung von Familien, also die Frage, warum Personen, die keine Kinder haben (wollen), über das gemeinsame Sozialwesen die Kinder anderer unterstützen sollen (Olsaretti 2013).

Zum Abschluss sollen noch zwei Weiterentwicklungsoptionen des Sozialwesens Erwähnung finden, die sowohl politisch als auch philosophisch diskutiert werden: das Recht auf Arbeit und das Recht auf ein bedingungsloses Grundeinkommen. Beide zielen auf die Reduzierung des individuellen Risikos von Armut, die vor allem durch Arbeitslosigkeit und gering bezahlte Arbeit verursacht wird, und in weiterer Folge auch um den Gewinn an Freiheitsräumen (insbesondere der Grundeinkommensvorschlag von Philippe Van Parijs enthält die Perspektive einer radikalen Dekommodifizierung; vgl. Van Parijs 1995).

Argumente für das Recht auf Arbeit leiten sich sowohl aus dem eminenten Charakter von Erwerbsarbeit als Inklusionsmedium als auch aus den negativen Auswirkungen von Arbeitslosigkeit ab (Gürtler 2000). Ein solches Recht würde daher soziale Ungleichheit in einer wichtigen Dimension ausgleichen. Problematisch hingegen ist die Umsetzung eines solchen Rechts auf Arbeit, da dies massive staatliche Eingriffe erfordern würde, und es ist auch fraglich, ob solche Arbeit, die aufgrund des Rechtsanspruches ausgeübt wird, nicht als minderwertig angesehen würde. Dadurch wären zumindest auf Ebene des Status und der Anerkennung keine positiven Effekte gegeben.

Argumente für ein bedingungsloses Grundeinkommen sind vornehmlich suffizienztheoretisch und beziehen sich auf den Anspruch eines jeden Menschen, vom Staat mit einer Sicherung ausgestattet zu werden, die ein angemessenes Leben ermöglicht (Blaschke/Otto/Schepers 2010). Ein weiterer Bezugspunkt ist der egalitäre Anspruch aller Menschen auf die Ressourcen der Erde, die zur Produktion des Wohlstands verwendet werden. Mit der Betonung der Bedingungslosigkeit wird auch eine Entkoppelung dieser Grundsicherung von den oben angesprochenen Pflichten angestrebt, um die Freiheitsspielräume der Menschen zu erweitern. Kritisch gesehen werden kann an einem Grundeinkommen, dass es das soziale Bedürfnis nach Inklusion in den Arbeitsmarkt nicht hinreichend bewertet und Probleme der Finanzierung aufwirft. Sowohl die Umsetzung eines Rechts auf Arbeit als auch die Gewährung eines Grundeinkommens in einer stark ausgeweiteten Form würden das Sozialwesen in seiner heutigen Form jedenfalls stark verändern.

Literatur

Anderson, Elizabeth: What is the point of equality? In: *Ethics* 102/2 (1999), 287–337.

Bauer, Ullrich/Bittlingmayer, Uwe H./Richter, Matthias (Hg.): *Health Inequalities. Determinanten und Mechanismen gesundheitlicher Ungleichheit.* Wiesbaden 2008.

Becker, Irene/Hauser, Richard: *Soziale Gerechtigkeit – ein magisches Viereck. Zeitdimensionen, Politikanalysen und empirische Befunde.* Berlin 2009.

Blaschke, Ronald/Otto, Adeline/Schepers, Norbert (Hg.): *Grundeinkommen. Geschichte – Modelle – Debatten.* Berlin 2010.

Cole, Phillip: Human rights and the national interest: migrants, healthcare and social justice. In: *Journal of Medical Ethics* 33/5 (2007), 269–272.

Danermark, Berth/Coniavitis Gellerstedt, Lotta: Social justice: redistribution and recognition – a non-reductionist perspective on disability. In: *Disability & Society* 19/4 (2004), 339–353.

Fourie, Carina/Schuppert, Fabian/Wallimann-Helmer, Ivo (Hg.): *Social Equality. On What It Means to Be Equals.* Oxford 2015.

Fraser, Nancy: Soziale Gerechtigkeit im Zeitalter der Identitätspolitik. Umverteilung, Anerkennung und Beteiligung. In: Axel Honneth/Nancy Fraser: *Umverteilung oder Anerkennung. Eine philosophisch-politische Kontroverse.* Frankfurt a. M. 2003, 13–128.

Gürtler, Sabine: Drei philosophische Argumente für ein Recht auf Arbeit. In: *Deutsche Zeitschrift für Philosophie* 48/6 (2000), 876–888.

Kantel, Heinz-Dieter: *Grundsicherungsarbeit. Armuts- und Arbeitsmarktpolitik nach Hartz IV.* Wiesbaden 2008.

Kersting, Wolfgang: *Politische Philosophie des Sozialstaats.* Weilerswist 2000.

Krebs, Angelika (Hg.): *Gleichheit oder Gerechtigkeit. Texte der neuen Egalitarismuskritik.* Frankfurt a. M. 2000.

–: *Arbeit und Liebe. Die philosophischen Grundlagen sozialer Gerechtigkeit.* Frankfurt a. M. 2001.

Leisering, Lutz/Buhr, Petra/Traiser-Diop, Ute: *Soziale Grundsicherung in der Weltgesellschaft. Monetäre Mindestsicherungssysteme in den Ländern des Südens und des Nordens. Weltweiter Survey und theoretische Verortung.* Bielefeld 2006.

Miller, David: *Grundsätze sozialer Gerechtigkeit.* Frankfurt a. M. 2008.

Neuhäuser, Christian: *Amartya Sen zur Einführung*. Hamburg 2013.
Nussbaum, Martha C.: *Creating Capabilities. The Human Development Approach*. Cambridge MA 2011.
Olsaretti, Serena (Hg.): *Desert and justice*. Oxford 2007.
–: Children as public goods? In: *Philosophy & Public Affairs* 41/3 (2013), 226–258.
Phillips, Anne: Defending equality of outcome. In: *Journal of Political Philosophy* 12/1 (2004), 1–19.
Rawls, John: *Eine Theorie der Gerechtigkeit*. Frankfurt a. M. 1975 (engl. 1971).
Schmid, Josef: *Wohlfahrtsstaaten im Vergleich. Soziale Sicherung in Europa: Organisation, Finanzierung, Leistungen und Probleme*. Wiesbaden [2]2006.
Van Parijs, Philippe: *Real Freedom for All. What (if anything) can Justify Capitalism?* Oxford 1995.

Gottfried Schweiger

74 Sprache

Sprache und Gerechtigkeit hängen auf vielfältige Weise zusammen. Wir verständigen uns im Medium der Sprache, durch das Geben von Gründen und Gegengründen darauf, was als gerecht gelten kann. Sprache kann jedoch auch selbst zur Herstellung von Ungerechtigkeit beitragen, auf der Ebene intentionalen sprachlichen Handelns genauso wie auf der Ebene überindividueller Sprachstrukturen. Schließlich stellen sich Fragen der Gerechtigkeit angesichts der Vielfalt menschlicher Sprachen: Wenn manche Sprachen als Minderheitensprachen marginalisiert und andere sogar vom Verschwinden bedroht sind, dann ergeben sich Probleme der Sprachengerechtigkeit.

Gerechtigkeit im Medium der Sprache

Der Streit über Gerechtigkeit wird im Medium des Wortes ausgetragen: Wir empören uns im Register der Sprache über Ungerechtigkeiten, skandalisieren sie, machen sie zum Vorwurf, erheben Einsprüche und verlangen Rechtfertigungen. Diese Intuition hat Jürgen Habermas mit seiner Diskursethik am prägnantesten ausbuchstabiert (Habermas 1981; 1983; s. Kap. III.37). Die zentrale diskursethische These lautet, dass wir nur durch sprachliche Verfahren herausfinden können, was als gerecht zu gelten hat. Es ist nicht möglich, einsam über den Schreibtisch gebeugt ein substanzielles Konzept der Gerechtigkeit zu entwerfen; wir bedürfen dafür des argumentativen Austauschs zwischen mehreren Subjekten, genauer gesagt, zwischen all jenen, die potenziell von der infrage stehenden kollektiven Praxis betroffen sein könnten. Erst eine spezifische sprachliche Prozedur stiftet Gerechtigkeit.

Im Gegensatz zu John Rawls' Prozeduralismus, bei dem der ›Schleier des Nichtwissens‹ eine gedankliche Konstruktionsleistung darstellt, die gar keines wirklichen Wortwechsels bedarf, ist der Habermassche Prozeduralismus auf die intersubjektive Artikulation von Geltungsansprüchen, deren Kritik und deren Verteidigung im Raum der Gründe angewiesen. Auf der Ebene dessen, was Habermas ›Diskurs‹ nennt, können die in der Alltagskommunikation nur implizit erhobenen Ansprüche auf sachliche Wahrheit und normative Richtigkeit explizit gemacht und systematisch bestritten oder gerechtfertigt werden. In seiner idealen Form ist der Diskurs ein intersubjektiver Verständigungsprozess, in dem die Beteiligten zwanglos, unparteilich und gleichberechtigt Gründe austauschen und sich nur von der Kraft des besseren Arguments leiten lassen.

Allerdings besteht der sprachliche Prozess, der zu Gerechtigkeit führen soll, nicht nur im Vorbringen von Gründen in der kontroversen Argumentation; es gibt Formen moralischer Verständigung, bei denen das subjektiv eingefärbte Erzählen und das geduldige Zuhören im Vordergrund stehen (vgl. Leeten 2013; Young 2002, 70–78). Die narrative Form sprachlicher Gerechtigkeit erweist sich in jenen Fällen als bedeutsam, wo die Betroffenen Schwierigkeiten haben, sich hinsichtlich des ihnen widerfahrenen Unrechts Gehör zu verschaffen, etwa weil sie zu traumatisiert sind, um ihr Leid in Worte zu fassen (Brison 2002), oder weil die Artikulationsweisen marginalisierter sozialer Gruppen nicht dem entsprechen, was die dominanten Gruppen unter einem rational-argumentativen Diskussionsstil verstehen (Young 2002, 55–57).

Das Problem der Sprachlosigkeit stellt sich insbesondere dann, wenn die normative Begrifflichkeit gar nicht vorhanden ist, um ein erlittenes Leid zu thematisieren und öffentlich anzuklagen. Miranda Fricker hat eine solche Form der Sprachlosigkeit als ›hermeneutische Ungerechtigkeit‹ bezeichnet (Fricker 2007, 147–169; vgl. auch Congdon 2015). Ein Beispiel hierfür ist das Widerfahrnis sexueller Belästigung zu jener Zeit, als unsere Sprache diese kritische Begrifflichkeit noch gar nicht bereithielt; erst in den 1970er Jahren hat sich dieser Terminus als moralischer und rechtlicher Begriff etabliert, der eine spezifische Form der Schädigung benennt und verdeutlicht, weshalb dieses Leiden ein Unrecht darstellt. Davor litten Opfer sexueller Belästigung stumm an scheinbar grundlosen Gefühlen des Unbehagens und der Erniedrigung, ohne sprachliche Mittel, sich selbst zu verstehen oder gar andere auf ihr Leid aufmerksam zu machen.

Ungerechtigkeit im Medium der Sprache

Sprache ist stets auch mit Fragen der Macht und Herrschaft, mit Interessenkonflikten und sozialen Kämpfen verbunden (Bourdieu 2005). Deshalb kann Sprache nicht nur Medium der Verwirklichung von Gerechtigkeit sein, sondern zugleich Medium der Herstellung von Ungerechtigkeit. Das Spektrum reicht vom individuellen, intentionalen Sprachhandeln bis hin zu überindividuellen, vor-intentionalen Sprachstrukturen, die zu ungerechten Sozialverhältnissen beitragen, wobei die Übergänge innerhalb dieses Spektrums fließend sind.

1) Sprachliches Handeln in Gestalt von *hate speech* ist die offensive Beleidigung von diskriminierten sozialen Gruppen nach Maßgabe sozialer Kategorien wie Geschlecht, sexueller Orientierung oder Ethnizität (Maitra/McGowan 2012). Die hasserfüllte Rede kann die betroffenen Subjekte in ihrer Identität verletzen, und sie kann sogar direkte kausale Folgen haben, wie ein vor Scham errötetes Gesicht oder erhöhten Blutdruck (Delgado 1993). Im Fokus stehen jedoch weniger die kausalen Folgen dieses Sprechens als der Umstand, dass ein solches Sprechen selbst eine Form des Handelns bildet: Es hat konstituierende Kraft, und zwar dergestalt, dass es einen untergeordneten Status konstituiert. Damit steht die Frage der Konstitution, nicht der Kausalität im Zentrum. Die Konstitutionsthese geht in der Debatte auf Catherine MacKinnon (1993) zurück. Rae Langton (2007) hat diese Idee sprachphilosophisch verteidigt und erweitert, vor allem im Anschluss an John L. Austins Sprechakttheorie (Austin 1979); kritisch dazu positioniert hat sich Judith Butler (1998), neuere Anschlüsse gibt es etwa von Mary K. McGowan (2009).

Die Konstitutionsthese lässt sich in Analogie zum Sprechakt der Eheschließung erläutern, bei dem bereits der korrekte Vollzug bestimmter Äußerungen während der Trauungszeremonie den Status der Ehe für das Brautpaar hervorbringt. Die Eheschließung hat allerlei kausale Folgen, z. B. Freude beim Brautpaar, doch die Handlungsmacht des Sprechakts liegt vor allem darin, dass er einen bestimmten Status konstituiert, der im Wesentlichen durch bloße Worte erzeugt wird. Ganz ähnlich geht es bei der Analyse oppressiver Sprache nicht in erster Linie darum, dass sie bestimmte kausale Folgen hat (z. B. Scham oder Wut), sondern darum, dass im Vollzug des Sprechens ein untergeordneter Status konstituiert wird. Die sprachlich hervorgebrachte Unterordnung ist oppressiv, sie stellt eine Form der Unterdrückung dar (ebd.), wobei das hier verwendete Konzept der Unterdrückung die systematische, illegitime soziale Benachteiligung von Personen aufgrund ihrer Gruppenzugehörigkeit meint; diese Form der Unterdrückung bedarf keines personalen Unterdrückers, etwa eines tyrannischen Herrschers, und sie bedarf auch nicht notwendigerweise der Anwendung direkter physischer Gewalt (Young 1996; Haslanger 2004).

2) Ungerechtigkeit gibt es nicht nur im Sprechen, sondern auch in der Sprache. Geht es dort um Sprechen als Handeln, bei dem die sprechenden Subjekte grundsätzlich die Wahl haben, so oder anders zu sprechen, geht es hier um die Sprache als Struktur, welche

die Subjekte nicht individuell nach eigenem Ermessen verändern können, sondern allenfalls im Rahmen einer kollektiven Praxis.

Seit den 1970er Jahren hat die feministische Linguistik und Sprachphilosophie kritisiert, dass die Benachteiligung von Frauen wesentlich auch im Horizont der Sprache, und zwar insbesondere der Sprachstruktur, vollzogen wird (vgl. Talbot 2010; Trömel-Plötz 2008; Klann-Delius 2005, 19–37): Die androzentrische Struktur der Sprache verfestige die gesamtgesellschaftliche Ungleichbehandlung von Männern und Frauen. Die Kritik richtet sich vor allem auf die Verwendung des generischen Maskulinums bei der Bezeichnung für gemischtgeschlechtliche Personengruppen; hier wird die männliche Form als allgemeine gebraucht, etwa das Wort ›Professor‹ für Lehrkräfte beiderlei Geschlechts, wobei Frauen mit gemeint sein sollen, obwohl explizit nur die männliche Form genannt wird. Andere Kritikpunkte richten sich auf geschlechtlich kodierte Bezeichnungen in gesellschaftlichen Feldern wie der Berufswelt (›Fachmann‹ oder ›Putzfrau‹).

Die ungleiche Behandlung in der Sprache ist dabei keine Frage der bloßen ›politischen Korrektheit‹, sondern eine Frage der Gerechtigkeit. Sprache trägt dazu bei, Identitäten zu konstruieren. In der Sprache als Subjekt aufzutauchen, entspricht einer Zuschreibung von Bedeutsamkeit und Status, während umgekehrt sprachliche Unsichtbarkeit eine Marginalisierung, eine Herabsetzung des gesellschaftlichen Stellenwerts bedeutet. Das generische Maskulinum lässt Frauen verschwinden, das Männliche wird als Norm etabliert. Das wirkt zurück auf die Selbstverständnisse der sprechenden Subjekte und deren Handlungsfähigkeit (Pusch 1984).

In den letzten Jahren ist zunehmend auch jene Ungerechtigkeit in den Blick gerückt, die darin besteht, dass Menschen, die sich weder als Mann noch als Frau identifizieren, aus den Strukturen der Sprache weitgehend ausgeschlossen sind. Die deutsche Sprache kennt, ähnlich wie viele andere Sprachen, nur zwei Geschlechter für Personen, das männliche und das weibliche, was sich unter anderem in der zweiwertigen Logik der personenbezogenen Pronomen artikuliert. Diese binäre Geschlechterordnung, die kein Drittes, keine multiplen Differenzen und keine fließenden Übergänge kennt, wurde in den 1990er Jahren als »Zwangsordnung« (Butler 1991, 22) kritisiert.

Aus diesen Kritiken ergeben sich Forderungen nach einer geschlechtergerechten Sprache, die darauf zielt, Sprache in der Orthographie und im Vokabular so zu verändern, dass eine Gleichstellung von Frauen und Männern erreicht wird bzw. trans- und intersexuelle Personen nicht ausgeschlossen werden. Gleichstellungspolitisch wurden Strategien wie die Synonymverwendung (›Team‹ statt ›Mannschaft‹) oder die Sichtbarmachung des Geschlechts, etwa mit Hilfe des Splittings (›Ärzte und Ärztinnen‹), vorgeschlagen. Weitergehende feministische Forderungen richteten sich auf Formulierungen mit Binnenmajuskel (›ÄrztInnen‹) oder im generischen Femininum, bei dem die weibliche Form als allgemeine verwendet wird; das soll dazu dienen, die eingespielten Routinen der Ungleichbehandlung zu stören und der männlichen Hegemonie in der Gesellschaft entgegenzuwirken (Cameron 1992, 125–127). Angestoßen durch den Transgender-Aktivismus der letzten beiden Dekaden hat in Deutschland inzwischen der so genannte *Gender-Gap* (›Ärzt_innen‹) einige Verbreitung gefunden, der auch Transgender-Identitäten und intersexuellen Menschen sprachlichen Raum bieten soll (vgl. Herrmann 2003).

Sprachliche Vielfalt und Sprachengerechtigkeit

Fragen sprachlicher Gerechtigkeit stellen sich schließlich auch angesichts des Faktums sprachlicher Vielfalt. Immer dann, wenn verschiedene Sprachen gesprochen werden, können Probleme sprachlicher Gerechtigkeit entstehen. Das Feld der ›Sprachengerechtigkeit‹ wird aus der Perspektive der Soziologie (May 2008), der Rechtstheorie (Mowbray 2012) und auch der politischen Philosophie (Kymlicka/Patten 2003; De Schutter 2007; De Schutter/Ypi 2012) untersucht, wobei sich politische Fragen der Gerechtigkeit aus prinzipiellen Gründen stellen. Denn sprachpolitisch ist der Staat zur Nicht-Neutralität verdammt, er muss sich gezwungenermaßen einer bestimmten Sprache bedienen, was unweigerlich den Ausschluss oder die Nichtberücksichtigung anderer Sprachen mit sich bringt.

Dieses prinzipielle Problem manifestiert sich in unterschiedlichen sozialen, kulturellen und politischen Entwicklungen (vgl. zum Folgenden Kymlicka/Patten 2003). Das spanische Baskenland, das belgische Flandern und das kanadische Quebec bilden Beispiele für einen sprachlichen Nationalismus, bei dem sich regionale Bevölkerungsgruppen aufgrund ihrer gemeinsamen sprachlichen Identität als proto-nationale Gemeinschaften verstehen, die sich vom umfassenderen staatlichen Gebilde abgrenzen oder sogar vollständig loszusagen versuchen. Hier ist umstritten, wie weitgehend die Rechte sein können, die die Sprecher_innen der Minderheitensprache für sich beanspruchen können, bzw. welche institutionellen Gegenmaßnahmen umgekehrt legitimerweise ergriffen werden dürfen, um den sprachlich motivierten Sezessionsbestrebungen entgegenzuwirken.

Fragen der Sprachengerechtigkeit stellen sich auch im Kontext von Migration. Hier geht es nicht um das Verhältnis der dominanten Sprache zu alteingesessenen, regional verwurzelten Minderheitensprachen, sondern um den Zuzug von Bevölkerungsgruppen, die die Mehrheitssprache nicht oder nur schlecht beherrschen und die ihre Herkunftssprache unter Umständen nicht nur weiter pflegen möchten, sondern auch öffentlich gefördert sehen wollen. Auch die Verwirklichung von transnationaler Demokratie, sei es in der Europäischen Union, sei es in einer sich herausbildenden globalen Weltinnenpolitik, bringt Probleme der Sprachengerechtigkeit mit sich: Erst die Auswahl einer *lingua franca* scheint die grenzüberschreitende Formierung eines *demos* zu ermöglichen, der sich als politische Gemeinschaft versteht und in der sich die sprechenden Subjekte als gleichberechtigte Mitglieder begegnen können (vgl. Van Parijs 2013). Die Wahl einer bestimmten Sprache als *lingua franca* verleiht allerdings denjenigen, für die diese Sprache die Muttersprache darstellt, unfaire Privilegien; zugleich kann sie von den Sprecher_innen anderer Sprachen als ausschließend oder gar als ›linguistischer Imperialismus‹ (Phillipson 1992) wahrgenommen werden.

Schließlich hat auch das rasche Verschwinden vieler Sprachen der Welt Relevanz für Fragen der Gerechtigkeit. Angesichts der Tatsache, dass weltweit bis zu 90 Prozent aller Sprachen vom ›Aussterben‹ bedroht sind – die meisten davon Sprachen indigener Bevölkerungsgruppen – (Nettle/Romaine 2000), stellt sich die Frage, ob es so etwas wie ein Recht auf sprachliches Überleben gibt (Freeland/Patrick 2004). Ein solcher garantierter Anspruch auf die Bewahrung von Sprachen wird etwa mit dem Verweis auf den Wert sprachlicher Diversität begründet oder auch mit dem Argument, dass Sprache für viele Menschen nicht einfach ein beliebiges Mittel der Kommunikation sei, sondern konstitutiv für ihre Identität.

Systematische Fragen der Sprachengerechtigkeit (vgl. Kymlicka/Patten 2003) sind unter anderem das Verhältnis von toleranz- und förderungsorientierten Rechten (eingeführt von Kloss 1977): Toleranzrechte beziehen sich auf die Nichteinmischung von Seiten des Staates in die sprachliche Lebensführung, sei es in der eigenen Wohnung oder in Verbänden, während sich förderungsorientierte Rechte auf den staatlich garantierten Anspruch auf den öffentlichen Gebrauch einer Sprache beziehen, etwa im Rechts- oder Bildungswesen. Auch das Verhältnis universeller und partikularer Sprachenrechte ist umstritten: Soll Sprachengerechtigkeit im Rahmen universeller Menschenrechte ausbuchstabiert werden oder ist sie an den partikularen Kontext eines spezifischen Landes mit spezifischen Formen von Mehrsprachigkeit gebunden? Diejenigen Forscher_innen, die sich für sprachliche Menschenrechte starkmachen (Skutnabb-Kangas/Phillipson 1995), zielen vornehmlich auf das universelle Recht, öffentlich geförderten Unterricht in der Muttersprache zu institutionalisieren; doch die Stärke dieses Ansatzes, sein Anspruch auf Universalismus, geht mit der Schwäche einher, dass auf universelle Weise nur recht minimale Sprachenrechte begründet werden können.

Literatur

Austin, John L.: *Zur Theorie der Sprechakte (How to Do Things with Words)*. Stuttgart ²1979.

Bourdieu, Pierre: *Was heißt sprechen? Zur Ökonomie des sprachlichen Tausches*. Wien ²2005.

Brison, Susan: *Aftermath. Violence and the Remaking of a Self*. Princeton 2002.

Butler, Judith: *Das Unbehagen der Geschlechter*. Frankfurt a. M. 1991 (engl. 1990).

–: *Haß spricht. Zur Politik des Performativen*. Berlin 1998 (engl. 1997).

Cameron, Deborah: *Feminism and Linguistic Theory*. Basingstoke ²1992.

Congdon, Matthew: Wronged beyond words: On the publicity and repression of moral injury. In: *Philosophy and Social Criticism* (Online-Version April 2015), http://psc.sagepub.com/content/early/2015/04/22/0191453715580158.full.pdf+html (27.10.2015).

De Schutter, Helder: Language policy and political philosophy. On the emerging linguistic justice debate. In: *Language Problems and Language Planning* 31/1 (2007), 1–23.

–/Ypi, Lea: Language and luck. In: *Politics, Philosophy & Economics* 11/4 (2012), 357–381.

Delgado, Richard: Words that wound: A tort action for racial insults, epithets and name calling. In: Kimberlé Crenshaw et al. (Hg.): *Words That Wound. Critical Race Theory, Assaultive Speech, and the First Amendment*. Boulder 1993.

Freeland, Jane/Patrick, Donna (Hg.): *Language Rights and Language Survival. Sociolinguistic and Sociocultural Perspectives*. Manchester 2004.

Fricker, Miranda: *Epistemic Injustice. Power and the Ethics of Knowing*. Oxford 2007.

Habermas, Jürgen: *Theorie des kommunikativen Handelns*. 2 Bde. Frankfurt a. M. 1981.

–: *Moralbewußtsein und kommunikatives Handeln*. Frankfurt a. M. 1983.

Haslanger, Sally: Oppression: Racial and other. In: Michael

P. Levine/Tamas Pataki (Hg.): *Racism in Mind*. Ithaca 2004, 97–123.
Herrmann, Steffen Kitty: Performing the Gap – Queere Gestalten und geschlechtliche Aneignung. In: *Arranca!* 28 (2003), 22–26.
Klann-Delius, Gisela: *Sprache und Geschlecht*. Stuttgart 2005.
Kloss, Heinz: *The American Bilingual Tradition*. Rowley 1977.
Kymlicka, Will/Patten, Alan (Hg.): *Language Rights and Political Theory*. Oxford 2003.
Langton, Rae: Sprechakte und unsprechbare Akte. In: Steffen K. Herrmann/Sybille Krämer/Hannes Kuch (Hg.): *Verletzende Worte. Die Grammatik sprachlicher Missachtung*. Bielefeld 2007, 107–146.
Leeten, Lars (Hg.): *Moralische Verständigung. Formen einer ethischen Praxis*. Freiburg 2013.
MacKinnon, Catharine: *Only Words*. Cambridge 1993.
Maitra, Ishani/McGowan, Mary Kate (Hg.): *Speech and Harm. Controversies Over Free Speech*. Oxford 2012.
May, Stephen: *Language and Minority Rights. Ethnicity, Nationalism and the Politics of Language*. New York [2]2008.
McGowan, Mary Kate: Oppressive speech. In: *Australasian Journal of Philosophy* 87/3 (2009), 389–407.
Mowbray, Jacqueline: *Linguistic Justice. International Law and Language Policy*. Oxford 2012.
Nettle, Daniel/Romaine, Suzanne: *Vanishing Voices. The Extinction of the World's Languages*. Oxford 2000.
Phillipson, Robert: *Linguistic Imperialism*. Oxford 1992.
Pusch, Luise: *Das Deutsche als Männersprache*. Frankfurt a. M. 1984.
Rawls, John: *Eine Theorie der Gerechtigkeit*. Frankfurt a. M. 1979 (engl. 1971).
Skutnabb-Kangas, Tove/Phillipson, Robert (Hg.): *Linguistic Human Rights. Overcoming Linguistic Discrimination*. Berlin 1995.
Talbot, Mary: *Language and Gender. An Introduction*. Cambridge [2]2010.
Trömel-Plötz, Senta: Sprache: Von Frauensprache zu frauengerechter Sprache. In: Ruth Becker/Beate Kortendiek (Hg.): *Handbuch Frauen- und Geschlechterforschung*. Wiesbaden [2]2008, 748–751.
Van Parijs, Philippe: *Sprachengerechtigkeit für Europa und die Welt*. Berlin 2013.
Young, Iris Marion: Fünf Formen der Unterdrückung. In: Herta Nagl-Docekal/Herlinde Pauer-Studer (Hg.): *Politische Theorie*. Frankfurt a. M. 1996, 99–139.
–: *Inclusion and Democracy*. Oxford 2002.

Hannes Kuch

75 Steuern

Steuern sind eine wesentliche Einkommensquelle moderner Staaten. Öffentliche Ausgaben werden im Regelfall zu einem großen Teil aus ihnen gedeckt. Was auf Seiten des Staates als Einnahme verbucht wird, ist auf Seiten der Besteuerten – seien es Individuen oder Körperschaften – eine Abgabe, deren Tätigung und Umfang nicht ins individuelle Belieben gestellt ist. Deshalb stellen sich Rechtfertigungsfragen in Bezug auf die Praxis der Besteuerung: Greift sie in Eigentumsrechte der Besteuerten ein? Falls ja, ist dieser Eingriff zulässig, und weshalb? In welchem Umfang und zu welchen Zwecken ist Besteuerung gerechtfertigt? Diese Fragen betreffen die Existenz bestimmter moralischer Ansprüche und Befugnisse und berühren sich mit der Frage nach der Rechtfertigung politischer Herrschaft insgesamt. Zugleich wirft die Praxis der Besteuerung zwei Gerechtigkeitsfragen in einem engeren, spezifisch distributiven Sinne auf. Erstens: Was sind die Kriterien einer fairen Verteilung der Steuerlast? Und zweitens: Welche Art von Steuersystem ist am ehesten dazu geeignet, eine solche faire Verteilung zu gewährleisten? Unterschiedliche Konzeptionen von Gerechtigkeit haben unterschiedliche Implikationen für die Beantwortung der ersten dieser beiden Fragen. Die Beantwortung der zweiten Frage hängt zudem von empirischen Annahmen über individuelle Verhaltensdispositionen und über ökonomische Interdependenzen ab.

Steuern und gesellschaftliche Wohlfahrt

Ein einflussreicher Strang der Literatur zu normativen Fragen der Besteuerung, nämlich der Beitrag der Wohlfahrtsökonomie, nähert sich dem Thema primär aus einer konsequentialistischen Perspektive (vgl. den Überblick in Slemrod 2006). Als das grundlegende Ziel von Besteuerung wird dort eine optimale Allokation des gesamtgesellschaftlichen Einkommens auf den privaten und den öffentlichen Sektor angesehen. Das wünschenswerte Steuersystem ist eines, das dieses auf unterschiedliche Weisen spezifizierbare Optimum gesamtgesellschaftlicher Wohlfahrt realisiert. Besteuerung entzieht bestimmte Summen der privaten Verfügung und stellt sie unter die Verfügung öffentlicher Institutionen. Wünschenswert ist Besteuerung dann genau in dem Maße und in der Weise, wie die Verwendung dieser Summen durch die öffentliche Hand bessere (wohlfahrtsrelevante) Folgen hat, als es die Verwendung derselben Mittel durch die privaten Haushalte hätte, denen diese Mittel entzogen werden. Gerechtigkeitsfragen im engeren Sinne finden hierbei keine eigenständige Berücksichtigung, und die Frage nach dem Verhältnis zwischen Wohlfahrtsmaximierung und Erfordernissen der Gerechtigkeit bleibt unbeantwortet (vgl. dazu Kaplow 2008, Kap. 15).

Zu den aus wohlfahrtsökonomischer Perspektive zu bewertenden Folgen eines Steuersystems gehört insbesondere die Schaffung spezifischer Handlungsanreize. Transaktionen, Güter und Lebensformen, die einer relativ höheren Besteuerung unterliegen als andere, werden gegenüber solchen, von denen das Gegenteil gilt, unattraktiver gemacht. Auf diese Weise beeinflusst Besteuerung z. B. die Entscheidungen von Individuen zwischen Arbeit und Muße, Konsum und Sparen, Elternschaft und Kinderlosigkeit, unterschiedlichen Konsum- und Investitionsentscheidungen und viele mehr, aber auch die Produktionsentscheidungen von Firmen. Alle diese empirischen Aspekte sind aus konsequentialistischer Sicht insoweit normativ relevant für die Gestaltung eines Steuersystems, als es wünschenswert sein kann, die betreffenden Aktivitäten und Entscheidungen auf bestimmte Weise zu beeinflussen oder umgekehrt eine solche nicht marktvermittelte Beeinflussung als ›effizienzverzerrend‹ gerade zu minimieren (vgl. z. B. Musgrave/Musgrave 1989, 279–284).

Steuern und Eigentumsrechte

Die Möglichkeit der Rechtfertigung von Besteuerung insgesamt hängt wesentlich davon ab, welche moralischen Ansprüche Personen und Körperschaften auf unversteuerte Einkommen und Vermögen haben. In Bezug auf diese Frage, die von der Wohlfahrtsökonomie nicht gestellt wird, stehen sich in der neueren philosophischen Literatur zwei paradigmatische Positionen gegenüber. Libertäre Autoren wie Robert Nozick und Richard Epstein betrachten u. a. unter Berufung auf die Eigentumskonzeption von John Locke Eigentumsrechte als natürliche Rechte. Besteuerung erscheint aus dieser Sicht grundsätzlich moralisch fragwürdig, da sie eine Art von Enteignung darstelle (Nozick 1974, 169–172). Auf der anderen Seite argumentieren insbesondere Thomas Nagel und Liam Murphy (2002), Eigentumsansprüche seien stets konventioneller Natur und ließen sich jeweils nur in Bezug auf einen umfassenden institutionellen Kontext rechtfertigen. Sie könnten aus zwei Gründen nicht als normativer Maßstab für Fragen nach der Rechtfertigung von Steuern dienen: Erstens verdankten sich ihr Schutz und ihre spezifische Ausgestaltung der Ausübung staatlicher Gewalt und damit zugleich der Praxis der Besteuerung (Murphy/Nagel 2002, 8). Zweitens bemesse sich der moralische Umfang von Eigentumsrechten daran, was eine gerechte gesellschaftliche Verteilung von Gütern darstelle, nicht umgekehrt. Deshalb seien unversteuertes Einkommen und unversteuertes Vermögen anders als nach libertärer Auffassung keine normative Basis, anhand derer sich die Gerechtigkeit von Steuerbelastungen bemessen ließe (ebd., 75).

Der Disput zwischen der libertären und der konventionalistischen Eigentumskonzeption hat auch Implikationen im Hinblick auf die Frage, welche Arten von staatlicher Aktivität und staatlichen Ausgaben legitimerweise durch Steuern finanziert werden können. Aus libertärer Sicht stellen Transfers zum Zwecke der allgemeinen Wohlfahrt und der Verteilungsgerechtigkeit immer einen Eingriff in moralische Eigentumsrechte dar. Demgegenüber können aus konventionalistischer Sicht nur diejenigen Ansprüche überhaupt als moralische Eigentumsrechte gelten, die mit der Verfolgung weitergehender moralischer Ziele, insbesondere mit sozialer Gerechtigkeit, vereinbar sind. Allerdings muss man nicht die konventionalistische These akzeptieren, um Besteuerung und damit die Einschränkung von Eigentumsrechten im Dienste bestimmter Ziele für gerechtfertigt halten zu können. So halten viele Vertreter einer libertären Eigentumskonzeption (darunter Epstein 1985 und Nozick 1974) die Erhebung von Steuern zur Finanzierung bestimmter ›öffentlicher Güter‹ für legitim, das heißt solcher Güter, deren Bereitstellung ein freier Markt nicht effizient gewährleisten würde, weil nichtzahlende Individuen von ihrer Nutzung nicht ausgeschlossen werden können und ihre private Produktion deshalb unrentabel wäre. Dazu gehören nach verbreiteter Ansicht z. B. öffentliche Sicherheit und nationale Verteidigung. Auch so genannte Pigou-Steuern auf Aktivitäten, die Kosten für unbeteiligte Parteien verursachen (wie z. B. CO_2-Ausstoß), und die steuerbasierte Finanzierung wohlfahrtsstaatlicher Transferleistungen stehen nicht in prinzipiellem Konflikt mit einer libertären Konzeption von Eigentum. Sie müssen nicht einmal mit der weitergehenden These konfligieren, dass sich die Einschränkung von Eigentumsrechten niemals oder nur innerhalb sehr enger Grenzen rechtfertigen lässt (so bei Nozick 1974), sofern der Umfang dieser Eigentumsrechte seinerseits entsprechend eng gefasst wird. Letzteres ist etwa bei links-libertären Philosophen der Fall, denen zufolge Eigentumsrechte sich auf die ›Früchte eigener Arbeit‹ beschränken und sich nicht auf natürliche Ressourcen erstrecken (vgl. Steiner 1994, 266–280).

Verteilungsgerechtigkeit

Abgesehen von der Frage, ob und in welchem Umfang Besteuerung insgesamt gerechtfertigt werden kann, ergeben sich mit Blick auf die Praxis der Besteuerung Fragen der distributiven Gerechtigkeit. Dabei kann es 1) um eine gerechte Verteilung der Steuerlast selber als einer spezifischen Art von Bürde gehen oder 2) allgemeiner um eine gerechte gesellschaftliche Ressourcen- oder Chancenverteilung, die sich unter anderem auf dem Wege der Besteuerung vollzieht. Aus der ersten dieser beiden Perspektiven wird ein Steuersystem als solches auf seine Gerechtigkeit hin beurteilt. Aus der zweiten Perspektive kann von distributiver Gerechtigkeit nur in Bezug auf eine Gesamtheit gesellschaftlicher Institutionen die Rede sein, in deren Kontext ein Steuersystem eine instrumentelle Rolle zur Sicherung etwa von Chancengleichheit oder anderer Gerechtigkeitsziele spielen kann.

1) Die erste, engere dieser beiden Perspektiven ist über lange Zeit hinweg für Debatten über Steuergerechtigkeit prägend gewesen. Im Hinblick auf die Frage nach den Kriterien einer fairen Verteilung der Steuerlast sind dabei in der Literatur zwei grundlegende Vorschläge artikuliert worden: das Äquivalenzprinzip (*benefit principle*) und das Leistungsfähigkeitsprinzip (*ability to pay principle*) (vgl. Musgrave 1959, 61–115).

Vertreter des Äquivalenzprinzips betrachten Steuern als ›Schattenpreise‹ für die Güter und Dienstleistungen, die ein Staat seinen Bürgern zur Verfügung stellt. Unter dem Gesichtspunkt distributiver Gerechtigkeit sollten aus ihrer Sicht die Abgaben jeder einzelnen Person an den Staat den Gegenwert des individuellen Nutzens darstellen, den diese Person aus den Aktivitäten des Staates bezieht. Steuern dienen demnach in erster Linie dazu, öffentliche Güter zur Verfügung zu stellen, die von Bürgern gewünscht werden, deren Produktion aber aufgrund ihrer oben beschriebenen Struktur privatwirtschaftlich unrentabel ist und deshalb nur durch die Erhebung von Steuern gewährleistet werden kann. Die Gerechtigkeitsnorm der Gleichbehandlung von Individuen durch den Staat wird nach dem Äquivalenzprinzip genau dann gewährleistet, wenn jede Person gleichermaßen so viel zur Finanzierung öffentlicher Güter beitragen muss, wie es ihrem Nutzen aus solchen Gütern oder ihrer Nachfrage nach solchen Gütern entspricht. Ob das Äquivalenzprinzip in der Praxis eine progressive, eine proportionale oder eine regressive Form von Besteuerung impliziert, hängt davon ab, wie sich der individuelle Nutzen, den Personen aus staatlichen Ausgaben beziehen, zur Größe ihres Einkommens oder Vermögens verhält (Blum/Kalven 1952, 451 f.).

Das Äquivalenzprinzip hat eine gewisse Affinität zu gerechtigkeitstheoretischen Ansätzen, die das normative Gewicht individueller Eigentumsrechte betonen (dazu Fried 1999). Ein wesentliches Defizit des Äquivalenzprinzips besteht darin, dass es staatliche Umverteilung grundsätzlich ausschließt, da nach diesem Prinzip in einem gerechten Steuersystem jeder empfangenen staatlichen Leistung eine gleichwertige Zahlung entsprechen muss. Deshalb ist das Äquivalenzprinzip nur dort, wo Einkommen und Vermögen bereits unabhängig von staatlicher Intervention vollkommen gerecht verteilt sind, mit umfassenderen Forderungen distributiver Gerechtigkeit vereinbar (vgl. Murphy/Nagel 2002, 16–19). Zudem ergeben sich konzeptuelle und epistemische Schwierigkeiten bei der Bezifferung des Nutzens öffentlicher Güter für die einzelnen Individuen, da unklar ist, relativ zu welchem alternativen Zustand dieser Nutzen gemessen werden sollte und wie er sich in der Praxis ermitteln lässt (vgl. Fried 1999, 165–172; Kaplow 2008, 403 f.).

Das Leistungsfähigkeitsprinzip erfordert im Gegensatz zum Äquivalenzprinzip nicht, dass sich der individuelle Nutzen öffentlich finanzierter Güter beziffern lässt. Stattdessen soll die individuelle Steuerlast sich daran bemessen, wie viel eine Person zu den gegebenen Aufwendungen eines Staates beizutragen in der Lage ist. Individuen mit gleicher Leistungsfähigkeit sollen gleich besteuert werden. Als eine Version des Leistungsfähigkeitsprinzips kann z. B. die einflussreiche Position John Stuart Mills gelten, der zufolge Gerechtigkeit in der Besteuerung darin besteht, den Besteuerten gleich große Opfer abzuverlangen (Mill 1848/1965, 807). Um das Prinzip zu konkretisieren, bedarf es allerdings einer Bestimmung dessen, was unter Leistungsfähigkeit zu verstehen ist oder worin die Gleichheit von Opfern besteht. So können z. B. Einkommen, Vermögen oder Konsum (oder eine Kombination davon) als Maßstäbe oder Approximationen von Leistungsfähigkeit herangezogen werden und so als Bemessungsgrundlage dienen. Ein gleiches Opfer könnte dann etwa in gleichen proportionalen Zahlungen relativ zu der relevanten Bemessungsgrundlage bestehen. Es könnte aber auch in der (absoluten oder proportionalen) Gleichheit des Nutzens bestehen, den die private Verfügung über die abgegebene Geldsumme für eine Person bedeutet hätte. Bei abnehmendem Grenznutzen von Vermögen würde das überproportionale Zahlungen seitens reicherer Individuen erfordern, also eine progressive anstatt einer proportionalen Besteuerung von Individuen (vgl. Fried 1999, 188).

Das Leistungsfähigkeitsprinzip ist anders als das Äquivalenzprinzip mit redistributiven Maßnahmen vereinbar. Dennoch ist es zweifelhaft, dass dieses Prinzip sich dazu eignet, die Gerechtigkeit eines Steuersystems zu ermessen, da es von der Ausgabenseite – der Verwendung des Steueraufkommens – völlig abstrahiert. Demgegenüber liegt aber der Gedanke nahe, dass ein und dieselbe Art von Besteuerung in Verbindung mit unterschiedlich gearteten staatlichen Leistungen und Transfers die Erfordernisse distributiver Gerechtigkeit entweder erfüllen oder verletzen kann (Fried 1999; Murphy/Nagel 2002, 25).

2) Gegenüber den beiden genannten Prinzipien argumentieren Murphy und Nagel (2002) im Sinne der zweiten der beiden oben unterschiedenen Perspektiven, dass sich die Gerechtigkeit von Steuersystemen überhaupt nicht angemessen auf eine Weise verstehen lässt, die unversteuertes Einkommen oder Vermögen als Bemessungsbasis zugrunde legt. Es gebe keine institutionelle Ebene unterhalb des Systems sozialer Institutionen insgesamt, auf der sich distributive Gerechtigkeit einschätzen ließe. Aus dieser letzteren Perspektive gibt es über Steuergerechtigkeit als solche nicht viel zu sagen. Steuern sind lediglich eines unter verschiedenen Mitteln zur Herstellung sozialer Gerechtigkeit; ob ein Steuersystem die Erfordernisse dieser oder jener Konzeption distributiver Gerechtigkeit erfüllt, hängt jeweils davon ab, welche anderen Verteilungs- und Umverteilungsmechanismen in einer Gesellschaft institutionalisiert sind (vgl. auch Fried 1999, 182; Dworkin 2006, 112–117).

Verhaltenseffekte

Die Besteuerung bestimmter Transaktionen, Aktivitäten und Güter führt dazu, dass die Besteuerten sich – im Einzelnen abhängig von Bemessungsgrundlage und Steuersatz – anders verhalten, als sie es ohne die jeweilige Besteuerung tun würden (vgl. dazu u. a. Slemrod 2006). Beispielsweise weichen sie in gewissem Umfang von steuerlich stärker belasteten Transaktionen, Aktivitäten und Gütern auf andere aus (Substitutionseffekt); zugleich entscheiden sie sich in Bezug auf Erwerbsarbeit möglicherweise dazu, der besteuerten Aktivität in höherem Maße nachzugehen, um das durch die Besteuerung entgangene Einkommen zu ersetzen, und reduzieren dafür andere, nicht erwerbsförmige Aktivitäten (Einkommenseffekt). Effekte dieser Art werfen mindestens zwei Arten von Gerechtigkeitsfragen auf.

Erstens sorgen sie dafür, dass die effektive Belastung, die durch eine Steuer entsteht, teils andere Personen als diejenigen trifft, die formal gesehen die Steuer abführen müssen, z. B. aufgrund verringerter Nachfrage nach bestimmten Gütern oder aufgrund von Entscheidungen für oder gegen bestimmte Aktivitäten, von denen wiederum andere betroffen sind. Formale und effektive Steuerbelastung bzw. ›Steuerinzidenz‹ können daher auseinanderklaffen (vgl. Musgrave/Musgrave 1989, 234–238). Plausiblerweise ist unter Gesichtspunkten der Verteilungsgerechtigkeit die effektive Inzidenz die relevante Größe. Diese hängt aber zum großen Teil von empirisch variablen Handlungsdispositionen und gesellschaftlichen Interdependenzen ab. Damit ist der Möglichkeit einer Formulierung allgemeiner Kriterien für die Gerechtigkeit formaler steuerlicher Regelungen eine prinzipielle Grenze gesetzt.

Zweitens manifestiert sich in den Verhaltenseffekten von Steuern der Umstand, dass unterschiedliche Arten der Besteuerung jeweils eine relative Besserstellung oder Benachteiligung bestimmter Aktivitäten, Vorlieben, Lebensentwürfe etc. gegenüber anderen bedeuten. Dieser ›diskriminierende‹ Aspekt von Besteuerung steht in Spannung zu dem liberalen Ideal staatlicher Neutralität gegenüber unterschiedlichen Lebensentwürfen und individuellen Zielen. Allerdings lässt sich nicht leicht bestimmen, was die moralisch relevante neutrale Basis sein könnte, relativ zu welcher die steuerliche Beeinflussung individuellen Handelns und Entscheidens eine ›Verzerrung‹ darstellt. Sowohl aus Sicht derer, die die Schlüssigkeit des Neutralitätsideals bezweifeln, als auch aus Sicht derer, die dem liberalen Ideal der individuellen Wahlfreiheit bestimmte Grenzen auferlegen möchten, bieten sich Steuern gerade aufgrund ihrer Verhaltenseffekte als Mittel zur Verwirklichung perfektionistischer Ziele wie auch gerechter Güterverteilungen an.

Erbschaft

Aus Sicht von Gerechtigkeitstheorien, die die materielle Gleichstellung von Individuen oder zumindest eine Angleichung ihrer Lebenschancen fordern, ist die Besteuerung von Vermögenstransfers durch Schenkung oder Erbschaft ein wichtiges Mittel zur Herstellung sozialer Gerechtigkeit und insbesondere sozialer Chancengleichheit (vgl. Beckert 2013; White 2008). Zugleich artikuliert sich gegen Erbschafts- und Schenkungssteuer häufig stärkerer Widerstand als gegen die Besteuerung von Einkommen, Konsum oder Vermögen, da solche Steuern in den Augen ihrer Kritiker in private Entscheidungen und grundlegende Beziehungen von Freundschaft und Familie eingreifen, die staatlicher Intervention entzogen bleiben sollten (vgl. Murphy/Nagel 2002, 146). Verteidiger einer Erbschaftssteuer halten dem entgegen, dass als Träger der Steuer nicht die Geber, sondern die Empfänger solcher Transfers anzusehen seien (Alstott 2007). Vermögenszuwachs durch Schenkung oder Erbschaft sollte demnach als eine Form von Einkommen unter anderen behandelt werden; da es sich zudem um unverdientes oder zugefallenes Eigentum handelt, wären verbreitete libertäre Einwände gegen eine Einkommenssteuer in diesem Fall unwirksam (Murphy/Nagel 2002, 147; vgl. auch Haslett 1986 und allgemeiner die Beiträge in Erreygers 2013).

Internationale und globale Steuergerechtigkeit

Zu den oben angesprochenen Verhaltenseffekten gehören auch Anstrengungen auf Seiten von Einkommensempfängern und Kapitaleigentümern (seien es natürliche Personen oder Körperschaften), Steuerzahlungen durch die Ausnutzung internationaler Steuerdifferenziale auszuweichen, indem Kapital und wirtschaftliche Aktivität real oder auf dem Papier in Länder mit geringerer Steuerbelastung verlegt werden. Solche Bemühungen können zu einem Steuerwettbewerb zwischen Staaten führen, der die Struktur eines kollektiven Handlungsproblems hat und auf dem Wege wechselseitigen Unterbietens zu einer Verringerung von Steuereinnahmen seitens aller Beteiligten führt (Brock 2009, Kap. 5.2.; Dietsch 2015, Kap. 1; Kohonen/Mestrum 2009).

Der Steuerwettbewerb zwischen Staaten untergräbt deren Fähigkeit, auf dem Wege selbstbestimmter Steuerpolitik Ziele distributiver Gerechtigkeit zu verfolgen. Zudem werden dabei kleinere, geographisch weniger flexible wirtschaftliche Akteure gegenüber großen multinationalen Konzernen benachteiligt und die Steuerlast wird infolge der Verringerung von Unternehmens- und Kapitalsteuern zunehmend von Kapitaleinkommen auf Arbeitseinkommen verschoben. Internationaler Steuerwettbewerb stellt daher aus Sicht unterschiedlicher Theorien der Steuergerechtigkeit ein Hindernis für die Realisierung distributiver Gerechtigkeit innerhalb von Staaten dar (Dietsch 2015).

Auch abgesehen von dem empirischen Phänomen des Steuerwettbewerbs kann die Frage der Steuergerechtigkeit eine Berücksichtigung der internationalen Ebene erfordern. Wenn es Erfordernisse distributiver Gerechtigkeit gibt, die sich auf internationale oder globale Verteilungen beziehen (s. Kap. II.15, 16, 17), dann kann Besteuerung ein wichtiges Instrument für die Umsetzung solcher Erfordernisse sein, sei es als Bestandteil globaler Transfers, zur Finanzierung supranationaler öffentlicher Güter oder zur Schaffung wünschenswerter Anreizstrukturen für die Aktivitäten von Staaten und privatwirtschaftlichen Akteuren (vgl. den Überblick in Brock/Pogge 2014). Hier stellen sich über die Entscheidung zwischen den oben diskutierten Ansätzen hinaus insbesondere Fragen in Bezug darauf, welche Güter, Aktivitäten und Transaktionen im Dienste globaler Gerechtigkeit besteuert werden sollten; Vorschläge dazu finden sich etwa bei Pogge (2002, Kap. 8) und bei Brock (2009, Kap. 5.3.). Die Untersuchung dieser Fragen könnte auch die etablierte Debatte über innerstaatliche Steuergerechtigkeit neu befruchten.

Literatur

Alstott, Anne: Equal opportunity and inheritance taxation. In: *Harvard Law Review* 121/2 (2007), 469–552.

Beckert, Jens: *Erben in der Leistungsgesellschaft*. Frankfurt a. M. 2013.

Blum, Walter J./Kalven Jr., Harry: The uneasy case for progressive taxation. In: *The University of Chicago Law Review* 19/3 (1952), 417–520.

Brock, Gillian: *Global Justice. A Cosmopolitan Account*. Oxford 2009.

–/Pogge, Thomas: Global tax justice and global justice. In: *Moral Philosophy and Politics* 1/1 (2014), 1–15.

Dietsch, Peter: *Catching Capital*. Oxford 2015.

Dworkin, Ronald: *Is Democracy Possible Here?* Princeton 2006.

Epstein, Richard: *Takings. Private Property and the Power of Eminent Domain*. Cambridge MA 1985.

Erreygers, Guido (Hg.): *Inherited Wealth, Justice and Equality*. London 2013.

Fried, Barbara: The puzzling case for proportionate taxation. In: *Chapman Law Review* 2/1 (1999), 157–195.

Halliday, Daniel: Justice and taxation. In: *Philosophy Compass* 8/12 (2013), 1111–1122.

Haslett, D. W.: Is inheritance justified? In: *Philosophy & Public Affairs* 15/2 (1986), 122–155.

Kaplow, Louis: *The Theory of Taxation and Public Economics*. Princeton 2008.
Kohonen, Matti/Mestrum, Francine (Hg.): *Tax Justice. Putting Global Inequality on the Agenda*. London 2009.
Mill, John Stuart: *The Principles of Political Economy* [1848]. Toronto 1965.
Murphy, Liam/Nagel, Thomas: *The Myth of Ownership*. Oxford 2002.
Musgrave, Richard: *The Theory of Public Finance*. New York 1959.
–: A brief history of fiscal doctrine. In: Alan J. Auerbach/ Martin Feldstein: *Handbook of Public Economics*, Bd. 1. Amsterdam 1985.
–/Musgrave, Peggy: *Public Finance in Theory and Practice* [1973]. New York 1989.
Nozick, Robert: *Anarchy, State, and Utopia*. New York 1974.
Pogge, Thomas: *World Poverty and Human Rights*. Cambridge 2002.
Slemrod, Joel: The consequences of taxation. In: *Social Philosophy and Policy* 23/2 (2006), 73–87.
Steiner, Hillel: *An Essay on Rights*. Oxford 1994.
White, Stuart: What (if anything) is wrong with inheritance tax? In: *The Political Quarterly* 79/2 (2008), 162–171.

Felix Koch

76 Strafe und Strafvollzug

Wendet man sich der Frage nach der Gerechtigkeit staatlicher Strafe zu, so hat man zunächst die möglichen grundlegenden Prinzipien, auf denen das Strafrecht eines Staats fußen kann, einer allgemeinen rechtsphilosophischen Kritik zu unterziehen. Man muss dann die möglichen Prinzipien daraufhin befragen, ob und wie sie im Allgemeinen als gerecht begründet werden können und somit geeignet sind, als Fundament einer rechtsstaatlichen Strafrechtsordnung zu dienen. Diese Fragen nach der allgemeinen Rechtfertigung ihrer Geltung betreffen die basalen Prinzipien der Strafbegründung, der Strafbemessung und des Strafverfahrens (s. Kap. II.19).

Die Frage nach der Gerechtigkeit staatlicher Strafe reduziert sich jedoch nicht darauf, basale Prinzipien als gerecht zu begründen. Denn auch mit Blick auf solche Prinzipien, die bereits als gerecht begründet gelten und die als Basis einer bestehenden rechtsstaatlichen Strafrechtsordnung anerkannt sind, kann noch einmal gesondert gefragt werden, ob ihre Anwendung im Allgemeinen den Bedingungen der Gerechtigkeit genügt. Diese Fragen nach der Anwendungsgerechtigkeit innerhalb eines etablierten Strafrechtssystems betreffen dabei die näheren Bestimmungen der Strafzumessung sowie die näheren Bestimmungen zu Art und Umfang der Strafvollstreckung.

Die nachfolgenden Ausführungen beziehen sich exemplarisch auf das Strafrechtssystem der Bundesrepublik Deutschland als Beispiel einer bereits bestehenden rechtsstaatlichen Strafrechtsordnung und -praxis.

Gerechte Strafzumessung

Wie für jede rechtsstaatliche Ordnung im Allgemeinen, so gilt auch für eine rechtsstaatliche Strafrechtsordnung, dass sie dem Grundsatz der Gleichheit aller Rechtsadressaten vor dem Gesetz (*ius respicit aequitatem*) verpflichtet sein muss, um als gerecht gelten zu können (zum Begriff ›Gleichheit‹ s. Kap. II.28). Ein solcher Gleichheitsgrundsatz muss für die rechtsstaatliche Legislative, Exekutive und Judikative bindend sein. Er verbietet es, Rechtsadressaten etwa wegen ihres Geschlechts, ihrer Abstammung, ihrer Sprache, ihres religiösen Glaubens oder ihrer politischen Anschauungen zu benachteiligen oder zu bevorzugen (vgl. für die Bundesrepublik Deutschland Art. 3 Abs. 1 GG). Dadurch soll vor allem gewährleistet werden, dass Benachteiligungen ausgeschlossen sind, die der jeweiligen Sachfrage fremd sind und lediglich auf ungerechtfertigten Vorurteilen gegenüber bestimmten Bevölkerungsgruppen beruhen (vgl. Jescheck/Weigend 1996, 875 f., 890, 899; Hörnle 2010, 105, 120–122). Der Gleichheitsgrundsatz ist gemeinhin dann verletzt, wenn ein bestimmter Rechtsadressat im Vergleich zu den übrigen Rechtsadressaten rechtlich anders behandelt wird, obwohl zwischen ihnen keine Unterschiede von solcher Art und solchem Gewicht bestehen, dass sie die rechtliche Ungleichbehandlung rechtfertigen würden. Die allgemeine Geltung des Gleichheitsgrundsatzes impliziert allerdings nicht, dass im Namen der Gerechtigkeit sämtliche bestehende Unterschiede zwischen den einzelnen Rechtsadressaten und ihrem jeweiligen rechtlich relevanten Tun ignoriert werden müssen oder sollen. Das vom Gleichheitsgrundsatz ausgehende Differenzierungsverbot ist daher ebenso wenig ein absolutes Verbot jeglicher Differenzierung, wie der Gleichheitsgrundsatz ein Grundsatz absoluter Gleichheit ist. Denn gerade die Forderung nach Gerechtigkeit macht Differenzierungen erforderlich, um rechtlich relevante Unterschiede im Tun der Rechtsadressaten angemessen erfassen und würdigen zu können. Deshalb verlangt der Gleichheitsgrundsatz keine uniforme und kontextblinde Anwendung des Rechts. Vielmehr geht von ihm die Forderung aus, gleiches Tun gleich und ungleiches Tun ungleich zu behandeln (vgl. Bleckmann 1995; Wolfrum 2003). Im Rahmen des Strafrechts findet diese Forderung ihren Ausdruck in dem Gebot, dass tatbestandlich gleiches Handeln strafrechtlich gleich zu behandeln ist.

Obwohl durch die Befolgung des Gleichheitsgrundsatzes dem Willkürverbot einer rechtsstaatlichen Ordnung im Allgemeinen Genüge getan wird, darf man nicht verkennen, dass dem Gesetzgeber hier ein recht weiter Ermessensspielraum bei der Formulierung gesatzten Rechts zukommt. Es obliegt nämlich weitgehend seiner Entscheidung, welche Merkmale einer Sachlage überhaupt als so relevant angesehen werden, dass sie in die Formulierung eines Gesetzes Eingang finden. Dies ist mit Blick auf die Gerechtigkeit in einem Rechtsstaat kein unwesentlicher Punkt. Denn welches Tun in welcher tatbestandlichen Hinsicht im Allgemeinen als gleiche oder als ungleiche Handlung zählen kann, wird zuallererst dadurch bestimmt, welche Merkmale einer Sachlage jeweils Eingang in die Formulierung eines geltenden Strafgesetzes gefunden haben. Neben diesem Ermessensspielraum des Gesetzgebers bei der Formulierung gesatzten Rechts gibt es aber in vielen Strafrechtsordnungen bestehender Rechtsstaaten noch eine weitere Ebene, die durch zum Teil erhebliche Ermessensspielräume gekennzeichnet ist. Dies betrifft die geltenden relativen Strafdrohungen und die nach tatrichterlicher Feststellung der Schuldfähigkeit und Schuld eines Angeklagten erfolgende Strafzumessung durch die Strafgerichte (vgl. Streng 2013, § 46 Rn 5).

In den meisten Strafrechtsordnungen moderner Rechtsstaaten ist das System angedrohter Strafen für gesetzlich bestimmte Typen begangener Straftaten, d. h. Normtatbestände, weitgehend durch relative Strafdrohungen bestimmt. Ausnahmen bilden zumeist nur wenige absolute Strafdrohungen, die oft auch zugleich die höchstmöglichen Strafdrohungen innerhalb eines gegebenen Strafrechtssystems darstellen. In der Bundesrepublik Deutschland ist dies die Androhung einer lebenslangen Freiheitsstrafe für z. B. Mord (vgl. StGB, § 211), für besonders schwere Fälle des Totschlags (vgl. StGB, § 212) oder für Völkermord (vgl. VStGB, § 6). Bei einer lebenslangen Freiheitsstrafe kann zwar nach Verbüßung von mindestens 15 Jahren Haft erstmals die Aussetzung des Strafrestes überprüft werden (vgl. StGB, § 57a), und sofern dies abgelehnt wird, kann der Verurteilte alle zwei Jahre erneut einen Antrag stellen. Aber die Strafdrohung für z. B. Mord ist in der Bundesrepublik Deutschland insofern absolut, als es keine gesetzlich vorgesehene Varianz der Haftzeit bei der Strafzumessung durch die Strafgerichte gibt (vgl. StGB, § 38), anders als etwa in Norwegen oder Portugal, wo Mord durch so genannte ›zeitige‹ (d. h. von vornherein zeitlich befristete) Strafen geahndet wird. Allerdings ist auch in der Bundesrepublik Deutschland eine gewisse Varianz dadurch gegeben, dass bei der Verurteilung zu einer lebenslangen Freiheitsstrafe neben der Schuld zudem die ›besondere Schwere der Schuld‹ festgestellt werden kann, was eine Aussetzung des Strafrestes nach bereits 15 Jahren auch bei guter Führung und guter Sozialprognose ausschließt. (Das in den letzten Jahren viel diskutierte und 2013 reformierte Mittel der Unterbringung in der Sicherungsverwahrung kann jedoch nicht im Sinne einer solchen Varianz gedeutet werden, da es keine Freiheitsstrafe, sondern eine Maßregel der Besserung und Sicherung ist, vgl. StGB § 66).

Im Gegensatz zu absoluten Strafdrohungen zeichnen sich relative Strafdrohungen dadurch aus, dass die Angaben der jeweils angedrohten Strafen für die gesetzlich bestimmten Normtatbestände eine bestimmte Variabilität aufweisen, deren Grenzen durch eine Mindest- und eine Höchststrafe bestimmt sind. Diese

Variabilität der Strafzumessung für Normtatbestände bildet den Strafrahmen, der vom Gesetzgeber im Vorhinein festgelegt ist. Der jeweilige Strafrahmen soll dabei zum einen in allgemeiner Weise die Unrechts- und Schuldbewertung von Normtatbeständen durch den Gesetzgeber zum Ausdruck bringen (vgl. Lackner/Kühl 2014, § 46 Rn 6). Zum anderen soll er die allgemein denkbare Varianz adäquater tatrichterlicher Strafzumessungserwägungen bei der Bestrafung tatbestandsmäßig handelnder Rechtsadressaten abbilden (vgl. Hassemer 1968, 281). Die Etablierung von Strafrahmen in Form gesatzten Rechts soll somit die tatrichterlichen Instanzen in die Lage versetzen, für jede einzelne konkrete Straftat eine angemessene Strafe zu verhängen und dabei zugleich, fern aller Willkür bei der Strafzumessung, an die allgemeinen Wertungen des Gesetzgebers gebunden zu sein.

Der dadurch in der Strafpraxis eröffnete tatrichterliche Ermessensspielraum bei der Würdigung des jeweiligen Einzelfalls erfährt eine zusätzliche Erweiterung durch die vom Gesetzgeber vorgesehene Möglichkeit, dass das Strafgericht bei der Strafzumessung den jeweiligen Tatbestand als minder schweren oder besonders schweren Fall bewertet. Diese Möglichkeit stellt nicht nur eine weitere Flexibilisierung der tatrichterlichen Strafzumessung dar, um dem jeweiligen Einzelfall noch besser Rechnung tragen zu können (vgl. Eisele 2004, 101). Mit ihr wird vom Gesetzgeber auch noch einmal die gewichtige Rolle der tatrichterlichen Urteilskraft bei der Entscheidung über die im jeweiligen Einzelfall adäquate Strafzumessung hervorgehoben. Unter dem Gesichtspunkt der Anwendungsgerechtigkeit ist diese Hervorhebung der je situations- und kontextbezogenen Urteilskraft bei der Würdigung des jeweiligen Einzelfalls begrüßenswert. Denn die jeweiligen situations- und kontextspezifischen Merkmale, die für eine gerechte Strafzumessung relevant sind, können zwar jeweils vom Tatrichter erfasst werden, nicht jedoch von den allgemeinen Bestimmungen, die vorgängig zum jeweiligen besonderen Einzelfall als Strafgesetze formuliert wurden. Daher kann gesetzlich auch nur formal die Möglichkeit des Vorliegens eines minder schweren oder besonders schweren Falls eingeräumt werden. Material kann das Vorliegen eines solchen Falls sich jedoch nur aus dem jeweiligen Verhältnis ergeben, das zwischen den Inhalten der betreffenden Gesetze, gegen die verstoßen wurde, und den je besonderen Umständen der Tat besteht. Im Gegensatz zu Normtatbeständen können minder schwere oder besonders schwere Fälle deshalb auch nur im Einzelnen exemplarisch angeführt werden, um dann per Analogie womöglich auf die Bewertung anderer Fälle zu schließen.

Anders als z. B. in der anglo-amerikanischen Rechtstradition, in der tatrichterliche Entscheidungen seit jeher als Präzedenzfälle selbst Eingang in das Rechtssystem finden und Entscheidungen höherinstanzlicher Strafgerichte bindende Wirkung für niedrigere Instanzen haben (*binding precidents*), wird die Ausweitung des tatrichterlichen Ermessensspielraums in der vom Rechtspositivismus geprägten deutschen und kontinentaleuropäischen Rechtstradition jedoch häufig kritisch gesehen (vgl. z. B. Krakau/Streng 2003). Ausgehend von der grundlegenden Idee, dass sich die Urteile der Gerichte an dem vom Gesetzgeber vorgängig beschlossenen gesatzten Recht und nicht an den Entscheidungen anderer Gerichte zu orientieren haben, ist zwar die gesetzliche Angabe möglicher Strafrahmen als Bestandteil relativer Strafdrohungen weitgehend ebenso akzeptiert wie der durch die gesetzliche Angabe des Strafrahmens vorgängig festgelegte Ermessensspielraum tatrichterlicher Strafzumessung. Im Gegensatz dazu wird jedoch die Möglichkeit, dass das Strafgericht bei der Strafzumessung den jeweiligen Tatbestand als minder schweren oder besonders schweren Fall bewerten kann, mitunter stark kritisiert. Kritiker monieren z. B., dass dadurch die Aufgabe des Gesetzgebers, das Strafmaß festzusetzen, zu stark auf die Einzelfallentscheidungen der Strafgerichte verlagert werde. Dies führe nicht nur dazu, dass originär legislative Aufgaben tendenziell auf die Judikative übertragen werden und somit die Gefahr bestehe, dass gegen das rechtsstaatliche Prinzip der Gewaltenteilung verstoßen werde. Vielmehr bedeute dies auch mit Blick auf das Grundgesetz der Bundesrepublik Deutschland, dass die Gefahr bestehe, in Konflikt mit Artikel 103 Abs. 2 GG (und StGB, § 1) zu geraten, der besagt, dass eine Tat nur dann bestraft werden kann, wenn die Strafbarkeit gesetzlich bestimmt war, bevor die Tat begangen wurde (vgl. Streng 2013, § 46 Rn 8, mit weiteren Nachweisen kritischer Stellungnahmen). Denn durch die Möglichkeit, einen Tatbestand als minder schweren oder besonders schweren Fall zu bewerten, eröffneten sich derart große Interpretationsspielräume, dass die Beschreibungen einer Tat als minder schwerer Fall und als besonders schwerer Fall so stark divergieren könnten, dass es fraglich werde, ob man überhaupt noch gerechtfertigterweise sagen kann, beide Fälle fielen unter ein und dieselbe Tatbeschreibung. Damit könnte aber auch in Frage stehen, ob die Strafbarkeit des jeweiligen Tatbestands samt der dazugehörigen Strafdrohung hinreichend gesetzlich bestimmt war, bevor die Tat begangen wurde. Eben dies könnte jedoch unmittelbar zum Konflikt mit Artikel 103 Abs. 2 GG führen und damit auch gegen den für einen Rechtsstaat zentralen Grundsatz des Strafrechts verstoßen, dass ein potenzieller Straftäter vor Begehung der Tat wissen können muss, was ihn als Strafe erwartet (*nullum crimen, nulla poena sine lege*; vgl. v. a. Feuerbach 1801/1986, § 20 I; von Liszt 1893/1970, 80; Krey 1983).

Das rechtspositivistische Unbehagen an den zusätzlichen Ermessensspielräumen, die die bundesrepublikanische Strafrechtsordnung für die tatrichterliche Strafzumessung vorsieht, wäre dann berechtigt, wenn von ihnen die Gefahr willkürlicher und gesetzesferner Einzelfallentscheidungen der Strafgerichte ausginge. Auf einem weitreichenden Missverständnis würde dieses Unbehagen indes gründen, resultierte es aus der Ansicht, dass idealerweise jegliche Anwendung allgemeiner Strafgesetze im konkreten Einzelfall selbst vollständig durch vorgängige Gesetze material geregelt sein müsse, da die Anwendung ansonsten die Tendenz habe, ungenau oder gar beliebig zu sein. Das weitreichende Missverständnis (das weit über den juridischen Bereich hinausweist) besteht dann darin zu glauben, die allgemeine Angabe einer finiten Liste kriterieller Bedingungen könne als eine der jeweiligen konkreten Anwendung einer Regel vorgängige Regel die Anwendung jener Regel in der Weise regeln, dass man aus der Erfüllung der zuvor festgelegten Bedingungen gleichsam deduktiv-mechanistisch auf die korrekte Anwendung schließen kann. Dies ist deshalb ein Missverständnis, weil hier zum einen die prinzipielle Unausweichlichkeit eines infiniten Regelregresses verkannt wird, die sich aus einem solchen Vorgehen ergibt (vgl. Wittgenstein 1953/1984, § 85, §§ 198–201). Zum anderen besteht das Missverständnis aber auch darin, dass hier ein bestimmtes Verständnis von ›Genauigkeit‹, das am deduktiven Schließen orientiert und in bestimmten theoretischen (z. B. mathematischen) Kontexten auch angemessen ist, bruchlos auch auf praktische Kontexte übertragen und zum alleinigen Paradigma gemacht wird. Damit wird jedoch nicht nur verkannt, dass ›Genauigkeit‹ in praktischen Kontexten anders zu charakterisieren ist als in theoretischen (vgl. Aristoteles, NE I 1, 1094b 12 ff., 1094b 21; NE III 5), sondern auch, dass die Gerechtigkeit der Anwendung von etwas Allgemeinem (wie einer Regel oder einem Gesetz) auf ein Einzelnes verlangt, das Einzelne so zu begreifen, dass es als ein Besonderes das Allgemeine exemplifiziert. Das Besondere des Einzelnen lässt sich dabei zwar nur deshalb als solches begreifen, weil es unter das Allgemeine fällt, zu dem es ins Verhältnis gesetzt wird. Denn nur so lässt sich bestimmen, was an dem Einzelnen das Besondere ist. Gerechtigkeit besteht jedoch nicht darin, das Allgemeine auf das Einzelne blind anzuwenden, sondern darin, das Einzelne als Exemplar des Allgemeinen in seiner Besonderheit zu würdigen (vgl. hierzu auch die Ausführungen zum Begriff der Billigkeit in: Aristoteles, NE V 14). Nur so kann man dem Einzelnen als das, was es in seiner Besonderheit ist, gerecht werden.

Aus dieser generellen Einsicht folgt mit Blick auf die Anwendungsgerechtigkeit des Strafrechts: Nur dann, wenn die weitreichende Möglichkeit eingeräumt wird, die vorgängig gesatzten allgemeinen Formulierungen der bestehenden Strafgesetze auf den je konkreten einzelnen Fall möglichst situations- und kontextsensibel anzuwenden, ist auch die Möglichkeit gegeben, den einzelnen Fall in seiner jeweiligen Besonderheit zu würdigen und somit vorgängig und allgemein formuliertes Strafrecht je gerecht anzuwenden. Mit Blick auf das Verhältnis zwischen gesatzten Strafgesetzen und tatrichterlichem Ermessen ergibt sich daraus, dass die Notwendigkeit möglichst großer tatrichterlicher Ermessenspielräume nicht als ein notwendiges Übel der Anwendung oder als notgedrungener Kompromiss zwischen gesetzgeberischer Vorgabe und tatrichterlicher Interpretation zu begreifen ist. Vielmehr stellt die Erfüllung der Bedingung möglichst großer tatrichterlicher Ermessenspielräume ein konstitutives Merkmal eines gediegenen Strafrechtssystems dar, das gerechte Strafzumessungen ermöglicht und befördert. Je geringer nämlich die tatrichterlichen Ermessenspielräume bei der Strafzumessung sind, desto weniger kann die Würdigung des je Besonderen eines jeweiligen Falls in der Strafzumessung ihren Niederschlag finden.

Gegenüber einer bloß blind-mechanistischen Anwendung gesatzten Strafrechts erhöhen möglichst große Ermessenspielräume situations- und kontextsensibler Tatrichter daher erheblich die Wahrscheinlichkeit, dass es nicht zu ungerechten Urteilen – zu Fehlurteilen – kommt, gänzlich verhindert werden können Fehlurteile dadurch jedoch nicht. Auch die größten tatrichterlichen Ermessenspielräume wären keine Garantie dafür, dass es nie zu Fehlurteilen kommt. Eine solche Garantie zu fordern, würde allerdings vollends verkennen, dass eine gerechte Anwendung allgemeiner Gesetze eine praktische Tätigkeit ist, die als solche stets auf die wohlinformierte und kluge praktische Urteilskraft des Tatrichters angewiesen bleibt. Die damit notwendig einhergehende interpretative und dezisionistische Freiheit tatrichterlichen Ermessens kann daher rechtsphilosophisch weder ignoriert noch eliminiert werden (vgl. Derrida 1991; Fish 2011) – auch und gerade dann nicht, wenn einem an der Anwendungsgerechtigkeit des Strafrechts gelegen ist.

Gerechter Strafvollzug

Abhängig davon, welche Tat einem Angeklagten während eines Strafprozesses nachgewiesen und welche Schwere der Tat festgestellt wurde, werden sich auch Art und Umfang der Strafe unterscheiden, die mit der Urteilsverkündung verhängt und dann auch für gewöhnlich vollstreckt wird. Im Strafrechtssystem der Bundesrepublik Deutschland sind als Formen der Strafvollstreckung vor allem Geld- und Freiheitsstrafen vorgesehen. Wird eine Freiheitsstrafe rechtskräftig verhängt, so wird die betreffende Person in einer Justizvollzugsanstalt inhaftiert. Ursprünglich in einem bundeseinheitlichen Strafvollzugsgesetz (StVollzG) geregelt, liegt die Regelung des Strafvollzugs seit der Föderalismusreform von 2006 bei den einzelnen Bundesländern der Bundesrepublik Deutschland. Dementsprechend regeln seitdem die Strafvollzugsgesetze der einzelnen Bundesländer Art und Umfang des Strafvollzugs im Detail. Grundsätzlich kann jedoch zwischen den Formen des offenen und des geschlossenen Strafvollzugs in einer Justizvollzugsanstalt unterschieden werden. Die Form des offenen Strafvollzugs zeichnet sich gegenüber dem geschlossenen Vollzug vor allem dadurch aus, dass es keine oder nur verminderte Vorkehrungen gegen Entweichungen der Inhaftierten gibt. Während ein Inhaftierter des geschlossenen Strafvollzugs sich in Räumen bewegt, die baulich besonders gegen seine mögliche Entweichung gesichert sind, und sowohl die Besuche, die er empfängt, wie auch sein Schriftverkehr überwacht werden, können Insassen des offenen Strafvollzugs auch Freigang erhalten, um tagsüber einer Arbeit außerhalb der Justizvollzugsanstalt nachzugehen. Dies ist im Rahmen des Strafvollzugs das weitestgehende Instrument zum Zweck der Resozialisierung eines Inhaftierten, das im Zuge der Strafvollstreckung nur von der vorzeitigen Aussetzung der Reststrafe zur Bewährung mit anschließender Bewährungsüberwachung als Instrument zum Zweck der Resozialisierung übertroffen wird.

Unabhängig davon, ob die Form des offenen oder des geschlossenen Strafvollzugs vorliegt, ist das Vollzugsziel der Resozialisierung ein zentrales Anliegen des Strafvollzugs in der Bundesrepublik Deutschland (vgl. StVollzG, § 2). Dementsprechend zielt die Gestaltung des Strafvollzugs (vgl. StVollzG, § 3) auch darauf ab, die Lebensverhältnisse innerhalb einer Justizvollzugsanstalt den allgemeinen Lebensverhältnissen so weit als möglich anzugleichen (etwa durch Erwerbstätigkeit, Freizeitmöglichkeiten, Ausbildungsangebote), den schädlichen Folgen der Haft entgegenzuwirken und den Inhaftierten auf sein Leben nach der Haftverbüßung vorzubereiten (vgl. StVollzG, §§ 15 f., §§ 74 f.). Das Vollzugsziel der Resozialisierung kann als eigenständiger Strafzweck betrachtet oder aber auch instrumentell als Mittel zur Verwirklichung (general- oder spezial-)präventiver Strafzwecke aufgefasst werden. Allerdings kann die Idee der Resozialisierung nicht durch jene Strafzwecktheorien begründet werden, die auf dem Talionsprinzip (*ius talionis*) beruhen und den primären Zweck einer gerechten Strafe in der Vergeltung der Straftat sehen.

Anders als Resozialisierung, Prävention oder Sühne ist der Strafzweck der Vergeltung allerdings auch fragwürdig, was die berechtigten Erwartungen an das Strafrechtssystem eines gediegenen Rechtsstaats betrifft. Dies gilt insbesondere dann, wenn es sich bei dem zu bestrafenden Tatbestand um Mord handelt und wenn seine Vergeltung in der Vollstreckung der Todesstrafe besteht. Die Auffassung, dass letztlich nur die Hinrichtung des wegen Mordes Verurteilten wieder Gerechtigkeit herstellen könne, vertrat unter anderem schon Immanuel Kant (vgl. Kant AA VI, 331–337). Die mit dieser Auffassung einhergehenden Praktiken der Hinrichtung lassen sich aber auch heutzutage noch in den Rechtssystemen vieler Länder finden, so etwa in denen der Vereinigten Staaten von Amerika, der Volksrepublik China und des Königreichs Saudi-Arabien.

Während man Kant und mit ihm allen Vergeltungstheoretikern darin Recht geben muss, dass eine Haftstrafe kein Surrogat für den Tod sein kann, lässt sich allerdings sehr wohl fragen, ob eine gerechte Strafe überhaupt in der Gleichartigkeit des Verbrechens und der Wiedervergeltung bestehen muss. Dies gilt gerade dann, wenn man sich nicht Kants Ausführungen zur Todesstrafe, sondern seine formaleren Überlegungen zur praktischen Vernunft, zur Achtung vor der Vernunft und zur Würde des (menschlichen) Vernunftwesens ins Gedächtnis ruft (vgl. z. B. Kant AA IV, 385–464). Dann liegt es nämlich nahe zu sagen, dass eine Strafe nur dann gerecht sein kann, wenn mit der Strafvollstreckung die zu bestrafende menschliche Person insofern als Vernunftwesen im vollen Sinne geachtet wird, als ihr nicht nur die Einsicht zu vermitteln versucht wird, dass ihre Tat nicht verallgemeinerungswürdig, sondern bereuenswert ist und sie sich mit der geltenden Rechtsordnung wieder zu versöhnen hat. Vielmehr muss der Person auch die Möglichkeit gegeben werden, sich zukünftig aus dieser Einsicht und in Freiheit zu einem Handeln zu bestimmen, das ihre Reue und Versöhnung mit der geltenden Rechtsordnung Wirklichkeit werden lässt. Daher ist es mehr als fraglich, ob ein Straftäter durch die Vollstreckung der Todesstrafe an ihm in hinreichendem Maße als Vernunftwesen geachtet werden kann. Denn seine Reue und Versöhnung mit der Rechtsordnung könnte bestenfalls nur noch theoretischer Art sein. Indem ihm nämlich durch seine Hinrichtung seine Existenz als Vernunftwesen genommen wird, wird ihm damit zugleich auch die Möglichkeit genommen, sich in Freiheit zu einem Handeln zu bestimmen, das seine Reue und seine Versöhnung mit der geltenden Rechtsordnung praktisch manifestiert. Damit wird aber die praktische Vernunft in seiner Person nicht hinreichend geachtet und er somit auch nicht als Vernunftwesen im vollen Sinn, d. h. sowohl als theoretisches wie auch praktisches Vernunftwesen. So ließe sich gewissermaßen mit der praktischen Philosophie Kants gegen den Vergeltungstheoretiker Kant (und gegen die meisten anderen Vergeltungstheoretiker) argumentieren, dass vernünftigerweise die Abschaffung der Todesstrafe geboten ist, weil durch die Hinrichtung der verurteilten menschlichen Person diese gerade nicht hinreichend als Vernunftwesen geachtet wird und mit der Vollstreckung der Todesstrafe daher gegen die Würde des Menschen (als Vernunftwesen) verstoßen wird.

Auf diesen Punkt bezugnehmend, kann auch gegen Arten der Strafvollstreckung argumentiert werden, die die systematische Androhung und/oder Zufügung von physischem Schmerz bzw. Folter umfassen. Denn sie zielen nicht auf eine vernünftige Einsicht durch Gründe ab, sondern wollen lediglich durch die Verursachung von Neigungen (wie Angst und Leid) den Willen des Straftäters brechen. Damit achten auch sie den Straftäter nicht als Vernunftwesen, das sich als solches autonom und aus Gründen zu seinem Handeln bestimmt. Schließlich kann das soeben gegen die Todesstrafe angeführte Argument, dass ihre Vollstreckung dem Verurteilten die Möglichkeit nimmt, seine Reue und seine Versöhnung mit der geltenden Rechtsordnung praktisch zu manifestieren, auch gegen die buchstäblich lebenslange Vollstreckung der lebenslangen Freiheitstrafe herangezogen werden. Denn auch eine Haftstrafe, die tatsächlich ein Leben lang andauert, nimmt dem Verurteilten die Möglichkeit, sich in Freiheit zu einem Handeln zu bestimmen, das seine Reue und seine Versöhnung mit der geltenden Rechtsordnung praktisch manifestiert. Zwar kann er unter den Bedingungen des Strafvollzugs ein Verhalten an den Tag legen, das als ›gute Führung‹ zu bewerten ist, aber unter den allgemeinen gesellschaftlichen Lebensbedingungen jenseits des Strafvollzugs könnte er seine durch die Strafe gewonnene Einsicht nicht mehr in freier intersubjektiver Kooperation mit anderen Menschen (als Vernunftwesen) praktisch verwirklichen. Daher ist es einleuchtend, dass das Bundesverfassungsgericht der Bundesrepublik Deutschland betont, die Vollstreckung der lebenslangen Freiheitsstrafe sei nur dann mit dem im Grundgesetz verankerten Schutz der Menschenwürde (Art. 1 GG) vereinbar, wenn durch die Verurteilung zu einer lebenslangen Freiheitsstrafe nicht von vornherein die Möglichkeit ausgeschlossen wird, dass der Verurteilte auf rechtmäßigem Wege jemals wieder seiner Freiheit teilhaftig werden könne (BVerfGE 45, 187, 253–255).

Literatur

Aristoteles: *Nikomachische Ethik*. Hg. von Ursula Wolf. Hamburg 2006 [NE].

Bleckmann, Albert: *Die Struktur des allgemeinen Gleichheitssatzes*. Köln 1995.

Derrida, Jacques: *Gesetzeskraft. Der »mystische Grund der Autorität«*. Frankfurt a. M. 1991.

Eisele, Jörg: *Die Regelbeispielsmethode im Strafrecht. Zugleich ein Beitrag zur Lehre vom Tatbestand*. Tübingen 2004.

Feuerbach, Paul Johann Anselm von: *Lehrbuch des gemeinen in Deutschland gültigen peinlichen Rechts* [1801]. Aalen [14]1986.

Fish, Stanley: *Das Recht möchte formal sein. Essays*. Frankfurt a. M. 2011.

Hassemer, Winfried: Die rechtstheoretische Bedeutung des gesetzlichen Strafrahmens. In: Arthur Kaufmann (Hg.): *Gedächtnisschrift für Gustav Radbruch: 21.11.1878 – 23.11.1949*. Göttingen 1968, 281–290.

Hörnle, Tatjana: Strafzumessungslehre im Lichte des Grundgesetzes. In: Eva Schumann (Hg.): *Das strafende Gesetz im sozialen Rechtsstaat*. Berlin 2010, 105–137.

Jescheck, Hans-Heinrich/Weigend, Thomas: *Lehrbuch des Strafrechts: Allgemeiner Teil*. Berlin [5]1996.

Kant, Immanuel: *Grundlegung zur Metaphysik der Sitten* [1785]. In: Königlich Preußische Akademie der Wissenschaften (Hg.): *Kant's gesammelte Schriften* [Akademie-Ausgabe], Bd. IV. Berlin 1968 [AA IV].

–: *Metaphysische Anfangsgründe der Rechtslehre* [1797]. In: Akademie-Ausgabe, Bd. VI. Berlin 1968 [AA VI].

Krakau, Knud/Streng, Franz (Hg.): *Konflikt der Rechtskul-*

turen? Die USA und Deutschland im Vergleich / American and German Legal Cultures. Contrast, Conflict, Convergence? Heidelberg 2003.
Krey, Volker: *Keine Strafe ohne Gesetz: Einführung in die Dogmengeschichte des Satzes »Nullum crimen, nulla poena sine lege«.* Berlin 1983.
Lackner, Karl/Kühl, Kristian: *Strafgesetzbuch: StGB. Kommentar.* München ^{28}2014.
Liszt, Franz von: Über den Einfluß der soziologischen und anthropologischen Forschung auf die Grundbegriffe des Strafrechts [1893]. In: Ders.: *Strafrechtliche Aufsätze und Vorträge*, Bd. II [1905]. Berlin 1970, 75–93.
Streng, Franz: § 46 Rn. 5, Rn. 8. In: Urs Kindhäuser/Ulfrid Neumann/Hans-Ullrich Paeffgen (Hg.): *Nomos Kommentar. Strafgesetzbuch*, Bd. 1. Baden-Baden ^{4}2013.
Wittgenstein, Ludwig: *Philosophische Untersuchungen* [1953]. In: Ders.: *Werkausgabe*, Bd. I. Frankfurt a. M. 1984, 225–618.
Wolfrum, Rüdiger (Hg.): *Gleichheit und Nichtdiskriminierung im nationalen und internationalen Menschenrechtsschutz.* Berlin 2003.

Thomas Hoffmann

77 Tiere

Die Beziehung zwischen Mensch und Tier sowie der moralische Status von Tieren sind seit der Antike immer wieder auch Gegenstand philosophischen und ethischen Nachdenkens gewesen. Als eigenständige Bereichsethik gibt es die moderne Tierethik aber erst seit den 1970er Jahren (einen Überblick findet man in: Wolf 2008; Schmitz 2014; Grimm/Wild 2016). Gegenstand der Tierethik sind die Mensch-Tier-Beziehung und insbesondere die ethischen Fragen, die sich aus dem Umgang des Menschen mit Tieren ergeben (Wolf 2012). Dies betrifft in der Hauptsache die Nutzung von Tieren durch den Menschen (etwa als Nutz-, Versuchs-, Zoo- oder Heim- und Begleittiere), aber auch den Umgang mit freilebenden Tieren (Armstrong/Botzler 2008). Damit verbunden sind teilweise umfangreiche Debatten über den moralischen Status von Tieren, über die Fragen, ob man Tiere töten darf, ob (zumindest einigen) Tieren eine eigene Würde zukommt, und auch darüber, ob sich Gerechtigkeitspflichten gegenüber (zumindest einigen) Tieren begründen lassen bzw. ob man (zumindest einigen) Tieren sinnvoll moralische Rechte zuschreiben kann.

In der tierethischen Debatte spielen Argumente und Ansätze, die den Umgang des Menschen mit (nichtmenschlichen) Tieren als ein Thema der Gerechtigkeit begreifen, bislang eher eine untergeordnete Rolle. Dies liegt insbesondere daran, dass Gerechtigkeit von vielen als ein Thema zwischenmenschlicher Beziehungen angesehen wird. Dafür werden hauptsächlich zwei Gründe genannt (Garner 2013): Zum einen wird behauptet, eine Inklusion von Tieren in eine Theorie der Gerechtigkeit sei schwierig, da diese es vorrangig mit dem Problem der gerechten Verteilung von Gütern zu tun habe. Während diesem Einwand damit begegnet werden kann, dass eine angemessene Theorie der Gerechtigkeit nicht nur die Verteilung von (materiellen) Vorteilen und Lasten zum Gegenstand hat, sondern auch die Allokation von Grundgütern, Rechten oder Freiheiten berücksichtigen sollte und insofern im Prinzip auch auf Tiere Anwendung finden kann, wiegt der zweite Einwand schwerer. Dieser lautet, dass Gerechtigkeit nur unter Gleichrangigen möglich sei. Da Tieren jedoch moralische Akteur-Eigenschaften nicht sinnvoll zugeschrieben werden könnten, so das Argument, weil sie beispielsweise weder als Autoren von Regeln oder Normen in Frage kämen noch diesen zustimmen könnten, könne es auch keine Gerechtigkeitspflichten gegenüber Tieren geben.

Vertreterinnen und Vertreter von Gerechtigkeitsansätzen in der Tierethik haben demgegenüber betont, dass diese aus verschiedenen Gründen anderen Moralkonzeptionen wie z. B. dem Utilitarismus überlegen und insofern auch in der Tierethik von großer Bedeutung seien. Sie heben in diesem Zusammenhang insbesondere hervor, dass die Formulierung von normativen Ansprüchen von Tieren als Rechten es verhindere, die Forderung nach einem angemessenen Umgang mit Tieren als Ausdruck moralischer Sentimentalität misszuverstehen. Dabei verweisen sie auf den in Gerechtigkeitstheorien üblicherweise betonten Schutz von Individuen, deren normative Ansprüche nicht gegen einen möglichen sozialen Nutzen aufgewogen werden dürften, und betonen die Anschlussfähigkeit einer Rechtetheorie an den politischen und vor allem an den rechtlichen Diskurs, was die Chance auf eine gesellschaftliche Durchsetzung tierethischer Forderungen wesentlich erhöhe.

Streitfragen und Positionen

In der tierethischen Diskussion spielen v. a. drei Varianten von Gerechtigkeitstheorien eine Rolle: 1) kontraktualistische Ansätze (s. Kap. III.30), 2) der von Martha Nussbaum und anderen ausgearbeitete Fähigkeiten-Ansatz (Capability Approach; s. Kap. IV.43) sowie 3) verschiedene Varianten eines Rechte-Ansatzes.

1) Schwierigkeiten bereitet eine Einbeziehung nichtmenschlicher Tiere in die moralische Gemeinschaft solchen Ethiktheorien, die, wie der Kontraktualismus, Moral als eine soziale Institution verstehen, die den Zweck hat, die Interaktion zwischen Menschen zu erleichtern bzw. deren Kooperation zu ermöglichen, und die moralische Normen oder Regeln als Ergebnis einer wechselseitigen Übereinkunft ansehen. Dies gilt insbesondere für jene kontraktualistischen Ansätze, die, in der Tradition des Hobbesschen Sozialvertrages, moralische Normen als durch eine Übereinkunft eigen-interessierter Entscheider begründet ansehen (*contractarianism*). Die Einbeziehung von Tieren ist für solche Ansätze schwierig, weil die Forderung nach einer Berücksichtigung der Interessen nichtmenschlicher Lebewesen solchen Ethiktheorien insofern die Motivationsquelle zu entziehen droht (Carruthers 1992), als die Einbeziehung der Interessen von Tieren aufgrund einer grundlegenden Machtasymmetrie gerade nicht im Interesse aller Vertragspartner ist.

Aber auch für solche kontraktualistischen Ansätze, die die Geltung bestimmter moralischer Prinzipien (Fairness, Gleichheit) voraussetzen (*contractualism*), ist die Inklusion von nichtmenschlichen Tieren, wie das Beispiel der Rawlsschen *Theorie der Gerechtigkeit* zeigt, zumindest problematisch. John Rawls geht davon aus, dass es sich bei den Parteien im Urzustand um ›Gleiche‹ handelt, um ›moralische Subjekte‹, d. h. »Wesen mit einer Vorstellung von ihrem Wohl und einem Gerechtigkeitssinn« (Rawls 1993, 36), die die Fähigkeit besitzen, die »jeweils festgelegten Grundsätze zu verstehen und nach ihnen zu handeln« (ebd., 36). Da nichtmenschliche Tiere diese Voraussetzungen nicht erfüllen, fallen sie für Rawls aus dem Gegenstandsbereich der Theorie der Gerechtigkeit heraus. Diese befasst sich vielmehr »nur mit unseren Beziehungen zu anderen Menschen, nicht aber zu Tieren oder zur übrigen Natur« (ebd., 34). Auf das Problem, dass die genannten Voraussetzungen auch bestimmte menschliche Lebewesen (so genannte *marginal cases*) aus dem Geltungsbereich der Theorie der Gerechtigkeit ausschließen, reagiert Rawls, indem er – zumindest teilweise – die Ausgangsbedingungen im Hinblick auf diese ›Spezialfälle‹ modifiziert.

Aus kontraktualistischer Perspektive kann man auf diesen – eher ernüchternden – Befund auf dreierlei Weise reagieren:

a) Verschiedentlich ist eine ›indirekte‹ Inklusion nichtmenschlicher Tiere vorgeschlagen worden. Diesem Ansatz zufolge lassen sich nicht *gegenüber* Tieren, wohl aber *in Bezug auf* Tiere Gerechtigkeitspflichten begründen. Tierschutz, so lautet die Kernthese indirekter Ansätze, liegt im Interesse des Menschen; moralische Verpflichtungen in Bezug auf Tiere bestehen (nur) insofern, als sie sich auf menschliche Interessen zurückführen lassen (Hoerster 2004).

b) Eine zweite Antwort findet sich bei Rawls selbst, der auf den »beschränkten Anwendungsbereich der Gerechtigkeit« (Rawls 1993, 34) verweist und auf eine »umfassendere Theorie« (ebd., 556), deren Teil die Gerechtigkeitstheorie sei. Im Rahmen dieser – von Rawls selbst freilich nicht ausgearbeiteten – Theorie bestehe eine »Pflicht des Mitleids und der Menschlichkeit« gegenüber Tieren (ebd.). Es sei aber nicht erforderlich, gegenüber solchen Wesen, denen die Fähigkeit zu einem Gerechtigkeitssinn abgehe, »strenge Gerechtigkeit« zu üben (ebd.). Wenn überhaupt, dann lassen sich, so scheint es, mit Rawls nur relativ schwache Pflichten gegenüber Tieren begründen.

c) Eine dritte Antwortoption besteht darin, den ›Schleier des Nichtwissens‹ (*veil of ignorance*), hinter dem die Parteien in der Rawlsschen Theorie über die Gerechtigkeitsprinzipien entscheiden, die das gesellschaftliche Zusammenleben regieren sollen, gewissermaßen ›dichter‹ zu machen, so dass die Parteien im Urzustand neben anderen ›wesentlichen Eigenschaften‹ (soziale Stellung, Geschlechtszugehörigkeit etc.) auch ihre Spezieszugehörigkeit nicht kennen (Rowlands 2002). Ob diese Strategie aussichtsreich ist oder vielmehr daran scheitert, dass der Ausschluss von Tieren bei Rawls theoriestrategisch bereits ›vorher‹ stattfindet, also bereits bei der Formulierung der Eintrittsbedingungen in den Urzustand (*original position*), und nicht erst durch dessen konkrete Ausgestaltung, wird kontrovers diskutiert (Garner 2013, 31 f.).

2) Anders als für Rawls ist der Umgang des Menschen mit nichtmenschlichen Tieren für Martha Nussbaum eine Frage der Gerechtigkeit und damit eine Frage jenseits von »Mitleid und Menschlichkeit« (Nussbaum 2010, 456). Ausgangspunkt der Überlegungen von Nussbaum ist dabei die – an Rawls orientierte – gerechtigkeitstheoretische These, Gerechtigkeit bestehe darin, jene Fähigkeiten eines Lebewesens zu schützen bzw. zu fördern, die dieses in die Lage versetzen, ein gutes Leben zu führen. Da auch (viele) nichtmenschliche Tiere Wesen sind, von deren Gedeihen man sprechen kann und die über entsprechende Fähigkeiten und Bedürfnisse verfügen, kann man (und muss man) auch Tieren nach Nussbaums Auffassung gerechtigkeitsbasierte Ansprüche »auf ein breites Spektrum an Fähigkeiten« zuschreiben, die »für ein gedeihliches und ihrer Würde gemäßes Leben wesentlich sind« (ebd., 528). Dies macht es möglich, die von ihr im Hinblick auf Menschen formulierte Fähigkeiten-Liste artspezifisch und mit Bezug auf die charakteristischen Formen des Lebens und des Wohlergehens von Tieren zu spezifizieren. Nussbaum nennt 1) Leben, 2) körperliche Gesundheit, 3) körperliche Integrität, 4) Sinne, Vorstellungskraft und Denken, 5) Gefühle, 6) praktische Vernunft, 7) Zugehörigkeit, 8) andere Spezies, 9) Spiel und 10) Kontrolle über die eigene Umwelt. Bei diesen Fähigkeiten handelt es sich Nussbaum zufolge »um allgemeine Ziele«, die zu einer »minimalen Konzeption von Gerechtigkeit« gehören. Auch Nussbaum versteht den Fähigkeiten-Ansatz insofern »nicht als umfassende Theorie der Gerechtigkeit« (ebd., 111). Der Fähigkeiten-Ansatz formuliert vielmehr (nur) Schwellenwerte, unterhalb derer ein moralisch angemessener, d. h. gerechter Umgang mit Tieren verfehlt ist.

Nussbaum rechnet realistischerweise mit der Möglichkeit von (dauerhaften und nicht auflösbaren) Konflikten zwischen dem Wohl von Menschen und dem Wohl von Tieren, wie sie aus ihrer Sicht beispielsweise im Falle von Tierversuchen in der biomedizinischen Forschung auftreten, und gesteht ein, dass die »meisten der gegenwärtig existierenden religiösen und säkularen umfassenden Lehren [...] meilenweit« (ebd., 526) von der von ihr verteidigten Position entfernt sind. Da sich ein ›übergreifender politischer Konsens‹ hinsichtlich einer ›gleichen Würde‹ im Falle von nichtmenschlichen Tieren anders als im Falle von Menschen nicht abzeichne, plädiert sie dafür, »auf die etwas vagere Idee zurückzugreifen, daß alle Lebewesen Anspruch auf eine angemessene Chance auf ein gedeihliches Leben haben« (ebd., 518). Da die angesprochenen umfassenden Lehren eine ›umfassendere Anerkennung der Ansprüche von Tieren‹ aber keineswegs ausschlössen, sieht Nussbaum immerhin eine Chance dafür, dass einige ihrer Überlegungen Gegenstand eines übergreifenden Konsenses werden könnten (ebd., 527).

3) Im Unterschied zu (den meisten) kontraktualistischen Ansätzen und im Unterschied auch zum Fähigkeiten-Ansatz fordern die Vertreterinnen und Vertreter von Rechte-Ansätzen in der Tierethik in der Regel eine Gleichberücksichtigung von Menschen und Tieren.

Dem von Tom Regan in seinem einflussreichen Buch *The Case for Animal Rights* (1984) ausgearbeiteten Rechte-Ansatz zufolge besitzen alle Lebewesen, die empfindende Subjekte eines Lebens (*experiencing subject of a life*) sind, einen inhärenten Wert (*inherent value*). Moralische Rechte von Tieren sieht Regan im Respekt vor eben diesem inhärenten Wert begründet: »Tiere respektvoll zu behandeln ist kein Akt der Freundlichkeit. Es ist ein Akt der Gerechtigkeit. Es ist nicht ›das sentimentale Interesse‹ moralischer Subjekte (*moral agents*), das unsere Gerechtigkeitspflichten gegenüber Kindern, geistig Behinderten, senilen Menschen oder anderen moralischen Objekten (*moral patients*) inklusive der Tiere begründet. Es ist der Respekt vor ihrem inhärenten Wert« (Regan 1984, 280).

Für Regan ergibt sich daraus ein kompromissloser Egalitarismus: Alle ›empfindenden Subjekte eines Lebens‹ haben Regan zufolge gleichermaßen einen moralischen Anspruch auf Respektierung ihres gleichartigen inhärenten Wertes (*respect principle*) und, davon abgeleitet, darauf, nicht geschädigt zu werden (*harm principle*). Dieser Anspruch darf durch Zweck- und Nutzenargumente nicht eingeschränkt werden.

Regan vertritt daher eine abolitionistische Position, die jede Form einer interindividuellen Interessen- oder Güterabwägung ablehnt und eine Instrumentalisierung selbst in solchen Fällen verbietet, in denen die fraglichen Handlungen nicht mit Schmerzen oder Leiden verbunden sind.

Gegen den Ansatz von Regan ist nicht nur eingewendet worden, dass dieser die Idee eines ›inhärenten Wertes‹ als bloßes Postulat einführt; kritisiert wurde darüber hinaus auch, dass er a) der Vielfalt der konkreten Beziehungen zwischen Menschen und Tieren nicht gerecht werde bzw. b) dem Umstand nicht Rechnung trage, dass sich Menschen und Tiere in signifikanter Weise unterscheiden.

a) Als Reaktion auf den erstgenannten Einwand haben Sue Donaldson und Will Kymlicka für einen differenzierteren, relationalen Ansatz der Tierrechte (Donaldson/Kymlicka 2013) plädiert, der, den aus der politischen Philosophie bekannten *Citizenship*-Ansatz aufnehmend, verschiedenen Kategorien von Tieren Mitbürger-, Koexistenz- oder Souveränitätsansprüche zuspricht. Der intrinsische moralische Status von Tieren reicht ihrer Auffassung nach nicht aus, um zu bestimmen, welche Rechte sie haben. Diese hängen vielmehr, folgt man Donaldson und Kymlicka, auch von den verschiedenen Arten politischer Beziehungen ab, in denen Tiere zu menschlichen Gemeinschaften stehen.
b) Anders als Donaldson und Kymlicka, die im Wesentlichen am Reganschen Egalitarismus festhalten, diesen aber durch eine relationalistische Komponente komplementieren, stellt Robert Garner als Antwort auf den zweiten Einwand den ›Spezies-Egalitarismus‹ in Frage. Vor dem Hintergrund einer Interessen-basierten Rechtetheorie vertritt Garner einen an Fähigkeiten orientierten Ansatz (*capacity-oriented approach*), dem zufolge »moralischer Status oder Wert auf der Basis des Besitzes der einen oder anderen Eigenschaft zugeschrieben wird, sei es bloßes Empfindungsvermögen oder eine höhere kognitive Fähigkeit« (Garner 2013, 100). Der Fehler einer spezies-egalitaristischen Position liegt für Garner darin, dass diese übersehe, dass die Unterschiede zwischen ›normalen‹ erwachsenen Menschen und erwachsenen Tieren tatsächlich substanziell und moralisch signifikant seien (ebd., 15). Insbesondere haben ›normale‹ erwachsene Menschen Garner zufolge ein größeres Interesse an Leben und Freiheit als Tiere. »Dies führt dazu, dass es, aus der Perspektive eines rechte-basierten Diskurses, plausibel zu sein scheint, wenn man sagt, dass solche Menschen einen stärkeren Anspruch auf ein Recht auf Leben und auf Freiheit haben sollten als Tiere« (ebd., 133).

Desiderate und Prognosen

Gerechtigkeitspflichten gegenüber Tieren werden in der tierethischen Diskussion häufig als negative Verpflichtungen verstanden, die ein Unterlassen fordern, insbesondere als Verpflichtung zur Unterlassung von Verletzungen oder Leidenszufügungen. Tom Regan beispielsweise gesteht zwar zu, dass Gerechtigkeit »nicht nur Pflichten der Nichtschädigung auferlegt; sie erlegt auch Pflichten zur Hilfeleistung auf, verstanden als die Pflicht, jene zu unterstützen, die an Ungerechtigkeit erleiden« (Regan 1984, 249), in seiner Theorie genießen negative Pflichten jedoch explizit eine Vorrangstellung (Cohen/Regan 2001, 198). Auch Martha Nussbaum, die der Unterscheidung zwischen positiven und negativen Pflichten vor dem Hintergrund ihres Fähigkeiten-Ansatzes ansonsten eher skeptisch gegenübersteht, hält diese Unterscheidung im Falle von Tieren für durchaus sinnvoll: »Daß die Menschheit dazu verpflichtet ist, von besonders schlimmen Schädigungen von Tieren abzusehen, nicht aber dazu, das Wohlergehen aller Tiere zu fördern, ist zumindest eine kohärente Position« (Nussbaum 2010, 504). Diese Entscheidung hat den doppelten Vorteil, dass möglichen Überforderungs- oder Absurditätseinwänden auf diese Weise der Wind aus den Segeln genommen werden kann, da ganz allgemein mögliche Verpflichtungen zur Bereitstellung wohlfahrtsfördernder Bedingungen abgewiesen werden können und speziell mögliche Hilfsverpflichtungen des Menschen in solchen Fällen zurückgewiesen werden können, in denen, wie es beispielsweise bei Wildtieren häufig der Fall ist, das Leiden von Tieren nicht vom Menschen verursacht ist. Manche halten dies für einen Vorzug von Gerechtigkeitstheorien gegenüber konkurrierenden Theorien wie etwa dem Utilitarismus (Garner 2013, 104 f.). Ob sich die Unterscheidung zwischen positiven und negativen Pflichten tatsächlich aufrechterhalten lässt bzw. wie es gegebenenfalls zu begründen wäre, dass zwar gegenüber Menschen, nicht aber gegenüber Tieren auch positive Gerechtigkeitspflichten bestehen, ist freilich umstritten. Nussbaums Forderung, es sei »eine allmähliche Ersetzung des Natürlichen durch das Gerechte nötig«

(Nussbaum 2010, 538), deutet jedenfalls an, dass es in dieser Frage weiteren Diskussionsbedarf gibt.

Eine weitere Kontroverse rankt sich um das Argument der menschlichen Grenzfälle (*argument from marginal cases*; Narveson 1977, der das Argument selbst allerdings nicht für überzeugend hält), das insbesondere von Vertreterinnen und Vertretern spezies-egalitärer Positionen vorgetragen wird (vgl. z. B. Regan 1984, 156 f.; Singer 1996, 53). In der ›bikonditionalen‹ Version fordert das Argument, dass es, wenn man ›menschlichen Grenzfällen‹ wie beispielsweise anenzephalen Neugeborenen oder permanent bewusstlosen Menschen die gleichen Rechte zugestehe wie normalen erwachsenen Menschen, ein Gebot der Konsistenz sei, diese Rechte auch nichtmenschlichen Lebewesen mit vergleichbaren Fähigkeiten zuzuschreiben. In der ›kategorischen‹ Version sagt das Argument, dass Tieren mit vergleichbaren Fähigkeiten dieselben Rechte zugeschrieben werden müssen wie normalen erwachsenen Personen, *weil* auch den menschlichen Grenzfällen diese Rechte zugeschrieben werden. Proponentinnen und Proponenten sehen im Argument der menschlichen Grenzfälle ein gewichtiges Argument gegen die traditionelle Auffassung, der zufolge zwar alle Menschen moralisch berücksichtigenswert sind, Tiere jedoch nicht bzw. jedenfalls nicht in gleichem Maße.

Die abolitionistischen Forderungen, die sich insbesondere aus manchen Tierrechtspositionen ergeben, haben im gerechtigkeitstheoretisch orientierten Lager der Tierethik (aber selbstredend nicht nur dort) eine Diskussion darüber ausgelöst, ob die Formulierung von ›utopischen‹ Forderungen, die kaum eine Chance auf eine kulturelle, politische oder rechtliche Durchsetzung haben, sinnvoll bzw. zielführend ist. Vor diesem Hintergrund hat Garner komplementär zu einer ›idealen‹ eine ›nichtideale‹ Theorie der Gerechtigkeit für Tiere vorgeschlagen, die einen Weg weisen soll, wie man das langfristige und durch die ideale Theorie vorgegebene Ziel erreichen kann. Im Anschluss an eine Formulierung bei Rawls fordert er, dass sich die Schritte hin zu diesem Ziel dadurch auszeichnen müssen, dass sie moralisch zulässig, politisch möglich und voraussichtlich wirksam sind (Garner 2013, 10 f.).

Literatur

Armstrong, Susan J./Botzler, Richard G. (Hg.): *The Animal Ethics Reader*. London ²2008.

Carruthers, Peter: *The Animal Issue. Moral Theory in Practice*. Cambridge 1992.

Cohen, Carl/Regan, Tom: *The Animal Rights Debate*. Lanham 2001.

Donaldson, Susan/Kymlicka, Will: *Zoopolis. Eine politische Theorie der Tierrechte*. Frankfurt a. M. 2013 (engl. 2011).

Garner, Robert: *A Theory of Justice for Animals. Animal Rights in a Nonideal World*. Oxford 2013.

Grimm, Herwig/Wild, Markus: *Tierethik zur Einführung*. Hamburg 2016.

Hoerster, Norbert: *Haben Tiere eine Würde? Grundfragen der Tierethik*. München 2004.

Narveson, Jan: Animal Rights. In: *Canadian Journal of Philosophy* 7 (1977), 161–178.

Nussbaum, Martha C.: *Grenzen der Gerechtigkeit. Behinderung, Nationalität und Spezieszugehörigkeit*. Frankfurt a. M. 2010 (engl. 2006).

Rawls, John: *Eine Theorie der Gerechtigkeit*. Frankfurt a. M. ⁷1993 (engl. 1971).

Regan, Tom: *The Case for Animal Rights*. London 1984.

Rowlands, Mark: *Animals Like Us*. London 2002.

Schmitz, Friederike (Hg.): *Tierethik. Grundlagentexte*. Frankfurt a. M. 2014.

Singer, Peter: *Die Befreiung der Tiere*. Reinbek bei Hamburg 1996 (engl. 1975; ²1990).

Wolf, Ursula (Hg.): *Texte zur Tierethik*. Stuttgart 2008.

–: *Ethik der Mensch-Tier-Beziehung*. Frankfurt a. M. 2012.

Johann S. Ach

78 Unternehmen

In den letzten Jahrzehnten ist verstärkt in den Fokus geraten, in welch großem Maße Unternehmen Einfluss auf das Leben fast jedes Einzelnen haben. Beispielhaft zeigt sich dies an der bedeutenden Rolle, die von wenigen Unternehmen bereitgestellte Kommunikationsgeräte und -programme in Alltag und Beruf spielen. Es zeigt sich ebenso an den Folgen unternehmerischer Entscheidungen für Umwelt, Arbeiter und ganze Sozialsysteme, wie sie einer großen Öffentlichkeit durch Katastrophen wie die Explosionen auf der Ölförderplattform *Deepwater Horizon*, der Einsturz einer Textilfabrik in Sabhar in Bangladesch mit über eintausend Todesopfern oder die Insolvenz der weltweit agierenden Investmentbank *Lehman Brothers* vor Augen geführt wurden. Hauptgegenstand der philosophischen Beschäftigung mit Unternehmen sind, ausgehend von Beobachtungen wie diesen, Fragen und Probleme der Verantwortungszuschreibung an Unternehmen oder einzelne Mitarbeiter von Unternehmen. Es ist daher sinnvoll, nach einer genaueren Bestimmung des Gegenstands der philosophischen Beschäftigung mit Unternehmen das Feld der in ihr diskutierten Probleme vor allem im Hinblick auf die verschiedenen Konzepte und Fragen zu ordnen, die in diesem Zusammenhang diskutiert werden.

Die in der Unternehmensethik diskutierten Konzepte der *Corporate Social Responsibility* (CSR), der *Corporate Citizenship* (CC) und der *Corporate Governance* (CG) sowie der Unterschied zwischen den *Shareholdern* bzw. *Stockholdern* und den *Stakeholdern* eines Unternehmens führen zu den grundlegenden Fragen, welcher Art die Verantwortung ist, die Unternehmen tragen sollen, und ob Unternehmen als Träger von Verantwortung überhaupt in Frage kommen. Ausgehend von der Verantwortungsproblematik werden in der Literatur beispielsweise die Fragen diskutiert, inwiefern Angestellte zur Loyalität gegenüber Unternehmen verpflichtet sind und ab wann es in der Verantwortung des Einzelnen steht, zum Mittel des *Whistleblowing* zu greifen (Solomon 1993, 363 f.; James 1994), oder was in der Werbung behauptet werden darf (Solomon 1993, 361 f.). Sowohl bei der Verantwortungsproblematik als auch bei der vor allem in der Politik- und Wirtschaftswissenschaft diskutierten Rolle transnationaler Unternehmen (TNU) kommen dabei Gerechtigkeitsaspekte in den Blick.

Gegenstand der philosophischen Beschäftigung mit Unternehmen

Auch wenn historische Vorläufer bis zurück in die Antike weisen, ist die Unternehmensethik eine sehr junge philosophische Disziplin, deren Anfänge im anglo-amerikanischen Sprachraum in den 1970er Jahren, im deutschsprachigen Raum in den 1980er Jahren liegen. Nachdem die Beschäftigung mit wirtschafts- und unternehmensethischen Fragen um 1990 ein erstes Hoch erlebte (vgl. Homan/Blome-Drees 1992), ist sie erst in Folge der Weltfinanz- und Wirtschaftskrise seit 2007 wieder verstärkt aufgekommen.

Im Bereich der Wirtschaftsethik wird die Unternehmensethik gemeinhin der so genannten Meso- bzw. Molarebene zugeordnet. Sie ist die mittlere Analyseebene zwischen der Makroebene und der Mikroebene, der Ebene der wirtschaftlichen Rahmenordnung und der der individuellen Wirtschaftsakteure. Viele Antworten auf die Fragen und Probleme der Unternehmensethik sind jedoch nicht ohne Bezug auf die beiden anderen Ebenen zu geben (vgl. Solomon 1993, 359 f.; Göbel 2013, 87–106). Dies zeigt sich z. B. an der der Mikroebene zugeordneten Management- und Konsumentenethik, die beide starke inhaltliche Verbindungen zur Unternehmensethik aufweisen. Im Vergleich zu den englischsprachigen *Business Ethics* ist die Unternehmensethik inhaltlich enger und klarer umrissen. Die *Business Ethics* umfassen neben dem, was im deutschen Sprachraum unter Unternehmensethik verstanden wird, auch viele Fragen, die im Bereich der Makro- und Mikroebene diskutiert werden (vgl. Hoffman/Frederick/Schwartz 2014), sind mithin Wirtschaftsethik mit besonderem Schwerpunkt auf der Rolle der Unternehmen und Manager im Wirtschaftsgeflecht. Versuche, innerhalb der *Business Ethics* eigenständige *Corporate Ethics* zu etablieren, haben sich (noch) nicht durchgesetzt (vgl. Marcoux 2008). Die deutschsprachige Unternehmens- und Wirtschaftsethik ist bis zu Beginn des neuen Jahrtausends in verschiedene Schulen eingeteilt worden (vgl. Aßländer 2011, 71–131). Zu nennen sind hier die sich explizit auf moralphilosophische Gerechtigkeitstheorien stützende ethische Ökonomie (Koslowski 1988), die ökonomische Ethik (Homann/Bloom-Drees 1992), der strategisch-situative, auch als republikanisch bezeichnete Ansatz (Steinmann/Löhr 1994), die integrative Wirtschaftsethik (Ulrich 2001) sowie der *Governance*-Ansatz (Wieland 2004). Durch die zunehmende Annäherung der Schulen aneinander löst sich diese Einteilung mehr und mehr auf (vgl. Heidbrink/Hirsch 2008).

Die wirtschaftswissenschaftliche und die philosophische Auseinandersetzung mit unternehmensethischen Problemen verlaufen bis heute weitgehend getrennt voneinander, selbst dort, wo sie sich thematisch berühren, z. B. bei handlungstheoretischen Fragen. Während philosophische Theoretiker vor allem mit Verantwortungs- und Pflichtenvokabular argumentieren, wird der wirtschaftswissenschaftliche Diskurs von Fragen zum Ablauf von Entscheidungsfindungsprozessen und von Fragen der Verhaltensökonomie dominiert (vgl. Barlett 2003; Priddat 2010). Auffällig an der philosophischen Auseinandersetzung mit dem Thema Unternehmen ist der weitgehende Verzicht auf die Klärung des Gegenstands im engen Sinne. Definitionen dessen, was unter Unternehmen zu verstehen ist, fehlen in der einschlägigen Literatur oftmals. Dabei ist offensichtlich, dass einige Fragen der Wirtschaftsethik nur in Bezug auf bestimmte Unternehmen von Belang sind und Differenzierungen, wie sie in der Betriebswirtschaftslehre vorgenommen werden, dabei helfen können, Antworten auf diese Fragen zu finden. Ebenso sind einige Fragen nicht nur in Bezug auf Unternehmen relevant, weswegen es unklar bleibt, warum bestimmte moralische Forderungen allein an Unternehmen gestellt werden und nicht beispielsweise auch an staatliche Akteure oder Konsumenten (vgl. Marcoux 2008). Unternehmen sind als Betriebe neben öffentlichen und privaten Haushalten diejenigen Einheiten, die als Wirtschaftssubjekte am wirtschaftlichen Geschehen beteiligt sind. Sie werden nach diversen Kriterien unterschieden: nach Größe, nach Güterart, nach Rechtsstatus, danach, ob sie sich mehrheitlich in privater oder öffentlicher Hand befinden, und neuerdings auch danach, ob sie gewinnorientiert ausgerichtet sind (vgl. Vahs/Schäfer-Kunz 2012, 2–6; Haric/Berwanger o. J.).

Konzepte der Unternehmensethik

Die in der Unternehmensethik diskutierten Konzepte sind jeweils Versuche, das Verhältnis von betriebswirtschaftlichem, sozialem und moralischem Handeln zu klären. Die von Richard De George als »Mythos des amoralischen Wirtschaftens« (De George 2014, 3) bezeichnete Auffassung einer radikalen Trennung der Bereiche Wirtschaft und Ethik ist nur noch bei in der Diskussion randständigen Positionen zu finden (vgl. Ulrich 2001, Kap. 10). Selbst Theoretiker, die wie Milton Friedman behaupten, dass die soziale Verantwortung von Unternehmen allein in der Steigerung des Gewinns liege (Friedman 2014), diskutieren die Frage, ob Unternehmer mehr als reine Gewinnmaximierung anstreben sollten. Nach Friedman ist jede Art sozialen Engagements Diebstahl an den *Stockholdern* eines Unternehmens, den Anteilseignern einer Firma. Nur wenn der Angestellte des Unternehmens durch als sozial deklariertes Engagement die Markt- oder Verhandlungsposition des Unternehmens verbessert, ist dies gerechtfertigt. Es handelt sich nach Friedman dann aber um kein soziales Engagement mehr (vgl. Friedman 2014, 156 f.). Nonprofit-Organisationen sind für Theoretiker wie Friedman auch keine Unternehmen, da sie nicht dem Gebot der Profitmaximierung unterworfen sind. In bewusster begrifflicher Absetzung von der *Stock-* bzw. *Shareholder*-Theorie hat Edward Freeman die *Stakeholder*-Theorie entworfen (Freeman 2010). Nach Freeman sind in unternehmerischen Entscheidungsfindungsprozessen neben den Interessen der Anteilseigner (*Shareholder*) auch die Interessen derjenigen zu berücksichtigen, die Einfluss auf das Erreichen der Unternehmensziele haben, sowie insbesondere die Interessen der von den Unternehmerentscheidungen Betroffenen (*Stakeholder*). Hierzu gehören u. a. Konsumenten, Zulieferer oder Ortsansässige. Freeman versteht seine Theorie explizit als moralisch fundierte Managementtheorie. Gerechtigkeit kommt bei ihm als eine mögliche Antwort auf die von jedem Manager im Hinblick auf seine *Stakeholder* zu stellende Frage »Wofür stehen wir?« in den Blick (Freeman 2010, 83, 105). Manager könnten sich, so Freeman, im Anschluss an John Rawls' *Theorie der Gerechtigkeit* als Werkzeuge des sozialen Wandels verstehen. Wenn sie wahrnehmen, dass sie mit ihrem unternehmerischen Handeln Einfluss auf eine große Anzahl von *Stakeholdern* aus ganz unterschiedlichen sozialen Gruppen haben, und an einer gerechten Gesellschaft interessiert sind, dann würden sie sich Rawls' Gerechtigkeitstheorie verschreiben, indem sie das Wohlergehen der am wenigsten begünstigten *Stakeholder* befördern und dafür sorgen, dass die in dem Unternehmen zu vergebenden Positionen prinzipiell jedem offenstehen (Freeman 2010, 105 f.).

Wie bei Freemans *Stakeholder*-Prinzip zeigt sich auch in der unübersichtlichen Debatte um die in den 1950er Jahren in Amerika erstmals diskutierte *Corporate Social Responsibility* (CSR), dass in den zentralen Konzepten der Unternehmensethik kaum Verbindlichkeit von moralischen Forderungen ausgeht, wie etwa der nach einem Unternehmerhandeln, das sich an Gerechtigkeitsprinzipien orientiert (vgl. Hiß 2009;

Neuhäuser 2011, 17–19). Hinter CSR steht die »Idee einer freiwilligen Übernahme gesellschaftlicher Verantwortung durch Unternehmen« (Hiß 2009, 287), genauere Definitionen der begrifflichen Elemente von CSR fehlen jedoch weiterhin (vgl. Crane et al. 2008, 5–7). Freiwillig ist die Übernahme von Verantwortung dann, wenn Unternehmer jenseits des durch gesetzliche Regelungen und Normen begrenzten Raumes verbindlichen Handelns agieren. Diese Auffassung von CSR hat zur Konsequenz, dass lockerere rechtliche Rahmenbedingungen den Bereich vergrößern, in dem Unternehmer auf freiwilliges soziales Engagement hinweisen können. In der Debatte wird die aus gerechtigkeitstheoretischer Perspektive wichtige Frage nicht beantwortet, was bei diesem Selbstverpflichtungskonzept als soziales Handeln gilt. So weist das die Debatte um CSR breit wiedergebende *Oxford Handbook of Corporate Social Responsibility* nur einen einzigen Eintrag zur Gerechtigkeit unter dem Stichwort »Verteilungsgerechtigkeit« auf (vgl. Crane et al. 2008).

Eng verbunden und oftmals nicht trennscharf unterschieden von der CSR wird die *Corporate Citizenship* (CC). Die grundlegende Idee der CC ist, dass unternehmerisches Engagement formal mit dem eines Bürgers verglichen werden kann. Dadurch wird der Fokus auf den örtlichen Nahbereich eines Unternehmens gelegt. CC ist aber weitreichender in seinen moralphilosophischen Implikationen als CSR, wenn die unternehmerische Bürgerschaft beim Wort genommen wird und mehr beinhaltet, als dass sich Unternehmen wie zivilgesellschaftlich engagierte Bürger am Gemeinwohl interessiert zeigen. Bei den verschiedenen Modellen der CC bleibt jedoch oftmals unklar, ob den Unternehmen die Rolle eines Bürgers mit einhergehenden Rechten und Pflichten zukommt (vgl. Habisch 2003), und wenn ja, ob die Rechte und Pflichten eines Bürgers sich von denen eines Unternehmens unterscheiden, oder ob Unternehmen gar als Garanten von Bürgerrechten fungieren und damit zunehmend staatspolitische Aufgaben übernehmen (vgl. Matten/Crane 2005). Eine gerechtigkeitstheoretische Fundierung der institutionell verankerten Rolle, die Unternehmen in gehaltvollen Theorien der CC zukommt, steht noch aus.

Aus gerechtigkeitstheoretischer Perspektive ebenfalls unterbestimmt ist das Konzept der *Corporate Governance* (CG), wobei gerade bei diesem Konzept Fragen der Gerechtigkeit ins Zentrum gerückt werden müssten. Unternehmen werden bei der CG analog zu Staaten als von Menschen gesteuerte Institutionen verstanden, die selber moralfähige Akteure sind. Nach Josef Wieland ist der »Gegenstandsbereich der Governanceethik die Analyse der Funktionen und Wirkungen von Moralregimes innerhalb der Führung, Steuerung und Kontrolle von wirtschaftlichen Transaktionen« (Wieland 2001, 16). Die diesen Moralregimes zugrundeliegenden Prozesse werden mit denen nicht-moralischer Verfahren im Hinblick auf ihre moralfördernde Wirkung verglichen und in ein »Überlegungsgleichgewicht« gebracht, so dass nicht schon ökonomische oder moralische Erwägungen die Ergebnisse vorgeben (ebd., 24). Hierbei werden beispielsweise die ökonomischen Kosten für den Aufbau von Strukturen zur Bekämpfung von Korruption in den Produktions- und Lieferketten eines Unternehmens mit den bei entsprechender Öffentlichkeitsarbeit zu erwartenden gesteigerten positiven Folgen zueinander in Beziehung gesetzt, wobei unter diesen Folgen nicht allein der langfristig zu erwartende ökonomische Gewinn zu verstehen ist, sondern etwa auch ein besseres Ansehen. Ziel ist es, Empfehlungen hinsichtlich »moralisch besserer Ergebnisse« (ebd., 20) zu geben, wobei das moralische Bewertungskriterium relativ zu den jeweiligen Werten des Unternehmens und der es umgebenden Gesellschaft(en) bestimmt wird. Aus gerechtigkeitstheoretischer Perspektive besonders problematisch ist hierbei die globale Arena, auf die bei der CG ein besonderes Augenmerk gelegt wird. International agierenden Unternehmen kommt im globalen Kontext eine besondere Rolle der Implementierung von CG-Prozessen zu, da im internationalen Raum staatliche Steuerungsprozesse für wirtschaftliche Transaktionen nur schwach ausgebaut sind. Da jedoch nicht von einer einheitlichen globalen Gerechtigkeitsvorstellung ausgegangen werden kann (s. Kap. II.17), ließe die CG den Unternehmen weitreichende Freiräume in der Bestimmung moralisch besserer Ergebnisse.

Akteursstatus und Verantwortung von Unternehmen

Die inhaltliche Ausbuchstabierung der Konzepte CSR, CC und CG kommt nicht ohne die Beantwortung der Frage aus, ob Unternehmen verantwortungsfähige Akteure sind (vgl. Neuhäuser 2011, 21–23). In der philosophischen Auseinandersetzung mit Unternehmen ist der Ansatz von Peter French einschlägig (French 1995). French vertritt einen methodischen und ontologischen Kollektivismus. Er argumentiert für eine starke Auffassung von kollektiver Verantwortung, nach der Unternehmen Handelnde im vollumfänglichen Sinn sind. Für diese Auffassung spricht nach French, dass die Entscheidungsstruktur und die Zielsetzung von Unternehmen nicht auf die Handlungen und Ziele einzelner Mitarbeiter reduziert werden können. Dies versucht er unter anderem an dem hohen Komplexitätsgrad von Unternehmensentscheidungen zu verdeutlichen. Aufgrund ihrer klaren Entscheidungsstruktur sind Unternehmen nach French als Personen aufzufassen, die moralische Rechte haben und als Kollektiv moralische Verantwortung tragen. Die Schwierigkeit bei der Position von French ist unter anderem, dass jeder mögliche Kandidat zur Verortung von Bewusstsein, Rationalität und Intention der Person, als die das Unternehmen aufgefasst wird, zu unplausiblen ontologischen Konsequenzen führt. Weder die Managementebene oder die CID-Struktur noch langfristiger ausgerichtete Unternehmensstrategien können hier überzeugend eingesetzt werden (vgl. Miller 2002, 279–284).

Der Position von French stehen mehrere schwächere Auffassungen von kollektiver Verantwortung gegenüber. Einerseits werden Argumente vorgebracht, nach denen jeweils nur Individuen Träger von Verantwortung sind, im Fall von Unternehmen deren Mitarbeiter und *Shareholder*. Hier sind zwei Unterpositionen zu unterscheiden. Entweder wird die Position vertreten, dass kollektive Verantwortung immer auf individuelle Verantwortung reduziert werden kann. Dies ist die weit verbreitete Position des methodischen Individualismus (Miller 2002). Oder kollektive Verantwortung bleibt als eine eigenständige Form von Verantwortung bestehen, die aber jeweils der Einzelne trägt. Danach fallen der ontologische und der methodische Kollektivismus auseinander (vgl. Gerber 2010, 72 f.).

Andererseits ist im Anschluss an die Theorien sozialer Gruppen und kollektiver Intentionen von Margaret Gilbert und John Searle für ein Verständnis kollektiver moralischer Verantwortung argumentiert worden, nach dem Unternehmen als Träger moralischer Pflichten aufgefasst werden können, ohne sie wie French als Personen mit eigenen Rechten zu verstehen. Die bei French wichtige Unterscheidung zwischen korporativem und individuellem Handeln bleibt hier bestehen: Korporationen, die wiederum aufgrund ihrer gefestigten Struktur von anderen Kollektiven wie einer Gruppe von Theaterbesuchern zu unterscheiden sind, werden so beschrieben, dass sie eigene Pläne entwickeln, eine stabile Identität haben und frei handeln können (Neuhäuser 2011; Korenjak/Ungereich/Raith 2010). Für diese Position spricht, dass diese Eigenschaften Unternehmen von außen und von ihren Mitarbeitern faktisch zugesprochen werden. Es muss sich zeigen, ob bei dem dieser Position zugrundeliegenden Verantwortungsbegriff die Übertragung des Konzepts individueller moralischer Verantwortung auf Kollektive gelingt (vgl. Gerber 2010) und er nicht wie derjenige von French mit starken ontologischen Annahmen einhergeht.

Aus praktischer Perspektive ist es drängend, Verantwortung jenseits rein rechtlicher Verantwortung zu etablieren, damit nicht nur retrospektiv der Verstoß rechtlicher Pflichten geahndet wird, sondern Unternehmer auch prospektiv ihr Handeln nach moralischen Regeln ausrichten. Es geht darum, ob Unternehmen neben anderen Akteuren moralisch dafür verantwortlich sind, z. B. für Lohngerechtigkeit zu sorgen (s. Kap. V.68), Chancengleichheit zu etablieren (s. Kap. II.26) oder höhere Umweltstandards zu implementieren (s. Kap. V.66). Wie die Diskussion um CSR und CG zeigt, ist diese Verantwortungszuschreibung vor allem dort wichtig, wo andere Normordnungen schwach etabliert sind, so im globalen Wirtschafts- und Politikraum.

Transnationale Unternehmen (TNU)

In der Wirtschafts- und der Politikwissenschaft rückt in den letzten Jahren die besondere Rolle, die TNU im Prozess der wirtschaftlichen Globalisierung spielen, immer deutlicher in den Fokus. 80 Prozent der globalen Wertschöpfungskette laufen über von TNU gesteuerte Prozesse ab (vgl. UNCTAD 2014). Aufgrund eines rechtlich nur schwach regulierten globalen Wirtschaftssystems stehen TNU-Vertretern Optionen offen, die Politiker unter Handlungsdruck setzen. Von besonderer Relevanz ist hier das so genannte *regime shopping*, die Möglichkeit von Investoren, aufgrund nationaler Differenzen vor allem in der Steuerpolitik, der Arbeitsmarktregulierung, den Arbeitnehmerrechten und bei Umweltauflagen unter verschiedenen Staaten die für sie günstigsten Rahmenbedingungen selbst auszuwählen. Dies führt in verschiedenen Bereichen zu einem *race to the bottom*, d. h. der Tendenz politischer Entscheidungsträger, Umwelt-, Arbeits- und Sozialstandards herabzusenken, um ausländische Investoren anzuziehen (Hahn 2009, 118–126). Wegen des immensen Investitionsvolumens, das TNU zur Verfügung steht, richten nationale politische Akteure ihre wirtschaftspolitischen Entscheidungen auf TNU aus, wobei soziale Ungleichheiten sowohl im nationalen wie auch im internationalen Vergleich verschärft werden (vgl. Crouch 2011; Stiglitz 2006). Unternehmen spielen daher eine wichtige Rolle beim Zustandekommen »unfaire[r] und entwürdigende[r] Zustände« (Neuhäuser 2011, 90). Hier zeigt sich, dass in der philosophischen Beschäftigung mit Unternehmen jenseits der Fragen nach der moralischen Verantwortung und den moralischen Pflichten von Unternehmern der Fokus auf die Gründe gelegt werden muss, die dafür sprechen, Unternehmen stärker zu regulieren. Wem an einer gerechteren sozialen (Welt-)Ordnung gelegen ist, für den gibt es Gründe, Einfluss auf Unternehmen zu nehmen, z. B. mittels politischen Engagements oder an moralischen Kriterien ausgerichtetem Konsum (s. Kap. V.67).

Literatur

Aßländer, Michael S. (Hg.): *Handbuch Wirtschaftsethik*. Stuttgart 2011.

Barlett, Dean: Management and Business Ethics. A critique and integration of ethical decision-making models. In: *British Journal of Management* 24 (2003), 223–235.

Crane, Andrew/Matten, Dirk/McWilliams, Abagail/Moon, Jeremy/Siegel, Donald S. (Hg.): *The Oxford Handbook of Corporate Social Responsibility*. Oxford 2008.

Crouch, Colin: *Das befremdliche Überleben des Neoliberalismus*. Berlin 2011.

De George, Richard T.: *Business Ethics* [1982]. Harlow 72014.

Freeman, R. Edward: *Strategic Management. A Stakeholder Approach* [1984]. Cambridge 2010.

French, Peter: *Corporate Ethics*. Fort Worth 1995.

Friedman, Milton: The social responsibility of business is to increase its profits [1970]. In: W. Michael Hoffman/Robert E. Frederick/Mark S. Schwartz (Hg.): *Business Ethics. Readings and Cases in Corporate Morality*. New York 52014, 180–184.

Gerber, Doris: Der Begriff der kollektiven Verantwortung. Ist individuelle Verantwortung das richtige Modell für kollektive Verantwortung? In: Dies./Véronique Zanetti (Hg.): *Kollektive Verantwortung und internationale Beziehungen*. Berlin 2010, 66–93.

Göbel, Elisabeth: *Unternehmensethik. Grundlagen und praktische Umsetzung*. Konstanz 32013.

Habisch, André: *Corporate Citizenship. Gesellschaftliches Engagement von Unternehmen in Deutschland*. Berlin 2003.

Hahn, Rüdiger: *Multinationale Unternehmen und die »Base of the Pyramid«. Neue Perspektiven von Corporate Citizenship und nachhaltiger Entwicklung*. Wiesbaden 2009.

Haric, Peter/Berwanger, Jörg: Unternehmen (o. J.). In: *Gabler Wirtschaftslexikon*, http://wirtschaftslexikon.gabler.de/Archiv/2942/unternehmen-v11.html (1.1.2014).

Heidbrink, Ludger/Hirsch, Alfred (Hg.): *Verantwortung als marktwirtschaftliches Prinzip. Zum Verhältnis von Moral und Ökonomie*. Frankfurt a. M. 2008.

Hiß, Stefanie: Corporate Social Responsibility – Innovation oder Tradition? Zum Wandel der gesellschaftlichen Verantwortung von Unternehmen in Deutschland. In: *Zeitschrift für Wirtschafts- und Unternehmensethik* 10/3 (2009), 287–303.

Hoffman, W. Michael/Frederick, Robert E./Schwartz, Mark S. (Hg.): *Business Ethics. Readings and Cases in Corporate Morality*. New York 52014.

Homann, Karl/Blome-Drees, Franz: *Wirtschafts- und Unternehmensethik*. Göttingen 1992.

James, Gene G.: Whistleblowing. Its moral justification. In: John Drummond (Hg.): *Managing Business Ethics. A Reader on Business Ethics for Managers and Students*. Oxford 1994, 109–124.

Korenjak, Thomas/Ungereich, Bernhard/Raith, Dirk: Unternehmen als verantwortungsfähige Akteure. Ein Beitrag zu Zurechenbarkeit von Verantwortung in Zeiten der Globalisierung. In: Doris Gerber/Véronique Zanetti (Hg.): *Kollektive Verantwortung und internationale Beziehungen*. Berlin 2010, 137–159.

Koslowski, Peter: *Prinzipien der Ethischen Ökonomie. Grundlegung der Wirtschaftsethik und der auf die Ökonomie bezogenen Ethik*. Tübingen 1988.

Marcoux, Alexei: Business Ethics. In: Edward N. Zalta (Hg.): *The Stanford Encyclopedia of Philosophy* (Fall 2008 Edition), http://plato.stanford.edu/archives/fall2008/entries/ethics-business/ (1.1.2014).

Matten, Dirk/Crane, Andrew: Corporate citizenship. Towards an extended theoretical conceptualization. In: *Academy of Management Review* 30/1 (2005), 166–179.

Miller, Seumas: Against collective agency. In: Georg Meggle (Hg.): *Social Facts & Collective Intentionality*. Frankfurt a. M. 2002, 273–298.

Neuhäuser, Christian: *Unternehmen als moralische Akteure*. Berlin 2011.

Priddat, Birger P.: Wirtschaftsethik. Synopsis und kritischer Ausblick. In: *Jahrbuch für Recht und Ethik* 18 (2010), 141–165.

Solomon, Robert C.: Business ethics. In: Peter Singer (Hg.): *A Companion to Ethics*. Oxford 21993, 354–365.

Steinmann, Horst/Löhr, Albert: *Grundlagen der Unternehmensethik*. Stuttgart 1994.

Stiglitz, Joseph E.: *Die Chancen der Globalisierung*. Berlin 2006.

Ulrich, Peter: *Integrative Wirtschaftsethik. Grundlagen einer lebensdienlichen Ökonomie*. Bern 32001.

United Nations Conference on Trade and Development (UNCTAD): *World Investment Report 2014*. In: http://unctad.org/en/PublicationsLibrary/wir2014_en.pdf (9.1.2015).

Vahs, Dietmar/Schäfer-Kunz, Jan: *Einführung in die Betriebswirtschaftslehre*. Stuttgart 62012.

Wieland, Josef: Eine Theorie der Governanceethik. In: *Zeitschrift für Wirtschafts- und Unternehmensethik* 2/1 (2001), 8–33.

–: *Die Ethik der Governance*. Marburg 32004.

Jens Schnitker

79 Weltwirtschaft und Finanzmärkte

Die Weltwirtschaft ist seit etwa 30 bis 40 Jahren durch eine zunehmende ökonomische Globalisierung bestimmt. Diese Entwicklung wird auch als ›zweite‹ Globalisierung bezeichnet und von der ›ersten‹ (großen) Globalisierung unterschieden, die die Weltwirtschaft in den 40 bis 50 Jahren bis zum Ersten Weltkrieg (1914) gekennzeichnet hat (siehe z. B. Frieden 2006; Rodrik 2011, Kap. 2). Globalisierung (bezieht sich im Folgenden immer auf die ökonomische Globalisierung) meint die zunehmende Einbettung der nationalen Volkswirtschaften in einen weltweiten wirtschaftlichen Austausch und Wettbewerb und die Ausbildung weltweiter Märkte. Dies erlaubt es ökonomischen Akteuren, nicht zuletzt Firmen, global zu operieren, beispielsweise die Produktion zu verlagern oder auf unterschiedliche Standorte aufzuteilen. Für diese Entwicklungen spielen Fortschritte etwa auf den Gebieten des Transports, der Logistik und der Kommunikation, aber auch die von einflussreichen Playern geteilten Wertauffassungen und ökonomischen Einschätzungen eine bedeutende Rolle. Ein wichtiger Teil der Globalisierung ist die Ausbildung weltweiter Finanzmärkte. Diese ermöglichen nicht nur längerfristige Investitionen im Ausland, sondern auch den grenzüberschreitenden kurzfristigen Handel mit finanziellen Vermögenswerten.

Für die Behandlung der mit Weltwirtschaft und Finanzmärkten verbundenen Gerechtigkeitsfragen stellt sich das Problem, wie grundsätzlich oder auf welcher Ebene die Diskussion ansetzen sollte: auf der Ebene des Systems, auf der Ebene der Verwobenheit der Weltwirtschaft mit den globalen Menschheitsfragen (wie Weltarmut, Klimawandel und Übernutzung der natürlichen Umwelt) oder auf der Ebene der konkreten Ausgestaltung.

Das Problem der Gerechtigkeitsebenen

Beginnen wir mit der Systemebene. Es spricht vieles dafür, von einer tiefgreifenden moralischen Relevanz und einer sich davon herleitenden moralischen Qualität einer dauerhaft funktionierenden Marktwirtschaft auszugehen (vgl. dazu auch Homann/Blome-Drees 1992; Homann 2002; Steigleder 2011). Dies liegt vor allem an der Fähigkeit von Marktwirtschaften, zu technischem Fortschritt und dauerhaftem materiellen Wohlstand beizutragen. Dadurch wird es möglich, von Menschen, die in funktionierenden Marktwirtschaften leben, elementare Bedrohungen fernzuhalten bzw. diese Bedrohungen zu begrenzen und verlässlich die Grundlagen zur Befriedigung ihrer Grundbedürfnisse zu sichern. Insofern schaffen Marktwirtschaften wesentliche Voraussetzungen für den effektiven Schutz der Rechte von Menschen. In dieser Perspektive entscheiden Maßnahmen, die Einfluss darauf haben, ob die Funktionsfähigkeit von Marktwirtschaften erhalten bleibt, verbessert, gestört, bedroht oder zerstört wird oder ob sich Marktwirtschaften allererst entwickeln können, über die effektive Gewährleistung der gleichen Rechte der Menschen und sind daher gerechtigkeitsrelevant.

So gesehen ist es von entscheidender Bedeutung, dass sich in den armen Ländern der Welt Marktwirtschaften entwickeln können und über Wirtschaftswachstum Wohlstand generiert wird. An die Globalisierung bindet sich nicht nur die Hoffnung, dass sie genau dazu beiträgt, sondern es stellt für viele auch eine kaum zu bestreitende Tatsache dar, dass sie genau dazu schon signifikant beigetragen hat (siehe z. B. Bhagwati 2009; Wolf 2004). Andere sehen in der gegenwärtigen Globalisierung bzw. in einigen ihrer Erscheinungsformen und Strukturmerkmale wenn nicht *den*, dann doch wenigstens *einen* entscheidenden Grund dafür, dass die Entwicklung der armen Länder blockiert wird oder diese Länder in Armut gehalten werden (vgl. z. B. Altvater/Mahnkopf 2007; vgl. aber auch Reinert 2008 und Chang 2008). Die entsprechende Kritik tritt aber in ganz unterschiedlichen Gestalten auf. Sie kann einerseits Ausdruck einer Fundamental- und Systemkritik sein (und berührt dann die angesprochene Systemebene), die die Globalisierung oder gar die Marktwirtschaft selbst durch letztlich nicht reformierbare Struktur- oder Konstruktionsfehler bestimmt sieht (vgl. z. B. auch Kurz 2005; McMurtry 2013). Sie kann andererseits als Kritik bestimmter Formen entfesselter Globalisierung auftreten, die in der Globalisierung durchaus ein mehr oder minder großes Potential erblickt, aber auf die Notwendigkeit einer Änderung der Rahmenbedingungen und stärkeren Steuerung entfesselter globaler Märkte dringt oder sich gegen bestimmte Formen einer problematischen Überhöhung des Potentials der ökonomischen Globalisierung wendet (vgl. z. B. Stiglitz 2008; Rodrik 2011). In dieser Form ist die Kritik dann der zweiten Ebene, der Ebene der globalen Menschheitsfragen, oder der dritten Ebene, der konkreten Ausgestaltung, zuzuordnen.

Bleiben wir aber noch bei der Systemebene. Auch wenn man die angesprochene Fundamentalkritik nicht teilt, die moralische Qualität einer funktionierenden Marktwirtschaft anerkennt und von der Wichtigkeit von Wirtschaftswachstum in den armen Ländern überzeugt ist, stellt sich das Problem, dass die wachstumsbasierte Marktwirtschaft nicht nachhaltig zu sein scheint. Einerseits bedarf es in den armen Ländern dringend der wirtschaftlichen Entwicklung und des wirtschaftlichen Wachstums, andererseits dürfte es mit Blick auf Ressourcenverbrauch und Belastung der Umwelt ökologisch nicht zu verkraften sein, dass die armen Länder auf das materielle Wohlstandsniveau der industrialisierten Länder aufschließen (für eine optimistischere Einschätzung vgl. aber Helm 2015). Es ist nicht klar, was aus einem solchen Befund normativ folgt und wie die mit diesem Systemproblem verbundenen Gerechtigkeitsfragen zu beantworten sind. Bedarf es, zumindest zunächst in den entwickelten Ländern, einer nicht wachstumsbasierten Wirtschaftsform oder einer »Postwachstumsökonomie« (vgl. z. B. Jackson 2011; Miegel 2011; Paech 2012)? Müssen die Menschen in den entwickelten Ländern genügsamer werden (vgl. z. B. Skidelsky/Skidelsky 2012)?

Auch wenn es zutreffen dürfte, dass die gegenwärtige wachstumsbasierte Weltwirtschaft nicht nachhaltig ist, ist wohl davon auszugehen, dass es vorerst weder eine tragfähige Vorstellung von einer Alternative gibt, die wirklich Besserung verspricht (und die Situation der Armen in der Welt nicht noch mehr verschlechtert), noch davon, wie ein vertretbarer Übergang von einer Wachstums- zu einer Postwachstumsökonomie bewerkstelligt werden könnte. Hinzu kommt, dass unfreiwillige Einbußen materiellen Wohlstands in einer Volkswirtschaft offenbar leicht zu sozialen Spannungen und politischen Verwerfungen führen können (Friedman 2005). Durch solche Feststellungen wird, auch wenn sie richtig sind, das fundamentale Problem nicht aufgehoben. Da aber die globalen, von der Ökonomie entscheidend abhängigen Menschheitsfragen, nämlich Weltarmut, Klimawandel und Übernutzung der natürlichen Umwelt, außerordentlich dringlich sind, gilt es sie bis auf Weiteres und so weit wie möglich *innerhalb* der vorhandenen Wachstumsökonomie anzugehen. Allerdings muss dies etwa mit Blick auf den Klimawandel und die weiteren ökologischen Probleme (s. Kap. V.64) eine Kritik der vorherrschenden neoklassischen ökonomischen Theorie einschließen.

Grundlegende Orientierungen und Gerechtigkeitsforderungen

Die gegenwärtige Umwelt- und Klimaökonomik ist durch die Suche nach dem optimalen Niveau des Ressourcenverbrauchs, der Umweltverschmutzung und der Klimaerwärmung gekennzeichnet, das die Kosten und den Nutzen ökonomischer Aktivitäten zur Deckung bringt. Hinter diesem Ansatz steht zwar die wichtige Einsicht, dass das Ziel nicht einfach darin bestehen kann, jede Umweltverschmutzung oder Umweltzerstörung zu vermeiden, dass eine solche Zielsetzung sogar außerordentlich schädlich wäre, denn es müsste dann auf nahezu jegliche Produktion und jeglichen Konsum verzichtet werden. Kritikwürdig sind aber an der vorherrschenden ökonomischen Behandlung der Probleme die folgenden drei eng miteinander verwobenen Annahmen: erstens die Annahme einer grundsätzlichen Kommensurabilität aller Vorteile und Schäden und die damit einhergehende Annahme, dass sich aus intra- und intergenerationellen Cost-Benefit-Analysen sinnvolle oder vertretbare Zielsetzungen politischen Handelns ableiten lassen (im Unterschied zu Analysen, wie anders begründete Zielsetzungen möglichst effizient realisiert werden können). Dies stellt den (impliziten) moralisch-normativen Anspruch umweltökonomischer Analysen dar. Zweitens die Annahme, dass aufgrund langfristigen Wirtschaftswachstums zukünftige Generationen über ein bedeutend höheres Wohlstandsniveau verfügen werden als die heutigen Generationen, sie deshalb mit Schäden sehr viel besser werden umgehen können und (auch) deshalb die künftigen Schäden gegenüber der Bemessung heutiger Schäden und Vorteile diskontiert werden sollten. Es handelt sich um eine Bewertung der Relevanz der Zustände künftiger Menschen auf der Basis einer optimistischen Prognose. Drittens die Annahme, dass sich den möglichen künftigen Schäden sinnvolle oder belastbare Wahrscheinlichkeiten zuordnen und sie sich entsprechend als Risiken (im technischen Sinne), d. h. als Produkte von Wahrscheinlichkeit und Schadenshöhe behandeln und deshalb auch über die Wahrscheinlichkeiten diskontieren lassen. In dieser Annahme spricht sich zusätzlich ein ungedecktes Zutrauen in die vorhandenen Wissensmöglichkeiten aus.

Diese Annahmen stellen entweder selbst moralisch normative Urteile dar, oder es gehen in sie moralisch normative Urteile ein. Die entsprechenden Urteile fallen weder in die Kompetenz der Ökonomie noch dürften sie sonderlich plausibel sein. Im Folgenden wird vorausgesetzt, dass

1. alle Personen gleiche (moralische) Rechte auf die notwendigen Voraussetzungen handelnder Selbstverwirklichung haben (z. B. auf Leben, physische und psychische Integrität, Eigentum), dass
2. diese Rechte untereinander eine Rangordnung aufweisen (z. B. ist das Recht auf Leben grundlegender als das Recht auf Eigentum), dass
3. situativ das grundlegendere Recht einer Person einen Vorrang haben kann vor dem weniger grundlegenden Recht einer anderen Person, dass
4. die Personen selbst normalerweise nicht miteinander verrechnet werden dürfen (z. B. darf eine unschuldige Person normalerweise nicht getötet werden, um einer anderen Person oder einer Mehrzahl anderer Personen das Leben zu retten),
5. dass die Rechte der Personen nicht nur negative Rechte sind (Rechte darauf, dass andere Handlungen unterlassen, die eine Person in den Gegenständen der Rechte schädigen), sondern auch positive Rechte (Rechte darauf, dass andere einer Person helfen, die Gegenstände der Rechte zu bewahren oder zu erlangen, wenn sie sich selbst nicht helfen kann und andere einzeln oder kollektiv ohne vergleichbare Kosten zur Hilfeleistung in der Lage sind; vgl. Gewirth 1996, Kap. 2) und
6. dass es Teil der Rechte der Personen ist, dass diese effektiv geschützt werden (etwa durch bestimmte Institutionen; Gewirth 1978, Kap. 5; Steigleder 2014).

Vor dem Hintergrund dieser Annahmen besteht die basale Gerechtigkeitsfrage darin, ob Handlungen, Institutionen sowie die vielfältigen Formen technischer, sozialer und wirtschaftlicher Organisation jeweils die Rechte aller Betroffenen in angemessener Weise wahren bzw. diesen Rechten in angemessener Weise Rechnung tragen oder nicht. Ein wesentlicher, aber schwieriger Aspekt ist, ob die Verteilung *möglicher* Vorteile und Schädigungen, also von Chancen und Risiken, mit den Rechten der Betroffenen vereinbar ist. Diese Annahmen können hier nicht näher begründet werden (vgl. aber z. B. Gewirth 1978; Steigleder 1999). Es sei lediglich darauf hingewiesen, dass sie gewissermaßen einen Kern der gängigen Menschenrechts- und Grundrechtskataloge formulieren. Es dürfte aber instruktiv sein herauszustellen, welche grundlegenden normativen Prinzipien aus diesen Annahmen für die Bearbeitung der vielfältigen Problembereiche im Feld von Weltwirtschaft und Finanzmärkten folgen.

Eine Konsequenz der Gleichberechtigung der Personen ist, dass die heute lebenden Personen nicht mehr (aber auch nicht weniger) Rechte haben als die Personen, die in der Zukunft (tatsächlich) leben werden (s. Kap. V.80). Zugleich sind die Aufgaben, die aus den Rechten der Personen, auch aus den Rechten zukünftiger Personen erwachsen, begrenzt. Mit Blick auf die Rechte zukünftiger Personen gilt es die notwendigen Voraussetzungen ihrer handelnden Selbstverwirklichung zu erhalten (nicht zu zerstören). Insbesondere gilt es katastrophale Schädigungen zu vermeiden, die eine Vielzahl von Menschen ihrer Lebensmöglichkeiten berauben. Entsprechend stehen Wohlstandseinbußen, die mit den erforderlichen Maßnahmen zur Eindämmung des Klimawandels oder der langfristigen Bewahrung der natürlichen Lebensgrundlagen verbunden sind, mit dem Schutz elementarer Rechte wie Leben und physischer Integrität von (auch zukünftigen) Menschen nicht auf einer Stufe (Steigleder 2016).

Sofern aber Maßnahmen, die dem Schutz grundlegender Rechte von Menschen dienen, die grundlegenden Rechte anderer Menschen bedrohen, bedarf es flankierender Maßnahmen, um dies zu verhindern. So muss beispielsweise dafür gesorgt werden, dass Menschen sozial abgesichert sind, die aufgrund der Umstellung von der Nutzung fossiler Brennstoffe auf alternative Energien ihren Arbeitsplatz verlieren. Auch ist sicherzustellen, dass arme Menschen den Zugang zu dringend benötigten Energiequellen nicht dadurch verlieren, dass sich fossile Brennstoffe durch Maßnahmen verteuern, die das (wichtige) Ziel haben, den Verbrauch dieser Brennstoffe zu reduzieren (vgl. dazu Shue 2014).

Weil einerseits die realistische und gut begründete Möglichkeit besteht, dass auch schon mit einer relativ geringen durchschnittlichen Erwärmung des globalen Klimas katastrophale Folgen verbunden sind, zugleich aber unsicher ist, welche Menge an kumulativen Emissionen von Kohlendioxyd und weiteren Klimagasen zu welcher durchschnittlichen Erwärmung führen wird, besteht die grundsätzliche Pflicht, so umfassend, wirksam und so schnell wie möglich die entsprechenden Emissionen zu reduzieren bzw. zu begrenzen, wie dies ohne eine (vergleichbare) Schädigung der grundlegenden Rechte von Menschen möglich ist. Sofern durch diese Reduzierung keine vergleichbaren Schädigungen drohen, dürfen die entsprechenden Katastrophen nicht riskiert werden. Schon aus normativen Gründen dürfen dann die Schäden nicht vermittels vermeintlich geringer Wahrscheinlichkeiten diskontiert werden. Außerdem fehlt für eine belastbare Zuordnung von Wahrscheinlichkeiten die Wissensbasis. Die möglichen Schäden sind deshalb nicht als Risiken (im technischen Sinne), also als Produkte von Wahrscheinlichkeit und Schadenshöhe, sondern als Unsicherheiten zu behandeln.

Die Ausbildung funktionierender Marktwirtschaften und die ökonomische Entwicklung sind für die Gewährleistung der Rechte der Menschen, die in den armen und den sich entwickelnden Ländern leben, von ausschlaggebender Bedeutung. Zugleich ist ein zusätzliches massives Wachstum von Volkswirtschaften, die große Teile der Menschheit umfassen, mit gravierenden ökologischen Problemen verbunden. Daraus ergibt sich für die (Menschen in den) reichen Länder(n) die Pflicht, die armen oder sich entwickelnden Länder durch die Bereitstellung umweltverträglicherer Technologien zu unterstützen und die Kosten dafür (weitgehend) zu tragen. (Dies führt zu Problemen, wie diese Kosten zwischen den reichen Ländern gerecht aufzuteilen sind und wie sich die Pflichten für ›willige‹ Länder darstellen, wenn andere Länder ihre Pflichten nicht anerkennen oder diesen nicht nachkommen wollen.) Solche technologische Unterstützung muss beispielsweise darin bestehen, den armen oder sich entwickelnden Ländern zu ermöglichen, Kohlekraftwerke auf dem (umwelt-)technisch fortgeschrittensten Stand zu errichten und zu nutzen oder von vornherein Gaskraftwerke statt Kohlekraftwerke zu bauen.

Das Recht auf eine dauerhaft funktionierende Volkswirtschaft

Die Bewohner eines jeden Landes haben ein fundamentales Recht auf eine dauerhaft funktionierende Volkswirtschaft. Die Behauptung dieses Rechtes mag mit Blick auf die gegenwärtige, durch Globalisierung gekennzeichnete Weltwirtschaft anachronistisch anmuten. Es ist aber nicht so, dass die Globalisierung zu einer Weltgesellschaft oder einem Weltstaat geführt hätte oder in absehbarer Zeit führen würde. Vielmehr bleiben die Staaten unverändert relevant, und an ihrer Organisation, ihren Institutionen, aber auch an ihren Möglichkeiten entscheidet sich in erster Linie, ob bzw. in welchem Maße die Rechte der in ihnen lebenden Menschen effektiv geschützt sind oder nicht. Ebenso machen es die durch Globalisierung gekennzeichnete Weltwirtschaft und die Ausbildung globaler Märkte (noch) nicht sinnlos, von einzelnen Volkswirtschaften zu sprechen und das mit diesen Volkswirtschaften verbundene materielle Wohlstandsniveau oder deren Entwicklungsrichtungen miteinander zu vergleichen. Dies gilt selbst innerhalb regionaler Wirtschaftsräume, wie die gegenwärtige Eurokrise deutlich vor Augen führt, wenn etwa vom Reformstau bestimmter Volkswirtschaften, deren nicht zu bewältigenden Schuldenlasten oder den Problemen gesprochen wird, die bestimmten Volkswirtschaften aus der nicht länger bestehenden Möglichkeit erwachsen, eine eigene Währung abzuwerten.

Ob die Rechte der in einem Staat lebenden Menschen effektiv geschützt sind oder geschützt werden können, hängt nun wiederum nicht unwesentlich vom materiellen Wohlstandsniveau eines Staates und damit von der Funktionsfähigkeit seiner Volkswirtschaft ab. Daraus ergibt sich das fundamentale Recht der Bewohner jedes Landes auf eine dauerhaft funktionierende Volkswirtschaft. Diesem Recht entspricht die grundlegende Pflicht, wirtschaftliche Aktivitäten so zu gestalten und zu regeln, dass jedes Land eine dauerhaft funktionierende Volkswirtschaft entwickeln oder erhalten kann. Diese Pflicht ist primär eine negative Pflicht, besteht also in dem Verbot von Aktivitäten, Maßnahmen und Regelungen, die geeignet sind, die dauerhafte Funktionsfähigkeit einer Volkswirtschaft zu untergraben oder die Entwicklung einer dauerhaft funktionsfähigen Volkswirtschaft zu behindern oder zu stören. Da es darauf ankommt, Rechte effektiv zu gewährleisten, gilt es aber auch aktiv an der Einrichtung, Gestaltung und Umgestaltung globaler Institutionen zu arbeiten, um den Schutz der dauernden Funktionsfähigkeit der Volkswirtschaften zu sichern. Die Frage, ob und gegebenenfalls welche Hilfspflichten sich aus dem Recht auf eine dauerhaft funktionierende Volkswirtschaft ergeben, ist eine eigene Frage, die hier nicht behandelt werden soll.

Wichtig ist, dass sich aus dem fundamentalen Recht der Menschen jedes Landes auf eine dauerhaft funktionierende Volkswirtschaft ein Maßstab für die Beurteilung der ökonomischen Globalisierung, globaler Märkte, der Aktivitäten global agierender Unternehmen und der diese Globalisierung beeinflussenden Institutionen ergibt. Pauschal gesagt hat die ökonomische Globalisierung bzw. haben bestimmte Ausprägungen derselben an der moralischen Qualität funktionierender Marktwirtschaften teil, insofern sie die dauerhafte Funktionsfähigkeit von Marktwirtschaften befördern, und sind (in dieser Perspektive) moralisch neutral, sofern sie den Bestand oder die Entwicklung dauerhaft funktionsfähiger Volkswirtschaften nicht beeinträchtigen, und moralisch kritikwürdig oder falsch, wenn von ihnen solche beeinträchtigenden Wirkungen ausgehen.

Finanzmärkte

Das Kriterium der dauerhaften Funktionsfähigkeit von Volkswirtschaften stellt auch ein fundamentales Kriterium der makroethischen (also an den Strukturen ansetzenden) Beurteilung von Finanzinstrumenten, Finanzinstitutionen und Finanzmärkten dar (Steigleder 2011). Wenn wir nämlich (zumindest bis auf Weiteres) davon ausgehen müssen, dass dauerhaft funktionierende Volkswirtschaften entwickelte Marktwirtschaften sind und dass entwickelte Marktwirtschaften ohne ein entwickeltes und effizientes Finanzsystem nicht funktionsfähig sind, dann müssen wir auch davon ausgehen, dass die Bewohner eines jeden Landes ein fundamentales Recht auf einen effizienten und dauerhaft funktionsfähigen Finanzmarkt haben. Dieses Recht ist von dem fundamentalen Recht auf eine dauerhaft funktionsfähige Volkswirtschaft abgeleitet. Es schließt auch die Rechtfertigung der mit Finanzmärkten unvermeidlich verbundenen Systemrisiken mit ein, sofern nur so dauerhaft funktionierende Volkswirtschaften möglich sind.

Das Recht auf einen dauerhaft funktionsfähigen Finanzmarkt bezieht sich mit ›dem‹ Finanzmarkt auf eine aggregierte und systemische Größe. ›Der‹ Finanzmarkt meint die Gesamtheit der Finanzinstrumente, Finanzinstitutionen und Finanzmärkte, die jeweils für eine dauerhaft funktionierende Volkswirtschaft erforderlich sind bzw. zu dieser beitragen. Es geht also einerseits nicht einfach um einzelne Märkte. Vielmehr sind diese einzelnen Märkte danach zu beurteilen, ob sie zu ›dem‹ effizienten und dauerhaft funktionsfähigen Finanzmarkt beitragen, mit diesem vereinbar sind oder vielmehr die dauerhafte Funktionsfähigkeit des Finanzmarktes untergraben oder gefährden. ›Der‹ Finanzmarkt ist aber andererseits nicht einfach der globale Finanzmarkt. Auch ›der‹ globale Finanzmarkt als Gesamtheit der globalen Finanzmärkte ist danach zu beurteilen, ob er die für die einzelnen Volkswirtschaften jeweils relevanten Finanzmärkte befördert, nicht beeinträchtigt oder beschädigt. Inwieweit ›der‹ Finanzmarkt unter den Bedingungen der Globalisierung und globaler Finanzmärkte jeweils mehr oder weniger auf eine einzelne Volkswirtschaft beschränkt sein kann, ist eine eigene Frage. Die Rede von ›dem‹ bzw. ›den‹ Finanzmärkten setzt dies nicht notwendig voraus.

Entscheidend ist die distributive Perspektive. Da die Bewohner eines jeden Landes ein über ihr fundamentales Recht auf eine dauerhaft funktionierende Volkswirtschaft vermitteltes fundamentales Recht auf einen dauerhaft funktionsfähigen Finanzmarkt haben, sind die jeweiligen Finanzmärkte so zu gestalten, dass sie sowohl die dauerhafte Funktionsfähigkeit des eigenen Finanzmarktes erhalten als auch keinen der anderen Finanzmärkte untergraben, auf die die Menschen anderer Länder und Volkswirtschaften angewiesen sind.

Eine wichtige Frage ist in diesem Zusammenhang, inwieweit die Volkswirtschaften und Finanzmärkte der sich entwickelnden Länder überhaupt in die globalen Finanzmärkte einbezogen werden sollten. Die Gefahren, die für die sich entwickelnden Länder mit einer Öffnung ihrer Finanzmärkte verbunden sind, dürften kaum zu bestreiten sein. Die Diskussion dreht sich um die Frage, ob diesen Gefahren durch institutionelle Maßnahmen realistischerweise gegengesteuert werden kann. Frederic S. Mishkin (2006; 2009), der grundsätzlich in der Einbeziehung der armen Länder in die finanzielle Globalisierung eine große Chance für diese Länder sieht, hat detailliert die erforderlichen institutionellen Maßnahmen und Voraussetzungen aufzuzeigen versucht. Dani Rodrik und Arvind Subramanian (2009) haben dagegen eingewandt, dass eine Öffnung der Finanzmärkte der armen Länder weder für deren Entwicklung notwendig sein dürfte, noch es realistisch ist, dass die erforderlichen institutionellen Schutzvorkehrungen etabliert werden können. Diese Debatte weist auf die wichtige Aufgabe hin, die armen Länder vor negativen Folgen der finanziellen Globalisierung zu schützen und seitens der reichen Länder Vorkehrungen dagegen zu treffen, zu Finanzkrisen in den sich entwickelnden Ländern beizutragen (vgl. zu diesem Themenkomplex auch Emunds 2014).

Durch die hier skizzierte Argumentation wird einerseits die Bedeutung effizienter Finanzmärkte herausgestellt, andererseits ist die Rechtfertigung von Finanzmärkten rein instrumentell. Dies liegt an den (wohl) unvermeidlichen Systemrisiken, die mit entwickelten Finanzmärkten verbunden sind. Da die mit Systemrisiken verbundenen möglichen Schädigungen die Lebensgrundlage einer Vielzahl von Menschen untergraben, gilt der Imperativ, dass Systemrisiken so weit wie möglich, also ohne größere Risiken oder Schädigungen zu schaffen, zu vermeiden sind. Die Rechtfertigung der mit Finanzmärkten verbundenen Systemrisiken erfolgt über das risikoethische Kriterium der normativen Unvermeidbarkeit von Risiken, hängt also davon ab, inwieweit die mit diesen Risiken verbundenen Strukturen zur Reduktion größerer Risiken oder zu einem besseren Schutz aller von den Risiken betroffenen Menschen beitragen. Entsprechend ist jedes Finanzinstrument, jede Finanzinstitution und jeder Finanzmarkt dem Test zu unterziehen, ob sie zu einem effizienten und dauerhaft funktionsfähigen Finanzmarkt beitragen oder nicht. Es ist davon auszugehen, dass viele der heute gebräuchlichen Finanzinstrumente sowie der heute existierenden Finanzmärkte und Finanzinstitutionen diesen Test nicht bestehen (zur Bewertung von Finanzmarktrisiken mit einem Fokus auf Finanzderivate vgl. Heinemann 2014; für eine anders ansetzende Bewertung von Börsen vgl. Grzebeta 2014). Daraus ergeben sich erhebliche normative Anforderungen an die erforderliche Regulierung von Finanzmärkten (Reichert 2013; vgl. Emunds 2014).

Ziel dieses Kapitels war es, die grundlegenden Prinzipien und Kriterien herauszustellen, die die normative Arbeit in den hier angesprochenen Themenfeldern leiten sollten. Dies kann aber die geduldige ethische Detailarbeit nicht ersetzen.

Literatur

Altvater, Elmar/Mahnkopf, Birgit: *Grenzen der Globalisierung. Ökonomie, Ökologie und Politik in der Weltgesellschaft.* Münster [7]2007.
Bhagwati, Jagdish: *Verteidigung der Globalisierung.* München 2009 (engl. 2004).
Chang, Ha-Joon: *Bad Samaritans. The Myth of Free Trade and the Secret History of Capitalism.* New York 2008.
Emunds, Bernhard: *Politische Wirtschaftsethik globaler Finanzmärkte.* Wiesbaden 2014.
Frieden, Jeffry A.: *Global Capitalism. Its Fall and Rise in the Twentieth Century.* New York 2006.
Friedman, Benjamin M.: *The Moral Consequences of Economic Growth.* New York 2005.
Gewirth, Alan: *Reason and Morality.* Chicago 1978.
–: *The Community of Rights.* Chicago 1996.
Grzebeta, Sven: *Ethik und Ästhetik der Börse.* München 2014.
Heinemann, Simone: *Ethik der Finanzmarktrisiken am Beispiel des Finanzderivatehandels.* Münster 2014.
Helm, Dieter: *Natural Capital. Valuing the Planet.* New Haven 2015.
Homann, Karl: *Vorteile und Anreize. Zur Grundlegung einer Ethik der Zukunft.* Tübingen 2002.
–/Blome-Drees, Franz: *Wirtschafts- und Unternehmensethik.* Göttingen 1992.
Jackson, Tim: *Wohlstand ohne Wachstum. Leben und Wirtschaften in einer endlichen Welt.* München 2011 (engl. 2009).
Kurz, Robert: *Das Weltkapital. Globalisierung und innere Schranken des modernen warenproduzierenden Systems.* Berlin 2005.
McMurtry, John: *The Cancer Stage of Capitalism. From Crisis to Life.* London [2]2013.
Miegel, Meinhard: *Exit. Wohlstand ohne Wachstum.* Berlin 2011.
Mishkin, Frederic S.: *The Next Great Globalization. How Disadvantaged Nations Can Harness Their Financial System to Get Rich.* Princeton 2006.
–: Why we shouldn't turn our backs on financial globalization. In: *IMF Staff Papers* 56/1 (2009), 139–170.
Paech, Niko: *Befreiung vom Überfluss. Auf dem Weg in die Postwachstumsökonomie.* München 2012.
Reichert, Wolf-Gero: *Finanzregulierung zwischen Politik und Markt. Perspektiven einer Politischen Wirtschaftsethik.* Frankfurt a. M. 2013.
Reinert, Eric S.: *How Rich Countries Got Rich and Why Poor Countries Stay Poor.* London 2008.
Rodrik, Dani: *Das Globalisierungs-Paradox. Die Demokratie und die Zukunft der Weltwirtschaft.* München 2011 (engl. 2011).
–/Subramanian, Arvind: Why did financial globalization disappoint? In: *IMF Staff Papers* 56/1 (2009), 112–138.
Shue, Henry: *Climate Justice. Vulnerability and Protection.* Oxford 2014.
Skidelsky, Robert/Skidelsky, Edward: *Wie viel ist genug? Vom Wachstumswahn zu einer Ökonomie des guten Lebens.* München 2012 (engl. 2012).
Steigleder, Klaus: *Grundlegung der normativen Ethik. Der Ansatz von Alan Gewirth.* Freiburg 1999.
–: Ethics and Global Finance. In: Michael Boylan (Hg.): *The Morality and Global Justice Reader.* Boulder 2011, 169–184.
–: Human dignity and social welfare. In: Marcus Düwell/Jens Braarvig/Roger Brownsword/Dietmar Mieth (Hg.): *The Cambridge Handbook of Human Dignity. Interdisciplinary Perspectives.* Cambridge 2014, 471–476.
–: Climate risks, climate economics, and the foundations of a rights-based risk ethics. In: *Journal of Human Rights* 15/2 (2016).
Stiglitz, Joseph: *Die Chancen der Globalisierung.* München 2008 (engl. 2006), 251–271.
Wolf, Martin: *Why Globalization Works. The Case for the Global Market Economy.* New Haven 2004.

Klaus Steigleder

80 Zukünftige Generationen

Die Frage der Gerechtigkeit gegenüber zukünftigen Generationen hat durch Phänomene wie Ressourcenübernutzung, Verlust an Biodiversität, Umweltverschmutzung und Klimawandel deutlich an praktischer Bedeutung gewonnen. Da wir nicht davon ausgehen können, dass zukünftige Generationen in jedem Fall mindestens denselben Lebensstandard genießen können wie wir, stellt sich die Frage nach Gerechtigkeitspflichten ihnen gegenüber akut. War die Frage der Gerechtigkeit gegenüber zukünftigen Generationen vor einigen Jahrzehnten noch ein neues Forschungsfeld in der Philosophie, so gibt es heute eine ausdifferenzierte Literatur zu diesem Thema (darunter mehrere Sammelbände: Sikora/Barry 1978; Partridge 1981; Laslett/Fishkin 1992; Gosseries/Meyer 2009).

Der Begriff zukünftiger Generationen

Der Begriff der Generation wird in unterschiedlicher Bedeutung verwendet (Tremmel 2012, Kap. II; Gosseries 2003, 460; Birnbacher 1988, 23). Erstens kann er sich auf die Position von Individuen innerhalb einer Familie beziehen (z. B. Großmutter – Mutter – Tochter). Es geht hierbei um Abstammungsverhältnisse, und Individuen lassen sich eindeutig einer bestimmten Generation zuordnen. Dieser Generationenbegriff ist allenfalls für die Frage nach moralischen Pflichten gegenüber Familienangehörigen relevant. Zweitens kann mit einer Generation eine bestimmte Altersgruppe im Verhältnis zu anderen Altersgruppen bezeichnet werden (z. B. ›die jüngere Generation‹). Dieses Verständnis von Generation ist in Debatten um Gerechtigkeit in der Altersvorsorge präsent (s. Kap. II.20). Drittens – und für vorliegendes Kapitel am relevantesten – kann mit einer Generation auch die Gesamtheit aller derzeit lebenden Individuen in Abgrenzung von zukünftig lebenden Individuen gemeint sein. Als Angehörige zukünftiger Generationen werden nach diesem Verständnis alle zu einem bestimmten Zeitpunkt t_0 noch nicht lebenden Individuen bezeichnet. Angehörige zukünftiger Generationen sind so genannte ›Nicht-Zeitgenossen‹ der heute lebenden Personen. Aus Nicht-Zeitgenossen können gemäß dieser Definition zu einem späteren Zeitpunkt t_1 Zeitgenossen werden (vgl. Tremmel 2012, 51). Für einige Personengruppen lässt sich allerdings sagen, dass sie niemals Zeitgenossen sein werden. Beispielsweise können wir nach bestem Wissen ausschließen, dass in 400 Jahren lebende Menschen Zeitgenossen irgendeiner heute lebenden Person sein werden. Manche Autoren verstehen unter zukünftigen Generationen zukünftig lebende Personengruppen, die sich zeitlich nicht mit der gegenwärtig lebenden Generation überlappen werden (vgl. Golding 1972, 86), während andere einen weiteren Begriff zukünftiger Generationen haben, der auch zukünftige überlappende Generationen umfasst (vgl. Birnbacher 1988, 25 f.). Im vorliegenden Kapitel wird dieser weitere Begriff verwendet.

Besonderheiten unseres Verhältnisses zu zukünftigen Generationen

Aus der Tatsache, dass Angehörige zukünftiger Generationen Nicht-Zeitgenossen sind, ergeben sich einige Besonderheiten, welche möglicherweise eine besondere Theorie, die sich von Gerechtigkeitstheorien für gleichzeitig lebende Personengruppen unterscheidet, notwendig machen. Eine oft erwähnte Besonderheit ist die der *Einseitigkeit des Verhältnisses* (vgl. Meyer 2010; Mulgan 2013): Aktuell lebende Personen können auf die Lebensumstände zukünftig lebender Personen Einfluss nehmen, während dies Letzteren umgekehrt unmöglich ist (dies gilt jedenfalls dann, wenn keine zeitliche Überlappung besteht). Eine zweite Besonderheit ist, dass große Ungewissheit über die Zukunft besteht: Wir wissen weder, wie viele Angehörige zukünftiger Generationen es insgesamt geben wird, noch wie die technologische Entwicklung verlaufen wird. Drittens haben viele unserer heutigen Handlungen, etwa mit Bezug auf den Klimawandel, das Artensterben oder das Hinterlassen radioaktiver Abfälle, irreversible Folgen für zukünftige Generationen (de-Shalit 1995, 5). Viertens beeinflussen unsere Entscheidungen, *wer* überhaupt in der Zukunft leben wird.

Die Debatte über Gerechtigkeit gegenüber zukünftigen Generationen lässt sich grob in drei Themenkomplexe unterteilen. Erstens gibt es eine Debatte über die Frage, ob angesichts der Tatsache, dass die Identität zukünftig lebender Personen vom Verhalten der heute lebenden Menschen abhängt, die üblichen Konzepte von Schädigung und Rechteverletzung gegenüber Angehörigen zukünftiger Generationen überhaupt anwendbar sind. Dies wird unter dem Titel ›Nichtidentitätsproblem‹ diskutiert. Zweitens gibt es eine Debatte über Fragen der so genannten ›Populationsethik‹, dies vor allem im Zusammenhang mit utilitaristischen Theorien – Stichworte hierzu sind *repugnant conclusion* und *mere addition paradox* (Parfit 1984). Eine dritte

Debatte im Anschluss an John Rawls (1971) dreht sich um die Frage, inwiefern kontraktualistische Theorien Gerechtigkeitspflichten gegenüber zukünftigen Generationen begründen können.

Das Nichtidentitätsproblem

Ein Problem für die Begründung von Gerechtigkeitspflichten gegenüber Angehörigen zukünftiger Generationen, das vor allem durch Derek Parfit (1984, 351 f.) bekannt geworden ist, ist das so genannte ›Nichtidentitätsproblem‹ (vgl. auch Schwartz 1979; Kavka 1982; Woodward 1986; Shiffrin 1999; Kumar 2003; Meyer 2003; 2010; Heyd 2009a). Die Grundlage für das Aufkommen des Nichtidentitätsproblems ist das Faktum, dass aktuell lebende Personen nicht nur einen Einfluss auf die Lebensumstände zukünftiger Personen haben, sondern darüber hinaus auch darauf, *welche* Personen zukünftig leben werden. Handlungen, die typischerweise als schädigend oder rechteverletzend eingestuft werden, wenn sie keine Folgen für die Identität der Betroffenen haben, können möglicherweise nicht als Schädigung oder Verletzung eines Rechts gelten, wenn sie gleichzeitig die Identität der Betroffenen verändern (Parfit bezeichnet Entscheidungen über Handlungsalternativen, welche mit der Erzeugung unterschiedlicher Personen einhergehen, als »different people choices«, 1984, 356).

Das Nichtidentitätsproblem lässt sich am einfachsten mit dem folgenden Beispiel einführen: Wenn ein Paar entscheidet, sich zum Zeitpunkt t_0 fortzupflanzen, dann ist das entstehende Kind nicht genetisch identisch mit dem Kind, das entstehen würde, wenn die Fortpflanzung stattdessen zu einem späteren Zeitpunkt t_1 erfolgen würde. Wenn das zum Zeitpunkt t_0 gezeugte Kind später sagt: »Es wäre besser für mich gewesen, wenn ihr mich einige Jahre später gezeugt hättet« (beispielsweise, weil die Eltern zu jenem Zeitpunkt materiell besser gestellt gewesen wären), so ergibt dies keinen Sinn, denn unter diesen Umständen hätte ja ein anderes Kind existiert. Somit wäre die Situation nicht *für das existierende Kind* besser gewesen, dessen Identität eben davon abhängig ist, dass es zu einem bestimmten Zeitpunkt gezeugt wurde. Für Entscheidungen, die notwendig mit der Existenz einer bestimmten Person verbunden sind, kann nicht gesagt werden, dass eine andere Entscheidung besser oder schlechter für diese Person gewesen wäre; deshalb kann augenscheinlich auch keine Schädigung geltend gemacht werden (vgl. Meyer 2003, 147–149).

Nicht nur direkt mit der Fortpflanzung zusammenhängende Entscheidungen einzelner Personen beeinflussen, welche Individuen geboren werden. Parfit diskutiert das folgende Beispiel (1984, 362 f., 371): Angenommen, wir haben die Wahl, entweder eine Energiepolitik zu betreiben, die in hohem Maße nicht-erneuerbare Ressourcen verbraucht, oder aber auf erneuerbare Energien umzusteigen. Diese politische Entscheidung hat einen Einfluss darauf, welche Personen in der Zukunft existieren werden. Beispielsweise werden abhängig von der verfolgten Energiepolitik Menschen in anderen Berufen tätig sein und so andere Partner kennenlernen. Die Energiepolitik beeinflusst auch die in einer Gesellschaft verwendeten Technologien und das allgemeine Wohlfahrtslevel, und diese Faktoren nehmen ebenfalls Einfluss darauf, wer sich wann und mit wem fortpflanzt. Wenn nun also diejenige Politik gewählt wird, welche nicht-erneuerbare Ressourcen in einem höheren Maß verbraucht, so scheint es, dass die Menschen, die nach der Wahl dieser Politik zukünftig leben werden, nicht durch diese geschädigt werden – denn hätte man auf erneuerbare Energien gesetzt, würden diese Personen gar nicht erst existieren. Das Nichtidentitätsproblem stellt also eine Schwierigkeit für die Begründung naheliegender Gerechtigkeitspflichten gegenüber zukünftigen Generationen dar – etwa der Forderung, den Verbrauch an nicht-erneuerbaren Ressourcen einzuschränken, um zukünftig lebende Menschen nicht zu schädigen.

Bei der Diskussion des Nichtidentitätsproblems stellt sich zunächst die Frage, für welche Theorien das Problem überhaupt eines ist. Das Nichtidentitätsproblem ist eine Herausforderung für alle Gerechtigkeitskonzeptionen, die eine so genannte *person-affecting view* mit einem *komparativen Standard intrapersonalen Vergleichs* für das Vorliegen einer Schädigung kombinieren (vgl. Meyer 2010). Die *person-affecting view* ist durch die Annahme gekennzeichnet, dass eine Gerechtigkeitspflicht nur dann verletzt sein kann, wenn Ansprüche bestimmter Personen verletzt wurden. Besteht keine Verletzung eines Anspruchs einer bestimmten Person, dann kann auch keine Gerechtigkeitspflicht verletzt worden sein. Der komparative intrapersonale Vergleichsstandard für das Vorliegen einer Schädigung besagt, dass eine solche nur dann vorliegen kann, wenn es besser für die betreffenden Personen gewesen wäre, wenn eine andere Handlung als die tatsächlich ausgeführte erfolgt wäre (Parfit 1984, 487). Kann man also aufgrund des Nichtidentitätsproblems nicht zeigen, dass es den betreffenden Personen bei der Ausführung einer alternativen Handlung besser ergangen wäre, dann kann nicht von einer Schädigung (und, so die Annahme, auch nicht von der Verletzung einer Gerechtigkeitspflicht) gesprochen werden.

Eine mögliche Lösung besteht folglich darin, den komparativen intrapersonalen Schädigungsstandard zurückzuweisen. Entweder man bezieht sich alternativ auf einen anderen Wohlfahrtsstandard (nämlich auf einen absoluten Standard) oder man formuliert einen wohlfahrtsunabhängigen Standard. Gemäß der ersten Variante – einer Schwellenwertskonzeption von Schädigung – kann man sagen, dass Angehörige zukünftiger Generationen geschädigt werden, wenn ihre Wohlfahrt als Konsequenz unseres Verhaltens unter ein bestimmtes *absolutes* Niveau fällt (McMahan 1998, 223–229; Meyer 2003; 2010). Dieser Standard wird normativ festgelegt, etwa als das Minimum, das für ein menschenwürdiges Leben oder die Befriedigung von Grundbedürfnissen notwendig ist. Beispielsweise wäre ein solcher Standard verletzt, wenn wir zukünftigen Generationen eine Welt hinterlassen, die aufgrund des Klimawandels keine ausreichenden Ernährungsmöglichkeiten mehr bereitstellt. Eine solche auf einem absoluten Schädigungsstandard beruhende Position erlaubt es, bestimmte Gerechtigkeitspflichten gegenüber Angehörigen zukünftiger Generationen zu begründen: Das Verursachen einer Unterschreitung des Schwellenwerts sollte aus Gerechtigkeitsgründen vermieden werden. Eine zweite Möglichkeit, unter Beibehaltung einer *person-affecting view* dem Nichtidentitätsproblem zu begegnen, besteht darin, sich nicht auf ein Wohlfahrtskriterium zu beziehen, sondern zu argumentieren, dass ein Verhalten moralisch verboten sein kann, selbst wenn es die betreffenden Personen nicht schlechter stellt – und zwar dann, wenn das entsprechende Verhalten deren moralische Rechte verletzt (Woodward 1986). James Woodward diskutiert verschiedene Beispiele, in denen durch eine Handlung die Rechte einer Person verletzt werden, ohne dass diese gleichzeitig schlechter gestellt wird. In einem Beispiel wird ein Passagier durch das Personal einer Fluggesellschaft aus Gründen rassistischer Diskriminierung am Einsteigen in ein Flugzeug gehindert. Anschließend stürzt das Flugzeug ab (ebd., 810 f.). Die Handlung hat den Passagier in diesem Fall zwar nicht schlechter gestellt, aber dennoch seine moralischen Rechte verletzt. Auch wenn man die Existenz solcher Fälle zugesteht, ist aber nicht unmittelbar klar, ob sich eine entsprechende Argumentation auch auf zukünftige Generationen betreffende Handlungen übertragen lässt. Die Schwierigkeit liegt darin, dass anders als im Fall der Diskriminierung unklar ist, was beispielsweise an einer in hohem Maße ressourcenverbrauchenden Politik unabhängig von deren Effekten auf die Wohlfahrt von Angehörigen zukünftiger Generationen moralisch falsch sein sollte. Eine rechtebasierte Argumentation muss ausweisen können, welches Recht durch eine stark ressourcenverbrauchende Politik verletzt wird, wenn es sich gerade *nicht* um ein auf die Wohlfahrt zukünftiger Personen bezogenes Recht handeln soll.

Eine weitere Möglichkeit besteht darin, von der *person-affecting view* Abstand zu nehmen. In diese Kategorie fallen die utilitaristischen Ansätze, die im Folgenden dargestellt werden.

Utilitaristische Ansätze und Populationsethik

Utilitaristische Ansätze (s. Kap. III.34) haben zunächst den Vorteil, dass sie sich ohne Modifikationen auf zukünftige Generationen anwenden lassen, ohne dem Nichtidentitätsproblem ausgesetzt zu sein. Gemäß einer utilitaristischen Position gilt: Eine Maximierung des Nutzens über alle Generationen hinweg ist aus Gerechtigkeitssicht geboten. Die utilitaristische Argumentation ist nicht an die Identität von Individuen gebunden und umgeht somit die Nichtidentitätsproblematik gänzlich. So kann etwa eine ressourcenverschwendende, stark umweltverschmutzende oder klimawandelverursachende Politik auf der Grundlage verurteilt werden, dass sie den Gesamtnutzen über alle Generationen hinweg reduziert.

Allerdings ist der Utilitarismus auch mit verschiedenen Schwierigkeiten konfrontiert, was zukünftige Generationen betrifft: Ein erstes Problem ist, dass unsere Verpflichtungen gegenüber zukünftigen Generationen potenziell alle anderen Verpflichtungen überwiegen könnten, insbesondere dann, wenn mit einer hohen Anzahl zukünftig Lebender zu rechnen ist. Das Problem der Überforderung, das oft im Zusammenhang mit dem Utilitarismus diskutiert wird, tritt hier also in verschärfter Form auf (Mulgan 2013, 3).

Eine weitere, oft unter dem Stichwort ›Populationsethik‹ diskutierte Problematik ist die der *repugnant conclusion* (Parfit 1984, 388): Versteht man den Utilitarismus als Nutzensummenutilitarismus, dann scheint es, dass ihm zufolge eine maximale Reproduktionsrate gefordert ist, selbst wenn dies mit einer niedrigen Lebensqualität der zukünftig lebenden Personen einhergeht, solange der Gesamtnutzen durch die zusätzlich lebenden Personen steigt. Die *repugnant con-*

clusion besteht darin, dass es für jede Anzahl zukünftig lebender Personen mit einer bestimmten Lebensqualität eine höhere Anzahl zukünftig lebender Personen mit etwas geringerer Lebensqualität gibt, deren Existenz derjenigen der ersten Gruppe mit höherer Lebensqualität aus der Perspektive des Nutzensummenutilitarismus vorzuziehen ist. Vertritt man hingegen die Position, dass der Durchschnittsnutzen entscheidend sei, dann tritt gerade das umgekehrte Problem auf: Die Zeugung einer zusätzlichen Person, deren Lebensqualität unter dem Durchschnittsnutzen liegen würde, wäre gemäß dieser Auffassung moralisch schlecht, unabhängig davon, wie gut das Leben dieser Person absolut betrachtet ist (diese Problematik ist als *mere addition paradox* bekannt, Parfit 1984, 420–441). Beide Positionen – Nutzensummenutilitarismus und Durchschnittsnutzenutilitarismus – sind also jeweils mit einer unplausiblen Folgerung verbunden. Die Formulierung einer überzeugenden utilitaristischen Theorie in Bezug auf zukünftige Generationen erweist sich aus diesem Grund als schwierig.

Kontraktualistische Theorien

Kontraktualistische Theorien bilden eine weitere wichtige Theoriefamilie im Zusammenhang mit der Begründung von Gerechtigkeitspflichten gegenüber zukünftigen Generationen. Voneinander zu unterscheiden sind kontraktualistische Theorien, welche Gerechtigkeitspflichten aus dem rationalen Eigeninteresse von Individuen abzuleiten versuchen (Gauthier 1986), und hypothetisch-kontraktualistische Theorien (Rawls 1971). Für kontraktualistische Gerechtigkeitskonzeptionen, welche auf dem Eigeninteresse von Individuen aufbauen, ist das Vorliegen von Reziprozität zentral (Gauthier 1986; s. auch Kap. III.30). Genau diese fehlt bei zukünftigen Generationen, und deshalb ist es für kontraktualistische Theorien dieser Art schwierig, Gerechtigkeitspflichten gegenüber zukünftig lebenden Personen zu begründen. Aus Sicht der heute lebenden Personen gibt es aufgrund der mangelnden Reziprozität keine auf ihr Eigeninteresse bezogenen Gründe, Angehörige zukünftiger Generationen moralisch zu berücksichtigen (vgl. hierzu de-Shalit 1995, 92–98; Arrhenius 1999).

Aussichtsreicher ist die Anwendung eines hypothetisch-kontraktualistischen Ansatzes. Der Anknüpfungspunkt vieler Beiträge zu Gerechtigkeit gegenüber zukünftigen Personen ist Rawls' Behandlung dieser Frage in seiner *Theorie der Gerechtigkeit* (1971). Rawls betrachtete die Gerechtigkeit gegenüber zukünftigen Generationen als besonders schwieriges theoretisches Problem (ebd., 284). Das Gedankenexperiment des Urzustandes, in dem sich Personen hinter einem ›Schleier des Nichtwissens‹ (also ohne Wissen über ihre eigene Position in der Gesellschaft) über Gerechtigkeitsprinzipien einigen, wirft in Bezug auf zukünftige Generationen Interpretationsprobleme auf. Die nächstliegende Interpretation – dass Vertreter aller Generationen am Urzustand beteiligt sind, wobei die Vertragspartner aber nicht wissen, zu welcher Generation sie gehören (Barry 1989, 194) – weist Rawls zurück. Seine Begründung ist die, dass das Gedankenexperiment des Urzustands mit dieser Modifikation zu kompliziert würde (Rawls 1971, 139). Einige Autoren haben in diesem Zusammenhang auf ein grundlegendes Problem hypothetisch-kontraktualistischer Ansätze bei der Formulierung von Prinzipien intergenerationeller Gerechtigkeit hingewiesen: Die zu beschließenden Prinzipien haben einen Einfluss darauf, wie viele Personen in der Zukunft existieren werden. Damit müssten die Vertragsparteien aber unter anderem über ihre eigene Existenz entscheiden, was zu logischen Schwierigkeiten führt (Barry 1989, 194 f.; de-Shalit 1995, 110 f.; Heyd 2009b, 173).

Rawls favorisierte die so genannte *Present-time-of-entry*-Interpretation des Urzustandes, wonach alle Teilnehmer des Urzustands zu derselben Generation gehören (1971, 292). Dies wirft die Frage auf, weshalb sie dann zukünftige Generationen bei der Formulierung von Gerechtigkeitsprinzipien berücksichtigen sollten (Heyd 2009b, 174). Der Urzustand ist so konstruiert, dass die Unparteilichkeit der Entscheidung durch den Schleier des Nichtwissens gesichert ist und die Teilnehmer des Urzustands keine altruistische Motivation haben, sondern allein aufgrund eigeninteressierter Erwägungen bestimmte Gerechtigkeitsprinzipien gegenüber anderen vorziehen. Rawls modifizierte diese Annahme für die Formulierung von Gerechtigkeitsprinzipien, die gegenüber zukünftigen Generationen gelten sollen: Die Teilnehmer des Urzustands gelten als Vertreter von Familien und haben als solche ein Interesse am Wohlergehen ihrer Nachkommen (1971, 128). Diese Annahme ist allerdings kritisiert worden. Sie weicht von den üblichen Rahmenbedingungen des Urzustands ab und scheint zudem bloß Verpflichtungen gegenüber unmittelbar folgenden Generationen begründen zu können (English 1977; Heyd 2009b, 175). Rawls modifizierte später seine Position und argumentierte, dass jede Generation sich gemäß einem Prinzip verhalten solle, von dem sie wünscht, dass es von allen vergangenen Generationen befolgt worden sei (Rawls 1993, 273 f.; 2001, 159).

Inhaltlich fordert Rawls' Theorie, dass die Angehörigen einer Generation jeweils so viel Kapital sparen sollen, dass gerechte Institutionen für zukünftig lebende Generationen geschaffen bzw. erhalten werden können. Dies bedeutet, dass es für die früheren Generationen zunächst eine Akkumulationsphase gibt, in der die Nettosparquote positiv ist. Sind erst einmal gerechte Institutionen geschaffen, muss nur noch so viel gespart werden, dass diese erhalten werden können (»*steady state*«, Rawls 1971, 287). Interessant daran ist, dass sich mit Rawls beispielsweise keine Erhaltung bestimmter natürlicher Ressourcen fordern lässt (Birnbacher 1977, 386; Gosseries 2008). Relevant ist nach seiner Argumentation nur die Gesamtgröße des Kapitalstocks. Dieter Birnbacher (1977, 387) weist zudem darauf hin, dass Rawls die Gerechtigkeitsprinzipien, die gegenüber zukünftigen Generationen zur Anwendung kommen, als sekundäre Prinzipien versteht: Sie werden abgeleitet aus der Schaffung bzw. der Erhaltung gerechter Institutionen. Substanzielle Prinzipien der Verteilungsgerechtigkeit (s. Kap. II.12) kommen zwischen Generationen hingegen nicht zur Anwendung.

Anwendungsfragen

Neben grundlegenden Fragen der Begründung von Pflichten gegenüber Angehörigen zukünftiger Generationen spielen in der Debatte auch Anwendungsfragen eine wichtige Rolle. Dabei stehen Probleme der Umweltverschmutzung und des übermäßigen Ressourcenverbrauchs durch die heute lebende Generation im Vordergrund. Wichtige Anwendungsfragen betreffen etwa den Klimawandel, die Erhaltung der Biodiversität oder die Lagerung radioaktiver Abfälle. Diese konkreten Probleme haben bei der Zunahme des Forschungsinteresses an Fragen der Gerechtigkeit gegenüber zukünftigen Generationen eine wichtige Rolle gespielt. Die Antwort auf die Frage, welche Pflichten gegenwärtig lebende Personen in den genannten Bereichen gegenüber zukünftigen Generationen haben, hängt selbstverständlich davon ab, wie man diese Pflichten begründet – eine auf einer Schwellenwertskonzeption von Schädigung beruhende Theorie der Ansprüche zukünftig lebender Personen wird beispielsweise zu anderen Ergebnissen führen als eine utilitaristische Theorie.

Ein Autor in der Debatte über zukünftige Generationen, der besonderen Wert auf Anwendungsfragen legt, ist Dieter Birnbacher (1988). Auf der Grundlage eines utilitaristischen Theorierahmens formuliert er eine Reihe von Praxisnormen, welche die Erhaltung der Menschheit und der höheren Tiere (ebd., 202–206), die Vermeidung der Gefährdung einer zukünftigen menschenwürdigen Existenz (ebd., 206 f.) sowie den Erhalt einer gewissen Entscheidungsfreiheit für Angehörige zukünftiger Generationen durch die Vermeidung irreversibler Risiken (ebd., 208–217; ähnlich auch Callahan 1981, 83 f.) zum Inhalt haben. Aus den genannten Praxisnormen lässt sich etwa eine kritische Position gegenüber der Kernenergie (irreversibles Risiko durch die Lagerung radioaktiver Abfälle) oder dem Verursachen eines starken Klimawandels (irreversibles Risiko, Gefährdung menschenwürdiger Existenz) ableiten.

Viel hängt allerdings bei der ethischen Beurteilung konkreter Handlungsoptionen davon ab, wie stark man die Risiken für zukünftige Generationen in der Abwägung gegenüber den Interessen heute lebender Menschen gewichtet. Der Interessenausgleich zwischen heute lebenden Personen und Angehörigen (verschiedener) zukünftiger Generationen und die Rolle der Bewertung von Risiken hierbei ist auch ein zentrales Thema der Klimaethik, die mittlerweile ein eigenes Forschungsfeld darstellt (s. Kap. V.66). Was die Thematik der Biodiversität und des Ressourcenverbrauchs betrifft, so ist eine wichtige Frage, ob bestimmte natürliche Ressourcen wie Tier- oder Pflanzenarten aus Gerechtigkeitsperspektive als substituierbar gelten können, ob also ein Verlust bestimmter natürlicher Ressourcen durch einen höheren Kapitalstock kompensiert werden kann (vgl. Gosseries 2001, 342).

Literatur

Arrhenius, Gustaf: Mutual advantage contractarianism and future generations. In: *Theoria* 65/1 (1999), 25–35.

Barry, Brian: *Theories of Justice*. Berkeley 1989.

Birnbacher, Dieter: Rawls' »Theorie der Gerechtigkeit« und das Problem der Gerechtigkeit zwischen den Generationen. In: *Zeitschrift für philosophische Forschung* 31/3 (1977), 385–401.

–: *Verantwortung für zukünftige Generationen*. Stuttgart 1988.

Callahan, Daniel: What obligations do we have to future generations? In: Ernest Partridge (Hg.): *Responsibilities to Future Generations: Environmental Ethics*. Buffalo 1981, 73–85.

de-Shalit, Avner: *Why Posterity Matters: Environmental Policies and Future Generations*. London 1995.

English, Jane: Justice between generations. In: *Philosophical Studies* 31/2 (1977), 91–104.

Gauthier, David: *Morals by Agreement*. Oxford 1986.

Golding, Martin P.: Obligations to future generations. In: *The Monist* 56/1 (1972), 85–99.

Gosseries, Axel: What do we owe the next generation(s). In: *Loyola of Los Angeles Law Review* 35/1 (2001), 293–354.
–: Intergenerational justice. In: Hugh LaFollette (Hg.): *The Oxford Handbook of Practical Ethics*. Oxford 2003, 459–484.
–: Theories of intergenerational justice: a synopsis. In: *S. A. P. I. EN. S. Surveys and Perspectives Integrating Environment and Society* 1/1 (2008), 61–71.
–/Meyer, Lukas H. (Hg.): *Intergenerational Justice*. Oxford 2009.
Heyd, David: The intractability of the Nonidentity Problem. In: Melinda A. Roberts/David T. Wasserstein (Hg.): *Harming Future People: Ethics, Genetics and The Nonidentity Problem*. Dordrecht 2009a, 3–25.
–: A value or an obligation? Rawls on justice to future generations. In: Axel Gosseries/Lukas H. Meyer (Hg.): *Intergenerational Justice*. Oxford 2009b, 167–188.
Kavka, Gregory S.: The paradox of future individuals. In: *Philosophy & Public Affairs* 11/2 (1982), 93–112.
Kumar, Rahul: Who can be wronged? In: *Philosophy & Public Affairs* 31/2 (2003), 99–118.
Laslett, Peter/Fishkin, James (Hg.): *Justice Between Age Groups and Generations*. New Haven 1992.
McMahan, Jeff: Wrongful life: Paradoxes in the morality of causing people to exist. In: Jules L. Coleman/Christopher W. Morris (Hg.): *Rational Commitment and Social Justice: Essays for Gregory Kavka*. Cambridge 1998, 208–247.
Meyer, Lukas H.: Past and future. The case for a threshold conception of harm. In: Ders./Stanley L. Paulson/Thomas W. Pogge (Hg.): *Rights, Culture, and the Law. Themes from the Legal and Political Philosophy of Joseph Raz*. Oxford 2003, 143–159.
–: Intergenerational justice. In: Edward N. Zalta (Hg.): *The Stanford Encyclopedia of Philosophy* (Spring 2010 Edition), http://plato.stanford.edu/archives/spr2010/entries/justice-intergenerational/ (15.6.2016).
Mulgan, Tim: Intergenerational ethics. In: Hugh LaFollette (Hg.): *International Encyclopedia of Ethics* 2013.
Parfit, Derek: Future generations: further problems. In: *Philosophy & Public Affairs* 11/2 (1982), 113–172.
–: *Reasons and Persons*. Oxford 1984.
Partridge, Ernest (Hg.): *Responsibilities to Future Generations: Environmental Ethics*. Buffalo 1981.
Rawls, John: *A Theory of Justice*. Cambridge MA 1971.
–: *Political Liberalism*. New York 1993.
–: *Justice as Fairness: A Restatement*. Cambridge MA 2001.
Schwartz, Thomas: Welfare judgments and future generations. In: *Theory and Decision* 11/2 (1979), 181–194.
Shiffrin, Seana Valentine: Wrongful life, procreative responsibility, and the significance of harm. In: *Legal Theory* 5/2 (1999), 117–148.
Sikora, Richard I./Barry, Brian (Hg.): *Obligations to Future Generations*. Philadelphia 1978.
Tremmel, Jörg: *Eine Theorie der Generationengerechtigkeit*. Münster 2012.
Woodward, James: The Non-Identity Problem. In: *Ethics* 96/4 (1986), 804–831.

Sabine Hohl

VI Anhang

Autorinnen und Autoren

Johann S. Ach, PD Dr., Centrum für Bioethik, Universität Münster (V.77 Tiere).
Valentin Beck, Dr., Institut für Philosophie, Freie Universität Berlin (V.56 Armut).
Martin Beckstein, Dr., Princeton University (III.36 Kommunitaristische Gerechtigkeit).
Dagmar Borchers, Professorin für Angewandte Philosophie, Universität Bremen (III.29 Gerechtigkeit als Tugend, zus. mit S. Guinebert).
Christine Bratu, Dr., Lehrstuhl für Philosophie IV, Ludwig-Maximilians-Universität München (II.25 Das Differenzprinzip).
Andreas Cassee, Dr. des., Justitia Amplificata, Freie Universität Berlin (V.69 Migration).
Robin Celikates, Associate Professor of Philosophy, Department of Philosophy, Universität Amsterdam (IV.50 Politik und Demokratie, V.59 Demokratie und Selbstbestimmung).
Francis Cheneval, Professor für Politische Philosophie, Universität Zürich (IV.48 Staat).
Sonja Dänzer, Dr. des., Ethik-Zentrum, Universität Zürich (II.27 Fairness).
Sarhan Dhouib, Dr., Institut für Philosophie, Universität Kassel (I.8 Inter- und transkulturelle Perspektiven, zus. mit F. Dübgen).
Franziska Dübgen, Dr., Fachbereich Gesellschaftswissenschaften, Universität Kassel (I.8 Inter- und transkuluturelle Perspektiven, zus. mit S. Dhouib).
Franziska Felder, Dr., Institut für Erziehungswissenschaft, Universität Zürich (V.57 Behinderung).
Andreas Fischer-Lescano, Professor für Rechtswissenschaft, Zentrum für europäische Rechtspolitik, Fachbereich Rechtswissenschaft, Universität Bremen (IV.47 Positives Recht und Völkerrecht, zus. mit J. Horst).
Oliver Flügel-Martinsen, Professor für Politische Theorie und Ideengeschichte, Fakultät für Soziologie, Universität Bielefeld (I.9 Ungerechtigkeit, zus. mit F. Martinsen).
Anna Goppel, Assistenzprofessorin für Praktische Philosophie mit Schwerpunkt Politische Philosophie, Institut für Philosophie, Universität Bern (I.1 Einleitung, zus. mit C. Mieth und C. Neuhäuser, V.70 Politische Zugehörigkeit).
Stefan Gosepath, Professor für Praktische Philosophie, Institut für Philosophie, Freie Universität Berlin (II.28 Gleichheit).
Svantje Guinebert, Institut für Philosophie, Universität Bremen (III.29 Gerechtigkeit als Tugend, zus. mit D. Borchers).
Henning Hahn, PD Dr., Institut für Philosophie, Universität Kassel (II.17 Globale Gerechtigkeit).
Martin Hartmann, Professor für Praktische Philosophie, Philosophisches Seminar, Universität Luzern (I.10 Kritik am Gerechtigkeitsbegriff).
Jan-Christoph Heilinger, Dr., Münchner Kompetenzzentrum Ethik, Ludwig-Maximilians-Universität München (V.60 Enhancement).
Jan-Hendrik Heinrichs, PD Dr., Institut für Neurowissenschaften und Medizin, Forschungszentrum Jülich (IV.43 Grundgüter und Fähigkeiten).
Christoph Henning, PD Dr., Max Weber Kolleg, Universität Erfurt (III.33 Sozialistische Gerechtigkeit).
Wilfried Hinsch, Professor für Praktische Philosophie, Philosophisches Seminar, Universität Köln (II.12 Distributive Gerechtigkeit, II.21 Verfahrensgerechtigkeit).
Magdalena Hoffmann, Dr., Kultur- und Sozialwissenschaftliche Fakultät, Universität Luzern (V.61 Familie).
Thomas Hoffmann, PD Dr., Institut für Philosophie, Universität Magdeburg (V.76 Strafe und Strafvollzug).
Sabine Hohl, Dr. des., Institut für Philosophie, Universität Graz (V.80 Zukünftige Generationen).
Christoph Horn, Professor für Praktische Philosophie und Philosophie der Antike, Institut für Philosophie, Universität Bonn (I.2 Geschichte des Gerechtigkeitsbegriffs: Antike und Mittelalter).
Johan Horst, Zentrum für europäische Rechtspolitik Fachbereich Rechtswissenschaft, Universität Bre-

men (IV.47 Positives Recht und Völkerrecht, zus. mit A. Fischer-Lescano).

Stefan Huster, Professor für Öffentliches Recht, Sozial- und Gesundheitsrecht und Rechtsphilosophie, Juristische Fakultät, Universität Bochum (V.63 Gesundheit).

Jan C. Joerden, Professor für Strafrecht und Rechtsphilosophie, Europa-Universität Viadrina Frankfurt (Oder) (II.19 Strafgerechtigkeit).

Paulus Kaufmann, Dr., Japan-Zentrum, Ludwig-Maximilians-Universität München (I.5 Religiöse Wurzeln und Perspektiven: Buddhismus und Konfuzianismus).

Felix Koch, Dr., Institut für Philosophie, Freie Universität Berlin (V.75 Steuern).

Peter Koller, Professor emeritus für Rechtsphilosophie und Rechtssoziologie an der Universität Graz (I.3 Geschichte des Gerechtigkeitsbegriffs: Neuzeit, II.13 Tauschgerechtigkeit, II.18 Soziale Gerechtigkeit).

Carsten Köllmann, Dr., Ethikzentrum, Universität Zürich (V.68 Lohn und Leistung).

Regina Kreide, Professorin für Politische Theorie und Ideengeschichte, Institut für Politikwissenschaft, Universität Gießen (II.16 Transnationale Gerechtigkeit, III.37 Gerechtigkeit in der Diskursethik).

Gerhard Kruip, Professor für Sozialethik, Katholisch-Theologische Fakultät, Universität Mainz (I.6 Religiöse Wurzeln und Perspektiven: Judentum und Christentum).

Hannes Kuch, Dr., Philosophie und Geisteswissenschaften, Freie Universität Berlin (V.74 Sprache).

Bernd Ladwig, Professor für Politische Theorie und Philosophie, Otto-Suhr-Institut für Politikwissenschaft, Freie Universität Berlin (IV.49 Mensch, Bürger, moralische Person).

Alexander Lenger, Dr., Vertretungsprofessor für Soziologie des Wissens, Institut für Soziologie, Medien- und Kulturwissenschaften, Karlsruher Institut für Technologie (II.11 Empirische Gerechtigkeitsforschung, zus. mit S. Wolf).

Maria-Sibylla Lotter, Professorin für Ethik und Ästhetik, Institut für Philosphie I, Universität Bochum (IV.51 Gesellschaft und Kultur).

Franziska Martinsen, PD Dr., Institut für Politikwissenschaft Politische Ideengeschichte und Theorien der Politik, Universtität Hannover (I.9 Ungerechtigkeit, zus. mit O. Flügel-Martinsen, V.62 Geschlecht).

Katrin Meyer, PD Dr., Philosophisches Seminar, Universität Basel (IV.53 Macht, zus. mit M. Saar).

Kirsten Meyer, Professorin für Praktische Philosophie und Didaktik der Philosophie, Institut für Philosophie, Humboldt-Universität Berlin (II.26 Chancengleichheit, V.58 Bildung).

Corinna Mieth, Professorin für Politische Philosophie und Rechtsphilosophie, Institut für Philosophie, Universität Bochum (I.1 Einleitung, zus. mit A. Goppel und C. Neuhäuser, I.4 Geschichte des Gerechtigkeitsbegriffs: Neuzeit und Gegenwart, zus. mit C. Neuhäuser und A. Pinzani, IV.46 Pflicht und Verantwortung, zus. mit C. Neuhäuser).

Johannes Müller-Salo, Philosophisches Seminar, Universität Münster (V.64 Gewalt und Krieg, zus. mit R. Schmücker).

Esther Neuhann, Institut für Philosophie, Universität Frankfurt (III.38 Gerechtigkeit in der Kritischen Theorie, zus. mit B. Ronge).

Christian Neuhäuser, Professor für Praktische Philosophie, Universität Dortmund (I.1 Einleitung, zus. mit A. Goppel und C. Mieth, I.4 Geschichte des Gerechtigkeitsbegriffs: Neuzeit und Gegenwart, zus. mit C. Mieth und A. Pinzani, IV.46 Pflicht und Verantwortung, zus. C. Mieth).

Andreas Niederberger, Professor für Philosophie, Institut für Philosophie, Universität Duisburg-Essen (III.35 Kosmopolitische Gerechtigkeit).

Walter Pfannkuche, Professor für Praktische Philosophie, Institut für Philosophie, Universität Kassel (V.55 Arbeit und Einkommen).

Alessandro Pinzani, Professor für Philosophie, Departamento de Filosofia, Universidade Federal de Santa Catarina (I.4 Geschichte des Gerechtigkeitsbegriffs: Neuzeit und Gegenwart, zus. mit C. Mieth und C. Neuhäuser, II.24 Personale Gerechtigkeit).

Eugen Pissarskoi, Dr., Forschungsfeld Umweltökonomie und -politik, Institut für ökologische Wirtschaftsforschung GmbH, gemeinnützig, Berlin (V.71 Ressourcen).

Arnd Pollmann, PD Dr., Institut für Philosophie, Universität Magdeburg (IV.45 Menschenrechte und Grundrechte).

Peter Rinderle, PD Dr., Philosophisches Seminar, Universität Tübingen (III.30 Kontraktualistische Gerechtigkeit).

Bastian Ronge, Dr., Institut für Philosophie, Humboldt-Universität Berlin (III.38 Gerechtigkeit in der Kritischen Theorie, zus. mit E. Neuhann).

Dominic Roser, Dr., University of Oxford (V.66 Klima und Umwelt).

Beate Rössler, Professorin für praktische Philosophie,

Abteilung Philosophie, Universität von Amsterdam (II.14 Feministische Gerechtigkeit).

Daniel Saar, Institut für Philosophie, Universität Bochum (V.67 Konsum).

Martin Saar, Professor für Politische Theorie, Institut für Politikwissenschaft, Universität Leipzig (IV.53 Macht, zus. mit K. Meyer).

Peter Schaber, Professor für Angewandte Ethik, Philosophisches Seminar, Universität Zürich (IV.40 Menschenwürde).

Michael Schefczyk, Professor für Praktische Philosophie, Institut für Philosophie, Karlsruher Institut für Technologie (II.20 Generationengerechtigkeit, II.23 Historische Gerechtigkeit).

Christine Schirrmacher, Professorin der Islamwissenschaft, Institut für Orient- und Asienwissenschaften, Universität Bonn (I.7 Religiöse Wurzeln und Perspektiven: Islam).

Steve Schlegel, Institut für Philosophie und Politikwissenschaft, Universität Dortmund (II.15 Internationale Gerechtigkeit, zus. mit C. Schuck).

Stephan Schlothfeldt, PD Dr., Abteilung Philosophie, Universität Bielefeld (II.22 Ergebnisgerechtigkeit).

Cord Schmelzle, Dr., SFB Governance in Räumen begrenzter Staatlichkeit, Freie Universität Berlin (V.65 Institutionen und Organisationen).

Susanne Schmetkamp, Dr., Philosophisches Seminar, Universität Basel (IV.52 Anerkennung und Toleranz).

Reinold Schmücker, Professor für Philosophie, Philosophisches Seminar, Universität Münster (V.64 Gewalt und Krieg, zus. mit J. Müller-Salo).

Jens Schnitker, Dr., Institut für Philosophie, Universität Kassel (V.78 Unternehmen).

Jörg Schroth, PD Dr., Philosophisches Seminar, Universität Göttingen (III.31 Liberale Gerechtigkeit).

Christoph Schuck, Professor für Politikwissenschaft / Internationale Beziehungen und Politische Theorie, Institut für Philosophie und Politikwissenschaft, Universität Dortmund (II.15 Internationale Gerechtigkeit, zus. mit S. Schlegel).

Mark Schweda, PD Dr., Institut für Ethik und Geschichte der Medizin, Universität Göttingen (V.54 Alter).

Gottfried Schweiger, Dr., Zentrum für Ethik und Armutsforschung, Universität Salzburg (V.73 Soziale Ungleichheit und Sozialwesen).

Ludwig Siep, Professor em. für Philosophie, Philosophisches Seminar, Universität Münster (IV.41 Moral).

Klaus Steigleder, Professor für Angewandte Ethik, Institut für Philosophie, Universität Bochum (V.72 Risiko, V.79 Weltwirtschaft und Finanzmärkte).

Markus Stepanians, Professor für Praktische Philosophie mit Schwerpunkt Politische Philosophie, Institut für Philosophie, Universität Bern (IV.44 Moralische Rechte).

Eva Weber-Guskar, PD Dr., Philosophisches Seminar, Universität Göttingen (IV.42 Gutes Leben).

Fabian Wendt, PD Dr., Abteilung Philosophie, Universität Bielefeld (III.32 Libertäre Gerechtigkeit).

Ulla Wessels, Professorin für Praktische Philosophie, Institut für Philosophie, Universität Saarbrücken (III.34 Utilitaristische Gerechtigkeit).

Stephan Wolf, Dr., Institut für Umweltsozialwissenschaften, Universität Freiburg (II.11 Empirische Gerechtigkeitsforschung, zus. mit A. Lenger).

Gabriel Wollner, Juniorprofessor für Politische Philosophie und Umweltethik, IRITHESys und Institut für Philosophie, Humboldt-Universität Berlin (III.39 Luck Egalitarianism).

Personenregister

GPSR Compliance

The European Union's (EU) General Product Safety Regulation (GPSR) is a set of rules that requires consumer products to be safe and our obligations to ensure this.

If you have any concerns about our products, you can contact us on ProductSafety@springernature.com

In case Publisher is established outside the EU, the EU authorized representative is:

Springer Nature Customer Service Center GmbH
Europaplatz 3
69115 Heidelberg, Germany

Batch number: 10808652

Printed by Printforce, the Netherlands